D1727702

Matthias Bollmeyer

Lateinisches Welfenland

Noctes Neolatinae
Neo-Latin Texts and Studies

Herausgegeben von
Marc Laureys und Karl August Neuhausen

Band 20

Matthias Bollmeyer
Lateinisches Welfenland

Georg Olms Verlag
Hildesheim · Zürich · New York
2014

Matthias Bollmeyer

Lateinisches Welfenland

Eine literaturgeschichtliche Kartographie zur
lateinischen Gelegenheitsdichtung im Herzogtum
Braunschweig-Lüneburg im
16. und 17. Jahrhundert

Georg Olms Verlag
Hildesheim · Zürich · New York
2014

Gedruckt mit Unterstützung der Stiftung Pegasus Limited
for the Promotion of Neo-Latin Studies (St. Gallen/Schweiz).

Die Deutsche Nationalbibliothek verzeichnet diese Publikation
in der Deutschen Nationalbibliografie; detaillierte bibliografische Daten
sind im Internet über http://dnb.d-nb.de abrufbar.

ISO 9706
Gedruckt auf säurefreiem und alterungsbeständigem Papier
Satz und Layout: Katrin Schmidt, Hildesheim
Herstellung: Beltz Bad Langensalza GmbH, 99947 Bad Langensalza
Printed in Germany
© Georg Olms Verlag AG, Hildesheim 2014
www.olms.de
ISBN 978-3-487-15113-7
ISSN 1617-478X

Meinen Großmüttern
Christel Bollmeyer †
und
Anneliese Lange
in Dankbarkeit und Liebe
gewidmet.

Inhaltsverzeichnis

Vorwort und Dank

Die vorliegende Untersuchung entstand zwischen Februar 2008 und Dezember 2009 im Rahmen des Drittmittelprojekts „Lateinisches Welfenland. – Eine literaturgeschichtliche Kartographie zur lateinischen Dichtung in den braunschweigischen Fürstentümern des späten Mittelalters und der frühen Neuzeit (ca. 1250–1650)" in der Abteilung für Lateinische Philologie des Mittelalters und der Neuzeit im Zentrum für Mittelalter- und Frühneuzeitforschung der Georg-August-Universität Göttingen.
Wie tief ich bei der Erstellung dieser Studie in die gelehrte, vor allem dichterische Kultur des Herzogtums Braunschweig-Lüneburg des 16. und 17. Jahrhunderts eingedrungen bin, wurde mir erst kurz vor Abschluss dieser Untersuchung im Oktober 2009 bewusst, als ich in der Niedersächsischen Landesausstellung „Otto IV. – Traum vom welfischen Kaisertum" im Braunschweigischen Landesmuseum den dort ausgestellten Helmstedter Druck von 1624 einer Schrift des Heinrich Meibom entdeckte und mir instinktiv und spontan die in den vergangenen knapp zwei Jahren regelmäßig im Kontakt mit Bibliotheken gestellte Frage durch den Kopf ging: „Prosa ...? Oder Gedicht?"[730]
Doch vor der Darstellung der Erträge meiner Arbeit möchte ich zunächst verschiedenen Personen und Institutionen meinen Dank aussprechen.
Mein großer Dank für die fortlaufende, interessierte Begleitung und Beratung dieses Forschungsvorhabens ebenso wie weiterer kleinerer Studien und persönlicher Anliegen gilt dem Lehrstuhlinhaber der Abteilung für Lateinische Philologie des Mittelalters und der Neuzeit im Zentrum für Mittelalter- und Frühneuzeitforschung der Georg-August-Universität Göttingen, Herrn Prof. Dr. phil. Thomas HAYE. Ebenso danke ich den Herren Prof. Dr. phil. Arnd REITEMEIER vom Institut für Historische Landesforschung der Georg-August-Universität Göttingen und Prof. Dr. phil. Peter KUHLMANN vom Seminar für Klassische Philologie der Georg-August-Universität Göttingen Dank für die bereitwillige Übernahme des Zweit- und Drittgutachtens sowie ihre Anregungen für diese Arbeit.

---

[730] Vgl. den zur Ausstellung erschienenen Katalogband von HUCKER/HAHN/DERDA (2009).

Das Niedersächsische Ministerium für Wissenschaft und Kultur hat durch die alleinige Finanzierung dieses Forschungsvorhabens meine zwei Arbeitsjahre in Göttingen erst ermöglicht und die materielle Basis dafür geschaffen. Dafür danke ich sehr.

Mein Dank gilt ebenfalls den studentischen Hilfskräften der Abteilung für Lateinische Philologie des Mittelalters und der Neuzeit im Zentrum für Mittelalter- und Frühneuzeitforschung der Georg-August-Universität Göttingen, Frau cand. phil. Ulrike MICHALCZIK, Frau stud. phil. Vanessa SCHLEY sowie Frau stud. phil. Sara SCHLÜTER für die Unterstützung bei diversen biographischen und bibliographischen Recherchen. Eine große Stütze in allen Stadien der Arbeit war die Sekretärin am Lehrstuhl, Frau Brigitta SAMMLER, die jederzeit mit Rat und Tat bei der Bewältigung organisatorischer Probleme weitergeholfen hat und immer auch ein offenes Ohr für persönliche Anliegen hatte. Zur regelmäßigen Aufmunterung trugen außerdem die netten morgendlichen Gespräche mit der Raumpflegerin Frau Angelika KOWALSKI bei. Auch dafür möchte ich mich bedanken.

Neben der universitären Unterstützung wäre die vorliegende Untersuchung auch ohne die freundliche und großzügige Hilfsbereitschaft diverser Bibliotheken nicht möglich gewesen. Dafür ist besonders den im Folgenden genannten Bibliotheken in Berlin, Braunschweig, Dresden, Göttingen, Halle an der Saale, Jena, Kiel, München, Weimar, Wolfenbüttel und Zwickau zu danken.

Herr Christian HOGREFE von der Herzog August Bibliothek in Wolfenbüttel hat dabei mit viel Geduld und Sachverstand immer wieder freundliche Informationen zu dortigen Beständen erteilt und diverse unterstützende Recherchen vor Ort durchgeführt. Für diese nicht selbstverständliche, wertvolle Unterstützung bedanke ich mich besonders herzlich.

Abschließend, aber dennoch nicht weniger herzlich, möge der große Dank an meine Familie stehen. Meine Eltern Klaus und Ingrid BOLLMEYER begleiten und fördern mein Vorankommen seit über drei Jahrzehnten mit Interesse, ideeller und materieller Unterstützung und nicht zuletzt viel Liebe. Sie haben im persönlichen Gespräch und auch telefonisch zu nahezu jeder Tageszeit vielfach geduldig ebenso meine Hypothesen zur vorliegenden Studie wie auch Sorgen des Alltags angehört und mir so im Zuhören zur Sortierung meiner Gedanken verholfen. Mein Vater hat außerdem mit seiner naturwissenschaftlichen Sorgfalt und unter Einsatz von viel Zeit die Erstellung einiger Teile des Registers übernommen. Dafür danke ich sehr. Gerne komme ich auch dem Wunsch meiner Schwester Sabine SAURIN nach, im Vorwort meiner Dissertation erwähnt zu werden, auch wenn ich weiß, dass sie meinen wissenschaftlichen Idealismus nicht teilt und mir stattdessen frühzeitig zum direkten Einstieg in den Schuldienst geraten hat.

Mit viel Interesse und Beistand in allen Lebenslagen begleiteten und begleiten mich immer meine beiden Großmütter Christel BOLLMEYER † und Anneliese LANGE, die mir unbegrenzt und unbedingt Zuspruch geben und auch in schwierigen Situationen immer von meinen Fähigkeiten überzeugt sind. Deshalb ist ihnen die vorliegende Untersuchung in Dankbarkeit und Liebe auch gewidmet.

Göttingen und Jever, den 21. Dezember 2009

Matthias Bollmeyer

Abteilung für Lateinische Philologie des Mittelalters und der Neuzeit
Zentrum für Mittelalter- und Frühneuzeitforschung (ZMF)
Georg-August-Universität Göttingen

„Von den Früchten der althumanistischen Schul- und Geistesbildung ist keine so tief im Preise gesunken, als die Kunst, in den Sprachen und den Versmassen [*sic!*] der Alten zierliche Gedichte zu schaffen. [...] Wie selten, dass ein Gelehrter sich noch mit einem lateinischen *Carmen* oder einem griechischen Epigramme in die Öffentlichkeit wagt! [...] Einst war es anders. [...] Wie gehörte es, und nicht bloss bei den Schulmännern und Philologen, zum guten Tone, den Freund bei seiner Hochzeit, den hohen Gönner zu seinem Wiegenfeste mit einem *Carmen* zu begrüssen!"[2]

1. Einleitung

Diese Anmerkung vom Beginn des 20. Jahrhunderts zeigt, dass die Tradition des altsprachlichen Gelegenheitsgedichts bereits seit über einhundert Jahren nicht mehr im gebildeten städtischen oder akademischen Alltag anzutreffen ist, wenngleich Vertreter des Humanismus auch bis in die Gegenwart vereinzelt diesem Trend entgegenlaufen. Als Phänomen der Demokratisierung der Gelegenheitsdichtung ist außerdem festzustellen, dass seit dem 20. Jahrhundert Gelegenheitsgedichte im Regelfall in deutscher Sprache immer wieder in Familienanzeigen erscheinen oder auf Familienfeiern vorgetragen werden. Dass mit der Unterstützung moderner Digitalmedien heutzutage jeder „Dichter" auch sein eigener „Drucker" sein kann, trägt erneut zur Erstellung kleinster Druckauflagen derartiger Gedichte bei und erzeugt ein dem 16. und 17. Jahrhundert im Grunde durchaus ähnliches Erscheinungsbild des Gelegenheitsgedichts. Während das lateinische Gelegenheitsgedicht der frühen Neuzeit jedoch die Züge des Huldigenden, Gebildeten und Exklusiven trägt, gehen mit derartiger zeitgenössischer Gelegenheitsdichtung bisweilen die Merkmale des Banalen, Verblödeten und Vulgären einher, und Charakter und Umfang eines solchen Gedichts verhalten sich gewissermaßen reziprok zum Grad der Bildung und zur gesellschaftlichen Stellung der beteiligten Personen.[3]
Umso wichtiger und spannender ist es deshalb, aus der modernen Perspektive den analytischen Blick in ein räumlich wie zeitlich abgeschlossenes System der lateinischen Gelegenheitsdichtung der frühen Neuzeit zu werfen und so Erkenntnisse

---

[2]   KOLDEWEY (1902), S. I.

[3]   STOCKHORST (2002), S. 306 fasst diesen Prozess unter dem allgemeinen Paradigma des sinkenden Kulturguts zusammen und nennt als Auslöser dafür den Wegfall gesellschaftlicher und höfischer Hierarchien.

über die Art des mit einem oder mehreren Gedichten gefeierten Anlasses und die beteiligten Personen zu gewinnen. Es ist zu wünschen, dass durch die vorliegende Untersuchung ebenso weiterführende Einzelstudien angeregt werden als auch gleichermaßen Frühneuzeitforscher, Genealogen, Heimatkundler und sonstige interessierte Personen neue Impulse und Daten erhalten. Mit dem Wunsch, die letztgenannten Gruppen als Leser zu erreichen, korrespondiert allerdings auch die Feststellung zur Quellenlage, dass vielfach biographische und genealogische Quellen wie Kirchenbucheditionen und Ortschroniken, die zur Ermittlung von Lebenswegen herangezogen werden können, von interessierten und engagierten Laien ediert oder verfasst sind und nicht denselben Anspruch an Wissenschaftlichkeit haben oder zumindest nicht haben müssen wie wissenschaftliche Editionen. Trotzdem stellen sie oftmals die einzigen bearbeiteten Quellen dar und können auch im Folgenden berücksichtigt werden.

Diesem philologischen Erschließungs- und Pioniercharakter der vorliegenden Untersuchung einerseits, der Quellenlage und dem potentiellen Leserkreis andererseits ist auch der zwischen kompaktem Personenverzeichnis und Lesebuch schwankende Stil dieser Arbeit geschuldet, der durchaus weitere vertiefte Einzeluntersuchungen zulässt und vielfach geradezu einfordert. Diese Merkmale erleichtern jedoch die Entscheidung, im Sinne der Präsentation verschiedenartiger Quellen auch ausgewählte Abbildungen in den Text einzubinden. Dennoch gilt, dass die Gedichte in ihrer facettenreichen Gestaltung im Mittelpunkt stehen sollen. Dazu können im Einzelfall auch Gedichte gehören, die nur inschriftlich überliefert und erstmals modern am Ende des 20. oder Anfang des 21. Jahrhunderts ediert sind. Gerade im Bereich der biographischen Daten wie auch der genealogischen Zusammenhänge bleibt die vorliegende Arbeit je nach leserspezifischen Interessen jedoch ergänzungsbedürftig.

1.1. Zur Kulturlandschaft des früheren Herzogtums Braunschweig-Lüneburg

Das frühere Herzogtum Braunschweig-Lüneburg mit seinen dynastischen Einzellinien stellt einen vom Mittelalter bis in die Neuzeit weitgehend stabilen historischen, politischen und kulturellen Raum in Norddeutschland dar, der sich aufgrund seiner einheitlichen und geschlossenen Geschichte für eine regionalgeschichtliche Untersuchung geradezu anbietet.[4]

---

[4]   Als Ausgangspunkt für die vorliegende Untersuchung dient HAYE (2005), bei dem nur das 16. Jahrhundert in seiner Vielfalt grob umrissen wird.

Im Rahmen der Auseinandersetzungen zwischen Staufern und Welfen in Süddeutschland wurde Heinrich dem Löwen (* Ravensburg ca. 1129, † Braunschweig 06.08.1195) die Herzogswürde über Bayern und Sachsen im Jahr 1180 endgültig entzogen. Die Territorien wurden an das Erzbistum Köln, an die Wittelsbacher und die Askanier vergeben. Heinrich der Löwe begab sich nach seiner Verbannung im Jahr 1182 an den Hof seines Schwiegervaters König Heinrich II. und Schwagers Richard I. Löwenherz nach England ins Exil.[5]
Nach dem Tod Friedrich Barbarossas im Jahr 1190 erstarkte die welfische Opposition im Heiligen Römischen Reich wieder, und nach seiner Versöhnung mit Kaiser Heinrich VI. bezog Heinrich der Löwe gemeinsam mit seinen Söhnen Heinrich dem Langen, durch Heirat Pfalzgraf bei Rhein (* 1173, † Braunschweig 28.04.1227), dem Herrn von Haldensleben, Grafen von Poitou, Herzog von Aquitanien und späteren Kaiser Otto IV. (* Braunschweig 1175, † Harzburg 19.05.1218) und Wilhelm (* Winchester 11.04.1184, † Lüneburg 12.12.1213) wieder die Besitzungen in Braunschweig. Der vierte Sohn Lothar (* 1174, † 1190) war zwischenzeitlich verstorben. Auch wenn Wilhelm der dynastische Ausgangspunkt der Welfen in Braunschweig und Lüneburg ist, so wurde erst seinem Sohn Otto I. („das Kind", * 1204, † Lüneburg 09.06.1252) am 21. August 1235 die Würde eines Herzogs von Braunschweig-Lüneburg und die damit verbundene Erhebung in den Stand der Reichsfürsten durch Kaiser Friedrich II. auf dem Mainzer Hoftag zuerkannt. Die Verleihung des Herzogtitels stellte keine Restitution der Geschehnisse des Jahres 1180 dar, sondern bezog sich einzig auf den norddeutschen Allodialbesitz der Welfen und sparte auch gezielt die Bezeichnung „Sachsen" aus.[6] Mit Herzog Otto I. von Braunschweig-Lüneburg beginnt die über Jahrhunderte während herrschaftliche Kontinuität im heutigen östlichen Niedersachsen.
Um eine standesgemäße Versorgung von nichtregierenden Prinzen und deren Nachkommen zu gewährleisten, wurde das Territorium mehrfach unter dynastischen Nebenlinien aufgeteilt. Es entstanden die Fürstentümer Braunschweig-Wolfenbüttel, Lüneburg, Calenberg-Göttingen und Grubenhagen, sowie weitere Anwartschaften und Nebenlinien beispielsweise in Diepholz, Hoya, Harburg und

---

[5]   Vgl. SCHUBERT (1997), S. 453–471.

[6]   Vgl. SCHUBERT (1997), S. 504–506. Der Veranschaulichung der welfischen Dynastie mögen die Stammtafeln der frühen Welfen bei SCHUBERT (1997), S. 711 und S. 713 dienen. Die wichtigsten Aspekte der Übernahme Braunschweigs durch die Welfen und die Gründung des Herzogtums Braunschweig-Lüneburg sind überblicksartig dargestellt bei SCHNEIDMÜLLER (2009), während MAMSCH (2009) den politisch übergeordneten Thronstreit zwischen Staufern und Welfen darstellt. HUCKER (2009) spitzt seinen Überblick dabei besonders auf Otto IV. und dessen mit seinen Brüdern geteilte Macht über das welfische Territorium zu.

Bevern.[7] Die Fürsten der einzelnen Linien führten jeweils ergänzend den Titel eines Herzogs von Braunschweig-Lüneburg. Durchsetzen konnte sich besonders die Linie der Fürsten von Calenberg, so dass die einzelnen welfischen Territorien nach Aussterben der dynastischen Linien bis in die Zeit nach dem Dreißigjährigen Krieg wieder zusammenerworben wurden. Ab 1692 wurde Fürst Ernst August von Calenberg, Herzog von Braunschweig-Lüneburg (* Herzberg 20.11.1629, † Herrenhausen 23.01.1698) die Kurwürde zuerkannt.[8] Aus seinem Kurfürstentum Braunschweig-Lüneburg ging nach dem Wiener Kongress im Jahr 1814 das Königreich Hannover hervor. Selbständigkeit bewahrte sich daneben nur die Linie Braunschweig-Wolfenbüttel, aus der nach dem Wiener Kongress das Herzogtum Braunschweig gebildet wurde. Mit der Zuerkennung der Kurwürde, der Vormachtstellung Hannovers und spätestens mit dem Jahr 1700 liegt in der Geschichte der welfischen Länder ein deutlicher historischer Einschnitt vor, der den Übergang der frühen Neuzeit zum Zeitalter des Absolutismus und der Aufklärung kennzeichnet. Er soll in der vorliegenden Untersuchung als sinnvolle zeitliche Begrenzung gesetzt werden.

Innerhalb des welfischen Territoriums entwickelte sich nicht nur in den Residenzstädten, sondern auch in den größeren Bürgerstädten in zunehmendem Maße kulturelle Aktivität, die ihren Ausdruck in panegyrischen Huldigungsgedichten an die Herrscher, gebildeter Gelegenheits- oder Kasualdichtung an Akademiker oder Beamte und sonstiger gelehrter, im Anlass nicht gebundener Dichtung fand. Die Zentren der Literaturproduktion waren dabei in besonderem Maße die Lateinschulen, die Kirchengemeinden und die im Jahr 1576 gegründete *Academia Iulia* in Helmstedt.[9] „Welfendichtung" wurde somit zum wesentlichen Teil in Braunschweig, Celle, Clausthal, Einbeck, Gandersheim, Goslar, Göttingen, Hameln, Hannover, Helmstedt, Holzminden, Königslutter, Lüneburg, Northeim, Osterode, Uelzen und Wolfenbüttel betrieben. Neben den östlichen Exklaven beziehungsweise den nicht mehr zum heutigen Niedersachsen gehörigen Gebieten um Ilfeld und Hohnstein, Blankenburg, Hessen am Fallstein, Pabstorf, Calvörde, Klötze sowie dem

---

7   Zu den diversen Landesteilungen und dabei entstandenen Nebenlinien vgl. PISCHKE (1987). Für die territoriale Entwicklung im 16. Jahrhundert vgl. auch BOETTICHER (1998), S. 60–98.

8   Zur detaillierten Entwicklung der dynastischen Linien vgl. HEUVEL (1998), S. 149–159. Einen allgemeinen Überblick über die relevante Zeit bietet MÜNCH (1999).

9   Zur spätmittelalterlichen und frühhumanistischen Entwicklung des Schulwesens im Herzogtum Braunschweig-Lüneburg vgl. HAASE (1979), S. 144–145, zur frühneuzeitlichen Entwicklung vgl. ebenda S. 152–160. Einen Überblick über das städtische Schulwesen in Braunschweig im selben Zeitraum gibt DÜRRE (1861). Zur überregionalen Bedeutung der Universität Helmstedt, ihrer allgemeinen Geschichte, zum dortigen Universitätsbesuch und zur Herkunft der Studenten vgl. ALSCHNER (1998).

braunschweigisch-lüneburgisch besetzten Bischofsamt in Halberstadt mit Schloss
Gröningen korrespondierten auch die Stadt Hildesheim im gleichnamigen Bistum
sowie die Orte des Fürstentums Minden und der Grafschaften Schaumburg-Lippe,
Stolberg und Wernigerode aufgrund ihrer geographischen Nähe zumindest teilweise eng mit dem welfischen Kulturraum. Innerhalb oder auch zwischen einigen der
genannten Städte und Regionen bildeten sich oftmals stabile, regelrechte Personenzirkel von Verfassern und Widmungsempfängern heraus, die aus einem Fami-
lienverband, dem Freundes- oder Kollegenkreis stammten und sich zu verschiedenen Anlässen gegenseitig lateinische Kasualdichtung widmeten. Daneben wirkten
auch zahlreiche Einzelpersonen, die sich keinem Personenzirkel fest zuordnen
lassen oder oftmals auch vollkommen unabhängig ihre Gedichte publiziert haben.
Diese Personenzirkel ebenso wie Einzelpersonen in ihrem sozialen Umfeld auf-
zuzeigen, in Bezug auf ihre Interaktion zu rekonstruieren und prosopographisch,
biographisch wie auch genealogisch zu erschließen, ist ebenso das Anliegen der
vorliegenden Untersuchung wie die bibliographische und literaturwissenschaftliche Erschließung der nachweisbaren überlieferten lateinischen Dichtung aus den
welfischen Territorien. Durch die gute Unterstützung moderner bibliographischer
Datenbanken und Sammlungen soll eine repräsentative Auswahl und Darstellung
der Befunde gewährleistet werden, wenngleich eine vollständige Präsentation
oder gar Bearbeitung ausgeschlossen werden muss. Ausgeschlossen werden auch
Gedichte von im Herzogtum Braunschweig-Lüneburg geborenen Autoren, die jedoch außerhalb der welfischen Territorien in anderen sozialen Kontexten und für
andere Widmungsempfänger verfasst wurden. Ebenso ist nicht vorgesehen, Gedichte oder längere Abschnitte aus Gedichten editorisch wiederzugeben, da nahezu sämtliche Texte bereits aus ihrer Entstehungszeit in gedruckter Form vorliegen
und in Bibliotheken eingesehen werden können.
Sämtliche Personen werden im Zusammenhang der lateinischen Dichtung dargestellt und nicht auf die Wiedergabe ihrer jeweiligen Biographie beschränkt. In anderen Sprachen verfasste Gedichte und sonstige Texte werden nicht systematisch
einbezogen. Wenn Sammeldrucke neben lateinischen Gedichten auch einzelne
Gedichte in griechischer, deutscher oder hebräischer Sprache enthalten, so werden
die Texte und ihre Verfasser verzeichnet, aber nicht weiter in die Auswertung einbezogen. Für Verfasser und Widmungsempfänger werden die relevanten Lebensdaten, der Beruf, der Tätigkeitsbereich und eventuell belegte familiäre Bezüge
aufgeführt und Hinweis auf bereits bestehende biographische Nachweise in ein-
schlägiger Literatur gegeben, so dass jeweils der Ertrag des lateinischen Gedichts
und der damit verbundene Anlass im Mittelpunkt stehen.[10] Aufgenommen wer-

---

[10] Zur allgemeinen Entwicklung der deutschen Literatur ab dem Spätmittelalter und
im Zeitalter des Humanismus und der Reformation vgl. KÖNNEKER (1972). Zur re-

den beispielsweise auch die Funktionsbezeichnungen, mit denen Dichter ihr Werk
unterzeichnen, oder auch den Widmungsempfängern in Titel und Gedicht zuge-
schriebene Ämter, da diese Daten oftmals zur weiteren Erschließung des Umfelds
von Dichter und Empfänger beitragen. Bei der retrospektiven literaturhistorischen
Kartierung des früheren Herzogtums Braunschweig-Lüneburg können die folgenden Leitfragen aus der neueren Forschung als fortwährende Beobachtungs- und
Interpretationsanreize dienlich sein: „Wie konstituieren sich Literaturräume? Welche Rolle spielt die Literaturgeschichte bei der Konstituierung von Kulturräumen?
Wie schreibt sich eine Region in Literatur ein? Welcher Erkenntnisgewinn verbindet sich mit regionaler Betrachtung von Literatur? Welcher Literaturbegriff ist
einer regionalen Literaturgeschichte angemessen? [...] Wie ist das Verhältnis von
Literaturgeographie und literarischer Topographie? [...]."[11] Die dabei verwendeten
Begriffe sind ebenso wie der Titel der vorliegenden Untersuchung der geographischen Terminologie entlehnt, verstehen sich jedoch vielmehr in der Tradition
des Schiffskatalogs in Hom. *Il.* 2,494–759, dem in erster Linie die Funktion einer
konstatierenden Statistik zukommt.[12] Ebenso wie Homer dem Rezipienten der *Ili-
as* mit der Aufzählung der Herkunftsorte, Kommandanten sowie der jeweiligen
Schiffs- und Truppenstärke eine Landkarte beinahe der gesamten Achaia zeichnet,
entsteht im Folgenden eine „Landkarte in Worten"[13] des frühneuzeitlichen Herzogtums Braunschweig-Lüneburg.

---

gionalen mittelalterlichen und frühneuzeitlichen Literaturforschung im deutschen
Sprachraum vgl. die vielschichtigen Ansätze im Sammelband von TERVOOREN/HAU-
STEIN (2003*a*). Für Beispiele aus der neueren deutschen Literatur vgl. BÖHLER/HORCH
(2002).
IJSEWIJN (1990), S. 177–205 gibt einen groben Abriss des Neulateinischen im deutschen Sprachraum in seiner Vielseitigkeit. Für ähnliche Untersuchungen zur lateinischen Dichtung in anderen Regionen Deutschlands vgl. HAYE (2005), S. 151–152.
Als derzeit aktuellste Studie sei GREIFF (2006) genannt, die am Beispiel der Mark
Brandenburg lateinische Gedichte an die dortigen Herrscher präsentiert und auswer-
tet. Nicht hilfreich ist PANAGL (2004), deren Untersuchung nur den Aspekt der Panegyrik beleuchtet und dabei Fragen der historischen Realität nicht berücksichtigt.

[11]   TERVOOREN/HAUSTEIN (2003*b*), S. 6.

[12]   Vgl. LATACZ (2003), S. 263.

[13]   LATACZ (2003), S. 264.

1.2. Gelegenheitsdichtung als anlassgebundene Gebrauchsliteratur

Mit den Begriffen „Gelegenheits-" oder „Kasualdichtung" wird gemeinhin Dichtung bezeichnet, die für eine bestimmte Gelegenheit verfasst wurde. Er bezieht sich nicht auf Dichtung, die aus einer Gelegenheit heraus entstanden ist.[14] Die Gelegenheitsdichtung fand im deutschen Sprachraum ihre Blütezeit vom 16. bis zum 18. Jahrhundert, wobei der Dreißigjährige Krieg einen wichtigen Einschnitt markiert: bis zum Dreißigjährigen Krieg wurde Gelegenheitsdichtung überwiegend in lateinischer Sprache verfasst, während sich danach und besonders im Zeitalter des Barock die deutsche Sprache deutlich durchsetzte und vereinzelt auch noch lateinisch-deutsche Drucke entstanden. Als wesentliche Begründung dafür wird die Steigerung der Allgemeinverständlichkeit angenommen, in deren Gefolge auch unabhängig vom Stand, Beruf oder von Sprachenkenntnissen andere Verfasser bei einem Festanlass ein Gelegenheitsgedicht erstellen und für alle Anwesenden verständlich vortragen konnten. In lateinischer Sprache verfasste Gedichte hatten gegenüber deutschsprachigen Gedichten den Anspruch von gebildeter Exklusivität und mussten ein angemessenes Publikum erst finden.[15] Erwähnenswert ist in diesem Zusammenhang die Entwicklung der Werktitel, was sowohl für Gelegenheitsdichtung als auch -prosa gilt. In einer Übergangszeit im 17. Jahrhundert, in der die lateinische Sprache im Titel noch die genannte gebildete Exklusivität für einen folgenden deutschen Text gewährleisten sollte, sind Titel wie beispielsweise der des exemplarisch ausgewählten Wolfenbütteler Druckes *Consecratio Tori ...: Das ist / Christliche Beylager=Sermon Bey Beschlagung der Ehe-Decke ...* (1657, VD 17 23:335371Q) als Prinzip anzutreffen.

Gelegenheitsdichtung wurde von gelehrten Verfassern für den jeweiligen Landesherrn und seine Familie zu wichtigen Anlässen verfasst oder für wichtige Angehörige des Bürgertums wie beispielsweise einen Bürgermeister, einen Superintendenten oder für Patrizier und Honoratioren. Das niedere Bürgertum sowie Kaufleute und Handwerker waren im Regelfall durch die Ständeordnung als Empfänger von Gelegenheitsdichtung ausgeschlossen, was durch städtische Behörden

---

[14] Vgl. SEGEBRECHT (1977), S. 2–3. Zum aktuellen Forschungsstand im Allgemeinen vgl. den Tagungsband von KELLER/LÖSEL/WELS/WELS (2010), dessen Beiträge diverse Aspekte der Gelegenheitsdichtung analysieren. Gute Übersichten geben darin GARBER (2010) und KLÖKER (2010).

[15] Vgl. SEGEBRECHT (1977), S. 226–230. IJSEWIJN/SACRÉ (1998), S. 100–101 weisen darauf hin, dass oftmals griechische oder hebräische Einleitungen oder Eröffnungsgedichte den Anspruch des Verfassers noch weiter betonen sollten. Zur Rolle des Lateinischen als in Prosa und Dichtung aktiv zu beherrschender Gelehrtensprache der Neuzeit vgl. BUCK (1972), S. 13.

kontrolliert wurde.[16] Prägnant lassen sich die literarischen Dimensionen der Gelegenheitsdichtung folgendermaßen umreißen:

> „[Es] sind [...] vier Faktoren, die die Casuallyrik konstituieren: die ‚Herausgehobenen Fälle des menschlichen Lebens' repräsentieren dabei – erstens – die Gelegenheit (*casus*) selbst, für die gedichtet und gewünscht wird; daß diese Wünsche – zweitens – ‚in Gedichtform' erscheinen, unterscheidet sie zunächst äußerlich von Wünschen anderer Art und bringt sie darüberhinaus in eine wie immer geartete Beziehung zur Poesie; setzt jeder Wunsch ohnehin schon immer denjenigen voraus, der ihn äußert, so erscheint der Wünschende in der Casuallyrik darüberhinaus – drittens – als derjenige, der die spezifisch poetische Form des Wunsches persönlich verantwortet, sei es als Autor, als Unterzeichner oder auch nur als Benutzer von Vorlagen; und ebenso gehört – viertens – derjenige dazu, an den sich der Wunsch richtet und vor dem er ‚publiziert' wird, sei es durch Vortrag oder durch den Druck. Das Casualgedicht ist darüberhinaus ‚öffentlich', d. h. es ist so organisiert, daß es über den direkt Angesprochenen hinaus weitere Leser erreicht oder doch erreichen könnte."[17]

Nach der Maßgabe dieses Untersuchungsansatzes müssen somit Anlass, Form, Verfasser oder Bearbeiter und der oder die Widmungsempfänger jedes Gelegenheitsgedichts berücksichtigt und ausgewertet werden. Genealogische und biographische Daten können dabei ebenso ermittelt werden wie auch literarische τόποι, die in verschiedenen Gelegenheitsgedichten wiederkehren, und nicht individuell aussagefähig für das einzelne Gedicht und die beteiligten Personen sind.[18] Auch die Gestaltung des Gelegenheitsdrucks weist auf realitätsnahe Elemente einerseits und realitätsferne andererseits hin. Manche bürgerliche Personen des 16. Jahrhunderts sind auf diese Weise nur in einem einzigen Holzschnitt bildlich überliefert, während Druckstöcke für schmückende Auszierungen in den Druckereien vorrätig waren und für diverse Druckerzeugnisse dem Anlass entsprechend verwendet wurden. Die inhaltliche wie auch äußere Gestaltung von Gelegenheitsdichtung ist somit ein Anhaltspunkt für die wahre Historizität, allerdings auch ähnlich wie Familienanzeigen noch heute durch Konventionen der Gesellschaft sowie der Emblematik geprägt.

---

[16]   Vgl. Szyrocki (1997), S. 95.

[17]   Segebrecht (1977), S. 68–69.

[18]   IJsewijn/Sacré (1998), S. 101 weisen darauf hin, dass oftmals praktisch identische Texte mit Adaptationen wiederverwendet wurden. Segebrecht (1977), S. 152–161 nennt als Beispiele für gattungstypische Elemente der Gelegenheitsdichtung in Hochzeitsgedichten den Wunsch nach Nachkommenschaft und die damit verbundenen, bisweilen derben bis obszönen Anspielungen auf die bevorstehende Hochzeitsnacht.

Ebenfalls ein literarischer τόπος ist die Darstellung der Motivation, wie sie der Verfasser eines Gelegenheitsgedichts zum Ausdruck bringt. Er fühlt sich dem Widmungsempfänger verbunden, verpflichtet oder schuldig, will sich empfehlen, etwas von ihm erreichen oder bei ihm bewirken, ein Versprechen einlösen oder seine persönliche Abwesenheit entschuldigen. Dass sich mehrere Personen gegenseitig Gedichte widmen, ist auch ein Grund für den Verfasser und außerdem ein wichtiger Aspekt bei der Betrachtung des gesamten Umfangs an Gelegenheitsdichtung. Eine indirekte Form der Motivation ist das kommerzielle Verfassen von Gedichten, die gegen Honorar in Auftrag gegeben werden konnten und vom tatsächlichen Verfasser in modifizierter Form auch wiederverwendet wurden.[19]

Auch pflegt der Verfasser gelegentlich zu betonen, in welcher Eile er sein Gedicht habe abfassen müssen, weil ein unvorhersehbares bestimmtes Ereignis eingetreten war – auch wenn die angebliche Eile tatsächlich nur vorgeschützt war. So kann er seine unmittelbare Reaktion auf das Geschehen betonen und die eventuelle technische Unvollkommenheit in der Art entschuldigen, der Widmungsempfänger habe ein weitaus besseres Gedicht verdient gehabt, in der Kürze der Zeit sei dies aber nicht möglich gewesen. Diese Argumentation ist nicht als Zeichen von Eitelkeit zu deuten, sondern vielmehr als Ausdruck dichterischer Bescheidenheit.[20] Andererseits darf nicht unterschätzt werden, dass Gelegenheitsdichtung in großer Menge und neben der eigentlichen beruflichen Arbeit des Dichters mit geübter Routine abgefasst werden musste und ein Gelegenheitsgedicht im Regelfall unabhängig von seinem Umfang an einem Tag fertiggestellt wurde. Wenn kein aktueller Anlass vorlag und der Dichter sich dennoch beispielsweise seinem Landesherrn empfehlen wollte, konnte er thematisch auf ein Fest aus dem Jahreslauf zurückgreifen.[21]

Da Gelegenheitsdichtung aus ihrer Entstehungszeit heraus auch immer als Gebrauchsliteratur gesehen werden muss, ist die Frage der Überlieferung und Erhaltung von ebenso großer Bedeutung wie die Frage der Entstehung. Ähnlich den modernen Familienanzeigen oder modernen Glückwunschgedichten oder -reden

---

[19]   Vgl. SEGEBRECHT (1977), S. 175–185.

[20]   Vgl. SEGEBRECHT (1977), S. 206–211.

[21]   Vgl. SEGEBRECHT (1977), S. 188–189. Exemplarisch führt SEGEBRECHT die dichterische Schaffenspraxis des Simon Dach an. SZYROCKI (1997), S. 94–95 beschreibt die wichtigsten Merkmale der deutschsprachigen Gelegenheitsdichtung, die sich strukturgleich auch auf die lateinische Gelegenheitsdichtung in Deutschland übertragen lassen. Auch zitiert er die Kritik des Andreas Gryphius, der sich als wahrer Dichter versteht, an den kommerziellen Vielschreibern. Dazu vgl. außerdem MEID (2008), S. 44–46.

war die öffentliche Wirkung der Gelegenheitsdichtung begrenzt. Auch publizierte Texte wurden nur in geringer Auflagenhöhe mit geschätzt einhundert bis zu einhundertfünfzig Exemplaren gedruckt und im jeweiligen Umfeld verbreitet, wobei die Auflagenhöhe von Gelegenheitsdichtung tendenziell eher niedriger anzusetzen ist als die Auflagenhöhe von Gelegenheitsschriften wie Leichenpredigten. Erst die Verbreitung des Buchdrucks förderte die Reproduzierbarkeit von Gelegenheitsgedichten und avancierte zu einer sicheren Einnahmequelle für die Buchdrucker.[22]

Außerdem war der Widmungsempfänger des jeweiligen Drucks nicht immer der alleinige Adressat, denn die Gelegenheitsgedichte wurden auch weitergegeben und zirkulierten im Umfeld des Empfängers.[23] Zum Kreis der Rezipienten müssen folglich auch diese sekundären Leser hinzugerechnet werden, die ihrerseits auch außerhalb der Entstehungsregion des Gelegenheitsgedichts ansässig sein konnten. Der Widmungsempfänger konnte somit durch das Verteilen oder Verschicken des Gelegenheitsgedichts zeigen, dass ihm eine öffentliche Würdigung durch einen Dichter widerfahren war, was seiner eigenen Reputation diente, der Autor gab seinerseits Exemplare weiter, um seine Fähigkeiten und seinen dichterischen Fleiß zu präsentieren. Da einige künstlerische Mittel wie Chronogramme oder Anagramme beim einmaligen mündlichen Vortrag der Gedichte nicht zu erkennen waren, war der anschließende Druck, der im Einzelfall etwa bis zu einem halben Jahr nach dem eigentlichen Anlass erfolgen konnte, eine unabdingbare Voraussetzung, um durch das Lesen derartige Inventionen des Dichters entdecken und würdigen zu können.[24] Oftmals bemaß sich der gesellschaftliche Wert des Widmungsempfängers eines Gelegenheitsgedichts sowie seine Vornehmheit und Bedeutung aus der Zahl an Gedichten, die er zu einem Anlass gewidmet bekam.[25] Die im Laufe der Zeit immer mehr zunehmenden Auswüchse der Gelegenheitsdichtung beschreibt Friedrich Rudolph Ludwig von Canitz in seiner Satire *Von der Poesie* für die deutsche Literatur mit folgenden Worten:

---

[22]　Vgl. SEGEBRECHT (1977), S. 190–191. Zur Darstellung exemplarischer Verbreitungswege von Gelegenheitsschriften im Allgemeinen vgl. KORETZKI (1977), der für Leichenpredigten Auflagenhöhen bis zu eintausend Exemplaren erwähnt.

[23]　SEGEBRECHT (1977), S. 71 belegt ein Beispiel für die Aushändigung des Gelegenheitsdrucks an die Teilnehmer einer Trauerfeier im Barockzeitalter. KORETZKI (1977), S. 41 beschreibt den professionellen Vertrieb von Personalschriften über den Buchhandel.

[24]　Vgl. SEGEBRECHT (1977), S. 191–193.

[25]　Vgl. MEID (2008), S. 45.

Geht wo ein Schul-Regent in einem Flecken ab,
Mein GOtt! wie rasen nicht die Tichter um sein Grab;
Der Tod wird ausgefiltzt, daß er dem theuren Leben
Nicht eine längre Frist, als achtzig Jahr, gegeben;
Die Erde wird bewegt, im Himmel Lerm gemacht.
Minerva, wenn sie gleich in ihrem Hertzen lacht,
Auch Phöbus und sein Chor, die müssen, wider Willen,
Sich traurig, ohne Trost, in Flor und Boy verhüllen.
Mehr Götter sieht man offt auf solchem Zettel stehn,
Als Bürger in der That mit zu der Leiche gehn.
Ein andrer, von dem Pfeil des Liebens angeschossen,
Eröffnet seinen Schmertz mit hundert Gauckel-Possen,
Daß man gesundern Witz bey jenem Täntzer spührt,
Den die Tarantula mit ihrem Stich berührt.
Was er, von Kindheit an, aus Büchern abgeschrieben,
Das wird, mit Müh und Zwang, in einen Vers getrieben.[26]

Die im Umfeld verbreiteten Exemplare der gedruckten Gelegenheitsgedichte gingen im Regelfall in der Folgezeit verloren, weil der direkte persönliche Kontext nicht mehr gegeben war. Einzelne Exemplare gelangten auch in größere Sammlungen von Gelegenheitsdrucken, der weitaus größte Teil wurde aber oftmals nur bei den betroffenen Widmungsempfängern als Familien- und Personaldokument gelagert, denn auch die Autoren selbst sammelten nur im Einzelfall ihre eigenen Werke. So ist es heute durchaus möglich und sicher, dass Gelegenheitsgedichte nur noch in einem gedruckten Exemplar erhalten oder in unbestimmter Zahl für die Nachwelt und für moderne Untersuchungen vollständig verloren sind. Als Beispiel für die ausschließliche Überlieferung eines Gedichts aus dem Besitz des Verfassers sei der unter der Signatur *A: 37.8 Poet.* in der Herzog August Bibliothek in Wolfenbüttel erhaltene Sammelband des Pastors Anton Bolmeier aus Hameln genannt, in dem zwei von ihm verfasste Einblattdrucke (Faszikel *6* und *22*) als *unica* enthalten sind. Neben diesem personengebundenen Überlieferungsweg wurden viele Gelegenheitsschriften auch aufgrund ihrer im Laufe des 16. und 17. Jahrhunderts immer stärker künstlerisch ausgestalteten Titelblätter zum ornamentalen und ästhetischen Kauf- und Sammelobjekt, dessen Besitzer nicht mehr im direkten Kontext zu Verfassern oder Widmungsempfänger stehen musste.[27]

---

[26]   CANITZ/STENZEL (1982), S. 264.
[27]   Darauf weist KORETZKI (1977), S. 41–42 hin.

1.3. Zur Erschließung der Textquellen

In den welfischen Territorien ist lateinische Dichtung vereinzelt bereits ab der Schaffung des Herzogtums Braunschweig-Lüneburg in der Mitte des 13. Jahrhunderts entstanden, wenngleich Gedichte in relevanter Anzahl erst ab dem 16. Jahrhundert belegt sind. Die erste Blüte stellt dabei die politisch weitgehend stabile Zeit in den Jahren zwischen dem Augsburger Religionsfrieden im Jahr 1555 und dem Beginn des Dreißigjährigen Krieges im Jahr 1618 dar. Die zweite Blüte entsteht kontinuierlich während des Krieges, findet ihren Höhepunkt etwa zur Mitte des 17. Jahrhunderts und endet kurz vor der Wende zum 18. Jahrhundert.

Durch systematische Suche in Bestandskatalogen und Bibliographierungsprojekten (besonders im *Verzeichnis der im deutschen Sprachbereich erschienenen Drucke des 16. Jahrhunderts* VD 16 und im *Verzeichnis der im deutschen Sprachraum erschienenen Drucke des 17. Jahrhunderts* VD 17[28]) unter besonderer Berücksichtigung der regionalen Bibliotheksbestände (Göttingen, Niedersächsische Staats- und Universitätsbibliothek; Hannover, Gottfried Wilhelm Leibniz Bibliothek – Niedersächsische Landesbibliothek; Wolfenbüttel, Herzog August Bibliothek) kann eine repräsentative und zuverlässige Erfassung der überlieferten Dichtung gewährleistet werden.[29] Unabhängig von Themen und Anlässen ergibt sich für die Anzahl der ermittelten Drucke in Bezug auf die Erscheinungsjahre zwischen 1500 und 1700 die folgende Statistik.

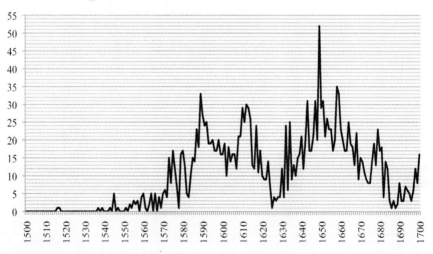

---

[28] Online-Ressourcen: http://www.vd16.de und http://www.vd17.de.

[29] DÜSELDER (1999), S. 184–195 beschreibt ähnliche Methoden und Probleme bei der Erschließung eines regionalen Bestandes an Leichenpredigten.

Aus der literaturwissenschaftlichen Untersuchung werden gezielt bedeutende Einzelpersonen und das mit ihnen verbundene Schrifttum ausgeschlossen, weil zu ihnen im Regelfall bereits spezielle Einzelstudien vorliegen oder nötig und im Rahmen der vorliegenden Untersuchung nicht angemessen möglich sind, da die von ihnen verfassten Gedichte statistisch betrachtet im Verhältnis zum gesamten ermittelten *corpus* an lateinischer Gelegenheitsdichtung von knapp 2050 einzelnen Drucken einen bedeutenden Teil der lateinischen Dichtung in den welfischen Territorien ausmachen und auch aus den betreffenden Gebieten herausweisen. Dies betrifft in besonderem Maße lateinische Gedichte, die die Helmstedter Professoren Johannes Caselius (* Göttingen 18.05.1533, † Helmstedt 09.04.1613) und Heinrich Meibom (* Alverdissen 04.12.1555, † Helmstedt 20.09.1625) verfasst haben oder Gedichte, die mit Herzog August II. von Braunschweig-Lüneburg (* Dannenberg 10.04.1579, † Wolfenbüttel 17.09.1666) und seiner Familie in Zusammenhang stehen oder auch besonders seine Söhne Herzog Rudolf August von Braunschweig-Lüneburg (* Hitzacker 16.05.1627, † Hedwigsburg 26.01.1704) und Herzog Anton Ulrich von Braunschweig-Lüneburg (* Hitzacker 04.10.1633, † Salzdahlum 27.03.1714) betreffen.[30] Gleichwohl sind auch diese Drucke im thematischen Teil und in der Übersicht der Drucker enthalten, ebenso wie die genannten Dichter im Einzelfall als Beiträger innerhalb eines Personenkreises erscheinen, dann aber nicht zu den tragenden Personen des jeweiligen Kreises gehören.

---

[30] Zu Caselius vgl. die Edition von KOLDEWEY (1902) sowie allgemein ZIMMERMANN (1926), S. 430–431, zu Meibom vgl. HENZE (1990), deren Studie diverse Einzeluntersuchungen und eine Werksübersicht der Gedichte Meiboms bietet, sowie allgemein biographisch JOHANEK (1990a) und ZIMMERMANN (1926), S. 428–429. Zu August und Anton Ulrich von Braunschweig-Lüneburg vgl. besonders HUECK (1982) und KRUMMACHER (2005) sowie für einen ersten Überblick zu Herzog August auch HEß (2004). Herzog August II. von Braunschweig-Lüneburg ist als Mitglied der Fruchtbringenden Gesellschaft erfasst bei CONERMANN (1985), S. 243–245, dort Nr. 227. Er wurde im Jahr 1634 aufgenommen. Johannes Caselius stammte aus einer rheinländischen Familie und hatte seinen Namen aus *Johannes Bracht von Kessel* zu *Kesselius* latinisiert und später zu *Caselius* beziehungsweise Κασήλιος transformiert. Zu seiner Abstammung und Biographie vgl. BAUTZ (1990a), KOLDEWEY (1902), S. V–XXXIV und KÄMMEL (1876). HENZE (2005), S. 130–131, dort Nr. 62 erwähnt ein Ölgemälde aus dem ehemaligen Helmstedter Universitätsgebäude, auf dem Caselius abgebildet ist und gibt biographisch eingeordnete Hinweise zur Entstehung des Bildes. Das bei HENZE (2005), S. 194–195, dort Nr. 124 beschriebene Grabdenkmal des Johannes Caselius in der Universitätskirche St. Stephani in Helmstedt ist nicht erhalten. Seine Inschrift bezeichnet den Verstorbenen wie bereits zuvor auch auf dem Epitaph für seinen Vater als *phoenix Germaniae*. Das Epitaph des Vaters Matthias Caselius befand sich im 18. Jahrhundert noch in Göttingen. Dazu vgl. ARNOLD (1980), S. 126–127, dort Nr. 121.

Mit einzelnen Ausnahmen bereits bekannter wesentlich früherer lateinischer Dichtung bleibt dabei die Recherche in Handschriften- und Inkunabelkatalogen (besonders im *Gesamtkatalog der Wiegendrucke* GW, im *Incunabula Short Title Catalogue* ISTC, im *Inkunabelkatalog* INKA, im *Inkunabelkatalog der Bayerischen Staatsbibliothek* BSB-Ink und in der *Verteilten Digitalen Inkunabelbibliothek* vdIb[31]) ergebnislos.

Auch für die Zeit vor der Erfindung des Buchdrucks ist lateinische Dichtung im Herzogtum Braunschweig-Lüneburg nur in begrenztem Maße belegt.[32] Besonders zu nennen ist dabei das Epos *Herlingsberga*, das von Heinrich Rosla in 477 Hexametern vermutlich gegen Ende des 13. Jahrhunderts verfasst und im Jahr 1652 von Johann Heinrich Meibom, dem Sohn des bereits erwähnten Helmstedter Professors Heinrich Meibom, in Lüneburg herausgegeben und kommentiert wurde (VD 17 23:305392A). Das Epos hat die Zerstörung der Festung Herlingsberg bei Vienenburg am nördlichen Harzrand im Jahr 1291 durch die Truppen des Bischofs von Hildesheim gegen Herzog Heinrich „den Wunderlichen" von Braunschweig-Lüneburg, den Fürsten von Grubenhagen, zum Inhalt und ist nur in einer einzigen Handschrift als Teil einer Kompilation überliefert (Hannover, GWLB: *Ms XIII 859*, *fol.* 171[v]–179[r]).[33] Dietrich Engelhus (* Einbeck ca. 1362, † Kloster Wittenburg 1434), der Kompilator dieser überlieferten Sammlung, hat für seine *Origo Saxonum et terre Saxonie commendacio* Passagen aus dem Epos *Herlingsberga* ebenso ausgewählt wie 352 leoninische Hexameter aus der *Saxonia* des Dietrich Lange aus Einbeck, die in der zweiten Hälfte des 14. Jahrhunderts entstanden sein dürfte und in den ausgewählten Passagen möglicherweise die Frühgeschichte und ein Lob der braunschweigischen Welfen darstellte (Hannover, GWLB: *Ms XIII 859*, *fol.* 164[r]–171[v]).[34] Der besondere Wert der gesamten Kompilation, zu der ferner noch Verse aus dem *Pantheon* des Gottfried von Viterbo gehören, besteht einzig in der Überlieferung dieser lateinischer Gedichtpassagen, die als selbständige Texte nicht mehr erhalten sind.[35]

---

[31] Online-Ressourcen: http://www.gesamtkatalogderwiegendrucke.de, http://www.bl.uk/catalogues/istc, http://www.inka.uni-tuebingen.de, http://mdzx.bib-bvb.de/bsbink/start.html und http://inkunabeln.ub.uni-koeln.de.

[32] Zur mittellateinischen Dichtung im sächsisch-niedersächsischen Raum vgl. HAYE (2010).

[33] Vgl. WAWRZYNIAK (1992).

[34] Vgl. WORSTBROCK (1985).

[35] Zu Dietrich Engelhus vgl. BERG/WORSTBROCK (1980), Sp. 558–559. Die gesamte Handschrift ist beschrieben bei HÄRTEL/EKOWSKI (1982), S. 203–212, die *Origo Saxonum et terre Saxonie commendacio* darin auf S. 211.

Neben den bereits bibliographierten und bibliothekarisch erschlossenen Biblio-
theksbeständen existieren ferner kleinere Einzelbestände an neuzeitlichen Handschriften, noch nicht erfassten Drucken und Archivgut in kleineren Bibliotheken
sowie Staats- und Stadtarchiven. Zum Auffinden von biographisch relevantem
Sekundärmaterial wird deshalb in vielen Fällen die Datenbank *izn-AIDA* des Niedersächsischen Landesarchivs in Hannover herangezogen.[36] Außerdem werden
auch Gelegenheitsgedichte in griechischer oder hebräischer Sprache am Rande
der Untersuchung weitgehend miterfasst und jeweils als Hinweis ergänzt, werden
jedoch nicht eingehend ausgewertet.

Für jeden im Folgenden analysierten Gelegenheitsdruck werden jeweils eine
vollständige Titelaufnahme, die wichtigsten formalen Daten des Druckes sowie
das im Original oder in Reproduktion eingesehene Exemplar mit Ort und Signatur angegeben. Die Titelaufnahmen erfolgen zeichengetreu unter Auslassung von
Sperrungen, Zierelementen, Abbildungen, Druckermarken u. ä. sowie ohne Berücksichtigung von Fraktur-, Antiqua- und jeweils Kursivsatz. Abbreviaturen und
Ligaturen sind mit Ausnahme von Namen, Titeln u. ä. aufgelöst und durch eckige
Klammern kenntlich gemacht. Gemäß dem Regelwerk zur Bestimmung von Fingerprints wird in den Titelaufnahmen außerdem das seitenverkehrte *C* in Jahres-
angaben in Verbindung mit *I* oder *CI* durch ein *S* als *IS* und *CIS* wiedergegeben.[37]
Auch die zitierten Textpassagen werden streng zeichengetreu unter Beibehaltung
von Orthographie, Interpunktion und Sonderzeichen wie beispielsweise der Liga-
tur *&* für *et* wiedergegeben und erscheinen nicht normalisiert.

Für die Kennzeichnung der Bestände in Bibliotheken und Archiven kommen folgende Abkürzungen zur Verwendung:

Aurich, StA = Niedersächsisches Landesarchiv – Staatsarchiv
Berlin, SB = Staatsbibliothek – Stiftung Preußischer Kulturbesitz
Braunschweig, StB = Stadtbibliothek
Detmold, StA = Landesarchiv Nordrhein-Westfalen, Abteilung Ostwestfalen-Lippe –
    Staatsarchiv
Dresden, SLUB = Sächsische Landesbibliothek – Staats- und Universitätsbibliothek
Düsseldorf, StA = Landesarchiv Nordrhein-Westfalen, Abteilung Rheinland – Staats-
    archiv
Eddesse, KA = Kirchenarchiv der ev.-luth. Kirchengemeinde Eddesse-Dedenhausen
Gießen, UB = Universitätsbibliothek
Göttingen, SUB = Niedersächsische Staats- und Universitätsbibliothek
Halle an der Saale, ULB = Universitäts- und Landesbibliothek Sachsen-Anhalt

---

[36]   Online-Ressource: http://aidaonline.niedersachsen.de.
[37]   Vgl. die Hinweise bei MÜLLER (1992), S. 28, dort Regel III.4.b.1.b.

Hameln, StA = Stadtarchiv
Hannover, GWLB = Gottfried Wilhelm Leibniz Bibliothek – Niedersächsische Landes-
   bibliothek
Hannover, HStA = Niedersächsisches Landesarchiv – Hauptstaatsarchiv
Hannover, LkA = Landeskirchliches Archiv der ev.-luth. Landeskirche Hannovers
Jena, ThULB = Thüringer Universitäts- und Landesbibliothek
Jever, MG = Bibliothek des Mariengymnasiums
Kiel, UB = Universitätsbibliothek
København, KB = Det Kongelige Bibliotek
München, BSB = Bayerische Staatsbibliothek
Oldenburg, StA = Niedersächsisches Landesarchiv – Staatsarchiv
Weimar, HAAB = Herzogin Anna Amalia Bibliothek – Klassik Stiftung Weimar
Wolfenbüttel, HAB = Herzog August Bibliothek
Wolfenbüttel, StA = Niedersächsisches Landesarchiv – Staatsarchiv
Zwickau, RSB = Ratsschulbibliothek

1.4. Hinweise zur Vorgehensweise bei der Erschließung der relevanten Texte

In den Kapiteln 2.2.1.–2.2.10. und 2.2.12–2.2.15. sind sämtliche Drucke von lateinischen Gelegenheitsgedichten nach Themen und Anlässen sortiert und ausschließlich bezüglich ihrer Widmungsempfänger sowie ihrer wichtigsten Verfasser
in chronologischer Reihenfolge unter Hinzufügung der bibliographischen Nachweise genannt. In den Kapiteln 2.2.11. und 3.1.1.–3.2.5. sind ausgewählte Drucke
dieses gesamten *corpus* der lateinischen Gelegenheitsdichtung im früheren Herzogtum Braunschweig-Lüneburg von knapp 2050 einzelnen Drucken in historischen, biographischen und prosopographischen Kontexten detailliert beschrieben
und analysiert. Etwa ein Drittel der dort herangezogenen Drucke ist exemplarisch
vollständig und ausführlich interpretiert, was im Anschluss an den Bestandsnach-
weis durch Asterisk kenntlich gemacht ist. Dies kann auch lateinische Gedichte
betreffen, die deutschen Texten oder lateinischer Prosa beigegeben sind.
Im Register sind die in beiden genannten Abschnitten erwähnten Personen gleichermaßen berücksichtigt, so dass weitere Verbindungen zwischen Personen und
Texten für weiterführende Untersuchungen auch über das Register ermittelbar
sind. Für die in den Kapiteln 1.3. und 2.2.11. sowie 3.1.1.–3.2.5. erwähnten Personen sind bei ihrer ersten Nennung innerhalb dieser Abschnitte die jeweils ermittelbaren Personendaten (berufliche Funktionen und Ämter, Geburtsort und -tag,
Sterbeort und -tag) aus Pastorenverzeichnissen, Lehrerverzeichnissen, Matrikeln

(Universitäten Helmstedt, Wittenberg und Rostock; andere nur im Einzelfall), biographischen Lexika, der Reihe *Die Deutschen Inschriften* und sonstigen genannten Quellen wie beispielsweise auch aus dem Gesellschaftsbuch der *Fruchtbringenden Gesellschaft* in der Form (..., * ..., † ...) angeführt.[38] Für Personen, deren Daten nur einem Matrikeleintrag entnommen sind, ist der Geburtsort als nicht absolut sicher anzusehen, weil der Herkunftsort in Matrikeleinträgen ebenso auch den derzeitigen Wohnort angeben oder im Falle eines nach einer Stadt benannten Territoriums, Amtes oder einer Diözese auch die Verwaltungseinheit anstelle der gleichnamigen Stadt meinen kann. In den genannten Abschnitten erwähnte Personen, für die keinerlei biographische Daten ermittelt werden können, sind durch *(...)* zu erkennen. Dies trifft regelmäßig auf nicht ermittelbare *anonymi*, häufiger auf einfache Dorfpastoren oder -lehrer sowie zudem sehr oft auf Frauen zu, für die keine Leichenpredigten belegt sind und deren biographische Daten nur durch intensive Archivstudien ermittelbar wären. Außerdem sind aus Matrikeleinträgen keine geschätzten Geburtsjahre berechnet. Im Regelfall ist in der betreffenden Zeit die Geburt fünfzehn bis zwanzig Jahre vor der Immatrikulation anzusetzen. Außerdem sind fortlaufend weitere, den jeweiligen historischen Drucken entnommene biographische Angaben ergänzt, so dass sich das möglichst vollständige Bild einer Person erst aus der Zusammenführung aller im Register verzeichneten Stellen ergibt.[39] Es ist zu vermuten, dass außerdem die oftmals materialreichen Schulprogramme des 19. Jahrhunderts aus der betreffenden Region ebenso wie die Reihen *Deutsches Geschlechterbuch* und *Trauregister aus den Kirchenbüchern Südniedersachsens* zum Auffüllen weiterer biographischer und genealogischer Lücken im Einzelfall beitragen könnten.

---

[38]   Neben den bereits publizierten und herangezogenen Bänden der Reihe *Die Deutschen Inschriften* sind weitere Bände bei der Inschriftenkommission der Akademie der Wissenschaften zu Göttingen noch im laufenden Projekt in Bearbeitung und können ebenfalls relevantes Material enthalten.

[39]   Biographische Daten der erwähnten Personen sind ohne weitere Kennzeichnung regelmäßig auch den Informationen von *Das Verzeichnis der im deutschen Sprachraum erschienenen Drucke des 17. Jahrhunderts* (Online-Ressource: http://www.vd17.de) und von *Gemeinsamer Bibliotheksverbund* (Online-Ressource: http://www.gbv.de) entnommen.

Replik des Braunschweiger Löwen auf dem Burgplatz in Braunschweig.
(Foto: Matthias Bollmeyer, 13. Oktober 2009)

2. Die äußeren Erscheinungsformen der Gedichte

Die Gliederung der Gelegenheitsgedichte ist grundsätzlich nach formalen dichterischen Kriterien wie Gattung, Versmaß und Strophenform oder nach inhaltlichen Kriterien wie Themen und Anlässen möglich.[40] Da die Gedichte eines Anlasses untereinander naturgemäß wesentlich mehr Ähnlichkeiten zeigen als die Gedichte einer Gattung oder gar eines Versmaßes, scheint für die anschließende überblickende Präsentation der Gelegenheitsdichtung die Schwerpunktsetzung auf Themen und Anlässe nach vorhergehenden knappen Anmerkungen zur dichterischen Form zweckmäßig. Ziel der folgenden Darstellung der dichterischen Formen ist ein Überblick, nicht die vollständige Darstellung der lateinischen Dichtung des 16. und 17. Jahrhunderts. Insofern betreffen die folgenden Hinweise zu den dichterischen Formen auch nur ausgewählte charakteristische Aspekte der frühneuzeitlichen Gelegenheitsdichtung am Beispiel des Herzogtums Braunschweig-Lüneburg, ohne dem Anspruch genügen zu wollen, einen vollständigen metrischen Abriss der Epoche zu bieten.

2.1. Dichterische Formen

Analog zu den in metrisch gebundener Sprache verfassten Werken der Antike und des Mittelalters sind alle Versmaße der lateinischen Dichtung in den frühneuzeitlichen Gelegenheitsgedichten aus dem Herzogtum Braunschweig-Lüneburg vertreten, so dass gleichermaßen epische, elegische, iambische und äolisch-lyrische Dichtungen vorliegen, jeweils in ihre Unterformen wie Epos, Hymnus, Elegie, Epigramm usw. ausdifferenziert.[41] Einzelne Metren weisen ferner auf die spätantiken Autoren Boëthius und Prudentius hin oder scheinen in Anlehnung an antike Vorbilder weitgehend frei komponiert zu sein. In den Titeln einiger Gedichte

---

[40]   Vgl. MEID (2008), S. 66.

[41]   Zur antiken lateinischen Metrik vgl. HALPORN/OSTWALD (1994), zur mittellateinischen Metrik vgl. KLOPSCH (1972). Eine historische Einordnung der lateinischen Gelegenheitsdichtung des Humanismus und ihrer *genera* in die neulateinische Literatur nimmt LUDWIG (1997), S. 337–338 vor.

werden auch nicht weiter spezifizierte Bezeichnungen wie *carmen* (oftmals ergänzt um *gratulatorium* oder spezifiziert durch *heroicum* und *elegiacum*), *poema*
oder μέλος verwendet. Die folgenden Anmerkungen zu den dichterischen Formen
dienen dem Überblick im Rahmen der Untersuchung der lateinischen Gelegenheitsdichtung im Welfenland und haben darüber hinaus nicht den Anspruch der
Vollständigkeit oder Allgemeingültigkeit.
Auch wenn praktisch alle lateinische Gelegenheitsdichtung in gedruckter oder
verschriftlichter Form vorliegt, sind vereinzelt auch metrische Inschriften auf Gebäuden und allen Formen von Denkmälern belegt.[42]

2.1.1.   Epische Dichtung: Hymnus, Ekloge und Epos

Die epische Dichtung ist in die beiden Kleinformen Hymnus und Ekloge sowie
die Großform des Epos einzuteilen. Zur Bezeichnung des Versmaßes kann im
Titel des Gedichts beispielsweise *heroicis versibus* erscheinen (VD 16 N 1378),
oder das Gedicht ist als *carmen heroicum* betitelt (VD 16 B 8447). Der in daktylischen Hexametern abgefasste Hymnus ist ursprünglich Gedichten vorbehalten,
die an antike Gottheiten gerichtet sind, so beispielsweise die *Homerischen Hymnen*. Ein Hymnus dient regelmäßig dem Lobpreis einer Gottheit und findet entsprechend zu Ehren des christlichen Gottes auch in der Dichtung der christlichen
Latinität seine Verwendung. In christlichem Kontext können *hymni* außerdem
auch auf biblische Personen wie Maria als Gottesgebärerin, beliebige Heilige
oder auch auf kirchliche Anlässe und Feste verfasst sein.[43] Sowohl der antike
als auch der christliche Hymnus ist im engeren Sinne eine Liedform und kann
gesungen werden.
Mit der Gattungsbezeichnung Ekloge werden gemeinhin Gedichte bezeichnet,
die die idyllische Welt der Bukolik zum Inhalt haben, wenngleich der eigentliche Wortsinn sich nur auf ein kurzes Gedicht mit ausgewähltem Stoff bezieht.
Die bedeutendsten Vertreter der Eklogendichtung in der Antike sind Theokrit und
Moschos einerseits und in ihrem Gefolge Vergil andererseits. Obwohl bukolische
Elemente auch in der frühen Neuzeit als τόποι bedeutsam bleiben, weitet sich
der Umfang der Stoffe, und es entstehen praktisch ausschließlich von Gelehrten
an Schulen und Universitäten verfasste Eklogen: „In der fast uferlosen Eklogen-
Dichtung deutscher Humanisten findet sich ein breites thematisches Spektrum

---

[42]   Vgl. IJsewijn/Sacré (1998), S. 125.
[43]   Vgl. IJsewijn/Sacré (1998), S. 104–106.

wieder: Panegyrik und Zeitkritik, Trauerlied und Triumphlied, Satirisches und Allegorisches, Christliches und Profanes."[44] Das Epos als Großform behandelt in erhabenem Stil thematisch bedeutsame Stoffe oder Stoffkreise und zeigt typische Gestaltungsmerkmale wie die ἔκφρασις, Kataloge, formelhafte Sprache und *epitheta ornantia*. Parallel zum Handeln der Menschen besteht ein Götterapparat, und die Gottheiten greifen aus ihrer Sphäre in die Sphäre der Menschen ein und beeinflussen Handlung und Fortgang. Oftmals lassen sich mehrere Epen einem stofflichen Kreis zuordnen, so dass sie sich gegenseitig ergänzen und erklären. Besonderheiten des Humanismus im Allgemeinen sind die epischen Ergänzungen zu abgeschlossenen antiken Stoffen, die die Handlung des antiken Epos vervollkommnen oder inhaltlich erschließen sollen wie beispielsweise die diversen *Aeneis*-Supplemente.

2.1.2.   Elegische Dichtung: Epigramm und Elegie

Die Dichtung aus Verspaaren im elegischen Distichon hat im Gegensatz zur epischen Dichtung nicht den Anspruch, heroische Stoffe zu vertreten. In der Tradition von Kallimachos, Cornelius Gallus, Catull, Ovid, Tibull und Properz vertritt die elegische Dichtung zumeist persönliche emotionale Stoffe, wird von sehnsüchtiger oder unerfüllter Liebe und Schwermut geleitet und steht deshalb mit ihrer subjektiven und bisweilen ironischen Haltung diametral gegen die heroischen Elemente der Epik wie auch gesellschaftliche Positionen.[45] Da viele subjektive Inhalte antiker Elegien in der frühen Neuzeit fälschlicherweise autobiographisch interpretiert wurden, enthalten neulateinische Elegien dieser scheinbaren Konvention folgend auch oftmals autobiographische Züge.[46]
Während in der antiken Literatur Epigramm und Elegie besonders durch ihren Textumfang zu unterscheiden sind, deckt die Gattung des Epigramms in der neuzeitlichen Dichtung einen wesentlichen Bereich der kleineren Gelegenheitsgedichte ab und hat oftmals besonders den Charakter eines prägnanten und knappen Widmungsgedichts, dem weitere, ausführlichere Gedichte folgen oder das auch in Prosa abgefassten Werken vorangestellt ist.[47] Das antike Stilideal elegischer Dichtung lebt auch im Humanismus fort, die Betitelung als *Elegia* bekommt je-

---

[44]   Vgl. im Allgemeinen EFFE/BINDER (2001), zur Eklogendichtung im deutschen Humanismus besonders S. 179–183, hier S. 179. Vgl. auch LUDWIG (1997), S. 346–347.

[45]   Zur römischen Elegie im Allgemeinen vgl. HOLZBERG (1990).

[46]   Darauf weist LUDWIG (1997), S. 348 hin.

[47]   Vgl. IJSEWIJN/SACRÉ (1998), S. 111 und NIEFANGER (2006), S. 96.

doch zunehmend den Charakter einer ausschließlichen Kennzeichnung des Versmaßes bei gleichzeitigem Zurückdrängen genuin elegischer Inhalte. In solchen Fällen ist als Ergänzung im Titel dann ein den Inhalt näher bezeichnendes Attribut beigefügt, beispielsweise *Elegia funebris* (VD 16 O 796), *Elegia consolatoria* (VD 16 O 638), *Elegia nuptialis* (VD 16 F 2652) oder *Elegia hortatoria* (VD 16 B 8354). Bisweilen ist statt *Elegia* auch die Betitelung als *Carmen elegiacum* belegt (VD 16 O 1323).[48]

2.1.3. Iamben

Iambische Dichtung erscheint in der lateinischen Literatur ab der Antike formal im Regelfall als iambischer Trimeter oder iambischer Senar sowie als Choliambus, dem skazontischen iambischen Trimeter. Der iambische Senar stellt dabei den lateinischen Sprechvers der Dramen dar, der durch seine Möglichkeiten der metrischen Auflösung diverse Variationen zulässt und dessen wichtigste Vertreter Plautus, Terenz und Phaedrus sind. Iamben erscheinen auch in einigen Formen der Epode nach horazischem Vorbild. Außerdem werden Iamben oftmals in der Gestalt der *iambi puri* oder des Choliambus für die literarische Satire sowie Spott- und Scherzgedichte verwendet. Die in der Tradition des Kallimachos stehenden Neoteriker Catull, Calvus, Helvius Cinna und Furius Bibaculus sind dabei als wichtigste Repräsentanten und Vorlagen der neuzeitlichen Dichter zu nennen. Durch die Verwendung auf der Bühne sowie die Aspekte der Satire, des Scherzes und des Spotts erscheint iambische Dichtung der Antike wie auch der frühen Neuzeit bei allgemeiner thematischer Breite oftmals volkstümlich, bissig oder derb.[49] Kennzeichnend sind Iamben im Regelfall somit für leichte und scherzhafte Themen, wohingegen ernste, seriöse und emotionale Stoffe nicht in iambischen Versen erscheinen.

2.1.4. Äolisch-lyrische Dichtung

Zur Gruppe der äolisch-lyrischen Dichtung gehören die besonders nach den antiken Vorbildern der Sappho, des Pindar und des Horaz verfassten Oden in Strophenform, die ursprünglich für den gesungenen Vortrag vorgesehen waren. Im

---

[48]   IJSEWIJN/SACRÉ (1998), S. 80–84 geben einen Überblick zu Elegie und Epigramm. Zur elegischen Dichtung im Allgemeinen vgl. auch LUDWIG (1997), S. 348.

[49]   Vgl. KÜHNEL (1990), S. 225.

Verhältnis zur epischen Dichtung in daktylischen Hexametern und zur elegischen Dichtung in elegischen Distichen sind die Formen der äolisch-lyrischen Dichtung für die lateinische Gelegenheitsdichtung im Herzogtum Braunschweig-Lüneburg deutlich weniger relevant und nur selten vertreten, zumeist in der Gestalt der alkäischen oder sapphischen Strophe. In wenigen Einzelfällen sind auch sehr frei gestaltete äolische Metren in Anlehnung an die horazische Dichtung belegt, ohne konkrete antike Entsprechungen zu haben. Es ist auch zu berücksichtigen, dass seit humanistischer Zeit oftmals verallgemeinert auch ein sonstiges für den Gesang bestimmtes Gedicht oder Lied in Strophenform als Ode bezeichnet wird, ohne dass es nach den antiken Kriterien tatsächlich eine Ode ist. Als besondere Vertreter der äolisch-lyrischen Dichtung sind die diversen parodistischen Nachdichtungen antiker Vorbilder zu nennen, unter denen sich die meisten auf horazische Vorlagen beziehen, was vom Dichter teilweise auch konkret im Titel des Gedichts angeführt wird.[50] Beispielhaft seien dafür die Drucke VD 16 L 3133 und N 2118 genannt.

2.1.5. *cento*

Die *centones* der Humanisten stehen in der spätantiken Tradition des *Cento nuptialis* des Ausonius sowie des *Cento Probae* der Proba aus dem 4. Jahrhundert, in denen jeweils vergilische Verse zu einem Epithalamion transformiert, beziehungsweise die christliche Heilsbotschaft in die Gestalt der antiken Bukolik gekleidet wird.[51] Bedingt durch die Vorlagen sind *centones* epische Dichtung aus daktylischen Hexametern. Beispiele für *centones* nach vergilischen Versen sind die Drucke VD 16 F 566, M 1929, M 1930, M 1932, ZV 2927 sowie VD 17 3:016401R, M 1943 23:264965Z, 23:321274M und 23:681845H, Beispiele für *centones* nach Ovid die Drucke VD 16 ZV 6850 und VD 17 23:248582D. Weitere antike Dichter sind als Vorlagen für das Verfassen von *centones* im Herzogtum Braunschweig-Lüneburg nicht belegt.

---

50 Zur Form der Ode vgl. MEID (2008), S. 75–80, NIEFANGER (2006), S. 95 und IJSEWIJN/SACRÉ (1998), S. 86–89. Zum phaläkeischen Hendekasyllabus im Speziellen vgl. IJSEWIJN/SACRÉ (1998), S. 95–97.

51 Vgl. IJSEWIJN/SACRÉ (1998), S. 132 und EFFE/BINDER (2001), S. 148–151 sowie allgemein HORSTMANN (2004), S. 290–301 und SCHWEIKLE (1990b), S. 76.

2.2. Themen und Anlässe

Die Themen und Anlässe, zu denen gelehrte Dichtung verfasst wurde, sind in ihrer Vielseitigkeit dem Alltag der Verfasser und Empfänger nachempfunden.[52] Ermittelbar sind Gedichte zur Geburt eines Kindes, zur Hochzeit, zum Abschied oder Weggang, zum Tod, zur Beerdigung und an die Hinterbliebenen. Dazu kommen individuelle Lob-, Preis-, Glückwunsch- und Mahngedichte zu persönlichen, akademischen oder beruflichen Anlässen. Als Gedichte an bedeutsamen Wendepunkten des individuellen menschlichen Lebens können derartige Gelegenheitsgedichte als *rites de passage* gedeutet werden.[53] Unabhängig von Personen und zumeist auch von Anlässen sind die Stadtlobgedichte, religiöse und historische Dichtung sowie Parodien antiker Gedichte und dramatische Dichtung. Auch wenn diese Gedichte nicht Gelegenheitsgedichte im engeren Sinn sind, erhalten sie im Regelfall durch ihre Einbindung in die Gegenwart des Dichters oder des Widmungsempfängers einen okkasionellen Charakter, weshalb auch diese Gedichte im Folgenden ohne Ausschluss erfasst sind. Die Bezeichnungen der einzelnen Gedichttypen nach Anlässen folgen dabei der antiken Terminologie und stehen auch in ihrer literarischen Tradition, zeigen jedoch im Detail abweichende oder andere inhaltliche Tendenzen. Die Angabe des Anlasses oder der Gattung im Titel und auch das Metrum sind deshalb allein keine ausreichend kennzeichnenden Merkmale, vielmehr ist eine individuelle genaue Analyse zur Interpretation nötig. Dabei ist jeweils zu prüfen, wie weit verschiedene Bezeichnungen als Synonyme gebraucht werden oder wirklich verschiedene Formen benennen.[54]

Auch die Verteilung der Anzahl der verfassten Gedichte auf die einzelnen Anlässe ist kulturgeschichtlich aufschlussreich und muss berücksichtigt werden. Sie ist in der folgenden Grafik dargestellt.

Ersichtlich ist, dass über die Hälfte aller Drucke mit lateinischen Gelegenheitsgedichten zu Heirat und Tod entstehen, da in der Gruppe der Glückwunschgedichte verschiedene persönliche Anlässe wie Geburt, Geburtstag, Studienabschluss oder Amtsantritt zusammenfallen. Nur weniger als jeder zehnte Gedichtdruck beschäf-

---

[52] BARNER (1970), S. 78 prägt für die Klassifizierung nach Themen und Anlässen den Begriff der „literarische Zweckformen". KLÖKER (2010), S. 67–71 gibt einen Überblick über Anlässe und ihre Häufigkeiten in Bezug zu regionalen Unterschieden. Vgl. auch die Auflistung der Anlässe bei KIRWAN (2010), S. 123, NIEFANGER (2006), S. 105 und SZYROCKI (1997), S. 95.

[53] Vgl. KIRWAN (2010), S. 123.

[54] Vgl. GREIFF (2006), S. 77–78.

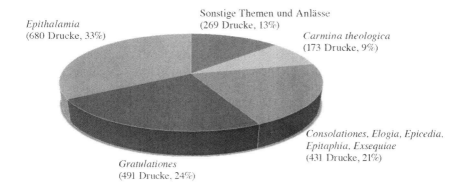

tigt sich mit einem theologisch motivierten Inhalt, wobei auf sonstige Themen und Anlässe noch wesentlich weniger einzelne Drucke entfallen. Bereits diese Übersicht zeigt, dass die lateinische Gelegenheitsdichtung im Herzogtum Braunschweig-Lüneburg als biographisches und damit personen-, familien- und kollegienbezogenes Phänomen gedeutet werden muss.

Im Folgenden werden die Grundzüge der jeweiligen Gattung kurz erläutert, einzelne wichtige Beispiele genannt und außerdem für Themen und Anlässe, zu denen eine reiche Zahl lateinischer Gelegenheitsgedichte nachweisbar ist, Konjunkturen beschrieben. Dabei werden sowohl einfache Beobachtungen genannt als auch weiterführende Vermutungen formuliert, die zum Verständnis der Konjunktur beitragen oder sie begründen können. Zur Visualisierung der jeweiligen Konjunktur sind, wenn dies sinnvoll möglich ist, Diagramme beigegeben.[55] Dieser überblicksartigen Kurzauswertung folgt eine Auflistung der jeweils ermittelten Drucke in Verbindung mit Angaben zu Verfasser(n) und Widmungsempfänger(n) in chronologischer Reihenfolge der Erscheinungsjahre, wobei die Nennung mehrerer Drucke innerhalb eines Jahres nicht dem chronologischen Prinzip folgt. Nähere Interpretationen sind nicht vorgesehen, sondern erfolgen in Auswahl im Kontext der biographischen und prosopographischen Auswertung.

---

[55] Als erstes Muster vgl. die Geburten- und Sterbekurve am Beispiel der Stadt Delmenhorst in den Jahren von 1680 bis 1800 bei DÜSELDER (1999), S. 41. Als weitere mögliche Methode der Auswertung zeigt DÜSELDER (1999), S. 215 eine Landkarte des Oldenburger Landes mit Kreisdiagrammen zur Visualisierung der Anzahlen der relevanten Drucke nach Entstehungsorten.

2.2.1.   *Carmina figurata* – Figurengedichte

Figurengedichte sind nach orientalischen Vorbildern literarisch seit dem Hellenismus bereits für die Antike belegt, so beispielweise bei Theokrit und Venantius Fortunatus sowie später bei den Dichtern der karolingischen Renaissance wie Alkuin und Hrabanus Maurus. Abbildungen von Figurengedichten sind vereinzelt ebenfalls bereits aus spätantiken Handschriften überliefert.[56] Figurengedichte, die wesentlich häufiger besonders in frühen Drucken auffindbar sind, müssen nicht zwangsläufig eine metrische Vorgabe erfüllen, sondern stellen vielmehr eine spielerische Verbindung von Poesie und bildnerischer Gestaltung dar, die größtmögliche Ästhetik erreichen soll. Dabei ist das Druckbild mehr oder weniger in Beziehung zum Inhalt des Textes gesetzt, häufigste Beispiele sind Kreuz, Stern, Becher, Füllhorn, Herz, Ei und Sanduhr. In den deutschsprachigen Drucken des Barockzeitalters werden Figurengedichte noch wesentlich beliebter, sind anschließend nicht mehr nachweisbar und werden dann erst wieder in der *Konkreten Poesie* ab der Mitte des 20. Jahrhunderts erstellt.[57]

Beispiele für lateinische Figurengedichte im Kontext des Herzogtums Braunschweig-Lüneburg sind in den Jahren von 1630 bis 1679 die Drucke VD 17 23:262456Q (*Poculum consolationis*), 23:318852T (*Corona nuptialis*), 23:322317E (*Votum quadratum*), 23:322482T (*Salutaris stella*), 23:668199G (Buchstabengitter) und 23:669137G (*Quadratum votum*). Bemerkenswert ist das Figurengedicht in VD 17 23:320217R, wo ein Gedicht in Sternform gleichzeitig mit dem Familiennamen des Widmungsempfängers Heinrich Stern korrespondiert. Eine tatsächliche Konjunktur des Figurengedichts lässt sich nicht nachweisen, wenngleich die Zunahme lateinischer Figurengedichte ab der Mitte des 17. Jahrhunderts den erwähnten Trend der deutschsprachigen Figurengedichte widerspiegelt.

Die genannten Gedichte sind im Folgenden alle nochmals zu ihrem jeweiligen thematischen Anlass aufgelistet.

2.2.2.   *Carmina historica* – historische Dichtung

In den Bereich der historischen Dichtung fallen nur wenige Gedichte aus der gesamten Masse an lateinischer Gelegenheitsdichtung. Zwar enthalten durchaus ei-

---

[56]   Vgl. WILPERT (2001), S. 268–269 sowie JAKOBI-MIRWALD (1997), S. 36–37, dort besonders die schematisierte Abbildung eines Kentauren.

[57]   Vgl. MEID (2008), S. 68–69, NIEFANGER (2006), S. 103–104, SZYROCKI (1997), S. 92–94 und RESKE (1990), S. 156–157.

nige Gedichte historische Informationen, aber sie gehören zumeist einer anderen Gattung an. Beispielsweise sind auch einzelne Passagen der Stadtlobgedichte historisch ausgerichtet, aber der vorherrschende Tenor bleibt dabei eindeutig auf das Stadtlob bezogen, weshalb diese Gedichte an anderer Stelle besprochen werden. Das bereits erwähnte Epos *Herlingsberga* des Heinrich Rosla über die Zerstörung der Festung Herlingsberg steht noch vollständig in der Tradition der mittelalterlichen Historiographie und wird erst in der Mitte des 17. Jahrhunderts im Druck von Johann Heinrich Meibom in Lüneburg herausgegeben (1652, VD 17 23:305392A). Weitere historische Dichtungen beschäftigen sich mit dem Lüneburger Erbfolgekrieg ab dem Jahr 1370 nach dem Tod Herzogs Wilhelm II. von Braunschweig-Lüneburg (* um 1300, † 23.11.1369), als Herzog Magnus II. Torquatus von Braunschweig-Lüneburg (* 1324, † 1373) die Stadt Lüneburg überfallen hatte und sie gegen Herzog Albrecht von Sachsen-Wittenberg zu erlangen versuchte. Dazu sind in Handschriften des 15. Jahrhunderts drei anonyme Gedichte erhalten, die vermutlich ursprünglich in den Jahren 1371 und 1396 entstanden sind. Das *initium* des ersten überlieferten Gedichts ist *Anno milleno C ter uno septuageno* (Wolfenbüttel, HAB: *401 Helmst. (436), fol.* 318ᵛ).[58] Auf dasselbe Ereignis bezieht sich auch das zweite Gedicht, dessen *initium* folgendermaßen lautet: *Milleno trecenteno primo septuageno*. Trotz abweichendem *initium* ist der Text beider Gedichte weitgehend identisch. Das *initium* des dritten Gedichts ist *Mille ter centum mota fuerat lis* und bezieht sich auf das Jahr 1396. Die beiden letztgenannten Gedichte sind in derselben Handschrift erhalten (København, KB: *GKS 456 2°, fol.* 1ʳ).[59] Gedruckte historische Dichtung ist im Herzogtums Braunschweig-Lüneburg erstmals im Jahr 1564 nachweisbar, als Matthias Berg eine neuzeitliche Verarbeitung desselben Stoffes in seiner *Narratio de defensione memorabili inclytae urbis Luneburgae* verfasst (1564, VD 16 B 1817). *[Wittenberg]*

Insgesamt lassen sich dreißig verschiedene Drucke ermitteln, die sich auf historische Ereignisse beziehen. Eine Konjunktur ist nicht erkennbar, vielmehr erscheinen die Drucke nahezu gleichmäßig in den Jahren von 1564 bis 1700. Für die wenigen Jahre, in denen mehrere Drucke nachgewiesen werden können, muss berücksichtigt werden, dass die Drucke entweder von einem Verfasser stammen oder von verschiedenen Dichtern anlässlich eines Ereignisses verfasst sind.

---

[58] Vgl. Walther (1959), S. 59, dort Nr. 1155 und Heinemann (1884), S. 318–319.

[59] Vgl. Walther (1959), S. 565, dort Nr. 11058 und S. 564, dort Nr. 11050. Nähere Informationen teilte Herr Dr. Erik Petersen von der Håndskriftafdeling der Det Kongelige Bibliotek København am 2. September 2009 in einer Email mit.

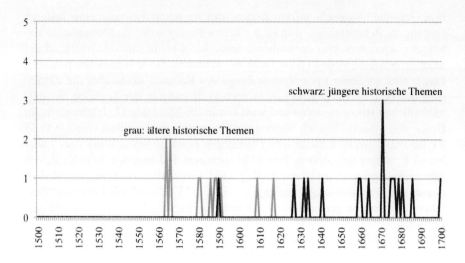

Auffällig ist außerdem, dass sich die früheren *Carmina historica* überwiegend auf ältere historische Themen ab der Antike beziehen, während die späteren Gedichte historische Ereignisse aus der jeweiligen allerjüngsten Vergangenheit betreffen. Gerade bei diesen letztgenannten historischen Gedichten ist bisweilen der Übergang zur eigentlichen *gratulatio* fließend, so dass die Abgrenzung weniger deutlich wird und neben die historischen Bestandteile auch panegyrische Elemente treten.

Beispielhaft für Themen der älteren Vergangenheit können die von Matthias Berg unter dem Titel *De Lucretiae Romanae interitu narratio* über die Umstände zum Ende der etruskischen Königsherrschaft verfasste römische Geschichte (1564, VD 16 B 1815) sowie die von Martin Chemnitz d. J. geschriebene *Navigatio Lusitanorum in Indiam orientalem* (1580, VD 16 C 2233) genannt werden. Charakteristisch für die Themen der älteren Vergangenheit sind auch die diversen Gedichtsammlungen, die in Katalogform Kaiser, Landesherrscher oder Bischöfe auflisten. In diesen Kontext gehören der *Catalogus ducum Brunsvicensium et Lunaeburgesium* des Heinrich Meibom (1581, VD 16 M 1928), der von der karolingischen Zeit bis ins Jahr 1585 reichende *Catalogus episcoporum Halberstadensium* des Melchior Neukirch (1586, VD 16 N 1363) sowie desselben *Imperatorum Germanicorum historia* (1588, VD 16 N 1381).[60]

Im Bereich der allerjüngsten historischen Gedichte sind ebenfalls derartige Kataloge bekannt, so beispielsweise der für den verstorbenen Pastor an St. Magni in

---

60   Vgl. HAYE (2005), S. 156–157.

Braunschweig Heinrich Lampadius verfasste *Catalogus et historia concionatorum, qui a repurgatione doctrinae Evangelij in ecclesia Brunsvicensi docuerunt* des Braunschweiger Pastors Melchior Neukirch (1590, VD 16 N 1364). Auch die *ΕΠΙΝΙΚΙΑ* des Goslarer Rektors Johann Nendorf aus Verden anlässlich der Befreiung der Stadt Goslar im Dreißigjährigen Krieg (1627, VD 17 23:305114C) beziehen sich auf ein noch aktuelles historisches Ereignis und haben ihrem Titel entsprechend nicht nur einen berichtenden, sondern ebenso einen triumphierenden Charakter. In ähnlicher Weise werden weitere einzelne Ereignisse des Dreißigjährigen Krieges oder auch anderer Feldzüge in Gedichten gefeiert.

Noch enger wird die Verbindung von historischem Ereignis und panegyrischem Tenor bei personenbezogenen Ereignissen aus dem Umfeld der Landesherrschaft, wie es der Theologe Samuel Closius in Bevern in seinem Gedicht zur Erinnerung an die Rettung des Herzogs August von Braunschweig-Lüneburg aus einer Feuersbrunst am 2. September 1659 ausführt (1659, VD 17 23:668444C). Ebenso können auf historische Ereignisse aus dem Kontext von Institutionen Gedichte verfasst werden. Dazu gehören zum Beispiel das von Heinrich Meibom d. J. verfasste Gelegenheitsgedicht zur Einweihung der Kirche von Kissenbrück bei Wolfenbüttel (1664, VD 17 23:669361S) oder auch die *ΑΓΑΛΛΙΑΣΙΣ* des Helmstedter Universitätsabsolventen Heinrich Andreas Käseberg aus Wolfsburg anlässlich der Einhundertjahrfeier der *Academia Iulia* (1676, VD 17 23:233177P).

Neben den exemplarisch genannten Drucken sind die im Folgenden summarisch genannten Drucke ebenfalls nachweisbar. Dies sind:

die in den Druck des Stadtlobgedichtes des Lukas Loss auf Lüneburg (1566, VD 16 L 2826) integrierte *Narratio de origine Lunaeburgae*, die Zusammenhänge der Stadtgeschichte veranschaulicht (1566, VD 16 L 2806),

ein dem Werk Vergils nachempfundenes, die Kaiser auflistendes Gedicht des Heinrich Meibom (1589, VD 16 M 1943),

die ins Lateinische übersetzten *Eclogae* des Lorenz Rhodoman aus der *Historia* des Memnon von Herakleia (1591, VD 16 M 4486),

die *Elogia sex Archiepiscoporum* des Heinrich Meibom d. Ä. über die Bischöfe von Magdeburg (1609, VD 17 23:280421E),

der *Catalogus omnium imperatorum in Germania* des herzoglichen Rates Franz Husmann in Celle (1617, VD 17 23:294012E),

die *Corona triumphalis* des Moritz Friedrich Alnbek aus Halle an der Saale anlässlich eines Sieges des Königs Gustaf II. Adolf von Schweden während des Dreißigjährigen Krieges (1632, VD 17 23:293568F),

eine anlässlich des sich dem Sieg anschließenden Kriegstodes des Königs Gustaf II. Adolf von Schweden im Jahr 1632 und des Todes des Herzogs Christian von

Braunschweig-Lüneburg im November 1633 geschriebene anonyme Verserzählung (1634, VD 17 23:293573Z),

die *Memorabilia Lunaeburgica* des Erich Ernst Hildebrandt (1641, VD 17 7:700015S),

das Gedicht von Samuel Closius anlässlich eines Friedensschlusses im Dreißigjährigen Krieg (1660, VD 17 23:232103H),

der *Panegyricus de Brunsvicensi Obsidione* des Heinrich Meibom d. J. auf die erfolgreiche Wiedereinnahme der seinerzeit reichsunmittelbaren Stadt Braunschweig durch die welfischen Truppen des Herzogs Rudolf August von Braunschweig-Lüneburg (1671, VD 17 23:231510K),

die im selben historischen Kontext entstandenen *Votivae acclamationes* an Herzog Rudolf August von Braunschweig-Lüneburg (1671, VD 17 23:231320E),

ein weiterer Siegesglückwunsch zum selben Anlass (1671, VD 17 23:231358L)[61],

der den militärischen Sieg der braunschweigisch-lüneburgischen Truppen des Herzogs Georg Wilhelm von Braunschweig-Lüneburg bei Trier feiernde *Paean* des Lüneburger Konrektors Gregor Blech (1675, VD 17 23:260603M),

ein von Heinrich Meibom d. J. verfasster weiterer *Panegyricus* an Herzog Georg Wilhelm von Braunschweig-Lüneburg anlässlich des zuvor erfolgten Siegs seiner Truppen über die Franzosen an der Mosel bei Trier (1677, VD 17 23:231803S),

ein Lobgedicht des Georg Friedrich Mechov auf die braunschweigisch-lüneburgischen Fürsten Georg Wilhelm, Johann Friedrich und Rudolf August anlässlich des in Nijmegen ausgehandelten Friedensschlusses mit Frankreich und Schweden im Januar 1679 (1679, VD 17 32:672176Y),

die *Nova Brunsvigae solennia hoc est Mercatura caesarea publica* des Theologen Valentin Völckerling aus Braunschweig (1681, VD 17 23:669569P),

der in zwei fingerprintgleichen, aber in der Widmung variierenden Varianten gedruckten *POETA GEOGRAPHUS i. e. orbis terrae descriptio latine carmine comprehensa* des Hildesheimer Pastors Sylvester Tappe (1686, VD 17 7:683399C und 23:626947F) und

die Schrift des Polykarp Leyser anlässlich eines Sieges des Kurfürsten Georg Ludwig von Hannover an der Elbe (ca. 1700, VD 17 3:014893C).

---

[61]   Eine Auswertung der an Herzog Rudolf August von Braunschweig-Lüneburg zu diesem Anlass gerichteten Huldigungsgedichte nimmt HUECK (1977) vor.

2.2.3.   *Carmina theologica* – Geistliche Poesie, Heiligenverehrung und Bibelversifikationen

Ein nicht unerheblicher Bereich der lateinischen Gelegenheitsdichtung betrifft theologische Themen verschiedenster Art, die auch nach der Reformation weiterhin gelesen und produziert wurden. Alle Gedichte dieser Art erheben keinen wissenschaftlichen oder dogmatischen Anspruch, sondern stehen mit ihrer veranschaulichenden Frömmigkeit in der Nähe zur Erbauungsliteratur. Nach den jeweils verarbeiteten Inhalten können die Gedichte in drei Gruppen unterschieden werden. In geistlicher Poesie werden allgemein theologische Themen und religiöse Anlässe dichterisch verarbeitet, beispielsweise sind Gedichte auf das Weihnachts- und Osterfest belegt. Daneben bestehen Gedichte, die die christliche Vorstellung der Engel oder die Bedeutung der Reformation zum Inhalt haben. Heiligenlegenden sind auch nach der Reformation noch von großem Interesse und werden weiter rezipiert und stofflich bearbeitet. Einzelne Perikopen aus den biblischen Büchern liegen in Form von Bibelversifikationen vor und gestalten bekannte Episoden beispielsweise in epischer oder elegischer Form.[62] Als Besonderheit ist dabei die Bibelversifikation in der Gestalt des *cento* zu nennen.

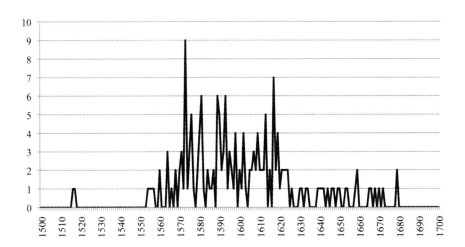

Im Herzogtum Braunschweig-Lüneburg entstehen insgesamt gut 170 verschiedene Drucke, die theologische Themen zum Inhalt haben. Einige von ihnen sind

---

[62]   Zur Bibel- und geistlichen Epik vgl. SCHWEIKLE (1990*a*), S. 47 und SCHWEIKLE (1990*d*), S. 170.

mehrsprachig verfasst. Eine deutliche Konjunktur lässt sich mit starken Schwankungen in den Jahren von 1554 bis 1624 nachweisen. Danach entstehen regelmäßig weiterhin Gedichte, die in ihrer Anzahl aber nicht mehr die Zahlen der genannten Blütezeit erreichen.

Mehrere Jahrzehnte und noch deutlich vor der genannten Blütezeit der *Carmina theologia* entstehen als früheste Beispiele ein Druck von biblischen *centones* aus Versen Vergils (1516, VD 16 F 566) sowie das *Distichoneomenion abaci sive computus ecclesiastici* des Johannes Brandes (1517, VD 16 B 7020). Den Beginn der genannten Blütezeit ab der Mitte des 16. Jahrhunderts markieren diverse Gedichte des Johannes Caselius, die bereits die thematische Vielfalt der theologischen Dichtung vorzeichnen. Mit dem Weihnachtsfest beschäftigt er sich in seinen epischen *Preces in natali Domini et redemptoris nostri Iesu Christi* (1554, VD 16 C 1349), und im Folgejahr thematisiert Caselius die christliche Vorstellung der Engel in einem *Carmen de Angelis* (1555, VD 16 C 1286).

Für die Abfassung von zweisprachiger, griechisch-lateinischer Dichtung kann exemplarisch die ebenfalls von Caselius verfasste *Elegia graeca in natalem filii dei item alia sacra poemata latine & graece scripta* genannt werden (1556, VD 16 C 1289 = C 1359), und ein Beispiel für eine lateinische Psalmenparaphrase stellt Caselius' *Xeniola literaria calendis Ianuarii ... sumpta ex hoc Psalmi 65* mit beigegebenem *Hymnus graecus in natalem filij Dei* des Joseph Wurtzler dar (1557, VD 16 C 1350 = W 4684). Auf die Kreuzigung Christi und das Osterfest beziehen sich beispielsweise das *Carmen heroicum de Pentecoste* des Thomas Sciorus aus Hildesheim (1570, VD 16 S 5094) und die *Lamentatio ad crucem Christi* des Joachim Georgius (1571, VD 16 G 1349). In den Bereich der Heiligenlegenden gehört zum Beispiel die *Narratio de defensa Susannae pudicitia* des Andreas Moller an die Brüder Melchior und Christoph von Steinberg (1575, VD 16 M 6015). Eine weitere Bibelversifikation ist die wenige Jahre später gedruckte epische *Allegoria scalae Iacob ex 28. cap. Geneseos* des Bartholomäus Roßfeld (1579, VD 16 R 3152), während desselben Verfassers ebenfalls epische *Historia de nativitate, vita, doctrina, moribus, rebus gestis denique etiam de morte divi Martini episcopi Turonensis* wiederum beispielhaft für einen beliebten Stoff aus einer Heiligenlegende steht (1579, VD 16 R 3153). Ebenfalls in den Bereich der Heiligenverehrung gehört die Versifikation der Geschichte vom Heiligen Georg als Drachentöter, die der Helmstedter Professor für Ethik Salomon Frenzel von Friedenthal unter dem Titel *Monomachia D. Georgii equitis Cappadocis et draconis Libyci* verfasst (1592, VD 16 ZV 6159). Salomon Frenzel von Friedenthal lässt nur wenige Jahre später eine weitere *Monomachia divi Georgii equitis Cappadocis & draconis Libyci*, die am Georgstag, dem 23. April, in der Universität Helmstedt vorgetragen wird, drucken (1595, VD 16 F 2659). Im 17. Jahrhundert lassen sich aus der Tradition der theologischen Dichtung aller Art zunächst der im Januar des

Jahres 1600 in der Schule in Hannover vorgetragene *Cento Ovidianus de Christiani nominis hostium furore* des Heinrich Gödeke (1600, VD 16 ZV 6850) anführen. Zum Reformationsjubiläum im Jahr 1617 entstehen diverse Gedichte, so der *Iubilaeus divinus repurgatae ministerio D. Martini Lutheri Christianae Religionis* des Helmstedter Theologiestudenten Peter Meier aus Blankenburg am Harz (1617, VD 17 23:270680U), die *Clausula iubilaei Goslariensis in causa M. Lutheri* des Martin Baremius (1617, VD 17 23:309578M) und die *Continuatio iubilaei Goslariensis de causa Martini Lutheri* desselben Verfassers ~~zum selben Anlass~~ (1617, VD 17 23:309589A). Neben der bereits erwähnten Versifikation einzelner biblischer Perikopen ist noch das *Davidis Psalterium Latinis hexametris redditum* des Franz Husmann bemerkenswert, das eine vollständige lateinische Paraphrase des Psalters in lateinischer Dichtung darstellt (1618, VD 17 23:272206Z). Zum Ende der genannten Blütezeit entstehen noch zwei Gedichte, die sich anlässlich des Michaelisfestes mit der christlichen Vorstellung des gleichnamigen Erzengels und der Engel im Allgemeinen beschäftigen. Dies sind das *Programma in festo S. Michaelis archangeli* des Theologen Theodor Berckelmann (1624, VD 17 23:237298G) und das *Carmen elegiacum de bonis et malis angelis* des Helmstedter Theologiestudenten Johann Grothusius ~~zum selben Anlass~~ (1624, VD 17 23:291916W).

Ab der Mitte des 17. Jahrhunderts erscheinen besonders noch diverse Sammlungen von nicht näher spezifizierten theologischen Gedichten, von denen die *Quinquaginta Epigrammata sacra* des Rathard German (1650, VD 17 1:082334H) und die Sammlung *Carminum sacrorum* des Dichters Joachim Götz von Olenhusen in zwei Teilen (1653–1654, VD 17 23:258560D; Band 1: 1654 [*sic!*], 23:258565S; Band 2: 1653 [*sic!*], 23:258570L) zu nennen sind.[63] Ein spätes Beispiel ist der als *Salutaris stella polaris verae felicitatis* betitelte Einblattdruck des Hofpredigers am Hof des Herzogs Ferdinand Albrecht I. von Braunschweig-Lüneburg in Bevern Samuel Baldovius aus Nienburg an der Weser, der ein Figurengedicht in der Form eines Sterns enthält, dessen fünf Strahlen aus je zwei daktylischen Hexametern bestehen (1679, VD 17 23:322482T). Im selben Jahr entsteht in Duderstadt auch die *Gloria crucis* des Jesuitenordens, ein vereinzeltes Beispiel für römisch-katholische theologische Dichtung (1679, VD 17 547:672198B).

Im Vergleich zu diesen in Drucken überlieferten Gedichten nehmen die inschriftlich überlieferten theologischen Gedichte eine gewisse Sonderstellung ein. Von diversen Kirchengebäuden, Grabmalen, Epitaphien, Gemälden und sonstigen kirchlichen Ausrüstungsgegenständen wie auch von anderen Gebäuden sind zahlreiche theologisch motivierte Inschriften in Gedichtform belegt. Aus dieser Fülle an vielfach bereits verzeichneten Gedichten sei besonders auf das Gedicht an der

---

[63] Vgl. HAYE (2005), S. 163–165.

Orgel der Universitätskirche St. Stephani in Helmstedt verwiesen. Bei Restaurierungsarbeiten wurde erst im Jahr 1975 eine Inschrift im Umfang von vier elegischen Distichen vermutlich aus dem Jahr 1584 entdeckt, die sich ursprünglich am *corpus* der Orgel befand und als deren Verfasser namentlich Heinrich Meibom d. Ä. vermerkt ist.[64]

Neben den exemplarisch genannten Drucken sind die im Folgenden summarisch genannten Drucke ebenfalls nachweisbar. Dies sind:

das *Carmen de lapsu et redemptione hominis* des Simon Menz (1560, VD 16 M 4693),

der *Locorum communium liber primus* mit einer beigegebenen *explicatio* in deutschen Versen des Andreas Zälich aus Spandau in Berlin (1560, VD 16 Z 31),

das *De divo Christophoro poemation* des Matthias Berg aus Braunschweig für Christoph von Steinberg (1564, VD 16 B 1810),

desselben *De divo Georgio poemation* für Herzog Johann Albert von Mecklenburg (1564, VD 16 B 1811),   *ebenfall von M. Berg*

der *Iesu Christi Baptismus versibus expositus* für den letzten römisch-katholischen Erzbischof Sigismund von Brandenburg in Magdeburg (1564, VD 16 B 1812),

das *Carmen de agno paschali* des Johannes Wilbrand für Erzbischof Sigismund in Magdeburg, den deutschen Primas und Bischof des Bistums Halberstadt (1566, VD 16 W 2913),

die *Elegia in natalem Iesu Christi* des Melchior Neukirch (1568, VD 16 N 1368),

die *Ecloga in natalem Iesu Christi* des bereits genannten Johannes Wilbrand an Herzog Julius von Braunschweig-Lüneburg (1568, VD 16 W 2914),

die *Elegia de salutifera nativitate filii Dei* des Heinrich Decimator aus Gifhorn (1570, VD 16 ZV 4296),

eine von Henning Aue verfasste Nachdichtung des Hohelieds Salomos, dem die *Historia castissimae Susannae* beigegeben ist (1571, VD 16 B 3712 = A 4039),

die *Sententiosi et elegantes aliquot versus rithmatici, ex diversis veterum patrum meditationibus collecti* des Oldenburger Theologen Hermann Hamelmann (1571, VD 16 H 441 = H 412),

eine *Meditatio passionis Domini nostri* des nur mit seinen Initialen unterzeichnenden Verfassers M. B. (1572, VD 16 M 1879),   *Matthias Berg?*

---

64   Zu Text und Einordnung vgl. HENZE (2005), S. 153–154, dort Nr. 86. Das ebenda angeführte Kriterium zur historischen Einordnung des Gedichts auf der Orgel muss revidiert werden, da Meibom nachweislich beispielsweise noch die *gratulatio* anlässlich der juristischen Doktorpromotion des Martin Chemnitz d. J. nur als *M[agister]* unterzeichnet (1588, VD 16 H 4760). Die von HENZE vorgenommene Datierung scheint aber aufgrund der ebenfalls entdeckten Jahreszahl dennoch schlüssig zu sein.

die umfangreichen *Carminum Evangelicorum libri duo* des Matthias Berg (1573, VD 16 B 1809),

das *Carmen heroicum* über die Himmelfahrt Christi von Johannes Sötefleisch aus Seesen (1573, VD 16 S 6889),

eine Nachdichtung zu 2. Makk. 7 von Andreas Moller aus Osterode mit Matthias Berg als Beiträger (1573, VD 16 M 6009),

das *De puero Iesu nato ... Genetliacon*, ebenfalls von Andreas Moller geschrieben (1573, VD 16 M 6016),

das epische Gedicht *In festum pentecostes* des Heimbert Oppechinus (1573, VD 16 O 797),

das *Carmen de sancto paschate*, ebenfalls von Andreas Moller, an Andreas Meyendorf (1573, VD 16 M 6010),

die *Elegia de natali Christi* des Johannes Temler für den Abt Johannes des Klosters Riddagshausen bei Braunschweig (1573, VD 16 T 318),

die *Theomachia* des Peter Hagen (1573, VD 16 H 177),

eine von Dietrich Moller in Hexametern abgefasste *Historia de nativitate, vita doctrina & morte D. Ioannis Baptistae* (1573, VD 16 M 6029),

die *Supplicatio ad puerum Iesum Dominum nostrum, verum deum et verum hominum* des Anton Bolmeier aus Hameln (1574, ohne VD 16 = Wolfenbüttel, HAB: A: 37.8 Poet. (6)),

eine weitere *Elegia in diem natalem Christi salvatoris nostri* des Andreas Cludius (1575, VD 16 C 4221),

die epische *Oratio de Paulo converso* des Rudolf Hildebrand unter Mitwirkung von fünf Beiträgern (1575, VD 16 H 3625),

die epische *Historia gloriosi triumphi domini ac salvatoris nostri Iesu Christi* des Johannes Michael für Ludolph von Alvensleben (1576, VD 16 M 5136),

die epische *Historia lapsus et reparationis primorum parentum* des Helmstedters Johannes Pennisak (1576, VD 16 P 1317),

die *Lamentatio ad crucem Domini nostri Iesu Christi* des Anton Bolmeier (1576, VD 16 B 6493),

eine *Ecloga in natalem Iesu Christi* des gebürtigen Erfurters und Lehrers an der Schule in Gifhorn Johannes Marschall an zwei seiner Kollegen (1576, VD 16 M 1120),

das *De exitu Israelitarum ex Aegypto et interitu Pharaonis carmen* desselben Dichters (1576, VD 16 M 1122),

die von Pankraz Krüger verfasste *Historia Baptisati Iesu Christi* (1577, VD 16 K 2459),

der *Cento Virgilianus de ministerio et decollatione Iohannis Baptistae* des Heinrich Meibom (1580, VD 16 M 1929),

der *Cento Virgilianus de monomachia Davidis Israelitae et Goliathi Philistaei* desselben Autors (1580, VD 16 M 1930), der zum Ende des Jahrzehnts einen Nachdruck erfährt (1589, VD 16 M 1931), die *Meditationes ex evangeliis dominicalibus conceptae* des Matthias Berg (1580, VD 16 B 1816),

die epische *Historia passionis* des Melchior Neukirch (1580, VD 16 N 1378),

die *Elegia de sanctis angelis* des Johannes Marschall (1581, VD 16 M 1121),

das Gedicht *Natalis domini ac salvatoris nostri Iesu Christi* des Konrad Olemann aus Einbeck (1581, VD 16 O 693)[65],

das *Carmen de salutifera nativitate domini* des Theodor Scheunemann aus Sassenhagen (1581, VD 16 S 2777),

die epische *EYXE* des Johann Gasmer (1581, VD 16 G 482),

eine weitere *Elegia in diem natalem Iesu Christi* des Matthias Rhode aus Königslutter (1581, VD 16 R 2929),

ein *Carmen in salutiferum ... natalem*, das Johannes Florus dem Burkhard von Saldern widmet (1581, VD 16 F 1682),

die *Causa omnis mali* des Nikolaus Siegfried für Heinrich von Saldern (1582, VD 16 S 6360),

eine weitere epische Beschreibung des Kampfes von David und Goliath durch Otto Diricus (1584, VD 16 D 2018),

die *Ascensio ad coelos* des Salomon Frenzel von Friedenthal (1584, VD 16 F 2656),

die *Elegia de salutifera ... Iesu Christi incarnatione* des Andreas Frank aus Gifhorn (1585, VD 16 F 2285),

das *Carmen de officio angelorum* des Jakob Berneberk (1586, VD 16 B 2018),

das *Carmen heroicum in natalem domini ac salvatoris nostri Iesu Christi, dei ac Mariae virginis filij* des Albert Bytner aus Königsberg in Preußen (1587, VD 16 B 10013),

die an Christus gerichtete *Supplicatio* des Anton Bolmeier für die gute Rückkehr des Herzogs Wilhelm d. J. von Braunschweig-Lüneburg (1587, VD 16 B 6496),

die epische *Pia hominis moribundi oratio* des Heinrich Meibom (1589, VD 16 M 1956),

die *Historia de pelicano et serpente ad passionem domini nostri salvatoris Iesu Christi* des Johannes Osius (1589, VD 16 O 1323),

die *Vaticinia de Christo a Moise primo libro descripta* des Andreas Moller (1589, VD 16 M 6017),

das *Carmen de salutari nativitate nostri Domini ac Salvatoris Iesu Christi filii Dei & Mariae* des Kantors der Schule in Celle Reiner Schmidt (1589, VD 16 S 3146),

die epische *Historia primi mundi* des Melchior Neukirch (1589, VD 16 N 1379),

---

[65]   Olemann dürfte zur Familie des Bürgermeisters von Einbeck Andreas Olemann gehören, dessen Epitaph sich ebenda in St. Alexander befindet. Dazu vgl. HÜLSE (1996), S. 84–85, dort Nr. 137.

ein *Carmen ... de scala mystica patriarchae Iacobo in somno visa* des Johannes Le-
ontigenes, das Herzog Wilhelm von Braunschweig-Lüneburg gewidmet ist (1590,
VD 16 L 1242),

die *Precatio ad deum* des Heinrich Achemius auf Herzog Heinrich Julius von Braunschweig-Lüneburg (1590, VD 16 A 92),

die *Ode de Christi Emanuelis nostri in gentibus apparitione* des Johannes Olemann
aus Braunschweig (1590, VD 16 O 680),

die Schrift *De Margaridos generatione ... allegorice versibus explicata* des Justus
Tetzler (1590, VD 16 T 611),

ein episches *Carmen de angelis* von Kaspar Vinthus aus Marburg und Johann Wolf aus
Helmstedt (1590, VD 16 V 1235),

das von Simon Ulrich im Folgejahr veröffentlichte *Carmen elegiacum de gloriosa Iesu
Christi salvatoris nostri resurrectione & victoria* (1591, VD 16 U 113),

der vom Pastor Nikolaus Siegfried an St. Andreas in Hildesheim gedichtete elegische
*Prodromus ... ad Christophorum Pezelium apostatam blasphemum et ... turbatorem
impium* (1591, VD 16 S 6366),

eine in Hamburg gedruckte *Historia miraculorum domini et servatoris nostri Iesu
Christi ex quattuor Evangelistis collecta*, die auch griechisch und deutsch betitelt
ist und vom Pastor Justus Tetzler in Wolterdingen bei Verden stammt (1592, VD 16
T 610),

ein *Carmen sapphicum in nativitatem filii dei domini nostri Iesu Christi* des Georg
Lochner aus Erfurt für Heinrich, Hildebrand und Conrad von Saldern (1592, VD 16
ZV 16107),

der *Libellus elegiacus de Primorum Parentum lapsu et opere redemptionis per Iesum
Christum factae* des aus Neustadt am Rübenberge stammenden hannoverschen Pastors Heinrich Garber (1593, VD 16 G 1460),

ein episches Gedicht von Johann Klingemann über den Kampf des Erzengels Michael
mit dem Drachen (1593, VD 16 K 1342),

das *Carmen de gloriosa domini ac salvatoris nostri Iesu Christi a mortuis resurrectione* des Rektors der Schule in Blankenburg am Harz Reiner Schmidt aus Hildesheim
(1593, VD 16 S 3144),

desselben *Carmen de salutari nativitate filii dei domini nostri Iesu Christi* (1593,
VD 16 S 3145),

das *Carmen de admiranda filii Dei, Dn. nostri Iesu Christi incarnatione* eines weiteren
Kantors der Schule in Celle Andreas Niemeier aus Hannover an Herzog Ernst von
Braunschweig-Lüneburg (1593, VD 16 N 1711),

die in deutscher und lateinischer Sprache verfassten *Cantiones Germanicae de gloriosa domini ac salvatoris nostri ... resurrectione* des Rektors in Blankenburg Reiner
Schmidt aus Hildesheim (1593, VD 16 S 3142),

das von Justus Tetzler geschriebene *De sanctorum angelorum officio & ministerio carmen* für Georg Otto Berger, einen Verwaltungsbeamten und seinen Gönner in Schneverdingen (1594, VD 16 T 613),

die von Heinrich Kulensmedt verfasste *Elegia in natalem Domini nostri Iesu Christi* für die zwei Hofsekretäre des Herzogs Heinrich Julius von Braunschweig-Lüneburg, nämlich für Hermann Volkmar und Hardwig Reich (1596, VD 16 K 2561),

die *Agalmata deo incarnato et virtuti imperiosae consecrata* des Heinrich Meibom (1597, VD 16 M 1924),

eine *Ecloga continens sacrosanctum Domini nostri Iesu Christi ... mysterium* für den Hofsekretär Georg Burkhard von Lippe und den Hofpräfekten Heinrich Steinbrinck, die beide ebenfalls in Diensten des Herzogs Heinrich Julius stehen (1600, VD 16 K 2560),

die von Heinrich Meibom an der Universität Helmstedt verfasste *Concio sanctissimi prophetae Esaiae* (1595, VD 16 M 1935),

das *D. Laurentii martyrium* des Salomon Frenzel von Friedenthal (1595, VD 16 F 2651),

die epische *Monarchidos ... pars prima* des Melchior Neukirch über die biblische Vor- und Urgeschichte (1596, VD 16 N 1383),

die auf Jacopo Sannazaro basierende *Lamentatio ad crucem Christi* des Heinrich Meibom (1598, VD 16 M 1944),

die von Joachim Wrede aus Helmstedt gedichtete *Capita religionis Christianae* in phaläkeischen Hendekasyllaben nach Martin Luther (1598, VD 16 W 4412),

der *Melos de hominum protoplastorum lapsu et filii dei et salvatoris nostri Iesu Christi incarnatione* des Matthias Landstenius (1598, VD 16 L 240),

die vom Rektor der Wolfenbütteler Schule Johannes Hartwig aus Quedlinburg geschriebenen *Sacra hymnorum carmina* (1598, VD 16 H 688),

der *Cento Ovidianus de admiranda nativitate Jesu Christi* des Henning Oldehorst (1601, VD 17 23:248582D),

die *In natalem domini et salvatoris nostri Jhesu Christi Ode* des Juristen Johann Angelius von Werdenhagen aus Helmstedt (1602, VD 17 7:700112Z),

die *Elegia graecolatina de necessitate concordiae in ecclesia christiana* des Theologen Andreas Lampadius aus Schermbeck bei Wesel (1602, VD 17 23:630035N),

die *Catechesis metrica* des Lüneburger Rektors Paul Bloccius als Gebetbuch für schulische Zwecke (1602, VD 17 23:247738Y),

die *Historia Evangelica* desselben Verfassers in zwei Bänden, ebenfalls konzipiert als Gebetbuch für schulische Zwecke (1602–1603, VD 17 23:280676M; Band 1: 1602, VD 17 23:280678B; Band 2: 1603, VD 17 23:280680X),

die *Meditatio amissae et restitutae hominum salutis ex sermone D. Bernardi ad festum annunciationis Mariae* des Goslarer Rektors Johann Nendorf aus Verden (1605, VD 17 23:293504M), das in der Hildesheimer Andreasschule vorgetragene *Carmen de miserrimo ur-bis Hierosolymae … excidio* des dortigen Schülers Blasius Meler (1605, VD 17 547:693456N),

das *Idyllion de reconciliatione Theodosii Magni Imp. & civitatis Antiochiae, ex Ioh. Chrysostomo* des Martin Baremius (1606, VD 17 23:248026T),

der *Cento Virgilianus in effigiem … Martini Lutheri* des Theologen und Rektors der Schule in Wolfenbüttel Alexander Arnoldi (1606, VD 17 23:681845H),

das *Carmen de resurrectione domini nostri Jesu Christi* des Arztes Adrian von Mynsicht aus Ottenstein (1607, VD 17 23:263311Z),

das *Carmen heroicum de septemplici dono Spiritus sancti* des Joachim Robert (1607, VD 17 7:700402K),

die epische *Iusta Hebraeae linguae laus et commendatio* des Pastors an St. Stephani in Goslar Heinrich Temmien (1607, VD 17 1:057968C),

der *Triumphus Christi* des Rektors Eberhard Sezenius in Braunschweig (1608, VD 17 23:293667D),

die *Disticha biblica* des Pastors und Subpriors des Klosters Möllenbeck bei Rinteln Conrad Hojer (1608, VD 17 3:312741X),

das *ΕΠΙΝΙΚΙΟΝ in gloriosam redemptoris ac mediatoris nostri Jesu Christi resurrectionem* des Pastors von Elbingerode Johann Saatzen (1609, VD 17 23:245711Y),

die *Pro remissione peccatorum preces* in Choliamben des Juristen und Helmstedter Professors Albert Clampius (1609, VD 17 23:261158K),

die *Iesu Christi domini ac redemptoris nostri … passio* des Konrektors und Pastors Johann Scharlach aus Gardelegen (1609, VD 17 7:700292G),

der *Meditationum piarum fasciculus* des Rektors Heinrich Gödeke in Hildesheim (1609, VD 17 23:283308C),

der griechisch betitelte *Πάτερ ἡμῶν* des Johannes Caselius (1610, VD 17 3:012246B),

die *ΑΣΚΕΣΙΣ POETICA … de ΧΡΙΣΤΟΔΙΑ ΒΟΛΟΜΑΧΙΑ* des Wilhelm Geilfus aus Witzenhausen zwischen Göttingen und Kassel (1610, VD 17 3:004983Y),

das *ΕΠΙΝΙΚΙΟΝ ad festum gloriosae resurrectionis Jesu Christi a mortuis laetissimum* des Georg Hakenius (1611, VD 17 23:245707N),

das *Carmen heroicum continens descriptionem nativitatis domini ac salvatoris nostri Iesu Christi* des Theologen Peter Meier aus Blankenburg (1611, VD 17 7:700237F),

das *Colloquium hospitis et religionis elegiaco carmine* des Rektors Jacob Everhardi in Celle (1612, VD 17 23:245733B)[66],

das *ΓΕΝΕΘΛΙΑΚΟΝ ΣΩΤΗΡΟΣ sive carmen in natalem Salvatoris* des Goslarer Rektors Johann Nendorf (1612, VD 17 3:012289A),

---

[66] DÜRRE (1861), S. 67 nennt Everhardi für das Jahr 1611 als Konrektor der Katharinenschule in Braunschweig und merkt an, dass weitere Lebensstationen unbekannt seien.

das *Carmen in natalem salvatoris* desselben Verfassers (1613, VD 17 7:700131E),

das *Heroicum carmen in natalem domini et vere Immanuelis nostri Iesu Christi* des Helmstedter Jurastudenten Valentin Hess (1613, VD 17 7:700239W),

das *Monstrans & designans passionis et resurrectionis salvatoris ... fructum* des Wilhelm Geilfus aus Witzenhausen (1613, VD 17 3:602503D),

das *Melos alcaicum in natalem redemptoris* desselben Verfassers (1613, VD 17 23:255539Q),

die *Historia sacrosanctae nativitatis domini nostri Jesu Christi* des Lehrers Henning Cunneman (1613, VD 17 3:317971Z),

das *Programma festo pentecostes* der Universität Helmstedt (1615, VD 17 23:237255H),

das *Meletema ad cunas Jesu Christi* θεανθρώπου des Johann Martin aus Thüringen (1615, VD 17 7:700134C),

die epische *Historia resurrectionis domini nostri Jesu Christi* des Theologen Theodor Berckelmann (1617, VD 17 23:632317Q),

das *Carmen de recuperatione hominum salutis* des Theologiestudenten Georg Moller (1617, VD 17 23:273012U),

die *Epigrammatum Piorum libri* des Wilhelm Alard aus Wilster (1617, VD 17 23:668094P),

das *Carmen elegiacum de salutifera et admiranda domini ... Jesu Christi ... incarnatione* des Theologiestudenten Joachim Bavarus (1617, VD 17 12:655963U, nachgedruckt 1618, VD 17 14:640486C),

das *Carmen graeco-latinum de festo pentecostes* des Andreas Rumpius (1619, VD 17 23:695305A),

die *Clarigatio natalium Christi Jesu* des Juristen Plato Matthias Schilher (1619, VD 17 23:635643H),

die *Saturnaliorum Christianorum libri septem* des Lüneburger Pastors Johann Burmeister in zwei in der Widmung voneinander abweichenden, aber fingerprintgleichen Varianten (1619, VD 17 7:702968E und 75:696807X),

der *ΛΟΓΟΣ ΕΜΜΕΤΡΟΣ de saluberrimo, exoptatissimo, sanctissimo natalitio ... Jesu Christi* des Lehrers und Rektors in Celle und Göttingen Friedrich Wacker aus Osterode (1620, VD 17 23:291907X),

das *Epinikion in victorialem, gloriosam nec non saluberrimam domini nostri Iesu Christi ... triumphationem* des Tobias Kempff aus Gröningen (1621, VD 17 7:700371S),

das *Carmen* τετράγλωττον des Pastors Arnold Grothusius in Gandersheim (1621, VD 17 23:236665G),

das *Carmen heroicum de saluberrima, exoptatissima victoria ac gloriosissima resurrectione domini nostri Jesu Christi* des Helmstedter Studenten Basilius Petz aus Lichtenberg (1622, VD 17 23:291899R), das *Carmen graeco-latinum in natalem domini ac servatoris nostri unici Jesu Christi* des Lehrers in Heringen an der Werra Johann Höfer (1622, VD 17 23:271448X),

die *Poematum … centuria prima, exhibens epigrammata sacra* des späteren Braunschweiger Arztes Levin Fischer (1623, VD 17 23:284359X),

die *Insignia … memorabilia … mirabilia* des Johann Falck aus Salzwedel (1623, VD 17 23:291946R),

das *Carmen genethliacum de nativitate Jesu Christi* des Barward Gödeke aus Hildesheim (1626, VD 17 7:700145S),

das *Carmen de salutari nativitate aeterni filii Dei Domini nostri Jesu Christi totius mundi salvatoris et redemptoris* des Pastors in Sülfeld bei Fallersleben Albert Schröder aus Uelzen (1630, VD 17 23:625424P),

ein Gedicht über die Flucht aus Sodom und Gomorrha in Anlehnung an Verg. *Aen.* 2 (1631, VD 17 23:293674N),

der *Plausus poëticus … in natalitium honorem domini nostri Jesu Christi* des Johann Daneilius (1633, VD 17 23:621569R),

die *ΝΙΚΗΣ ΟΙΚΟΥΜΕΝΙΚΗΣ ΔΟΞΟΛΟΓΙΑ* des Rektors in Bockenem Paul Salder (1634, VD 17 23:269915P),

desselben *ΧΡΕΣΤΟΥΜΕΝΗ …* (1634, VD 17 23:269919U),

das Gedicht *Natalis domini nostri Jesu Christi Salvatoris* des Lehrers an der Schule in Hannover Georg Schrader (1639, VD 17 23:634163Q),

die *Deliciae animae fidelis amorosae* des Pastors Hermann Gebhard aus Lüneburg (1640, VD 17 23:269800P),

das Gedicht *Deus homo factus* des Superintendenten von Hardegsen Julius Hartwig Reich aus Wolfenbüttel auf das Weihnachtsfest (1641, VD 17 23:255775W),

der *Christus patiens* des Helmstedter Theologiestudenten Johann Hieronymi aus Kirchberg (1642, VD 17 23:264101M),

die *Elegia de genitura pueruli Jesu matre virgine nati* des Pastors von Leese bei Stolzenau Matthäus Contius (1644, VD 17 23:272657M),

die epische *Historia sacra Ezechiae* des Pastors in Lengede Heinrich Valentin Engelmann (1646, VD 17 23:621987L),

das *Sertum sacro-frondosum Christum Iesum … vitae arborem atque … ramos* des Pastors Heinrich Valentin Engelmann in Lengede bei Peine (1647, VD 17 23:621995B),

das *Carmen heroicum de spiritu sancto* des Johann Heinrich Ebeling (1649, VD 17 7:700407X),

die von Absolventen der Universität Helmstedt in griechischer Sprache gedichtete *ΩΙΔΗ ΜΕΛΙΓΕΡΥΣ te deum laudamus* (1658, VD 17 547:658036M),

das *ΕΠΟΣ ΓΕΝΕΘΛΙΑΚΟΝ … de salutifera filii Dei Θεανθρώπου nativitate* des Konrektors der Ägidienschule in Braunschweig Johann Nolte (1659, VD 17 23:291143Z), das auf einem Einblattdruck erschienene *Monumentum* über die Christologie des Helmstedter Professors für Theologie Georg Calixt (1659, VD 17 3:311108N), die von Heinrich Meibom d. J. veranstaltete Ausgabe der *Poemata sacra* seines Großvaters Heinrich Meibom d. Ä. (1665, VD 17 23:247706P),

die *Brevissima acerbae passionis et mortis Jesu Christi domini et servatoris nostri commemoratio* des Friedrich Behn aus Wathlingen bei Celle (1666, VD 17 7:700345C), die *Jobi Paraphrasis Poetica* des Christoph Friedrich Timäus (1668, VD 17 23:280951B),

der *Cento Virgilianus quo historia salutiferae nativitatis domini nostri Jesu Christi ... describitur* des Pastors Christoph Dietrich Stenmann (1670, VD 17 23:264965Z) und

der Druck *Omnipotenti aeterno immortali deo ac domino Jesu Christo ... soteri ac servatori suo* des Lüneburger Lehrers Wilhelm Mechov (1672, VD 17 7:700373G).

2.2.4. *Consolationes, Elogia, Epicedia, Epitaphia, Exsequiae* – Trostschriften, Lobpreisungen auf Verstorbene, Sterbegedichte, Grabinschriften, Trauergedichte

Innerhalb der lateinischen Gelegenheitsdichtung betreffen (in alphabetischer Sortierung) *Consolationes, Elogia, Epicedia, Epitaphia* und *Exsequiae* alle verschiedene Aspekte des Sterbens, des Todes, der Trauer und des Trostes. Da dabei die Abgrenzungen nur in seltenen Fällen eindeutig und klar sind, ist es angemessen, diese thematischen Einzelaspekte in einer Gruppe der Leichencarmina zusammenzufassen.[67] Im Gegensatz zu Glückwunschgedichten bieten diese Gedichte einen inhaltlich erweiterten Umfang von dichterischen Möglichkeiten. Sterbegedichte in diesem Sinn können Elemente einer *consolatio* oder *adhortatio* an die Hinterbliebenen zeigen oder in Form einer *valedictio* den Abschied des Verstorbenen von seiner Umwelt zum Ausdruck bringen und an das Weiterleben gemahnen. Der Gedanke des *Memento mori!* erscheint dabei selten in reiner Form, und auch die anderen drei Elemente sind im Regelfall miteinander zu einer direkten Ansprache verbunden.

Im Gegensatz zu Glückwunschgedichten stehen in Sterbe- und Trauergedichten aus gattungsimmantem Grund retrospektive Aspekte im Mittelpunkt und nicht die Orientierung in die Zukunft.[68] *Consolationes* richten sich direkt oder auch noch einen längeren Zeitraum nach dem Tod eines Familienmitgliedes an seine angehörigen Hinterbliebenen und dienen nicht primär der Darstellung der verstorbenen

---

[67] Vgl. im Allgemeinen HAYE (2004) und RÄDLE (2004).

[68] Vgl. SEGEBRECHT (1978), S. 432.

Person, sondern vielmehr dem Trost der Lebenden. *Elogia* werden aufgrund ihres den Verstorbenen lobenden Charakters oftmals auch als *Laudationes* betitelt und waren ursprünglich knappe Grab- oder Sarkophaginschriften in Prosa mit den Namen und Ämtern des Verstorbenen. Beispiele aus der römischen Antike sind dafür die so genannten Scipionenelogien aus dem 3. Jahrhundert. Aus dieser Tradition kommend entwickelten sich die *Elogia* zur Gedichtform in gebundener Sprache mit dem Charakter eines Epigramms weiter.[69]

Epicedia werden allgemein auf den Tod einer Person verfasst und tragen deshalb bisweilen auch den Hinweis *in obitum* im Titel. Sie können alle Aspekte des Sterbens und des Todes betreffen und enthalten oftmals eine Schilderung des Lebens und Leidens des Verstorbenen. *Epicedia* waren im klassischen Griechenland der Klagegesang bei einer Trauerfeier und bezeichneten ab dem Hellenismus allgemein Trauer- und Trostgedichte in elegischen Distichen oder daktylischen Hexametern. In der römischen Literatur sind in deren Folge besonders die literarischen Totenklagen zu erwähnen, wie sie aus Prop. 4,11 und Ov. *am.* 2,6; 3,9 bekannt sind.[70]

Epitaphia sind im wörtlichen Sinn einfache Grabinschriften, die kurz, aber in der knappen Darstellung von Lebensweg, Trauer und Trost dennoch auch materialreich und informativ sind.[71] Gelegentlich wird ein derartiges Grabgedicht auch als *cippus* betitelt. Oftmals hat ein derartiges *Epitaphium* gleichsam die Rolle eines literarischen Grabmals, so dass der Leser wie ein vorbeikommender Spaziergänger auf dem Kirchhof vom Gedicht direkt angesprochen wird.[72] Neben dieser Appellform sind weiterhin die Berichtform, bei der das Gedicht wissend zu einem nur latent vorhandenen Adressaten spricht und berichtet, und die Bekenntnisform, bei der das Gedicht von einem betroffenen Sprecher an das Grab oder den Toten gesprochen zu werden scheint, nachweisbar. Belegt sind auch *Epitaphia*, in denen der Verstorbene als Sprecher auftritt und eine abschließende Botschaft an die Hinterbliebenen richtet und dabei im Allgemeinen auch keine Anteilnahme an seinem Tod einfordert.

Erst in der späten Phase der Kasualdichtung sind auch – dann zumeist volkssprachliche – *Epitaphia* belegt, in denen die eigentliche Grabinschrift nicht im, sondern selbst als ganzes Leichencarmen steht und somit den Beginn der deutlichen Trennung von Kasualdichtung und reiner Kunstpoesie markiert.[73] Die *Exsequiae* sind Gedichte, die anlässlich des Todes und der Beisetzung eines Verstorbenen verfasst werden. Wegen des deutlichen Trauercharakters können sie im Titel

---

[69]   Vgl. SCHWEIKLE (1990c), S. 121.

[70]   Zum Epicedion vgl. SCHOLZ (1990), S. 129, KRUMMACHER (1974), zur neulateinischen Epicediendichtung darin besonders S. 97–106 sowie SPRINGER (1955).

[71]   Vgl. GREIFF (2006), S. 81.

[72]   Vgl. SEGEBRECHT (1978), S. 435.

[73]   Vgl. SEGEBRECHT (1978), S. 449–464.

auch *Lachrymae* oder *Threnos* beziehungsweise θρῆνος genannt sein. Tatsächlich unterscheiden sich *Exsequiae* oftmals nicht von *Epicedia* und binden ähnliche oder gleiche literarische Aspekte ein. Bisweilen erfahren Honoratioren nach ihrem Tod auch eine dichterische Würdigung im Kontext eines anderen Inhalts und somit außerhalb der eigentlichen Epicediendichtung. So enthält das Stadtlobgedicht *Lunaeburga Saxoniae* des Lukas Loss aus dem Jahr 1566 ebenfalls zahlreiche poetische Epitaphien für verdiente Bürger der Stadt Lüneburg (VD 16 L 2826).[74] Häufig enthalten auch die Drucke von in lateinischer oder deutscher Sprache abgefassten Leichenpredigten einzelne lateinische Epicedien oder sonstige Beigaben wie beispielsweise Abbildungen der verstorbenen Person, so dass die Drucke dieser gesamten Gruppe gleichsam zwischen der Vergänglichkeit von Leben und Sterben und der Unvergänglichkeit des gedruckten Werkes stehen.[75] Im Folgenden werden fast ausschließlich Gedichte berücksichtigt, die in reinen Gedichtsammlungen abgedruckt sind. Gedichte als Beigaben zu Leichenpredigten werden nur in Ausnahmefällen genannt, weil sie über die bestehenden Hilfsmittel nicht in ihrer Gesamtheit auffindbar oder in Bezug auf ihren Umfang nicht repräsentativ sind.

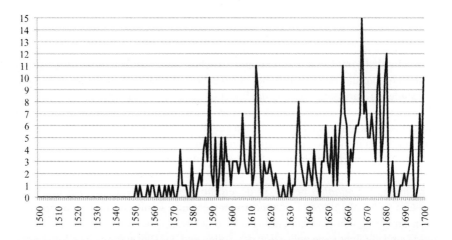

Die Anzahl der Gedichte, die den Tod betreffen, übersteigt die Anzahl der Vertreter der meisten anderen Gattungen deutlich, was den panegyrischen Aspekt und Stellenwert hervorhebt. Gut 430 verschiedene Drucke mit Trauergedichten können für das Herzogtum Braunschweig-Lüneburg ermittelt werden. Nach ersten

---

[74] Vgl. HAYE (2005), S. 157–159.

[75] Vgl. NIEFANGER (2006), S. 235–237. Dazu vgl. auch die Anmerkungen bei KRUMMACHER (1974), S. 105–106.

Anfängen in den Jahren ab 1551 sind deutliche Konjunkturen in den Jahren von 1574 bis 1624, von 1630 bis 1684 sowie von 1690 bis zum Ende des 17. Jahrhunderts nachweisbar.[76] Auffällig ist dabei der deutliche Rückgang der Abfassung von Trauergedichten in den mittleren Jahren des Dreißigjährigen Krieges.

Zahlreiche Vertreter der Gattung sind auf Angehörige der herzoglichen Familie des Herzogtums Braunschweig-Lüneburg verfasst. Das früheste Beispiel erscheint in der Mitte des 16. Jahrhunderts auf den Tod der Herzöge Karl Viktor und Philipp Magnus von Braunschweig-Lüneburg, die als Söhne des Herzogs Heinrich II. in der Schlacht bei Sievershausen gegen Markgraf Albrecht II. Alcibiades von Brandenburg-Kulmbach fallen (1553, VD 16 ZV 15863).

Als mehrere Jahrzehnte später am 3. Mai 1589 der Sohn des Herzogs Heinrich II. von Braunschweig-Lüneburg, Herzog Julius von Braunschweig-Lüneburg stirbt, erscheinen zu diesem Anlass gleich eine ganze Reihe von Leichencarmina. So verfassen der Braunschweiger Pastor Melchior Neukirch eine *Elegia* (1589, VD 16 N 1382), der Pastor Dietrich Moller eine *Elegia lugubris et hortatoria* (1589, VD 16 M 6028), der Pastor Joachim Aue ein *Epitaphium in obitum* (1589, VD 16 A 4041) und der Helmstedter Professor für Rhetorik und Philosophie Johannes Caselius ein weiteres Gedicht (1589, VD 16 C 1295).

Exsequiae anlässlich der Beisetzung des Herzogs schreiben der Helmstedter Professor für Theologie Daniel Hoffmann (1589, VD 16 H 4177), der Pastor Paul Rigemann in Burgdorf (1589, VD 16 R 2424) sowie der Helmstedter Professor Heinrich Meibom d. Ä. (1589, VD 16 ZV 25490). Aus der Vielzahl der Schriften zu diesem Todesfall ist exemplarisch nicht nur die Anteilnahme, sondern vielmehr die Ehrerweisung und die huldigende Pflicht der Theologen aus verschiedenen Orten und der Professoren der Landesuniversität an die herzogliche Familie ersichtlich.

Am Anfang des 17. Jahrhunderts entsteht eine der *Academia Iulia* gewidmete Gedichtsammlung der Helmstedter Professoren Johannes Caselius und Rudolph Diephold anlässlich der Bestattung des neunjährigen Heinrich Julius von Braunschweig-Lüneburg, eines Sohnes des gleichnamigen Herzogs (1606, VD 17 7:631492E). Diese Gedichtsammlung stellt somit den insgesamt seltenen Fall dar, dass auch auf den Tod eines verstorbenen Kindes lateinische Verse verfasst werden.

Belegt sind auch Erinnerungsschriften, die längere Zeit nach einem Todesfall entstehen. So erscheint 25 Jahre nach seinem Tod eine *Sempiterna memoria* zum Gedächtnis an den am 20. August 1592 verstorbenen Herzog Wilhelm d. J. von Braunschweig-Lüneburg (1617, VD 17 23:294042Z). Der frühe Tod der Herzo-

---

[76] Als thematisch verwandte Gattung bleiben die Leichenpredigten bis weit ins 18. Jahrhundert hinein üblich. Dazu vgl. LENZ (1990).

gin Dorothea von Braunschweig-Lüneburg, geb. Prinzessin von Anhalt-Zerbst im Jahr 1634 ist nicht nur erneut Anlass für die Abfassung diverser Trauergedichte, sondern zeigt auch den Umgang der Dichter mit dem Tod einer Frau. Sämtlich im Folgejahr erscheinen zwei im Fingerprint abweichende *Lessus*, drei auf jeweils einem Einblattdruck gedruckte, nicht näher betitelte verschiedene Gedichte, eine *Elegia consolatoria*, eine auf einem weiteren Einblattdruck erschienene *Allocutio* sowie eine Gedichtsammlung auf den Tod derselben Herzogin (1635, VD 17 1:087070K, 23:235217P, 23:306008A, 23:306012M, 23:668083Z, 23:668214X, 23:668218C und 23:668220Y).

Auch Todesfälle von Anghörigen des Herrscherhauses, die sich im Kontext von Kriegen oder sonstigen militärischen Unternehmungen ereignen, werden zum Anlass für Leichencarmina. So entstehen in den 70er Jahren des 17. Jahrhunderts nur die fünf Drucke mit Gedichten auf den Tod des Herzogs August Friedrich von Braunschweig-Lüneburg, der bei der Belagerung der Festung Philippsburg in Baden tödlich verwundet worden war (1676, VD 17 23:231393Y, 23:308365S, 23:669781B, 23:669998X und 23:670026B). Die Reihe der Leichencarmina anlässlich von Todesfällen in der herzoglichen Familie von Braunschweig-Lüneburg endet kurz vor der Wende zum 18. Jahrhundert mit Gelegenheitsgedichten anlässlich des Todes des Kurfürsten Ernst August I. von Hannover am 2. Februar 1698. So verfasst Gottfried Wilhelm Leibniz zu diesem Anlass ein undatiertes *Epigramma* (1698, VD 17 547:650148D), das außerdem in einem zweiten abweichenden, da datierten Druck mit identischem Fingerprint und identischem Inhalt vorliegt (1698, VD 17 23:260615H).

Auch auf sonstige Angehörige des Hochadels außerhalb des Herzogtums Braunschweig-Lüneburg entstehen einzelne Leichencarmina, die aus den welfischen Territorien stammende Dichter verfassen. Dazu gehören beispielsweise das von Johannes Hedemann geschriebene *Epicedion in obitum* zum Tod des Grafen Friedrich von Diepholz, Brunckhorst und Borckelohe (1585, VD 16 H 914) sowie die *Naeniae* auf den Tod des Grafen Johann zu Stolberg in Wernigerode (1612, VD 17 23:245688S = 3:007253D).

Die zweite große Gruppe von Leichencarmina ist auf Bürger sowie sonstige Angehörige des Adels verfasst. Für Angehörige dieser Gruppe werden insgesamt wesentlich mehr Drucke mit Gedichten erstellt, und auch die Erscheinungsdichte der Texte steigt schon früher an. Im Regelfall ist aber für jeden Verstorbenen nur ein Druck nachweisbar, während für Angehörige der Landesherrschaft im Regelfall zu insgesamt wenigen Anlässen jeweils mehrere relevante Drucke entstehen. Als erstes Gedicht ist die *Ecloga lugubris* des Friedrich Dedekind d. Ä. für den Adligen Burkhard von Saldern (1551, VD 16 D 405) ermittelbar, und es folgen wenige Jahre danach die *Epitaphia de morte* auf den Tod des Braunschweiger Pastors an St. Katharinen Heinrich Störing, die der Rektor der Martinsschule in

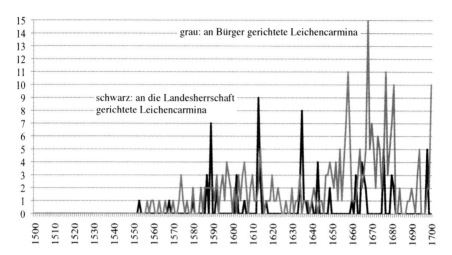

Braunschweig Andreas Pouchen d. Ä. aus Gardelegen und der Rektor der Katharinenschule in Braunschweig Joachim Lonemann aus Salzwedel gemeinsam verfassen (1557, VD 16 P 4511 = L 2370).
Ab den 70er Jahren des 16. Jahrhunderts steigt die Produktion von Leichencarmina im Herzogtum Braunschweig-Lüneburg in ihrer Zahl bedeutend an, und es wird beispielsweise vom Studenten und späteren Pastor Anton Bolmeier aus Hameln in Wittenberg eine *Elegia* auf den Tod des Hamelner Superintendenten Rudolf Moller am 20. Februar 1570 gedruckt (1570, VD 16 ZV 2236). Für die letzten beiden Jahrzehnte vor der Wende zum 17. Jahrhundert sind erneut deutlich mehr Leichencarmina nachweisbar. So schreibt auch der Braunschweiger Pastor Melchior Neukirch in den folgenden Jahren mehrfach Epicedien, so auf den Tod des Nikolaus von Bortfeld (1583, VD 16 N 1370) und auf den Tod des Braunschweiger Pastors Heinrich Lampadius (1584, VD 16 N 1372).[77]
Lateinische Trauergedichte werden im akademisch-bürgerlichen Milieu nicht nur begrenzt auf Verwandte, Freunde und Kollegen geschrieben, sondern erfassen ebenso deren Familien. So schreibt der Theologe Justus Tetzler *Parentalia scripta in ... obitum* auf Anna Schilling, die Ehefrau des Juristen Dr. Gabriel Vorloni-

---

[77] Lampadius war ein in der Bevölkerung beliebter lutherischer Prediger und ist als Pastor von St. Magni auf den verlorenen Glasscheiben von St. Ulrich aus dem Jahr 1577 in Braunschweig belegt. In St. Magni in Braunschweig befindet sich seine Grabplatte mit biographischen Hinweisen. Dazu vgl. WEHKING (2001), S. XVI, S. 116–118, dort Nr. 558 und S. 138–139, dort Nr. 587.

us (1587, VD 16 T 612). In den 80er Jahren des 16. Jahrhunderts entsteht ebenfalls anlässlich des Todes einer Ehefrau das *Hendecasyllabum Phalaecium ...
de obitu* des Johannes Stille auf Elisabeth Kröner, die Tochter des Superintendenten
Christoph Fischer d. Ä., und Ehefrau des Buchdruckers Michael Kröner in Uelzen
(1588, VD 16 S 9135).[78] Der Autor bekundet seine Anteilnahme am Todesfall in
der Familie seines Buchdruckers und zeigt damit seine Verbundenheit über die
geschäftliche Beziehung hinaus.

Im Einzelfall sind auch Trauergedichte auf Kinder oder Jugendliche nachweisbar.
Dazu gehören die *Lacrymae* für das Mädchen Hyella von Martin Chemnitz d. J.
(1590, VD 16 C 2194), die von fünf Dichtern erstellten gesammelten *Epicedia*
auf den Tod der Meta Hesshusen (1597, VD 16 E 1592) oder auch die *Elegia
consolatoria* des Johannes Olearius an seinen Verwandten Daniel Hoffmann auf
den Tod eines Sohnes und einer Tochter (1597, VD 16 O 638). Bei diesen Beispielen ist die Beobachtung festzuhalten, dass die verstorbenen Personen durch
ihre Zugehörigkeit zu Professorenfamilien aus der Gruppe der bürgerlichen Widmungsempfänger herausgehoben sind und die ihnen gewidmeten Gedichte vor
allem auch die Bedeutung ihrer Herkunft hervorheben. Möglicherweise sind
diese Trauergedichte auch auf besonderen Wunsch der Eltern verfasst worden.[79]
Ein ähnliches Beispiel, das in seiner hohen Anzahl an Beiträgern die besondere
Würdigung eines verstorbenen Helmstedter Professors betont, ist der Sammeldruck *in obitum* für den Helmstedter Professor für Medizin Jakob Horst, an dem
acht Verfassern unter der Herausgeberschaft des Heinrich Ochlander mitwirken
(1599, VD 16 O 227).

Auch im 17. Jahrhundert setzt sich die Tradition der Leichencarmina mit weiter ansteigender Produktion fort. Darunter weisen aus dem Territorium des
Herzogtums Braunschweig-Lüneburg eine Gedichtsammlung auf den Tod des
polnischen Staatsmann und Feldherrn Jan Zamoyski (1605, VD 17 3:009038B)
sowie das *Epos manibus* und die *Memoriae* auf dessen Tod im Vorjahr (1606,
VD 17 23:248974K und 23:287952Q) hinaus. Außerdem zeigen sich bereits früh
im 17. Jahrhundert die Entwicklungen der Leichenschriften im Allgemeinen.
Während im welfischen Territorium auf den Tod der Ursula von der Schulenburg
lateinische *Memoriae* und ein Ἐπικήδιον entstehen (1608, VD 17 1:021576M

---

[78]   VOGTHERR (2009), S. 409 wertet diesen Druck im familiären Kontext des Uelzener
      Druckers Michael Kröner aus. Am vergleichbaren Beispiel der wenigen Leichenpre-
      digten auf verstorbene Frauen sieht DÜSELDER (1999), S. 199–200 die „patriarchale
      Gesellschaft" ohne Individualität der Ehefrau widerlegt. Sie nennt anschließend den
      sozialen Status und Zivilstand als Ursache für das Phänomen, dass weniger Leichen-
      predigten für Frauen als für Männer entstanden sind.

[79]   Diese Vermutung äußert DÜSELDER (1999), S. 196 am Beispiel der Leichenpredigten
      auf verstorbene Kinder, deren Herausgabe sie als „Besonderheit" bezeichnet.

und 23:294606M), sind zusätzlich noch ein Magdeburger Druck (1608, VD 17 23:291939G) und zwei deutschsprachige Leichenschriften (1608, VD 17 1:637908V und 23:264265M) ermittelbar.

In den anschließenden Jahren wird eine Gedichtsammlung an den Philosophen, Juristen und Bürgermeister von Goslar Johann Reccius auf den Tod dessen kleiner Tochter Judith Reccius (1611, VD 17 3:012287L) verfasst. Das für die Schlüsselseiten im VD 17 herangezogene Exemplar aus dem Bestand der Universitäts- und Landesbibliothek Sachsen-Anhalt in Halle an der Saale (*AB 155592 (37)*) zeigt eine handschriftliche Widmung des Vaters des verstorbenen Kindes an Johannes Caselius und ist somit ein Beispiel für einen vom Widmungsempfänger an einen Bekannten weitergegebenen Gelegenheitsdruck. Die Gesamtheit der Drucke anlässlich eines Todesfalls kann auch biographische Abschnitte nachweisen. So erscheinen in Helmstedt *Epicedia* auf den Tod des Jurastudenten Gerhard Schaumburg aus Hildesheim (1624, VD 17 7:700567S), und auch ein Erfurter Druck ist zum selben Anlass ermittelbar (1624, VD 17 547:690346N). Der Verstorbene hatte demnach zuvor in Thüringen studiert und war dann an die Universität Helmstedt gewechselt.

Ab der zweiten Hälfte des 17. Jahrhunderts sind einzelne Todesfälle durch die Vielzahl von Drucken, die verfasst werden, aus der gesamten Gruppe herausgehoben. Dazu gehören beispielsweise die sechs Epicedien auf den Tod des Helmstedter Professors für Theologie und Druckereibesitzer Georg Calixt in Helmstedt (1658, VD 17 23:631885T, 39:101752Z, 39:101756E, 39:101761Y, 75:653878Z und 547:688233K). Sie werden bezüglich der Anzahl noch übertroffen von den Drucken anlässlich des Todes des Helmstedter Professors für Jura und Vizerektors der *Academia Iulia* Dr. jur. Enoch Gläser, auf dessen Tod diverse Gedichte entstehen: ein nicht näher betiteltes Trauergedicht, *Threni*, eine *ΘΡΗΝΩΔΙΑ*, das *ΕΠΙΚΗΔΙΟΝ beatissimae memoriae*, ein weiteres nicht näher betiteltes Gedicht, *Supremum munus*, *Threni exsequiis*, *Epitymbium*, *Threnodia*, *Iulia lugens*, *Prosopopoeia* und weitere *Epicedia* (1668, VD 17 23:264095V, 23:317287P, 23:317293Q, 23:317301W, 23:317307S, 23:317311C, 23:317321K, 23:317329V, 23:317344V, 23:317363A, 23:317372Z und 23:317379C).[80]

Aus der Vielzahl der Drucke zu den letztgenannten beiden Todesfällen können verschiedene Faktoren abgelesen werden. Bedeutsam für das Abfassen von lateinischen Leichencarmina außerhalb der eigenen Familie oder des Freundeskreises sind demnach die akademisch und wirtschaftlich herausgehobene Stel-

---

[80] HENZE (2005), S. 290–291, dort Nr. 231 beschreibt das nicht erhaltene Grabdenkmal des Enoch Gläser aus dem Jahr 1668 in der Universitätskirche St. Stephani in Helmstedt. Ebenda stehen auch weitere Hinweise zum dichterischen Wirken Gläsers im Kontext des deutschen Frühbarock.

lung des Verstorbenen und sein Bekanntheitsgrad, der durch eine akademische Schülerschaft gesteigert wird. Während zum einzelnen Todesfall selten mehr als ein Gedichtdruck erscheint, stellen die Gedichte auf verstorbene Helmstedter Professoren dazu einen starken Gegenpol dar, der sie in ihrer sozialen Stellung deutlich betont. Diese Beobachtung wird auch durch die Vielzahl von Gedichtdrucken auf den Tod des Helmstedter Professors für Theologie Dr. theol. Gerhard Titius gestützt. In diesem Zusammenhang werden ein *Ultimum pietatis officium*, eine *Facula exequialis*, ein weiteres *Ultimum pietatis officium*, *Naenia*, ein *Carmen*, ein *Carmen funebre* und einen *Lessus* gedruckt (1681, VD 17 23:267811U, 23:267813K, 23:267818X, 23:267825F, 23:267832Q, 23:267837C und 23:267840F).[81]

Nachdem in den letzten beiden Jahrzehnten vor der Wende zum 18. Jahrhundert eine deutliche Abnahme der Erstellung von lateinischen Trauergedichten feststellbar ist, sind im Jahr 1700 neben anderen Drucken noch diverse Gedichte auf den Tod des Arztes und Helmstedter Professors für Medizin und Geschichte Heinrich Meibom d. J. nachweisbar, so das *Ultimum pietatis officium*, die *Tristes elegi*, ein *Ultimum pietatis ... officium*, einen *Lessus puerilis*, *Neniae* und ein *Lessus in obitu* (1700, VD 17 1:674241E, 1:680620S, 1:680645T, 1:681031C, 23:260963S und 23:260967X). Auch dieses letzte Beispiel zeigt nochmals die Bedeutung der Landesuniversität in Helmstedt als zentralen Bezugspunkt des Bürgertum.

Neben den exemplarisch genannten Drucken sind die im Folgenden summarisch genannten Drucke ebenfalls nachweisbar. Dies sind:

das vom Helmstedter Professor für Poesie Pankraz Krüger verfasste Gedicht auf den Tod des Herzogs Heinrich II. von Braunschweig-Lüneburg (1568, VD 16 K 2462),

die von Melchior Reichards geschriebene *Ecloga in obitum* auf den Tod der Herzogin Margarete von Munsterberg, geb. Prinzessin von Braunschweig-Lüneburg (1580, VD 16 R 679),

ein nicht näher betitelter Druck auf den Tod der Herzogin Dorothea von Braunschweig-Lüneburg, geb. Prinzessin von Sachsen, die Gattin des Heinrich Julius von Braunschweig-Lüneburg, in dem Johann Böckel und Kaspar Arnoldi Verfasser sind (1587, VD 16 B 6292),

---

[81]   Zum selben Anlass erscheint bei den Erben des Heinrich David Müller in Helmstedt außerdem ein Druck mit einem Epicedion in deutscher Sprache (1681, VD 17 23:267820T).

ein *Epicedion in obitum* zum selben Anlass (1587, VD 16 S 9742),   *(handwritten annotation: Vf. Joh. Shrube)*

die *Exequiae* des Heinrich Meibom auf den Tod der Herzogin, an denen Reiner Reineck als Verfasser eines den Druck eröffnenden konsolatorischen Briefes mitwirkt
(1587, VD 16 M 1939),

ein *Epicedion* auf den Tod des Herzogs Wilhelm d. J. von Braunschweig-Lüneburg,
das der Pastor in Lehrte und Rethem Heinrich Bock dichtet (1592, VD 16 B 5999),

die *Threnae* des Andreas Rodewald aus Uelzen zum selben Anlass (1592, VD 16
R 2701),

der Druck *De laudibus* zum Tod der Herzogin Hedwig von Braunschweig-Lüneburg in
skazontischen iambischen Trimetern (1602, VD 17 23:334278H),

eine vom Helmstedter Universitätsabsolventen und Theologen Johann Arendes verfasste *Elegia funebris* zum selben Anlass (1602, VD 17 23:232057R),

ein *Anagrammatismus seu Idyllion* des Pastors und Priors des Klosters Walkenried
Heinrich Eckstorm aus Elbingerode zum selben Anlass (1602, VD 17 23:307266Q),

ein *In obitum ... carmen* auf den Tod des Herzogs Heinrich Julius von Braunschweig-
Lüneburg am 20. Juli 1613 in Prag und auf seine Beisetzung im herzoglichen Mau-
soleum in Wolfenbüttel am 4. Oktober desselben Jahres, das der Pastor von Greene und spätere Superintendent von Gandersheim Joachim Pöling schreibt (1613,
VD 17 23:265995Y),

eine *Monodia in obitum* des herzogliche Kanzlers Werner König zum selben Anlass
(1613, VD 17 23:265990L),

ein Gelegenheitsgedicht, das der Dichter und Arzt des Herzogs Johann Steinmetz
ebenfalls zum selben Anlass verfasst (1613, VD 17 23:265999D),

ein *Luctus* auf den Tod des Herzogs vom Konrektor der Wolfenbütteler Schule Friedrich Hildebrand (1613, VD 17 23:293939R),

weitere *Exequiae, Memoriae, Ode* sowie zwei weitere Gedichtsammlungen diverser Beiträger zum selben Anlass (1613, VD 17 3:012980V, 23:231504H =
125:009594N, 23:260462G, 23:265988Q und 23:293931E),

Orationes, Epicedia et Programmata und ein *Programma* mit Gedichtsammlung so-
wie eine *ΠΑΡΑΙΝΕΣΙΣ*, die ein Jahr nach dem Tod des Herzogs Heinrich Julius von
Braunschweig-Lüneburg als weitere Erinnerungsschriften verfasst werden (1614,
VD 17 23:231486V, 23:265985S und 23:294325A),

die *Epicedia* und ein Einblattdruck mit dem Titel *Epitaphium* auf den Tod des Herzogs Christian von Braunschweig-Lüneburg (1634, VD 17 23:287649V und
23:293582Y),

ein *Carmen epicedium* auf den Tod des Herzogs August I. von Braunschweig-Lüneburg, den Bischof von Ratzeburg, das der Dichter, Lehrer und Konrektor der Schule
in Uelzen Martin Nessel verfasst (1636, VD 17 23:672114U),

das *Rosarium* auf den am 23. April 1636 verstorbenen Herzog Johann Albrecht II.
von Mecklenburg-Güstrow zum 9. März 1637, das Herzog August II. von Braun-

schweig-Lüneburg, seinem Schwiegersohn in dessen dritter Ehe, gewidmet ist (1637, VD 17 1:035903L),

das *Monumentum epistolicum & poëticum*, bestehend aus vier *consolationes* in Prosa und 27 Epicedien, auf den Tod des Herzogs Christian Franz von Braunschweig-Lüneburg (1640, VD 17 23:300009G),

vier Drucke mit Gedichten auf den Tod des Herzogs Georg von Braunschweig-Lüneburg (1643, VD 17 23:231444D, 23:232059F, 23:306226K und 23:306232L),

ein *Epicedion* des Johannes Uchländer auf den Tod des Adjutors des Bistums Ratzeburg und Probstes des Erzbistums Bremen Herzog Friedrich von Braunschweig-Lüneburg am 10. Dezember 1648 (1649, VD 17 23:231113L),

ein weiteres, vom herzoglichen Leibarzt Martin Gosky aus Liegnitz geschriebenes Trauergedicht zum selben Anlass (1649, VD 17 23:231111V),

ein *Albis et Salae nympharum συνθϱηνισμός* anlässlich des Todes des Grafen August Ludwig von Barby und Mühlingen, der der Schwiegervater des Herzogs Rudolf August von Braunschweig-Lüneburg ist (1660, VD 17 23:267527E),

zwei Einblattdrucke sowie das *ΓΛΥΚΥΠΙΚΡΟΝ sive DULCE-AMARUM* auf den Tod des Herzogs Leopold August von Braunschweig-Lüneburg im ersten Lebensjahr, in dem auch die Geburt des Herzogs August Wilhelm von Braunschweig-Lüneburg im selben Jahr berücksichtigt wird (1662, VD 17 23:669141T, 23:669171N und 23:669857H),

die *Memoriae*, eine *Elegia funebris*, *Divae memoriae* und ein Einblattdruck *In exequias* auf den Tod des Herzogs Christian Ludwig von Braunschweig-Lüneburg (1665, VD 17 23:232879N, 23:232901M, 23:233031M und 23:669298K)[82],

die *Threni*, eine *Elegia* und ein weiteres Trauergedicht auf den Tod des Herzogs August von Braunschweig-Lüneburg am 17. September 1666 (1666, VD 17 3:315788Q, 23:232076W und 23:668663U),

die *Memoriae* und weitere *Divae memoriae* des Heinrich Meibom d. J. auf den vorjährigen Tod des Herzogs August von Braunschweig-Lüneburg (1667, VD 17 23:232095B und 23:647110A),

ein *Lessus* sowie *Threni Hannoverenses* auf den Tod des Herzogs Johann Friedrich von Braunschweig-Lüneburg am 28. Dezember 1679 (1680, VD 17 23:260659Q und VD 17 125:041515W),

das *Epicedium* des Gottfried Wilhelm Leibniz auf den Tod desselben Herzogs Johann Friedrich (1680, VD 17 23:260620B),

zwei als *Deliciae aeternae* betitelte, textgleiche Drucke auf den Tod der Herzogin Christiane Elisabeth von Braunschweig-Lüneburg (1681, VD 17 23:303963N und 23:669532R) und

---

[82] Herzog Christian Ludwig von Braunschweig-Lüneburg ist als Mitglied der Fruchtbringenden Gesellschaft erfasst bei CONERMANN (1985), S. 433–435, dort Nr. 372. Er wurde im Jahr 1642 aufgenommen.

ein Gedicht, das der Theologe Polykarp Leyser anlässlich des Todes des Kurfürsten Ernst August I. von Hannover dichtet (1698, VD 17 23:260690X) und das außerdem in zwei weiteren abweichenden Drucken bei identischem Inhalt mit jeweils abweichendem Fingerprint vorliegt (1698, VD 17 1:033987K und VD 17 1:653022C).

Für Todesfälle anderer Angehöriger des Hochadels außerhalb des Herzogtums Braunschweig-Lüneburg sind neben den exemplarisch genannten Drucken die im Folgenden summarisch genannten Drucke ebenfalls nachweisbar. Dies sind:

die *Memoriae* des Johannes Caselius auf den Tod des Herzogs Adolf von Holstein-Gottorp (1586, VD 16 C 1329) und

die *Carmina lugubria* auf den frühen Tod des erst 59-jährigen Grafen Wolfgang Ernst zu Stolberg in Wernigerode (1606, VD 17 23:629975Y).

Für Todesfälle anderer Adeliger und im Bürgertum sind neben den exemplarisch genannten Drucken die im Folgenden summarisch genannten Drucke ebenfalls nachweisbar. Dies sind:

die auf einem Heidelberger Einblattdruck erschienene Trauergedichte auf den Tod einer seiner Söhne im Kindesalter am 18. August 1559 in Heidelberg, die der Professor für Theologie Tilman Hesshusen und drei weitere Beiträger verfassen (1559, ohne VD 16 = Wolfenbüttel, HAB: *A: 95.10 Quod. 2° (135)*),

die an der Braunschweiger Katharinenschule von Joachim Lonemann und Johannes Willebrand geschriebenen *Carmina funebria* (1560, VD 16 L 2369 = W 3117),

das vom Braunschweiger Matthias Berg verfasste *Epicedium* auf den Tod des Gerhard Paul, des Bürgermeisters von Braunschweig (1563, VD 16 ZV 1288),

die *Epitaphia* des Simon Menz für Margarethe, die Frau des Ambrosius Rhulen, Salome, ebenfalls Frau des Ambrosius Rhulen, Andreas Gerhard, einen Beamten aus Quedlinburg, Catharina, die Frau des Andreas Gerhard, Paulus Stehlin, den Präfekten von Elbingerode im Harz und seine Mutter (1566, VD 16 M 4694),

die *Elegia funebris* des Heimbert Oppechinus auf den Tod des Helmstedter Bürgermeisters Franz Schrader (1573, VD 16 O 796),

die *Epitaphia* vom genannten Anton Bolmeier auf den verstorbenen Hamelner Superintendenten Rudolf Moller (1574, VD 16 B 6491),

ein weiteres, ebenfalls von Anton Bolmeier verfasstes Gedicht zum Tod des Otto von Münchhausen (1574, VD 16 B 6489),

die *Elegia lugubris* auf den Tod des Herzberger Superintendenten und Hofpredigers Daniel Bodenburg, die Andreas Dietrichs und Andreas Colditz verfassen (1574, VD 16 T 787),

die *Lachrymae.piis manibus* des Matthias Berg, Pankraz Krüger und Andreas Moller (1574, VD 16 B 1814), die *Elegia in obitum* vom Hamburger Henning Conradinus auf den Tod des hamburgischen Ratssekretärs Martin Göbel und seiner Frau Anna Wichmann (1575, VD 16 C 4872),

das von Joachim Aue gedichtete *Epitaphium* für Anna von Velten, die Witwe des Conrad von Hera (1576, VD 16 ZV 18755),

die von Johannes Caselius verfassten *Memoriae* auf den schlesischen Humanisten und Bibliophilen Thomas Rhediger (1577, VD 16 B 735 = C 1331),

die *Carmina ab amicis missa* an den Helmstedter Professor für Theologie Daniel Hoffmann, in denen der Tod dessen Sohns betrauert wird und die Basilius Sattler, Pankraz Krüger und Hartwig Schmidenstet schreiben (1580, VD 16 S 1854 = K 2453),

die *Epitaphia aliquot matronarum* des Lukas Loss über Lüneburger Familien (1580, VD 16 L 2737),

die *Threni epitaphii in funus et memoriam* der Helmstedter Akademiker Matthäus Dresser, Heinrich Meibom, Hermann Neuwaldt und Reiner Reineck auf Anna Vadina, die Ehefrau des Helmstedter Professors für Geschichte Reiner Reineck (1584, VD 16 T 1109),

das *Epicedion in obitum* des Melchior Neukirch auf den Tod des lübischen Bischofs und dortigen Reformators Eberhard von Holle (1586, VD 16 N 1373),

die *Threnodia parentalis super obitum* des Christoph Donauer sowie des Ernst von Schauenburg und Heinrich Meibom als Beiträger auf den Tod des Regensburger Vaters Leonhard Donauer (1586, VD 16 ZV 4678),

eine *Parentatio memoriae* auf den Tod des Martin Chemnitz d. Ä. von den acht Verfassern und Freunden Felicianus Clarus, Theodosius Fabricius, Christoph Gruner, Johannes Hahn, Paul Hahn, Philipp Hahn, Michael Hutter und Hermann Witteram an der Universität Wittenberg (1586, VD 16 P 738),

das *Epicedion* des Melchior Neukirch auf den Tod des Braunschweiger Syndikus Paschasius Briesmann (1587, VD 16 N 1371),

die *Oratio de vita, studiis et obitu* und beigegebene Epicedien, mit denen diverse Beiträger an den zwei Jahre zuvor verstorbenen Martin Chemnitz d. Ä. sowie an dessen im Jahr 1587 verstorbenen Schwiegersohn Jakob Gottfried erinnern (1588, VD 16 G 485),

die *Prosopopoeia funebris in obitum* des bereits genannten Christoph Donauer auf den Tod des Joachim von Alvensleben (1588, VD 16 D 2332),

die *Epitaphia in obitum* von Anton Bolmeier, Friedrich Dedekind d. Ä. , Reiner Schmidt und Heinrich Temmien für den Rektor der Schule von Halberstadt Paul Fischer (1589, VD 16 E 1743),

die *ΠΑΡΑΜΥΘΗΣΕΙΣ* an Daniel Rindtfleisch in Breslau auf den Tod des Friedrich Grot von Johannes Caselius und anderen Beiträgern (1589, VD 16 P 730 = ZV 15656), die Totenklage des Melchior Neukirch auf Achaz von Veltheim (1589, VD 16 ZV 24060),

die der deutschen Leichenpredigt des herzoglichen Hofpredigers Andreas Leopold beigegebene *Elegia funebris* des Heinrich Meibom auf den Tod des Johann Hattorf, den Schultheiß und Bürgermeister von Osterode (1590, VD 16 L 1244 = M 1946),

die *Carmina in obitum* des Johannes Olearius für Margarethe Chrishovius (1591, VD 16 O 626),

die von Reiner Schmidt, dem Rektor der Schule in Helmstedt, verfassten *Epicedia* auf den Tod des hannoverschen Ratsherrn Burckhard Vornwald und auf den Tod des Hoyer Denich aus Celle (1592, VD 16 S 3153 = S 3147),

die *Memoriae* auf den Tod des Bürgermeister der Stadt Hildesheim Eckhard Lubbren von dreizehn Verfassern, darunter Heinrich Meibom (1592, VD 16 ZV 10860),

ein *Elogium* des Johannes Caselius auf Erhard Hofmann, den Professor für Mathematik in Helmstedt (1592, VD 16 C 1290),

die *Lachrymae in funere* der Dichter Nathan Chyträus, Rudolph Goclenius d. Ä., Johannes Grevenstein, Christoph Hipsted, Hermann Kirchner und Burkhard Wormbser auf Margarethe von Bürgen, die Ehefrau des Johannes Havemann aus Bremen (1594, VD 16 L 36),

die *Memoriae* auf den am 14. Juni 1594 verstorbenen Orlando di Lasso (1594 oder 1595, ohne VD 16 = Wolfenbüttel, HAB: *A: 37 Poet. (42)*),

die in Helmstedt gedruckten *Memoriae* des Johann Peparinus auf die am 23. Februar 1595 verstorbene Barbara Hauken, geb. Formenoir, die Frau des Bremer Bürgermeisters Heinrich Hauken (1595, VD 16 P 1326),

die der Leichenrede des Heinrich Meibom d. Ä. beigegebenen *Epicedia* der Schüler für Hartwig Schmidenstet (1595, VD 16 E 1584 = M 1950),

das *Epicedion de immaturo obitu* auf Burkhard von Saldern, das erneut Melchior Neukirch schreibt (1595, VD 16 N 1369),

die Trauergedichte auf den Helmstedter Professor für Jura Johann von Borcholten von Heinrich Meibom d. Ä. und Tobias Scultetus (1595, VD 16 M 1945),

die ebenfalls von Heinrich Meibom verfassten *Memoriae* zur Erinnerung an Martin Luther (1595, VD 16 M 1947),

die von Joachim Delius und Hermann Volckmar geschriebene *Querela* auf den Tod des Hofarztes Joachim Gagelmann (1596, VD 16 D 450),

die *Paraclesis elegiaco carmine* des Johannes Olearius auf den Tod der Blandina Zochius in Halle an der Saale (1596, VD 16 O 645),

das von Johannes Strube gedichtete *Epitaphium* zum Tod des Theodor Reichers (1597, VD 16 S 9743 und S 9744),

die *Consolatoria elegia* des Johannes Olearius für Jakob Michael Mulbechius, den Bürgermeister von Halle an der Saale, zum Tod des einzigen Sohnes Lorenz Mulbechius (1597, VD 16 O 629), der *Fasciculus progymnasmaticus quorundam poëmatum … continens* auf Angehörige der Familien von der Schulenburg und von Alvensleben (1597, VD 16 S 3150),

die *Epistola et elegia consolatoria* desselben Johannes Olearius an den Rektor der Schule in Halle an der Saale Christoph Kaiser auf den Tod eines Sohnes (1598, VD 16 O 641),

eine *pro consolatione epistola* des Johannes Caselius und von sieben Beiträgern an den Syndikus der Stadt Stargard in Pommern, Eobald Brummer, der zuvor seine Frau verloren hat (1598, VD 16 C 1254),

eine *pro consolatione epistola* des Johannes Caselius an den Syndikus der Stadt Göttingen, Jeremias Richelmius, der ebenfalls seine Frau verloren hat (1598, VD 16 C 1255),

ein *Carmen tumultuarium* auf Johannes Theune, den Pastor von Ribbesbüttel, das Zacharias Bötticher aus Gifhorn, der Pastor des Nachbarortes Leiferde, verfasst (1599, VD 16 ZV 2220),

die *Epicedia* von Kaspar Arnoldi und Heinrich Meibom für den Ritter Ludolph von Gittelde (1599, VD 16 ZV 778),

das *Epicedion* des Heinrich Meibom zum Tod der Elise von der Schulenburg (1600, VD 16 M 1937),

die auf den Tod des Jacob Donat aus Wernigerode verfasste *Carmina lugubria* (1601, VD 17 14:640875L),

die *Memoriae* auf den Tod des Wilhelm von Heimburg (1601, VD 17 39:160193R),

ein *Epitaphium* auf Eva Husmann, geb. Chemnitz (1601, VD 17 23:259509N),

ein *Anagrammatismus* und *Epitaphia* auf den Tod des Konrektors des Klosters Walkenried bei Bad Sachsa Zacharias Bertram aus Einbeck (1603, VD 17 7:686977V und 23:630016G),

die *MNHMONEYMATA … sive Epitaphia carissimorum quorundam* des Pastors in Groß Döhren und Oberfreden Tilmann Petz (1603, VD 17 23:291883P),

von Johannes Caselius verfasste *Memoriae* auf den Tod der Gisela von Hoym (1604, VD 17 3:009031Y),

die *Memoriae* auf den einige Jahre zuvor an der Pest verstorbenen Juristen Dr. jur. Georg Klein in Goslar (1604, VD 17 7:639695Y),

die *Exequiae* auf den Tod des Erfurters Johann Hesse in seiner Universitätsstadt Helmstedt (1605, VD 17 125:022708W),

die *Carmina in discessum* auf den Tod des Johannes Claius aus Havelberg (1605, VD 17 23:262370B),

die *Lacrymae* auf den Tod der Margarete von Alvensleben (1606, VD 17 3:318330N),

die von Martin Baremius in Goslar in griechischer Sprache geschriebene *Memoria* auf den Wittenberger Historiker und Gräzisten Lorenz Rhodoman (1606, VD 17 23:621016H), die *Memoracula* auf den Tod des Helmstedter Professors und Superintendenten Heinrich Papenburger (1606, VD 17 7:704016S),

die *Memoria* auf den Tod des Arztes Simon Prätorius in Salzwedel (1606, VD 17 23:683833V),

die *Epicedia* auf Ilse von der Schulenburg, die von Johannes Cravelius, Jakob Essenius, Johannes Küne und Theodor Cupecius stammen, die sich als *alumni Schulenburgiaci* an der Universität Helmstedt bezeichnen (1607, VD 17 23:320083V),

die *Epicedia* auf Rektor Christian Beckmann in Hannover nach seinem Tod im Vorjahr (1607, VD 17 23:264269S),

das *Breve quorundam defunctorum ... album* des Pastors Tilmann Petz (ca. 1607, VD 17 23:291877N),

die *Epicedia* auf den Tod des Caspar Eckstorm in Wernigerode (1609, VD 17 7:700563M),

eine *Trias Elegiarum funebrium* auf den Tod des Hildesheimer Superintendenten Albert Eckhard am 9. August 1609 (1609, VD 17 1:041444C),

die *Iusta exequialia* auf den Tod des braunschweigisch-lüneburgischen Beamten Ludolph von Alvensleben (1610, VD 17 3:318332C),

die *Memoriae* in griechischer Sprache auf den Tod des Theologen Polykarp Leyser (1610, VD 17 3:012274F),

die *Memoriae ... & ... carmina* auf den Tod des Ritters Bernhard Hofer von Urfahrn (1610, VD 17 23:293502W),

die an den hinterbliebenen Helmstedter Professor und Juristen Andreas Cludius gerichteten *Carmina* auf den Tod der Sophia Cludius (1610, VD 17 23:234659X),

ein Einblattdruck auf den Tod des Pastors Christian Andreas (ca. 1610, VD 17 23:233419F),

eine *consolatio* an Hildebrand Giseler Ruhmann von seinen Helmstedter Kollegen Johannes Caselius, Heinrich Meibom und Rudolph Diephold anlässlich des Todes seiner Ehefrau Dorothea Ruhmann, geb. Jagemann im Vorjahr (1612, VD 17 23:252864Z),

ein Einblattdruck sowie eine rein griechische *Memoria* auf den Tod des Helmstedter Professors Johannes Caselius durch den Pastor, Lehrer und Rektor der Schule in Goslar Martin Baremius (1613, VD 17 1:088758Z und 23:262280C) sowie ein *ΘΡΕΝΟΣ* zum selben Anlass (1614, VD 17 23:262278G),

das *Epitaphion* auf den Tod der Judith Gassmann in Goslar, die Frau des Philipp Gassmann und die Tochter des Friedrich Kuchen (1614, VD 17 23:312768P),

die Gedichte eines Sammeldrucks auf den Tod der Godila von der Schulenburg (1614, VD 17 23:271742T),

die *Lacrumae syncerae*, die der Halberstädter Arzt Johann Heinrich Freitag aus Wolfenbüttel auf den Tod seines Vaters, des Arztes Dr. med. Arnold Freitag aus Emmerich drucken lässt (1614, VD 17 23:253723Q).

die *Threnodia* auf den Tod des Helmstedter Studenten Joachim Nonnius (1614, VD 17 547:648044Z),

diverse lateinische Trauergedichte, die der in deutscher Sprache verfassten Leichenpredigt anlässlich des Todes des Jungen Henning Treschow beigegeben sind (1614, VD 17 23:271836X),

die *Exequiae* auf den Tod des Theologen und Abt des Klosters Riddagshausen Peter Wiendruve (1615, VD 17 23:307053Z),

die *Threni* auf den Tod des Heinrich von Veltheim (1615, VD 17 7:700565B),

die *Memoriae* auf den Tod des Arztes und Helmstedter Professors Owen Günther (1615, VD 17 23:262265C),

eine *ΟΔΗ ΠΑΡΑΜΥΘΗΤΙΚΗ* auf den Tod des gleichnamigen Sohnes des Pastors von Hehlingen Johann Wollersen, der im Alter von sechs Monaten stirbt (1617, VD 17 23:291932D),

ein *Threnus publicus* auf den Tod des Verwalters von Aertzen Hilmar von Münchhausen (1617, VD 17 23:253583T),

das *Epos parentale* des Rektors der Katharinenschule in Braunschweig Ennius Ziegenmeyer auf den Tod des Braunschweiger Pastors und Superintendenten Friedrich Petri im Jahr 1617 (1618, VD 17 23:672068B)[83],

die *ΣΤΥΛΟΓΡΑΦΙΑ ΑΙΝΙΓΜΑτώδης* auf den Tod des Günzel von Bartensleben (1618, VD 17 23:291920G),

die *Meletemata exequialia* auf den Tod des Lüneburger Senators und Patriziers Brand von Tzerstedt aus der Familie des gleichnamigen Lüneburger Glossators des Sachsenspiegels (1619, VD 17 23:321491N),

eine Gedichtsammlung auf den Tod der beiden Brüder und Theologen, des Pastors von Holzminden Heinrich Dercenius und des Pastors Nicolaus Dercenius aus Ostharingen bei Liebenburg nahe Salzgitter in den Jahren 1609 und 1619 (1619, VD 17 1:683146M),

die *Carmina Funebria* auf den Tod des herzoglichen Rates und Hofgerichtsassessors Johann Albert Mollin (1620, VD 17 7:701749K),

das *Symbolon* des Christopher Knorr aus Celle auf den Tod seines nicht im Titel genannten Vaters Stephan Knorr aus Halberstadt (1620, VD 17 23:235222G),

die *Suspiria et solatia super obitu* auf den Superintendentensohn Anton Günther Schlüter aus Oldenburg (1620, VD 17 7:691300V),

ein *Epicedium* auf den Tod der Agnes von Veltheim (1621, VD 17 23:292344X),

das *Mnemosynon* auf die Bürgermeister von Göttingen Ludolph Bode und Ulrich Gieseler (1621, VD 17 7:691008Q),

---

[83] Ennius Ziegenmeyer ist in genealogischem Kontext erwähnt bei WEHKING (2001), S. 565, dort Nr. 1151.

ein Druck auf den Tod des Lüneburger Pastors Paul Gesner aus Bunzlau in Schlesien (1622, VD 17 23:318636Z),

die *Epicedia* auf den Tod des Johann Peparinus von Heinrich Meibom, Rudolph Diephold, Johann Nendorf, Johann Peparinus d. J. und anderen (1623, VD 17 23:634019X),

zwei Gedichtsammlungen auf den Tod der Elisabeth Wissel, der Ehefrau des Helmstedter Professors für Jura Johannes Wissel (1623, VD 17 23:261594B und 23:321903W),

die *NECYSIA* auf den Tod der Barbara Elvers aus Berlin, die Frau des Bürgermeisters von Lüneburg Dr. jur. Leonhard Elvers (1627, VD 17 1:036496U),

die *Epicedia* auf den Tod der Margarethe Engelbrecht, geb. Stisser (1630, VD 17 125:003784R),

ein Trauergedicht auf den Tod der Margarita Hedwig Witersheim, die einzige Tochter des Heinrich Julius Witersheim (1630, VD 17 7:699943M),

die *Threni* auf den Tod des gelehrten jungen Mannes Johann Mönchmeier (1632, VD 17 23:293604S),

die *Epicedia* auf den Tod der Kunigunda Singer, geb. Büffelberg aus Verden, die Frau des Braunschweiger Arztes Dr. med. Andreas Singer (1633, VD 17 23:293415V),

zwei Sammlungen *Epicedia* und *Funebria & doloris suspiria* auf den Tod der Lucretia Nizelius, die einzige Tochter des Pastors Samuel Nizelius in Lüchow (1634, VD 17 23:293611A, 23:293614Y und 23:293616P),

die *Epicedia* auf den Tod des Juristen, Rektors in Hildesheim und Professors an der Universität Helmstedt Dr. jur. Johann Lüders aus Pattensen (1634, VD 17 23:261669A),

die *Carmina* an den Uelzener Bürger Johann Versmann zum Tod seiner Tochter Maria Anna Versmann (1636, VD 17 7:699985C),

die *Naeniae* anlässlich der Bestattung des Bürgermeisters von Lüneburg Georg von Dassel (1636, VD 17 7:680632P),

ein Druck auf den Tod des Jenaer Professors für Theologie Dr. theol. Johann Gerhard (1637, VD 17 23:270151E),

die *Συμπάθεια amicorum Brunsvicensium* auf den Tod der Dorothea Barbara Horst, geb. Eckhard, die Ehefrau des Professors für Philosophie und Rhetorik in Jena Philipp Horst aus Braunschweig (1638, VD 17 23:285490Q),

ein *Lessus* auf den Tod des jungen adligen Helmstedter Studenten Johann Adam von Hammerstein aus Westfalen (1639, VD 17 23:270144W),

die *Exequiae* und ein *Lamentum piis manibus* auf den Tod des Philosophie- und Theologiestudenten Johann Christian Walther aus Jena in Braunschweig (1639, VD 17 23:270135X und 23:270137N),

eine Gedichtsammlung auf den Tod des Superintendenten von Braunschweig Balthasar Walther (1640, VD 17 39:103508L), ein Gedicht auf den Tod des Kriegsrates Johann Georg aus dem Winckel im Jahr 1639 (1640, VD 17 39:110615Q)[84],

die an den Arzt Dr. med. Jakob Tappe gerichtete *Paramedia* sowie *Epicedia* auf den Tod seiner Frau Anna Elisabeth Tappe, geb. Clacius (1641, VD 17 23:634041F und 39:101812D),

eine *Memoria et fama posthuma* auf den im Jahr 1641 verstorbenen Juristen und Kanzler in Celle Gosvin Merckelbach (1642, VD 17 23:270121L),

eine lateinische elegische *Προσωποποιία παρακλητική* auf den Tod der Maria Dorothea von Jettebrock in Walsrode (1644, VD 17 7:693185H),

die *Fama posthumae statua* auf den Tod des Pastors an St. Michael in Lüneburg Johann Bachmann aus Zehren in Sachsen (1644, VD 17 125:025307E),

die *Carmina lugubria* auf den Tod der Anna Margareta Biertümpfel, die Frau des Rektors der Schule in Wolfenbüttel Heinrich Biertümpfel (1645, VD 17 39:153141C),

das *Μνημόσυννον τὸ ταφήϊον* auf den Tod des Rektors der Schule in Goslar Johann Nendorf (1647, VD 17 23:702250Z),

die *Biga parodiarum Horatianarum* zum selben Anlass (1647, VD 17 23:274803T),

die *Epicedia* auf den Tod der Dorothea Cammann, geb. vom Sode (1647, VD 17 23:263132K),

die *STONOI in obitum* anlässlich des Todes des namentlich nicht genannten Sohnes des August Flemming, der im ersten Lebensjahr verstirbt (1648, VD 17 23:684126C),

ein Einblattdruck mit einem *Epicedion* auf den Tod des Wolfenbütteler Hofpredigers Dr. theol. Heinrich Wiedeburg (1648, VD 17 23:321790W),

das *Poema* anlässlich des Todes der Sabine Schenck von Dönstedt (1648, VD 17 23:634142U),

das Trauergedicht *Beatis manibus* auf den Tod des Juristen Daniel Rauscheplat aus Göttingen (1649, VD 17 23:319687U),

die *Rapsodia exsequialis*, *Memoria* sowie weitere *Memoriae piorum manium* auf den Tod des Theologieprofessors Conrad Horn aus Braunschweig (1649, VD 17 7:689375L, 23:316476F und 23:316505H),

lateinische und deutsche Gedichte auf den Tod des Friedrich Strube, den Sohn des Helmstedter Bürgermeisters Heinrich Strube (1650, VD 17 23:321003X)[85],

---

[84]   Johann Georg aus dem Winckel ist als Mitglied der Fruchtbringenden Gesellschaft erfasst bei CONERMANN (1985), S. 231–232, dort Nr. 219. Er wurde im Jahr 1633 aufgenommen.

[85]   Der Helmstedter Bürgermeister Heinrich Strube ist inschriftlich auch genannt auf dem Grabdenkmal seiner Frau in der Universitätskirche St. Stephani in Helmstedt, das nicht erhalten ist. Vgl. HENZE (2005), S. 211–212, dort Nr. 149. Ebenfalls verloren ist sein bei HENZE (2005), S. 235–236, dort Nr. 168 erwähntes Portrait auf einem Ölgemälde aus St. Stephani.

die *Iusta debita* auf den Tod des Helmstedter Professors für Jura Dr. jur. Johann Lotichius (1650, VD 17 23:289904F),

die *Naeniae* auf den Tod des Helmstedter Philosophie- und Jurastudenten Cornelius Michael Mohrmann aus Königsberg (1657, VD 17 23:318594T)[86],

die *Iusta*, *Naeniae* und ein *Epitaphium* auf den Tod des Helmstedter Philosophiestudenten Friedrich Anton Schacht aus Schleswig-Holstein (1657, VD 17 23:319292R, 23:319304C und 23:320590F)[87],

die *Tergemina columna extremi honoris & filialis amoris* auf den Tod der Elisabeth Brumme in Zerbst im 43. Lebensjahr (1650, VD 17 125:005793Y),

die *Epicedia* auf den Tod des Jungen Justus Johann Pape, den Sohn des Beamten Johann Erich Pape (1651, VD 17 1:683307D),

die *ΘΡΗΝΩΔΙΑΙ ΠΑΡΑΜΥΘΙΚΑΙ* auf den Tod der Magdalena Pipenborg, die Ehefrau des Lüneburger Gerichtspräsidenten Joachim Pipenborg (1651, VD 17 23:630311L),

zwei jeweils als *Elegia* betitelte Gedichte auf den Tod des Bürgermeisters von Braunschweig Henning Haberland (1652, VD 17 23:269513B und 23:678310A),

ein Leichencarmen auf den Tod der Helene von Veltheim, geb. von der Asseburg, die Witwe des Burchard von Veltheim (1652, VD 17 23:253693E),

die *Memoriae beatorum manium* auf den Tod des Arztes Dr. med. Joachim Läger in Braunschweig (1652, VD 17 39:101850Q),

das *Poculum consolationis* auf den Tod der Adelheid Cammann (1652, VD 17 23:262456Q),

die *Cantio cygnea* auf den Tod des Syndikus von Buxtehude Christoph Schwanmann am 28. November (1653, VD 17 7:707264H)[88],

die *Epicedia* auf den Tod des im Jahr 1640 geborenen jugendlichen Notarssohn Johannes Georgius Eysold aus Dresden, der im Jahr 1653 verstorben war (1654, VD 17 39:104423K),

ein Einblattdruck anlässlich des Todes des hannoverschen Bürgermeisters Dr. jur. Jakob Bünting (1654, VD 17 7:665495E),

---

[86] Zum selben Anlass sind diverse weitere Trauerschriften in deutscher Sprache (VD 17 23:318587K, 23:318589Z und 23:318596H) sowie ein lateinisches *Programma* (VD 17 23:262725D) ermittelbar.

[87] Außerdem erscheinen diverse deutschsprachige Schriften zum selben Anlass sowie ein lateinisches *Programma* (VD 17 1:025457T, 23:262694M, 23:319286Q, 23:319297D und 23:320593D).

[88] Zum selben Anlass erscheint eine weitere Trauerschrift mit lateinischen und deutschen Epicedien sowie wenig lateinischer Prosa bei Jakob Rebenlein in Hamburg (vermutlich 1654, VD 17 7:707263A).

ein *ΕΠΟΣ* in *obitum* anlässlich des Todes des Helmstedter Professors für Theologie Conrad Horn (1654, VD 17 14:068370Y),

das *Gratulatorium in memoriam* auf den schwedischen Beamten in Bremen Adolf Benedikt Marschall (1654, VD 17 23:269923E),

die *Epicedia* auf den Tod des Juristen und Kanzlers Philipp Möring (1654, VD 17 39:113696N),

Threni auf den Tod der Elisabeth Spiegel von Pickelsheim, geb. von Münchhausen, die Ehefrau des Drosten von Lauenfurt (1654, VD 17 1:037369W),

die *Epicedia* auf den Tod des Helmstedter Professors für Griechisch Johannes Brenneccius (1655, VD 17 14:069574U)[89],

eine nicht betitelte Gedichtsammlung, *Lachrymae*, ein *Lessus feralis* und *Naeniae* auf den im Vorjahr verstorbenen Abt des Klosters Riddagshausen und früheren Professor für Theologie in Rostock Dr. theol. Joachim Lütkemann (1656, VD 17 23:318310Z, 23:318312Q, 23:318314E und 23:318317C), deren Verfasser Rostocker Freunde, Freunde aus Straßburg, Verwandte und Freunde in Pommern sowie diverse weitere Freunde sind,

ein *Epicedium* auf den Tod des Helmstedter Professors für Theologie und Abt des Klosters Königslutter Dr. theol. Georg Calixt (1656, VD 17 23:232125M),

eine Gedichtsammlung auf den Tod des Ritters Busso von Alvensleben (1656, VD 17 39:110653A),

die im Jahr 1656 entstandene und in der Schule in Celle vorgetragene *Threnologia* des Michael Walther auf den Gothaer Superintendenten und Hofprediger Salomon Glaß (1657, VD 17: 39:110415D),

die *Fama novissima* auf den Tod des Helmstedter Medizinstudenten Heinrich Lotichius (1657, VD 17 23:232138R),

ein *Lessus* auf den Tod des Pastorensohnes Valentin Christoph Phrygius aus Jerxheim (1657, VD 17 23:319575S),

die Leichencarmina auf den Tod der Tochter des Helmstedter Professors für Medizin Valentin Heinrich Vogler, Anna Sophia Vogler (1658, VD 17 23:293772C und 23:293774T)[90],

die *ΔΑΚΡΥΑ* auf den Tod des Pastors von Ummendorf Georg Marcus und den Tod seiner jungen Tochter Margarethe, die beide im Zeitraum von fünf Wochen sterben (1658, VD 17 3:016621Q),

die *Epicedia* auf den Tod des Braunschweiger Pastors an St. Katharinen Justus Hesse (1658, VD 17 39:113973T),

---

[89] Das nicht erhaltene Grabdenkmal für Johannes Brenneccius aus der Universitätskirche St. Stephani in Helmstedt ist verloren. Eine Beschreibung und biographische Informationen gibt Henze (2005), S. 248–249, dort Nr. 185.

[90] Zum selben Anlass ist noch ein *Programma* (VD 17 39:101837E) nachweisbar.

eine als *Ara funebris* betitelte Gedächtnisschrift auf den Tod des Bamberger Pastors Simon Vilther am 16. Januar 1656 und seiner Tochter Dorothea Vilther am 29. April 1657 (1658, VD 17 3:016593V),

die *Vita ... hexametris ... exposita*, *Memoriae* sowie ein weiteres als *Vita* betiteltes Trauergedicht auf den Tod des Dr. phil. und Dr. med. Erhard Steding aus Braunschweig (1659, VD 17 14:071366L, 23:331257Z und 23:331264H),

eine *Ode Sapphica* an den Landdrosten und Geheimrat Heinrich von Dannenberg auf den Tod seiner Frau Ursula von Cossen (1659, VD 17 23:293770N),

ein *Lessus heroicus* an den Pastor von Meinersen Burchard Tappe auf den Tod seiner Frau Anna Maria Berg, den der Superintendent Thedel Georg Tappe als Bruder des Witwers verfasst (1659, VD 17 23:331250W),

ein *Epicedium* auf den Tod des Juristen, Wolfenbütteler Kanzler und Gesandten beim Reichstag in Regensburg Johann Schwartzkopf (1659, VD 17 23:319577G),

die *Threnodia* auf den Tod der Catharina Vogler, geb. Boëthius, die Witwe des zuvor verstorbenen Hofarztes Dr. med. Gottfried Vogler (1659, VD 17 23:263107C),

ein Trauergedicht und zwei Einblattdrucke auf den Tod des Ascanius von Kramm (1660, VD 17 23:232144S, 23:232178S und 23:233258P),

der diverse Verstorbene der Familie rühmende *Luctus Steinbergicus* auf den Tod der Elisabeth von Steinberg, geb. Spiegel von Pickelsheim (1660, VD 17 1:041997L),

die *Memoriae* auf den Tod des Dr. med. Erhard Steding aus Braunschweig im Vorjahr (1660, VD 17 23:331200P),

die *Justa honoria* auf den Tod des Ratsherrn und Juristen Joachim Pipenborg am 16. April 1661 in Lüneburg (1661, VD 17 125:022462Y),

die *Trauer-Gedichte* in deutscher und lateinischer Sprache auf den Tod des Jurastudenten Georg Johann Völger aus Hannover (1662, VD 17 1:025492F),

die *Epicedia* auf den Tod des Helmstedter Studenten Johann Adolph Kirchmann aus Schleswig (1663, VD 17 7:691105X),

das *Epicedium* auf den Tod des Helmstedter Studenten Georg Busch (1663, VD 17 23:231960P),

die *Epicedia* auf den Tod des Pastors Georg Brasche an St. Nikolai in Lüneburg (1663, VD 17 547:666466X),

ein *Lessus* auf den Tod der Hofapothekertochter Maria Dorothea Kannenberg in Wolfenbüttel (1664, VD 17 23:688155G),

eine nicht näher betitelte Gedichtsammlung und *Lacrumae* auf den Tod des Johann Christoph Stalburger aus Frankfurt am Main (1664, VD 17 1:032646E und 1:032653P),

eine *Ode*, und *Verba paramythika* sowie eine im Druck abweichende zweite Version der *Ode* auf den Tod der Pastorenfrau Maria Regina Griebner in Lüneburg (1664, VD 17 23:245441B, 23:245443S und 125:037524T),

die aus der Sicht der Witwe verfasste *Querela* auf den Tod des Helmstedter Pastors
Andreas Müller (1665, VD 17 7:701190R)[91],

die *Threnodiae* auf den Tod des früheren Superintendenten von Braunschweig und
Hofpredigers in Dresden Dr. theol. Jakob Weller am 6. Juli 1664 (1665, VD 17
39:106347F),

die *Memoriae* und die *Epicedia in praematurum at beatum obitum* auf den Tod der Otilie Elisabeth Tollenius in Königslutter (1666, VD 17 7:692360P und 23:262794S),

ein Gelegenheitsdruck auf den Tod des kurz nach seiner Geburt verstorbenen Johann
Jeremias Rixner, den Sohn des Helmstedter Professors für Physik Heinrich Rixner
(1666, VD 17 3:646004Q),

lateinische *ΘΡΗΝΩΔΙΑΙ* auf den Tod der Magdalena Hedwig Stisser, der Ehefrau des
Hannoverschen Advokaten und Vize-Syndikus in Hannoversch Münden Johann Julius Hering (ca. 1666, VD 17 1:037866A),

eine *Threnodia* auf den Tod des Mädchens Clara Susanna Vogler, die Tochter des
Helmstedter Professors Valentin Heinrich Vogler (1667, VD 17 39:101843F),

die griechischen *Exequiae* mit lateinischem Titel auf den Tod der Elisabeth Magdalena
von Gladebeck, deren ungeborenes männliches Kind ebenfalls umkommt (1667,
VD 17 23:317041F),

ein nicht näher betiteltes Trauergedicht und ein *monumentum* auf den Tod des Theologen und Archidiakons von Helmstedt Peter Kannemann (1667, VD 17 1:039367Q
und 1:039407F),

die *Epicedia* auf den Tod des Konrektors der Andreasschule in Hildesheim Henning
Oldecop (1667, VD 17 23:695264B),

die der deutschsprachigen Leichenpredigt beigegebenen *Epicedia* mehrerer Beiträger
auf den Tod der Anna Lüders, geb. Wulff (1667, VD 17 23:263254T),

die *Epicedia* auf den Tod des Beamten Christoph Otto Reiche (1668, VD 17 23:678178Q),

das *Epicedium* und ein *Ultimum obsequium* auf den Tod des Helmstedter Professors für
Jura Heinrich Hahn aus Hildesheim (1668, VD 17 23:314585B und 23:314603Q),

die *Epicedia* auf den Tod des württembergischen Rates Dr. jur. Heinrich Grave aus
Osnabrück am 13. Dezember 1668 (1669, VD 17 7:686659F),

ein *Triste officium* auf den Tod des namentlich nicht genannten Sohnes des Helmstedter Professors für Theologie Dr. theol. Gerhard Titius (1669, VD 17 23:319951V)[92],

---

[91]   Andreas Müller aus Göttingen ist als Helmstedter Diakon nach HENZE (2005), S. 421–
426, dort Nr. 371 in der Universitätskirche St. Stephani für das Jahr 1626 inschriftlich
genannt. Dieselbe Inschrift nennt auch den 4. März 1665 als seinen Todestag. Sein
nicht erhaltenes Grabdenkmal aus dem Jahr 1665 in derselben Kirche beschreibt HEN-
ZE (2005), S. 280–281, dort Nr. 219.

[92]   Zum selben Anlass erscheint auch ein Druck in deutscher Sprache (1669, VD 17
23:319942W).

eine *Threnodia* und das *Epicedium* auf den Tod der Ilse Juliane Meier, die einzige
Tochter des Helmstedter Professors für Theologie Gebhard Theodor Meier (1669,
VD 17 23:318552B und 23:318578L),

der *Cippus* auf den Tod der Anna von Dassel, der Witwe des Lüneburger Juristen und
Senators Georg von Dassel (1669, VD 17 39:106609M),

ein Gedicht auf den Tod des Wolfenbütteler Hofarztes Hermann Conerding aus Braunschweig (1669, VD 17 23:232166V)[93],

ein Einblattdruck anlässlich des Todes des herzoglichen Rates Paul Joachim von Bülow (1669, VD 17 23:317089T),

lateinische und deutsche *Epicedia* auf den Jungen Johann Julius Sattler, den Sohn des
Superintendenten Basilius Johann Sattler in Greene (1670, VD 17 39:107283A),

die *Epicedia* auf den Tod des Rektors der Braunschweiger Katharinenschule Johannes
Heinrich Schneidermann (1670, VD 17 39:107571V),

eine Gedichtsammlung auf den Tod der Catharina Hedwig Block, der Ehefrau des
Juristen Johann Kilian Stisser (1670, VD 17 7:666375R),

eine weitere Gedichtsammlung auf den Tod des Paul Röber am 24. November 1669
(1670, VD 17 23:269476H),

die *Piae lacrymae* in lateinischer, griechischer und deutscher Sprache auf den Tod des
Rektors der Schule in Hannover Hermann Jacobi (1670, VD 17 23:265212L),

die *ΘΡΗΝΩΔΙΑΙ* auf den Tod der verwitweten Elisabetha Herbort (1670, VD 17
7:692357L),

die *Vitae humanae feuda caduca* auf den Tod des Johann Christoph von Estorff (1670,
VD 17 7:700715E),

ein *Epicedium* auf den Tod des Helmstedter Philosophie- und Theologiestudenten Albert Theodor Lüdeken (1670, VD 17 23:318355P),

ein *Luctus* auf den Tod des herzoglichen Verpflegungspräfekten Johann Erich Pape
(1671, VD 17 23:319418V),

ein Gelegenheitsgedicht auf den Tod des Kanonikus an St. Sebastian in Magdeburg
Georg Albrecht Block am 13. März 1671 in Hameln (1671, VD 17 39:107287F),

die *Iusta funebria* und *Piae memoriae* auf den Tod des Helmstedter Professors für Jura
Georg Werner (1671, VD 17 23:320124U und 23:320138F),

ein *Novissimum pietatis monumentum* auf den Tod des Theologen und Helmstedter
Superintendenten Balthasar Cellarius (1671, VD 17 39:101797P),

---

[93]   Er ist nicht identisch mit dem gleichnamigen älteren Arzt Hermann Conerding, dessen
Epitaph aus dem Jahr 1622 bei WEHKING (2001), S. 291–292, dort Nr. 774 beschrieben
wird. Dieser ist vielmehr sein Vater. Dazu vgl. die genealogische Online-Ressource
unter http://gedbas.genealogy.net/datenblatt.jsp?nr=995784171 (Stand: 12. November
2009).

eine *Elegia funebris* sowie ein *Mundo vale, coelo salve* auf den Tod des Großkämme-
rers Eberhard von Anderten in Hannover (1672, VD 17 1:037357Z und 1:037366Y),

eine Sammlung von Epicedien auf den Tod des Busso von der Asseburg (1672, VD 17
1:637683T),

die *Memoriae* in griechischer Sprache sowie ein lateinischer Einblattdruck auf den Tod
des Helmstedter Studenten Johann Schröder aus Kremnitz im damaligen Ungarn
(1672, VD 17 23:264903V und 23:298299P)[94],

die *Threnodiae* auf den Tod des Philipp Hermann Baumgart vom Bruder, von Verwandten und Freunden (1673, VD 17 1:024437A),

lateinische und deutsche Gedichte auf den Tod des Juristen und Magdeburger Stadtse-
kretärs Philipp Hermann Baumgart (1673, VD 17 23:625519A),

Gelegenheitsgedichte auf den Tod des Pastors an St. Jakobi und Georg in Hannover
Werner Leidenfrost (1673, VD 17 7:697846V und 7:697847C),

eine *Oda lugubris* auf den Tod des Arztes Anton Günther Friederich aus Oldenburg in
Hannover (1673, VD 17 1:037452S),

die *Elegia* an den Juristen und Bürgermeister von Hannover Georg Türcke auf den Tod
seiner beiden Söhne, den Dr. jur. Hermann Otto Türcke und den Leutnant Jakob
Heinrich Türcke (1673, VD 17 1:037404Z),

ein *Lessus* auf den Tod des Generalmajors und Präfekten von Leustadt Johann Georg
von Stauff (1673, VD 17 23:319889V),

die *Lacrymae* anlässlich der Bestattung des Arztes Dr. med. Johann Behrens aus Celle
(1674, VD 17 7:665070G),

eine Gedichtsammlung auf den Tod des Pastors von Coppenbrügge Conrad Dedekind
(1674, VD 17 1:683626A),

der *Cippus gentilitius* auf den Tod des Juristen und Kanzlers Joachim Mechov in
Helmstedt am 1. Mai 1672 (1674, VD 17 1:683623C),

zwei Drucke mit lateinischen und deutschen Epicedien auf den Tod der Margareta
Magdalena Overbeck (1674, VD 17 23:319259T und 23:319264M),

die *Θρηνοδία* anlässlich der Bestattung des Lehrers und langjährigen Rektors des
Gymnasiums in Osterode Henning Gottfried Fabricius (1675, VD 17 7:684710H),

die *Memoria publica* auf den Tod des braunschweigisch-lüneburgischen Hofrats und
Gesandten in Schweden, Frankreich und Dänemark Statius Victor von Mandelsloh
(1675, VD 17 14:700883R),

das *Epigramma* auf den Tod des Jungen Otto Ludolf Lesch, den Sohn des Pastors an
der Göttinger Liebfrauenkirche Johann Andreas Lesch (1675, VD 17 3:649588N),

---

[94]   Für den letztgenannten Druck ist im VD 17 fälschlicherweise das Erscheinungsjahr
1662 ermittelt.

das *Extremum pietatis officium* auf den Tod des lutherischen Theologen Paul Röber aus Braunschweig (1676, VD 17 23:674654F)[95],

die *Cupressi funerales* auf den Tod des Pastors von Völpke östlich von Helmstedt Anton Samuel Schindler (1676, VD 17 125:019210S),

ein *Thuris manipulus* und eine *Oda lugubris* auf den Tod der Catharina Sophia Baumgarten, die Tochter des Juristen und Syndikus der Stadt Lüneburg Johann Burchard Baumgarten (1676, VD 17 7:667245V und 7:667249A),

zwei Sammlungen von Epicedien auf den Tod des Juristen Johann Lüning (1677, VD 17 23:314632B und 23:314639E),

die *Carmina lugubria* auf den Tod des jugendlichen Schülers der Braunschweiger Martinsschule Paul Dietrich Franck (1677, VD 17 23:684204E),

zwei als *Epicedium* betitelte inhaltsgleiche Drucke mit abweichendem Fingerprint auf den Tod der Eva Margarethe Lauterbach, geb. Becker, die Frau des Rektors der Schule in Halberstadt Christoph Heinrich Lauterbach (1677, VD 17 1:029799T und 1:036570R),

die *Memoriae* auf den Tod des Arztes in Frankfurt am Main und Helmstedter Professors Dr. med. Valentin Heinrich Vogler aus Helmstedt (1677, VD 17 23:263174A),

eine von den drei Brüdern der Verstorbenen verfasste Gedichtsammlung auf den Tod des Mädchens Catharina Maria Johanna Meibom, die im ersten Lebensjahr verstorbene Tochter des Helmstedter Professors für Medizin Heinrich Meibom d. J. (1677, VD 17 125:029067V),

die *Elegia funebris* auf den Tod des Christoph Andreas Meibom, den Sohn des Helmstedter Professors für Medizin Heinrich Meibom d. J., der zuvor bereits seine Tochter verloren hatte (1677, VD 17 125:029075M),

ein *Lessus* auf den Tod der Magdeburger Bürgermeistertochter Catharina Clasen, geb. Lentke, die Frau des Helmstedter Professors für Jura Dr. jur. Daniel Clasen (1677, VD 17 39:112030R),

eine Gedichtsammlung auf den Tod des Leipziger Professors Friedrich Rappolt aus Reichenbach im Vogtland (1677, VD 17 125:019258D),

eine *Pyramis Sinoldina* auf den Tod des kaiserlichen und herzoglichen Beraters und Kanzlers Johann Helwig Sinold von Schütz (1677, VD 17 23:319712R),

ein *Lessus* auf den Tod des kaiserlichen und herzoglichen Beraters und Kanzlers Johann Helwig Sinold von Schütz im Vorjahr (1678, VD 17 39:117320X),

ein Druck auf den Tod der kleinen Tochter des Rektors der Braunschweiger Katharinenschule Johann Alers und Anna Blandina Schindler im Säuglingsalter (1678, VD 17 125:046271L),

---

[95] Es handelt sich bei den beiden Männern mit Namen Paul Röber um zwei verschiedene Männer. Der erstgenannte starb 1669, der zweitgenannte 1676.

in lateinischer und deutscher Sprache verfasste *C[armina] funebria* auf den Tod der Lehrer- und Pastorentochter Anna Magdalena Buno in Lüneburg im zwanzigsten Lebensjahr (1678, VD 17 23:690802H),

eine *Ode alcaica* auf den Tod des Juristen, braunschweigisch-lüneburgischen Hofrats und Hofgerichtsassessors Jakob Heinrich Block aus Hannover (1679, VD 17 7:664207W),

die *Iusta funebria* sowie die *Fata Cunonia* auf den Tod des Jungen Johann Christoph Cuno, den einzigen Sohn des Magdeburger Rektors Anton Werner Cuno (1679, VD 17 1:674345R und 1:681386Q),

die *Piae lachrymae* auf den Tod des Kanzlei- und Klostersekretärs Carl Stisser (ca. 1679, VD 17 1:037548M),

eine Gedichtsammlung mit Leichencarmina in lateinischer und französischer Sprache auf den Tod des Lehrers, Theologen, Dichters, Mathematikers und Superintendenten von Göttingen Heinrich Tollenius, der in Göttingen Inhaber einer Privatpresse war (ca. 1679, VD 17 7:689436X),

zwei Drucke mit Epicedien auf den Tod des Professors am Lüneburger Gymnasium und Pastors an St. Michael in Lüneburg Dr. theol. Heinrich Uffelmann (1680, VD 17 23:267761W und 23:267763M),

das *Sacrum beatissimis manibus* des Juristen Gottfried Wilhelm Sacer und eine weitere von Kollegen der Schule in Wolfenbüttel verfasste Gedichtsammlung auf den Tod der Ilse Margarethe Bötticher, geb. Schilling, die Frau des Wolfenbütteler Juristen Justus Bötticher (1680, VD 17 23:309123U und 23:309131L),

die *Tappiomnema sive Oda lugubris* auf den Tod des Arztes und Helmstedter Professors für Medizin Dr. med. Jakob Tappe aus Braunschweig (1680, VD 17 23:267804L),

das gemäß seinem Versmaß als *Scazon* betitelte Gedicht auf den Tod der Margaretha Engelbrecht, geb. Schrader, die Frau des Helmstedter Professors für Jura Georg Engelbrecht (1680, VD 17 23:312061X),

ein *Epicedium* auf den Tod der Anna Margareta von Anderten, der Ehefrau des braunschweigisch-lüneburgischen Hofrats Johann Bünting in zwei nur im Titelblatt voneinander abweichenden Drucken mit identischem Fingerprint (1680, VD 17 1:035443K und 1681, VD 17 23:309542W),

das *Infelix omen* auf den Tod des Wernigeroder Konrektors Wolfgang Heinrich Lorbeer (1681, VD 17 3:677627X),

ein *Epicedium* auf den Tod des Helmstedter Professors für Jura Hermann Conring (1681, VD 17 23:264157Q),

das *Monumentum pietatis* anlässlich des Todes des Lüneburger Juristen und Salinenmeisters Georg von Laffert (1683, VD 17 23:318549Y),

eine Gedichtsammlung auf den Tod des Säuglings Christian Theodor Breithaupt aus
Northeim, den Sohn des dortigen Rektors Christoph Andreas Breithaupt, der im
selben Jahr stirbt (1684, VD 17 7:665012H)[96],

die *Exequiae* auf den Tod der Maria Elisabeth von Anderten in lateinischer und deutscher Sprache (1684, VD 17 1:037870M),

die *Naenia* auf den Tod des Pastors an St. Cosmas und Damian in Stade Nikolaus
Cordes (1684, VD 17 23:299611B),

die *Carmina funebria* auf den Tod des Theologen und Abtes des Klosters Riddagshausen bei Braunschweig Brandanus Dätrius (1688, VD 17 23:268007U),

die Gedichte auf den Tod der Arzttochter Anna Maria Hoffmann (1689, VD 17
1:028148R),

lateinische, deutsche und griechische Gedichte auf den Tod des Rektors der Braunschweiger Martinsschule Johann Friedrich Gelhude (1690, VD 17 23:262207D),

das *Epicedium* auf den Tod des braunschweigisch-lüneburgischen Rat, Bibliothekar,
Sekretär in Wolfenbüttel und Pastor an St. Blasius in Braunschweig Caspar Adam
Stenger (1690, VD 17 23:688967X),

der *Aquilae raptus* und ein weiteres Epicedion auf den Tod des Helmstedter Professors Dr. theol. Joachim Hildebrand aus Walkenried (1691, VD 17 1:646559N und
1:646594A),

der *Lessus in funere* sowie ein *Monumentum pietatis* anlässlich des Todes und der Bestattung der Elisabetha von Laffert, der Frau des Lüneburger Bürgermeisters und
Salinenmeisters Hermann Friedrich von Witzendorf (1692, VD 17 1:033209K und
1:033235Y),

eine *Elegia*, lateinische und deutsche Epicedien, ein *Exiguum ... monumentum* und
Memoriae auf den Tod des braunschweigisch-lüneburgischen Staatsmannes Otto
Grote, der am 5. September 1693 in Hamburg gestorben und am 6. Dezember
desselben Jahres in Hannover beigesetzt worden war (1693, VD 17 1:023934A,
1:023936R und 1:023944G sowie 1694, VD 17 39:115571Q),

die *Ultima iusta* und ein *Tumulus* auf den Tod des kurfürstlichen Hofpredigers und
Generalsuperintendenten des Fürstentums Calenberg-Göttingen Hermann Bark-
haus (1694, VD 17 39:117480S und 39:117484X),

die *Pietas filialis!* des Vitus Melchior Striekmann auf den Tod seines Vaters, des Beamten Friedrich Striekmann (1694, VD 17 23:264854E),

der *Clypeus imperatorius memoriae* auf den Tod des Generalmajors Georg Christoph
von Holle (1694, VD 17 23:317824K),

---

[96]   Die deutsche Leichenpredigt für den Vater verfasst der Pastor Johannes Brandes in
Northeim (1685, VD 17 7:664235A).

der *Lessus heroicus* auf den Tod der Margaretha Gertrud von der Schulenburg (1697, VD 17 1:036070P),

die *Epicedia* sowie eine deutsch-lateinische Gedichtsammlung von Kollegen auf den Tod des Rektors der Schule in Hannover Justus Hoysen (1698, VD 17 7:658776A und 7:658782B),

die *Carmina* sowie ein *Luctuosissimus planctus* auf den Tod des Pastors von Goslar Theodor Grussenberg (1699, VD 17 1:681516E und 1:681554R),

die *Aeternae memoriae* auf den Tod der Beamtenwitwe im Fürstentum Sachsen-Merseburg Catharina Ehrengard von der Wense, geb. von Alvensleben (1699, VD 17 1:028719M),

der *Cippus Sepulchralis* auf den Tod des Helmstedter Professors für Chemie und Biologie Dr. med. Johann Andreas Stisser (1700, VD 17 23:260983E),

die *Memoriae* und *Neniae* auf den Tod des Helmstedter Professors für Beredsamkeit Caspar Körber (1700, VD 17 1:648607D und 23:261020Y) und

ein Trauergedicht auf den Tod des lüneburgischen Regierungsbeamten August Grote (1700, VD 17 1:023848G).

2.2.5.   *Dramata (Comoedia, Tragoedia)* – Dramendichtung

Als Vorbild für die Dramen der Humanisten galten zunächst in besonderem Maße die Tragödien des Seneca d. J. Dessen Charaktere aus der antiken Mythologie wurden in der Renaissance und im Humanismus um Helden aus der antiken Geschichte, der Bibel sowie der mittelalterlichen und frühneuzeitlichen Geschichte ergänzt.[97]

Im Territorium der Herzöge von Braunschweig-Lüneburg sind keine lateinischen Dramen von einheimischen Autoren nachweisbar. Als Dichter einer Komödie und zweier Tragödien ist ausschließlich Tobias Kober belegt, der von Görlitz kommend in Helmstedt Medizin studiert und sich in den Titeln seiner Dramen im Jahr 1594 noch zweimal als Student der Medizin bezeichnet, im Jahr 1595 hingegen bereits als *medicus*.[98]

Kober verfasst die Komödie *Hospitia ... Comoedia nova*, die in Helmstedt bei Jakob Lucius d. Ä. gedruckt wird (1594, VD 16 K 1492) und die beiden Tragödien *Anchises exul Tragoedia ex III. libro Aeneidos Virgilianae* (1594, VD 16

---

[97]   Vgl. IJsewijn/Sacré (1998), S. 139–149.

[98]   Tobias Kober wurde am 1. Oktober 1588 als *Gorlicensis Silesius* an der Universität Helmstedt immatrikuliert, wechselte im Jahr 1590 in die medizinische Fakultät und wurde am 14. November 1595 ebenda unter dem Dekan Jakob Horst zum Dr. med. promoviert. Dazu vgl. Zimmermann (1926), S. 72*b*147, S. 82*b*5 und S. 121*a*2.

K 1490) und *Sol Marcus Curtius … Tragoedia ex libro septimo primae decadis Livianae* (1595, VD 16 K 1494), die in Görlitz beziehungsweise Leipzig gedruckt werden. Da Kober nach Abschluss seiner Ausbildung in seiner Heimatstadt Görlitz als Arzt tätig war, dürfte zumindest die letztgenannte Tragödie bereits wieder in Sachsen entstanden sein, und auch für die beiden erstgenannten Dramen ist mit Ausnahme des Druckorts Helmstedt ein dichterischer Einfluss durch die welfischen Lande kaum vorstellbar.

Ebenso wenig genuin welfisch ist der Entstehungszusammenhang der in Duderstadt gedruckten umfangreichen *Poesis dramatica* des Jesuitenpriesters und Wiener Professors Niccolò Avancini (1679, VD 17 23:267984T). Da es sich bei den erwähnten Werken um Einzelphänomene handelt, ist eine Konjunktur der lateinischen Dramendichtung im Herzogtum Braunschweig-Lüneburg somit nicht nachweisbar.

2.2.6. *Encomia* – Lobpreisungen

Das Encomium ist die nicht an einen speziellen Anlass gebundene Form des Lobpreises, der Verherrlichung und der Panegyrik. Ähnlich wie die *laudatio* kann sie dem Preis eines Menschen dienen und ist dann an diesen adressiert. Möglich ist aber auch das abstrakte Lob einer Wertvorstellung oder einer angesehenen Disziplin oder Sache, die dann gleichsam personifiziert erscheint. Die Gruppe der in der vorliegenden Untersuchung ermittelten Lobpreisgedichte ist sehr klein, wobei nicht vergessen werden darf, dass Herrscher- und sonstiges Personenlob regelmäßig auch in anderen Gedichten zu spezifischen Anlässen verarbeitet werden. Kein Epithalamion und kein Leichencarmen jedweder Art kommt ohne panegyrische Elemente aus, die die beteiligten und gefeierten Personen betreffen.

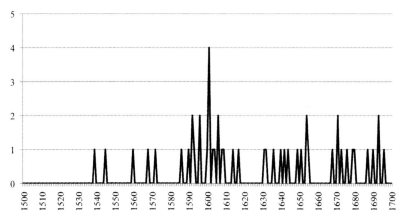

Im Herzogtum Braunschweig-Lüneburg lassen sich insgesamt knapp fünfzig verschiedene Drucke ermitteln, die Encomia enthalten. Bei einem beinahe gleichmäßigen Aufkommen ab der Mitte des 16. Jahrhunderts sind gewisse Konjunkturen trotz der insgesamt geringen Anzahl in den Jahren von 1586 bis 1617 und von 1631 bis zum Ende des 17. Jahrhunderts nachweisbar. Während die ersten Encomia ausschließlich an die Landesherrschaft gerichtet sind, entstehen bereits im Laufe des 16. Jahrhunderts auch zunehmend Lobpreisungen, die an besonders verdienstvolle Bürger oder auch an Institutionen wie beispielsweise eine Bibliothek oder eine Schule gerichtet sind.

Um die Mitte des 16. Jahrhunderts entstehen die ersten Encomia an das eigene Herzogshaus, nachdem zuvor Johannes Busmann ein Gedicht auf Graf Enno von Ostfriesland verfasst hat (1539, VD 16 B 9979). So schreibt Anton Corvinus in einem Sammeldruck mehrerer Werke und mehrerer Verfasser sein *Carmen encomiasticon et exhortatorium* für Herzog Erich II. von Braunschweig-Lüneburg zum Anlass der Heirat mit Prinzessin Sidonie von Sachsen (1545, VD 16 C 5331 = D 379 = M 5662), und der aus Göttingen stammende Professor Johannes Caselius verfasst ein *Encomion Henrici Leonis* anlässlich der Eheschließung des Herzogs Julius von Braunschweig-Lüneburg (* Wolfenbüttel 29.06.1528, † Wolfenbüttel 03.05.1589) mit Prinzessin Hedwig von Brandenburg (* 1540, † 1602), der Tochter des Kurfürsten Joachim II. von Brandenburg. Das Gedicht erscheint zu Ehren des Brautpaares, stellt aber kein Epithalamion im eigentlichen Sinne dar (1560, VD 16 C 1292).

Explizit unter dem Titel *Encomion* abgefasste Gelegenheitsgedichte erscheinen erst zum Ende des 16. Jahrhunderts. Der Helmstedter Professor Johannes Olearius dichtet ein *Encomion libri concordiae recognitum et apostatis ac reprehensoribus eius oppositum* für den Abt Peter des als *mons Parthenopaeus* genannten Klosters St. Marienberg in Helmstedt (1592, VD 16 O 640), ebenso schreibt Thomas Rochow aus Helmstedt das *Fidei fortitudinis et constantiae encomion* aus der römischen Geschichte des Livius (1592, VD 16 R 2688).

Nach einer deutlichen Unterbrechung in den Jahren von 1617 bis 1631 sind im Laufe des 17. Jahrhunderts weitere Vertreter der enkomiastischen Gelegenheitsdichtung vertreten, so das den braunschweigisch-lüneburgischen Herzögen gewidmete *ΠΕΝΤΑΦΥΛΛΟΝ* des Wilhelm Böckel (1631, VD 17 23:294545Z) oder das dem Herzog August II. von Braunschweig-Lüneburg gewidmete Anagramm auf seinen Sohn Rudolf August (1632, VD 17 23:668204R). Aus der Blütezeit in der Mitte des 17. Jahrhunderts zu erwähnen ist außerdem das Gedicht auf Herzog August II. von Braunschweig-Lüneburg für seine verdienstvolle Einrichtung der Bibliothek in Wolfenbüttel (1640, VD 17 23:269828N).

Kurz vor der Wende zum 17. Jahrhundert entstehen beispielsweise noch die *Rediviva Bacenis* auf den Herzog Ernst August von Braunschweig-Lüneburg (1680, VD 17 14:077313F) und das *Convivium Martinale* des Eberhard Finen aus Braunschweig auf seine Schule (1687, VD 17 23:290798Y). Der letzte im 17. Jahrhundert nachweisbare Druck enthält das *Debitum virtutis Encomium* anlässlich des Amtsantritts des Prof. Dr. theol. Friedrich Ulrich Calixt als Rektor an der Universität Helmstedt (1696, VD 17 1:650873Y).

Neben den exemplarisch genannten Drucken sind die im Folgenden summarisch genannten Drucke ebenfalls nachweisbar. Dies sind:

das panegyrische Gedicht des Johannes Caselius auf Kaiser Maximilian I. von Habsburg (1568, VD 16 C 1328),

ein *Carmen bilingue*, das Franz Masmann aus Hannover den hannoverschen Ratsherren Theodor Knolle und Bernhard Morenweg widmet und in dem er die Empfänger als seine Gönner rühmt (1572, VD 16 ZV 10474),

ein *Poemation* an den Stadtrat von Steinheim im Fürstbistum Paderborn des Helmstedter Professors Heinrich Meibom d. Ä., in dem er den Wittenberger Theologen, Philologen und Historiker Hermann Tulichius aus Steinheim lobt, der später Rektor des Lüneburger Johanneums wird (1586, VD 16 M 1960),

der *Phoenix* des Heinrich Stromberg aus Stolzenau an Herzog Heinrich Julius von Braunschweig-Lüneburg, den er im Titel als seinen Mäzen bezeichnet (1590, VD 16 S 9691),

Reiner Schmidts *breve encomion philosophiae et Lunaeburgae*, das er seinem *Votum pro felici ac toti laudatae patriae salutari introductione* anfügt (1593, VD 16 S 3156 = S 3141),

das *Iuleion* des Johannes Caselius von der Universität Rostock zum Preis des Herzogs Heinrich Julius von Braunschweig-Lüneburg (1596, VD 16 C 1318),

das von Christoph Weiß verfasste Lobgedicht auf selbigen Herzog, als dieser zahlreiche Organisten, unter anderem auch Michael Prätorius, nach Gröningen bei Halberstadt zur Inspektion der damals größten Orgel Deutschlands kommen lässt (1596, VD 16 W 1588)[99],

Heinrich Gödekes προσφώνημα *ad ... viros amplissimos & consules prudentissimos* auf die Bürgermeister Henning Arneken und Joachim Brandis in Hildesheim (1600, VD 16 ZV 6851),

das *ΗΡΩΟΝ virtuti inclyti Ducis Henrici Iulii* (1601, VD 17 3:302248V),

das *Epos* des belgischen Studenten Julius Phlug in Helmstedt an den niederländischen Staatsmann Johan van Oldenbarnevelt (1601, VD 17 3:645980F),

ein in griechischer Sprache verfasstes Lobgedicht desselben Verfassers auf eine im Titel nicht näher bezeichnete Person (1601, VD 17 23:249004U),

---

[99]   Diese Orgelinspektion ist auch erwähnt bei Hintzenstern (1976), S. 113.

die von Henning Oldehorst verfasste *Gratulatio* an den Hildesheimer Bürgermeister Ludolph von Harlessem über dessen gutes Wirken (1601, VD 17 23:248608C),

das an Freiherr Radislaus von Wchynitz und Tettau gerichtete *Carmen* des Johann Angelius von Werdenhagen (1603, VD 17 3:010281F),

das auf einem Einblattdruck erschienene Lobgedicht des Subkonrektors der Schule in Hannover und Theologiestudenten Alexander Arnoldi auf den Hofbeamten Johannes Bernstorff (1604, VD 17 23:698344G),

die *Strena* des Rektors der Klosterschule Ilsenburg Martin Sweser auf Statius von Münchhausen (1606, VD 17 23:630101T),

der *Duplex anagrammatismus* des Nikolaus Brem auf den Beamten Dr. jur. Volckmar Scherer in Coburg (1606, VD 17 547:649242Z),

die *Ode asclepiadea* des Theodor Surland auf den Arzt Justus Elias Evander in Weimar (1608, VD 17 23:263315E),

das *ΕΙΣ ΚΟΙΝΩΝΟΝ ΒΕΛΤΙΣΤΟΝ* des Pastors Johann Guden auf Herzog Heinrich Julius von Braunschweig-Lüneburg (1609, VD 17 23:683811S),

das *Encomium Podagrae tenui filo deductum & adornatum* des Pastors in Ilfeld Johann Valentin Liesegang (1614, VD 17 23:631913N),

die *Laudes* des Pastors von Luckau im Spreewald Johann Stegman auf die Universität Helmstedt, der er als Absolvent verbunden ist (1617, VD 17 23:304147R),

der *David gloriosus victor hoc est* des Verdener Pastors Christoph Neubauer auf den Pastor David Blumenthal in Salzwedel (1636, VD 17 14:052858U),

die *Trias Guelphica* des Christian Moller auf Samuel Stockhausen aus Wolfenbüttel, den Pastor Sebastian Hauer in Wolfenbüttel sowie den Pastor Michael Greiffenmeier in Ahlum (1642, VD 17 23:320771M),

der dem Wolfenbütteler Hofprediger Dr. theol. Heinrich Wiedeburg gewidmete Einblattdruck mit einem Epigramm des Johann Genshalß aus Waltershausen (1644, VD 17 23:272568V),

der *Geryon Germanus tricorpor* auf die Herzöge August II., Christian Ludwig und Georg Wilhelm von Braunschweig-Lüneburg (1649, VD 17 23:266977E),

das bilingue Lobgedicht mit griechischem und lateinischem Text auf Herzog August II. von Braunschweig-Lüneburg anlässlich des Erlasses einer Schulordnung (1651, VD 17 23:232062K),

das Lobgedicht des Helmstedter Studenten und späteren schaumburgisch-lippischen Beamten Peter Ernst Sötefleisch aus Hildesheim auf den schwedischen Staatsmann Graf Bengt Gabrielsson Oxenstierna (1654, VD 17 23:269909N),

das Lobgedicht desselben Verfassers auf den Professor und Juristen David Mevius aus Greifswald (1654, VD 17 23:269913Y),

die *Gratulabunda et votiva acclamatio* auf Herzog Rudolf August von Braunschweig-Lüneburg (1655, VD 17 23:308396U),

das *Pium votum* für denselben Herzog Rudolf August (1668, VD 17 23:668842K), die *Oda encomiastica* des Theophilus Andreas Mack auf Herzog Rudolf August von Braunschweig-Lüneburg (1671, VD 17 23:668847X),

ein zeitgleich entstandenes weiteres Gedicht auf denselben Widmungsempfänger mit beigegebener Prosa von Gottfried Wilhelm Sacer (1671, VD 17 23:669407D),

eine *ΩΔΗ* des Johann Heinrich Schmidt aus Thüringen, des Rektors der Schule im Kloster Riddagshausen, auf seinen *patronus & promotor* Brandanus Dätrius, den Abt desselben Klosters (1673, VD 17 7:700004C),

ein *Anagrammatismus in nomen* durch Friedrich David Stender auf Herzog Rudolf August von Braunschweig-Lüneburg (1676, VD 17 23:669477Z),

die *Tristia laetis mixta* auf denselben Widmungsempfänger (1679, VD 17 23:669523S),

das *Carmen eucharisticum* auf die Herzöge Rudolf August, Anton Ulrich, Georg Wilhelm und Ernst August von Braunschweig-Lüneburg (1690, VD 17 547:650133K),

die *Ars nova sapiendi* auf Herzog Anton Ulrich von Braunschweig-Lüneburg (1693, VD 17 32:649673Y) und

die umfangreiche und diverse Anlässe betreffende *Divi Augusti Ducis ... sapientis, pii, iusti, felicis, patris patriae vita & fama* zur Erinnerung an den knapp drei Jahrzehnte zuvor verstorbenen Herzog August II. von Braunschweig-Lüneburg (1693, VD 17 39:122907B).

2.2.7. *Epithalamia* – Hochzeitsgedichte

Noch häufiger als der Tod wird in Gelegenheitsgedichten die Eheschließung behandelt – ein Thema, das beispielhaft mit der Lyrik Sapphos und Catull. *c*. 61 bis in die Antike zurückreicht. Dabei ist zwischen dem *Epithalamion* im eigentlichen Sinne und dem *Hymenaios* zu unterscheiden. Letzterer bezeichnet in der antiken Dichtung ausschließlich den Chorgesang, der die Braut vom Haus ihrer Eltern zum Haus des Bräutigams begleitet, Epithalamion wird hingegen nur der Chorgsang vor dem ehelichen Schlafgemach der Brautleute genannt.[100] Aus den Formen der antiken Lieder, die während bestimmter Abschnitte der Hochzeitsfeierlichkeiten gesungen wurden, entwickelten sich bereits ab der Spätantike und besonders in der frühen Neuzeit auf das Brautpaar persönlich zugeschnittene Lob- und Glückwunschgedichte, die nicht mehr zum Gesang bestimmt und auch nicht einzelnen Abschnitten des Festes zugeordnet waren:

„Der [...] Begriff *Epithalamium* [...] bezeichnet seit Statius oft eine neue Art der Hochzeitsdichtung, die in der lateinischen Literatur zuerst durch Statius einge-

---

[100] Vgl. Muth (1954), S. 5. Zur Terminologie von Hymenaios und Epithalamion vgl. auch Horstmann (2004), S. 14–18. Zum Epithalamion im Allgemeinen vgl. auch die differenzierte Untersuchung von Jermann (1967).

führt wurde und vor allem in der Spätantike sehr beliebt war: Ein Hochzeitsgedicht mit persönlicher Prägung, das für ein konkretes, dem Autor persönlich
bekanntes Brautpaar verfaßt wurde, das innerhalb des Werkes namentlich genannt und auf dessen spezifische Lebensumstände eingegangen wird. Zugleich
eignete sich diese neue Art der Hochzeitsdichtung nicht mehr dafür, während der
Durchführung einzelner Hochzeitsriten als Lied vorgetragen zu werden, da die
einzelnen Bräuche, wenn überhaupt, nur selektiv dargestellt wurden; auch eine
Rezitation [...] erscheint aus inhaltlichen Gründen nicht in allen Fällen wahrscheinlich. Das eher volkstümliche Hochzeitslied war somit zum literarischen
Hochzeitsgedicht geworden, das routinemäßig als Aufmerksamkeit für Freunde
oder Patrone verfaßt und eventuell rezitiert, oft aber wohl auch nur durch Lektüre
rezipiert wurde."[101]

Diese Gedichte können im 16. und 17. Jahrhundert außer als *Epithalamia* auch als
Carmina nuptialia, *Epigrammata nuptialia*, *Schediasmata nuptialia* oder ähnlich
betitelt sein.

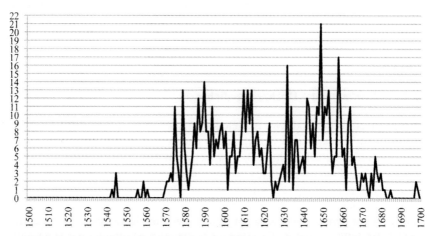

Im Herzogtum Braunschweig-Lüneburg lassen sich 680 verschiedene Drucke
ermitteln, die ein oder mehrere Hochzeitsgedichte enthalten. Mit deutlichen
Schwankungen ist dabei eine Konjunktur in den Jahren von 1570 bis 1682 nachweisbar. Besonders auffällig ist der Rückgang der Abfassung von Epithalamien in
den mittleren Jahren des Dreißigjährigen Krieges.
Zunächst erscheinen *Epithalamia* ausschließlich anlässlich der Heirat eines Angehörigen der Herrscherfamilie, und so ist das erste Hochzeitsgedicht im Welfenland

---

[101]   HORSTMANN (2004), S. 18. Die daraus resultierenden Erkenntnisse sind am Beispiel der
         spätantiken Epithalamien bei HORSTMANN (2004), S. 323–326 zusammengefasst.

auf die Heirat von Graf Georg Ernst von Henneberg und Herzogin Elisabeth von
Braunschweig-Lüneburg, eine geborene Markgräfin von Brandenburg, nachweisbar (1543, VD 16 B 9983).[102] _enth. Werk: Antonius Corvinus, Precatio ad Deum_
Bereits anlässlich der nächsten Eheschließung am herzoglichen Hofe lässt sich eine
leichte Steigerung verzeichnen, denn zur Heirat von Herzog Erich II. mit Prinzessin Sidonie von Sachsen erscheinen zwei Jahre später bereits zwei verschiedene
Drucke (1545, VD 16 B 9984 und C 5331 = D 379 = M 5662). Diese Steige-
rung erscheint umso deutlicher, als am Anfang des 17. Jahrhunderts diverse Gedichte zur Heirat von Herzog Friedrich Ulrich von Braunschweig-Lüneburg mit
Prinzessin Anna Sophie von Brandenburg entstehen (1614, VD 17 23:238346U,
23:305857Q, 23:706422Y, 32:635378Z und 125:015491V).
Als letzte Hochzeitsgedichte an die Landesherrschaft lassen sich kurz vor der
Wende zum 18. Jahrhundert ein von einem *anonymus* und zwei von Gottfried
Wilhelm Leibniz verfasste Gedichte zur Heirat der Tochter Amalia Wilhelmine
des Herzogs Johann Friedrich von Braunschweig-Lüneburg mit dem späteren Kai-
ser Joseph I. des Heiligen Römischen Reiches Deutscher Nation und Fürsten von
Habsburg nachweisen (1698, VD 17 1:086927Z und 547:650154E sowie 1699,
VD 17 1:086931L).
Auch sind außerhalb des Herzogtums Braunschweig-Lüneburg von dort stam-
mende Verfasser belegt, die Hochzeitsgedichte auf sonstige Herrscher schreiben,
so beispielsweise zur Heirat des Herzogs Johann Friedrich von Pommern-Stettin
und der Erdmuthe von Brandenburg (1577, VD 16 C 1300) und zur Heirat des
Kurfürsten Ludwig VI. von der Pfalz mit Prinzessin Anna von Ostfriesland (1583,
VD 16 ZV 3228). Ebenso sind von außerhalb stammende Verfasser bekannt, die
im welfischen Territorium Epithalamien schreiben, so beispielsweise Wendelin
Sybelista in Wolfenbüttel, der ein Hochzeitsgedicht auf König Carl X. Gustav von
Schweden und Prinzessin Hedwig Eleonora von Holstein-Gottorp drucken lässt
(1654, VD 17 3:694482F).
Aus diesen Beispielen lassen sich gewisse Beobachtungen bezüglich der gesamten Abfassung von Hochzeitsgedichten im Herzogtum Braunschweig-Lüneburg
herleiten. Die zur Landesherrschaft gehörenden Widmungsempfänger erhalten
insgesamt den kleinsten Anteil der ermittelten Drucke. Die Abfassung von Hochzeitsgedichten stellt somit ein zum größten Teil bürgerliches Phänomen dar. Es
zeichnen sich dabei allerdings die deutlichen Merkmale ab, dass Angehörige der
Landesherrschaft wie auch andere Adelige zu ingesamt wenigen Anlässen viele

---

[102]   Vgl. HAYE (2005), S. 159–162. Zum *Epithalamion* und seiner Bedeutung im Allgemeinen und im lutherischen Dänemark des 16. Jahrhunderts im Speziellen vgl. HARSTING
(2000). Für die Entwicklung der Gattung in der Antike vgl. TUFTE (1970), S. 9–70, für
die Entwicklung in der Neuzeit S. 87–126.

Epithalamien erhalten, während die bürgerlichen Widmungsempfänger im Regelfall einzelne Gedichte oder Gedichtsammlungen zu insgesamt sehr vielen Anlässen bekommen.

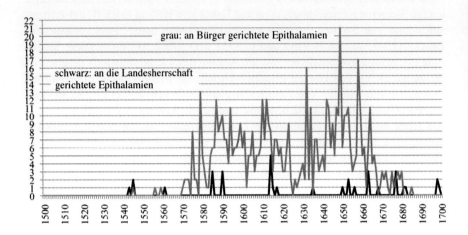

Für andere Adelige und Angehörige des Bürgertums entstehen Hochzeitsgedichte, die aufgrund persönlicher Bezüge aus Studium und vergleichbaren Gründen bisweilen auch nach Bremen, Hamburg, Wernigerode und in andere deutsche Groß- und Kleinstädte ausgerichtet sein können, erst zeitlich versetzt. Im Gegensatz zu den an die Herrscherfamilie gerichteten Epithalamien weisen die Hochzeitsgedichte im bürgerlich-akademisch geprägten Milieu oftmals besondere inhaltliche Aspekte auf. Angehörige und Kollegen des Bräutigams stellen in ihren Versen die Vorteile des Ehelebens heraus und warnen vor der Ehelosigkeit. Sie verbinden Heirat und Ehe einerseits mit Liebe und Familienleben andererseits und entwerfen damit ein Gegenmodell zur vorreformatorischen Misogamie der Professoren. Darin wird die Etablierung eines Gelehrtenstandes aus dem gebildeten Bürgertum vorgezeichnet, die mit einer auf strategischem Heiratsverhalten basierenden Gelehrtenkultur und -tradition einhergeht und damit zur Bildung und Stärkung akademischer Dynastien führt.[103] Derartige Epithalamien bringen „als Vehikel die idealisierte Repräsentationsform dieser Gruppe und die von ihr bevorzugten Muster gesellschaftlichen Verhaltens zum Ausdruck"[104].

Als erstes von vereinzelten frühen Beispielen nachweisbar ist das *Gratulatorium carmen* des Anton Corvinus zur Heirat des Lehrers Lorenz Moller in Hildes-

---

[103]   Vgl. GLEIXNER (2010), S. 134 und KIRWAN (2010), S. 125.

[104]   KIRWAN (2010), S. 125.

heim nebst dem angefügten Epithalamion des Johannes Busmann (1545, VD 16
ZV 3923). Eine breitere Entfaltung im Bürgertum und im niedrigeren Adel er-
fährt die Dichtung von *Epithalamia* erst in den 1570er Jahren, als beispielsweise
die Hochzeitsgedichte auf Henning Arneken und Adelheid Brandis (1570, VD 16
A 4038) oder auf Luleff von Klencke und Sophia von Saldern (1573, VD 16
A 4037) entstehen.

Bemerkenswert ist außerdem, dass nahezu jede Berufsgruppe aus dem akademisch gebildeten Milieu sowohl als Widmungsempfänger als auch als Verfasser
vertreten ist. Exemplarisch für die verschiedenen Berufsgruppen sollen dafür die
Hochzeitsglückwünsche auf Lukas Weischner und Susanna Horn, die Tochter
des Wolfenbütteler Buchdruckers Konrad Horn, (1575, VD 16 G 3481), auf den
braunschweigischen Schulkantor der Martinsschule David Palladius und Martha Theodoricus (1575, VD 16 B 9978) sowie auf den braunschweigisch-lüneburgischen Kammersekretär Wolfgang Ebert und Clara Rucken (1575, VD 16
O 954) genannt werden, die zudem alle innerhalb desselben Jahres erscheinen.
Neben der Berufsgruppe der Theologen im Allgemeinen stehen die Epithalamien
auf den Helmstedter Professor Dethard Horst und Barbara Brok (1577, VD 16
M 7318) sowie auf den Braunschweiger Bürgermeister Jordan Strube und Magdalena Chemnitz (1577, VD 16 N 2104) für zwei Berufsgruppen, die ebenfalls
überdurchschnittlich häufig mit Hochzeitsgedichten versehen werden.

Am Beispiel einzelner Personen lässt sich zudem bereits aus der Betitelung der
Hochzeitsgedichte das für die Frühe Neuzeit nicht ungewöhnliche Phänomen der
erneuten Eheschließung nach der Verwitwung erkennen. So werden dem Rektor der Braunschweiger Ägidienschule Auctor Rennebock zunächst Gedichte zu
seiner Hochzeit mit Magdalena Linde (1587, VD 16 S 2441) und nur wenige
Jahre später zu seiner zweiten Heirat mit Dorothea Spechts gewidmet (1593,
VD 16 S 2443). Ebenso verhält es sich mit dem Juristen, Kanzler und herzoglichen Kammerrat Werner König. Ihm werden zur ersten Hochzeit mit der Beamtentochter Anna Strube Gedichte übergeben (1601, VD 17 23:298877T), und
zu seiner zweiten Heirat mit Dorothea Lapp werden ebenfalls nur wenige Jahre
später gleich drei Drucke erstellt (1605, VD 17 3:009034W, 23:252780B und
32:625656K).

Diese deutliche Zunahme von Drucken zu einem einzelnen Anlass setzt sich im
17. Jahrhundert kontinuierlich fort und spiegelt sich zum Beispiel auch in den
vier Epithalamien auf Conrad Caspar Richius aus Braunschweig und Catha-
na Barnstorf wider (1610, VD 17 23:293700S, 23:293702G, 23:293704X und
23:293706N).[105] Außerdem können auch Bezüge zu anderen Themen und An-

---

[105]   Zum selben Anlass erscheint außerdem noch ein *Elogium* des Johannes Caselius in
        lateinischer Prosa (1610, VD 17 23:235274E).

lässe erkennbar sein. Nachdem erst im Vorjahr die *Epicedia* auf die erste Ehefrau des Braunschweiger Arztes Dr. med. Andreas Singer gedruckt worden sind (1633, VD 17 23:293415V), erscheinen im Jahr 1634 drei Epithalamien auf seine Heirat mit der Braunschweiger Juristentochter Regina Rörhand (1634, VD 17 23:296735N, 23:296737C und 23:296742W). Als weiterer Trend kann im Laufe des 17. Jahrhunderts das Abfassen von Hochzeitsgedichten in modernen Sprachen beobachtet werden. Neben den zwei Drucken in lateinischer Sprache auf den Juristen Dr. jur. Tilmann von Vechelde und die Bürgermeistertochter Elisabeth Reiche aus Braunschweig (1643, VD 17 23:269951K und 23:269962Y) erscheinen auch Drucke mit deutschen und französischen Epithalamien.[106]

Allein aufgrund ihrer Anzahl bemerkenswert und zugleich ein Zeugnis für das offensichtlich hohe gesellschaftliche Ansehen sind auch die fünf verschiedenen Drucke mit Hochzeitsgedichten auf den Helmstedter Professor für Theologie Friedrich Ulrich Calixt und Anna Margareta Duve (adoptierte Royer) aus Helmstedt (1652, VD 17 23:310550B, 23:310553Z, 23:310558N, 23:310560H und 23:310567M).[107] Im Einzelfall sind auch offensichtliche Nachdrucke von Epithalamien belegt. So erscheinen auf den Helmstedter Professor für Geschichte und Poesie Johann Horneius und die Arzttochter Margareta Elisabeth Tappe nicht nur zwei unabhängige Drucke, sondern auch zwei weitere fingerprint- und textgleiche, aber im Titelblatt voneinander abweichende Drucke, die möglicherweise als Nachdrucke zur Vergrößerung der Druckauflage vorgesehen waren (1653, VD 17 23:232424V, 23:232426L, 23:275639B und 23:629525U).[108]

Bereits in den 60er Jahren des 17. Jahrhunderts geht die Tradition der Epithalamiendichtung zurück, so dass sich die insgesamt sieben Drucke mit Hochzeitsgedichten auf den Arzt und Helmstedter Professor für Medizin Dr. med. Heinrich Meibom d. J. und Anna Sophia Dätrius nochmals aus der gesamten Gruppe der ermittelten Drucke herausheben (1664, VD 17 23:298132R, 23:298136W,

---

[106]   Diese sind die Drucke VD 17 23:269954G und 23:269958N.

[107]   Anna Margareta Duve war eine Tochter des Helmstedter Bürgermeisters Heinrich Duve, der bei WEHKING (2001), S. 467–468, dort Nr. 1027 erwähnt ist. Ihr Mann Friedrich Ulrich Calixt ist inschriftlich auf einer Inschrift aus den Jahren 1662 und 1666 am Haus Edelhöfe 2 in Helmstedt belegt. Dazu vgl. HENZE (2005), S. 270–271, dort Nr. 207. Im Jahr 1696 ist er noch auf einem Ölgemälde im Gebäude der Universität Helmstedt bei HENZE (2005), S. 388–389, dort Nr. 339 belegt.

[108]   Johann Horneius, der Sohn des Professors Conrad Horn, ist gemeinsam mit seiner Frau inschriftlich auf seiner Grabplatte aus Sandstein aus dem Jahr 1668 in der Universitätskirche St. Stephani in Helmstedt genannt. Dazu vgl. HENZE (2005), S. 289–290, dort Nr. 230. Das Grabdenkmal seiner Frau Margareta Elisabeta Tappe aus dem Jahr 1702 in der Universitätskirche St. Stephani in Helmstedt beschreibt HENZE (2005), S. 436–437, dort Nr. 383.

23:298140G, 23:298151W, 23:298154U, 23:318789L und 23:318799S). Als wesentlicher Grund muss dafür die enge Einbindung des Brautpaares in das universitäre Milieu in Helmstedt und das theologische Umfeld der Stadt Wolfenbüttel gesehen werden.

Im folgenden Jahrzehnt geht die Zahl der relevanten Drucke und der darin enthaltenen Hochzeitsgedichte noch weiter zurück. Aus dem welfischen Territorium hinaus weisen in dieser Zeit die Epithalamien auf den früheren Prorektor der Schule in Ilfeld und Prorektor des Magdeburger Gymnasiums Georg Söldner und Sophia Witt in Magdeburg (1678, VD 17 3:647323R).[109] Weitere lateinische Glückwunschgedichte zu dieser Heirat erscheinen in Nordhausen (1678, VD 17 3:647300E) und deutsche Gedichte in Wittenberg (1678, VD 17 3:647331G). Da Söldner zu diesem Zeitpunkt bereits nicht mehr im Herzogtum Braunschweig-Lüneburg wirkt, ist die räumliche Streuung der Druckorte nicht überraschend und deutet exemplarisch den zunächst beruflichen und danach privaten Austausch mit anderen Territorien an.

Als letzter Vertreter vor der Wende zum 18. Jahrhundert ist abschließend noch das Hochzeitsgedicht auf den Braunschweiger Juristen August von Paul und Louisa Catharina Meyer (1696, VD 17 23:291076M) ermittelbar.

Neben den exemplarisch genannten Drucken sind die im Folgenden summarisch genannten Drucke ebenfalls nachweisbar. Dies sind die Gedichte:

zur Heirat des Herzogs Franz Otto von Braunschweig-Lüneburg mit Prinzessin Elisabeth von Brandenburg (1559, VD 16 L 2372), Vf: Joachim Lauemann

zur Heirat von Herzog Wilhelm d. J. von Braunschweig-Lüneburg mit Prinzessin Dorothea von Dänemark und Norwegen (1561, VD 16 D 659), Vf Andreas Detmer OO

zur Heirat von Herzog Heinrich Julius von Braunschweig-Lüneburg mit Prinzessin Dorothea von Sachsen (1585, VD 16 C 1284 und ZV 16638), Vf Joh. Caselius — Vf: Jan van Boeckel OO

zur Heirat von Graf Friedrich zu Hohenlohe und Prinzessin Elisabeth von Braunschweig-Lüneburg (1585, VD 16 ZV 10607),

zur zweiten Heirat von Herzog Heinrich Julius von Braunschweig-Lüneburg mit Prinzessin Elisabeth von Dänemark und Norwegen (1590, VD 16 A 93, C 1334, M 1936 und ZV 5534),

zur Heirat von Markgraf Christian Wilhelm von Brandenburg mit Prinzessin Dorothea von Braunschweig-Lüneburg (1615, VD 17 23:238356A),

---

[109] Der Bruder des Bräutigams Christian Söldner bezeichnet sich im Titel seines deutschen Hochzeitsgedichts als *Alumnus Cellensis* (1678, VD 17 3:647338L).

zur Heirat von Herzog Georg von Braunschweig-Lüneburg und Landgräfin Anna Eleonore von Hessen-Darmstadt (1617, VD 17 23:283086Y)[110],

zur Heirat von Herzog August II. von Braunschweig-Lüneburg und Prinzessin Sophie
Elisabeth von Mecklenburg-Güstrow (1635, VD 17 23:260661L),

zur Heirat von Herzog Rudolf August von Braunschweig-Lüneburg und Gräfin
Christiane Elisabeth von Barby und Mühlingen (1650, VD 17 23:308392P und
23:669325W)[111],

zur Heirat von Herzog Friedrich von Württemberg-Neuenstadt und Herzogin Clara Augusta von Braunschweig-Lüneburg (1653, VD 17 23:250052A und 23:260637M),

zur Heirat von Herzog Anton Ulrich von Braunschweig-Lüneburg mit Herzogin Elisabeth Juliane von Holstein-Norburg (1656, VD 17 23:308480X),

zur Heirat des Herzogs Christian von Schleswig-Holstein-Sonderburg mit Herzogin Sybilla Ursula von Braunschweig-Lüneburg (1663, VD 17 23:668561Y und
125:037304U),

zur Heirat des Herzogs Adolf Wilhelm von Sachsen-Eisenach mit Herzogin Maria Elisabeth von Braunschweig-Lüneburg (1663, VD 17 125:017563E),

zur Heirat des Herzogs Johann Friedrich von Braunschweig-Lüneburg mit Prinzessin
Benedicta Henrietta Philippina von der Pfalz (1668, VD 17 23:260665R),

zur Heirat von Markgraf Karl Gustav von Baden-Durlach mit Prinzessin Anna Sophie von Braunschweig-Lüneburg (1677, VD 17 23:232088T, 23:669286N und
23:670034T),

zur Heirat des Herzogs August Wilhelm von Braunschweig-Lüneburg mit der aus einer anderen welfischen Linie stammende Prinzessin Christine Sophie von Braunschweig-Lüneburg (1681, VD 17 23:308665H) und

zur Heirat von König George I. von Großbritannien und Kurprinzessin Sophie Dorothea von Hannover weitere in lateinischer und französischer Sprache (1682, VD 17
23:260684W).

Für Eheschließungen anderer Adeliger und im Bürgertum sind neben den exemplarisch genannten Drucken die im Folgenden summarisch genannten Drucke ebenfalls
nachweisbar. Dies sind die Gedichte:

zur Heirat des Theologen Dr. Conrad Becker, des Sohnes des braunschweigischen
Bürgermeisters Johann Becker, mit Margarethe Ohmann, das Joachim Lonemann

---

110   Herzog Georg von Braunschweig-Lüneburg ist als Mitglied der Fruchtbringenden Ge-
      sellschaft erfasst bei CONERMANN (1985), S. 250–252, dort Nr. 231. Er wurde im Jahr
      1634 aufgenommen.

111   Zum selben Anlass erscheinen auch mehrere deutsche Epithalamien (1650, VD 17
      23:300624Q, 23:300630R und 23:668829Z).

verfasst (1556, VD 16 L 2371),

für Johannes Dick und Adelheid Brandes aus Hildesheim von Johannes Vordemann (1559, VD 16 V 2761),

auf Friedrich Husmann und die Senatorentochter Ursula Schoreus aus Uelzen (1571, VD 16 ZV 4239 und ZV 7463)[112],

auf Hermann Gerlebius, Senator in Gandersheim, und Catharina Köler (1572, VD 16 W 4410),

auf den Stadtsekretär Anton Sommer in Wunstorf und Barbara Meineking aus Neustadt am Rübenberge (1572, VD 16 G 1458),

auf den Senator Johann Bosse in Helmstedt und Meta Tute (1573, VD 16 P 1316),

vom Schulkantor Lorenz Rhanisius aus Gandersheim auf Erasmus Bissander und Susanna Hase aus Leipzig (1573, VD 16 R 1668),

auf Weschen von Hornhusen und Anna von Marenholtz (1574, VD 16 F 2889),

auf Matthias von Veltheim und Catharina von Schweichelt (1574, VD 16 H 176),

auf Johannes Menten und Anna Baumann (1575, VD 16 G 3482),

auf Valentin Wesebeck und Anna Schomburg (1575, VD 16 M 403),

auf Christoph Hunermund und Catharina Hoppe (1575, VD 16 H 4285 und T 609),

auf Heinrich von der Luhe und Elisabeth von Platen (1575, VD 16 C 2186, M 402 und O 955),

auf den Juristen Dr. Johannes Spiegelberg und die Witwe Margarete Warner von dem Goslarer Lehrer und Theologen Andreas Theodorici aus Einbeck (1575, VD 16 T 786),

auf Melchior Katte und Anna von Quitz (1576, VD 16 M 401),

auf Bode von Rautenberg und Catharina von Steinberg (1576, VD 16 B 6494),

auf Bruno Rabe und Lucia von Vechelde (1576, VD 16 V 1000),

auf den Rektor der Ägidienschule in Braunschweig Georg Büsing und Anna Reiche aus Braunschweig (1576, VD 16 M 4695),

auf den Pastor Petrus Nezenius und Catharina Martin (1576, VD 16 ZV 2742),

auf den Helmstedter Professor für Hebräisch Johannes Olearius und Anna Hesshusen (1579, VD 16 H 2973, K 2460, M 1932, S 2538 und V 562),

auf Johannes Usler und Ursula Dik, die Tochter des Bürgermeisters von Einbeck (1579, VD 16 M 7435),

auf den Helmstedter Professor für Jura Dr. Hermann Niger und Eva Musäus (1579, VD 16 V 2770),

auf Jakob Gottfried und Anna Chemnitz (1579, VD 16 G 480),

---

[112] Der Druck VD 16 ZV 4239 ist nur über ein Chronogramm in das Jahr 1581 zu datieren, was aber offensichtlich falsch ist. Auch bei VOGTHERR (2009), S. 415 ist dies nicht korrigiert.

in griechischer Sprache auf den Pastor Johann Werner in Langenstein und Elisabeth Sonnenberg, die Witwe des Christoph Ziegler (1579, VD 16 G 1348),

zur Heirat des Helmstedter Professors für Medizin Hermann Neuwald aus Lemgo mit der zuvor verwitweten Catharina Göbel durch Johannes Siegfried (1579, VD 16 S 6400) und Melchior Reichards (1579, VD 16 R 680) sowie Arnold Prätorius in griechischer Sprache (1579, VD 16 P 4573),

auf Hermann Ganschow und die Professorentochter Gertrud Mensing in Rostock (1579, VD 16 C 1335),

auf den Pastor des Klosters Riddagshausen Peter Wiendruve und Elisa Helmbold (1580, VD 16 ZV 2209),

auf den Pastor Heinrich Hesshusen und Gesa Hesichius aus Bremen (1580, VD 16 O 628 und S 2909),

auf Heinrich Garber und Margarethe Wolders (1580, VD 16 E 1776),

auf den Rektor der Schule in Celle Samson Fabricius und Anna Betken (1580, VD 16 A 86),

auf Conrad von Schwichelde, den Berater des Bischofs von Halberstadt, Herzog Heinrich Julius von Braunschweig-Lüneburg, und Elisabeth von Hoim (1580, VD 16 K 2461),

auf den Juristen Johannes Spiegelberg und Margaretha Prall aus Braunschweig (1581, VD 16 S 6583),

auf Georg Hildebrand und Anna Baren aus Celle (1581, VD 16 S 9137),

auf Johannes Albert Reinhard und Emerentia Brandes aus Lüchow (1581, VD 16 R 942),

auf den Theologen Gottfried Hesshusen und Rebecca Speckhan (1582, VD 16 P 4256),

auf Hermann Ruscheblat und Anna von Steinberg (1583, VD 16 S 5854),

auf den dänischen Beamten Heinrich Below und Elisabeth Schramm (1583, VD 16 C 1307),

auf den Pastor von Lesse bei Salzgitter Justus Giganteus aus Alfeld und Catharina Bodener aus Gandersheim (1584, VD 16 S 6890),

auf Albert Eberding und Sophie Hedwig Hasenfuß (1584, VD 16 C 2285),

auf Georg Krickau und Judith Lankops aus Braunschweig (1584, VD 16 R 3424),

auf Conrad Ziegenmeier und Catharina Behren in Celle (1584, VD 16 ZV 9207),

auf den Pastor der Bremer Martinskirche Johannes Hildebrand und Anna Meningius (1584, VD 16 D 375),

auf den Juristen Balthasar Stratmann aus Celle und Elisabeth Borchers (1585, VD 16 A 87),

auf den Helmstedter Professor für Jura Dethard Horst und Benigna Guntzel (1585, VD 16 C 1093), auf den Helmstedter Professor für Geschichte Reiner Reineck und Elisabeth Rhode (1585, VD 16 E 1791),

auf den Helmstedter Professor Heinrich Meibom und Sophia Böckel (1585, VD 16 ZV 5193),

auf Georg Butner und Gesa Averberg aus Minden (1585, VD 16 ZV 7195),

auf den Wittenberger Pastor Mag. Theodosius Fabricius und die Pastorentochter Catharina Herbst aus Mansfeld (1585, VD 16 ZV 5099),

auf Barthold Averberg aus Minden und Sophia Eckstein (1586, VD 16 A 4472),

auf den braunschweigischen Prorektor Martin Baremius und Anna Petri (1586, VD 16 B 1818 und ZV 13815),

auf den Braunschweiger Lehrer und Kantor Johannes Magirus und Anna Stamke (1586, VD 16 ZV 14117),

auf Mag. Conrad Becker und Anna Ahrens (1586, VD 16 ZV 21973),

auf den Pastor Johannes Coccäus in Minden und die Mindener Senatorentochter Adelheid Averberg sowie auf den Rektor der Hamelner Schule Hannibal Nulläus und Catharina Domhov aus Hameln (1586, VD 16 S 3152 = S 3151),

auf letztere ein weiteres Epithalamion (1586, VD 16 B 5866),

auf Johann Lund und die Bürgermeistertochter Dorothea Eggeling von Eltze in Celle (1586, VD 16 B 6000),

zwei auf den Hildesheimer Pastor Nikolaus Siegfried und Helena Guden (1587, VD 16 N 1374 = S 5856 und ZV 11661),

auf Joachim Jordens und Elisabeth Weschen (1587, VD 16 B 8327),

auf Henning Mummius und Anna Lambert (1587, VD 16 H 3737),

auf Georg Schomaker und Dorothea Semmelbecker (1587, VD 16 M 6082),

auf Johann Horn und Sophia Niland (1587, VD 16 S 2445),

auf Bartholomäus Sengebähr und Catharina Isernhuet (1587, VD 16 S 2442),

auf Henning Wedden aus Goslar und Elisabeth Schäfer aus Hildesheim (1587, VD 16 ZV 5200),

auf den Advokaten Conrad Haberland und Catharina Büring aus Braunschweig (1587, VD 16 ZV 8561),

auf den Bürgermeister der Stadt Braunschweig Conrad Krickau und Margarita Lucken (1587, VD 16 ZV 11842),

auf den jüngst promovierten Dr. jur. Barthold Kichler aus Braunschweig und Margarita Heinius (1587, VD 16 C 1282),

auf den Juristen Dr. Franz Husmann und Eva Chemnitz (1588, VD 16 S 9136),

auf Werner Bothe und Anna Krickau (1588, VD 16 R 3423),

auf Georg Walpken und Lucia Schrader (1588, VD 16 N 1375),

auf Nikolaus Enholt und die verwitwete Elisa Plass (1588, VD 16 S 2444),

auf Christoph Leinen und die verwitwete Catharina Klatte (1588, VD 16 N 2115),

auf den Helmstedter Pastor Hermann Gieseke und Margareta Keyser (1588, VD 16 D 2331),

auf den Prorektor Heinrich Clotaccius und Anna Köning aus Minden (1588, VD 16 ZV 857),

auf Burchard Napp und die Juristentochter Margarita Borcholt (1588, VD 16 ZV 4680),

auf Johannes Becker und Meta Lüdeke (1589, VD 16 G 481),

auf Justus Obbershus und Maria Schnitkers (1589, VD 16 S 3149),

auf Johannes Bex und Salome Tappe in Hildesheim (1589, VD 16 S 3148),

auf den späteren Pastor von Wunstorf Lorenz Wolckenhar und Ilsa Mithobius aus Hannover (1589, VD 16 W 2456),

auf den Braunschweiger Lehrer Hermann Hubert und Anna Schwarzkopf (1589, VD 16 N 2102),

von Helmstedter Dozenten auf den Juristen Jakob Monau und Anna Holzbecher aus Breslau (1589, VD 16 N 2118),

auf den Hannoveraner Dr. med. Johannes Werner und Ludmilla Horst (1589, VD 16 ZV 3043),

auf den Pastor von Bodenburg bei Hildesheim Johannes Leporinus aus Quedlinburg und die Pastorentochter Elisabeth Prätorius aus Rehbeck (1589, VD 16 I 146),

auf den Pastor Christian Avian *Vuihensis* und Maria Reichart (1589, VD 16 I 148),

auf den Göttinger Syndikus Jeremias Richelmius und Elisabeth Borchold (1590, VD 16 C 1336 = C 4021, N 2094 und ZV 10844),

auf Johann Averberg aus Minden und Margarita Schaumburg (1590, VD 16 L 3133),

auf den Konrektor der Braunschweiger Martinsschule Auctor Hustedt und Anna Cubbeling (1590, VD 16 ZV 13816),

auf den Helmstedter Professor für Medizin Franz Parcov und Elisabeth Molinus, die Tochter des herzoglichen Sekretärs Johann Molinus (1590, VD 16 ZV 3674),

auf Johannes Ämylius und Barbara Gribenius aus Berlin (1590, VD 16 P 3822 = P 3823),

auf Hermann Kulemann und Elisabeth Wedemeier (1590, VD 16 S 2099),

auf den Pastorensohn Lazarus Lang und die Beamtentochter Barbara Klincksporn aus Wernigerode (1590, VD 16 E 1794),

auf Peter Topsen und Gertrude Wichmann aus Hamburg (1590, VD 16 G 324),

auf Ludolph von Alvensleben und Elisabeth von der Schulenburg (1590, VD 16 ZV 19370),

auf Conrad von Mandelsloh und Anna Schirstet (1591, VD 16 N 1385),

auf den Wittenberger Juristen Thomas Frank und Anna Winsheim (1591, VD 16 C 1252 = C 4023), auf den Helmstedter Professor für Jura Friedrich Dasypodius und Elisabeth Schösgen (1591, VD 16 N 2092),

auf den Pastor von Isenschnibben bei Gardelegen Georg Flake und Anna Segeboden aus Braunschweig (1591, VD 16 ZV 5210),

auf Johannes Cressius und Elisabeth Mylius (1591, VD 16 ZV 12015),

auf den Kantor der Hildesheimer Andreasschule Ludolph Meyer und Adelheid Bismarck (1591, VD 16 ZV 14418),

auf den Senatorensohn Jakob Helmold aus Celle und die Beamtentochter Armgard Nytz (1591, VD 16 S 3154),

auf den Juristen Johann Schwarz und die Beamtentochter Sophia Mylius (1591, VD 16 C 1271),

auf den hannoverschen Rektor Heinrich Müller und Anna Blum (1592, VD 16 S 3155),

auf den Pastor von Oberg bei Peine Bartold Tebel und Judith Mermann (1592, VD 16 S 7059),

auf Martin Forkhammer und Katharina Velius (1592, VD 16 M 6011 = N 1362),

auf den kurfürstlich-brandenburgischen Rat Eustachius von Schlieben und Sophia von Veltheim (1592, VD 16 N 1376),

auf Hermann Schrader und Elisabeth von Strobeck (1592, VD 16 N 1380),

auf den Bürgermeister der Stadt Halle Daniel Keller und Helena von Horn aus Braunschweig (1592, VD 16 N 1384),

auf den Pastor von Egenstadt Conrad Paedopater und Judith Klingsporn aus Wernigerode (1592, VD 16 N 1471),

auf den Hofsekretär Johannes Bodemeier und Dorothea von Lahe (1592, VD 16 ZV 10582),

auf Theodor Rademinus und Elisabeth von Schöningen (1593, VD 16 B 8328),

auf den Physikus Johannes Telemann aus Wernigerode und die Beamtentochter Anna Gleissenberg aus Wernigerode (1593, VD 16 E 1816),

auf Caspar Rheder und die verwitwete Catharina Borcholt aus Hamburg (1593, VD 16 B 6327 = B 6291),

auf Martin Keppler und Lucia Neukirch (1594, VD 16 E 1829 und H 3734),

auf den Amtmann Ernst Polyngus in Neunkirchen und Gertrud Tobing (1594, VD 16 P 3821),

auf Hermann Deneken und die verwitwete Anna Wilkens (1594, VD 16 E 1771),

auf Georg Preussen aus Blankenburg und Anna Wichmann (1594, VD 16 K 2562),

auf den Theologen Heinrich Rump und Anna Duthenius (1594, VD 16 L 7751),

auf Bartholomäus Volckerling und Anna Moller (1594, VD 16 N 1377),

auf den Arzt Hermann Konerding und Anna Sonnenberg in Braunschweig (1594, VD 16 C 2234 und P 4992), auf Christoph Fischer d. J. und Hiska Schulte aus Celle (1594, VD 16 ZV 5219),

auf Karl Herold und Margarethe Han (1594, VD 16 P 1327),

auf den Lehrer und Rektor Johannes Magius und Anna Neukirch, die Tochter des Melchior Neukirch (1595, VD 16 E 1634 und H 190 = M 1942 = S 6365),

auf Hermann Brandes und Dorothea Spiegelberg (1595, VD 16 H 5882),

auf Ludwig Schwarzmaier und Anna Maria Freimon aus Thüringen (1595, VD 16 F 2652),

auf den Braunschweiger Syndikus Bernhard Bungenstedt und Juliane Chemnitz (1595, VD 16 ZV 25860),

auf den Pastor in Minden Heinrich Nisius und Margareta Derndal (1596, VD 16 L 3132),

auf Heinrich Bulau und Oelichia von Veltheim (1596, VD 16 M 6012),

auf Georg Hoetensleben und Regina Marbach (1596, VD 16 M 1073),

auf Johannes Ludecus und der Pastorentochter Catharina Neuwald aus Braunschweig (1596, VD 16 H 189),

auf den Lehrer an der Braunschweiger Katharinenschule Sebastian Magius und Maria Lampadius (1596, VD 16 L 2083),

auf den Rektor der Braunschweiger Katharinenschule Johannes Bachmann und Elisabeth Petri (1596, VD 16 M 215),

auf den Pastor der Doppelgemeinde Eddesse-Dedenhausen bei Peine Anton Bolmeier aus Hameln und Dorothea Utermarch aus Uetze (1596, ohne VD 16 = Hannover, GWLB: *Cm 157 (23)*)[113],

auf Lorenz Halebeck und Catharina Beseken (1597, VD 16 C 1172),

auf den Beamtensohn Conrad Wedemeier und Margareta Brandes in Hildesheim (1597, VD 16 J 183 und ohne VD 16 = Wolfenbüttel, HAB: *M: Db 4983*),

auf den Helmstedter Professor für Griechisch Johannes Potinius aus Verden und Barbara Willer (1597, VD 16 J 840),

auf den Helmstedter Professor für Medizin Kaspar Arnoldi und Gertrud Molinus (1597, VD 16 V 1584),

auf den Erfurter Patrizier Wilhelm Heinrich Kranichfeld und Hagna Borchold aus Lüneburg (1597, VD 16 ZV 23359),

auf den Pastor Franz Lampert und Maria Stammich in Hamburg vom Einbecker Pastor Andreas Hofmann (1597, VD 16 H 4286),

auf den Rechtsanwalt und Bürgermeister von Hildesheim Dr. Sebastian Treschow und Adelheid Arneken aus Hildesheim (1598, VD 16 G 2484),

---

[113]   Der Druck ist bei LINKE (1912), S. 38 verzeichnet.

auf Thomas Holland und Margarethe Holleman in Braunschweig (1598, VD 16 ZV 5475),

auf den Hildesheimer Pastor David Ursinus und Fredegunda Homburg aus Braunschweig (1598, VD 16 J 182 = M 1367 und S 6362),

auf Christoph von Harlessem und Adelheid Lubbren (1598, VD 16 F 495 und O 719),

auf Melchior von Steinberg und Helena von Marenholtz (1598, VD 16 S 6364),

auf den Juristen Dr. Hildebrandt Giseler Ruhmann und Dorothea Jagemann (1598, VD 16 ZV 4677 und ZV 4681),

auf den Rektor der Schule in Hannover Christian Beckmann und Catharina Rommel (1599, VD 16 C 1155, ZV 765 und ZV 8465),

auf Theodor Hupäus aus Seesen und Anna Sophia Caselius, die Tochter des Johannes Caselius (1599, VD 16 N 2119),

auf Johann Kasimir zu Lynar und Elisabeth Distelmeier aus Mahlsdorf bei Berlin (1599, VD 16 R 3135),

auf den Theologen Paul Chemnitz und die Bürgermeistertochter Barbara Lücke aus Braunschweig (1599, VD 16 ZV 14678),

auf den Schulkantor der braunschweigischen Martinsschule David Meier und Elisa Riemenschneider (1599, VD 16 S 10404),

auf den Ratsherrn Johannes Reccius aus Goslar und Catharina Klein (1599, VD 16 ZV 1033),

auf den Pastor Valentin Mylius in Ostrau und Catharina Lohmann (1599, VD 16 ZV 24074),

auf den Bürgermeister von Burgdorf, Joachim Remmers und Maria Fritz, die Tochter des Pastors von Burgdorf, (1600, VD 16 M 6514),

auf Bernhard Corfinius und Margarita Wegner (1600, VD 16 C 4030),

auf Bartold Volger und Elisabeth Herbst (1600, VD 16 S 2098),

auf den Juristen Dr. Isaak Memmius aus Lübeck und Angela Neobur aus Hamburg (1600, VD 16 S 6363),

auf den Patrizier August Crusius und die Rektorentochter Margarethe Kaiser in Halle an der Saale (1600, VD 16 O 643 und ZV 11967),

auf Henning Crusius und Catharina Mösius (1601, VD 17 23:265067V),

auf den Pastor an St. Simon und Judas in Goslar Johannes Seidentopius und Hedwig Wirsch aus Ringelheim bei Salzgitter (1601, VD 17 23:330168D),

auf den Lehrer Balthasar Stechmann in Celle und Elsa Bartram (1601, VD 17 23:273132N),

auf den Rektor der Schule in Goslar Johann Nendorf und die Senatorentochter Emerentia Böckmann (1601, VD 17 23:293506B),

auf den Pastor von Bettmar bei Vechelde David Böckel und Rebecca Lucius (1601, VD 17 23:298910F), auf den Pastor von Egelsheim Daniel Fischer und Amelia Hessus, die Witwe des vormaligen Pastors von Egelsheim Johann Evesinus (1601, VD 17 23:298897F),

auf Johann Cramer von Clausbruch und die Beamtentochter Hedwig Sander aus Goslar in Leipzig (1601, VD 17 125:021282W),

auf den Stiftsherrn an St. Alexander Burchard Sonnenberg und die Pastorentochter Anna Kipp, beide aus Einbeck (1602, VD 17 23:630037C),

auf den Konrektor der Schule in Wernigerode Johann Fortmann und die Beamtentochter Ursula Hayn aus Wernigerode (1603, VD 17 23:629955L)[114],

auf Johann Hagius und Margarita Zimer, beide aus Goslar (1603, VD 17 1:624102Q),

auf Eric Clacius und Margarita Hortensia (1603, VD 17 23:231923L),

auf den Hof- und Leibarzt Johannes Stockhausen in Wolfenbüttel und die Bürgermeistertochter Anna Lüdecke aus Braunschweig (1603, VD 17 23:630007H),

auf den Pastor Zacharias Bötticher und Hedwig Boden aus Hondelage (1603, VD 17 23:259504Z),

auf den herzoglichen Rat in Celle Franz Husmann mit Anna Eggeling von Eltze aus der Familie des Bürgermeisters von Celle (1604, VD 17 23:675472X),

auf den Pastor von Achim Gregor Hasenwinkel aus Hornburg und die Pastorentochter Margarethe Rhese (1604, VD 17 23:630085V),

auf den Amtsschreiber Johann Gottling und die Theologentochter Maria Bolemann (1604, VD 17 23:629928P),

auf den Pastor an St. Cyriakus in Braunschweig Justus Meier und Catharina Brandenstein (1604, VD 17 23:318834V),

auf den Senator Conrad Heinemeier in Einbeck und die Bürgermeistertochter Barbara Gröven aus Höxter (1604, VD 17 23:629933G),

auf Wolf-Heinrich Schrai und Magdalena Bracht, die Schwester des Helmstedter Professors Johannes Caselius (1605, VD 17 23:632427B),

auf den Pastor in Schwanebeck Wolfgang Fischer aus Hannover und die Pastorentochter Elisabeth Oppechinus, die Witwe des ehemaligen Pastors von Schwanebeck Friedrich Laberus (1605, VD 17 23:632133M),

auf den Braunschweiger Theologen Johann Kaufmann und die Elisa Schele (1605, VD 17 23:317786H und 125:014622P),

auf den Magdeburger Notar Paul Bürger und Margarita Reich, die Witwe des Magdeburger Patriziers Heinrich Westphal (1605, VD 17 7:700416W),

auf Dr. jur. Georg Klein und Catharina Spiegelberg aus Osterode (1606, VD 17 23:630107P),

---

[114] Zum selben Anlass ist ein weitere Gedichtsammlung von Wittenberger Freunden (1603, VD 17 23:629961M) belegt.

auf den Quästor Jacob Witten und die Beamtentochter Anna Luterodius in Wernigerode (1606, VD 17 23:245674E),

auf Bartholomäus Schafeld und die Senatorentochter Anna Horst aus Braunschweig (1606, VD 17 23:248061F),

auf den Hamburger Patrizier Jacob Kellinghusen und die Juristentochter Adelheid Lubbren aus Hildesheim (1607, VD 17 547:694193D),

auf Johann Fechteld und Elisabeth Petreus (1607, VD 17 23:265084L),

auf den Quästor von Sommersburg Gallus Schöneborn und die Beamtentochter Elisabeth Nabel aus Hötensleben (1607, VD 17 23:255611W),

auf den Pastor von Edemissen bei Peine Matthäus Bötticher und Elisabeth Kale, die Witwe des vormaligen Pastors von Edemissen Johann Storch (1607, VD 17 23:259493V),

auf den späteren Domprediger von Verden Johann Polemann und die Bürgermeistertochter Gesa Badenhop aus Verden (1607, VD 17 32:624597H),

auf den Stadtsekretär Jacob Weise in Wernigerode und Maria Kaltenbach ebenda (1608, VD 17 23:245678L),

auf den Helmstedter Professor für Medizin Dr. med. Johannes Siegfried und Anna Böckel, die Witwe des Beamten Dr. jur. Daniel Pfeiffer (1608, VD 17 23:320858G),

auf Adrian Alpheus und Margarita Cogel, beide aus Northeim (1608, VD 17 23:308669P),

auf Theodor Gunther und Barbara Stein (1608, VD 17 23:265096G),

auf Gottschalk Falkenreich aus Hannover und Anna Prosebotter, die Witwe des Hannoveraners Gerhard Rogge (1608, VD 17 7:700424N),

auf den Juristen Konrad Rittershausen und die Juristentochter Catharina Holsco (1609, VD 17 125:044878N),

auf den Landrat Matthias von der Schulenburg und Margareta Schenck von Flechtingen (1609, VD 17 32:625609Z),

auf den Pastor von Wendehausen Marcus Grünreuter aus Nürnberg und die Ratsherrentochter Dorothea Müller aus Erfurt in Pattensen (1609, VD 17 23:253792C),

auf Heinrich Julius Witersheim und Elisabeth von der Lippe (1609, VD 17 23:252642L und 23:252698P),

auf den Quästor des Bistums Magdeburg Christian Schmalhaus und Maria Dhus (1609, VD 17 23:249346B),

auf den Pastor von Kirchhorst Burchard Bokelmann und Margarita Wedekind (1609, VD 17 23:309981M),

auf den Offizier Hans Christoph von Hardenberg und die verwitwete Catharina von Weverling, geb. von Blanckenburg (1609, VD 17 23:293694A und 23:293696R),

auf den Helmstedter Bürgermeister Conrad Pauli und Catharina Gerdner aus Helmstedt (1610, VD 17 23:319447G),

auf den Theologen und späteren Generalsuperintendenten von Wolfenbüttel Wilhelm
Mumme und Sophia Catharina Sattler, die Tochter des Helmstedter Professors Basilius Sattler (1610, VD 17 23:253719D und 23:253828H),

auf den mecklenburgischen Ritter Werner von Hahn und Armgard von Bartensleben
(1610, VD 17 23:292276B),

auf Joachim Bisdorf und Margarete Hampe, beide aus Helmstedt (1610, VD 17
23:265090M),

auf den Arzt und Bremer Professor für Pharmazie Balthasar Raida aus Einbeck und die
Arzttochter Hedwig Magdalena Freitag (1610, VD 17 23:253908A),

auf den Juristen und Syndikus der Stadt Oldenburg Andreas Fritz und Margarita Nau-
schütt (1610, VD 17 23:253819K),

auf den Kammersekretär Johann Borcholt aus Lüneburg und Maria Kichler (1610,
VD 17 23:253699A),

auf den Juristen Theodor Hupäus in Kalbe und Dorothea Falk aus Gardelegen (1610,
VD 17 1:623720R),

auf den Juristen Dr. jur. Paul Reinigk und die Hildesheimer Senatorentochter Elisa
Tappe (1611, VD 17 23:254012S),

zwei auf den Braunschweiger Patrizier- und Senatorensohn Heinrich Rieken und die
Braunschweiger Bürgermeistertochter Lucia von Scheppenstedt (1611, VD 17
23:319917Q und 23:319921A),

auf den Prorektor der Braunschweiger Katharinenschule Jakob Eberhard aus Peckels-
heim bei Paderborn und die Bürgertochter Catharina Lahman aus Braunschweig
(1611, VD 17 23:319455Y),

auf den braunschweigisch-lüneburgischen Beamten Conrad Florus und die Juristentochter Catharina Heinemann in Wolfenbüttel (1611, VD 17 23:265074D),

auf den hervorragenden Organisten Andreas Lindemann und Anna Gebhard in Goslar
(1611, VD 17 23:318342K),

auf Henning von der Schulenburg und Katharina Schenck von Flechtingen (1611,
VD 17 3:012279U),

auf Johann Wilhelm Tedener und die Beamtentochter Anna Maria Berckelmann in
Wolfenbüttel (1611, VD 17 23:253749Y),

auf den Braunschweiger Juristen Johann Cammann d. Ä. und Elisabeth Rhete
aus Braunschweig (1612, VD 17 23:310735N, 23:310739T, 23:310763S und
23:310766Q),

auf Johann Schleper und die Pastorenwitwe Agnes Graurock (1612, VD 17 1:689192Q),

auf Christoph Luitken und die Senatorentochter Anna Haubom aus Braunschweig
(1612, VD 17 23:318495V),

auf den Lehrer Silvester Haberland und die Arzttochter Justina Bohemius in Neustadt an
der Orla in Thüringen durch Freunde aus Braunschweig (1612, VD 17 23:314472S),

auf den Pastor von Henschleben Johann Hofmann und Veronica Hofmann aus Herbs-
leben (1612, VD 17 1:624209Y),

auf den Helmstedter Professor für Griechisch Rudolph Diephold und die Senatorentochter Gesa Jordan aus Helmstedt (1612, VD 17 23:234674X),

auf den Abt des Klosters Riddagshausen Peter Wiendruve und die Theologenwitwe
Anna vom Horn aus Königslutter (1612, VD 17 23:252660H),

auf den Juristen Johann Brandis und Anna Tatenhorst, beide aus Hildesheim (1612,
VD 17 23:266155H und 23:266163Z),

auf den Beamten in Verden Ernst von Mandelsloh und Meta Düring (1612, VD 17
3:011597D),

auf den Juristen und Hofbeamten Johann Stucke und Anna Maria Tedner (1613,
VD 17 23:253596X),

auf den Helmstedter Professor für Theologie Theodor Berckelmann und Sophia
Mehrdorf (1613, VD 17 23:253813P),

auf den Juristen Johann Peparinus und Anna Agnes Ive (1613, VD 17 23:236876G
und 23:253891A),

auf den Pastor in Emersleben Christoph Schlotheuber und Catharina Blumen (1613,
VD 17 3:317962A),

auf den Pastor Matthias Overbeck und Agatha Scholier (1613, VD 17 23:266554X),

auf den Arzt und Physikus in Verden Dr. med. Gottfried Vogler und Catharina Boëthius, die Tochter des Helmstedter Professors für Theologie Heinrich Boëthius (1613,
VD 17 23:263103X),

auf den Juristen und Helmstedter Professor Johannes Wissel und Elisabeth Parcov
(1613, VD 17 23:252664P),

auf Eckard Rolefs aus Hildesheim und Margarethe Ebeling, die Witwe des Bernhard
Stumpel (1613, VD 17 23:266148Z),

auf den Lehrer an der Schule in Clausthal Andreas Major und die namentlich nicht
genannte Tochter des Georg Groschen und Witwe des Hans Wahner (1614, VD 17
23:318742F),

auf den Sohn des Basilius Sattler, den Generalsuperintendenten von Gandersheim Julius Sattler und die Pastorentochter Veronica Zunft in Wolfenbüttel (1614, VD 17
3:317968W, 23:253710L und 23:320500X),

auf den Helmstedter Professor für Rhetorik Christoph Heidmann und die Juristentochter Elisabeth Heidmann (1614, VD 17 3:315157E und 23:255784V),

auf den Quästor von Fallersleben Heinrich Predolius und Margarita Ketzen (1614,
VD 17 23:292283L),

auf den Organisten in Lauterberg im Harz Johann Scharff und die Brauertochter Maria Bader aus Lauterberg ein griechischer ΓΑΜΗΛΙΟΝ ΜΕΛΟΣ (1614, VD 17 23:319360M),

auf den Bürger Peter Remer und Catharina Wegner, beide aus Goslar (1615, VD 17 23:701961X),

auf Joachim Wiesenhaber aus Hildesheim und Elisa Storre (1615, VD 17 23:321825U),

auf den Arzt Johann Bruno aus Königshofen in Franken und Barbara Knabe (1615, VD 17 125:029511U),

auf den Konrektor der Schule in Celle Johann Rhan aus Lüchow und die Senatorentochter Anna Hildebrandt aus Celle (1616, VD 17 1:690105T),

auf Heinrich Petri aus Braunschweig, den Sohn des Theologen und Braunschweiger Superintendenten Friedrich Petri, und die Arzttochter Anna Hesse (1616, VD 17 23:319518A und 23:319525K),

auf den Northeimer Rektor Henning Placcenius und Eulalia Möller aus Derneburg (1616, VD 17 23:319549C),

auf Julius Berckelmann und Elisa Bartels (1616, VD 17 1:690092Y),

auf den Juristen Johann Hess aus Hildesheim und die Professorentochter Anna Sophia Speckhan aus Bremen (1616, VD 17 23:258862L)[115],

auf den Pastorensohn Otho Aschan Theune und Dorothea Goeß (1616, VD 17 23:321281V),

auf den Pastor Karl Oeding in Northeim und die Pastorentochter Elsa Magirus aus Braunschweig (1617, VD 17 23:319218K),

auf den Pastor an St. Sylvester und Gregor in Wernigerode Liborius Helius und die Wernigeroder Bürgermeistertochter Margarithe Posewitz (1617, VD 17 3:007254M und 3:317352M),

auf den Pastor von Vienenburg Conrad Stein und die Beamtentochter Anna Catharina Hartmann aus Vienenburg (1617, VD 17 23:253769M),

auf den Braunschweiger Juristen Johann Cammann d. J. zur Heirat mit Dorothea vom Sode aus Hamburg (1617, VD 17 23:310857W),

auf den Arzt Dr. med. Heinrich Julius Böckel in Wolfenbüttel und Maria Elisabeth Wolfrom (1617, VD 17 23:254017E),

auf den Rektor in Wolfenbüttel Friedrich Hildebrand und die Superintendententochter Anna Pöling aus Gandersheim (1617, VD 17 23:253578Z),

auf den Münchhausenschen Präfekten Johann Heusler aus Elbingerode im Harz und Elisabeth Cramer in Elbingerode (1618, VD 17 23:270072V),

---

115 Johann Hess war zuvor an der Universität Helmstedt von seinem späteren Schwiegervater Eberhard Speckhan im Jahr 1614 promoviert worden (1614, VD 17 14:022497F, 23:232955Z und 23:234958F).

auf den Bürgermeister von Helmstedt Joachim Cademann und Gesa Rochau, die Witwe des Pastors von Vienenburg Joachim Reitmann (1618, VD 17 23:292297X),

auf Conrad Langius und die zuvor verwitwete Adelgunda Clarus, geb. Coerdes (1618, VD 17 23:292291B),

auf den Juristen Dr. jur. Melchior Grabian und die verwitwete Catharina Middendorff (1618, VD 17 23:253985E),

auf den Subkonrektor der Schule in Celle Friedrich Dieckmann aus Diepholz und die Senatorentochter Anna Luther aus Celle (1618, VD 17 23:291996Y),

auf den Juristen und kaiserlich gekrönten Dichter Dr. jur. Franz Gerardin und Margarita Hess (1619, VD 17 23:258869P),

auf den Rektor der Schule in Schöningen Johann Christian und Bianzephora Beneke (1619, VD 17 23:264923H),

auf die zweite Heirat des Pastors von Elze Julius Sattler mit der Maria Peters (1619, VD 17 23:253622B, 23:253630T, 23:253636P und 23:253641G),

auf Johannes Hoffmeister und die Ratsherrentochter Anne Fischer, beide aus Wernigerode (1620, VD 17 3:007240Z),

auf den Juristen und Helmstedter Professor Johann Lüders aus Pattensen und Lucia Beck (1620, VD 17 7:699940P),

auf den Hofbeamten Johann Ludovicus und die Juristentochter Anna Elisabeth Clampius (1620, VD 17 23:253836Z),

auf den Konrektor der Katharinenschule in Braunschweig Tobias Thyläus und Catharina Stenders (1621, VD 17 23:321370M),

auf den Wolfenbütteler Sekretär Adam Uffelmann und die Beamtentochter Agnes Catharina Hartwig (1621, VD 17 23:239638Y),

auf den Juristen Heinrich Hein in Wolfenbüttel und Clara Maria Bodenmeier (1621, VD 17 23:315057Z),

auf Johann Heinrich Meibom und Elisabeth Averberg (1622, VD 17 1:089073R und 1:089078D),

auf den Konrektor der Martinsschule in Braunschweig Hermann Ernesti und Elisa Papen (1622, VD 17 23:312034A),

auf den Arzt Hermann Willerding aus Hildesheim und Maria Ernesti (1622, VD 17 23:283033T),

auf den Helmstedter Professor für Logik Conrad Horn und Anna Katharina Reich (1622, VD 17 23:253679N),

auf den Beamten Zacharias Holstein und Maria Sophia Oldermann aus Wolfenbüttel (1622, VD 17 23:239640U),

auf den Wolfenbütteler Beamten Valentin Zihen und Anna Maria Mehrdorf (1622, VD 17 23:253609S),

auf Martin Falck aus Gardelegen und die Juristentochter Gertrud Trustet (1623, VD 17 23:292328Q), auf den Rektor der Schule in Goslar Johann Nendorf und die Pastorentochter Juliane Ilders aus Goslar (1623, VD 17 23:702011V),

auf Johannes von Dassel und die Lüneburger Senatorentochter Dorothea Töbing (1623, VD 17 23:311388A und 23:311393U),

auf Peter Angerstein aus Gardelegen und Margarita Wacker (1623, VD 17 23:292466F),

auf den Juristen Heinrich Julius Osterwalt aus Wolfenbüttel und die Bürgermeister-tochter Anna Hampe aus Helmstedt (1623, VD 17 23:293314C und 23:293316T),

auf den Pastor in Neustadt an der Orla David Stemler und die Pastorentochter Catharina Schuck aus Arnstadt (1623, VD 17 23:293708C)[116],

auf den Schulkantor Bernhard Bohmer in Celle und Anna Bokelmann (1623, VD 17 23:292404B),

auf den Rektor und späteren Pastor an St. Petri in Braunschweig Henning Steding und Catharina Bonsack, die Witwe des Heinrich Weideman (1624, VD 17 23:656522T und 23:656523A)[117],

auf den Pastor von Kolenfeld bei Wunstorf Johann Recker und Ilsa Margareta Leseberg in Hannover (1626, VD 17 23:319706Q),

auf den Beamten Zacharias Koch in Zellerfeld und die Beamtentochter Maria Elisabeth Langlüdge aus Wolfenbüttel (1626, VD 17 23:293722V),

auf den Pastor an St. Lamberti in Hildesheim Justus Rupenius aus Hannover und Ilse von Harlessem aus Hildesheim (1627, VD 17 23:695254V),

auf den Kantor an der Martinsschule und Pastor in Braunschweig Conrad Hustedt und Maria Leverich (1628, VD 17 23:316246A und 23:316250M),

auf den Helmstedter Professor für Philosophie Heinrich Julius Scheurl und Anna Maria Grosse aus Leipzig (1629, VD 17 23:632156X),

auf den Braunschweiger Superintendenten Daniel Mönchmeier und die Pastorentochter Euphrosyna Hahn aus Magdeburg (1629, VD 17 7:702264M),

auf den Arzt und Helmstedter Professor für Medizin Jakob Tappe und Ursula Riemschneider (1629, VD 17 23:632804N)[118],

---

[116]   Zum selben Anlass erscheint außerdem eine Gedichtsammlung in Jena, dem Studienort des Bräutigams (1623, VD 17 23:293711F).

[117]   Henning Steding ist in seinem familiären Kontext erwähnt bei WEHKING (2001), S. 354, dort Nr. 859. Auf die nicht erhaltene Grabplatte seiner Frau Catharina Bonsack in St. Petri in Braunschweig weist WEHKING (2001), S. 507–508, dort Nr. 1077 hin. Seine zweite Ehefrau war Anna Sophia Grotejan, deren verlorene Grabplatte in St. Petri in Braunschweig WEHKING (2001), S. 547–548, dort Nr. 1129 beschreibt. Für Henning Steding selbst sind ein verlorenes Epitaph mit Ölgemälde und eine Grabplatte in St. Petri in Braunschweig mit biographischen Informationen nachgewiesen. Beide sind verzeichnet bei WEHKING (2001), S. 588–590, dort Nr. 1180 und 1181. Ebenda ist auch Stedings dritte Ehefrau Margaretha Bartram erwähnt.

[118]   Jakob Tappe und Ursula Riemschneider sind im Jahr 1680 auf ihrer Grabplatte in

auf den Juristen Henning Finck und Anna Genoveva Könicke (1630, VD 17 23:252367V),

auf den Juristen und kaiserlich gekrönten Dichter Johann Versmann aus Uelzen und Catharina Ellerndorff, die Witwe des Ernst Wilhelm (1630, VD 17 1:691800X),

auf Heinrich Wilhelm und die Senatorentochter Elisabeth Ellerndorff in Uelzen (1630, VD 17 1:691705E),

auf den Einbecker Ratsherrn Heinrich Covenius und die Bürgermeistertochter Christina Prätorius aus Salzwedel (1630, VD 17 125:023519D),

auf den Helmstedter Professor für Jura Joachim Weccius und Anna Elisabeth Stucke teilidentische (1631, VD 17 7:700601N und 39:136145Q),

auf den Wolfenbütteler Schulkantor David Leib und Eva Elisabeth Weissen aus Wolfenbüttel (1632, VD 17 23:296667S und 23:296672L),

auf den Jurastudenten Johann Schultes und die Pastorentochter Margarita Lempel aus Gardelegen (1632, VD 17 23:296730Z),

auf den Rektor der Ägidienschule in Braunschweig Werner Cuno und die Pastorenwitwe Anna Maria am Ende in Braunschweig (1632, VD 17 23:296726P),

auf den Rektor der Martinsschule in Braunschweig Caspar Sagittarius d. Ä. und die Braunschweiger Pastorentochter Catharina Jordan (1632, VD 17 23:270089E, 23:296714S, 23:296716G und 23:296723R)[119],

zwei auf den Helmstedter Professor für Medizin und Hofarzt Dr. med. Johann Wolf und die Juristentochter Anna Margaretha Engelbrecht (1632, VD 17 23:296764Z und 23:296782X),

auf den Vikar an St. Petri in Hamburg Heinrich Rittershusen und Anna Elers aus Uelzen (1632, VD 17 1:623725D),

auf den Beamten Werner Daniel Berckelmann in Goslar und Magdalena Hedwig Crull (1632, VD 17 23:274618B),

auf den Arzt Joachim Läger in Braunschweig und Elisabeth von Eltz (1632, VD 17 7:699937L und 23:296663M),

auf den Konrektor der Schule in Wolfenbüttel Christoph Sorgius aus Gadenstedt und Catharina Mumme aus Wolfenbüttel (1632, VD 17 23:296653E und 23:296655V),

auf den Uelzener Patrizier Ernst von Blickwedel und die Bürgermeistertochter Elisabeth Schlichthauer aus Uelzen (1633, VD 17 1:691844D),

---

der Universitätskirche St. Stephani in Helmstedt erwähnt. Dazu vgl. HENZE (2005), S. 325–326, dort Nr. 271. Ein Verwandter ist auch Hermann Tappe, dessen nicht erhaltene Grabplatte aus dem Jahr 1684 in der Universitätskirche St. Stephani in Helmstedt bei HENZE (2005), S. 340–341, dort Nr. 289 mit Hinweisen zur Familie beschrieben ist.

[119]　Catharina Jordan ist eine Tochter des Pastors Joachim Jordan, dessen Grab und Epitaph sich in St. Katharinen in Braunschweig befinden. Dazu vgl. WEHKING (2001), S. 368–370, dort Nr. 880 und S. 373–374, dort Nr. 884.

auf den Kornschreiber und Organisten Justus Heinrich Bromberg in Neu-Medingen bei Lüneburg und Elisabeth Bertram aus Uelzen in lateinischer und deutscher Sprache (1633, VD 17 1:691866G),

auf cand. jur. Johann Friedrich Stisser und die Juristentochter Helena Sophia Engelbrecht in Braunschweig (1634, VD 17 23:296792D und 32:635236C)[120],

auf den Kapitän des Fußheeres und späteren Kommandanten der Stadt Lüneburg Joachim Hildebrand Schirmer und die Goldschmiedtochter Elisabeth Mölen aus Braunschweig (1634, VD 17 23:296759F),

auf den Kanoniker an St. Blasius in Braunschweig Johann Crüger und Maria Elisabeth Schultze (1634, VD 17 23:296752C),

auf den Pastor von Vallstedt Ludwig Fiedler und Gertrud Wismars aus Celle (1634, VD 17 23:296747K),

auf den Pastor von Cremlingen und Schulenrode bei Braunschweig Johann Bötticher und die Pastorentochter Ursula Catharina Saatzen aus Elbingerode im Harz (1634, VD 17 23:270035S),

auf den Rostocker Bürgermeister Bernhard Clinge und Ursula Dorothea Dicius, die Tochter des Bürgermeisters von Einbeck (1634, VD 17 32:636277R),

auf den herzoglichen Leibarzt Dr. med. Martin Gosky und seine namentlich nicht genannte Frau (1634, VD 17 23:296771H),

auf den Rektor der Schule in Wolfenbüttel Johann Auspurg und Anna Sophia Eggerling aus Wolfenbüttel (1636, VD 17 23:308510G und 23:308512X),

auf den Studenten Christoph Wilhelm Storkau und Catharina Heintz aus Blankenburg (1636, VD 17 23:320841X),

auf den Helmstedter Professor für Jura Dr. jur. Heinrich Schmerhem und Anna Remmers in Braunschweig (1636, VD 17 23:320475A),

auf Georg Thomas Miro und Martha Maria Fichtner (1636, VD 17 23:285515F),

auf den Uelzener Patrizier Heinrich Ellerndorff und Margreta Kragen aus Lüchow (1636, VD 17 1:691937A),

auf den Pastor Caspar Major in Börnecke und Catharina Betke aus Schwanebeck (1636, VD 17 23:318766Z),

auf den ehemals Wolfenbütteler Organisten Ludolph Schildt an der Kirche zum Heiligen Kreuz in Hannover und Lucia Herbst aus Hannover (1637, VD 17 23:320393T und 23:320401Z),

auf den Apotheker Johann Balthasar Kannenberg in Wolfenbüttel und Elisabeth Piper aus Braunschweig (1637, VD 17 23:310917A),

auf den Pastor von Oebisfelde Erasmus Hannemann und Margarethe Bosse (1637, VD 17 23:270076A),

---

[120]   Helena Sophia Engelbrecht ist eine Schwester der im Jahr 1632 verheirateten Anna Margaretha Engelbrecht.

auf den Amtmann in Koldingen Conrad Block aus Hannover und Ilse Achtermann (1637, VD 17 23:632724V),

auf den Helmstedter Professor für Rhetorik Christoph Schrader und die Helmstedter Professorentochter Margarethe Stisser (1637, VD 17 39:136143Z),

auf den Braunschweiger Bürgermeister Tobias Olfen und Euphrosyna Hahn, die Witwe des Daniel Mönchmeier (1637, VD 17 23:285132Z)[121],

auf den Pastor Bartold Cothenius und die Pastorentochter Magdalena Probst in Braunschweig (1638, VD 17 23:270015D),

auf den Soldaten und Patrizier der Stadt Uelzen Balthasar Alewin und die Ratsherrentochter Anna Dorothea Schultze aus Celle (1638, VD 17 1:691948Q)[122],

auf den Arzt Samuel Stockhausen aus Wolfenbüttel und Margarita Kannemann aus Helmstedt (1638, VD 17 23:320793Q),

auf den Helmstedter Theologen Johann Baldovius und die Hofbeamtentochter Emerentia Gosky in Braunschweig (1639, VD 17 23:235206Z und 23:309699N),

auf den Arzt Daniel Förster aus Oschatz in Sachsen und die Witwe Emerentia Gopfhard in Braunschweig (1639, VD 17 23:293257A),

auf den Helmstedter Professor für Griechisch Dr. phil. Johannes Brenneccius und die Bürgertochter Anna Hojer aus Braunschweig in griechischer Sprache (1639, VD 17 547:665603S),

auf den Pastor in Goslar und späteren Schulinspektor in Halberstadt Balthasar Wiedeburg aus Wolfenbüttel und die Leibarzttochter Anna Dorothea Sattler (1640, VD 17 23:321679W)[123],

auf den Diakon von Uelzen Johann Heckenberg und die Tochter des Uelzener Superintendenten Charitas Cregel (1640, VD 17 1:690360E),

auf Johann Christoph Lasius und Anna Hogreve, die Witwe des Matthäus Winter (1640, VD 17 23:702091X),

auf den Helmstedter Professor für Naturphilosophie Andreas Kinderling und die Helmstedter Bürgermeistertochter Maria Hosang (1640, VD 17 547:665610A)[124],

---

[121] Euphrosyna Hahn hatte im Jahr 1629 den Braunschweiger Superintendenten Daniel Mönchmeier aus Magdeburg geheiratet. Er war im Juni 1635 verstorben (1635, VD 17 1:030451D). Ein Portrait von ihm sowie sein Epitaph sind bei WEHKING (2001), S. 346, dort Nr. 846 und S. 348, dort Nr. 849 verzeichnet.

[122] Zum selben Anlass erscheint auch ein Druck mit Gedichten in deutscher Sprache (1638, VD 17 1:692026S).

[123] Zum selben Anlass erscheint auch ein auf einem Einblattdruck veröffentlichtes deutsches Gedicht (1640, VD 17 23:276829L).

[124] Das Ehepaar ist mit der Zahl seiner Kinder auch erwähnt auf dem Grabdenkmal des Andreas Kinderling aus dem Jahr 1664 in der Universitätskirche St. Stephani in Helmstedt, wie HENZE (2005), S. 278–279, dort Nr. 216 nachweist.

auf den Pastor an St. Andreas in Braunschweig Anton Berger und die Bürgertochter Dorothea Westermann aus Lüneburg (1640, VD 17 23:269999W),

auf den Arzt Heinrich Bonhorst und Anna Pfeiffer zur Heirat in Nordhausen (1641, VD 17 125:042711F),

auf den Pastor und Rektor in Hannover David Erythropel und Elisabeth Bodenstab aus Hannover (1641, VD 17 23:632786Z und 23:632794R),

auf den Superintendenten von Salzliebenthal Heinrich Tappe und Hedwig Alemann (1642, VD 17 23:702050P),

auf den Hamelner Juristen Dr. jur. Anthon Waldhausen und die Bürgermeistertochter Ilse Wiesenhaber aus Hildesheim (1642, VD 17 23:269933M und 23:269940V)[125],

auf Johann von Cölln und Ilsa Stern, die Tochter des Buchdruckers Johann Stern (1642, VD 17 23:293139X, 23:293141T, 23:293143H, 23:293145Y, 23:293147P, 23:293253V und 125:028410B),

auf den Rektor der Katharinenschule in Braunschweig Johann Schindler aus Chemnitz und die Pastorentochter Blandina Berger aus Braunschweig (1642, VD 17 23:269947Y),

auf den Konrektor der Lüneburger Michaelisschule Gregor Blech und Elisabeth Ebeling aus Lüneburg (1642, VD 17 1:628642L),

auf den Pastor Gabriel Leib in Söllingen und die Pastorentochter Margaretha Wedemeier aus Remlingen (1643, VD 17 23:318229U),

auf den Superintendenten Johann Bünemann in Salzwedel und Elisabeth Gräffenthal (1643, VD 17 23:310462T, 23:310482F, 23:310493V, 23:310525V und 23:675310N),

auf den Burgermeister von Goslar Henning Kramer und Elisabeth Prasaun, die Witwe des Juristen Bernhard Bredhorst (1643, VD 17 23:702051W),

auf den herzoglichen Beamten Christian Fabricius aus Pegau und Dorothea Maria Petreus (1643, VD 17 7:691351L),

auf den Arzt Andreas Probst und die Präfektentochter Elisabeth Prott aus Braunschweig (1643, VD 17 23:269992T),

auf den Wolfenbütteler Pastor Johann Christoph Hauer und die Kaufmannstochter Elisabeth Catharina Wotte (1644, VD 17 23:313521C, 23:313523T und 23:313527Y),

auf den Rektor der Schule in Wolfenbüttel Heinrich Biertümpfel und die Pastorentochter Anna Margareta Wiedeburg (1644, VD 17 23:309033V und 23:682417M),

auf den Rektor der Schule in Wernigerode Wolfgang Gerdangk und die Kirchendienertochter Margareta Borchert aus Wernigerode (1644, VD 17 3:007300D),

---

[125]   Zum selben Anlass ist auch ein in Rinteln gedrucktes Epithalamion in deutscher Sprache nachweisbar (1642, VD 17 23:269937S).

auf den Arzt Dr. med. Christian August Mithob in Braunschweig und die Präfektentochter Anna Sophia Wolf aus Wolfenbüttel (1645, VD 17 23:318845K, 23:318852T, 23:318857F und 39:153143T),

auf den Braunschweiger Beamten Joachim Friedrich Söhle und Anna Hedwig Lautitz, die Witwe des Oberstleutnants Hermann Funcke (1645, VD 17 39:153139G),

auf den Pastor von Twieflingen Heinrich Evenius und die Pastorentochter Elisabeth Wedemeier aus Remlingen (1645, VD 17 23:312082T und 23:312086Y)[126],

auf den braunschweigisch-lüneburgischen Syndikus Justus Brödersen und die Pastorentochter Elisabeth Sophia Reiche aus Schöningen (1645, VD 17 23:310319H),

auf den Arzt Georg Huhn und die Arzttochter Catharina Willerding, beide aus Hildesheim (1645, VD 17 23:633150F),

auf den Hofbeamten des Herzogs Friedrich von Braunschweig-Lüneburg Andreas Busch und die Patriziertochter Dorothea Hornburg aus Braunschweig (1646, VD 17 23:309560U),

auf den Kaufmann Hermann Olmerl in Wolfenbüttel und die Apothekertochter Sophie Elisabeth Schumann (1646, VD 17 23:319324R),

auf den Pastor an St. Stephani in Goslar Hermann Lindemann und die Architektentochter Catharina Hedwig Langlüdke (1646, VD 17 23:318257Y),

auf den Pastor an St. Katharinen in Braunschweig Paul Röber und Anna Schaper (1646, VD 17 7:699796F),

auf den Juristen Friedrich Ulrich Blume und Sibylle Elisabeth Fabricius in Helmstedt (1646, VD 17 23:234652U),

auf den Pastor Christoph Strube und Maria Bornemann, die Witwe des Hermann Koch, in Seesen (1647, VD 17 23:702062L),

auf den Pastor von Hornburg Jacob Corvinus und Margarete Muschnau aus Königsberg (1647, VD 17 3:677429B),

auf den Arzt Cyriak Meienberg in Einbeck und die Beamtentochter Catharina Meier (1647, VD 17 23:633185P),

auf den Juristen und Schwedischen Gesandten in Halberstadt Johann Vaget und Margarethe Elisabeth Burchtorff (1647, VD 17 23:702053M),

auf den juristischen Doktoranden Christoph Wilhelm Blume und die Juristentochter Catharina Elisabeth Lüdeke aus Hannover (1647, VD 17 1:048625P, 3:022693M und 23:633183Y),

---

[126] Elisabeth Wedemeier ist eine Schwester der im Jahr 1643 verheirateten Margaretha Wedemeier.

auf die zweite Heirat des Pastors von Halchtern und Linden bei Königslutter Heinrich Biertümpfel und die Pastorentochter Margarete Elisabeth Hauer (1647, VD 17 23:309889S)[127],

auf den Superintendenten von Uslar Johann Danckwerth und die Präfektentochter Anna Ilsabeth Bodens aus Bodenfelde (1647, VD 17 23:265016E),

auf den jungen Mann Marcus Gottfried Ellerndorff und Anna Hensen in Lüneburg (1647, VD 17 547:697393C),

auf den Bürgermeister von Lüneburg Heinrich Mölner und die Kaufmannstochter Anna Else Töbing aus Lüneburg (1647, VD 17 23:318882N),

auf den Finanzbeamten Johann Georg Arlt und die Pastorentochter Margarethe Hartmann (1648, VD 17 23:308671K)[128],

auf den Rektor der Schule in Schöningen Werner Leidenfrost und die Präfektentochter Dorothea Klinggraf (1648, VD 17 23:318177F, 23:318181S und 23:695245W),

auf den Subkonrektor der Andreasschule in Hildesheim Justus Oldekop und Ilsa Margareta Körner (1648, VD 17 23:695323Y),

auf Arnold Wiehen aus Hildesheim und die Bürgermeistertochter Anna Lüdeke aus Neu-Hildesheim (1648, VD 17 23:695270C),

auf den Arzt und Bürgermeister von Hildesheim Dr. med. Johann Mellinger aus Hildesheim zur zweiten Heirat mit der Beamten- und Juristentochter Anna Wiesenhavern (1648, VD 17 23:274634K),

auf den Pastor von Stolzenau Gottschalk Duve und Catharina Maria Wideburg (1648, VD 17 7:685129E),

auf den Juristen Friedrich Ulrich Wissel und die Juristentochter Johanna Dorothea Stuck, beide aus Hannover (1648, VD 17 23:633188M),

auf den Rektor der Schule in Dannenberg Eberhard Becker und die Pastorentochter Agnes Lang aus Lüneburg (1648, VD 17 125:026574T),

auf den Juristen und Notar August Prätorius und Dorothea Meier (1649, VD 17 1:628707C, 1:628709T und 23:274642A),

auf den Pastor Johann Matthias Prätorius und Katharina Maria Scheffers (1649, VD 17 1:628671X und 1:628677T),

auf den Wolfenbütteler Beamten Justus Bartold Franckenfeld und die Pastorentochter Elisa Dorothea Winter aus Salzdahlum (1649, VD 17 23:684206V und 23:684207C),

---

[127]   Biertümpfels erste Ehefrau Anna Margareta war im Jahr 1645 verstorben. Zum selben Anlass erscheinen auch zwei deutschsprachige Glückwunschgedichte (1647, VD 17 23:309881F und 23:309887B).

[128]   Zum selben Anlass erscheint auch ein deutsches Epithalamion (1648, VD 17 23:308667Y).

auf den Hofarzt Andreas Arnold in Schöningen und Hedwig Bösenius (1649, VD 17 23:236597M),

auf den Geheimrat Michael Elemann Upling in Quedlinburg und seine nur im Text des Gedichts genannten Frau Margareta unbekannten Nachnamens (1649, VD 17 23:274615D),

auf den Pastor von Gevensleben Daniel Koltmann und die Pastorentochter Agnes Rademacher aus Braunschweig (1649, VD 17 23:318017M),

auf den Arzt und Stadtphysikus der Stadt Göttingen Hieronymus Jordan aus Braunschweig und die Juristen- und Beamtentochter Anna Catharina Dieterichs in Göttingen (1649, VD 17 23:317248V),

auf den braunschweigisch-lüneburgischen Rat und Hofgerichtsassessor Dr. jur. Hermann Storre aus Hildesheim und Catharina Anna Kegel (1649, VD 17 23:320922X),

auf den Pastor von Groß Lafferde Kaspar Eckbrecht und Apollonia Lütken aus Peine (1649, VD 17 23:695327D),

auf den Beamten Dr. jur. Justus Georg Schottel aus Einbeck und die Juristentochter Anna Maria Sobbe (1649, VD 17 3:627770R),

auf den Wolfenbütteler Beamten Heinrich Stern und die Patriziertochter Anna Maria von Usler aus Goslar (1649, VD 17 23:320202W, 23:320213L und 23:320217R),

auf den Kupferstecher Konrad Buno und Agnes Anna Wiechmann, beide aus Wolfenbüttel (1649, VD 17 23:310522X),

auf den Juristen Heinrich Dörgut und die Bürgermeistertochter Dorothea Döring aus Helmstedt (1649, VD 17 23:234618P),

auf den Juristen Heinrich Binn und Margarita Struhe, die Witwe des Helmstedter Professors Balthasar Rinck (1649, VD 17 23:234722E),

auf den Pastor von Halberstadt Peter Firnekrantz und die Pastorentochter Clara Hedwig Heintze aus Goslar (1649, VD 17 23:274632U),

auf den Juristen Andreas Parthesius und die Kaufmannstochter Catharina Wülner aus Göttingen (1650, VD 17 23:319434C),

auf Autor Bandau und die Bürgermeistertochter Christina Becker aus Oebisfelde (1650, VD 17 1:624018M),

zwei auf den Helmstedter Professor für Theologie Gerhard Titius und Margaretha Dorothea Bremer (1650, VD 17 23:631800C und 23:631803A),

auf den Pastor an St. Andreas in Braunschweig Hermann Schorkopf und die Pastorentochter Armgard Maria Lose (1650, VD 17 23:324739P),

auf den Pastor von Bockenem Daniel Schrader und Anna Hedwig Domeier (ca. 1650, VD 17 23:702068F),

auf den Helmstedter cand. jur. Heinrich Heise und die Juristentochter Anna Catharina Barthold aus Göttingen (1651, VD 17 23:315064H, 23:315076E und 23:315078V),

auf den Präfekten von Lüchow Johann Diderich und die Präfektentochter Anna Elisabeth Uffelmann aus Wolfenbüttel (1651, VD 17 1:624002K), auf den Heinrich Julius Creutz und die Patriziertochter Anna Catharina Magius aus Hornburg (1651, VD 17 23:311143A),

auf den Konrektor Heinrich Georg Kulenschmied in Schöningen und die Pastorentochter Maria Elisabeth Loss aus Eilenstedt bei Halberstadt (1651, VD 17 23:702081R),

auf den Juristen Johann Otto von Wehnde in Zellerfeld und die Bürgermeistertochter Anna Maria Döring aus Helmstedt (1651, VD 17 23:321576T),

auf den Lehrer und Kantor am Pädagogium in Göttingen Johann Speleboetel und die Göttinger Apothekertochter Catharina Priester (1651, VD 17 23:320954G),

auf den Rektor der Schule in Schöningen Joachim Johann Mader und die Professorentochter Regina Stisser aus Helmstedt (1651, VD 17 3:312585T),

auf den Pastor in Warberg Andreas Arnds und die Pastorentochter Sophia Maria Phrygius aus Jerxheim bei Helmstedt (1651, VD 17 23:264909R),

auf den Helmstedter Studenten der Philosophie und Theologie Johann Zinzerling und Margarete Brusewald aus Goslar (1651, VD 17 23:322512C),

auf den Wolfenbütteler Arzt Dr. med. Dietrich Gunther und Elisabeth Sophia Reiche, die Witwe des Juristen Justus Brödersen (1652, VD 17 1:624013Y),

auf den Sekretär Christoph Otto Reiche und die Braunschweiger Bürgertochter Agnes Clara Beust in Wolfenbüttel (1652, VD 17 23:319746R),

auf Heinrich Langlüdke und die Pastorentochter Elisabeth Catharina Nyssen aus Groß Vahlberg und Bansleben (1652, VD 17 23:318377S),

auf den Offizier in schwedischen Diensten Johann Köning und die Beamtentochter Sophia Elisabeth Creitz (1652, VD 17 23:317986U),

auf den Hofrat in Wolfenbüttel Hieronymus Imhoff und Margaretha Lebezow (1652, VD 17 23:316674B),

auf den Präfekten von Immenhausen Heinrich Albert Burchtorff und Anna Margaretha Hagen (1653, VD 17 23:274623V),

auf den Superintendenten von Uslar Johann Jakob Specht und die Theologentochter Catharina Elisabeth Wineker (1653, VD 17 23:320122D),

auf den Juristen Jakob Bernhard Heinsius und die Patriziertochter Dorothea Elisabeth von Winterheim aus Hannover (1653, VD 17 23:315059Q),

auf den Präfekten von Uslar Johann Heinrich Koch und die Bürgermeistertochter Anna Margaretha Honack aus Northeim (1653, VD 17 23:317940X),

auf den Pastor Christoph Bösenius in Schöningen und die Pastorentochter Lucia Callen aus Braunschweig (1653, VD 17 23:265042U),

auf den Pastor Wolfgang Tripp bei Wolfenbüttel und Dorothea Lüdeke aus Dannenberg (1653, VD 17 23:321420K und 23:321426E),

auf den Wolfenbütteler Kirchenrat Johann Hampe und die Senatorentochter Dorothea Elisabetha Hafen aus Wolfenbüttel (1654, VD 17 23:313494R),

auf den Pastor an St. Pauli in Halberstadt Christoph Mittag und die Präfektentochter
   Anna Ursula Pflüger aus Dardesheim (1654, VD 17 23:307714U),

auf Heinrich Julius Lappe und die Präfektentochter Ursula Hüneken aus Lichtenberg
   (1654, VD 17 23:318388F und 23:318474Z),

auf den Pastor an St. Michaelis in Braunschweig Valentin Heseler und Catharina zur
   Horst (1654, VD 17 23:331190S und 23:331202D),

auf den Amtsschreiber Gerhard Becker in Medingen und Agnes Margarethe Zimmermann in lateinischer und deutscher Sprache (1655, VD 17 23:282704Q),

auf den Helmstedter Professor für Jura Johannes Eichel und seine namentlich nicht
   genannte Frau (1655, VD 17 23:232121F),

auf den Pastor von Dungelbeck Heinrich Julius Löder und Anna Sophia Schultz aus
   Peine (1655, VD 17 23:324665X),

auf den Pastor von Bergen Sigismund Schelhammer aus Hamburg und die Witwe Dorothea Baxmann (1656, VD 17 39:160603K),

auf den städtischen Beamten in Stolberg Johann Caselitz und Agnes Herken, die Witwe des Johannes Bietermann (1656, VD 17 3:007356G),

auf den Pastor von Ingeleben Johannes Hinxtäus und die Pastorentochter Maria Juliana
   Cuppius (1656, VD 17 1:690527T),

auf den Helmstedter Professor und Superintendenten von Hildesheim Johann Hilpert
   und seine im Titel namentlich nicht genannte Frau (1656, VD 17 125:016357P),

auf den Pastor von Thiede und Steterburg Heinrich Caspar Cuppius und die Pastorentochter Anna Margaretha Lustfeld aus Weferlingen (1657, VD 17 1:690537Z),

auf den Konrektor der Schule in Wolfenbüttel Georg Preuß und die Präfektentochter
   Dorothea Clara Mack aus Königslutter (1657, VD 17 23:319290A),

auf den Pastor von Warsleben Stephan Schröder und die Pastorentochter Ursula Sophia Gunther (1657, VD 17 23:320662G und 23:320665E),

auf den Beamten und Dichter Heinrich Schäffer aus Wolfenbüttel und Dorothea Agnes
   Reich (1657, VD 17 1:690566M),

auf den Pastor der Doppelgemeinde Eddesse-Dedenhausen bei Peine Tilmann Schulte
   und Catharina Gebhard (1658, VD 17 23:331162N),

auf den Pastor von Hornburg Jacob Corvinus und die Patriziertochter Clara Magdalena
   Magius aus Hornburg (1658, VD 17 39:110326N)[129],

auf den Braunschweiger Pastor an St. Ulrich Heinrich Steinhausen und Dorothea
   Catharina Albert (1658, VD 17 23:320631E und 23:324680X),

auf den Pastor in Sickte Johannes Großwaldt und Anna Walckling, die Witwe des Präfekten Heinrich Julius Bröder (1658, VD 17 23:324637T),

---

[129]   Clara Magdalena Magius ist eine Schwester der im Jahr 1651 verheirateten Anna Catharina Magius.

auf den Pastor von Büddenstedt und Alversdorf bei Schöningen Johann Bockmann und die Musikertochter Sophia Maria Zuber aus Lübeck (1658, VD 17, 23:232078M, 23:233010R und 23:233100Q)[130],

auf den Rektor der Ägidienschule in Braunschweig Christian Friedrich Schmidt und Ilse Brand (1658, VD 17 23:331194X und 23:331219P),

auf den Pastor von Süpplingenburg zwischen Königslutter und Helmstedt Friedrich Pabst aus Braunschweig und die Pastorentochter Anna Catharina Küster aus Süpplingenburg (1658, VD 17 23:324657F),

ein griechisches Gedicht und eine Sammlung lateinischer Epithalamien auf den Wolfenbütteler Hofprediger Andreas Overbeck aus Bockenem und Margareta Magdalena Schreiber (1658, VD 17 23:319245F und 23:319254E),

auf den Kantor der Braunschweiger Ägidienschule Johann Schultze und die Pastorentochter Sophia Dorothea Deutsch aus Rostock (1658, VD 17 23:331223Z),

auf den Arzt Paul Julius Callenius und die Juristentochter Margarita Elisabeth Cammann (1658, VD 17 23:331241X und 23:331303S),

auf den Helmstedter Bürgermeister Conrad Hosang und Ottilie Steinmann (1658, VD 17 23:282693L),

auf den Pastor von Gadenstedt Johann Christoph Bevern aus Hildesheim und die Pastorentochter Ilse Marie Wilcke aus Woltorf (1659, VD 17 23:331167A),

auf den Pastor von Jembke Johannes Stüve und die Wirtstochter Maria Elisabeth Schnäbel aus Osterwieck (1659, VD 17 39:110331F),

auf den Absolventen der Universität Helmstedt, Juristen und brandenburgischen Beamten in Oschersleben Heinrich Schade und Sophia Sibylla Stallknecht aus Schöningen (1659, VD 17 23:684034P),

auf den Juristen Daniel Leporinus aus Bodenburg und die Pastorentochter Anna Loss aus Eilenstedt (1659, VD 17 23:318535M und 23:318539S),

auf den Pastor an St. Nikolai in Leipzig Heinrich Meyer und Maria Elisabeth Haintz durch Helmstedter Freunde, möglicherweise von der dortigen Universität (1659, VD 17 125:015033Z),

auf den ostfriesischen Hofrat Dr. jur. Anton Pauli aus Dithmarschen und Catharina Galatea Conring, die Tochter des Helmstedter Professors Hermann Conring (1659, VD 17 1:089167V, 23:231958T und 23:233015D),

auf den Pastor von Mehrum und Equord bei Hohenhameln Johann Tünnich und Margareta Gödeke, die Witwe des Hildesheimer Kaufmanns Daniel Schumacher (1659, VD 17 23:331239B),

auf den Rektor der Lambertischule in Hildesheim Theodor Lübbert und die Bürgermeistertochter Angelika Tünnich (1659, VD 17 23:331231R),

---

[130]   Zum selben Anlass erscheint auch ein Einblattdruck mit einem deutschen Epithalamion (1658, VD 17 23:233026T).

auf den Theologen und gekrönten Dichter Paul Salder und Maria Agnes Osterwald (1660, VD 17 23:324756D),

auf den Pastor von Oldendorf Peter Zenker und Anna Elisabeth Timme aus Liebenhall bei Salzgitter (1660, VD 17 1:690579R),

auf den Pastor von Halle am Ith Johann Conrad Sachs und die Pastorentochter Catharina Lütkemann (1660, VD 17 1:039446Z und 125:017488A),

auf den Hofsekretär und herzoglichen Tanzmeister Ulric Roboam de La Marche und Anna Hedwig Gerlach (1660, VD 17 23:318227D),

auf Dr. jur. Ulrich Heinrich Stieber und Eva Sophia Baumgart, die Witwe des Johann Heinrich Breuning in Braunschweig (1661, VD 17 23:685443P),

auf den Präfekten von Ottenstein Heinrich Arnold Schade und Catharina Cäcilia Krull in lateinischer und deutscher Sprache (1661, VD 17 1:624054G),

auf den Bergwerkspräfekten in Sorge im Harz Christian Friedrich Arendt und die Pastorentochter Anna Catharina Hannemann aus Wolfenbüttel (1661, VD 17 1:624048F und 23:316153D),

zur zweiten Heirat des Juristen und braunschweigisch-lüneburgischen Geheimrats Joachim Friedrich Söhle mit der Juristentochter Dorothea Schrader aus Dannenberg (1661, VD 17 23:232156P),

auf den cand. jur. Johann Philipp Schmidt und die Präfektentochter Magdalena Kley aus Lauenstein (1661, VD 17 23:324752Y),

auf den Pastor im Kloster St. Marienberg in Helmstedt Christoph Cordes und die Kaufmannstochter Christina Rittmeier aus Braunschweig (1662, VD 17 23:631316C),

auf den Braunschweiger Pastor an St. Blasius Julius Hantelmann und die Bürgermeistertochter Dorothea Kalms aus Braunschweig (1663, VD 17 23:631323M),

auf die zweite Heirat des Rektors der Braunschweiger Ägidienschule Christian Friedrich Schmidt mit der Pastorentochter Anna Catharina Niewerth (1663, VD 17 23:631291M),

auf den herzoglichen Musiker Christoph Hardewig und die Beamtentochter Anna Sophia Pape (1663, VD 17 1:690610P und 1:690628F),

auf den Pastor von Hoheneggelsen Zacharias Klare und die Pastorentochter Clara Magdalena Schrader aus Wassel bei Sehnde (1663, VD 17 23:631292U),

auf den Lehrer und Pastor an St. Michael in Lüneburg Johann Justus Oldekop und Anna Magdalena Dammann, die Witwe des Lüneburger Juristen Joachim Pipenborg (1663, VD 17 125:041505Q und 125:041507E),

auf Heinrich Peter und Catharina Giebels (1664, VD 17 23:327260A),

auf den Pastor von Stöckheim und Leiferde bei Braunschweig Johann Silbermann und Anna Maria Collitz (1664, VD 17 23:327274N),

auf den Helmstedter Professor für Hebräisch und Orientalistik Johann Saubert und Anna Maria Conring, die Tochter des Helmstedter Professors Hermann Conring (1664, VD 17 23:273611U), auf den Hofamtsschreiber Johann Meyer in Wolfenbüttel und die Beamtentochter Anna Catharina Zimmermann (1664, VD 17 23:318821R),

auf den Pastor an St. Ulrich in Braunschweig Friedrich Wigand und Anna Sophia Schmidt (1665, VD 17 23:327325T, 23:327329Y, 23:327337Q und 23:327342H),

auf den Pastor von Drübeck im Harz Christoph Müller und die Apothekertochter Anna Elisabeth Töpffer aus Wernigerode (1666, VD 17 3:007405X),

auf den Pastor von Grasdorf bei Hildesheim Johann Justus Böse und Anna Elisabeth Engelmann (1666, VD 17 23:327370N)[131],

auf den Pastor von Klein Himstedt Johann Christian Bühring und Anna Gertrud Grotevent (1666, VD 17 23:327351G),

auf den Pastor von Wartjenstedt und Nettlingen Heinrich Loges und Anna Maria König (1666, VD 17 23:327251B),

auf Jakob Lindeke aus Peine und Hedwig Elisabeth Grotevent (1666, VD 17 23:327359T),

auf den Präfekten von Erxleben Burchard Rusten aus Hameln und die Juristen- und Professorentochter Catharina Elisabeth Mehlbaum (1667, VD 17 23:319053M)[132],

den Pastor an St. Lamberti in Lüneburg Jakob Bertram und Elisabeth Oldekop (1667, VD 17 23:316260T),

auf den Stadtsekretär Johann Reinbeck und die Juristentochter Margareta Rosina Melbeck, beide aus Lüneburg (1667, VD 17 23:319804E),

auf den Pastor in Völpke Anton Samuel Schindler und die Kaufmannstochter Anna Woltmann aus Braunschweig (1669, VD 17 23:320416U),

auf den Einbecker Beamten Johann Daniel Sattler und Maria Catharina Rave aus Einbeck (1670, VD 17 1:623719C),

auf den Pastor von Schöningen Christoph Müller und die Tochter des Superintendenten von Bevern Anna Magdalena Barnstorf (1670, VD 17 23:318931C),

auf den Wolfenbütteler Beamten Johann Christoph Altermann und Catharina Elisabeth Meyer (1670, VD 17 23:674850M),

auf Ludolph Julius Lappius in Wickensen und die Ratsherrentochter Dorothea Maria Schultze aus Hannover (1671, VD 17 23:265214A),

auf Philipp Christian Reysser und Anna Elisabeth Ruppel in Bovenden (1671, VD 17 1:692756Z),

auf den Pastor an St. Martini in Braunschweig Georg Hilmar Lichtenstein und Dorothea Cernitz in Hannover (1672, VD 17 7:685141G),

---

[131]   Zum selben Anlass erscheint außerdem auch eine Gedichtsammlung in deutscher Sprache (1666, VD 17 23:327374T).

[132]   Zum selben Anlass erscheinen auch zwei deutschsprachige Epithalamien (1667, VD 17 23:319050P und 23:319059G).

auf den Juristen, Hof- und Kanzleirat in Celle Christoph Schrader und die Arzttochter Agnes Margareta Konerding aus Hannover (1672, VD 17 23:319451T),

auf den Pastor von Sterley Johann Adolph Braun und die Beamtentochter Anna Christina Simon aus Eutin (1672, VD 17 23:310231E),

auf den Pastor von Bardeleben Christoph Friderici und die Pastorentochter Dorothea Polemann aus Lüneburg (1673, VD 17 7:685170U),

auf den Rektor der Katharinenschule in Braunschweig Johann Alers und die Tochter des Braunschweiger Pastors an St. Andreas Anna Blandina Schindler (1675, VD 17 23:308659G, 125:016609N und 125:016616W),

auf den Helmstedter Professor für Orientalistik und Theologen Johann Eberhard Busmann und seine im Titel namentlich nicht genannte Frau (1676, VD 17 23:681917K),

auf den Rektor der Schule in Lüneburg Johann Reiske und Maria Elisabeth Kreinavius (1677, VD 17 125:015228S),

auf den Juristen und Heidelberger Professor Dr. jur. Christian Ernst von Reichenbach und Elisa Sophia Conring, die Tochter des Hermann Conring und Witwe des Johann Conrad Schrödter (1677, VD 17 547:697158D),

auf den Lehrer und Kantor der Schule in Helmstedt Caspar Arnold Grumbrecht und die Pastorentochter Anna Margarete von Sand (1678, VD 17 3:646037G und 3:646045Y),

auf den Pastor an St. Jakob in Goslar Ludolph Faber und die Beamtentochter Maria Sophia Krohne aus Helmstedt (1679, VD 17 7:700016Z und 547:699384N),

auf Johann Abraham Camitz aus Bockel und Catharina Lucia Stockhausen (1680, VD 17 23:310995N),

auf den Helmstedter Professor für Theologie Johann Barthold Niemeier und die Arzttochter Anna Margaretha Behrens (1680, VD 17 125:036820Z),

auf die zweite Heirat des Buchdruckers Christoph Friedrich Zilliger und die Senatorentochter Emerentia Wittekopff aus Braunschweig (1680, VD 17 23:322477Z) und

auf den Pastor in Stade Johann Christoph Auerbach und Maria Agnes Reiser in Hamburg (1685, VD 17 125:038034B).

2.2.8.   *Genethliaca* – Abstammungsgedichte

Eine in Bezug auf die Anzahl der bekannten Drucke kleine Gruppe von Gelegenheitsgedichten ist die Gruppe der Gedichte, die die familiäre Abstammung des Widmungsempfängers oder einer weiteren Person zumeist anlässlich des Geburtstags darstellen. Derartige Gedichte sind als *Genethliaca, Genealogia* oder *Parentalia* betitelt. Besonders die Abfassung von *Parentalia*, die den verstorbenen Eltern oder Vorfahren gewidmet wurden, geht auf eine lange Tradition seit der Antike zurück, in der vergleichbare Gedichte zur Geburt eines Kindes oder zum Geburtstag verfasst wurden, die mit bestimmten mythologischen Themen und τόποι aufwarten konnten. Beispielhaft zu nennen sind Tib. 2,2 auf seinen Freund Cornutus und Ov. *trist.* 5,5 auf den Geburtstag seiner Frau.[133] In der Spätantike verfasste beispielsweise auch Ausonius *Parentalia* in Versen.

Für das Herzogtum Braunschweig-Lüneburg können insgesamt gut zwanzig verschiedene Drucke für die Gruppe der *Genethliaca* ermittelt werden. Obwohl die gesamte Anzahl gering ist, sind gewisse Konjunkturen in den Jahren von 1559 bis 1626 und von 1655 bis 1685 nachweisbar.

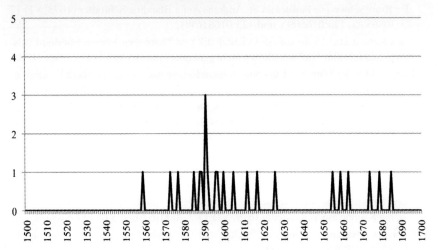

Den Beginn der Tradition des Abstammungsgedichts in der zweiten Hälfte des 16. Jahrhunderts markieren die *Genealogia illustrissimae familiae ducum Brunsvicensium et Luneburgensium* des Johannes Caselius (1559, VD 16 C 1303) sowie das bereits bei der theologisch-religiösen Dichtung erwähnte *De puero Iesu nato ex virgine Maria Genetliacon* des Andreas Moller aus Osterode (1573, VD 16 M 6016). Die ersten genealogischen Gedichte betreffen somit die Landesherrschaft sowie außerdem die christliche Vorstellung der Heiligen Familie.

Erst über ein Jahrzehnt später entsteht das erste Gedicht, das sich auf eine einheimische Bürgerfamilie bezieht: Johannes Olearius widmet dem Theologen Dr. Tilman Hesshusen, seinem Schwiegervater, nach dessen Tod *Parentalia* (1589, VD 16 O 651), denen *Epicedia* sieben anderer Beiträger beigegeben sind. Wiederum im Umfeld einer adeligen Familie entsteht kurz danach das erste Abstammungsgedicht, das der Geburt eines Kindes gewidmet ist. Kaspar Arnoldi schreibt sein *Genethliacum* anlässlich der Geburt des Sohns des ein Jahr zuvor verheirateten Ludolph von Alvensleben am 27. Dezember 1591 (1591, VD 16 A 3759).

---

[133]   Vgl. SCHWEIKLE (1990e), S. 173.

Beispiele für das 17. Jahrhundert sind die *Genethliaca* des Heinrich Meibom und fünf anderer Beiträger zum Geburtstag des Helmstedter Juristen Andreas Cludius (1605, VD 17 23:259531W) sowie das bereits im Kontext der *carmina theologica* genannte *ΓΕΝΕΘΛΙΑΚΟΝ ΣΩΤΗΡΟΣ sive carmen in natalem Salvatoris* des Goslarer Rektors Johann Nendorf (1612, VD 17 3:012289A).
Die letzten, ebenfalls im Kontext bürgerlicher Familien entstandenen Beispiele sind die *Aglaia Genethliaca* des Hamelner Rektors Heinrich Marquard zum 47. Geburtstag des nur mit Vornamen genannten Abtes Gerhard Walter Molanus des Klosters Loccum (1679, VD 17 547:649774M) und die aus Stammtafel und lateinischen Epigrammen bestehende *Genealogia* des Rektors der Hildesheimer Andreasschule Johann Christoph Los für den Patrizier Arnold Christoph Brandis in Hildesheim (1685, VD 17 7:666285S).

Neben den exemplarisch genannten Drucken sind die im Folgenden summarisch genannten Drucke ebenfalls nachweisbar. Dies sind:

die *Genealogia illustrissimae domus ducum Brunsvicensium et Luneburgensium* des Pankraz Krüger (1577, VD 16 K 2458),

die *Genealogia illustrissimae et potentissimae domus ducum Brunsvicensium & Lunaeburgensium* des Heinrich Meibom (1585, VD 16 ZV 10578), die zwei Nachdrucke erfährt (1588, VD 16 ZV 10580 und 1597, VD 16 M 1940),

die *Parentalia* des Heinrich Meibom auf den kurz zuvor verstorbenen Herzog Julius von Braunschweig-Lüneburg (1591, VD 16 ZV 10581),

das *Genethliacum* anlässlich des Geburtstags des Christoph von der Schulenburg, das Kaspar Arnoldi schreibt (1591, VD 16 A 3758),

Heinrich Meiboms *Parentalia* auf den verstorbenen Herzog Julius von Braunschweig-Lüneburg (1592, VD 16 ZV 10583),

das dem herzoglichen Beamten Johannes Bodenmaier gewidmete *Genethlion Henrici Iulii* für dessen an Pfingsten geborenen, den Namen des väterlichen Dienstherrn Herzog Heinrich Julius von Braunschweig-Lüneburg tragenden Sohn (1596, VD 16 G 1162),

das *Genethliacon* des Heinrich Meibom auf die Geburt des Joachim Mynsinger von Frundeck am 8. Februar 1600 (1600, VD 16 M 1925 = M 1941),

die *ΣΥΓΧΑΡΜΑΤΑ ΓΕΝΕΘΛΙΑΚΑ* an den Pastor in Wolfsburg Auctor Lindius zur Geburt dessen Sohnes Joachim Friedrich (1617, VD 17 23:291999W),

das auch im Kontext der *carmina theologica* genannte *Carmen genethliacum de nativitate Jesu Christi* des Barward Gödeke (1626, VD 17 7:700145S),

das *Genethliacum* des Stadtphysikus von Gardelegen und Leibarztes der Herzöge von Braunschweig-Lüneburg Martin Gosky auf die Geburt der Herzogin Eleonore Sophie von Braunschweig-Lüneburg (1655, VD 17 23:308402L), das ebenfalls bereits im Kontext der *carmina theologica* genannte *ΕΠΟΣ ΓΕΝΕΘΛΙΑΚΟΝ ... de salutifera filii Dei Θεανθρώπου nativitate* des Konrektors der Ägidienschule in Braunschweig Johann Nolte (1659, VD 17 23:291143Z), die in Rinteln gedruckte epische *Genealogia antiquissimae, gloriosissimae & celsissimae prosapiae illustrissimorum ac generosissimorum comitum & nobilium dominorum Lippiacorum* des Heinrich Nordenhold (1663, VD 17 23:319830U) und das elegische *Genethliacum* des Bremer Lehrers Nikolaus Baer zur Geburt der Herzogin Sophia Eleonora von Braunschweig-Lüneburg (1674, VD 17 23:321611W).

2.2.9. *Gratulationes* – Glückwunschgedichte

Diverse Glückwunschgedichte entstehen zu verschiedenen Anlässen, wobei *Carmina gratulatoria* anlässlich einer Heirat der Gruppe der *Epithalamia* zugerechnet und als solche behandelt werden müssen. Zumeist entstehen *gratulationes* jedoch zur erfolgten Magister- oder Doktorpromotion, zur Übernahme eines neuen Amtes und zu privaten wie auch höfischen Anlässen.

Zur Kategorie der Promotion ist anzumerken, dass im Bereich der Artistenfakultät bisweilen aus der Betitelung der jeweiligen *gratulatio* nicht konkret der erworbene akademische Grad zu entnehmen ist. Während in der theologischen, der medizinischen und der juristischen Fakultät die Doktorwürde erworben wurde, war in der Artistenfakultät im Allgemeinen der Magistergrad der gewöhnlich höchste Abschluss. Dies wandelte sich jedoch im Laufe der Frühen Neuzeit deutlich, und spätestens mit der Gleichstellung der philosophischen Fakultät neben den genannten drei weiteren Fakultäten wurden auch philosophische Doktorwürden verliehen. Die Bezeichnung *de summo in philosophia gradu gratulantur ...* (1603, VD 17 23:298875C) ist somit ein Beispiel für die nicht eindeutige, aber im Regelfall noch auf die Magisterpromotion hinweisende Betitelung, während aus der Bezeichnung *artium magister ac philosophiae doctor* (1639, VD 17 547:665603S) bereits der Wandel des jeweils erworbenen Grades erkennbar ist. Im Folgenden stehen gemäß der Titel der jeweiligen Glückwunschgedichte die Bezeichnungen als philosophische Magisterpromotion, philosophische Promotion und auch philosophische Doktorpromotion somit zunächst grundsätzlich gleichwertig nebeneinander.[134]

Neben die Glückwunschgedichte zu akademischen oder beruflichen Anlässen

---

[134] Nur zwei Drucke von Glückwunschgedichten weisen namentlich eine philosophische Doktorpromotion aus. Der Titel des einen enthält dabei die oben erwähnte Formulierung *optimarum artium magister ac philosophiae doctor* (1639, VD 17 547:665603S), der andere bezieht sich nicht auf die Universität Helmstedt, sondern die *Academia Leucorea* in Wittenberg, so dass eine direkte Vergleichbarkeit mit den Bedingungen in Helmstedt nicht gegeben ist (1666, VD 17 39:127143A).

treten die Glückwunschgedichte zu diversen persönlichen, öffentlichen oder wiederkehrenden Ereignissen. Dazu gehören besonders Glückwünsche zum Geburtstag, zum Namenstag, zur Geburt oder Taufe eines Kindes, zum neuen Jahr, zu verschiedenen Jubiläen von Personen, Städten oder Institutionen, zur glücklichen Wendung im Krieg und zum Abschluss eines Friedensvertrags.[135]
Im Herzogtum Braunschweig-Lüneburg lassen sich insgesamt fast fünfhundert verschiedene Drucke ermitteln, die Glückwunschgedichte enthalten. Dabei sind mit Schwankungen deutliche Konjunkturen in den Jahren von 1570 bis 1621 und von 1628 bis 1684 nachweisbar. Innerhalb des zweiten genannten Zeitraumes ist der deutliche Rückgang in den Jahren von 1668 bis 1675 auffällig.

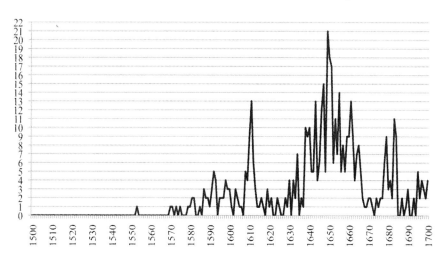

Das früheste Beispiel ist ein inhaltlich nicht weiter spezifiziertes Glückwunschgedicht an Herzog Julius von Braunschweig-Lüneburg (1553, VD 16 S 10357). Es folgen erst nach mehreren Jahren Unterbrechung weitere Glückwunschgedichte, die dann zumeist an bürgerliche Adressaten gerichtet sind. So erscheint zunächst der Glückwunsch zur Wahl des Zacharias Pontanus als Superintendent von Gifhorn (1570, VD 16 D 334). Nach der Gründung der Universität Helmstedt sind vermehrt auch Gedichte auf Akademiker außerhalb kirchlicher Ämter nachweisbar, so beispielsweise die *Carmina gratulatoria* zum Amtsantritt des Mag. Hartwig Schmidenstet als Prorektor der Universität Helmstedt (1582, VD 16 ZV 10577). Biographisch bemerkenswert sind Glückwunschgedichte, die gemäß ihrer Betitelung gleichermaßen zur Promotion und zur Heirat des Promovenden erscheinen,

---

[135]   Vgl. HAYE (2005), S. 162–163.

denn sie geben einen gewissen Einblick in den Zusammenhang von Lebensalter, Berufsausbildung und Familiengründung. Beispielhaft sei dafür die Gedichtsammlung zur juristischen Doktorpromotion und Heirat des Barthold Kichler aus Braunschweig an der Universität Rostock genannt (1587, VD 16 C 1282). Neben Promotionen an der *Academia Iulia* werden somit auch Promotionen an anderen Universitäten gefeiert. In diesen Kontext gehört auch die *gratulatio* zur juristischen Doktorpromotion des Martin Chemnitz d. J. aus Braunschweig an der Universität Frankfurt an der Oder (1588, VD 16 H 4760), die ihn allerdings nicht aus der Heimat erreicht, sondern die ihm Freunde vor Ort widmen.

Ebenso wird das Amt des Bürgermeisters mehrfach zum Anlass für einen gedichteten Glückwunsch, beispielsweise zur erstmaligen Wahl des Joachim Brandis zum Bürgermeister von Hildesheim (1592, VD 16 S 6361).

Neben der Promotion am Ende des Studiums ist auch die Promotion aus dem Beruf heraus nachweisbar. Dem Rektor der Klosterschule in Ilfeld Johannes Cajus wird zu einem solchen Ereignis ein Glückwunsch gewidmet (1595, VD 16 C 1132). Ebenfalls in Helmstedt promoviert und mit Gedichten bedacht wird der Arzt Duncan Liddel aus Schottland (1596, VD 16 V 1585).

Einen huldigenden Charakter hingegen hat die *Gratiarum actio pro prato* des Pastors Anton Bolmeier an Herzog Ernst von Braunschweig-Lüneburg bezüglich einer dem Pastor überlassenen Landstelle (1598, VD 16 B 6492). Ebenso huldigend, allerdings wiederum im Umfeld der Universität Helmstedt werden für den Professor Johannes Caselius zwei Glückwunschgedichte zum 67. Geburtstag verfasst (1600, VD 16 J 843 und ZV 3093).

Ebenso wie die Anzahl der Gedichte zu anderen Anlassen nimmt auch die Zahl der *gratulationes* im 17. Jahrhundert insgesamt deutlich zu. Ein Beispiele für akademische Glückwünsche am Beginn des Jahrhunderts ist dabei das Gedicht zur philosophischen Magisterpromotion des Anton Weise aus Wernigerode (1601, VD 17 3:645881H). Insgesamt kann beobachtet werden, dass im Laufe des 17. Jahrhunderts die Zahl von Glückwunschgedichten zu Magisterpromotionen im Vergleich zur Zahl von Glückwunschgedichten zu Doktorpromotionen deutlich ansteigt, während im 16. Jahrhundert zumeist nur die Doktorpromotion mit einem Gedichtdruck bedacht wird.

Dem Trend aller Themen und Anlässe folgend nimmt im 17. Jahrhundert auch die Anzahl der Drucke zum einzelnen Ereignis zu. So werden zum Amtsantritt des Helmstedter Professors Dr. med. Adam Luchten aus Höxter als Prorektor der *Academia Iulia* zwei verschiedene Drucke mit Glückwünschen herausgegeben (1610, VD 17 23:263062Y und 23:263065W). Ausgehend von der Landesuniversität pflanzt sich die Abfassung von lateinischen Glückwunschgedichten auch in andere Bildungseinrichtungen fort. Zum Dienstantritt eines neuen Schulkollegen an der Klosterschule des Klosters Walkenried wird im Jahr 1620 eine *Elegia* verfasst (1620, VD 17 23:643581H). Im Kontext der Landesherrschaft erscheint eineinhalb Jahrzehnte später eine weitere *gratulatio* mit huldigendem Charakter, als Herzog August I. von Braunschweig-Lüneburg, der bisherige Bischofs von Ratzeburg ab dem Jahr 1633 seinem verstorbenen Bruder als Fürst von Lüneburg nachfolgt (1634, VD 17 23:293587M).

Einen gewissen Eindruck der Betitelung der Glückwunschgedichte können die *Acclamationes Gratulatoriae* zur juristischen Doktorpromotion des Heinrich zur Westen aus Hannover (1638, VD 17 23:255525C) und die *Carmina votiva* zur medizinischen Doktorpromotion und Heirat des Arztes Samuel Stockhausen aus Wolfenbüttel (1638, VD 17 23:320793Q) vermitteln.

Die hohe Anzahl an Drucken mit Glückwunschgedichten kann wie im Fall der drei Drucke zum Amtsantritt des kaiserlich gekrönten Dichters und Lehrers am Pädagogium in Göttingen Julius Hartwig Reich als Superintendent in Hardegsen in der persönlichen Bedeutung des Adressaten begründet sein (1650, VD 17 23:319770Q, 23:319775C und 23:319786S). Im Fall der fünf Drucke mit Glückwunschgedichten zur philosophischen Magisterpromotion des Superintendenten Johann Jakob Specht aus Uslar mutet sie hingegen bereits wie barocke Fülle an (1651, VD 17 23:320078B, 23:320081E, 23:320090D, 23:320096Z und 23:320110G).

Am Beispiel des einen Drucks, zudem eines Einblattdrucks, der zum Amtsantritt des Professors für Theologie Andreas Fröling als Prorektor der Universität Helmstedt erscheint (1667, VD 17 23:684208L), wird offensichtlich, dass sich das akademische Selbstverständnis gewandelt hat. Das lateinische Glückwunschgedicht bedenkt nicht mehr eine einzelne herausragende Leistung, sondern ist fester und beinahe ritualisierter Bestandteil der bürgerlichen Gesellschaft geworden. Diesem Bild entsprechen in ihrer Fülle genau die kleine Gedichtsammlung und der *Euphemismus elegiacus* zum Amtsantritt des vormaligen Pastors an St. Katharinen Barthold Botsack als Superintendent von Braunschweig (1683, VD 17 23:316352G und 23:316375T), dem außerdem noch sechs weitere Gelegenheitsdrucke gewidmet werden (1683, VD 17 23:310146U, 23:310154L, 23:310162B, 23:310172H, 23:316323V und 23:316331M).

Neben der Produktion von Glückwunschgedichten für akademische Absolventen ist auch zumindest ein Beispiel für einen Glückwunsch an eine Schule bekannt: Georg Fladung schreibt sein *Carmen heroicum de messe anni [...]: pro more Catharinianae Scholae scriptum* für die Braunschweiger Lateinschule (1575, VD 16 ZV 5914).

Auch wenn die Landesuniversität eine große Rolle für das Vorhandensein gebildeter Kreise spielt, so existieren auch Glückwunschgedichte aus einem nicht vom akademischen Alltag beeinflussten Milieu, die dann zumeist an die Landesherrschaft adressiert sind. Das früheste Beispiel dieser Art ist der Glückwunsch des braunschweigisch-lüneburgischen Rates Lukas Langemantel sowie der Helmstedter Professoren Johannes Caselius und Rudolph Diephold an Herzog Heinrich Julius von Braunschweig-Lüneburg zur Geburt des dritten Sohnes Christian im Jahr 1599 (1600, VD 16 ZV 9399).

Ein Glückwunsch zum Geburtstag ist erstmals wenige Jahre später belegt, als Rudolph Diephold dem Herzog Friedrich Ulrich von Braunschweig-Lüneburg gratuliert (1604, VD 17 1:088772S). Dass er diese Glückwünsche auch in den folgenden Jahren regelmäßig wiederholt, scheint seine Verbundenheit und sein Pflichtbewusstsein auszudrücken.[136] Ebenfalls als pflichtbewusste Gabe der Untertanen an den Herrscher müssen die zwei Glückwünsche zum Regierungsantritt des Herzogs Friedrich Ulrich von Braunschweig-Lüneburg als Fürst von Braunschweig-Wolfenbüttel aufgefasst werden (1613, VD 17 23:263899Q und 23:304134M).

Mit der *gratulatio* zur Übernahme der Regentschaft in Wolfenbüttel durch Herzog August II. von Braunschweig-Lüneburg beginnt eine ganze Reihe von Glückwunschgedichten, die ihm über mehrere Jahrzehnte zu verschiedenen Anlässen gewidmet werden (1636, VD 17 23:307645R). Dazu gehören beispielsweise der Glückwunsch zur Geburt des Herzogs Christian Franz von Braunschweig-Lüneburg am 1. August 1639, des bereits am 7. Dezember 1639 gestorbenen Sohnes des Herzogs August II. und der Herzogin Sophie Elisabeth von Braunschweig-Lüneburg (1639, VD 17 23:307678H) sowie die ersten ermittelbaren Gedichte zum Geburtstag des Herzogs am 10. April (1639, VD 17 23:668224D, 23:668225M und 23:668228K).[137]

Weitere Glückwunschgedichte an Herrscher entstehen auch im militärischen Kontext. So entstehen Glückwünsche an Graf Heinrich Ernst zu Stolberg in Wernigerode dessen glückliche Heeresführung betreffend (1641, VD 17 23:269898H) und an Herzog August II. von Braunschweig-Lüneburg anlässlich der Befreiung der Stadt Wolfenbüttel im Dreißigjährigen Krieg (1642, VD 17 23:668265N). In der

---

[136] In den Jahren von 1606 bis 1611 entstehen insgesamt fünf weitere Glückwunschgedichte (VD 17 7:639725H, 23:304137K, 23:293508S, 23:334062V und 3:011578Y).

[137] In den Jahren von 1640 bis 1666 entstehen insgesamt 62 weitere Glückwunschgedichte (VD 17 23:307900T, 23:307880Q, 23:307712D, 23:668358K, 23:668359S, 23:307531Y, 23:307537U, 23:307960G, 23:307598R, 23:307855H, 23:668377Q, 125:002956T, 23:305185F, 23:308039M, 23:308194T, 23:303425Z, 23:308196H, 23:308242A, 23:308061V, 23:250033V, 23:669102Z, 23:235473H, 23:250058W, 23:250062G, 23:250066N, 23:250102Y, 23:250104P, 23:269717T, 23:308126N, 23:250112E, 23:260672Z, 23:278029A, 23:668436M, 23:308188S, 23:303138N, 23:308047C, 23:307549R, 23:280840G, 23:232084N, 23:280845V, 23:232086C, 23:236283H, 23:280859G, 23:307563H, 23:308058S, 23:668505Q, 23:668514P, 23:233102E, 23:293982V, 23:255518U, 23:290013V, 23:232090P, 23:305270S, 23:308226T, 3:008714S, 23:303462C, 23:668609A, 23:668610P, 23:305653Y, 23:308136U, 23:334908A und 23:668647M).

Folge des Dreißigjährigen Krieges werden später noch Glückwunschgedichte an Herzog August II. und Herzogin Sophie Elisabeth von Braunschweig-Lüneburg anlässlich des ersten Jahrestags der Rückkehr des Hofes nach Wolfenbüttel (1646, VD 17 23:334780F) sowie anlässlich des zehnjährigen Wiederaufbaus der Stadt verfasst (1652, VD 17 23:308174E).

Gleichermaßen der Geburt wie auch der Taufe eines Kindes ist die Sammlung von Glückwünschen auf August Friedrich, den Sohn des Herzogs Anton Ulrich von Braunschweig-Lüneburg gewidmet (1657, VD 17 23:308457F). Im darauffolgenden Jahr ist außerhalb der Herrscherfamilie zudem das erste Glückwunschgedicht zu einem Namenstag nachweisbar. Es entsteht in griechischer Sprache für den Theologen und Hofprediger Dr. theol. Michael Walther zum Michaelisfest (1658, VD 17 23:255702C).

Durch seine Betitelung bemerkenswert ist auch das bereits im Kontext der Trauergedichte erwähnte *ΓΛΥΚΥΠΙΚΡΟΝ sive DULCE-AMARUM* anlässlich der Geburt des Herzogs August Wilhelm von Braunschweig-Lüneburg, des Sohnes des Herzogs Anton Ulrich und der Herzogin Elisabeth Juliane von Braunschweig-Lüneburg, in dem auch der Tod des wenig älteren Sohnes Herzog Leopold August im ersten Lebensjahr berücksichtigt wird (1662, VD 17 23:669857H).

Im Gegensatz zur großen Fülle von Glückwunschgedichten zu Geburtstagen des Herzogs August II. von Braunschweig-Lüneburg werden anderen Vertretern der Landesherrschaft offensichtlich wesentlich seltener und nur zu besonderen Geburtstagen auch Grüße in der Form eines Gelegenheitsgedichts gewidmet. In diesem Zusammenhang sind besonders der Einblattdruck zum 40. Geburtstag des Herzogs Johann Friedrich von Braunschweig-Lüneburg am 25. April 1665 (1665, VD 17 23:260622S) sowie die Sammlung von Glückwunschgedichten zum 50. Geburtstag des Herzogs Rudolf August von Braunschweig-Lüneburg am 16. Mai 1677 zu nennen (1677, VD 17 23:647191L).

Bereits zwei Jahre zuvor wird Rudolf August vom Theologiestudenten und späteren Pastor in Elstorf bei Harburg Christoph Reibestahl ein Einblattdruck mit einem Glückwunsch anlässlich der Anfang August 1675 erfolgreichen Befreiung der Stadt Trier von den französischen Truppen gewidmet (1675, ohne VD 17 = Jever, MG: *XI Cf 1 (12)*)[138]. Dieser Druck verherrlicht auch nach dem Ende des Drei-

---

[138]   Vgl. BOLLMEYER (2009c). Ergänzend sei auf die zwischenzeitlich ermittelte Heirat des Verfassers hingewiesen. Christoph Reibestahl heiratete am 29. August 1676 in Riddagshausen die Ursula Agnesa Osterwald. Dazu vgl. die genealogische Online-Ressource unter http://www.online-ofb.de/famreport.php?ofb=mascherode&ID=797 0&nachname=REIBESTAHL (Stand: 3. November 2009). Außerdem ist Reibestahl in den Jahren von 1668 bis 1696 als Beiträger im Kontext mehrerer Leichenpredigten in den Drucken VD 17 1:025050T, 7:715108P, 23:280951B, 23:307055Q sowie 23:319740V nachgewiesen.

ßigjährigen Krieges die militärische Beteiligung der Herzöge von Braunschweig-Lüneburg in einer Schlacht.

In den Jahren 1679 und 1680 entstehen zahlreiche Glückwunschgedichte an den braunschweigisch-lüneburgischen Hof in Bevern, die alle in der dortigen Druckerei des Johann Heitmüller erstellt werden. So schreibt der Jurist Justus Eberhard Passer ein als Figurengedicht gestaltetes *Votum quadratum* zum Namenstag des Vornamens Albrecht des in Bevern residierenden Herzogs Ferdinand Albrecht I. von Braunschweig-Lüneburg im Frühling (1679, VD 17 23:322317E). Zum Namenstag des Vornamens Ferdinand entsteht noch im Herbst desselben Jahres durch Johann Friedrich Baldovius ein weiteres Glückwunschgedicht auf den Herzog und seinen gleichnamigen Sohn, den Prinzen August Ferdinand von Braunschweig-Lüneburg (1679, VD 17 23:322577E). Der Herzog ist im darauffolgenden Jahr gemeinsam mit seiner Frau Herzogin Christina von Braunschweig-Lüneburg außerdem noch Widmungsempfänger eines Glückwunschgedichts anlässlich der Geburt seines vierten, namentlich nicht genannten Sohnes Ferdinand Albrecht II. (1680, VD 17 23:322430V).

Im selben Jahr wird in Bevern außerdem noch die *Panegyrica gratulatio* des Rektors der Schule in Hameln Heinrich Marquard an Herzog Ernst August von Braunschweig-Lüneburg, den Fürsten von Calenberg und späteren Kurfürsten Ernst August I. von Hannover, gedruckt (1680, VD 17 23:323034H). An diesem Druck ist besonders interessant, dass er als Produkt der Offizin Heitmüllers in Bevern, aber literarisch bereits im Hamelner Kontext verfasst, gleichsam in den unmittelbar danach von Heitmüller bezogenen Wirkungsort Hameln weist.

Einzelne Glückwunschgedichte zur Geburt eines bürgerlichen Kindes sind ebenfalls belegt. So gratulieren zuerst Johannes Caselius und Nathan Chyträus dem Schaumburger Kanzler Anton Wittersheim zur Geburt seines zweiten Sohnes Heinrich Julius (1585, VD 16 ZV 3101). Das letzte Beispiel dieser Gruppe kurz vor dem Ende des 17. Jahrhunderts ist gleichzeitig das einzige Glückwunschgedicht anlässlich der Geburt einer Tochter. Es wird dem Beamten Brandan August Conerding anlässlich der Geburt seiner namentlich nicht genannten Tochter gewidmet (1698, VD 17 7:703359C).

Neben die Gruppen der Glückwunschgedichte zu akademischen oder amtlichen Anlässen sowie zu Geburten, Taufen, Geburts- und Namenstagen tritt außerdem noch die Gruppe der Glückwünsche zu Feiertagen. Besonders häufig erscheinen derartige *gratulationes* mit Widmung an die herzogliche Familie zum Neujahrstag. Erstmals erhält Herzog Friedrich Ulrich von Braunschweig-Lüneburg ihm gewidmete Neujahrsglückwünsche zum Jahr 1632 (1632, VD 17 23:293618D). Herzog August II. von Braunschweig-Lüneburg erhält Neujahrsglückwünsche diverser aus seiner Herrschaft stammender Verfasser nachweislich erstmals zum Jahr 1640

(1640, VD 17 23:668233C).[139] Auch sein Sohn Herzog Rudolf August erhält im Jahr 1648 einen Neujahrsglückwunsch (1648, VD 17 23:669319V), und gemeinsam mit seinem Bruder Herzog Anton Ulrich von Braunschweig-Lüneburg ist er später im Jahr 1672 erstmals ebenfalls Widmungsempfänger von Neujahrsglückwünschen (1672, VD 17 23:669411Q).[140] Neben den in der zusammenfassenden Auflistung fehlenden Jahre sind ebenso wie für die zuvor genannten Glückwunschgedichte zum Geburtstag des Herzogs August II. von Braunschweig-Lüneburg durchaus weitere, verlorene oder nach derzeitigem Kenntnisstand nicht nachweisbare *gratulationes* zu vermuten. Weitere Neujahrsglückwünsche entstehen ohne nähere Widmung, so beispielsweise zum Jahr 1634 eine lateinische *ΩΔΗ ΕΥΧΑΡΙΣΤΙΚΗ ΚΑΙ ΕΥΚΤΙΚΗ* (1634, VD 17 23:269907X), zum Jahr 1658 eine *Parodia* auf das *Carmen saeculare* des Horaz (1658, VD 17 7:700455Q) sowie zum Jahr 1687 in Kombination mit dem bereits erwähnten Glückwunsch zur im November 1686 erfolgten medizinischen Doktorpromotion des Johann Georg Trumph (1687, VD 17 23:298389N). Belegt sind ebenfalls einzelne nicht der Landesherrschaft gewidmete Neujahrsglückwunsche im 17. Jahrhundert. Unter anderem widmet der Musiker Johann Caspar Trost dem Salineninspektor und Pastor Heinrich Burchtorff in Goslar eine *gratulatio* zum neuen Jahr (1646, VD 17 23:310421K). Michael Schneidewin aus Halberstadt schreibt einen auf einem Einblattdruck veröffentlichten Neujahrsgruß an den Pastor Johann Fortmann in Wernigerode (1647, VD 17 3:016606Q). Der Rektor der Schule in Alfeld Johann Ludwig Stein dichtet eine *ΕΥΦΗΜΙΑ in faustum reducis anni auspicium* für den Abt Gerhard Walter Molanus im Kloster Loccum (1693, VD 17 547:649781V).

Neben den exemplarisch genannten Drucken sind die im Folgenden summarisch genannten Drucke ebenfalls nachweisbar. Dies sind die Gedichte:

auf die Berufung des Jenaer Pastors Timotheus Kirchner als Konsistorialrat nach Wolfenbüttel (1571, VD 16 G 3480),

---

[139] In den Jahren von 1641 bis 1664 entstehen insgesamt 28 weitere Neujahrsgedichte (VD 17 23:307589S, 23:307593C, 23:701851L, 23:668282C, 23:307799K, 23:308220X, 23:668356U, 23:308214W, 23:307922W, 23:307658V, 125:025575W, 23:308090G, 23:308097L, 23:668427N, 23:308101M, 23:308029E, 23:303396X, 23:308180F, 23:308260Y, 23:305738D, 23:308004D, 23:283155B, 23:307972D, 23:668502S, 23:306016S, 23:308131F, 23:232162Q und 23:307555S).

[140] In den Jahren von 1674 bis 1697 entstehen insgesamt 13 weitere Neujahrsgedichte (VD 17 23:669416C, 23:669773L, 23:669469H, 23:669497N, 23:668996C, 23:231369Z, 23:669502W, 23:308373H, 23:669576X, 23:669584P, 23:669606G, 125:030400P und 125:039902V).

auf die kirchliche Amtseinführung des Heinrich Cretus (1573, VD 16 P 1315),

zur Promotion und Heirat des Johannes Olearius (1579, VD 16 H 2973),

zur Promotion des Heinrich Winand aus Blomberg (1580, VD 16 ZV 2999),

zur Promotion des Theodor Klein aus Wolfenbüttel (1581, VD 16 ZV 3000),

zur Berufung des Pastors Dr. Johannes Olearius an die Marienkirche in Halle an der Saale (1581, VD 16 G 2169),

zur Promotion des Johannes Beckmann und des Jodocus Gogreve (1582, VD 16 ZV 2962),

auf den Theologen Henning Brandes (1587, VD 16 H 3738),

zur philosophischen Promotion des späteren Pastors von Seehausen Hermann Witteram aus Einbeck in Wittenberg (1587, VD 16 ZV 3030),

zur philosophischen Magisterpromotion des Heinrich Paxmann aus Hannover (1588, VD 16 ZV 5500),

zur Promotion und Heirat des Arztes Johannes Werner aus Hannover (1589, VD 16 ZV 3043),

zur philosophischen Magisterpromotion des Jan Arnold aus Schöningen (1589, VD 16 ZV 6954),

zum Dienstantritt des Nikolaus Selnecker als Superintendent in Hildesheim (1590, VD 16 S 6367),

zur Promotion des Juristen Hector Mithob (1591, VD 16 G 1459),

auf den Theologen und Helmstedter Prorektor Johann Hedericus (1591, VD 16 G 2935),

zur juristischen Doktorpromotion des Albert Clampius (1591, VD 16 ZV 13794),

zur Promotion des Arztes Johannes Michelius (1592, VD 16 C 1105),

zur Promotion des Naturwissenschaftlers Johannes Siegfried (1592, VD 16 ZV 3055),

zur theologischen Doktorpromotion des Simon Gedik (1592, VD 16 M 6013),

zur Promotion des Arnold von Reyger in Jena (1593, VD 16 G 2947),

zur Berufung des Hamburgers Werner Tegenner als Pastor nach Buxtehude sowie zur Promotion des Magnus Penshorn an der Universität Helmstedt (1593, VD 16 L 7747 = L 7749),

zur Promotion des Samuel Huber, des Salomon Gesner, des Vitus Wolf sowie des Lorenz Drabitius an der Universität Wittenberg (1593, VD 16 O 644),

zur medizinischen Doktorpromotion des Hieronymus Nymann, des Bartholomäus Hierovius aus Thorn, des Caspar Kelheymer aus Torgau sowie des Georg Herbert aus Riga (1593, VD 16 F 2655),

zur philosophischen Magisterpromotion des Johann Feiler aus Sulzbach an der Universität Jena (1595, VD 16 D 1760 = M 6014),

zur Promotion des Conrad Weilant aus Verden (1596, VD 16 ZV 18551),

zur Promotion des Arztes Joachim Middendorp aus Wismar (1597, VD 16 S 10202),

zur Promotion des Juristen Christian Marbostel (1597, VD 16 ZV 3253), zur Promotion des Theologen Heinrich Papenburger (1598, VD 16 H 1327),

zur theologischen Promotion des Pastors von St. Nikolai in Nordhausen Johannes Pandocheus (1598, VD 16 ZV 3077),

auf mehrere jüngst promovierte *doctores* der Theologie (1598, VD 16 M 1927),

auf den Helmstedter Professor für Ethik Salomon Frenzel von Friedenthal (1599, VD 16 E 1719),

auf den Helmstedter Professor für Logik und Prorektor Cornelis Martini (1599, VD 16 A 207 = ZV 84),

zur theologischen Doktorpromotion des Philipp Hahn aus Halle an der Saale an der dortigen Universität (1599, VD 16 ZV 21903),

zur philosophischen Promotion des Samuel Sattler aus Wolfenbüttel (1603, VD 17 23:298875C),

zur juristischen Doktorpromotion des Johann Albert Mollin aus Mecklenburg, des Friedrich Titel aus Leipzig sowie zur juristischen Lizentiatspromotion des Eleasar Knefel aus Frankenberg und des Heinrich Petreus aus Hardegsen (1603, VD 17 23:255554Q),

zur philosophischen Magisterpromotion des Andreas Winckelmann aus Wegeleben (1603, VD 17 23:283816W),

zur juristischen Doktorpromotion des späteren braunschweigisch-lüneburgischen Kanzlers Statius Borcholt (1604, VD 17 23:234669D),

zur juristischen Doktorpromotion des Matthäus Bexten aus Herford an der Universität Helmstedt (1605, ohne VD 17 = Privatbesitz)[141],

zur Promotion des Johann Averberg (1608, VD 17 23:631466R und 23:631472S),

zur medizinischen Doktorpromotion des Duncan Burnet aus Aberdeen (1608, VD 17 23:293511V),

zur juristischen Doktorpromotion des Georg Schöller aus Eisleben (1608, VD 17 125:028120S),

zum 76. Geburtstag des Professors Johannes Caselius am 18. Mai ein von ihm selbstverfasster Einblattdruck mit Gedichten in griechischer und lateinischer Sprache (1609, VD 17 39:160266Z),

zum Amtsantritt des Theologieprofessors und Superintendenten Dr. theol. Lorenz Scheurl als Prorektor der Universität Helmstedt (1609, VD 17 23:253959R und 39:160196P),

zur medizinischen Doktorpromotion der Ärzte Gebhard Hurlebusch aus Hannover, Johann Friedrich Nordermann aus Hameln und Daniel Moller aus Lübeck (1610, VD 17 23:253840L),

zur Promotion des letztgenannten Mannes (1610, VD 17 23:253747H),

---

[141] Vgl. BOLLMEYER (2009*a*).

zur medizinischen Doktorpromotion des erstgenannten Gebhard Hurlebusch (1610, VD 17 3:011554E),

zur medizinischen Doktorpromotion des Johann Friedrich Nordermann (1610, VD 17 23:253600Y),

zum Amtsantritt des Ernst Spiegelberg als Bürgermeister von Goslar (1610, VD 17 23:330406R),

zur medizinischen Doktorpromotion des Arztes Henning Arnisäus aus Halberstadt (1610, VD 17 23:253865M),

zur juristischen Doktorpromotion des Eric Clacius (1611, VD 17 23:264273C, 23:264275T, 23:264291A und 23:264302E),

zur Promotion desselben und des Julius Reichard (1611, VD 17 23:252648F, 23:264106Z und 23:264282B),

zur juristischen Promotion des Aeneas Pott aus Bielefeld an der *Academia Iulia* (1611, VD 17 23:252657E),

zum Amtsantritt des Cornelis Martini aus Antwerpen als Professor für Philosophie und Theologie an der Universität Helmstedt (1611, VD 17 23:262319F),

zum 54. Geburtstag des Bürgermeisters Johann Reccius aus Goslar (1611, VD 17 23:245749D),

des Rudolph Diephold auf die juristische Promotion des Johann Peparinus an der *Academia Iulia* (1612, VD 17 1:621592G),

an Sebastian Treschow zum Antritt als Bürgermeister in Hildesheim (1612, VD 17 3:315097A und 23:321274M),

des Cornelis Martini im iambischen Senar zum selben Anlass (1612, VD 17 32:636266B),

zur philosophischen Promotion des Simon Struve aus Goslar (1612, VD 17 3:012282X),

zur Doktorpromotion des Polykarp Leyser an der Universität Wittenberg in griechischer Sprache (1612, VD 17 3:012250N),

zur juristischen Doktorpromotion des Georg Helmoldt und des späteren Helmstedter Professors und Hofrats Johannes Wissel aus Göttingen (1613, VD 17 23:261584V),

zum Amtsantritt des Heinrich Decimator d. J. aus Magdeburg als Pastor von Conradsburg und Sinsleben (1614, VD 17 23:245804V),

zur juristischen Doktorpromotion des Melchior Grabian (1615, VD 17 23:234906H),

zur theologischen Doktorpromotion des Theodor Berckelmann aus Neustadt am Rübenberge (1616, VD 17 23:234757N),

zur juristischen Doktorpromotion des Heinrich Boëthius, des Sohnes des gleichnamigen Vaters, Theologen und Helmstedter Professors für Theologie (1616, VD 17 23:291964P), zur philosophischen Magisterpromotion des späteren Subdiakons in Helmstedt Hallo Haionis aus Butjadingen an der Nordsee (1619, VD 17 23:263198U)[142],

zum Amtsantritt des Professors für Medizin Johannes Siegfried als Vizerektor der Universität Helmstedt (1619, VD 17 23:263046R),

zur philosophischen Magisterpromotion des späteren Lehrers und Rektors in Celle und Göttingen Friedrich Wacker aus Osterode (1621, VD 17 23:292021V),

zur juristischen Doktorpromotion des Jakob Steinberg in Helmstedt (1621, VD 17 23:239624M),

zur theologischen Lizentiatspromotion des Superintendenten in Weida im Vogtland Gabriel Lotter an der Universität Leipzig (1624, VD 17 125:024344D),

zum Amtsantritt des Theologen Gunther Daneilius aus Salzwedel als Pastor in Königslutter (1624, VD 17 23:292241U),

zur juristischen Doktorpromotion des Juristen und späteren Helmstedter Professors Joachim Weccius (1628, VD 17 7:699897U und 547:692326H),

zur philosophischen Magisterpromotion des Pastors in Helmstedt Andreas Müller (1629, VD 17 7:699936C),

zur juristischen Doktorpromotion des Johann Tilemann aus Bremen (1630, VD 17 23:246722S),

zur juristischen Doktorpromotion des Rechtsanwalts Heinrich Schrader aus Braunschweig (1630, VD 17 23:312758G),

zur juristischen Doktorpromotion des Zacharias Sithmann aus Lüneburg (1634, VD 17 23:315453R),

zur juristischen Doktorpromotion des mecklenburgischen Rates Hermann Meier aus Westfalen (1634, VD 17 23:315451A),

zu den Promotionen der beiden letztgenannten Männer durch den Helmstedter Professor für Medizin und Politik Dr. Hermann Conring (1634, VD 17 23:315445Z),

zum Amtsantritt des Konsistorialrats und Gerichtsassessors Dr. jur. Melchior Grabian als Dekan an St. Cyriakus in Braunschweig (1634, VD 17 23:293395S),

zum Amtsantritt des Dr. med. Andreas Singer als öffentlich bestellter Arzt in Braunschweig (1634, VD 17 23:296777D),

zur juristischen Doktorpromotion des späteren Rintelner Professors für Jura und nachmaligen Hamelner Bürgermeisters Christoph Joachim Bucholtz aus Schöningen (1636, VD 17 23:314591C),

---

[142] Mag. Hallo Haionis ist als Helmstedter Diakon nach HENZE (2005), S. 421–426, dort Nr. 371 in der Universitätskirche St. Stephani für das Jahr 1626 inschriftlich genannt. Ebenda ist der Name normalisiert zu *Hasso Haionus*, eventuell Hayen. Vgl. außerdem den entsprechenden Eintrag bei ZIMMERMANN (1926), S. 216a150 und bei SEEBAß/ FREIST (1974), S. 114.

zur philosophischen Magisterpromotion und Heirat des Pastors von Oebisfelde Erasmus Hannemann (1637, VD 17 23:270076A),

zur philosophischen Magisterpromotion des späteren Rintelner Professors Johannes Henich in Helmstedt (1638, VD 17 23:631827U),

zur juristischen Promotion des Tilmann von Vechelde (1638, VD 17 3:667750R),

zur philosophischen Magisterpromotion des späteren Pastors an St. Kreuz in Hannover Mento Deichmann aus Steinberg (1638, VD 17 23:631826M),

zur juristischen Doktorpromotion des Jakob Ulrich aus Verden (1638, VD 17 23:255649B und 23:321341Z),

zur juristischen Doktorpromotion des Burchard Vorenwaldt (1638, VD 17 23:313420Q),

zur juristischen Doktorpromotion des späteren Bürgermeisters von Braunschweig Autor Cammann (1638, VD 17 23:285524E)[143],

zur juristischen Doktorpromotion des Philipp Siegmund Grubenhagen aus Verden (1638, VD 17 23:255645W),

zum Amtsantritt des Helmstedter Professors Conrad Horn als Prorektor der *Academia Iulia* (1639, VD 17 547:665582F),

zur philosophischen Doktorpromotion und Heirat des Helmstedter Professors für Griechisch Johannes Brenneccius (1639, VD 17 547:665603S),

zur philosophischen Promotion des letztgenannten Mannes und des Helmstedter Professors für Jura Johann von Felden (1639, VD 17 23:631830X),

zur Magisterpromotion des Johann Friedrich Kelp aus Walsrode (1640, VD 17 23:631846Z),

zur juristischen Doktorpromotion des Juristen und späteren Bremer Ratsherrn Simon Anton Erp-Brockhausen aus Westfalen (1640, VD 17 23:234497X),

zur medizinischen Doktorpromotion des Arztes Christian Wilhelm Stisser in Halle an der Saale (1640, VD 17 23:320734H),

zur juristischen Doktorpromotion des Syndikus der Stadt Verden Burckhard Uffelmann (1640, VD 17 23:307818E),

zur juristischen Doktorpromotion des Heinrich Hahn aus Hildesheim (1640, VD 17 23:314645F),

zur philosophischen Promotion des Andreas Thornin aus der Provinz Södermanland in Schweden (1640, VD 17 23:269883P),

---

[143] Autor Cammann ist später als Bürgermeister von Braunschweig und Dr. jur. gemeinsam mit seiner Frau Adelheid Gevekot auf einem Kamm aus Horn aus dem Jahr 1651 inschriftlich genannt. Dazu vgl. WEHKING (2001), S. 452–453, dort Nr. 1006. Beider Grab befindet sich in St. Martini in Braunschweig. Die zugehörige, nicht erhaltene Grabplatte beschreibt WEHKING (2001), S. 553–554, dort Nr. 1136.

zum Amtsantritt des Dr. theol. Jakob Weller als Koadjutor in Braunschweig (1640, VD 17 125:016369L),

zum Amtsantritt des Dr. jur. Johannes Thomas Cludius als Prorektor der Universität Helmstedt (1641, VD 17 23:250344A),

zum Amtsantritt des Juristen Johann Philipp von Bohn als Kanzler des Grafen Anton Günther von Oldenburg (1642, VD 17 23:310213G),

zur Magisterpromotion des Johann Danckwerth aus Lüneburg (1643, VD 17 23:631897Q),

zur philosophischen Magisterpromotion des Pastors Johann Christoph Hauer (1643, VD 17 23:631896G),

zur philosophischen Magisterpromotion des Zacharias Tollenius (1643, VD 17 23:631851T),

zur philosophischen Magisterpromotion des Theologen Johann Latermann aus Coburg (1643, VD 17 23:631877B und 23:631881N),

zur philosophischen Magisterpromotion des späteren Wittenberger Professors für Theologie Johann Andreas Quenstedt aus Quedlinburg (1643, VD 17 23:631876U),

zur philosophischen Magisterpromotion des späteren Stralsunder Rektors Johann Redeker aus Herford (1643, VD 17 23:631862G),

zur philosophischen Magisterpromotion des ebenfalls späteren Stralsunder Rektors Benedikt Bahr aus Holstein (1643, VD 17 23:631858W),

zur philosophischen Magisterpromotion des Rektors der Schule in Celle Otto Sonnemann (1643, VD 17 23:631856F),

zur philosophischen Magisterpromotion der bereits erwähnten Absolventen Johann Christoph Hauer, des Zacharias Tollenius, des Johann Latermann, des Johann Andreas Quenstedt, des Johann Redeker, des Benedikt Bahr und des Otto Sonnemann (1643, VD 17 23:631890M),

zur philosophischen Magisterpromotion des späteren Hamelner Rektors und Pastors in Einbeck Samuel Erich (1643, VD 17 23:631889Y),

anlässlich des Amtsantritts des Prof. Dr. jur. Johann Lotichius als Vizerektor der Universität Helmstedt (1644, VD 17 39:152284C),

zur philosophischen Magisterpromotion des Pastors Heinrich Meldau aus Wernigerode in Wittenberg (1645, VD 17 3:007312A),

zur juristischen Doktorpromotion des Konsistorialrats und Dichters Justus Georg Schottel (1646, VD 17 7:699999Q),

zur juristischen Doktorpromotion des braunschweigisch-lüneburgischen Hofrats Johann Luning (1646, VD 17 3:016608E),

zur juristischen Lizentiatenpromotion des Nikolaus Meurer (1646, VD 17 7:699900N),

zur juristischen Doktorpromotion und Heirat des Friedrich Ulrich Blume (1646, VD 17 23:234652U), zur medizinischen Doktorpromotion des Arztes Hermann Corbeius aus Herford (1647, VD 17 23:321844Z),

zur juristischen Doktorpromotion des Hofbeamten Johann Wineken aus Wolfenbüttel (1647, VD 17 23:321842K),

zur juristischen Doktorpromotion des Helmstedter Dozenten für Jura Georg Werner (1647, VD 17 23:321707R und 23:321709F),

zur medizinischen Doktorpromotion des Göttinger Stadtphysikus Hieronymus Jordan aus Braunschweig (1647, VD 17 23:317232T, 23:317238P und 23:317242Z),

zum Amtsantritt des Arztes Dr. med. Jakob Tappe als Prorektor der Universität Helmstedt (1647, VD 17 23:255780Q)[144],

zum Geburtstag des Dichters Joachim von Glasenapp (1647, VD 17 23:313018X),

zur philosophischen Magisterpromotion des späteren Rintelner und Helmstedter Professors Johann Horneius (1649, VD 17 547:665683U),

zur juristischen Doktorpromotion des späteren hannoverschen Anwalts Christoph Wilhelm Blume aus Wolfenbüttel (1649, VD 17 23:234788Q),

zur juristischen Doktorpromotion und Heirat des Heinrich Binn aus Wolfenbüttel (1649, VD 17 23:234722E),

zur philosophischen Magisterpromotion des Naaman Bensen aus Holstein (1649, VD 17 23:321378X),

zur philosophischen Promotion des Heinrich Butenuth aus Westfalen (1649, VD 17 23:234646T),

zur philosophischen Promotion des Rektors der Schule in Schöningen und Theologen Werner Leidenfrost (1649, VD 17 23:331252M),

zur juristischen Doktorpromotion des Johann Heinrich Wedemann (1649, VD 17 23:321546Y und 23:321560R),

zur philosophischen Magisterpromotion des Wilhelm Olfen aus Braunschweig (1649, VD 17 23:319288E),

zur philosophischen Promotion des Konrektors der Schule in Wolfenbüttel Johann Möring aus Rathenow (1649, VD 17 23:318718G und 23:318721L),

zur philosophischen Magisterpromotion des Johann Horneius (1649, VD 17 23:316443P),

zur juristischen Doktorpromotion des Syndikus der Stadt Einbeck Christian Wilhelm Engelbrecht (1649, VD 17 23:311968V und 23:311973P),

zur philosophischen Promotion des Christoph Bösenius aus Schöningen (1649, VD 17 23:259407S und 23:264077X),

---

[144]   Der Kirchenstuhl des Jakob Tappe aus dem Jahr 1669, auf dem dieser als *prorector* bezeichnet wird, befand sich nach HENZE (2005), S. 292, dort Nr. 233 in der Universitätskirche St. Stephani in Helmstedt.

zur philosophischen Magisterpromotion des Basilius Johann Sattler (1649, VD 17 23:320467K),

zur theologischen Doktorpromotion des Wolfenbütteler Pastors Erasmus Hannemann (1650, VD 17 23:631721T),

zur juristischen Promotion des späteren braunschweigisch-lüneburgischen Hofrats Johann Bünting (1650, VD 17 23:310412L),

zur juristischen Doktorpromotion des Juristen und städtischen Rates Heinrich Krolow in Lüneburg (1650, VD 17 7:699696A),

zur theologischen Doktorpromotion des Rintelner Professors Heinrich Martin Eckard an der Universität Helmstedt (1650, VD 17 23:631789T und 23:631790F),

zur theologischen Doktorpromotion des Helmstedter Professors und dortigen Superintendenten Balthasar Cellarius (1650, VD 17 23:233073C, 23:233086G und 23:233285L),

zur theologischen Doktorpromotion und Heirat des Gerhard Titius (1650, VD 17 23:631800C und 23:631803A),

zum Amtsantritt des Theologen Johann Valentin Andreä als Abt des Klosters Bebenhausen (1650, VD 17 23:308537Y),

zur Verleihung des Notariats an Kaspar Haneken (1650, VD 17 23:314801L),

zur Verleihung des Notariats an Michael Prätorius (1650, VD 17, 23:319595E),

zur Dichterkrönung des Beamten Georg Frantzke in Gotha (1650, VD 17 23:265059D),

zur philosophischen Promotion des Rektors der Schule in Alfeld Theodor Schmid aus Alfeld (1651, VD 17 23:320519X),

zur philosophischen Promotion des Rektors der Schule in Zellerfeld Christoph Rhese aus Goslar (1651, VD 17 23:319728T),

zur philosophischen Promotion des Andreas Hörning aus Quedlinburg (1651, VD 17 23:315626E),

zur philosophischen Promotion des späteren Rektors in Nordhausen Friedrich Hildebrand (1651, VD 17 23:315274A),

zur philosophischen Magisterpromotion des späteren Helmstedter Professors für Geschichte Christian Eberhard aus Kaltennordheim in der Thüringer Rhön (1651, VD 17 23:264847W),

zum Amtsantritt des späteren Pastors an St. Andreas Joachim Calvoer als Konrektor in Braunschweig (1651, VD 17 125:005844D),

zur Verleihung des Notariats an Bernhard Paxmann (1651, VD 17 23:250741Z),

an den dänischen Regierungsbeamten und Reichsgrafen Christian von Rantzau (1651, VD 17 23:318993G),

zur theologischen Doktorpromotion des Alfelder Pastors Achatius Mylius (1652, VD 17 23:701903Y),

zur theologischen Doktorpromotion und Heirat des Helmstedter Professors für Theologie Friedrich Ulrich Calixt (1652, VD 17 23:310567M), zur philosophischen Promotion des Hermann Remling aus Braunschweig (1653, VD 17 23:695310U),

zur medizinischen Doktorpromotion des Arztes Valentin Heinrich Vogler aus Helmstedt (1653, VD 17 23:283594S und 23:283596G),

zur kaiserlichen Dichterkrönung des Rektors in Bockenem und Pastors in Salzgitter-Bad und Bad Harzburg Thedel Georg Tappe (1653, VD 17 23:235477P),

zur Amtseinführung des Helmstedter Professors für Rhetorik Christoph Schrader als welfischer Schulinspektor (1653, VD 17 39:121202W),

zur juristischen Doktorpromotion der Juristen Justus Hahn aus Hildesheim und des Gerhard Hammacher aus Osnabrück (1654, VD 17 3:312597Q),

zur juristischen Promotion des Philipp Ernst Förster (1655, VD 17 3:007334D),

zur philosophischen Magisterpromotion des späteren Magdeburger und Braunschweiger Rektors Johann Sander aus Braunschweig (1655, VD 17 23:324460Y, 23:324642M und 23:324648G),

zwei zur Doktorpromotion des Helmstedter Professors für Jura Johannes Eichel (1655, VD 17 23:233090T und 23:233096P),

zur juristischen Doktorpromotion des Juristen Burchard Wissel aus Hildesheim (1655, VD 17 23:232123W),

zur juristischen Doktorpromotion des Bielefelder Stadtadvokaten Justus Strohm (1655, VD 17 23:231907C),

zur philosophischen Magisterpromotion des Johann Schwartze aus Hameln (1655, VD 17 23:293820L),

zur medizinischen Doktorpromotion des Mindener Stadtphysikus Werner Berckelmann aus Helmstedt (1656, VD 17 23:238617Y und 23:238620B),

zur theologischen Doktorpromotion und Heirat des Helmstedter Professors und Superintendenten von Hildesheim Johann Hilpert (1656, VD 17 125:016357P),

zur Promotion des späteren Helmstedter Professors für Logik und Theologie und Generalsuperintendenten von Helmstedt Andreas Fröling aus Northeim (1657, VD 17 23:283381B),

zur philosophischen Promotion des späteren Hildesheimer Pastors Stephan Beseke aus Harriehausen bei Gandersheim (1657, VD 17 23:283388E),

zur medizinischen Doktorpromotion des Göttinger Stadtphysikus und Arztes Hieronymus Jordan aus Braunschweig (1657, VD 17 23:274444E),

zum Amtsantritt des Henning Martens als Bürgermeister des Weichbildes Sack in Braunschweig (1657, VD 17 23:331212L),

zur juristischen Doktorpromotion des Joachim Hensen aus Lüneburg (1658, VD 17 23:631091A),

zur juristischen Doktorpromotion des Ludwig Albert Juncker (1659, VD 17
23:255565D und 23:255598W)[145],

zur juristischen Doktorpromotion dessen Bruders Melchior Juncker in Braunschweig
(1659, VD 17 23:255575L),

zu den Promotionen der beiden letztgenannten Brüder Juncker (1659, VD 17
23:255527T und 23:255792M),

in griechischer Sprache zum Namenstag des Professors für Griechisch in Helmstedt
Johann Horneius am 24. Juni (1659, VD 17 23:255710U),

zum Dienstantritt des Dr. theol. Gerhard Titius als Professor an der Universität Helmstedt (1659, VD 17 23:255678P),

zur juristischen Doktorpromotion des späteren Konsistorial- und Kirchenrats Heinrich
Eberhard von Anderten (1660, VD 17 3:683247Z),

zur juristischen Doktorpromotion des späteren Gerichtsassessors in Jever und Aurich
Christian Hake aus Bremen (1660, VD 17 3:612754H und 3:612756Y),

zur juristischen Doktorpromotion des Wolfenbütteler Juristen Philipp Ludwig Probst
aus Gandersheim (1660, VD 17 3:612742M),

zur theologischen Doktorpromotion des Konsistorialrats und Superintendenten in Halberstadt Autor Stein (1660, VD 17 23:319623Z),

zum Amtantritt des Gebhard Theodor Meier als Professor für Theologie an der Universität Helmstedt (1660, VD 17 7:700515U),

zur juristischen Doktorpromotion des späteren hannoverschen Beamten und Vizekanz-
lers Ludolph Hugo (1661, VD 17 23:675632G),

zur medizinischen Promotion des Johannes Jacobi aus Braunschweig an der Universität Jena (1662, VD 17 7:693704F),

zur philosophischen Promotion des Johann Ernst Schrader (1662, VD 17 23:320025W
und 23:320038A),

zur philosophischen Promotion des Johann Goeß aus Osnabrück (1665, VD 17
7:700508L),

zur philosophischen Doktorpromotion des späteren Theologen und Schulmannes Paul
Martin Sagittarius an der Universität Wittenberg (1666, VD 17 39:127143A),

zur philosophischen Magisterpromotion des späteren Dr. theol. und Helmstedter Professors Johann Eberhard Busmann (1667, VD 17 3:646012F),

zum Antritt seines siebten Vizerektorats an der Universität Helmstedt des Arztes und
Professors für Medizin Jakob Tappe (1669, VD 17 23:319796Y),

zum Dienstantritt des Juristen Philipp Ludwig Probst als Kanzler in Wolfenbüttel
(ca. 1670, VD 17 23:314650Z),

---

[145] Zum selben Anlass erscheint in Hamburg auch ein von Johann Rist in deutscher Sprache verfasstes Glückwunschgedicht (1659, VD 17 23:255632S).

zur medizinischen Doktorpromotion des Arztes David Kellner aus Gotha (1671, VD 17 547:697050N),

zum Amtsantritt des Prof. Dr. med. Hermann Conring als Prorektor an der Universität Helmstedt (1671, VD 17 1:657715Z),

zur theologischen Doktorpromotion des Helmstedter Theologen Heinrich Uffelmann aus Verden (1676, VD 17 23:684038U),

zur juristischen Doktorpromotion des Wolfenbütteler Hofjuristen und Kanzlers Johann Vasmer an der Universität Jena (1678, VD 17 23:319998Z),

zur medizinischen Doktorpromotion des späteren Lübecker Arztes Andreas Hermann Helberg (1678, VD 17 3:646029R und 547:697174M),

gemeinsam zur medizinischen Doktorpromotion Helbergs und des Arztes Johann Salomon Hattenbach (1678, VD 17 1:657788T),

zur medizinischen Doktorpromotion von vier nicht genannten Ärzten durch den Helmstedter Professor für Medizin Heinrich Meibom d. J. (1678, VD 17 3:646022N),

auf einem Einblattdruck zum erneuten Amtsantritt des Helmstedter Professors für Medizin und Politik Hermann Conring. als Prorektor an der Universität Helmstedt (1679, VD 17 23:232170F),

auf einem weiteren Einblattdruck zum Amtsantritt des Arztes und Helmstedter Professors für Medizin Dr. med. Heinrich Meibom als Vizerektor der *Academia Iulia* (1681, VD 17 1:657856P),

zum Amtsantritt des bisherigen Rektors der Schule in Norden Johann Busch als Konrektor der Michaelisschule in Lüneburg (1681, VD 17 7:689626B und 7:689629Z),

zum Amtsantritt des Johann Albert Oppermann als Bürgermeister von Goslar (1681, VD 17 23:319251G),

zum Amtsantritt des Philologen und Theologen Michael Ritthaler als Hofbibliothekar in Wolfenbüttel (1682, VD 17 23:319780W und 125:045467F),

zum Amtsantritt des bisherigen Rektors in Schmalkalden Johann Weissenborn aus Sieglitz bei Naumburg als Rektor der Andreasschule in Hildesheim (1683, VD 17 39:126331L),

zum Amtsantritt des Prof. Dr. theol. Justus Cellarius am 3. Advent 1683 als Generalsuperintendent von Helmstedt (1683, VD 17 23:232908Q),

zum Amtsantritt des Daniel Klesch als Pastor und Superintendent in Heldrungen in Thüringen (1683, VD 17 125:018280H),

zur juristischen Promotion des Martin Schrader aus Hildesheim (1684, VD 17 23:298273E und 23:298280P),

zum selben Anlass und gleichzeitig zur medizinischen Promotion des Johann Conrad Behrens (1684, VD 17 23:298290V),

zur theologischen Promotion des Halberstädter Pastors Johann Conrad Schneider aus Schwabach (1684, VD 17 3:016401R), zur theologischen Promotion des Helmstedter Professors für Mathematik, Schulinspektors sowie Probstes des Klosters St. Marienberg in Helmstedt Paul Heigel (1684, VD 17 3:016403F),

zur medizinischen Doktorpromotion des Stadtphysikus von Osnabrück Johann Gabriel Schmidt (1684, VD 17 3:016399E),

zu einem nicht näher spezifizierten Anlass an den betagten Oberhofprediger Brandanus Dätrius (1684, VD 17 1:650204C),

zur medizinischen Doktorpromotion des Arztes Johann Georg Trumph in Goslar am 22. November 1686 (1687, VD 17 23:298389N),

zum Amtsantritt des Juristen Andreas Heinrich Hellemann als Ratsherr der Stadt Goslar (1690, VD 17 23:298373L),

zum Amtsantritt des genannten Arztes Dr. med. Johann Georg Trumph ebenfalls als Ratsherr der Stadt Goslar (1690, VD 17 23:298394F),

zum Amtsantritt des letztgenannten sowie des Finanzassessors und Sekretärs Johann Heinrich Volkmar wiederum als Ratsherren der Stadt Goslar (1690, VD 17 23:298410D),

zur theologischen Doktorpromotion des Helmstedter Professors für Philosophie Heinrich Wiedeburg (1693, VD 17 7:700720Y),

zur medizinischen Doktorpromotion des Arztes Barthold Krüger an der Universität Jena (1695, VD 17 23:291058P und 23:291066E),

zum Empfang der *academica sceptra* des Helmstedter Professors und Naturwissenschaftlers Dr. med. Friedrich Schrader ebenda (1695, VD 17 23:319464X),

zum Amtsantritt des Helmstedter Professors für Theologie Dr. theol. Friedrich Ulrich Calixt als Prorektor der *Academia Iulia* (1696, VD 17 1:650920Y),

zum Amtsantritt des Helmstedter Arztes Johann Schmied als *Medicus provincialis* (1697, VD 17 7:700017G),

zur medizinischen Doktorpromotion des nicht im Titel, sondern nur in den Gedichten genannten Bühren unbekannten Vornamens (1698, VD 17 7:703983K)[146],

zum Amtsantritt des Helmstedter Professors Dr. med. Friedrich Schrader als Vizerektor am 26. Januar 1699 ebenda (1699, VD 17 23:260969N und 23:260977D),

---

[146] Der Widmungsempfänger ist David Friedrich Bühren aus Göttingen, dessen medizinische Dissertation an der Universität Erfurt ebenda ebenfalls im Jahr 1698 gedruckt wird (VD 17 547:647799D). Sie ist auch im selben Sammelband der Niedersächsischen Staats- und Universitätsbibliothek in Göttingen (*8 J CRIM III, 7408/a (8)*) dem Glückwunsch (*8 J CRIM III, 7408/a (9)*) vorgebunden.

zum Amtsantritt des Theologieprofessors Christoph Tobias Wiedeburg als Prorektor, ebenfalls in Helmstedt (1700, VD 17 23:233609L, 23:233611F und 23:260862D)[147] und

zur philosophischen Magisterpromotion des Cornelius Dietrich Koch aus Quakenbrück, des späteren Braunschweiger Rektors Johann Balthasar Elend aus Braunschweig und des Friedrich Wilhelm Harding aus Hildesheim (1700, VD 17 23:233692R).

Außerhalb des akademischen Milieus sind neben den exemplarisch genannten Drucken die im Folgenden summarisch genannten Drucke ebenfalls nachweisbar. Dies sind:

die Glückwunschgedichte des Rudolph Diephold auf den Herzog Friedrich Ulrich von Braunschweig-Lüneburg zu dessen Geburtstag in den Jahren 1606 (VD 17 7:639725H), 1608 (VD 17 23:304137K), 1609 (VD 17 23:293508S), 1610 (VD 17 23:334062V) sowie 1611 (VD 17 3:011578Y),

der erst drei Jahre später gedruckten Glückwunsch des Johann Peparinus zum Geburtstag desselben Herzogs Friedrich Ulrich von Braunschweig-Lüneburg im Jahr 1608 (1611, VD 17 23:252931N),

ein Glückwunschgedicht zur Geburt des Herzogs Heinrich August von Braunschweig-Lüneburg (1625, VD 17 23:668188T),

zwei Glückwunschgedichte zur Geburt der Herzogin Sybilla Ursula von Braunschweig-Lüneburg am 4. Februar 1629 (1630, VD 17 23:668199G und 23:668202A),

drei Glückwunschgedichte zur Geburt der Herzogin Clara Augusta von Braunschweig-Lüneburg (1632, VD 17 23:668206F, 23:668209D und 23:668213Q),

der Einblattdruck zur Geburt des Herzogs Anton Ulrich von Braunschweig-Lüneburg an deren Vater Herzog August II. von Braunschweig-Lüneburg (1633, VD 17 23:668082S),

der Glückwunsch zum Geburtstag des Herzogs Friedrich Ulrich von Braunschweig-Lüneburg (1633, VD 17 23:293620Z),

der Glückwunsch zum Geburtstag des Herzogs Rudolf August von Braunschweig-Lüneburg (1639, VD 17 23:308375Y),

die Glückwünsche an Herzog August II. von Braunschweig-Lüneburg zur Übernahme der Regentschaft (1639, VD 17 23:307876D),

---

[147] Wiedeburg ist als *doctorandus* gemeinsam mit seinen Kollegen Georg Engelbrecht und Heinrich Meibom d. J. inschriftlich genannt am Kollegiengebäude der ehemaligen Helmstedter Universität. Dazu vgl. HENZE (2005), S. 143–145, dort Nr. 77.

diverse Glückwunschgedichte auf die Geburtstage des Herzogs August II von Braunschweig-Lüneburg in Wolfenbüttel in den Jahren 1640 (VD 17 23:307900T), 1642 (VD 17 23:307880Q), 1644 (VD 17 23:307712D), 1645 (VD 17 23:668358K und 23:668359S), 1646 (VD 17 23:307531Y, 23:307537U und 23:307960G), 1647 (VD 17 23:307598R, 23:307855H, 23:668377Q und 125:002956T), 1648 (VD 17 23:305185F, 23:308039M und 23:308194T), 1649 (VD 17 23:303425Z und 23:308196H), 1650 (VD 17 23:308242A), 1651 (VD 17 23:308061V), 1652 (VD 17 23:250033V und 23:669102Z), 1653 (VD 17 23:235473H, 23:250058W und 23:250062G), 1654 (VD 17 23:250066N, 23:250102Y, 23:250104P, 23:269717T und 23:308126N), 1655 (VD 17 23:250112E, 23:260672Z, 23:278029A und 23:668436M), 1656 (VD 17 23:308188S), 1657 (VD 17 23:303138N und 23:308047C) sowie 1658 (VD 17 23:307549R),

das Glückwunschgedicht zum Geburtstag des Herzogs Rudolf August von Braunschweig-Lüneburg (1646, VD 17 23:669307Y und 23:669313Z),

gemeinsame Glückwunschgedichte zu den Geburtstagen der Herzöge Anton Ulrich, Rudolf August und August II. von Braunschweig-Lüneburg (1642, VD 17 23:308272V),

der Glückwunsch an Herzog August II. von Braunschweig-Lüneburg anlässlich eines Friedensschlusses im Dreißigjährigen Krieg (1643, VD 17 23:308106Z),

die Glückwünsche an die Herzöge August und Rudolf August von Braunschweig-Lüneburg bezüglich ihres militärischen Geschicks (1644, VD 17 23:308104K),

der Geburtstagsglückwunsch an den herzoglichen Geheimrat und Drosten in Celle Friedrich Schenck von Winterstädt (1645, VD 17 23:631662W),

der Glückwunsch zum Regierungsantritt des Herzogs Christian Ludwig von Braunschweig-Lüneburg als Fürst von Lüneburg (1648, VD 17 23:231136W),

zwei Glückwünsche an Herzog Rudolf August von Braunschweig-Lüneburg anlässlich der Geburt seiner Tochter Dorothea Sophia (1653, VD 17 23:235475Y und 23:307931V),

die ebenfalls Rudolf August gewidmeten Glückwünsche im Folgejahr zur Geburt seiner zweiten Tochter Christine Sophie (1654, VD 17 23:669332E),

eine Sammlung von diversen lateinischen und deutschen Glückwunschgedichten zum Geburtstag des Herzogs August II. von Braunschweig-Lüneburg (1659, VD 17 23:280840G),

ein *Hexastichon* sowie ein Sammelband mit diversen lateinischen und deutschen Glückwunschgedichten wiederum zum Geburtstag des Herzogs August II. im darauffolgenden Jahr (1660, VD 17 23:232084N und 23:280845V),

zwei Glückwunschgedichte auf die Geburt des Herzogs Leopold August von Braunschweig-Lüneburg, deren zweites seinem Vater Herzog Anton Ulrich, deren drittes jedoch seinem Großvater Herzog August II. gewidmet ist (1661, VD 17 23:669137G, 23:669708C und 23:670036H), wiederum drei lateinische Glückwünsche, zwei Sammelbände mit diversen lateinischen und deutschen Glückwunschgedichten sowie ein weiterer Einblattdruck mit einem deutschen und einem griechischen Glückwunschgedicht für Herzog August II. von Braunschweig-Lüneburg zum Geburtstag am 10. April 1661 (1661, VD 17 23:232086C, 23:236283H, 23:280859G, 23:307563H, 23:308058S, 23:668505Q und 23:668514P),

der Glückwunsch zur Geburt des Herzogs August Wilhelm von Braunschweig-Lüneburg in Verbindung mit einem Trauergedicht auf dessen im selben Jahr verstorbenen Bruder Leopold August (1662, VD 17 23:669171N),

diverse weitere Geburtstagsglückwünsche in Gedichtform für Herzog August II. von Braunschweig-Lüneburg zum 10. April, so im Jahr 1662 (VD 17 23:233102E und 23:293982V), 1663 (VD 17 23:255518U und 23:290013V), 1664 (VD 17 23:232090P, 23:305270S und 23:308226T), 1665 (VD 17 3:008714S, 23:303462C, 23:668609A und 23:668610P) sowie 1666 (VD 17 23:305653Y, 23:308136U, 23:334908A und 23:668647M),

die *Ode gratulatoria* zum Geburtstag des Herzogs Christian Ludwig von Braunschweig-Lüneburg (1663, VD 17 23:669294D),

zwei Glückwunschgedichte, die zur Geburt des Herzogs August Karl am 4. August 1664 an dessen Vater, den Herzog Anton Ulrich von Braunschweig-Lüneburg, gerichtet sind (1664, VD 17 23:250295L und 23:669734S),

eine *Ode gratulatoria* anlässlich eines Friedensschlusses im Dreißigjährigen Krieg an Herzog Johann Friedrich von Braunschweig-Lüneburg und Herzog Georg Wilhelm von Braunschweig-Lüneburg außerdem (1665, VD 17 23:260565L),

ein Glückwunschgedicht an Herzog Anton Ulrich zur Geburt seines Sohnes August Franz von Braunschweig-Lüneburg (1665, VD 17 23:669735Z),

die lateinischen und deutschen Gedichte zur Übernahme der Regentschaft des Herzogs Rudolf August von Braunschweig-Lüneburg (1668, VD 17 23:669374W),

eine Sammlung von Glückwunschgedichten zur Geburt der Prinzessin Anna Sophia von Braunschweig-Lüneburg am 10. Februar 1670 in Hannover und zu ihrer Taufe am 27. Februar desselben Jahres an deren Eltern, den Herzog Johann Friedrich und die Herzogin Benedicta Henrietta Philippina von Braunschweig-Lüneburg (1670, VD 17 23:260651D),

ein auf einem Einblattdruck veröffentlichtes Glückwunschgedicht des Pastors Samuel Baldovius zum 43. Geburtstag des Herzogs Ferdinand Albrecht I. von Braunschweig-Lüneburg am 22. Mai (1679, VD 17 23:322315Q),

ein weiterer Glückwunsch des Kantors der Hofkirche in Bevern Justus Christoph Lyra (1679, VD 17 23:322325W),

ein Glückwunschgedicht in phaläkeischen Hendekasyllaben des Lehrers Johann Friedrich Baldovius auf den Herzog August Ferdinand von Braunschweig-Lüneburg zum 3. August (1679, VD 17 23:322341D),

der Glückwunsch des Beamten Johann Nikolaus Sigmar von Schlüsselberg zu desselben zweiten Geburtstag am 29. Dezember (1679, VD 17 23:322357F)[148],

eine weitere *Gratulatio* auf einem Einblattdruck zum Geburtstag des Herzogs Ferdinand Albrecht I., die Ahasver Luther von Amelunxen dichtet (1680, VD 17
23:322422D),

die Glückwunschgedichte des Pastors Johann Henniges zu den Geburtstagen der
Herzöge Rudolf August, Anton Ulrich, Anton Wilhelm und Ludwig Rudolf von
Braunschweig-Lüneburg (1689, VD 17 23:669588U),

das vom Wolfenbütteler Hofprediger Johann Niekamp zum 62. Geburtstag des Herzogs Anton Ulrich von Braunschweig-Lüneburg verfasste Glückwunschgedicht
(1695, VD 17 23:669196P),

das zu desselben 64. Geburtstag durch den Rektor der Schule in Wolfenbüttel Johann
Reiske verfasste Gedicht (1697, VD 17 125:039891R) und

das Glückwunschgedicht des Juristen Samuel Heinrich Schmid aus Quedlinburg
zum 71. Geburtstag des Herzogs Rudolf August von Braunschweig-Lüneburg am
16. Mai (1698, VD 17 3:015830V).

Neben den exemplarisch genannten Drucken sind die im Folgenden summarisch genannten Drucke anlässlich der Geburt eines bürgerlichen Kindes ebenfalls nachweisbar. Dies sind:

eine *Ecloga de natalitiis* von Thomas Rochow aus Helmstedt und Heinrich Meibom
als Beiträger zur Geburt des Christoph Werner von Haus (1592, VD 16 R 2687),

die Glückwünsche zweier Beiträger anlässlich der Geburt eines Sohnes an Busso von
der Asseburg (1617, VD 17 23:283922C),

ein Gedicht des Wolfsburger Pastors Auctor Lindius an den Pfandleiher Werner Han
und dessen Frau Armgart zur Geburt des namentlich nicht genannten Sohnes
(1619, VD 17 23:292019Z),

ein Glückwunschgedicht, das Otto Sonnemann an den Helmstedter Professor für
Rhetorik Christoph Schrader und dessen Frau Margarethe Schrader, geb. Stisser,
schreibt (1640, VD 17 23:632756E) und

ein Glückwunsch desselben Verfassers zur Geburt des namentlich nicht genannten
Sohnes des Helmstedter Professors für Theologie Conrad Horn (1641, VD 17
23:250337S).

---

[148]   Das Stammbuch des Johann Nikolaus Sigmar von Schlüsselberg aus dessen Studienzeit an überwiegend deutschen und italienischen Universitäten ist erhalten (München,
BSB: *Cgm 5833 a*).

Neben den exemplarisch genannten Drucken sind die im Folgenden summarisch genannten Drucke zum Neujahrsfest ebenfalls nachweisbar. Dies sind:

die diversen dem Herzog August II. von Braunschweig-Lüneburg gewidmeten Neujahrsglückwünsche zu den Jahren 1641 (VD 17 23:307589S und 23:307593C), 1642 (VD 17 23:701851L), 1643 (VD 17 23:668282C), 1644 (VD 17 23:307799K), 1645 (VD 17 23:308220X und 23:668356U), 1646 (VD 17 23:308214W), 1647 (VD 17 23:307922W), 1649 (VD 17 23:307658V und 125:025575W), 1651 (VD 17 23:308090G, 23:308097L und 23:668427N), 1652 (VD 17 23:308101M), 1653 (VD 17 23:308029E), 1655 (VD 17 23:303396X), 1656 (VD 17 23:308180F), 1657 (VD 17 23:308260Y), 1658 (VD 17 23:305738D), 1659 (VD 17 23:308004D), 1660 (VD 17 23:283155B), 1661 (VD 17 23:307972D und 23:668502S), 1662 (VD 17 23:306016S), 1663 (VD 17 23:308131F) sowie 1664 (VD 17 23:232162Q und 23:307555S) und

die diversen den Herzögen Rudolf August und Anton Ulrich von Braunschweig-Lüneburg gemeinsam gewidmeten Neujahrsglückwünsche zu den Jahren 1674 (VD 17 23:669416C und 23:669773L), 1676 (VD 17 23:669469H), 1677 (23:669497N), 1678 (VD 17 23:668996C), 1679 (VD 17 23:231369Z und 23:669502W), 1684 (VD 17 23:308373H und 23:669576X), 1687 (VD 17 23:669584P), 1696 (VD 17 23:669606G) sowie 1697 (VD 17 125:030400P und 125:039902V).

Neben den exemplarisch genannten Drucken sind die im Folgenden summarisch genannten, nicht der Landesherrschaft gewidmeten Drucke zum Neujahrsfest ebenfalls nachweisbar. Dies sind:

der Neujahrsglückwunsch, den der Professor für Jura Balthasar Caminaeus in Frankfurt an der Oder an sein akademisches Umfeld dichtet (1611, VD 17 23:247724M) und

der Neujahrsgruß des aus dem Nürnbergischen stammenden Theologiestudenten und späteren Günstlings am Berliner Hof Freiherr Jakob Paul von Gundling für den Juristen und Nürnberger Ratsherrn Carl Welser (1695, VD 17 75:673856C).

2.2.10.   *Hymni* – Gottespreis

Die einzigen beiden auch als solche betitelten *hymni*, die für die lateinische Dichtung im Herzogtum Braunschweig-Lüneburg nachweisbar sind, entstanden während der Studienzeit des Johannes Caselius an der *Leucorea* in Wittenberg und der Universität Leipzig und wurden auch jeweils dort gedruckt. So verfasste Caselius *Hymni aliquot sacri de victoria filii dei graece et latine* auf die Feste Ostern,

Christi Himmelfahrt und Pfingsten (1555, VD 16 C 1309) sowie einen *Hymnus brevis graecus*, dem er eine eigene *Historia incarnationis nostri servatoris* und die *In Epiphania oratio* des Gregor von Nazianz beigibt und den gesamten Druck dem Herzog Heinrich II. von Braunschweig-Lüneburg und dessen Sohn Herzog Julius von Braunschweig-Lüneburg widmet (1557, VD 16 C 1262 = C 1310 = G 3058). Nicht als *hymnus* betitelt, aber dennoch als solcher aufzufassen ist die um 1575 als Einblattdruck erschienene *Elegia de violis* des Pastors Anton Bolmeier im Kloster St. Marienberg in Helmstedt, die mit den folgenden Versen zum Lob Gottes schließt (ca. 1575, ohne VD 16 = Wolfenbüttel, HAB: *A: 37.8 Poet. (22)*):

> *Laus tibi vive Deus, quod sanctum colligis agmen,*
> *Quod discat verbi dogmata pura tui.*
> *Hoc tibi conserva postremo tempore mundi,*
> *Ut te perpetuo concelebremus, Amen.*

Eine Konjunktur der Dichtung lateinischer *hymni* im Herzogtum Braunschweig-Lüneburg ist somit nicht nachweisbar. Auch dass die wenigen nachweisbaren Drucke alle in die zweite Hälfte des 16. Jahrhunderts fallen, dürfte keine besondere Relevanz haben, zumal im Einzelnen thematische Überschneidungen zur Gruppe der *Carmina theologica* angenommen werden können.

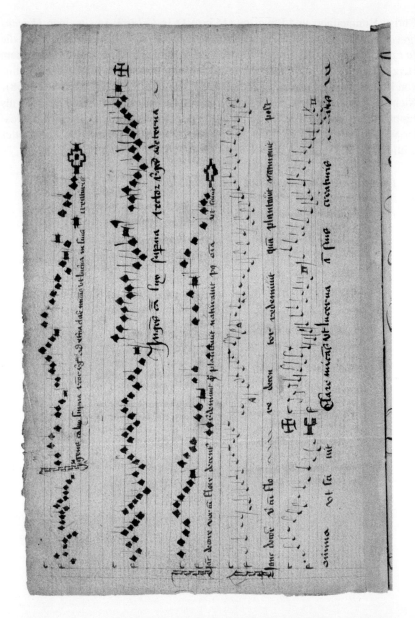

Stadtlobgedicht auf die Stadt Braunschweig aus dem 15. Jahrhundert mit Neumen
(Berlin, SB: *Ms. lat. qu. 358, fol.* 194ᵛ).

(Foto: Staatsbibliothek zu Berlin SPK, 28. August 2009)

2.2.11. *Laudes urbium* – Stadtlobgedichte

Das dichterische Stadtlob ist im antiken Lobgedicht und in der Lobrede verwurzelt und besitzt formale Ähnlichkeit mit der *laus Italiae* in Verg. georg. 2,136–176 oder auch der spätantiken *Mosella* des Ausonius. Bis ins Mittelalter sind Beschreibungen von Städten wie auch von Landschaften eine Mischung von eigentlichem Lob und geographischer Darstellung. In humanistischen Stadtlobgedichten steht dann nicht mehr nur die bloße Aufzählung von Fakten und löblichen Vorzügen im Mittelpunkt, sondern es wird vielmehr eine idyllisch-narrative Betrachtung der Stadt gegeben, weshalb die betreffenden Gedichte teilweise als *laudes*, teilweise als *descriptiones* betitelt sind.[149] Bisweilen treten auch Berührungen des Stadtlobgedichts mit dem Städteepigramm oder dem humanistischen Reisegedicht auf. Als wesentliche Begründung für das Abfassen von Stadtlobgedichten muss die stets von innen und außen gefährdete Identität der frühneuzeitlichen Stadt gesehen werden: Verfassungskonflikte und interne Machtkämpfe, aber auch Handelskonflikte und territoriale Streitigkeiten bedurften auch einer literarischen sozialdisziplinierenden und repräsentierenden Größe.[150]

Für die welfischen Territorien sind insgesamt acht Schriften mit Stadtlobgedichten auf Braunschweig, Hameln, Lüneburg und Minden überliefert, die als *commendatio*, *descriptio* oder *declaratio* betitelt sein können. Das älteste, nur handschriftlich überlieferte Gedicht stammt noch aus dem Jahrhundert vor der Reformation. Auch das jüngste nachweisbare Gedicht aus der Mitte des 17. Jahrhunderts ist nur handschriftlich überliefert. Zwei weitere der Stadtlobgedichte enthalten große Passagen in lateinischer Prosa und münden abschließend in lateinischer Dichtung, weshalb auch diese Schriften im Kontext der Stadtlobgedichte zu erwähnen sind.[151] Aufgrund der sehr geringen Anzahl an insgesamt nachweisbaren Stadtlobgedichten

---

[149] Vgl. THURN (2002), S. 254 und S. 257. Auf S. 259–269 werden verschiedene Stadtlobgedichte auf mehrere deutsche Städte, die teilweise mehrere Bücher umfassen, verglichen und analysiert. Zur Gattung vgl. ARNOLD (2000), IJSEWIJN/SACRÉ (1998), S. 46–49, KÜHLMANN (1994), S. 109–113, SLITS (1990), S. 215–301 und KUGLER (1986), S. 17–37. Zum frühhumanistischen Stadtlob in Italien vgl. GOLDBRUNNER (1983). Zum mittelalterlichen Stadtlob vgl. SLITS (1990), S. 187–214, SCHMIDT (1981) sowie CLASSEN (1980), S. 4–5 und S. 34–36.

[150] Vgl. KÜHLMANN (1994), S. 110.

[151] Auch bei HAYE (2005), S. 155 sind diese überwiegend lateinische Prosa enthaltenden Drucke berücksichtigt. Weitere Erkenntnisse zum Stadtlobgedicht im niedersächsischen Raum sind auch aus dem Projekt „Lateinisches Stadtlob" zu erwarten, das in der Abteilung für Lateinische Philologie des Mittelalters und der Neuzeit im Zentrum für Mittelalter- und Frühneuzeitforschung der Georg-August-Universität Göttingen bearbeitet wird.

lässt sich keine bemerkenswerte Konjunktur des Stadtlobgedichts im Herzogtum Braunschweig-Lüneburg bestimmen, wenngleich die Zeit von 1545 bis 1566 als gewisse Blütezeit erscheint, in der vier der relevanten Drucke entstehen. Das früheste bekannte Stadtlobgedicht stammt noch aus der zweiten Hälfte des 15. Jahrhunderts und verherrlicht die Stadt Braunschweig. Es besteht aus sechzehn Strophen zu vier Versen und ist anonym in einer teilweise im Kloster Riddagshausen bei Braunschweig entstandenen Handschrift überliefert. Neben dem lateinischen Text sind auch Neumen enthalten.[152] Es beginnt folgendermaßen:

Ingens causa lux superna
Rector regens ad eterna
Clare micans ut lucerna
In suis creaturis. ...
[Berlin, SB: *Ms. lat. qu. 358, fol.* 194ʳ–194ᵛ]

Die Stadt Braunschweig wird in der siebten Strophe erstmals namentlich erwähnt und gemeinsam mit seinen Einwohnern ohne im Text erkenntlichen besonderen Anlass gelobt. Dieses Stadtlobgedicht ist somit ein Zeugnis für die frühe Zeit der städtischen Unabhängigkeit Braunschweigs vom Herzogtum Braunschweig-Lüneburg und die wirtschaftliche Blüte der Stadt als Mitglied der Hanse.
Im Jahr 1545 schreibt Johannes Busmann (* Lübbecke, † 1564) ein theologisch motiviertes Stadtlob auf Minden (VD 16 B 9981 = B 9980 = B 9986).[153]

COMMENDATI=‖O CIVITATIS MINDENSIS AB AD=‖MINISTRA-
TIONE REIPVBLI=‖cæ, & uerbi Dei annunciatione, Scholaeq[ue] ‖
inſtauratione. ‖ PSALMVS XXXII. EXVLTATE ‖ iuſti in Domino, car-
mine redditus. ‖ CARMEN SAPPHICVM DE NATA=‖li Chriſti, partim
Theologice, partim Poetice ‖ conſcriptum. ‖ Autore Ioanne Busmanno. ‖
HANNOVERAE ‖ Ex officina Typographica Henningi ‖ Rudeni, Anno
1545.
Hannover: Henning Rüdem 1545. [12] Bl.; 4°
[Wolfenbüttel, HAB: *M: Gm 3103*]

---

[152] Vgl. WALTHER (1959), S. 473, dort Nr. 9342. Der vollständige Text dieses Stadtlobgedichts liegt kritisch ediert, historisch eingeordnet und interpretiert vor bei HAYE (2011).
Die gesamte Handschrift ist beschrieben bei SCHIPKE (2007), S. 436–446.

[153] Er wurde am 14. November 1515 als *Ioannes Busman de Lubbeke pauper* an der Universität Rostock immatrikuliert und erlangte ebenda im Jahr 1517 das Bakkalaureat.
Dazu vgl. HOFMEISTER (1891), S. 62*a*19 und S. 69*b*20.

Busmanns Werk ist in lateinischer Prosa abgefasst und enthält nur abschließend ein Epigramm sowie eine Ode aus sapphischen Strophen. Dieses Werk ist das erste im Druck belegte Stadtlob, das im Herzogtum Braunschweig-Lüneburg erscheint. Busmann nennt einige Mindener Patrizierfamilien namentlich und stellt die Stadt wie auch ihre Verwaltung als musterhaft für ihre reformatorische Ausprägung des christlichen Glaubens dar. Dieses Werk steht somit exemplarisch für eine Form des Stadtlobs, bei dem nicht die eigentliche Stadt und ihre Einrichtungen gerühmt werden, sondern bei dem vielmehr der reformatorische Umgang mit den biblischen Schriften in gerade dieser Stadt als für sie löblich dargestellt wird. Die Bedeutung der Stadt Minden wird bei Busmann somit gewissermaßen durch ihre religiöse Prägung bestimmt und nicht durch landschaftliche Gegebenheiten, Gebäude, historische Ereignisse, städtische Eigenarten oder die von ihm eingangs apostrophierten Ratsherren und Patrizier. Anschließend folgt eine Paraphrase zu Ps. 33 im Umfang von 22 elegischen Distichen sowie das *Carmen sapphicum de natali Christi* aus vierzehn sapphischen Strophen. Nur zwei Jahre später im Jahr 1547 verfasst ebenfalls Johannes Busmann ein ähnliches, theologisch motiviertes Stadtlob auf Lüneburg (VD 16 ZV 18067).

COMMENDA=‖TIO INCLYTAE CIVITATIS LV=‖NAEBVRGENSIS A CONSER=‖VATIONE EVANGELII, ET ‖ CONSTITVTIONE ‖ SCHOLAE. ‖ PSALMVS XIX. EXAVDIAT ‖ te Dominus in Die tribulationis &c. ‖ carmine redditus. ‖ HANNOVERAE EXCVDIT ‖ Henningus Rudenus. Anno ‖ 1547.
Hannover: Henning Rüdem 1547. [10] Bl.; 4°
[München, BSB: *Res/H.ref. 749 t*]*

Busmanns Werk ist wiederum in lateinischer Prosa abgefasst und enthält nur abschließend zwei Epigramme. Ähnlich zum zuvor beschriebenen Stadtlob auf die Stadt Minden werden auch in diesem Werk nicht die eigentliche Stadt und ihre Einrichtungen gerühmt, sondern wiederum der reformatorische Umgang mit den biblischen Schriften in der Stadt Lüneburg. Das sich anschließende erste Epigramm ist eine Paraphrase von Ps. 20 in zwölf elegischen Distichen und stellt das gute Wirken Gottes für den Menschen in Not dar.[154] Busmann bittet Gott um seinen Beistand und seine Hilfe. Gott möge den notleidenden Menschen mit *validus ... robur*

---

[154]   Die abweichende Zählung als Ps. 19 im Druck Busmanns beruht auf der älteren Zählung der Psalmen nach den Übersetzungen der Septuaginta und der Vulgata. Der masoretische Text bietet ebenso wie die protestantischen Übersetzungen ab Martin Luther eine jüngere Zählung, die Ps. 9 der älteren Zählung zu Ps. 9 und 10 aufteilt. Im zuvor genannten Stadtlob Busmanns auf Minden tritt diese Abweichung nicht auf, da dort vermutlich bereits die Zählung Luthers zugrunde gelegt wurde.

bestärken, die *alta ... puri suspiria cordis* erhören und das geben, was das Herz erbitte. Danach gibt Busmann in v. 19–22 auch das Bild des auf Wagen und Pferd vertrauenden und so schließlich verunglückten Mannes aus Ps. 20,8–9 wieder:

> *Curribus hi fidunt, & equis, bigisque rotarum,*
> *Sed nos excelsi protegit umbra Dei.*
> *Hi sunt prostrati, veluti sint fulmine tacti,*
> *Sed nos erecti turba secura sumus.*

Im darauffolgenden abschließenden Distichon bringt der Verfasser seine Hoffnung auf Gott in schwieriger Situation zum Ausdruck und bittet um Gottes Milde. Der von Busmann ausgewählte Psalm Davids ergänzt die zuvor ausgebreitete Darstellung des in der Stadt Lüneburg bewahrten Evangeliums insofern, als dass die Hilfe Gottes und das Hoffen auf diese Hilfe das Leben und Handeln beeinflussen und diese Aspekte nach Busmann wesentlich zum Ansehen Lüneburgs beitragen. Den Druck beschließt ein *Epitaphium* in zehn elegischen Distichen auf den verstorbenen Reformator, Theologen und Rektor Mag. Hermann Tulichius (* Steinheim ca. 1486, † Lüneburg 28.07.1540). Tulichius sei *nomine clarus* und ein *decus urbis* gewesen, der sein schulisches Amt mit Ernst versehen habe. Er habe seine Schüler unter anderem in der Dichtkunst ausgebildet, und deshalb weine jetzt die ganze Jugend um ihn. Durch die Aussagen *Tulichius iacet hic* in v. 1 und *illius ossa ... iaceant* in v. 11 wird der Charakter der Grabinschrift unterstrichen, und die anschließend erwähnte niemals vergehende *fama* hebt den Ruhm des Begrabenen weiter hervor, dessen Name jederzeit weiter in Ehren stehen werde. Der Verstorbene selbst sei hingegen von Christus aufgenommen. Dieses Epigramm auf den mehrere Jahre zuvor verstorbenen Tulichius steht im Kontext des Stadtlobs nicht primär als eigenes Leichencarmen, sondern hebt im Anschluss an die bereits erwähnte Darstellung des Umgangs mit den biblischen Schriften und die Psalmparaphrase eine bedeutende Person der Stadt Lüneburg und gleichzeitig eine Gestalt der Reformation aus der jüngsten Vergangenheit heraus. Tulichius steht somit beispielhaft für die Stadt Lüneburg, ihre bedeutenden Einwohner und die dort praktizierte lutherische Theologie.

Im Jahr 1563 verfasst Johannes Bocer (= Bödeker, Professor für Poesie und Geschichte in Rostock, * Hausberge um 1525, † Rostock 06.10.1565 [Pest]), der ebenfalls als Verfasser eines Stadtlobgedichtes auf Freiberg in Sachsen belegt ist, ein weiteres Stadtlob auf Minden (VD 16 B 5984).[155]

---

[155] Vgl. THURN (2002), S. 268. Zur Biographie Bocers vgl. MUNDT (1999), S. XI–XXXIX, NORDSIEK (1998), S. 108–111 und GRIMM (1955). Er wurde am 5. Januar 1558 als *Ioannes Bocerus Huspergius, poeta laureatus, honoratus. M[a]g[iste]r* an der Universität

DE ORIGINE ‖ ANTIQVITATE, ET ‖ CELEBRITATE, VRBIS MIN-
DÆ, ‖ ad ripam Vifurgis in ueteri ‖ Saxonia fitæ, breuis de=‖claratio: ‖
IOHANNIS BOCERI. ‖ ROSTOCHII ‖ EXCVDEBAT STEPHANVS ‖
MYLIANDER. ‖ 1563.
Rostock: Stephan Möllemann 1563. [23] Bl.; 8°
[Göttingen, SUB: *8 H WESTF 3594 RARA*]*

Bocer beginnt sein Werk im fernen Rostock mit einer Vorrede in Prosa, in der er
sein Anliegen, ein Stadtlobgedicht auf die Stadt Minden, in der er seine Jugend
verbracht hat, zu schreiben, begründet. Er habe von der kriegerischen Zerstörung
Mindens durch religiöse Fehden im Zuge der Reformation erfahren und wolle die
Heimat verherrlichen, wie es bereits in der Antike üblich gewesen sei. Er rühmt
Minden als Stadt der Musen, deren Dienst an der Literatur durch den Krieg zum
Erliegen gekommen sei. Bocer bildet den Umkehrschluss, dass eine solide Schul-
bildung zum Frieden und Blühen einer Stadt beitrage, weshalb er den Mindener
Rektor Mag. Hermann Huddäus (...) namentlich hervorhebt, der in den Jahren
von 1545 bis 1565 die dortige Lateinschule zu einer Gelehrtenschule formierte.[156]
Abschließend bringt Bocer seinen eigenen Dank der Stadt entgegen und fordert
in Form einer *recusatio* andere gebildete Männer auf, es ihm gleichzutun und die
Stadt Minden in besseren Gedichten zu preisen.

Bocer eröffnet sein 651 daktylische Hexameter umfassendes episches Gedicht
mit dem seit der antiken Epik üblichen Musenanruf in v. 1–30, in dem er namentlich Klio, die Muse der Geschichtsschreibung, um Beistand anruft und dabei
hofft, nach bisherigen Gedichten jetzt ein besonders gutes Lobgedicht auf Minden
schreiben zu können. In Anlehnung an Verg. *Aen.* 1,8 fordert er in v. 22 die *causae*
für die Geschehnisse der Vergangenheit ein und deutet selbst das Wechselspiel
von Blütezeit und Krieg in die Geschichte der Stadt an. Anschließend wendet
Bocer in v. 31–59 seine Gedanken aus Rostock, das mit den Zügen eines *locus
amoenus* beschrieben wird, der eigenen Jugend in Minden zu, wobei *arx ubi vicini
retinet cognomina montis* in v. 38 eine deutliche Anspielung auf den Namen des
Geburtsortes Bocers, Hausberge, sein dürfte. *Gratia Minda tibi* in v. 49 leitet zum

---

Rostock immatrikuliert. Dazu vgl. HOFMEISTER (1891), S. 135b16. Auf eine Immatrikulation Bocers an der Universität Wittenberg deuten drei Einträge hin. So wurde er
ebenda am 25. November 1540 und am 16. Juli 1562 als Mindener immatrikuliert.
Vgl. FÖRSTEMANN (1841), S. 186a1 und FÖRSTEMANN/HARTWIG (1894), S. 36a43. Belegt
ist bei FÖRSTEMANN (1841), S. 258a22 ferner noch die Immatrikulation des *Johannes
Bödeker Westualus* am 17. Juli 1550.

[156] Huddäus ist nicht identisch mit dem gleichnamigen Mindener Studenten, der am
19. Februar 1616 an der Universität Helmstedt immatrikuliert wurde. Dazu vgl. ZIM-
MERMANN (1926), S. 246a7.

dankenden Rückblick des Verfassers auf die eigene Jugend und Schulzeit in Minden weiter und mündet in die den Musenanruf abschließende, an Apoll gerichtete Apostrophe. Anschließend preist Bocer in v. 60–85 den Mindener Stadtrat und bittet diesen in v. 61 um Unterstützung für sein Werk: *Autor es, o patriae decus, & pia cura, Senatus.* Diese Apostrophe erinnert ebenso wie das in v. 62 folgende *Huc ades & mitis nostris illabere votis* an die klassische Form der an den Herrscher gerichteten Apostrophe, wie sie beispielsweise mit *meis adlabere coeptis* in Ps.-Verg. *Cul.* 25 erscheint. Die Aussage in v. 70, dass der Stadtrat die Stadt befestigt und für die Zukunft positiv entwickelt hat, führt schließlich zur Verbindung von Musenanruf und Anruf des Stadtrats in v. 74: *Quis vetat & nomen tibi nostris addere Musis.* Der Musenanruf endet mit der Vorstellung, ein *aliquis relegens ... carmen* müsste aus Bocers Stadtlobgedicht das große Wirken des Stadtrats und der Musen in der Stadt Minden erkennen und seinerseits loben.

Im folgenden Abschnitt in v. 86–122 stellt Bocer die Lage der Stadt Minden dar und greift dabei auf Elemente und τόποι der antiken topographischen Exkurse zurück. Die Begrenzungen durch nahe Flüsse und Berge werden ebenso genannt wie die Vorstellung, einst habe die Bocers Wirkungsort nahe Ostsee bis nach Minden gereicht, weil sie in v. 96–97 personifiziert als *Nereus ... iratus vinclis* das Land überspült habe und bis in die Gegenwart des Dichters Wrackteile in der Umgebung gefunden würden. Es folgt in v. 123–142 die Beschreibung der westfälischen Pforte, die als Seehafenzugang Mindens zum Meer gedeutet und als wichtiger Umschlagplatz für Handelswaren hervorgehoben wird. Als etymologisches Wortspiel werden dabei *porta* in v. 126 und *portus* in v. 130 in Zusammenhang gebracht. Die Erwähnung der Berge, die den Weserdurchlass zwischen Wiehengebirge und Wesergebirge bilden, führt in v. 143–155 zur historischen Deutung dieses strategisch bedeutsamen Ortes, an dem der Sachsenherzog Widukind im 8. Jahrhundert Widerstand gegen die Franken leistete. Die in v. 156–180 anschließende Schilderung der Kämpfe zwischen und Sachsen und Franken und die Beschreibung der Vorgehensweise der Sachsen zeigen den Charakter einer *digressio*, in der in v. 157 die heidnischen Opferbräuche der Sachsen genannt und Vertreibung und Rückkehr Widukinds beschrieben werden. Diese *digressio* ist inhaltlich eine historisch begründende Basis und literarisch eine Zuspitzung auf die Christianisierung der Sachsen in v. 181–220, die in v. 207 in die Schilderung der Taufe Widukinds mündet und mit dem Friedensschluss beider Seiten endet. Der Bericht über die Christianisierung geht in die Erzählung vom Bau des Doms in Minden bei der Burg Widukinds in v. 221–272 über. Doch während die Burg verfällt, blühe der Mindener Dom, und es komme zum Wachsen der ganzen Stadt in Wohlstand, die schließlich, wie Bocer in v. 272 etymologisch erklärt, den Namen *Min-din* nach den niederdeutschen Possessivpronomina erhält. Der zum Flussgott personifizierte *pater ... Visurgis* spricht in v. 273–284 der Stadt Minden fortwährenden Ruhm zu und misst die Stadt an der ebenfalls an der Weser liegenden Stadt Bremen. Es folgt in v. 285–297 eine kurze topographische Darstellung der Veränderung des Laufs der Weser innerhalb der Stadt, bevor in v. 298–340 ein erneuter allgemeiner Lobpreis der Stadt Minden in direkter Anrede einsetzt. Dabei erscheinen der Handel durch die Weserschifffahrt in v. 302, die Schönheit der Kirchen in v. 314–315 wie auch der ganzen Stadt in v. 316–321 sowie die *dulces ... aurae* in v. 322 und das insgesamt positive Klima als wesentliche Faktoren.

Wiederum erfolgt dann in v. 341–380 ein umfangreicher Preis der Musen und das Lob Mindens als Stadt der Musen. Erst der Musendienst, der auf den hohen Grad der Bildung in der Stadt anspielen soll, habe den *parentem verum, de ... veris causis* erkennen lassen, was aus der Zeit des Verfassers heraus sicherlich weniger als eine Anspielung auf die Christianisierung als vielmehr auf die wenige Jahrzehnte zuvor erfolgte Reformation der Stadt bis 1530 zu werten ist. Der Bericht von der städtischen Blüte geht in v. 379–380 zum Leid durch kriegerische Auseinandersetzungen über:

> *Semper & ambiguo vaga fors mutata rotatu,*
> *Risus cum lachrumis, cum nigris miscuit alba.*

Dabei werden in fingierten Fragen in v. 381–514 die wichtigsten Punkte der kriegerischen Auseinandersetzungen mit den benachbarten Territorien umrissen und die jeweiligen Gegner aufgezählt. *Quid memorem* in v. 393 und v. 396 sowie *Quid ... referam* in v. 405–406 leiten jeweils die Erinnerung an diese wichtigen Kriegsereignisse ein. Die kriegerische Rodung des Waldes von Rodenbeck bei Minden wird in v. 412–430 nicht als bloßes Kriegsereignis geschildert, sondern erscheint in v. 412–419 in der bildhaften Sprache des Idylls:

> *Saevijt in sylvam, vastis quae proxima portis*
> *Floruit, & Nymphis, & Pani sacra Lycaeo,*
> *Hactenus intemerata suos servarat honores.*
> *Parcere sed Mavors nulli qui suevit, id ingens*
> *Tunc ausus facinus, Dryadum decus omne virentum*
> *Excidit ferro, succum & radicibus imis*
> *Abstulit, & sacras nequicquam laedere Nymphas,*
> *Iuraque gignentis timuit nihil omnia terrae.*

Die kriegerische Auseinandersetzung um den Wald wird somit zum Kampf zwischen dem Kriegsgott Mars und den Dryaden stilisiert, der *locus amoenus*, die Arkadien gleiche Landschaft, wird von einem Moment zum anderen zum *locus horribilis*, die Nymphen tanzen nicht mehr ausgelassen durch die Natur, und die gesamte Topik wird umgekehrt. Bocer spielt in v. 431–439 geradezu auf den Untergang Troias an, wenn er *Minda ... flentes alio iussit migrare Penates* schreibt, was an die Flucht des Aeneas erinnert, wie sie in Verg. *Aen.* 2,717 geschildert wird. Diese literarische Nähe wird nicht näher entfaltet, sondern wandelt sich in v. 440–443 in die Aussage, dass keine Vollständigkeit erstrebt wird und deshalb an dieser Stelle ein Bruch in der Erzählung der Kriegshandlungen erfolgt. Nach wenigen Anmerkungen über das Erreichen von Friedensschlüssen wird das Gedicht jedoch wieder zur Schilderung von Kämpfen zurückgeführt, wobei in v. 451–465 besonders der Siegeswille der Stadt Minden gegen die Vandalen hervorgehoben wird, bevor in v. 474–475 eine erneute Zurückweisung der weiteren Aufzählung erfolgt: *labor ... meae superaret robora mentis.* Bocer bedient an dieser Stelle wiederum einen τόπος der antiken epischen Dichtung, indem er seine eigenen Kräfte und Fähigkeiten hinter den Dienst der inspirierenden Musen zurückstellt, wie es beispielsweise aus Verg. *Aen.* 1,8 bekannt ist. Ab v. 476 klagt er deshalb noch über die Zerstörungen des Schmalkaldischen Krieges in seiner Zeit, als Häuser mutwillig zerstört und die Einwohner durch Wirren auseinandergerissen wurden. Die Verwendung des *praesens historicum* hebt in dieser Passage die Aktualität des Geschilderten plastisch hervor. In v. 511 stellt Bocer den Überlebenswillen der Mindener dar, die *nec mora* mit dem Wiederaufbau ihrer Stadt begonnen hätten. Er leitet dann zu seinem eigenen, jüngsten Eindruck der Stadt in v. 515–536 über. Er habe die Stadt nach langer Abwesenheit nicht wiedererkannt, aber sie sei jetzt noch besser befestigt als zuvor, wieder im Handel engagiert und furchtlos vor möglichen weiteren Kämpfen. In diesem Zusammenhang wird in v. 527–536 besonders das Mindener Bier als *uda Ceres* erwähnt und gelobt. Dazu sei angemerkt, dass Bocer auch in seinem Stadtlobgedicht auf Freiberg in Sachsen ein Lob auf das dortige Bier unterzubringen weiß (1553, VD 16 B 5982).[157] Die erneute fingierte Frage *Quid taceam?* in v. 537 leitet zum nächsten Passus über, in dem nochmals ein überschwängliches Lob der Stadt Minden im Mittelpunkt steht. Minden überrage Sizilien, Ägypten, Thessalien, allesamt Ideallandschaften der klassischen Antike. Es folgt in v. 544 die Bitte um eine gute Zukunft für die Stadt an die *superi*, auch wenn der Aspekt der Christianisierung und der Reformation in der Mitte des Gedichts einen festen Platz eingenommen hatte. Weitere mögliche kommende Gefahren werden mit einem Hinweis auf die Einhaltung des Dekalogs in v. 563–566 abgetan, ebenso wie auch die Bedeutung und Kraft des rechten Glaubens thematisiert in v. 567–624 wird, die in v. 589 im *sola fides* Martin Luthers programmatisch genannt ist. Als weiterer τόπος wird in v. 594 mit *sacri lux aurea verbi* die Lichtmetaphorik bedient, bevor Gott in v. 596–598 jeweils am Versanfang hymnenartig angerufen wird: *Tu rege ... Te duce ... Te duce ...* Nach

---

[157]   Vgl. Mᴜɴᴅᴛ (1999), S. XLV und S. XLVII sowie Nᴏʀᴅsɪᴇᴋ (1998), S. 112.

der erneuten Klage über den Krieg wird im letzten Abschnitt in v. 625–651 nochmals Bocers Lob und Liebe zur Heimat hervorgehoben. Minden solle sich nicht mehr von Kriegswirren beeinträchtigen lassen und unter dem Schutz Gottes in eine blühende Zukunft gehen. Dazu erscheint in v. 638–639 das Bild *sub alis, Defendet Deus omnipotens* aus Ps. 17,8. Bocer schließt sein Stadtlob in v. 649–651 mit einem dichterischen Epilog, in dem er wie bereits in der Vorrede wieder seine räumlich distanzierte Position an der Warnow in Rostock hervorhebt und nicht ganz unbescheiden anmerkt: *Phoebus ... carmen, studiumque probavit.* Im selben Druck ist anschließend die *De origine poetarum ex Philone ... elegia* Bocers abgedruckt. Sie besteht aus fünfzehn elegischen Distichen und hat keinen Bezug zum Herzogtum Braunschweig-Lüneburg.

Im Jahr 1566 ist Lukas Loss (= Lucas Lossius, Lehrer in Lüneburg, * Vaake 18.10.1508, † Lüneburg 08.07.1582) Verfasser eines Stadtlobgedichtes auf Lüneburg (VD 16 L 2826).[158]

LVNAEBVRGA ‖ SAXONIAE. ‖ Libellus utilis le=‖ctu, iucundus, & eruditus, conti-‖nens gratiarum actionem, pro pace & ‖ concordia inter Illustrifsimos Principes ‖ Lunæburgenfes, & inclytam Lu-‖næburgam, facta Cellis Anno ‖ 1563. menfe Aprili. ‖ ITEM. ‖ Narrationem de origine, incremento, & con=‖feruatione Lunæburgæ, & Ecclefiæ in ea in=‖ftauratione: deq[ue] illis, quæ in hac inclyta Vr=‖be, eiusq[ue] uicinia, fpectantur, et funt infignio=‖ra & præcipua, Carmine scriptus et editus ‖ A ‖ LVCA LOSSIO. ‖ LVNAEBVRGA ‖ Vici Bardorum ueteri fum ftructa ruinis, ‖ Tutela crefco, fto, maneoq[ue] Dei. ‖ Fontis quo celebror, Domini bonitate, per orbem ‖ In multos fundo larga fluenta falis. ‖ Inclyte fis Princeps, Phœbes, dic, inclyta, lector, ‖ Vrbs maneas felix, fœdera firma diu. ‖ FRANC. Apud Hære. Chr. Egen. 1566.
Frankfurt am Main: Christian Egenolff d. Ä. Erben 1566. 193, [1] S., [7] Bl.; 8°
[Göttingen, SUB: *8 P LAT REC II, 1918*]

In diesem umfangreichen Band, der für die Stadt- und Herrschaftsgeschichte Lüneburgs einen wertvollen Fundus darstellt, beschreibt Lossius nach einer Einleitung in lateinischer Prosa in zahlreichen Gedichtabschnitten einzelne Aspekte der

---

[158]   Zu Lossius vgl. ONKELBACH (1987) und GÖRGES/NEBE (1907), S. 13. Er wurde am 7. Oktober 1579 an der Universität Helmstedt immatrikuliert. Dazu vgl. ZIMMERMANN (1926), S. 23*b*113. Ein Student dieses Namens aus Lüneburg wurde ebenfalls am 24. Juli 1583 an der Universität Wittenberg immatrikuliert. Dazu vgl. FÖRSTEMANN/HARTWIG (1894), S. 314*a*35. Er ist nicht mit dem hier genannten Dichter identisch, dürfte aber zu seiner Familie gehören und eventuell ein Enkel sein.

Stadt und des Fürstentums Lüneburg. Dazu gehören Berichte von historischen Episoden ebenso wie theologische Themen. So wird unter anderem auch die Lüneburger Schule unter ihrem Rektor Mag. Hermann Tulichius gelobt und die Bibliothek von St. Marien ebenso wie das Michaeliskloster mit seiner Geschichte oder die im Jahr 1553 in St. Johannis errichtete Orgel genannt. Auch finden lüneburgische Herrscher, Bürgermeister, Ratsherren oder sonstige berühmte Bürger in Form eines literarischen Nachrufs Beachtung. Auch Einzelheiten der natürlichen Umgebung Lüneburgs werden mit Versen verewigt, so der Fluss Elbe, der Lüneburger Kalkberg, der Kreideberg und die Salinen. Aus der näheren Umgebung der Stadt erfahren beispielsweise die weiteren Orte Bleckede, Bienenbüttel, Medingen, Ebstorf, Uelzen, Bardowick, Harburg, Ramelsloh, Winsen aus der Lüneburger Heide mit ihren jeweiligen Merkmalen und Einrichtungen das dichterische Lob des Lukas Loss. Dabei geht der Verfasser weitgehend systematisch vor, in dem er zunächst die Stadt Lüneburg betreffenden Themen darstellt und erst danach seine Darstellung auf das Fürstentum Lüneburg ausweitet. Die einzelnen Abschnitte des Stadtlobgedichts sind in elegischen Distichen und daktylischen Hexametern abgefasst und durch ein abschließendes Register erschlossen.

Ein halbes Jahrhundert später erscheint im Jahr 1605 das dichterische Stadtlob des mitteldeutschen Humanisten und Arztes Euricius Cordus (* Simtshausen 1486, † Bremen 24.12.1535) auf die Stadt Goslar (VD 17 23:309595B).[159]

D. EVRICII CORDI, ‖ POETÆ CLARISSIMI, ‖ DE LAVDIBVS ‖ ET ORIGINE ‖ GOSLARIÆ, ‖ SILVA. ‖ M. DC. V. ‖ GOSLARIÆ ‖ JOHANNES VOGDIUS excudebat.
Goslar: Johann Vogt 1605. [6] Bl.; 4°
[Wolfenbüttel, HAB: *M: Gn Kapsel 63 (2)*]

Auf dem Titelblatt dieses Druckes ist zwischen Titel und Erscheinungsvermerk als Sinnbild der Vergänglichkeit des Lebens ein geflügelter Putto abgebildet, der auf einem Totenschädel steht und in der rechten Hand eine Sanduhr hält. Als erster Text ist zunächst ein Widmungsgedicht in deutscher Sprache an den Bürgermeister und die Ratsherren der Stadt Goslar abgedruckt, danach folgen zwei kurze Epigramme in lateinischer Sprache, deren erstes aus zwei elegischen Distichen des Günstlings von Papst Pius II. und Kardinal Basilios Bessarion, Giovanni Antonio

---

[159]   Zu Leben und Wirken des Euricius Cordus vgl. DILG (2008), Sp. 470–473 und DOLEZAL (1957). Er kann nicht mit dem ohne genaue Tagesangabe im August 1547 an der Universität Rostock als *Brunsuicensis* immatrikulierten Studenten identisch sein. Dazu vgl. HOFMEISTER (1891), S. 112b132. Das Stadtlob auf Goslar wird von DILG (2008), Sp. 473–474 in der Liste der Werke ohne weitere Interpretation erwähnt.

Campano (* Neapel 27.02.1429, † Siena 15.07.1477), und deren zweites vom italienischen Humanisten Filippo Beroaldo (* 1453, † 1505) stammt. Dessen drei phaläkeische Hendekasyllaben scheinen die verkürzte Wiedergabe eines längeren Gedichts zu sein, da abschließend &c. eine Kürzung andeutet.
Anschließend folgt das eigentliche, zuvor noch nicht gedruckte Stadtlobgedicht des Euricius Cordus auf die Stadt Goslar, das er Michael Lisarius (...) widmet. Lisarius ist nicht identifizierbar, gehört aber mit Sicherheit in den lokalen Kontext der Stadt Goslar, in dem er in einem weiteren Gedicht des Euricius Cordus ebenfalls als Widmungsempfänger namentlich genannt ist.[160] Es umfasst 113 elegische Distichen, in denen der Dichter eingangs beschreibt, wie er als *ignotus ... hospes* die Stadt erlebt habe. Goslar erscheint dabei als alter Kaisersitz stellvertretend für die mehrfach genannte *Germania*, die sich den Gefahren der Osmanen widersetzt habe. Cordus unterzeichnet sein Gedicht in Goslar am 11. Mai 1522, und er scheint sich als Fremder vor Ort der Bedeutung der Stadt bewusst zu werden. Im darauffolgenden Jahr tritt er eine neue Stellung als Stadtarzt in Braunschweig an. Diesen Druck beschließt ein Epigramm aus drei elegischen Distichen, das als *Musa ad Goslariam* betitelt ist und in dem die Muse das Wirken des Dichters im Sinne eines Dichterlobs rechtfertigt.
Im Jahr 1638 verfasst Mag. Lorenz Culmann (Subkonrektor in Lemgo, ab 1632 Pastor in Nettelrede, * Münder, † Nettelrede 25.03.1672) ein Stadtlobgedicht auf Hameln an der Weser (VD 17 23:283930U).[161]

DESCRIPTIO ‖ Hameloæ ‖ URBIS ‖ in Inferiori Saxonia ad ‖ Viſurgim ſitæ ‖ Brevis Et Vera, ‖ Cum omnibus ſuis (ut vocant) per-‖tinentiis, utpote agris, fluminibus & montibus, ‖ Carmine Heroico concinnata, ‖ à ‖ M. LAURENTIO CULMANNO ‖ Ecclefiæ Netelredenſis ‖ Paſtore. ‖ RINTELII, ‖ Typis exſcripſit Petrus Lucius, Typogr. Academicus, ‖ M. DC. XXXVIII.
Rinteln: Peter Lucius d. Ä. 1638. 55 S.; 4°
[Göttingen, SUB: *8 H HANN III, 5816*]

Culmanns Stadtlob ist diversen Patriziern und Gönnern der Stadt Hameln gewidmet, von denen nach dem Titelblatt namentlich Dr. jur. Anton Walthausen, Dr. jur. Justus Kipius, Dr. med. Johann Friedrich Nordtman, Bürgermeister Gerhard Reich, Bürgermeister Tobias von Dempter, Dr. jur. Johann Eichrod, Mag. Heinrich

---

160 Dazu vgl. das Epigramm *Ad Michaelem Lisarium* im Druck VD 16 C 5064, *fol.* 165ʳ–165ᵛ.

161 Vgl. Meyer (1942), S. 176. Culmann wurde am 7. April 1617 als *Münderensis* an der Universität Helmstedt immatrikuliert. Vgl. Zimmermann (1926), S. 256*b*121.

Rheinfisch, Mag. Conrad Joachim Drepper, Lic. theol. Friedrich Wineker, Mag. Johann Brat, Dr. med. Joachim Leger, Lic. jur. Ludwig Wilckinus, der Präfekt Johann Berckelmann, der Jurist Burchard Varenwalt, der Arzt Georg Bolmann, Burchard Bock, der Jurist Caspar Varenhagen sowie der Notar Johann Nigrinus genannt werden. Anschließend folgt Culmanns Vorrede in lateinischer Prosa, die er abschließend auf den 1. Januar 1638 datiert. Danach sind die Gedichte vierer Beiträger abgedruckt. So verfassen der Pastor von Eimbeckhausen Mag. Christian Kokenius (Rektor in Springe, Pastor in Eimbeckhausen, * Münder 1582, † Eimbeckhausen 1668) eine Parodie zu Hor. *carm.* 3,30 aus sechzehn kleineren Asklepiadeen, der kaiserlich gekrönte Dichter und Pastor in Nenndorf Christian Bokelmann (Rektor und Superintendent in Rinteln, Pastor in Nenndorf, * Stettin 1579, † Nenndorf 01.01.1661) ein Gedicht aus neun elegischen Distichen, der Pastor von Hachmühlen Mag. Gottfried Culmann (Konrektor in Hameln, Pastor in Hachmühlen, * Münder, † Hachmühlen 1674), der Bruder des Lorenz Culmann, ein weiteres Gedicht aus sechzehn daktylischen Hexametern sowie Johannes Matthias (* Münder) ein kleines Epigramm aus vier elegischen Distichen.[162] Nach diesen Beigaben folgt die eigentliche epische *Hameloae urbis descriptio* Culmanns aus 1398 daktylischen Hexametern. Darin werden nicht nur die Stadt, ihre Geschichte, der Berg Klüt bei Hameln, die Flüsse Weser und Hamel, die Hamelquelle in Hamelspringe, Flora und Fauna sowie das Hamelner Mühlenwesen gerühmt, sondern auch einige der Widmungsempfänger und weitere verdiente Bürger wie Lehrer und Juristen. Abschließend steht noch ein an den Leser gerichtetes elegisches Distichon mit der Bitte um Wohlwollen.

Für das Jahr 1649 ist schließlich ein kurzes, nur handschriftlich überliefertes Stadtlobgedicht des Johann Ebermeier (Pastor in Zavelstein in Württemberg, Dichter, * um 1599, † 1666) auf die Stadt Lüneburg nachgewiesen. Dieses Epigramm ist als Autograph mit persönlicher Widmung an Herzog August II. von Braunschweig-Lüneburg, Fürst von Braunschweig-Wolfenbüttel im vorderen Spiegel eines Tübinger Drucks des *Triumphus pacis Osnabruggensis et Noribergensis* des Johann Ebermeier erhalten (1649, VD 17 39:126098M). Demselben Band ist am Ende ein

---

[162]   Zu Christian Kokenius vgl. MEYER (1941), S. 233. Er wurde am 29. März 1604 als *Munderensis* an der Universität Helmstedt immatrikuliert. Dazu vgl. ZIMMERMANN (1926), S. 172*a*72. Er ist vielleicht ein Nachkomme des bei MEYER (1942), S. 176 für die Jahre von 1561 bis 1600 als Pastor von Nettelrede genannten Konrad Koke. Zu Bokelmann vgl. MEYER (1942), S. 171 und S. 312. Zu Gottfried Culmann vgl. MEYER (1941), S. 380. Er wurde am 14. März 1616 als *Munderensis* an der Universität Helmstedt immatrikuliert und am 3. September 1632 als Magister für Hachmühlen ordiniert. Vgl. ZIMMERMANN (1926), S. 246*a*27 und S. 328*a*22. Johannes Matthias wurde im Wintersemester 1606/07 ohne genaue Tagesangabe an der Universität Helmstedt immatrikuliert. Dazu vgl. ZIMMERMANN (1926), S. 191*a*64.

Brief des Verfassers vom 9. September 1649 an Herzog August II. angebunden.
Das Stadtlobgedicht lautet in diplomatischer Transkription folgendermaßen:

Epigramma ad Vrbem || Lúnæbúrgensem,
Ex lib. 3. Maúsolei nostri || Sueco-Regij Class. 4.

In Lunâ esse viros, terræ et systema, profanj
   Nescio qui dicant somnia vana mihi:
Ast hæc Luna viros, et montes continet altos,
   Sed súperant longê mœnia celsa virj,
Qúæq(ue) alias Phœbj splendescit Cynthia lúce,
   Iustitiæ te sol irradiare solet.
[Wolfenbüttel, HAB: *A: 65.11 Poet.*]*

Ebermeier zielt in seinem kurzen Stadtlobgedicht auf Lüneburg auf eine vermeint-
liche etymologische Herkunft des Ortsnamens vom lateinischen Substantiv *luna*
ab und entfaltet diesen Zusammenhang einschließlich der personifizierten *Luna*
knapp. Er hebt die Vorzüge der Einwohnerschaft pauschal hervor, ohne näher Stellung zu beziehen oder ohne Stadt und Einwohner tatsächlich zu charakterisieren.
Die dichterische Gleichsetzung von Lüneburg und *luna* erfährt erst im letzten Distichon ihre Auflösung. Die nach ihrem Geburtsort in v. 5 Cynthia genannte Arte-
mis, die als Göttin des Mondes außer in Neumondnächten den Mondwagen über
den Himmel lenkt, wird von Ebermeier als Gegenpol zum Sonnengott Phoebus
gesetzt, um die Assoziation des Ortsnamens Lüneburg mit *luna* aufrecht erhalten
zu können. Dennoch schließt das Stadtlob in v. 6 mit dem aus Mal. 4,2 entnommen
christlichen Bild der *sol iustitiae* und einer Sprachspielerei, die aus *te sol* am Ende
der ersten Pentameterhälfte am Ende der zweiten Pentameterhälfte *solet* werden
lässt. Ebermeiers Gedicht enthält wenig genuines und typisches Stadtlob, sondern
lebt in seiner Kürze vielmehr durch die verarbeitete Etymologie, so dass das gesamte Epigramm deutlich mehr als einmaliges Widmungs- und Gebrauchsgedicht
an den Herzog dasteht, denn als großer, deskriptiver Wurf.

2.2.12. *Paraineses* – Mahnungen

Die Abfassung von Mahnreden geht auf die Tradition der Stoa (Sen. *epist.* 95,1)
einerseits und die biblische Tradition (beispielsweise Dtn. 4,1–40) andererseits
zurück und ist in Brief- oder Redeform ein typischer Vertreter der Prosaliteratur.
Infolgedessen hat die Paränese praktisch keine Bedeutung für die lateinische Gelegenheitsdichtung.

Im Herzogtum Braunschweig-Lüneburg entstehen einzig die auf einem Einblattdruck überlieferten *Acrostichis paraenetica* [*sic!*] des Johann Liborius Cocus aus
Goslar an seinen Schüler und den späteren Präfekten von Immenhausen Heinrich
Albert Burchtorff d. J. (1640, VD 17 23:274537B). Eine Konjunktur der lateinischen paränetischen Dichtung ist im Herzogtum Braunschweig-Lüneburg somit
nicht nachweisbar.

2.2.13. *Parodiae* – Nachahmungen

Parodien auf überlieferte antike Gedichte entstehen nicht anlassgebunden, sondern erfüllen mehr ein dichterisches Programm und das Ideal des humanistischen
Lateins.
Im Herzogtum Braunschweig-Lüneburg lassen sich insgesamt knapp zwanzig verschiedene Drucke ermitteln, die derartige Parodien enthalten. Trotz dieser geringen Anzahlen sind gewisse Konjunkturen in den Jahren von 1577 bis 1616 und
von 1655 bis 1690 nachweisbar.

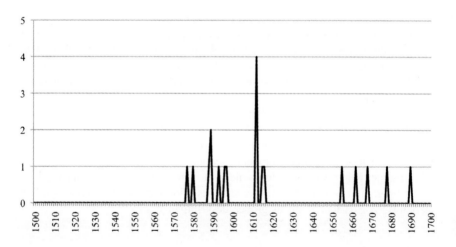

Auffällig ist dabei allerdings, dass in den genannten Zeiträumen einzelne Personen als Dichter mehrfach aktiv sind, ihre Werke teilweise zudem in mehreren
Bänden erscheinen oder auch unverändert nachgedruckt werden. Die Bedeutung
der *Parodiae* innerhalb der lateinischen Dichtung in den welfischen Territorien
muss infolgedessen relativiert betrachtet werden.

Im Einzelnen sind besonders die Parodien auf Gedichte des Horaz zu nennen, die Heinrich Meibom aus Lemgo verfasst, und zwar die zwei Bücher Parodien für den dänischen Kanzler Niels Kaas (1588, VD 16 M 1954 = M 1959), die *Parodiarum ... reliquiae* für Wolfgang Eward (1589, VD 16 M 1955) und die *Novae parodiae* (1596, VD 16 M 1948 = M 1949).[163] Dazu kommen außerdem die *Parodia Terentiana de formula concordantiae* des Heinrich Meibom (1580, VD 16 M 1953), die *Parodiae aliquot Horatianae* für Gernand von Schwalbach, die Johannes Kahe verfasst (1589, VD 16 K 12) und die *Parodia Psalmi inter Davidicos ultimi* des Helmstedter Professors Johannes Olearius (1597, VD 16 O 654), die aus inhaltlicher Sicht auch zu den *Carmina theologica* gezählt werden kann.

Eine Parodie im weiteren Sinne stellt die lateinische Übersetzung des ersten, zweiten, zehnten, elften, zwölften, dreizehnten und vierzehnten Buches der *Odyssee* von Georg Büsing für den Gebrauch an der Schule in Hannover dar (1577, VD 16 H 4714). Ebenfalls noch belegt sind die in Leipzig gedruckte *Parodiae ... gratulatoriae* des Kaspar Arnoldi (1593, VD 16 ZV 22156). Im 17. Jahrhundert entstehen die vom Lüneburger Pastor Johann Burmeister verfassten Parodien auf Martials Epigramme in drei Bänden (1612, VD 17 3:310416R; Band 1 in zwei Varianten: 1612, VD 17 3:310417Y und 7:700091P; Band 2: 1612, VD 17 39:139718P; Band 3: 1612, VD 17 12:624086S), der *Parodiarum Horatiana-rum manipulus* des Polykarp Olpkenius (1615, VD 17 23:278980V) und desselben *Xeniorum Martiale praecinente degustatorum loculamentum* (1616, VD 17 23:278978Z). Auch der Rektor Martin Blomenberg verfasst *Imitationes poeticae* (1662, VD 17 23:685637Y).

Nicht im welfischen Territorium verfasst, sondern nur ediert und gedruckt werden die *Parodiae in libros Odarum et Epodon Q. Horatii Flacci* des Königsberger Prorektors David Hopf aus Köslin (1655, VD 17 3:007981W, nachgedruckt 1668, VD 17 3:301188M), und auch der Braunschweiger Rektor Johann Möring verfasst eine eigene *Parodia Odes XXXI libri primi Horatii* (1678, VD 17 23:668999A). Mehrere Jahre später wird eine Neuausgabe der genannten *Paro-diae in libros Odarum et Epodon Q. Horatii Flacci* des Königsberger Prorektors David Hopf aus Köslin unter Beigabe von Parodien des Justin Bertuch und des Heinrich Meibom gedruckt (1690, VD 17 3:308359R).

---

[163]   Vgl. HAYE (2005), S. 165.

2.2.14. *Propemptica* – Abschieds- und Geleitgedichte

„Προπεμπτικὸν <*sc.* μέλος> heisst das Lied, das bei der Abreise gesungen wird, das Lied, das man dem Scheidenden widmet."[164] Der Brauch, dem Landesherrn oder einem Freund, der die Heimat zum Kriegsdienst, zum Studium oder für eine Reise verlässt, ein Abschiedsgedicht mitzugeben, geht in die Antike zurück und wurzelt möglicherweise ursprünglich im Gesang eines *hymnus*, wenn eine Gottheit ihr Heiligtum verließ.[165] Seit der Antike sind *Propemptica* als Gedichte literarisch belegt, so zuerst in Hom. *Od.* 5,205–210; 15,128–129, dann auch bei Theokrit, Ovid, Horaz, Properz, Tibull und Statius. Alternativ entstehen auch als λόγος προπεμπτικός bezeichnete Geleitreden in Prosa. In Hor. *carm.* 1,3 findet sich beispielsweise ein Abschiedsgruß des Horaz an Vergil, als dieser nach Attika aufbricht, und in Prop. 1,8a warnt der Dichter seine Geliebte Cynthia davor, im Winter nach Illyrien abreisen zu wollen.

Propemptica zeichnen sich durch meist feststehende Wendungen, τόποι und Segenswünsche für die Reise und das spätere Wirken am Reiseziel sowie die Rückkehr aus. Besonders aus dem letztgenannten Merkmal lässt sich auch eine gewisse inhaltliche Verbindung zu den anlässlich der Übernahme eines neuen Amtes verfassten *gratulationes* feststellen, da oftmals Weggang und neue Aufgabe vom Dichter nicht eindeutig getrennt werden und auch nicht trennbar sein müssen. Viele Abschiedsgedichte folgen einem inhaltlichen Schema aus dem Plan, den Abreisenden mit einer Klage über die Trennung von der Reise abzuhalten, dem Appell an die anderen Zurückgelassenen, den Reisenden nicht ziehen zu lassen, einem Lob des Abreisenden, seiner Erscheinung und seiner Abstammung sowie der Ermahnung zur Erinnerung und einem abschließendes Reisegebet.[166] Die wesentlich selteneren Gedichte, die der Abreisende an seine zurückgelassenen Freunde schreibt, werden als *Apopemptica* bezeichnet, erfüllen aber inhaltlich den gleichen Zweck.[167]

Im Herzogtum Braunschweig-Lüneburg lassen sich insgesamt fast sechzig verschiedene Drucke ermitteln, die derartige Abschieds- und Geleitgedichte enthalten. Die Gattung der *Propemptica* ist erst relativ spät in den welfischen Territorien belegt und ab den letzten beiden Jahrzehnten des 16. Jahrhunderts nachweisbar. Zuvor sind ausschließlich drei Abschiedsgedichte nachweisbar, die von Studenten aus dem Herzogtum Braunschweig-Lüneburg an der Universität Wittenberg veröffentlicht wurden. Gewisse Konjunkturen zeigen sich somit in den Jahren von 1555 bis 1620 und von 1639 bis 1699.

---

[164] JÄGER (1913), S. 4.

[165] Vgl. JÄGER (1913), S. 4.

[166] Vgl. JÄGER (1913), S. 13.

[167] Vgl. SCHWEIKLE (1990*f*), S. 365.

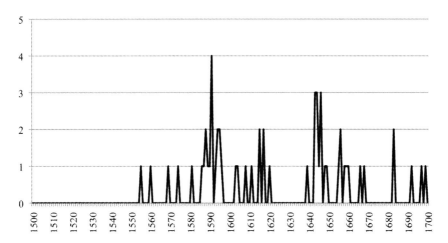

Die *Propemptica* entstehen alle zunächst im universitären Kontext. Die erwähnten drei Gedichte aus dem Umfeld der Wittenberger Universität sind das *Carmen propemptikon* des Johannes Caselius für die Söhne Gabriel, Raphael und Michael des Wolfgang Cremer aus Wien (1555, VD 16 C 1280), die *Elegia* des Johannes Bocer für Johannes Caselius sowie dessen eigenes elegisches Abschiedsschreiben an seine Wittenberger Freunde (1560, VD 16 C 1248 = B 5980 = C 1297) und die von Bartholomäus Alder, Anton Bolmeier aus Hameln, Adam Büthner und Friedrich Pohunek geschriebenen *Propemptika in abitum* für Michael Schmucker aus Lorch, der von Wittenberg wieder in die Heimat zieht (1574, VD 16 A 1698 = B 6495).

Im Herzogtum Braunschweig-Lüneburg schreiben Heinrich Meibom und andere seiner Helmstedter Kollegen erst später ein Abschiedsgedicht an den Professor für Mathematik Magnus Pegel, der die *Academia Iulia* verlässt und an den herzoglichen Hof nach Braunschweig wechselt (1581, VD 16 M 1958). Im Umfeld der Universität Helmstedt entstehen diverse weitere *Propemptica*.

Neben derartigen, universitär geprägten Abschiedsgedichten sind außerdem weitere Gedichte an die Landesherrschaft im Kontext von Kriegszügen und Reisen bekannt. Zum Abmarsch des Herzogs August I. von Braunschweig-Lüneburg aus Celle mit einem berittenen Heer nach Ungarn gegen die Osmanen dichtet Anton Bolmeier ein Epigramm (1594, VD 16 B 6490), und auch der Dichter und Helmstedter Professor für Ethik Salomon Frenzel von Friedenthal feiert den Herzog in seinem *Votum propempticum* (1594, VD 16 F 2663).

Auf eine herrschaftliche Reise bezieht sich am Beginn des 17. Jahrhunderts das Propemptikon des Juristen Johann Angelius von Werdenhagen aus Helmstedt für Fürst Ludwig von Anhalt, der eine Seereise nach Großbritannien antritt (1603, VD 17 23:263293M). Abschieds- und Geleitgedichte anlässlich einer Reise entstehen jedoch auch im bürgerlichen Kontext, so beispielsweise eine von seinen Freunden verfasste Gedichtsammlung auf den Arzt Christoph Mylius zur Abreise nach Polen (1604, VD 17 7:700476L).

Ein weiterer Anlass, zu dem im Herzogtum Braunschweig-Lüneburg *Propemptica* verfasst werden, ist die Versetzung oder der Weggang in ein neues Kirchen-, Lehr- oder Verwaltungsamt. So entstehen ein *Propempticon* und *Carmina gratulatoria et Propemptica* mehrerer Verfasser zum Weggang des Braunschweiger Superintendenten Dr. theol. Jacob Weller, der sein neues Amt als Hofprediger und Generalsuperintendent in Dresden antritt (1646, VD 17 1:691635U und 7:700516B). Ebenso erscheinen *Propemtica [sic!]* für den Superintendenten und Theologieprofessor am Pädagogium in Göttingen Christoph Specht, als dieser zum Abt des Klosters Riddagshausen berufen wird (1656, VD 17 23:309777Q), und auch auf den Lehrer Hermann Nottelmann erscheinen *Propemptica*, als er zum Rektor der Ritterakademie in Lüneburg berufen wird (1656, VD 17 23:283392R).

An der Wende zum 18. Jahrhundert sind als letzte noch die Gedichte an den Juristen und herzoglichen Rat Christian Wilhelm von Eyben anlässlich seines Fortgangs nach Dänemark nachweisbar (1699, VD 17 1:656551E und 1:656554C).

Formal nicht zur Gruppe der *Propemptica* gehören Begrüßungsgedichte, die in Bezug auf ihre Art das inhaltliche Gegenstück zu den Abschieds- und Geleitgedichten darstellen. Sie sind im welfischen Territorium ausschließlich im Umfeld der Landesherrschaft oder des sonstigen Adels belegt. Der erste Dichter ist Matthias Berg, der im Namen der Braunschweiger Katharinenschule ein als *Panegyricum carmen* betiteltes Begrüßungsgedicht auf die Ankunft des Herzogs Julius von Braunschweig-Lüneburg verfasst (1569, VD 16 B 1813). Auch der Braunschweiger Pastor Melchior Neukirch verfasst zwei Begrüßungsgedichte, und zwar auf die Ankunft des Herzogs und Bischofs von Halberstadt Heinrich Julius von Braunschweig-Lüneburg am 10. Juni 1588 in der Stadt Braunschweig (1588, VD 16 N 1365 = N 1366) sowie auf die Rückkehr des Achaz von Veltheim (1588, VD 16 N 1367).[168] Der Hinweis auf die Rückkehr von einer Reise ist im Titel des Begrüßungsgedichts zur Ankunft des Ritters Jakob Schenck von Flechtingen *e longinqua peregrinatione* enthalten (1608, VD 17 23:263348X).

---

[168] Vgl. HAYE (2005), S. 155–156. Zum *Panegyricum carmen* des Matthias Berg vgl. DEUFERT (2011).

Aus seinem historischem Kontext bemerkenswert ist außerdem das Begrüßungsgedicht des Konrektors der Schule in Schöningen Martin Raman auf den brandenburgischen Hofbeamten und Staatsmann Raban von Canstein, als dieser von
der Kaiserwahl Leopolds I. aus Frankfurt am Main zurückkehrt (1658, VD 17
23:232080G).
Die herrschaftliche Visitation an der *Academia Iulia* ist im Begrüßungsgedicht
zum Besuch der Herzöge Rudolf August, Georg Wilhelm und Johann Friedrich
von Braunschweig-Lüneburg in der Universität Helmstedt belegt (1668, VD 17
23:231386Q). Dieser Druck ist außerdem der jüngste, der in der Gruppe der Begrüßungsgedichte ermittelt werden kann.

Neben den exemplarisch genannten Drucken sind die im Folgenden summarisch genannten Drucke ebenfalls nachweisbar. Dies sind:

die von dem Professor an der Universität Altdorf Matthias Berg aus Braunschweig,
    von Heinrich Julius Richius und dem ebenfalls Altdorfer Professor Konrad Ritters-
    hausen verfassten *Carmina propemptica* für Georg Queccius, der aus Altdorf bei
    Nürnberg nach Sachsen aufbricht (1586, VD 16 B 1808),
die in Helmstedt gedruckten *Propemptica* des Georg Cruciburgius aus Mühlhausen
    für Julius von Marenholtz und seinen Lehrer Johann Schrader anlässlich des Weg-
    gangs von der *Academia Iulia* nach Tübingen (1587, VD 16 C 6082),
die *Propemptica* des Kaspar Arnoldi, Mallaeus Brunsma, Heinrich Meibom und des
    Sigismund Julius Mynsinger von Frundeck für Arnold von Reyger, der eben falls
    die Universität Helmstedt verlässt (1589, VD 16 P 5011),
das *Propemptikon* des Johannes Bernhardi für Wilhelm Storch aus Celle zum Weg-
    gang aus Braunschweig (1590, VD 16 B 2041),
die von Andreas Schröder und Johannes Sengebähr verfassten *Propemptica* für Burk-
    hard von Anderten, der zum Studium die Universität bezieht und deshalb die Stadt
    Braunschweig verlässt (1591, VD 16 S 4208 = S 5858),
die *Propemptica ... ab amicis* für den Thüringer Georg Schenck, der die Universität
    Helmstedt verlässt (1591, VD 16 P 5012 und ZV 12833),
die *Carmina ... ab amicis* auf den Weggang aus Helmstedt für den ebenfalls aus
    Thüringen stammenden Christopher Reinhardt aus Mühlhausen (1591, VD 16
    ZV 3052),
eine *Pompe* für den Erfurter Wilhelm Heinrich Kranichfeld zur Abreise von der *Aca-
    demia Iulia* (1593, VD 16 P 4505), *Vf. Theodor Potinius*
die nicht als Propemptikon betitelte kleine Gedichtsammlung, die Kaspar Arnoldi, Jo-
    hannes Lysias, Heinrich Meibom und Christoph Werner zum Weggang des Halber-
    städters Stephan Lakenmacher verfassen, der von der Universität Helmstedt nach
    Jena aufbricht (1595, VD 16 V 1590),

die *Acclamationes* von Heinrich Meibom und sechs weiteren Verfassern für Johannes Conradi aus Stendal, der ebenfalls aus Helmstedt nach Amvorde zum Juristen Joachim von Broitzem aus Braunschweig abreist (1595, VD 16 ZV 21635)[169],

das *Carmen propempticon* des Johannes Caselius für Ernst von Honrode, der – vermutlich zur Fortsetzung seines Studiums – nach Padua aufbricht (1596, VD 16 C 1256 = P 1325),

eine Sammlung auf die Brüder Thomas, Hempo und Levin von dem Knesebeck zum Abschied von der Universität Frankfurt an der Oder (1611, VD 17 1:691555B)[170],

ein Gedicht auf den Pastor Heinrich Scheleken zum Weggang *ex ecclesia Quernensium* zum Kloster Riddagshausen (1615, VD 17 3:317982P),

ein *Propempticum* auf den Theologen Christoph Schachtenbeck zu dessen Antritt als Hofprediger in Northeim (1617, VD 17 23:320600C),

das *Propempticon* auf den Wolfenbütteler Hofarzt Gottfried Vogler aus Frankfurt an der Oder zu dessen Weggang als Professor für Medizin an die *Academia Iulia* (1620, VD 17 23:261676K),

die *Ode* an den Abt des Klosters St. Mariental Johannes Rhombopoeus, der zur Kirchenverwaltung des Herzogtums Braunschweig-Lüneburg berufen wird (1639, VD 17 23:319862D),

die *Prosopopoeia Saxoniae inferioris* anlässlich der Abreise des Herzogs August von Braunschweig-Lüneburg aus Wolfenbüttel am 14. September 1643 (1644, VD 17 23:269834P),

ein Gedicht an den Johanniterritter Graf Wilhelm Leopold von Tattenbach-Rheinstein anlässlich seines Aufbruchs zu einem im Titel nicht genannten Reiseziel (1644, VD 17 23:319850G),

das *Propempticon* des Mindener Lehrers Martin Nessel für den schwedischen Bevollmächtigten Johan Axelsson Oxenstierna, das entsteht, als letzterer aus Minden zu den Friedensverhandlungen im Dreißigjährigen Krieg nach Osnabrück aufbricht (1645, VD 17 23:231035H),

---

[169] Joachim von Broitzem erscheint namentlich auf einer im Jahr 1609 entstandenen Glasscheibe aus dem Haus Prinzenweg 4 in Braunschweig. Dazu vgl. WEHKING (2001), S. 255–257, dort Nr. 729.

[170] Thomas von dem Knesebeck ist als Mitglied der Fruchtbringenden Gesellschaft erfasst bei CONERMANN (1985), S. 673–674, dort Nr. 524. Er wurde im Jahr 1649 aufgenommen. Hempo von dem Knesebeck ist als Mitglied der Fruchtbringenden Gesellschaft erfasst bei CONERMANN (1985), S. 93–94, dort Nr. 88. Er wurde im Jahr 1624 aufgenommen. Auch Levin von dem Knesebeck ist als Mitglied der Fruchtbringenden Gesellschaft erfasst bei CONERMANN (1985), S. 111–112, dort Nr. 107. Er wurde im Jahr 1626 aufgenommen.

ein *Propempticon* auf den Pastor Heinrich Steinhausen zur Abreise aus Schmedenstedt
in sein neues Amt an St. Ulrich in Braunschweig (1648, VD 17 23:324653A),

ein *Propempticon* auf Mag. phil. Johann Horneius zum Weggang von der Universität
Helmstedt (1649, VD 17 23:316447U),

ein weiteres Gedicht auf Herzog Anton Ulrich von Braunschweig-Lüneburg anlässlich
einer Reise nach Frankreich (1655, VD 17 23:308459W),

ein vom Helmstedter Studenten Friedrich von Hagen aus Hildesheim verfasstes Ge-
leitgedicht für Johann Justus Oldecop, der die *Academia Iulia* verlässt und seinen
Dienst als Lehrer an der Schule in Lüneburg antritt (1659, VD 17 23:255721H),

Praecepta moralia des kaiserlich gekrönten Dichters und Konrektors der Schule in
Nordhausen Friedrich Hildebrand an die Abgänger seiner Schule (1660, VD 17
14:028560Q),

Gedichte für Barthold Botsack, der das Amt des Superintendenten von Braunschweig
antritt (1683, VD 17 23:316370E),

weitere Gedichte für den Rektor der Lüneburger Michaelisschule Gregor Blech zum
Weggang aus seinem alten Amt auf eine Lüneburger Pfarrstelle (1683, VD 17
23:690851H),

Abschiedsgedichte zum Weggang des Jakob Theodor Eccardus aus Rinteln, der
von der Schule in Einbeck als Konrektor nach Hannover wechselt (1692, VD 17
7:635024V) und

Gedichte für den Grafen Ernst August von Platen zum Fortgang aus dem welfischen
Territorium (1697, VD 17 7:703358V).

Begrüßungsgedichte erscheinen neben den exemplarisch genannten Drucken noch zur
Ankunft des Herzogs Friedrich Ulrich von Braunschweig-Lüneburg in Grubenhagen (1615, VD 17 23:253727V).

Außerdem entstehen eine *Gratulatio* zur Rückkehr des braunschweigisch-lüneburgischen Kammerjunkers Joachim Friedrich von Bartensleben aus Frankreich (1617,
VD 17 23:308814D),

ein Einblattdruck mit zwei Begrüßungsgedichten anlässlich der Ankunft des Herzogs
August von Braunschweig-Lüneburg in Wolfenbüttel im Jahr 1643 (1643, VD 17
23:668355M),

weitere Begrüßungsgedichte zu dieser Ankunft des Herzogs August von Braunschweig-Lüneburg in Wolfenbüttel (1643, VD 17 23:668336F und 23:668348C),

zur Ankunft desselben in Wolfenbüttel im Jahr 1644 (1644, VD 17 23:307823Y),

zur Ankunft des Kurfürsten Friedrich Wilhelm von Brandenburg in Wolfenbüttel
(1646, VD 17 23:668370M) und

zur Ankunft des Herzogs Georg Wilhelm von Braunschweig-Lüneburg in der Stadt
Lüneburg (1666, VD 17 23:260573B).

2.2.15. *Varia* – Verschiedenes

Unter den ermittelten Gelegenheitsgedichten sind knapp achtzig, die sich keinem der vorab genannten Themen oder Anlässe zuordnen lassen und die als einzelne Dokumente innerhalb der lateinischen Gelegenheitsdichtung im Herzogtum Braunschweig-Lüneburg stehen. Dennoch ist es möglich, dass sie sich bei genauerer Analyse einem Thema oder Anlass eindeutig zuweisen ließen. Da es sich um eine Gruppe von Gedichten verschiedenster Bestimmung handelt, ist es nicht sinnvoll möglich, eine gemeinsame Konjunktur zu bestimmen. Auffällig ist hingegen, dass auch die Summe der *varia* die Entwicklung der einzeln bestimmbaren Themen und Anlässe in Bezug auf Anzahl der Drucke und Erscheinungsjahr nachzeichnet. Nach einem sehr frühen Druck im Jahr 1537 treten deutliche Häufungen in den Jahren von 1576 bis 1632 und von 1647 bis 1700 auf.

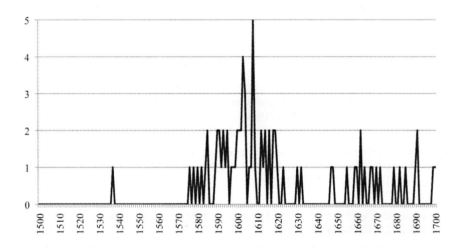

Der erste dieser unbestimmbaren Drucke enthält die *Poemata* des Johannes Busmann (1537, VD 16 B 9985). Er gehört damit ebenso zu den nicht näher spezifizierten Gedichtsammlungen wie auch das *Carmen heroicum* des Johannes Bruchagius aus Peine an Vertreter der Stadt und der Kirche in Peine (1582, VD 16 B 8447) oder die *Poemata* des Joachim Mynsinger von Frundeck (1585, VD 16 M 1952 = M 7452). Ebenfalls ohne weiteres Beispiel ist die umfangreiche Schrift, in der achtzehn Gelehrte aus dem akademischen Umfeld der Universität Helmstedt und

der braunschweigisch-lüneburgischen Kirche die Dichterweihe des Heinrich Meibom durch Kaiser Rudolf II. feiern (1591, VD 16 ZV 9486).[171]
Die *Kalendae Ianuariae* des Johannes Caselius zum Beginn des Jahres 1603 sind ohne Widmung erschienen und übermitteln im Gegensatz zu den Neujahrsgedichten aus der Gruppe der *gratulationes* somit keinen konkreten Neujahrsgruß oder -glückwunsch (1603, VD 17 3:315759C). Ein ebenso individuelles Beispiel für das Verfassen von lateinischer Gelegenheitsdichtung sind auch die *Venandi utilitates heroico carmine indicatae & dicatae* des Pastors Anton Bolmeier für die Herzöge Ernst, August I., Friedrich, Magnus, Georg und Johann von Braunschweig-Lüneburg, allesamt Söhne des Herzogs Wilhelm d. J. von Braunschweig-Lüneburg, des Fürsten von Lüneburg mit Residenz auf Schloss Celle, die anlässlich einer Jagd in Bolmeiers Kirchengemeinde Eddesse-Dedenhausen entstehen (1608, VD 17 23:259487U).
Nicht anlassgebunden, sondern vielmehr aus dem Lektürebedarf für Schule, Universität und sonstige gebildete Kreise heraus erscheinen diverse Ausgaben lateinischer Dichtung. Dazu gehören beispielsweise die von Heinrich Meibom herausgegebenen *Opera poetica* des Mediziners und Humanisten Euricius Cordus (1614, VD 17 23:280794Q), deren zwei Jahre später erschienener, fingerprintgleicher Nachdruck (1616, VD 17 14:642210K) oder auch die in Helmstedt posthum herausgegebene Gedichtsammlung des zeitgenössischen französischen Dichters Jean Bonnefons (1620, VD 17 23:243871K). Für vergleichbare Zwecke sind auch Textausgaben mit beigegebener Kommentierung nachweisbar, so die in Braunschweig kommentiert gedruckten *Poemata* des Horaz (1655, VD 17 3:007979A).
Ebenfalls ohne vergleichbaren Nachweis und beinahe schon skurril ist die Einladung in daktylischen Hexametern des Medizinprofessors Heinrich Meibom d. J. zu einer Veranstaltung über die Anatomie des männlichen Körpers an der Universität Helmstedt (1667, VD 17 23:233173H).
Einzelne der relevanten Gelegenheitsschriften sind unter anderem auch als *Epistulae* oder *Orationes* bezeichnet. Eine derartige Betitelung lässt jedoch nicht grundsätzlich auf Kunstbriefe nach dem antiken Vorbild des Kunstbriefs, das Ovid mit seinen *Epistulae ex Ponto* und den *Heroides* vorgibt, oder Reden in Versen schließen, sondern deutet im Regelfall auf Sammeldrucke hin, die neben diversen Gedichten auch eine eröffnende Epistel oder eine Rede in Prosa enthalten. Tatsächlich

---

[171] Namentlich genannt sind: Petrus Albinus, Kaspar Arnoldi, Johannes Caselius, Martin Chemnitz d. J., David Chyträus d. Ä., Christoph Donauer, Salomon Frenzel von Friedenthal, Heinrich Gerlach, Adam Hradiste, Michael Neander, Johannes Olearius, Reiner Reineck, Lorenz Rhodoman, Ludolf Rolfinck, Johann Scharlach, Samuel Scharlach, Tobias Stosnack und Christoph Winer.

metrisch gebunden ist hingegen die *Oratio de indole* des Rektors der Braunschweiger Martinsschule Johann Albert Gebhard (1685, VD 17 23:647812D). Die
Edition der *Carmina elegiaca ex manuscripto & autoris autograpto* [sic!] *Augusta vero Wolfenbüttelensi Bibliotheca primum edita* des italienischen Humanisten
Gian Maria Filelfo stehen bereits exemplarisch für fortschrittliche akademische
Studien, die handschriftliche Quellen in Bibliotheken aufspüren, verarbeiten und
im Druck herausgeben (1690, VD 17 7:699673Q).[172]

Neben den exemplarisch genannten Drucken sind die im Folgenden summarisch genannten Drucke ebenfalls nachweisbar. Dies sind:

die vom Helmstedter Professor Pankraz Krüger verfasste *Religio, Iusticia & Musae
Iuliae cum Apolline* (1576, VD 16 K 2463),

desselben *Disceptatio musarum Iuliarum cum Neroniana* (1578, VD 16 K 2455),

das *Carmen in contemtum Bacchanaliorum* des Johannes Wegener aus Oldenburg
(1580, VD 16 W 1427),

die Ἐυχή *pro benefactoribus* des Valentin Möller aus Braunschweig an den Rat der
Stadt Lüneburg (1584, VD 16 M 6081),

die vor dessen Dienstantritt an der Universität Helmstedt erschienenen *Poemata sacra
et nova* des Salomon Frenzel von Friedenthal (1585, VD 16 F 2660),

die *Epigrammata* des Valentin Acidalius an Daniel Rindfleisch in Breslau (1589,
VD 16 A 107),

der *Mulus Arcadius* unter Beigabe weiterer *Poematia* des Albert Clampius (1590,
VD 16 C 4024 = C 4025),

die *Elegia hortatoria* des Jakob Brösich aus Höxter an Ahasver Luther von Amelunxen
(1590, VD 16 B 8354),

Heinrich Meiboms *Poemation de pia maximeque necessaria templi cathedralis ec-
clesiarumque collagiatarum in dioecesi Halberstadensi reformatione* für Herzog
Heinrich Julius von Braunschweig-Lüneburg, den Bischof von Halberstadt (1591,
VD 16 M 1957),

die *Anagrammatismi viris illustrissimis, clarissimis et doctissimis consecrati* des Paul
Chemnitz (1592, VD 16 ZV 3239),

Adam Sauers *Compendium prosodiae* mit beigegebenen äsopischen Fabeln in elegischer Dichtung (1593, VD 16 S 1887 = A 537),

die *Emblemata iuvenilia* des Arztes und späteren Professors an der Frankfurter *Viadri-
na* Samuel Scharlach aus Gardelegen (1593, VD 16 S 2289),

die *Precatiunculae aliquot* des Ludolf Widenburg (1594, VD 16 W 2457),

---

[172]   Zur Gruppe der *varia* vgl. Haye (2005), S. 165.

Meiboms *Classicum adversus Turcas Musulmanos* (1595, VD 16 M 1934),

das Gedicht *De vita humana* des Samuel Scharlach (1595, VD 16 C 1775),

die *Virgilio-centones auctorum notae optimae, antiquorum & recentium* (1597, VD 16 M 1933 = M 1961),

das *Versuum quorundam ... schediasma*, das Johannes Hartwig aus Quedlinburg als Rektor der Schule in Wolfenbüttel dichtet (1598, VD 16 H 689),

die Sammlung von Epigrammen des Salomon Frenzel von Friedenthal (1599, VD 16 F 2654),

der *Anacreon latinus* des Heinrich Meibom für Heinrich Albrecht Mynsinger von Frundeck und dessen Sohn Joachim (1600, VD 16 M 1925 = M 1941),

der *Centonum Virgilianorum tomus alter* diverser Verfasser (1600, VD 16 ZV 2927),

der *ΜΟΥΣΑΓΕΤΗΣ* des Lorenz Rhodoman auf Herzog Heinrich Julius von Braunschweig-Lüneburg (1601, VD 17 3:009013A),

der *Carminum ... liber primus* des Pastors Johannes Schrader in Alvensleben (1601, VD 17 23:245695A),

die *Iuvenilia sive libri poematum* des Sigismund Julius Mynsinger von Frundeck (1602, VD 17 3:301243C),

der *Anagrammatismorum ... liber primus* mit den beigegebenen beiden weiteren Büchern des Pastors Heinrich Eckstorm im Kloster Walkenried (1602, VD 17 23:295804M),

desselben Neuauflage in zwei Bänden im Folgejahr (1603, VD 17 23:295807K und 23:295809Z),

der *Typus depositionis scholasticae* des Rektors Friedrich Widebram (1603, VD 17 23:294733P),

der *Aulicus Antonini* des Johannes Caselius (1604, VD 17 3:009029C),

die *Flores verni* des Heinrich Meibom d. Ä. an den schlesischen Juristen Franz Langer (1604, VD 17 23:276920X),

die *Heroes* desselben Dichters an den Ratsherrn Baron Lazarus Henkl von Donnersmarck in Wien (1604, VD 17 23:278598R),

Meiboms *Flores serotini sive autumnales* an Georg Remus und Konrad Rittershausen (1604, VD 17 23:279828R),

das *Anagrammatismorum ... fragmentum* des Pastors von Equord Alexander Arnoldi (1606, VD 17 23:294601Y),

die aus den Gruppen der *odae*, *sermones* und *epigrammata* bestehende Sammlung der *Poemata iuvenilia* des Helmstedter Studenten Foppe van Aitzema (1607, VD 17 23:235179N),

das wiederum von Johannes Caselius verfasste Gedicht *Saluti publicae* (1608, VD 17 3:009045L),

desselben *ΝΥΧΘΗΜΕΡΟΝ Μενάνδρου* (1608, VD 17 3:009043V),

der in griechischer Sprache verfasste *ΚΑΣΗΛΙΟΣ ΕΚΚΑΙΕΒΔΟΜΗΚΟΣΤΟΥΤΕΣ* des Martin Baremius an Johann Reccius (1608, VD 17 1:088708S),

die *Disciplina et institutio puerorum ex optimis ... autoribus collecta* (1608, VD 17 23:272320X),

die *Anagrammata et alia carmina* des *Collegium musicum* in Wernigerode zu diversen persönlichen Anlässen der Kollegen (1609, VD 17 23:245684M),

der *Carminum ... liber quartus* des erwähnten Johannes Schrader (1612, VD 17 23:245701S)[173],

die *Laurea Poëtica* des Rektors und Pastors Heinrich Eckstorm in Walkenried (1612, VD 17 23:296181G),

die *De hebdomade ... elegia* desselben Verfassers (1613, VD 17 23:293351L),

die *Anonymi cuiusdam mediae aetatis scriptoris consideratio, cur in summitatibus turrium templis adiunctorum Gallus Gallinaceus poni soleat* nach einer älteren Handschrift (1614, VD 17 23:265038H),

die *Melismata votiva* des Johannes Lumbertus (1616, VD 17 14:018849H),

die *Horae succisivae poetica* des Philologen und Lehrers Georg Andreas Fabricius aus Herzberg (1618, VD 17 23:622213A),

der *Illustrium epitaphiorum et inscriptionum totius Europae ... liber primus* des Arztes und Historikers Christian Theodor Schosser (1618, VD 17 14:648310R),

der *Lauri foliorum sive schediasmatum poeticorum liber* des Christian Theodor Schosser aus Frankfurt an der Oder (1619, VD 17 23:285391S),

ein kurzer Gelegenheitsdruck mit Festgedichten auf die Universität Helmstedt (1619, VD 17 1:088702W),

die *Ecloga ex Virgilio poetarum principe complectens maximam partem moderni status belli & pacis* des Henning Grimpe aus Wunstorf (1623, VD 17 23:332253Y),

die an den Juristen und Dichter Johann Trudisus gerichtete *Elegia* des Konrad Rittershausen (1630, VD 17 23:293686K),

die *Praemetiae Eucharistico-Anagrammaticae* des Moritz Friedrich Alnbek aus Halle an der Saale (1632, VD 17 23:293642C),

die *Solennia onomasteriorum* des Enoch Gläser für den Philologen August Buchner (1647, VD 17 23:264176V),

das *Rosetum anagrammaticum* des Justus Oldekop (1648, VD 17 23:274555Z),

der dem Herzog August II. von Braunschweig-Lüneburg gewidmete *Epigrammaton ... libellus quartus* des Dichters Johann Wilhelm Capoferreus (1659, VD 17 23:620440Z),

---

[173] Der *Carminum liber ... secundus* (1609, VD 17 23:245697R) und der *Carminum ... liber tertius* (1609, VD 17 23:245699F) des Johannes Schrader erscheinen in Magdeburg.

der *Pyrismus* des Superintendenten Michael Havemann in Stade (1660, VD 17 7:700483U),

die *Cynegetica malica* anlässlich einer herzoglichen Jagd (1662, VD 17 23:308192C),

die in Wolfenbüttel nachgedruckte Ausgabe der poetischen *Epitomata* des italienischen Humanisten und Dichters Gian Maria Filelfo (1662, VD 17 23:296002G),

die *Brevis delineatio venatus* des Dichters Lorenz Culmann aus Nettelrede (1664, VD 17 3:658093C),

die in Braunschweig kommentiert gedruckten *Poemata* des Horaz (1668, VD 17 3:301186W),

die vom Rektor der Braunschweiger Ägidienschule Johann Kesselhut in Helmstedt herausgegebene griechischsprachige *ΓΑΛΕΩΜΥΟΜΑΧΙΑ, hoc est felis et murium pugna* des byzantinischen Schriftstellers Theodoros Prodromos aus dem 12. Jahrhundert (1670, VD 17 32:646519M),

die *Poematum graecorum et latinorum centuria* des Johannes Caselius in der Neuausgabe des Justus von Dransfeld (1672, VD 17 23:620811K),

die *Anagrammatum latinorum & germanorum Coronis posthuma* des Friedrich David Stender aus Erfurt (1679, VD 17 23:282263U),

die an die herzogliche Familie gerichteten *Strenae* des Rektors und Bibliothekars in Wolfenbüttel Michael Ritthaler (1682, VD 17 23:319773N),

das neu herausgegebene *Vitae speculum* des Lehrers Georg Mancinus aus Schwerin (1691, VD 17 23:247726B),

der in Helmstedt herausgegebene *Liber de quatuor virtutibus & omnibus officiis* des italienischen Dichters Domenico Mancini (1691, VD 17 23:247687T),

das *Opus polyhistoricon ac festivum* des Juristen Stephan Feyerabend (1699, VD 17 3:300007S) und

die Epigrammsammlung des Einbecker Pastors Samuel Erich (1700, VD 17 7:700535G).

3. Historische, biographische und prosopographische Auswertung

3.1. Ausgewählte Verfasser im Kontext ihrer Personenkreise

Die gesellschaftliche Herkunft der Verfasser von lateinischer Gelegenheitsdichtung ist im 16. Jahrhundert einer allgemeinen Veränderung unterworfen. Während die Verfasser zunächst primär im akademischen Milieu zu finden sind und Professoren und ihre Schüler die ausschließlichen Dichter waren, gehören mit dem Übergang der Aufsicht über die Geistlichkeit an die Landesherren in den Jahrzehnten nach der Einführung der Reformation auch zunehmend lutherische Geistliche zu den Verfassern von Gelegenheitsgedichten. Durch die Neuordnung des Schulwesens, den damit verbundenen Übergang der Schulaufsicht von der Kirche an die Landesherren und die Neugründungen zahlreicher Gymnasien erscheinen auch vermehrt Lehrer unter den Verfassern. Neben der zunehmenden administrativen Bedeutung der Landesherrschaft ist die stärkere Zunahme an Personengruppen, die Gelegenheitsdichtung verfassen, auch auf die gestiegene Zahl von Arbeitsstellen zurückzuführen, für die sich beispielsweise Lehrer dem Landesherren gegenüber geneigt machen konnten.[174] Somit ist eine Aufweitung des Verfasserspektrums zu konstatieren. Die meisten Verfasser lassen sich biographisch eindeutig identifizieren, einige von ihnen sind sogar darüber hinaus feste Größen der Wissenschafts- oder Kirchengeschichte und bereits erforscht. Nur einzelne Verfasser sind nicht identifizierbar, weil sie ihren Namen ausschließlich in Initialen anführen oder gänzlich anonym bleiben. Ihre Rolle innerhalb der lateinischen Dichtung des Herzogtums Braunschweig-Lüneburg muss ungeklärt bleiben.

Die Kreise von Verfassern und Widmungsempfängern sind ebenso im privaten Bereich zu finden. Oftmals lassen sich um die Person eines städtischen Patriziers oder Pastors exakte Personenkreise rekonstruieren, die die jeweils eigene Familie

---

[174] Vgl. GREIFF (2006), S. 55–56 und S. 58. Bei GREIFF (2006), S. 76 ist sogar eine Frau aus dem städtischen Bürgertum als Verfasserin von lateinischer Gelegenheitsdichtung belegt. Den durch die Reformation bedingten allgemeinen Wandel der Literaturproduktion vom klösterlichen Skriptorium hin zum Kreis akademisch ausgebildeter Pastoren, Lehrer, Juristen, Beamten, Professoren und Bürger beschreiben BEI DER WIEDEN/DIEHL (2009), S. 307 am Beispiel der frühneuzeitlichen Historiographie.

und den Freundes- oder Kollegenkreis abdecken. Beispielsweise schreibt~~somit~~ ein lutherischer Pastor, der selbst mit der Tochter des Bürgermeisters verheiratet ist, lateinische Gedichte für den privaten Anlass eines angesehenen anderen Bürgers, die Tochter des Pastors heiratet einen Lehrer der örtlichen Lateinschule, und alle beteiligten Männer widmen sich gegenseitig zu bedeutenden Ereignissen ihres Lebens wie Doktorpromotion, Heirat, Kindsgeburt oder Todesfall in der Familie diverse Gelegenheitsgedichte.[175] In vielen Fällen wird eine derartige persönliche Verbundenheit durch die im Titel enthaltene Formulierung *carmina ... scripta ab amicis* zum Ausdruck gebracht, beispielsweise in VD 16 S 2441, S 2442, S 2443, ZV 5219 und ZV 13815 sowie VD 17 23:264269S und 23:265067V. Diese Form von Familien- und Freundesnetzwerken ist aufgrund des verbindlichen Universitätsstudiums für lutherische Theologen im Gegensatz zum Ordensstudium der römisch-katholischen Theologen und dem infolgedessen hohen akademischen Bildungsstand besonders typisch für lutherische Regionen und Personengruppen, so dass durchaus von einer Oligarchisierung des Bildungsstandes zu sprechen ist.[176] Einzelne Biographien und Familiengeschichten wachsen auf diese Weise zu einem prosopographischen Kontext und Netz – gleichsam mit Knotenpunkten – zusammen. Für das gesamte Welfenland erweisen sich dabei einige wenige städtische Milieus und einige wenige Familien als besonders produktiv, von denen eine Auswahl im Folgenden in ihren Zusammenhängen und Bezügen unter Einbeziehung der Analyse des eigentlichen Gedichts in einer groben chronologischen Abfolge dargestellt werden.[177] Die Schwerpunktsetzung erfolgt dabei in den Jahrzehnten vor der Wende zum 17. Jahrhundert, da in dieser Zeit die Personenkreise noch relativ gut ermittelbar und voneinander abtrennbar sind, bevor im Laufe des 17. Jahrhunderts die Verflechtungen derart zunehmen, dass separate Personenkreise kaum noch als solche darstellbar sind. Personenkreise, die nicht von Verfassern

---

[175] Ähnliche Heiratskreise aus Berliner Leichenpredigten untersucht SCHMITZ (2004). DÜSELDER (1999), S. 21 beschreibt für das Oldenburger Land „eine kleine Gruppe von Gebildeten, Beamte und Pastoren in der Stadt, aber auch auf dem Lande", die ihren Einfluß geltend zu machen suchte.

[176] Vgl. NIEFANGER (2006), S. 58–59 und MÜNCH (1999), S. 120. Zur Bedeutung der lutherischen Pastoren, der Theologenausbildung an der Universität Helmstedt sowie zur Frage der kirchlichen Schulaufsicht im Zuge der Reformation im Herzogtum Braunschweig-Lüneburg und bei der Aufstellung der dortigen lutherischen Kirchenordnung vgl. BOKISCH (2003).

[177] Beispiele und Muster für die Rekonstruktion und Auswertung von Biographien aus den Lebensdaten sowie den Inhalten der gedruckten Gelegenheitsgedichte gibt GREIFF (2006), S. 62–76. Ebenfalls exemplarisch untersucht LUDWIG (2000), S. 9–10 gegenseitige Gedichtwidmungen von Heinrich Rantzau, Heinrich Meibom und Reinhard Reineck im schleswig-holsteinischen Kontext und rekonstruiert das Verhältnis der drei Männer zueinander.

ausgehen, sondern ausschließlich auf der Ebene der Widmungsempfänger nachweisbar sind, werden nicht berücksichtigt und anschließend gesondert behandelt. Andere Dokumente wie Texte in lateinischer Prosa oder in deutscher Sprache verfasste Schriften sowie Archivalien werden in den Fällen aufgenommen, wo sie der exemplarischen Vervollständigung eines Personenkreises dienen. Dies trifft besonders auf Leichenpredigten zu, die im Regelfall biographische Daten enthalten und zudem aus ihrer Natur heraus einen historischen Abschluss markieren. Die Datierungen der einzelnen Personenkreise richten sich weitgehend nach den Entstehungsjahren der lateinischen Gelegenheitsdichtung und geben somit eine grobe historische Begrenzung für die literarische Aktivität des jeweiligen Kreises. Biographische Daten und auch Daten weiterer Veröffentlichungen in lateinischer Prosa oder deutscher Sprache liegen oftmals außerhalb des genannten Zeitraums. Die Reihenfolge der Kapitel folgt dabei unter Trennung von Familien und Schulkollegien einer chronologischen Ordnung. Eine Ausnahme stellt der Personenkreis um Familie Peparinus dar, der in einem personellen Kontext der Helmstedter Akademiker steht und diesem Kapitel deshalb unchronologisch folgt.

3.1.1.   Personenkreis um die Familien Musäus und Hesshusen aus Braunschweig (1559–1598)

Aus der im Jahr 1550 geschlossenen Ehe des Simon Musäus d. Ä. (Lehrer in Nürnberg, Pastor in Fürstenwalde, Crossen und Breslau, Superintendent in Gotha und Eisfeld, Professor für Theologie in Jena, Superintendent in Bremen, Hofprediger in Schwerin, Superintendent in Gera, Thorn, Coburg, Braunschweig, Soest und Mansfeld, Reformator, * Vetschau 25.03.1521, † Mansfeld 11.07.1576) mit Margareta Adelhäuser (...) gehen elf Kinder hervor. Es sind dies Barbara, Johannes, Maria, Sara, Simon, Eva, Paulus, Adam, Samuel, Abraham und Margarethe.[178] Die zweite Tochter des Simon Musäus d. Ä., Maria (* Crossen 1552), heiratet am 30.05.1577 einen der ersten Professoren der Universität Helmstedt, den Theologen Daniel Hoffmann (Professor in Gandersheim und Helmstedt, * Halle an der Saale 1538, † Wolfenbüttel 30.11.1621).[179] Aus der Ehe gehen vier Söhne und

---

178   Zu Simon Musäus d. Ä. und seinen Nachkommen vgl. DORCHENAS (1993), GRESKY (1939), S. 5–12 sowie S. 31 (Stammtafel) und Tafeln 1–2 (Abbildungen), außerdem SCHIMMELPFENNIG (1886). Ein Verwandter ist vermutlich der am 19. November 1568 an der Universität Wittenberg immatrikulierte *Georgius Museus Vetscouiensis*. Dazu vgl. FÖRSTEMANN/HARTWIG (1894), S. 152b12.

179   Zu Hoffmann vgl. ZIMMERMANN (1926), S. 370, S. 374–375 und S. 423.

zwei Töchter hervor. Hoffmann vertritt gegen Melanchthon gemeinsam mit seinem Schwiegervater Luthers Abgrenzung der Theologie von der Philosophie, nachdem Melanchthon die Rückkehr zum Aristotelismus begünstigt hatte.[180] Daniel Hoffmann gibt im Jahr 1589 als führender Vertreter der *Academia Iulia* eine Gelegenheitsschrift auf den Tod des Herzogs Julius von Braunschweig-Lüneburg am 3. Mai heraus (VD 16 H 4177).

> PIAE EXEQVIAE ‖ Quas ad conhoneſtandum funus ‖ ILLVSTRISSIMI ‖ PRINCIPIS AC DOMINI ‖ D. IVLII, DVCIS BRVNSVI-‖CENSIVM AC LVNAEBVRGENSIVM &c. ‖ Fundatoris & Nutritoris ſui deſideratiſſimi, qui ‖ III. Maij in Chriſto placidè obdor-‖miuit ‖ ACADEMIA IVLIA ‖ Orationibus aliquot publicè habitis proſecuta est. ‖ Hoc tibi, Nata Patri, tua IVLIA ponit IVLI ‖ Aeternum fidei monumentum, ac pignus amoris. ‖ HELMSTADII, Typis Iacobi Lucij, Anno 1589.
> Helmstedt: Jakob Lucius d. Ä. 1589. [78] Bl.; 4°
> [Göttingen, SUB: *8 H BRUNSV 1123 (1)*]

Diese umfängliche Trauerschrift ist in lateinischer Prosa abgefasst und beginnt mit einem Eröffnungsschreiben des Herausgebers, das Hoffmann am 7. Juni 1589 zu Helmstedt unterzeichnet. Anschließend ist die *Oratio funebris* des Prof. Dr. theol. Johann Hedericus (= Heidenreich, Pastor in Iglau, Superintendent in Braunschweig, Professor in Helmstedt und Frankfurt an der Oder, * Löwenberg 21.04.1542, † Frankfurt an der Oder 31.03.1617) abgedruckt, der ebenfalls an der Universität Helmstedt wirkt.[181] Sie enthält auch mehrere Partien in Versen. Die dritte Schrift ist eine weitere *Oratio funebris*, die Johann Böckel (Arzt, herzoglicher Leibarzt, Professor in Gandersheim, erster Professor für Medizin in Helmstedt, Stadtphysikus in Hamburg, * Antwerpen 01.11.1535, † Hamburg 21.03.1605) verfasst.[182] Als vierter Text folgt der *ΕΠΙΤΑΦΙΟΣ ΙΟΥΛΙΟΥ* dessel-

---

[180] Vgl. LAU (1972).

[181] Vgl. SEEBAß/FREIST (1974), S. 121 und ZIMMERMANN (1926), S. 377.

[182] Vgl. ZIMMERMANN (1926), S. 370 und S. 408. Johann Böckel wurde am 13. August 1550 an der Universität Wittenberg immatrikuliert. Dazu vgl. FÖRSTEMANN (1841), S. 258*b*19. Ein wohl nicht identischer Mann gleichen Namens wurde am 5. Juni 1584 an der Universität Helmstedt immatrikuliert und wechselte im Jahr 1598 in die medizinische Fakultät, in der er am 3. November 1600 zum Dr. med. promoviert wurde. Vgl. ZIMMERMANN (1926), S. 46*a*33, S. 137*a*2 und S. 152*a*1. Johann Böckel war ein Bruder des David Böckel und ist auf einem nicht erhaltenen Portal der Universitätskirche St. Stephani in Helmstedt aus dem Jahr 1582 inschriftlich belegt. Dazu vgl. HENZE (2005), S. 150–151, dort Nr. 83. In derselben Kirche befand sich auch das nicht erhaltene Grabdenkmal seiner Enkelin Anna Maria Pfeiffer aus dem Jahr 1657,

ben Verfassers aus 82 daktylischen Hexametern in griechischer Sprache. Danach folgt die *Oratio funebris* des Mag. Hartwig Schmidenstet (Professor in Helmstedt, * Lüneburg 17.04.1539, † Lüneburg 31.07.1595).[183] Die sechste Schrift sind die *Threni sive lamenta* des Helmstedter Professors Mag. Simon Menz (* Quedlinburg 1538, † Helmstedt 14.12.1606).[184] Sie umfassen 152 iambische Senare. Auch der Geschichtsprofessor Reiner Reineck (Hofmeister in Schlesien, Professor in Helmstedt, * Steinheim 15.05.1541, † Helmstedt 16.04.1595) verfasst am 15. Mai 1589 eine weitere *Oratio funebris*, der er eine eigene Vorrede voranstellt.[185] Als achte Schrift folgen die *Exequiae* des Helmstedter Professors Mag. Heinrich Meibom d. Ä., die dieser am 2. Juni 1589 im Umfang von 430 daktylischen Hexametern verfasst. Der neunte Text ist wiederum ein Gedicht, das der Helmstedter Professor Mag. Heinrich Papenburger (Dr. theol., Professor für Griechisch in Helmstedt, Pastor in Wunstorf, Generalsuperintendent in Hannover, * Hildesheim 1558, † Wunstorf 10.06.1606) verfasst.[186] Seine *Ecloga Daphnis* besteht aus 187 daktylischen Hexametern in griechischer Sprache. Diese Sammlung von Gelegenheitsschriften wird von der *Oratio consolatoria* des Helmstedter Professors Giordano Bruno (* Nola 01.1548, † Rom 17.02.1600) beschlossen, die dieser am 1. Juli 1589 abfasst. Der Text enthält wiederum mehrere Partien in Versen. An dieser von Hoffmann herausgegebenen Sammlung wirken zu Ehren des verstorbenen Herzogs hochrangige Akademiker mit, die von der Landesuniversität aus ihren Landesherrn betrauern.

Außerdem ist Daniel Hoffmann noch Widmungsempfänger von drei Schriften mit Gelegenheitsgedichten. Zum Tod seines Sohnes Daniel, der am 12. August 1579 im Alter von vier Monaten stirbt, verfassen Basilius Sattler, Pankraz Krüger und Hartwig Schmidenstet *Carmina*, die im Jahr 1580 im Druck erscheinen (VD 16 S 1854 = K 2453).

---

auf dem diverse genealogische Zusammenhänge dargestellt sind. Dazu vgl. HENZE (2005), S. 256–257, Nr. 193.

[183]   Vgl. ZIMMERMANN (1926), S. 425–426.

[184]   Vgl. ZIMMERMANN (1926), S. 426. Vermutlich ein Bruder ist der am 21. September 1563 an der Universität Wittenberg immatrikulierte *Albertus Menzius Quedlinburgensis*. Dazu vgl. FÖRSTEMANN/HARTWIG (1894), S. 57a2.

[185]   Zu Reineck vgl. ZIMMERMANN (1926), S. 426–427 und ZIMMERMANN (1889a), zu seiner Familie besonders die abschließenden genealogischen Anmerkungen auf S. 19. Er wurde am 22. April 1561 an der Universität Wittenberg immatrikuliert. Dazu vgl. FÖRSTEMANN/HARTWIG (1894), S. 16b1. Reineck ist im Kontext eines inschriftlich überlieferten Gelegenheitsgedichts auch erwähnt bei HENZE (2005), S. 56, dort Nr. 0.3.

[186]   Vgl. MEYER (1942), S. 539 und MEYER (1941), S. 410. Für Hinweise zur Biographie vgl. ZIMMERMANN (1926), S. 429. Er wurde am 23. Oktober 1585 als Magister an der Universität Helmstedt immatrikuliert. Vgl. ZIMMERMANN (1926), S. 55b146.

CARMINA ‖ AB ‖ AMICIS MISSA ‖ ad ‖ Doctorem Danielem Hofma-
num, Theolo. ‖ Profefforem in Academia Iulia, lugentem præmaturum ‖
obitum filioli fui Danielis, qui quadrimeftris ‖ animulam dulcißimam in
manus optimi ‖ conditoris expirauit, ‖ XII. Augufti, Anni ‖ M. D. LX-
XIX. ‖ HELMSTADII ‖ EXCVDEBAT JACOBVS LVCIVS ‖ ANNO M.
D. LXXX.
Helmstedt: Jakob Lucius d. Ä. 1580. [4] Bl.; 4°
[Wolfenbüttel, HAB: *H: P 463.4° Helmst. (16)*]

Als erster Verfasser schreibt der Vizerektor der *Academia Iulia*, Mag. Basilius
Sattler (Professor Vizerektor der Universität Helmstedt, Pastor und Superintendent in Helmstedt, Kirchenrat und Hofprediger in Wolfenbüttel, * Neustadt an der
Linde 15.09.1549, † Wolfenbüttel 09.11.1624), ein *Epitaphium* aus 32 iambischen
Dimetern, das er als Pastor in Helmstedt unterzeichnet.[187] Das zweite Gedicht aus
23 elegischen Distichen ist als *EIΔΩΛΟΠΟIIA infantis defuncti ad patrem super-
stitem* betitelt und wird von Mag. Hartwig Schmidenstet aus Lüneburg gedichtet,
der zu diesem Zeitpunkt Professor für Rhetorik an der Universität Helmstedt ist.
Die folgenden sechzehn elegischen Distichen des dritten Epicedions stammen
von Mag. Pankraz Krüger (bis 1575 Rektor der Ägidienschule in Braunschweig,
dann Professor für Poesie in Helmstedt und Professor für Griechisch in Frankfurt
an der Oder, * Finsterwalde 12.05.1546, † Frankfurt an der Oder 23.10.1614),
ebenfalls Helmstedter Professor.[188] Aus allen drei Trauergedichten spricht die
kollegiale Nähe der drei Professoren zu Daniel Hoffmann, und den Versen ist ein
freundschaftlicher Umgang zu entnehmen. Die vier Männer verkehren deutlich
auf einer gesellschaftlichen Ebene.
Im Jahr 1597 schreibt Johannes Olearius (Professor für Hebräisch in Königsberg und Helmstedt, Superintendent in Halle an der Saale, * Wesel 17.09.1546,
† Halle an der Saale 26.01.1623), der Ehemann der Anna Hesshusen, für Daniel Hoffmann, den Onkel seiner Frau und seinen eigenen Universitätskollegen,

---

[187] Vgl. Seebaß/Freist (1974), S. 267, Zimmermann (1926), S. 371–372 und S. 425 sowie
       Zimmermann (1890a). Er wurde am 30. September 1577 Adjunkt der philosophischen
       Fakultät in Helmstedt, ebenda am 11. April 1586 zum Dr. theol. promoviert und am
       29. Mai 1586 ordiniert. Dazu vgl. Zimmermann (1926), S. 16a19, S. 58a1 und S. 62a2.
       Sattler ist als Helmstedter Superintendent nach Henze (2005), S. 421–426, dort Nr. 371
       in der Universitätskirche St. Stephani für das Jahr 1576 inschriftlich genannt.

[188] Zu Krüger vgl. Zimmermann (1926), S. 424–425 und Dürre (1861), S. 71 und Lau-
       chert (1883). Ein Verwandter ist vermutlich der am 27. November 1596 an der Uni-
       versität Wittenberg immatrikulierte *Casparus Krügerus Finsterwaldensis*. Dazu vgl.
       Förstemann/Hartwig (1894), S. 436a28.

Seiner Frau)

eine *Elegia consolatoria* auf den Tod eines Sohnes und einer Tochter (VD 16 O 638).[189]

ELEGIA ‖ CONSOLATORIA AD ‖ REVERENDVM ET ‖ CLARISSI-MVM VIRVM D. D. ‖ DANIELEM HOFFMANNVM. ‖ S. S. Theologiæ primarium in illuſtri ‖ ACADEMIA: IVLIA ‖ Profeſſorem, ‖ GRAVISSI-MO LVCTV ‖ EX CONIVGIS LECTISSIMAE ‖ Filij, & Filiæ dulciſsimæ obitu ‖ afflictum. ‖ Scripta à ‖ Iohanne Oleario s. s. Theo‖LOGIAE D. AFFINE. ‖ Halæ Saxonum ‖ 1 5 9 7. ‖ TYPIS Pauli Greberi. Halle an der Saale: Paul Gräber 1597. [4] Bl.; 4°
[Wolfenbüttel, HAB: *M: Db 2257 (48)*]

Margspielt

Diese *Elegia* aus 84 elegischen Distichen bezieht sich auf den namentlich genannten Sohn Daniel des Daniel Hoffmann sowie eine namentlich nicht genannte Tochter. Da der Name des Sohns und sein Tod in v. 31 als *recens* bezeichnet werden, muss vermutet werden, dass Hoffmann einen zweiten Sohn desselben Namens verliert.

In einem *Carmen gratulatorium* des Heinrich Meibom auf sechs Promovenden der Universität Helmstedt, denen am 30.05.1598 die Würde eines Doktors der Theologie verliehen wird, findet Hoffmann als *promotor* Erwähnung (VD 16 M 1927).

CARMEN GRATVLATORIVM, ‖ ad ‖ REVERENDOS, CLA=‖RISSIMOS VIROS, PIETATE, E-‖RVDITIONE DOCTRINAE, SAPI-‖lentiâ & virtute præſtantes, ‖ HENRICVM BOETHIVM Th. Lic. & profeſſorem, ‖ M. LAVRENTIVM SCHEVRLE, profeſſorem, paſtorem & ‖ generalem Sup. ‖ M. HENRICVM PAPAEBVRGERVM, generalem Sup. in-‖ferioris Ducatus Brunſuicenſis, ‖ M. IOHANNEM PANDOCHEVM, Eccleſiæ Northuſanæ pa-‖ſtorem primarium, ‖ M. CASPARVM PFAFRADIVM Montenſem VVeſtph. ‖ Theolog. Profeſſorem, ‖ M. GOTFRIDVM SLV-TERVM Veſalienſem VVeſtph. Eccleſiæ ‖ Göttingeſis paſtorem: ‖ Quibus XXX. die Maij Anno M. D. IIC. ſumma in Theolo-‖giâ dignitas ab ampliſſimo Collegio Theologorum ‖ academiæ Iuliæ ſolenni ritu attri-‖buta eſt, ‖ Promotore DANIELE HOFMANNO, Doctore Theologo, ‖ profeſſore primario. ‖ Scriptum ab ‖ HENRICO MEIBOMIO, Poëta Cæſario & ‖ Profeſſore Iulio. ‖ HELMAESTADII ‖ Excudebat hæredes

---

[189]   Zu Olearius vgl. Zimmermann (1926), S. 374 und Opel (1887). Er wurde am 12. Oktober 1578 an der Universität Helmstedt zum Dr. theol. promoviert. Dazu vgl. Zimmermann (1926), S. 21*a*1.

Die folgenden sechzehn phaläkeischen Hendekasyllaben des sechsten Gedichts sind der Terpsichore zugeschrieben, und das siebte Gedicht im Umfang von fünfzehn iambischen Dimetern bezieht sich auf Kalliope. Als achtes Gedicht folgen dreizehn daktylische Hexameter, die der Urania zugeschrieben sind. Das neunte Gedicht aus sechzehn phaläkeischen Hendekasyllaben bezieht sich auf die Muse Erato, und das zehnte aus 36 elegischen Distichen auf Polyhymnia. Das elfte Gedicht wird nicht mit einem Holzschnitt verziert und umfasst sechzehn elegische Distichen. Das Echo findet sich als dichterisches Prinzip jeweils am Ende des Pentameters, und das letzte Wort bezieht sich einem Echo gleich immer auf das vorletzte Wort des Verses oder den Abschluss des vorletzten Wortes. Diese Gelegenheitsschrift beschließen drei kurze Gedichte im Umgang von vier, sieben und 21 daktylischen Hexametern sowie das Gedicht *Author ad sponsum* aus drei elegischen Distichen. Die ersten elf Gedichte des Musenreigens enthalten gewissermaßen jeweils einzelne Elemente des gesamten Hochzeitsglückwunsches und beziehen sich auf das Brautpaar, den christlichen Segen für das Paar und auch die Hochzeitsgesellschaft.

Simon Musäus d. J. (Archidiakon von Querfurt, * Breslau 1555, † Querfurt 1585), der zweite Sohn des Simon Musäus d. Ä., wirkt im Jahr 1584 als Beiträger an einer deutschen Schrift des Johannes Choreander (Pastor in Wolfenbüttel) und des Johannes Strube (Rektor und Pastor in Wolfenbüttel, Hofprediger in Hessen am Fallstein, Superintendent in Bockenem, * Elbingerode 1557, † Bockenem 28.09.1622) zur Heirat von Albert Eberding (...) und Sophie Hedwig Hasenfuß (...) mit (VD 16 C 2285).[193]

ΓΑΜΗΛΙΟΝ, ‖ Oder ‖ Ehrengeſchenck auff ‖ den Hochzeitlichen Frewdentag des Ehr: ‖ vnd Achtbarn Alberti Eberdings / vnd ſeiner viel=‖geliebten Braut / Jungfrawen Sophien Hedwigen Haſen=‖ſues / des Erbarn vnd Wolachtbarn Herrn Eberhard Haſen=‖ſues Seliger / weilandt Fuᵉrſtlichen Braunſchweigiſchen ‖ Cammerern nachgelaſſener Tochter / Aus dem ‖ Erſten vnd Andern Capit. des Erſten ‖ Buchs Moſi / vberſchicket ‖ Von ‖ Johanne Choræandro Pfarhern ‖ in der Heinrichſtadt. ‖ Heinrichſtadt bey Conrad Horn / 1584.

Wolfenbüttel: Konrad Horn 1584. [35] Bl.; 4°
[Wolfenbüttel, HAB: *M: Db 1180*]

---

[193] Simon Musäus d. J. wurde am 23. Juni 1575 an der Universität Helmstedt immatrikuliert. Vgl. Zimmermann (1926), S. 6*a*52. Ein Student mit Namen Johannes Choreander wurde am 15. April 1597 an der Universität Helmstedt immatrikuliert. Es dürfte sich um einen Sohn handeln. Vgl. Zimmermann (1926), S. 130*a*118. Zu Strube vgl. Seebaß/Freist (1974), S. 314. Er ist vermutlich mit dem am 9. April 1586 an der Universität Helmstedt immatrikulierten *Elbingrodensis* identisch. Dazu vgl. Zimmermann (1926), S. 58*a*140.

Der Druck wird von einem als *Epigramma* betitelten Gedicht aus 39 daktylischen Hexametern eröffnet, das Mag. Johannes Strube als Wolfenbütteler Diakon unterzeichnet. Anschließend folgen der in deutscher Sprache von Choreander verfasste theologische Traktat bezüglich der Heirat sowie ein ebenfalls in deutscher Sprache von Simon Musäus d. J. geschriebenes Gebet *vom Heiligen Ehestande*.

Die älteste Tochter Barbara (* Fürstenwalde 1550, † nach 1601) des Simon Musäus d. Ä. heiratete bereits zuvor am 4. Februar 1566 in Gera den Dr. Tilman Hesshusen (Superintendent in Goslar, Professor für Theologie in Rostock und Heidelberg, Superintendent in Bremen, Magdeburg und Neuburg, Professor in Jena, Königsberg, Bischof des Samlandes, Professor in Helmstedt, * Niederwesel 03.11.1527, † Helmstedt 25.09.1588). Hesshusen, der durch Martin Chemnitz im Herzogtum Braunschweig-Lüneburg Schutz vor religiösen Wirren findet, hat drei Söhne und drei Töchter aus erster Ehe mit Anna von Bert (* Wesel 1533, † Wesel 07.1564) sowie zwei Kinder aus der zweiten Ehe.[194] Zu Hesshusens Heirat sind keine Epithalamien nachweisbar.

Als zuvor einer seiner Söhne im Kindesalter am 18.08.1559 in Heidelberg stirbt, verfasst Tilman Hesshusen ein lateinisches Epitaphium auf dessen Tod, das gemeinsam mit drei weiteren lateinischen Epigrammen anderer Dichter auf einem Einblattdruck in Heidelberg ohne Nennung des Namens des Kindes gedruckt wird (ohne VD 16 = Wolfenbüttel, HAB: *A: 95.10 Quod. 2° (135)*).

EPITAPHIVM ‖ INFANTIS TILEMANNI ‖ HESHVSII, SCRIPTVM A ‖ PATRE TILEMANNO ‖ HESHVSIO ‖ INFANS. ‖ [es folgt das Gedicht] ‖ EPIGRAMMA ‖ IOANNIS POSTII, INFANS, ‖ AD PATREM. ‖ [es folgt das Gedicht] ‖ ALIVD ‖ ADAMI GELPHII. ‖ LOQVITVR IN-FANS. ‖ [es folgt das Gedicht] ‖ ALIVD ‖ CAROLI HVGELII. ‖ [es folgt das Gedicht] ‖ Obijt. 18. die Augufti, Anno ‖ 1559. Heydelbergæ. ‖ HEYDELBERGÆ EXCV=‖debat Ióànnes Carbo.
Heidelberg: Hans Kohl 1559. [1] Bl.; 2°
[Wolfenbüttel, HAB: *A: 95.10 Quod. 2° (135)*]*

Der Textspiegel in zwei Spalten ist am oberen Rand ebenso wie an den beiden Seitenrändern und zwischen den beiden Spalten von breiten, üppigen Holzschnitten als Zierleisten umgeben. Als Motive sind diverse florale Bestandteile, zahlreiche

---

[194] Zu Tilman Hesshusen und seinen Nachkommen vgl. BAUTZ (1990*d*), SEEBAß/FREIST (1974), S. 130, DOLLINGER (1972), MEYER (1941), S. 339, FROTSCHER (1938), ZIMMER-MANN (1926), S. 372–374 und GAß (1880). Er wurde im April 1546 ohne genaue Tagesangabe als *Thilomannus Huieshusen Wesalien[sis]* an der Universität Wittenberg immatrikuliert und besuchte auch diverse andere Universitäten. Dazu vgl. FÖRSTEMANN (1841), S. 230*b*20.

putti und reale wie erfundene Tiere zu erkennen, beispielsweise verschiedene Vögel und Hippokampen.

Das als *Epitaphium* überschriebene Gedicht des Vaters besteht aus acht elegischen Distichen und ist mit der Betitelung *Infans* versehen. Es lässt somit den begrabenen Sohn aus dem Grab heraus wie eine fiktive Grabinschrift sprechen. Die Glieder des Körpers seien im Grab zur Ruhe gekommen, und seine Seele habe sich zur *aethera sedes* begeben, wo Christus den Verstorbenen nach seinem kurzen Leben angenommen habe. Anschließend wird Tilman Hesshusen als Vater und Theologe namentlich genannt, dem der Verstorbene nachfolge, der sich vom Sündenfall des alten Adam belastet fühlte. Erst die Taufe habe ihn *fœlix* gemacht und mit heiligem Wasser gewaschen, so dass er jetzt die *legis tristia verba*, die in Gen. 3,19 getroffene Entscheidung der Sterblichkeit des Menschen, nicht mehr fürchte. Christus sei seine *iustitia*, seine *vita*, sein *salus*, zu dem er jetzt zum ewigen Leben zurückkehre:

Inque tuos dulces amplexus Christe recurro,
Nunc licet aeternum vivere, cumque Deo.

Das *Epitaphium* zeigt in den Worten, die der Vater als Theologe seinem Sohn in den Mund legt, eine durch tiefe Religiosität geprägte Vorstellung des Todes. Der Vater klagt nicht über den Tod seines Kindes, stellt nicht dar, welche Lebensereignisse dem Sohn verloren gegangen sind, sondern lässt sein Kind selbst das Erreichen der *aethera sedes* schildern. Es ist selbstverständlich, dass Hesshusen in das Gedicht auch seine eigene Hoffnung auf die Annahme durch Christus nach dem Sterben projiziert.

Das zweite Epigramm aus neunzehn elegischen Distichen stammt vom Humanisten und späteren Arzt Mag. Johann Post (* Germersheim 15.10.1537, † Mosbach 24.06.1597), der es ebenfalls aus der Perspektive des verstorbenen Kindes an den Vater richtet.[195] Letzterer, apostrophiert als *chare parens*, möge aufhören, den Tod zu betrauern und zu beweinen. Er solle nicht Tag und Nacht mit *tristis ... gemitus* verbringen, nachdem ihm bewusst geworden sei, dass das kindliche Leben nach der *humana ... lex* geschaffen war und sich einem *fatum* stellen musste, was sich auf die Erkenntnis der Vergänglichkeit des Lebens bezieht. Anschließend refe-

---

[195]   Johann Post wurde am 1. Mai 1554 an der Universität Heidelberg immatrikuliert und erlangte ebenda am 9. Juni 1556 das Bakkalaureat. Dazu vgl. TOEPKE (1886), S. 1*a*21. Nach seiner Magisterpromotion wird Post am 20. Juni 1558 als *Magister* in Heidelberg für das Theologiestudium immatrikuliert, bevor er ab 1560 Lehrer am neugegründeten Heidelberger Pädagogium wird. Dazu vgl. TOEPKE (1886), S. 546. Für weitere biographische Informationen zu Post vgl. KARRER (2001), KARRER (1993), S. 47–115 und WEGELE (1888).

riert Post ab v. 9 den biblischen Schöpfungsbericht und nennt die Erschaffung des Menschen aus *lutum* sowie die Eingebung der *aeterna anima* und den von Satan herbeigeführten Sündenfall. Diese Basis habe Christus jedoch durch seinen Tod und mit seinem Blut für die Menschen gesühnt. Der stark argumentative Gegensatz wird durch *at* eingeleitet und durch die nachfolgenden positiven Christusattribute weiter verstärkt:

> *At Christus, dulcis Christus, mens alta Parentis,*
> *Attulit optatam nos miseratus opem,*
> *Ablutosque, Patri, proprio nos sanguine, sistit,*
> *Et Regni haeredes efficit ipse sui.*

Das Partizip *ablutus* erinnert dabei deutlich an das zuvor genannte *lutum*, so dass die Reinigung des Menschen durch das Blut Christi und infolgedessen die Nachfolge Christi die intendierte Aussage ist. Die *haeredes Regni* seien somit diejenigen Menschen, die das Wort Gottes angenommen hätten. Besonders in diesen Versen scheint das Gedicht vom fiktiven verstorbenen Redner losgelöst und steht vielmehr als Trostgedicht des Verfassers an Tilman Hesshusen selbst. Erst ab v. 23 erscheint das Gedicht wieder deutlich als fiktive Aussage des Verstorbenen an den eigenen Vater, weil durch mehrfache Nennung des flektierten Personalpronomens *mihi* sowie durch dessen Nominativ *ego* die Erzählposition des Sohnes explizit betont wird. Unter der Führung Christi sei er in das Reich Gottes gelangt, das der Verfasser als deutliche Parallele zur tatsächlichen Welt zeichnet:

> *Hic alius pater est, alia est mihi patria coelum,*
> *Est alius dulci qui vocat ore suum.*

Im Reich Gottes habe der verstorbene Junge einen anderen Vater und eine neue Heimat gefunden, in der die *Pax ... dulcis* und die *alta quies* herrschten und ein *vivus & ... spirans ... Amor*, ein *dulcis Amor*, alle erfreue. Der Vater, in Korrespondenz zu v. 1 jetzt apostrophiert als *chare pater, pater o dulcissime*, möge am *fatum* seines Sohnes nicht Schmerzen leiden. Diese direkte Anrede leitet Post in v. 33 mit *ergo* ein und erstellt somit eine argumentative Linie aus einleitender Darstellung des Todes, mit *at* eingeleiteter Gegendarstellung der Sühne Christi und der mit *ergo* eingeleiteten abschließenden Erklärung, der Vater müsse nicht weitertrauern. Vielmehr könne er die *curas ... ac taedia* der traurigen Mutter mit seinem Beistand lindern. Dem Sohn selbst, der sich im vorletzten Vers mit *vale* verabschiedet, werde hingegen eine *aeterna ... pax* gegeben. Bei der Gesamtbewertung des Epigramms darf nicht übersehen werden, dass aus dem Gedicht vordergründig der Sohn des Tilman Hesshusen spricht, natürlich aber auch die Perspektive des Johann Post in diesen Aussagen verborgen ist und der Verfasser gleichermaßen auch aus den Worten seiner Verse spricht.

Der Rektor der Katharinenschule in Oppenheim Mag. Adam Gelph (* Seligenstadt) ist der Verfasser des dritten Epigramms aus vier elegischen Distichen, das er ebenfalls aus der Perspektive des verstorbenen Sohnes schreibt.[196] Er lässt ebenfalls das Kind gleichsam aus einer Grabinschrift als *parvulus Hesshusius* sprechen und macht in v. 3–4 nähere Angaben zu den Lebensdaten des Jungen:

> *Vix mihi iam pleno bis Luna refulserat orbe,*
>   *Ex cunis infans in cava busta feror.*

Der im ganzen Druck namentlich nicht genannte Sohn des Tilman Hesshusen hat demnach nur knapp zwei Monate gelebt und wurde aus der Wiege ins Grab gelegt. Anstelle der Milch der Mutterbrüste vergieße die Mutter jetzt Tränen für ihren Sohn, und an seinem Sarg sitze jetzt eine Muse, die die *munera danda* gewähre.

Das vierte und letzte Gedicht schreibt der spätere Jurist Mag. Karl Hugel (* Heidelberg).[197] Es besteht aus fünf elegischen Distichen und ist dem Titel nach als einziges der vier Gedichte nicht als Epitaphium aus der Sicht des verstorbenen Sohnes verfasst, sondern beginnt mit einem Christus-Wort in Anlehnung an Mt. 5,9 und Mt. 19,14:

> *Christus ait: pueros animo complector amico,*
>   *Illis celsa mei nam patet aula throni.*

Ab v. 3 beginnt Hugel eingeleitet mit *ergo* dazu seine Exegese. Die *fata*, denen sich der Sohn des Tilman Hesshusen habe fügen müssen, seien dem Willen Gottes gefolgt, wenngleich der Sohn seinem Vater zuvor *nova ... gaudia* verschafft habe. Niemand könne bezweifeln, dass der Sohn jetzt mit seinem Vater ein gemeinsa-

---

[196]   Adam Gelph entstammte einer aus Dieburg kommenden Familie und wurde selbst am 4. Juli 1552 als *Salingostadius* an der Universität Heidelberg immatrikuliert und erlangte ebenda am 26. November 1554 das Bakkalaureat. Dazu vgl. Toepke (1884), S. 615*a*3 und die genealogische Online-Ressource unter http://www.ritger.com/genealogy/getperson.php?personID=I19315&tree=RITTGER (Stand: 3. Dezember 2009). Er wurde am 12. August 1556 in Heidelberg zum Magister promoviert und hatte das Amt des Rektors in Oppenheim ab dem Jahr 1557 inne. Dazu vgl. Toepke (1886), S. 462*a*3.

[197]   Karl Hugel aus Heidelberg wurde am 17. August 1552 an der Universität Heidelberg immatrikuliert und erlangte ebenda am 10. Juni 1553 das Bakkalaureat. Dazu vgl. Toepke (1884), S. 615*a*19. Er wurde am 12. August 1556 in Heidelberg zum Magister promoviert. Am 25. August 1562 erfolgte seine juristische Doktorpromotion. Dazu vgl. Toepke (1886), S. 462*a*2 und S. 543.

mes Spiel im Lob Gottes treibe und zwar mit *angelica ... corona*, jedoch frei von
den *labes* seines Lebens. Dieses Trauergedicht ist als Trost an den Vater verfasst,
dem die Vorstellung vermittelt wird, er als Theologe und sein verstorbener Sohn
im Reich Gottes würden beide auf ihre Art dem Gotteslob dienen. Das einleitende
Christus-Wort dient dabei als Erklärung des Todes.
Alle vier Gedichte entsprechen der Vorstellung des frühen Todes als positives Götterzeichen nach Plaut. *Bacch.* 4,7,18 (= 816). Bei der Bewertung des gesamten
Einblattdruckes darf nicht übersehen werden, dass aus den drei Gedichten, die
Tilman Hesshusen während seiner Zeit als Professor für Theologie an der Univer-
sität Heidelberg gewidmet werden, auch die ihm entgegengebrachte persönliche
Wertschätzung der drei Dichter hervorgeht, die allesamt zur gleichen Zeit in Hei-
delberg studieren und vermutlich miteinander befreundet sind.
Zur Heirat von Anna Hesshusen (* 1560, † Halle an der Saale 10.04.1600), einer
Tochter des Tilman Hesshusen aus der ersten Ehe, mit Dr. theol. Johannes Olearius
am 12. Oktober 1579 werden mehrere Glückwunschgedichte in insgesamt fünf
Drucken von den Brüdern der Braut und akademischen Kollegen des Bräutigams
verfasst.[198] Der Bräutigam ist seinerseits Verfasser diverser lateinischer Gedichte.
Gottfried und Heinrich Hesshusen schreiben für ihren Schwager und ihre Schwester zur Heirat *Carmina gratulatoria*, in denen sie auch die Promotion des Bräutigams in Theologie rühmen (VD 16 H 2973).

CARMINA GRATVLATORIA ‖ IN HONOREM REVE=‖RENDI ET
CLARISSIMI ‖ VIRI, IOHANNIS OLEARII, S. S. ‖ THEOLOGIAE &
HEBREAE LINGUAE IN A-‖CADEMIA IVLIA PROFESSORIS: CVM
EI & ‖ inſignia Doctoris in facultate Theologica conferrentur: & ‖ fœdere
jugali pia ac honeſta virgo ANNA, Reueren-‖di & clariſſimi viri Tilema-
ni Heshuſii, Theo-‖logiæ Doctoris et Profeſſoris in inclyta ‖ Academia
Iulia primarij, filia ‖ iungeretur: ‖ Scripta ab ‖ AFFINIBVS, HESHVSII
FILIIS. ‖ HELMSTADII ‖ EXCVDEBAT IACOBVS LVCIVS. ‖ Anno
M. D. LXXIX.
Helmstedt: Jakob Lucius d. Ä. 1579. [4] Bl.; 4°
[Wolfenbüttel, HAB: *H: 121 Helmst. Dr. (7)*]*

Vor das erste Gedicht ist nochmals die Betitelung *Carmina gratulatoria* als Überschrift gesetzt. Das erste Glückwunschgedicht im Umfang von 39 elegischen Distichen schreibt Mag. Gottfried Hesshusen (Hofprediger in Emden und Aurich,
Pastor und Superintendent in Münder und Minden, * Goslar 1554, † Minden 1625)

---

[198]   FROTSCHER (1938), S. 119 nennt Wesel, Braunschweig und Magdeburg als mögliche
Geburtsorte der Anna Hesshusen.

auf seine Schwester und seinen zukünftigen Schwager.[199] Er beginnt sein Epithalamion mit der sich über v. 1–3 erstreckenden Gegenüberstellung, dass Rosen eine Dornenhecke anmutig machten, an einem Regentag die im Gott Apoll personifizierte Sonne strahle und jemand, der durch die nicht vorhersehbare *adversa … sors* eine Wunde zugefügt bekomme, dennoch auf die *munera laeta* Gottes hoffen könne. Jede diese drei Gegenüberstellungen wird durch das Adverb *saepe* verstärkt. In v. 5 folgt die vom Dichter fingierte Frage, wer denn diesen Beobachtungen widersprechen könne. Schließlich sei kein Mensch ohne Grund *beatus* und niemand ohne Grund *miser*. In Hesshusens postulierter *beatitudo* scheinen die Aussagen Jesu aus der Bergpredigt nach Mt. 5,3–12 und Lk. 6,20–23 anklingen zu sollen. Anschließend werden die einander gegenübergestellten Paare fortgesetzt: die *aliena … fortuna* erfreue, während die *domestica* Qual bereite. Das Schicksal der Freunde bedränge, während das eigene günstig eingestellt sei. Wenn der Körper ermattet sei, werde der Mensch durch die *gaudia mentis* wieder gekräftigt. Hesshusen setzt diese Gegenüberstellungen noch weiter fort und leitet dann ab v. 13 zu alttestamentlichen Beispielen weiter. Abraham habe gemäß Gen. 11,31–32 seinen Vater Terach und seine Söhne hätten ihrerseits gemäß Gen. 23,1–2 ihre Mutter Sara verloren, und dennoch habe Isaak durch den als *caelipotens* bezeichneten Gott gemäß Gen. 24 die angestrebte Ehe mit Rebekka und dadurch nach Gen. 24,67 sogar Trost über den Tod seiner Mutter erhalten. Danach spielt Hesshusen auf die königszeitliche Geschichte von David und dem Ehepaar Nabal und Abigajil zur Zeit Sauls gemäß 1. Sam. 25 an und erwähnt den Ausweg der Frau aus ihren *casus … amari*, jedoch nicht explizit ihre Heirat mit David, nachdem Nabal durch das Wirken Gottes getötet ist. Nach diesen reichhaltigen Anmerkungen zur Umwendung einer negativen zur positiven Situation wendet sich Hesshusen in v. 27–32 erstmals in direkter Anrede seinem zukünftigen Schwager zu:

Vos quoque concordes animae, clariβime Doctor,
Tuque soror cordis pars quotacunque mei,
Foedere quos Christus iunxit nunc rite iugali
Vos similes constat sustinuiβe vices,
Prospera sed tandem nunc lux aliquando refulget
Post tot tristificos & sine sole dies.

---

[199] Zu den biographischen Daten des Gottfried Hesshusen vgl. Bauks (1980), S. 206, Meyer (1942), S. 158, Meyer (1941), S. 38 und Frotscher (1938), S. 116. Er wurde im Jahr 1569 an der Universität Jena immatrikuliert, wechselte später am 14. August 1577 gemeinsam mit seinem Bruder Heinrich Hesshusen an die Universität Helmstedt und erlangte ebenda den Magistergrad. Dazu vgl. Mentz/Jauernig (1944), S. 155 sowie Zimmermann (1926), S. 14a108.

Diesen Versen ist zu entnehmen, dass das familiäre Umfeld des Brautpaars von einem tragischen Schicksalsschlag getroffen worden ist, und Hesshusen nennt in v. 33 dafür die *fortuna adversa parentis* als Grund. Es ist anzunehmen, dass Johannes Olearius kurz zuvor seinen Vater verloren hat, und Hesshusen wünscht im Folgenden, dass dieses traurige Jahr durch die Heirat jetzt noch zu einem *laetior annus* werde. In v. 43 erwähnt Hesshusen auch die am selben Tag erfolgte theologische Promotion des Bräutigams, die ebenfalls durch das Wirken Gottes erreicht worden sei. In v. 55 schließen sich seine Segenswünsche für ein langes gemeinsames Leben des Brautpaares an, in dem die Braut für ihren Mann die *honesta ... & amoena voluptas* ebenso bewirken solle wie sie die *cuncta molesta* von ihm fernhalten möge. Anschließend bezeichnet der Verfasser die Ehefrau bis v. 64 weiterhin als *comes in laetis ... rebus* und *adiutrix ... fidißima* ihres Mannes. Ab v. 65 wendet sich Gottfried Hesshusen mit *vivite felices* beiden Ehepartnern zu und wiederholt seine Wünsche für ein langes gemeinsames Leben. Sie mögen zudem ihre *pectora bina ... in uno* verbinden, was sich auf Gen. 2,24 bezieht. Somit fordert der Dichter abschließend Nachkommen für seine Schwester und seinen Schwager, die er als Zweige des Ölbaums bezeichnet. Dieses Bild bezieht sich einerseits auf den Familiennamen des Bräutigams und andererseits sicherlich auch auf den in anderen Epithalamien häufig zur Heirat interpretierten Text aus Ps. 128. Gottfried Hesshusen merkt im letzten Distichon an, diese Nachkommen sollten die *pietas* ihres Großvaters Hesshusen bezeugen. Dieses Epithalamion zeigt aufgrund des Verwandtschaftsverhältnisses von Verfasser und Widmungsempfängern eine große persönliche Nähe und emotionale Verbundenheit, so dass dieses Hochzeitsgedicht nicht als durch bekannte, topische Aspekte geprägte Pflichtübung erscheint.

Mag. Heinrich Hesshusen (Dr. theol., Professor in Helmstedt, Pastor und Superintendent in Gräfentonna, Königsberg und Hildesheim, * Magdeburg 1557, † Hildesheim 15.10.1597 [Pest]) verfasst das zweite Glückwunschgedicht desselben Drucks in griechischer Sprache.[200] Es hat einen Umfang von 61 daktylischen Hexametern.

Als Glückwunsch schreibt ebenfalls Pankraz Krüger eine *Paraphrasis* über die Paradieserzählung aus Gen. 2,15–3,24 (VD 16 K 2460).

---

[200]   Vgl. MEYER (1941), S. 501. FROTSCHER (1938), S. 118 und ZIMMERMANN (1926), S. 425 nennen Rostock als vermutlichen Geburtsort. Heinrich Hesshusen wurde am 14. August 1577 gemeinsam mit seinem Bruder Gottfried Hesshusen an der Universität Helmstedt immatrikuliert und wurde ebenda am 27. April 1579 zum Magister promoviert. Vgl. ZIMMERMANN (1926), S. 14a109 und S. 21b2.

PARAPHRASIS SECVNDAE ‖ DEI CONCIONIS, AD PRIMOS PA-
RENTES ‖ noſtros in Paradiſo habitæ, ‖ AD REVERENDVM AC ‖
CLARISS. D. IOHANNEM OLEA-‖RIVM, S. THEOL. DOCTOREM,
HEBRAEAE-‖QVE LINGVAE PROFESSOREM IN ACA-‖demia Julia:
& ornatißimam virginem AN-‖NAM HESHVSIAM, ejus ‖ Sponſam: ‖
Scripta à ‖ M. PANCRATIO CRVGERIO FINSTER-‖VALDENSI,
eiuſdem Academiæ ‖ Profeſſore. ‖ HELMESTATI ‖ EXCVDEBAT JA-
COBVS LVCIVS. ‖ Anno M. D. LXXIX.
Helmstedt: Jakob Lucius d. Ä. 1579. [6] Bl.; 4°
[Wolfenbüttel, HAB: *H: 121 Helmst. Dr. (8)*]

Krügers Gedicht umfasst 54 alkäische Strophen und stellt Adam und Eva als erstes menschliches Paar gleichsam als Prototypen der von Gott gegebenen Ehe dar.
Johannes Olearius und Anna Hesshusen werden zu diesem ersten Paar in Bezug
gesetzt und ihre Heirat dementsprechend als gottgegeben gedeutet.
Einen *Cento Vergilianus* verfasst der bereits mehrfach erwähnte Helmstedter Professor Heinrich Meibom für seinen Kollegen zur Heirat (VD 16 M 1932).

CENTO VERGILIANVS ‖ IN HONOREM NV=‖PTIARVM REVE-
RENDI ‖ ET CLARISSIMI VIRI D. IOHAN=‖NIS OLEARII VVESA-
LIENSIS, SACRAE ‖ Theologiæ Doctoris, & Profeſſoris in illuſtri ‖
Academia Iulia: & caſtiſimæ virginis ‖ ANNÆ HESHVSIÆ, ‖ Tilemani
V. C. ‖ filiæ: ‖ Scriptus ab ‖ HINRICHO MEIBOMIO ‖ Lemgovienſi. ‖
HELMSTADII ‖ EXCUDEBAT JACOBVS LVCIVS. ‖ Anno M. D. LX-
XIX.
Helmstedt: Jakob Lucuis d. Ä. 1579. [4] Bl.; 4°
[Wolfenbüttel, HAB: *H: 121 Helmst. Dr. (9)*]*

Meibom betitelt seinen Glückwunsch als *Chorus Musarum* und verfasst unter dem
Namen jeder Muse jeweils ein kurzes Gedicht aus daktylischen Hexametern. Im
Gegensatz zu sonstigen *centones* sind im Druck Meiboms die vergilischen Verse
nicht mit Stellenangaben gekennzeichnet. Gemäß der Vorstellung des Apoll als
μουσαγέτης nach Ps.-Verg. *Cul.* 11–12 stellt er dem dichterischen Musenreigen
ein Gedicht bezüglich dieses Gottes voran. In dem Gedicht aus acht Versen lässt
er Apoll die Musen anrufen, die Liebe zu besingen, wobei die prominente He-
xameterhälfte *paullo majora canamus* aus Verg. *ecl.* 4,1 verwendet. Johannes Olearius wird ebenso wie der Rutulerkönig Turnus in Verg. *Aen.* 12,19 als *praestans
animi juvenis* gerühmt, dem alle Musen ihre Weissagungen und den *unus honos de
more vetusto* entgegenbringen wollten. Der Verfasser lässt Kalliope, die Muse der
epischen Dichtung, das erste Musengedicht aus acht Versen sprechen, das mit *in-*

vocatio divini auxilij überschrieben ist. Der einleitende Anruf *omnipotens genitor* aus Verg. *Aen.* 10,668 wird in diesem Zusammenhang auf den christlichen Gott umgedeutet, der der Eheschließung des Johannes Olearius mit der Anna Hesshusen zugegen sein und beider eheliches Bündnis bekräftigen soll. Diese hohe Form der an eine Gottheit gerichteten Apostrophe und die Bitte um göttlichen Beistand sind dem epischen *sujet* angemessen. Meibom beschließt das Gebet der Kalliope mit dem Wunsch, das Brautpaar möge durch das Wirken Gottes Nachkommen erhalten, und bittet mit der textlichen Abwandlung *auxilium* statt *augurium* nach Verg. *Aen.* 2,691: *da deinde auxilium, pater.* Die folgenden zwölf Hexameter legt Meibom der Klio, der Muse der Geschichtsschreibung, in den Mund und überschreibt sie als *gratulatio ad sponsum.* Erneut wird Olearius als *praestans animi juvenis* angerufen, der von der Göttin Pallas Athene seine Gelehrsamkeit empfangen habe. Er gereiche seiner Familie zum *decus omne* und besitze *gloria, flos* und *virtus.* Danach wird die Erscheinung seiner Braut beschrieben, die mit wenigen positiven Worten gerühmt wird und mit der er sich verbinden solle. Die anschließenden acht Verse verfasst Meibom aus der Sicht der Muse der Komödie, der Thalia. Diese *gratulatio ad sponsam* wendet sich jetzt der Perspektive der Anna Hesshusen zu, die nach Verg. *Aen.* 6,104 und *Aen.* 11,536 mit *o virgo ...* angerufen und somit neben die vergilische Sibylle beziehungsweise die Camilla gestellt wird. Sie sei von guter *fama* und einem würdigen Mann anverbunden. Die als *nymphae* genannten Musen brächten ihr dabei ihre Gaben entgegen. Die Braut erhalte von den Göttern ein gemeinsames Leben mit ihrem Bräutigam, so dass beide *una salus* ohne Furcht erhielten. Nach diesen beiden knappen, an das Brautpaar gerichteten Abschnitten sind die folgenden siebzehn Verse aus Sicht der Euterpe, der Muse des Flötenspiels, *ad D. Heshusium* gerichtet, betreffen also den bedeutenden Vater der Braut. Analog zum Hirten Tityrus in Verg. *ecl.* 1,46.51 wird er eingangs als *fortunate senex* angerufen. Anschließend deutet Meibom die auf den römischen Staat bezogenen Worte *magno turbante tumultu* aus der Ahnenschau in Verg. *Aen.* 6,857 durch die gedruckte Bezeichnung mit *Luth.* am Rand auf die Sache der lutherischen Theologie in Opposition zur römischen Kirche und hebt dann mit mythologischen Anspielungen zum Lob auf den Brautvater an, der zu diesem Zeitpunkt bereits als Theologieprofessor in Helmstedt wirkt. Er sei ein Mann von *pietas, prisca fides* und *vivida virtus,* dessen Name solange Ehre und Lob verdiene, wie das Wildschwein die Berge und der Fisch die Flüsse liebe, was dem Wettgesang der Hirten Mopsus und Menalkas in Verg. *ecl.* 5,76–78 entnommen ist. Erato, die Muse des Gesangs und des Tanzes, lässt Meibom eine sehr freie Paraphrase von Ps. 128 in siebzehn Versen sprechen, die er mit den Worten *felix qui potuit* aus Verg. *georg.* 2,489 einleitet und damit deutlich in die Nähe des tatsächlichen Psalmbeginns stellt. Im Mittelpunkt der Aussage des Psalms wie auch des Gedichtabschnitts stehen die menschlichen *labores,* die unter göttlichem

Schutz betrieben werden sowie die Rolle der Braut als Gebärerin des ehelichen Nachwuchses. Dabei führt der Verfasser jedoch nicht die in Ps. 128,3 beschriebene Metaphorik des treibenden Weinstocks aus, sondern beschränkt seine Verse ausschließlich konkret auf die Nachkommenschaft. Erst den Abschluss aus Ps. 128,5–6 stellt Meibom wieder eng an die biblische Vorlage angelehnt dar:

> *Et nati natorum, & qui nascentur ab illis,*
> *Accipiens requiem pugnae, rebusque salutem.*

Die Verse Heinrich Meiboms stehen wesentlich freier neben dem biblischen Text als beispielsweise die Verse des Martin Chemnitz d. J. über dieselbe Bibelstelle anlässlich der Heirat des Heinrich von der Luhe mit der Elisabeth von Platen wenige Jahre zuvor (1575, VD 16 C 2186). Meibom gelingt es, den großen Rahmen des Psalms nachzugestalten, im Detail jedoch diverse eigene Gedanken und Formulierungen einzuflechten. Wichtig ist besonders, dass er die dreifache Charakterisierung des Bräutigams als *felix* darstellt und dadurch ähnlich wie in Ps. 128 das besondere Glück des Ehemanns hervorhebt. Der Polyhymnia, der Muse der Pantomime, legt der Dichter die anschließende Passage aus achtzehn Versen in den Mund, die er als *nocumenta Veneris inconcessae* überschreibt und mit einer Episode aus dem Troia-Stoff ausschmückt. Dazu beschreibt er zunächst die zehnjährige Belagerung der Stadt, ihre anschließende Erstürmung und das Schicksal der beteiligten Personen. Ergebnis sei eine Schwächung der *vires animi* und des *vigor* gewesen. Meibom spielt mit dieser Episode auf die Hochzeit von Peleus und Thetis an, auf der der Streit um den viel zitierten mythologischen Zankapfel entbrannte und in einer Götterversammlung die Göttin Venus zur schönsten Frau bestimmt wurde, was schließlich den Troianischen Krieg nach sich zog, nachdem der troianische Königssohn Paris die Königin Helena von Sparta geraubt hatte. Der Dichter führt somit vor, welche Folgen und welchen Schaden eine *Venus inconcessa* nach sich ziehen kann und lässt den Leser die Eheschließung des Brautpaares dem entgegengesetzt gleichsam als *Venus concessa* erkennen. Die darauffolgenden zehn Verse spricht Melpomene, die Muse der Tragödie. Sie sind mit *dehortatio a libidine* betitelt und enthalten eine Warnung vor den *priscae vestigia fraudis*, was eine Anspielung auf die Sündenfallgeschichte nach Gen. 3 darstellt. In diesem Abschnitt deutet Meibom somit die Vorlage aus Verg. *ecl.* 4,31, die sich auf die Epoche vor dem angekündigten goldenen Zeitalter bezieht, biblisch um und richtet den Blick auf die Gefahren des Verlangens, die den menschlichen Blick erblinden ließen. Dann spricht er sich aber selbst noch gegen diese Folgen aus, da das Brautpaar ihre *vota ... sera* an Gott richten werde, was intendiert, dass beider Handeln bezüglich ihrer *libido* mit göttlicher Einwilligung geschieht und eben nicht auf plumper Verführung einerseits und Lust andererseits basiert. Terpsichore, die Muse der Chordichtung und des Tanzes, lässt Meibom die nächsten sieben Hexameter *ad sponsum & ad sponsam* sprechen.

Gemäß Verg. *Aen.* 3,493 sollten beide Brautleute als *felices* und *beati* leben. Ihnen solle Ruhe zukommen und für sie *domus* und *patria* sein. Beide sollten erhalten, was sie erwünschten, und beide sollten sich ihr Glück bewahren können. Als letzte der Musen setzt der Dichter Urania, die Muse der Astronomie, ein und lässt sie sieben Verse *ad convivas* richten. Die Gäste der Hochzeitsgesellschaft mögen das Brautpaar mit Kränzen umwinden und Becher als Zeichen des Zutrinkens gewähren. Bei der Beschreibung der Atmosphäre findet dabei *nobis haec ocia fecit* aus Verg. *ecl.* 1,6 Verwendung und eröffnet den Blick in die idyllische Welt der Bukolik. Im Anschluss an seine zehn kurzen Gedichte aus der Sicht des Apoll und der neun Musen setzt Heinrich Meibom eine *conclusio*, in deren einem Vers er darlegt, als Dichter den Gottheiten ausreichend Worte zugesprochen zu haben. Seine dichterische Idee, der Heirat seines Universitätskollegen Johannes Olearius und der Anna Hesshusen zehn kurze musische Gedichte zu widmen, ist gleichermaßen originell wie künstlerisch gelungen. Anstatt sein eigenes Ich aus oftmals bedienten Bildern und Klischees der Epithalamiendichtung sprechen zu lassen, setzt Meibom mit seinen Versen gleichsam einen dichterischen Musenreigen in Bewegung, der anlässlich der Hochzeitsfeier auftritt.

Auch der nicht weiter belegte Heinrich Schele (* Lübeck, †1622) dichtet ein Epithalamion auf Johannes Olearius und Anna Hesshusen (VD 16 S 2538).[201]

EPITHALAMIVM, ‖ IN HONOREM THA=‖LAMI CONIVGALIS RE=‖VERENDI ET CLARISSIMI VIRI ‖ D. IOHANNIS OLEARII, THEOLOGIAE DO-‖CTORIS, HEBREAEQVE LINGUAE PROFES=‖foris in inclyta Academia Iulia, & pudicißimæ virginis ‖ ANNAE Reuerendi & Clarißimi D. D. Tile-‖mani Heshufii Theologiæ in eadem ‖ profefforis primarij filiæ, ‖ fponfæ: ‖ Scriptum ab ‖ HENRICO SCHELIO ‖ Lubecenfe. ‖ HELMSTADII ‖ Excudebat Iacobus Lucius. Anno ‖ M. D. LXXIX.
Helmstedt: Jakob Lucius d. Ä. 1579. [6] Bl.; 4°
[Wolfenbüttel, HAB: *M: Db 3429 (12)*]

Nach einem einleitenden Gruß aus 84 daktylischen Hexametern verfasst Schele neun Gedichte, die er ebenfalls je einer der Musen zuschreibt. Das erste Gedicht aus neun elegischen Distichen richtet sich an Kalliope, das zweite aus zehn Verspaaren in Epodenform aus daktylischem Hexameter und Hemiepes an Klio,

---

[201]   Schele wurde am 23. Juni 1578 gemeinsam mit Hieronymus Schinckel und Georg Henning an der Universität Helmstedt immatrikuliert. Vgl. ZIMMERMANN (1926), S. 17*b*55. Ein Verwandter ist vermutlich der am 6. Oktober 1592 an der Universität Wittenberg immatrikulierte *M. Benedictus Schelius Lubec[ensis] Saxo*. Vgl. FÖRSTEMANN/HARTWIG (1894), S. 393*a*31.

das dritte aus acht Verspaaren in Epodenform aus daktylischem Hexameter und iambischem Dimeter an Thalia, das vierte aus 21 Verspaaren in Epodenform aus sapphischem Hendekasyllabus und iambischem Dimeter an Euterpe, das fünfte aus neun, jeweils vier iambische Dimeter umfassenden Strophen an Erato, das sechste aus 25 phaläkeischen Hendekasyllaben an Polyhymnia, das siebte aus fünf sapphischen Strophen an Melpomene, das achte aus sechs Strophen zu jeweils vier katalektischen anapästischen Dimetern nach dem Vorbild der griechischen Tragödien und Senecas d. J. an Terpsichore sowie das neunte aus dreizehn kleineren Asklepiadeen an Urania. Nach diesem literarischen Musenreigen folgt eine *Thalassio ad convivas*, die sich abschließend an die Hochzeitsgesellschaft wendet. Dieses Gedicht hat einen Umfang von acht phaläkeischen Hendekasyllaben und fordert zur fröhlichen Feier auf. Scheles Gedichtzyklus zeigt gewisse schülerhafte Züge, und es scheint, als wolle er in der stark überzeichneten *variatio* der Metren seine erlernten dichterischen Fähigkeiten unter Beweis stellen.

Ebenfalls verfasst Johannes von Venediger (...), der Sohn des Theologen und Reformators Georg von Venediger aus Königsberg (* Venedig in Ostpreußen, † Liebemühl 03.11.1574), einen *Hymenaeus* (VD 16 V 562).[202] Georg von Venediger war ein Amtskollege von Tilman Hesshusen in Ostpreußen.

HYMENAEVS ‖ IN HONOREM NV=‖PTIARVM REVERENDI ‖ ET CLARISSIMI VIRI, D. D. IOHAN=‖NIS OLEARII, THEOLOGI-AE & HEBRAEAE ‖ linguæ Profefforis: & pudicæ caftæq[ue] virginis AN=‖NÆ, Reuerendi ac pro Zelo præftantis viri, D. ‖ Tilemani Heshusij Theologiæ Doctoris, ‖ & in Academia Iulia primarij pro=‖lleffforis, filiæ: ‖ Confcriptus à ‖ IOHANNE VENETO. ‖ HELMSTADII ‖ EXCVDEBAT JACOBVS LVCIVS. ‖ Anno M. D. LXXIX.
Helmstedt: Jakob Lucius d. Ä. 1579. [4] Bl.; 4°
[Wolfenbüttel, HAB: *M: Db 3428 (7)*]

Dieser Druck enthält nur das eine Hochzeitsgedicht des Johannes von Venediger, welches einen Umfang von 132 daktylischen Hexametern hat. Anfangs wird dargestellt, dass dem als *creator ... almus* bezeichneten Gott nichts angenehmer sei als in Liebe entbrannten Männern die eheliche Treue zu geben. Dieser Aspekt wird anschließend mit biblischen Beispielen interpretiert und führt zu den Segenswünschen des Verfassers an das Brautpaar.

---

[202]   Vgl. Bülow (1895). Johannes von Venediger wurde kurz nach dem Tod seines Vaters am 30. Mai 1575 als *Johannes Venetus, D. Veneti, Episcopi Pomezaniensis piae memoriae, filius* an der Universität Königsberg immatrikuliert. Vgl. Erler (1910), S. 59a13.

Als Heinrich Hesshusen, ein Sohn des Tilman Hesshusen, im darauffolgenden Jahr 1580 Gesa Hesichius (...), die Tochter des Kaufmanns und Bremer Bürgermeisters Johannes Hesichius (* Bremen, † Braunschweig 19.09.1578), heiratet, erscheinen zwei Gelegenheitsdrucke mit Gedichten.[203] Ihr Schwager, der Helmstedter Professor für Theologie und Hebräisch Johannes Olearius schreibt ein hebräisches *Charmosynon in nuptias* mit lateinischer Paraphrase (VD 16 O 628).

CHARMOSYNON ‖ IN NVPTIAS REVE=‖RENDI ET DOCTISSIMI VIRI, D. ‖ M. HENRICI HESHVSII, PASTORIS ET SV-‖perintendentis Thonnenſis, affinis ſui charißimi: & ho=‖neſtißimæ virginis Geſæ, amplißimi quondam in ‖ Rep. Bremenſi Conſulis Iohannis Eſichij, ‖ piæ memoriæ, filiæ: Hebræis ver=‖ſibus ſcriptum cum para=‖phraſi Latina ‖ A ‖ IOHANNE OLEARIO D. S. Theol. ‖ & Hebr. linguæ profeſſore. ‖ HELMSTADII Typis Iacobi Lucij. ‖ Anno M. D. LXXX.
Helmstedt: Jakob Lucius d. Ä. 1580. [5] Bl.; 4°
[Wolfenbüttel, HAB: *H: 905 Helmst. Dr. (11)*]

Zwischen Titel und Erscheinungsvermerk ist auf dem Titelblatt ein Holzschnitt zur Verbindung Adams mit Eva durch Gott nach Gen. 2,18 abgedruckt. Auf der Seite mit der Bogensignatur A2^r ist der hebräische Text in zwei Spalten wiedergegeben, auf den folgenden Seiten ab der Seite mit der Bogensignatur A2^v steht die zugehörige lateinische *Paraphrasis* aus 153 daktylischen Hexametern, die gemäß dem Holzschnitt auch auf die biblische Paradieserzählung Bezug nimmt.
Auch Hieronymus Schinckel aus Lübeck verfasst ein Epithalamion, an dem Georg Henning als Beiträger mitwirkt (VD 16 S 2909).

EPITHALAMION ‖ IN HONOREM NV=‖PTIARVM REVERENDI ET DO=‖CTISSIMI VIRI, Dn. M. HENRICI HESHV-‖SII, clarißimi viri Dn. Doctoris TILEMANNI HES-‖HVSII, ſacræ Theologiæ primarij in inclyta Academia ‖ Iulia profeſſoris, filij: Et honeſtæ caſtæq[ue] virginis Geſæ ‖ Heſichiæ, prudentißimi viri, Dn. Iohannis Heſi-‖chij, piæ memoriæ, olim conſulis Bre-‖menſis dignißimi filiæ: ‖ Scriptum ab ‖ HIERONYMO SCHINCKEL ‖ LVBECENSE. ‖ HELMSTADII ‖ Apud Iacobum Lucium. ‖ Anno M. D. LXXX.
Helmstedt: Jakob Lucius d. Ä. 1580. [4] Bl.; 4°
[Wolfenbüttel, HAB: *H: P 463.4° Helmst. (8)*]

---

[203]   Die nicht erhaltene Grabplatte für Johannes Hesichius in St. Katharinen in Braunschweig ist erwähnt bei WEHKING (2001), S. 131–132, dort Nr. 577. Ebenda ist auch seine am 5. Januar 1581 verstorbene Frau Gesa Speckhan begraben. Der lutherische Hesichius musste Bremen verlassen, weil er sich nicht zum Calvinismus bekennen wollte.

Diesen Druck eröffnet ein griechisches Epithalamion im Umgang von 25 daktylischen Hexametern, die Mag. Georg Henning (* Dithmarschen) schreibt.[204] Anschließend folgt ohne weitere Verfasserangabe das auch so betitelte *Epithalamion* des Hieronymus Schinckel (* Lübeck), das aus sechzig elegischen Distichen besteht.[205] Der Druck enthält keine Hinweise, aus welchem Zusammenhang Schinckel die Brautleute kennt, aber es ist anzunehmen, dass er genau wie zuvor auch Heinrich Schele als Student an seinen Professor schreibt.
Zumindest eine aus dieser Ehe hervorgegangene Tochter ist namentlich belegt. Als Meta Hesshusen (* 1597, † 10.1597 [Pest]) wie ihr Vater Heinrich auch im Jahr 1597 im Alter von acht Wochen und zwei Tagen stirbt, erscheinen auf ihren Tod Epicedien von Cornelius Böckel, Jakob Hildebrand, Martin Hildebrand, einem anonymen I. H. und Ludolph Maior im Druck (VD 16 E 1592).[206]

EPICEDIA, ‖ IN OBITVM INFAN=‖TIS METTHAE HESHVSIAE, ‖ QVAE SEPTIMANAS OCTO ET ‖ biduum nata, ex hac miſeriarum valle in æter-‖nam patriam vocata est, Filiolæ Clariß: & ‖ Doctiß: viri, Dn: Henrici Heshuſij, ‖ ſacræ Theologiæ Doctoris dignißimi, ‖ & Superintendentis Hildeſienſis ‖ vigilantißimi, ſcripta ‖ ab amicis. ‖ HENRICOPOLI ‖ Ex Officina Typographica Conradi Horn, ‖ Anno M. D. IIIC.
Wolfenbüttel: Konrad Horn 1597. [8] Bl.; 4°
[Wolfenbüttel, HAB: *M: Db 2256 (32)*]

Zwischen dem Titel und dem Erscheinungsvermerk ist ein kreisrunder Holzschnitt abgedruckt, der den alttestamentlichen König David mit seiner Harfe vor einer idealisierten Landschaft zum Himmel aufblickend zeigt.
Das erste Epicedion ist ein Epigramm in griechischer Sprache, das ein *anonymus* mit den Initialen I. H. (...) unterzeichnet. Verfasser des zweiten Gedichts aus zwölf elegischen Distichen ist Dr. med. Cornelius Böckel (* Hildesheim), der Dichter des dritten, als *Inductio ΠΑΡΑΚΛΗΤΙΚΗ* betitelten Epicedions aus dreißig elegischen Distichen, in dem anfangs auch Gesa Hesichius als Mutter des verstorbenen Mädchens und weiterer Söhne genannt ist, der Rektor der Andreasschule in Hildesheim

---

[204]   Henning wurde am 23. Juni 1578 gemeinsam mit Heinrich Schele und Hieronymus Schinckel an der Universität Helmstedt immatrikuliert. Vgl. ZIMMERMANN (1926), S. 17*b*54. Ein Sohn ist vermutlich der am 27. April 1586 an der Universität Wittenberg immatrikulierte *Nicolaus Henningus Ditmarsus*. Dazu vgl. FÖRSTEMANN/HARTWIG (1894), S. 335*b*31.

[205]   Schinckel wurde am 23. Juni 1578 gemeinsam mit Georg Henning und Heinrich Schele an der Universität Helmstedt immatrikuliert. Vgl. ZIMMERMANN (1926), S. 17*b*57.

[206]   FROTSCHER (1938), S. 119 erwähnt, dass „mehrere Kinder mit den Eltern im Oktober 1597 an der Pest" sterben.

Jakob Hildebrand (...).[207] Aufgrund seiner Initialen ist Jakob Hildebrand auch als Verfasser des ersten Gedichts in Betracht zu ziehen. Das vierte *Epicedium* im Umfang von 24 elegischen Distichen schreibt Ludolph Maior (...), der Schulkantor der Andreasschule in Hildesheim. Martin Hildebrand (* Braunschweig), der sein Gedicht aus 62 elegischen Distichen als *Scholae Andreanae alumnus apud Hildesienses* unterzeichnet, thematisiert abschließend die *brevitas* des Lebens sowie die Geburt durch die Mutter und die Bestattung in der *mater ... humus*.[208] Die *vita brevis* ist seit der Antike ein häufig thematisierter Aspekt des menschlichen Lebens und Sterbens, aber im Kontext des Todes eines Säuglings erscheint diese Thematik auf drastische Weise zugespitzt und verdeutlicht den Hinterbliebenen die tatsächliche *brevitas*.

Zur Heirat eines weiteren Sohns des Tilman Hesshusen, des Gottfried Hesshusen im Jahr 1582 mit Rebecca Speckhan (...), der Tochter des Senators Erich Speckhan (Ökonom an der Universität Helmstedt, * Bremen), schreibt der Pastor Thomas Poppel (Pastor in Helmstedt, * Beilngries in Oberbayern) *Carmina gratulatoria* (VD 16 P 4256).[209]

CARMINA GRATVLATORIA. ‖ IN NVPTIARVM ‖ FESTIVITATEM HVMA-‖NISSIMI ET DOCTISS. VIRI D. ‖ M. Gotfridi Heshuſij, concionatoris ‖ Oppenheimenſis Sponſi, & pudiciſſimæ virginis ‖ Rebeccæ Speckhanæ, Erici Speckhani ‖ ciuis & Senatoris Bremenſis ‖ filiæ, Sponſæ: ‖ Scripta à ‖ THOMA POPPELIO BELCHRYSI-‖lno ad D. Sebaſt. Pastore. ‖ HELMSTADII ‖ EXCVDEBAT IACOBVS LVCIVS. ‖ Anno M. D. LXXXII.

Helmstedt: Jakob Lucius d. Ä. 1582. [4] Bl.; 4°
[Wolfenbüttel, HAB: *H: 121 Helmst. Dr. (3)*]*

---

207   Nachweisbar ist nur der am 25. März 1592 an der Universität Wittenberg immatrikulierte *M. Cornelius Bökelius Oldenburgensis*. Vgl. Förstemann/Hartwig (1894), S. 387*b*28. Er könnte ein Verwandter der ebenfalls aus Oldenburg stammenden Sophia Böckel, der Ehefrau des Heinrich Meibom sein.

208   Martin Hildebrand wurde am 12. Juli 1593 an der Universität Helmstedt immatrikuliert. Vgl. Zimmermann (1926), S. 106*a*98.

209   Zu Speckhan vgl. Zimmermann (1926), S. 446. Er wurde am 31. August 1540 an der Universität Wittenberg immatrikuliert. Dazu vgl. Förstemann (1841), S. 182*b*34. Sein gleichnamiger Sohn wurde am 8. Juni 1604 an der Universität Helmstedt immatrikuliert und wechselte im Jahr 1612 in die medizinische Fakultät. Dazu vgl. Zimmermann (1926), S. 174*b*27 und S. 223*b*11. Der Sohn des Erich Speckhan, Eberhard Speckhan wirkte selbst als Professor an der Universität Helmstedt. Dazu vgl. Zimmermann (1926), S. 393–394. Thomas Poppel ist als Pastor der Universitätskirche St. Stephani in Helmstedt nicht erfasst bei Seebaß/Freist (1969), S. 108–110, wo für den fraglichen Zeitraum eine Lücke mehrerer Jahrzehnte besteht. Seine Herkunftszuweisung ist seiner ersten, in Heidelberg erschienenen Publikation zu entnehmen (1575, VD 16 P 4257).

Poppel gliedert seine Hochzeitsglückwünsche in fünf Gedichtabschnitte, die er jeweils an verschiedene Empfänger adressiert. Das erste Gedicht aus sechzehn elegischen Distichen schreibt er an den Vater des Bräutigams, den Helmstedter Theologieprofessor Tilman Hesshusen. Er ruft ihn in v. 1 als *docte senex, Christi praeco, vindexque Lutheri* an und fragt, ob er nicht Freude am Los seines Nachkommen habe, was sowohl auf die bevorstehende Heirat des Sohnes Gottfried wie auch auf dessen Werdegang abzielt. Der Verfasser führt dann aus, dass Hesshusen und seine Familienangehörigen gleichermaßen *felices* vor Christus seien, und sich nicht gemäß Mt. 17,5 nur der Vater am Sohn, sondern auch der Sohn sich an seinem Vater erfreue. Ab v. 13 berichtet Poppel weiter, der Sohn sei bei seinem Vater erschienen und habe ihm ein trauriges Lebewohl gesagt, wozu nach Gen. 2,18 ergänzt wird, Gott selbst habe den ersten Menschen die Ehe gegeben. Der Verfasser scheint den über den Weggang des Sohnes aus dem Elternhaus klagenden Vater beruhigen zu wollen, wenn er sagt, Gott selbst habe aus vielen Frauen diejenige als Braut für Gottfried Hesshusen ausgewählt, die bezüglich ihres Körpers *praestans* ⊃ Lea! sei. Nachdem in v. 21 der Vorname der Rebecca Speckhan erstmals erwähnt ist, leitet der Dichter mit dem Hinweis *nec mora* in v. 23 zur Schilderung der eigentlichen Heirat weiter. Beide Brautleute würden bald durch ein *aeternum foedus* verbunden. In v. 25 gilt dem Tilman Hesshusen deshalb der erneute Anruf *fortunate senex*, da für ihn durch die Heirat neue *gaudia* entstünden. Poppel will somit dem Gedanken entgegenwirken, der Vater verliere durch die Heirat seinen Sohn, und beschließt sein Gedicht vielmehr mit seinen nicht nur an Bräutigam und Braut, sondern auch den Vater des Bräutigams gerichteten Glückwünschen. Es ist nicht unwahrscheinlich, dass der im Gedicht genannte Anlass, der Vater sei betrübt, weil sein Sohn den Haushalt verlasse, ein fingierter Anlass ist und Poppel tatsächlich den theologisch bedeutsamen Vater nicht übergehen, sondern sich auch ihm durch ein Gedicht empfehlen will.

Das zweite Gedicht aus zehn elegischen Distichen ist an den Bräutigam Gottfried Hesshusen gerichtet und beginnt mit der Ankündigung der bevorstehenden Heirat. Gott sei der *casti ... autor amoris*, das *bonum summum*, wirke an den *optima* und gebe *fines ... bonos*. Im fünften Distichon spricht Poppel dann den Bräutigam direkt an:

> *At tibi coniunxit vinclo, Gotfride, jugali*
> *Quaesitam precibus nocte djeque tuis.*

Er erhalte die gesuchte Ehefrau und könne sich an seinem Los erfreuen. Das Schicksal werde ihn mit Nachkommen segnen und er werde gleichsam wie ein Baum Früchte tragen. Darüber könne sich auch sein Vater Tilmann freuen, der im letzten Distichon gemeinsam mit den Brautleuten zu *gaudia* aufgefordert wird.

Die folgenden 27 elegischen Distichen des dritten Hochzeitsgedichts sind an die Braut Rebecca Speckhan gerichtet. Sie ist damit die Widmungsempfängerin des längsten aller Gedichte dieses Sammeldrucks. Sie verlasse ihre Heimat, ihre Bekannten und Verwandten. Dazu stellt Poppel die fingierte Frage, ob sie denn begehre, in einer fremden Gegend zu leben. Ihr geringes Lebensalter und die *dubij plurima causa mali* stünden dem entgegen. Poppel fragt weiter, wessen Sorge sie sich an ihrem neuen Wohnort anvertrauen wolle und mit wem sie dort *tuto corde* scherzen könne. Nachdem diese ersten Verse scheinbar die Einsamkeit in der Fremde ausdrücken sollen, gibt der Dichter ab v. 9 seine eigene Antwort auf die Frage, wer für Rebecca Speckhan sorgen werde:

Is Gotfridus erit, quem pax divina notavit
Nomine: re pietas ingeniumque probant.

Dabei deutet er die beiden Namensbestandteile des Vornamens Gottfried als *pax divina* aus und charakterisiert damit den Bräutigam. Sie werde *inter gaudia* glücklich leben und selbst fast den zuvor genannten Grazien ähnlich sein. Außerdem solle sie sich nach dem Vorbild der biblischen Rebekka, der Tochter des in Gen. 24,15 genannten Betuël, verhalten. Poppel merkt ferner an, die Situation des Abschieds aus dem Elternhaus sei für Tochter und Eltern nicht leicht, aber auch die Schwiegereltern würden sie mit Liebe aufnehmen. Dann wird in v. 31 das Haus einer nicht identifizierbaren Familie Wolfschläger erwähnt, das Poppel aufgrund dessen *generosus sanguis* rühmt. Aus dem Zusammenhang des Textes geht der Bezug dieser Familie zum Brautpaar nicht hervor, so dass die Anspielung im Dunkeln verbleibt. Wenige Verse später nennt der Dichter die *heriana domus*, die eine *felix domus* sei. Alles, was dort angeboten werde, sei *fas* und ermahne den frommen Menschen. Schließlich nennt Poppel in v. 39 sein eigenes armes Haus, das der Braut die *voluntatis signa* anbiete. Die Darstellung der drei Häuser soll der Braut Perspektiven auf freundschaftliche Unterstützung in der neuen Umgebung ankündigen. Die anschließende Frage, was er noch mehr sagen solle, beantwortet der Verfasser sofort selbst und bescheinigt der Braut einen bedeutsamen hebräischen Vornamen. Auch sei ihr Familienname bekannt, und sie stehe außerdem unter den *nomina divinae ... bonitatis*. Gott werde sie mit ihrem Mann nicht nur verbinden, sondern beide auch segnen, damit für sie Honig, Milch und Wein flössen. Christus erscheine somit gleichsam als Ernährer derjenigen Menschen, die auf ihn vertrauten:

Haec ea pinguedo est: est haec ea certa sagina,
Christicolis Christus quam dat, & inde beat.

Poppels Gedicht an die Braut ist in besonderem Maße einfühlsam gestaltet. So berücksichtigt er den Abschied aus ihrem elterlichen Haus in Bremen und die Perspektiven für das kommende Familienleben in der Fremde. Dazu zeichnet er ein positives Bild von ihrem zukünftigen Ehemann und weist außerdem auf den Beistand Christi hin. Aus den möglichen Problemen, die aufgeworfen werden, ist erkennbar, dass beide Partner miteinander wohl eine arrangierte Ehe eingehen und sich noch nicht enger vertraut sind.

Das vierte Gedicht aus fünf elegischen Distichen ist dem Brautvater und seiner Frau gewidmet. Poppel spricht den Vater Erich Speckhan als *dulcis ... parens* an und nennt seine Frau Margarethe namentlich. Beide seien durch ihre *pia relligio* und *pia vita* ausgezeichnet. Ihre Tochter werde dem Gottfried Hesshusen zur Ehefrau gegeben, und Christus werde beiden als *coniugij ... sponsor & obses* beistehen. Sowohl das Haus der Familie Hesshusen als auch das Haus der Familie Speckhan könne sich glücklich schätzen, und Poppel beschwört abschließend, dass bald die *aurea secla* wiederkommen müssten, wenn eine solche Ehe geschlossen werde. Diese Überhöhung des Brautpaares und seiner Heirat bezieht sich gleichermaßen auf die antike Vorstellung des goldenen Zeitalters wie auch auf die biblische Messiaserwartung nach Dan. 2,31–40.

Nach diesen löblichen Anmerkungen zum Brautpaar und seinen Angehörigen überschreibt Thomas Poppel sein fünftes Epigramm mit *ad candidum lectorem*. Es umfasst drei elegische Distichen, in denen er sich allgemein vor den Lesern bescheiden rechtfertigt. Seine *mens oppressa* sei verantwortlich dafür, dass er *docta* und *laeta* nur schlecht abgegeben habe. Deshalb bittet er um Nachsicht und formuliert abschließend seine Hoffnung auf Besserung:

Tempus erit mihi, quo solem mentemque reducet
Christus, ut Heshusijs dem potiora: Vale.

Es ist nicht ermittelbar, weshalb der Verfasser diese Anmerkung hinzufügt, aber es ist vorstellbar, dass ihm selbst zuvor großes Leid widerfahren ist, beispielsweise durch den Verlust eines Familienmitglieds.

Vermutlich durch die zwischenzeitige Tätigkeit des Gottfried Hesshusen als ostfriesischer Hofprediger in Aurich und Emden dürfte eine familiäre Bindung eines Teils seiner Nachkommen an den nordseenahen Raum um Oldenburg entstanden sein, weshalb aus bildungsgeschichtlichen Gründen noch erwähnt werden soll, dass der Berliner Chemieprofessor Eilhard Mitscherlich aus dem nördlichen Oldenburger Land (* Neuende 07.01.1794, † Berlin 28.08.1863) sein wohl bedeutendster Nachkomme ist.[210]

---

[210] Vgl. die Stammfolge bei Frotscher (1938), S. 122–123.

Nachdem Tilman Hesshusen am 25. September 1588 in Helmstedt verstorben ist, erscheinen im darauffolgenden Jahr 1589 die *Parentalia* des Johannes Olearius auf seinen Schwiegervater, denen die Epicedien zahlreicher weiterer Gelehrter beigegeben sind (VD 16 O 651).

PARENTALIA ‖ REVEREN=‖DI ET CLARISSIMI DEQVE ECCLE-‖ ſiis & Scholis optimè meriti viri D. DOCTORIS ‖ TILEMANNI HES- HVSII S. S. Theo-‖logiæ Profeſſoris in inclyta Academia ‖ IVLIA quæ Helmſtadij eſt, ‖ celeberrimi. ‖ Memoriæ ſoceri, imò parentis & Præcep- toris ‖ ſui charißimi dicata à ‖ IOHANNE OLEARIO VVESA-‖lienſi, S. S. Theologiæ Doctore & Hal-‖lenſis Eccleſiæ Paſtore. ‖ Adiecta ſunt & aliorum Epicedia. ‖ Halæ Saxonum ‖ TYPIS ACHATII LISCANI. ‖ Anno ‖ M. D. LXXXIX.

Halle an der Saale: Achatius Lieskau 1589. [60] Bl.; 8°
[Dresden, SLUB: *Biogr.erud.D.3496,misc.1*]

Olearius richtet sich in seiner in lateinischer Prosa verfassten Vorrede vom 1. Ok- tober 1588 zunächst an den Pastor Mag. Heinrich Hesshusen in Gräfentonna, den Sohn des Verstorbenen und spricht seinen Schwager einleitend als *frater* an. An- schließend folgt sein Gedicht *in obitum* auf Tilman Hesshusen, den er als *socer suus adeoque parens charißimus* bezeichnet. Es umfasst 2469 daktylische Hexa- meter, bringt mit bildreicher Nennung der akademischen und theologischen Ver- dienste des Verstorbenen den vorab bezeichneten *maeror* des Dichters zum Aus- druck und enthält Informationen zu den Lebensstationen Hesshusens. Der dritte Text ist eine in lateinischer Prosa verfasste Rede an die Helmstedter Studenten- schaft, die ebenfalls von Olearius stammen dürfte und von ihm am 28. September 1588 abgefasst ist. Dem vorangegangenen epischen Gedicht ähnlich nennt auch dieser Text die Stationen des Verstorbenen und gibt biographische Informationen. Diesen drei umfangreichen Schriften folgen die im Titel angekündigten Epice- dien diverser Beiträger. Die erste *Elegia in obitum* im Umfang von achtzehn elegischen Distichen dichtet der Helmstedter Professor Heinrich Meibom für seinen *collega amicissimus*. Heinrich Albrecht Mynsinger von Frundeck (1609 Stiftshauptmann in Quedlinburg, * Helmstedt, † Magdeburg) ist der Verfasser des zweiten Trauergedichts aus 62 daktylischen Hexametern, die als *cento* aus ver- gilischen Versen komponiert und als *Idyllion Vergilianum* überschrieben sind.[211] Die anschließende *Naenia funebris* aus achtzehn elegischen Distichen schreibt Thomas Plass (* Bergheim), und der Helmstedter Professor Mag. Kaspar Arnol-

---

[211]   Heinrich Albrecht Mynsinger von Frundeck wurde am 21. Mai 1586 an der Universität Wittenberg immatrikuliert. Vgl. FÖRSTEMANN/HARTWIG (1894), S. 338a9.

di (Professor für Medizin, * Haldensleben um 1558, † Helmstedt 12.01.1600) verfasst als viertes Epicedion *pietatis caussa & memoriae testandae* eine Elegie aus 42 elegischen Distichen.[212] Das fünfte Gedicht hat einen Umfang von vierzig elegischen Distichen und ist von Daniel Ockel (* Halle an der Saale, † 1601) verfasst.[213] Gregor von Neidden (* Frankenhausen) verfasst das sechste, als *Stenagma* betitelte Epicedion aus dreizehn sapphischen Strophen, und das letzte, siebte Gedicht stammt von Johannes Zeising (* Sonneborn).[214] Sein *Epitaphium* umfasst sieben elegische Distichen und stellt als letzter Text dieser Gedichtsammlung gemäß seinem Titel gleichsam die abschließende Grabinschrift für Tilman Hesshusen dar. Allen Epicedien ist gemeinsam, dass sie die Verdienste des Verstorbenen würdigen.

Hesshusens Epitaph aus dem Jahr 1588 enthält eine biographische Inschrift in lateinischer Sprache und ist in der Helmstedter Universitätskirche St. Stephani erhalten. Ebenda befindet sich auch eine Grabplatte aus Sandstein mit einer weiteren Inschrift aus dem Folgejahr 1589.[215] Aufgrund seiner akademischen und kirchenamtlichen Tätigkeiten sind Tilman Hesshusen und seine Familie auch in diversen zeitgenössischen Archivalien belegt. Im Kontext der lateinischen Gelegenheitsdichtung ist dabei besonders eine Akte aus dem Jahr 1578 erwähnenswert, die unter anderem auch gedruckte Gelegenheitsgedichte enthält (Wolfenbüttel, StA: *1 Alt 24 Nr. 66*). Biographisch und personengeschichtlich relevant sind ferner die Aufzeichnungen zum Gnadengehalt des Tilman Hesshusen (Wolfenbüttel, StA: *4 Alt 19 Nr. 3782*) sowie ein Kupferstich im Medaillon (Wolfenbüttel, StA: *50 Slg 106 Nr. 6*).

---

[212] Plass wurde am 7. Dezember 1586 als Magister an der Universität Helmstedt immatrikuliert. Vgl. ZIMMERMANN (1926), S. 63a27. Arnoldi wurde am 12. April 1570 an der Universität Wittenberg immatrikuliert und wechselte im Jahr 1576 nach Helmstedt. Vgl. FÖRSTEMANN/HARTWIG (1894), S. 171b10 und ZIMMERMANN (1926), S. 412.

[213] Ockel wurde am 7. Juni 1580 an der Universität Wittenberg und am 9. Juni 1587 als *Hallensis patricius* an der Universität Helmstedt immatrikuliert. Vgl. FÖRSTEMANN/HARTWIG (1894), S. 290b23 und ZIMMERMANN (1926), S. 65b32.

[214] Gregor von Neidden wurde am 7. September 1587 an der Universität Helmstedt immatrikuliert. Vgl. ZIMMERMANN (1926), S. 66b90. Zeising wurde am 1. Juli 1587 an der Universität Helmstedt immatrikuliert. Vgl. ZIMMERMANN (1926), S. 65b43.

[215] Vgl. HENZE (2005), S. 161–164, dort Nr. 92 und 93.

3.1.2.   Personenkreis um die Familien Arneken und Treschow aus Hildesheim (1570–1615)

Zur Heirat des Henning Arneken (Bürgermeister von Hildesheim, * Hildesheim 21.09.1538, † Hildesheim 10.09.1602), mit Adelheid Brandis (* Hildesheim 10.11.1549, † Hildesheim 17.12.1586), die die einzige Tochter des Juristen Justus Brandis (* Hildesheim 06.10.1519, † Hildesheim 07.03.1596) war, verfasst Henning Aue (Pastor in Ronnenberg und ab 1564 in Hildesheim, † Hildesheim 25.04.1580) im Jahr 1570 ein Epithalamion (VD 16 A 4038).[216]

EPITHALAMION. ‖ IN HONOREM ‖ ORNATISSIMI AC PRVDENTIS=‖SIMI VIRI HENNINGI ARNEKEN, ET MAXI=‖ME PIAE VIRGINIS ADELHEIDAE BRAN=‖DIS, FILIAE IVSTI BRANDIS ‖ VNICAE AC HONESTISSI=‖MAE, SCRIPTVM ‖ AB ‖ HENNINGO AVVEN. ‖ CARMEN CONTINENS AN=‖num, diem, nomen Sponſi, ‖ & Sponſæ. ‖ Capta AdeLheIdt HennInge TibI eſt CaſtIſsIMa ſpo[n]ſa, ‖ SanCta VbI gens Cantat IVbILa bLanda patrI. ‖ ANNO ‖ M. D. LXX.
[Wolfenbüttel]: [Konrad Horn] 1570. [8] Bl.; 4°
[Wolfenbüttel, HAB: *H: J 231.4° Helmst. (6)*]

Das Hochzeitsgedicht des Henning Aue besteht aus 182 elegischen Distichen, denen er noch zwei weitere kurze Gedichte anschließt. Deren erstes besteht aus

---

[216]   Zu diversen Lebensdaten, zu Vorfahren und zum Epitaph der Familie Arneken in Hildesheim vgl. ARNSWALDT (1917). WULF (2003), S. 701 nennt den 10. Juli 1602 als Todesdatum Arnekens. Henning Arneken ist im Jahr 1570 inschriftlich am Haus Arnekenstraße 6 in Hildesheim, im Jahr 1589 auf einer Weinkanne in St. Jakobi und im Jahr 1595 auf einem Silberbecher ebenfalls in Hildesheim genannt. Dazu vgl. WULF (2003), S. 595, dort Nr. 414 und S. 657–658, dort Nr. 489 sowie S. 675–678, dort Nr. 508. Auch erscheint er namentlich auf einer vermutlich verlorenen Glasmalerei aus dem Arneken-Hospital und ebenda vor dem Jahr 1602 auf einer nicht erhaltenen silbernen Weinkanne wie WULF (2003), S. 717, dort Nr. 561 und S. 718, dort Nr. 562 nachweist. Zu Justus Brandis vgl. die Erwähnung bei WULF (2003), S. 565–568, dort Nr. 373, ebenda S. 634–635, dort Nr. 465 und S. 651–652, dort Nr. 482 sowie die Online-Ressource unter http://www.hildesheimer-anwaltsverein.de/web/verein/geschich.htm (Stand: 14. Mai 2008), die als Geburtsjahr des Justus Brandis das Jahr 1521 nennt. Ein Student dieses Namens aus Hildesheim wurde am 3. Juni 1585 an der Universität Wittenberg immatrikuliert. Vgl. dazu FÖRSTEMANN/HARTWIG (1894), S. 330*a*41. Henning Aue ist als Verfasser von lateinischer Gelegenheitsdichtung außerdem in VD 16 A 4037 und B 3712 = A 4039 belegt. Zu seinen biographischen Daten vgl. MEYER (1941), S. 508.

fünfzehn sapphischen Strophen, die die Ehebruchsgeschichte von Venus und Mars nach Hom. *Od.* 8,267–366 zum Inhalt hat, und deren zweites als Epigramm aus zwei elegischen Distichen *in Momum*, den Gott des Spotts adressiert ist. Aue weist in diesen beiden Verspaaren darauf hin, dass er mit seinem Glückwunsch der Ehe genügend zugesprochen habe, so dass der Spott keinen Platz haben könne. Gemeinsam mit seiner Frau Adelheid Brandis ist Henning Arneken in den Jahren 1570 und 1571 inschriftlich auch am Haus Hoher Weg 34 in Hildesheim genannt. Die Inschrift umfasst auch lateinische Verse, die beider späteren Schwiegersohn Sebastian Treschow zugeschrieben werden.[217] Der Dichter lässt ein Epigramm aus zwei elegischen Distichen gleichsam apotropäisch aus dem Haus sprechen:

Si tibi sors aliquid facit invidiosa sinistri
Esse dies et si forte noverca velit
Providus et prudens tege singula ne qua voluptas
Hostibus exsurgat certior inde tuis.

Henning Arneken gründet später mit Stiftungsurkunde vom 29. Mai 1587 in Hildesheim die noch heute bestehende Arneken-Stiftung, deren Zweck die Ermöglichung lebenslangen Wohnens für Hildesheimer Bürgerinnen und Bürger in einem der Stiftung gehörenden Hospital war.[218] Die Stiftungsurkunde ist noch erhalten (Hannover, HStA: *Hann. 180 Hildesheim Nr. 03609*). Henning Arneken ist außerdem in einer Protesturkunde vom 6. Juni 1589 und einem älteren Bürgschaftsdokument aus der Zeit von 1554 bis 1568 als Jurist belegt (Hannover, HStA: *Cal. Or. 31 Nr. 185* und *Cal. Br. 22 Nr. 1432*). Das im 2. Weltkrieg zerstörte Epitaph für ihn und seine Frau Adelheid Brandis entsteht später in den ersten Jahren des 17. Jahrhunderts und befand sich in St. Andreas in Hildesheim.[219] Als die Tochter Adelheid Arneken (* Hildesheim 23.05.1576, † Hildesheim 12.01.1625) des Henning Arneken ihrerseits den Rechtsanwalt und fürstlichen Rat Dr. Sebastian Treschow (Bürgermeister von Hildesheim 1612–1614, * Braunschweig 25.11.1569, † Hildesheim 22.10.1615) am 27. November heiratet, verfassen der Hildesheimer Rektor Heinrich Gödeke (* Hildesheim, † Hildesheim

---

[217] Vgl. WULF (2003), S. 596–598, dort Nr. 416. Die Familien Arneken, Brandis und Treschow erscheinen inschriftlich und mit ihren Wappen gemeinsam außerdem auf einer Fensterscheibe und einem nicht erhaltenen Becher aus dem Jahr 1583 der Ratsapotheke in Hildesheim. Darauf weist WULF (2003), S. 598, dort Nr. 417 und S. 629–630, dort Nr. 456 hin.

[218] Dazu vgl. STADT HILDESHEIM (2005), S. 6 sowie die Online-Ressource unter http://www.hildesheim.de/hildesheim/buergerservice/rathaus/90-03_satzung-arneken-stiftung.pdf (Stand: 14. Mai 2008) und WULF (2003), S. 646–647, dort Nr. 477.

[219] Vgl. WULF (2003), S. 700–702, dort Nr. 535.

28.09.1609) und Maximilian Olemann (* Braunschweig) im Jahr 1598 Hochzeitsgedichte (VD 16 G 2484).[220]

ΓΑΜΗΛΙΑ ‖ SOLENNITATI ‖ Nuptiarum ‖ CLARISSIMI, EX=‖
CELLENTISSIMI, CON=‖SVLTISSIMIQ[ue] VIRI, DOMINI SEBA-‖
STIANI TRESCHOVII, I. V. D. Sponfi: ‖ Et lectifsimæ virginis, pu-
dicitiæ, reliqvarumq[ue] virtu-‖tum monilibus ornatifsimæ ADEL-
HEIDAE: Am-‖plifsimi Viri, prudentiâ, confilio, & rerum variarum ‖ ufu
præftantifsimi DOMINI HENNINGI ‖ ARNEKEN Confulis Hildefianæ
Rei-‖pub. vigilantifsimi, Filiæ, ‖ Sponfæ. ‖ Sanctum conjugii fancti fœ-
dus ineuntium. ‖ DICATA ‖ Ab Andreanæ Hildefienfium ‖ fcholæ alum-
nis. ‖ HENRICOPOLI ‖ Conradus Corneus imprimebat. ‖ Anno 1598.
Wolfenbüttel: Konrad Horn 1598. [4] Bl.; 4°
[Wolfenbüttel, HAB: *M: Db 4723 (1)*]*

Bereits im Titel bezeichnen sich die beiden Dichter als Absolventen der Hildesheimer Andreasschule. Den Gedichten beider Verfasser sind zwei kurze Chronogramme vorangestellt, deren erstes das Jahr 1598 als Jahr der Heirat nennt und deren
zweites unter der Überschrift *Novembris die* den 27. Tag des Monats bezeichnet.
Die beiden Chronogramme unterzeichnet der Verfasser als *H. G. H.*, was als *Henricus Gödekenius Hildesianus* aufzulösen ist, und wie es auch auf der Seite mit der
Bogensignatur A3ʳ erscheint.
Das erste Epithalamion stammt von Gödeke und ist als *Ode nuptialis* betitelt. Es
besteht aus fünfzehn alkäischen Strophen. Eingangs wendet sich der Verfasser
dem Bräutigam zu, der erst kürzlich mit einem Efeukranz bekrönt worden sei. Der
Efeukranz deutet in der antiken Ikonographie auf den Gott Dionysos hin und ist

---

[220] Zu Sebastian Treschow vgl. die Online-Ressource unter http://www.hildesheimer-
anwaltsverein.de/web/verein/geschich.htm (Stand: 14. Mai 2008). Er wurde am
25. August 1581 an der Universität Helmstedt immatrikuliert. Dazu vgl. ZIMMERMANN
(1926), S. 32*a*73. Er erscheint als *doctor* namentlich auch auf einer nicht erhaltenen
Hildesheimer Fensterscheibe aus dem Jahr 1612. Dazu vgl. WULF (2003), S. 753–
754, dort Nr. 614. Die Leichenpredigt auf Sebastian Treschow nennt den 28. November 1598 als Tag der Heirat. Die ebenfalls deutschsprachige Leichenpredigt auf
den Tod des Heinrich Gödeke enthält relevante biographische Informationen (1609,
VD 17 23:262024H). Eine Person gleichen Namens, vielleicht ein Nachkomme, war
am 11. April 1600 an der Universität Wittenberg immatrikuliert worden. Dazu vgl.
FÖRSTEMANN/HARTWIG (1894), S. 465*a*16. Er ist ebenfalls nicht identisch mit dem
gleichnamigen am 28. März 1591 in Helmstedt immatrikulierten Studenten, den
ZIMMERMANN (1926), S. 87*b*118 nennt. Olemann wurde ebenfalls am 11. April 1600
an der Universität Wittenberg immatrikuliert. Vgl. FÖRSTEMANN/HARTWIG (1894),
S. 465*a*18.

außerdem ein allgemeines Bild der Tugend. Es dürfte sich somit auf Treschows im selben Jahr vorangegangene Bestallung zum Rat und Diener aus der fürstlichen Kanzlei in Wolfenbüttel (Hannover, HStA: *Cal. Br. 22 Nr. 42*) beziehen. Jetzt hingegen bereite ihm die Aphrodite Cypris eine andere Krone, und der Gott Apoll möge ihn mit den *virtutis decus & bona* schmücken. Außerdem werde der Bräutigam mit einer *Socia* gesegnet, deren Personenvorstellung mit *quaenam illa?* in der fünften Strophe vom Dichter aufgegriffen wird. Sie verfüge über *mores optimi* und das *virtutis munus*. Auch würden ihre *pietas probitasque* in der ganzen Stadt gerühmt. Sie glänze mehr als verschiedene genannte Edelsteine, Gold oder Elfenbein und heiße Adelheid. Erst nach dieser löblichen Hinleitung zur Person der Braut gibt Gödeke die Auflösung ihrer Person und leitet dann ab der sechsten Strophe zur näheren Betrachtung ihrer Familie und ihrer Vorfahren weiter. Ohne diesbezüglich besondere Merkmale zu nennen, verspricht der Verfasser dem Bräutigam, dass er von einer solchen *nympha* noch nie gewusst habe, weshalb er ihm auch ein *felix ... thalamus ... ac beatus* ankündigt. Beide würden durch ihre Eheschließung von den Göttern besonders bedacht und gingen *casta ... juga* ein. In der zehnten Strophe ruft Gödeke zur Verstärkung seines dichterischen Anliegens die Muse Kalliope an und bittet sie um ihren Beistand. Sie möge dazu beitragen, dass die Brautleute *sua dona* erhielten und ihnen die *maligni jurgia pectoris* ebenso fernblieben wie Trauer und Klagen. Auch die *Erynnies ... furentes* sollten sich fernhalten, wohingegen die Anwesenheit der personifizierten *Pax ... alma* erwünscht sei. Auch die als *Rhamnusia* genannte Göttin der Rachsucht Nemesis möge sie segnen, und der Chor der Grazien sie festigen. Beide Ehepartner sollten gemeinsam ein hohes Alter erreichen und sich miteinander erfreuen. Ihre *pietas*, *fides*, *pax aurea* und Christus begünstigten sie. In der letzten Strophe verwendet Gödeke ein Naturbild aus der unmittelbaren Nähe der Stadt Hildesheim: Sie sollten ebenso viele *gaudia* erleben wie Fische im Fluss Innerste schwämmen. Er bete dafür, dass dieser Wunsch in keiner Stunde aufgehoben werde. Gödekes Hochzeitsgedicht dient vor allem dem Lob und der Präsentation der Widmungsempfänger und ist nicht auf die eigentliche Heirat ausgerichtet.

Das zweite Epithalamion aus acht elegischen Distichen verfasst ebenfalls Heinrich Gödeke und betitelt es mit *Christus adest castis ... sponsis.* Dessen erstes Distichon ist auf die *castitas* des Brautpaares ausgerichtet. Sie seien vom *castus amor* befallen, seien selbst *duo pectora casta* und empfänden einen *castus ... favor*. Diese Liebe sei dem direkt angerufenen Christus willkommen und werde von ihm gutgeheißen. Im darauffolgenden Abschnitt in v. 5–9 beginnt jeder Vers mit der näheren Beschreibung der dem Brautpaar gegebenen *dona*. So seien diese durch Christus *promissa*, *optata*, *beata*, *parata*, *caelo missa* und *caduca*. Anschließend werden die Aspekte von *amor* und *libido* einander gegenübergestellt. Die Liebe erzeuge gute Früchte, die Begierde hingegen schlechte. Christus möge somit *fautur & auctor* sein und ihre Ehe anführen. Im abschließenden Distichon erbittet Gödeke deshalb um die Gewährung der zuvor aufgezählten *dona*. Das gesamte Gedicht zeigt einen offensichtlichen Gebetscharakter und dient dem Dichter nochmals dazu, die besondere Integrität des Brautpaars zu betonen.

Dichter des letzten Hochzeitsgedichts aus 64 daktylischen Hexametern ist Maximilian Olemann. Er gestaltet sein Gedicht als Musenanruf, den er in v. 1 und vier weitere Male kehrversartig konkret formuliert:

> *Plaudite Pierides, cum praeside plaudite Phoebo.*

Nach dem einleitenden Musenanruf werden weitere Gottheiten apostrophiert. Diese sind die Grazien, die Themis und die *Cyprigeneia Venus*. Während der erbetene Beistand der Grazien und der Venus topisch für ein Epithalamion ist, bezieht sich die Anrufung der Themis als Göttin der Gerechtigkeit auf den Beruf des Bräutigams, der in diesem Zusammenhang in v. 5 als ihr *alumnus* bezeichnet ist. Anschließend wird Adelheid Arneken in v. 9–11 als *nympha ... ingenua ... speciosa, moribus ampla, virtute ornata ... probitate decora* gerühmt, und Sebastian Treschow wird danach als *doctus* dargestellt. Sein Liebesfeuer werde von seiner Braut gleichsam wie von Wasser gelindert, wobei Olemann in v. 17 das Wortspiel *nympha* und *lympha* bringt. Aus dem Bild des Liebesfeuers entwickelt sich die Frage, was denn Liebe, Schönheit oder Reichtum nützen, da sie wie Rauch in den Lüften vergingen. Die *pietas* hingegen halte an und sei entscheidend, damit man sagen könne: *Haec est bella puella*. Ein Mann, der eine derartige Frau heirate, könne sich glücklich schätzen. Ab v. 37 beschreibt Olemann die familiäre Abstammung der Braut, die aus einer Hildesheimer *stirps ... honesta* stamme, die in der Stadt die Regierungsmacht habe. Resultierend sei festzustellen:

> *... digna tua vita tibi contigit uxor.*

Deshalb solle Treschow jetzt seine zukünftige Ehefrau empfangen, umarmen, küssen und sich an ihr erfreuen. Es folgt der mehrfache Anruf des Gottes Hymen, unter dessen Leitung das Paar in sein Schlafgemach zu den *nova ... felicia sacra* geführt werden soll. Beide sollten einträchtig leben und durch eine Nachkommenschaft zu Vater und Mutter werden. Olemann bekräftigt abschließend seine Wünsche für eine fortdauernde Liebe und ein langes gemeinsames Leben:

> *Nulla dies unquam vestros disrumpat amores:*
> *Vive SEBASTE diu multos feliciter annos:*
> *Vive etiam seros felix ADELHEIDIS in annos.*

Auch wenn in diesen Versen die Liebe als gemeinsamer *vester amor* bezeichnet wird, wenden sich die darauffolgenden Lebenswünsche nur an den Bräutigam, dem glückliche Jahre mit seiner Frau gewünscht werden. Entsprechende Wünsche werden an die Braut in direkter Form nicht gerichtet. Maximilian Olemann geht in seinem Epithalamion auf die geläufigen Einzelaspekte der Hochzeitsgedichte ein und gestaltet sie in teilweise ungelenkem Stil aus, der sich bisweilen in Redundanzen zeigt. Zur Heirat seiner Tochter Adelheid Arneken findet auch eine Einladung des Herzog Heinrich Julius von Braunschweig-Lüneburg durch Henning Arneken statt, wie erhaltene Schriftstücke (Wolfenbüttel, StA: *3 Alt Nr. 372*) bezeugen. Der Bräutigam Sebastian Treschow hatte seinerseits zuvor in den Jahren 1588 (Universität Helmstedt, VD 16 ZV 4367) und 1594 (12. Januar, Universität Heidelberg, VD 16 P 42) juristische Dissertationen vorgelegt.

Rektor Heinrich Gödeke fühlt sich auch wenige Jahre später noch der Familie des Bürgermeisters verbunden, als er im Jahr 1600 προσφώνημα *ad ... viros amplissimos & consules prudentissimos* an Henning Arneken und Joachim Brandis d. J. (Bürgermeister von 1592 bis 1603, * Hildesheim 27.10.1553, † Hildesheim 13.01.1615) verfasst (VD 16 ZV 6851).[221] Auch wenn das Verwandtschaftsverhältnis von Joachim Brandis zu Arnekens Schwiegervater Justus Brandis nicht ermittelbar ist, so können beide mit Sicherheit der großen Hildesheimer Patrizierfamilie zugewiesen werden.[222]

---

[221] Die biographischen Daten Brandis' nenne WULF (2003), S. 667, dort Nr. 499 und ZODER (1955). Er wurde am 10. Mai 1563 als *Ioachimus Brandes Hildesheimensis Saxo* an der Universität Wittenberg immatrikuliert. Vgl. FÖRSTEMANN/HARTWIG (1894), S. 51*b*3. Zur erstmaligen Wahl des Joachim Brandis d. J. zum Bürgermeister von Hildesheim ist eine *gratulatio* belegt (1592, VD 16 S 6361), und in seiner Funktion als Bürgermeister ist er außerdem in einigen ermittelbaren Archivalien belegt, so in drei Schuldverschreibungen vom 5. April 1602, vom 2. April 1605 und vom 22. April 1606 (Hannover, HStA: *63 Urk Nr. 335 a, Cal. Or. 100 Wülfinghausen Nr. 558* und *Cal. Or. 100 Wülfinghausen Nr. 559*). Sein Wappen erscheint am Haus Langer Hagen 12 in Hildesheim, wie WULF (2003), S. 636–640, dort Nr. 467 nachweist, und er ist namentlich auf dem Epitaph für seine Frau Anna Kleinenberg in St. Andreas in Hildesheim aus dem Jahr 1586 genannt. Dazu vgl. Wulf (2003), S. 645–646, dort Nr. 476. Sein so genanntes *Diarium* wird mehrfach als zeitgenössische Quelle ausgewertet, so von WULF (2003), S. 520–521, dort Nr. 325, S. 619–621, dort Nr. 445, S. 621, dort Nr. 446 und S. 645–646, dort Nr. 476. Sein gleichnamiger Vater Joachim Brandis d. Ä. (* Hannover 03.08.1516, † Hildesheim 01.05.1597) war von 1576 bis 1587 ebenfalls Bürgermeister von Hildesheim und seit dem 7. Juni 1540 mit Anna Deichs verheiratet. Am 21. Mai 1587 heiratete er Anna Wiedemeier aus Eldagsen. Dazu vgl. WEHKING (2001), S. 160–161, dort Nr. 613 und S. 667, dort Nr. 499. Heinrich Gödeke ist weiterhin belegt in den Drucken VD 16 ZV 5229, ZV 6850 und ZV 8465.

[222] Einen ersten Überblick bietet die genealogische Online-Ressource unter http://www. arendi.de/_Brandis/Brandis.htm (Stand: 19. Oktober 2009), dort auch Hinweise zur

προσφώνημα ‖ HILDESIAE ‖ AD ‖ DOMINOS ‖ HENNINGVM AR=‖NICHIVM, ET IOACHI-‖MVM BRANDISIVM, ‖ VIROS AM-PLISSIMOS ‖ & Confules prudentiffimos. ‖ AVCTORE ‖ HENRICO GO-DEKE-‖NIO Hildefiano. ‖ HELMAESTADII ‖ Excudebat Iacobus Lucius. ‖ Anno CIS. IS. C.
Helmstedt: Jakob Lucius d. J. 1600. [4] Bl.; 4°
[Wolfenbüttel, HAB: *H: 433 Helmst. Dr. (20)*]*

Seinem eigentlichen Gedicht stellt Heinrich Gödeke ein Widmungsepigramm aus sechs elegischen Distichen voran, das er als *Παλίνδρομον Versibus Sotadeis constans* überschreibt. Er bezeichnet die beiden Widmungsempfänger als *Reipub. Hildesianae Consules clariss. digniss. & vigilantiss. ... Maecenates.* Daraus geht hervor, dass Gödeke in einem freundschaftlichen Abhängigkeitsverhältnis der beiden Hildesheimer Patrizier steht. Er beschreibt, dass durch die Tätigkeit beider Männer die Stadt Hildesheim eine *pax sacra* erhalten habe. Dabei bezieht er sich auf die Konsolidierung der städtischen Herrschaft in den Jahrzehnten nach der Hildesheimer Stiftsfehde. Der als *imperij dator & moderans Rex omnia* bezeichnete christliche Gott habe dabei mitgewirkt und den im römischen Kriegsgott *Mars ... trux* personifizierten Krieg beendet. In v. 8 spielt der Verfasser dabei mit der *aurea pax* auf die römische Epoche der *Pax Augusta* an, mit der er seine Zeit vergleicht. Unterdessen sollten die Widmungsempfänger sein folgendes Gedicht wohlwollend aufnehmen:

> *Interea levia haec placidis vos carmina dextris*
> *Sumite, sunt vestro quae data praesidio.*

Ohne weitere Betitelung oder Vorrede folgt auf der Seite mit der Bogensignatur A2ʳ das angekündigte eigentliche Encomium in 52 elegischen Distichen. Am oberen Seitenrand befindet sich ein breiter floraler Zierbandholzschnitt, in dessen Mitte sich ein liegender Putto befindet, der links von einer Sanduhr und rechts von einem Totenschädel eingerahmt ist, die als ikonographische Zeichen der *vanitas* gemäß Pred. 1,2 den neugeborenen Menschen, die unwiederbringlich verrinnende Zeit und den Tod verbildlichen.[223] Gödeke lässt die Stadt Hildesheim beginnend mit *illa ego ... selbst* aus seinem Gedicht sprechen. Sie erklärt als Ich-Erzählerin, dass sie von Kaiser Ludwig dem Frommen gegründet wurde, ihren Namen nach

---

weiterführenden Literatur. Die Familie Brandis erscheint namentlich auch auf einer nicht erhaltenen Hildesheimer Fensterscheibe aus dem Jahr 1612. Dazu vgl. WULF (2003), S. 753–754, dort Nr. 614.

[223] Zur *vanitas*-Symbolik vgl. SEIDEL (1996), S. 233.

dem weiblichen Vornamen Hildegard trage und durch *vario belli ... furore* gequält worden sei. Gödeke erwähnt dabei nicht, dass die Mutter Ludwigs des Frommen diesen Namen hatte, und tatsächlich besitzt das althochdeutsche Wort *hiltia* die Bedeutung des Kampfes.[224] In v. 6 stellt Gödeke adversativ eingeleitet mit *nunc* den erreichten Zustand dar: *aliqua ... pace fruor*. Endlich sei der Eingang des *belliger ... Ianus* verschlossen, was sich auf das Schließen der Tore des Janustempels im antiken Rom in Friedenszeiten bezieht. Aus dem anschließenden fünften Distichon spricht dabei die große Freude über den erzielten Zustand des Friedens:

Pacis io jo, pacis io jo munera, quantis
  Delicijs belli vos superatis onus!

Gödeke stellt in diesen Worten das *delicium* des Friedens der Last des Kriegs entgegen. Die Einwohner dürste es nach dem *pacis amator*, der seine *bona* gegen die *mala* des Kriegs setzen möge. Der Verfasser erzeugt durch diese aufgereihten Gegensätze eine starke dichotomische Darstellung von Krieg und Frieden und setzt sein Gedicht mit der Beschreibung des erlittenen Leids fort. Der Fisch in der als *Hindistria* genannten Innerste könne das viele hineingeflossene Blut der Getöteten bezeugen, und es gebe kaum eine Stelle in der Stadt, die nicht die Spuren des bei Kämpfen vergossenen Blutes zeigten. Die Berge, Hügel und Felder schienen sich dessen ebenso zu erinnern wie die nahen Flüsse Leine und Oker. Nach der erwähnten dichotomischen Darstellung umreißt Gödeke anschließend somit die geographische Handlungsgegend seines Gedichts. Bemerkenswert ist, dass er bereits im Epithalamion für Sebastian Treschow und Adelheid Arneken die Zahl der in der Innerste lebenden Fische als Bild für eine nicht näher bezifferte, große Zahl einsetzt. Auch die in den Kirchen aufgehängten Fahnen würden den Triumph des Friedens verkünden, und die Stadt Hildesheim könne sich bezüglich ihrer Löblichkeit durchaus mit Rom messen, nachdem sie errettet worden sei. Kein derartiges Lob preise eine andere deutsche Stadt und ebenso wenig die Rhône oder Mytilene, den Hauptort der griechischen Insel Lesbos. Mehr Gegenbeispiele müssten nicht genannt werden, obwohl davon eine *copia magna* bekannt sei. Der in direkter Rede angerufene *Ianus Episcopus*, sei schließlich aus Hildesheim geflohen, und der einzige Grund für seine Vertreibung sei sein Hochmut gewesen. Doppeldeutig ist dabei die Namensnennung, die sich auf den römischen Gott als Personifizierung des Krieges wie vor allem auch auf den Hildesheimer Bischof Johannes IV. von Sachsen-Lauenburg (* 1483, † Ratzeburg 20.11.1547) und dessen deutsche Vornamenskurzform *Jan* bezieht, der auf der Hildesheimer Seite maßgeblich die Stiftsfehde betrieben hatte und schließlich an den kurfürstlich brandenburgischen

---

[224]   Vgl. KÖBLER (1991), S. 464.

Hof flüchtete.[225] Anschließend lässt Gödeke die Stadt Hildesheim aufzählen, welche Situationen nicht weniger schlimm gewesen seien, auch wenn sie im Vergleich zur aktuellen Situation leicht vergessen würden. Dabei geht er allgemein besonders auf die östliche Gefährdung durch die Osmanen ein, während der sich Christus als Zuflucht erwiesen habe. Danach hebt Gödeke in v. 63–66 schließlich zum Lob auf die beiden Widmungsempfänger Henning Arneken und Joachim Brandis an:

ARNICHI, patriae decus & spes maxima, salve,
Tollende eulogijs Consul ad astra meis.
Tu quoque Brandiadum clarorum nobile sidus,
BRANDISI HILDESIAE firma columna domus.

Beide Männer werden geradezu zu Rettern ihrer Heimatstadt erhöht und als soziale Stützen gekennzeichnet. Ebenso wie Gödeke sie eingangs als seine Mäzene bezeichnet hat, ist diesen Versen zu entnehmen, welche Wertschätzung und Hochachtung er ihnen seinerseits entgegenbringt. Die Stadt Hildesheim empfinde sie als *divinum ... munus* für ihre Belange. Es ist literarisch geschickt, dass der Dichter in seinem gesamten Lobgedicht aus der Perspektive seiner Stadt spricht, so dass sein Lob nicht nur persönlich dasteht, sondern auch glaubhaft verallgemeinert wird. Ab v. 69 wird die nähere Bedeutung Arnekens und Brandis' beschrieben. Beide hätten die in Anlehnung an den römischen Staat als *fasces* bezeichnete Verwaltung der Stadt Hildesheim übernommen und wirkten als städtische *duces*. Beide setzten sich *nocte dieque* für *ius*, *libertas* und *fides* ein und zeigten dabei *cura* und *prudentia*. Gödeke spricht beiden Männern somit wichtige Eigenschaften für wichtige Aufgaben zu und zeigt die positiven Dimensionen ihres Wirkens durch staatsrechtliche Schlagwörter auf, die seit der Antike bedeutsame Staats- und Gesellschaftsnormen darstellen. Er führt in v. 79–82 weiter aus, dass beider Klugheit sogar die Nymphen zu Reigentänzen in den Wäldern veranlassten, und auch die Erde selbst scheine aufgrund dieser Männer zu frohlocken, die als *patriae ... patres* und *patriae ... decus* zu bezeichnen seien. Durch die erste dieser beiden Zuschreibungen werden die Widmungsempfänger mit den römischen Senatoren gleichgesetzt. Anschließend wird in v. 89–92 das weitere Wirken beider zum Wohl Hildesheims erbeten:

Pergite me vestrâ patres virtute tueri:
Pergite consilijs nostra fovere bonis.
Det DEUS imperio longissima tempora vestro,
Ut mihi sub vobis sit maneatque quies.

---

[225]   Vgl. Otte (1992).

Dabei ist bemerkenswert, dass zwar beide weiterhin mit *virtus* und *consilia bona* tätig sein sollen, aber für beider *imperium* und den daraus resultierenden Frieden vom Dichter letztlich Gott als gebende Instanz benannt ist. Nach der erneuten Nennung der Kriegsgegner schließt Gödeke sein Encomium mit der an Christus gerichteten Aufforderung, *pacis ... munera* zu geben. Alle Verse der letzten drei Distichen werden jeweils resultativ mit *sic* eingeleitet und fassen zusammen, dass infolgedessen die Stadt sicher bestehen, Gerechtigkeit walten, *sacra ... CHRIS-TI documenta* in den Kirchen verbreitet, der Schulunterricht erfolgreich sein, der Nutzen für die Menschen ebenso wie der Ruhm Christi wachsen und der Stadt Hildesheim selbst wie auch den beiden Widmungsempfängern eine *fama perennis* zukommen werde. Gödeke betont in seinem Gedicht neben dem Wert des Friedens im Allgemeinen besonders die Rolle Arnekens und Brandis' für diesen Frieden, weist aber auch dem übergeordneten Wirken des christlichen Gottes eine starke Bedeutsamkeit zu, wie vor dem Hintergrund der kurz zuvor ausgestandenen Fehde nachvollziehbar ist.

Im Anschluss an das Gedicht Gödekes ist ein Encomium auf selbigen abgedruckt, das Martin Fabricius (* Brandenburg) in Hannover verfasst.[226] Es umfasst acht elegische Distichen, deren ersten drei jeweils mit *si quis amet* eingeleitet werden und konditionale Folgerungen darstellen. Wenn jemand die Gelehrten verehre, die Mauern und die *patriae patres* seiner Stadt loben wolle und Apoll liebe und den Musen gefallen wolle, dann sei dies gerade Heinrich Gödeke. Besonders aus der Formulierung des an die *patriae patres* gerichteten Lobs ist ersichtlich, dass Fabricius das Encomium Gödekes bei Abfassung seiner Verse bereits gekannt oder zumindest seine inhaltliche Zielrichtung gekannt haben muss, da dies eindeutig mit v. 87 in Gödekes Gedicht korrespondiert. Ab dem vierten Distichon folgt die zugehörige Begründung nach. Er beziehe sich auf seine Heimatstadt und berufe sich dabei auf Gott und Christus. Deshalb werde er sowohl bei Arneken und Brandis als auch bei Apoll als Gott der schönen Künste auf Zuneigung stoßen, die ihm gleichermaßen beistehen sollen. Im letzten Distichon bringt Fabricius seine Hoffnung auf andauernde Bekanntheit und Wertschätzung Gödekes zum Ausdruck:

Sic tua laus multos HENRICE volabit in annos,
 Semper & in linguâ posteritatis eris.

Dieses beigegebene Gedicht unterstreicht die dichterische Wertigkeit des Heinrich Gödeke, da Fabricius ihm als Gewährsmann seines Könnens beisteht und gleich-

---

[226] Fabricius wurde am 3. September 1585 und am 20. Januar 1611 an der Universität Helmstedt immatrikuliert. Vgl. ZIMMERMANN (1926), S. 54*b*75 und S. 214*a*18.

sam ein Gutachten über den Verfasser des Lobgedichts auf Henning Arneken und Joachim Brandis abgibt. Zeugnisse bezüglich des Weiteren dichterischen Erfolgs Gödekes sind nicht bekannt, aber der Wunsch des Martin Fabricius erfährt zumindest über vierhundert Jahre später jetzt seine Erfüllung.

Im Jahr 1601 wird Henning Arneken und seinem Schwiegersohn Sebastian Treschow gemeinsam ein *Cento Ovidianus de admiranda nativitate Jesu Christi* durch Henning Oldehorst und Petrus Hilkenius gewidmet (VD 17 23:248582D).

> Cento Ouidianus. || DE ADMIRANDA || NATIVITATE IESV CHRI-|| STI, DEI ET MARIAE || Virginis Filij: || AMPLISSIMO AC PRV-|| DENTISSIMO VIRO Dn. HENNINGO || ARNICHIO, celeberrimæ Reip. Hildesheî-||menſis Conſuli dignißimo ac vigi-||lantißimo: || Nec non || CLARISSIMO ATQVE CON-||SVLTISSIMO VIRO Dn. SEBAS-||TIA-||NO TRESCHOVIO, I. V. D. præſtantiſsi-||mo: Dominis & Patronis ſuis vni-||cè colendis: || Conſecratus || Ab || HENNINGO OLDEHORSTIO Hildeſemo. || HELMAESTADII || Typis Iacobi Lucij. Anno || 1601.
>
> Helmstedt: Jakob Lucius d. J. 1601. [4] Bl.; 4°
> [Wolfenbüttel, HAB: A: 202.33 Quod. (12)]

Dem eigentlichen *cento* geht der *Hymnus in genitalem Christi* des Henning Oldehorst (* Hildesheim) voran.[227] Er besteht aus sechs sapphischen Strophen und ist dem Titel entsprechend als Gebet verfasst, das mit der Bitte um die Leitung durch Christus schließt: *Christe guberna*. Anschließend ist der *cento* desselben Verfassers abgedruckt, der 149 daktylische Hexameter umfasst. Jeder Vers besteht aus zwei ovidischen Vershälften, die am linken und am rechten Rand jeweils mit ihrem textlichen Ursprung gekennzeichnet sind. Der Dichter lobt in seinem Gedicht das Wirken der beiden Widmungsempfänger für die Stadt Hildesheim. Petrus Hilkenius (* Hildesheim) ist der Verfasser des anschließenden Epigramms aus sechs elegischen Distichen, die er *ad auctorem amicum amicissimum* überschreibt.[228] Aus dem Gedicht geht hervor, dass Oldehorst Theologie studiert hat.

Sebastian Treschow ist außerdem später im Jahr 1606 als Widmungsempfänger in einer Schrift des Wolfenbütteler Rektors Mag. Alexander Arnoldi (Dichter und ab

---

[227]   Henning Oldehorst wurde im Jahr 1601/02 ohne genaue Tagesangabe an der Universität Helmstedt immatrikuliert. Vgl. ZIMMERMANN (1926), S. 161b5. Er ist ein Familienangehöriger des im Jahr 1575 inschriftlich am Haus Alter Markt 8 in Hildesheim genannten Hinrich Oldehorst. Dazu vgl. WULF (2003), S. 607, dort Nr. 430.

[228]   Hilkenius wurde nach ZIMMERMANN (1926), S. 130a98 am 13. April 1597 an der Universität Helmstedt immatrikuliert.

1620 Pastor in Equord, * Gronau, † Equord 1626) namentlich als dessen Mäzen genannt (VD 17 23:294601Y).[229]
Zum Amtsantritt des Dr. jur. Sebastian Treschow als Bürgermeister in Hildesheim im Jahr 1612 schreiben Heinrich Meibom und sechs weitere Beiträger, die sich im Titel als *amici* bezeichnen, Glückwunschgedichte (VD 17 3:315097A).

CLARISSIMO, CONSVLTIS-∥ſimo, Amplißimoq[ue] viro, ∥ DN. ∥ SE-BASTIANO ∥ TRESCHOVIO, I. V. D. ∥ ET CONSILIARIO ∥ GVEL-FIO, ∥ DE CONSVLARI DIGNITATE ∥ in Republicâ Hildeſienſi nuper auſpicatò ∥ ei tributâ ∥ Gratulantur amici. ∥ HELMAESTADI, ∥ Ex officinâ typographicâ Iacobi Lucij, ∥ ANNO cIₒ. Iₒ. cXII.
Helmstedt: Jakob Lucius d. J. 1612. [8] Bl.; 4°
[Wolfenbüttel, HAB: *M: Db 4723 (3)*]

Das Gedicht des Helmstedter Professors Heinrich Meibom eröffnet diese Sammlung von Glückwunschgedichten zur Amtsübernahme. Es hat einen Umfang von vierzig daktylischen Hexametern, in denen Meibom Treschows wegen die Stadt Hildesheim am Fluss Innerste rühmt, denen keine andere Stadt an einem anderen Fluss gleichkomme. Der Pastor Mag. Johann Leger aus Hildesheim (Rektor in Hildesheim, Pastor in Ellensen und Hohenhameln, * Hildesheim 1568, † Hohenhameln 1626 [Pest]) verfasst das zweite Gedicht aus sechs so genannten 4. asklepiadeischen Strophen.[230] Das dritte Gedicht aus 48 daktylischen Hexametern widmet zu diesem Anlass der Konrektor der Andreasschule in Hildesheim, Johannes Janus (* 1558, † Hildesheim 11.04.1622), und von Mag. Georg Vogelsang (Rektor und Pastor in Hildesheim, * Hildesheim, † Hildesheim 03.05.1620) stammt das vierte Gedicht, das nur aus einem Anagramm zum Namen Treschows besteht.[231]

---

[229]   Vgl. MEYER (1941), S. 269. Arnoldi wurde am 2. Mai 1600 an der Universität Wittenberg immatrikuliert. Dazu vgl. FÖRSTEMANN/HARTWIG (1894), S. 467a15.

[230]   Vgl. MEYER (1941), S. 249 und S. 525. Leger wurde als Magister am 4. April 1596 für Eilensen ordiniert. Dazu vgl. ZIMMERMANN (1926), S. 124a6. Vermutlich sein Sohn ist der gleichnamige, am 3. April 1617 in Helmstedt als aus Hohenhameln stammend immatrikulierte Student, den ZIMMERMANN (1926), S. 256b96 nennt.

[231]   Es ist unsicher, ob Johannes Janus mit dem bei MEYER (1942), S. 49 als Pastor von Langenholzen bei Hildesheim genannten Mann oder dem bei MEYER (1941), S. 223 genannten Johannes Janus, der von 1598 bis 1610 als Pastor in Eboldshausen und Eddesse wirkt und aus Gittelde stammt, identisch ist. Für ihn ist bei ZIMMERMANN (1926), S. 139a15 die Ordination in Helmstedt am 13. August 1598 nachweisbar. Weitere Helmstedter Immatrikulationen für Personen dieses Namens liegen weit hinter dem Entstehungszeitraum des betreffenden Drucks. Zu Georg Vogelsang vgl. MEYER (1941), S. 509. Er erscheint namentlich auch auf einer nicht erhaltenen Hildesheimer Fensterscheibe aus dem Jahr 1612 sowie auf dem Taufstein von St. Michaelis in

Die nächsten drei Gedichte schreibt jeweils Johannes Sengebähr (* Hildesheim) als Ausdeutung eines jeweils vorangestellten Anagramms auf den Widmungsempfänger.[232] Das fünfte Gedicht umfasst dabei zehn elegische Distichen, das sechste zwei elegische Distichen und das siebte zwölf elegische Distichen. Der cand. theol. Ludwig Linde (...) ist Verfasser der 55 phaläkeischen Hendekasyllaben des achten Glückwunschgedichts, in dem er einen Musenreigen beschreibt.[233] Johann Heinrich Meibom (Arzt, Professor für Medizin in Helmstedt, Stadtphysikus in Lübeck, * Helmstedt 27.08.1590, † Lübeck 16.05.1655), der Sohn des diese Sammlung eröffnenden Dichters, schreibt die abschließende *gratulatio* aus 34 *iambi puri*, in deren inhaltlichem Mittelpunkt das *gaudium* der Stadt Hildesheim über Treschows Amt steht.[234]

Zwei *centones* aus vergilischen Versen als Glückwunschgedichte zum Amtsantritt schreiben außerdem Alexander Arnoldi und Martin Gödeke (VD 17 23:321274M).

CLARISSIMO, CONSVLTIS-ǁſimo, Amplißimoq[ue] viro, ǁ DN. ǁ SE-BASTIANO ǁ TRESCHOVIO, I. V. D. ǁ ET CONSILIARIO ǁ GVEL-FIO, ǁ DE DIGNITATE CONSVLARI ǁ in Republicâ Hildeſienſi nuper auſpicatò ǁ ei tributâ ǁ Gratulantur amici. ǁ Helmaestadi, ǁ Ex officinâ typographicâ Iacobi Lucij, ǁ Anno cIs. Is. cXII.

Helmstedt: Jakob Lucius d. J. 1612. [4] Bl.; 4°
[Wolfenbüttel, HAB: *M: Db 4723 (2)*]

Hildesheim. Dazu vgl. Wulf (2003), S. 753–754, dort Nr. 614 und S. 774–776 dort Nr. 642. Vogelsang war zuvor am 10. Juni 1603 an der Universität Wittenberg immatrikuliert worden und wurde ebenda am 23. März 1607 zum Magister promoviert. Vgl. Weissenborn (1934), S. 10a292.

[232]   Johannes Sengebähr wurde am 3. März 1590 an der Universität Helmstedt und am 22. Januar 1603 an der Universität Wittenberg immatrikuliert. Vgl. Zimmermann (1926), S. 80a64 und Weissenborn (1934), S. 3b17.

[233]   Es ist nicht nachweisbar, dass er mit dem am 7. April 1602 an der Universität Helmstedt immatrikulierten *Ludovicus Lindenius, Cosfeldiensis* identisch ist. Dazu vgl. Zimmermann (1926), S. 160a65. Wohl ein Verwandter ist der am 18. August 1593 an der Universität Wittenberg immatrikulierte *Auctor Lindius Brunsuicensis*. Dazu vgl. Förstemann/Hartwig (1894), S. 403b32.

[234]   Vgl. Zimmermann (1926), S. 417 und Meerheimb (1885). Johann Heinrich Meibom wurde am 17. November 1596 gemeinsam mit seinem Bruder David Meibom und am 31. März 1609 an der Universität Helmstedt immatrikuliert. Im Jahr 1609 wechselte er in die medizinische Fakultät. Vgl. Zimmermann (1926), S. 128a1, S. 203a47 und S. 205b18.

Dieser Druck hat mit Ausnahme einer Wortumstellung ein identisches Titelblatt wie der zuvor beschriebene Druck und zeigt eine andere Druckermarke. Das erste Gedicht ist ein *cento* aus vergilischen Versen deren textlicher Ursprung jeweils am linken und am rechten Rand vermerkt ist. Es umfasst fünfzig daktylische Hexameter, deren Verfasser Mag. Alexander Arnoldi ist, der jetzt als Pastor von Equord bei Hohenhameln unterzeichnet. Das anschließende Gedicht ist ebenfalls ein *cento* aus vergilischen Versen im Umfang von 64 daktylischen Hexametern, die Martin Gödeke (Pastor in Hildesheim, * Hildesheim 1599, † Hildesheim 01.10.1664) verfasst.[235]

Sebastian Treschow dichtet im Jahr 1612 seinerseits ein kurzes lateinisches Epithalamion zur Heirat des Juristen Johann Cammann d. Ä. (sächsischer Kanzler, dann Syndikus in Braunschweig, * 02.05.1562, † Braunschweig 23.05.1621) mit Elisabeth Rhete (...) aus Braunschweig (VD 17 23:310766Q), das als Einblattdruck erscheint.[236]

DN. IOANNI CAMMANNO ‖ IURIS-CONSULTO. ‖ Et ‖ ELISÆ RHETEM ‖ SPONSIS. ‖ [es folgt das Gedicht] ‖ Scribebat ‖ Sebaſtianus Threſcovius Juris-Conſultus, ‖ Conſul Reipub: Hildesheimenſis. ‖ BRUNSVIGÆ, Typis Dunckerianis. Anno 1612.
Braunschweig: Andreas Duncker d. Ä. 1612. [1] Bl.; 4°
[Wolfenbüttel, HAB: *M: Db 987 (4)*]*

---

[235] Eventuell ein Sohn oder Bruder ist Henning Gödeke aus Hildesheim, der am 11. April 1600 an der Universität Wittenberg immatrikuliert wurde. Dazu vgl. Förstemann/ Hartwig (1894), S. 465*a*16.

[236] Zu Cammanns Epitaph vgl. Wehking (2001), S. 288–289, dort Nr. 770. Er wurde am 17. Oktober 1576 an der Universität Helmstedt immatrikuliert. Dazu vgl. Zimmermann (1926), S. 10*b*40. Ebenfalls belegt sind weitere Immatrikulationen am 2. August 1584 an der Universität Wittenberg und am 1. Oktober 1600 an der Universität Helmstedt. Vgl. Förstemann/Hartwig (1894), S. 323*b*38 und Zimmermann (1926), S. 151*b*136. Sie könnten sich auf seinen gleichnamigen Sohn Johann Cammann d. J. beziehen, der als *doctor* und *syndicus* gemeinsam mit seiner Frau Dorothea vom Sode auch auf einer nicht erhaltenen Abendmahlskanne aus dem Jahr 1642 in St. Michaelis in Braunschweig erwähnt ist. Darauf weist Wehking (2001), S. 392, dort Nr. 915 hin. Deren Grabplatte und Epitaph beschreibt Wehking (2001), S. 428–429, dort Nr. 968 und S. 472–474, dort Nr. 1034 mit biographischen Daten. Aus dem Privatbesitz der Braunschweiger Juristenfamilie Cammann stammte der Gründungsbestand der Schulbibliothek der Martinsschule in Braunschweig. Dazu vgl. Dürre (1861), S. 27 und S. 42.

Das Epithalamion des Sebastian Treschow umfasst zwölf elegische Distichen. Am Beginn seines Epigramms stellt er die Rolle der *fata* für die gesamte Welt und das menschliche Leben im Speziellen heraus: *Fata regunt homines*. In v. 5 richtet er sich in direkter Rede an den Bräutigam, der auch vom *fatum* geleitet werde. Am Ende dieses Verses ändert sich mit *ecce* die Perspektive des Gedichtes. In den Blick des Dichters tritt jetzt die Braut, die als *virgo* gerade das Schlafgemach betrete und ein Bild voller *pietas* und *mores* gebe. Die Überleitung von der Anrede Cammanns zur anschaulichen Beschreibung der eintretenden Frau erzeugt ein hohes Maß an Lebendigkeit und Plastizität der Worte. Unter Erwähnung des mythologischen Vergleichs, dass auch die Aphrodite Cypris und die als *Charitum triga* genannten Grazien diese Braut liebten, wird Cammann in v. 9 deshalb als *felix* bezeichnet. Analog zu v. 5–10 sind v. 11–16 in identischer Gestaltung an die Braut gerichtet. Auch sie werde vom *fatum* geleitet, und Treschow leitet wiederum mit *ecce* am Ende des Verses zur Beschreibung über, dass auch der Bräutigam als *vir* das Schlafgemach betrete und dabei ein Bild von *pietas gravis* und *virtus* gebe. Auch Themis und Pallas liebten den Bräutigam. Deshalb sei Rhete, wie es in v. 15 heißt, ebenfalls *felix*. Die beiden genannten Abschnitte des Epigramms sind in starkem Maße analog aufgebaut und präsentieren unter Heranziehen mythologischer Autoritäten die Vorzüge des jeweils einen Ehepartners für den jeweils anderen. Bemerkenswert ist, dass beide Partner gleichberechtigt erscheinen und auch nach sich entsprechenden Kriterien angesprochen und beschrieben werden, was einer gewisser Modernität nicht zu entbehren vermag. Die letzten vier Distichen des Epithalamions enthalten die guten Wünsche des Verfassers für das Brautpaar. Gott selbst habe beide Partner füreinander entbrennen lassen. Er möge sie jetzt für lange Jahre begleiten und außerdem auch für Nachkommen sorgen. Mit *quod precor* am Anfang des letzten Distichons schließt Treschow sein Gedicht und wünscht *fata favent*, so dass das Ende des Textes an den Leitgedanken des Gedichtbeginns wieder anschließt.

Zwei Jahre nach dem Amtsantritt Treschows als Bürgermeister stirbt sein Sohn Henning Treschow am 12. August 1614, wie die deutsche Leichenpredigt über Weish. 4 des Superintendenten von Hildesheim Mag. Henning Clar (Pastor und Superintendent in Hildesheim, * Hildesheim 31.01.1571, † Hildesheim 14.07.1638) belegt.[237] Derselbe Druck enthält im Anschluss an die Leichenpredigt ab der Seite mit der Bogensignatur E1ᵛ lateinische *Memoriae* in Gedichtform von dreizehn Verfassern und einem *anonymus* (VD17 23:271836X).

---

[237]   Vgl. Meyer (1941), S. 501–509. Henning Clar ist im Kontext seiner Familie erwähnt bei Wulf (2003), S. 703–704, dort Nr. 539.

Trawer vnd Troſtſpiegel / ‖ Aus dem Buch der Weißheit am 4. Capit-
tel. ‖ Bey dem Begraᶜbniſſe des fuᶜr=‖nehmen Juᶜnglings / ‖ HENNINGI
THRESCOVII, ‖ Des Ehrnveſten / Hochgelahrten / Groß=‖lachtbarn vnd
Hochweiſen / Herrn SEBASTIA-‖NI THRESCOVII, beyder Rechten Doctoris,
vnd ‖ regierenden Buᶜrgermeiſters der Stadt Hil=‖deßheim / Eheleib-
lichen Sohns / ‖ Welcher ‖ Den 12. Auguſti, zu Abends zwiſchen 7. ‖
vnd 8. ſchlegen / zwar durch ein vnuerhoffentliches ‖ aber doch ſanfftes
Todesſtuᶜndlein in Chriſto Jeſu ſelig ‖ entſchlaffen / vnd darauff den 14.
huius in S. An=‖dreas Kirch / Chriſtlichem gebrauch nach / zur Erden ‖
beſtattet worden / ‖ In oᶜffentlicher Leichpredigt fuᶜrgeſtellet / ‖ Durch ‖
M. HENNINGVM CLAR, Superin=‖tendenten daſelbſten. ‖ Helmſtadt / ‖
Gedruckt durch Jacobum Lucium / ‖ Anno 1614.
Helmstedt: Jakob Lucius d. J. 1614. [28] Bl.; 4°
[Wolfenbüttel, HAB: *M: Db 4723 (4)*]*

Clar merkt an, diese Leichenpredigt sei seine erste im Amt des Superintendenten
und außerdem auch eine schwierige Aufgabe, da er sie für den an einer nicht genannten Krankheit gestorbenen jugendlichen Sohn eines Bekannten halten müsse,
der gebildet, musikalisch und so hoffnungsvoll gewesen sei. Neben biblischen,
historisch-christlichen und antiken Beispielen diskutiert Clar besonders auch die
Theodizeefrage und zitiert dazu Hi. 1,21.
Das erste auf die deutsche Leichenpredigt folgende lateinische Epicedion verfasst
der Helmstedter Professor für Medizin Mag. Henning Arnisäus (Arzt, Professor in
Helmstedt, königlicher Leibarzt in Dänemark, * Schlanstedt 1575, † 11.1636) in
dreizehn elegischen Distichen.[238] Arnisäus beginnt sein Epigramm mit der Darstellung der gedeihenden Natur. Während der Baum sich in weites Laub kleide, neue
Blumen durch Feuchtigkeit wachsen könnten und Milch im Überfluss fließe, sei
Henning Treschow gleichsam wie eine verwelkende Blume gestorben. Der Dichter wendet sich dann an den Vater Sebastian Treschow und führt aus, dass dieser
seinen Sohn begraben müsse ohne selbst bereits ein Greis sein zu sein. Jetzt müsse
er hingegen Tränen vergießen und Trauergedichte von Freunden empfangen. Von
wie großer Trauer werde jetzt die elterliche Hoffnung zerstört. Das *ingenium* des
Sohnes sei bewundert und diskutiert worden, weil in ihm ein *maior ... humano
spiritus* gewirkt habe. Arnisäus setzt mit seiner Folgerung das Bild der vergehen-
den Pflanze fort: Die Missgunst des Todes lasse es aber jetzt nicht mehr zu, die
Früchte zu lesen und die erhoffte Ernte zu genießen. Die *fata* ließen soviel Gutes
geschehen, ließen jedoch auch einen Menschen aus dem Leben scheiden. Arnisäus

---

238 Vgl. ZIMMERMANN (1926), S. 416–417. Er wurde am 28. Juni 1610 zum Dr. med. pro-
     moviert. Dazu vgl. ZIMMERMANN (1926), S. 213*a*1.

stellt anschließend an den Vater die Frage, ob er denn deshalb nicht seinen Tränen nachgeben könne. Sein Sohn sei in seine himmlische *patria* zurückgekehrt, denn nach Gottes Willen dürfe es auf der Erde kein gottgleiches Wesen geben. Auffällig ist, dass Arnisäus in diesem Zusammenhang den Plural setzt, obwohl er sich auf den einen christlichen Gott bezieht. Der Vater könne unzählige Bücher durchlesen, er werde dabei jedoch nichts finden können, was sich nicht durch eine vorzeitige Wendung als unbeständig erweise. Dieses Epicedion zeichnet in besonderem Maße den Kontrast von Leben und Tod und stellt den unerwarteten Tod als unabwendbares Ereignis dar. Diese in gewisser Weise sehr nüchtern und sachlich anmutende Sichtweise mag im beruflichen Erleben des Verfassers als Arzt begründet liegen.

Das zweite Epicedion schreibt der Helmstedter Professor und Dichter Heinrich Meibom in 38 daktylischen Hexametern. Er beginnt sein Gedicht mit einem klagenden Ausruf über einen verfrühten Tod im Allgemeinen, wenn es einem Menschen nicht gewährt werde, das durch ergraute Haare gekennzeichnete Lebensalter zu erreichen. Der gegenwärtige Fall des männlichen Nachkommen der Familie Treschow, der den von Meibom nicht genannten Vornamen seines Großvaters Henning trage, möge ihm dabei als *exemplum* dienen. Meibom bezieht sich mit dieser Aussage auf den früheren Hildesheimer Bürgermeister Henning Arneken, den Schwiegervater des Sebastian Treschow. Meibom zählt des Weiteren auf, der verstorbene Junge habe bereits die schnellfließende Innerste, die über die Ufer tretende Oker und die Städte mit Türmen durchfließende Leine kennen gelernt. Mit der Nennung dieser drei Flüsse wird das bisherige, begrenzte Lebensareal des Henning Treschow umrissen. Die Innerste mündet bei Hildesheim in die Leine, und Oker und Leine sind beides Flüsse in der Nähe von Hildesheim. In ihn habe die Familie große Hoffnung gesetzt, aber er habe – wie Meibom in v. 13 schreibt – nur ein Lebensalter von fast vierzehn Jahren erreichen können: *vix duo complerat septennia simplicis aevi*. Dennoch habe sich in seinem Leben bereits die *pietas* gezeigt, wenn er auch kein höheres Lebensalter erreicht habe. Henning Treschow habe Sprachen und die sonstigen Fachgebiete der *artes* gleichsam in sich hineingetrunken und die Basis für seinen beruflichen Werdegang gelegt, was der Vater und die Vaterstadt mit Wohlwollen und Hoffnung gesehen hätten. Die Geburtsgöttin *Parca*, die gemeinhin mit den Parzen identifiziert wird, habe als *ferox* und *invida* den Jungen, den Meibom in v. 20 als *hoc nobis decus* bezeichnet, abberufen. Deshalb richtet er eine Frage an Gott, mit der er erfahren will, weshalb er habe sterben müssen, da er doch bereits in seiner Kindheit Verdienste erworben und seinen Charakter unter Beweis gestellt habe. Jetzt würden Tränen vergossen und Trauergesänge angestimmt. Gott möge ihn, Meibom, lehren, wie er jetzt ohne ein solches *exemplum* weiterleben könne. Der Verstorbene habe bereits in seiner jugendlichen Umgebung die *coelestia regna* beschrieben, und dem komme er als

Dichter jetzt verpflichtet entgegen, indem er selbst etwas für ihn schreibe. Es sei besser, mit Bitten für den Toten aufzuwarten, und Gott möge diese Glaubenshoffnung stärken. Meiboms Gedicht ist im Gegensatz zum vorangehenden Gedicht in großem Maße von Trauer um das früh beendete Leben und die damit nicht vollzogene akademische Entfaltung des verstorbenen Jungen geprägt.

Der Helmstedter Professor Rudolph Diephold (Professor für Griechisch an der Universität Helmstedt, * Verden 12.09.1572, † Helmstedt 27.05.1626) ist Verfasser des dritten Trauergedichts aus 41 daktylischen Hexametern.[239] Ebenso wie bereits zuvor Heinrich Meibom bezieht sich Diephold im familiären Kontext auf die Abstammung des Verstorbenen von der Familie Arneken, wendet sich dann aber an Sebastian Treschow, den er in v. 1 als *facunde vir atque Themistos / gloria* anspricht. An den Ufern der Innerste, was Diephold als Umschreibung für Hildesheim setzt, habe Treschows Frau den Sohn seinerzeit geboren, dem kaum ein anderer in Bezug auf sein *ingenium* vergleichbar gewesen sei. Auch sei er sprachbegabt und anmutig sowie von der Göttin Minerva, der Göttin der Dichtkunst, mit weiteren Gaben von allerlei Art versehen gewesen. Auch die neun Musen hätten ihm beigestanden. Ebenso wie zuvor Meibom spielt Diephold mit diesen Aussagen auf die schulische Ausbildung und die Fähigkeiten Henning Treschows an. Die *prudentia* und die *affectio* seines Vaters habe er besessen, und in ihm seien die *gaudia matris* begründet gewesen. Er habe sich gerade als *patriae columen* und *decus* zu etablieren begonnen, als die Göttin Klotho, eine der drei Parzen, seinen Lebensfaden abgerissen habe. Diephold führt in v. 18–21 weiter aus, dass niemand, kein Mensch und kein Gott, der Klotho entgehen könne. Vielmehr habe jedes Wesen ihrem Handeln zu folgen. Bemerkenswert ist, dass der Verfasser im Folgenden den christlichen Gott als *Arbiter aequus* einführt, der die Menschen aus dem Leben rufe. Die Parzen stehen bei Diephold also nicht als Gottheiten über Leben und Tod da, sondern hingegen als ausführende Instanzen des Sterbens nach einem *arbitrium* Gottes. Nach weiteren Ausführungen zur Bedeutung und zur Bewältigung des Todes des Henning Treschow setzt Diephold die Aufforderung an die Hinterbliebenen, Trauer, Klagen und Tränen aufzugeben und sich stattdessen den anderen Kindern und dem Leben zuzuwenden, für das der Verfasser den Eltern abschließend *laeta ... tempora* und eine Umkehrung der *maestitia* in *vera ... gaudia* wünscht.

Das vierte Epicedion schreibt Mag. Johann Lampadius (= Lampe, Konrektor an der Ägidienschule in Braunschweig, Rektor in Salzwedel, Professor für Geschichte in Heidelberg, Pastor und Lehrer in Bremen, * Braunschweig 1569, † 1621), der seit dem Vorjahr 1613 das Amt eines Professors für Geschichte und Theologie am

---

[239] Vgl. ZIMMERMANN (1926), S. 435–436. Er ist als Professor im Helmstedter *Collegium philosophicum* im Jahr 1604/05 auch erwähnt bei ZIMMERMANN (1926), S. 181a9.

Gymnasium in Bremen innehat.[240] Es umfasst 29 elegische Distichen. Er beginnt sein Gedicht mit mehreren fingierten Fragen, die den Tod und die Trauer im Allgemeinen betreffen. Ab v. 5 leitet er dann mit *ergo* die konkreten Konsequenzen dieses Todesfalls ein. Die *truces ... sorores*, die Parzen, hätten die Aufgaben des Henning Treschow, des Sohns des als *clarus* bezeichneten Sebastian Treschow, zerstört. Die *nullis mors expugnabilis armis* habe entsetzlich gewütet, während der Verstorbene doch seit seinen ersten Jahren an von Christus gesegnet gewesen sei und dieser ihm großzügig schöne Aufgaben gegeben habe. Die begeisternde Glut des Henning Treschow habe auf ewig geleuchtet, er sei von schöner körperlicher Gestalt gewesen und seine Augen hätten in der Sommersonne edelsteinern geglänzt. Auch hätten seine Tüchtigkeit und sein Fleiß ihn ausgezeichnet. In v. 17–22 stimmt Lampadius mit *o* eingeleitet geradezu ein Lob auf den Verstorbenen an: Wie oft habe die Menge seinen wunderbaren Gesang und seine Musik gelobt. Sprache und Kunst seien gleichermaßen zu würdigen. Mit *o decus* hebt er den Verlust der Gesellschaft durch den Tod des Jungen nochmals nachdrücklich hervor. Jetzt hingegen erhebe sich dessen Musik durch die himmlischen *sedes*. Außerdem sei sein Leben von *luxus, avarities, ira* und *dolor* frei gewesen. Bei der Nennung dieser schlechten Verhaltensweisen verwendet Lampadius die seltenere Nebenform *avarities* anstatt dem üblichen Substantiv *avaritia*. Dann wendet er sein Gedicht wieder direkt dem Verstorbenen zu. Der *felix Henning* musiziere jetzt in der himmlischen Sternenhalle, und zwar gleichermaßen olympische wie auch englische Weisen, so dass wiederum die antike Tradition gleichermaßen wie die christliche bedient wird. Die verwaisten Eltern seien dennoch traurig und wünschten sich den eigenen Tod zugunsten des Lebens ihres Kindes. Dazu führt Lampadius im Folgenden ab v. 37 als vergleichbare Beispiele die Tötung des Pallas, des Sohnes des Arkadiers Euander durch den Rutulerkönig Turnus nach Verg. *Aen.* 10,480–496 sowie die Tötung des Nisus, des Sohnes des Hyrtacus durch die Rutuler nach Verg. *Aen.* 9,176–445 an. Anschließend wendet sich der Verfasser wieder der Klage um den verstorbenen Henning Treschow zu und spricht in einem Wortspiel aus *Parca* und *parcere* in v. 44 die Parzen an, die es nicht vermocht hätten, den Jungen vom Tod zu verschonen. Er verweist aber darauf, dass die *spes ... salutis* im Tod auf Gott beruhe und insofern eine *spes firma* sei. Ab v. 53 folgen mehrere an den Vater gerichtete, ihn bestärkende Imperative, zunächst die bloßen Aufforderungen *perfer* und *obdura*, dann ein verstärktes *perfer tristia* sowie schließlich *perge Themin colere* und *restitue Astraeam iustitiam*. Sebastian Treschow, der als *consul clarissime* angesprochen wird, möge folglich die tragische Situation ertragen, sie aushalten und weiterhin seinen juristischen Beruf ausüben.

---

[240] Vgl. DÜRRE (1861), S. 73. Lampadius wurde am 23. März 1593 an der Universität Wittenberg immatrikuliert. Dazu vgl. FÖRSTEMANN/HARTWIG (1894), S. 396*b*31.

Die kombinierte Auswahl der Verben *perferre* und *obdurare* erinnert an Catulls Selbstermutigung in Catull. *c*. 8,11, wobei Catull sich nicht zur Überwindung eines Todesfalls ermutigt, sondern zur Überwindung seiner unerfüllten Liebe. Johann Lampadius schließt sein Epicedion in v. 57–58 mit Segenswünschen für den hinterbliebenen Vater:

> *Sic te Iova beet; sic det tibi rector Olympi*
> *Optato aeternae frondis honore frui.*

Lampadius zeigt in seinem Gedicht nicht nur seine umfassende antike und theologische Bildung, sondern auch sein Einfühlungsvermögen für die Situation des frühen Todes eines jugendlichen Menschen. Bemerkenswert ist, dass er sich mit seinem Trost ausschließlich an den Vater wendet und die Mutter nur in der allgemeinen und indifferenten Schilderung der Trauer der *parentes* erscheint, zumal in den vorangehenden Epicedien mehrfach die mütterliche Abstammung des Jungen von der Hildesheimer Patrizierfamilie Arneken betont ist, die Lampadius nicht berücksichtigt.

Der aus dem Fürstentum Calenberg stammende Mag. Heinrich Dreveler (Pastor im Kloster St. Mariental, ab 1619 in Adensen, * Adensen, † Adensen 1626 [Pest]) ist Verfasser des nächsten kurzen Epigramms aus neun elegischen Distichen.[241] Er hatte die Magisterwürde am 27. März 1610 an der Universität Wittenberg erlangt und unterzeichnet sein Gedicht als Pastor des Klosters St. Mariental.[242] Das erste Verspaar enthält neben der inhaltlichen Todesmitteilung des Henning Treschow und der damit verbundenen Trauer als Chronodistichon die Zahl 1629, die in die Jahresangabe 1614 (römische Zahlzeichen im Normalsatz) des Todesdatums und die Jahresangabe 15 (Zahlzeichen im Kursivsatz) der Lebensjahre des Verstorbenen aufzugliedern ist. Im Folgenden beklagt Dreveler den frühen Tod des Jungen und diskutiert *arma, astra* und *toxica* in Bezug auf ihn. Der Verstorbene habe immer wieder bekräftigt, anstelle der *studia Martis* die *studia artis* betreiben zu wollen. Außerdem habe er den regelmäßigen Lauf der Gestirne als Anzeichen seiner *fata futura* angesehen und die *toxica* seines Lebens zu identifizieren versucht. Anschließend stellt der Verfasser in v. 13–14 die Allgemeingültigkeit des Todes heraus:

---

[241]   Vgl. SEEBAß/FREIST (1974), S. 71 und MEYER (1941), S. 4. Er wurde am 3. April 1601 und am 1. November 1606 an der Universität Wittenberg immatrikuliert und am 13. Januar 1611 für St. Mariental ordiniert. Dazu vgl. ZIMMERMANN (1926), S. 153*b*47 und S. 217*a*1 sowie WEISSENBORN (1934), S. 54*a*591.

[242]   Die Glückwunschgedichte zu seiner Magisterpromotion wurden in Wittenberg gedruckt (1610, VD 17 23:311745Y).

Scilicet inde manet nullo dicrimine cunctos,
Cunctos sub leges Mors vocat atra suas.

Der Tod mache keine Unterschiede und betreffe alle Lebewesen gleichermaßen. Er betreffe sowohl Greise im höchsten Alter als eben auch in voller Blüte stehende, junge Menschen, ebenso fromme Menschen wie nichtgläubige. Dreveler setzt vor seinen Namenszug die Attribute *lugens lubensque*, die nochmals die Aufrichtigkeit seiner Trauer bekräftigen.

Das sechste Trauergedicht schreibt Mag. Barward Rhesen (Rektor und Superintendent in Hildesheim, * Hildesheim 1586, † Hildesheim 1656), der zu diesem Zeitpunkt Rektor der Andreasschule in Hildesheim ist, in neunzehn alkäischen Strophen nach dem antiken römischen Vorbild des Horaz.[243] Sein Gedicht ist kaum auf den verstorbenen Jungen und dessen Familie abgestimmt und stellt besonders die allgemeine Klage um den Tod in den Vordergrund. Dazu führt er zunächst das Bild der grünenden Pflanze an, die vorzeitig vergeht, wodurch alle *gloria* der Jugend zerstört werde. In v. 12 schließt Rhesen dann die rhetorische Frage nach der Größe der Trauer an: *Quis potuit satis esse lessus?* Die *numina* seien bereits langfristig im Verstorbenen festgesetzt gewesen und eine unabwendbare göttliche Entscheidung. Die *sorores rapaces*, Rhesus spielt wie bereits Meibom, Diephold und Lampadius zuvor auf die über den Todeszeitpunkt bestimmende Rolle der Parzen an, hätten nicht bei ihrer Festsetzung des Todeszeitpunktes verweilen können. Auch habe die Muse Melpomene, nach antiker Vorstellung die Göttin der tragischen Dichtung und des Trauergesangs, die Trauermusik angestimmt. Nach der Nennung der Parzen und der Melpomene führt Rhesen seine Klage fort. Man stimme auf einer *lyra* begleitete Hymnen an, singe Oden und Liedstrophen. In diesen Formulierungen fließen der Inhalt des Gedichts und die dichterische Form geradezu zusammen, und Rhesen erscheint als Dichter gleichsam als Klagender innerhalb seines eigenen Gedichts. Anschließend folgt in den v. 41–43 dreifach die erstmalige Nennung des Familiennamens des Verstorbenen. Er wird als *proles Threscoviorum*, *Threscoviorum sanguis* und *Threscoviorum ... progenies* bezeichnet. Diese Apostrophierungen bringen deutlich die familiäre Hoffnung auf eine Fortführung der Familie durch den Sohn zum Ausdruck, werden aber nicht weiter vertieft oder mit weiteren familiären Aussagen verbunden. Stattdessen setzt die Klage um den Tod des Henning Treschow erneut ein, der *Deûm Rex* habe ihn abberufen. Rhesen erwähnt in den v. 49–50 die Hoffnung, die über die Familie hinaus auch das weitere Umfeld in den Verstorbenen gesetzt habe. Die Musen hätten ihm beigestanden, er habe seine Familie gleichsam zu den Gestirnen füh-

---

[243]   Vgl. MEYER (1941), S. 501–503. Er wurde am 2. April 1603 an der Universität Helmstedt immatrikuliert. Vgl. ZIMMERMANN (1926), S. 164*a*58.

ren können, aber seine *virtus* sei der Erde unwürdig gewesen, und er habe sich deshalb aus dem Leben begeben. Aus dieser Aussage resultieren sowohl ein abschließender Glückwunsch als auch eine abschließende Trauer. Ihm sei zu seiner *beatitas* zu gratulieren, dennoch werde über seinen Tod geweint. Er habe sich in die elysischen Gefilde begeben, in denen er jetzt blühe und seiner Familie zu Stolz gereichen könne. Rhesen gelingt es mit der abschließenden Strophe, über das Bild der Blume an den Beginn seines Epicedions zu erinnern und den Übergang des blühenden Lebens in ein ewiges Blühen auszugestalten. Nachdem er anfangs die für den Verstorbenen verhinderte Blüte des Lebens hervorgehoben hat, stellt er zum Trost der Hinterbliebenen abschließend das frühe Sterben als günstige Wendung dar und verstärkt mit den Verben *regnare* und *triumphare* die Vorstellung der Erlösung und Begünstigung durch den frühen Tod. Die Ausübungen, die der Junge in seinem Leben später hätte erlangen sollen, habe er durch seinen Tod auf anderer Ebene ebenfalls erreicht. Diese Aussage erinnert in ihrer Dimension an die antike Vorstellung des frühen Todes als positives Götterzeichen, wie es aus Plaut. *Bacch.* 4,7,18 (= 816) bekannt ist.

Der Verfasser des siebten Epicedions ist Mag. Conrad Stein (Rektor in Hornburg, Pastor in Remlingen und Vienenburg, * Hornburg, † Vienenburg 1627) aus dem Kloster St. Mariental.[244] Er verfasst ein Epigramm aus vier elegischen Distichen, dem er als Motto ein Anagramm aus *Henningus Threscovius* zu *Heus surgo hinc intuens.* voranstellt und das er dessen *manes defuncti* widmet. Die Worte des Anagramms setzt Stein dabei an passender Stelle in Wortgruppen in das Gedicht ein. Er lässt den Verstorbenen selbst sprechen: er erhebe sich fort aus dem Leben, werde zu Staub und zur Speise der verdrossenen Würmer, er gehe zurück und schaue die *maiestas Tonantis*. Dem Bild der Zersetzung folgt die Vorstellung eines himmlischen Weiterlebens. Im Himmel grüne er mit neuem Laub, und sein Körper werde in neue englische Gewänder gekleidet.

Das achte Gedicht schreibt Mag. Johann Lüders (Rektor in Hildesheim, danach Professor für Ethik und Jura in Helmstedt, * Pattensen 21.04.1592, † Helmstedt 27.12.1633) in neun elegischen Distichen.[245] Er lässt das Epigramm im ersten Di-

---

[244]   Vgl. SEEBAß/FREIST (1974), S. 309 geben als Geburts- und Wirkungsort Homburg an. Vgl. außerdem MEYER (1942), S. 461. Stein wurde am 14. Februar 1609 an der Universität Helmstedt immatrikuliert, ebenda am 7. Juli 1614 als Rektor in St. Mariental zum Magister promoviert und am 15. Dezember 1616 ordiniert. Dazu vgl. ZIMMERMANN (1926), S. 203*a*26, S. 238*a*4 und S. 254*a*7.

[245]   Zu Lüders vgl. ZIMMERMANN (1926), S. 406–407 und S. 439. Er war mütterlicherseits ein Urenkel des Euricius Cordus. Er wurde am 11. Mai 1611 an der Universität Helmstedt immatrikuliert, ebenda am 14. Juni 1612 zum Magister und am 31. Mai 1621 zum Dr. jur. promoviert. Vgl. ZIMMERMANN (1926), S. 216*a*149 und S. 223*a*9. Am 27. April 1614 ist er zwischenzeitlich als *Ioh. Lüderus Patthusia-Brunswigius* und Magister in

stichon als gleichsam literarische Grabinschrift den vorbeikommenden Passanten ansprechen:

> *Siste gradum, quamvis properes, dilecte Viator,*
> *Heic quod gaudebis, quodque dolebis, habes.*

Auf diese Anrede folgt die Bekräftigung der Trauer um den verstorbenen Jungen, der in v. 3 als *desiderium patriae* und *spes magna parentum* bezeichnet wird und der jetzt in der kalten Erde ruhe. Lüders führt aus, wie positiv es wäre, wenn die römische Göttin der Weisheit Minerva ihn wieder mitsamt seiner *ingenii dona stupenda boni* lebendig machen könnte. In v. 9–10 treten als weitere positive Charaktereigenschaften des Toten seine *virtus*, *probi mores* und seine *pietas* hinzu, die der Verfasser kurz diskutiert. Im vorletzten Distichon erfolgt mit *at tu* eingeleitet die erneute Anrede des fiktiven Passanten, der eingedenk sein möge, welches *patriae nobile depositum* an dieser Stelle begraben sei, bevor im letzten Distichon mit *et dic* dem Vorbeikommenden aufgetragen wird anzumerken, wenn die Zeit dereinst einen in Bezug auf *animus* und *ingenium* vergleichbaren Menschen hervorbringen werde. Da Lüders sein Epigramm als fiktive Grabinschrift selbst zum Leser sprechen lässt, tritt seine Person nicht als der vordergründig rühmende Dichter in Erscheinung, so dass die lobende Aussage des Textes allgemeingültig wirkt und wesentlich hervorgehoben wird.

Der Verfasser des neunten Epicedions aus zehn elegischen Distichen ist namentlich nicht ermittelbar und unterzeichnet sein Gedicht nur mit den Initialen P. M. I. L. (...) sowie dem Hinweis *In inclyta Marpurg. Academia*, so dass er dem akademischen Milieu Marburgs zugerechnet werden muss. Das Gedicht ist als *eiusdem lamentatio* betitelt und stellt demgemäß die Klage um den Tod des Henning Treschow in den Vordergrund. Dazu ruft der Verfasser in v. 5 sein Leid geradezu heraus: *O fati brutam feritatem!* Diese *feritas* habe vorzeitig den Tod des Jungen eingefordert, und die personifizierte *pietas* solle jetzt um ihn weinen, ebenso die *turba novena sororum*, die Göttin Themis und die Göttin Minerva, die alle stellvertretend für die akademischen Künste und die Weisheit im Allgemeinen sowie die Jurisprudenz im Speziellen stehen. Der *anonymus* setzt anschließend in v. 9 mit *vester obiit* fort und kennzeichnet den Toten somit als zuvor den Musen, der Themis und der Minerva gehörig oder anbefohlen. Dann ruft er in v. 11–12 als

---

der Matrikel der Universität Marburg belegt. Dazu vgl. Cäsar (1887), S. 78*a*3. Sein Bücherzeichen mit autographem Besitzeintrag aus dem Jahr 1617 ist beschrieben und abgebildet bei Starke (1896). Auf Lüders Grabdenkmal aus dem Jahr 1633 in der Universitätskirche St. Stephani in Helmstedt weist Henze (2005), S. 213–214, dort Nr. 152 hin.

Dichter sein eigenes Gedicht an, es möge der Situation angemessen trauern. Dabei führt er Wendungen wie *nigrae ... comae, tristis ... vultus* und *ingrati debita servitii* ein. Ähnlich dem erwähnten Ausruf in v. 5 folgt in v. 15–16 ein weiterer Ausruf:

> *O feralem hominem, qui me poene externavit,*
> *Dum tam insperatum rettulit exitium!*

Der Verfasser bezeichnet sich selbst als bestürzt, da das Leben des Henning Treschow einen solch unerwarteten Ausgang genommen habe. Im vorletzten Distichon ruft der Verfasser die Nymphen, die er mit dem selteneren Begriff *Hyades* bezeichnet sowie die Musen als *tristes ... puellae* an, die wegen dieses Leids Schmerz empfänden. Im letzten Distichon in den v. 19–20 spricht der Dichter dann über sich selbst und nennt sich als *non par ... infelix ... Vates*, was die nachfolgende Zeit wissen solle. Aus dieser Zurückhaltung der eigenen Fähigkeiten spricht nach antikem Vorbild einerseits die Bescheidenheit des Dichters, andererseits zeigt sie seine tatsächliche Betroffenheit, die nach seinem eigenen Urteil dem Verlust nicht angemessen genug ausfällt.

Das zehnte Trauergedicht schreibt der cand. jur. Johann Angelius von Werdenhagen (Hofmeister, Konrektor in Salzwedel, herzoglicher Rat, * Helmstedt 01.08.1581, † Ratzeburg 26.12.1652), der zeitgleich bereits als diplomatischer Gesandter des Herzogtums Braunschweig-Lüneburg dient und später Professor für Ethik in seiner Heimatstadt wird.[246] Es besteht aus 34 daktylischen Hexametern und beginnt mit der Aussage, wie viel alle Trauernden dem Verstorbenen verdankten. Anschließend stellt der Dichter mehrere rhetorische Fragen, so zunächst die Frage, wer denn nicht die *prosperrima fata* der Göttin Themis erlangen könne, wenn die *sancta* und die Grazien, die als *Charites* erscheinen, die Aufgabe erheiterten. Bis zum Zeitpunkt seines Todes sei Henning Treschow von *virtus* und *candor* geleitet worden, woraus die nächste Frage resultiert, weshalb Zeus es an diesem Punkt gewagt habe, der Göttin Lachesis, derjenigen Göttin der Parzen, die das individuelle Lebensschicksal zumisst, nachsichtig zu sein. Werdenhagen spielt mit dieser Formulierung auf den verfrühten Tod an und bringt sein Unverständnis für den jungen Tod zum Ausdruck. Dazu ruft er sie in v. 10 als *perfida ... bestia* direkt an und fragt, ob sie den vorgezeichneten Lebensweg nichtsnutzig habe zerstören müssen. Auf diese drei Fragen folgt in v. 13 der klagende Ausruf *o rabiem nimiam!* Alle *voluptates* der Menschen würden durch bittere Bemühungen zerstört und Neid hervorgebracht. Die Lachesis habe den Jungen an sich nehmen wollen,

---

246   Vgl. ZIMMERMANN (1926), S. 437–439 und ZIMMERMANN (1896). Er wurde im Jahr 1616 an der Universität Helmstedt zum Magister promoviert. Dazu vgl. ZIMMERMANN (1926), S. 252*a*11.

wenn auch Pallas Athene, Apoll und die Musen, die bereits im vorherigen Gedicht exemplarisch genannten Gottheiten für Weisheit, Wissenschaft und Künste, einen anderen Weg für ihn vorgesehen hätten. Dennoch sei es zu diesen *facta nefaria* gekommen, und deshalb sei eine Trauerklage anzustimmen. Werdenhagen führt abschließend weiter aus, dass die Menschen sogar noch in ihrer Trauer von den Parzen verspottet würden. Im letzten Vers seines Gedichts bezeichnet er sich dabei als mit dem Verstorbenen beziehungsweise dessen Familie befreundet.

Ein *anonymus* ist der Dichter des elften Epicedions aus 25 elegischen Distichen, in dem der verstorbene Junge und seine Familie namentlich nicht erwähnt werden. Der Verfasser stellt zunächst in v. 1–2 dar, dass sein Gedicht aus trauriger Gesinnung entstehe, wenn er auch einen grundsätzlichen *animi ... fons sereni* als Ursprung anführt. Seine *pietas* sei jedoch stärker als seine Trauer. Anschließend gibt er einen wichtigen Hinweis auf seine Person, wenn er in v. 7–8 schreibt:

> *Nam desiderio vel fratre minore carerem.*
> *Vera loquor. Quodni? Hic filij adinstar erat.*

Möglicherweise ist der namentlich nicht genannte Verfasser dieses Gedichts ein älterer Bruder des Henning Treschow, der es auf den Tod seines jüngeren Bruders schreibt, so dass die Urheberschaft des Johann Treschow oder des Sebastian Treschow d. J. zu vermuten ist.[247] Nach dieser familiären Anmerkung führt der Dichter weiter aus, dass er an der Ausbildung des verstorbenen Bruders *ad optima* beteiligt gewesen sei und dieser durch sein *ingenium* und seine *mores* ähnlich gewandt wie der Vater Sebastian Treschow d. Ä. gewesen sei. Ab v. 15 folgt die Darstellung der Fähigkeiten des Toten. Er sei eifrig und von guter Auffassung gewesen, habe überdurchschnittlich gut musizieren und tanzen können. In jedem Kontext, in dem er aufgetreten sei, habe man sofort erkannt, wer er sei und dass er es sei. Tränen und Trauer bestimmten die ganze Stadt anlässlich seiner Bestattung. Danach folgt ab v. 31 auch in diesem Gedicht das umfänglich ausgestaltete Bild der verwelkenden Blume. Die in den Sohn gesetzte Hoffnung des Vaters sei somit verwirkt, denn eine *aura levis* habe seine Blume zerstört. Anschließend verschiebt sich die Argumentationslinie zu einer anderen Begründung hin. In v. 41–42 wird erstmals der christliche Gott erwähnt, der durch den Tod Henning Treschows habe erreichen wollen, dass dieser den zukünftig kommenden Widrigkeiten des Lebens nicht mehr ausgesetzt sein müsste. Gott habe Treschow aus der Welt genommen,

---

[247]   Johann Treschow und Sebastian Treschow d. J. als weitere Söhne des Sebastian Treschow d. Ä. ergeben sich aus der Leichenpredigt für dessen Frau Adelheid Treschow (1625, VD 17 7:660143U). Zu ihrer genealogischen Auswertung vgl. die Hinweise am Ende dieses Kapitels.

um ihn in *suum peramoenum* ... *hortum* zu nehmen, wo keine Widrigkeiten und kein Übel ihn bedrängen könnten. Außerdem habe Gott das Leben gegeben, und er könne es auch wieder nach eigenem Ermessen gegen den Willen des Menschen zurücknehmen:

> *Qui dedit utendam sine certo limite vitam,*
> *Si repetat, non est gratia nulla tamen.*

Aus diesen Versen spricht einerseits die Erkenntnis der absoluten Hilflosigkeit des Menschen dem Tod gegenüber als andererseits auch die Hoffnung, dass der Tod gerecht abläuft und den Übertritt in eine bessere Welt Gottes darstellt. Dies wird aus den abschließenden beiden Distichen, die sich dem oben genannten direkt anschließen, deutlich:

> *O Deus, in cuius nutu nil carpere quisquam*
> *Iure potest, animae huic gaudia mille duis*
> *Et nos, mille malis quos haecce domuscula carnis*
> *Alligat, ad coeli gaudia solve brevi.*

Das verallgemeinernde *et nos* der an Gott gerichteten Apostrophe gilt dabei nicht mehr nur der besonderen Heilshoffnung für den Verstorbenen, sondern bringt auch deutlich die allgemeine Heilshoffnung des anonymen Verfassers für die Hinterbliebenen im Allgemeinen zum Ausdruck. Zum letztgenannten Textabschnitt ist als Auffälligkeit noch die archaische Form *duis* zu nennen, die nach Cic. *or.* 153 ein Synonym zu *bis* ist.

Der cand. jur. Ludwig Linde dichtet das zwölfte Epicedion aus fünfzehn daktylischen Hexametern in griechischer Sprache unter Einbeziehung eines Anagramms. Das dreizehnte Gedicht des Sammeldrucks verfasst der Arzt und spätere Helmstedter Medizinprofessor Johann Heinrich Meibom, der Sohn des Helmstedter Professors Heinrich Meibom d. Ä., der seinerseits selbst das zweite Epicedion dieser Sammlung verfasst. Johann Heinrich Meibom unterzeichnet sein 42 daktylische Hexameter umfassendes Gedicht mit der Ortsangabe *Witebergae* und einer Datierung auf den 30. Oktober 1614. Er beginnt mit der Behauptung, die Nachkommenschaft eines großen Mannes sei selbst groß und enthalte die väterlichen *semina virtutis*. Verfrüht sei Henning Treschow jedoch gestorben und habe sich zur *placida quies* begeben. Apoll selbst habe auf dem Helikon seine *cithara* weggeworfen, und die pimpleische Quelle am Helikon gebe jetzt salziges Wasser, was die Assoziation von Tränen weckt. Das *ingenium* sei gegen die *tristis mors* eingetauscht worden. Nach diesen Anspielungen folgt in v. 14–15 die direkte Aufforderung zur eigenen Trauer:

Ite oculi in lacrumas, tremulae in suspiria voces,
Triste cor in planctus, quem Di, quem numina lugent.

Meibom bezieht sich auf das Weinen, Seufzen und Schlagen als Ausdrucksformen des Trauerns, und er fragt in v. 18–19, was geschehen müsse, um die Trauer des Vaters und den erlittenen tiefen Schmerz zu lindern. Bemerkenswert ist an dieser Formulierung die Verwendung des Singulars von *parentes* zur Kenntlichmachung des Vaters. Geht doch der eigentliche Vorgang des *parere* von der Mutter aus, so ist hier im Kontext des Todes des Sohnes der Vater als derjenige genannt, dem der hoffnungsvolle Nachkomme verloren geht. Zur näheren Begründung fügt Meibom ab v. 20 eine nähere Beschreibung des Sohnes an. Er sei *prius florens* gewesen, *praestans munera* und *decus indelebile* der ganzen Familie, ferner ein *flos populi* und ebenso ein öffentliches *decus*. Der Vater, in v. 26 seinem Amt und seiner Bedeutung angemessen als *vir maxime* angesprochen, möge nun nicht hadern, sondern vielmehr sein Schicksal annehmen. Der missgünstige Tod habe ihm den Sohn weggenommen, diesen aber zum Olymp geschickt, wo er jetzt die *coelestia gaudia* empfangen dürfe. Der Verfasser bringt in dieser Darstellung die christliche Vorstellung vom himmlischen Leben und die antike Vorstellung vom Olymp als Wohnsitz der Götter in einen Zusammenhang und gestaltet den Olymp als Ort des christlichen Himmels aus.

Während die erste Hälfte dieses Gedichts von der unermesslichen Trauer und Klage um den Tod des Jungen bestimmt ist, tritt zum Ende des Textes die christliche Perspektive der Erlösung wesentlich in den Mittelpunkt und gipfelt in den letzten Versen in der Aufforderung, der Vater möge sein Seufzen und Klagen einstellen und ebenso das Weinen aufgeben, denn es werde auch für ihn die Zeit kommen, in der er nach dem *arbitrium* Gottes genauso wie sein Sohn in den Himmel aufgenommen werde. Dieser Moment werde ihm eine *laetitia* zeigen. Das gesamte Epicedion des Johann Heinrich Meibom wirkt besonders durch den Spannungsbogen aus der anfangs genannten familiären und gesellschaftlichen Hoffnung, die in Henning Treschow gesetzt worden war, der Klage um seinen Tod sowie der abschließenden beruhigenden Erkenntnis des ewigen Lebens in olympischen Gefilden.

Das abschließende vierzehnte Trauergedicht ist wiederum in zehn griechischen daktylischen Hexametern abgefasst und stammt von David Meibom aus Helmstedt (Magister, Superintendent in Halle an der Saale, * Helmstedt 13.07.1592, † Halle an der Saale 1626), der ebenfalls zum familiären Umfeld des Professors Heinrich Meibom d. Ä. gehört und einer von dessen Söhnen ist.[248] Sämtlichen

---

[248]   Vgl. Seebaß/Freist (1974), S. 200. David Meibom wurde gemeinsam mit seinem Bruder Johann Heinrich Meibom am 17. November 1596 an der Universität Helmstedt

Gedichten gemeinsam sind die besondere Betonung des Verlustes eines jungen Menschen für Familie und Gesellschaft sowie der tragischen Erfahrung eines Elternpaares, sein eigenes Kind begraben zu müssen.

Zum Tod des amtierenden Hildesheimer Bürgermeisters Dr. jur. Sebastian Treschow am 22. Oktober 1615 erscheint die deutsche Leichenpredigt über Ps. 42 des bereits genannten Hildesheimer Superintendenten Henning Clar im Druck (VD 17 23:321189A). Anschließend sind einige lateinische Epicedien mehrerer Beiträger enthalten. Eigenständige Sammlungen von Epicedien entstehen zu diesem Anlass nicht mehr.

SPECVLVM AEGROTANTIVM, ‖ Das ift / ‖ Krancken Spiegel / ‖ Auß dem XLII. Pfalm des Ko^eniges Davids / ‖ Bey ‖ Der Trawrigen ‖ Leich / deß Ehrenveften / Hoch=‖weifen / Großachtbarn vnd Hochgelar=‖lten Herrn Sebaftiani Trefchouij, V. I. D. ‖ Fu^erftl. Braunfchw. fu^ernehmen Raths / vnd Bu^er-‖lgermeifters der Stadt Hildenßheim / ‖ Welcher ‖ ANNO M. D. C X V. den XXII. Octobr. ‖ war der 20. Sontag nach Trinitatis, zu Abend zwifche[n] ‖ Acht vnd Neun Uhr fanfft vnd feliglich entfchlaffen / ‖ vnd folgenden Mitwochen in S. Andreæ Kirch / ‖ Chriftlich zur Erden beftattet ‖ worden / ‖ zum Troft erkleret vnd fu^ergeftellet / ‖ Durch Henningum Clar, Superintendenten zu ‖ Hildenßheim.
[Helmstedt]: [Jakob Lucius d. J.] 1615. [40] Bl.; 4°
[Wolfenbüttel, HAB: *M: Db 4724*]

Clar ist wie im Vorjahr Verfasser der Leichenpredigt für einen Angehörigen der Familie Treschow, und nennt abschließend auch viele biographische und genealogische Daten für den Verstorbenen und seine Angehörigen, unter anderem die vier Söhne und sieben Töchter des Verstorbenen, deren ältester der bereits erwähnte, verstorbene Henning Treschow war und von denen acht noch lebten. Ab der Seite mit der Bogensignatur H2^r sind die Epicedien abgedruckt. Das erste Epigramm aus elf elegischen Distichen ist als Θρηνῳδία betitelt und ebenfalls von Henning Clar verfasst. Anschließend ist zunächst ein Holzschnittband gesetzt, das in der Mitte einen liegenden Putto zeigt, der links von einer Sanduhr und rechts von einem Totenschädel eingerahmt ist. Diese Elemente verbildlichen als ikonographische Zeichen der *vanitas* gemäß Pred. 1,2 den neugeborenen Menschen, die unwiederbringlich verrinnenden Zeit und den Tod. Derselbe Holzschnitt ist auch in den Drucken VD 16 M 1927 aus dem Jahr 1598, VD 16 N 2119 aus dem Jahr 1599, VD 16 ZV 6851 aus dem Jahr 1600, VD 17 23:262933F

---

immatrikuliert und am 9. Februar 1622 für Halle ordiniert. Dazu vgl. ZIMMERMANN (1926), S. 128*a*2 und S. 294*a*3.

und 23:278635K aus dem Jahr 1602 sowie VD 17 23:264269S aus dem Jahr 1607 nachweisbar, die alle aus der Offizin des Jakob Lucius d. J. stammen, so dass auch für diese Leichenpredigt dieselbe Druckerei anzusetzen ist. Das zweite Epicedion dichtet der Professor Dr. theol. Kaspar Pfaffrad in fünf elegischen Distichen. Der Verfasser des dritten Gedichts im Umfang von 25 daktylischen Hexametern ist der Theologe Dr. theol. Mag. Heinrich Julius Strube (Pastor in Wittenberg und Lichtenberg, Superintendent und Professor für Theologie in Helmstedt, * Wolfenbüttel 18.02.1586, † Helmstedt 07.12.1629).[249] Als viertes Gedicht steht ein nicht mit Verfasserangabe versehener *Panegyricus ... ad senatum populumque Hildesiensem*, der 220 daktylische Hexameter umfasst und Treschows Abstammung und Werdegang rühmt. Das fünfte Trauergedicht, ein *EPICEDION* aus 35 daktylischen Hexametern, schreibt der Helmstedter Professor für Griechisch Rudolph Diephold, der möglicherweise auch als Dichter des voranstehenden Gedichts anzusetzen ist, so dass beide Texte gemeinsam als ein den Verstorbenen lobendes Trauergedicht an die Einwohner Hildesheims einerseits und als Trauergedicht auf den verstorbenen Sebastian Treschow andererseits erscheinen. Nach diesem Gedicht ist der oben erwähnte Holzschnitt nochmals angedruckt. Das sechste Epicedion stammt von 26 elegischen Distichen, deren Verfasser Mag. Barward Rhesen, der Pastor an St. Andreas in Hildesheim ist und der wie erwähnt mehrfach als Verfasser für die Familie Treschow in Erscheinung tritt. Der bereits erwähnte Mag. Johann Lüders dichtet das siebte Gedicht, das aus fünf elegischen Distichen besteht, in eine *Elaboratio* und einen mit *in eiusdem obitum* betitelten Abschnitt unterteilt ist und ein Anagramm auf den Namen des Verstorbenen enthält. Lüders unterzeichnet sein Gedicht als *S. H. A. Rector*, was als *Scholae Hildesheimensis Andreanae Rector* aufzulösen ist. Das achte Trauergedicht ist als *Lessus* betitelt und umfasst 24 elegische Distichen und stammt von cand. jur. Ludwig Linde, der bereits im Vorjahr als Beiträger ein Epicedion auf den Tod des Henning Treschow verfasst hat. Justus Ledebuir (* Ravensberg), der das letzte Gedicht als *civis ac Reipub. Hildesimensium Procurator Iuratus*

---

[249]   Vgl. SEEBAß/FREIST (1974), S. 314 und ZIMMERMANN (1926), S. 383. Heinrich Julius Strube wurde am 2. Mai 1616 an der Universität Helmstedt zum Dr. theol. promoviert. Dazu vgl. ZIMMERMANN (1926), S. 251a1. Er ist als Helmstedter Superintendent nach HENZE (2005), S. 421–426, dort Nr. 371 in der Universitätskirche St. Stephani für das Jahr 1615 inschriftlich genannt. Er ist auch erwähnt auf dem Grabdenkmal seiner Frau Hedwig Poling, die ihrerseits eine Enkelin des Theologen Basilius Sattler war und im Jahr 1626 an der Pest starb. Dazu vgl. HENZE (2005), S. 209–210, dort Nr. 146. Beider Sohn Basilius Sebastian Strube starb bereits ein Jahr nach der Mutter wie HENZE (2005), S. 211, dort Nr. 148 vermerkt. Beide Grabmale befanden sich in der Universitätskirche St. Stephani in Helmstedt, sind aber inzwischen verloren. Eine weitere Immatrikulation eines Studenten dieses Namens am 8. November 1624 ist belegt bei ZIMMERMANN (1926), S. 305b68.

unterzeichnet, schreibt auf Treschows Tod ein Epitaphium im Umfang von vier elegischen Distichen.[250] Als Adelheid Treschow fast zehn Jahre später am 12. Januar 1625 stirbt, erscheinen anlässlich ihres Todes und ihres Begräbnisses ebenfalls keine lateinischen Gelegenheitsgedichte mehr, sondern vielmehr wird die deutschsprachige Leichenpredigt des Superintendenten und Pastors an St. Andreas in Hildesheim Barward Rhesen gedruckt (VD 17 7:660143U).

S. Pauli ‖ Chriſten=Thun vnd Kron / ‖ Von gottſeeliger Chriſten Verrichtung / ‖ vnd erfolgenden reichen Belohnung / ‖ aus 2. Tim. 4. v. 7.8. ‖ Bey Chriſtlicher anſehenlicher Leichbegaᵉngniß / ‖ Der Weyland Ehrbaren vnd Vieltugent=‖reichen Frawen / ‖ Adelheid Arneken / ‖ Des Weyland Ehrnveſten / ‖ GroßAchtbahren / Hochgelehrten / vnd ‖ Hochweiſen Herrn Sebaſtiani Threſcovii, ‖ Fuᵉrnehmen Iuriſconſulti, Fuᵉrſtl. Br. Rahts / vnd ‖ Buᵉrgermeiſtern alter Stadt Hildeßheimb / S. ‖ hinterlaſſener Wittwen / ‖ Welche am 12. Jan. An. 625. Abends umb 5. ‖ Uhr von GOtt dem HErrn ſelig abgefodert / vnd fol=‖gends den 15. eiusdem in S. Andreæ Kirch ‖ Chriſtlich zur Erd beſtattet / ‖ In begehrtem LeichSermon fuᵉrgetragen ‖ Von M. BARVVARDO Rheſen / ‖ daſelbſt Predigern. ‖ Zu Hilßdeßheimb druckts Joachim Goᵉſſel / An. 1625.
Hildesheim: Joachim Gössel 1625. [34] Bl.; 4°
[Göttingen, SUB: *4 CONC FUN 7 (11)*]

Dieser Druck der Leichenpredigt enthält für die Nachkommenschaft weitere relevante genealogische Informationen, da als Widmungsempfänger im Anschluss an den Titel die Schwiegersöhne, Söhne und Töchter der Verstorbenen genannt werden. Dies sind namentlich die Juristen Dr. jur. Hermann Baumgart und Dr. jur. Lambert Cammann sowie deren Ehefrauen Anna und Adelheid Margarita Treschow, außerdem wiederum deren Brüder Johann und Sebastian Treschow sowie deren Schwestern Catharina, Barbara, Magdalena und Dorothea Treschow.[251] Lambert Cammann dürfte wiederum ein Angehöriger des Juristen Johann Cammann sein, dem Sebastian Treschow im Jahr 1612 als Freund ein Epithalamion widmete. Auch Barward Rhesen dürfte zum engeren Bekanntenkreis der Familie Treschow gehört haben, denn auch er erscheint mehrfach in den letztgenannten Schriften als Verfasser.

---

[250] Ledebuir wurde am 5. April 1611 als *Justus Ledebur, Ravenspergensis Westphalus* an der Universität Helmstedt immatrikuliert. Dazu vgl. ZIMMERMANN (1926), S. 215a72.

[251] Zu Dorothea Treschow und ihrer späteren Ehe mit dem Hildesheimer Pastor Johannes Albrecht vgl. WULF (2003), S. 834, dort Nr. 725.

3.1.3.   Personenkreis um Familie Hunermund aus Einbeck (1575)

Zur Heirat des Rektors der Schule in Einbeck Christoph Hunermund (* Göttingen) mit Catharina Hoppe (...), der Tochter des Cornelius Hoppe (...), am 4. September 1575 werden dem Brautpaar von insgesamt zwei Verfassern Hochzeitsgedichte in zwei Drucken gewidmet.[252] Andreas Hofmann (1577 bis 1583 Pastor in Einbeck, dann bis 1591 in Brunsen, * Einbeck) schreibt ein *carmen* (VD 16 H 4285). Seine Person ist nicht weiter identifizierbar, und es ist auch nur viele Jahre später ein weiteres Gedicht von ihm bekannt, dass er zur Heirat an den Pastor von St. Nikolai in Hamburg richtet, in dessen Titel er sich als *collega* bezeichnet (1597, VD 16 H 4286).[253] Hofmanns Epithalamion an Christoph Hunermund und Catharina Hoppe ist folgendermaßen betitelt:

CARMEN ‖ CELEBRANS ‖ Conjugium Clariſ: ac Orna=‖TISS: VIRI, DOCTRINA, PIETA-‖te & virtute præſtantiſsimi D. M. Chriſtophori Huner-‖mundi Göttingenſis, modò honeſtiſs: ſimul ‖ ac pudiciſs. virginis Catharinæ ‖ Hoppen Sponſi: ‖ Scriptum ‖ ab ‖ ANDREA HOFMANNO ‖ EIMBECENSI. ‖ ANNO: CIƆ. IƆ. LXXV. ‖ Prid: Non. Septemb:
[Wolfenbüttel]: [Konrad Horn] 1575. [6] Bl.; 4°
[Wolfenbüttel, HAB: *A: 37.3 Poet. (19)*]*

Das Epithalamion des Andreas Hofmann umfasst 119 elegische Distichen, denen vier Chronodistichen und ein Namensepigramm folgen. Dem eigentlichen Gedicht ist eine Widmung vorangestellt, in der die *pietas*, die *doctrina* sowie die *sapientia* des Bräutigams hervorgehoben sind sowie die Braut als *pijsima pudicissimaque virgo* gekennzeichnet wird. Hofmann stellt an den Anfang seines Gedichts das antike epische Bild des Tagesbeginns, wie es beispielsweise mit diversen folgenden Wiederholungen und Variationen aus Hom. *Il.* 1,477, Verg. *Aen.* 3,588–589

---

[252]   Christoph Hunermund soll den Namen seiner Familie aus der niederdeutschen Form *Honermunt* in die hochdeutsche Form *Hünermund* überführt und eine in mehreren Generationen akademisch tätige Nachkommenschaft begründet haben. Dazu vgl. die genealogische Online-Ressource unter http://freenet-homepage.de/vogtei-rund-schau/huenerm.htm (Stand: 8. Juli 2009). Er wurde am 22. April 1570 an der Universität Wittenberg immatrikuliert. Vgl. FÖRSTEMANN/HARTWIG (1894), S. 172a9.

[253]   Zu Hofmann vgl. MEYER (1942), S. 113. Er wurde im Jahr 1591 amtsentsetzt. Es ist fraglich, ob er mit dem am 22. Dezember 1555 als *Andreas Hoffmann uon Henichin* an der Universität Wittenberg immatrikulierten Studenten identisch ist. Vgl. FÖRSTEMANN (1841), S. 303a12.

und Ps.-Verg. *Cul.* 42–44 bekannt ist.[254] Die in der Göttin Aurora personifizierte Morgenröte vertreibe die nächtliche Dunkelheit, und der Sonnengott Phoebus strahle goldgelbes Licht vom Himmel. Anschließend wird in v. 3 mit *vidimus* eine verallgemeinernde kollektive Identität geschaffen, die sich gleichermaßen auf den Dichter, die Widmungsempfänger, Leser und sonstige Adressaten bezieht:

Vidimus optatos terram producere flores,
Creverunt pulchris lilia mista rosis.

Hofmann stellt das allgemeingültige Bild der aufblühenden Flora dar, das sowohl in den Kontext der zuvor beschriebenen morgendlichen Szenerie passt als auch auf die anstehende Heirat ausgerichtet ist. Im Folgenden ergänzt er in v. 5–8, dass der *fructifer ... ros* des Himmels zum Grünen allen Lebens auf der Erde beitrage und die Pflanzen wachsen lasse, die ihrerseits die *pectora fessa* auf verschiedene Weise wieder erstarken ließen. Die nur mit dem Namen der nach Ov. *met.* 6,424–674 in sie verwandelten Philomela genannte Nachtigall singe ein *dulce melos* und weitere *carmina laeta* zu Ehren Gottes. Aus dieser idyllischen Schilderung der erwachenden morgendlichen Natur leitet Hofmann zum Menschen über. Gemeinsam mit den Vögeln freuten sich auch die Menschen, und *nec nisi laeticia* sei überall auf der Welt. Zum zweiten Mal erwähnt er Phoebus, der die Welt jetzt in sein helles Licht tauche. In v. 15–17 wird danach dargestellt, dass der Verfasser, der seine Person in *ego* zu erkennen gibt, die beschriebene Idylle des *locus amoenus* verlassen werde und sich den Gestaden der Ilme, des Flusslaufes bei der Stadt Einbeck zuwenden wolle:

Hinc ego commotus Musaei limina linquo,
Expatians, ILMI littora nota peto.
Non procul EIMBECA: ...

Der Dichter überträgt somit den mythischen τόπος des Helikongebirges auf die Region des beginnenden deutschen Mittelgebirges, was jedoch nicht als parodistische Form der dichterischen Banalisierung des Mythos anzusehen ist, sondern vielmehr legitimierend dazu dient, der eigenen Gegend und der folgenden, dortigen Handlung die nötige Bedeutsamkeit zu verleihen. Somit beschreibt Hofmann anschließend die Gegend um Einbeck als musische Region und entwickelt sie

---

[254]   Als vergleichbar sind insgesamt Hom. *Il.* 1,477; 24,788; *Od.* 2,1; 3,404.491; 4,306.431; 8,1; 9,307.437; 12,8.316; 13,18; 17,1 sowie ähnlich Hom. *Il.* 9,707; 23,109 und *Od.* 23,241 zu nennen. Ungewöhnlich und unhomerisch ist hingegen die Verbindung in Sappho *fr.* 218,8 Page (= *fr.* 98,8 Diehl = *fr.* 96,1–23,8 Lobel/Page). Aus der vergilischen Epik sind Verg. *Aen.* 3,588–589; 4,6–7.129; 6,535–536; 7,26; 11,1.913 und Ps.-Verg. *Cul.* 42–44 vergleichbar.

ebenfalls zu einem *locus amoenus* weiter. Er nennt die *varii florum ... colores*, die *umbrosae salices*, die *herbae virentes*, in deren Nähe ihm eine *vox* den *laetus sonus* gegeben habe. Plözliche Furcht habe seine Glieder befallen, und auch sein Verstand habe vor wechselnder Angst geschwankt und ihn unschlüssig gemacht:

> *Nescio quid faciam: miror quid talia signent,*
> *Namque novem laetas cerno sedere Deas.*
> *Vestibus indutas pariter splendentibus omnes,*
> *Ornabant rutilas florida serta comas.*

Die entstehende persönliche Involviertheit und Emotionalität des Dichters entsprechen dem antiken Genre der Elegie sehr und erinnern in ihrer subjektiven Schilderung an die elegische Dichtung Ovids. Nach dem zuvor angedeuteten Übergang der Handlung des Gedichts in die Gegend um Einbeck steht die jetzt geschilderte Szenerie für den Leser unerwartet dar, da der Dichter nicht sofort zu der in der Stadt anliegenden Heirat überleitet, sondern stattdessen idyllisch beschreibt, wie er plötzlich beim Streifen entlang der Ilme die neun Musen ausgerechnet an diesem Fluss entdeckt, die ihrerseits edel bekleidet seien und sich ihr Haar mit Blumen schmückten. Durch den erneuten fragenden Einwurf *Quid faciam?* in v. 29 hebt Hofmann seine Verwunderung nochmals hervor. Ihm sei es erlaubt, die fröhlichen Musen bei ihren Reigentänzen zu sehen, während die Muse Erato ein *dulce ... melos* anstimme. Anschließend, nachdem die Musen von ihrem Tanz ermüdet *per herbas* säßen, spreche die Muse Thalia die anderen Musen an und fordere sie auf, sich mit Blumenkränzen zu umwinden und sich zu freuen. Dann habe sie jeder einen Blumenkranz gegeben. Die übrigen Musen wunderten sich über eine derartige Aufforderung und fragten sie nach dem Grund. Thalia habe ihnen *placida ... voce* geantwortet, wobei in v. 41 aus typographischer Sicht der um 180° gedrehte Satz des *r* in *Soror* auffällt. Ab v. 43 legt Hofmann ihr die Erklärung des fingierten Anlasses in den Mund: Christoph Hunermund, der als *clarus virtute Magister* und als *semper magno dignus honore* attribuiert wird, sei *sponsus ... novus* und führe bald seine Braut zur Eheschließung. Das sich entwickelnde Gespräch der Gottheiten über diese Heirat und die Vorzüge der beiden Brautleute dauert anschließend bis v. 172 fort. Mit diversen Imperativen werden dabei weitere Gottheiten angerufen, die sich mit ihren kultischen Handlungen an der Heirat beteiligen sollen. Sie alle sollten dem neuverheirateten Ehemann *carmina ... pia* singen und darin ihren Frohsinn zum Ausdruck bringen, schließlich stehe der Tag an, an dem die *virgo pudica* dem *egregius ... vir* verbunden werde. Die in v. 58 gegebene Wortstellung bildet die Umarmung der Braut durch den Bräutigam gewissermaßen in Worten nach:

Iungitur egregio virgo pudica viro.

Es folgen ab v. 59 weitere löbliche Anmerkungen bezüglich Hunermund. Er sei von *ingenium*, habe *mores eximii* und *animus mensque pia*, die im Namen Christi seien. In dieser Anmerkung bezüglich der *nomina* ist eventuell auch eine Anspielung auf den Vornamen des Widmungsempfängers verborgen, der seinen vom Namen Christi abgeleiteten Namen trägt. Außerdem verfüge er über *honor*, *virtus* sowie *pietas* und habe eine *candida mens*. Im Anschluss beschreibt Hofmann kurz den Weg, den Hunermund vom *doctior arte puer* bis zur Magisterpromotion gegangen sei, wie er seine *honores* erworben habe und dass er dabei fortwährend den *aeternus ... parens* verehrt habe, der die Gerechten niemals im Stich lasse. Der Hinweis in v. 81, er sei von *veneranda SCIENTIA* geschmückt, beschließt die Beschreibung des Mannes. In den folgenden beiden Versen ruft Andreas Hofmann der Catharina Hoppe zu:

O felix igitur prae multis Sponsa puellis,
Diceris ô tali Sponsa beata viro.

Viele junge Frauen seien für ihn entbrannt, denn eine Frau sei grundsätzlich gelehrten Männern zugeneigt. Hunermund wolle jedoch gerade sie zur Ehefrau, und keine andere Frau sei ihm der Heirat, des gemeinsamen Bettes und der sexuellen Verbindung würdig gewesen. Catharina Hoppe werde ihren Mann deshalb heiraten und *tempus in omne* umsorgen. Er werde sie im Gegenzug die *foedera sancta* lehren, die beider Ehe angemessen seien. In v. 93–96 stellt Hofmann zweimal mit *ah* eingeleitet die vormaligen Sehnsüchte der Braut dar: sie habe aus tiefem Herzen geseufzt und sich *nocte dieque* einen Mann gewünscht. Sie habe mit schweigender Klage für einen Mann gerufen, den sie jetzt endlich als *Sponsa pudica* erlangt habe. In v. 99 weist Hofmann auf die baldige Heirat hin:

Laeta dies taedae venit praefixa jugali.

Auch die als kastalische Nymphen bezeichneten Musen kämen bereits. Sie begleiteten die Braut *ad sacram ... aedem*, ebenso die Grazien und der Gott der Heirat Hymen. Man könne bereits die geschlagenen *tympana* hören und ein *laetum murmur* erfülle die ganze Stadt. Der Reigen der genannten Gottheiten und die genannten Geräusche sind topisch für die antike Vorstellung einer Hochzeitsfeier. Der als *magister* genannte Bräutigam könne jetzt seine Sorgen ablegen und im Licht des Frohsinns leben, da er seine *Sponsa petita* erhalte. Im strahlenden Sonnenlicht betrete man die Kirche zur Heirat, und die nach ihrem Heiligtum auf der Insel Cythera genannte Göttin Venus übertreffe ihre göttlichen Schwestern, und unter reizenden Lilien strahlten Rosen. Dieses Bild wird ab v. 119 auf die Braut übertragen, die als strahlender als alle übrigen jungen Frauen und als glänzend von edler Gestalt bezeichnet wird. So sei sie die Zierde der ganzen Hochzeitsgesellschaft und voller *castus ... amor*. Resümierend fasst der Dichter in v. 123–124 an den Bräutigam gerichtet zusammen: Wer auch immer sie sehe, könne sich nichts Schöneres als sie vorstellen. Er sei *terque quaterque beatus*, und nochmals *vere ... beatus*. Während das Sonnenlicht allmählich zu Ende gehe, trete das Paar vor den Altar, und Gott verbinde die Körper zweier einander liebender Menschen.[255] Während das antike Hochzeitsgedicht den Weg des Brautpaares und der Hochzeitsgesellschaft zum ehelichen Schlafgemach schildert, beschreibt Hofmann in seinem Epithalamion den Weg aller zur Kirche und vor den christlichen Gott, damit das Leben dem *aeternus ... Deus* gefalle. In v. 137–138 wirft Hofmann die rhetorische Frage ein, wie viele junge Männer das so wünschten und wie viele die *vota* zur Ehe wollten, die der Bräutigam selbst begehre. Im Gegensatz zu denen habe Gott es ihm jedoch leichter gemacht, Gott, der *fundator & autor* der Ehe sei, sowie Christus als *dux & auspex* seiner Brautsuche. In v. 145–158 hebt der Verfasser nochmals die Vorzüge der Braut detailliert hervor und lässt dabei jedes Distichon mit der Aufforderung *aspice* beginnen, die eine genaue Musterung der Frau vorgibt. Zu beachten seien die *siderei oculi*, die *forma genarum*, das *praestans corpus*, die *candida colla*, die *jucundi mores*, der *vultus ... modestus*, die *lumina*, die *blanditiae & suavia verba*, die *dulces ... soni*, der *jucundus ... in ore ... rubor* sowie die *roseo labra colore*. Aus dieser sich über sieben Distichen erstreckenden Fülle an positiven Personenmerkmalen ist einerseits die besondere Wertschätzung der Braut zu entnehmen, andererseits darf nicht übersehen werden, dass die Elemente dieser Beschreibung seit der Antike topisch zum Ideal einer attraktiven jungen Frau oder Braut gehören. Hofmann merkt in v. 159–160 an, diese Gaben, besonders die zuletzt genannte rote Farbe der Lippen habe die Braut von Venus erhalten, bevor er sein Lob in v. 163 abbricht: *Singula quid referam?* Man sehe an der Braut nichts, was nicht lobenswert sei, weshalb niemand behaupten werde, dass ihr Mann nicht ein *felix ... Sponsus* sei. Daraus erwachsen in den folgenden Versen mehrere an den Reigen der Musen gerichtete Imperative, mit denen die Göttinnen zum Glückwunsch an das Brautpaar aufgefordert werden. *Sic ait* in v. 173 beschließt die wörtliche Rede der Muse, die Hofmann seinen Glückwunsch und sein Lob aussprechen lässt. Ab v. 179 kehrt das Gedicht wieder zur eingangs geschilderten Szenerie des Dichters am Fluss Ilme zurück, der dem Reigen der Musen zusieht:

---

[255]　Erst durch das Konzil von Trient in den Jahren von 1545 bis 1563 wurde die christliche Heirat in einer liturgischen Form verbindlich fest- und vorgeschrieben, während zuvor die aus der Spätantike überlieferten römischen Hochzeitsbräuche mit einer christlichen Einsegnung verbunden werden konnten. Dazu vgl. HORSTMANN (2004), S. 171.

Haec ego verba Deae, viridi projectus in herba,
Audivi, & calamo non remorante noto.
...
Me properante tuli gressu tunc inde sub urbem,
Musaei repetens limina nota mei.

Hofmann beschreibt, wie er von den tanzenden Musen von der Heirat Hunermunds erfahren habe und sich deshalb dann selbst nach Einbeck begeben habe, um sein *gratificantis opus* auf das Brautpaar zu verfassen und den Widmungsempfängern damit zu gratulieren. Gott habe die Ehe für den Menschen eingesetzt, und deshalb dürfe Hunermund die *sancta ... jussa* des höchsten Vaters nicht aus dem Blick verlieren. Dann könne er schließlich als alter Mann seine *natorum ... nati* erkennen, wenn Gott ihn mit einer großen Nachkommenschaft schmücken werde. Der Bräutigam solle auch nicht an der Gnade Gottes zweifeln und könne sich auch in schweren Zeiten sicher wissen. Gott werde beider Haus mit seiner *benedictio* versehen und für ihre frommen Taten seine *praemia digna* vergeben. Beide Brautleute möge eine wechselseitige Liebe verbinden, außerdem eine *concordia blanda*, wohingegen Streit ihnen fernbleiben möge. In v. 215–216 bezieht sich Hofmann auf das Motto des Bräutigams, dass Christus der *salvator* und *autor* der Menschheit sei:

CHRISTUS & Humani Generis Salvator & autor,
Is pia (namque potest) foedera nostra juvet.

Dieses Motto verbindet er mit der Aussage, Christus freue sich über partnerschaftliche Verbindungen des Menschen, so dass die Ehe als direkte Gabe des *salvator* und *autor* erscheint. Das Bekenntnis solle dabei *Spes mea CHRISTUS erit.* sein, was beispielsweise an 1. Kor. 13,13 und Phil. 3,20–21 erinnert. Ab v. 221 wendet sich der Dichter wieder den Musen zu und fordert sie zum erneuten Reigentanz auf. Der Bräutigam, der als Lehrer im Dienst der Musen stehe, möge das von Hofmann geschriebene Gedicht annehmen, auch wenn der Verfasser nicht ebenso wie er im Dienst der Musen stehe. Aus diesem Bekenntnis ist die persönliche Zurücknahme des Dichters zu erkennen, der zum Schluss seines Werkes auf den geringen Wert seiner Arbeit hinweist und hingegen die Künste des Widmungsempfängers betont. Die Musen, in v. 231 als Nymphen genannt, mögen das Paar auch weiterhin begleiten. Die letzten drei Distichen enthalten den abschließenden Glückwunsch des Andreas Hofmann an Hunermund und seine Ehefrau. Beide seien *felix* miteinander, sie sollten als *concordes* leben und ohne Sorgen alt werden können. In einem Wortspiel in griechischen Worten wünscht Hofmann, dem Haus der Eheleute sei die ἔρις fern und hingegen der ἔρως anwesend. Durch die Komposita *absit* und *adsit* zur Hervorhebung der Gegensätze wird das Wortspiel weiter unterstrichen. Er wünsche beiden ein dem sprichwörtlich langen Leben Nestors vergleichbar andauerndes Leben, wofür er abschließend zu Gott bete. Vorgeprägt ist diese Redensart beispielsweise in Ov. *fast*. 3,533.

Die Idee, dass der Verfasser nahe der Stadt Einbeck die mythischen Wesen auf einer Flussaue spielen sieht und sie ihm die Geheimnisse der bevorstehenden Heirat erzählen, ist eine nette und sympathische Erfindung Hofmanns, die die anfangs beschriebene Leichtigkeit seines Gedichts weiter stützen. Aufgrund der Emotionalität, die er in seinen Glückwunsch legt, ist anzunehmen, dass er als Freund an den Rektor der Schule in Einbeck schreibt.

Im Anschluss an das Hochzeitsgedicht stehen fünf weitere Epigramme. Das erste ist als *Distichon anni, a nato Christo, mensis & diei nuptiarum numerum continens* betitelt. Es lässt aus seinem Text den 4. September als Tag der Heirat und aus seiner Gestaltung als Chronodistichon das Jahr 1575 entnehmen. Inhalt des Gedichts ist ein knapper Gruß zur Heirat Hunermunds und Hoppes. Das zweite Epigramm ist als *Aliud anni numerum eodem modo continens* betitelt und gibt als Chronodistichon ebenfalls das Jahr 1575 an. Sein Inhalt ist ein weiterer knapper Hinweis auf die bevorstehende Eheschließung. Das dritte Epigramm ist ebenfalls ein Chronodistichon auf das Jahr 1575 und besitzt keinen weiteren Titel. Es hat die Ankündigung der am nächsten Tag stattfindenden Heirat des berühmten Bräutigams mit der anmutigen Braut zum Inhalt:

> *Prospera LVX taeDae eXorItVr praeflXa IVgaLI,*
> *AtqVe DatVr CLaro pVLCra pVeLLa VIro.*

Das vierte Epigramm ist ebenfalls ein Chronodistichon, das als *Aliud numerum anni, a condito mundo (qui est 5527.) item mensis & diei simili modo continens* bezeichnet ist. Der Verfasser stellt mit der Abfassung dieser mehreren Chronodistichen seine Gelehrsamkeit und dichterische Wortkunst zur Schau und bedient mit der Erstellung eines Chronodistichons zur jüdischen Zeitrechnung außerdem eine eher entlegenere Thematik. Dessen scheint er sich bewusst zu sein, da er die dem Chronodistichon zu entnehmende Jahreszahl 5527 gleich in arabischen Ziffern selbst im Titel des Gedichts angibt. Im Text des Distichons, das gleichsam als Ankündigung der Heirat in direkter Rede an den Bräutigam gerichtet ist, ist wiederum der 4. September als Datum zu erkennen. Das fünfte kleine Epigramm, das den gesamten Druck beschließt, ist als ΤΕΤΡΑΣΤΟΙΧΟΝ *in Symbolum sponsi: Christus humani generis Salvator* betitelt und bezieht sich inhaltlich auf v. 215–216 des Epithalamions. Die Verse sind so gestaltet, dass akrostisch für den Bräutigam M-A-G-I-S-T-E-R und telestichisch für die Braut C-A-T-A-R-I-N-A zu lesen ist. Der Inhalt des Epigramms stellt ein Lob Gottes dar. Er sei der *maximus*, von dem eine *vita* ... *bona* und eine *salus* ausgingen, der seine Gläubigen nicht allein lasse, der seinen *pii* beistehe, der der *humani generis Salvator & autor* sei und den Christoph Hunermund um *prospera secula* für seine Ehe bitte. Aus dem fiktiv von ihm dazu an Gott gerichteten Ausruf *te rogo* in v. 6 wird erkenntlich, weshalb das Gedicht im Titel als *Symbolum sponsi* benannt ist. An der Form dieses Gedichts ist bemerkenswert, dass dem Vornamen der Frau vom Verfasser nicht der Vorname ihres Mannes äquivalent eingesetzt wird, sondern sein akademischer Grad. Andererseits muss die Zahl der Verse der Zahl der Buchstaben des Akro- und Telestichons entsprechen, was mit dem Vornamen Hunermunds nicht möglich wäre, so dass auch formale Kriterien als Grund zu berücksichtigen sind. Nach diesen fünf Epigrammen steht die abschließende Abkürzung *E. H. A.*, die im Sinne einer Unterzeichnung des Verfassers mit Orts-, Familien- und Vornamensinitialen als *Einbecensis Hofmannus Andreas* zu interpretieren ist.

Der Verfasser des zweiten, als *Gamelion* betitelten Gedichts ist der Konrektor der Schule in Einbeck, Justus Tetzler (* Einbeck), der ein Sohn des Mag. Arnold Tetzler (Rektor und Pastor in Einbeck, * Lauenstein, † Einbeck 23.04.1576) sein könnte, der als Pastor an St. Marien in Einbeck verstorben ist (VD 16 T 609).[256]

ΓAMHΛION || IN NVPTIIS DO=||CTISSIMI ET INTEGERRIMI VI-||RI, ERVDITIONE, VIRTVTE ET PIE-||tate præſtantiſs: D. M. Chriſtophori Hunermundi, guber-||nantis Scholam Eimbecenſem, & con-trahentis || matrimonium, cum honeſtiſs. & pudiciſs. || virgine Catharina, Cornelij Hoppen || viri ampliſs. Filia. || Scriptum à || IVSTO TETZLERO EIMBE-||cenſi, ejuſdem Scholæ Conrectore. || HENRICOPOLI || M. D. LXXV
Wolfenbüttel: [Konrad Horn] 1575. [4] Bl.; 4°
[Wolfenbüttel, HAB: *A: 37.3 Poet. (20)*]*

Der gesamte Druck enthält nur das eine von Tetzler verfasste Epithalamion, das aus 179 daktylischen Hexametern besteht und in zwölf Abschnitte gegliedert ist, die aus der Einrückung der Versanfänge erkennbar sind. Im ersten Abschnitt in v. 1–4 führt Tetzler aus, dass für die Tochter des Cornelius Hoppe, die er nur

---

[256] Justus Tetzler ist später in einem weiteren Gelegenheitsdruck aus dem Jahr 1592 als Pastor in Wolterdingen bei Soltau nachgewiesen (VD 16 T 610). Außerdem erscheint er als Verfasser in VD 16 T 611, T 612 und T 613. Er wurde als *Iodocus Tecelerus Eimbeccensis* am 6. April 1565 an der Universität Wittenberg immatrikuliert. Vgl. FÖRSTEMANN/HARTWIG (1894), S. 80*b*24. Zu Arnold Tetzler vgl. KRÜGER (1978), S. 1020 und MEYER (1941), S. 240. Er wurde am 17. Oktober 1534 an der Universität Wittenberg immatrikuliert. Dazu vgl. FÖRSTEMANN (1841), S. 154*b*10. Sein Epitaph befand sich in St. Marien in Einbeck. Dazu vgl. HÜLSE (1996), S. 64–65, dort Nr. 100.

nebensächlich mit ihrem Vornamen nennt, und den apostrophierten *docte vir* der Zeitpunkt gekommen sei, um sich *carnem ... in unam* zu verbinden, was sich auf Gen. 2,24 bezieht. Im zweiten Abschnitt in v. 5–10 legitimiert sich der Dichter für seinen im folgenden Gedicht zu feiernden Anlass. Kein Grund könne ihn davon abhalten, um *felicia fata* für diese Heirat zu bitten, und da seine Muse sich der *vocalis ... ars* der nach ihrem Heiligtum auf der Insel Cythera genannten Aphrodite enthalten habe, habe ihn der Brauch einer alten Gewohnheit angetrieben, damit er die *taciturna silentia* mit seinem Gedicht durchbrechen könne. Tetzler weist somit nach antikem Dichtervorbild zunächst seine Motivation und Fähigkeiten zurück, um dann doch das eingangs geschilderte Thema anzugehen. Im nächsten Abschnitt in v. 11–32 führt er die genannte *silentia* näher aus. Wenn irgendeine Sache, die die Menschen betreffe, schweigend bearbeitet werden könne, dann sei das nichts, was für die Welt Bestand habe und ebenso nichts, was das Schicksal mit unsicherem Ausgang hin und her treibe. Ausnahme seien die unter Schweiß geschaffenen *insignes animi dotes*. Selbst eine glänzende Gestalt vergehe in einem schönen Körper, und auch eine Blume verwelke im Sonnenlicht. Der *rerum Dominus* sei gleichermaßen *armipotens* wie auch *solio ... superbus eburno*, aber in der Schlacht falle der kräftige Soldat durch einen einzelnen Hieb. Nach dieser Aufzählung von der Erwartung entgegen verlaufenden Ereignissen geht Tetzler ab v. 24 zu einer gegenteiligen Beschreibung über: *Rusticus ille autem ...* Der Landmann hingegen, der als einzige *voluptas curaque* die Verantwortung für seinen Acker und seinen Schlaf trage, glaube blind die *syncera ... oracula*, die die *artifices* aussprächen. Dieses Bild wird in den nächsten Versen weiter ausgestaltet. In v. 33–47 folgt der vierte Abschnitt, der mit der resümierenden Feststellung beginnt, der *modus ... vitae* der zuvor genannten Personen sei grundsätzlich verschieden und zeige sie sowohl von *rerum doctrina* als auch *ars virorum*. Sie seien wie entbrannt und würden den Glanz der Welt verschmähen und sich mit ihrer *mens* den Göttern zuwenden, sich mit dem Himmel beschäftigen und die *finis vitae* ebenso wie die *naturae arcana* suchen, so dass sich daraus schließlich die Kenntnis der Dinge entwickeln könne. Tetzlers These erinnert dabei an das Verhältnis von Theorie und Praxis. Aus dieser Argumentation erwächst vor dem nächsten Texteinschnitt die Behauptung, dass die Namen derartiger Gelehrter lebendig erhalten blieben, während die Welt selbst still sei. Im fünften Abschnitt in v. 48–54 wird bekräftigt, die Beispiele gelehrter Männer – Tetzler spielt dabei sicherlich auch auf den akademisch ausgebildeten Bräutigam an – unterstützten diese These, denn wer den Reichtum der Welt vom Sonnenaufgang bis zum Sonnenuntergang aufspüre, dem stehe in seiner Heimat fortwährend die Gunst zu und dessen Name werde fortwährend in der Welt verehrt. Der sich anschließende Abschnitt erstreckt sich über v. 55–94. In ihm argumentiert Tetzler, Hunermund sei ein *grande decus* für die Musen, ein *exemplum* und der Nachahmung würdig. Ihn habe eine *pulchra cupido* befallen, und er irre deshalb wie ein *parvulus ... puer* fernab vom väterlichen Haus durch ihm bisher unbekannte Gefilde, weshalb der Verfasser Tetzler ihn begleiten wolle, damit er den Weg des Apoll und der Musen zu beschreiten versuchen könne. Diese Anmerkungen bezüglich der Unerfahrenheit des Bräutigams, der die Hilfe Tetzlers bedarf, stehen in einem deutlichen Gegensatz zu dessen zuvor gerühmten Bildung. Tetzler führt in v. 65–66 bezüglich des Bräutigams weiter aus und fragt:

Quantos te juvene non sustinuêre labores
Pieridum studio flagrantia corda Dearum?

Hunermund habe in seiner Jugend fortwährend im Dienst der Musen viele Mühen ertragen, er sei von musischem Durst und musischer Glut entkräftet worden, er habe im Bereich der *doctae artes* Leistungen erbracht, die niemals von Elfenbein, Gold, Seide und Edelsteinen übertroffen würden, und er habe niemals Vergebliches getan. Die dabei in v. 72 verwendete Formulierung *litus arare* ist Ov. *trist.* 5,4,48 entnommen. Er habe schließlich seine *praemia* fern der Heimat *intentus* in den *studia ... honesta* erlangt, als er an den Gestaden der Elbe den Musen gedient habe. Tatsächlich wurde Christoph Hunermund zuvor als aus Göttingen stammend am 22. April 1570 an der Universität Wittenberg an der Elbe immatrikuliert.[257] Dort sei er *in arte Magister* geworden, und dass er nicht vielfältige Ehren der Gelehrsamkeit, die personifiziert als *Sophia* erscheint, erworben habe, könne der Verfasser nicht behaupten. Hunermund habe sich wissbegierig mit der Rhetorik befasst, einen annehmlichen Redefluss gezeigt und Vorgaben des menschlichen Lebens ergründet und sich somit insgesamt als des akademischen *laurus* der Musen würdig erwiesen. Darüber hinaus habe er sich mit den *coelestis dogmata Patris* eingehend befasst, wobei das Prädikat *hausisti* am Beginn von v. 90 mit dem Bild des Schöpfens das tiefe Eindringen des Jungakademikers in die Materie anzeigt und Tetzler sich insgesamt bis v. 94 auf das Studium der Theologie bezieht. Der siebte Abschnitt in v. 95–104 bezieht sich auf die weitere Entwicklung des Widmungsempfängers. Nachdem ihn das Lebensalter zum Mann gemacht habe, sei er mit vermehrten *ingenia* und *honores*, die ihm einstmals die Mühen vorenthalten hatten, nach üblichem Brauch auf Geheiß des milden Herzogs in die Stadt berufen worden, wo er mit *ingenium, consilium, studium* und *cura* seine Tätigkeit als Lehrer unter dem Beistand Gottes, des Schöpfers der Erde und des Himmels, aufgenommen habe. Anschließend führt der achte Abschnitt in v. 105–119 zum Wirken und zu den Ereignissen der Gegenwart hin. Der *splendens ... natus* des Hyperion, der Sonnengott Sol, habe zum vierundzwanzigsten Mal die Sternzeichen mit seiner Himmelsquadriga durchfahren, als Hunermund

---

[257]   Vgl. Förstemann (1894), S. 172a9.

den Verdruss des Lebens ertragen und somit im Alter von vierundzwanzig Jahren *apud nos*, in der Stadt Einbeck, das Amt des Schulrektors versehen habe. Dabei habe ihm eine Gefährtin gefehlt, und er habe sich *ex multis ... milibus* eine *Nympha* als *pars animae*, als *consors oneris*, als *socia laborum* ausgesucht. Mit dem Relativum *quae* in v. 112 leitet Justus Tetzler zur näheren Beschreibung der Braut über. Eben diese Frau habe sich der Rektor auserwählt, sie werde ihm ehelich verbunden werden, und mit ihr möge er ein *iucundum ... aevum* verbringen. Anschließend werden mit dem Bild des tobenden Unwetters die wechselnden Einflüsse beschrieben, denen Hunermund sich in der Zeit zwischen der Bekanntschaft seiner Braut und seiner Heirat ausgesetzt gesehen habe. Tetzler stellt somit bis v. 119 die wichtigsten Punkte des akademischen und beruflichen Werdegangs des Einbecker Rektors dar und schildert danach die persönlichen Ereignisse, die ihn zum Kennenlernen und zur Heirat seiner Frau geführt haben. Dabei scheint Tetzler gezielt eine Entwicklungslinie vom jugendlichen Ausgangspunkt über die akademische Ausbildung und die Annahme des Rektorats bis hin zur Eheschließung darstellen zu wollen, so dass die Heirat Hunermunds als Ziel seines bisherigen Lebenswegs erscheint. Im anschließenden neunten Abschnitt in v. 120–145 leitet Tetzler zur eigentlichen *gratulatio* über:

Gratulor ergo tuo praeclare Magister honori,
Et pia quae nectis liciti socialia lecti
Vincula, fortunet Deus & beët ordinis autor,
Qui mortale fovet genus & mortalia curat,
Nec sinit ancipiti & caeco ruere omnia casu.

Der Glückwunsch fällt deutlich zugunsten des zuvor geschilderten gesamten Lebenswegs des Widmungsempfängers aus und bezieht sich erst in nachgeordneter Konsequenz auf dessen Heirat, die als eine Gabe Gottes innerhalb Hunermunds Leben erscheint. Die als *ista voluptas* bezeichnete Beziehung habe er durch die Götter erlangt, und er habe eine ihn ehrende Gefährtin erhalten. Sie habe *cum primo ... lacte* die heiligen Saaten der *virtus* in sich aufgesogen und auch dem Wort Gottes aufmerksam zugehört. Anschließend werden weitere positive Züge der Braut beschrieben. So ertrage sie die Gesetze, sei den Worten der Eltern gewogen und meide die *hominum consortia prava*. Ab v. 137 zeichnet Tetzler bis zum Ende des Abschnitts zunächst die Gegenposition nach. Sein Zeitalter mache die jungen Frauen zu *degeneres*, die ein *turpis ... fervensque libidinis ardor* antreibe, die mit ihren Worten die *signa pudoris* nachmachten, aber von lüsternem *aestus* ergriffen seien. Sie gäben wenig auf den *virginitatis honos* und seien zudem noch zu träge zur Handarbeit. Tetzler spielt besonders mit dem letztgenannten Merkmal auf das antike Ideal der zu Hause handarbeitenden und ihrem Mann treuen *ma-

trona an, wie sie beispielsweise schon in der Person der homerischen Penelope vorliegt. Die klischeehaft überzeichnete Darstellung der verführbaren Frau stellt gewissermaßen das Gegenprogramm zur Braut Hunermunds dar, deren positiven Eigenschaften durch die Kontrastierung umso positiver erscheinen sollen. Deshalb hebt der Verfasser im zehnten Abschnitt in v. 146–151 zu einem der Braut gewidmeten hymnischen Lob an:

> *O sponsa augurijs felicibus edita sponso,*
> *Quae nunc legitimo gaudes socianda marito,*
> ...

Lucina, die Göttin der Geburt, möge der Braut *sua praemia* gewähren und sie zur Mutter einer großen Nachkommenschaft machen. Neben dieser Anrufung der antiken römischen Gottheit tritt in v. 151 die christliche Perspektive mit dem Hinweis, dies alles solle *auspice ... Christo* geschehen. Der vorletzte Abschnitt umfasst in v. 152–157 die entsprechende, an den Bräutigam gerichtete Passage. Er möge die Catharina Hoppe als seine Ehefrau umarmen und annehmen, die ihm der *conscius aether* zugesprochen habe. Auch dem Bräutigam wünscht Tetzler eine gesegnete Nachkommenschaft und alles Glück bezüglich des *thalamum ... jugale*. Nach diesen unabhängig voneinander an die Braut und an den Bräutigam gerichteten Glückwünschen folgt der zwölfte und letzte Abschnitt dieses Epithalamions in v. 158–179, der mit *vos* eingeleitet resümierend gemeinsam an beide Brautleute gerichtet ist. Sie sollten die göttlichen Gaben für ihre gemeinsame Zukunft annehmen und zum Heiligtum des hohen Tempels, gemeint ist konkret die Kirche, intendiert aber auch der Himmel als Reich Gottes, streben, damit sie ihren ehelichen Bund besiegeln könnten und der Pastor sie die *iura tori ... divina* lehren könne. Durch diverse an die Brautleute gerichtete Imperative wird der Aufforderungscharakter der gesamten Passage unterstrichen, bevor Tetzler einige Elemente der bevorstehenden Hochzeitsfeier beschreibt. Man wolle sich an mit Speisen vollgehäufte Tische setzen, gemeinsam feiern, den Speisen gewogen sein und sich ruhig des Lebens erfreuen. Die letztgenannte Formulierung *genio indulgere* ist dabei Schol. Hor. *epist.* 2,1,144 entnommen. In den letzten drei Versen wendet sich der Dichter nochmals direkt an den Bräutigam und bittet für ihn um ein langes gemeinsames Leben mit seiner Ehefrau. Er möge die sprichwörtlichen *Nestoris annos* erlangen und Vater mehrerer Kinder werden. Das Hochzeitsgedicht des Justus Tetzler ist mit einem deutlichen Entwicklungscharakter komponiert und hebt die Heirat der Widmungsempfänger als Höhepunkt ihres bisherigen Lebens heraus. In Korrespondenz zum Titel, in dem Hunermund als hervorragendes Beispiel für *eruditio*, *virtus* und *pietas* genannt ist, gestaltet Tetzler den Bildungsgang des Bräutigams bis zur Annahme des Rektoramts in Einbeck aus und würdigt seine

Leistungen als öffentliche Zierde. Catharina Hoppe wird in diesem Zusammenhang in Abgrenzung zu anderen Frauen weitgehend nur als angemessene Partnerin eines solchen Mannes beschrieben. In Hinblick auf die gesamte Bewertung des Gedichtes darf auch nicht übersehen werden, dass dessen Verfasser der Konrektor der Schule in Einbeck ist, der an seinen vorgesetzten Rektor schreibt und ihn demzufolge auch aus formalen Gründen angemessen würdigen muss.

Im Vergleich der beiden Epithalamien, die Christoph Hunermund und Catharina Hoppe zur Heirat gewidmet werden, sind deutliche Abweichungen im dichterischen Umgang mit dem Thema zu erkennen. Dem zuletzt analysierten Gedicht des Konrektors Justus Tetzler ist anzumerken, dass es für den vorgesetzten Rektor geschrieben ist und deshalb besonders dessen Werdegang rühmt. Tetzler ist Hunermund durch sein Amt verpflichtet und bringt sein Lob und seinen Glückwunsch distanziert zum Ausdruck. Das erste Epithalamion des Pastors Andreas Hofmann zeigt hingegen aus den genannten Gründen deutlich mehr *esprit* und Originalität. Es darf angenommen werden, dass sich der Rektor und der Pastor sowohl bezüglich ihres Amtes als auch freundschaftlich als *pares* verbunden fühlen.

Christoph Hunermund selbst ist nicht als Verfasser von lateinischer Gelegenheitsdichtung belegt. Er ist nur insgesamt dreimal nach seiner Heirat als Beiträger nachweisbar, so in der *Confessio* des Einbecker Pastors an St. Jakobi Johannes Velius (1577, VD 16 V 513), ferner in dessen Ausgabe der *Trias Romana* des Ulrich von Hutten (1588, VD 16 H 6411) und in der *Einbeckische[n] Chronica* des Johannes Letzner (1596, VD 16 L 1324).

Epitaph für Martin Chemnitz d. Ä. an der Ostwand neben dem Chorraum in St. Martini in Braunschweig.

Chemnitz ist im typischen Pastorenhabitus der Reformationszeit dargestellt: der Zeigefinger seiner rechten Hand verweilt zwischen den Seiten eines Buches, die linke berührt als Zeichen der Frömmigkeit einen Rosenkranz. Tintenfass und Federkiel weisen auf seine schriftstellerische Tätigkeit hin. Das Portrait wurde im Jahr 1580 noch zu seinen Lebzeiten angefertigt und gilt als Werk des Lukas Cranach d. J. Der Rahmen ist in das Jahr 1587 datiert und stammt aus der Werkstatt des Braunschweiger Bildhauers Jürgen Röttger.*

(Foto: Matthias Bollmeyer, 13. Oktober 2009)

---

* Vgl. Wehking (2001), S. 128-130, dort Nr. 574 sowie Friedrich (1995), S. 21 und die Online-Ressource unter http://www.martini-kirche.de/rundgang20.pdf (Stand: 20. Oktober 2009).

3.1.4.   Personenkreis um Familie Chemnitz aus Braunschweig (1575–1627)

Dr. Martin Chemnitz d. Ä. (Lehrer, Rektor und Bibliothekar in Königsberg, Astrologe und Kalendermacher, Pastor und Superintendent in Braunschweig und Wolfenbüttel, Reformator, * Treuenbrietzen 09.11.1522, † Braunschweig 08.04.1586) heiratet am 19. August 1555 Anna Jäger (* Köthen 1533, † Braunschweig 29.11.1603), die Tochter des Juristen Hermann Jäger (Rat in Arnstadt). Aus der Ehe gehen drei Söhne und sieben Töchter hervor. Diese sind Martin d. J. I., Anna I., Magdalena, Martin d. J. II., Anna II., Paul, Eva, Margarethe, Juliane und Hedwig. Nur sechs der Kinder erreichen das Erwachsenenalter.[258] Martin Chemnitz ist als Urheber zahlreicher deutscher und lateinischer theologischer wie auch reformatorischer Schriften nachweisbar. Als Dichter lateinischer Gelegenheitsgedichte erscheint er hingegen wesentlich seltener. So verfasst er zur Heirat des Heinrich von der Luhe mit Elisabeth von Platen im Jahr 1575 gemeinsam mit seinem Sohn Martin Chemnitz d. J. II. und einem weiteren Beiträ-

---

[258]   Zu Martin Chemnitz d. Ä., seiner Ehefrau und seinen Nachkommen vgl. WEHKING (2001), S. 87, BAUTZ (1990b), STAUDE (1986), S. 328–334, WOLF (1957) und BRECHER (1876). SEEBAß/FREIST (1974), S. 53 nennen den 9. September 1522 als seinen Geburtstag. Die Leichenpredigt auf Anna Chemnitz nennt den 30. November 1603 als Sterbedatum, danach ebenso WEHKING (2001), S. 87. Chemnitz wurde am Georgstag, dem 23. April 1543 an der Universität Frankfurt an der Oder immatrikuliert und am 30. Juni 1568 an der Universität Rostock zum Dr. theol. promoviert. Dazu vgl. FRIEDLÄNDER/LIEBE/THEUNER (1887), S. 88b32 und HOFMEISTER (1891), S. 166. Er war in der nicht erhaltenen Reihe der braunschweigischen Superintendenten und Pastoren ab der Reformation in St. Martini in Braunschweig bezüglich seines theologischen Wirkens genannt. Dazu vgl. WEHKING (2001), S. 222–224, dort Nr. 677. Von der Grabplatte der Anna Jäger ist noch eine Messingtafel mit deutscher Inschrift erhalten wie WEHKING (2001), S. 238, dort Nr. 704 vermerkt. Eine entsprechende Messingtafel von der Grabplatte des Martin Chemnitz verzeichnet WEHKING (2001), S. 154–155, dort Nr. 604. Abbildungen von Martin Chemnitz d. Ä. und seiner Frau Anna sind bei KOCH (1986) enthalten. Neben dem abgebildeten Epitaph wird von WEHKING (2001), S. 86–88, dort Nr. 522 sowie S. 160, dort Nr. 612 auf weitere Ölgemälde hingewiesen. Auf Gemälden des Chorgestühls von St. Ulrich in Braunschweig erscheint Chemnitz in einer Reihe mit den Kirchenvätern, mittelalterlichen Theologen und Reformatoren. Dazu vgl. WEHKING (2001), S. 212–215, dort Nr. 667. Eine vergleichbare, ebenfalls verlorene Personenfolge ist bei WEHKING (2001), S. 383, dort Nr. 900 auch für St. Katharinen und S. 419–420, dort Nr. 955 für St. Magni in Braunschweig belegt. Auch auf den verlorenen Glasscheiben von St. Ulrich aus dem Jahr 1577 in Braunschweig ist Chemnitz nach WEHKING (2001), S. 116–118, dort Nr. 558 belegt. Aus dieser Fülle der auch bildlichen Dokumente spricht die Bedeutung des Martin Chemnitz d. Ä. für seine Stadt und das Herzogtum Braunschweig-Lüneburg.

ger Hochzeitsgedichte, die in der vorliegenden Untersuchung unter dem Namen der Widmungsempfänger besprochen werden (VD 16 C 2186). Zur Heirat des Kurfürsten Ludwig VI. von der Pfalz (* Simmern 04.07.1539, † Heidelberg 22.10.1583) mit Prinzessin Anna von Ostfriesland (* 1562, † 1621) am 2. Juli 1583 in Heidelberg erscheint ebenda ein von Martin Chemnitz verfasstes Epithalamion (VD 16 ZV 3228).

NICER GRATVLANS ‖ Nvptiis ‖ ILLVSTRISSI-‖MI PRINCIPIS LV-‖DOVICI, COMITIS PALA-‖TINI AD RHENVM, S. R. I. ARCHIDA-‖piferi & Electoris, Ducis Boiariæ, &c. Et incli-‖tæ virginis Annae, Generofiffimi Co-‖mitis Essardi, Domini Phri-‖fiæ Orientalis, Filiæ. ‖ PER MARTINVM CHEMNI-‖TIVM. ‖ HEIDELBERGAE EXCVDE-‖bat Ioannes Spies. ‖ M. D. LXXXIII.
Heidelberg: Johann Spieß 1583. [8] Bl.; 4°
[Wolfenbüttel, HAB: A: 171.24 Quod. (13)]

Das Hochzeitsgedicht des Martin Chemnitz umfasst 323 daktylische Hexameter und beschreibt die Freude des Flusses Neckar über die Heirat des Kurfürsten. Außerdem wird der familiäre Kontext des Brautpaares dargestellt.
Zur Heirat des Helmstedter Professors Heinrich Meibom mit Sophia Böckel (* Oldenburg 1566, † Helmstedt 1625), der Tochter des herzoglichen Leibarztes und Chirurgen David Böckel (* Antwerpen 1534, † 1614), an einem nicht ermittelbaren Tag im Oktober 1585 verfassen Martin Chemnitz d. Ä. und sechs weitere Beiträger eine Sammlung von *Epithalamia* (VD 16 ZV 5193).[259]

EPITHALAMIA ‖ IN NVPTIAS CLA=‖RISSIMI ET ORNATISSIMI ‖ VIRI DN. M. HENRICI MEIBOMII ‖ Lemgouienfis, in illuftri Iulia Aca-‖demia, quæ eft Helmæftadij, Poëfeos & ‖ Hiftor. Profefforis ‖ celeber-‖rimi ‖ Et ‖ LECTISSIMAE VIRGINIS SO-‖PHIAE BOKELIAE DAVI-‖DIS BO-‖kelij viri honorati filiæ: ‖ à ‖ Clarißimis & carißimis amicis decantata. ‖ In Archigymnafio Iulio, Menfe Octobri. ‖ HELMAESTADII ‖ Excudebat Iacobus Lucius. Anno ‖ M. D. LXXXV.

---

[259]   David Böckel wurde als Chirurg aus Antwerpen am 29. September 1578 an der Universität Helmstedt immatrikuliert. Vgl. Zimmermann (1926), S. 18*b*124. Sein gleichnamiger Sohn ist der Student, der am 4. August 1582 an der Universität Helmstedt immatrikuliert, ebenda am 15. Mai 1599 zum Magister promoviert und am 24. Februar 1600 ordiniert wird. Dazu vgl. Zimmermann (1926), S. 37*a*81, S. 143*a*3 und S. 149*a*7. Er wirkt später als Pastor und Superintendent in Wolfenbüttel, Pastor in Werlaburgdorf, Bettmar und Burgdorf (* Wolfenbüttel um 1569). Dazu vgl. Seebaß/Freist (1974), S. 32 und Meyer (1941), S. 149.

Helmstedt: Jakob Lucius d. Ä. 1585. [8] Bl.; 4°
[Wolfenbüttel, HAB: *H: 129 Helmst. Dr. (7)*]*

Der Sammlung von Epithalamien sind die Wappen der beiden Ehepartner vorangestellt. Der Wappenschild Meiboms ist geviert und zeigt als Wappentier den
Schwan und außerdem eine Birke, die jeweils zweimal überkreuzt angebracht
sind. Der Wappenschild Böckels ist horizontal geteilt und zeigt als Wappentier
den Löwen. Dabei sind zwei Löwenköpfe im Schildhaupt und ein Löwenkopf im
Schildfuß angebracht.[260] Der anonyme Beiträger mit den Initialen H. N. F. (...)
geht deshalb in seinem als *allusio nuptialis* betitelten Glückwunschepigramm aus
fünf elegischen Distichen bildlich auf die beiden Wappentiere ein und interpretiert
sie als Symbole des Brautpaares. Er leitet mit der fingierten Frage ein, weshalb
die beiden Wappenschilde als sich berührend abgebildet seien, ob denn etwa der
Schwan die Kräfte des Löwen liebe, um dann selbst die mythologische Erklärung
anzufügen, dass Zeus in der Gestalt eines Schwans die namentlich nicht genannte
Göttin Leda in Liebe bezwungen habe wie es in Ov. *met.* 6,109 überliefert ist. Und
wie der Löwe liebliche Wasser aus einer fauligen Quelle gebe, so gebe ebenso
der Schwan liebliche Laute von sich. Die zu Meiboms Wappen gehörige Birke
deutet er als *imago* des Frühlings, der alles Lebendige wieder neu erzeuge. Das
letzte Distichon schließt das Gedicht mit der Hoffnung, der Löwe werde geschützt
unter den Flügeln des Schwans liegen und *autor dulcis germinis* sein, womit der
Dichter seine Wünsche für eine baldige Nachkommenschaft des Brautpaares zum
Ausdruck bringt. Diese idyllische Darstellung der Tiermetaphorik, die etwa mit
Jes. 11,6–8 vergleichbar ist, ist eine geschickte Idee des Dichters, der auf diese
Weise die mögliche Assoziation der Widmungsempfänger oder des Lesers, der
Löwe könne den Schwan bedrohen, meiden und vorab entkräften kann.
Das zweite Glückwunschepigramm ist von Basilius Sattler verfasst, der als Vize-
rektor der Universität Helmstedt und Helmstedter Pastor unterzeichnet. Es besteht
aus fünf elegischen Distichen. Sattler wendet sich mit seiner Apostrophe an den
Bräutigam und interpretiert dessen Familiennamen *Meibom* etymologisch. Dabei
spielt er auf das niederdeutsche Wort *bom* und dessen hochdeutsches Analogon
Baum an. Entsprechend ist die Aussage der ersten beiden Distichen, dass Meibom
einem grünenden Baum gleich seine Zweige und sein Laub ausbreiten und Früchte
tragen soll. In dieser Metaphorik des grünenden Baumes ist wie bereits im ersten
Epigramm der Wunsch des Dichters für eine Nachkommenschaft der Widmungsempfänger enthalten. Die zweite Hälfte des Gedichtes enthält die Vorstellung vom
Fortleben Meiboms in seinen Nachkommen über das eigene Leben hinaus. Wenn

---

[260] Zum Wappen vgl. die Abbildung der betreffenden Seite des Drucks bei KIRWAN (2010),
S. 125.

für ihn das *ver aeternum* beginne, was Assoziationen an den Namensbestandteil und das niederdeutsche Wort *mei* für die hochdeutsche Entsprechung *Mai* weckt, und wenn ein Engelschor singe, dann werde Meibom über seine *stirpes*, was sowohl als *Wurzeln* als auch als *Nachkommenschaft* aufzufassen ist, im Paradies kräftig und lebendig bleiben. Sattlers Epigramm fußt auf einer nahe liegenden etymologischen Interpretation des Familiennamens und nimmt beispielsweise im Gegensatz zum vorangegangenen Epigramm die Heirat der beiden Ehepartner gar nicht auf. Die vom Beiträger H. N. F. thematisierte Bedeutung des *amor* sowie die Rolle der Ehefrau überhaupt und im Besonderen für die Nachkommenschaft werden von Sattler nicht berücksichtigt.

Das dritte Glückwunschgedicht ist ein in griechischer Sprache verfasster Hymnus aus vierzig daktylischen Hexametern, den Dr. med. Johann Böckel, ein Onkel der Braut, verfasst.

Dr. med. Hermann Neuwaldt (Arzt, Professor für Arzneikunst in Helmstedt und Stadthagen, * Lemgo, † Stadthagen 1611) komponiert einen *Hymenaeus* aus 22 alkäischen Strophen nach dem antiken römischen Vorbild des Horaz.[261] Das Gedicht beginnt mit der Feststellung, der Name des Bräutigams und der grünende Baum seines Wappens stellten einen Gegensatz zur Jahreszeit der Heirat im Oktober dar und wirft die Frage auf, weshalb der Frühling übergangen worden sei. Im Folgenden diskutiert Neuwaldt dann, wie aus der Zeit des Herbstes heraus die Birke, der *Mai-baum*, im Frühling wieder Laub tragen werde und es erneut möglich werde, ausgelassen im Schatten der Baumkrone zu sitzen. An die Braut richtet der Dichter die Aussage, *nihil nisi ver amoenum est*. Befremdlich wirkt bei der Erwähnung der Braut die Verwendung des Demonstrativums in *istam puellam* in v. 39, das mit seiner Betonung der deiktischen Nuance stilistisch unpassend scheint. Anschließend beschreibt Neuwaldt das Geleit des Brautpaares im Lichtschein von Kienfackeln zum *torus iugalis*, auf dem sich die Eheleute verbinden sollen, und ruft dabei in v. 63–64 nach antikem Brauch den Gott der Eheschließung Hymenaios an, wie es beispielsweise aus Catull. *c*. 62 bekannt ist: *Hymen o Hymenaee*. Im Bild des grünenden, traubentragenden Weinstocks und in der Aufforderung, dem Brautpaar nun die Tür zu schließen, endet dieses Epithalamion, dessen Abschluss der nochmalige Ruf *Hymen o Hymenaee fave saluti* bildet.

Heinrich Boëthius ist der Verfasser des fünften Glückwunschgedichtes, eines Epigramms aus vierzehn elegischen Distichen. Während Meibom in seinem Wirken

---

[261]   Zu Neuwaldt vgl. ZIMMERMANN (1926), S. 409. Er wurde am 15. November 1568 an der Universität Wittenberg immatrikuliert. Vgl. FÖRSTEMANN/HARTWIG (1894), S. 152*b*4. Ein gleichnamiger Student aus Stadthagen wurde am 15. Juni 1611 an der Universität Helmstedt immatrikuliert und am 29. Juni 1613 ebenda zum Magister promoviert. Dazu vgl. ZIMMERMANN (1926), S. 216*b*186 und S. 231*a*2.

den Musen nacheifere, entstehe ein Wettstreit zwischen den Göttinnen Pallas, die *innupta pro consuetudine* sei, und Venus, deren erstere Gottheit die ungebundene Jungfräulichkeit und deren zweite Gottheit Liebe und erotisches Begehren verkörpern. Zwischen diesen beiden Parteien stehe die Braut Sophia, die ab v. 17 in direkter Rede aufgefordert wird, doch in heißer Liebesglut zu entbrennen und den Anspruch ihrer namentlichen σοφία zu erfüllen. Die letzten beiden Distichen treiben das Wortspiel mit dem Vornamen der Braut noch weiter und beziehen Meibom als σοφός ein. Der σοφός und die Sophia sollen aus ihrer Verbindung ein σοφίας *germen adusque novum* hervorbringen. Der Wunsch für eine baldige Nachkommenschaft des Paares steht wiederum im Mittelpunkt des Gedichtes.

Das sechste Epithalamion des Sammeldrucks schreibt Stephan Schrader (Ratssekretär in Helmstedt, * Helmstedt). Es besteht aus 49 elegischen Distichen. Schrader beginnt sein Gedicht mit der Überhöhung des Empfängers und merkt an, ein Gedicht auf den Dichter Meibom zu schreiben sei wie Wasser ins Meer zu gießen. Dennoch wolle er es aufnehmen, ein *exiguum munus*, wie er sein Werk in v. 8 nennt, zu verfassen und nennt sogleich Punkte, die sein Gedicht ausmachen sollen: es werde keine *luxuries verborum* geben, dafür eine *linea rerum perbrevis*, aber es werde dennoch *suavis* und dem Brautpaar zur Zierde gereichen. Dann leitet er zum eigentlichen Thema über, was ihm seine Muse nach dieser Vorrede gestatte. Nach der kurzen Beschreibung der Trauung des Paares deutet Schrader in mehreren Distichen die sexuellen Vorgänge der Hochzeitsnacht an, was in v. 31–32 in der aus Gen. 2,24 motivierten Formulierung gipfelt:

Constant eiusdem religamina carnis & una
Sunt caro, qui carnes ante fuere duae.

Anschließend wird in v. 41–42 das Bild der Schöpfung weiter verstärkt durch den aus Gen. 2,19 entnommenen Hinweis, Adam habe alles auf der Welt mit Namen versehen und Eva als *virago* benannt. Schrader spielt auf das hebräische Wortspiel אִישׁ – אִשָּׁה an, das er zu *vir* – *virago* latinisiert. Gott selbst hingegen habe die Frau in seinen Schöpfungsplänen als *auxiliatrix* bezeichnet, was Gen. 2,18 entnommen ist. Ab v. 47 wechselt der Verfasser seinen thematischen Aspekt. Er erwähnt die antike Königin von Pontus, Hypsikratea, die sich ihrem Gatten Mithridates aus Liebe als Mann verkleidet angeschlossen und mit ihm in den Krieg gegen die Römer gezogen war. Die Schilderung dieses Frauenbildes gipfelt in v. 55–56 in der Formulierung *Uxor fida viri cultrix & fida laborum / solatrix*, der sich die kurze und nur namentliche Erinnerung der im frühen 19. Jahrhundert von Adalbert von Chamisso in einem Gedicht als *Weiber von Winsperg* bezeichneten Frauen anschließt, die im Jahr 1140 nach der verlorenen Schlacht ihres welfischen Heeres gegen die Staufer aus der Burg Weinsberg bei Heilbronn ihre Männer heraustrugen, nachdem den

Frauen abzuziehen gestattet worden war, mit allem, was sie tragen könnten. Nach dieser *digressio* über das Verhalten löblicher Frauen kehrt Schrader wieder zur zuvor thematisierten Hochzeitsnacht zurück und beschreibt in v. 73–75, dass Phoebus bereits in das nächtliche Meer eintauche und: *nox properata venit.* Ab v. 91 schließt das Epithalamion mit der an das Brautpaar gerichteten Apostrophe *vivite felices igitur*, die in v. 95 mit *vivite* nochmals aufgenommen wird. Den Abschluss des Gedichts bilden Heilswünsche an die Widmungsempfänger, deren gemeinsames Leben die weiße Farbe des Schwans bestimmen möge und die das aufgenommene Pfand ihrer neuen Familie einlösen sollen.

Der Superintendent Martin Chemnitz aus Braunschweig verfasst das siebte und letzte Glückwunschgedicht des Drucks zur Heirat Meiboms und Böckels in 73 phaläkeischen Hendekasyllaben. Chemnitz beginnt sein Gedicht mit dem Hinweis, er wolle den gekrönten Dichter Meibom besingen, der in v. 6–7 als *ocelle* und *auree flos* angeredet wird. Intendiert ist sicherlich die Auffassung, für den *poëta laureatus* sei es unwürdig, das Glückwunschgedicht des Theologen anzunehmen, und Chemnitz stellt seine eigenen, tatsächlich vorhandenen Fähigkeiten deutlich zurück. Er leitet vielmehr zu Versen über die Göttin Venus über, die er in v. 12 als Herrscherin von Knidos an der kleinasiatischen Küste und als Herrscherin der Insel Zypern andeutet, bevor er außerdem noch die Iuno *domiduca* anruft, die nach der römischen Mythologie eine Braut zum Haus des Bräutigams führte, und die Chemnitz in v. 16–17 auffordert, für die zu feiernde Eheschließung die *casta zonula* zu lösen. Die Braut solle sich den Armen des Ehemannes, der in v. 20 das Attribut *avidus* bekommt, anvertrauen, was zugleich Freude und Furcht erzeuge. Die um die Versmitte von v. 21 symmetrisch angeordneten Aussagen *gaudenteis simul & simul timenteis* heben kontrastierend die Ambiguität der Gefühle hervor und werden durch die chiastische Wortstellung von jeweils Partizip und Adverb eindrucksvoll unterstrichen. Der Bräutigam hingegen solle die Vorzüge seiner Frau loben: sie sei *arguta, lepida, venustula, dulcis, mollicula* und *vinula.* Sie habe, wie er in v. 23–29 schreibt, Augen wie Sterne, ein Gesicht von Edelsteinen, milchfarbene Wangen mit menningeroter Tönung und Lippen wie Blumen. Die zweite Hälfte des Gedichts leitet Chemnitz mit einer Klage über seinen eigenen gesundheitlichen Verfall ein. Unter der Führung Meiboms habe er die Stufen der Dichtkunst zum Parnass beschritten und dem lyraspielenden Apoll, der in v. 38 nur durch die Nennung seines entlegenen Epithetons als *Cyrrhaeus* anklingt, nachzueifern versucht. Jetzt habe ihn jedoch eine *pessuma febris* befallen, er werde von Kälte und Frieren gepeinigt, sein Körper hingegen glühe innerlich und seine frühere Lebensblüte vergehe. Wiederum sprachlich geschickt fällt die erneut kontrastierende Beschreibung der Krankheit in v. 45–46 aus: *algentis* und *ardentis* stehen direkt nacheinander jeweils am Beginn der beiden Verse und heben ihre gegensätzliche inhaltliche Aussage deutlich hervor. *gelu tremore torquet* und *coquit caloris aestu* stehen hingegen chiastisch in Bezug auf ihre syntaktische Funktion. Die jeweiligen Alliterationen von *t* und *c* unterstreichen die Aussage zusätzlich. Beeindruckend stellt der Mittsechziger Chemnitz sein Alter den hohen Fähigkeiten des fast dreißigjährigen Meibom gegenüber und schließt den letzten Passus seines Gedichts ab v. 53 mit *quare* als relativischem Satzanschluss. Wegen eben dieser geschilderten gesundheitlichen Situation solle der Widmungsempfänger die *paucos versiculos ineleganteis* des Verfassers annehmen und sie zwischen den sonstigen in v. 59–63 aufgezählten *beatitates, blanditiae, deliciae, milia mille basiorum* und *quae plura Venus iocosa novit* anlässlich der Heirat einordnen. Diese positiven Wünsche werden somit erst in v. 63 als zur Göttin Venus gehörige Dinge genannt, was gleichzeitig die Auflösung zur anfangs nur über Ort und Insel angedeuteten Gottheit gibt und den Bogen zur Einleitung des Epithalamions spannt. Chemnitz bittet in v. 67 für das Paar um *prosperi amores* und schließt mit den guten Wünschen für das Brautpaar und mit den Wünschen für gemeinsame Kinder, deren Zahl der Anzahl der Verse des Gedichts gleichkommen soll, die er selbst als *iam rudis phaleucos* bezeichnet.

An diesem Gedicht, das Martin Chemnitz d. Ä. etwa ein halbes Jahr vor seinem Tod am 8. April 1586 schreibt, sind mehrere Punkte bemerkenswert. Chemnitz ist mehr als doppelt so alt wie der Bräutigam und als Akademiker und bedeutender lutherischer Theologe eine sehr gebildete und wichtige Persönlichkeit im Herzogtum Braunschweig-Lüneburg. Dennoch kann er hinter die Würde seines Alters und seines Amtes zurücktreten und dem wesentlich jüngeren Professor für Poesie zugestehen, der sprachlich gewandtere Mann zu sein. Diese Aussage ist sicherlich als Bescheidenheitstopos zu werten, zeigt aber auch die echte Größe Chemnitz', der sich nicht auf einen Dichterwettstreit einlassen muss. Vielmehr zeigt Chemnitz, dass er trotz Krankheit und dem nahenden Tod kunstvolle Verse verfassen und gelehrte Anspielungen einbinden kann, die beispielsweise über die Verarbeitung einfacher Etymologien hinausgehen. Sein Gedicht ist innerhalb des Sammeldrucks sicherlich dasjenige, das am stärksten von persönlichen Emotionen geprägt ist und über diese auch wirkt. Im Gegensatz zu den Verfassern der ersten sechs Gedichte kann Chemnitz seine persönlichen Aussagen und Wünsche freundlich und inhaltlich niveauvoll mit der Heirat der beiden Widmungsempfänger verbinden und kann auf die durchaus zeittypische, aber bisweilen derbe Ebene der erotischen Anspielungen der übrigen *carmina* verzichten. Nur wenige Monate später stirbt Martin Chemnitz d. Ä. im April des Jahres 1586.

Zu seinem Tod erscheint unter dem Titel *Parentatio memoriae* eine Sammlung von Trauergedichten, die acht Freunde und Kollegen von der Universität Wittenberg auf ihn schreiben (VD 16 P 738).

PARENTATIO ‖ MEMORIÆ RE=‖VERENDI, CLARIS=‖SIMI ET DOCTISSIMI VIRI ‖ Dn. Martini Chemnicii, S. S. The=‖ologiæ Doctoris celeberrimi, de republica ‖ Chriſtiana pręclarè meriti, Eccleſiæ Brun=‖ſuicenſis Paſtoris ac Superintendentis di=‖gniſsimi, &c. die VIII. Aprilis Anno 1586. ‖ placidè in Chriſto defuncti: pieta=‖tis & gratitudinis ergò ‖ conſecrata. ‖ Ab amicis & affinibus, in ‖ Academia VViteber-‖genſi. ‖ VVITTEBERGAE ‖ Ex officina Cratoniana, 1586.
Wittenberg: Johann Krafft d. Ä. 1586. [12] Bl.; 4°
[Wolfenbüttel, HAB: *M: Db 991 (23)*]

Das erste als *meditatio* betitelte Gedicht aus acht elegischen Distichen stammt von Mag. Theodosius Fabricius (Pastor in Wittenberg und Herzberg, Lehrer in Göttingen, * Nordhausen 11.08.1560, † Göttingen 07.08.1597 [Pest]), dem Superintendenten von Herzberg.[262] Das zweite auch so betitelte *Epicedion* im Umfang von elf elegischen Distichen verfasst der Wittenberger Pastor Mag. Michael Hutter (* Freiberg) und das dritte ebenfalls ein Pastor in Wittenberg, nämlich Mag. Christoph Gruner (* Schneeberg).[263] Sein Trauergedicht besteht aus 19 elegischen Distichen. Das vierte Gedicht ist in hebräischer Sprache abgefasst und anonym gedruckt. Ihm folgt das zugehörige *Carmen lugubre ex Hebraeo senarijs redditum*, das Mag. Philipp Hahn (* Halle an der Saale 1558, † Magdeburg 1616) aus dreißig iambischen Senaren verfasst.[264] Hahn, der latinisiert mit *Gallus* unterzeichnet und seine Verse *affini & Mecoenati suo* widmet, ist somit auch als Verfasser des hebräischen Gedichts anzusetzen. Das sechste Epicedion ist eine *Ode* aus siebzehn alkäischen Strophen, die wiederum anonym abgedruckt ist. Das folgende *Epitaphium* aus 21 daktylischen Hexametern in griechischer Sprache erscheint ebenso anonym. Das achte Gedicht in hebräischer Sprache dichtet Mag. Felicianus Clarus (ab 1590 Pastor in Göttingen, dann Superintendent in Herzberg an der Elster, * Minden), und Hermann Witteram (* Einbeck) ist Dichter eines *Viator & Elegia* aus 28 elegischen Distichen.[265] Das anschließende *aliud Epitaphium* des Johannes

---

[262] Vgl. Zedler (1735), Sp. 49.

[263] Hutter wurde am 25. April 1575 an der Universität Wittenberg immatrikuliert. Vgl. Förstemann/Hartwig (1894), S. 252*b*30. Gruner wurde am 13. April 1586 als Magister an der Universität Wittenberg immatrikuliert. Vgl. Förstemann/Hartwig (1894), S. 335*a*33.

[264] Zu Philipp Hahn vgl. Moldaenke (1964). Er wurde am 25. Oktober 1571 an der Universität Wittenberg immatrikuliert. Vgl. Förstemann/Hartwig (1894), S. 202*b*40.

[265] Zu Clarus vgl. Meyer (1941), S. 330. Er wurde am 23. April 1586 als Magister an der Universität Wittenberg immatrikuliert. Vgl. Förstemann/Hartwig (1894), S. 335*b*4. Eine weitere Immatrikulation für einen Studenten dieses Namens mit Magisterpromotion am 20. September 1614 ist ebenfalls in Wittenberg am 15. Januar 1607 mit Hin-

Hahn (* Halle an der Saale) hat einen Umfang von dreizehn elegischen Distichen und ist abschließend als *affini & patrono chariß.* gewidmet unterzeichnet.[266] Ebenso unterzeichnet Paul Hahn (* Halle an der Saale) das neunte Epicedion aus elf elegischen Distichen als *affini & Moecenati suo* gewidmet.[267] Nicht zuletzt aufgrund der Herkunft aus Halle an der Saale sowie der ähnlichen Unterzeichnung ist anzunehmen, dass Philipp, Johannes und Paul Hahn miteinander verwandt und möglicherweise drei Brüder sind.

Zwei Jahre nach dem Tod des Martin Chemnitz d. Ä. erscheint im Jahr 1588 eine *Oratio de vita, studiis et obitu*, an deren Abfassung Johann Gasmer, erneut Felicianus Clarus, Andreas Moller, David Palladius sowie zahlreiche Beiträger aus dem akademischen Milieu Braunschweigs und Helmstedts beteiligt sind (VD 16 G 485).

ORATIO ‖ DE VITA, STV=‖DIIS, ET OBITV RE=‖VERENDI, ET CLARISSIMI ‖ viri, D. MARTINI CHEMNITII, San-‖ctæ Theologiæ Doctoris, & Ecclefiæ Brunfuigen-‖fis Superattendentis fidelifsimi, fcripta & ‖ nunc primum in lucem edita. ‖ AVTORE. ‖ M. IOHANNE GAS=‖MERO, VERBI DIVI-‖lni in Ecclefia Brunfuigenfi, ‖ ad S. Catharinam, ‖ miniftro. ‖ Accefferunt, præter Epicedia, in obitum Dn. D. Martini Chemnitij, ‖ etiam scripta, & carmina amicorum, memoriæ M. Iacobi Go-‖ldefridi, Ecclefiæ Brunfuigenfis, ad S. Martinum, ‖ miniftri, confecrata. ‖ M. D. LXXXVIII. [...]: [...] 1588. [45] Bl.; 4° [Göttingen, SUB: *8 SVA III, 2670:4 (9)*]

Dieser Druck enthält nach dem Titelblatt ein ganzseitiges Holzschnittportrait des Verstorbenen. Zunächst ist ein kurzes, an die Söhne Martin und Paul Chemnitz gerichtetes Trauergedicht des Pastors an St. Katharinen in Braunschweig Mag. Johann Gasmer (1578 Subkonrektor der Martinsschule in Braunschweig, * Schöppenstedt, † Braunschweig 28.09.1592) aus 21 daktilischen Hexametern abgedruckt,

---

weisen nach Herzberg und Göttingen belegt. Dazu vgl. WEISSENBORN (1934), S. 55*a*6. Witteram wurde am 17. Februar 1580 an der Universität Helmstedt und am 13. Mai 1584 an der Universität Wittenberg immatrikuliert. Vgl. ZIMMERMANN (1926), S. 25*a*68 und FÖRSTEMANN/HARTWIG (1894), S. 321*a*28.

[266]   Johannes Hahn wurde am 6. August 1585 an der Universität Wittenberg immatrikuliert. Vgl. FÖRSTEMANN/HARTWIG (1894), S. 331*b*13.

[267]   Paul Hahn wurde am 2. November 1585 an der Universität Wittenberg immatrikuliert. Vgl. FÖRSTEMANN/HARTWIG (1894), S. 333*a*21.

dem die eigentliche *oratio* Gasmers folgt.[268] Sie enthält diverse relevante biographische Informationen bezüglich Martin Chemnitz d. Ä. und seiner Familie. Ab der Seite mit der Bogensignatur G1^r folgen die Epicedien diverser Beiträger. Das erste aus 35 elegischen Distichen ist als *Naenia ecclesiae Hildesheimensis* betitelt und anonym abgedruckt. Ihm folgen als zweites Gedicht die *Memoriae* des Johann Freder (Professor in Rostock, * Hamburg 06.01.1544, † Rostock 04.05.1604) im Umfang von zehn daktylischen Hexametern.[269] Möglicherweise ist Freder auch als Verfasser der *Naenia* anzusetzen. Das dritte Gedicht aus sechzehn elegischen Distichen in griechischer Sprache schreibt Johannes von Possel d. Ä. (Konrektor in Wismar, Rektor in Burg auf Fehmarn und Rostock, Professor für Griechisch in Rostock, * Parchim 1528, † Rostock 15.08.1591), und der Dichter des vierten Epicedions aus sechzehn alkäischen Strophen ist der Professor Heinrich Meibom.[270] Das fünfte Gedicht hat einen Umfang von 62 daktylischen Hexametern verfasst Mag. Andreas Moller (Pastor in Braunschweig und Hildesheim, Pastor und Superintendent in Peine, dann Pastor in Schmedenstedt, * Osterode, † Peine 13.06.1600), der als Pastor an St. Ulrich in Braunschweig unterzeichnet.[271] Das sechste und das siebte Gedicht sind jeweils Epigramme aus zwei beziehungsweise drei elegischen Distichen, die Mag. Heinrich Gerlach (Rektor der Ägidienschule in Braunschweig, * Hamburg) und Mag. Johannes Gigas d. J. (...) schreiben.[272] Als achtes Gedicht folgt eine Elegie des Martin Baremius (Prorektor und Rektor der Martinschule in Braunschweig, Rektor der Schule und Pastor an St. Cosmas und Damian in Goslar, * Braunschweig, † Goslar 1625), des Konrektors der Mar-

---

[268]   Zu den biographischen Daten des Johann Gasmer vgl. DÜRRE (1861), S. 58 und S. 60. Er wurde im Oktober 1577 an der Universität Rostock immatrikuliert und am 12. März 1578 ebenda zum Magister promoviert. Dazu vgl. HOFMEISTER (1891), S. 194*b*120 und S. 195*a*1. Seine Witwe Anna Wilkens heiratete im Jahr 1597 den Pastor Hermann Deneken. Dazu vgl. WEHKING (2001), S. 310–311, dort Nr. 795. Gasmer ist als *collega Martinianus* auch auf einem Fenster in St. Ulrich aus dem Jahr 1578 in Braunschweig genannt. Dazu vgl. WEHKING (2001), S. 123, dort Nr. 566.

[269]   Vgl. BERTHEAU (1878).

[270]   Zu von Possel vgl. KRAUSE (1888).

[271]   Vgl. MEYER (1942), S. 268 und S. 351. Moller ist aufgrund der Herkunftsangabe wohl nicht identisch mit dem am 12. Dezember 1581 in Helmstedt immatrikulierten gleichnamigen Studenten aus Schöningen und ebenfalls nicht mit dem am 6. Oktober 1591 an der Universität Helmstedt immatrikulierten *Ascaniensis*. Dazu vgl. ZIMMERMANN (1926), S. 34*a*41 und 93*a*247.

[272]   Zu Gerlach vgl. DÜRRE (1861), S. 71. Er wurde am 1. Januar 1585 an der Universität Helmstedt immatrikuliert. Vgl. ZIMMERMANN (1926), S. 50*a*29. Ob Gigas der erst am 26. Mai 1590 an der Universität Helmstedt immatrikulierte Student ist, scheint fraglich. Dazu vgl. ZIMMERMANN (1926), S. 83*a*8.

tinsschule in Braunschweig.[273] Sie besteht aus 43 elegischen Distichen. Das neunte Gedicht aus 25 elegischen Distichen verfasst David Palladius aus Magdeburg
(Komponist, Schulkantor an der Martinsschule in Braunschweig, * Magdeburg um
1550, † nach 1599).[274] Der Lehrer derselben Schule, Christoph Hagius (Konrektor und Rektor der Martinsschule in Braunschweig, * Braunschweig, † 1640) ist
der Dichter des zehnten Gedichts aus neunzehn elegischen Distichen.[275] Das elfte
und zwölfte Gedicht aus fünf elegischen Distichen beziehungsweise acht Verspaaren aus daktylischem Hexameter und Hemiepes ist jeweils dem Verstorbenen als
parens gewidmet, so dass anzunehmen ist, dass seine beiden Söhne die Dichter
dieser Verse sind. Anschließend folgen die Trauerschriften auf den ebenfalls im
Jahr 1587 verstorbenen Mag. Jakob Gottfried (Lehrer an der Ägidienschule, dann
Pastor an St. Marien in Braunschweig, * Schmallenberg 1545, † Braunschweig
22.03.1587), den Schwiegersohns des Martin Chemnitz d. Ä., die Johann Gasmer
und der Theologieprofessor Lukas Backmeister (Professor und Pastor in Rostock,
* Lüneburg 18.10.1530, † Rostock 09.07.1608) in Rostock verfassen.[276] Auf den-

---

[273]   Zu den biographischen Daten des Martin Baremius vgl. MEYER (1941), S. 339 und
        DÜRRE (1861), S. 55 und S. 58. Ebenda findet sich der Hinweis, Baremius sei wegen
        „Vernachlässigung der Schulzucht und wegen anstößigen Lebenswandels" aus dem
        Schuldienst in Braunschweig entlassen worden und nach Goslar gezogen.

[274]   Vgl. ALTMEYER (2005), RUHNKE (2001) und DÜRRE (1861), S. 59. Palladius ist zuletzt
        im Jahr 1599 belegt und sicherlich nicht mit dem gleichnamigen Kantor von Stade in
        den Jahren von 1605 bis 1625 identisch. Er wurde am 29. März 1563 als Magdebur-
        ger an der Universität Wittenberg immatrikuliert. Vgl. FÖRSTEMANN/HARTWIG (1894),
        S. 46*b*17. Weitere Immatrikulationen für diesen Namen als *Brunsvicensis* sind belegt
        am 20. September 1588 und am 22. Oktober 1599, jeweils in Helmstedt. Dazu vgl.
        ZIMMERMANN (1926), S. 72*a*121 und S. 145*a*143. Außerdem ist eine weitere Imma-
        trikulation am 30. April 1598 an der Universität Wittenberg ermittelbar, die sich auf
        dieselbe Person, möglicherweise einen gleichnamigen Sohn des David Palladius und
        späteren Kantor von Stade beziehen könnte. Dazu vgl. FÖRSTEMANN/HARTWIG (1894),
        S. 447*b*9. Palladius ist als *cantor Martinianus* auch auf einem Fenster in St. Ulrich
        aus dem Jahr 1578 in Braunschweig genannt. Dazu vgl. WEHKING (2001), S. 123, dort
        Nr. 566.

[275]   Zu den biographischen Daten des Christoph Hagius vgl. DÜRRE (1861), S. 56, S. 58
        und S. 60. Er wurde am 7. April 1581 an der Universität Wittenberg immatrikuliert.
        Dazu vgl. FÖRSTEMANN/HARTWIG (1894), S. 304*a*8.

[276]   Zu Gottfried vgl. SEEBAß/FREIST (1974), S. 103 und DÜRRE (1861), S. 75. Er wurde
        am 18. April 1574 an der Universität Tübingen immatrikuliert, wechselte als Magis-
        ter im Juli 1576 an die Universität Rostock und ist auf den verlorenen Glasscheiben
        von St. Ulrich aus dem Jahr 1577 in Braunschweig belegt. Dazu vgl. HERMELINK
        (1906), S. 532*a*76, HOFMEISTER (1891), S. 190*a*92 und WEHKING (2001), S. 116–118,
        dort Nr. 558. Auch ist er ebenfalls in der nicht erhaltenen Reihe der braunschwei-
        gischen Superintendenten und Pastoren ab der Reformation erwähnt. Vgl. WEHKING
        (2001), S. 222–224, dort Nr. 677. Backmeister wurde als Magister und Professor im

selben folgt danach das dreizehnte Gedicht aus 24 elegischen Distichen, die Nikodemus Frischlin (Humanist, Dichter Professor für Poesie und Geschichte in Tübingen, Rektor der Schulen in Laibach und Braunschweig, * Balingen-Erzingen 22.09.1547, † Hohenurach 29.11.1590) schreibt.[277] Auch die folgenden Trauergedichte beziehen sich auf Gottfried. So verfasst der erwähnte Johann Freder *Memoriae* aus zehn daktylischen Hexametern, und Nathan Chyträus (Theologe und Dichter, Professor in Rostock, Rektor in Bremen, * Menzingen 15.03.1543, † Bremen 25.02.1598) schreibt die sieben elegische Distichen des fünfzehnten Epicedions.[278] Der Pastor Mag. Friedrich Petri (1574–1578 Konrektor an der Martinsschule in Braunschweig, * Hallerspring 10.03.1549, † Braunschweig 21.10.1617) ist der Verfasser des sechzehnten Gedichts, das 33 daktylische Hexameter umfasst.[279] Das siebzehnte Gedicht ist als *Epitaphium* auf Gottfried konzipiert und umfasst elf elegische Distichen, die wiederum von Mag. Andreas Moller stammen. Mag. Felicianus Clarus aus Minden, der bereits an der Wittenberger Sammlung von Epicedien auf Martin Chemnitz d. Ä. beteiligt war, schreibt das achtzehnte Gedicht im Umfang von 22 elegischen Distichen. Verfasser des neunzehnten Gedichts aus sieben elegischen Distichen ist P[aul] Chem[nitz], der Schwager Gottfrieds. Das abschließende Chronodistichon auf das Jahr 1588 dichtet ein *anonymus*, der sein Verspaar nur mit seinen Initialen als H. W. G. (...) unterzeichnet. Er ist nicht ermittelbar. Die meisten der Verfasser stammen aus dem akademischen Milieu der Stadt Braunschweig und waren zu Lebzeiten enge kollegiale Vertraute des Martin Chemnitz d. Ä. und des Jakob Gottfried. Einige Beiträger stehen jedoch auch im Kontext zur Stadt und zur Universität Rostock, so dass sie dem Umfeld des Martin Chemnitz d. J. zuzurechnen sein dürften.

Anlässlich der Bestattung von Anna Chemnitz, der Ehefrau des Martin Chemnitz d. Ä. am 2. Dezember 1603 verfasst Mag. Johann Kaufmann (Pastor in Döbeln

---

Juni 1562 an der Universität Rostock immatrikuliert. Dazu vgl. HOFMEISTER (1891), S. 146a130.

[277] Zu den biographischen Daten des Nikodemus Frischlin vgl. BEBERMEYER (1961) und DÜRRE (1861), S. 55.

[278] Zu Chyträus vgl. den Sammelband von ELSMANN/LIETZ/PETTKE (1991) und außerdem FROMM (1876). Er ist erwähnt bei der Immatrikulation seines Sohnes Jonathan Chyträus an der Universität Helmstedt am 22. April 1597. Dazu vgl. ZIMMERMANN (1926), S. 130b138.

[279] Zu Petri vgl. SEEBASS/FREIST (1974), S. 233, ZIMMERMANN (1887a) und DÜRRE (1861), S. 58. Belegt ist auch das Sterbejahr 1621. Er wurde am 4. Oktober 1572 an der Universität Wittenberg immatrikuliert und ist als *magister* und *conrector Martinianus* auch auf einem Fenster in St. Ulrich aus dem Jahr 1578 in Braunschweig genannt. Dazu vgl. FÖRSTEMANN/HARTWIG (1894), S. 217b28 und WEHKING (2001), S. 123, dort Nr. 566.

und Braunschweig, Superintendent in Schulburg und Schweinfurt, * Nürnberg
19.10.1566, † Schweinfurt 03.05.1616) eine deutsche Leichenpredigt, die im Jahr
1604 im Druck erscheint (VD 17 39:111396N).[280]

> EXEQVIÆ CHEM=‖NITIANÆ ‖ Das ift / ‖ Leich vnd Begengnispre-
> digt. ‖ Bey der Begrebnis / ‖ der Erbarn vnd Vieltugendſamen Fra=‖wen
> Annæ / Des Weyland Ehrwuᵉrdigen vnnd ‖ Hochgelarten Herrn / auch
> fuᵉrtrefflichen vnd weitberuᵉmb=‖ten Theologi / MARTINI KEMNITII / der
> hei=‖lligen Schrifft Doctoris / vnnd einer loᵉblichen Kirchen / ‖ Stadt vnd
> Gemein zu Braunſchweig geweſenen Superin-‖tendentis / Hinterlaſſenen
> Gottſeligen Witbinn / Welche ‖ nach dem ſie den 30. Novembris ſeliglich
> in dem HERRN ‖ entſchlaffen / den 2. Decembris Anno 1603. in der
> Alten=‖ſtadt daſelbſten in der Kirche S. Martin ehrlich ‖ ift zur Er-
> den beſtattet worden. ‖ Gehalten durch ‖ M. Iohannem Kauffmannum
> Norimbergenſem, ‖ der Kirchen vnd Schulen doſelbſt ‖ Coadjutorem. ‖
> Gedruckt zu Braunſchweig / bey ‖ Andreas Duncker. ‖ ANNO M. DC. III.
> Braunschweig: Andreas Duncker d. Ä. 1604. [16] Bl.; 4°
> [Wolfenbüttel, HAB: *A: 205.2.1 Quod. (2)*]*

Die Leichenpredigt enthält abschließend eine *Commendatio personae* mit zahl-
reichen genealogischen Informationen und der Anekdote, die Verstorbene sei in
Wittenberg schon als kleines Mädchen *neben der Mutter hergelauffen und der
Kirchen mit macht zugeeilet*, damit sie Martin Luther habe predigen hören können.
Außerdem ist abschließend ein *Epicedion in funus* aus elf elegischen Distichen
abgedruckt, das ihr Enkel Christian Husmann (* Celle) verfasst. Darin erinnert der
Verfasser zunächst an den zuvor erfolgten Tod seiner Mutter Eva in Celle und geht
dann auf den neuen Trauerfall in Braunschweig ein: *Mors aviam validâ sustulit
atra manu?* Jetzt weine er bei Tag und bei Nacht. Husmann ruft mehrfach seine
große Trauer aus und bittet den *victor ... orci* um Verschonung für die Tote, bevor
er im abschließenden Distichon Worte des Abschieds findet und seinen Dank ausspricht.
Für die aus der Ehe hervorgegangenen Kinder sind zu verschiedenen Anlässen
lateinische Gelegenheitsdichtungen nachweisbar. Diese beziehen sich bei den vier
Töchtern besonders auf die eigene Eheschließung und ihre Ehemänner, bei den

---

[280]   Zu den biographischen Daten Kaufmanns vgl. SEEBAß/FREIST (1974), S. 152. Er wurde
im Jahr 1585 an der Universität Tübingen immatrikuliert. Dazu vgl. MENTZ/JAUERNIG
(1944), S. 44. Bereits zuvor wurde am 8. Mai 1556 an der Universität Wittenberg
ein gleichnamiger Student immatrikuliert, der der Vater sein könnte. Vgl. FÖRSTEMANN
(1841), S. 318*b*13.

beiden Söhnen hingegen auch auf andere Anlässe und sowohl Verfasser- wie auch Empfängerschaft. Deshalb erscheint es zweckmäßig, zunächst in chronologischer Reihenfolge auf die die Töchter betreffenden Gelegenheitsschriften einzugehen. Zur Heirat von Magdalena Chemnitz (* 27.07.1559, † 13.07.1632) mit Jordan Strube (Bürgermeister in Braunschweig, † 1614) erscheinen im Jahr 1577 *Carmina* im Druck, die vom Kollegium der Martinsschule in Braunschweig verfasst werden (VD 16 N 2104).[281]

> NVPTIIS ‖ Iordanis Struuenij ac Mag=‖dalenæ Kemnitiæ. ‖ RECTORIS
> AC COLLEGA-‖rum Scholæ Martinianæ Brunſuicenſis ‖ CARMINA. ‖
> ANNO SALVTIS. ‖ CIS. IS. LXXIIIX.
> [...]: [...] 1577. [11] Bl.; 4°
> [Wolfenbüttel, HAB: *H: P 621.4° Helmst. (12)*]

Das erste Gedicht ist in griechischer Sprache verfasst und besteht aus acht daktylischen Hexametern, in denen Mag. Rudolf Hildebrand (Rektor in Osnabrück, Herford und an der Martinsschule in Braunschweig, dann Pastor in Braunschweig, * Bremen 25.01.1546, † Braunschweig 26.02.1609) den Vater der Braut aufgrund seines theologischen Wirkens rühmt.[282] Rudolf Hildebrand ist ebenfalls der Verfasser des zweiten Epithalamions im Umfang von 296 daktylischen Hexametern, das er als Rektor der Martinsschule in Braunschweig unterzeichnet und das in eine Einleitung, einen Abschnitt der *pietas in laudem foederis coniugalis*, einen weiteren der *EYXH* sowie einen *ad convivas nuptiales* untergliedert ist. Das dritte Hochzeitsgedicht aus 36 daktylischen Hexametern schreibt der Konrektor Mag. Friedrich Petri, der sich ebenfalls besonders an den Brautvater wendet. Das vierte, als *Echo* betitelte Gedicht verfasst der Schulkantor David Palladius. Es besteht aus 21 elegischen Distichen und wendet sich gleichermaßen an beide Brautleute. Das Echo findet sich als dichterisches Prinzip jeweils am Ende des Pentameters, und das letzte Wort bezieht sich einem Echo gleich immer auf das vorletzte Wort des Verses oder den Abschluss des vorletzten Wortes. Als fünftes Epithalamion folgt ein ebenfalls von David Palladius verfasstes *Epigramma* in griechischer Sprache, das acht elegische Distichen umfasst. Das sechste Gedicht ist ebenfalls in griechischer Sprache abgefasst und besteht aus achtzehn elegischen Distichen.

---

[281] Nach STAUDE (1986), S. 328 fand die Heirat erst im Jahr 1606 statt. Diese Angabe ist offensichtlich falsch.

[282] Vgl. SEEBAß/FREIST (1974), S. 133. Hildebrand wurde im Februar 1567 als *Bremensis* an der Universität Rostock immatrikuliert und ebenda am 10. Mai 1569 zum Magister promoviert. Vgl. HOFMEISTER (1891), S. 161*b*14 und S. 168*b*3. Er ist als *magister* und *rector Martinianus* auch auf einem Fenster in St. Ulrich aus dem Jahr 1578 in Braunschweig genannt. Dazu vgl. WEHKING (2001), S. 123, dort Nr. 566.

Sein Verfasser ist ebenso wie der des darauffolgenden Gedichts Johann Gasmer aus Schöppenstedt. Das siebte Gedicht vom selben Dichter ist eine Paraphrase zu Ps. 128 und umfasst dreizehn Verspaare in Epodenform aus daktylischem Hexameter und daktylischem Tetrameter. Michael Herndorf (* Derenburg) ist Verfasser des achten Gedichts aus zwölf elegischen Distichen in griechischer Sprache, das als *Votum pro felici coniugio* betitelt ist.[283] Das neunte Hochzeitsgedicht widmet Hermann Bilveld (...). Es umfasst vierzehn elegischen Distichen. Als zehntes Gedicht folgen fünfzehn elegische Distichen, als deren Dichter Valentin Rothhard (* Mühlhausen) unterzeichnet.[284] Das elfte und letzte Gedicht dieser Sammlung besteht aus 24 elegischen Distichen, die anonym abgedruckt sind. Bemerkenswert ist, dass die Dichter dieser Sammlung von Epithalamien sich mehrfach an Martin Chemnitz als Brautvater wenden und entgegen dem Regelfall nicht ausschließlich die Verdienste des Bräutigams und die charakterlichen Vorzüge der Braut rühmen. Zur Heirat von Anna Chemnitz II. (* 14.02.1564, † Braunschweig 15.12.1622) mit Jakob Gottfried am 3. November 1579 in Braunschweig schreibt Johann Gasmer eine *Ecloga de nuptiis* (VD 16 G 480).

ECLOGA || DE NVPTIIS REVE=||RENDI ET DOCTISS. VIRI, || D. M. IACOBI GOTFRIDI, || ECCLESIAE BRVNSVICENSIS AD S. MAR-|| tinum miniſtri fideliß: et pudiciß. virginis || ANNAE CHEMNITIAE, III. Nonarum || Nouembris, Anno I. C. M. D. LXXIX. || Brunſuigæ celebratis: || Scripta à || M. IOHANNE GASMERO CONRECTORE || in Schola Martiniana Brunſuicenſi. || HELMSTADII || EXCVDEBAT IACOBVS LVCIVS. || ANNO M. D. LXXIX.
Helmstedt: Jakob Lucius d. Ä. 1579. [6] Bl.; 4°
[Wolfenbüttel, HAB: *H: 512 Helmst. Dr. (24)*]

Ein Beiträger mit den Initialen H. W. G. verfasst drei der *Ecloga* vorangestellte Chronodistichen, die jeweils den 3. November 1579 als Datum der Heirat angeben. Ebenfalls vorangestellt ist ferner ein Gedicht in griechischer Sprache aus siebzehn daktylischen Hexametern, die Johann Gasmer schreibt. Danach folgt die *Ecloga* Gasmers aus 221 daktylischen Hexametern, die beispielsweise nach dem Vorbild von Verg. *ecl.* 1 als epischer Dialog zwischen den topisch benannten Hir-

---

[283] Herndorf wurde am 30. Mai 1570 als *Derenbergensis* an der Universität Wittenberg immatrikuliert. Vgl. FÖRSTEMANN/HARTWIG (1894), S. 178*a*13.

[284] Rothard wurde am 11. April 1570 an der Universität Wittenberg immatrikuliert. Dazu vgl. FÖRSTEMANN/HARTWIG (1894), S. 171*b*3. Er ist auch auf einem Fenster in St. Ulrich aus dem Jahr 1578 in Braunschweig genannt. Dazu vgl. WEHKING (2001), S. 123, dort Nr. 566.

ten Daphnis und Palaemon gestaltet ist. Erwähnt werden unter anderem der Aufenthalt des Bräutigams am Neckar und an der *clarij* ... *vireta Roseti, / quae rigat obliquo piscosus flumine Varnus*, was auf seine bereits im Kontext der biographischen Daten erwähnten Studien an den Universitäten Tübingen und Rostock in den Jahren 1574 bis 1576 anspielt.

Jakob Gottfried ist im Jahr 1588 auch in der bereits erwähnten Gedenkschrift auf seinen Schwiegervater Martin Chemnitz d. Ä. erwähnt, da er im Jahr nach ihm verstorben ist (VD 16 G 485).

Zur Heirat von Eva Chemnitz (* 18.05.1568, † 12.10.1601) mit Dr. jur. Franz Husmann (Hofgerichtsassessor in Celle, † 1618) am 13. Oktober 1588 in Celle dichtet Johannes Stille (1578 bis 1623 Pastor in Uelzen, * Uelzen, † Uelzen 1623) eine *Ode* (VD 16 S 9136).[285]

ODE ‖ VIRI DOCTISSIMI ‖ SPECTATISSIMIQVE ‖ DN. FRANCIS-CI HVSMANNI, ‖ Illuſtrißimi Principis ac D. D. VVilhelmi Ducis ‖ Brunſuicenſium ac Lunæburgēſ. Conſiliarij digniß. ‖ & EVÆ clariß. ac reuerendiß. Dn. Doctoris ‖ Martini Chemnitij Brunſuicenſis Eccleſiæ ſuperio=‖ribus annis Superattendentis vigilantiß. ‖ nuptijs, 13. Octob. Cellæ celebratis, ‖ nuncupata à ‖ Iohanne Stillio Cellenſi. ‖ ANNO ‖ M. D. LXXXVIII.
[...]: [...] 1588. [4] Bl.; 4°
[Wolfenbüttel, HAB: *M: Db 2259 (40)*]

Stilles *Ode nuptialis* sind zunächst drei sapphische Strophen vom selben Verfasser *Dn. sponso* vorangestellt. Das eigentliche Epithalamion besteht aus 29 alkäischen Strophen, in denen mit gehäuften Anspielungen zu Orten der antiken Mythologie diverse angedeutete Geschichten in Bezug zum Bräutigam gesetzt werden, der als *decus* bezeichnet wird und aufgrund seines Juristenberufs als Zögling der Göttin Themis beschrieben wird. Die Braut wird in dieser gesamten *Ode* nicht erwähnt, so dass der Zweck einzig die rühmende Darstellung des Bräutigams ist.

Franz Husmann ist selbst mehrfach als Verfasser belegt. Neben seiner juristischen Dissertation aus dem Jahr 1585 (VD 16 H 6205) verfasst er mehrfach lateinische Gelegenheitsdichtungen. So ist er im Jahr 1594 gemeinsam mit Salomon Fren-

---

[285]   Franz Husmann wurde im November 1576 an der Universität Rostock immatrikuliert. Vgl. HOFMEISTER (1891), S. 191*a*8. Zu Stille vgl. MEYER (1942), S. 439. Ein Johannes Stille wurde am 15. Juli 1603 an der Universität Helmstedt immatrikuliert, der aufgrund des Jahres mit dem hier genannten nicht identisch sein dürfte. Vgl. ZIMMERMANN (1926), S. 168*b*62.

zel von Friedenthal, seinem Schwager Paul Chemnitz, vermutlich seinem Bruder Martin Husmann und Andreas Rodewald an einer Sammlung von *Epithalamia* beteiligt, die der Heirat des Christoph Fischer d. J. (...) und der Hiska Schulte (...), der Tochter des Bürgermeisters von Celle Theodor Schulte (...), am 3. Februar des Jahres gewidmet werden (VD 16 ZV 5219).[286]

EPITHALAMIA ‖ IN HONOREM ‖ NVPTIARVM ‖ D. CHRISTO-PHORI ‖ FISCHERI IVNIORIS, ‖ SPONSI, ET HONESTISSIMAE ‖ pudiciſſimæq[ue] virginis ʜɪꜱᴄᴀᴇ Schulten, ‖ integerrimi ac ſpectatiſſimi viri D. Theo-‖dorici Schulten Conſulis Cellenſis ‖ filiæ, ſponſæ. ‖ AB AMICIS ‖ ſcripta ‖ VLYSSEÆ ‖ Michael Croner excudebat, ‖ Anno ‖ CIS. IS. VIC.
Uelzen: Michael Kröner 1594. [4] Bl.; 4°
[Wolfenbüttel, HAB: *A: 240.11 Quod. (6)*]

Der Helmstedter Professor und kaiserlich gekrönte Dichter Salomon Frenzel von Friedenthal (Professor für Ethik in Helmstedt, Rektor der Domschule in Riga, * Breslau 1564, † Riga 18.06.1605) dichtet das erste Epithalamion im Umfang von vierzehn elegischen Distichen.[287] Abschließend nennt er den 12. Januar 1594 als Abfassungstag seines Gedichts. Das zweite Gedicht ist als *Colloquium Apollinis et Cupidinis* betitelt und besteht aus zwanzig elegischen Distichen, die die beiden Gottheiten im Wechsel sprechen. Als Verfasser dieser Verse unterzeichnet Franz Husmann. Dem dritten Gedicht sind Ort und Datum der Heirat vorangestellt. Demnach heiraten Christoph Fischer und Hiska Schulte am 3. Februar 1594 in Celle im Fürstentum Lüneburg. Der Dichter Paul Chemnitz, ein Schwager Husmanns, unterzeichnet seine neun elegischen Distichen mit dem Hinweis, sein Gedicht sei in Celle am 15. Januar 1594 entstanden. Titel dieser Verse ist *Idyllion Piscator*, und

---

[286]   Christoph Fischer d. J. ist der Sohn des Superintendenten von Celle Christoph Fischer d. Ä. (* Joachimsthal 20.01.1518, † Celle 11.09.1598) und somit ein Schwager des auch diesen Drucks herstellenden Uelzener Buchdruckers Michael Kröner. Dazu vgl. Vᴏɢᴛʜᴇʀʀ (2009), S. 409–410 sowie biographisch auch Kᴇʟʟɴᴇʀ (1878). Christoph Fischer ist möglicherweise mit dem Studenten identisch, der als *Glacensis* am 10. Januar 1586 an der Universität Helmstedt immatrikuliert wurde oder dem gleichnamigen Mann, der ebenda am 18. August 1604 sein Studium aufnahm. Dazu vgl. Zɪᴍᴍᴇʀᴍᴀɴɴ (1926), S. 56*b*44 und S. 175*b*125. Theodor Schulte ist vermutlich nicht der am 23. Oktober 1583 an der Universität Helmstedt immatrikulierte *Theodoricus Schulte, Nobilis Bremensis*, den Zɪᴍᴍᴇʀᴍᴀɴɴ (1926), S. 43*a*1 nachweist.

[287]   Salomon Frenzel von Friedenthal wurde am 19. August 1594 in die philosophische Fakultät der Universität Helmstedt aufgenommen. Vgl. Zɪᴍᴍᴇʀᴍᴀɴɴ (1926), S. 116*a*8 und S. 434. Ebenda ist das Geburtsjahr 1561 angegeben. Zu seinem dichterischen Wirken während seiner Zeit in Riga vgl. Wɪʟᴘᴇʀᴛ (2005), S. 77.

Chemnitz gestaltet aus dem latinisierten Namen des Bräutigams die mythologisch angereicherte witzige Geschichte eines Fischers, der beim Fischfang im Mittelmeer seine *nympha* findet. Dasselbe Wortspiel verwendet auch Martin Husmann (* Celle), der das vierte Hochzeitsgedicht aus acht elegischen Distichen schreibt und als *AKPOAMA ΓAMIKON* betitelt.[288] Ebenso wie der Fischer als Nahrungsmittel Fische fange, habe der Bräutigam seine zukünftige Frau gleichsam wie den Fisch in Liebe gefangen. Das fünfte Epithalamion widmet Andreas Rodewald (* Uelzen) dem Brautpaar.[289] Es hat einen Umfang von elf elegischen Distichen. Allen fünf Epithalamien ist gemeinsam, dass sie jeweils als kurzer Gruß und Glückwunsch an das Brautpaar verfasst sind und die akademisch ausgebildeten, aber nicht mehr dem universitären Milieu angehörenden Verfasser gemeinsam mit den Widmungsempfängern auf einer freundschaftlichen, gesellschaftlichen Ebene innerhalb der Stadt Celle stehen.

Im Jahr 1615 erscheint Husmanns deutscher *Christpolitischer Spiegel aller Regenten und Unterthanen*, dem lateinische Gedichte beigegeben sind (VD 17 23:247387B).

Chriſtpolitiſcher Spiegel aller ‖ Regenten vnd Vnterthanen / ‖ aus ‖ Geiſtlichen vnd Welt=‖lichen bewerten Schrifften ex=‖trahiret / vnd dem hochloᵉblichem Fuᵉrſten=‖thumb Braunſchweig vnd Luᵉneburg / als ſeinem ‖ hochgeehrtem vnd vielgeliebtem Vaterland / vom OberⅡſten biß zum Niedrigſten / zu ſchuᵉldiger danckbarkeit vnd ‖ ſtetiger gedechtnis vnterthaᵉnig / dienſtlich / vnd wol-‖meintlich præſentiret / offeriret vnd ‖ dediciret / ‖ Durch ‖ FRANCISCUM HUSMANUM ‖ Fuᵉrſtlichen B. vnd L. Rath zu ‖ Zell. ‖ Goßlar / ‖ Druckts vnd verlegts Joh. Vogt / ‖ Jm Jahr 1615.
Goslar: Johann Vogt 1615. [122] Bl.; 4°
[Göttingen, SUB: *8 TH MOR 78/43 (1)*]

Der deutschen Schrift, die das Leben und Wirken der alttestamentlichen Könige, der römischen und der deutschen Kaiser in der Idee eines Fürstenspiegels christlich darstellt, sind zwei lateinische, den Verfasser lobende Gedichte vorangestellt.

---

[288]   Husmann wurde im November 1576 an der Universität Rostock und am 1. Juni 1580 an der Universität Wittenberg immatrikuliert. Dazu vgl. HOFMEISTER (1891), S. 191*a*7 und FÖRSTEMANN/HARTWIG (1894), S. 290*b*5. Die Immatrikulation eines gleichnamigen Studenten aus Celle an der Universität Helmstedt am 27. Juni 1604 dürfte sich auf einen Sohn oder sonstigen Verwandten beziehen. Dazu vgl. ZIMMERMANN (1926), S. 175*a*49.

[289]   Rodewald wurde am 15. Februar 1589 als *Andreas Radewalt, Ulcensis* an der Universität Helmstedt immatrikuliert. Vgl. ZIMMERMANN (1926), S. 74*a*51.

Das erste ist ein als *ἐπύλλιον* betiteltes Epigramm aus 19 elegischen Distichen zum Lob Husmanns. Der Dichter ist Johannes Stille, Pastor in Uelzen, der zuvor im Jahr 1588 ein Epithalamion zur Heirat von Franz Husmann und Eva Chemnitz verfasst hatte. Das zweite und dritte Epigramm aus zehn beziehungsweise elf elegischen Distichen schreibt Justus Meiger (Pastor in Celle). Im Anschluss an Husmanns Schrift stehen weitere von Husmann verfasste Gedichte. Diese sind ein Chronodistichon, dessen beide Verse jeweils das Jahr der Drucklegung angeben, ein nicht betiteltes Gedicht auf Christus in vier elegischen Distichen sowie eine *Christiana meditatio mortis* in 20 epanaleptischen Distichen, deren Hexameter jeweils am Anfang ebenso wie deren Pentameter am Ende die Aufforderung *Ah homo disce mori!* enthalten. Das anschließende Chronodistichon auf das Jahr 1615 ist als *Descriptio vitae humanae* überschrieben, der eine *Summa votorum omnium humanorum ad sanctissimam Trinitatem* aus acht elegischen Distichen folgt. Es folgen das Gedicht *In symbolum auctoris paternum. Spes mea Christus* aus einhundert elegischen Distichen in mehreren Abschnitten, eine *Oratio ad Deum patrem* aus 45 daktylischen Hexametern, eine *Oratio ad Jesum Christum* aus zwölf daktylischen Hexametern, eine *Oratio ad Spiritum sanctum* aus neun Strophen, die jeweils aus vier iambischen Dimetern bestehen, sowie das *ΣΧΕΔΙΑΣΜΑ in politissimum speculum* aus fünf elegischen Distichen, das Otto Husmann (...), ein Bruder des Verfassers, dichtet. Es ist nach dem abschließenden, dreifachen *Amen* das letzte Gedicht des gesamten Drucks und enthält die Aufforderung an den Leser, das vorstehende Werk des Franz Husmann genau durchzulesen.

Ein ähnlich gegliedertes historisches Werk ist sein *Catalogus omnium imperatorum in Germania* aus dem Jahr 1617 (VD 17 23:294012E).

CATALOGUS ‖ OMNIUM IMPERA-‖TORUM IN GERMANIA, ‖ SUMMARIIS VERSICU-‖LIS COMPREHENSVS ‖ à ‖ FRANCISCO HUSMANNO. ‖ BRUNSVIGÆ ‖ Excudebat Andreas Dunckerus, ‖ Anno M. DC. XVII.
Braunschweig: Andreas Duncker d. Ä. 1617. [10] Bl.; 4°
[Wolfenbüttel, HAB: *A: 57 Poet. (9)*]

In elegischen Distichen verfasst Husmann zunächst ein Widmungsepigramm an Herzog August II. von Braunschweig-Lüneburg und schließt dann jeweils eingeleitet durch eine kurze, die Lebens- und Herrschaftsdaten erwähnende Überschrift Epigramme aus je drei elegischen Distichen an, die jeden Kaiser beginnend mit Karl dem Großen knapp charakterisieren. Über den Letztgenannten verfasst Husmann die folgenden Verse:

Carolus est primus tam re quam nomine Magnus
Rex, Francus, natus Magne Pipine tuus,
Res propter gestas toto celeberrimus orbe,
Carus apud summos, carus apud minimos,
Osor erat Martis, pacis sed amator, & artis,
Sceptra tulit prudens cum gravitate senex.

Die Gedichtsammlung endet mit einem Epigramm auf den zur Abfassungszeit noch regierenden Kaiser Matthias von Habsburg (* Wien 14.02.1557, † Wien 20.03.1619), der seinem Bruder Rudolf nachfolgte:

Maximiliane tuus Matthias filius alter
Succedens fratri, jam tenet imperium.
Rex talis, qualis mundo celebratur ab omni
Caesar amans aequi, Caesar amansque boni.
Hinc longa, faxit caelestis gratia Regis
Ut longos annos prosperitate regat.

Nachdem in den Epigrammen über die vorherigen Kaiser besonders die historischen Aspekte ihres Herrschens im Mittelpunkt standen, modifiziert Husmann in diesem Epigramm den dichterischen Blickwinkel und formuliert auf den noch amtierenden Herrscher seine Segenswünsche für weitere gute Jahre. Sein dichterisches Anliegen ist somit vom *carmen historicum* zu einem *panegyricum* geworden. Den beiden letztgenannten Werken Husmanns ist dessen umfassende historische, theologische und staatswissenschaftliche Kenntnis zu entnehmen.

Im Jahr 1617 schreibt Husmann auch eine *Sempiterna memoria* zum Gedenken an die in der Stadtkirche Celle beigesetzten verstorbenen Herzöge Wilhelm d. J. (* 04.07.1535, † Celle 20.08.1592) und dessen Sohn Ernst (* Celle 31.12.1564, † Celle 02.03.1611) sowie die Herzogin Dorothea (* 1546, † Celle 06.01.1617) von Braunschweig-Lüneburg (VD 17 23:294042Z).

SEMPITERNA ‖ MEMORIA ‖ Trium Illuſtrißimarum & quidem conjunc-tißima-‖rum in vera fide unius Salvatoris IESV CHRISTI defunctarum Perſonarum, ‖ quarum corpora ab animabus ſeparata, in tribus tumulis ſub fornice Chori ‖ in templo parochiali Cellis Lunæburgicis ad noviſſimum usq[ue] re-‖dintegrationis diem ſunt clauſa & recondita. ‖ IN ‖ SEMPI-TERNAM CONSOLATIONEM ‖ Sex Fratrum, unà cum Sororibus & reliquis ‖ omnibus agnatis & cognatis jam lugentium ‖ RESPECTIVE ‖ Reverendißimorum & Illuſtrißimorum Princi-‖pum ac Dominorum ‖ Dn. CHRISTIANI, Dn. AUGUSTI, ‖ Dn. FRIDERICI, Dn. MAGNI, Dn. GE-

ORGII ‖ & Dn. IOANNIS, Ducum Brunſuicenſium & Lu-‖næburgenſium,
Principum ac Dominorum ‖ ſuorum clementiſsimorum. ‖ SEMPITERNÆ
GRATITUDINIS ‖ ERGO RELICTA ‖ à ‖ FRANCISCO HUSMANO,
Conſiliario ‖ & judicij Provincialis Aſſeſſore Cellis emerito, cum ‖ om-
nibus jam lugentibus lugentiſsimo. ‖ BRUNSVIGÆ, Excudebat Andreas
Dunckerus, ‖ Anno M. D C. XVII.
Braunschweig: Andreas Duncker d. Ä. 1617. [6] Bl.; 4°
[Wolfenbüttel, HAB: *A: 57 Poet. (19)*]

Diese Gedichtsammlung enthält insgesamt vier Gedichte, deren ersten drei lite-
rarische Grabinschriften auf die genannten drei Angehörigen der herzoglichen
Familie sind und denen jeweils die Lebensdaten der Verstorbenen in lateinischer
Prosa beigegeben sind. Als erstes Gedicht steht ein Epitaphium *In tumulum il-
lustrissimi principis Guilielmi*, das 25 elegische Distichen umfasst. Das zweite
Gedicht auf dessen Sohn ist das Epitaphium *In tumulum illustrissimi principis
Ernesti* aus 24 elegischen Distichen. Ihm folgen die 23 elegischen Distichen des
Epitaphiums *In tumulum illustrissimae principis Dorotheae*. In diesem Gedicht
auf die zuletzt verstorbene Ehefrau des Herzogs Wilhelm d. J. von Braunschweig-
Lüneburg nennt Husmann deren Abstammung aus dem königlichen Haus von
Dänemark und Norwegen und zeichnet durch seine Beschreibung gleichsam die
Anordnung der Verstorbenen in der Gruft nach. Nach diesen drei Epitaphien ist
als viertes Gedicht das *Votum epilogicum ad omnes in luctu relictos sex fratres*
abgedruckt, das sich an die hinterbliebenen fünf herzoglichen Brüder August I.,
Friedrich, Magnus, Georg und Johann sowie an ihren erwähnten, bereits verstorbenen Bruder Ernst zu Celle wendet, deren Eltern Wilhelm d. J. und Dorothea
von Braunschweig-Lüneburg sind.
Das letzte belegte Werk des Franz Husmann ist das *Davidis Psalterium Latinis
hexametris redditum*, das er im Jahr 1618 drucken lässt (VD 17 23:272206Z).

DAVIDIS ‖ PSALTERIVM. ‖ LATINIS HEXAMETRIS ‖ REDDITVM ‖
ET ‖ OMNIBVS PHILOMVSIS ‖ CHRISTIANIS ‖ PRO ‖ OBLECTATI-
ONE ‖ ET ‖ CONSOLATIONE CHRISTIANA ‖ EX ‖ AFFECTIONE ‖
CHRISTIANA ‖ IN ‖ MEMORIAM CHRISTIANAM ‖ RELICTVM, ‖
A ‖ FRANCISCO HVSMANNO ‖ CELLIS, ‖ TYPIS SEBASTIANI
SCHMVCCII. ‖ ANNO M. DC. XVIII.
Celle: Sebastian Schmuck 1618. [122] Bl.; 4°
[Wolfenbüttel, HAB: *H: A 66.4° Helmst.*]

Dem Psalter aus daktylischen Hexametern ist ein *Epigramma auctoris ad lectorem*
aus zwanzig elegischen Distichen vorangestellt. Husmann nennt darin die *pietas*

als seine Führerin und Unterstützerin. Wenn der Leser sich als *pius & constans in prece* erweise, werde er den Sieg davontragen. Anschließend werden versweise mit *sive* eingeleitet diverse Situationen beschrieben, in denen der Mensch auf die *pietas dux victrix* vertrauen könne. Der Leser möge die folgenden Psalmenparaphrasen durchlesen, für sich festhalten und über sie nachdenken. Husmann schließt sein Gedicht mit dem Hinweis, schließlich vergehe alles, aber das Wort Gottes bleibe *cum pietate*. Jedem einzelnen Psalmgedicht geht ein elegisches Distichon voran, das eine kurze Inhaltsangabe des betreffenden Psalms gibt. Husmanns Vorgehensweise, den Psalter in Versen zu paraphrasieren, kommt dem eigentlichen Gedanken des ψαλμός sehr nahe und unterstreicht seinen Liedcharakter.

Auf den zwischenzeitlichen Tod der Eva Chemnitz im Beisein ihres Ehemanns Franz Husmann und ihrer namentlich nicht genannten Mutter Anna Chemnitz am 12. Oktober 1601 verfasst ein anonymer, aber identifizierbarer Dichter mit den Initialen A. B. ein *Epitaphium* (VD 17 23:259509N).

Epitaphium. ‖ EVÆ CHEMNICIÆ ‖ MATRONAE VERAE PIE=‖tatis, caſtitatis, humanitatis, do=‖ctrinæ & domeſticæ frugalitatis ‖ laude ornatiſsimæ, Vxoris D. ‖ Franciſci Huſmanni I. V. L. ‖ aulæ cellenſis conſiliarij, iuris=‖confulti & poetæ excellentiſsi=‖mi: quæ in verá invocatione Filij ‖ Dei, in complexu mariti & ma=‖tris & inter luctuoſa ſuſpiria ‖ amicorum placidè expi=‖ravit Anno 1601. ‖ 12. Octobris. ‖ HILDESII ‖ Apud Andream Hantzſch.
Hildesheim: Andreas Hantzsch 1601. [3] Bl.; 4°
[Wolfenbüttel, HAB: *A: 240.10 Quod. (6)*]*

Das Exemplar der Wolfenbütteler Bibliothek enthält am unteren Rand des Titelblattes eine handschriftliche Widmung des Verfassers an Johann Storch (Pastor in Edemissen, * Celle, † Edemissen 30.12.1606).[290] Aufgrund eines Handschriftenvergleiches der Widmung mit autographen Schriftzügen aus weiteren Bänden und der räumlichen Nähe ist als Verfasser des Drucks der Pastor Anton Bolmeier (Pastor in Eddesse und Dedenhausen, * Hameln 08.05.1547, † Eddesse-Dedenhausen 1611) anzusetzen, der ebenfalls bei Peine wirkte.[291]

---

[290]   Vgl. MEYER (1941), S. 228. Die Widmung lautet: *Venerando doctiß. et humaniß. Viro D. Ioh. Storch Past. Ede. fideliß. amico et comp. suo honorando dedit autor.* Storch wurde am 30. September 1587 an der Universität Helmstedt immatrikuliert. Vgl. ZIMMERMANN (1926), S. 66*b*115.

[291]   Vgl. Bolmeiers Handschrift beispielsweise in den Bänden *A: 37.8 Poet., A: 1023.6 Theol. (1), H: A 309.8° Helmst.* und *H: G 64.2° Helmst.* im Bestand der Herzog August Bibliothek in Wolfenbüttel. Zu den biographischen Daten vgl. MEYER (1941), S. 227 sowie den handschriftlichen Eintrag in einem der erwähnten Bände aus dem

Bolmeiers *Epitaphium* besteht aus 37 daktylischen Hexametern und ist in drei Abschnitte gegliedert. Im ersten Abschnitt in v. 1–9 stellt der Verfasser in einer literarischen Grabinschrift die Person der Verstorbenen vor:

Signa sepuchralis [sic!] *tumuli quae conspicis ista,*
Matronam rectam nitido sub marmore pridem
Esse probant: quaeris quae faemina? ...

Sie sei die Tochter des *magnus Chemnicius quondam Doctor* gewesen, dessen *gloria, laus, virtus* und *fama* Bolmeier anschließend nennt. Zudem habe sie als Tochter des Martin Chemnitz eine Ähnlichkeit mit diesem und führe außerdem den Namen *primae Matris*, was eine Anspielung zu Gen. 3,20 ist. Nachdem zwar bereits auf dem Titelblatt der Name der verstorbenen Frau genannt ist, steht das *Epitaphium* für sich gleichsam als ein den Passanten fragendes Rätsel dar. Der folgende Abschnitt in v. 10–31 wendet sich weiter dem familiären Umfeld der Verstorbenen zu. Sie habe die *pietatis semina* in sich ebenso aufgesogen wie die *mores* und sei als *virgo optima* die Ehefrau des Franz Husmann geworden, der als herzoglicher Hofbeamter und *gubernator* erscheint. Ihm habe sie drei Söhne und drei Töchter geboren. In v. 19–20 wendet sich Bolmeier zwei fingierten Fragen zu. So lässt er den fiktiven Passanten fragen, an welcher Krankheit die Begrabene verstorben sei und ergänzt sogleich als Antwort, dass sie an einem Herzleiden gestorben sei. Die zweite Frage betrifft ihr Lebensende. Sie sei hoffnungsvoll gewesen, und diese Hoffnung gemäß dem *verbum divinum* habe sie aufgerichtet. Sie habe keine Furcht vor ihrem Tod gehabt und sei schließlich mit *dictis ... dulcibus* in den Händen ihres Mannes verstorben. Der dritte Abschnitt in v. 32–37 wird mit *ergo* eingeleitet und trägt somit einen beschließenden Charakter. Die Verstorbene sei *apud Superos* aufgenommen worden. Abschließend zeichnet Bolmeier das Bild des Jüngsten Gerichts nach und zeigt dabei eine gestalterische Nähe zur Endzeitvorstellung nach 1. Kor. 15,52:

Altera pars terra sabulosâ tecta quiescit,
Voce tubae quae de tumbis excita videbit
Pelle suâ contecta Deum aspectuque fruetur:
Quando erit hoc autem, quum dicitur, ITE VENITE.

Besitz Bolmeiers (Wolfenbüttel, HAB: *H: G 64.2° Helmst.*). Nach Informationen des 18. Jahrhunderts ist als Geburtsjahr auch das Jahr 1541 belegt, was vermutlich auf einer späteren Verlesung eines Abschreibers beruhen dürfte (Hameln, StA: *Best. 150 Nr. 2*). Anton Bolmeier wurde am 12. Juli 1570 an der Universität Wittenberg immatrikuliert. Dazu vgl. Vgl. FÖRSTEMANN (1894), S. 179a17. Für weiterführende Anmerkungen vgl. BOLLMEYER (2009b).

Während die ersten beiden Abschnitte durch die verkürzte Darstellung von Herkunft, Leben und Sterben der verstorbenen Person deutlich der Vorstellung einer literarischen Grabinschrift folgen, trägt der dritte Abschnitt durch seine Heilsaussage eher die Züge einer hoffnungsvollen *consolatio*, die aus dem irdischen Leben heraus eine Perspektive des Weiterlebens aufzeigt.

Dem *Epitaphium* auf die verstorbene Eva Chemnitz, die Ehefrau des Franz Husmann, folgt ohne weitere Abtrennung eine *Precatio matutina & vespertina, heroico carmine reddita, & gratitudinis ergo dicata*. Als Widmungsempfänger dieser beiden kurzen Gedichte aus daktylischen Hexametern wird der Theologe Johann Hartmann von Erfen (...) genannt, dessen Zusammenhang mit den Familien Chemnitz und Husmann nicht aufgezeigt wird.[292] Deshalb sind die beiden kurzen Gebete Bolmeiers möglicherweise als selbständige Werke anzusetzen. Die *Precatio matutina* besteht aus sechzehn Versen und beginnt mit der Beschreibung einer morgendlichen Szenerie, wobei die typische Lichtmetaphorik zum Einsatz kommt. Die Sonne strahle wieder vom Himmel, verdecke die Sterne und bringe ihr Licht wieder. Sie lasse den *noctis ... horror* ebenso verschwinden wie die *tristis caligo*. Der Satan als Herr der Nacht müsse zurückweichen und lasse Christus als *redemptor* erscheinen, der das personifizierte Licht sei. Diese christliche Lichtmetaphorik basiert auf Joh. 8,12 und ist als topisch anzusehen. Abschließend wird die mit *amen* bekräftigte Bitte formuliert, der Engel Gottes möge den Menschen beschützen und die *Satanae insidiae* zurückdrängen. Die *Precatio vespertina* besteht aus achtzehn Versen und stellt eine abendliche Szenerie dar:

> *Ignito Phoebus iam tendit ad aequora curru,*
> *Atraque nox coelum densâ caligine condit,*
> *Est elapsa dies ...*

Der Sonnengott Phoebus erreiche mit seinem Feuerwagen den Horizont im Meer, und die Dunkelheit der Nacht bedecke die Welt. Diese Formulierung erinnert an Gen. 1,2. Der Betende wendet sich jetzt dem christlichen Gott zu und bittet nach dem Licht des Tages um *clementia* und Beistand in *multa pericla*, die die Dunkelheit mit sich bringt. Anschließend wird *Christus Pater* in direkter Rede angerufen, der dem Menschen im *horror nocturnus* ebenso beistehen soll wie während des Tages zuvor. als potentielle Gefahr werden dazu vom Verfasser erneut die *ob-*

---

[292]   Johann Hartmann von Erfen ist außerdem nur noch gemeinsam mit Franz Husmann und weiteren Männern im Titel des Druckes VD 16 R 2582 namentlich belegt. In der Matrikel der Universität Wittenberg ist er im Jahr 1589 als braunschweigisch-lüneburgischer herzoglicher Rat bezüglich eines *egregius poculus argenteus* genannt. Dazu vgl. FÖRSTEMANN/HARTWIG (1894), S. 370a7.

via mille pericla angeführt. Ähnlich wie das *Epitaphium* auf Eva Chemnitz wird auch diese *precatio* mit einem durch *ergo* eingeleiteten Abschnitt beschlossen. Gott möge die menschliche Seele und den menschlichen Körper behüten und mit seiner göttlichen *bonitas* versehen, und der Engel Gottes möge den Menschen beschützen. Diese Bitte wird wiederum mit *amen* bekräftigt.

Die Verse des Anton Bolmeier zeichnen sich durch ihre sprachliche Leichtigkeit und Gradlinigkeit aus und zeigen deutlich seine Kenntnis sowohl der antiken als auch der christlichen Literatur und Kultur. Zwischen die Initialen des Verfassers und das den gesamten Druck beschließende Substantiv *finis* ist ein Holzschnitt gesetzt. Er zeigt in seiner unteren Hälfte den neben seiner Harfe knienden, edel gewandeten und gekrönten alttestamentlichen König David, der mit empfangenden Armen zum Himmel in der oberen Bildhälfte aufblickt. Dort ist der von einem Strahlennimbus umgebene Christus zu sehen, der seine linke Hand gemäß dem ikonographischen Typos des *Christus Pantokrator* segnend erhoben hält und von mehreren Cherubim in Wolken umgeben ist. Das Himmel und Erde verbindende Bildelement ist am linken Rand eine an den Himmel heranragende befestigte Stadt, vermutlich ein Idealbild Jerusalems. Dieser Holzschnitt steht in keinem konkreten inhaltlichen Zusammenhang zum Text der Gedichte Bolmeiers, sondern scheint vielmehr unabhängig davon nach Mt. 1,6 und Lk. 1,32 die Abstammung Jesu aus dem Haus Davids darzustellen und ist somit eine christliche Synthese von alttestamentlichen und neutestamentlichen Geschichten.

Anton Bolmeier schreibt auch zur zweiten Heirat des Franz Husmann mit Anna Eggeling von Eltze aus der Familie des Bürgermeisters von Celle am 5. Februar 1604 ein *Epigramma de igne*, an dem Martin Husmann und Zacharias Bötticher als Beiträger mitwirken (VD 17 23:675472X).

EPIGRAMMA DE IGNE. ‖ IN HONOREM SE=‖CUNDARUM NUP-TIARUM ‖ Magnifici Viri, Splendore Fa-‖miliæ, verâ pietate, multijugâ eruditione, virtu-‖te, fapientiâ, & humanitate præftantif: D. ‖ Francifci Hufmanni I. C. Poëtæ excellentifsi-‖mi, & Aulæ Cellenfis Confiliarij laudatifsimi, ‖ & pietate & ingenio excellentis ‖ virginis Annæ ab ‖ Elt-zâ. ‖ Scriptum ‖ AB ‖ ANTONNIO BOLMEIER ‖ Qvernhamelensi Pas-tore In Ed-‖defsâ & Danhufen, in inclyto Ducatu Lu-‖næburgenfi, Anno 1 6 0 4. ‖ 5. Februarij. ‖ B r u n s vv i g ae. ‖ Typis Andreæ Dunckeri Anno 1 6 0 4.
Braunschweig: Andreas Duncker d. Ä. 1604. [8] Bl.; 4°
[Wolfenbüttel, HAB: *Xb 5832*]

Bolmeiers *Epigramma* sind zwei kurze Gedichte vorangestellt. Deren erstes verfasst Martin Husmann, vermutlich ein Bruder des Franz Husmann in vier elegischen Distichen, deren zweites im Umfang von 28 elegischen Distichen der Pastor Zacharias Bötticher (Pastor in Wipshausen, ab 1619 Pastor in Didderse, * Gifhorn, † Didderse 05.03.1619).[293] Er bezeichnet die Braut als Erzeugerin der *flammae* ... *novae* des Bräutigams und nennt im abschließenden Chronodistichon den 5. Februar 1604 als Heiratsdatum. Anschließend folgt Bolmeiers *Epigramma de igne* aus 426 daktylischen Hexametern. Darin gibt er diverse biblische Geschichten wieder, stellt immer wieder die Bedeutung des Feuers im übertragenen Sinn heraus und macht abschließend einzelne genealogische Anmerkungen.

Die jüngste überlebende Tochter aus der Ehe von Martin Chemnitz d. Ä. und Anna Jäger, Juliane Chemnitz (* Braunschweig 07.02.1573, † Schleswig 1630), heiratet am Bernhardstag, dem 20. Mai 1595 den Dr. jur. Bernhard Bungenstedt (Jurist, Syndikus in Braunschweig, * Braunschweig).[294] Zu dieser Heirat verfasst der braunschweigische Pastor Melchior Neukirch (latinisiert Neofanius, Lehrer und Rektor in Husum, Lehrer und Kantor an der Katharinenschule in Braunschweig, Rektor an der Ägidienschule in Braunschweig, ab 1569 Pastor in Barem, 1571 bis 1597 Pastor an St. Petri in Braunschweig, * Braunschweig 1540, † Braunschweig 30.08.1597 [Pest]) eine *gratulatio* (VD 16 ZV 25860) in 45 elegischen Distichen.[295]

IN NVPTIAS ‖ CLARISSIMI VIRI D: ‖ BERENHARDI BVNGENSTE-
DII, ‖ I. V. D. & Virginis honestißimæ, IVLIAE, Re-‖verendi & magni no-
minis, de Ecclefia Christi benè me-‖riti Theologi D. MARTINI CHEM-‖
NITII p. m. olim Ecclefiæ Bruno-‖vicenfis Superintendentis di-‖gnißimi,
Filiæ, ‖ Celebratas Brunfvigæ, Anno M. D. XCV. ipfo die ‖ Berenhardi,
qui incidit in 20. Menfis Maij, ‖ GRATVLATIO ‖ MELCHIORIS NEO-
FANII ‖ Pastoris Sant Petrini.
[Braunschweig?]: [...] 1595. [4] Bl.; 4°
[Zwickau, RSB: *6.6.7.(27)*]*

---

[293]   Zu Bötticher vgl. Meyer (1942), S. 519 und Meyer (1941), S. 192. Er wurde am 28. Juni 1595 an der Universität Helmstedt immatrikuliert. Vgl. Zimmermann (1926), S. 118*b*35.

[294]   Bungenstedt wurde im Mai 1570 an der Universität Rostock immatrikuliert. Dazu vgl. Hofmeister (1891), S. 171*a*25.

[295]   Vgl. Seebass/Freist (1974), S. 215, Dürre (1861), S. 68 und S. 71 sowie Bolte (1886*a*). Melchior Neukirch wurde am 18. Oktober 1559 an der Universität Wittenberg und am 23. Oktober 1561 an der Universität Rostock immatrikuliert. Dazu vgl. Förstemann (1841), S. 368*a*15 und Hofmeister (1891), S. 143*b*150. Er ist als Pastor von St. Petri auch auf den verlorenen Glasscheiben von St. Ulrich aus dem Jahr 1577 in Braunschweig belegt. Dazu vgl. Wehking (2001), S. 116–118, dort Nr. 558.

Neukirch beginnt sein Epithalamion mit der Darstellung des Heiratstermins. Die *tarda hyems* sei angebrochen, Winde wüteten und Schnee halte sich beharrlich. Aber die *hyems atrox* weiche zurück, ebenso die Winde, und eine *lenior aura* vertreibe den Schnee. Es folge die Zeit des goldenen Frühlings, in dem alle Wesen eine neue Gestalt bekämen. Neukirch beschreibt dazu in v. 7–8 das Aufblühen der Natur:

> *Luxuriant agri, redierunt gramina campis,*
> *Spes est arboreis reddita & ampla comis.*

Die neue Saat gehe auf, der Garten bringe wieder grünende Blumen hervor. Die fetten, eingegrabenen Wurzeln könnten die Erdschollen durchbrechen, umwerfen und neue Stängel hervorbringen. Dazu werden in v. 13–26 diverse Frühlingsblumen aufgezählt, und zwar das duftende Veilchen, die Primel, die nicht namentlich, sondern gemäß den antiken Gepflogenheiten nur als *Regina florum* und *Flos imperialis* genannte Rose, die purpurfarbene Tulpe, die Pfingstrose, der Affodill, die Schwertlilie, die Heilpflanze Engelwurz und die vielfarbige Akelei. Nach dieser katalogartigen Beschreibung der aufblühenden Frühlingslandschaft leitet Neukirch in den v. 27–34 zu einer Aufzählung der frühlingstypischen norddeutschen Feldpflanzen weiter. Er nennt die himmelblau blühende Haselwurz sowie den Spargel, der beständig wachse. Anschließend wendet der Verfasser in v. 35–44 seinen die Landschaft beschreibenden Blick der Tierwelt zu: *Lascivae volucres socialia foedera jungunt.* Bei den Vögeln bringe der beginnende Frühling die Paarungszeit hervor. Die Vögel stimmten miteinander ihr Gezwitscher an und kämen dabei dem Gesang der mythischen Philomela gleich, die nach Ov. *met.* 6,412–674 in eine Schwalbe verwandelt wurde. Das Verhalten der Vögel wird von Neukirch durchweg mit einem positiven Vokabular beschrieben, beispielsweise mit *laudare*, *iucundum* und *laetari*. Sie freuten sich, dass die rauen Wintertage vorüber seien und sie versuchten, sich zu einem gemeinsamen Leben zu verbinden. Mit *ars* und *labor* wollten sie die Sorge um die Nachkommenschaft gemeinsam tragen. Während die anfängliche Schilderung der zum Frühling wieder auflebenden Natur deutliche Züge der Schilderung eines *locus amoenus* trägt, entsteht aus der Beschreibung des Paarungsverhaltens der Vögel deutlich der inhaltliche Zusammenhang von der erwachenden Natur und der Heirat der Widmungsempfänger dieses Glückwunschgedichtes. Die intendierte Vorstellung des Verfassers ist dabei, dass die beiden Brautleute ihr gemeinsames Leben ebenso beginnen mögen wie die Natur wieder zum Leben erwacht und wie die Vögel gemeinsam ihr Nest zur Brut vorbereiten. Der nächste wie auch die folgenden vier Abschnitte werden jeweils mit einem weiterführenden *haec* eingeleitet, das den inhaltlichen Zusammenhang zwischen der Frühlingsschilderung und der Heirat darstellt. Eben dafür seien, wie Neukirch in v. 45 schreibt, jetzt *apta ... & commoda tempora*. Im folgenden Abschnitt der v. 45–58 gestaltet er die kommende Situation noch weiter aus. Ein *castus ... amor* werde beide Partner ergreifen, beider *fertilitas* trete zu Tage, und die *semina jacta* könnten gleichsam im Erdboden keimen. Auch wenn in Anlehnung an die vorangestellte Schilderung der Frühlingslandschaft das Bild des Sähens auf einem Feld dargestellt wird, so ist doch offensichtlich, dass der Verfasser mit seinen Worten auch auf die Zeugung von Nachkommen durch das Brautpaar anspielt und die *semina jacta* insofern doppeldeutig auch auf die männliche Ejakulation beim Geschlechtsverkehr hindeuten sollen. Ab v. 53 wird diese Darstellung konkreter: *velut exculto flores nascuntur in horto*. Ebenso sollten die jüngst verheirateten Ehepartner gemäß v. 55 ihren Nachwuchs hervorbringen: *Sic recreent animos ac pectora laeta parentum*. Die den Abschnitt beschließenden v. 57–58 beziehen sich nochmals auf das Bild der miteinander singenden Vögel und stellen den inhaltlichen Rahmen der gesamten Textpassage dar.

Erst ab v. 59 werden erstmals namentlich die beiden Widmungsempfänger dieses Epithalamions genannt, wobei Bernhard Bungenstedt als Bräutigam direkt angesprochen, Juliane Chemnitz hingegen nur als seine Frau genannt wird. Diese *suavissima tempora* sollten dem Bräutigam gefallen, der seine Frau auf dem *casto ... toro* erwarte. Juliane Chemnitz seine eine hübsche Jungfrau, die ihren Namen nach dem Herzog Julius von Braunschweig-Lüneburg erhalten habe. Dieser habe sie selbst, als sie noch ein Kind war, aus dem heiligen Wasser gehoben, was auf ihre Taufe und Namensgebung anspielt. Mit dieser Frau trete Bungenstedt jetzt zur Heirat vor den Altar, damit er anschließend die *perpetui tempora veris* leben und gemäß der Bildersprache des gesamten Gedichtes ein fortwährend blühendes Leben führen könne. Zur Unterstreichung dessen kommen diverse variierte Formulierungen zur Verwendung, die die Heirat als Bündnis zweier Personen kennzeichnen sollen, so beispielsweise *aeterno foedere ... ligat* in v. 68, *sacra foedera* in v. 69, *ligata toro* in v. 70, zweimal *vincla* in v. 71 und 72 sowie *ligavit* in v. 73. Bis zu diesem Moment habe Juliane Chemnitz ihren Lebensweg alleine gefunden, jetzt werde sie sich Bernhard Bungenstedt anvertrauen. Sie wolle mit ihm zusammen leben und mit ihm ein gemeinsames Ehebett teilen. Beide nähmen die *praescripta ... norma & regula vitae* an und wollten *praemia larga* erreichen. Neukirch beschreibt mit diesen Worten in v. 79–80 sehr prägnant die Voraussetzungen und Konsequenzen der Heirat: beide Partner haben bestimmte Vorstellungen und beide haben gemeinsame Ziele, die sie erreichen wollen. Im letzten Abschnitt steht in den v. 81–90 der Glückwunsch des Verfassers an die Widmungsempfänger im Mittelpunkt, und der Verfasser leitet die Glückwünsche mit *vivite felices* ein. Er wünscht beiden ein langes gemeinsames Leben, bezeichnet ihre Ehe in Anlehnung an Gen. 2 als *paradisus* und wünscht in v. 84 *flores ... conjugij*, was wiederum der Bildersprache seines Frühlingsgedichtes entlehnt ist. Ebenso wie die brütenden

Vögel sollten beide ihre gemeinsame Nachkommenschaft hervorbringen, für sie Sorge tragen und mit tönender Stimme Gott loben. Von überall her sollten *sacra semina* in den Garten der Eheleute kommen, und es solle somit gewährt sein, dass sie dort fortwährend ihren Ertrag einbringen könnten. Die Glückwünsche an die Widmungsempfänger schließen infolgedessen auf zwei inhaltlichen Ebenen ab: zum einen mit dem Wunsch für gemeinsame Kinder, zum anderen mit dem Wunsch, auch zukünftig von den natürlichen Erträgen des Frühlings profitieren und mit ihnen auskommen zu können.

Das gesamte von Melchior Neukirch für die Tochter seines verstorbenen Braunschweiger Amtsbruders Martin Chemnitz und ihren Bräutigam verfasste Hochzeitsgedicht ist von überschwänglicher und fröhlicher Bildersprache des Frühlings und des aufblühenden Lebens ebenso geprägt wie von der erkennbaren Herzlichkeit des Verfassers, der sich nicht in plumper Art und Weise ausschließlich auf obszöne Aspekte der Eheschließung und der sich anschließenden Hochzeitsnacht festlegt, sondern vielmehr, ohne Aspekte der Sexualität vollkommen zu übergehen, das Bedürfnis nach Partnerschaft und Liebe beider Widmungsempfänger herausstellt. Der Text ist beinahe zeitlos zu lesen und zeigt eine erfrischende, natürliche Emotionalität.

Die beiden überlebenden Söhne Martin d. J. II. und Paul sind beide mehrfach als Verfasser von lateinischen Gelegenheitsgedichten belegt. Zur Heirat des Martin Chemnitz d. J. II. (Professor für Jura in Rostock, Geheimer Rat und Kanzler in Stettin, Kanzler des Herzogtums Holstein-Gottorp, * Braunschweig 15.10.1561, † Schleswig 26.08.1626) mit Margarete Cämmerer († Walkuna 03.1650) am 1. September 1595 sind hingegen keine Epithalamien nachweisbar.[296]
Martin Chemnitz d. J., sein Vater Martin Chemnitz d. Ä. sowie ein nicht identifizierbarer *anonymus* lassen zuvor zur Heirat des Heinrich von der Luhe mit Elisabeth von Platen im Jahr 1575 in Wolfenbüttel die erwähnte Sammlung von Hochzeitsgedichten drucken (VD 16 C 2186).
Im Jahr 1580 publiziert Martin Chemnitz d. J. II. ein Epos über die *Navigatio Lusitanorum in Indiam orientalem*, das in Leipzig erscheint (VD 16 C 2233).

---

[296]   Zu Martin Chemnitz d. J. vgl. STEFFENHAGEN (1876*b*). Er wurde am 17. Oktober 1576 gemeinsam mit seinem Bruder Paul Chemnitz an der Universität Helmstedt immatrikuliert. Am 3. Februar 1578 wechselte er an die Universität Wittenberg. Vgl. ZIMMERMANN (1926), S. 10*b*41 und FÖRSTEMANN/HARTWIG (1894), S. 271*b*23. Am Gallustag, dem 16. Oktober 1586 wurde er als Magister an der Universität Frankfurt an der Oder immatrikuliert und als Dr. jur. im September 1590 an der Universität Rostock immatrikuliert. Dazu vgl. FRIEDLÄNDER/LIEBE/THEUNER (1887), S. 322*a*1 und HOFMEISTER (1891), S. 233*b*96.

NAVIGATIO ‖ LVSITANORVM ‖ IN INDIAM ORIEN=‖TALEM,
HEROICO ‖ CARMINE DESCRI=‖PTA PER ‖ Martinum Chemnitium
fecun=‖dum Brunfuuicenfem. ‖ LIPSIÆ ‖ In officina Typographica Io-
hannis Rhambæ ‖ Anno ‖ M. D. LXXX.
Leipzig: Hans Rambau d. Ä. Erben 1580. [16] Bl.; 4°
[Wolfenbüttel, HAB: *A: 56.2 Poet. (35)*]

Gemäß dem handschriftlichen Vermerk auf dem Titelblatt stammt dieser Druck
wie der gesamte Sammelband im Bestand der Herzog August Bibliothek in Wolfenbüttel aus dem Besitz des Martin Baremius, der in Braunschweig und Goslar
als Konrektor und Rektor wirkte.
Der *navigatio* des Martin Chemnitz ist eine Vorrede in lateinischer Prosa an den
lübischen Bischof Eberhard von Holle (* Uchte 1531, † Lüneburg 05.07.1586)
vorangestellt, die der Verfasser am 11. Januar 1580 in Leipzig unterzeichnet.[297]
Eberhard von Holle wirkte vor seiner Zeit als Bischof von Lübeck als Abt an
St. Michaelis in Lüneburg und hatte somit sowohl einen familiären als auch einen
amtlichen Bezug zum Herzogtum Braunschweig-Lüneburg. Anschließend folgen
die 592 daktylischen Hexameter des Epos über die Seereisen des Cristoforo Co-
lombo, des Vasco da Gama und des Fernando de Magallanes, wobei auch die
politische Situation der Herkunftsländer einbezogen und Personen des Zeitge-
schehens genannt werden, namentlich die Seerepublik Venedig, König Manu-
el I. von Portugal sowie der spanische König Fernando II. de Aragón y Castilla.
Außerdem beschreibt Chemnitz die Landschaft der iberischen Halbinsel ebenso
wie die der Zielländer und die dort lebenden exotischen Tiere. Auch die zur Navi-
gation nötige Kenntnis der Gestirne wird erwähnt, so beispielsweise einzelne der
Tierkreiszeichen und der *circulus aequinoctialis* als Scheide der nördlichen und
der südlichen Hemisphäre. Gut ein Jahrhundert nach der Entdeckung des See-
wegs nach Indien steht Chemnitz' Epos insgesamt in der Ambiguität von Exotik
und Normalität.
Anschließend folgen die ebenfalls von Martin Chemnitz d. J. verfassten *Vesperae
Siculae sive Historia de caede Gallorum* zu den Ereignissen des 30. März 1282
bezüglich der zwischen Frankreich, Spanien und Papst Urban IV. strittigen Vor-
herrschaft über Sizilien. Die 165 daktylischen Hexameter dichtet Chemnitz im
Jahr vor der Drucklegung anlässlich seiner eigenen philosophischen Magisterpromotion an der Universität Leipzig am 28. März 1579.
Als Martin Chemnitz d. J. im Jahr 1588 in Frankfurt an der Oder in Jura promoviert wird, erscheint ein Gelegenheitsdrucke mit Glückwunschgedichten auf ihn
(VD 16 H 4760).

---

[297]   Zu den biographischen Daten vgl. PRANGE (1976) und KRAUSE (1877).

HONORIBVS ‖ MARTINI CHEM=‖nitij Brunſuicenſis, ‖ Cum in inclyta Aca=‖demia Francofordiana à CL. & co[n]=‖ſultiſs. viro Dn. Matthaeo Cvno-‖ine I. V. D. & Profeſſore, ſum-‖mus in vtroq[ue] Iure gradus ‖ ipſi decerneretur. ‖ Carmina ab amicis dedicata. ‖ EXCVSVM ‖ In officina Eichorniana, ‖ Anno 1588.

Frankfurt an der Oder: Johann Eichorn d. J. 1588. [6] Bl.; 4°

[Wolfenbüttel, HAB: *M: Db 991 (25)*]

Das Titelblatt dieser Gedichtsammlung ist an allen Rändern mit einem üppigen Holzschnittschmuck versehen, der auf der linken Seite einen Apoll mit seiner Leier und auf der rechten Seite einen Satyr mit seiner Panflöte zeigt. Am oberen und unteren Seitenrand sind weitere Satyrn und Musikinstrumente zu erkennen. Die Abbildungen sollen an den Musendienst erinnern, dem Chemnitz mit seiner akademischen Arbeit nachgekommen ist.

Das erste Glückwunschgedicht wird von Dr. jur. Michael Bolfras (* Frankfurt an der Oder) verfasst und besteht aus fünfzehn daktylischen Hexametern, in denen der jüngst Promovierte als *patriae decus* gerühmt wird.[298] M[ichael] Haslobius (Mag., Professor für Poesie in Frankfurt an der Oder, * Berlin) ist der Verfasser des zweiten Gedichts aus dreißig phaläkeischen Hendekasyllaben, und der Helmstedter Professor Heinrich Meibom schreibt die dritte *gratulatio* aus sechs alkäischen Strophen, die er bescheiden als *M[agister]* unterzeichnet.[299] Das dritte Gedicht im Umfang von 33 elegischen Distichen widmet Mag. Christoph Zeulsdorf (* Landsberg an der Warthe).[300] Mag. Elias Andreas (Pastor in Halle an der Saale, * Halle an der Saale 29.07.1561, † Halle an der Saale 10.02.1617) dichtet die anschließenden sieben elegischen Distichen des fünften Glückwunschgedichts für seinen abschließend so bezeichneten *amicus*.[301] Neben Meibom ist der Verfasser des sechsten Gedichts ebenfalls braunschweigisch-lüneburgischer Landsmann: Mag. Franz Meinichius (= Meineke, Pastor in Schermbeck, * Lüneburg 1559, † Lüneburg 1632) schreibt sieben elegische Distichen für Martin Chemnitz d. J., den er als Abkömmling eines *doctus ... parens* und als Mensch voller *doc-*

---

[298]   Bolfras wurde am Gallustag, dem 16. Oktober 1561 an der Universität Frankfurt an der Oder immatrikuliert. Dazu vgl. Friedländer/Liebe/Theuner (1887), S. 168*b*15.

[299]   Haslobius wurde am Gallustag, dem 16. Oktober 1561 als *magister* und *poeta* an der Universität Frankfurt an der Oder immatrikuliert. Im Jahr 1580 ist er als Professor für Poesie belegt. Dazu vgl. Friedländer/Liebe/Theuner (1887), S. 169*b*30 und S. 282.

[300]   Zeulsdorf wurde am 26. August 1573 an der Universität Frankfurt an der Oder immatrikuliert. Vgl. Friedländer/Liebe/Theuner (1887), S. 231*b*40.

[301]   Elias Andreas wurde ohne genaue Tagesangabe im Jahr 1585 an der Universität Frankfurt an der Oder immatrikuliert. Dazu vgl. Friedländer/Liebe/Theuner (1887), S. 316*b*10.

trina rühmt.[302] Der siebte Glückwunsch aus vierzig iambischen Dimetern ist anonym abgedruckt, aber es ist denkbar, dass der Dichter des nachfolgenden achten Gedichts aus sechs sapphischen Strophen, Mag. Kaleb Trygophorus (* Korbach, † Küstrin 10.12.1613), beide Texte verfasst, weil sich *eidem* als Überschrift des achten Gedichts auf *aliud* des siebten zu beziehen scheint.[303] Das neunte und letzte Glückwunschgedicht dieses Sammeldrucks hat einen Umfang von 22 elegischen Distichen und wird Chemnitz von Georg Piterichius (...) zugedacht. Die Gratulanten der Gedichtsammlung spiegeln eine Mischung aus heimatlichen Verfassern und Vertretern verschiedener Regionen in der Universitätsstadt Frankfurt an der Oder wider.

Auf den Tod des nur vornamentlich genannten Mädchens Hyella (...) schreibt Martin Chemnitz d. J. im Jahr 1590 *Lacrymae* (VD 16 C 2194).

LACRYMÆ ‖ MANIBVS ‖ HYELLÆ VIRGI=‖NIS PVLCERRIMÆ ‖ & feftiuiffimæ. ‖ à ‖ Martino Chemnicio, J. C. ‖ confecratæ. ‖ LIPSIÆ, ‖ Ex officina Typographica ‖ Iohannis Beyeri. ‖ M. D. X C.
Leipzig: Johann Beyer 1590. [6] Bl.; 4°
[Wolfenbüttel, HAB: *A: 68.7 Poet. (17)*]

Chemnitz' Sammlung von Trauergedichten besteht aus dem Epigramm *ad animum Hyellae* aus vier elegischen Distichen, den den Aspekt des *plangere* betonenden *Naenia* aus 76 phaläkeischen Hendekasyllaben, dem Gedicht *Coelum nubilosum moriente Hyella* aus 27 elegischen Distichen in fünf jeweils als *tumulus* betitelten fiktiven Grabinschriften, einem Ἐιδύλλιον aus sieben elegischen Distichen, den sieben iambischen Senaren *ex Graeco Menandri* sowie einem abschließenden Epicedion aus fünf elegischen Distichen. Aus den Gedichten ist der persönliche Zusammenhang des Martin Chemnitz d. J. zur Verstorbenen und ihrer Familie nicht zu erkennen. Literarisch bemerkenswert ist, dass diese Gedichtsammlung alle Einzelaspekte des Trauergedichts gewissermaßen *in nuce* widerspiegelt. Martin Chemnitz d. J. ist in den folgenden Jahren weiterhin als einer von mehreren Beiträgern noch in der *Laurea poetica* auf Heinrich Meibom belegt (1591, VD 16 ZV 9486) und außerdem an den *Novae parodiae ad odas ... Horatianas* des

---

302   Meinichius wurde nach Pfingsten 1580 an der Universität Frankfurt an der Oder immatrikuliert. Vgl. FRIEDLÄNDER/LIEBE/THEUNER (1887), S. 282b10.

303   Kaleb Trygophorus ist im Jahr 1599 als Magister, Rektor und Professor für Logik sowie im Jahr 1607 als Prorektor der Universität Frankfurt an der Oder belegt. Dazu vgl. FRIEDLÄNDER/LIEBE/THEUNER (1887), S. 433 und S. 520. Außerdem ist noch ein Johannes Trygophorus aus Helmarshausen ermittelbar, der nach FÖRSTEMANN/HARTWIG (1894), S. 457b41 am 4. Juni 1599 an der Universität Wittenberg immatrikuliert wurde.

Heinrich Meibom beteiligt (1596, VD 16 M 1948 = M 1949). Außerdem wirkt er ebenfalls an Meiboms *Lamentatio ad crucem Christi* mit (1598, VD 16 M 1944). Wenige weitere Schriften von oder über Martin Chemnitz d. J. erscheinen in den folgenden Jahrzehnten an seinen Wirkungsorten nur noch in Prosa.[304] Die deutsche Leichenpredigt, die auch weitere Informationen über die Nachkommenschaft des Dr. jur. Martin Chemnitz d. J. II. enthält, verfasst Christian Schlee (Pastor und Lehrer, 1614 bis 1646 Domprobst in Schleswig, * Rostock 1579, † Schleswig 1646) für die Bestattung in Schleswig (VD 17 12:126003Q).[305]

ORATIO PANEGYRICA, ‖ Das ist / ‖ Trost: vnd Ehrn=‖Predigt / ‖ Bey ‖ Des weyland Ehrnvesten / Großacht=‖baren / Hochgelarten vnd Hochberuᶜhm-ten / ‖ Herrn ‖ MARTINI CHEMNITII, S. ‖ Ern ‖ MARTINI CHEM-NITII, S. ‖ magni illius & incomparabilis Theo-‖logi, Sohns / ‖ JCti, Doctoris, Cancellarij, &c. ‖ Leichbeſtaᶜtigung / ‖ Zu Schleßwig in der Stifftskirchen / in ‖ Chriſtlicher / Hochadelicher / vnd Volck=‖reicher ver-samblung / ‖ Gehalten / ‖ Von ‖ CHRISTIANO SLEDANO, SS. Theol. D. ‖ vnd Oberſten Thumbpredigern daſelbſt. ‖ Roſtock / Druckts Jochim Fueß / Anno 1627.
Rostock: Joachim Fueß 1627. [4] Bl., 136 S., [12] Bl.; 4°
[Wolfenbüttel, HAB: *A: 529.1 Theol.*]

Der Druck beginnt mit der Leichenpredigt in deutscher Sprache, die zunächst namentlich die Witwe mit der latinisierten Namensform *Camerarius* ihres Geburtsnamens sowie die Söhne Martin, Bogislaw Philipp, Heinrich, Franz und Johann Friedrich sowie die Tochter Sophia Anna des Martin Chemnitz d. J. nennt. Außerdem sind abschließend umfängliche genealogische Informationen zur Familie Chemnitz beigefügt. Danach folgen mit einem eigenen Zwischentitel die *Parentalia* auf den Verstorbenen. So verfasst der schleswig-holsteinische Kanzler Dr. jur. Theodor Buss (* Calenberg) ein Gedicht in Epodenform aus daktylischem Hexameter und iambischem Dimeter sowie ein kurzes Epigramm aus fünf elegischen Distichen.[306] Das insgesamt dritte Epicedion aus neun elegischen Distichen dichtet Daniel Cramer (Professor in Wittenberg und Stettin, Pastor in Stettin, * Reetz 20.01.1568, † Stettin 05.10.1637), der in seinen Versen

---

[304] Für die beiden letztgenannten Drucke ist im VD 16 Martin Chemnitz d. Ä. als Beiträger angegeben, der jedoch zu diesem Zeitpunkt bereits verstorben war, so dass sein Sohn Martin Chemnitz d. J. anzusetzen ist.

[305] Zu Schlee vgl. ARENDS (1932c), S. 54 und KRAUSE (1890).

[306] Buss wurde am 20. Mai 1600 an der Universität Helmstedt immatrikuliert. Dazu vgl. ZIMMERMANN (1926), S. 148b152.

die geographischen Tätigkeitsbereiche des Verstorbenen beschreibt.[307] Der Rostocker Professor Dr. jur. Thomas Lindemann (* Herford 28.09.1575, † Rostock 14.03.1632) schreibt das vierte Gedicht im Umfang von dreizehn elegischen Distichen, und der Dr. jur. Nikolaus Eggebrecht (* Wismar 1593, † 1665) verfasst ein mit einem Anagramm kombiniertes Akrostichon aus achtzehn daktylischen Hexametern auf den Namen und die Funktion des Verstorbenen sowie ein anschließendes elegisches Distichon als Epitaphium.[308] Als sechstes Epicedion schreibt Dr. jur. Bernhard Soltow (* Schleswig, † 1656) ein Anagramm in zehn elegischen Distichen.[309] Der Gottorper Hofprediger Mag. Jakob Fabricius (Pastor in Lunden, Husum und Schleswig, * Schleswig 24.06.1588, † Schleswig 24.04.1645) verfasst die 34 elegischen Distichen des siebten Trauergedichts.[310] Das achte Gedicht aus insgesamt fünfzehn elegischen Distichen ist in vier Abschnitte untergliedert, die mit *ad mortem, ad lectorem* und *tumulus ad eundem* sowie einem Anagramm überschrieben sind. Als Dichter unterzeichnet der Pastor von Lunden in Dithmarschen und kaiserlich gekrönter Dichter Mag. Mauritz Rachelius (ab 1614 Kantor in Husum und ab 1616 Pastor in Lunden, * Malchau 13.01.1594, † Lunden 05.01.1637).[311] Der Pastor Mag. Heinrich Gladovius in Schleswig (1622 bis 1645 Pastor in Schleswig, * Lütjenburg, † Schleswig) ist der Verfasser des neunten Epicedions aus zwanzig daktylischen Hexametern, in denen er den Tod des Verstorbenen als Unheil für die gesamte *Germania* dar-

---

[307]   Zu Cramer vgl. Bülow (1876). Er wurde im September 1588 als Dr. theol. an der Universität Rostock immatrikuliert. Dazu vgl. Hofmeister (1891), S. 227b100.

[308]   Zu Lindemann vgl. Krause (1883). Er wurde im Juni 1593 an der Universität Rostock immatrikuliert. Vgl. Hofmeister (1891), S. 243a13. Eggebrecht wurde im Januar 1608 an der Universität Rostock mit dem Altershinweis *ob aetatem non iuravit* immatrikuliert. Vgl. Hofmeister (1891), S. 292a5.

[309]   Soltow wurde erst im Mai 1626 an der Universität Rostock immatrikuliert. Vgl. Hofmeister (1895), S. 65b35.

[310]   Vgl. Arends (1932a), S. 235. Fabricius unterzeichnet sein Gedicht als *M. Jacobus J[acobi] F[ilius] Fabricius aulae Gottorpianae Ecclesiastes* und gibt sich somit als Jakob Fabricius d. J. zu erkennen. Fabricius wurde zuvor im Wintersemester 1609/10 an der Universität Rostock immatrikuliert und am 14. Oktober 1613 ebenda zum Magister promoviert. Dazu vgl. Hofmeister (1891), S. 300a3 und Hofmeister (1895), S. 11a3. Er und sein gleichnamiger Vater sind auf dem nicht erhaltenen Grabdenkmal des Enkels und Sohnes Eberhard Fabricius aus dem Jahr 1661 in der Universitätskirche St. Stephani in Helmstedt genannt. Dazu vgl. Henze (2005), S. 260–261, dort Nr. 198 und Arends (1932c), S. 54.

[311]   Vgl. Arends (1932b), S. 178. Rachelius wurde im Dezember 1613 an der Universität Rostock immatrikuliert und wurde ebenda am 23. Mai 1620 als Pastor von Lunden zum Magister promoviert. Dazu vgl. Hofmeister (1895), S. 12a35 und S. 38a1.

stellt.[312] Das zehnte Gedicht im Umfang von neun elegischen Distichen stammt vom Pastor an St. Peter und Paul in Rostock Joachim Engelbert (= Joachim Engelbrecht, später Pastor an St. Jakobi in Rostock, * Greifswald 14.09.1597, † Rostock 23.11.1629), und Johannes Schnell (Pastor in Oldenswort, * Tondern um 1572, † Oldenswort 15.04.1635) widmet dem Tod Chemnitz' die folgenden sieben elegischen Distichen des elften Trauergedichts.[313] Der Schleswiger Dompastor Peter Möller aus Rostock (1621 bis 1654 Pastor in Schleswig, † Schleswig) verfasst die 22 elegischen Distichen des zwölften Gedichts.[314] Das folgende Epigramm aus drei elegischen Distichen wird vom Pastor in Wesselburen und kaiserlich gekrönten Dichter Joachim Rachelius (ab 1623 Pastor in St. Peter und ab 1624 in Wesselburen, * Malchau 15.., † Wesselburen 15.05.1664) geschrieben.[315] Das vierzehnte Epicedion aus 19 elegischen Distichen stammt von Mag. Johann Possel (1629 bis 1655 Pastor in Kappeln, * Rostock 15.., † Kappeln 1655), der als Konrektor der Domschule in Schleswig unterzeichnet.[316] Das fünfzehnte Gedicht widmet Christoph Heiligendorf (Pastor in Sieseby, * Rostock 15.., † 1657).[317] Es umfasst 25 elegische Distichen. Die darauffolgenden acht alkäischen Strophen unterzeichnet Georg Knüttel (ab 1628 Pastor in Havetoft, * Halberstadt, † Havetoft 18.01.1656) als *moerens*.[318] Die 35 elegischen Distichen des siebzehnten Gedichts sind nicht namentlich unterzeichnet, aber es ist anzunehmen, dass sie ebenso wie die sechs elegischen Distichen des abschließenden, als *Epitaphium* betitelten Gedichts von Erasmus Plato (...) geschrieben sind.

---

[312] Vgl. ARENDS (1932c), S. 54. Gladovius wurde im Mai 1602 als *Lutkenburgensis Holsatus* an der Universität Rostock immatrikuliert. Dazu vgl. HOFMEISTER (1891), S. 272b83.

[313] Zu Engelbert vgl. WILLGEROTH (1925), S. 1401–1402 und S. 1444. Er wurde im Juli 1623 an der Universität Rostock immatrikuliert. Vgl. HOFMEISTER (1895), S. 53a172. Zu Schnell vgl. ARENDS (1932b), S. 238. Er wurde im April 1594 an der Universität Rostock immatrikuliert. Dazu vgl. HOFMEISTER (1891), S. 245a60.

[314] Vgl. ARENDS (1932c), S. 55.

[315] Vgl. ARENDS (1932b), S. 178. Joachim Rachelius wurde im Juni 1616 an der Universität Rostock immatrikuliert. Vgl. HOFMEISTER (1895), S. 22b63.

[316] Vgl. ARENDS (1932b), S. 167. Possel war ein Sohn des gleichnamigen Rostocker Professors und wurde als *M[ag]. Johannes Posselius junior, Rostochiens[is] am* 27. Juni 1588 an der Universität Helmstedt immatrikuliert. Dazu vgl. ZIMMERMANN (1926), S. 71a43. Ein Student dieses Namens wurde außerdem im Juni 1611 an der Universität Rostock immatrikuliert und ebenda im Jahr 1617 zum Magister promoviert. Dazu vgl. HOFMEISTER (1895), S. 2a81 und S. 28a1.

[317] Vgl. ARENDS (1932a), S. 336. Heiligendorf wurde im Januar 1613 an der Universität Rostock immatrikuliert. Dazu vgl. HOFMEISTER (1895), S. 7a23.

[318] Vgl. ARENDS (1932a), S. 157.

Sämtliche Gedichte stammen somit aus dem Rostocker Universitätsmilieu oder dem schleswig-holsteinischen Territorium und beziehen sich allesamt auf den Wirkungsbereich des Martin Chemnitz d. J.
Paul Chemnitz (Domherr und Bibliothekar in der Stiftskirche St. Blasius in Braunschweig, * Braunschweig 18.05.1566, † Braunschweig 03.04.1614) heiratet am 5. Juni 1599 Barbara Lücke († Braunschweig 20.02.1626), die Tochter des braunschweigischen Bürgermeisters Hermann Lücke (...).[319] Zu diesem Anlass erscheint eine Sammlung mit Hochzeitsgedichten (VD 16 ZV 14678).

> NVPTIIS ‖ PAVLLI CHEMNITII ‖ ET ‖ BARBARAE LVCKEN. ‖ Brunſuici Nonis Iunij ‖ celebratis. ‖ Scribebant amici. ‖ HENRICOPO-LI. ‖ ANNO ‖ M. D. XCIX.
> Wolfenbüttel: [Konrad Horn] 1599. [4] Bl.; 4°
> [Wolfenbüttel, HAB: *M: Db 991 (26)*]*

Das erste Epithalamion dieses Gelegenheitsdrucks ist ein *ad sponsam* betiteltes Epigramm aus zwei elegischen Distichen, die keine Verfasserangabe aufweisen. Gott, der im ersten Distichon als *terrestris genitor* bezeichnet wird, habe ihr ihren Geburtsnamen gegeben, und der im zweiten Distichon als *coelestis genitor* bezeichnete Gott werde sie für würdig empfinden, so dass es nichts gebe, was ihr fehlen werde. Abschließend steht die Segensformel *per Christum salus*.
Melchior Stegman (* Sonnenwald) verfasst das zweite Hochzeitsgedicht *honoris & amoris ergo*.[320] Es ist als *Versus nuptialis de nominibus sponsi & sponsae* betitelt und umfasst sieben elegische Distichen. Stegman stellt zunächst fest, niemand könne bezweifeln, dass in Namen gewisse Vorbedeutungen enthalten seien. Dabei verwendet er das Wortspiel aus *nomina* und *omina*. In v. 3–6 deutet er zunächst den Vornamen der Braut aus und bewertet ihn positiv, da die *Barbara* alle *barbaries* vertreibe und Ruhe einkehren lasse. Diese Interpretation des Namens erscheint recht eigenwillig, zumal der Dichter die etymologische Herkunft vom Adjektiv *barbarus, -a, -um* übergeht. In v. 7–10 leitet Stegman zum Bräutigam über, der

---

[319] STAUDE (1986), S. 328 und S. 333 nennt den 2. Juni 1599 als Tag der Heirat. Paul Chemnitz wurde am 17. Oktober 1576 gemeinsam mit seinem Bruder Martin Chemnitz d. J. an der Universität Helmstedt immatrikuliert. Am 15. April 1583 wechselte er gemeinsam mit dem Braunschweiger Arztsohn Hermann Konerding an die Universität Wittenberg. Vgl. ZIMMERMANN (1926), S. 10*b*42 und FÖRSTEMANN/HARTWIG (1894), S. 311*a*11. Barbara Lücke heiratet später in zweiter Ehe den Pastor Albert Junker aus Lüneburg, einen Amtsnachfolger ihres ersten Mannes. Vgl. WEHKING (2001), S. 290–291, dort Nr. 773.

[320] Stegman wurde am 20. März 1580 ohne Nennung seines Herkunftsortes an der Universität Wittenberg immatrikuliert. Dazu vgl. FÖRSTEMANN/HARTWIG (1894), S. 287*b*9.

sich in die Umarmung seiner zukünftigen Frau begebe. Dies sei glücklich und angemessen für das Brautpaar, denn die Braut, die die *barbaries* meide, werde von ihrem Ehemann eingenommen. In den letzten beiden Distichen ruft der Verfasser dem Brautpaar zu, die *alma quies* sei auf beider Seite und die *barbaries* sei ihnen fern, so dass sie glücklich leben sollten. Das dritte Gedicht im Umfang von 49 phaläkeischen Hendekasyllaben stammt von Mag. Johann Leger, dem Pastor von Hohenhameln und ist als *Amaranthus* überschrieben. Der Bräutigam, der in v. 10 als *mellitißime Paulle* angerufen wird, habe sich so viele Jahre *non sine gloriâ* seinen ehrenwerten Studien gewidmet, dass er sich nicht dem *Amor* und der *Venus venustior* habe widmen können. Da das Bedürfnis nach Liebe mit dem Alter ansteige, habe er sich jetzt zu Recht seine namentlich genannte Braut ausgewählt. Nach einem durch das Druckbild hervorgehobenen Einschnitt stellt Leger in v. 16–20 die rhetorische Frage nach einem geeigneten Thema für sein Epithalamion:

Sed quae materies meis phaleucis
Apta, Sponse tuas decebit apte
Taedas? Purpureo vigore semper
Florescens AMARANTHUS, hic Amoris
Dat casti specimen sat expeditum.

Leger entscheidet sich nach Ov. *fast.* 4,439 für die Blume Tausendschön, die seines Erachtens für die Heirat des Paul Chemnitz mit der Barbara Lücke angemessen sei und mit dem Bild der Wärme verbunden ist. Ebenso brenne die in v. 24 als *virago* bezeichnete Braut einzig für ihren zukünftigen Ehemann, wie auch der Bräutigam sich gezielt seine zukünftige Ehefrau ausgesucht habe. Und ebenso wie er seine Frau *molliculo manum ... tactu* berühre, sei von der Braut *ore ... pio* lieblicher Anmut zu vernehmen, der den drei Grazien überlegen sei. Leger setzt in seiner Beschreibung die Braut gezielt über die drei Göttinnen und schreibt ihr damit eine besondere ästhetische Wertschätzung zu. Das Tausendschön werde auch nicht durch Kälte beeinträchtigt, sondern entfalte fortwährend stärkere Kräfte. Dazu bringt der Verfasser in v. 37 das folgende Wortspiel: *Exangues AMARANTHUS arcet angues.* Und wie das Tausendschön den Ärzten ein *pharmacum ... salubre* gebe, möge die Ehefrau sich als *medela flammae* für ihren Mann erweisen. Ab v. 43 wendet sich Leger wieder dem Widmungsempfänger zu und bekräftigt, dass der *ter optimus Imperator*, der *solus cuncti potens Creator*, der *auctor*, allesamt Bezeichnungen für den christlichen Gott, die zukünftige Ehe dementsprechend begleiten möge. In v. 48–49 merkt der Verfasser dazu unter Bezug auf den Umfang seines Epithalamions an:

... hoc eum frequenter
Septenis rogo septies phaleucis.

Das Gedicht des Johann Leger enthält knappe christliche und mythologische Anspielungen und lebt besonders aus der dieses Hochzeitsgedicht tragenden botanischen Idee. Andererseits erreicht dieses Bild keine besondere Vertiefung und steht zudem ohne konkreten Bezug neben dem Brautpaar. Leger merkt an, er schreibe *amoris ergo*. Er sieht sich freundschaftlich zu seinem Glückwunsch veranlasst, wenngleich ihm nicht der große dichterische Wurf gelingt. Christoph Hagius, der Prorektor der Martinsschule in Braunschweig, ist der Dichter des vierten Epithalamions aus fünf elegischen Distichen. Die ersten sieben Verse sowie v. 10 beginnen jeweils mit dem flektierten Adjektiv *dulcis*, das somit die positive Grundaussage des Epigramms darstellt. Süß sei ein Berg duftender Blätter, eine liebliche Leckerei, ein Stück Erde mit Blumen, eine Quelle von lebendigem und nie versiegendem Wasser, ein Schlaf *sub tegmine fagi* sowie ein Himmelspunkt bei einem nächtlichen Seesturm. Süßer als dies alles sei hingegen eine ihrem Ehemann verbundene Ehefrau. Dazu zählt Hagius in v. 8 stichwortartig die Substantive der zuvor genannten Aussagen auf, innerhalb derer *sub tegmine fagi* in v. 5 ein Zitat aus Verg. *ecl.* 1,1 ist. Im abschließenden Distichon fasst der Dichter zusammen, dass er eine ebensolche Gefährtin für den freundschaftlich nur mit seinem Vornamen angesprochenen Paulus Chemnitz wünsche und dass dieses *dulce ... Fortunae nomen* zum *omen* der bevorstehenden Heirat werde. Christoph Hagius scheint sich dabei mit seinem letzten Vers auf das zuvor schon bei Stegman verwendete Wortspiel zu beziehen.

Alle vier Epithalamien stellen aufgrund ihres begrenzten Umfangs, aufgrund ihres einfachen Stils und aufgrund ihrer banalen Inhalte keine gehobene Form der Gelegenheitsdichtung dar und erscheinen vielmehr als einfache Vertreter des gedichteten Hochzeitsglückwunsches.

Als Verfasser von wenig umfangreicher lateinischer Gelegenheitsdichtung ist Paul Chemnitz bereits über ein Jahrzehnt vor seiner Heirat vereinzelt nachweisbar. So ist er während seiner Wittenberger Studienzeit im Jahr 1585 an den *Epigamia nuptiis* auf den Wittenberger Pastor Mag. Theodosius Fabricius und die Pastorentochter Catharina Herbst aus Mansfeld beteiligt (VD 16 ZV 5099), im April 1587 ist er Beiträger zu einer Sammlung von *Carmina gratulatoria* anlässlich der Promotion des Hermann Witteram aus Einbeck an der *Academia Leucorea* (VD 16 ZV 3030), und wenige Jahre danach ist er im Jahr 1592 alleiniger Dichter der in Tübingen erschienenen *Anagrammatismi viris illustrissimis, clarissimis et doctissimis consecrati* (VD 16 ZV 3239). Im Jahr 1594 schreibt Paul Chemnitz eine *Melydria nuptijs* anlässlich der Heirat des Arztes Hermann Konerding mit Anna Sonnenberg in Braunschweig (VD 16 C 2234). Er wirkt im selben Jahr auch an der bereits im Kontext des Franz Husmann erwähnten Sammlung von Epithalamien auf Christoph Fischer d. J. und Hiska Schulte aus Celle mit (VD 16 ZV 5219) und ist außerdem im Jahr 1594 oder 1595 als Verfasser eines auf einem Einblattdruck überlieferten Gedächtnisgedichtes auf den am 14. Juni 1594 in München verstorbenen Komponisten Orlando di Lasso (ohne VD 16 = Wolfenbüttel, HAB: *A: 37 Poet. (42)*). Als Dichter ist Paul Chemnitz letztmalig im Jahr 1599 nachweisbar, als er zur Sammlung von Glückwunschgedichten zur theologischen Doktorpromotion des Philipp Hahn aus Halle an der Saale an der dortigen Universität beiträgt (VD 16 ZV 21903). Im selben Zeitraum ist Paul Chemnitz außerdem noch an wenigen Schriften in Prosa beteiligt, so im Jahr 1591 an einer theologischen Streitschrift in deutscher Sprache des Pastors Samuel Huber im heutigen Tübinger Stadtteil Derendingen in Württemberg (VD 16 H 5359) und im Jahr 1592 an der *Institutio Hebraeae linguae* des Tübinger Professors Georg Weigenmeir (VD 16 W 1493). Am Ende des 16. Jahrhunderts und im Laufe des ersten Jahrzehnts des 17. Jahrhunderts gibt er noch sieben Mal das *Enchiridion* seines Vaters in Frankfurt am Main, Leipzig und Lübeck im Druck heraus (1599, VD 16 C 2184; 1600, VD 16 ZV 3237 und ZV 3238; 1601, VD 17 23:283228L; 1602, VD 17 3:613445X; 1603, VD 17 14:670725G und 1608, VD 17 23:283237K). Eigenständige Werke sind von ihm bis zu seinem Tod am 3. April 1614 nicht mehr nachweisbar.

Die deutsche Leichenpredigt über Joh. 8,51 anlässlich der Bestattung von Paul Chemnitz am 15. April 1614 verfasst Johannes Magirus (Theologe und Kirchenmusiker, Lehrer in Hameln, Subkonrektor in Hannover, Kantor an der Katharinenschule und Pastor an St. Blasius in Braunschweig, * Kassel 1558, † Braunschweig 17.11.1631).[321] Sie erscheint in Magdeburg im Druck (VD 17 23:330037W).

EXEQUIAE CHEM-‖NITIANÆ, ‖ Chriſtliche Geda͜echtniß / Leich: vnd ‖ Ehrenpredigt / bey der Chriſtlichen Be=‖gra͜ebniß / des weiland ‖ Ehrwu͜erdigen / Achtba=‖ren vnd Wolgelarten Herrn PAV-‖LI CHEMNICII, Theologi eximii, ‖ vnnd Fu͜erſtlichen Stiffts S. Blaſii in Braun=‖ſchweig Canonici Senioris, ‖ Welcher im Jahr nach Chriſti Geburt ‖ 1614. den 3. Aprilis des Abends zwiſchen 10. vnd ‖ 11. Vhren in Chriſto ſanfft vnd Selig ‖ entſchlaffen. ‖ Vnnd den 15. eiuſdem in gemeldter Fu͜erſtl. Stiffts ‖ Kirchen in ſein Schlaffkammer: vnd Ruhebettlein ‖ Chriſtlich begleitet worden / ‖ Gehalten von ‖ Ehrn IOHANNE MAGIRO Paſtore ‖ daſelbſt. ‖ Magdeburg / Durch Wilhelm Roß.
Magdeburg: Wilhelm Ross 1614. 46, [1] Bl.; 4°
[Wolfenbüttel, HAB: *H: T 268c.4° Helmst. (2)*]

---

[321] Vgl. Seebaß/Freist (1974), S. 196. Bei Dürre (1861), S. 68 ist der 17. Januar 1631 als Todestag belegt. Magirus wurde am 28. September 1578 an der Universität Helmstedt immatrikuliert und ebenda im September 1594 für Braunschweig ordiniert. Vgl. Zimmermann (1926), S. 18*b*121 und S. 115*a*5.

Nach den genealogischen Informationen, die der eigentlichen Leichenpredigt vorangestellt sind, lebt Barbara Chemnitz, geb. Lücke zu diesem Zeitpunkt noch. Des Weiteren sind beider Kinder ebenfalls namentlich festgehalten. Die Söhne sind Martin, Hermann und Johannes Chemnitz, die Töchter heißen Anna und Ilse Chemnitz.[322] Es ist nicht auszuschließen, dass weitere Kinder zwischenzeitlich bereits verstorben waren und deshalb nicht mehr genannt sind. Zum Tod des Paul Chemnitz sind bereits keine lateinischen Gelegenheitsgedichte mehr nachweisbar.

3.1.5.   Personenkreis um die Familien Averberg aus Minden und Tollenius in Königslutter (1585–1684)

Für Angehörige oder von Angehörigen der Familie Averberg aus Minden sind mehrere Drucke mit Gelegenheitsgedichten bekannt, aus denen sich der familiäre Kontext nur teilweise rekonstruieren und sichern lässt. Schlüsselfiguren sind dabei einerseits Johann Averberg, der Sohn des Conrad Averberg, und Johann Averberg, der Sohn eines vermutlich weiteren Johann Averberg. Aus im Folgenden angeführten Hinweisen geht hervor, dass es sich kaum um drei Männer, nämlich Großvater, Vater und Sohn handeln kann.

Im Jahr 1586 verfasst Johann Averberg (* Minden 15.., † 16..), der Sohn des Conrad Averberg (Senator in Minden), ohne weitere Anmerkungen bezüglich seiner Person ein Hochzeitsgedicht zur Heirat seines Bruders Barthold Averberg mit Sophia Eckstein (* Minden), der Tochter des Hermann Eckstein (...), am 16. Oktober in Lemgo (VD 16 A 4472).

ΑΓΑΥΛΙΑ ‖ MVSARVM, ‖ IN FELIX ET ‖ PROSPERUM CON-‖JUGII AUSPICIUM ORNA-‖tifsimi juvenis Bartholdi Averbergii, pruden-‖ tifsimi viri, Cunradi Averbergii celeberrimæ ‖ Reipub. Mindenfium Senatoris, filii, fponsi: Et ‖ piæ honeftæq[ue] virginis Sophiæ Eckfteiniæ ‖ præftantifsimi viri Hermanni Eckftenii ejus-‖dem Reip. Senatoris munus adminiftrantis fi-‖lliæ, fponfæ: Anni hujus cIɔ. Iɔ. xivc. ‖ 16. Octobris. ‖ CONSECRATA ‖ A ‖ Joanne Averbergh Mindano ‖ fratre Germano. ‖ Zoile quid mordes mordax? mordere maligne ‖ Define, te invito fama ‖ fuperftes erit. ‖ LEMGOVIÆ.
Lemgo: [Konrad Grothe] 1586. [4] Bl.; 4°
[Wolfenbüttel, HAB: *H: J 28.4° Helmst. (17)*]

---

[322]   Die nicht erhaltene Grabplatte des Johannes Chemnitz (* Braunschweig 07.04.1610, † Braunschweig 30.01.1651) beschreibt Wehking (2001), S. 450–451, dort Nr. 1004.

Averbergs Hochzeitsglückwunsch ist als dichterischer Musenreigen gestaltet, der von Apoll angeführt wird. Das erste Gedicht aus dessen Sicht besteht aus 20 daktylischen Hexametern. Die Muse Klio lässt der Verfasser die zehn elegischen Distichen des zweiten Epithalamions sprechen. Das dritte Gedicht im Umfang von dreizehn Verspaare in Epodenform aus daktylischem Hexameter und Hemiepes schreibt Averberg der Melpomene zu und das vierte aus zehn Verspaaren in Epodenform aus daktylischem Hexameter und iambischem Dimeter der Muse Euterpe. Die zwanzig phaläkeischen Hendekasyllaben des fünften Epithalamions sind der Kalliope zugeschrieben. Das sechste Gedicht ist aus Sicht der Erato verfasst und umfasst acht Verspaare in Epodenform aus daktylischem Hexameter und iambischem Dimeter. Averberg lässt Thalia das siebte Gedicht aus acht dreizeiligen Strophen aus jeweils einem daktylischen Hexameter, einem iambischen Dimeter und einem Hemiepes an das Brautpaar richten, und Terpsichore die sechs sapphischen Strophen des achten Hochzeitsgedichts. Das neunte Gedicht ist der Muse Polyhymnia zugeschrieben und hat einen Umfang von sechzehn kleineren Asklepiadeen. Das zehnte Gedicht schreibt Averberg schließlich aus der Sicht der Urania. Es besteht aus fünf so genannten 2. asklepiadeischen Strophen. Abschließend ist noch ein an den Bräutigam gerichtetes griechisches Gedicht aus 14 daktylischen Hexametern abgedruckt, in dem Johann Averberg aus brüderlicher Sicht nochmals seine Glückwünsche zur Heirat zum Ausdruck bringt.

Einige Jahre später heiratet derselbe, jetzt als Jurastudent bezeichnete Johann Averberg die Margarita Schaumburg (...), die Tochter des Heinrich Schaumburg (Reiterpräfekt bei den von Bartensleben bei Wolfsburg). Dazu wird in Helmstedt zum 2. Oktober 1590 vom Pastor Henning Ludewig aus Minden (Lehrer in Hornburg, Konrektor und Interimsrektor in Minden, Pastor in Dankersen und Minden, * Minden 1568, † Minden 20.08.1640) ein Epithalamion verfasst, dem ein kurzes weiteres Gedicht des Christoph Finck (* Blankenburg) beigegeben ist (VD 16 L 3133).[323] Dieser Druck enthält diverse biographische Informationen zum schulischen und akademischen Werdegang des Bräutigams.

---

[323] Zur Biographie des Henning Ludewig vgl. BAUKS (1980), S. 307. Er wurde am 14. Mai 1588 als *Henningus Ludovici Mindensis* unter dem Vizerektor Dr. jur. Dethard Horst an der Universität Helmstedt immatrikuliert und ebenda am 10. Mai 1603 unter dem Dekan der Philosophischen Fakultät Heinrich Meibom d. Ä. zum Magister promoviert. Dazu vgl. ZIMMERMANN (1926), S. 69*b*120 und S. 167*a*1. Ludewigs Epitaph befand sich am Anfang des 20. Jahrhunderts noch in St. Simeonis in Minden, heute ist nur noch das zugehörige Portrait erhalten. Vgl. WEHKING (1997), S. 165, dort Nr. 189. Finck wurde am 23. November 1584 an der Universität Helmstedt immatrikuliert. Vgl. ZIMMERMANN (1926), S. 49*b*21.

EPITHALAMION ‖ IN NVPTIAS DOCTIS-‖SIMI ET ORNATISSIMI
IV-‖VENIS IOHANNIS AVERBERGII LL. ‖ ſtudioſi, Prudentiſs. viri
Cunradi Auer-‖bergij, Reip. Mindenſis Senato-‖ris filij, ‖ & ‖ CASTIS-
SIMAE VIRGINIS ‖ MARGARITÆ SCHAVMBVRGIÆ ‖ HONESTI
VIRI HENRICI SCHAVMBVR-‖gij P. M. nobilium à Bartensleben in arce
VVolfs=‖burg equorum præfecti filiæ, ‖ ſponſæ. ‖ Celebratas Helmſtadij
II. Octobris Anno 1590. ‖ factum ‖ in perpetuum amoris vinculum ‖ AB ‖
HENNINGO LVDOVICI MINDANO. ‖ Fatis iunguntur ſponſi, ſoluuntur
ijſdem. ‖ HELMSTADII ‖ Excudebat Iacobus Lucius. Anno 1590.
Helmstedt: Jakob Lucius d. Ä. 1590. [4] Bl.; 4°
[Braunschweig, StB: *C 138 (13) 4°*]*

Vor das eigentliche Epithalamion setzt Henning Ludewig eine die Fragestellung der
Ehe betreffende *Parodia*, die sich entgegen dem Hinweis in der Überschrift nicht
auf Hor. *carm.* 1,15, sondern auf Hor. *carm.* 3,15 bezieht und aus fünf so genannten 4. asklepiadeischen Strophen besteht. Als *argumentum* seiner Parodie fügt er
bezüglich der Heiratsthematik hinzu *Queritur Lutherus vagas libidines coniugio
praeferri*. Er lässt seinen Martin Luther den Papst ansprechen, der die *cupidinis aestus illicitos* und die *foeda cupidinis ... gaudia* lobe, ihm selbst schäume bei dieser
Vorstellung hingegen die Galle. In seinem Innersten lodere seine *mens* mit *iustis ...
ignibus*, er brenne, weil *immodici ... luxus* die Seelen befleckten oder weil *quis
Eccius*, gemeint ist der Ingolstädter Theologe Johannes Eck, abgeraten habe, den
socij vincla tori nachzugeben. Während der *aestus* in v. 2 zunächst das klassische
Bild des Entbrennens vor Liebe schildert, drückt der Martin Luther Ludewigs mit
dem Bild des Brennens in v. 8–9 seine innere Wut bezüglich des Papsttums und der
römischen Kirche, als deren Vertreter Eck dasteht, aus. Wie bereits im *argumentum*
dargestellt, soll nach lutherischer Auffassung die Ehe gegen *vagae libidines* pro-
pagiert werden. Gegen das Eingreifen des Satans seien hingegen diejenigen *ter &
amplius* glücklich, die geheiligte Verbindungen hielten und denen nicht eine von
wechselhaften Verlockungen eingenommene *mens* das *dulce iugum* einer rechtmäßigen Ehe vermeide. Ludewig hebt den Wert der ehelichen Liebe hervor und kennzeichnet die Position der römischen Kirche als Teufelswerk. Dabei ist er gemäß
seines *argumentum* in besonderem Maße von der lutherischen Theologie geprägt.
Das sich anschließende eigentliche Hochzeitsgedicht besteht aus 148 daktylischen Hexametern und ist durch Einrückungen der jeweils ersten Zeile in sechzehn Abschnitte gegliedert. Der erste Abschnitt erstreckt sich über v. 1–14. In ihm
beschreibt Ludewig eine morgendliche Szenerie. Die goldgelb leuchtende *genetrix ... Memnonis*, eine gelehrte Umschreibung für die Göttin Eos, habe ihren Auf-
gang genommen, sich dazu von ihrem Nachtlager gelöst und vom Himmel rötlich
gestrahlt, nachdem die Sterne als Zeichen der Nacht fortbewegt worden seien.

Dieses literarische Bild ist topisch und erinnert ebenso an die antiken epischen Vorbilder wie auch an die entsprechende Szenerie am Beginn des Epithalamions für Christoph Hunermund und Catharina Hoppe (1575, VD 16 H 4285). Ebenso wie dort entwickelt sich aus der Beschreibung des Sonnenaufgangs eine idyllische Darstellung des *locus amoenus*. Der Dichter beschreibt, wie er allein den nahen Hain betrete und den entlegenen Ort erforsche. Der Wind wehe mit einem Säuseln durch das Laub der Bäume und Eicheln fielen vom hohen Baum des Jupiter. Diese Anspielung bezieht sich auf das Zeus-Heiligtum in Dodona, wo mehrere Eichen in einem heiligen Hain verehrt wurden. In v. 9 gibt sich der Verfasser in *ego* nochmals persönlich zu erkennen. Er wundere sich, dass die Felder den Blumenduft abgelegt hätten und die Gräser und Kräuter vergangen seien. Es habe ihn geschmerzt, weil die frühsommerlichen Tage vergangen seien. Vom Ast eines Baumes habe er die *Pandione nata*, die Schwalbe, mit ihren Klagen gehört. Diese Formulierung erinnert an Prokne, die Tochter des Pandion, die in eine Schwalbe verwandelt wurde, und ist wörtlich aus Ov. *met*. 6,436.520.634 entnommen. Auch sei die Schopflerche am Himmel ihre Kreise geflogen. Die Inhalte dieses Abschnitts überraschen. Die episch überhöhte Einleitung lässt die Widmungsempfänger und einen Leser eine entsprechend idyllische Folgehandlung erwarten, aber bereits nach der Schilderung des Tagesanbruchs schlägt diese Stimmung um, und es wird ein eher negatives Bild gezeichnet, das an den beginnenden Herbst im Monat der Heirat, dem Oktober, erinnern soll. Den zweiten Abschnitt in v. 15–26 beginnt Ludewig resümierend, kann dann aber doch mit einer wiederum unerwarteten Wendung aufwarten:

> *Dumque ita flore nemus nudataque prata vigore*
> *Adspicio & viridi miror sine cespite terram,*
> *Ecce novem sacro veniunt de monte sorores*
> *Parnaßi ...*

Während er so die blumenlosen Wiesen betrachte, erschienen plötzlich die neun Musen vom griechischen Parnassgebirge. Als mit Köcher und Bogen ausgestatteter μουσαγέτης schreite ihnen der Gott Apoll gemäß dem Bild in Ps.-Verg. *Cul.* 11–12 voran, der Liebeslieder singe und sich dabei auf seiner Lyra begleite. Die Musen folgten ihm nach, tanzten und riefen in Anlehnung beispielsweise an Catull. *c*. 62 den Gott der Heirat Hymen an. Im anschließenden Abschnitt in v. 27–32 schildert der Dichter zunächst seine eigenen Emotionen. Die Lieblichkeit dieses Gesangs habe ihn bewegt, und der Jubel sei tief in seine Glieder eingedrungen. Sei zuvor seine Stimmung traurig gewesen, so seien jetzt die Sorgen verflogen, und er könne sich wieder von seinen Schmerzen erholen. Er gehe unverzüglich zu den Gottheiten und rufe sie folgendermaßen an:

Iuliades Musae, magni Iovis inclyta proles,
Dicite, quos plausus? quae gaudia mente fovetis?
Cui Cytharae resonant? cui plectra sonora moventur?

Dieser vierte Abschnitt des Gedichts in v. 33–35 umfasst nur die fiktive an die Musen gerichtete direkte Rede Ludewigs, mit der er erfahren will, aus welchem Grund sie trotz der beschriebenen herbstlichen Szenerie ihren fröhlichen Reigen tanzen, singen und musizieren. Ludewig stellt sich mit seinen Fragen an die Musen in die Tradition der antiken Dichtung, denn der τόπος, dass der Dichter den Inhalt seiner Dichtung von den Musen erfragt, ist beispielsweise aus Verg. *Aen.* 1,8 bekannt. Im fünften Abschnitt in v. 36–49 folgt mit einer kurzen Weiterleitung, die sich über v. 36–37 erstreckt, ab v. 38 die Antwort, die Ludewig von der Muse Kalliope erhält. Kalliope als Muse der epischen Dichtung ist der formalen Gestaltung dieses epischen Epithalamions angemessen. Sie erinnert ihn daran, dass *inter primus ... amicos* der mit dem Namen des römischen Gottes als *Ianus* genannte Johann Averberg zu erwähnen sei, der unter günstigem Stand der Gestirne *sacri ... honores* aufnehme, sich die *festa tori* vorbereite und sich *numine Divum* mit einer Gefährtin verbinde. Die niederdeutsche Kurzform Jan des Vornamens Johann ermöglicht Henning Ludewig dabei die sprachliche Assoziation mit dem göttlichen Janus. Der Bräutigam sei unter dem günstigen Vorzeichen des Sonnengottes Hyperion geboren und wolle jetzt sein Treueversprechen vor dem Altar bekräftigen. Dann lässt Ludewig ab v. 46 seine Kalliope mit *at* eingeleitet die Position der Musen darstellen. Sie seien an dieser Stelle, um mit ihrem Lob Männer zu erhöhen und um dem namentlich nicht genannten Bräutigam ihre *iubila* und *praemia* zu gewähren. Der Verfasser leitet im sechsten Abschnitt in v. 50–52 über, dass Kalliope so gesprochen habe und die folgenden Verse über die *monumenta iuventae atque genus sponsi* wie im nächsten Abschnitt in v. 53–66 wiedergegeben gesungen habe. Es liege eine Stadt an den Gestaden des Flusses Weser, die der bekannte Kaiser Karl der Große mit einer Backsteinmauer befestigt habe. Der Ablativ *coctilibus muris* ist dabei aus Ov. *met.* 4,58 zitiert. Diese Stadt sei im Westen gelegen, entgegen dem morgenländischen Reich der im vorderen Orient als Nomaden lebenden Nabatäer. Dort sei Herzog Widukind von Sachsen durch Karl den Großen besiegt worden, und der Bewohner nenne seine Stadt *antiquo ... nomine* Minden. Aus eben diesem Ort komme der Bräutigam, der einen vornehmen Stammbaum habe und von einem aufrichtigen Vater, der die *virtus* liebe und ebenda städtischer Senator sei, abstamme. Im achten Abschnitt folgt in v. 67–74 eine kurze Darstellung der Kindheit des Bräutigams Johann Averberg. Er sei bald nach den ersten Kleinkindjahren gleichsam von der Wiege aus der heimatlichen Schule und ihren *docti ... magistri* anvertraut worden, so dass er die *pietatis semina* wie mit der ersten Milch habe einsaugen und die *sacrae ...*

artes habe lernen können. Dabei habe er sich als Verehrer der böotischen Musen und als *strenuus ... Miles ... Phoebi* erwiesen. Die letztgenannte Formulierung erinnert an die Konzeption eines *miles amoris*, die in Ov. *am.* 1,9 als elegisches Gegenbild zum üblichen epischen *miles Martis* entworfen wird. Ludewigs *Miles ... Phoebi* stellt somit einen Mann dar, der seine Kraft in den Dienst der *artes* stellt. Der neunte Abschnitt in v. 75–83 umfasst den weiteren Werdegang des Bräutigams. Nach zehn Jahren seines blühenden Lebens habe er die Heimatstadt verlassen und sei in die befestigte herzoglich braunschweigisch-lüneburgische Residenzstadt Celle an der Aller gezogen. Auch dort habe er *summi laudis ... honores* erworben und sei nicht nachlässiger gewesen als in seiner Heimat. Auch habe er sich in Celle von der abscheulichen Ruhe eines faulen Lebens ferngehalten und sich stattdessen fortwährend um löbliche Dinge bemüht. Averberg hat folglich nach dem Schulbesuch in seiner Heimatstadt Minden seine Laufbahn auf der Schule in Celle fortgesetzt. Im zehnten Abschnitt in v. 84–99 setzt sich die Schilderung des Werdegangs mit seinen weiteren Stationen fort. Averberg sei in die an dem Fluss Werre gelegene Stadt Herford in Westfalen gereist, wo er seine *ingenij cultura* weiter vermehrt habe. Der Fluss Werre könne als Zeuge auftreten und die Studienbemühungen des Widmungsempfängers sowohl *veniente die* als auch *vespere sero* nachweisen. Auch für die Stadt Hameln, die aufgrund ihrer Getreide- und Mühlenbewirtschaftung als *ferax Cereris* apostrophiert wird, sowie die Stadt Lemgo in der Grafschaft Lippe sei er eine Zierde gewesen. Lemgo wird dabei mit einem erklärenden Zusatz als Stadt des Dichters Heinrich Meibom d. Ä. bezeichnet, was ohne die Erstellung einer direkten Beziehung beider Männer durch Ludewig dennoch das hohe Ansehen der Stadt und damit Averbergs Wirken ebenda begründen soll. Anschließend fragt Ludewig, weshalb er weitere jugendliche Stationen und Fortschritte des Bräutigams nennen und warum er näher auf Averbergs *studia* eingehen solle. Der elfte Abschnitt erstreckt sich über v. 100–122 und beginnt mit Averbergs Übergang auf die Universität. Sobald er mit zwanzig Jahren die *virtus* habe erkennen können, habe er in der Stadt am Mittelgebirge Elm, der als Juliusstadt bezeichneten Universitätsstadt Helmstedt, die Grundzüge des Rechts erlernt. Dabei habe er *cura, exercitia, artes* und *labor* gezeigt und *Auctorum ... genus omne* aufmerksam durchgearbeitet. Hier habe auch schließlich der Pfeil Amors, der als Sohn der Aphrodite Cytherea genannt wird, sein Herz durchbohrt und ihm eine *pulchra ... puella* vor Augen gebracht, zu der er in Liebe entbrannt sei. Diese *virgo* brenne gleichermaßen wie der Vulkan Ätna auf der Insel Sizilien, und sie liebe ihrerseits den jungen Mann ebenso wie die aus Ov. *met.* 4,55–166 bekannte Babylonierin Thisbe in Pyramus verliebt gewesen sei. Aber schon komme der Gott der Heirat Hymen dazu und umwinde die beiden Liebenden mit Myrten. Den Abschnitt beschließt die an die Musen gerichtete Bitte des Dichters, wieder den Hochzeitsruf *Hymen, ô Hymenaee Hy-*

men zu singen. Im folgenden Abschnitt wird in v. 123–131 das Hinzukommen der Braut beschrieben:

> *Intrat Io gaudens, sed non sine numine Divum,*
> *MARGARIS optati thalamum SCHAUMBURGIA sponsi.*

Die freudige Interjektion *io!* in v. 123 fügt sich in das Bild der fröhlich singenden und tanzenden Musen ein, scheint im Vers jedoch auch zur Einhaltung des hexametrischen Verses gesetzt zu sein. Margarita Schaumburg strahle wie ein leuchtender Stern, habe einen glänzenden und schimmernden Gesichtsausdruck. Sie bringe als große Gaben ihre *virtus*, ihren *pudor*, ihre *pietas* und ihre *mores* mit sich, was umso löblicher für die Frau sei, weil die äußere Gestalt der Braut vergehen werde, diese Gaben hingegen *casto … in pectore* erhalten blieben. Henning Ludewig wendet sich im dreizehnten Abschnitt in v. 132–135 von der Szenerie der Musen ab:

> *Sic ait, & reliquis comitantibus exit in auras.*

Danach beschreibt er jedoch noch die Gegend, wie sie sich ihm jetzt zeigt. Es dufte nach *ambrosia*, jeder Schlupfwinkel klinge vom zuvor Gehörten weiter, und das personifizierte Echo durchklinge das Gelände. Der vierzehnte Abschnitt in v. 136–138 schließt an die Nennung des Gottes Ianus und die damit verbundene Assoziation des Bräutigams in v. 39 an und enthält die Bitte des Verfassers, Ianus möge das *Perpetuum … monumentum & pignus amoris* der Musen annehmen. Der fünfzehnte Abschnitt in v. 139–146 ist an die Göttin Themis gerichtet, unter deren Schutz der Jurist Averberg leben möge. Die künftige Ehefrau möge ihren Mann mit einer Nachkommenschaft erfreuen und das gemeinsame Haus zieren. Wie die Olive als Keim den Ölbaum hervorbringe, möge auch der direkt angerufene Bräutigam seinen Tisch mit den *felicia pignora lecti* umgeben und später auch Enkel sehen. Diese Motivik ist offensichtlich aus Ps. 128 entlehnt. Im sechzehnten und letzten Abschnitt bringt Henning Ludewig in v. 147–148 seinen Wunsch zum Ausdruck, beide Brautleute mögen ein dem Nestor und der Sybille ähnlich langes, glückliches Leben führen. Ludewigs Idee, aus dem herbstlichen Datum der Heirat und der durch die Heirat dennoch lebhaften Natur ein Epithalamion zu entwickeln, ist gleichermaßen überraschend wie auch sympathisch und zeigt eine Möglichkeit des dichterischen Spiels, die reale Eheschließung mit den antiken und mythischen Bildern einer Heirat zu verbinden.

Abschließend ist ein Epigramm aus sieben elegischen Distichen abgedruckt, das Christoph Finck als *Blankenburgensis Saxo* unterzeichnet und es gemäß der Betitelung *Eidem sponso amico suo intimo* widmet. Finck leitet sein Gedicht mit der Schilderung ein, dass die Liebesgöttin Venus als *audacissima* keinen Menschen schone, sondern vielmehr alle Menschen mit *vis* und *dolus* an sich reiße. Auch Johann Averberg sei von ihr ergriffen und von den Pfeilen Cupidos getroffen worden, er, der *noctu ... dieque* Minerva, die Göttin der Weisheit, verehrt und sich fortwährend mit den *iura sacrata* beschäftigt habe. Im vierten Distichon stellt der Verfasser die Frage, weshalb er denn in seinem Gedicht die *fallax Venus* und Cupido erwähne, die ihrerseits nur das *cupidi vulnus amoris* ernährten. Durch die Nennung des *Cupido* in v. 4 und des Adjektivs *cupidus* im Kontext der Verwundung durch Liebe in v. 8 ist die Gottheit im Sinne der Unsicherheit der erwiderten Liebe negativ besetzt und stellt gewissermaßen das Gegenprogramm zur positiven Rolle des erfüllten *amor* dar, wie er beispielsweise in Verg. *ecl.* 10,69 und Ov. *am.* 1,1 erscheint. Finck stellt im Folgenden somit die Liebe nicht als schlichtweg schlecht dar, sondern führt in v. 9–10 aus, dass die Braut als *medicina* wirke und die *vulnera* des Bräutigams heile. Averberg solle jetzt infolgedessen sowohl die Venus als auch die Minerva verehren und keiner von beiden im Grad seiner Verehrung missfallen. Der Dichter bete mit *vota ardentia* dafür, dass sich das *opus* des Bräutigams günstig entwickeln könne.

Obwohl dies im Text erwähnt ist, lässt sich im besagten Zeitraum keine Immatrikulation des Johann Averberg an der Universität Helmstedt nachweisen. Seine Studien ebenda sind aber belegt, denn er führt zuvor im Jahr 1587 an der *Academia Iulia* in Helmstedt unter dem Präses Arnold von Reyger (* 17.01.1559, † Berlin um 1615), einem Flüchtling aus den Niederlanden, eine juristische Disputation durch (ohne VD 16 = Jena, ThULB: *4 Diss. jur. 3:2 (46)*).[324] Da er anlässlich seiner Heirat im Jahr 1590 noch als Jurastudent bezeichnet wird und auch die Helmstedter Matrikel keine Promotion für Averberg im Jahr 1587 nachweist, handelt es sich um eine akademische Übung, nicht um eine Disputation zur Doktorpromotion.

DISPVTATIONIS XLVI ‖ Propofitiones ‖ DE ACTIONI=‖BVS LEGA-TORVM, FAMI-‖LIAE ERCISCVNDAE, COMMVNI ‖ diuidundo & Finium regundorum: ex tit. ‖ Inftit. de act. & tit. correfpondentib. ff. ‖ & C. ad quas Dei gratia fub præfidio ‖ ARNOLDI DE REYGER ‖ pro ingenij fui tenuitate ‖ refpondebit ‖ IOHANNES AVERBERGK ‖ Mindanus. ‖ 30. die Decembris anni iam effluxi 87. ‖ horis & loco confuetis ‖ HELMSTADII ‖ Excudebat Iacobus Lucius. Anno 1587.
Helmstedt: Jakob Lucius d. Ä. 1587. [4] Bl.; 4°
[Jena, ThULB: *4 Diss. jur. 3:2 (46)*]

---

[324]   Zu Arnold von Reyger vgl. Landsberg (1889).

Zum 25. August 1588 verfasst Johann Averberg in Minden ein Hochzeitsgedicht, bei dem der bereits genannte Henning Ludewig als Beiträger mitwirkt (VD 16 ZV 857). Beide Männer waren kollegial oder freundschaftlich miteinander verbunden. Widmungsempfänger dieses Epithalamions sind in Minden Heinrich Clotaccius (Prorektor der Schule in Minden) und seine Ehefrau Anna Köning (...), die Tochter des Heinrich Köning (...).[325]

THALASSIO ‖ IN SACRVM NV=‖PTIALE ORNATISSI=‖MI ET DOCTISSIMI IVVENIS ‖ HENRICI CLOTACCII SCHOLAE PA-‖triæ prorectoris, Sponſi: Et lectiſsimæ Virginis Annæ ‖ Köninges, Henrici Könings, Reip. Mind. Senato-‖ris filiæ, Sponſæ, celebratum Mindæ 25. Au-‖guſti anni huius 1588. factus à ‖ Ioanne Auerbergio Mindano. ‖ Bonum eſt coarctare iuueniles ardores, ne Cupidini de-‖diti triſtem exitum ſentiant I. ult. §. ipſum autem, ‖ verſ. penult. C. de bonis quæ liber. ‖ HELMSTA-DII. ‖ Excudebat Iacobus Lucius. ‖ Anno M. D. Lxxxviii.

Helmstedt: Jakob Lucius d. Ä. 1588. [4] Bl.; 4°
[Halle an der Saale, ULB: *Ung VI 35 (11)*]

Das eröffnende freundschaftliche Widmungsgedicht dieses Drucks schreibt Henning Ludewig aus Minden und unterzeichnet es in Helmstedt. Es besteht aus 27 phaläkeischen Hendekasyllaben und ist vom Verfasser dem Johann Averberg als *populari suo dilectissimo* gewidmet.

Anschließend folgt das vier Abschnitte umfassende Hochzeitsgedicht des Johann Averberg für Heinrich Clotaccius und Anna Köning, dessen erster Abschnitt nach dem Vorbild von Verg. *georg.* 3,2 bezüglich Apoll als *Pastor ab Amphryso* überschrieben ist und elf daktylische Hexameter umfasst. Der zweite Abschnitt ist mit *Aglaia* betitelt und hat einen Umfang von dreizehn elegischen Distichen. Nach der Grazie Euphrosyne ist der dritte Abschnitt aus dreißig elegischen Distichen benannt. Diese drei Abschnitte führen nach dem antiken Vorbild des *Hymenaios* zur eigentlichen Hochzeit hin und münden im vierten Abschnitt, der mit *Thalia* überschrieben ist, in die Beschreibung des Brautpaares und die anlässlich der Heirat dem Widmungsempfänger geäußerten Wünsche und Bitten. Dieser vierte Abschnitt besteht aus dreizehn Verspaaren in Epodenform aus einem katalektischen daktylischen Tetrameter sowie einem Pentameter. Abschließend steht ein *symbolum* aus je einem elegischen Distichon in griechischer und lateinischer Sprache. Averbergs Epithalamion ist somit als dichterischer Reigen der Grazien und des Apoll nach idyllischem Vorbild gestaltet.

---

[325]   Clotaccius wurde am 5. Mai 1584 an der Universität Wittenberg immatrikuliert. Dazu vgl. FÖRSTEMANN/HARTWIG (1894), S. 325a17.

Genau im selben Zeitraum tritt erstmals der weitere Johann Averberg (* Minden) in Erscheinung, der seinerseits der Sohn eines Johann Averberg ist. Er kann nicht mit dem erstgenannten Mann identisch sein, weil der ein Sohn des Conrad Averberg ist, und er kann auch kaum der Sohn des bisher erwähnten Johann Averberg sein, weil der erst im Jahr 1590 als Helmstedter Jurastudent, und damit vermutlich als jüngerer Mann erstmals heiratet. Aufgrund derselben Herkunft ist gleichwohl eine Verwandtschaft anzunehmen, die nach derzeitigem Kenntnisstand auch über eine Recherche in archivalischen Datenbanken nicht nachweisbar ist. Die folgenden Hinweise und familiären Verbindungen beziehen sich somit allesamt auf den Johann Averberg, Sohn des Johann. Er schreibt zum 22. August 1585 wohl als *S[cholae] L[emgoviensis] alumnus*, also vielleicht im Alter von fünfzehn bis zwanzig Jahren, zur Heirat seiner Schwester Gesa Averberg (* Minden) mit Georg Butner (...), dem Sohn des zum Zeitpunkt der Eheschließung bereits verstorbenen Esaias Butner (...) ein Epithalamion (VD 16 ZV 7195).

ΓΑΜΗΛΙΟΝ ‖ NVPTIIS ‖ ORNATISSIMI ‖ JUVENIS GEOR-GII ‖ BUTNERI, PRÆSTANTISSIMI ‖ VIRI ESAIÆ BUTNERI, PIÆ ME-‖ moriæ filii, Sponſi: & caſtæ pudicæq[ue] virginis ‖ Geſæ Averbergiæ, prudentiſ[simi viri Joan-‖nis Averbergii inclytæ Reip. Mindenſis ‖ Senatoris filiæ, Sponſæ: cele-‖bratis 22. Auguſt. ‖ Auctore ‖ Joanne Averbergio Min-‖dano S. L. alumno. ‖ LEMGOVIÆ, ‖ Typis Conradi Grotheni. ‖ Anno á virgineo partu ‖ cIɔ. Iɔ. xvc.
Lemgo: Konrad Grothe 1585. [4] Bl.; 4°
[München, BSB: *P.o.lat. 1685 f*]

Dieser Druck wird von einem Widmungsepigramm des Heinrich Nisius (Pastor in Minden und Oldenburg, * Minden 1566, † Oldenburg 11.05.1631) an Johann Averberg eröffnet, in dem der Dichter den Verfasser des folgenden Epithalamions in vier elegischen Distichen preist.[326] Anschließend folgt das *ΓΑΜΗΛΙΟΝ* des Johann Averberg, das 39 elegische Distichen umfasst. Gesa Averberg ist eine Schwester des Verfassers, denn sie wird in v. 7 als *mea ... cognata* und in v. 35 als *Gesa, mihi sanguine juncta* bezeichnet. Abschließend folgt ein *Votum pro conservatione conjugii* aus vier elegischen Distichen, das nicht namentlich unterzeichnet ist, aber eine Einheit mit Averbergs Epithalamion bildet und mit Sicherheit auch von ihm verfasst ist. Der Druck im Bestand der Bayerischen Staatsbibliothek in

---

[326] Vgl. BAUKS (1980), S. 363. Nisius wurde am 24. Oktober 1587 an der Universität Helmstedt immatrikuliert. Vgl. ZIMMERMANN (1926), S. 67*b*147. Zum nicht erhaltenen Epitaph des Heinrich Nisius im Dominikanerkloster St. Pauli in Minden und zu biographischen Hinweisen vgl. WEHKING (1997), S. 159, dort Nr. 179.

München trägt auf dem Titelblatt eine handschriftliche Widmung des Verfassers. Bemerkenswert zur Verfasserangabe auf dem Titelblatt ist, dass wie bereits erwähnt auch der erstgenannte Johann Averberg, der Sohn des Conrad Averberg, mit der Stadt Lemgo in Bezug gesetzt wird. Im darauffolgenden Jahr 1586 heiratet eine weitere Schwester, Adelheid Averberg (* Minden) den Johannes Coccäus (= Koch, Pastor an St. Martini in Minden, * Minden, † Minden 12.06.1598). Zu diesem Anlass schreibt Reiner Schmidt (Prorektor der Schule in Minden, * Hildesheim) eine *gratulatio* über Ps. 128 (VD 16 S 3152 = S 3151).[327]

GRATVLATIONES ‖ I. ‖ EX PSALMO ‖ 128. PARAPHRASTI-‖CE DESUMPTA, ET SCRI-‖PTA IN HONOREM SANCTI CON-‖jugii & gratiam ornatiſsimi viri, pietate, eruditione, vitæ ‖ integritate & dignitate præſtantis D. IOHANNIS ‖ COCCAEI, Ecclefiæ Mindenſis ad D. Martinum paſto-‖ris fidelifsimi, ducentis uxorem honeſtam & Caſtifsi-‖mam virginem Adelheidam. amplifsimi viri ‖ Iohannis Averbergii Senato-‖ris Mind. Filiam. ‖ II. ‖ CONSECRATA EST NUPTIA-‖RUM SOLENNI-TATI HONESTISSIMI ‖ viri, doctrina, virtute, & magna in juventute erudienda fide ‖ confpicui D. HANNIBALIS NVLLÆI, ſcholæ Ha-‖melenſis Rectoris dignißimi, in matrimonium fuſcipientis ‖ præclaram & pudicißi. virginem CATHARINAM, ‖ Reverendi & doctißimi viri, D. OTHO-NIS DOM-‖HOVII, Euangelici Miniſterii apud Ha-‖melenſes Senioris vigilantißi-‖mi, filiam. ‖ Auctore ‖ Reinero Fabricio Hildefiano, ſcholæ Min=‖denſis prorectore. ‖ LEMGOVIAE, ‖ ANNO 1586. Menſe Majo. Lemgo: [Konrad Grothe] 1586. [4] Bl.; 4° [Wolfenbüttel, HAB: *A: 202.44 Quod. (49)*]*

Der gleiche Gelegenheitsdruck enthält als zweiten Text eine *gratulatio* zur Heirat des Hannibal Nulläus (Rektor der Schule in Hameln, * Rinteln) mit Catharina Domhov (...), der Tochter des Hamelner Pastors Otto Domhov (Pastor in Wülfinghausen und Hameln, * Osnabrück, † Hameln 1591).[328] Schmidt stellt vor die beiden einzelnen Epithalamien eine gemeinsame, auf seine *fautores* verfasste *de-*

---

[327] Zu den biographischen Daten des Johannes Coccäus vgl. BAUKS (1980), S. 263. Er wurde am 15. April 1592 an der Universität Helmstedt immatrikuliert, an der er am 25. April 1592 zum Magister promoviert wurde. Dazu vgl. ZIMMERMANN (1926), S. 96b158 und S. 98a3. Er ist wohl nicht identisch mit dem gleichnamigen Studenten aus Lemgo, der am 1. Januar 1590 an der *Academia Iulia* immatrikuliert wurde. Vgl. ZIMMERMANN (1926), S. 79b34. Schmidt wurde am 17. Februar 1580 ebenda immatrikuliert. Vgl. ZIMMERMANN (1926), S. 25a67.

[328] Vgl. MEYER (1942), S. 536 und MEYER (1941), S. 400.

dicatio aus elf elegischen Distichen, in der er zunächst auf den Zeitraum beider Eheschließungen eingeht. Der Winter sei gerade vergangen, die Erde grüne wieder, in der Luft ertöne wieder der Chor der Vögel und auch die Wälder jubilierten mit fröhlichem Klang. Diese Beschreibung entspricht dem τόπος des Frühlings und gestaltet eine idyllische Landschaft. Die Aussage, auch das Vieh suche sich die Venus wieder, spielt auf die ebenfalls beginnende Fortpflanzungsperiode der Tiere an. Ab v. 7 verkündet Schmidt, dass zu eben dieser Zeit beide Paare heirateten, und es seien *optima ... tempora*. Er wünsche, dass der *sacer ... Deus* beiden *amores* beistehe, und er wünsche gleichermaßen, dass eines Tages auch die jetzigen Widmungsempfänger ihm dasselbe wünschten und auch er selbst eine Frau fände:

> *Utque sacer vestris Deus adsit amoribus, opto,*
> *Hoc optare mihi vos aliquando decet.*
> *Atque utinam tali cum pulchra virgine vellent*
> *Fata bona unanimis me juga ferre thori.*

Schmidt empfiehlt anschließend in v. 15–18, die beiden *virgines* sollten sich mit ihrem jeweiligem Ehemann in den *joca* üben, womit er den ehelichen Geschlechtsverkehr und das Liebesspiel andeutet, während er selbst in v. 16 vom *jocus iste* mit negativer Nuance spricht. Unterdessen sollten sie seine folgenden *carmina* wohlgesonnen annehmen und ihm als Verfasser und Freund gewogen bleiben.

Nach diesem Widmungsgedicht folgt das an Johannes Coccäus gerichtete erste Epithalamion aus 41 elegischen Distichen, die inhaltlich gemäß dem Titel des gesamten Druckes Ps. 128 folgen. Der erste Abschnitt in v. 1–26 ist eng am biblischen Text orientiert und beinhaltet in Gegenüberstellung die folgenden inhaltlichen Elemente: *felix qui ... metuit* (v. 1, entspricht Ps. 128,1), *insistit ... viae* (v. 2, entspricht Ps. 128,1), *ille laborifera manuum gravitate suarum / sustentare potest seque suamque domum* (v. 5–6, entspricht Ps. 128,2), *illius uxor erit vitis ... fertilis* (v. 9, entspricht Ps. 128,3), *replebit totam filiolisque domum* (v. 10, entspricht Ps. 128,3), *cara appositam cingent pulcro ordine mensam / pignora ... thori* (v. 11–12, entspricht Ps. 128,3), *sic bona progenies ... / ... suum patrem laetificare solet* (v. 15–16, entspricht Ps. 128,4), *tam bona prosperitas fidum beat ... maritum / qui divina ... numina ... timet* (v. 17–18, entspricht Ps. 128,4), *benedicit ei Dominus de rupe Sionis* (v. 19, entspricht Ps. 128,5), *longaevosque videns sera de stirpe nepotes* (v. 23, entspricht Ps. 128,6) sowie *pacifice ... traducat ... tempora ... / quando ... praesens gratia blanda Dei est* (v. 25–26, entspricht Ps. 128,6). Ab v. 27 folgt der eigentlichen Paraphrase des Psalms eine theologische Weiterführung. Dabei wird zunächst an die *gratia blanda Dei* aus v. 26

angeschlossen. Die in der Widmung erwähnte Ehe werde im *venerabile templum* Gottes und unter Gottes *Numina sancta* geschlossen. Der in v. 30 genannte *summus ... Deus* gewähre ihnen als Brautleuten unter einem *laetum omen* alles als derjenige, der die erste Ehe für den Menschen eingesetzt habe. Mit dieser Anmerkung spielt Schmidt auf die Paradieserzählung in Gen. 2,18 an und erwähnt in v. 34 als Gegenpol namentlich die Hetäre Thais aus Athen, deren Geschichte aus Ov. *rem.* 383–386 bekannt ist. Anschließend wird erstmals der Bräutigam direkt angesprochen. Er heirate eine *sponsa decens*, und alle bei der Trauung Anwesenden wünschten Gottes Beistand für die neue Ehe. Für das Wirken Gottes setzt Schmidt die Verben *prosperare*, *ornare* und *alere*. Diese Bitten blieben nicht unerhört, denn Gott bleibe ihnen gewogen und beschütze das *verecundi ... amoris opus*. Er verlasse diejenigen, die an ihn glaubten, *nullo ... aevo*. Als Beispiel nennt der Verfasser in v. 46 den Tobias aus den alttestamentlichen Apokryphen, dessen Liebes- und Heiratsgeschichte nach Tob. 7–9 er ab v. 47 erzählt. Tobias sei zum Haus des Raguël gekommen und habe dessen Tochter Sara als Ehefrau für sich gewonnen. Die in v. 48 verwendete Formulierung *potitur connubioque Sarae* gibt dabei deutlich den sehr offensiv vorgetragenen Heiratswunsch des Tobias gemäß Tob. 7,10 wieder. Es ist anzunehmen, dass der Dichter mit dieser biblischen Geschichte eine Parallele zur Heirat des Widmungsempfängers mit Adelheid Averberg aufzeigen will, denn er wechselt bereits in v. 49 wieder in die Perspektive der direkten Anrede des Johannes Coccäus. Unter Christus als *auspex* werde er mit einer *uxor honesta* verbunden, die von *morum ingenua dexteritas* sei. Sie stamme schließlich von guten Eltern ab und zeige den *illibatae virginitatis honor*. Auch in den beiden darauffolgenden Distichen wird die Braut aufgrund ihrer Eigenschaften weiter gerühmt und Schmidt konstatiert in v. 57–58:

> *Aptior haud potuit tibi jungi docte Ioannes*
> *Uxor, honorandi sic voluere Dii.*

Er müsse Gott von ganzem Herzen für seine zukünftige Ehefrau danken, er, der die theologischen Studien liebe und deshalb Lob erhalte. Diese Worte implizieren die Gegenüberstellung der Liebe des Widmungsempfängers zu seiner Frau und der Liebe zu seiner akademischen Disziplin. Beide Partner seien unter einem glücklichen Zeichen Gottes miteinander verbunden, weshalb Gott auch eine fröhliche Hochzeitsfeier billige. Schmidt beschließt sein Hochzeitsgedicht mit der Bitte für eine von *querelae* freien Ehe, ein von Gott gesegnetes Haus und ein langes gemeinsames Leben der Eheleute. Dieses Epithalamion erinnert bezüglich seiner Gliederung und seines argumentativen Aufbaus an die exegetische Struktur einer Predigt. So gibt Schmidt zunächst in eigenen Worten einen biblischen Text wieder, den er anschließend mit Verweisen auf weitere biblische Geschichten sowie allgemeinen Anmerkungen über das gute Wirken Gottes ergänzt. Die Geschichte des Tobias wird in v. 46 ausdrücklich als *exemplum* benannt, so dass das Exemplarische und Lehrhafte zum Thema Heirat und Ehe im Mittelpunkt der Darstellung und somit des gesamten Gedichts steht.

Das zweite Epithalamion umfasst 28 elegische Distichen und ist an Hannibal Nulläus adressiert. Schmidt leitet es mit der bildlichen Darstellung des Seemanns ein, der aufgrund eines Seesturms den rettenden Hafen anzusteuern versucht. Der Widmungsempfänger sei oftmals auf diese Weise in fremde Länder gelangt und richte sich jetzt auf das Ansteuern der Ehe ein. Die Seefahrtsmetapher stellt seit der Antike ein beliebtes literarisches Bild dar und erscheint im Regelfall im Kontext der Ausübung der Regierungsmacht. In v. 5 ruft Schmidt dann die Muse um ihren Beistand zum Lob Gottes und zum *conjugii ... decus* an und leitet ab v. 11 zur Beschreibung des Bräutigams weiter. Er lenke die *exultae tradita sceptra scholae* in der Stadt Hameln, die Schmidt als *Hameloa visurgica* erwähnt. Dort wirke er zum Wohle der Jugend und führe den sinnbildlich für die *artes* stehenden Parnass des Apoll und der Musen vor. Er sei als glücklich zu bezeichnen, weil er sich mit diesen schönen Künsten beschäftigen könne. Dazu habe der Bräutigam sich nicht nur eines *facilis ... labor* bedient, was impliziert, dass die Aufgabe des Hannibal Nulläus Züge der *difficultas* trägt. Die in v. 25 nach ihrem Wohnsitz auf dem Berg Helikon in Böotien als *Aonias ... sorores* genannten Musen hätten ihm dazu die *praeclara ... serta* eingegeben. Trotzdem habe ihm eine Frau gefehlt, und da er jetzt die Ehe eingehe, solle er sich freuen und die *juga ... thori* annehmen. Nach der Darstellung des Dichters begibt sich der Hamelner Rektor somit aus der beruflichen Bindung an die Musen in die eheliche Bindung an seine auserwählte Frau. Diese führe ihren Namen Catharina *a puro*, dem griechischen Adjektiv καθαρός, was eine typisch römische etymologische Deutung ist und den unberührten Charakter der Braut beschreiben soll. Mit ihr solle er die *primitiae thalami ... viriles* aufnehmen, was eine Anspielung auf die Ausübung des ehelichen Geschlechtsverkehrs darstellt. Nulläus werde sich dabei als *praestans athletha duelli hujus* beweisen, wobei die Kriegsmetaphorik der Liebe beispielsweise an Ov. *am.* 1,9 erinnert. Schmidt merkt zum von ihm Gesagten in v. 39–40 vorsichtig an:

> *Ac, si vera loquor, mihi res secunda videtur,*
> *Virgine cum licita concubuisse thoro.*

Außerdem sei er sicher, dass sich beiden die *honesta Venus* erkenntlich zeige, denn der christliche Gott lasse bisweilen eine *casta ... mens* walten, heiße das *amoris casti opus* gut und hasse das *turpis amoris opus*. Der im Folgenden mit seinem Vornamen freundschaftlich angerufene Bräutigam solle sich somit seiner Frau in Liebe zuwenden:

Hos igitur licitos tractando fideliter ignes
Hannibal uxori basia fige tuae.

Dann möge er sich glücklich *post taedia multa* mit seiner Ehefrau *legitimi in portu prolificante thori* ausruhen und sich des ebenfalls nur mit dem Vornamen genannten Verfassers erinnern. Diese Formulierung erinnert an die bereits erwähnte Seefahrtsmetapher in v. 2 und gibt dem gesamten Hochzeitsgedicht somit einen umschließenden Rahmen. Schmidt stellt die Heirat des Hannibal Nulläus als dessen persönlichen Ruhehafen dar und versteht es, sich abschließend noch selbst in sein Gedicht einzubringen. Zumindest nach modernen Maßstäben mutet die Vorstellung, der gerade verheiratete Ehemann gedenke in seinem Ehebett neben seiner Frau des glückwünschenden Freundes, skurril an, wenngleich aus dieser Bitte des Verfassers die innige freundschaftliche Verbundenheit beider Männer zu erkennen ist.

Zwischenzeitlich ist ein Mann mit Namen Johann Averberg auch im Kontext der Verwaltung der Stadt Minden nachgewiesen, denn in der Universitätsbibliothek der Justus-Liebig-Universität Gießen ist ein Stadtbuch der Stadt Minden für den Zeitraum von 1318 bis 1555 erhalten, das im Jahr 1598 von Johann Averberg paginiert und mit Anmerkungen und Zwischenüberschriften versehen wurde. Unter anderem daraus hat er das Mindener Stadtrecht systematisch geordnet und später am 8. Januar 1613 den Bürgern verlesen (Gießen, UB: *Hs 1055*).[329]

Die juristische Dissertation des Johann Averberg, Sohn des Johann Averberg, wird im Jahr 1608 an der Universität Helmstedt bei Andreas Cludius (Professor in Helmstedt für Jura, * Osterode 07.11.1555, † Osterode 09.09.1624) eingereicht und gedruckt (VD 17 23:313368W).[330] Das Datum der Disputation ist für

---

[329]   Vgl. die Online-Ressourcen unter http://geb.uni-giessen.de/geb/volltexte/2007/4997/pdf/1055.pdf (Stand: 16. Mai 2008) und http://www.alt-minden.de/klchronik.html (Stand: 16. Mai 2008).

[330]   Averberg wurde am 17. Februar 1608 an der Universität Helmstedt immatrikuliert und schon zuvor am 15. Februar 1608 ebenda als mecklenburgischer Rat zum Dr. jur. promoviert. Am 16. Februar 1619 ist die Immatrikulation eines weiteren, gleichnamigen Studenten aus Minden belegt, der aufgrund des Ortswechsels nach Mecklenburg kaum ein Sohn sein kann, sondern ein anderweitig verwandter gleichnamiger Mann. Dazu vgl. ZIMMERMANN (1926), S. 196*b*31, S. 199*a*1 und S. 270*a*101. Zu Andreas Cludius vgl. ZIMMERMANN (1926), S. 394–395 und STEFFENHAGEN (1876*a*). Er ist auf den nicht erhaltenen Grabdenkmälern seiner Töchter Agnes Cludius aus dem Jahr 1601 und Sophia Cludius aus dem Jahr 1609 in der Universitätskirche St. Stephani in Helmstedt genannt. Dazu vgl. HENZE (2005), S. 183–184, dort Nr. 113 und S. 192, dort Nr. 121. Sein Sohn Johannes Thomas Cludius ist erwähnt bei HENZE (2005), S. 220–221, dort Nr. 159.

den 18. Januar gesetzt, im für diese Untersuchung herangezogenen Exemplar der Herzog August Bibliothek in Wolfenbüttel jedoch handschriftlich auf den 1. Februar 1608 korrigiert, und auch der Hinweis zur Promotion in der Helmstedter Matrikel weist in den Februar 1608.

DISPVTATIONES QVATVOR. ‖ Ex titulo quarto libri XII. Digeſtorum, ‖ DE CONDICTIONE CAV-‖SA DATA CAVSA NON ‖ SECVTA: ‖ Et Titulo Sexto libri Quarti Codicis, ‖ DE CONDICTIONE OB ‖ CAVSAM DA-TORVM: ‖ deſumtæ. ‖ Quibus omnia quæ ad ſingulas horum Titulorum leges, totamq[ue] ‖ hanc materiam, latè & ſubtiliter, tàm Neoterici, quàm Vete-‖res annotant Interpretes, diligenter & accuratè ‖ examinantur. ‖ AD QVARVM PRIMAM, ‖ affulgente ‖ DEI OPTIMI MAXIMI benigna gratia, ‖ DECRETO ATQVE AVCTORITATE AMPLIS-‖ſimi ordinis Iureconſultorum in Illuſtri Academia ‖ IVLIA Helmſtadij, ‖ PRAESIDENTE VERO ‖ ANDREA CLVDIO IVRECONSVLTO, ‖ Potentiſsimi Brunſuicenſium Ducis Conſiliario, & in eadem Aca-‖demia Anteceſſore, nec non ſupremi Dicaſterij quod est ‖ VVolfferbyti Aſſeſſore: ‖ PRO SVPREMA LAVREA IN VTROQVE ‖ Iure conſequenda, ‖ Reſpondebit ‖ M. IOHANNES AVERBERGIVS Mindanus, ‖ Ad 18. Ianua. In auditorio maiori, horis matutin. & pomerid. ‖ HELMAESTADII, Typis Iacobi Lucij, 1608. Helmstedt: Jakob Lucius d. J. 1608. [8] Bl.; 4° [Wolfenbüttel, HAB: A: 107.9 Jur. (13)]*

Auf der Rückseite des Titelblatts sind das Wappen der Stadt Minden aus doppelköpfigem Adler und gekreuzten Schlüsseln sowie ein Epigramm aus drei elegischen Distichen abgedruckt, das der Helmstedter Professor Heinrich Meibom d. Ä. verfasst. Es stellt ein kurzes Stadtlobgedicht auf die Stadt Minden dar: Man möge das Wappen der blühenden Stadt, das der Kaiser verliehen habe, ansehen. Die Schlüssel habe Herzog Widukind von Sachsen übergeben, und als *arbiter orbis* sei der Adler ergänzt worden. Christus als *rector coeli* möge beides bewahren. Dieses kurze Gedicht ist gemeinsam mit dem Stadtwappen ebenfalls als erstes Glückwunschgedicht in der nächsten Gedichtsammlung abgedruckt. Weitere Gedichte enthält die Dissertation nicht, weshalb der Druck abschließend keine Berücksichtigung im Verzeichnis der Drucker und Drucke findet. Zur Promotion am 15. Februar 1608 erscheint in Helmstedt eine umfangreiche Sammlung von Glückwunschgedichten aus dem universitären Milieu, in denen Averberg von seinen akademischen Freunden gefeiert wird (VD 17 23:631466R).

VOTA ‖ Et gratulationes ‖ HONORIBVS ‖ Clarißimi & conſultißimi ‖ viri, ‖ M. IOHANNIS AVER-‖BERGII ICti, ‖ Cum illi ‖ In illuſtri Iulia Elmana ‖ Doctoris In Vtroqve Ivre Gradvs ‖ cum quinq[ue] alijs Candidatis conferretur, ‖ Ad 15. diem Februarij Anno Chriſti 1608. ‖ Ab amicis ſcriptæ & tranſmiſſæ. ‖ Helmaestadii, ‖ Ex Typographeio Iacobi Lvcii. ‖ Anno M. DC. VIII.

Helmstedt: Jakob Lucius d. J. 1608. [22] Bl.; 4°
[Wolfenbüttel, HAB: *H: J 387.4° Helmst. (10)*]

Das erste Glückwunschgedicht stammt vom Helmstedter Professor Heinrich Meibom d. Ä. und ist mit dem bereits besprochenen Epigramm im Druck der Dissertation Averbergs identisch. Das zweite Gedicht ist als *In honorem Doctoreum M. Iohannis Averbergii* betitelt und besteht aus vierzig daktylischen Hexametern, die Lukas Langemantel von Sparren (Beamter, Großvogt, * 19.02.1567, † 01.10.1624) als braunschweigisch-lüneburgischer Hofbeamter an Averberg schickt.[331] Die dritte *gratulatio* dichtet Dr. theol. Kaspar Pfaffrad für seinen *amicus ... vetus intimus.* Ebenfalls an seinen *amicus vetus & commensalis* richtet sich der herzogliche Rat Sebastian Treschow in seinen zwanzig phaläkeischen Hendekasyllaben. Das fünfte Gedicht schreibt der Jurist Peter Frider (* Minden, † Frankfurt am Main 22.01.1616) aus dreißig daktylischen Hexametern.[332] Anschließend ist erneut Heinrich Meibom Verfasser einer *gratulatio*, die aus 66 daktylischen Hexametern besteht, und es folgt als siebtes Gedicht nochmals von Heinrich Meibom ein Anagramm auf den Namen des Promovierten und zwei elegische Distichen dazu. Der Verfasser des achten Glückwunschgedichts ist Dr. jur. Hieronymus von Lohen (* Haselünne), der über *pietas* und *labor* des Widmungsempfängers vierzehn elegische Distichen schreibt.[333] Das neunte Gedicht im Umfang von 78 daktylischen Hexametern schreibt der cand. med. Johannes Frieda aus Osnabrück (Arzt, * Niederwesel 30.10.1588, † Helmstedt 08.02.1641).[334]

---

[331]   Langemantel wurde am 3. Oktober 1587 an der Universität Helmstedt immatrikuliert und ist dort noch im selben Jahr als juristischer Defendent belegt. Vgl. Zimmermann (1926), S. 66*b*118.

[332]   Vgl. Muther (1878).

[333]   Hieronymus von Lohen wurde am 30. November 1596 als *Haselundensis Westphalus* an der Universität Helmstedt zum Dr. jur. promoviert. Vgl. Zimmermann (1926), S. 128*a*5. Eine Immatrikulation ist ebenda nicht nachweisbar. Haselünne gehörte bis in die napoléonische Zeit zum Bistum Münster in Westfalen und kam erst danach zu Hannover und Preußen.

[334]   Frieda ist regelmäßig mit dem Herkunftsort Osnabrück genannt, weil seine protestantischen Eltern mit ihm im Kindesalter aus dem Rheinland dorthin flüchteten und die

Mag. Johannes Walbom (Rektor in Minden, Pastor in Minden und Schnathorst, * Minden), Pastor und Hebräischlehrer an der Schule in Minden widmet Averberg den zehnten Glückwunsch aus fünfzehn elegischen Distichen, in denen er auf dessen akademische Beamtenkarriere eingeht und in v. 9 die Margarita Schaumburg als Ehefrau des Promovierten nennt.[335] Das elfte Gedicht aus 35 elegischen Distichen verfasst Heinrich Nisius, Pastor an St. Martini in Minden. Die acht sapphischen Strophen der zwölften *gratulatio* dichtet Mag. Jonas Eddeler (Pastor in Minden, * Hameln, † Helmstedt 1632), der ebenfalls als Pastor in Minden unterzeichnet.[336] Das folgende dreizehnte Gedicht besteht aus zwei Distichen und ist als Anagramm auf den Namen des Johann Averberg komponiert. Es wird ebenfalls von Eddeler verfasst, wie die Betitelung als *Anagramma eiusdem* anzeigt. Die anschließende *Parodia* umfasst zwölf Verspaare in Epodenform, die nach dem Vorbild von Hor. *carm.* 4,10 aus einem iambischen Trimeter und einem iambischen Dimeter bestehen. Der Dichter dieser Verse ist Mag. Henning Ludewig, der als Pastor an St. Simeon in Minden unterzeichnet. Das fünfzehnte Gedicht ist wiederum ein *Anagramma eiusdem* aus vier elegischen Distichen auf den Namen des Widmungsempfängers, für das somit auch Ludewig der Dichter ist. Der Mindener Rektor Mag. Johann von Beringhausen (...) verfasst als sechzehntes Gedicht eine Ἐυφημία aus 144 phaläkeischen Hendekasyllaben.[337] Das siebzehnte Gedicht im Umgang von sieben elegischen Distichen ist als *Echo*

Stadt seine Heimat wurde. Dazu vgl. ZIMMERMANN (1926), S. 414–415. Er wurde am 22. April 1601 an der Universität Helmstedt immatrikuliert und wechselte bereits im Jahr 1601/02 in die medizinische Fakultät. Im Jahr 160 erscheint er in der Matrikel als medizinischer Absolvent, ebenso wird er am 2. August 1607 genannt. Im Jahr 1608/09 erfolgt ebenda die medizinische Doktorpromotion. Am 15. Juli 1609 wird Frieda in das Personal der medizinischen Fakultät der Universität Helmstedt aufgenommen. Dazu vgl. ZIMMERMANN (1926), S. 154a73, S. 155b7, S. 187a1, S. 196b5, S. 199a2 und S. 207a3.

[335] Zu Walbom vgl. BAUKS (1980), S. 536. Er wurde am 3. April 1561 an der Universität Rostock immatrikuliert und 1564 ebenda zum Magister promoviert. Dazu vgl. HOFMEISTER (1891), S. 142a2 und S. 154b2. Er ist wohl nicht identisch mit dem am 3. April 1617 an der Universität Helmstedt immatrikulierten Studenten und dem am 13. Mai 1626 ordinierten Pastor desselben Namens aus Pyrmont. Vgl. ZIMMERMANN (1926), S. 256b99 und S. 313a20.

[336] Vgl. BAUKS (1980), S. 111. Eddeler wurde am 14. April 1591 an der Universität Helmstedt immatrikuliert, ebenda im Jahr 1593 zum Magister promoviert und im Mai 1598 für Minden ordiniert. Dazu vgl. ZIMMERMANN (1926), S. 88a148, S. 109b23 und S. 136a26.

[337] Der gleichnamige Sohn wurde im Jahr 1622 an der Universität Rinteln immatrikuliert und wirkte später als Pastor in Lerbeck und Petershagen (* Minden, † Lerbeck 31.01.1654). Dazu vgl. SCHORMANN (1981), S. 19, dort Nr. 60 und BAUKS (1980), S. 34.

eiusdem überschrieben und stammt somit ebenfalls von Johann von Beringhausen. Als letztes Wort steht jeweils ein Wort nach dem Prinzip des Echos auf das vorletzte Wort oder den Schluss des vorletzten Wortes. Das aus 88 daktylischen Hexametern bestehende achtzehnte Glückwunschgedicht schreibt Heinrich Costadius (* Minden), der als *Reipub. Mind. Secretarius* unterzeichnet.[338] Der Dichter des neunzehnten Gedichts im Umfang von elf alkäischen Strophen ist der Konrektor Mag. Johannes Sagittarius (Konrektor in Minden, Pastor in Hausberge, * Prettin, † Hausberge 1640).[339] Mag. Thomas Müller (* Minden) widmet Averberg die zwanzigste *gratulatio*, die aus zwanzig elegischen Distichen besteht.[340] Die darauffolgende Elegie aus 26 elegischen Distichen stammen von Johannes Gevekot (* Minden), der sich als Freund Averbergs bezeichnet.[341] Das kurze zweiundzwanzigste Gedicht umfasst fünf elegische Distichen, die Johann Frisius (* Minden), der Rektor der Schule in Lübbecke bei Minden verfasst.[342] Das dreiundzwanzigste Gedicht umfasst 22 daktylische Hexameter des Kantors Martin Scheffer (Komponist, † Minden 1644). Sebastian Hesse (* Minden), der Subkonrektor der Mindener Schule, verfasst die fünf sapphische Strophen des nachfolgenden Glückwunsches, und Barward Calmeier (* Hildesheim) ist als Mindener Schulkollege Dichter des fünfundzwanzigsten Gedichts aus 38 elegischen Distichen.[343] Derselbe Beiträger verfasst auch das anschließende Akrostichon aus 18 daktylischen Hexametern, dem akrostisch *Magister Averbergus* und telestichisch *Doctor iuris creatus* zu entnehmen ist. Das die gesamte Sammlung beschließende Gedicht aus 37 daktylischen Hexametern schreibt Johannes Kro-

---

[338] Costadius wurde am 20. Juli 1596 als *Henricus Costede, Mindensis* an der Universität Helmstedt immatrikuliert. Dazu vgl. ZIMMERMANN (1926), S. 126a106.

[339] Vgl. BAUKS (1980), S. 425. Ob Sagittarius mit dem bei SEEBAß/FREIST (1974), S. 264 ohne weitere Angaben genannten Pastor von Bevern identisch ist, kann nicht geklärt werden. Er wurde am 4. Oktober 1594 als *Johannes Schutzius, Mindensis* an der Universität Helmstedt immatrikuliert und ebenda am 10. Mai 1603 zum Magister promoviert. Vgl. ZIMMERMANN (1926), S. 114b216 und S. 167a3.

[340] Müller wurde am 16. September 1600 an der Universität Helmstedt immatrikuliert. Vgl. ZIMMERMANN (1926), S. 151a116.

[341] Gevekot wurde am 8. Mai 1593 an der Universität Helmstedt immatrikuliert. Vgl. ZIMMERMANN (1926), S. 105a15.

[342] Frisius wurde am 4. Juni 1596 als *Neapolitanus* an der Universität Helmstedt immatrikuliert und am 23. Mai 1611 ebenda als *Mindensis* gemeinsam mit Johannes Kroneberg zum Magister promoviert. Dazu vgl. ZIMMERMANN (1926), S. 125a24 und S. 218a10.

[343] Hesse wurde am 23. August 1585 an der Universität Helmstedt immatrikuliert. Vgl. ZIMMERMANN (1926), S. 54a65. Calmeier wurde am 29. April 1594 an der Universität Helmstedt immatrikuliert. Vgl. ZIMMERMANN (1926), S. 111b85.

neberg (* Osnabrück).[344] Als Beiträger an dieser Sammlung von Glückwunschgedichten zur Promotion des Johann Averberg wirken somit überwiegend Universi-
tätsdozenten, Theologen, Lehrer sowie Kommilitonen aus dem heimatlichen und
universitären Umfeld des Widmungsempfängers mit.
Ebenfalls als Glückwunsch anlässlich der Promotion verfasst der bereits mehrfach
erwähnte Helmstedter Professor Johannes Caselius zum selben Tag im Jahr 1608
ein kleines Gelegenheitsgedicht, das als Einblattdruck veröffentlich ist (VD 17
23:631472S).

> IOANNI AVERBERGIO, ‖ Mindenſi, V. Cl^mo· Philoſopho, Oratori & ‖
> hodie renunciato ICto. ‖ [es folgt das Gedicht] ‖ XVI. Kal. Mart. cIs. Is. c.
> IIX. ‖ Ioannes Caſelius. ‖ HELMAESTADII, ‖ In officina IACOBI LVCII.
> Helmstedt: Jakob Lucius d. J. 1608. [1] Bl.; 2°
> [Wolfenbüttel, HAB: *H: J 387.4° Helmst. (10a)*]*

Das Gedicht des Johannes Caselius besteht aus 37 iambischen Senaren. Es beginnt
mit der Darstellung, der Widmungsempfänger sei bereits von Kindertagen an von
den *sorores*, den Musen, und dem nach seiner Mutter Latona in v. 1 als *filius ... La-
toos* genannten Gott Apoll geführt worden. Dieser sei sein Lehrer bezüglich Reden
und Schweigen gewesen, und die *hastata virgo*, die Göttin Minerva, habe ihn als
Göttin der Weisheit fürsorglich mit ihren Gaben beschenkt. Vom Götterthron des
Jupiter aus habe ihn die Göttin Themis, die Göttin der Gerechtigkeit, *omni parte*
in den Gesetzen unterwiesen. Die Nennung der Themis in einem Glückwunsch an
einen juristischen Universitätsabsolventen ist als τόπος zu werten. In v. 1.7.10 beginnen die einleitenden Aussagen jeweils als relativischer Satzanschluss mit dem
Relativum *quem*, das sich jeweils auf den Widmungsempfänger bezieht und beschreibt, was ihm an Unterstützung durch die antiken Gottheiten widerfahren sei.
Die in v. 10 als *divites & elegantes* attribuierten Grazien seien ihm auf dem Weg,
den er beschritten habe, gefolgt, wobei die *Iulia* Freundin gewesen sei. Diese Anmerkung bezieht sich auf die Universität Helmstedt, an der Averberg wie erwähnt
promoviert wurde. Mit *quem* korrespondieren ab v. 14 die Demonstrativprono-
mina *ille* und *ipse*, die den Wechsel der Perspektive vom Widmungsempfänger
als Objekt zum Subjekt kennzeichnen. Im Folgenden weist Caselius in v. 13–14

---

[344] Kroneberg wurde im Wintersemester 1606/07 ohne genaue Tagesangabe an der Uni-
versität Helmstedt immatrikuliert, ebenda am 23. Mai 1611 gemeinsam mit Johann
Frisius zum Magister promoviert und am 29. September 1611 für St. Ludgeri in Helm-
stedt ordiniert. Dazu vgl. ZIMMERMANN (1926), S. 191*b*101, S. 218*a*6 und S. 219*a*4.
MEYER (1942), S. 238 erwähnt vermutlich seinen gleichnamigen Vater (Mag., ab 1576
Pastor in Osnabrück, * Osnabrück, † Osnabrück 1599).

darauf hin, dass sowohl der Vater als auch der Sohn sich den *Thespidae ... Gratiae* als Gottheiten der Gesetzgebung geweiht hätten, was wiederum auf die jeweiligen juristischen Studien des Johann Averberg und seines gleichnamigen Vaters anspielt. Anschließend wirft der Verfasser in v. 15 die rhetorische Frage ein, was er für den jüngst Promovierten erbitten oder vorhersagen solle und führt dazu in v. 16–20 aus:

> *Fruatur ipse dotibus sui ingenij,*
> *Cum dignitate, nesciens penuriae:*
> *Sed patriae suae, suisque civibus,*
> *Ferat salutem maximis laboribus:*
> *Hi ni sient, evanuit spes illius.*

Er möge seine Fähigkeiten nutzen und nicht in Not geraten. Seiner Heimatstadt und seinen Mitbürgern möge er mit seinen Anstrengungen die *salus* zukommen lassen, ansonsten werde die in ihn gesetzte Hoffnung vergehen. Wer die Bürger bedränge und das öffentliche Interesse vernachlässige, stürze sich kopfüber in den Fluss Acheron, der stellvertretend für die Topologie der Unterwelt und damit für den Tod steht. Abschließend schildert Caselius ab v. 27 die positiven Eigenschaften, über die der Widmungsempfänger verfüge: Er sei *sincerus*, nicht *arrogans* oder *invidus*, er sei *tenax*. Auch werde ihm nichts befohlen, noch befehle er selbst. Er sei entweder für einen *servus*, oder *miser* für mehrere. Dieser an den angehenden Juristen gerichtete Hinweis bezieht sich auf das Verhältnis des Menschen zu Gott. Dem einen Gott soll der Widmungsempfänger dienen, anstatt sich elendiglich für mehrere Menschen zu verknechten. Er soll somit im Rahmen seiner juristischen Tätigkeit göttliches Recht sprechen und sich nicht von Positionen einzelner Menschen fälschlich einnehmen lassen. In den letzten drei Versen bezieht Caselius aus seiner Sichtweise von Helmstedt aus die geographischen Gegebenheiten in den Glückwunsch ein:

> *Traveserati scribit haec Cisveseras,*
> *Cisveserati scriberet Traveseras:*
> *Boni bonos & diligunt & praedicant.*

Auf beiden Seiten der durch die Heimatstadt des Widmungsempfängers Minden fließenden Weser solle sich verbreiten, dass die guten Menschen einander wertschätzten und rühmten. Auffällig ist dabei, dass Caselius zur Bezeichnung des Flusses Weser nicht auf das Substantiv *Visurgis* des klassischen Lateins zurückgreift, sondern die latinisierte Form der seit dem Mittelalter belegten germanischen Bezeichnung *Wisera* verwendet. Aus dem gesamten Glückwunschgedicht des Johannes Caselius ist exemplarisch seine Gelehrsamkeit zu erkennen, die sich beispielsweise im Heranziehen der antiken Gottheiten und in der Argumentation der Vorstellung des Dienstes am christlichen Gott zeigt. Außerdem entspricht die löbliche Beschreibung des Widmungsempfängers der Topik der *gratulatio*. Auffällig ist weiterhin, dass in dem Gedicht neben der Andeutung von Vater und Sohn sowie der Andeutung der durch Minden fließenden Weser keinerlei personenbezogene Anspielungen enthalten sind, so dass offen bleibt, in welchem Verhältnis sich der Verfasser zu Johann Averberg und dessen Familie tatsächlich befindet.

Ein Dokument aus der fürstlichen Kanzlei zu Wolfenbüttel belegt, dass derselbe Johann Averberg im Jahr 1620 seine Dimission wegen seiner Bestallung zum mecklenburgischen Hofrat erbittet (Hannover, HStA: *Cal. Br. 22 Nr. 80*). Auf diese Funktion weist bereits der Eintrag in der Matrikel der Universität Helmstedt vom Februar 1608 hin.

Elisabeth Averberg (...), die Tochter des mecklenburgischen Hofrats Dr. jur. Johann Averberg heiratet im Jahr 1622 Johann Heinrich Meibom. Zu diesem Anlass schreiben fünf Verfasser aus dem akademischen Milieu mehrere Hochzeitsgedichte. Im Titel des Drucks erscheint der Vater der Braut erstmals als Mecklenburgischer Beamter (VD 17 1:089073R).

Nvptiis Avspicatis ‖ Viri Clarißimi ‖ IOAN. HENRICI ‖ MEIBOMII MED. DOCTO=‖RIS ET IN ILLVSTRI IV-‖LIA PROFESSO-‖RIS, ‖ Et ‖ Virginis Lectißimæ ‖ ELISABETHÆ AVER-‖BERGIAE ‖ Amplißimi & Confultißimi viri ‖ Dn. IOANNIS AVERBERGII ‖ I. V. Doctoris & Illuftriffimi Megapolenfi-‖lum Ducis Confiliarij inti-‖mi filiæ ‖ gratulantur ‖ AMICI ‖ Helmaestadi, ‖ Typis heredum Iacobi LucI. ‖ cIɔ Iɔ cXXII. Helmstedt: Jakob Lucius d. J. Erben 1622. [4] Bl.; 4°
[Berlin, SB: *Bibl. Diez qu. 2417 (3)*]*

Das erste Epithalamion ist ein Epigramm aus drei elegischen Distichen, dessen Verfasser Heinrich Julius Strube, der Prorektor der Universität Helmstedt, ist. Er ruft Christus in direkter Rede an, der den Brautleuten gewogen sein und sowohl *amor foecundus* als auch *sancta fides* gewähren soll. Er möge außerdem eine eventuelle Bitterkeit aufheben und wieder durch Lieblichkeit ersetzen. Der Dichter schließt mit dem Wunsch, Johann Heinrich Meibom möge nach Ablauf eines Jahres einen Nachkommen erhalten haben. Dieses kurze Gedicht zeigt einen deutlichen Gebets- oder Hymnenstil.

Der Helmstedter Medizinprofessor Dr. med. Johann Wolf (Arzt in Wolfenbüttel, dann Professor in Helmstedt, * Stadtoldendorf 25.01.1580, † Hannover 28.08.1645) schreibt das zweite Gedicht aus vierzehn daktylischen Hexametern.[345] Er wendet sich in direkter Rede an die als *carae regina Cytheres* apostrophierte Göttin Venus und fordert sie auf, einer Heirat beizustehen, die *jure bono* zustande komme. Sie solle diejenigen, die ihre *opera* erflehten, wohl beachten und sich nicht grausam gegen deren Liebe zeigen. Nach dem gebetartigen Anruf Christi durch Heinrich Julius Strube komponiert Wolf sein Gedicht ebenfalls hymnenartig mit diversen Imperativen an die antike Liebesgöttin, die auch die als *Charites* erwähnten Grazien mit sich bringen möge. Efeu werde gewunden und Küsse würden gegeben, so dass beide Partner eingenommen würden. Venus tränke diesen Vorgang mit ihrem Liebesnektar. Sie könne keine schlechten Äußerungen aus Neid hören, sondern es seien vielmehr ein beständiger *honos* und eine *gratia vivax* durch das göttliche *numen* der Venus gegeben. Wolf bringt in seinen schwerfälligen Versen voller Imperative und wortreichen Anhäufungen in redundanter Form ausschließlich seine Bitte um göttlichen Beistand für das Brautpaar zum Ausdruck. Weitere topische Aspekte der Heirat oder des gemeinsamen Lebens erwähnt er nicht, so dass die Allmacht der in Venus personifizierten Liebe in seinem Epithalamion unkommentiert stehen bleibt.

Das dritte Hochzeitsgedicht verfasst Rudolph Diephold, der Professor für Griechisch an der *Academia Iulia*. Es besteht aus siebzehn elegischen Distichen. Diephold wendet sich im ersten Distichon an den Bräutigam, in dem die *ignea vis* der nur nach ihrem zyprischen Kultort Paphos genannten Liebesgöttin Venus und die *potentia* des als *puer* genannten Amor überaus stark wirke, während er doch *pridem & merito* die Zeichen der Liebe gewöhnlich belächelt habe. Er sei unerschrocken Apoll, den als Aoniden genannten Musen und der Hygeia nachgefolgt, durch deren Nennung Diephold den Studienverlauf des Bräutigams beschreibt. Seine Liebesglut habe ihn dabei in den positiv besetzten Tempel des Meergottes Triton und somit an den Geburtsort der Göttin der Weisheit Athene geführt und ihn der Liebe der antiken naturkundlichen Asklepiadäer und dem Studium des Heilens anverbunden. Meibom erscheint somit als ursprünglich von seiner Wissenschaft erfüllter Mann, der nach seinen Fähigkeiten kranken Menschen helfe und sie vor dem Tod zu bewahren versuche. Anschließend beschreibt Diephold ab v. 17 zur deutlichen Kontrastierung eingeleitet mit *nunc*, dass die Göttin Venus und ihr Gefolge ihn jetzt einträchtig zu einer anderen Form der Liebe drängten. Er sei froh, weil er die als *Elisa* genannte, von einem guten Vater abstammende Braut aus Minden an der Weser heirate, deren Vater in Mecklenburg nahe der Ostsee als Beamter arbeite. Diephold formuliert in den letzten drei Distichen seine Segenswünsche für das Brautpaar und bittet die Braut, immer *felix* für ih-

---

[345]   Vgl. ZIMMERMANN (1926), S. 415–416.

ren Mann zu sein, damit sich beider Liebe mehren könne und der Bräutigam im zehnten Monat nach der Heirat der Vater eines Kindes sei, das bezüglich seines Gesichts dem Vater und Großvater einerseits und der Mutter andererseits ähnlich sehe und der Ehe *gaudia ... firma* verschaffe. Der Verfasser richtet sich somit besonders an seinen Kollegen und dessen Vater Heinrich Meibom als weiteren Gelehrten, während die Braut nur bezüglich ihrer Herkunft erwähnt und zum Wohl ihres Ehemannes erwähnt wird.

Johann Strube (Lehrer in Braunschweig, Rektor in Hannover, * Bockenem 1600, † Hannover 09.06.1638) dichtet das vierte Epithalamion aus 59 iambischen Senaren.[346] Der Verfasser ist ein jüngerer Bruder des erwähnten Professors Heinrich Julius Strube und wird im selben Jahr noch zum Magister promoviert. Er bezieht sich in den ersten Versen seines Gedichts auf die familiäre Abstammung des Bräutigams, den er als *iubar* und *parentis ... decus* bezeichnet. Ihm sei die Muse der Wissenschaften gewogen, und er eifere dem *pudor* und der *virtus* des väterlichen Hauses nach. Die in v. 10 als *Regina amorum* genannte Göttin Venus umgebe Meibom gemeinsam mit dem Reigen der Grazien, die topisch zum Gefolge der Liebesgöttin gehören. In v. 12 setzt Strube mit dem Anruf *salvete sponsi* neu ein und wendet sich direkt dem Brautpaar zu, das sich auf eine *beatitas ... maxuma* zubewege. Nach diesem Einwurf wendet sich der Verfasser anschließend der fiktiven Hochzeitsgesellschaft zu und fragt, wer denn die Vorfahren und die Gaben des alten Familienblutes außer Acht lassen könne. Dazu ergänzt er bis v. 25 die *praeclara merita* und die *humanitatis fama* sowie die medizinischen Fähigkeiten des Bräutigams, die er mit dem Hinweis beschließt, der Tod setze *amara fata*, wobei intendiert ist, dass diesen *fata* auch der beste Arzt nichts entgegensetzen kann. Danach folgt eine Beschreibung der Braut, die *tua Meibomi animula* bewegt habe. Sie habe purpurne Wangen, sei von edlem Blut, habe korallenrote Lippen, goldene Haare und zeige den *coelestis honor frontis*. Strube schließt diese topische Beschreibung der Braut in v. 38: *quis satis laudaverit?* Ab v. 39 wird dann ein *locus amoenus* ausgeschmückt, den Strube mit einer namentlichen Anspielung zu Verg. *ecl.* 1 dichterisch ausgestaltet: so führt er den auf einer Flöte spielenden Tityrus ein, der *sole ... medio* seine müde Herde bewacht. In diese bukolische Idylle wird der Bräutigam versetzt, in deren grünender Natur er sein weiteres Leben und seine Ehe mit seiner Familie verbringen möge:

Et laetus umbras inter has Meibomi ages
Vitae iugalis & tori gratos sales.

---

[346]   Zu den biographischen Daten Strubes vgl. DÜRRE (1861), S. 59 sowie die genealogische Online-Ressource unter http://www.arendi.de/_Strube/Generation%20%204.htm (Stand: 2. Dezember 2009).

In Variation zu *salvete sponsi* in v. 12 erscheint in v. 52 derselbe Vers mit *valete sponsi*, so dass der literarische Eindruck entsteht, das vermählte Brautpaar ziehe sich von der Hochzeitsfeier in sein eheliches Gemach zurück. Dazu werden Apoll und der mit seinem seltenen Namen Diespiter genannte Gott Jupiter angerufen. Erst die in v. 55 zur Göttin Eos personifizierte Morgenröte werde die Eheleute wieder aus ihrem Ehebett rufen. Nach dem Ablauf des zehnten Mondumlaufs möge beiden ein *puellus* oder eine *puella* gewährt werden. Der Verfasser spielt damit auf die neun Monate dauernde menschliche Schwangerschaft an und formuliert somit seinen Kindeswunsch für Meibom und dessen Ehefrau. Die das Epithalamion beschließenden Worte *sic precor* bekräftigen diesen Wunsch und geben dem gesamten Gedicht abschließend den Charakter eines Gebets.

Das fünfte und letzte Hochzeitsgedicht dieses Druckes verfasst Simon Hetling (* Osterwieck), der nur noch in einem weiteren Druck als Beiträger belegt ist (1622, VD 17 23:283033T).[347] Er unterzeichnet sein Gedicht aus fünf sapphischen Strophen als aus Osterwieck im Bistum Halberstadt stammend. Hetling stellt seinem Gedicht das Anagramm *Nisi os vi, bene curas hominem.* aus dem vollständigen Namen des Johann Heinrich Meibom voran, das er in seinem Glückwunsch näher ausgestaltet. Der direkt angesprochene Bräutigam sei der Mann, der als Medizinprofessor in Helmstedt die kranken Menschen heile und der mit seiner *virtus* die Braut bewegt und für sich eingenommen habe. Elisabeth Averberg sei die *ferax vitis* für ihn, der selbst den Namen des frühlingshaft grünenden Baumes trage. Der Verfasser entwirft somit ein Bild des Arztes als Maibaum, der zur Zeugung seiner Nachkommenschaft den genannten fruchtbringenden Zweig benötige. Dieses etymologisch motivierte Bild ist eine Generation zuvor ähnlich im bereits erwähnten Epithalamion des Dr. med. Hermann Neuwaldt an den Vater des Bräutigams, Heinrich Meibom d. Ä. und Sophia Böckel vorgeprägt (1585, VD 16 ZV 5193). Hetling nennt abschließend das Erscheinen der *pullulantes ... surculi*, die ebenfalls dem Bild des treibenden Baumes entsprechen und ergänzt seine Bitten für die großzügig angesetzten *duodena ... lustra* des gemeinsamen Ehelebens. Auffällig ist, dass das Motto des Anagramms nur in der ersten Strophe interpretiert wird und das weitere Gedicht sich nicht mehr der beruflichen Tätigkeit des Bräutigams widmet, sondern ausschließlich das Motiv der ehelichen Fortpflanzung bedient.

Zum selben Anlass verfasst auch der Helmstedter Professor für Theologie Mag. Georg Calixt (Pastor in Königslutter, Professor in Helmstedt, * Medelby

---

[347]   Hetling wurde im Jahr 1620 als *magister* zum Medizinstudium an der Universität Helmstedt immatrikuliert, ist im Jahr 1622 ebenda als *provisor* der medizinischen Fakultät erwähnt und wurde am 28. November 1622 zum Magister promoviert. Dazu vgl. ZIMMERMANN (1926), S. 280*b*15, S. 294*a*3 und S. 296*a*13.

14.12.1586, † Helmstedt 19.03.1656) ein Epithalamion, das als einzelner Druck erscheint (VD 17 1:089078D).[348]

Nvptiis Avspicatis ‖ Viri Clarissimi ‖ IOAN. HENRICI ‖ MEIBOMII MED. DOCTO-‖RIS ET IN ILLVSTRI ACA-‖ DEMIA IULIA PROFES-‖ SORIS, ‖ ET ‖ Virginis Lectissimae ‖ ELISABETHÆ AVER=‖BERGIAE Ampliſſimi & Conſultiſſimi ‖ Viri Dn. Ioannis Averbergii ‖ I. V. Doctoris & Illuſtriſſimi Megapo-‖lenſium Ducis Conſiliarii inti-‖mi filiæ ‖ Gratulatur ‖ Georgivs Calixtvs Theo-‖logiae Doctor Et Pro-‖feßor publicus. ‖ Helmaestadi, ‖ Typis heredum Iacobi Lvci, ‖ Anno cIɔ Iɔ cXXII.
Helmstedt: Jakob Lucius d. J. Erben 1622. [2] Bl.; 4°
[Berlin, SB: *Bibl. Diez qu. 2417 (3a)*]*

Dieses Glückwunschgedicht besteht aus sechzehn Strophen zu jeweils vier Glykoneen und einem Pherekrateus. Calixt stellt einen lobenden Ausruf auf den Liebesgott Amor an den Anfang seines Gedichts, den er als *potens, pusio pupulus* und *herus dominusque* bezeichnet. Der Liebesgott ist für ihn der einem Putto oder einer Amorette gleiche Knabe, der mit seiner Liebe eine große Macht besitzt, die in Bezug auf ihren *modus* und *numerus* nicht begrenzt ist. Amor verwickle die Liebenden mit der als *cunctiparens mater* genannten Liebesgöttin Venus, und die verbinde wiederum die sich widersprechenden *frigida* und *calda* sowie die *humida* und *sicca* in einem Bund. In den folgenden Strophen stellt der Verfasser jeweils eingeleitet durch *ille* weitere Bewirkungen des Liebesgottes heraus. Er weise alle Wesen, die vergehen müssten, zu ihrem Heil. Er lasse sie ihre *fata* bezwingen, er herrsche mit seinem Bogen im blauen Meer, durch die Lüfte, im schattigen Hain und in schauerlichen Höhlen. Er entfache wechselseitige Liebesfeuer in Wangen, Augen und Lippen. In der sechsten Strophe spricht Calixt nach diesen allgemeinen und topischen Beschreibungen des Verliebtseins den Bräutigam Johann Heinrich Meibom als seinen Freund und Kollegen in direkter Rede an. Auch diesen habe der sprichwörtliche Pfeil Amors getroffen, und er werde dagegen kein Genesung

---

[348]   Zu den biographischen Daten vgl. Seebaß/Freist (1974), S. 51, Zimmermann (1926), S. 380–383 und Gaß (1876*a*). Georg Calixt wurde am 28. April 1603 an der Universität Helmstedt immatrikuliert und ebenda am 14. Mai 1605 zum Magister promoviert. Am 25. Februar 1615 wurde er ordiniert und ebenda am 2. Mai 1616 zum Dr. theol. promoviert. Vgl. Zimmermann (1926), S. 165*a*127, S. 181*a*3, S. 244*a*8 und S. 251*b*4. Er ist posthum vermutlich im Jahr 1696 auf einem Ölgemälde im Gebäude der Universität Helmstedt portraitiert. Dazu vgl. Henze (2005), S. 389–390, dort Nr. 340. Bis zum Ende des 17. Jahrhunderts entsteht auch noch sein Epitaph in der Universitätskirche St. Stephani in Helmstedt, worauf Henze (2005), S. 415–416, dort Nr. 365 hinweist.

versprechendes Arzneimittel haben. Während die Beschreibung des Verliebtseins als Form der Krankheit durchaus topisch ist, gewinnt sie im Kontext dieses Hochzeitsgedichts darüber hinaus an tatsächlichem Inhalt, weil der Verfasser seine Worte an den Arzt und Medizinprofessor Meibom richtet. Dass dieser selbst gemäß der Konvention des Epithalamions von Amor mit der Krankheit der Liebe infiziert wurde, ist eine überraschende und witzige Ausdeutung der Situation. Diese Aussage stellt Calixt in der siebten Strophe variiert nochmals dar. Welche Medizin man Meibom auch anbieten werde, keine von ihnen werde ihm helfen. Einzig die Verursacherin seiner so bezeichneten Krankheit könne ihn mit ihren Mitteln heilen, und so wird anschließend vorgeschlagen, der Bräutigam solle sein durch seine Braut verursachtes Leiden durch ihre *blanda pectora* heilen lassen. Sie sei ebenso vom Pfeil Amors verletzt und könne mit ihrem Liebesfeuer die Liebesfeuer des verletzten Bräutigams auslöschen. Neben dieser letztgenannten, an sich paradoxen Aussage ist unabhängig vom Thema der Heirat besonders die Vorstellung des Heilens eines Leidens mit etwas Ähnlichem bemerkenswert, da sie an das später von dem deutschen Arzt Christian Friedrich Samuel Hahnemann im Jahr 1796 geprägte medizinische *dictum* des Simileprinzips *similia similibus curantur* erinnert, das zur Richtschnur der modernen homöopathischen Medizin wurde. Nach dieser ausführlichen Schilderung des Liebesleidens sowie des entsprechenden Ansatzes zu dessen Heilung leitet Calixt in der zehnten Strophe zur eigentlichen ehelichen Verbindung weiter und führt dazu seit der antiken Dichtung topische Elemente der Eheschließung an: er schildert somit eine abendliche Szenerie, in der der Tag zu Ende geht, die Dunkelheit der Nacht aufzieht, diese vom an den Gott der Eheschließung gerichteten antiken Hochzeitsruf *Io Hymen Hymenaee* durchdrungen und vom Schein der Hochzeitsfackeln erleuchtet wird. Das Licht der Fackeln verursache eine ebensolche *flamma*, die auch für das Brennen der *amantium casta pectora* verantwortlich sei, so dass das Bild der brennenden Liebe mit dem Bild der brennenden Fackel geschickt zusammenfließt. Eingeleitet mit *interim* folgt ab der zwölften Strophe die Beschreibung der Ausgestaltung des ehelichen Schlafgemachs, in dem die Bettpolster bereitet werden und die personifizierten *Fides* und *Pax* herrschen. Die Brautführerin möge dann den Gürtel der Braut lösen und bereitwillig die gebührende Verpflichtung zulassen, was als Anspielung auf die folgende sexuelle Verbindung der neuverheirateten Eheleute zu werten ist. Indem er die Braut als Caia und den Bräutigam als Caius anruft, spielt Calixt außerdem auf die antike Trauformel nach Quint. *inst.* 1,7,28 an. Anschließend gibt sich der Dichter stellvertretend für die gesamte Hochzeitsgesellschaft in der vierzehnten Strophe selbst zu erkennen:

Nos decet bona dicere
Verba ...

Zu diesem Textabschnitt ist außerdem die dichterische Lizenz in *dĕcet* zu erwähnen, da seit der horazischen Dichtung die beiden *ancipitia* im Glykoneus regelmäßig lang gemessen wurden.[349] Außerdem stellt Georg Calixt das erbetene Wirken des christlichen Gottes dar, der beiden Eheleuten in diesem Augenblick beistehen möge, ihnen seine Hilfe zukommen lassen und von ihnen alles Schädliche fernhalten soll, damit beide das Gut ihrer in der Bezeichnung des *torus* verkörperten Ehe erkennen könnten. Er schließt sein Epithalamion in der letzten Strophe mit dem Hinweis, er schreibe für den Bräutigam und sei sich dabei der früheren Zeit und beider Freundschaft bewusst, wobei ihm seine des Gesangs zur Leier sehr unfähige Muse enteilt sei. Calixt richtet sich mit seinem Gedicht ausschließlich an den Bräutigam Johann Heinrich Meibom als seinen Freund und Kollegen und erwähnt dessen zukünftige Ehefrau nur als Ursache für dessen Verliebtsein. Aus den medizinischen Anspielungen, die die tragende Idee des Gedichts darstellen und etwa dessen erste Hälfte einnehmen, sind deutlich die Spuren des vertrauten Umgangs beider Männer miteinander zu erkennen. Im Gegensatz zu sonstigen Epithalamien ist auffällig, dass die Wünsche für die gemeinsame Zukunft eher indifferent ausfallen und somit das eigentliche Ereignis der Heirat und der sexuelle Vollzug der Ehe im Mittelpunkt des Gedichts stehen.

Der bedeutendste Nachkomme des Johann Heinrich Meibom und der Elisabeth Averberg ist ihr Sohn, der Mediziner und Helmstedter Professor Heinrich Meibom d. J. (* Lübeck 29.06.1638, † Helmstedt 26.03.1700).[350] Von ihm geht seinerseits ein reiches Schrifttum aus, zu dem auch lateinische Gedichte gehören. So erscheinen beispielsweise allein zu seiner Heirat im Jahr 1664 sieben Drucke mit Epithalamien (1664, VD 17 23:298132R, 23:298136W, 23:298140G, 23:298151W, 23:298154U, 23:318789L und 23:318799S). Vermutlich noch im Jahr 1664 oder kurz danach sind Heinrich Meibom d. J. und seine Frau Anna Sophia Dätrius (* 1639, † Helmstedt 03.08.1727) namentlich in einer Inschrift am Hinterhaus des Hauses Heinrichsplatz 5 in Helmstedt genannt, die auch einen daktylischen Hexameter aus Hor. *epist.* 1,2,46 als neidabwehrende Aussage gegen Passanten enthält.[351] Zum Tod der kleinen Tochter Elisabeth des Heinrich Meibom d. J. und

---

[349] Darauf weisen HALPORN/OSTWALD (1994), S. 38 hin.

[350] Zu Heinrich Meibom d. J. vgl. JOHANEK (1990*b*). Er wurde am 13. September 1655 an der Universität Helmstedt immatrikuliert. Dazu vgl. HILLEBRAND (1981), S. 111*a*43.

[351] Vgl. HENZE (2005), S. 280, dort Nr. 218. Meibom und seine Frau sind ebenfalls genannt auf einer Steintafel aus dem Jahr 1673 am Haus Schuhstraße 14 in Helmstedt, die HENZE (2005), S. 306–307, dort Nr. 249 beschreibt. Allein erscheint Heinrich Meibom d. J. inschriftlich im Jahr 1686 als Verfasser eines Textes auf einem Epitaph in Helmstedt, das HENZE (2005), S. 350–352, dort Nr. 300 beschreibt, sowie im Jahr 1697 auch auf dem Portal des Helmstedter Universitätsgebäudes. Dazu vgl. HENZE (2005), S. 398–399, dort Nr. 346. Seine Grabplatte aus dem Jahr 1700 in der Universitätskir-

der Anna Sophia Dätrius erscheint im Jahr 1667 eine lateinische Trauerschrift in Helmstedt. Die Tochter war 1665 geboren worden (VD 17 39:101735K).

Programma ‖ In FVNERE ‖ LECTISSIMÆ PVELLÆ ‖ ELISABETHÆ ‖ Clarisſimi Experientisſimique ‖ VIRI ‖ DN. HENRICI MEIBOMII, ‖ Medic. Doctoris, Anatomes ac Chirurgiæ ‖ Profeſſoris Publ. & Ordin. Archi-‖latri Guelfici &c. ‖ Filiolæ deſideratisſimæ ‖ P. P. ‖ HELMESTADI, ‖ Typis HENNINGI MVLLERI Acad. typ.
Helmstedt: Henning Müller d. J. 1667. [4] Bl.; 4°
[Wolfenbüttel, HAB: *H: Q 140d.4° Helmst. (48)*]

Dieser Druck ist im Sinne einer Bekanntmachung ausschließlich in lateinischer Prosa verfasst und nennt als Geburtdatum des verstorbenen Mädchens den 6. Dezember 1665. Außerdem wird als ihre Mutter Anna Sophia Dätrius, die Tochter des Theologen Dr. theol. Brandanus Dätrius (Reiseprediger in Schweden, Pastor in Göttingen-Weende, Hildesheim und Hannover, Superintendent, Hofprediger und Schulgründer in Aurich, Superintendent in Braunschweig, Abt in Riddagshausen, Hofprediger in Wolfenbüttel, Abt in Riddagshausen, * Hamburg 04.06.1607, † Wolfenbüttel 22.11.1688), erwähnt, und das Mädchen habe seinen Vorname *ad memoriam paternae pariter atque maternae aviae* erhalten.[352] Dieser Hinweis bezieht sich zunächst auch auf Elisabeth Averberg als Großmutter. Dem *Programma* ist auch zu entnehmen, dass Meiboms Tochter ein Jahr, fünf Monate und ebenso viele Tage gelebt habe, so dass sich als Todestag der 11. Mai 1667 ermitteln lässt. Der gesamte Text ist abschließend auf den 19. Mai 1667 datiert, so dass zwischen dem Tod und der Abfassung dieser Personalschrift gut eine Woche vergangen ist. An der literarischen Gestaltung dieses *Programma* kann exemplarisch die in der zweiten Hälfte des 17. Jahrhunderts verstärkt ablaufenden Entwicklung von lateinischer Gelegenheitsdichtung einerseits und deutscher Leichenpredigt andererseits hin zur sachlichen Mitteilung des Todes als biographischem Ereignis nachvollzogen werden. Für das Jahr 1667 ist dementsprechend ein nicht erhaltenes

---

che St. Stephani in Helmstedt verzeichnet HENZE (2005), S. 404–406, dort Nr. 355 mit diversen biographischen und genealogischen Informationen.

[352] Zu Brandanus Dätrius vgl. SEEBAß/FREIST (1974), S. 61, MEYER (1957), MEYER (1942), S. 483 sowie MEYER (1941), S. 38, S. 408 und S. 441. Er wurde am 11. März 1630 an der Universität Helmstedt immatrikuliert. Dazu vgl. ZIMMERMANN (1926), S. 321*a*17. Vgl. auch die im 2. Weltkrieg zerstörte, ein elegisches Distichon umfassende Inschrift am Haus Ritterbrunnen 3 in Braunschweig bei WEHKING (2001), S. 592–593, dort Nr. 1186. Zu seinem Beitrag zur Schulgründung in Aurich vgl. SCHAER (1996), S. 27–28. Ein gleichnamiger Nachkomme wurde am 9. Oktober 1684 an der Universität Helmstedt immatrikuliert. Vgl. HILLEBRAND (1981), S. 234*a*35.

Grabdenkmal für Elisabeth Meibom und ihren ebenfalls im Jahr 1667 am Keuchhusten verstorbenen Bruder Brandanus Johannes Meibom in der Universitätskirche St. Stephani in Helmstedt belegt.[353] Nach biographischen Angaben schließt die Inschrift mit einem elegischen Distichon, das die unermesslich große Trauer der Eltern zum Ausdruck bringt:

Hic nata et natus recubant unum excipe dicam
Adfectus omnes possidet iste lapis.

Anna Margaretha Averberg († Helmstedt 19.08.1644), deren verwandtschaftliches Verhältnis zu Johann Averberg wiederum nicht genau ermittelbar ist, heiratet am 10. Oktober 1643 in Braunschweig Mag. Zacharias Tollenius (Pastor im Kloster St. Marienberg in Helmstedt, ab 1653 Superintendent in Königslutter, * Zellerfeld 04.01.1612, † Königslutter 20.05.1683).[354] Dazu erscheinen bereits deutsche Gedichte eines *anonymus*, der seine Schrift mit J. L. Q. (...) unterzeichnet (VD17 23:632806C).

HochzeitGedichte ‖ Auff den ‖ Frewden=Ehrentag ‖ Des Ehrwuͤrdigen / Vorachtbarn vnd Wol=‖gelarten Herrn Magiſter ‖ Zacharias Tollenius / ‖ Wolverordneten Paſtoren vffm Kloſter ‖ St. Marienberge vor Helmſtadt / ‖ Braͤutgambß; ‖ Dann auch der ‖ Viel=Ehr vnd Tugentreichen Jungfern ‖ Anna Margaretha Averberges ‖ Braut. ‖ Begangen zu Braunſchweig den X. Octobr. ‖ Im Jahr M DC XLIII.
[...]: [...] 1643. [2] Bl.; 4°
[Wolfenbüttel, HAB: *H: J 446.4° Helmst. (72)*]

Zur Magisterpromotion des Zacharias Tollenius im Januar desselben Jahr erscheinen in Helmstedt zuvor Gedichte von acht mit ihm verwandten und befreundeten Männern (VD 17 23:631851T).

---

[353]   Vgl. HENZE (2005), S. 287–288, dort Nr. 228. Bereits im Jahr 1669 verlieren Heinrich Meibom d. J. und Anna Sophia Dätrius ihr drittes, nach dem Großvater väterlicherseits benanntes Kind im Alter von nur einem Jahr. Dazu vgl. HENZE (2005), S. 293–294, dort Nr. 235. Für das Jahr 1677 wiederum ist die noch im ersten Lebensjahr verstorbene Tochter Catharina Maria Johanna Meibom auf einer Grabplatte in St. Walpurgis in Helmstedt bei HENZE (2005), S. 312, dort Nr. 255 belegt.

[354]   Zu den biographischen Daten vgl. SEEBAß/FREIST (1969), S. 127 sowie SEEBAß/FREIST (1974), S. 324. Tollenius wurde am 5. Juni 1633 an der Universität Helmstedt immatrikuliert. Dazu vgl. ZIMMERMANN (1926), S. 329*a*34. SEEBAß/FREIST (1974), S. 324 nennen als Vater der Anna Margaretha Averberg den Eberhard Averberg.

Reverendo & Præftantißimo ‖ Viro ‖ Domino ‖ ZACHARIÆ ‖ TOLLE-
NIO ‖ Ecclefiæ Mariæ-montanæ & fubur-‖banæ Paftori, ‖ dignitatem
Magifterii Phi-‖lofophici ‖ IN ACADEMIA IVLIA ‖ iii. Non. Ianuar. ‖
Anno ‖ CIↃ IↃC XLIII. ‖ collatam ‖ Gratulantur ‖ Cognati & Amici. ‖
Helmaestadi, ‖ Typis Henningi Mvlleri, Acad. typ.
Helmstedt: Henning Müller d. J. 1643. [4] Bl.; 4°
[Wolfenbüttel, HAB: *H: J 446.4° Helmst. (30)*]

Diese Sammlung von *gratulationes* wird von den sechzehn elegischen Distichen
des Mag. Peter Eichholtz (Rektor und Kantor in Zellerfeld, Pastor in Zellerfeld,
* Hildesheim 28.08.1606, † Zellerfeld 24.01.1665), der als Pastor von Zellerfeld
unterzeichnet, eingeleitet.[355] Als zweites Glückwunschgedicht folgen 23 daktylische Hexameter, deren Verfasser Theodor Hippius (Konrektor in Ilfeld und Rektor
in Clausthal, Pastor in Clausthal und Elbingerode, * Herzberg 1608, † Clausthal
28.01.1668) als Rektor der Schule in Clausthal ist.[356] Das dritte Gedicht umfasst
vier elegische Distichen und wird Tollenius von Johannes Jebsen (* Sonderburg,
† Leipzig 1676) gewidmet.[357] Er unterzeichnet seine Verse, in denen er die personifizierte *Sophia* des Widmungsempfängers darstellt und ihn als *vir optime*
anspricht, nicht mit einer Funktionsbezeichnung. Auch die sechs elegischen Distichen des darauffolgenden Glückwunsches von Michael Frosch (* Hersleben)
sind ebenso ohne Funktionsbezeichnung abgedruckt wie die fünfte, aus zwölf daktylischen Hexametern bestehende *gratulatio* des Achatius Heinrich Kannemann
(Pastor in Lengde bei Goslar, * Beuchte 1619, † Lengde 05.05.1664), der gemäß
v. 1 *auxiliante Deo* schreibt.[358] Valentin Hake (Pastor in Veltheim und Königslutter, * Braunschweig, † Königslutter 30.03.1682) ist der Verfasser des sechsten

---

355   Vgl. Meyer (1942), S. 545. Eichholtz wurde am 5. April 1622 und am 28. März 1633
      an der Universität Helmstedt immatrikuliert, ebenda am 18. Januar 1649 zum Magister
      promoviert und am 14. Oktober 1637 für Zellerfeld ordiniert. Dazu vgl. Zimmermann
      (1926), S. 291*b*25 und S. 328*b*14. Demnach wirkte Eichholtz nach seinem Studium zu-
      nächst etwa ein Jahrzehnt als Lehrer und wurde nach einem weiteren Studium schließ-
      lich Magister und Pastor.

356   Vgl. Meyer (1941), S. 173 und S. 244.

357   Jebsen wurde am 29. April 1641 als *Sondershusensis Holsatus* an der Universität
      Helmstedt immatrikuliert. Vgl. Hillebrand (1981), S. 23*b*33.

358   Frosch wurde am 12. Juli 1632 an der Universität Helmstedt immatrikuliert. Vgl. Zim-
      mermann (1926), S. 326*b*77. Zu Kannemann vgl. Meyer (1942), S. 70. Er wurde am
      29. Juni 1633 an der Universität Helmstedt immatrikuliert und gehört zur Familie des
      Helmstedter Pastors Peter Kannemann aus dem Fürstentum Anhalt, der nach Henze
      (2005), S. 421–426, dort Nr. 371 in der Universitätskirche St. Stephani für das Jahr
      1627 inschriftlich genannt ist. Vgl. Zimmermann (1926), S. 329*b*73.

Glückwunschgedichts im Umfang von fünf elegischen Distichen, in denen er den Widmungsempfänger in v. 9 *felix* nennt.[359] Das siebte Gedicht aus acht iambischen Senaren schreibt Mag. Heinrich Caspar Cuppius (Pastor in Thiede, Superintendent in Steterburg, * Zellerfeld 11.01.1620, † Thiede 24.09.1691), und das achte Gedicht aus zehn daktylischen Hexameter stammt von Johann Erich Calixt (Universitätsbibliothekar in Helmstedt, † Helmstedt 12.10.1684), der ebenso wie die zwei Beiträger zuvor sein Gedicht ohne seine Funktion unterzeichnet.[360] Im letzten Vers bringt Calixt das Wortspiel *tollare ... olympum*, das sich auf den akademischen Aufstieg des Zacharias Tollenius bezieht.

Tollenius ist zuvor bereits im Jahr 1636 auf einer nicht erhaltenen Armenbüchse, die vermutlich ursprünglich für seinen Wirkungsort, das Kloster St. Marienberg in Helmstedt hergestellt wurde, genannt. Diese Büchse ist im 19. Jahrhundert in der Universitätskirche St. Stephani in Helmstedt belegt.[361] Im Jahr 1637 ist er danach als einer von mehreren Respondenten an der Sammlung von theologischen Dissertationen beteiligt, die der Helmstedter Professor für Theologie Conrad Horn (* Braunschweig 25.11.1590, † Helmstedt 26.09.1649) als Präses leitet (VD 17 23:322329B).[362] Der ihn betreffende Abschnitt auf Bl. 89–112 ist folgendermaßen betitelt:

DISSERTATIONVM THEO-‖LOGICARVM SECVNDÆ ‖ De ‖ VERBO DEI ‖ SEV SACRA SCRI-‖PTVRA, ‖ Sᴇᴄᴛɪᴏ III. ‖ De ſufficientia S. Scripturæ, ‖ Qᴠᴀᴍ ‖ Dɪᴠɪɴᴏ Nᴠᴍɪɴᴇ Aᴅsᴘɪʀᴀɴᴛᴇ, ‖ PRAESIDE ‖ CON-

---

[359] Zu Hake vgl. Sᴇᴇʙᴀß/Fʀᴇɪsᴛ (1974), S. 114. Er wurde am 4. Mai 1638 an der Universität Helmstedt immatrikuliert. Der ebenda am 30. März 1680 immatrikulierte gleichnamige Student aus Königslutter ist eventuell sein Sohn. Dazu vgl. Hɪʟʟᴇʙʀᴀɴᴅ (1981), S. 8*a*30 und S. 220*b*34.

[360] Zu Cuppius vgl. Sᴇᴇʙᴀß/Fʀᴇɪsᴛ (1974), S. 60. Er wurde am 13. Februar 1638 und am 31. Oktober 1638 an der Universität Helmstedt immatrikuliert. Dazu vgl. Hɪʟʟᴇʙʀᴀɴᴅ (1981), S. 8*a*50 und S. 10*a*64. Calixt wurde am 6. Februar 1636 an der Universität Helmstedt immatrikuliert. Vgl. Hɪʟʟᴇʙʀᴀɴᴅ (1981), S. 1*a*1.

[361] Vgl. Hᴇɴᴢᴇ (2005), S. 210, dort Nr. 147.

[362] Zur Biographie des Conrad Horn vgl. Zɪᴍᴍᴇʀᴍᴀɴɴ (1926), S. 384–385 und S. 439. Er wurde am 5. März 1608 an der Universität Helmstedt immatrikuliert und ebenda am 14. Juni 1612 zum Magister promoviert. Dazu vgl. Zɪᴍᴍᴇʀᴍᴀɴɴ (1926), S. 197*a*41 und S. 223*a*8. Ab dem 3. Juli 1619 wirkte er in Helmstedt als Professor für Ethik und wurde am 30. Dezember 1622 zum Dr. theol. promoviert. Vgl. Zɪᴍᴍᴇʀᴍᴀɴɴ (1926), S. 276*a*12 und S. 295*a*1. Horns Grabdenkmal mit biographischen Informationen in der Universitätskirche St. Stephani in Helmstedt ist beschrieben bei Hᴇɴᴢᴇ (2005), S. 234–235, dort Nr. 167. Ebenso verloren ist das Grab für seinen Sohn aus der Ehe mit Anna Katharina Reich, Friedrich Ulrich Horn in derselben Kirche, wie Hᴇɴᴢᴇ (2005), S. 241–242, dort Nr. 176 vermerkt.

RADO HORNEIO ‖ S. THEOL. DOCTORE ET IN ‖ ILL. ACAD. IVLIA
PROFES-‖SORE ORDINARIO, ‖ V. K. NOVEMBR. ‖ Pvblice tvebit-‖
vr ‖ ZACHARIAS TOLLENIVS ‖ Cellerfeldensis. ‖ HelmaestadI ‖ Ty-
pis Iac. LvcI acad. typographi, cIs Is c xxxvii.
Helmstedt: Jakob Lucius III. 1637. [120] Bl.; 4°
[Wolfenbüttel, HAB: *H: G 199.4° Helmst. (1–9)*]

Der von Tollenius verfasste Abschnitt innerhalb dieser Dissertationensammlung
umfasst keinerlei lateinische Gedichte von ihm oder an ihn, aber auf der Rückseite des Titelblattes ist ein Widmungsvermerk an zwei Theologen und drei danach
aufgezählte Verwandte abgedruckt: Tollenius widmet seine Dissertation demnach
den Männern Justus Tolle, *Rerum metallicarum rationibus ibidem praefectus et
civitatis camerarius*, Matthias Tolle, *Excoquendis metallis praepositus et senator*
und Georg Tolle, *monetarius praecipuus*. Danach nennt er sie gemeinsam seine
adfines patrui et fautores observandi. Diese drei Männer arbeiten alle im Harz im
Bereich der Metallgewinnung und -verarbeitung und gehören somit zum engeren
familiären Umfeld des Verfassers.
Tollenius ist nach seiner Ehe mit Anna Margaretha Averberg ab dem 15. April 1646
mit Otilie Elisabeth Herbort (* Clausthal 11.06.1625, † Königslutter 13.04.1666)
verheiratet, auf deren Tod der Superintendent von Helmstedt Mag. Balthasar Cellarius (Pastor in Braunschweig, Helmstedt und St. Mariental, Professor in Helmstedt, * Rottleben 10.10.1614, † Helmstedt 15.09.1671) eine deutsche Leichenpredigt zum Begräbnis am 22. April 1666 in der Kirche in Königslutter verfasst,
der außerdem mit eigenem Zwischentitel lateinische *Epicedia in praematurum at
beatum obitum* mehrerer Beiträger, darunter des Sohnes Justus Zacharias Tollenius, beigegeben sind (VD 17 23:262794S).[363]

---

[363]   Zu den biographischen Daten vgl. Seebaß/Freist (1974), S. 53 und S. 324 sowie Gaß
(1876b). Balthasar Cellarius wurde im Jahr 1632 an der Universität Jena immatrikuliert und wechselte am 2. September 1642 als Magister an die Universität Helmstedt.
Dazu vgl. Mentz/Jauernig (1944), S. 46 und Hillebrand (1981), S. 27a107. Er ist
als Helmstedter Superintendent nach Henze (2005), S. 421–426, dort Nr. 371 in der
Universitätskirche St. Stephani für das Jahr 1648 inschriftlich genannt. Er ist auch
genannt auf den verlorenen Grabdenkmälern seines im Alter von vier Jahren verstorbenen Sohnes Johannes Gerhard Cellarius aus dem Jahr 1657, seines im Alter von einem
Jahr verstorbenen Sohnes Balthasar Cellarius d. J. aus dem Jahr 1662 und seiner im Erwachsenenalter verstorbenen Tochter Anna Maria Cellarius in der Universitätskirche
St. Stephani in Helmstedt. Dazu vgl. Henze (2005), S. 259, dort Nr. 196 und S. 265–
266, dort Nr. 203 sowie S. 339, dort Nr. 287. Sein eigenes Grabdenkmal aus dem Jahr
1671 mit diversen biographischen Informationen ist nicht erhalten und befand sich in
der Universitätskirche St. Stephani in Helmstedt. Dazu vgl. Henze (2005), S. 298–299,

Dreyfacher Troſt ‖ Deſſen alle und jede fromme Creutztraᵉger in aller-
ley ‖ Truᵉbſal ſich nuᵉtzlich bedienen koᵉnnen / als ‖ I. Das die Creutzlaſt
der Frommen fuᵉr eine ſonderlich ‖ Wolthat Gottes zuhalten / umb welcher willen ſie ‖ Gott zu loben ſchuldig und gehalten. ‖ II. Das Gott den
Frommen die Creutzlaſt ſelber auff=‖llege / und dahero nichts wiedriges
jhnen ohnge=‖lfehr begegne. ‖ III. Das Gott die Creutzlaſt den Frommen
helffe tra=‖lgen und endlich zu rechter ihm gefelliger zeit gaᵉntz=‖llich
wieder abnehme. ‖ Aus dem LXIIX. Pſal. verſ. 20. 21. ‖ Bey Volckreicher begraᵉbnis ‖ Der Weyland Viel=Ehr und Tugendreichen Frawen / ‖
Fr. Otilien Eliſabeth Herbortin / ‖ Des WolEhrwuᵉrdigen und Wolgelahr-
ten ‖ Herrn M. ZACHARIÆ TOLLENII ‖ Wolverordneten Paſtoris und
Superinden-‖ltis zu Koᵉnigslutter Eheliebſten / als welche im Jahr ‖
Chriſti 1666. den 13. April. war der CharFreytag oder Sterbtag ‖ des HEr-
ren ‖ in den 41. Jahr jhres alters in dem HErren ſelig ‖ entſchlaffen / und
darauff Dominica Quaſimodogeniti, war der ‖ 22. April. in der Kirchen
daſelbſt Chriſtlich beygeſetzet und ‖ zur Erden beſtattet worden ‖ Der
Gemeine Gottes zu betrachten fuᵉrgeſtellet ‖ Durch ‖ BALTHASAREM
CELLARIVM SS. Th. D. P. P. ‖ und General Superint. zu Helmſtaᵉdt. ‖
Helmſtaᵉdt / ‖ Gedruckt bey Henning Muᵉllern 1666.
Helmstedt: Henning Müller d. J. 1666. [38] Bl.; 4°
[Göttingen, SUB: *4 CONC FUN 116 (9a)*]

Zunächst ist in diesem Druck die Leichenpredigt des Balthasar Cellarius abgedruckt. Sie enthält abschließend auch *Personalia*. Danach ist die *Abdanckung*
des Stadtschreibers Johann Christoph Heidmann (...) enthalten.[364] Ab der Seite
mit der Bogensignatur H1ʳ folgen die *Epicedia*. Das erste dieser Trauergedichte verfasst der Helmstedter Professor Dr. theol. Gerhard Titius (* Quedlinburg
17.12.1620, † Helmstedt 07.06.1681).[365] Es umfasst drei elegische Distichen. Das

---

dort Nr. 240. Das nicht erhaltene Grabdenkmal seiner Frau Elisabeth Gesenius aus
dem Jahr 1702 in der Universitätskirche St. Stephani in Helmstedt beschreibt HENZE
(2005), S. 435–436, dort Nr. 382.

[364]   Heidmann wurde am 2. Juni 1645 an der Universität Helmstedt immatrikuliert. Dazu
vgl. HILLEBRAND (1981), S. 45a303.

[365]   Zu Gerhard Titius vgl. TSCHACKERT (1894). Er wurde am 5. August 1642 an der Universität Helmstedt immatrikuliert. Vgl. HILLEBRAND (1981), S. 26b94. Sein Grabdenkmal aus dem Jahr 1681 in der Universitätskirche St. Stephani ist nicht erhalten.
Dazu vgl. HENZE (2005), S. 329–330, dort Nr. 275. Das Grabdenkmal seiner Frau
Margaretha Dorothea Bremer aus dem Jahr 1690 ebenda ist auch verloren und wird
bei HENZE (2005), S. 359–360, dort Nr. 309 beschrieben. Beider Tochter ist Catharina
Hedwig Titius, deren verlorene Grabplatte aus dem Jahr 1682 in derselben Univer-

zweite Gedicht aus fünf elegischen Distichen schreibt der Pastor Mag. Andreas Fröling (Professor für Logik und Theologie in Helmstedt, Generalsuperintendent in Helmstedt, * Northeim 04.02.1629, † Helmstedt 03.08.1683) συμπαθείας er-go.[366] Mag. Christoph Bösenius (Lehrer und Pastor in Schöningen, * Groß Vahlberg 15.01.1621, † Schöningen 22.06.1692), der Superintendent von Schöningen ist der Dichter des dritten Epicedions aus 22 elegischen Distichen, und der Prior des Klosters Königslutter Valentin Hake schreibt das vierte Gedicht im Umfang von vier elegischen Distichen.[367] Das fünfte Trauergedicht stammt vom bereits erwähnten Stadtschreiber Johann Christoph Heidmann in Königslutter. Es ist als Grabinschrift aus fünf elegischen Distichen komponiert und hebt die *pietas* der Verstorbenen ebenso wie ihre *virtus* hervor. Der Rektor der Schule in Königslutter, Johannes Caspar Müller (* Henneberg) unterzeichnet das sechste, als Parodie auf Hor. *carm.* 1,24 überschriebene Gedicht aus fünf so genannten 2. asklepiadeischen Strophen.[368] Das siebte Epicedion im Umfang von 29 elegischen Distichen verfasst Caspar Sagittarius (Polyhistor, Professor in Jena, * Lüneburg 23.09.1643, † Jena 09.03.1694) an der Universität Helmstedt.[369] Als achtes Gedicht folgt eine Ὠδὴ παραμυθητική aus neun sapphischen Strophen, die anonym abgedruckt sind. Das neunte Gedicht ist von Brandanus Klinge (Pastor in Göttingen-Geismar, † Göttingen-Geismar 10.11.1695) in deutscher Sprache verfasst.[370] Möglicherwei-

---

sitätskirche St. Stephani in Helmstedt HENZE (2005), S. 334–335, dort Nr. 281 beschreibt.

[366]   Vgl. SEEBAß/FREIST (1974), S. 94. Fröling wurde am 14. Oktober 1648 an der Universität Helmstedt immatrikuliert und ebenda im Jahr 1653 zum Magister promoviert. Ab dem Jahr 1657 hatte er verschiedene Professuren inne und wurde am 16. Oktober 1676 zum Dr. theol. promoviert. Dazu vgl. HILLEBRAND (1981), S. 60b236. Er ist als Helmstedter Superintendent nach HENZE (2005), S. 421–426, dort Nr. 371 in der Universitätskirche St. Stephani für das Jahr 1674 inschriftlich genannt. Das Grabdenkmal des Andreas Fröling in der Universitätskirche St. Stephani in Helmstedt ist nicht erhalten. Es enthält diverse biographische Informationen und ist beschrieben bei HENZE (2005), S. 336–337, dort Nr. 284.

[367]   Zu Bösenius vgl. SEEBAß/FREIST (1974), S. 34.

[368]   Müller wurde am 5. Mai 1654 als *Meinungensis Hennebergicus* an der Universität Helmstedt immatrikuliert. Vgl. HILLEBRAND (1981), S. 102a103.

[369]   Zu Caspar Sagittarius vgl. MENK (2005). Er ist ein Sohn des gleichnamigen Rektors Caspar Sagittarius d. Ä. (* Osterburg 1597, † Lüneburg 1667), der an der Martinsschule in Braunschweig sowie in Lüneburg wirkte. Dazu vgl. DÜRRE (1861), S. 56. Der Sohn wurde am 21. Juni 1656 und am 19. Juni 1662 an der Universität Helmstedt immatrikuliert. Dazu vgl. HILLEBRAND (1981), S. 118a265 und S. 156b97. Möglicherweise diente die erste Immatrikulation der *depositio* und erst die zweite zum tatsächlichen Beginn des Studiums.

[370]   Vgl. MEYER (1941), S. 307.

se ist er auch als Verfasser des achten Gedichts anzusetzen, da beide Texte im Gegensatz zu den sonstigen Epicedien nicht durch eine horizontale Linie voneinander getrennt sind. Andreas Tollenius (* Lauterberg) unterzeichnet das zehnte Epicedion aus acht elegischen Distichen als Philosophie- und Theologiestudent und bezeichnet sie in v. 4 als *parens*, die ihn über fünf Jahre mit Liebe versorgt habe.[371] Andreas ist somit ein nicht näher ermittelbarer Verwandter des Zacharias Tollenius, jedoch kein Sohn, da Justus Zacharias Tollenius in den Texten dieses Drucks mehrfach als einziger Sohn benannt ist. Das elfte Gedicht ist wieder ohne Verfasserangabe in deutscher Sprache geschrieben, und es folgt ebenso ohne Trennlinie das zwölfte Epicedion aus 52 daktylischen Hexametern des Sohnes Justus Zacharias Tollenius. Gemäß der Angabe auf dem Zwischentitel sind die Verfasser allesamt akademische Kollegen des hinterbliebenen Witwers, Amtsträger aus seinem Wohnort Königslutter sowie Verwandte.

Zum selben Anlass erscheint eine weitere Gelegenheitsschrift, die Gedichte mehrerer Verfasser in lateinischer und griechischer Sprache enthält (VD 17 7:692360P).

MEMORIÆ ‖ & ‖ FELICI RECORDATIONI ‖ HONESTISSIMÆ OM-NIQVE VIRTU-‖TUM GENERE ORNATISSIMÆ ‖ MATRONÆ ‖ ELISABETHÆ Herborts / ‖ Pl. Rever. ac Doctissimi Viri ‖ DN. M. ZACHARIÆ TOLLENII, ‖ PASTORIS ac SUPERINTENDEN-‖TIS REGIO-LUTHERANI FIDE-‖LISSIMI, Dignissimi, ‖ DESIDERATIS-SIMÆ UXORIS ‖ IPSO DIE EMORTUALI ‖ SERVATORIS NOSTRI, ‖ Somno placido ac beato ‖ ex hisce miferiis ‖ à ‖ DEO ‖ EVOCATÆ, ‖ fcribebant ‖ AMICI & FAUTORES. ‖ GOETTINGÆ, ‖ Excudit JUSTUS NIHTMANN, ‖ Anno M. DC. LXVI.
Göttingen: Justus Nithmann 1666. [2] Bl.; 4°
[Göttingen, SUB: *4 CONC FUN 116 (9c)]*

Verfasser des ersten Epicedions ist der Göttinger Rektor und Druckereibesitzer Mag. Heinrich Tollenius (Lehrer und Pastor in Göttingen, * Göttingen 23.08.1629, † Göttingen 02.05.1679), der seine achtzehn elegischen Distichen als *Paedagogiarcha* unterzeichnet.[372] Er lässt den gesamten Sammeldruck in seiner eigenen Offizin in Göttingen durch seinen angestellten Drucker Justus Nithmann herstellen. Er wendet sich in v. 1 an den hinterbliebenen Zacharias Tollenius, den er als

---

[371] Tollenius wurde am 14. Juli 1657 an der Universität Helmstedt immatrikuliert. Vgl. Hillebrand (1981), S. 125a26.

[372] Vgl. Meyer (1941), S. 328. Er ist wohl mit dem *Henricus Tollius Gottingensis* identisch, der am 5. April 1649 an der Universität Helmstedt immatrikuliert wurde. Dazu vgl. Hillebrand (1981), S. 66a19.

agnatus anspricht und somit als seinen jüngeren Bruder zu erkennen gibt. Der Witwer habe ihn um Trauergedichte gebeten, und sein *maximus* ... *amor* dränge ihn jetzt ebenso zur Abfassung von *carmina* wie die *pietas*. Der Tod erscheine als *subitus* ... *horror* und erschüttere den menschlichen Verstand. Der Dichter führt aus, er müsse jetzt auf Veranlassung seiner Muse traurige Klagen schreiben und ein ehrendes Lob auf die verstorbene *matrona* verfassen, die ihren Ehemann mit ihrer *casta mens* geliebt habe. Dieser Schmerz schaffe reichlich *lugubria verba*, und ein *flebile carmen* sei zu vernehmen. Schon komme die traurige Stunde, in der diese *optima* ... *foemina* begraben werde, die nicht Krankheit und die *dirae spicula febris* gefürchtet habe. Abschließend ruft er die Verstorbene direkt an und bezeichnet sie als *grata* ... & ... *lacrymabilis hospes*. Sie habe seinem jetzt verwitweten Bruder in schwieriger Zeit Trost geschenkt:

> *Attulit adveniens aegro solamina gnato*
> *Spemque dedit vitae, quin nova vita fuit.*

Heinrich Tollenius spielt mit diesen Versen darauf an, dass sein Bruder Zacharias nach dem Tod seiner ersten Frau Anna Margaretha Averberg in seiner zweiten Ehefrau Trost, Lebenshoffnung und gleichsam ein neues Leben gefunden habe. Sie müsse jetzt hingegen die *tristia fata necis* einlösen. Im letzten Distichon bringt der Verfasser noch das Bild der Kerze, die selbst vergehe, während sie das Dunkel erleuchte. Diese beiden Verse werden von ihm als Motto für das Leben der Verstorbenen eingesetzt: sie habe mit ihrem Wesen ihre Umgebung positiv beeinflusst und habe dann selbst früh sterben müssen.

Das zweite Trauergedicht verfasst der spätere Nachfolger im Göttinger Rektorenamt Justus von Dransfeld (* Göttingen 1633, † Göttingen 1714) in 23 Versen in griechischer Sprache.[373]

Der Göttinger Konrektor A[rnold] Retberg (* Northeim 1633, † 1693) ist Dichter des dritten Gedichts aus 26 anapästischen Dimetern.[374] Er spricht, einem Epitaphium gleich, eine fiktive *viatrix* an, die am Grab der verstorbenen Otilie Elisabeth Tollenius verweilen solle, da ihren *matris et conjugis officia* nachzueifern sei. Dazu zählt er diverse biblische Frauengestalten auf, die er jeweils mit einem positiven Attribut und gemeinsam als *patriae gloria* bezeichnet. Auch die Verstorbene habe immer positiv gewirkt und sei dennoch schließlich selbst erkrankt und gestorben. Dazu konstatiert Retberg in v. 23:

---

[373] Justus von Dransfeld wurde am 17. Mai 1656 an der Universität Helmstedt immatrikuliert. Vgl. HILLEBRAND (1981), S. 115*b*104.

[374] Retberg wurde am 16. August 1649 und am 4. Mai 1655 an der Universität Helmstedt immatrikuliert. Dazu vgl. HILLEBRAND (1981), S. 71*a*112 und S. 108*a*66.

Homini quae fata volunt accidunt.

Zu diesem Vers ist außerdem die metrische Störung in *accidunt* zu nennen. An-schließend bezieht sich der Verfasser wieder auf den Beginn seines Trauergedichts. Die fiktive vorbeikommende Frau solle zu den *manes* der Verstorbenen beten und Veilchen über ihren Grabhügel streuen, damit der *tumulus* angenehm dufte. Ab-schließend steht vor dem Namenszug des Dichters die Abkürzung *M. f.*, die als *memoriam fecit* oder *monumentum fecit* aufzulösen ist, wobei die letztgenannte Auflösung aufgrund des Gedichtcharakters als Epitaphium zutreffender ist.[375] Wenige Jahre vor dem Tod seiner zweiten Ehefrau ist Tollenius im Jahr 1660 noch als Verfasser der in Wolfenbüttel gedruckten deutschen Leichenpredigt anlässlich der Bestattung des Bürgermeisters Heinrich Meyer († Königslutter 19.10.1659) belegt, der diverse lateinische Epicedien, unter anderem auch des Sohnes Justus Zacharias Tollenius beigegeben sind (VD 17 23:263256H). Im Jahr 1667 wird in Helmstedt erneut eine deutsche Leichenpredigt des Zacharias Tollenius auf den Tod der Anna Lüders (geb. Wulff, * 02.1598, † Königslutter 03.05.1666) gedruckt, die am 13. Mai 1666 in Königslutter begraben worden war. Beigegeben sind wie-derum lateinische und deutsche Epicedien mehrerer Beiträger, unter denen sich erneut auch der als Philosophie- und Theologiestudent unterzeichnende Justus Za-charias Tollenius befindet (VD 17 23:263254T).

Zacharias Tollenius heiratet im darauffolgenden Jahr am 13. März 1668 in Königs-lutter noch Catharina Flügel (* Oebisfelde 16.06.1609, † Königslutter 15.09.1678), anlässlich deren Todes die deutsche Leichenpredigt des Valentin Hake in Helm-stedt im Druck erscheint (VD 17 23:267456M).[376]

Dreifache Hertzens=Arbeit ‖ Wo durch ein glaᶜubiger frommer Menſch ſein Chriſtenthum kan und ‖ ſoll erweiſen / vornehmlig im Creutz / ‖ aus dem XXXIX Pſalm. v. 9, 10, 11. ‖ Nu HErr / wes ſol ich mich troᶜſten / ich hoffe auff dich &c. ‖ Bey Volckreicher Sepultur ‖ Der ‖ Weiland Groß=Ehr und Tugendreichen Frauwen ‖ Fr. Catharinen Flügelinn ‖ Des ‖ WolEhr-wuᶜrdigen Großachtbahren und Wol=‖gelahrten Herrn M. ZACHARIÆ TOLLENII ‖ Treufleißigen Paſtoris in der Stadt Koᶜnigslutther / auch ſelbi=‖ger Inſpection Wolverordneten Superintendentis geweſenen ‖ Eheliebſten / ‖ Als welche im Jahr 1678 am 15 Septembr. ‖ Morgens vor 3. Uhr / als ſie alt geweſen 69 Jahr / 3 Monat / ‖ 1 Woche und 1 Tag im HErrn ſanfft und ſeelig eingeſchlaffen / ‖ und darauf am 29 Septembr. war das heilige Michaëlis-Feſt in ‖ der Stadt Kirchen Chriſtlich beygeſetzet

---

[375]   Vgl. Lenz/Bredehorn/Winiarczyk (2002), S. 127.

[376]   Vgl. Seebaß/Freist (1974), S. 324.

und zur Erden be=llftattet worden. || In einer Leich= und Trauer Predigt erkla*c*ret || und vorgetragen || von || VALENTINO HAKEN Priore und Paftore || bey dem Stifft Ko*c*nigslutther. || Helmftadt / || Gedruckt bey Heinrich David Mu*c*llern / Jm Jahr 1678.
Helmstedt: Heinrich David Müller 1678. [34] Bl.; 4°
[Wolfenbüttel, HAB: *H: J 109.4° Helmst. (2)*]

Dem Titelblatt folgt eine Widmung des Druckes an den hinterbliebenen Zacharias Tollenius und seinen *vielgeliebten einigen Sohn* Justus Zacharias Tollenius, der als Adjunkt des Vaters und Rektor der Schule in Königslutter genannt ist. Dieser Widmung folgen die Leichenpredigt des Valentin Hake in deutscher Sprache, *Personalia* mit zahlreichen Personendaten sowie abschließend eine ebenfalls in deutscher Sprache verfasste *Abdanckung* des Johann Christoph Heidmann, der noch weitere Personendaten als *monumentum* in lateinischer Prosa beigegeben sind. Dieser Abschnitt nennt die Eltern der Verstorbenen, Lebensdaten und auch ihre zwei Ehemänner, mit denen sie zuvor verheiratet war. Demnach heiratete Catharina Flügel im Jahr 1629 Heinrich Ebeling (...), Senator in Magdeburg, im Jahr 1633 Franz Haselmann (...), Senator in Oebisfelde und schließlich wie bereits erwähnt im Jahr 1668 Zacharias Tollenius.
Diesen Texten in Prosa folgen angedruckt mit eigenem Zwischentitelblatt aber durchgehenden Bogensignaturen die *Epicedia ... scripta a fautoribus, cognatis, affinibus, amicis*, deren erstes Epigramm aus fünf elegischen Distichen der Helmstedter Professor für Theologie Gerhard Titius dichtet. Das zweite Trauergedicht im Umfang von fünf elegischen Distichen schreibt der bereits erwähnte Arzt Heinrich Meibom d. J., und die vier elegischen Distichen des dritten Gedichts verfasst der Lic. theol. Mag. Justus Cellarius (Pastor in Helmstedt, Wolfenbüttel und Riddagshausen, Professor in Helmstedt, * Helmstedt 04.10.1649, † Wolfenbüttel 11.10.1689), der ein Wortspiel aus dem Familiennamen der Verstorbenen und der Vorstellung, sie fliege *in superis sedibus*, entwirft.[377] Der Helmstedter Professor für Logik Heinrich Wiedeburg (* Goslar 01.02.1641, † Helmstedt 14.05.1696) widmet diesem Anlass ein Epigramm aus drei elegischen Distichen.[378] Das fünfte

---

[377]   Zu Justus Cellarius vgl. Seebaß/Freist (1974), S. 53. Er wurde nach Jauernig (1961), S. 122 am 3. Mai 1667 an der Universität Jena immatrikuliert und ist als Helmstedter Superintendent nach Henze (2005), S. 421–426, dort Nr. 371 in der Universitätskirche St. Stephani für das Jahr 1684 inschriftlich genannt.

[378]   Heinrich Wiedeburg wurde am 21. September 1654 an der Universität Helmstedt immatrikuliert. Vgl. Hillebrand (1981), S. 106*b*136. Eine Person gleichen Namens aus Neustadt am Rübenberge wurde zuvor bereits am 17. Juli 1606 in Helmstedt immatrikuliert. Dazu vgl. Zimmermann (1926), S. 187*b*36. Wiedeburg wurde am 4. Dezember 1665 zum Magister promoviert, am 10. Januar 1691 Professor für Theologie

Epicedion aus 23 daktylischen Hexametern stammt vom Philosophieprofessor Johann Barthold Niemeier (später Professor für Theologie in Helmstedt, * St. Andreasberg 24.06.1644, † Helmstedt 08.05.1708) in Helmstedt.[379] Anschließend folgt als sechstes Gedicht ein *Epitaphium* aus fünf elegischen Distichen des Valentin Hake, der bereits als Verfasser der Leichenpredigt erwähnt wurde. Er bezeichnet die Verstorbene in v. 1 als *specimen pietatis*. Das siebte Epicedion umfasst zehn elegische Distichen, die Albert Gebhard (Pastor in Groß Twülpstedt, Dettum und Braunschweig, * Wendeburg 11.09.1622, † Riddagshausen 1691) als Pastor von Dettum unterzeichnet.[380] Vom Pastor in Osterhagen im Harz Andreas Rupert Bartefeld (...) werden die 36 daktylischen Hexameter des achten Gedichts geschrieben, und Heinrich Werner Lüders (...), der Pastor von Voigtsdahlum, dichtet die 48 elegischen Distichen des nachfolgenden neunten Gedichts. Das zehnte Epicedion im Umfang von nur drei elegischen Distichen verfasst Justus Andreas Berensbach (* Zellerfeld 16.02.1640, † Willershausen 21.06.1705), der Pastor von Willers-

---

und ebenda am 18. Mai 1693 zum Dr. theol. promoviert. Er war mit Anna Margarethe Horneius, der Tochter des Helmstedter Professors Johann Horneius verheiratet, deren nicht erhaltenes Grabdenkmal aus dem Jahr 1690 in der Universitätskirche St. Stephani in Helmstedt HENZE (2005), S. 358–359, dort Nr. 308 beschreibt. Als Vizerektor ist Wiedeburg namentlich genannt auf einer Bronzeglocke aus dem Jahr 1694, die sich ursprünglich im Kollegiengebäude der Universität Helmstedt befand. Dazu vgl. HENZE (2005), S. 379–380, dort Nr. 331. Sein eigenes, nicht erhaltenes Grabdenkmal aus dem Jahr 1696 in der Universitätskirche St. Stephani in Helmstedt beschreibt HENZE (2005), S. 387–388, dort Nr. 338. Namentlich genannt ist Heinrich Wiedeburg auch auf dem nicht erhaltenen Grabdenkmal seines im Alter von zwanzig Jahren verstorbenen Sohnes Conrad Heinrich Wiedeburg aus dem Jahr 1702 in der Universitätskirche St. Stephani in Helmstedt. Dazu vgl. HENZE (2005), S. 440–441, dort Nr. 387.

[379] Zu Niemeier vgl. FRANK (1886). Er wird im Jahr 1698 für das Gebäude der Universität Helmstedt auf einem Ölgemälde portraitiert. Dazu vgl. HENZE (2005), S. 402–403, dort Nr. 351. Seine Grabplatte aus dem Jahr 1708 in der Universitätskirche St. Stephani in Helmstedt beschreibt HENZE (2005), S. 468–470, dort Nr. 425 mit genealogischen Informationen. Er ist auch genannt auf der Grabplatte seiner Frau Anna Margaretha Behrens aus dem Jahr 1695 in der Universitätskirche St. Stephani in Helmstedt sowie ebenda auf der Grabplatte seiner zweiten Frau Sophia Elisabeth Stisser aus dem Jahr 1738. Dazu vgl. HENZE (2005), S. 384–385, dort Nr. 335 und S. 516–517, dort Nr. 473. Niemeier wurde am 13. April 1659 und am 9. Januar 1665 an der Universität Helmstedt immatrikuliert und ebenda im Jahr 1671 zum Magister und am 18. Mai 1693 zum Dr. theol. promoviert. Dazu vgl. HILLEBRAND (1981), S. 134*b*192 und S. 169*b*70.

[380] Vgl. SEEBAß/FREIST (1974), S. 96. Gebhardi wurde am 2. Juli 1642 als *Wendaburgensis* sowie am 8. Juli 1645 an der Universität Helmstedt immatrikuliert. Vgl. HILLEBRAND (1981), S. 29*b*293 und S. 44*b*253. Ob er zwischenzeitlich eine andere Universität besuchte, ist nicht ermittelbar.

hausen und Westerhof.[381] Er spricht den Witwer in v. 1 mit *avuncule* an und steht somit in einem engen Verwandtschaftsverhältnis zu Tollenius.[382] Nachfolgend ist als elftes Gedicht eine *Threnodia* in deutscher Sprache enthalten, als deren Verfasser Johannes Ernst Rudolphi (* Braunschweig), der Stadt- und Landrichter in Oebisfelde, unterzeichnet.[383] Das zwölfte Gedicht ist als προσφώνησις *ad moestissimum viduum* überschrieben und besteht aus zehn dreizeiligen Strophen aus jeweils einem daktylischen Hexameter, einem iambischen Dimeter und einem Hemiepes, die Zacharias Hake (Pastor in Königslutter, * Veltheim 30.07.1654, † Königslutter 13.12.1689), als Pastor im Kloster Königslutter und Verwandter des Valentin Hake, an seinen Amtsbruder richtet.[384] Danach steht das kurze dreizehnte Epicedion aus fünf elegischen Distichen des Johann Friedrich Titius (* Helmstedt 05.07.1657, † Helmstedt 10.08.1697), der seine Verse ohne Funktionsbezeichnung subskribiert und ein Sohn des Beiträgers Gerhard Titius ist.[385] Das vorletzte Trauergedicht ist als ΕΠΙΤΑΦΙΟΝ betitelt und hat einen Umfang von 17 daktylischen Hexametern in lateinischer Sprache und nachfolgenden deutschen Versen, als deren Dichter Balthasar Andreas Kupeitz (* Königslutter) unterzeichnet.[386] Das fünfzehnte Gedicht ist in deutscher Sprache geschrieben und beschließt diese Sammlung von Epicedien. Sein Verfasser ist Anton Tollenius (* Lauterberg), der ein Enkel oder Neffe des hinterbliebenen Witwers sein könnte.[387] Die beiden letztgenannten Beiträger unterzeichnen ihre Trauergedichte jeweils als Studenten der Philosophie und der Theologie.

---

[381]   Vgl. MEYER (1942) S. 513. Berensbach wurde am 18. Juni 1662 an der Universität Helmstedt immatrikuliert. Vgl. HILLEBRAND (1981), S. 156*b*96.

[382]   Anna Margaretha Tollenius, die Mutter des Justus Andreas Berensbach, ist eine Schwester des Zacharias Tollenius. Dazu vgl. die genealogische Online-Ressource unter http://gedbas.genealogy.net/datenblatt.jsp?nr=1017606600 (Stand: 12. Oktober 2009).

[383]   Rudolphi wurde am 11. Mai 1646 an der Universität Helmstedt immatrikuliert. Vgl. HILLEBRAND (1981), S. 46*a*41.

[384]   Zu Hake vgl. SEEBAß/FREIST (1974), S. 115. Er wurde am 21. Mai 1666 und am 7. November 1674 an der Universität Helmstedt immatrikuliert. Vgl. HILLEBRAND (1981), S. 175*a*94 und S. 202*a*47.

[385]   Das nicht erhaltene Grabdenkmal des Johann Friedrich Titius aus dem Jahr 1697 in der Universitätskirche St. Stephani in Helmstedt beschreibt HENZE (2005), S. 393, dort Nr. 344. Titius hat trotz seiner ebenda belegten hohen Intelligenz wohl keinen Beruf ausgeübt. Er wurde bereits als Kind am 7. Juni 1664 an der Universität Helmstedt immatrikuliert. Dazu vgl. HILLEBRAND (1981), S. 167*b*163.

[386]   Kupeitz wurde am 15. Juli 1673 und am 14. März 1677 an der Universität Helmstedt immatrikuliert. Vgl. HILLEBRAND (1981), S. 197*b*96 und S. 211*a*14.

[387]   Tollenius wurde am 13. Juni 1677 an der Universität Helmstedt immatrikuliert. Vgl. HILLEBRAND (1981), S. 212*a*82.

In einem Schriftstück ist Zacharias Tollenius als Superintendent in Königslutter selbst noch zuvor für die Jahre 1674 und 1675 bezeugt, als er einen Briefwechsel über die Besitzfrage der Pfarrwiese im Gebiet der Burg Campen bei Helmstedt führt (Wolfenbüttel, StA: *14 Alt Nr. 149*). Anlässlich seines Todes im Mai 1683 erscheint im darauffolgenden Jahr die deutsche Leichenpredigt gemeinsam mit Epicedien diverser Beiträger (VD17 23:269575F).

> Davids und Gla︠c︡ubiger Chriſten Noht / ‖ Thra︠c︡nen / Gebett und Seuff-
> zer ‖ zu GOTT / ‖ Auß dem VIten Pſalm v, 7. 8. 9. & 10. ‖ veranlaſſet / ‖
> und ‖ Bey der Chriſtlichen Sepultur und Leich=Bega︠c︡ngnu︠c︡ß ‖ Des Wei-
> land Woll=Ehrwürdigen / Grofz=‖Achtbahren und Hochwollgelahrten
> Herrn / ‖ M. ZACHARIÆ ‖ TOLLENII, ‖ Dreifzig Ja︠c︡hrigen getreuen
> und ‖ wollverdienten Paſtoris zu Ko︠c︡nigs=Luther / und der ‖ Benachbahr-
> ten Kirchen Special-Superintendentis, ‖ Welcher in dem 72. Jahr ſeines
> Alters ‖ Dominic. Exaudi, war der 20. May des 1683. Jahres der ‖ See-
> len nach ſanfft und ſelig abgeſchieden / der Leichnam aber darauf ‖ am
> Feſte der H. Dreyeinigkeit in der Stadt=Kirchen ‖ daſelbſten zu ſeiner
> Ruhe=Kammer gebracht und ‖ beygeſetzet worden / ‖ In Volckreicher
> trauriger Verſamlung zu betrachten vorgeſtellet ‖ von ‖ M. CHRISTO-
> PHORO BOSENIO, ‖ P. und Superintendente Speciali ‖ zu Scho︠c︡nin-
> gen. ‖ Helmſta︠c︡dt / Gedruckt bey Henrich Hessen An[n]o 1684.
> Helmstedt: Heinrich Hesse 1684. [52] Bl.; 4°
> [Wolfenbüttel, HAB: *H: J 109.4° Helmst. (1)*]

Dieser Druck beginnt auf der Seite mit der Bogensignatur A1ᵛ mit einem dem Titelblatt vorangestellten Bildnis des Verstorbenen und einem beigegebenen Epigramm aus drei elegischen Distichen des Mag. Christian Breithaupt (* Dransfeld 1646, † Ermsleben 1704), der als Pastor von Ausleben und Ottleben bei Grönin-gen unterzeichnet.[388] Erst auf der Seite mit der Bogensignatur A2ʳ ist das Titel-blatt abgedruckt. Anschließend folgt eine Widmung an Justus Zacharias Tollenius als Sohn des Verstorbenen sowie an Sophie Margarite Makkinnen (...) und Anna Margaretha Tollenius (* 1615), die Witwe des Valentin Berensbach (* 1610) und Schwester des Verstorbenen in Clausthal. Der eigentlichen deutschen Leichenpre-digt des Christoph Bösenius sind *Personalia* mit diversen Personendaten beigege-ben, in denen unter anderem Mag. Thomas Tollenius (ab 1608 Pastor in Zellerfeld, * Clausthal, † Zellerfeld 1637) als Vater und Jobst Tolle († Clausthal 16.04.1618), Richter in Clausthal, als Großvater väterlicherseits des Verstorbenen sowie die be-

---

[388] Breithaupt wurde am 5. März 1678 an der Universität Helmstedt immatrikuliert. Dazu vgl. HILLEBRAND (1981), S. 214a24.

treffenden Ehen genannt sind.[389] Auch dieser Leichenpredigt ist eine *Abdanckung*
des Johann Christoph Heidmann angefügt, bevor angedruckt mit durchgehender
Bogensignatur aber eigenem Zwischentitelblatt die *Epicedia* auf den Tod des Zacharias Tollenius folgen.

Das erste Epicedion umfasst nur vier elegische Distichen, die Justus Cellarius als
Vizerektor der *Academia Iulia* schreibt. Ihnen folgen als zweites Epigramm sechzehn elegische Distichen des Arztes Heinrich Meibom d. J. Das dritte Epicedion
im Umfang von drei elegischen Distichen widmet der Helmstedter Professor für
Logik Heinrich Wiedeburg diesem Anlass, und die sechs elegischen Distichen
des darauffolgenden vierten Epicedions stammen vom ebenfalls an der *Academia
Iulia* als Professor tätigen Johann Barthold Niemeier. Mag. Friedrich Pabst (Pastor
in Süpplingenburg, * Braunschweig, † Süpplingenburg 11.1684), der Pastor von
Süpplingenburg, ist der Verfasser des fünften Gedichts aus dreizehn elegischen
Distichen in der Gestalt eines Anagramms.[390] Das sechste Trauergedicht umfasst
sechs elegische Distichen, die Justus Andreas Berensbach als *Parochus* von Willershausen, Oldershausen und Westerhof ebenfalls in der Gestalt eines Anagramms
verfasst und erneut an Zacharias Tollenius als seinen *avunculus* richtet. Anschließend folgt der *Luctus pius* des Christoph Dietrich Steinmann (* Jerxheim 1642,
† 1691), der als Pastor von Westerburg und Rohrsheim bei Hessen am Fallstein
unterzeichnet. Dieses siebte Gedicht hat einen Umfang von 21 Verspaaren in Epodenform aus iambischem Trimeter und iambischem Dimeter. Steinmann bekennt
in v. 37: *mihi parentis instar omni tempore*. Mag. Peter Ernst Brückmann (Pastor
in Bahrdorf, * Sambleben um 1640, † Bahrdorf 08.05.1711), der Pastor von Bahrdorf ist der Verfasser des achten Gedichts, das aus sechs elegischen Distichen
besteht und in der Subskription die Hoffnung *in spem laetae resurrectionis* zum
Ausdruck bringt.[391] Das neunte Gedicht ist als *Pindarische Ode* überschrieben
und vom gekrönten Dichter und Rektor der Andreasschule in Hildesheim Johann
Christoph Losius (* Wernigerode 1659, † Hildesheim 1733) in deutscher Sprache
geschrieben.[392] Dieser Ode folgt ein kurzes Gedicht aus sechs daktylischen Hexametern des zuvor bereits genannten Anton Tollenius, der als *R. Vall.* unterzeichnet.

---

[389]   Zu Thomas Tollenius vgl. MEYER (1942), S. 545. Er wurde am 19. Mai 1607 an der
        Universität Helmstedt zum Magister promoviert. Dazu vgl. ZIMMERMANN (1926),
        S. 193*a*7.

[390]   Vgl. SEEBAß/FREIST (1974), S. 227.

[391]   Zu Brückmann vgl. SEEBAß/FREIST (1974), S. 45. Er wurde am 2. Juni 1654 und am
        10. Oktober 1660 an der Universität Helmstedt immatrikuliert. Dazu vgl. HILLEBRAND
        (1981), S. 104*a*252 und S. 145*a*61.

[392]   Losius wurde am 19. Juni 1679 an der Universität Helmstedt immatrikuliert. Dazu vgl.
        HILLEBRAND (1981), S. 218*a*68 und S. 218*b*108.

Alle Verse dieses Epicedions beginnen mit einer flektierten Form des Substantivs *mors*, denen schließlich wenige deutsche Verse nachgestellt sind. Das elfte Gedicht ist ebenso wie das zwölfte, als *Trost=Schrifft* betitelte Gedicht in deutscher Sprache verfasst. Dichter sind Rektor Johann Friedrich Alberti (Rektor in Königslutter, Pastor in Destedt, * Königslutter 13.05.1658, † Destedt 02.04.1724) und ein mit den Initialen J. G. L. (...) unterzeichnender *anonymus*.[393] Das dreizehnte Epicedion stammt vom Theologiestudenten Julius Duve (* Helmstedt) und hat einen Umfang von fünf elegischen Distichen.[394] Die zwanzig elegischen Distichen und deutsche Verse des vierzehnten Epicedions sind als *Colloquium amici cujusdam cum placide defuncto* überschrieben und von Balthasar Andreas Kupeitz verfasst, der den Verstorbenen in v. 1 mit *venerande patrone* anruft und ihn außerdem in der Subskription als *Dominus patruelis* bezeichnet. Als fünfzehntes und sechzehntes Trauergedicht sind jeweils Texte in deutscher Sprache abgedruckt, als deren Dichter Johann Thomas Fröling (* Helmstedt 07.09.1661, † Helmstedt 01.03.1685) und Johann Heinrich Meyer (* Königslutter), beide Studenten der Philosophie und Theologie in Helmstedt unterzeichnen.[395] Ebenfalls Student im Bereich der *artes* ist Andreas Fröling, der die neun elegischen Distichen des siebzehnten Epicedions schreibt. Das achtzehnte Gedicht ist wiederum in deutscher Sprache verfasst und stammt von Zacharias Conrad Bösenius (...), wohl einem Sohn des Verfassers der Leichenpredigt, der den Verstorbenen als seinen Paten bezeichnet. Heinrich Thomas Berensbach (ab 1703 Adjunkt und ab 1705 Pastor in Willershausen, * Willershausen 1673, † Willershausen 1728) dichtet das neunzehnte Epicedion aus 33 daktylischen Hexametern mit anschließender deutscher Übersetzung, und Zacharias Eberhard Tollenius aus Königslutter widmet das nachfolgende zwanzigste Gedicht dieser Sammlung in deutschen Versen seinem verstorbenen Großvater.[396] Auch Thomas Valentin Tollenius (...), ebenfalls ein Enkel in Königslutter, verfasst das letzte Epicedion in deutscher Sprache und unterzeichnet es mit dem Hinweis der Abfassung *in zarter Jugend*.

---

[393]   Zu Alberti vgl. SEEBAß/FREIST (1974), S. 4.

[394]   Duve wurde am 14. Juni 1667 sowie am 10. März 1675 an der Universität Helmstedt immatrikuliert. Vgl. HILLEBRAND (1981), S. 177*b*85 und S. 203*a*14.

[395]   Johann Thomas Fröling war ein Sohn des Helmstedter Professors Andreas Fröling und wurde am 7. Januar 1668 sowie am 2. April 1680 an der Universität Helmstedt immatrikuliert. Dazu vgl. HILLEBRAND (1981), S. 179*b*78 und S. 220*b*40. Zwischenzeitlich wurde er am 12. Mai 1680 in Jena immatrikuliert. Vgl. JAUERNIG (1962), S. 283. Er verließ Jena wegen der Pest und starb in Helmstedt selbst an den Pocken. Zum Fragment seiner Grabplatte in der Universitätskirche St. Stephani in Helmstedt vgl. HENZE (2005), S. 345–346, dort Nr. 294.

[396]   Zu Berensbach vgl. MEYER (1942), S. 513.

Der Sohn des Zacharias Tollenius aus der Ehe mit Otilie Elisabeth Herbort ist Mag. Justus Zacharias Tollenius (* Helmstedt 24.03.1647, † Königslutter 20.10.1692), der in Königslutter als Rektor der Schule und ab 1676 als Adjunkt seines Vaters wirkt und in den Jahren von 1683 bis 1692 sein Nachfolger als Superintendent in Königslutter ist.[397] Seine philosophische Dissertation wird im Jahr 1669 an der Universität Helmstedt angenommen und gedruckt (VD 17 23:688643N).

QVOD. BONUM. FELIX. ATQVE. FAUSTUM. DEUS. ‖ TER. OP-
TUM. MAXUM. ESSE. JUBEAT. ‖ DISPUTATIO PHILOSOPHICA ‖
DE ‖ ELEMENTIS ‖ Quam ‖ In inclytâ Academiâ Juliâ ‖ ſub ‖ PRÆ-
SIDIO ‖ VIRI ‖ Amplißimi atque Clarißimi ‖ DN. ANDREÆ FRÖLIN-
GII, ‖ OPT. ARTIUM ET PHILOS. MAG. ‖ LOGICES PROFESSORIS
P. ‖ ORDINARII ‖ Dn. Patroni, Cognati & Præceptoris ſui ‖ ætatèm deve-
nerandi ‖ Publicæ placidæq[ue] Commilitonum cenſuræ ſistet ‖ JUSTUS
ZACHARIAS TOLLENIUS Helmſtad. ‖ Autor. ‖ IN JULEO MAJORI ‖
Ad diem 27. Martii ‖ A. R. S. ∞ Is c LXIX. ‖ HELMESTADII, ‖ Typis
JACOBIS MÜLLERI.
Helmstedt: Jakob Müller 1669. [17] Bl.; 4°
[Wolfenbüttel, HAB: *S: Alv.: X 150 (81)*]

Dieser Druck enthält zunächst die Dissertation des Justus Zacharias Tollenius in lateinischer Prosa, dann folgen ab der Seite mit der Bogensignatur D3ʳ einzelne Glückwunschgedichte. Das erste Gedicht schreibt der bereits erwähnte Andreas Fröling als Präses ohne weiteren Namenszug. Es umfasst drei elegische Distichen und stellt den Widmungsempfänger bereits in v. 1 als *doctrinae specimen* heraus. Die zweite *gratulatio* ist in griechischer Sprache verfasst und besteht aus 24 daktylischen Hexametern, als deren Verfasser ein nicht nachweisbarer Ἐρρῖκος ὁ Ὠρνήϊος, vermutlich Erich Horn (...) unterzeichnet. Mag. Heinrich Wiedeburg widmet Tollenius das dritte Gedicht im Umfang von vier elegischen Distichen, in denen er in bildlicher Sprache die Leistung und Abstammung des Widmungsempfängers würdigt. Das vierte Glückwunschgedicht in deutscher Sprache schreibt Philipp Otto Gercken (* Hildesheim), der sich in seiner Subskription als Freund des Justus Zacharias Tollenius bezeichnet.[398]

---

[397]   Zu den biographischen Daten vgl. SEEBAß/FREIST (1969), S. 127 und SEEBAß/FREIST (1974), S. 324. Justus Zacharias Tollenius wurde am 16. Juli 1657 an der Universität Helmstedt zur *depositio* immatrikuliert und nahm am 21. Juni 1666 sein Studium auf. Dazu vgl. HILLEBRAND (1981), S. 125*a*25 und 174*b*66.

[398]   Gercken wurde am 12. November 1667 an der Universität Helmstedt immatrikuliert. Dazu vg. HILLEBRAND (1981), S. 178*b*42.

Ein Jahr später wird vom Professor für Rhetorik Christoph Schrader (* Rethmar 29.09.1601, † Helmstedt 24.04.1680) zu einer von Justus Zacharias Tollenius am 31. März 1670 ebenfalls an der Universität Helmstedt gehaltenen *Oratio de passione Domini* eingeladen (VD 17 23:232660B).[399]

PROGRAMMA ‖ in orationem ‖ De pasſione Domini ‖ noſtri Jeſu Chriſti ‖ à ‖ JUSTO ZACHA-‖RIA TOLLENIO ‖ Helmſtadienſi ‖ Juvene pio & erudito elaboratam ‖ & ad xxxi Martii diem horâ poſt meridiem ‖ tertia ‖ in Julei magno auditorio ‖ publicè habendam ‖ Anno cıs ısc lxx. ‖ Helmestadii, ‖ Typis Henningi Mulleri Acad. Typ.
Helmstedt: Henning Müller d. J. 1670. [4] Bl.; 4°
[Göttingen, SUB: *8 HLP V, 10/2 (39)*]

Der Druck enthält keine Gelegenheitsgedichte, bietet aber einige genealogische Informationen. So wird der Redner als *unicus ...filius* und Absolvent des Göttinger Gymnasiums bezeichnet, der im vierten Jahr Philosophie und Theologie an der *Academia Iulia* studiere.
Vermutlich noch im selben Jahr erscheint ein Druck desselben Verfassers mit lateinischen und deutschen Epicedien auf den Tod der Elisabeth Herbort (geb. Evinghausen, † 1670) in Helmstedt (VD 17 7:692357L). Die Verstorbene war mit dem Forstschreiber und Ratskämmerer Barthold Herbort (...) in Clausthal verheiratet, die Mutter der Otilie Elisabeth Herbort, Schwiegermutter des Zacharias Tollenius und somit Großmutter des Justus Zacharias Tollenius.

ΘΡΗΝΩΔΙΑΙ ‖ Quibus ‖ Acerbum, beatum tamen ‖ obitum ‖ LEC-TISSIMAE PUDICISSIMAEq[ue] MATRONAE ‖ ELISABETHÆ E=‖lvinghauſen ‖ DN. ‖ BARTHOLDI Herborts ‖ relictæ viduæ ‖ AVIÆ ‖ meæ ‖ Deſideratisſimæ ‖ defleo ‖ JUSTUS ZACHARIAS TOLLENIUS. ‖ Ich ruhe ſanft und selig. ‖ HELMSTADI, ‖ Typis JACOBI MVLLERI.
Helmstedt: Jakob Müller [1670]. [2] Bl.; 4°
[Göttingen, SUB: *4 CONC FUN 116 (9b)*]*

---

[399] Zu Schrader vgl. Zimmermann (1926), S. 441–442 und Zimmermann (1891). Das nicht erhaltene Grabdenkmal des Christoph Schrader aus dem Jahr 1680 in der Universitätskirche St. Stephani in Helmstedt ist beschrieben bei Henze (2005), S. 323–324, dort Nr. 269. Zum ebenfalls nicht erhaltenen Grabdenkmal seiner Frau Margarethe Stisser aus dem Jahr 1685 in derselben Kirche vgl. Henze (2005), S. 344–345, dort Nr. 293.

Über das erste Epicedion ist ein Holzschnittband gesetzt, das einen liegenden Putto mit einer geflügelten Sanduhr auf seiner linken und einem Totenschädel auf seiner rechten Seite als ikonographische Zeichen der *vanitas* gemäß Pred. 1,2 zeigt. Der Putto verbildlicht dabei den neugeborenen Menschen, die geflügelte Sanduhr die Flügel des Gottes Chronos als Abbild der verrinnenden Zeit und der Totenschädel Sterben und Tod. Der Formenschneider hat seine Initialen *J. B.* über der Sanduhr angebracht, und über dem Putto ist das Motto *Hodie mihi cras tibi* festgehalten, das als Sinnspruch des Todes vielfach belegt ist.[400]

Justus Zacharias Tollenius verfasst auf den Tod seiner Großmutter ein Epicedion in acht elegischen Distichen. Er leitet sein Gedicht mit der Vorstellung ein, die Verstorbene, die er als *materna* bezeichnet, liege jetzt unter dem *pulvis terrae*, und die Bestattung bringe einen *acerba dies* mit sich. Anschließend stellt er fest, dass ihr Körper vom *lethiferum ... frigus* umgeben sei. Sie liege jetzt als Speise der Würmer unter ihrem Grabhügel und empfange *carmina ... moesta*. Im fünften Distichon erfolgt nach dieser äußerst realistischen und nach modernen Gesichtspunkten befremdlich makaberen Beschreibung eine gedankliche Wendung. Die Großmutter erhalte jetzt ihre Ruhe und könne die *aeterna ... aura* genießen. Sie sei *fortunata*, weil sie das ewige Leben erlangt habe. Tollenius bindet somit die Hoffnung auf Erlösung an und bewegt sich argumentativ auf der Basis des lutherischen Denkens, da er der Verstorbenen über die Beschreibung des körperlichen Vergehens hinaus keine Seelenstrafen nach den Lehren der römisch-katholischen Kirche ankündigt. Das Gedicht schließt mit dem Hinweis, dass es für sie keine Rückkehr zu ihrer Familie gebe und dass ihre Gebeine stattdessen bis zur *ultima ... judicis hora Dei* im Grab verblieben. Diese Worte sind aus der Auferstehungshoffnung in 1. Kor. 15,52 gespeist.

Anschließend sind zwei weitere Epicedien in deutscher Sprache abgedruckt, deren erstes ebenfalls Justus Zacharias Tollenius dichtet, und deren zweites ein nicht identifizierbarer Beiträger mit den Initialen B. K. (...) unterzeichnet. Tollenius beschreibt auch in seinem deutschen Gedicht die Trauer um seine Großmutter und hebt das Geschehen nach dem Willen Gottes hervor. Das zweite deutsche Gedicht ist nicht auf die Person der Verstorbenen bezogen, sondern stellt allgemein den Tod und das Vertrauen auf Gott als Erlöser dar, wobei antike Bilder wie die Rolle der Parzen als Walterinnen über Leben und Tod verwendet sind. Diesem ganzen Sammeldruck ist beispielhaft die allgemeine Wende vom lateinischen hin zum volkssprachlichen Gelegenheitsgedicht abzulesen.

Am 14. September 1672 reicht Tollenius wiederum in Helmstedt eine theologische Dissertation ein, die er dem Herzog Rudolf August von Braunschweig-Lüneburg widmet (VD 17 23:251914T).

---

[400]   Vgl. Seidel (1996), S. 233.

EXERCITATIO ACADEMICA ‖ DE ‖ PAPA ET ‖ PAPATV ‖ RO-
MANO ‖ QVAM ‖ D. O. M. A. ‖ PRÆSIDE ‖ GERHARDO TITIO ‖
S. S. THEOL. DOCT. ET PROF. ‖ ORDINARIO ‖ DN. PATRONO AC
PRÆCEPTORE SVO ‖ ÆTATEM DEVENERANDO ‖ Publico docto-
rum examini proponit ‖ IN ILLVSTRIS IVLIÆ ‖ IVLEO MAIORI ‖ M.
Ivstvs Zacharias Tollenivs ‖ Helmſtadienſis ‖ Avctor & Resp. ‖ Ad d.
xiv. Septemb. Anno cis is c lxxii. ‖ HELMESTADII, ‖ Typis HENNINGI
MVLLERI, Acad. Typogr.
Helmstedt: Henning Müller d. J. 1672. [28] Bl.; 4°
[Wolfenbüttel, HAB: *M: Tm Kapsel 6 (10)*]*

Der eigentlichen Dissertation ist ein einzelnes Epigramm aus elf elegischen Distichen nachgestellt, das der Helmstedter Professor Heinrich Meibom d. J. *be-
nivolentiae caussa* für Justus Zacharias Tollenius verfasst. Meibom beginnt mit
der Darstellung der römisch-katholischen Kirche als *Martia Roma*, die Gesetze
aufgestellt habe, bis sich schließlich der reformatorische Widerstand dagegen bil-
dete:

Tandem animo invicto sprevit Germania Romam,
Pars quoque Romano dogmata cum imperio.

Tollenius wird anschließend als derjenige genannt, der als gelehrter Mann das
Zeugnis seiner Studien ablege und somit sein *pontificale caput* kröne. Meiboms
Glückwunschgedicht stellt dem Thema der Disputation angemessen die Abkehr
der Reformatoren und der protestantischen Kirchen von der römisch-katholischen
Kirche dar. Es zeigt abschließend in lutherischer Tradition den einzelnen Pastor
als Verkünder des biblischen Wortes und spricht der *Martia Roma* die Funktion
der apostolischen Tradition und Kirchenrechtsgebung ab.
Zum Neujahrstag des Jahres 1676 lässt Justus Zacharias Tollenius in Helmstedt
ein Gelegenheitsgedicht auf einem Einblattdruck herstellen, das er den Herzögen
Rudolf August und Anton Ulrich von Braunschweig-Lüneburg widmet (VD 17
23:669469H).

SERENISSIMIS PRINCIPIBVS AC ‖ DOMINIS ‖ DN. RVDOL-
PHO AVGVSTO ‖ & ‖ DN. ANTONIO VLRICO ‖ Brunſuicenſium &
Lüneburgenſium ‖ Ducibus &c, &c. ‖ Dominis ſuis clementiſſimis ‖
ſub feliciſſimis novi anni ‖ M D C L X X V I. ‖ auſpiciis ‖ REGIMEN
TRANQVILLVM ‖ VITAM LONGÆVAM ‖ VALETVDINEM IN-
CORRVPTAM ‖ VIGOREM PERPETVVM ‖ hâc qualicunque ſtrenulâ ‖

piè apprecatur ‖ humillimus cliens & fubditus ‖ M. JVSTVS ZACHARIAS TOL-
LENIVS, Helmst. ‖ [es folgt das Gedicht] ‖ Helmæstadl, ‖ Typis Henrici
Mülleri, Acad. Typ.
Helmstedt: Heinrich David Müller [1676]. [1] Bl.; 4°
[Wolfenbüttel, HAB: *G3:C28*]*

Noch im Titel des Drucks wünscht Tollenius den beiden Herzögen für das neue
Jahr ein *regimen tranquillum, vitam longaevam, valetudinem incorruptam, vigorem perpetuum*. Dem eigentlichen Neujahrsepigramm aus vier elegischen Distichen ist ein Anagramm aus der Titulatur der beiden Herzöge als *heroes* vorangestellt. Tollenius beginnt sein Epigramm mit der Anrufung des römischen Gottes
Ianus, was eine deutliche Anspielung auf Ov. *fast.* 1,63–288 ist. Ianus, der nach
Ovid mit einem Gesicht in das alte Jahr und mit dem anderen Gesicht in das neue
Jahr sehen kann, erfährt hier in seiner Zweigesichtigkeit eine andere Interpretation. Er möge um einer glücklichen Herrschaft der beiden Herzöge willen deren
biga lenken und für *unum cor* sorgen, damit keiner der beiden von dem dichte-
rischen Gespann herabstürzen könne. Tollenius beendet sein Gedicht im letzten
Distichon mit der Bitte, den beiden Herzögen sollte noch so oft die glückliche
Wiederkehr des Ianus gewährt werden, wie leuchtende Sterne am Himmel stünden. Wiederholte Wörter des Anagramms sind im gesamten Epigramm durch Satz
in Kapitälchen hervorgehoben.
Zum Neujahrstag des Jahres 1679 erscheint wiederum ein Einblattdruck mit einem
Gelegenheitsgedicht des Tollenius an Herzog Rudolf August von Braunschweig-
Lüneburg (VD 17 23:231369Z). Der Verfasser bezeichnet sich selbst im Titel erst-
mals als Adjunkt des Pastors und Rektor der Schule in Königslutter.

STRENA POETICA ‖ SERENISSIMO PRINCIPI AC DOMINO ‖
DNO. RVDOLFO ‖ AVGVSTO ‖ Brunfv. & Lunæburg. Duci ‖ HEROI
INCLYTO ‖ PATRIÆ PATRI ‖ Principi ac Domino fuo clementiffimo ‖
cum pio omnigenæ felicitatis & tranquilli diuturnique imperii ‖ voto fub
feliciffimis novi anni M DC LXXIX aufpiciis de-‖miffisfimè oblata ‖ â ‖
devoto & obfequentiffimo fubdito ‖ M. JVSTO ZACHARIA TOLLE-
NIO ‖ Regio-Lotharienfis Eccl. Past. adjuncto ‖ & Schol. Rect. ‖ [es folgt
das Gedicht] ‖ HELMSTADI, ‖ Typis HENRICI DAVIDIS MULLERI
Acad. Typog.
Helmstedt: Heinrich David Müller [1679]. [1] Bl.; 4°
[Wolfenbüttel, HAB: *H: 4 Helmst. Dr. (5)*]*

Dieses Neujahrsepigramm besteht aus elf elegischen Distichen und beginnt mit
einer Apostrophe an Herzog Rudolf August, der die Herrschaft unter dem Beistand

Gottes innehabe und dem Tollenius *pia vota* geben will. In der Rolle des bittenden Dieners will er für den Herzog gute Wünsche einlösen und damit Gott erfreuen. Im sechsten Distichon schreibt Tollenius deshalb:

> *... sceptra gubernet*
> *dux, cui commisit sceptra regenda deus.*

Nach dem Krieg solle jetzt vielmehr eine Herrschaft des Friedens beginnen: *Regnet tranquillae Pacis amoena quies.* Das in diesem Vers verwendete Vokabular steht gänzlich im Dienst des friedlichen Ruhens, bildet einen deutlichen Kontrast zum vorangegangenen Vers, erinnert an den Zustand der *Pax Augusta* und kann eine variierende Anspielung auf das *Qualiter et regno tranquilla pace quieto ...* der Roswitha von Gandersheim in 3,1,1493 der *Gesta Ottonis* sein. Nach antikem Vorbild wird der Zustand der *pax* als personifiziert eingesetzt, worauf der Großdruck hinzudeuten scheint. Dass es bereits in der Antike üblich ist, zum Beginn des neuen Jahres auf einen friedlichen Verlauf zu hoffen, belegt die in Ov. *fast.* 1,277–282 angespielte Rolle des Ianus als Wächter des im Kriegsfalles geöffneten und im Friedensfalles geschlossenen Tores des ihm geweihten Tempels in Rom. In den letzten vier Distichen des Epigramms folgt ein Lob des Herrschers. Rudolf August werde als *heros* siegen, wobei nicht das Simplex *vincere*, sondern vielmehr das verstärkende Kompositum *devincere* zum Einsatz kommt, und Tollenius fügt hinzu, der Herzog wachse *amante deo*. Im letzten Distichon steht der Heilswunsch, der für den Herzog erbeten wird sowie eine Selbstverpflichtung des Dichters: *Enitar semper concelebrare ducem!*

Nach dieser Zahl an in Helmstedt erschienen Drucken verlässt Justus Zacharias Tollenius die Universitätsstadt, um seinem Vater an die Kirche nach Königslutter zu folgen. Seine noch einzige und letzte Publikation ist für das Jahr 1692 im Druck bezeugt. Zum Begräbnis des Theologen Johann Helmcke (* Königslutter 16.01.1619, † Vorsfelde 19.04.1689), der 44 Jahre Pastor in Grafhorst bei Helmstedt und Vorsfelde bei Wolfsburg war, am 12. Mai in St. Petri in Vorsfelde hält Justus Zacharias Tollenius die deutsche Leichenpredigt, die er im Titel als *von M. Justo Zacharia Tollenio, Pastore und Superintendente in und umb Königs-Luther* verfasst unterzeichnet (VD 17 7:688225T).[401]

Eines frommen und treufleißigen Knechts ‖ JESU CHRJSTJ ‖ Fuᵉrtreffliches Ehren=Lob und herrlicher ‖ Gnaden=Lohn / ‖ Aus denen Worten des HErrn Chriſti ‖ Matth. XXV. v. 21. 23. ‖ Bey trauriger und volck-

---

[401]   Zu Helmcke vgl. SEEBAß/FREIST (1974), S. 124. Er wurde am 18. Oktober 1638 an der Universität Helmstedt immatrikuliert. Dazu vgl. HILLEBRAND (1981), S. 10*a*46.

reicher Leich=Bega^engniß || Des || Wol=Ehrwu^erdigen / Großachtbahrn und || Wolgelahrten Herrn || JOHANNIS || HELMKENII, || Weil. hiebevor 17 ja^ehrigen treufleißigen Predigers || zu Graffhorſt / und nachgehends in die 27. Jahr wolverdien=||ten Paſtoris Primarii zu Vorßfelda und E. Ehrw. Miniſterii der || Ko^enigs=Lutherischen Inſpection wolgewu^erdigten Senioris, || Welcher den 19. Aprilis Freitag fu^er Jubilate mor=||gens zwiſchen 10. und 11. Uhr des 1689ſten Jahrs im 71. Jahr ſeines || Alters / nach 44. ja^ehrigen wolgefu^ehrten Predig=Ambt ſanfft und ſeelig || von dieſer Welt abgefodert [*sic!*] und darauf am Sonntag Exaudi, welcher || war der 12. Maji, zu Vorsfelda in ſeine Ruh=Kammer nahe an || der daſigen Peters-Kirche gebracht und beygeſetzet || worden / || Jn dem dabey gehaltenen Leich=Sermon in deutlicher || Einfalt und einfa^eltiger Lauterkeit zu be=||trachten vorgeſtellet || Von || M. JUSTO ZACHARIA TOLLENIO, || Paſtore und Superintendente in und umb Ko^enigs=Luther. || Helmſta^edt / Gedruckt bey Georg=Wolffgang Hamm / Univerſ. Buchdr. 1692.

Helmstedt: Georg Wolfgang Hamm 1692. 48 S.; 4°

[Göttingen, SUB: *4 CONC FUN 103 (3)*]

Diese Leichenpredigt ist vollständig in deutscher Sprache abgefasst, und dem Druck sind auch keine Epicedien auf den Verstorbenen beigegeben. Dafür sind einige genealogische Informationen zu Helmckes Familie enthalten sowie sein *Lebens=Lauff*.

Im Jahr 1699 sind noch die Drucke zweier theologischer Dissertationen an der Universität Helmstedt nachweisbar, deren Respondent Zacharias Eberhard Tollenius (Pastor in Langeleben und Lobmachtersen, * Königslutter 05.09.1677, † Lobmachtersen 18.07.1722) aus Königslutter ist.[402] Dies sind die *Dissertatio theologica de coniugiis consanguineorum iure divino prohibitis* vom 23. August 1699 (1699, VD 17 1:055267Y) sowie die *Dissertatio theologica II. de coniugiis consanguineorum iure divino prohibitis* vom selben Tag (1699, VD 17 23:251033Z). Zacharias Eberhard Tollenius ist ein Sohn des Justus Zacharias Tollenius und somit ein Enkel des Zacharias Tollenius. Er wirkte als Pastor in Langeleben und Lobmachtersen.[403]

Weitere historische Drucke oder Aktenstücke, die weiterführende Hinweise zu den genannten Nachkommen der Familie Averberg und deren jeweiligem Umfeld geben, sind nach derzeitigem Kenntnisstand nicht nachweisbar. Möglicherweise

---

[402]   Vgl. SEEBAß/FREIST (1974), S. 324. Zacharias Eberhard Tollenius wurde am 14. November 1687 und am 22. April 1696 an der Universität Helmstedt immatrikuliert. Dazu vgl. MUNDHENKE (1979), S. 10*a*11 und S. 42*a*19.

[403]   Zu den biographischen Daten vgl. SEEBAß/FREIST (1974), S. 324.

liegt das auch darin begründet, dass die Lebenswege der Nachkommen teilweise aus dem Herzogtum Braunschweig-Lüneburg hinausführten und den engmaschigen welfischen Raum verließen.

3.1.6. Personenkreis um die Familien Jagemann und Ruhmann aus Göttingen (1592–1612)

Zur Heirat von Dorothea Jagemann (* 1580, † Göttingen 06.07.1611), der Tochter des Dr. jur. Johann Jagemann (Professor für Jura in Helmstedt, dann herzoglicher Hofjurist, Vizekanzler, später Kanzler in Hardegsen und Göttingen, * Heiligenstadt 27.11.1552, † Wernrode 07.01.1604), mit Dr. Hildebrandt Giseler Ruhmann (Jurist, herzoglicher Rats- und Hofgerichtsassessor, Hof- und Konsistorialrat, * Göttingen 1568, † Hannover 13.03.1631) am 23. April 1598 schreiben Heinrich Petreus, Werner König, Hermann Volckmar und David Böckel Hochzeitsgedichte (VD 16 ZV 4681).[404]

AMPLISSIMO & CLA-||rißimo viro || Dn: || HILDEBRANDO-||GISLER RVHMANN, I. V. D. REVE-||RENDISSIMI & ILLVSTRISSIMI PRIN-CIPIS || ac Domini, Domini HENRICI IVLII, Poſtulati E-||piſcopi Halberſtadenſis, Ducis Brunſuicenſis & Lu-||næburgenſis Potentiſimi, CON-||SILIARIO, || & || DOROTHEÆ, VIRGINI PVDICISSIMÆ, || MAGNIFICI & NOBILIS || VIRI, Dn: IOHANNIS IAGEMANNI, IN HARDE-||eſſen & Gottingen, I. C. Excellentißmi [sic!], Celſitudinis eiuſdem Princi-||pis, CANCELLARII & CONSI-||LIARII intimi, periti, ſapientis, || FILIÆ: || SPONSIS ORNATISSIMIS || ET LECTISSIMIS: || Sacrum. || HENRICOPOLI || Excudebat Conradus Horn Anno 98. Wolfenbüttel: Konrad Horn 1598. [10] Bl.; 4° [Wolfenbüttel, HAB: *H: 124 Helmst. Dr. (3)*]

Das erste Epithalamion aus 180 daktylischen Hexametern verfasst Dr. jur. Heinrich Petreus (Lehrer und Jurist in Frankfurt am Main, Rektor des Pädagogiums in Göttingen, Hof- und Konsistorialrat in Wolfenbüttel, * Hardegsen 01.02.1546,

---

[404]   Zu Johann Jagemann und seinen Nachkommen vgl. RÖMER (1974), ZIMMERMANN (1926), S. 391–393, JAGEMANN (1881) und SCHMIDT (1867). Für Hildebrandt Giseler Ruhmann und seine Nachkommen vgl. ZIMMERMANN (1889*b*). Zur Immatrikulation Ruhmanns an der Universität Helmstedt vgl. die Hinweise im Folgenden.

† Wolfenbüttel 22.09.1615), der es als Wolfenbütteler Rat unterzeichnet.[405] Werner König (Kanzler, Kammerrat und Kanzleidirektor von Herzog Heinrich Julius von Braunschweig-Lüneburg) ist der Dichter des zweiten Hochzeitsgedichts, das aus 28 elegischen Distichen besteht. Das dritte Gedicht schreibt Hermann Volckmar (Hofbeamter in Wolfenbüttel, * Bockenem).[406] Es umfasst 35 elegische Distichen und wird von ihm als s[ervitor] f[idelis] unterzeichnet.[407] Das folgende fünfte Gedicht aus zwölf alkäischen Strophen ist nicht namentlich unterzeichnet, dürfte aber ebenso wie das anschließende, die gesamte Sammlung beschließende Epigramma aus fünf elegischen Distichen von David Böckel stammen.

Zum selben Anlass wird von Christoph Donauer (Absolvent der Universität Helmstedt, Pastor in Regensburg, * Falkenfels 1564, † Regensburg 1611) ein weiteres Hochzeitsgedicht verfasst, das als eigener Druck mit einem nahezu identischen Titelblatt wie die zuvor erwähnte Gedichtsammlung erscheint (VD 16 ZV 4677).[408]

AMPLISSIMO & CLA-||rißimo viro || Dn: || HILDEBRANDO-||GISLER RVHMANN, I. V. D. REVE-||RENDISSIMI & ILLVSTRISSIMI PRIN-CIPIS || ac Domini, Domini HENRICI IVLII, Poſtulati Epiſcopi || Halberſtadenſis, Ducis Brunſuicenſis & Lunæburgenſis Poten-||tiſsimi, CONSILIARIO, & RATISPONAM || ad Comitia Anno 98. LEGA-TO || præſtantiſsimo: || & || DOROTHEÆ, VIRGINI PVDICISSIMÆ, || MAGNIFICI & NOBILIS || VIRI, Dn: IOHANNIS IAGEMANNI, IN HARDE-||eſſen & Gottingen, I. C. Excellentißmi [sic!], Celſitudinis eiuſdem Princi-||pis, CAN-||CELLARII & CONSILIARII intimi, periti, Neſtoris ſapien-||tis, Quondam in Illuſtri Iulia Præceptoris & Magiſtratus mei || Academici, animitus mihi ſemper Colendi: || FILIÆ: || SPONSIS ORNATISSIMIS || ET LECTISSIMIS: || Sacrum. || HENRICOPOLI || Excudebat Conradus Horn Anno 98.
Wolfenbüttel: Konrad Horn 1598. [3] Bl.; 4°
[Wolfenbüttel, HAB: H: 124 Helmst. Dr. (4)]*

---

[405]   Zu Petreus vgl. ZIMMERMANN (1887b). Ein Heinrich Petreus wurde als Henr[ici] fil[ius] am 14. April 1604 an der Universität Helmstedt immatrikuliert. Er dürfte der Sohn des Dr. jur. Petreus sein. Vgl. ZIMMERMANN (1926), S. 172b108.

[406]   Volckmar wurde am 17. Oktober 1576 an der Universität Helmstedt immatrikuliert. Vgl. ZIMMERMANN (1926), S. 10b37.

[407]   Vgl. LENZ/BREDEHORN/WINIARCZYK (2002), S. 194.

[408]   Zu Donauers Immatrikulation an der Universität Helmstedt vgl. die Hinweise im Folgenden.

Die im Gegensatz zum zuerst besprochenen Druck im Titel vom Verfasser ergänzte Anmerkung, der Bräutigam sei im Jahr der Heirat herzoglicher Gesandter auf dem Reichstag in Regensburg gewesen, dürfte die spätestens seitdem zwischen beiden Männern bestehende Bekanntschaft erklären, und zudem hat der Verfasser als Absolvent der *Academia Iulia* auch eine eigene Verbindung ins Braunschweigische. Christoph Donauer aus Regensburg war am 13. November 1583 an der Universität Helmstedt immatrikuliert worden, Hildebrandt Giseler Ruhmann aus Göttingen am 21. Juli 1587. Für den 14. Mai 1588 ist für Donauer außerdem noch die Magisterpromotion durch Heinrich Meibom an der philosophischen Fakultät in Helmstedt belegt.[409] Es scheint somit wahrscheinlich, dass sowohl das Studium in Helmstedt als auch die Teilnahme am Reichstag in Regensburg vom 20. Dezember 1597 bis zum 6. April 1598 die Bekanntschaft beider Männer miteinander begründen. Bereits vier Jahre zuvor war der Schwiegervater des Bräutigams, der Kanzler Johann Jagemann ebenfalls als Gesandter des Herzogtums Braunschweig-Lüneburg auf dem Reichstag in Regensburg, wie eine Reisekostenabrechnung aus dem Jahr 1594 (Hannover, HStA: *4 Alt 19 Nr. 4315*) belegt.

Donauers Gedicht besteht aus 32 elegischen Distichen und schließt mit einem Chronodistichon zum Jahr 1598. Dorothea Jagemann verbinde sich mit Hildebrandt Giseler Ruhmann auf dem ehelichen Lager, und beider *anima* werde zu einer. Diese emotionale und körperliche Verbindung als Einlösung des Eheversprechens beschreibt Donauer in den nächsten Versen näher und schließt mit dem Wunsch, beiden Partner solle der gute Jupiter beistehen, und ihnen nach Kräften eine *forma mensque bona* sowie *mores decori* gewähren. Außerdem bittet der Verfasser den Gott um Nachkommen des Brautpaares, die ebenfalls positive Eigenschaften erlangen sollen. Genannt werden in diesem Zusammenhang in v. 9–10 *boni & fortes tituli*, *munus*, *honor* und *opes*. Der Bräutigam wird danach in v. 12 direkt angesprochen, denn er solle alles mit dem *Numinis arbitrium* erhalten, was außerdem auch eine Anspielung auf seinen Beruf als Jurist im herzoglichen Staatsdienst darstellt. Er möge dem Herzog Heinrich Julius von Braunschweig-Lüneburg dienen, der *generosa propago* des Herzogs Julius von Braunschweig-Lüneburg, des Stifters der Universität Helmstedt. Donauer stellt Heinrich Julius im Folgenden an die Spitze der Landesherren, denn kein anderer sei weiser, gelehrter und besser als er. Diese Aussage präzisiert er im zehnten Distichon:

Quaerit amari Dux, non eligit ille timeri,
Vult servare suos, perdere non satagit.

---

[409]   Vgl. Zimmermann (1926), S. 44*a*14, S. 66*a*56 und S. 70*a*2.

Diese panegyrische Aussage lässt Heinrich Julius somit als für seine Untertanen sorgenden Landesvater erscheinen, und das sich in v. 21 anschließende *Arbiter haud solum, sed rerum Tutor & Auctor.* hebt das Herrscherlob nochmals verstärkt hervor. Heinrich Julius könne sich jedoch nur als *magnus* rühmen, weil er Ruhmanns Schwiegervater als leitenden Hofbeamten habe und dieser sein *ocellus / magnanimus, sapiens, integer, ingenuus* sei. Wiederum dessen Tochter Dorothea wird in bildlicher Sprache als anmutig geschildert, und zudem als *casta, pia & mitis, lacteola, aureola* beschrieben. Diese Attribute sind der klassischen antiken Beschreibung der ehrbaren Frau zueigen und beispielsweise durch das Frauenbild Ovids geprägt. Ruhmann, nur angesprochen mit seinem Vornamen, könne sich an seiner Ehefrau freuen, mit der als *donum* ihn der olympische Jupiter schmücke. In dieser Aussage ist die etymologische Herkunft des Namens Dorothea als δῶρον θεοῦ verborgen, was als gelehrte Anspielung zu werten ist. Die positive Bewertung der Braut durch den Verfasser endet in v. 34 mit ihrer Bezeichnung als *decus foemineum.* Beiden Ehepartnern sollen nach dem Willen Donauers die aus dem Isis-Kult bekannten klappernden *sistra*, Gedichte, Pauken und Orgeln Beifall spenden. Anschließend spielt Donauer in den folgenden fünf Distichen auf die Dichtkunst Helmstedter Professoren an und entwickelt dabei eine schon fast überzeichnete Charakterisierung der Gelegenheitsdichtung im Allgemeinen: Johannes Caselius setze großartiger an zu einem epischen Gedicht voller poetischem Enthusiasmus, das er nach Belieben in griechischer oder lateinischer Sprache verfasse, Heinrich Meibom erfreue sinnreich mit einer anrührenden Ode, Kaspar Arnoldi verfasse unter dem Beistand der Muse Erato einen scharfsinnigen μέλος, Cornelis Martini spreche in seinen Gedichten unter dem Beistand der Πειθώ, der Göttin der erotischen Überredung, gelehrt und Salomon Frenzel von Friedenthal lasse seine elegische Dichtkunst angenehm glänzen. Die Musen Melpomene, Polyhymnia und Urania sollen die Begabungen dieser Männer leiten, als deren letzter Basilius Sattler kurz erwähnt wird. Die *pietas* des Schwiegervaters Jagemann und des Schwiegersohnes Ruhmann verdiene derart feierliche Gedichte, woraus in v. 50 die Aufforderung *Vota, preces, sponsis, fundite, ferte, novis* resultiert. Donauer verwendet diese Anspielung auf die gewichtige Dichtkunst der Helmstedter Professoren sehr wahrscheinlich als Ausdruck seiner eigenen dichterischen Bescheidenheit und gleichzeitig als Reverenz an die gemeinsamen früheren Lehrer aus Studientagen. Grundsätzlich vorstellbar ist allerdings auch, dass er mit seinem Gedicht nur gleichsam überblicksartig in eine Sammlung von Glückwunschgedichten der genannten Männer einleiten will. Eine derartige Sammlung ist nach derzeitigem Kenntnisstand jedoch nicht nachweisbar.

Dem weisen, heiligen, begeisternden und unsterblichen Gott sei es ein Vergnügen, wenn zwei Menschen zu einem Fleisch würden, was wiederum aus Gen. 2,24 geschöpft ist. Donauer lässt einen Anruf an *Iova parens* folgen, den er als *moderator*

& auctor amoris bezeichnet und abschließend in v. 54 als *gnate* ... *Immanuel* um Beistand anfleht, was sich auf die Benennung des Gottessohnes nach Jes. 7,14 bezieht. Spätestens in dieser Aussage wird deutlich, dass die Gottesvorstellung des gesamten Gedichts eine christliche ist und der christliche Gott als römischer Jupiter attribuiert wird. Somit steht der ganze letzte Abschnitt des Gedichts in v. 51–64 im Zeichen einer hymnischen Anrede Gottes:

> *Tu combinatum par tege, corda rege.*
> ...
> *Res horum moderare! O alme ale! Noxia pelle!*
> *Auge prole! aevum proroga: avum exhilara!*

Donauer betet somit für eine Nachkommenschaft des Brautpaares und bringt dabei das Wortspiel aus *aevum* und *avum* an. Gott solle diese Zeit andauern lassen und gleichzeitig durch die Nachkommen Johann Jagemann als Großvater erfreuen. Das abschließende bereits erwähnte Chronodistichon in v. 63–64 bringt die Bitte vor, Gott möge später die genannten, des Lebens satten Personen an- und sie in den Himmel aufnehmen. Das Chronodistichon schließt mit dem Wort *Amen*, so dass der bereits mehrfach erwähnte Charakter eines Gebetes erhalten bleibt. Zum Satz des Chronodistichons ist noch anzumerken, dass sämtliche in den Wörtern enthaltene römische Zahlzeichen die Jahreszahl 1598 ergeben und dabei nach üblicher Praxis der Buchstabe *J* als *I* zu werten ist. Zwischen das Epithalamion und seine Subskription als Verfasser setzt Donauer einen kurzen Passus in lateinischer Prosa, in dem er zum Ausdruck bringt, dass er aus *mos* und *amor* zu Johann Jagemann und Hildebrandt Giseler Ruhmann auf dem Reichstag in Regensburg am 1. Januar 1598 seine Wünsche feierlich abgefasst habe.

Weiterhin erscheint zum selben Anlass von Franz Algermann (Historiker, geistlicher Dichter, * Celle um 1548, † Wolfenbüttel 1613) ein deutscher *Spiegel erbarer vnd frommer Frawen* (VD 16 A 1868).[410]

Spiegel ‖ Erbarer vnd frommer Frawen: ‖ vnd Boᶜſer vnartiger Weiber / ‖ Auff den Hochzeitlichen Ehrentag / Des Ehrnveſte[n] Hoch=‖gelarten vnnd Erbarn Hildebrandt-Giß=‖lern Ruhman / der Rechten Doctorn vnnd Fuᶜrſtlichen ‖ Braunſchweigiſchen Hoff: vnd Kirchen Rath: ‖ Vnd der ‖

---

[410]   Zu Algermann vgl. LILIENCRON (1875). Er wurde am 21. Juli 1566 an der Universität Wittenberg immatrikuliert und am 1. März 1580 in Helmstedt zum *notarius publicus Caesareus* ernannt. Vgl. FÖRSTEMANN/HARTWIG (1894), S. 104*b*39 und ZIMMERMANN (1926), S. 26*a*1. Für den 22. September 1593 ist an der Universität Helmstedt die weitere Immatrikulation eines gleichnamigen Studenten aus Wolfenbüttel belegt, der ein Sohn des erstgenannten sein könnte.

Erbarn vnd Tugentreichen Jungfrawen / ‖ Dorotheen Deß Edlen auch
Ehrnveſten vnd Hochgelarten ‖ Herrn Johann Jagemann zu Hardegſen
vnd Goᵉttin=‖gen / &c. Fuᵉrſtlichen Braunſchweigiſchen Canzlern / ‖
freundlichen lieben Tochter: zu Wulf=‖fenbuᵉttel den 23. April. cele-
brirt / ‖ Anno 1598. ‖ Geſtellet durch ‖ FRANCISCVM ALGERMANN. ‖
Gedruckt zu Heinrichſtadt durch Conrad Horn.
Wolfenbüttel: Konrad Horn 1598. [15] Bl.; 4°
[Wolfenbüttel, HAB: *A: 231.97 Theol. (20)*]

Dieser Druck enthält Hochzeitsgedichte in deutscher Sprache, unter anderem abschließend Akrosticha auf die Namen des Bräutigams und der Braut. Es sind keinerlei Partien in lateinischen Versen vorhanden.
Dr. jur. Johann Jagemann war im Jahr 1590 in den Reichsadelsstand erhoben worden, so dass seine Familie den Namenszusatz *von* führen durfte. Er erscheint seinerseits in einer Sammlung von Briefen und Glückwunschgedichten an Salomon
Frenzel von Friedenthal im Jahr 1599 als Beiträger (VD 16 E 1719).

Epiſtolæ & Carmina gratulatoria ‖ CLARISS. VIRORVM ‖ Ad ‖ SAL.
FRENCELIVM. ‖ De honeſtißimo munere Rigenſi ‖ beneuolentiæ ergò ‖
perſcriptæ. ‖ Helmaestadii ‖ Excudebat Iacobus Lucius. Anno ‖ CIꞆ IꞆ
IC.
Helmstedt: Jakob Lucius d. J. 1599. [60] Bl.; 8°
[Wolfenbüttel, HAB: *H: P 1475.8° Helmst. (2)*]

Der Band enthält die Briefe und Gedichte diverser gelehrter Männer und Freunde
aus verschiedenen Regionen, so beispielsweise von David Chyträus, David Hil-
chen und Lorenz Scheurle. Johann Jagemann ist darin Verfasser eines Briefes in
lateinischer Prosa, den er an Salomon Frenzel von Friedenthal als *amicus suus*
richtet und der auf den Seiten mit den Bogensignaturen B2ʳ bis B3ʳ abgedruckt ist.
Der Verfasser unterzeichnet ihn am 31. März 1599 in Wolfenbüttel als *D. Ioan.*
Iageman in Hardegsen, & Göttingen, principalis Brunovicensium Cancellarius,
& Consiliarius intimus.
Johann Jagemann ist ansonsten überwiegend in dienstlichen Dokumenten belegt,
so beispielsweise in einer Abrechnung der Kammerkasse im Jahr 1581 für ihn
(Hannover, HStA: *4 Alt 19 Nr. 4603*), als Unterzeichner einer Urkunde des Her-
zogs Heinrich Julius von Braunschweig-Lüneburg am 3. Juli 1590 (Hannover,
HStA: *Dep. 83 A Nr. 126*), in einer Lehnsurkunde für Dr. jur. Johannes Spiegel-
berg in Bodenwerder, die Herzog Heinrich Julius von Braunschweig-Lüneburg
und Jagemann am 12. Dezember 1592 unterzeichnen (Hannover, HStA: *Dep. 55*
A Nr. 59), anlässlich der Bestallung eines Kopisten für ihn im Jahr 1593 (Wol-

fenbüttel, StA: *4 Alt 1 Nr. 1925*) und anlässlich des Erwerbs eines Kirchenstuhls und Erbbegräbnisses für seine Familie in der Kirche in Hardegsen im selben Jahr (Hannover, HStA: *Cal. Br. 2 Nr. 1115*), ferner in zwei Reisekostenabrechnungen von drei braunschweigisch-lüneburgischen Gesandten beim Reichsdeputationstag in Speyer aus dem Jahr 1595 (Wolfenbüttel, StA: *4 Alt 1 Nr. 1971* und *4 Alt 19 Nr. 4314*) und in einer Relation der Abgesandten Johann Jagemann und Peter Juen an Herzog Heinrich Julius vom Reichsdeputationstag zu Speyer im selben Jahr (Hannover, HStA: *Cal. Br. 11 Nr. 204*). Zudem lässt Johann Jagemann vermutlich in den 1590er Jahren das später im Stil des Barock umgebaute Haus Kanzleistraße 2 in Wolfenbüttel für sich erbauen.[411] Außerdem korrespondiert er in den Jahren von 1597 bis 1601 mit Graf Johann von Oldenburg wegen Erbteilungsangelegenheiten bezüglich der Gebiete Kniphausen, Stadland und Butjadingen (Oldenburg, StA: *Best. 20-3 Nr. 120*). Weiterhin ist Jagemann im Jahr 1598 auch in einer Bestallung als Hauslehrer belegt (Wolfenbüttel, StA: *3 Alt Nr. 422*) und ebenso in einem Vertrag vom 28. November 1600 zwischen Herzog Heinrich Julius und dem Bürgermeister sowie dem Stadtrat von Bodenwerder mit Unterschriften des Herzogs und Jagemanns (Hannover, HStA: *Dep. 55 A Nr. 64*). Noch fast ein halbes Jahrhundert nach seinem Tod ist Johann Jagemann im Jahr 1652 in Auseinandersetzungen seiner Erben nachweisbar (Hannover, HStA: *Cal. Br. 14 Nr. 482*).

Basilius Sattler schreibt zuvor im Jahr 1592 eine deutsche *Trostschrifft* an Johann Jagemann auf den Tod dessen Vaters Hans Jagemann (...), der wichtige genealogische Daten zu entnehmen und lateinische Epicedien beigegeben sind (VD 16 S 1877).[412]

Troſtſchrifft ‖ D. Baſilij Satlers F. ‖ Braunſchweigiſchen Hoffpre=‖digers zu Wolfenbuᵉttel. ‖ An den ‖ Ehrnueſten vnd Hochgelarten Herrn D. ‖ Johann Jageman F. Braunſchweigiſchen ‖ Cantzlern daſelbſt / ‖ Vber den vnuerſehenen toᵉdlichen abgang Weiland ‖ des Erbaren Hans Jagemans ſeines lieben ‖ Vaters ſeligen / ‖ Denen / welcher verwandten etwa ploᵉtz-lich vnd vnuerſehens ‖ auß dieſem Leben abgefordert worden / nuᵉtz ‖ vnd troᵉſtlich zuleſen. ‖ Helmſtadt / ‖ Gedruckt durch Jacobum Lucium. Anno 1592.
Helmstedt: Jakob Lucius d. Ä. 1592. [11] Bl.; 4°
[Wolfenbüttel, HAB: *M: Db 2345 (19)*]

Zunächst enthält der Druck die in deutscher Sprache von Sattler verfasste Trostschrift, die theologische, biographische und genealogische Aspekte miteinander ver-

---

[411] Vgl. ARNHOLD (2006), S. 216.
[412] Vgl. SCHMIDT (1867), S. 2.

bindet. Anschließend sind einige lateinische Epicedien abgedruckt, deren erstes das *Epitaphium* des Basilius Sattler aus drei elegischen Distichen ist und das Sattler nur mit den Initialen B. S. D. unterzeichnet. Der Professor Johannes Caselius ist Dichter des zweiten kurzen Gedichts aus sieben daktylischen Hexametern. Das dritte Epicedion aus neun elegischen Distichen verfasst der Helmstedter Professor Cornelis Martini aus Antwerpen (* Antwerpen 1568, † Helmstedt 17.12.1621), und das vierte stammt vom bereits erwähnten Salomon Frenzel von Friedenthal, der es als *Poëta Caesarius* unterzeichnet.[413] Dichter des fünften Trauergedichts im Umfang von zehn elegischen Distichen ist Mag. Heinrich Dresler (...).[414] Den Abschluss dieser Epicediensammlung stellen das Anagramm auf Jagemann sowie die folgenden sieben elegischen Distichen des Professors Heinrich Meibom dar, der ebenfalls als *Poëta Caesarius* und Professor unterzeichnet. Die Epicedien auf den Tod des Vaters des Johann Jagemann werden somit zum großen Teil im Helmstedter akademischen Milieu verfasst und sind mehr auf den Sohn ausgerichtet als auf den verstorbenen Vater.

Dr. Hildebrandt Giseler Ruhmann lässt seinerseits das später ebenfalls im Stil des Barock umgebaute Haus Kanzleistraße 4 in Wolfenbüttel im Jahr 1597 im Kern für sich erbauen.[415] Er erhält im Jahr 1601 wenige Jahre nach der Heirat seine Bestallung zum Konsistorial- und Hofrat (Hannover, HStA: *Cal. Br. 22 Nr. 42*). Seine Frau Dorothea Ruhmann ist im Jahr 1605 gemeinsam mit weiteren Frauen Widmungsempfängerin eines deutschen *Dialogus*, der sich explizit an Leserinnen richtet (VD 17 23:281738L). Als sie im Jahr 1611 stirbt und am 8. Juli in Göttingen beigesetzt wird, erscheint die Leichenpredigt, die Mag. Christoph Loss (Pastor in Göttingen, † Göttingen 09.07.1626) in St. Jakobi hält, ebenfalls in deutscher Sprache (VD 17 23:254023F).[416]

LeichPredigt / ‖ Bey dem Begrebnufz ‖ der weylandt Ehrbaren vnnd ‖ vieltugendfamen Frawen Dorotheen / ‖ des Ehrenveften / Hochgelahr-

---

[413]   Vgl. ZIMMERMANN (1926), S. 432–433. Das nicht erhaltene Grabdenkmal des Cornelis Martini in der Universitätskirche St. Stephani in Helmstedt beschreibt HENZE (2005), S. 205–206, dort Nr. 141. Er wurde am 27. Juli 1591 an der Universität Helmstedt immatrikuliert, am 25. April 1592 zum Magister promoviert und ebenda zum Professor der philosophischen Fakultät ernannt. Dazu vgl. ZIMMERMANN (1926), S. 91*b*146, S. 98*a*1 und S. 98*a*18.

[414]   Dresler könnte mit dem am 25. August 1590 an der Universität Helmstedt immatrikulierten *Weisenfeldensis* oder dem am 7. Mai 1591 ebenda immatrikulierten *Barbiensis* identisch sein. Dazu vgl. ZIMMERMANN (1926), S. 84*a*99 und S. 89*b*14.

[415]   Vgl. ARNHOLD (2006), S. 216.

[416]   Vgl. MEYER (1941), S. 326 und S. 330. Loss ist möglicherweise mit dem am 8. Januar 1582 an der Universität Wittenberg als *Christophorus Lossius Stolbergensis* immatrikulierten Studenten identisch. Vgl. FÖRSTEMANN/HARTWIG (1894), S. 303*a*12.

ten vnd Hochacht=‖baren Herzen Hildebrands Gifelern Ruhmans ‖ beyder Rechten Doctorn / Fuᵉrſtlichen Braun=‖ſchweigiſchen vornemen
Raths vnd Hoff=‖gerichts Affeſforn, ehelichen Hauß=‖ frawen. ‖ Welche im 1611. Jahr / den 6. ‖ Julij fruᵉe vmb 7. Uhr ſeliglich im HErrn ‖
abgeſchieden / vnd den 8. Julij in S. Jacobi Kir=‖chen zu Goᵉttingen / in
ihr Ruhebetlein ehrlich ‖ iſt beygeſetzt worden. ‖ Gehalten durch ‖ M.
Chriſtophorum Loſſium, Pfarrern zu S. Ja=‖cobi daſelbſt. ‖ Gedruckt zu
Goßlar bey Johann Vogt / Im Jahr 1611
Goslar: Johann Vogt 1611. | 16| Bl.; 4°
|Wolfenbüttel, HAB: *A: 218.6 Quod. (70)*|

Dieser Druck enthält nur die Leichenpredigt in deutscher Sprache und bietet diverse Personendaten, unter anderem zur Zahl der Nachkommen der Verstorbenen. Er
enthält jedoch keine Epicedien.
Im darauffolgenden Jahr wird Hildebrandt Giseler Ruhmann von seinen Helmstedter Kollegen Johannes Caselius, Heinrich Meibom und Rudolph Diephold
eine *consolatio* gewidmet, die als Zeuge des akademischen Milieus nochmals in
lateinischer Sprache abgefasst ist (VD 17 23:252864Z).

IOAN. CASELI ‖ AD ‖ HILDEBRANDVM ‖ GISELERVM RHVMAN,
&c. ‖ V. CL. ‖ CONSOLATIO ‖ ΠΑΡΑΜ΄ΥΘΙΑ ΄ΗΡΩΑ. ‖ HENRICI
MEIBOMII V. CL. ‖ RVDOLPHI DEPHOLDII V. CL. ‖ HELMAESTADII ‖ In acad. Iul.
typis IACOBI LVCII. ‖ cIɔ Iɔ cXII.
Helmstedt: Jakob Lucius d. J. 1612. |8| Bl.; 4°
|Göttingen, SUB: *8 SVA V, 1224:1 (12)*|

Dieser Sammeldruck wird von einer lateinischen *Consolatio* des Professors Jo-
hannes Caselius eröffnet, die abschließend auf den 31. Januar 1612 datiert ist.
Es folgt ein Epicedion aus 27 daktylischen Hexametern des Professors Hein-
rich Meibom, in deren Mittelpunkt die bildliche Aussage steht, die verstorbene
Dorothea Ruhmann habe den Hafen erreicht. Der Griechischprofessor Rudolph
Diephold dichtet das zweite Epicedion aus 56 daktylischen Hexametern.
Zum Tod des Hildebrandt Giseler Ruhmann selbst sind im Jahr 1631 nach derzei-
tigem Kenntnisstand keine Trauerschriften – weder Epicedien noch eine Leichen-
predigt – erschienen. Dafür sind hingegen noch die staatlich-organisatorischen
Regelungen für seine Nachfolge erhalten (Hannover, HStA: *Cal. Br. 19 Nr. 237*).[417]

---

[417] Als Angehöriger der Familie wird kurz danach im Jahr 1643 noch der Göttinger Ratsherr Gabriel Ruhmann auf dem Taufstein von St. Jakobi in Göttingen erwähnt. Dazu
vgl. ARNOLD (1980), S. 155–156, dort Nr. 176.

3.1.7.   Personenkreis um Familie Neukirch aus Braunschweig (1594–1595)

Der braunschweigische Theologe Melchior Neukirch ist als Verfasser zahlreicher lateinischer Gelegenheitsgedichte belegt. So ist er an den Drucken VD 16 G 484, M 6011 = N 1362, N 1363, N 1364, N 1365 = N 1366, N 1367, N 1368, N 1369, N 1370, N 1371, N 1372, N 1373, N 1374 = S 5856, N 1375, N 1376, N 1377, N 1378, N 1379, N 1380, N 1381, N 1382, N 1383, N 1384, N 1385, N 2115, ZV 11661 und ZV 25860 beteiligt, die sich an verschiedene Widmungsempfänger richten und im Kontext Neukirchs nicht näher untersucht werden sollen, da sie keinen eindeutigen Personenkreis aufzeigen, sondern in diverse Richtungen verweisen. Als Widmungsempfänger ist Melchior Neukirch selbst ebenfalls nicht relevant, da für ihn nach bisherigem Kenntnisstand keine Gedichte geschrieben werden. In seinem familiären Umfeld sind jedoch einige wenige Gelegenheitsgedichte nachweisbar, die anlässlich der Heirat seiner Töchter verfasst wurden. Zunächst entstehen im Juli 1594 die Epithalamien zur Heirat der Lucia Neukirch (...) mit dem Schlossprediger in Hehlen Mag. Martin Keppler (später Pastor in Braunschweig, * Radeburg 10.11.1560, † Braunschweig 01.08.1626), an denen zahlreiche, überwiegend braunschweigische Beiträger um Martin Baremius, Albert Olphenius, David Palladius und Friedrich Petri mitwirken (VD 16 E 1829).[418]

ΕΠΙΘΑΛΑΜΙΑ ‖ Scripta in honorem Nuptiarum ‖ REVERENDI ‖ ET DOCTI viri M. MARTINI ‖ KEPPLERI apud nobilißimam & pien-‖tißimam [*sic!*] matronam JLSAM de SALDERN ‖ nobilißimi ac ſtrenui viri FRIDERICI à ‖ SCHuLENBuRGK p. m. relictam vi-‖lduam in arce HEELEN ‖ à S. concionibus ‖ ET ‖ Pudicißimæ virginis LVCIAE NEO-FA-‖lNIAE, Reverendi & pij viri D. MEL-‖lCHIORIS NEOFANII Paſto-‖lris Eccleſiæ Brunovicenſis ad D. ‖ Petrum filiæ ‖ LVCIa MartInI eſt NeofanIa jVnCta KepLeri ‖ ConnVbIo EXILI virgo teneLLa VIro. ‖ M. N. P S. ‖ Celebratum Brunſuigæ X Cal. Au-‖lguſti. M. D. XCIIII. [Wolfenbüttel]: [Konrad Horn] 1594. [10] Bl.; 4° [Wolfenbüttel, HAB: *H: J 129.4° Helmst. (18)*]

Bereits auf dem Titelblatt ist das Chronodistichon eines *anonymus* mit den Initialen M. N. P. S. (...) zum Heiratsdatum abgedruckt. Das erste Hochzeitsgedicht aus 33 daktylischen Hexametern stammt von Mag. Friedrich Petri, der als Pastor an St. Andreas in Braunschweig unterzeichnet. Als zweites Gedicht folgen neun elegische Distichen des Mag. Andreas Moller, Pastor an St. Ulrich in Braun-

---

[418]   Zu Keppler vgl. SEEBAß/FREIST (1974), S. 154.

schweig. Ebenfalls dort wirkt der Pastor Mag. Martin Volkerling (...), der die nächsten sechs elegischen Distichen in griechischer Sprache dichtet. Das vierte Epithalamion verfasst Anton Bolmeier, der als *Pastor in Eddessa & Deenhausen in inclyto Ducatu Lunaeburgensi* unterzeichnet. Es umfasst 23 daktylische Hexameter, in denen der Verfasser auf seine Kindheit in Hameln an der Weser anspielt und zum Wirken des Bräutigams in Hehlen an der Weser in Bezug setzt. Die elf elegischen Distichen des fünften Gedichts stammen von Mag. Christian Probst (1585 bis 1587 Rektor in Riddagshausen, * Bornhausen, † Riddagshausen 23.03.1610), dem Pastor in Riddagshausen.[419] Das sechste Hochzeitsgedicht aus 37 elegischen Distichen und zwei anschließenden Anagrammdistichen schreibt Martin Baremius, der Rektor der Martinsschule in Braunschweig. An den Beginn seiner Verse setzt er die Sentenz *omnis amans amens* und entwickelt daraus sein Gedicht weiter. Es folgen vier elegische Distichen in griechischer Sprache, deren Verfasser nur mit seinen Initialen H. E. (...) unterzeichnet. Weil er auch dem Personenkreis um die Braunschweiger Martinsschule angehört und in dieser Gedichtsammlung ebenfalls im akademischen Milieu Braunschweigs vertreten ist, ist er möglicherweise auch einer der Lehrer. Das achte Epigramm aus ebenfalls vier elegischen Distichen dichtet Mag. Carl Bumann (Rektor an der Katharinenschule in Braunschweig, in Berlin, an der Martinsschule in Braunschweig und ab 1607 Gründungsrektor in Joachimsthal, * 1551, † Joachimsthal 1610), der Rektor der Katharinenschule in Braunschweig.[420] Mag. Sebastian Schwan (ab 1619 Pastor in Otterndorf, * Heidelberg, † Otterndorf 28.08.1638 [Pest]) schreibt das neunte Epithalamion, das neunzehn elegische Distichen umfasst.[421] Das zehnte Gedicht im Umfang von 22 elegischen Distichen und einem anschließenden Chronodistichon widmet Auctor Hustedt (Konrektor der Martinsschule und Pastor in Braunschweig, * Braunschweig 25.01.1557, † Braunschweig 06.10.1609), der als Konrektor der Martinsschule in Braunschweig unterzeichnet.[422] Dem

---

[419] Vgl. SEEBAß/FREIST (1974), S. 240. Christian Probst wurde am 18. November 1586 als *Sesensis* an der Universität Helmstedt zum Magister promoviert. Vgl. ZIMMERMANN (1926), S. 62a1. Er ist auch im Text des Epitaphs seines im Jahr 1626 im Alter von 23 Jahren verstorbenen Sohnes Martin Probst in St. Ulrich in Braunschweig erwähnt. Vgl. WEHKING (2001), S. 317, dort Nr. 803.

[420] Zu den biographischen Daten des Carl Bumann vgl. DÜRRE (1861), S. 56, S. 65 und S. 67 sowie FLÖTER (2007), S. 39. Er wurde am 26. Juli 1596 als *magister* an der Universität Helmstedt immatrikuliert. Dazu vgl. ZIMMERMANN (1926), S. 126a112.

[421] Vgl. MEYER (1942), S. 258.

[422] Zu den biographischen Daten des Auctor Hustedt vgl. SEEBAß/FREIST (1974), S. 144 und DÜRRE (1861), S. 58 und S. 61. Als Todestag ist auch der 10. Oktober 1609 belegt. Er wurde im Sommersemester 1575 ohne genaue Tagesangabe an der Universität Rostock immatrikuliert. Dazu vgl. HOFMEISTER (1891), S. 186b88.

Chronogramm ist ebenso wie dem Titelblatt zu entnehmen, dass die Heirat am 23. Juli 1594 stattfindet. Mag. Martin Brinkmann (...), der Konrektor der Katharinenschule in Braunschweig, verfasst das elfte Gedicht aus acht daktylischen Hexametern, in denen akrostisch, mesostichisch und telestichisch jeweils der latinisierte Vorname des Bräutigams erscheint. Die anschließenden drei elegischen Distichen widmet der Schulkantor der Martinsschule in Braunschweig, David Palladius dem Brautpaar, und Johann Klingemann aus Neustadt (Pastor in Mascherode und Riddagshausen, * Neustadt am Rübenberge 1570, † Riddagshausen 08.08.1616) ist der Verfasser des dreizehnten Epithalamions aus vierzehn elegischen Distichen.[423] Das vierzehnte Gedicht umfasst 22 elegische Distichen und stammt von Christoph Hagius, der als Subkonrektor unterzeichnet. Die folgenden vierzehn elegischen Distichen des fünfzehnten Gedichts werden von Adolf Hagemann (Lehrer an der Martinsschule in Braunschweig, Pastor in Lehndorf und im Kreuzkloster in Braunschweig, * Bielefeld 1562, † Lehndorf 1627) verfasst.[424] Das sechzehnte Epithalamion aus acht elegischen Distichen schreibt Heinrich Blotzäus aus Einbeck (Lehrer an der Martinsschule in Braunschweig, im Jahr 1597 Pastor in Ellensen, danach in Einbeck, * Einbeck, † Einbeck 29.12.1643).[425] Albert Olphenius (Lehrer an der Martinsschule in Braunschweig, Pastor in Leinde, * Hohe) dichtet das nachfolgende kurze Gedicht aus elf griechischen daktylischen Hexametern.[426] Das achtzehnte Hochzeitsgedicht aus neunzehn elegischen Distichen schreibt Heinrich Deneken (Lehrer an der Martinsschule in Braunschweig, * Braunschweig).[427] Friedrich Neukirch (Pastor in Sambleben, Sievershausen und Benzingerode, * Braunschweig 1571, † Benzingerode 17.01.1648), der als *sponsae* frater unterzeichnet, ist der Dichter des abschließenden, neun-

---

[423]   Zu Klingemann vgl. SEEBAß/FREIST (1974), S. 158. Er wurde in der zweiten Aprilhälfte des Jahres 1586 ohne genaue Tagesangabe an der Universität Helmstedt immatrikuliert. Vgl. ZIMMERMANN (1926), S. 59b49.

[424]   Zu den biographischen Daten Hagemanns vgl. SEEBAß/FREIST (1974), S. 113 und DÜRRE (1861), S. 62. Er wurde am 27. Januar 1580 an der Universität Helmstedt immatrikuliert. Vgl. ZIMMERMANN (1926), S. 24b46.

[425]   Vgl. MEYER (1941), S. 240–241 und S. 249. Blotzäus ist ohne weitere schulische Funktion erwähnt bei DÜRRE (1861), S. 63. Er wurde am 16. Februar 1586 an der Universität Helmstedt immatrikuliert und am 10.April 1597 für Ellensen ordiniert. Dazu vgl. ZIMMERMANN (1926), S. 57b96 und S. 131a8.

[426]   Olphenius ist ohne weitere schulische Funktion und mit Hinweisen zur Herkunft aus der Gegend um Seesen erwähnt bei DÜRRE (1861), S. 63. Außerdem vgl. SEEBAß/FREIST (1974), S. 224. Er wurde am 28. Februar 1587 an der Universität Helmstedt immatrikuliert. Vgl. ZIMMERMANN (1926), S. 63b62.

[427]   Deneken ist ohne weitere schulische Funktion erwähnt bei DÜRRE (1861), S. 63.

zehnten Heiratsglückwunsches aus acht elegischen Distichen an seine Schwester und seinen zukünftigen Schwager.[428] Da aus der Auswertung des braunschweigischen Konkordienbuches bislang nur bekannt war, dass Blotzäus, Olphenius und Deneken ihr Amt als Lehrer an der Martinsschule zwischen 1588 und 1595 aufgenommen haben müssen, belegt diese Sammlung von Gelegenheitsgedichten sicher, dass alle drei bereits im Sommer des Jahres 1594 tätig waren.[429] Zum selben Anlass entsteht auch ein von Johann Hinriking, Johann Hofmeister und Jodocus Magirus in Wittenberg erstellter Sammeldruck mit Epithalamien (VD 16 H 3734), in dessen Titel sich die Verfasser als *amici* des Paares bezeichnen.

> Epithalamia || REVEREN=||DO ET DOCTISSIMO || D. M. MARTINO KäPLE=||RO Paſtori in arce Helem, nuptias || cum lectiſsima Virgine Lucia Neo=||fania Reverendi & Clariſsimi viri D. || Melchioris Neofanij Paſtoris Brun-||ſvicenſis ad D. Petrum filia || celebraturo || Scripta & dicata ab || amicis. || VV I T E B E R G AE. || Typis Zachariæ Lehmanni, || Anno M. D. XCIIII.
> Wittenberg: Zacharias Lehmann 1594. [4] Bl.; 4°
> [Wolfenbüttel, HAB: *H: J 129.4° Helmst. (17)*]

Das Titelblatt dieser Sammlung von Epithalamien ist mit reichem Holzschnittschmuck ausgestattet. In der Umrahmung ist ein unbekleidetes Paar zu erkennen, wobei die Frau auf der linken und der Mann auf der rechten Blattseite abgebildet sind. Die Frau hat ihren linken Arm erhoben und hält einen Apfel in der linken Hand. Am oberen Rand sind drei *putti* abgebildet, deren mittlerer seine Arme zu beiden Seiten ausgebreitet hat und auf die beiden Menschen deutet. Die Motivik des Holzschnitts ist an die Geschichte vom Sündenfall als erster menschlicher Heirat nach dem Bericht in Gen. 3,1–13 angelehnt.

Das erste Hochzeitsgedicht umfasst 25 elegische Distichen und ist von Johann Hinriking (* Osnabrück) verfasst.[430] Er interpretiert in seinen Versen die Ehe als Gabe Gottes und setzt Gott in v. 27 als *unicus autor* der Ehe ein.

---

[428]   Vgl. SEEBAß/FREIST (1974), S. 215. Neukirch wurde am 20. September 1587 an der Universität Helmstedt immatrikuliert. Vgl. ZIMMERMANN (1926), S. 66*b*101.

[429]   Zum Konkordienbuch vgl. DÜRRE (1861), S. 63.

[430]   Hinriking wurde am 30. Dezember 1591 an der Universität Helmstedt immatrikuliert. Vgl. ZIMMERMANN (1926), S. 95*a*32.

Anschließend ist als zweites Epithalamion eine Elegie des Jodocus Magirus (* Braunschweig) abgedruckt.[431] Die von ihm geschriebenen neunzehn elegischen Distichen spielen abschließend auf den Namen der Braut als *nomen & omen* an, bringen sie mit dem Sonnengott Phoebus in Zusammenhang und bezeichnen sie ferner als *lux nova* für ihren Bräutigam. Magirus unterzeichnet seinen Glückwunsch am 15. Juli 1594 in Wittenberg.

Das dritte Gedicht besteht aus zwölf Verspaaren in Epodenform aus daktylischem Hexameter und iambischem Dimeter, deren Dichter Johann Hofmeister (1599 Konrektor an der Katharinenschule in Braunschweig, ab 1602 Superintendent in Wrisbergholzen und Wolfenbüttel, * Alfeld um 1570, † Wolfenbüttel 13.12.1616) ist.[432] Auch er unterzeichnet sein Epithalamion am 15. Juli 1594 in Wittenberg. Die beiden letztgenannten Verfasser lassen aus ihren Anmerkungen zum Abfassungstag somit erkennen, welchen zeitlichen Vorlauf die Herstellung eines Gelegenheitsgedichts, in diesem Fall zur Heirat am 23. Juli 1594, hatte.

Zur Heirat der weiteren Tochter Anna Neukirch (...) mit Johannes Magius (Rektor der Schule in Wolfenbüttel, Pastor in Roklum, * Hornburg) erscheinen im Jahr 1595 zwei Gelegenheitsdrucke mit lateinischen Gedichten.[433] Zwölf Verfasser, darunter Anton Bolmeier, Sebastian Magius, Friedrich Neukirch, Melchior Neukirch und Friedrich Petri, widmen gemeinsam *Epigrammata nuptialia ... scripta ab amicis* (VD 16 E 1634).

EPIGRAMMATA ‖ Nuptialia ‖ In Honorem Honeſti & Docti ‖ VIRI M. JOHANNIS MAGII, ‖ Rectoris Scholæ Henricopolitanæ juxta arcem ‖ Guelphorum Illustriß. Ducum Brunf. ‖ & Lunæburg. aulam, ‖ & ‖ Pudicißimæ Virginis, ANNAE, R. V. D. ‖ Melchioris Neofanij, Pastoris Petrini in ‖ inclyta urbe Brunſuiga filiæ. ‖ Scripta ‖ AB AMICIS. ‖ ΕΤΕΌΣΤΙΧΟΝ. ‖ QVæ genItorI LVX VItaLes præbVIt aVras ‖ Con-

---

[431]   Magirus wurde am 10. Juni 1594 an der Universität Wittenberg immatrikuliert. Dazu vgl. FÖRSTEMANN/HARTWIG (1894), S. 413*a*21.

[432]   Zu den biographischen Daten Hofmeisters vgl. SEEBAß/FREIST (1974), S. 140 und DÜRRE (1861), S. 67. Er wurde als *Saltzhalensis* am 21. September 1593 an der Universität Helmstedt immatrikuliert und wechselte schon am 25. Oktober 1593 an die Universität Wittenberg, bevor er am 17. Oktober 1602 für Wrisbergholzen ordiniert wurde. Dazu vgl. FÖRSTEMANN/HARTWIG (1894), S. 406*b*7 sowie ZIMMERMANN (1926), S. 107*a*181 und S. 163*a*14.

[433]   Magius wurde am 20. April 1587 an der Universität Helmstedt immatrikuliert und ebenda am 10. November 1589 zum Magister promoviert. Vgl. ZIMMERMANN (1926), S. 64*a*118 und S. 79*a*1. Er ist wohl nicht identisch mit dem bei FÖRSTEMANN/HARTWIG (1894), S. 102*b*29 genannten *Iohannes Mage Luneburgensis*, der am 11. Mai 1566 an der Universität Wittenberg immatrikuliert wurde.

nVbIo gnataM hæC eLoCat orta faCro. || M. N. P. S. || Henricopoli Excufa
per Conradum Horn, || Anno Salutis M. D. XCV.
Wolfenbüttel: Konrad Horn 1595. [6] Bl.; 4°
[Wolfenbüttel, HAB: *M: Db 3273 (7)*]*

Bereits auf der Titelseite ist ein Chronodistichon auf das Jahr 1595 von einem mit
den Initialen M. N. P. S. zeichnenden Beiträger abgedruckt. Er ist nicht identifizierbar, jedoch ebenfalls auch auf dem Titelblatt der zuvor erwähnten Sammlung
von Epithalamien zur Heirat der Lucia Neukirch mit Martin Keppler im Vorjahr
als Verfasser eines Chronodistichons genannt (1594, VD 16 E 1829).
Dichter des ersten Epithalamions ist der Brautvater Melchior Neukirch der sechzehn elegische Distichen schreibt. Er wendet sich seinem zukünftigen Schwiegersohn zu und kündigt gewissermaßen als Einleitung der gesamten Gedichtsammlung die Wünsche der Freunde für *prospera cuncta* an. Er selbst wolle sich als
socerque paterque diesen Bitten anschließen und bete ebenfalls für *prospera cuncta*, durch deren zweimalige Nennung die besonderen Glückwünsche unterstrichen
werden. Gemäß den Vorgaben Luthers möge sich seine Tochter als Ehefrau im
Haus aufhalten und sich der *oeconomia* widmen.[434] Entsprechend beschreibt Neukirch auch die Rolle des Ehemannes:

Is demum vere bonus est pius atque maritus,
    Qui casto uxoris flagrat amore suae.

Gemäß der Konvention seiner Zeit entwirft Neukirch das Bild einer Ehe, in der
die Frau im Haushalt ihres Mannes wirkt und ihn versorgt, und der Mann seiner von Gott anvertrauten Ehefrau mit Liebe begegnet. Diese Vorstellung, die auf
Rut 4,15 basiert, erwähnt dabei die beidseitige Liebe nicht. Der Mann möge sich
seiner Frau als *patiens, facilis, sine zelo iraque* erweisen und nicht die körperliche
Verbindung mit ihr ablehnen. Sie sei nämlich *blanda, prudens, humilis, tractabi-
lis* und ihrem Mann angemessen. Der Verfasser bringt in der Darstellung beider
Brautleute somit diverse topische Attribute, die die Vorzüge der Partner rühmen
und ihre gegenseitige Wertschätzung zum Ausdruck bringen. Anschließend stellt
Neukirch in v. 21 die beschriebenen Eigenschaften und Verhaltensweisen als gott-
gewollt dar, damit der *Satanae ... dolus* gemieden werden könne. In den letzten
Versen seines Gedichts beschreibt er nochmals die erwünschten Verhaltensweisen
beider Partner und betont dabei die Rolle des Dieners, was in diesem Zusammenhang als Andeutung einer Dienerschaft des Paares vor Gott zu verstehen ist und
Neukirchs theologischer Motivation entspricht.

---

[434] Vgl. GLOBIG (1994), S. 36–37.

Das zweite Gedicht schreibt der Theologe Mag. Friedrich Petri. Es besteht aus vierzehn daktylischen Hexametern, die sich an den als *Melior* [sic!] *doctissime* attribuierten Brautvater wenden. Er habe eine zahlreiche Nachkommenschaft, und es sei erst gerade der siebte Monat angebrochen, seit die erste Tochter des Melchior Neukirch geheiratet habe. Petri spielt damit unter Einbeziehung der Grenzmonate auf die im Juli des Vorjahres gefeierte Heirat der Lucia Neukirch mit Martin Keppler an. Jetzt heirate die zweite Tochter einen *doctus ... maritus*, und der Verfasser schließt die an den Brautvater gerichtete Vorstellung an, dass eines Tages dessen im Haushalt lebende Kinderschar durch weitere Eheschließungen verringert würde. In v. 9–14 stellt Petri einen weiteren, ökonomischen Aspekt der Hochzeitsfeier und der weiteren Kinder dar:

Aere quidem magno stabunt solennia tanta,
Tempore non longo toties repetita: sed ille,
Qui tot habere dedit natos, & foedere lecti
Nunc hanc, nunc illam sponsis sociare paravit,
Procurabit item reliquum, ut felicia votis
Omnia succedant natae, sponsoque tibique.

Die beiden dicht aufeinanderfolgenden Hochzeitsfeiern müssten den Brautvater eigentlich finanziell belasten, aber er sorge angesichts seiner vielen Kinder auch für die eventuell anstehenden nächsten Feiern anlässlich einer Heirat zugunsten seiner Tochter, des Bräutigams und seiner selbst vor. Petri beschreibt in seinem kurzen Glückwunschgedicht den mit Fürsorge waltenden Vater der Braut, reduziert dabei den Anlass allerdings ausschließlich auf die finanzielle Ebene und bindet weitere Aspekte wie beispielsweise die Liebe oder die Bitte um Nachkommen für den zukünftigen Großvater nicht ein.

Der Pastor Ernst Thepenius (Pastor in Hallendorf und Stöckheim, * Bielefeld, † Stöckheim 1606) ist Verfasser des dritten Hochzeitsgedichts in sieben elegischen Distichen.[435] Er beginnt im ersten Distichon mit einem Chronogramm auf das Jahr 1595, in dem er chiastisch darstellt, dass der *pulcer ... vir* eine *pulcra puella* zur Frau erhalte. Anschließend weist er auf die Funktion des Chronodistichons hin, das die Jahresangabe erhalte und gibt anschließend in v. 5–6 die nähere Datierung des Hochzeitstages an:

Quaeritur inde dies, bis sextus, ante Kalendas
Est Februas, thalamo, quo venit Anna, tuo.

---

[435]   Vgl. SEEBAß/FREIST (1974), S. 320. Thepenius wurde am 10. Mai 1563 als *Bilveldensis Westphalus* an der Universität Wittenberg immatrikuliert. Dazu vgl. FÖRSTEMANN/ HARTWIG (1894), S. 51b6.

Aus diesen Versen ergibt sich als Datum der 21. Januar 1595. Jetzt erhalte Magius die *optata diu ... Anna*, und mit ihr werde das neue Jahr für ihn glücklich beginnen. Abschließend äußert Thepenius den Wunsch, beide sollten einträchtig und glücklich leben, damit sie noch ihre Kindeskinder erleben könnten.

Das vierte Epithalamion dichtet Mag. Barthold Völckerling (Pastor in Braunschweig, * Braunschweig 07.08.1568, † Braunschweig 16.12.1618), der seinen sechs elegische Distichen umfassenden Gruß als *Pastor Ulricanus* unterzeichnet.[436] Er bezeichnet sein Gedicht als ἀναγραμματισμός und gestaltet im Folgenden aus *Iohannes Magius Magister* das Anagramm *Iesu gratis es manna Goim*. Er erklärt, dass Heiden nach einer *gens maledicta* Goim benannt seien und bezieht sich dabei auf die Nennung ägyptischer Könige und ihrer Völker in Gen. 14,1. Jesus hingegen sei das *Manna ... dulcis* und erweise dem Menschen somit eine große Gnade. Dabei bezieht er sich auf den biblischen Bericht und die Aussage Jesu in Joh. 6,31–35. In der zweiten Gedichthälfte leitet Völckerling zum Anlass seines Gedichts weiter. Wenn somit die beiden Widmungsempfänger heirateten, so solle ihnen das christliche Manna – die erwähnte Gnade Gottes – in großer Menge gewährt werden, was er dem Brautpaar *ex toto ... corde* wünsche. Dieses Gedicht ist somit kein typisches Hochzeitsgedicht, sondern vielmehr ein kurzer Segenswunsch zur Heirat.

Das fünfte Hochzeitsgedicht aus neun elegischen Distichen verfasst der Theologe Anton Bolmeier, der als *Antonius Bolmeyerus Pastor Edessanus* unterzeichnet. Er erzählt nach 1. Chr. 2,21, dass der sechzigjährige Hezron sich einst in das bei Bolmeier namentlich nicht genannte Mädchen Efrata verliebt habe, die aus der Familie des Machir stammte. Als junger Mann habe er ausschweifend mit ihr zusammengelebt und sie dann als alter Mann schließlich geheiratet. Der biblische Text weist jedoch keine der Heirat vorangegangene Beziehung beider aus, lässt jedoch auf weitere Beziehungen Hezrons zuvor schließen. Ebenso lebten viele junge wie auch alte Männer verliebt und oft verleite der *turpis amor* sie zu schändlichem Handeln. Sie ließen ihre Liebe und ihre *vincula lecti* nämlich nicht vor dem Altar mit der Zustimmung Gottes segnen. Dazu spricht Bolmeier in v. 13 mit *at* deutlich adversativ eingeleitet den Bräutigam als *doctißime Sponse* an, der seinen Vorsatz der Heirat als junger Mann umsetzen wolle. So könne er den *Veneris turpes ... amores* widerstehen, wenn er bereits als junger Mann seine Ehe schließe. Im letz-

---

[436] Vgl. SEEBAß/FREIST (1974), S. 330. Er wurde am 21. Oktober 1588 an der Universität Helmstedt immatrikuliert und wechselte im Jahr 1591 an die Universität Jena. Dazu vgl. ZIMMERMANN (1926), S. 72*b*171 und MENTZ/JAUERNIG (1944), S. 346. Auf eine zwischen 1596 und 1598 entstandene, aber nicht erhaltene Abbildung Völckerlings weist WEHKING (2001), S. 208–209, dort Nr. 663 hin. Sein Sohn ist der spätere Pastor Franz Völckerling, dessen nicht erhaltene Grabplatte in St. Magni in Braunschweig WEHKING (2001), S. 561–562, dort Nr. 1145 beschreibt.

ten Distichon wird abschließend der Wunsch geäußert, die Brautleute sollten *conjugio juncti felices* leben und ihre Partnerschaft vor den Menschen und vor Gott bekannt geben. Bolmeier zieht in seinem Glückwunsch eine entlegene biblische Episode heran, die er in einen Zusammenhang mit den Widmungsempfängern setzt. Dadurch, dass Magius und Neukirch jung heiraten wollen, stehen sie der Geschichte gerade entgegengesetzt, so dass Bolmeiers Mahnung an ihnen vorbeizuzielen scheint. Andererseits ist anzunehmen, dass der Verfasser das Brautpaar exemplarisch als Vorbild zeigen will und seine offensichtliche Mahnung tatsächlich als Würdigung aufzufassen ist.

Der Konrektor der Katharinenschule in Braunschweig, Mag. Hardwig Brinckmann (Pastor in Hoiersdorf und Hötensleben, * Schöningen) ist Verfasser des sechsten Epithalamions.[437] Es besteht aus je einem lateinischen und griechischem Gedicht aus jeweils vier daktylischen Hexametern, die in inhaltlich ähnlicher Weise beschreiben, dass der als *neonymphus* bezeichnete Bräutigam seine zukünftige Ehefrau durch das *auspicium* Gottes erhalte und kein Zweifel darüber bestehe, dass beide Eheleute viele Jahre wie der sprichwörtlich alte Nestor leben sollten. Das Objekt *annos* am Beginn von v. 4 sowie der Name *Anna* am Ende desselben Verses rahmen als scheinbare *figura etymologica* den Vers ein und sollen sich lautmalerisch aufeinander beziehen. Durch die Auswahl der Substantive, den Druck der entsprechenden Buchstaben als Majuskeln und den gesperrten Satz der Wörter zeigt Brinckmanns Gedicht akrostisch und telestichisch jeweils den Vornamen der Braut sowie zweimal mesostichisch die umgestellte Form *N ... A ... A ... N*. Außerdem sind dieselben Buchstabenfolgen auch in den jeweiligen Versen linear zu erkennen. Sowohl das lateinische als auch das griechische Gedicht zeigen somit das folgende Buchstabengitter:

$$A ... N ... N ... A$$
$$N ... A ... A ... N$$
$$N ... A ... A ... N$$
$$A ... N ... N ... A$$

An seine beiden kurzen hexametrischen Gedichte schließt Brinckmann noch ein als ΈΤΕΟΣΤΙΧΟΝ betiteltes Chronodistichon auf das Jahr der Heirat an, in dem er auf den den Monat Januar verkörpernden römischen Gott Ianus anspielt, in dessen Zeichen die Heirat stattfinde.

---

[437] Zu den biographischen Daten Brinckmanns vgl. SEEBAß/FREIST (1974), S. 43 und DÜRRE (1861), S. 67. Er wurde am 12. Dezember 1581 an der Universität Helmstedt immatrikuliert, im Jahr 1589 zum Magister promoviert und im März 1599 für Hoiersdorf ordiniert. Vgl. ZIMMERMANN (1926), S. 34a44 und S. 76a3.

Mag. Sebastian Schwan, der mit der latinisierten Form *Cygnus* seines Familiennamens unterzeichnet, verfasst als siebtes Gedicht ein Epigramm aus neun elegischen Distichen in griechischer Sprache.

Das achte Epithalamion dieses Sammeldrucks schreibt der Konrektor der Schule in Wolfenbüttel Mag. Stephan Langbein (* St. Andreasberg).[438] Es besteht aus 24 elegischen Distichen und beginnt mit der Darstellung des vormaligen Zustandes. Der als *Magus* angerufene Bräutigam habe zuvor die Macht der Liebe belächelt und sich der Liebesgöttin Venus widersetzt. Schließlich habe sie ihn aber doch mit ihrem Liebesfeuer entzündet, so dass er den Pfeilen Apolls nicht habe entgehen können. Langbein stellt in diesem Kontext die rhetorische Frage, ob ein Mann sich einem solchen göttlichen Wirken kriegerisch widersetzen könne, bevor er zur Schilderung der Verliebtheit des Johannes Magius weiterleitet. Er beschreibt anschließend noch nicht die konkrete Verliebtheit zu Anna Neukirch, sondern vielmehr die ungerichtete Liebe des Bräutigams, der deshalb in v. 13 als *stupefactus* bezeichnet wird und die Frage *Quid faciat?* provoziert. Langbein schiebt ein, Magius sei in diesem Augenblick ein *miser* und *morbi nescius ipse sui*, der den Grund seines Leidens nicht erkennen könne. Das Motiv dieses in v. 17 genannten *dolor* ist ein seit der Antike typisch elegisches Thema. So habe der Bräutigam Wälder durchwandert und sei schließlich in die Stadt Braunschweig gelangt, die berühmt sci für ihre gelehrten Männer und ihre hübschen Mädchen. Langbein erzeugt dabei eine atmosphärische, beinahe märchenhafte Stimmung, wenn er schildert, wie Magius liebestrunken den Weg von Wolfenbüttel nach Braunschweig auf der Suche nach seiner zukünftigen Ehefrau zurückgelegt habe. Dort habe er zweifelnd weiter Hoffnung geschöpft und sich schließlich *ad Fanum* begeben, was als Anpielung auf die latinisierte Namensform des Brautvaters zu verstehen ist. Dort habe er einen *tacitus ... vigor* verspürt und eine *medica ... ops* erblickt. Danach folgt eine positive und wortreiche, topische Beschreibung der ersten Erscheinung der Braut, die *serenato ... vultu* erschienen sei. In v. 41 gibt Langbein dabei mit *novus ... fanus* eine weitere Umschreibung des Familiennamens der Braut und ihres Vaters an. In den letzten Distichen vermerkt der Dichter, dass auch Gott dies verfolgt habe, weshalb Langbein abschließend den Segen für diese Ehe erbittet, die weder *fors*, *sors* noch *mors* aufheben möge. Langbeins Versen ist zu entnehmen, dass die Ehe vom Brautvater in dessen Haushalt arrangiert wurde.

Sebastian Magius aus Hornburg, Schulkollege der Katharinenschule in Braunschweig und Bruder des Bräutigams (Lehrer in Braunschweig und Goslar, ab 1594 Kantor an der Katharinenschule in Braunschweig, Pastor in Braunschweig,

---

[438] Er dürfte mit dem bei ZIMMERMANN (1926), S. 77a42 genannten *Stephanus Langlein, Andreaemontanus* identisch sein, der am 28. Juni 1589 an der Universität Helmstedt immatrikuliert wurde.

* Hornburg, † Braunschweig 11.09.1609) ist Dichter des neunten Gedichts, das aus zwanzig daktylischen Hexametern in griechischer Sprache sowie einem anschließenden lateinischen Chronodistichon auf das Jahr 1595 besteht.[439] Darin erwähnt er die *ter septena ... lux* des Monats Januar, was ebenfalls den bereits erwähnten 21. Januar des Jahres als Datum der Heirat ergibt.

Das zehnte Epithalamion verfasst der bereits mehrfach erwähnte Mindener Pastor Henning Ludewig. Es ist als Parodie zu Hor. *carm.* 3,15 überschrieben und besteht aus acht so genannten 4. asklepiadeischen Strophen, die das horazische Versmaß parodieren. Magius, den Ludewig als Wolfenbütteler Schulrektor einführt, solle seinen Vorsatz der Heirat einlösen, die für ihn als *doctus* richtig sei, denn nur gottlose Männer würden das *thalami jugum* meiden wie ein *foedum ... crimen.* Dabei bezieht sich Ludewig in v. 7 auf das ehelose Dasein eines Mönchs. Magius hingegen sei jetzt in der Hand seines Verliebtseins:

> *Illum cogit amor vagus*
> *Effreni similem vivere belluae*
> *Te Conjux pia, dulcia*
> *Edens pignora, non virginitas decet.*

Ludewig findet somit auch für die Braut die Ehe erstrebenswert und beschließt sein Hochzeitsgedicht in v. 16 mit einer weiteren Anspielung bezüglich des Bräutigams, dass auch für ihn als jungen Mann die *vita monastica* nicht erstrebenswert sei. Im theologischen Gefolge Luthers plädiert der Verfasser in seinen Versen für die Ehe und spricht sich gegen den Zölibat der römisch-katholischen Kirche aus. Diese Argumentation scheint eher allgemein orientiert zu sein und sich nicht konkret auf die Lebensumstände des Johannes Magius zu beziehen.

Friedrich Neukirch, der Bruder der Braut, ist Verfasser des elften Gedichts, das aus vier elegischen Distichen besteht. Er spricht seinen künftigen Schwager an, der vom *amor sororis* berührt die Ehe eingehen wolle. Neukirch bittet für ihn um ein *conjugium faustum*, ein *cubile iucundum & blandum* sowie einen *fertilis ... torus.* Erst im letzten Distichon werden beide Brautleute gemeinsam mit dem Wunsch für ein einträchtiges Leben angesprochen.

Jodocus Magirus aus Braunschweig ist der Dichter des zwölften Gedichts aus elf elegischen Distichen, das den gesamten Sammeldruck beschließt. In der Überschrift entwirft er aus dem latinisierten Namen des Brautvaters *Melchior Neofani-*

---

[439]   Zu den biographischen Daten des Sebastian Magius vgl. SEEBASS/FREIST (1974), S. 196 und DÜRRE (1861), S. 68. Seine Immatrikulation ist nicht nachweisbar, aber er wurde nach ZIMMERMANN (1926), S. 128a2 am 2. November 1596 an der Universität Helmstedt zum Magister promoviert.

us das Anagramm *I humi, floresce anno*, das er im Folgenden ausdeutet. Zunächst spielt er auf die besondere Gelehrsamkeit der braunschweigischen Theologen an, als deren Beispiel er den bereits verstorbenen Superintendenten Martin Chemnitz d. Ä. nennt und mit dem er den Brautvater vergleichen möchte. Derartige Theologen strahlten wie die Gestirne des Himmels und wollten sich wie Adler durch die Lüfte erheben. Sie seien rhetorisch geschult und könnten ähnlich dem in v. 7 genannten Apostel Paulus predigen. Da Paulus die wichtigste Figur für Luthers reformatorische Erkenntnis darstellt, ist diese Aussage des Jodocus Magirus auch als konkreter positiver Vergleich der braunschweigischen Theologen mit Martin Luther zu verstehen. Paulus habe sich als *sapiens* erwiesen die *simplicitas* gefordert, was beispielsweise in Hebr. 5,12 belegt ist. Ebenso hätten auch Chemnitz und Neukirch die *vestigia recta* verfolgt, und besonders der apostrophierte letztgenannte Mann könne sich mit den großen Gelehrten bezüglich *nomen* und *res* messen. Anschließend gestaltet der Verfasser in v. 17–18 sein an den Brautvater zur Heirat der Tochter im Januar gerichtetes Gedicht unter Einbeziehung des überschriebenen Anagramms zum Neujahrsgruß um und gibt sich dabei als dessen ehemaliger Schüler zu erkennen:

> *Melchior ergo anno floresce hoc (optat alumnus)*
> *Ac quo cepisti crescere cresce modo.*

An die persönlichen Neujahrswünsche schließen sich danach in v. 19–20 die Segenswünsche für das Brautpaar an:

> *Et tua perpetuo constet fortuna vigore*
> *Sintque tuae gnatae foedera fausta tori.*

Zum Abschluss seines Lobes des Brautvaters übermittelt Magirus somit auch seine Glückwünsche zur Heirat des Johannes Magius und der Anna Neukirch an denselben und nicht direkt an das Brautpaar und ergänzt im letzten Distichon die Bitte um das *auspicium … Dei.*

Die Gedichte dieses Sammeldrucks zeigen in ihrer Gesamtheit die bunte thematische Breite des Epithalamions. Während die Familienangehörigen des Brautpaares eher emotional involviert sind und auch familiäre Aspekte mehr betonen, stellen die sonstigen Beiträger mannigfaltige Themen in ihren Versen dar, so antike und religiöse Geschichten, Vorzüge der Ehe einerseits und Nachteile des Alleinseins andererseits sowie die näheren Umstände der Hochzeitsfeier und des Heiratstermins, wobei die charakteristischen antiken Merkmale des Epithalamions nur von Stephan Langbein knapp berücksichtigt werden. Die Gedichte gewähren in dieser Ideenfülle einen Einblick in die Gedankenwelt ihrer Abfassungszeit.

Im zweiten Sammeldruck schreiben Heinrich Meibom, Nikolaus Siegfried und Christoph Hagius *Gratulationes amicorum* (VD 16 H 190 = M 1942 = S 6365).

GRATVLATIONES || Amicorum. || Honori Nuptiarum || CLARISSIMI, DOCTRINA AC || recondita Eruditione aliarumq[ue] virtutum nitore || longè confpicui viri Domini M. IOHANNIS || MAGII, Horneburgenfis, ad Henricopolin || fcholastico imperio Præfidentis, Sponfi: || Itemq[ue] || CASTISSIMAE, PIETATIS ET || Probitatis abundè florentis virginis AN-NAE, || Reverendi & Celeberrimi viri, Domini MEL-||CHIORIS NEOFA-NII, Brunfvigæ ad || D. Petrum Paftoris vigilantißimi, Filiæ, Sponforum || lectißimorum, pro more, facra Matrimonij co-||pula publicis ritibus, fe constringen-||tium, Faufta acclamatione, || Dicatæ, confecratæ. || HENRI-COPOLI Excufæ per Conradum || Horn, Anno Salutis 1595.
Wolfenbüttel: Konrad Horn 1595. [4] Bl.; 4°
[Wolfenbüttel, HAB: *M: Db 3273 (7a)*]*

Der Verfasser des ersten Hochzeitsgedichts aus neun elegischen Distichen ist Heinrich Meibom, der es als *Poëta Caesarius, Academiae Juliae Profess. Histo. & Poëtic.* unterzeichnet. Er wendet sich in seinen Versen ausschließlich an den Bräutigam Magius, dessen akademischen Fähigkeiten als Rektor von ihm zunächst gelobt werden. Er gebe seine *mores* und seinen *animus* an die Jugend weiter und trage damit zum Wohl seiner Stadt bei. Jetzt wolle er jedoch das *delitium thalami* mit seiner Braut eingehen, deren Vater Melchior Neukirch von Meibom in v. 10 als *vates* bezeichnet wird und die selbst von christlicher Gesinnung sei. Die ehelichen Aufgaben der Anna Neukirch werden anschließend in v. 11–13 folgendermaßen beschrieben:

Illa laborifero solamen dulce marito
Leniet ingrati dulce laboris onus.
Illa novos Magios foecunda puerpera gignet.

Meibom stellt die künftige Ehefrau somit als häusliche Stütze ihres Mannes dar, die ihm eine Linderung seines beruflichen *onus* verschaffen und Kinder gebären soll. Die Bedeutung der Zuneigung und Liebe wird dabei nicht berücksichtigt. In den letzten beiden Distichen seines Epithalamions bezeichnet er Magius als *felix*, dessen Heirat auch die mit ihrem Beinamen Rhamnusia genannte Göttin Nemesis ebenso wie der im letzten Wort des letzten Verses genannte christliche Gott wohlwollend zustimme. Durch die Wortstellung in diesem Vers erreicht Meibom, dass das Substantiv *deus* nicht nur formal das gesamte Gedicht beschließt, sondern in Anlehnung an Offb. 22,13 gleichsam auch als Ausdruck seiner Religiosität und Gotteszuversicht steht.

Der in Bezug auf seinen Umfang wesentliche Kern dieses Sammeldrucks ist das Hochzeitsgedicht, das Mag. Nikolaus Siegfried (Pastor in Hildesheim, Superintendent in Wismar, * Mellrichstadt 20.01.1560, † Wismar 10.01.1623) verfasst und als Pastor an St. Andreas in Hildesheim unterzeichnet.[440] Es umfasst fünfzig elegische Distichen. Siegfried beginnt mit der Darstellung des beginnenden Jahres. Der *Ianus ... bifrons* habe kürzlich den Lauf der Monate neu beginnen lassen und auch das Sonnenlicht sei zurückgekehrt. Diesen Worten ist zu entnehmen, dass die Heirat des Johannes Magius und der Anna Neukirch im Januar des Jahres 1595 stattfindet, denn der Dichter weist auch auf den kommenden *vigor atque sapor* der aufblühenden Natur hin. In v. 7 bedient Siegfried schließlich den τόπος, dass mit der beginnenden Frühjahrsstimmung auch wieder ein *amor* aufkomme, der die Lebewesen zur Bildung von Partnerschaften bewege. Eis und Schnee vergingen:

Cedet hyems tandem, revirescunt undique silvae,
Delitias referet lucida Maja suas.

Faunus leite die Wiederaufnahme der Landwirtschaft wieder ein, und auch Venus ruhe nicht mehr: eingeleitet mit *ecce* deutet der Verfasser ab v. 17 vielmehr an, dass Amor den Rektor der Wolfenbütteler Schule unter dem Applaus der Musen mit seinen Pfeilen getroffen habe. Diese idyllische Einleitung entspricht in ihrer dichterischen Gestaltung ebenfalls dem erwähnten τόπος des Hochzeitsgedichts. Die bevorstehende Eheschließung finde in der Stadt Braunschweig statt, in der die in v. 31 erstmals namentlich genannte Anna Neukirch lebe und für Magius zur *medicina ... amoris* werde. Siegfried weist darauf hin, dass sowohl der Bräutigam als auch die Braut ihren jeweiligen Vornamen von *una ... radix ... Hebraea* ableiten könnten, und zwar dem hebräischen Namen יוֹחָנָן mit der Bedeutung „Gott ist gnädig":

Una simul radix vobis Hebraea resurgit:
Dum vobis nomen gratia vera dedit.

Diesem Distichon ist die intelligente etymologische Deutung zu entnehmen, dass beide Brautleute bereits in ihren Namen die *gratia vera* trügen. Außerdem geht der Verfasser anschließend in v. 39–40 auf den Vornamen der Braut ein, der ein Palindrom darstellt und, wie Siegfried anmerkt, somit von vorne wie von hinten

---

[440]   Vgl. Meyer (1941), S. 503. Siegfried wurde am 2. November 1584 an der Universität Helmstedt immatrikuliert und ein Jahr danach am 2. November 1585 zum Magister promoviert. Dazu vgl. Zimmermann (1926), S. 49a7 und S. 56a2. Willgeroth (1925), S. 1352 gibt den Geburtsort Siegfrieds mit Mehlis in Thüringen an.

gleichermaßen zu lesen ist. Diese Frau trete gemeinsam mit Magius *sacras ... ad aras* und werde dort in dessen Umarmung gelangen. Dies Bild der körperlichen Umarmung scheint sich im Palindrom des Vornamens widerspiegeln zu sollen. Danach wird mit mythologischen Anspielungen der der Heirat folgende Vollzug der Ehe angedeutet:

> *Non adeo timeas, duri certamina Martis:*
> *Vulnera curabit, quae tibi fixit, Amor.*

Auch diese Verse lassen sich in das eingangs verwendete Bild des beginnenden Frühlings einbinden, da Siegfried nach den *duri certamina Martis* ein Aufblühen *cum flore* verspricht. Dieser Hinweis ist auf die künftigen Kinder des Paares bezogen, die gewissermaßen die Setzlinge ihrer Eltern sind. Er beschreibt ab v. 51 zunächst eine Frühlingsstimmung, in die er die singende Nachtigall und die kürzer gewordenen Nächte einbindet. Gott, genannt als *Dominus*, verbinde in dieser Zeit beide miteinander und lege beider Ehe *pignora multa* auf. Denen solle sich der direkt angesprochene Bräutigam stellen, und Siegfried mahnt ihn in v. 61–64:

> *Ergo stude paci tenera cum conjuge: nil est*
> *Connubio melius, commodiusque nihil.*
> *Pace viget thalamus, concordia nutrit eundem:*
> *Hac crescit soboles, copia, vita, salus.*

Zu diesem Textabschnitt ist besonders noch der metrische Verstoß im Wort *păci* zu nennen, das aufgrund der Naturlänge korrekt als *pāci* hätte gesetzt werden müssen. Ergänzend wird dann dem Widmungsempfänger mitgeteilt, dass dies im herzlichen Vertrauen auf Christus und den als Jehova genannten Gott zu erreichen sei und dass ein Mann, der derartig lebe, *beatus* sei. In v. 71 ruft der Dichter beide Brautleuten mit *O vos ... sociati* an und hält beide zum Leben in Eintracht an, damit sie das beispielsweise nach Ov. *fast.* 3,533 sprichwörtlich hohe Lebensalter des Nestor erlangen könnten. Außerdem ergeht in v. 74 die nochmalige deutliche Aufforderung, das *humanum ... genus* zu mehren. Dann wendet sich der Verfasser dem Brautvater zu, den er als *clare vir, & ... perspectabilis* anruft. Der habe sich selbst als *maximus olim / Conjugii nostri suasor & autor* erwiesen, weshalb Siegfried seinerseits dessen Tochter zur Heirat gratulieren wolle. Aus diesen Worten spricht deutlich die Verbundenheit der Männer und ihrer Familien, und außerdem ist *in nuce* die Struktur des Kollegen- und Freundschaftsnetzes der Gelehrten der Region erkennbar. Außerdem wird auf die erst im Vorjahr erfolgte Heirat der Lucia Neukirch angespielt:

Magni aliquid certe est, uno quod junxeris anno
Filiolas thalamo forte ferente duas.

Beide Male sei der Bräutigam ein Magister der *artes*, und der Vater habe seine beiden Töchter dazu gebracht, sich in diese Männer zu verlieben: *iußit amare viros*. Aus dem in diesem Kontext sehr starken Verb *iubere* ist zu entnehmen, dass vermutlich beide Eheschließungen durch Melchior Neukirch arrangiert wurden. Dazu heißt es in den abschließenden drei Distichen, Lucia Neukirch sei dem nur mit seinem Vornamen genannten Martin Keppler, der in Hehlen predige, zur Frau gegeben worden, und Anna Neukirch heirate jetzt den Rektor der Schule in Wolfenbüttel. Dem Brautvater und seinen Angehörigen wünscht Nikolaus Siegfried den göttlichen Segen und eine fortwährende Nachkommenschaft.

Dieses Epithalamion des Hildesheimer Pastors zeigt besonders in der Schilderung des Frühlings viele typische Züge des Hochzeitsgedichts und zeigt vor allem im letzten Abschnitt stark die Verbundenheit des Verfassers und der Familie des Brautpaares. Siegfried empfindet es als seine Pflicht, sich erkenntlich zu zeigen und stellt dabei eine Mischung aus Bewunderung, Zuneigung und allgemeinem Lob des Brautpaares und seiner Familie dar. Dazu bindet er kein entlegenes Wissen ein, sondern schreibt seine Verse in einem durchdachten, gradlinigen Stil, der den zuvor erwähnten Merkmalen gerecht wird.

Christoph Hagius, der als *Subconrector Martinianus* unterzeichnet, verfasst das abschließende Chronodistichon, dessen Zahlzeichen die Summe 9046 ergeben. Als inhaltliche Aussage hält es einzig die Lieblichkeit des Tages fest, an dem die Braut dem Johannes Magius anvertraut wird. Bereits aus der Überschrift des *Distichon numerale* ist ersichtlich, dass Hagius nicht nur die Jahreszahl darstellen will, sondern auch das gesamte Tagesdatum gleichsam in einem mathematischen Rätsel verschlüsselt. Außerdem merkt Hagius in der Überschrift an, dass die Summe *radice quadrata extracta* zu behandeln sei und das Jahr 1500 als Basis habe. Bei Berücksichtigung des *mensis nominati* ergebe sich dann der Hochzeitstag. Die Subtraktion der quadrierten Jahreszahl 95 von der ermittelten Summe ergibt die Zahl 21 als Tagesdatum:

$$9046 - 95^2 = 21$$

Die Heirat des Johannes Magius mit Anna Neukirch hat demnach am Sonnabend, den 21. Januar 1595 stattgefunden. Diese Datierung ist mit der bereits genannten Datumsangabe aus dem zuvor untersuchten Druck identisch. Christoph Hagius zeigt in seinem Distichon nicht so sehr seine dichterischen Fähigkeiten, führt seinem Kollegen in Wolfenbüttel jedoch anschaulich seine Zahlenkünste vor.

Diese oder weitere Familienangehörige der Familie Neukirch sind anschließend nicht mehr in der lateinischen Gelegenheitsdichtung im Herzogtum Braunschweig-Lüneburg nachweisbar.

3.1.8.   Personenkreis um Familie Beckmann aus Hannover (1599–1607)

Zur Heirat von Mag. Christian Beckmann (Rektor der Schule in Hannover,
* Rehburg 1569, † Hannover 06.12.1606) mit Catharina Rommel († Hannover
21.06.1600) am 24. Juni 1599 erscheinen in Wolfenbüttel drei Gelegenheitsdrucke mit Hochzeitsgedichten. Die Verfasser des einen Druckes sind Samuel Scernicovius (Lehrer in Göttingen, Konrektor der Schule in Hannover, * Osterburg,
† Hannover 1606) und Mag. David Meier (1599 Schulkantor an der Martinsschule
in Braunschweig, danach Kantor und Pastor in Hannover, Historiker, * Hannover
17.02.1572, † Hannover 30.10.1640), die ihre *Carmina* als *scripta a collegis* bezeichnen (VD 16 C 1155).[441]

CARMINA ‖ IN HONOREM ‖ NVPTIARVM CLARISSI=‖MI
ORNATISSIMIq[ue] VIRI ‖ Dn. M. CHRISTIANI BECHMANNI, ‖
Scholæ Hannoveranæ Rectoris: ‖ ET ‖ CASTISSIMAE VIRGINIS. ‖
CATHARINÆ ROMELI. ‖ Scripta à collegis ‖ HENRICOPOLI ‖ Excu-
debat Conradus Corneus Anno Epochæ ‖ Chriſtianæ M. D. XCIX.

---

[441] Beckmann wurde am 8. Juni 1587 unter dem Vizerektor Tilman Hesshusen an der
Universität Helmstedt immatrikuliert und wurde am 23. Oktober 1595 ebenda zum
Magister promoviert. Dazu vgl. ZIMMERMANN (1926), S. 65*b*29 und S. 121*b*10. Für
den 21. Juni 1616 ist bei ZIMMERMANN (1926), S. 250*a*329 die Immatrikulation eines
weiteren Christian Beckmann aus Hannover nachgewiesen, der ein Sohn des Rektors
sein könnte. Zu den biographischen Daten vgl. MEYER (1942), S. 429 und S. 435.
Weitere Daten nennt WEHKING (1993), S. 151, dort Nr. 227. Scernicovius wurde
am 13. März 1576 an der Universität Wittenberg immatrikuliert. Dazu vgl. FÖRSTE-
MANN/HARTWIG (1894), S. 260*b*33. Am 26. August 1585 wurde er nach ZIMMERMANN
(1926), S. 55*b*170 als Magister *Samuel Zernicovius* an der Universität Helmstedt immatrikuliert. Zu Meier vgl. MEYER (1941), S. 429 und S. 435. Er wurde am 20. Mai
1598 an der Universität Wittenberg und am 19. Juni 1599 an der Universität Helmstedt immatrikuliert. Vgl. FÖRSTEMANN/HARTWIG (1894), S. 448*b*37 und ZIMMERMANN
(1926), S. 144*b*73. Bei WEHKING (1993), S. 223, dort Nr. 330 ist ein verlorenes Portrait des David Meier aus der Marktkirche in Hannover erwähnt. Seine nicht erhaltene Grabplatte ebenfalls aus der hannoverschen Marktkirche beschreibt WEHKING
(1993), S. 220–221, dort Nr. 326. Meier ist bei WEHKING (1993), S. 243–244, dort
Nr. 361 zudem noch im Kontext einer im Jahr 1650 erworbenen Kirchenglocke der
Marktkirche in Hannover genannt. Zur Geschichte der hannoverschen Lateinschule
im Allgemeinen vgl. HAASE (1979), S. 152–154.

Wolfenbüttel: Konrad Horn 1599. [4] Bl.; 4°
[Wolfenbüttel, HAB: *H: B 116.4° Helmst. (22)*]*

Das erste Gedicht dieses Sammeldrucks schreibt Mag. Samuel Scernicovius, der
seinen Hymnus in 61 daktylischen Hexametern als *ejusdem Scholae Conrector*
unterzeichnet. Er stellt gleich in v. 1–4 die Ehe als *caeleste opus* dar, das mit den
elysischen Gefilden verbinde und beide Geschlechter gleichermaßen beschenke.
Der *rerum opifex* billige den *coitus* mit lieblicher, göttlicher Rede und verbinde
ein Paar mit dem Wunder der Liebe. Mit *hinc* in v. 5.8.9.11 leitet Scernicovius
aus dieser Aussage resultierende Konsequenzen parallel ein. Daher dürste es das
Mädchen und den jungen Mann nach Umarmungen und Liebesküssen, und beide
dürste es danach, sich miteinander zu verbinden. Anschließend verallgemeinert
sich die Darstellung. Daher nämlich lasse die Göttin Venus über Jahrhunderte
immer neue Generationen entstehen, und daher pflanze sich die *longaeva hominum series* durch die Jahrhunderte fort und lasse einen *ordo perpetuus* entstehen.
Daher entstünden die *incrementa* der frommen Herde, die grünenden Saaten der
mächtigen Herrschaft und die fröhlichen Pflanzungen des Himmels. Das Bild des
grünenden, bepflanzten Himmels ist aus Jes. 65,21–23 geschöpft. Die Bezeichnung des *grex* in v. 11 spielt dabei auf das biblische Bild Gottes als Hirte an, wie
es beispielsweise aus Ps. 23 bekannt ist. Gemäß diesen Gegebenheiten solle sich
auch der direkt als *meae ferme pars altera vitae* angesprochene Beckmann verhalten und sich nicht *praeceps* und ebenso wenig nach dem *mos ferarum* in die
Liebe stürzen, sondern vielmehr die *sanctissima foedera lecti* mit angemessener
Scham eingehen. Die Braut wird in v. 19–20 als *eximia nympha* jeglicher Schönheit beschrieben, die über alle einer *virgo* angemessenen Eigenschaften verfüge. Sie verschmähe alles Irdische und richte sich zum erhabenen Olymp, der
sinnbildlich für ein gläubiges Leben steht, aus. Daher verfüge sie über jegliche
pietas und jegliche *virtus*, die *summa ornamenta* einer jungen Frau. Scernicovius
wartet in v. 25–27 mit fingierten Bedingungsfragen auf, die in seiner Feststellung
münden, wer denn nicht das *Romuleum ... genus* in jener Stadt kenne. Mit dem
Attribut *romuleus* sowie der Formulierung *urbs* spielt der Verfasser deutlich auf
die antike römische Bezeichnung der Stadt Rom als *urbs* sowie das Geschlecht
des sagenhaften Romulus als Begründer Roms an. Gleichzeitig überträgt er diese
Anspielung auf den Familiennamen der Braut Catharina Rommel und versetzt
seine Gedichtaussage in die Stadt Hannover. Neben dieser einfachen sprachlich-
phonemischen Parallele ist auch die familiäre Parallele intelligent und schmei-
chelnd gewählt, weil die Familie der Braut in Bezug auf die Stadt Hannover historisch überhöht den gleichen Rang erhält wie die Nachkommen des Romulus für
die Stadt Rom. Scernicovius lässt zur weiteren Hervorhebung seiner Aussage in
v. 28 die rhetorische Frage nachfolgen, wer denn übersehen könne, dass die Ab-

stammung der als *flos* bezeichneten Braut *nobilis* und *inclyta* sei. Diese äußerst hervorragende Abstammung wird anschließend auch dem Bräutigam in direkter Anrede verdeutlicht, da sie ihn erfreuen solle, er aber gleichzeitig auch Gefahren fürchten müsse. Ihr *genus* sei schließlich weiterhin *florum, veris amabilis, impavidis animis, fortibus ausis* und *hostili & ... inexpugnabile Marte*. Beckmann als Bräutigam könne also siegen, wenn er seiner zukünftigen Ehefrau gemäß dem Bild des Kriegsdienst an der Liebe verrichtenden Soldaten in Ov. *am.* 1,9 mit sanften Waffen begegne und ihre Stärke mit seiner Liebe überwinde. Interessant ist, dass Scernicovius dieses Motiv der klassischen römischen Elegie im heroischen Versmaß vorführt. Ab v. 36 wird zunächst die große Bedeutung der *forma* und des *vultus* für den ersten äußeren Eindruck einer Person erörtert, bevor der Dichter deshalb zum antiken Beispiel des Königssohns Paris von Troia überleitet, der die in diesem Epithalamion namentlich nicht genannte, sprichwörtlich schöne Helena aus Mykene *trans aquoris undas* mit seiner Flotte geraubt und in seine Heimat entführt habe. Mit dieser gelehrten Anmerkung reißt Scernicovius die gesamte Thematik des troianischen Sagenkreises an, ohne jedoch nähere Konsequenzen des Ereignisses in sein Gedicht einzubinden. Da der Widmungsempfänger und auch die anderen Leser die weiteren Abläufe und Konsequenzen des Troiastoffes kennen, ist ihnen das zuvor ausgestaltete Bild des liebenden Soldaten und Eroberes als thematischer Gegenpart zu Paris und dem von ihm durch sein Handeln verursachten troianischen Krieges offensichtlich. Beckmann solle daher seine *nympha* mit aller Emotion umarmen. Sie sei ihm gemäß *fas, lex* und *amor* gegeben worden und bringe aus ihrer Familie ihrerseits *virtus* und *forma* mit sich. Sie möge für den Bräutigam zur Mutter einer Nachkommenschaft werden und als Erben des väterlichen Hauses einen Sohn gebären, dessen erwünschten Eigenschaften der Verfasser in v. 52–55 beschreibt:

> *Non modo qui similem matrisque patrisque figuram,*
> *Nec genus, aut proavos tantum qui corpore adumbret:*
> *Sed qui virtutem, & simulachra imitantia mores,*
> *Et decus, & famam referat, laudemque parentum.*

Nach der ausführlichen löblichen Darstellung der Anmutigkeit der Braut scheint sich der Wunsch, der zukünftige Sohn möge nicht nur in seiner Gestalt den Eltern gleichkommen, sondern ihnen besonders bezüglich *virtus, mores, decus, fama* und *laus* entsprechen, eher auf eine Vergleichbarkeit mit den akademischen Würden des Bräutigams und zukünftigen Vaters als Humanist und Rektor ausgerichtet zu sein. In die letzten Verse sind ohne die ansonsten häufig üblichen antiken Bilder der Wunsch für ein langes gemeinsames Leben der Brautleute gesetzt sowie die Hoffnung, dass Christus beide nach ihrem Tod annehmen werde. Abschließend spricht Scernicovius seinen vorgesetzten Rektor nochmals direkt an und betont dabei die Übergabe seiner voranstehenden *vota* anlässlich der als *praesentes* ... *taedae* bezeichneten Heirat. Dieser Abschluss legt den tatsächlichen Vortrag des Epithalamions im Kontext der Eheschließung nahe, mag aber auch als Kunstgriff des Dichters zu bewerten sein, der dadurch sein in schriftlicher Form übergebenes Glückwunschgedicht zumindest sprachlich dem Anlass nahe sein lässt.

Der Verfasser des zweiten Gedichts aus zehn sapphischen Strophen ist der Lehrer Mag. David Meier aus Hannover. Er betitelt sein Werk als *Aliud in eorundem sponsorum nuptias* und stellt damit entgegen dem häufigen Erscheinungsbild des Epithalamions beide Partner gleichermaßen in die Anrede und Widmung seines Gedichts. In der ersten Strophe ruft der Verfasser eine *musa* an, die zur Heirat des Christian Beckmann mit der Catharina Rommel Lorbeer, übrige Blumen und duftende Veilchen pflücken und für die beiden Brautleute *tenero ... pollice* zu einem Kranz verflechten soll. In der zweiten Strophe wendet sich der Anruf mit *vos* eingeleitet der Gesamtheit der Musen und Nymphen zu, wobei er die Dryaden und die nur in Verg. *georg.* 4,534 sowie Colum. 10,264 und Stat. *Theb.* 4,255; 9,386 dichterisch belegten Napäen namentlich nennt und außerdem noch die Aphrodite Cypris ergänzt, die Myrtenzweige binden soll. Im gesamten Erscheinungsbild des Anrufs der diversen Gottheiten bedient Meier die üblichen τόποι des Epithalamions. Ergänzend bittet er in der dritten Strophe noch die als *bicornes* genannten bocksgestaltigen Satyrn und Faunen um ihren Beistand, die gemäß ihrer traditionellen Natur als Zeichen ständiger sexueller Lüsternheit und erotischer Ausschweifung stehen und dem Epithalamion Meiers eine erotische Konnotation geben. Anschließend folgen Anweisungen an die Gottheiten. Der eine möge zur Heirat Ringelblumen sammeln, der andere duftende Veilchen, ein weiterer süßen Steinklee und der vierte Hyazinthen. Mit der Aufzählung der diversen Blumen zeigt der Dichter seine Belesenheit, denn alle vier Substantive gehören in besonderem Maße zur epischen Sprache Vergils und Ovids und sind außerdem symbolisch oder topisch besetzt. In der fünften Strophe lässt er weitere Anweisungen in ähnlicher literarischer Gestalt folgen: weitere Gottheiten sollen Rosen, Zweige vom thessalischen Baum, Lilien, Safran und Tausendschön bringen. Auch die diversen Gräzismen der Bezeichnungen der Pflanzen zeigen das ausgewählte Thema des Verfassers und erinnern an das kallimachische Ideal des entlegenen literarischen Stoffes. Erst in der zweiten Hälfte der sechsten Strophe nimmt Meier die eingangs gestellte Aufforderung, dem Brautpaar einen Kranz zu winden, wieder auf, nachdem er zuvor noch zum Auslesen der tyrischen Myrrhe aufgefordert hat:

Et novis nuptis facito coronas
Dona decora.

Ab der siebten Strophe wendet sich Meier eingeleitet mit *sic* dem konkreten Brautpaar zu. Derartig mit Blumen geschmückt möge die als *nympha* bezeichnete Braut gemeinsam mit dem als *nymphus* bezeichneten Bräutigam gehen, eine fröhliche Hochzeitsgesellschaft haben und sich schließlich mit ihm den *amores* und den *gaudia lecti* zuwenden. An diesem Tag erhalte Beckmann seinerseits mit der Catharina Rommel eine *compta virgo*, die die übrigen *comptae ... puellae* bei weitem übertreffe. Erst in der zehnten und letzten Strophe gibt Meier sein dichterisches Ich zu erkennen. Er bezeichnet sein voranstehendes Epithalamion als *haec*, das *nostrae ... Musae* für das Brautpaar gesungen hätten, Wie bereits zum zuvor abgedruckten Glückwunschgedicht des Samuel Scernicovius angemerkt scheint auch dieses Gedicht für den direkten Vortrag auf der Hochzeitsfeier ausgerichtet zu sein oder dies zumindest implizieren zu sollen. Der Dichter verabschiedet sich mit einem an Christian Beckmann gerichteten *vale* sowie der Bitte um ein der mythischen Sybille vergleichbar langes Leben für ihn. Im Gegensatz zum Konrektor Scernicovius richtet Meier seinen Heiratsglückwunsch abschließend besonders an seinen vorgesetzten Rektor und schließt die Braut zumindest nicht konkret namentlich in seine abschließenden Segenswünsche ein. Es scheint vorstellbar, dass Meier sich aufgrund seiner nicht sonderlich herausgehobenen schulischen Funktion primär dem Rektor erkenntlich zeigen will, was abgesehen von den abschließenden Wünschen auch seine bereits beschriebene gelehrsame Darstellung und Verwendung entlegenen Vokabulars begründen könnte.

Die Verfasser des zweiten Druckes sind Bernhard Bolthenius, Heinrich Gödeke, Martin Fabricius und Dirk Block, die ihre *Hymni nuptiales* als *a scholae Hannoveranae alumnis* verfasst bezeichnen (VD 16 ZV 8465).

HYMNI NVPTIALES ‖ IN ‖ HONOREM ‖ M. CHRISTIANI ‖ BECK-MANNI SCHOLAE ‖ Hannoveranæ Rectoris dignißimi viri ‖ ſolertißimi & doctißimi matri-‖monium contrahentis, ‖ cum ‖ CATHARINA Ro-melß ‖ Virgine lectiſsima & pudiciſsima, ‖ decantati ‖ â ‖ Scholæ Hanno-veranæ alumnis ‖ HENRICOPOLI
Wolfenbüttel: [Konrad Horn] [1599]. [8] Bl.; 4°
[Wolfenbüttel, HAB: *H: 486 Helmst. Dr. (3)*]

Als erstes Epithalamion steht ein der Hochzeitsgesellschaft aufgegebenes *Aenigma* aus vier elegischen Distichen, die Heinrich Gödeke aus Hildesheim mit seinen Initialen H. G. H. unterzeichnet. Das zweite Hochzeitsgedicht aus achtzig phaläkeischen Hendekasyllaben verfasst Bernhard Bolthenius (* Burgdorf).[442] Der Verfasser

---

[442]   Bolthenius wurde am 9. September 1591 an der Universität Helmstedt immatrikuliert. Dazu vgl. Zɪᴍᴍᴇʀᴍᴀɴɴ (1926), S. 92*a*175.

des dritten Gedichts, das ein Anagramm auf den Namen und die Tätigkeit des Bräutigams darstellt, aus fünf Verspaaren in Epodenform aus daktylischem Hexameter und iambischem Dimeter ist Heinrich Gödeke, der auch der Verfasser des vierten Gedichts aus 25 alkäischen Strophen ist. Das fünfte Epithalamion aus 37 sapphischen Strophen dichtet Martin Fabricius aus Brandenburg, der auch das nachfolgende Chronodistichon auf das Erscheinungsjahr in einem elegischen Distichon schreibt. Das diese Sammlung beschließende Gedicht aus 26 elegischen Distichen widmet Dirk Block (= Theodor Bloccius, * Klein Varlingen) dem Brautpaar.[443]

Die *carmina* des dritten Drucks werden von Alexander Arnoldi und dem bereits im Kontext der Familie Averberg erwähnten Johannes Frieda verfasst, die sich ebenfalls im Titel als *alumni* der hannoverschen Schule bezeichnen (VD 16 ZV 765).

CARMINA ‖ In HONOREM ‖ NVPTIARVM Dn. M. CHRI=‖STIANI BECHMANI, SCHOLAE ‖ Hannoveranæ Rectoris dignifsi-‖mi, Sponfi, ‖ ET ‖ LECTISSIMÆ PVDICISSI-‖MÆQVE VIRGINIS CATHARINÆ, ORNA-‖tißimi Viri THOMÆ ROMELS p. m. filiæ, Sponfæ, ‖ Scripta ab ‖ ALEXANDRO ARNOLDI & IOHAN-‖NE FRIDA Scholæ Hannovera-‖næ alumnis. ‖ HENRICOPOLI ‖ Excudebat Conradus Corneus Anno Epochæ ‖ Chriftianæ M. D. XCIX.
Wolfenbüttel: Konrad Horn 1599. [6] Bl.; 4°
[Wolfenbüttel, HAB: *A: 202.33 Quod. (15)*]

Dieser Sammeldruck enthält mehrere Epithalamien, die nicht einzeln unterzeichnet sind. Es ist anzunehmen, dass sich die beiden Namensnennungen der Unterzeichnenden jeweils auf alle davorstehenden Gedichte beziehen. Das erste Gedicht verfasst somit Alexander Arnoldi. Es besteht aus neun daktylischen Hexametern, die jeweils vergilische Halbverse und auf beiden Seitenrändern auch als solche gekennzeichnet sind. Dieses Hochzeitsgedicht, das nach Mt. 19,6 mit *Quod Deus coniunxit, homo non separet.* überschrieben ist, wurde somit nach dem Muster des *cento* komponiert und steht als Motto vor dem gesamten Glückwunsch. Arnoldi bewegt sich durch die Kombination vergilischer Verse auf der sicheren Basis des humanistischen Lernens und Studierens und zeigt dem Rektor seiner ehemaligen Schule seine sprachlichen Fähigkeiten, die er dort erworben hat. Das zwei-

---

[443] Block wurde am 29. April 1596 als *Diricus Blockius, Nenburgensis* an der Universität Helmstedt immatrikuliert und ist mit dem ebenda am 9. Juli 1605 zum *notarius publicus Caesareus* ernannten Theodor Bloccius identisch. Dazu vgl. ZIMMERMANN (1926), S. 123*b*143 und S. 185*a*2.

te Hochzeitsgedicht des Alexander Arnoldi ist als *EIΔYΛΛION VERGILIANVM* betitelt und besteht einschließlich von fünf abgesetzten, einleitenden Versen aus 167 daktylischen Hexametern, die wiederum jeweils an beiden Seitenrändern als vergilische Halbverse gekennzeichnet sind. Das dritte Gedicht ist gemäß einem vorangestellten Anagramm auf den Bräutigam aus acht elegischen Distichen verfasst, ebenso das vierte Hochzeitsgedicht gemäß einem vorangestellten Anagramm auf die Braut aus ebenfalls acht elegischen Distichen. Das fünfte und letzte Gedicht des Alexander Arnoldi ist als *Aenigma* betitelt und umfasst drei elegische Distichen, in denen *columba* und *columbus*, *Mars* und *ars* sowie *pedes* und *corpus* einander gegenübergestellt sind. Anschließend folgen die beiden Epithalamien des Johannes Frieda. Das sechste Hochzeitsgedicht hat einen Umfang von sechzehn elegischen Distichen und bezieht sich exemplarisch auf eine aufblühende Blume, während das siebte Gedicht aus fünfzehn phaläkeischen Hendekasyllaben besteht, in deren ersten zehn Versen der Verfasser jeweils mit *quot* eingeleitete Mengenbeispiele, darunter auch die *millia multa basiorum* nach Catull. *c.* 5,7, nennt und dann ab v. 11 daraus resultierend mit *tot* eingeleitet für den Bräutigam den glücklichen Zeitraum der beginnenden Ehe bezeichnet. Abschließend steht in v. 15 ein Abschiedsgruß des Dichters an das Brautpaar.

Ebenfalls im Jahr 1599 ist Rektor Christian Beckmann als Verfasser eines Schulprogramms für die Schule in Hannover nachgewiesen (1599, VD 16 B 1396). Bereits im Jahr nach der Heirat stirbt Beckmanns Frau bei der Geburt ihres Kindes. Vermutlich der Rektor selbst verfasst diesbezüglich ein Distichon, das er neben einer biographischen Inschrift sowie einem Zitat aus Gen. 35,16–20 auf der nicht mehr erhaltenen Grabstele für seine Frau auf dem Nikolaifriedhof in Hannover anbringen lässt:

> *Dum parit, ecce perit Catharina at dum tibi paret*
> *In coelis tecum vivere, Christe, parat.*

Beckmann spielt lautmalerisch mit den Verben *parĕre, perire, parēre* und *parare* und bringt die Vorstellung der himmlischen Hochzeit als christliche Hoffnung zum Ausdruck. Es ist nicht bekannt, ob das neugeborene Kind ebenfalls stirbt.[444] Vier Jahre später erscheint seine Rede *Progymnasma declamationum & disputationum scholasticarum de verbo dei et ecclesia* (1603, VD 17 3:022746G) sowie im Folgejahr in Hamburg Beckmanns nächstes Schulprogramm mit dem Titel *Scholae Hannoveranae lectiones & exercitia* (1604, ohne VD 17 = Hannover, GWLB: *Bu 5550 (2)*). In einem Sammeldruck, in dem Beiträge in lateinischer Prosa von hannoverschen Schülern über das Abendmahlsverständnis enthalten

---

[444]   Zu Grabstele und Text vgl. WEHKING (1993), S. 151, dort Nr. 227.

sind, wird Christian Beckmann ebenfalls als Rektor der Schule in Hannover und Herausgeber des Drucks erwähnt (1605, im Kolophon 1602, VD 17 1:074037V). Beckmann selbst ist somit nur als Verfasser von lateinischer Prosa nachweisbar. Als Christian Beckmann am 6. Dezember 1606 stirbt und am 8. Dezember auf dem Friedhof von St. Nikolai in Hannover bestattet wird, hält der Pastor Mag. Rupert Erythropel (Rektor und Pastor in Hannover, * Schmalenburg 1556, † Hannover 07.10.1626) eine deutsche Leichenpredigt über Ps. 73, die Auskunft darüber gibt, dass Beckmann zu diesem Zeitpunkt mit der Tochter eines hannoverschen Ratsherrn Dorothea Leuchtemeier verheiratet ist (1607, VD17 23:264258C).[445]

Chriſtliche Leichenpredigt / ‖ Gehalten bey dem ‖ Volckreichen Begraᶜbnis des ‖ Erbaren / wol vnd vielgelahrten Herrn ‖ M. Chriſtiani Beckmanni Rectoris ſcholæ Han-‖noueranæ, Welcher Anno 1606. den 6. Decembris ‖ des Morgens vmb 9. Vhren auff S. Nicolai Tag / ‖ nach ſeinem langwirigen jaᶜrigen Bettlager in ‖ Gott feliglich eingeſchlaffen / ‖ Vnd ‖ Folgends den 8. Decembris auff den Got=‖tesacker zu S. Nicolaus ehrlich ‖ begraben. ‖ Durch ‖ M. Rupertum Erythropilum Pa=‖ſtoren dafelbſt in Hannover zu ‖ S. Georgen vnd Jacob. ‖ Helmſtadt / ‖ Gedruckt durch Jacobum Lucium. ‖ Anno 1607.
Helmstedt: Jakob Lucius d. J. 1607. [16] Bl.; 4°
[Wolfenbüttel, HAB: *H: 486 Helmst. Dr. (1)*]*

Die Leichenpredigt wendet sich anfangs auch an einen Gerd Beckmann (...), der als vormaliger Bürgermeister von Rehburg bezeichnet wird, dessen Verwandtschaftsverhältnis zum Verstorbenen jedoch nicht erklärt ist. Erst den der Leichenpredigt angefügten Personalien ist auf der Seite mit der Bogensignatur Diᵛ zu entnehmen, dass er der Vater des Verstorbenen ist und als *alter Senior* noch lebt. Außerdem wird der genannten Grabstele entsprechend erwähnt, dass Beckmanns erste Ehefrau Catharina Rommel noch im Jahr der Eheschließung *in Kindesnoᶜhten* gestorben ist und dass er seine zweite Frau Dorothea Leuchtemeier ebenfalls noch im selben Jahr geheiratet hat. Aus dieser Ehe seien zwei Söhne und zwei Töchter hervorgegangen, von denen noch jeweils ein Kind lebe. Außerdem sei dieser Tod ein herber Schlag für die Schule, da erst wenige Wochen zuvor der Konrektor Samuel Scernicovius, einer der Gratulanten zur ersten Heirat Beckmanns, gestorben sei. Als dritten Bestandteil enthält der Druck abschließend ein als *ultimum vale posthumum* betiteltes Gedicht, dass Christian Beckmann selbst noch *ex lecto decubitorio* verfasst haben soll. Es besteht aus zweiunddreißig elegischen Distichen und

---

[445] Vgl. MEYER (1941), S. 429 und S. 435.

beginnt mit dem Bild der Himmelfahrt Christi. Christus als *pastor* rufe seine zerstreute Herde und seine *discipuli* wieder zu einer Schar zusammen. In diesem Bild ist sicherlich das Rollenverständnis des Christian Beckmann selbst impliziert. Er, der seinen Namen nach Christus trägt, richtet sich kurz vor seinem Tod, gewissermaßen anlässlich seiner bevorstehenden Aufnahme in den Himmel, an seine Schülerschaft. Im Folgenden spielt Beckmann auf den Missionsbefehl Christi nach Mk. 16,15–20 an und bekräftigt auch seinen Schülern, dass Gott ihre *vires* nähren werde. Mit *sic ait* beschließt Beckmann in v. 11 die Abschiedsrede Christi und leitet zur eigentlichen Himmelfahrt des *victor* über und führt aus, dass diese Erinnerungsrede die *ultima verba* des Lehrers an die zurückbleibende Jugend sei, der er sich verabschieden wolle. Der Mensch werde ebenso wie Christus von Gott *super astra* aufgenommen und dürfe sich der göttlichen *fides* sicher sein. Lautmalerisch spricht Beckmann in v. 25–26 einen weiteren Abschiedsgruß aus und beschreibt, seinen Lebenshafen gefunden zu haben:

Munde immunde vale: spes exspes rideo mundi.
Inveni portum: perfide munde vale.

Wenn er die negativ attribuierte wirkliche Welt verlassen haben werde, könne er frei von Krankheit und Leiden sein. Als Symptome seiner Erkrankung nennt er dabei besonders Fieber und Schüttelfrost sowie Husten und ein Leberleiden. Aus seiner Ratlosigkeit heraus wolle er sich Christus anvertrauen und ruft in v. 31 aus: *Quid faciam? totum do me tibi Christe ...* Die *chara ... iuventus*, die Beckmann außerdem als *meae vitae diadema* bezeichnet, solle nicht um ihn weinen, denn er verabschiede sich *sub tegmine Christi*, was an Verg. *ecl.* 1,1 erinnert. Die Jugendlichen seiner Schule hingegen fordert er zum Leben auf und zum eifrigen Weitererarbeiten ihrer schulischen *pensa*. Der als *Iehova* genannte christliche Gott möge ihnen dabei günstig gewogen sein. Beckmann bittet ab v. 49 um die dauerhafte Erinnerung an seine Abschiedsworte, wünscht einen fortwährenden *flos* seiner Schule und wendet sich kurz seinen zurückbleibenden Kollegen Krapp und [Andreas] Cramer sowie abschließend dreimal Christus zu. Er sei der Lenker seines Lebens und möge ihn annehmen, er sei der Richter seines Lebens und der Ruhm. Das letzte Distichon enthält einen deutlichen Bezug zu v. 25–26 und stellt den Ruhm Christi als *portus* des Verfassers dar. Diese Rede des Sterbenden ist somit als Anruf des Erlösers gestaltet.

Zum selben Anlass erscheinen in Helmstedt am Beginn des folgenden Jahres lateinische *Epicedia ... scripta ab amicis*, an denen zwölf Beiträger beteiligt sind, darunter Heinrich Meibom sowie wiederum Alexander Arnoldi und David Meier (1607, VD 17 23:264269S).

Epicedia ‖ IN OBITVM ‖ Clarißimi, pietate, eruditione & virtute ‖ præſtantißimi viri, ‖ DN M. CHRI=‖STIANI BECK-‖MANNI. ‖ Qui ‖ In medio ætatis flore, annum agens ‖ ſeptimum ſupra trigeſimum, poſtquam in ce-‖leberrimâ Schola Hannouerana per biennium ‖ CONRECTORIS, dein per octennium RECTO-‖RIS officio, fideliter & ſummâ cum laude functus ‖ fuiſſet, in vera Dei agnitione, inter aſsiduas pre-‖ces, 6. Decembr. Anno 1606. ex hâc morta-‖li vitâ in cœleſtem patriam com-‖migrauit, ‖ Scripta ab amicis, piæ recordationis ergo. ‖ HELMAESTADI ‖ Typis Iacobi Lucij, Anno 1607.

Helmstedt: Jakob Lucius d. J. 1607. [10] Bl.; 4°

[Wolfenbüttel, HAB: *H: 486 Helmst. Dr. (2)*]

Das erste Gedicht ist ein als *tumulus* betiteltes Epigramm aus fünf elegischen Distichen, die der Helmstedter Professor Heinrich Meibom d. Ä. schreibt. Mag. David Meier ist der Verfasser des zweiten 'ΕΠΙΚΉΔΙΟΝ aus acht elegischen Distichen, die er v. 5 als literarischen *cippus* konzipiert. Das dritte Trauergedicht ist anonym abgedruckt und umfasst 28 phaläkeische Hendekasyllaben. Es thematisiert das Leiden Beckmanns und bezeichnet ihn in v. 5 als *corona ludi*. Möglicherweise wird dieses Gedicht ebenso wie das folgende Epigramm *in tumulum* aus vier elegischen Distichen von Mag. Alexander Arnoldi, der das vierte Gedicht als Rektor der Schule in Wolfenbüttel unterzeichnet, verfasst. Arnoldis Verse zählen in der Gestalt einer Grabinschrift die wichtigsten Lebens- und Wirkungsstätten des Verstorbenen auf. Das fünfte Gedicht ist als *Lessus* betitelt und besteht aus zehn alkäischen Strophen, die Mag. Andreas Cramer (* Löbejün), der zuvor von Beckmann selbst noch genannte Konrektor der Schule, auf seinen verstorbenen Schulleiter dichtet.[446] In der vierten Strophe erwähnt er den kurz zuvor verstorbenen Konrektor Samuel Scernicovius und bezeichnet die Situation seiner Schule als *sinistrum praesagium*. Als sechstes Gedicht ist der *Threnus in obitum eiusdem scriptus* des Schulkollegen Johannes Stumpelius (* Hannover) abgedruckt.[447] Er umfasst 24 Verspaare in Epodenform aus daktylischem Hexameter und Hemiepes. Auch in diesem Gedicht werden der zuvor verstorbene Scernicovius und Beckmanns noch lebender Vater erwähnt. Von der Universität Helmstedt aus widmet Mag. Theodor Steding aus Wunstorf (Pastor in Oldendorf, * Wunstorf 24.05.1582, † Oldendorf 27.01.1653)

---

[446]   Cramer wurde am 12. Juni 1592 als *Löbechunensis* an der Universität Wittenberg immatrikuliert. Vgl. FÖRSTEMANN/HARTWIG (1894), S. 390*b*20.

[447]   Stumpelius wurde am 7. Mai 1600 an der Universität Wittenberg immatrikuliert. Dazu vgl. FÖRSTEMANN/HARTWIG (1894), S. 467*b*2.

das siebte Epicedion aus sechs elegischen Distichen.[448] Sein Bekanntschaftsverhält-
nis zum Verstorbenen ist nicht vermerkt. Anschließend folgen *Epicedia quaedam
a Scholasticis scripta*. Das achte Gedicht aus zehn so genannten 3. archilochischen
Strophen, denen er ein Chronodistichon auf das Todesjahr Beckmanns hinzufügt,
verfasst Hermann Beken (...), der als *ejusdem Scholae alumnus* unterzeichnet. Das
neunte Epicedion aus dreizehn elegischen Distichen schreibt Theodor Holtkopp
(* Oldendorf), und Gerhard Theophil (* Rehburg) aus Beckmanns Heimatort Rehburg ist der Dichter des zehnten Gedichts aus neunzehn elegischen Distichen. Diesem Gedicht ist ein schmales Holzschnittband vorangestellt, das in der Mitte einen
liegenden Putto zeigt, der links von einer Sanduhr und rechts von einem Totenschädel eingerahmt ist. Diese Elemente verbildlichen als ikonographische Zeichen
der *vanitas* gemäß Pred. 1,2 den neugeborenen Menschen, die unwiederbringlich
verrinnenden Zeit und den Tod. Als elftes Trauergedicht ist ein *Cento funebris*
aus 38 vergilischen daktylischen Hexametern abgedruckt, die Henning Fundulus
(* Wunstorf) zusammenstellt. Verfasser des zwölften Epicedions aus 27 elegischen
Distichen ist Peter Frick *Goslariensis* (* Immenrode), der in v. 19 ebenfalls auf den
Tod des vormaligen Konrektors anspielt:[449]

> *Vix Scernicovij mandavimus ossa sepulchro,*
>   *Qui fuit & nostrae magna columna scholae:*
> *Sed satis hoc nondum: bone tu quoque Rector alumnos*
> *Deseris, & tristi morte solutus abis.*

Theodor Meier (* Basse), der sein Gedicht als *Francisci filius* unterzeichnet, verfasst auf den Tod des Christian Beckmann, seines ehemaligen Lehrers, das dreizehnte Gedicht *loco Epitaphij*.[450] Es umfasst fünf elegische Distichen und nennt

---

[448]   Vgl. Meyer (1941), S. 494–195. Stedings Geburtstag fällt auf Christi Himmelfahrt und
wurde berechnet. Steding wurde am 12. Oktober 1599 an der Universität Helmstedt
immatrikuliert und ebenda am 19. Mai 1607 zum Magister promoviert. Vgl. Zimmermann (1926), S. 145a115 und S. 193a3.

[449]   Ob Frick mit den bei Seebaß/Freist (1974), S. 92 und Meyer (1941), S. 562 genannten
Männern identisch ist, ist nicht klärbar, aufgrund der identischen Wirkungsregion um
Goslar, Immenrode und Börßum jedoch durchaus möglich. Er wurde im Jahr 1581 für
Immenrode ordiniert. Vgl. Zimmermann (1926), S. 30a2. Eine weitere Immatrikulati-
on für einen Studenten dieses Namens ist am 17. September 1601 an der Universität
Helmstedt belegt, so dass es sich möglicherweise um Vater und Sohn handelt. Dazu
vgl. Zimmermann (1926), S. 157b138.

[450]   Meier ist vermutlich identisch mit dem am 1. November 1593 an der Universität Helm-
stedt immatrikulierten *Theodorus Meier, Brunsvicensis*. Vgl. Zimmermann (1926),
S. 108b257. Sein Vater ist der Pastor von Basse Franz Meier. Dazu vgl. Meyer (1941),
S. 69.

die *fides*, *doctrina*, *modestia* und *virtus*, die gemeinsam mit dem Verstorbenen bestattet worden seien. Meier schließt mit der Feststellung, ebenso wie es Beckmann ergangen sei, drängten die *fata* eines Menschen immer weiter dem Ende entgegen, während der Mensch selbst und seine Umwelt dies nicht erwarteten. Die Anordnung der Gedichte dieser Sammlung von Epicedien zeigt eine stark hierarchische Struktur. So schreiben zunächst Universitätsangehörige aus Helmstedt, Rektoren und Kollegen, bevor abschließend die kurzen Werke der *alumni* folgen.

Portal der Braunschweiger Martinsschule von 1592.

Das Portal wurde vermutlich von Balthasar Kircher für das Schulgebäude am Bankplatz geschaffen und später im Jahr 1953 nach der Zerstörung des Schulgebäudes im Jahr 1944 in den Neubau des Gymnasiums Martino-Katharineum an der Breiten Straße in Braunschweig baulich integriert. Die Figuren zeigen die *septem artes liberales*, von links: Grammatik, Dialektik, Rhetorik, Musik, Arithmetik, Geometrie, Astronomie. In der Mitte ist der Namenspatron St. Martin zu sehen, der seinen Mantel mit einem Bettler teilt.*

(Foto: Matthias Bollmeyer, 13. Oktober 2009)

* Zum Neubau der Martinsschule ab dem Jahr 1592 vgl. DÜRRE (1861), S. 26-27.

3.1.9. Personenkreis um die Martinsschule in Braunschweig (1586–1599)

Die Braunschweiger Martinsschule wurde im Jahr 1415 gemeinsam mit der Katharinenschule auf päpstliche Genehmigung zunächst als Lateinschule mit vier Lehrkräften für die Braunschweiger Stadtteile Altstadt, Sack und Altewiek entworfen und später von Johannes Bugenhagen reformiert.[451] Dieser Personenkreis besteht aus insgesamt 48 Personen, die innerhalb etwa eines Jahrzehnts in Braunschweig Verfasser oder Widmungsempfänger in einer konstanten Personengruppe sind. Die meisten von ihnen gehören dem Kollegium der Martinsschule in Braunschweig an, vertreten sind aber auch Lehrer der Braunschweiger Katharinen- und der Ägidienschule sowie einzelne Akademiker aus der näheren Umgebung. Acht dieser Personen sind in den meisten oder sogar allen der Gedichtsammlungen vertreten, die zehn Frauen erscheinen nur jeweils einmal als Widmungsempfängerinnen im Kontext ihrer eigenen Hochzeit. Von den zehn männlichen Widmungsempfängern sind sieben auch als Verfasser vertreten, Ausnahmen sind der Jurist Conrad Haberland, der Theologe Johann Horn und der innerhalb dieses Kreises erst spät amtierende Schulkantor David Meier. Die ersten beiden werden gefeiert, gehören aber nicht den Schulkollegen an und treten somit innerhalb des Personenkreises nicht als Dichter in Erscheinung. Einen weiteren Sonderfall stellt der Helmstedter Professor Heinrich Meibom als Verfasser dar. Er gehört ebenfalls nicht zur Gruppe der Schulkollegen und ist nur an einer einzigen Gedichtsammlung beteiligt. Er dürfte als externer akademischer Freund und akademischer Lehrer hinzugezogen worden sein.

Die nachfolgende Zusammenstellung gibt einen Überblick über die Beteiligung der jeweiligen Personen an den relevanten Gedichtsammlungen (B = Beiträger, E = Widmungsempfänger).

---

[451] Vgl. HAASE (1979), S. 141 und DÜRRE (1861), S. 22–23. Wie Herr OStD Manfred WILDHAGE vom Gymnasium Martino-Katharineum in Braunschweig am 31. März 2008 in einer Email mitteilte, wurde das Schularchiv während des 2. Weltkriegs zerstört, so dass in der Schule selbst keine historischen Dokumente mehr vorhanden sind.

	VD 16 ZV 13815	VD 16 S 2441	VD 16 S 2442	VD 16 S 2445	VD 16 ZV 8561	VD 16 S 2444	VD 16 N 2102	VD 16 ZV 13816	VD 16 S 2443	VD 16 S 10404
Baremius, Martin	E	B	B	B	B	B	B	B	B	-
Bruno, Ludolph	-	-	-	-	-	-	-	-	B	-
Bumann, Carl	-	-	B	-	-	-	-	-	-	-
Büring, Catharina	-	-	-	-	E	-	-	-	-	-
Copius, Jakob	-	-	-	-	-	-	-	B	-	-
Cubbeling, Anna	-	-	-	-	-	-	-	E	-	-
Enholt, Nikolaus	B	-	B	-	B	E	B	B	-	-
Flabbeius, Johannes	-	-	-	-	-	-	-	-	-	B
Frischlin, Nikodemus	-	-	-	-	-	-	B	-	-	-
Gosius, Jakob	B	B	B	B	B	B	B	B	B	-
Gronhagius, Berthold	-	-	-	-	-	-	-	-	-	B
Grothwal, Johannes	-	-	-	-	-	-	-	-	-	B
Haberland, Conrad	-	-	-	-	E	-	-	-	-	-
Haccius, Bruno	-	-	-	-	-	-	-	-	-	B
Hagemann, Adolf	B	-	B	B	B	B	-	B	-	-
Hagius, Christoph	B	B	B	B	B	B	B	B	B	B
Hayneccius, Martin	B	-	-	-	B	-	-	-	-	-
H. E.	-	-	B	-	-	-	-	-	-	-
Holland, Thomas	-	-	-	-	-	-	-	-	-	B
Horn, Johann	-	-	-	E	-	-	-	-	-	-
Hubert, Hermann	-	-	-	-	-	-	E	B	-	-
Hustedt, Auctor	B	B	B	B	B	B	B	E	B	-
Isernhuet, Catharina	-	-	E	-	-	-	-	-	-	-
Koinen, Henning	-	-	-	-	-	-	-	-	B	-
Lampadius, Johann	-	-	-	-	-	-	-	-	B	-

	VD 16 ZV 13815	VD 16 S 2441	VD 16 S 2442	VD 16 S 2445	VD 16 ZV 8561	VD 16 S 2444	VD 16 N 2102	VD 16 ZV 13816	VD 16 S 2443	VD 16 S 10404
Leporin, Melchior	-	-	-	-	-	-	-	-	B	-
Leverich, Johannes	-	-	-	-	-	-	B	-	-	-
Linde, Magdalena	-	E	-	-	-	-	-	-	-	-
Magirus, Johannes	-	-	-	-	-	-	B	-	-	-
Meibom, Heinrich	-	-	-	-	-	-	-	B	-	-
Meier, David	-	-	-	-	-	-	-	-	-	E
Meier, Ludolph	-	-	B	-	-	-	B	-	-	-
M. H. G. H.	-	B	-	-	-	-	-	-	-	-
Moller, Andreas	-	-	-	B	-	-	-	-	-	-
Mylius, Johannes	-	-	-	-	-	-	-	-	-	B
Nicephorus, Hermann	-	-	-	-	-	-	-	-	-	B
Niland, Sophia	-	-	-	E	-	-	-	-	-	-
Palladius, David	B	-	B	B	B	B	B	B	B	-
Petri, Anna	E	-	-	-	-	-	-	-	-	-
Plass, Elisa	-	-	-	-	-	E	-	-	-	-
Rennebock, Auctor	B	E	B	B	-	-	B	B	E	-
Reuter, Ludolph	-	-	-	-	-	-	B	B	-	-
Riemenschneider, Elisa	-	-	-	-	-	-	-	-	-	E
Schrader, Henning	-	B	B	-	-	-	-	-	-	-
Schwarzkopf, Anna	-	-	-	-	-	-	E	-	-	-
Sengebähr, Bartholomäus	-	B	E	B	-	-	-	-	-	-
Spechts, Dorothea	-	-	-	-	-	-	-	-	E	-
Struncius, Joachim	-	-	-	-	-	-	-	-	-	B
Ulicius, Andreas	-	-	-	-	-	-	-	-	-	B

Als der Prorektor der Martinsschule in Braunschweig Martin Baremius am
14. Juni 1586 Anna Petri (...), die Tochter des Pastors an St. Ulrich in Braunschweig Friedrich Petri, heiratet, erscheinen von einigen seiner Braunschweiger
Schulkollegen verfasste *Schediasmata nuptialia*, die als *scripta ab amicis* bezeichnet sind (VD 16 ZV 13815).

SCHEDIASMATA ‖ NVPTIALIA ‖ MARTINO BA=‖REMIO, ET AN-
NAE ‖ PETRAEAE. ‖ Scripta ab ‖ AMICIS. ‖ HELMSTADII, ‖ Excude-
bat Iacobus Lucius. ‖ Anno M. D. XXVCI.
Helmstedt: Jakob Lucius d. Ä. 1586. [8] Bl.; 4°
[Berlin, SB: *Xc 582/1 (79)*]*

Der gesamten Sammlung von Epithalamien ist ein elegisches Distichon in griechischer Sprache vorangestellt. Das erste eigentliche Glückwunschgedicht zur Heirat
des Martin Baremius verfasst der frühere Braunschweiger Lehrer Mag. Martin
Hayneccius (= Heinigke, Lehrer in Chemnitz, Amberg und Braunschweig, Rektor der Schule in Grimma, * Borna 10.08.1544, † Grimma 28.04.1611), der sein
Gedicht aus 35 phaläkeischen Hendekasylaben mit seinem Magistertitel unterzeichnet.[452] Er beginnt mit der Hervorhebung des Hochzeitsdatums: *O binas tibi
Iulij novenas ... calendas* und der direkten Anrede des Martin Baremius, den er
in v. 2 als *optimus* bezeichnet. An diesem Tag stehe Baremius in einem guten
Licht, denn Gott verspreche dem Menschen, der ihn fürchte, die Gabe einer guten
Ehefrau. Er bezeichnet ab v. 9 die Braut als hübsch und wohlgeraten in Bezug auf
ihre *mores*, ihren *pudor*, ihr *os*, ihr *virgineum decus* sowie ihr *flos*. Sie gehe das
eheliche Bündnis ein als *adjutrix*, *levamen vitae*, *pars animae*, *medulla cordis* und
fax desideriumque ocellulorum des Bräutigams. Hayneccius stellt die Ehefrau als
integrativen Bestandteil des Lebens ihres Mannes dar. Im Folgenden lobt er die
Familien beider Partner, die in Braunschweig wohlbekannt seien und bezeichnet
beider Heirat in v. 20 als *pulcellum ... jugum*, für das er das Bild der Edelsteine
verwendet: Die Braut sei der Smaragd ihres Mannes, und der Bräutigam sei der
Saphir seiner Frau. Der *sortis opifex*, gemeint ist der christliche Gott als Schöpfer,
werde das Haus des Bräutigams und seine eheliche Verbindung mit den *lucra nun-
dinarum* beschenken. Aus diesem Grund würden ihm alle gratulieren, und er selbst
möge seine Braut annehmen.

---

[452]   Zu den biographischen Daten des Martin Hayneccius vgl. Tarot (1969) und Dürre
(1861), S. 55. Vermutlich sein Sohn ist der am 18. September 1590 an der Universität
Wittenberg immatrikulierte Clemens Hayneccius aus Chemnitz. Dazu vgl. Förste-
mann/Hartwig (1894), S. 376a28.

Als zweites Hochzeitsgedicht folgt eine *Oda nuptialis* aus neun ambrosianischen Strophen des David Palladius, der gemäß seinem Geburtsort Magdeburg als *Parthenopolitanus* unterzeichnet. Palladius stellt in der ersten Strophe die Kategorien *fortuna*, *dignitas*, *aetas* und *fides* vor, die gleichermaßen die Heirat begünstigten und die wechselseitige Liebe des Paares mehrten. Dazu begründet er ab v. 5, dass der *ardor mutuus* aufglühe, wenn die Braut für ihren Ehemann geeignet und er seinerseits von würdiger Abstammung sei. Die *virago* wolle ihren Mann beeinflussen, und der Mann ernähre seine Frau. Ebenso sei eine alte Frau einem *senex* angemessen, wie ein junges Mädchen für einen jungen Mann passend sei. Eine alte Frau sei hingegen eine Last für den jungen Mann, ebenso ein Greis für das junge Mädchen:

> *Anus seni est idonea*
> *Virgo juventae congruit.*
> *Anus puello florido est*
> *Onus; senex ut virgini.*

Neben der zunächst parallelen und dann chiastischen Darstellung der Altersstufen der Partner lebt diese Strophe der v. 13–16 besonders vom Wortspiel der Substantive *anus* und *onus*, die jeweils am Beginn der Verse übereinander stehen. Palladius argumentiert weiter, die *concors fides* mehre auch das in der Ehe herrschende Vertrauen beider Eheleute wie ein *tenax ... gluten*. Während in Epithalamien ansonsten oftmals die partnerschaftliche Umarmung oder auch der Geschlechtsverkehr als Bild der Verbindung eingesetzt werden, wird an dieser Stelle ein beide Partner wie ein Leim verbindendes Medium erdacht. In der sechsten Strophe blickt Palladius in die Zukunft des Brautpaares weiter. Am Ende der Zeiten könnten beide den *sponsus caputque ecclesiae* schauen:

> *Post hujus aevi terminum*
> *Maritus ac uxor pij,*
> *Cernent per omne seculum*
> *Sponsum, caputque ecclesiae.*

Diese endzeitliche Vorstellung der himmlischen Hochzeit mit Christus ist aus Mt. 25,1–13 sowie Offb. 19,7.9; 21,2 geschöpft und ist ein beliebtes theologisches und kirchenmusikalisches Thema der frühen Neuzeit.[453] Analog zur bereits

---

[453] Vgl. beispielsweise EKG 147 (Text und Melodie: Philipp Nicolai, Frankfurt am Main 1599) und in der späteren Tradition der ersten Hälfte des 18. Jahrhunderts BWV 140,2.5 (Johann Sebastian Bach, Leipzig 25. November 1731). Die Vorstellung

erwähnten *concors fides* aus v. 17 wird in v. 25 die *discors fides* als Gegenentwurf gezeichnet, die das eheliche Vertrauen zerstöre und vom Verfasser als *error* bewertet wird. Eine derartige Ehe führe zu *multa vitae incommoda* und nicht zu Gott. Die neunte Strophe ist abschließend mit der ersten Strophe identisch und wiederholt die dort genannten Kategorien, denen gemäß die Liebe des Brautpaares gemehrt werde. Die Aussagen, die David Palladius bezüglich dieser Heirat macht, werden somit anfangs und endend mit der gleichen Aufzählung umschlossen, die gewissermaßen das dichterische Band um die Eheschließung darstellt. Palladius beruft sich nicht auf häufige τόποι wie das Wirken der Musen oder der Venus und spielt auch nicht auf die baldige Zeugung einer Nachkommenschaft an. Stattdessen trägt sein Epithalamion starke Züge einer theologischen Prägung lutherischer Natur.

Auctor Hustedt ist der Dichter des dritten Epithalamions aus vierzig phaläkeischen Hendekasyllaben. Er stellt die Feststellung, Baremius sei aus vielen Gründen als *felix* und *beatus* zu bezeichnen, an den Anfang seines Glückwunsches. Dabei verwendet er für *vocare* das zugehörige Frequentativum *vocitare*, und er schließt an, dass noch *prospera multa* erbeten werden müssten. In v. 4–7 werden die Eigenschaften der Braut beschrieben. Sie zeige *pudor*, *casti mores*, *elegantis forma* und *dona animi ... pulcra*. Deshalb sei sie *praelucens* in Bezug auf alle anderen jungen Frauen und leuchte gleichwie ein *clarum lumen ... inter ignes*. Anschließend wird sie topisch noch mit Edelsteinen und -metallen verglichen, und Hustedt merkt an, dass der Urheber der Ehe Gott selbst sei und sie mit seinem göttlichen *favor* begünstige. Ab v. 16 wendet sich die Argumentation wieder dem Bräutigam zu, der direkt angerufen wird. Gott verbinde ihn mit einer *socia ... fidelis*, die gemeinsam mit ihrem zukünftigen Ehemann die *boni malique ... casus* bewältigen werde. Er könne sich fröhlich zeigen, eine derartige *rara ... puella* erhalten zu haben. Auch die Braut heirate einen solchen Mann, wie sie ihn so oft von Gott erbeten habe. Analog zum Bräutigam führt Hustedt in v. 27–28 weiter aus, auch die Braut sei *felicior omnibus puellis*, weil sie einem *rarus ... maritus* gegeben worden sei. Als Urheber des Passivs ist zu *addita es* in diesem Zusammenhang Gott zu ergänzen, so dass Hustedt feststellt, der Mann erhalte seine Frau durch göttliches Wirken, während die Frau durch göttliches Wirken dem Mann gegeben wird. Aus dieser Gegenüberstellung der beiden Perspektiven auf die Heirat ist die jeweilige Rolle von Ehemann und Ehemann zu entnehmen. Ab v. 29 wird Gott als der *pronubus ... conditor benignus* beschrieben, der Brautleute miteinander verbinde und neugeschlossenen Ehen seinen Beistand gewähre, damit beider Ehebett frei von *macula* und *lis* bleibe. Zu der ersten dieser beiden Aussagen ist anzumerken, dass nach

---

der himmlischen Hochzeit im Kontext der spätantiken und frühchristlichen Epithalamiendichtung ist behandelt bei HORSTMANN (2004), S. 166.

christlicher Vorstellung durch den ehelichen Geschlechtsverkehr das Bett im wörtlichen Sinn tatsächlich doch befleckt wird, im übertragenen Sinn die Ehe selbst
durch das göttliche Wirken aber keinen Makel bekommen soll. Hustedt ergänzt,
concordia, *pax* und der *amor* ... *constans* sollten fortwährend diese Ehe umgeben,
so dass beide Eheleute als alte Menschen mit Freude ihre Enkel erleben könnten,
die auch gottesfürchtig sein und den Spuren ihrer Eltern folgen sollten.

Das vierte Hochzeitsgedicht aus zehn alkäischen Strophen schreibt Auctor Rennebock (Konrektor und Rektor der Ägidienschule, dann Pastor an St. Magni in
Braunschweig, * Braunschweig 12.03.1558, † Braunschweig 17.06.1609).[454] Er
beschreibt zunächst den bisherigen Lebenszustand des Lehrers Martin Baremius. Er sei *totus idoneus* und *aptus* für den Dienst an den Musen und sei ihnen in
Knechtschaft ergeben gewesen. Auch habe er sich immer um die *optima ... praemia Phoebi* bemüht und sich mit dem *Varniadum ... flos* umgeben. Diese Anspielung deutet auf ein mögliches Studium des Bräutigams an der am Fluss Warnow
gelegenen Universität Rostock hin, in deren Matrikel Baremius jedoch nicht nachweisbar ist. Dann habe ihn der *Palladis innubae ardor* entflammt, und er sei nicht
davon abgekommen, den Weg *haud pigrum ad cacumen Pierij* fortzusetzen. In
der sechsten Strophe erzählt der Dichter, die Göttin Venus habe diesen Zustand
neidisch beobachtet. Rennebock stellt somit dar, dass Baremius unverschuldet in
einen Konflikt zwischen der die Wissenschaft verkörpernde Pallas Athene und
die die Liebe verkörpernde Venus geraten sei. Letztere habe Amor angewiesen,
mit seinen Pfeilen einzuschreiten, und er habe schließlich die Herzen des Martin
Baremius und der Anna Petri durchbohrt. So sei der Bräutigam von der hübschen
jungen Frau eingenommen worden. Der Dichter bezeichnet abschließend die *ser-
vitus Cypridis* als *aspera* und *Pallade prospera*. Diese Formulierungen beziehen
sich auf die bereits erwähnte Knechtschaft in der ersten Strophe und stellen die
neue Liebe des Akademikers als Bereicherung für sein Wirken dar. Die zu Gottheiten personifizierten Bedingungen *Faustitas*, *Pax* und *Hygiëa* sollten beiden ebenso
gewährt sein wie der Beistand Christi. Rennebocks Epithalamion geht nicht auf
die privaten Veränderungen durch die Ehe ein, sondern bezieht die Ehe des Martin
Baremius ausschließlich auf sein Wirken im Bereich der *artes* und der *doctrina*.

Als fünftes Hochzeitsgedicht folgt eine als *Echo* betitelte Elegie aus 35 elegischen
Distichen, die Christoph Hagius verfasst. Das Echo findet sich als dichterisches
Prinzip jeweils am Ende des Pentameters, und das letzte Wort bezieht sich auf ei-
nem Echo gleich immer auf das vorletzte Wort des Verses oder den Abschluss des

---

[454]   Zu den biographischen Daten Rennebocks vgl. SEEBAß/FREIST (1974), S. 249 und DÜR-
RE (1861), S. 71–73. Er wurde am 7. März 1578 an der Universität Helmstedt und im
Sommersemester 1579 an der Universität Rostock immatrikuliert. Dazu vgl. ZIMMER-
MANN (1926), S. 15*b*205 und HOFMEISTER (1891), S. 200*a*93.

vorletzten Wortes. So ist beispielsweise die Antwort des Echos in v. 2 *mane* auf das vorletzte Wort *mane* bezogen, in v. 4 *cedo* auf *recedo*, in v. 6 *amor* auf *clamor* und in v. 8 *onus* auf *pronus*. Auch wenn der Mythos von Echo, die von Narziss verschmäht und versteinert worden war, bereits in augusteischer Zeit in Ov. *met.* 3,339–405 ausgestaltet und in dieser Form bekannt wurde, ist die dichterische Invention, das Prinzip des Echos als Klangverdopplung umzusetzen, abgesehen von vereinzelten Ausnahmen ein rein neulateinisches Phänomen, weil Gleichklänge und Reime sowohl der antiken lateinischen als auch der mittellateinischen Dichtung fremd waren.[455] Hagius ruft anfangs die Nymphe Echo an. Dazu lässt er sie in v. 3–4 ihr Echo-Prinzip erklären:

> *Omnino maneo: sed ni fortasse rogantem*
> *Digneris resona voce recedo. E. cedo.*

Anschließend erörtert der Verfasser in der Rolle eines Fragenden gemeinsam mit dem dichterischen Echo der Nymphe die Frage der Liebe. Der *amor* führe zu *onus*, sei eine *dulcis amarities*, gleichermaßen *plangor & angor* und eine *iuvenum pestis noxia*. Als Beispiel dafür wird in v. 17–18 der alttestamentliche König Salomo angeführt, der nach 1. Kön. 11,1–4 siebenhundert Haupt- und dreihundert Nebenfrauen hatte und sich von ihnen aus Liebe im Alter zu heidnischen Götterdiensten verleiten ließ. Weiterhin wird erörtert, ob denn die Ehe Gott willkommen sei, und die Nymphe bekräftigt dies in v. 26: *Suntne Deo thalami foedera grata. E. rata.* Gottvater selbst habe die Ehe für den Menschen eingerichtet *ut tradit pagina sacra.* Diese Anmerkung bezieht sich auf Gen. 2,18. Danach spielt Hagius auch auf die Heirat zu Kana nach Joh. 2,1–11 an und bekräftigt die Vorstellung einer durch Christus motivierten Ehe, die nicht verachtet werden dürfte, weil sie *sub nomine sancto* geschlossen werde und verhindere, dass ein Mann als *caelebs* in seinem Leben alleinbleiben müsse. Aus eben diesem Grund spricht sich Hagius in v. 43–44 auch dafür aus, sich an der Gabe der Liebe zu erfreuen und das päpstliche Edikt des zuvor in v. 37.41 zweimal verwendeten Substantiv *caelebs* anklingenden Zölibats nicht zu berücksichtigen:

> *Rectius ergo facit, licito qui gaudet amore*
> *Edictum spernens pontificale. E. cale.*

Im folgenden Abschnitt wird ab v. 45 beschrieben, weshalb ein Mann überhaupt eine Frau heiraten solle. Sie sei hübsch und anmutig, aber die *forma* sei nicht das einzige entscheidende Kriterium, denn eine Frau besitze auch eine *laus pudoris*,

---

[455]   Vgl. RÄDLE (1999), S. 55–57.

und erst deshalb könne sich ein Bräutigam seiner zukünftigen Ehefrau wegen als *felix o nimium felix* und *vere ... beatus* schätzen. Als weitere Kriterien nennt der Dichter in v. 55–56 die *pietas* und die *virtus* der Frau sowie ihre Beurteilung als *tota decens ac generosa*. Das dichterische Echo fasst daraufhin als umfassende Beschreibung der Braut zusammen: *Rosa*. Dann wendet Hagius seinen Blick wieder dem Bräutigam Baremius zu und erwähnt in v. 59–60 dessen Wirken für den voruniversitären Glanz der Braunschweiger Martinsschule:

Is facit, ut nitide Schola Martinaea coruscet
Illustri veluti luce Pyropus. E. opus.

Zum Schluss seines Epithalamions geht der Verfasser auf mögliche Risikofaktoren der Ehe ein und nennt in diesem Zusammenhang *Eris*, die personifizierte Zwietracht, *iurgia* und *lis*. Er wünscht hingegen *pax*, *requies* und *concordia* sowie ein *fidei ... ligamen*, das beide Partner miteinander verbinde. Auf *ligamen* lässt Hagius das Echo *amen* antworten und schließt die Bitte für eine Nachkommenschaft des Brautpaares an. Auch in diesem Hochzeitsgedicht werden fast alle τόποι des Epithalamions bedient, aber durch die Wirkung des dichterischen Echos erhält es eine weitere, eigene Nuance. Hagius lässt das Echo im Regelfall ein einzelnes Schlagwort betonen oder eine bestimmte Position verstärkt hervorheben. Durch die Echowirkung wird jeweils ein bedeutsames Wort gleichsam markiert und dem Leser kenntlich gemacht. Auch dass dabei nicht der Erzähler des Gedichts spricht, sondern die Nymphe als göttliche Instanz, hebt den Wert des jeweiligen Echos weiter heraus.

Das sechste Gedicht ist eine weitere Elegie aus 24 elegischen Distichen, deren Verfasser Nikolaus Enholt (Lehrer an der Martinsschule in Braunschweig, † Braunschweig 1604 [Köpfung]) ist.[456] Er spricht zunächst den Bräutigam direkt an und fragt ihn, ob er mit dem Hochzeitsgesang beginnen solle, denn schließlich wolle er das *munus amoris* auf sich nehmen und dem mit seinen Versen entsprechen. Baremius verbinde sich rechtmäßig mit seiner *puella*, und mache sie zur Gefährtin seiner Liebe. Dies sei eine richtige und angemessene Entscheidung:

Res pia, res sancta est, & summa laude vehenda,
Et multis alijs anteferenda bonis.

---

[456] Zu den biographischen Daten Enholts vgl. Dürre (1861), S. 62, wonach er geköpft wurde. Er wurde am 17. Mai 1582 an der Universität Helmstedt immatrikuliert. Dazu vgl. Zimmermann (1926), S. 36b34.

Damit erinnert Enholt an die Einsetzung der Ehe für den Menschen gemäß Gen. 2,18, und er fügt in v. 13–14 hinzu, dass kein von Gott geschaffener *status* auf der Erde älter sei. Aus dem Komparativ *antiquior* spricht dabei nicht nur die reine Altersaussage, sondern vor allem auch der Aspekt der Altehrwürdigkeit. Ab v. 23 wiederholt Enholt später die Einsetzung der Ehe durch Gott und erwähnt auch Christus, der zur Ehe aus einer Wasserquelle Wein gegeben habe. Diese Anmerkung spielt auf die Geschichte der Hochzeit zu Kana in Joh. 2,1–11 an. Ab v. 31 folgt eingeleitet mit *gratulor* der eigentliche Glückwunsch an das Brautpaar, und zwar in dem fiktiven Augenblick, in dem die Braut das eheliche Schlafgemach betrete. Der Dichter selbst will für die *coelestia numina* beten, damit die Ehe glücklich verlaufe. Dazu apostrophiert er Gott in v. 35 hymnenartig: *O pater alme, qui ... curas*. Nach dem Hinweis auf die fleischliche Einswerdung des Brautpaares gemäß Gen. 2,24 führt Enholt diesen Gedanken weiter aus. Die Brautleute hätten zwei *mentes*, aber einen gemeinsamen *amor*, und sie sollten durch *fides*, *constantia* und den wiederholten *mutuus amor* zusammengehalten werden. Weder Unheil noch eine *sors inimica* dürfe diese Liebe zerstören. Der im abschließenden Distichon als *pater optime* angerufene Gott möge diesen Bitten des Verfassers gewogen zustimmen und sie nicht unerfüllt lassen. Enholt geht in diesem Epithalamion besonders auf die gegenseitige Liebe des Brautpaares und die Einsetzung der Ehe durch Gott ein. Sein gesamtes Gedicht trägt somit wie erwähnt die Züge eines Segens- und Fürbittengebets.

Das siebte Epithalamion ist ein Gedicht aus 45 daktylischen Hexametern in griechischer Sprache, das Adolf Hagemann schreibt.

Jakob Gosius (Lehrer an der Martinsschule, dann Schulkantor der Ägidienschule in Braunschweig) dichtet die neunzehn elegischen Distichen des achten Gedichts, an deren Anfang er eine verkürzte Schöpfungsdarstellung mit Aspekten aus Gen. 1,1–25 setzt.[457] In v. 9 erwähnt er die Schaffung der Frau aus einer Rippe des Mannes, wie sie in Gen. 2,21–23 berichtet ist und führt anschließend die Aufgabe der Frau nach Gen. 2,20 weiter aus. In v. 13–16 stellt Gosius die Frau als schönen Teil der Schöpfung dar und rühmt sie:

Talia vix opifex rerum ut fuit ore locutus,
  Apparet pulcrum mox genitoris opus:
  Corpus foeminei sexus, mens lucis imago
  Divinae, teneri capsula cordis adest.

Des Weiteren wird die Frau ab v. 17 positiv als *suavissima gratia*, *varijs ... artibus apta manus* und *lecti vincula certa* bezeichnet, die Gott in die Welt gesetzt habe und die mit ihren *gaudia casta* Gott gefalle. Ab v. 29 wendet sich Gosius direkt

---

[457]   Zu den biographischen Daten des Jakob Gosius vgl. DÜRRE (1861), S. 62 und S. 74.

dem Bräutigam zu und ruft ihm zu: *Recte igitur Martine facis.* Baremius wolle die Ehe als *sanctum ... opus* eingehen, weil er vom *amor pius* seiner zukünftigen Ehefrau eingenommen sei. Diese Voraussetzung der Heirat erfreue Gott, der seinerseits die Ehe des Brautpaares mit Nachkommen ausschmücken werde. Dieses letzte Epithalamion ist ebenfalls in besonderem Maße theologisch motiviert, wofür diverse biblische Aussagen und ein christlich wertendes Vokabular herangezogen werden, aus dem gehäuft die Adjektive *sanctus, -a, -um* und *sacer, -cra, -crum* exemplarisch zu nennen sind.

Allen Hochzeitsgedichten dieser Sammlung ist gemeinsam, dass sie eine starke theologische Prägung zeigen und die oftmals derben Aspekte der Epithalamiendichtung vermeiden. Der wichtigste Grund dafür mag sein, dass die Verfasser ausschließlich dem Martin Baremius nachgeordnete Schulkollegen sind, die ihrem Vorgesetzten mit der nötigen Ehre begegnen wollen und dabei eine gewisse amtliche Ungleichheit zum Bräutigam zeigen.

Zum selben Anlass ist außerdem ein weiterer, vom vormaligen Rektor der Braunschweiger Katharinenschule Matthias Berg (Konrektor in Halberstadt, Rektor in Wernigerode und Braunschweig, Professor in Altdorf, * Braunschweig 25.12.1536, † Altdorf 22.08.1592) sowie von Konrad Rittershausen (Jurist, Professor in Altdorf, * Braunschweig 1560, † Nürnberg 25.05.1613) und Johann Roerhand (Jurist, * Braunschweig, † Braunschweig) verfasster Druck belegt, der außerhalb dieses Kreises der Schulkollegen zum selben Anlass entsteht (1586, VD 16 B 1818).[458]

Zur Heirat des Rektors Auctor Rennebock mit Magdalena Linde (...), der Witwe des Pastors Hermann Cartzius (...) in Denstorf im Jahr 1587 erscheinen ebenfalls *Schediasmata nuptialia ... scripta ab amicis* (VD 16 S 2441).[459]

Schediaſmata Nuptialia, ‖ HONESTO AC ‖ DOCTO IVVENI DNO. ‖ AVCTORI RENNEBOCIO RECTORI ‖ AEgidiano ſponſo, & honeſtiſs. ‖ fœminæ ‖ Magdalenæ Lindiæ, R. & docti viri Her-‖manni Cartzij piæ memoriæ Paſto-‖ris Denſtorffiani viduæ, ‖ ſponſæ, ‖ Scripta ‖ AB AMICIS. ‖ HELMSTADII ‖ Excudebat Iacobus Lucius Anno 1587.
Helmstedt: Jakob Lucius d. Ä. 1587. [6] Bl.; 4°
[Wolfenbüttel, HAB: *A: 56.2 Poet. (41)*]

---

458   Zu Bergs Wirken als Lehrer vgl. Dürre (1861), S. 65. Rittershausen wurde am 17. Februar 1580 an der Universität Helmstedt immatrikuliert. Dazu vgl. Zimmermann (1926), S. 25*a*72. Roerhand wurde am 17. Mai 1588 an der Universität Wittenberg immatrikuliert und wechselte am 1. April 1609 an die Universität Helmstedt. Dazu vgl. Förstemann/Hartwig (1894), S. 356*b*40 und Zimmermann (1926), S. 203*b*62.

459   Cartzius wurde am 11. April 1581 an der Universität Wittenberg immatrikuliert. Dazu vgl. Förstemann/Hartwig (1894), S. 296*b*2. Er ist nicht nachweisbar bei Seebaß/ Freist (1969), S. 72–73.

Das Titelblatt dieser Sammlung von Epithalamien aus der Druckerei des Jakob
Lucius d. Ä. hat eine schmale Holzschnittumrahmung, in der an der rechten Seite
unten dasselbe Element eines ein Füllhorn tragenden Putto abgebildet ist, wie es
auch der Einblattdruck anlässlich der Doktorpromotion des Matthäus Bexten aus
der Offizin des Jakob Lucius d. J. auf der linken Seite oben zeigt (1605, ohne
VD 17 = Privatbesitz).[460] Der bildliche Druckstock wurde somit in diesem Fall
fast zwei Jahrzehnte weiterverwendet und sogar vom Vater an den Sohn weitergegeben.
Die Sammlung wird von einem kurzen Gedicht aus zehn Versen in griechischer
Sprache eröffnet, dem ein *anonymus* mit den Initialen M. H. G. H. (...) als Motto *ΕΙΣ ΤΟΝ ΕΡΩΤΑ* voranstellt. Das zweite Gedicht umfasst elf elegische Distichen in griechischer Sprache, die Martin Baremius dem Brautpaar widmet. In
der voranstehenden Überschrift wird die Braut als *Oenopolae Brunsvigensis filia*
bezeichnet. Die 29 elegischen Distichen des dritten Epithalamions verfasst Mag.
Bartholomäus Sengebähr (Konrektor der Ägidienschule und später der Katharinenschule in Braunschweig, Rektor in Celle, Superintendent in Lichtenberg, danach
Generalsuperintendent in Alfeld, * Hildesheim 06.11.1563, † Alfeld 01.01.1623),
und die 52 iambischen Senare des vierten Gedichts Auctor Hustedt, der auf die
Verwitwung der Braut anspielt.[461] Das fünfte Hochzeitsgedicht aus zwölf alkäischen Strophen schreibt Christoph Hagius an das Brautpaar. Jakob Gosius ist der
Dichter des sechsten Epithalamions aus acht sapphischen Strophen. Er unterzeichnet wie alle anderen Beiträger zuvor auch sein Gedicht nur mit seinem Namen,
aber nicht mit seiner schulischen Funktion. Das abschließende siebte Gedicht ist
ad doctissimum Dn. Auctorem Renneboccium sponsum gerichtet und hat einen
Umfang von neun sapphischen Strophen, deren Verfasser Henning Schrader *Hildesheimensis* (Bürgermeister in Braunschweig, * Braunschweig 1560, † Braunschweig 11.05.1625) ist.[462] Vermutlich von der Hand des Martin Baremius, dem

---

[460]   Vgl. die Abbildung bei Bollmeyer (2009*a*), S. 43.

[461]   Zu Sengebähr vgl. die biographischen Daten bei Seebaß/Freist (1974), S. 298, Meyer
(1941), S. 11 und Dürre (1861), S. 67. Er wurde am 18. Mai 1582 an der Universität
Wittenberg immatrikuliert und wechselte am 11. April 1583 an die Universität Helmstedt, an der er am 10. September 1592 für Freden ordiniert wurde. Dazu vgl. Förste-
mann/Hartwig (1894), S. 306*b*14 sowie Zimmermann (1926), S. 39*b*88 und S. 101*a*6.

[462]   Die nicht erhaltene Grabplatte Schraders und seiner aus Einbeck stammenden Frau
Anna Raven aus St. Katharinen in Braunschweig ist bei Wehking (2001), S. 455, dort
Nr. 1008 verzeichnet. Seine Eltern waren demnach Heinrich Schrader und Margaretha
von Damm. Als Bürgermeister ist Schrader auch erwähnt auf einer Glocke von St. Katharinen in Braunschweig. Dazu vgl. Wehking (2001), S. 487–488, dort Nr. 1052. Er
wurde am 24. April 1584 an der Universität Helmstedt immatrikuliert und ebenda am

ersten Besitzer des gesamten Sammelbandes, ist im Exemplar der Herzog August Bibliothek in Wolfenbüttel die Bezeichnung *pastor* und eine nicht identifizierbare Ortsangabe ergänzt. Das Epithalamion des Henning Schrader erscheint nicht nur als letzter Text innerhalb dieses Sammeldruckes, sondern es wirkt auch aus zwei weiteren Gründen von der Gruppe der anderen Gedichte abgesetzt. So wendet er sich gemäß seiner Überschrift nicht an das Brautpaar oder die Braut, sondern explizit nur an den Bräutigam. Außerdem ist er kein Schulkollege der Braunschweiger Martinsschule und gewissermaßen Gastbeiträger innerhalb dieses Verfasserkreises.

Ebenso sind die Epithalamien zur Heirat des Bartholomäus Sengebähr mit Catharina Isernhuet (...) betitelt, die im selben Jahr erscheinen (VD 16 S 2442).

SCHEDIASMATA NVPTIALIA. ‖ IN HONOREM ‖ DOCTISS. VIRI DNI. M. ‖ BARTHOLOMAEI SENGEBERI ‖ fponfi, & lectiffimæ pudiciffimæq[ue] ‖ virginis CATHARINAE ISERN-‖HVET fponfæ. ‖ Scripta ab amicis. ‖ χρονολογικόν. ‖ Sengebero Vt nVpsIt Sponfo generofa VIrago ‖ SeptIMa feXtILIs ter fVIt orta DIes. ‖ HELMSTADII ‖ Excudebat Iacobus Lucius, Anno 1587.

Helmstedt: Jakob Lucius d. Ä. 1587. [6] Bl.; 4°
[Wolfenbüttel, HAB: *A: 56.2 Poet. (43)*]

Dem Titelblatt dieser Gedichtsammlung ist als genaues Heiratsdatum der 21. August 1587 zu entnehmen. Der Titel zeigt mit Ausnahme des unteren Blattrands einen identischen Bildschmuck wie die Sammlung von Epithalamien auf Johann Horn und Sophia Niland im selben Jahr (1587, VD 16 S 2445): Am oberen Rand sind sieben Cherubim abgebildet und an der linken Seite des Titelblatts von unten eine Blume, darüber eine Säule, auf der ein unbekleideter, aber abgewandter Mann steht, der eine Schale über seinem Kopf trägt. Rechts sind dementsprechend von unten eine andere Blume zu erkennen, darüber eine Säule, auf der eine unbekleidete, jedoch nicht abgewandte Frau steht, die ebenfalls eine Schale über ihrem Kopf trägt. Dieses Bildprogramm ist dem Anlass der folgenden Gedichte angemessen und aus Gen. 2,25 geschöpft.

Das erste Gedicht dieser Sammlung besteht aus dreizehn iambischen Trimeter in griechischer Sprache, die Auctor Rennebock schreibt. Anschließend folgen fünf elegische Distichen ebenfalls in griechischer Sprache, die der bereits genannte *anonymus* mit den Initialen H. E. dichtet. Das dritte Epithalamion im Umfang

---

2. Dezember 1593 für Hötze ordiniert. Dazu vgl. ZIMMERMANN (1926), S. 45*a*89 und S. 111*a*2.

von fünf elegischen Distichen verfasst Martin Baremius, und Mag. Carl Bumann ist der Dichter der vier elegischen Distichen des vierten Heiratsglückwunsches in griechischer Sprache. Das fünfte Gedicht umfasst fünfzehn elegische Distichen, die David Palladius als *Parthenopolitanus, scholae Martinianae Brunonis vici Cantor* unterzeichnet. Palladius stellt den Gegensatz von Freude über Heirat und möglichem künftigem Leid dar und postuliert dazu in v. 21: *mors nulli parcit.* Als sechstes Epithalamion stehen 59 phaläkeische Hendekasyllaben des Auctor Hustedt. Ludolph Meier (Kantor an der Ägidienschule in Braunschweig), der als *Bruns: Cantor Aegid.* unterzeichnet, dichtet als siebtes Gedicht eine mit *Psalmus CXXIIX* betitelte Paraphrase zu Ps. 128 aus elf sapphischen Strophen.[463] Die einleitende Strophe in v. 1–4 lautet:

Ille ter felix, quater ille felix
Dicitur, puro, bone SPONSE, corde,
Qui Deum sanctè veneratur omni
Tempore vitae.

Das achte Hochzeitsgedicht aus sieben elegischen Distichen schreibt Christoph Hagius. Er beschreibt in bildlicher Sprache die Vorzüge der Braut und bedient dabei einen τόπος der Epithalamiendichtung. Das neunte Gedicht ist als *Paraphrasis Psal. 128* betitelt und umfasst 21 daktylische Hexameter in griechischer Sprache, denen als zehnter Text eine Ἐυχὴ γαμικὴ aus fünf elegischen Distichen ebenfalls in griechischer Sprache folgt. Der Verfasser beider Gedichte ist Adolf Hagemann, der innerhalb der Gedichtsammlungen dieses Schulkollegiums häufig als Dichter griechischer Texte in Erscheinung tritt. Hinsichtlich der literarischen Rezeption ist festzuhalten, dass mit seinem Gedicht innerhalb dieser Sammlung bereits die zweite Psalmenparaphrase zum selben Text, nämlich zu Ps. 128, vorliegt. Hagemanns Versifikation beginnt in v. 1 folgendermaßen:

Τρὶς μάκαρ οὗτος ἀνὴρ καὶ τετράκις ὄλβιος οἷος,
...

Als elftes Epithalamion folgen elf elegische Distichen des Nikolaus Enholt und als zwölftes sechs elegische Distichen des Jakob Gosius. Diese Gedichtsamm-

---

463   Nach DÜRRE (1861), S. 74 trat Meier das Kantorat erst im Jahr 1588 an. Für Studenten dieses Namens sind zwei Immatrikulationen an der Universität Helmstedt nachweisbar. So wurde ein Student aus Braunschweig ohne genaue Tagesangabe Ende Juli 1582 und ein anderer aus Peine am 28. Februar 1587 immatrikuliert. Dazu vgl. ZIMMERMANN (1926), S. 38*b*163 und S. 63*b*64.

lung wird von den 24 phaläkeischen Hendekasyllaben des Henning Schrader beschlossen, dessen Verse ohne weitere Funktionsbezeichnung abgedruckt sind. In
Anlehnung an die beiden Paraphrasen zu Ps. 128 beginnt sein Gedicht in v. 1–2
wie folgt:

Felices ter & ò quater beatos,
Quos iungit probitas Fidesque Sancta.

Ohne anschließend selbst auf den Psalm einzugehen, scheint Schrader mit dem
Motiv von *ter ... quater* den Beginn der beiden vorangehenden Psalmparaphrasen
nachbilden zu wollen. Aus der Sicht der literarischen Rezeption ist dabei bemerkenswert, dass Schraders Verse im Plural verfasst sind und er somit beide Ehepartner als *felices* und *beati* benennt, während sowohl in Ps. 128 als auch in den
Paraphrasen Meiers und Hagemanns im selben Druck die positiven Eigenschaften
ausschließlich dem Bräutigam zugeschrieben werden. Danach wendet sich Schrader in direkter Rede zunächst an den Bräutigam, dann an die Braut. Es scheint
nicht auszuschließen, dass die drei Gedichte auch abgesehen vom eigentlichen
Anlass in einem gemeinsamen Entstehungszusammenhang zu sehen sind. Die bekräftigende Beschreibung des *ter ... quater* ist im biblischen Text von Ps. 128 nicht
angelegt und könnte entweder eine gemeinsam entworfene oder vielleicht auch
voneinander kopierte Idee der drei relevanten Beiträger sein.
Als der Pastor von Ölper Johann Horn (Lehrer in Braunschweig, dann Pastor)
ebenfalls im Jahr 1587 Sophia Niland (...), die Witwe des Bartold Luther (Rektor
der Ägidienschule in Braunschweig), heiratet, wird wiederum die Sammlung von
Hochzeitsgedichten auf dieselbe Weise bezeichnet (VD 16 S 2445).[464]

SCHEDIASMATA NV-‖PTIALIA ‖ REVERENDO ‖ AC DOCTISSIMO
DOMI-‖NO IOHANNI HORNEIO SPON-‖ſo, & honeſtiſſimæ fœminæ
SO-‖PHIAE NILANDIAE. R. & doctiſsi-‖mi viri Domini Bartoli Lutheri
Re-‖ctoris AEgidiani p. m. viduæ ‖ Sponſæ, ‖ Scripta ab ‖ AMICIS. ‖
HELMSTADII ‖ Excudebat Iacobus Lucius. Anno ‖ M. D. LXXXVII.
Helmstedt: Jakob Lucius d. Ä. 1587. [8] Bl.; 4°
[Wolfenbüttel, HAB: *A: 56.2 Poet. (40)*]

---

[464] Zu den biographischen Daten Horns vgl. Dürre (1861), S. 61–62. Er ist auch auf
einem Fenster in St. Ulrich aus dem Jahr 1578 in Braunschweig genannt. Dazu vgl.
Wehking (2001), S. 123, dort Nr. 566. Zu Bartold Luther vgl. seine Erwähnung als
Barthold Lüders bei Dürre (1861), S. 71.

Diese Sammlung von Hochzeitsgedichten schreiben die Angehörigen des Verfasserkreises an eine nicht zu ihrem Schulkollegium gehörenden Bräutigam. Es ist zu vermuten, dass die freundschaftliche Verbindung in diesem Fall eher über die Braut besteht, die gemäß dem Titel des Drucks in erster Ehe mit einem Braunschweiger Schulkollegen verheiratet war. Alle Beiträger unterzeichnen ihre Gedichte ohne ihre jeweilige schulische Funktion.

Das erste Epithalamion im Umfang von sechs elegischen Distichen schreibt Mag. Andreas Moller. Er lobt die Braut und merkt abschließend in v. 12 an, der Bräutigam möge sein *prudentis precium grande piumque morae* annehmen. Das zweite Gedicht aus 38 phaläkeischen Hendekasyllaben widmet Auctor Rennebock dem Brautpaar, und im Exemplar der Herzog August Bibliothek in Wolfenbüttel ist neben seinem Namen möglicherweise von der Hand des Martin Baremius, aus dessen Besitz der gesamte Sammelband mit der Signatur *A: 56.2 Poet.* stammt, angemerkt, dass Rennebock *pastor Magnaeus*, Pastor an St. Magni in Braunschweig, sei. Die achtzehn elegischen Distichen in griechischer Sprache des dritten Hochzeitsgedichts stammen von Martin Baremius. Das vierte Epithalamion hat einen Umfang von 21 elegischen Distichen, die Mag. Bartholomäus Sengebähr dichtet. Er bezeichnet den zuvor beruflich nicht näher benannten Bräutigam in v. 37 als *pastor*. David Palladius ist der Verfasser des fünften Epithalamions aus 35 elegischen Distichen, die er gemäß seiner Herkunft erneut als *Parthenopolitanus* unterzeichnet. Das sechste Gedicht umfasst 34 daktylische Hexameter und stammt von Auctor Hustedt. In v. 5 bezeichnet er die Braut als *thesaurus iugis* und beschreibt sie in diesem Bild im Folgenden in v. 6 als *nobilior gemma, rutilo preciosior auro*. Die Braut sei das *decus* ihres Mannes. Die vierzig daktylischen Hexameter des anschließenden siebten Hochzeitsgedichts sind ohne Verfasserangabe abgedruckt. Das achte Gedicht umfasst fünf elegische Distichen, in denen Christoph Hagius unter dem Titel Ἀντιστρέφοντα gegensätzliche Sichtweisen der Ehe wie *decus*, *scelus*, *virtus*, *labes*, *onus*, *honor* thematisiert. Das neunte Epithalamion besteht aus 49 daktylischen Hexametern in griechischer Sprache und ist von Adolf Hagemann verfasst. Das letzte Hochzeitsgedicht widmet Jakob Gosius dem Brautpaar. Es umfasst sechzehn elegische Distichen, in denen Gosius in v. 29–30 Gott als den Urheber der Ehe darstellt:

Ipse Deus tribuit vestris incendia flammis
Idem iam socio foedere corda ligat.

Auch wenn sich Gosius in seiner Formulierung auf die konkrete einzelne Heirat bezieht, ist anzunehmen, dass gemäß dem τόπος des christlichen Epithalamions die Vorstellung der ersten durch Gott gestifteten menschlichen Heirat nach Gen. 2,18–24 mitschwingt.

Zur Heirat des Advokaten der braunschweigisch-lüneburgischen Kurie und Braunschweiger Senators Conrad Haberland (...) im Jahr 1587 mit Catharina Büring (...), der Tochter des Braunschweiger Bürgermeisters Tilmann Büring (Bruchkämmerer, Ratsherr und Bürgermeister, * Braunschweig 1522, † Braunschweig 04.02.1596), die vermutlich auch eine Verwandte des Buchdruckers Daniel Büring ist, bezeichnen sich die Verfasser formaler und distanzierter als in den vorangegangenen Titeln als Kollegen der Martinsschule (VD 16 ZV 8561).[465] Dies dürfte darin begründet liegen, dass sie sich an eine angesehene Person Braunschweigs außerhalb ihres eigentlichen Kollegen- und Freundeskreises wenden.

> IN NVPTIAS ‖ SPECTABILIS ‖ ET ERVDITIONE AC ‖ VIRTVTE PRAESTANTIS ‖ viri Dn. Conradi Haberlandi iurati ‖ Aduocati ſupremæ Curiæ Iuliæ, & ſenatoris ‖ Reipubl. Brunſuicenſis di-‖gniſſimi: ‖ Et ‖ PVDICISSIMÆ VIR=‖GINIS CATHARINAE ‖ BVRINGIAE AMPLISSIMI ‖ & prudentiſſ. viri Dñ. Tilemani Buringij eiuſ-‖dem Reipub. conſulis honoratiſſi-‖mi filiæ. ‖ ΣΥΓΧΑΡΜΑΤΑ ‖ Collegarum Scholæ Martinianæ Brunſ-‖luicenſis. ‖ HELMSTADII ‖ Excudebat Iacobus Lucius. Anno ‖ M. D. LXXXVII
> Helmstedt: Jakob Lucius d. Ä. 1587. [10] Bl.; 4°
> [Berlin, SB: *Xc 582/1 (53)*]*

Der eigentlichen Sammlung von Epithalamien ist ein *In Haberlandos Epigramma* vorangestellt, das der Konrektor der Martinsschule Martin Baremius verfasst. Der Titel bezieht sich dabei mitnichten auf Conrad Haberland und seine Ehefrau, sondern ausschließlich auf ihn und seine Vorfahren. Das Gedicht besteht aus fünf elegischen Distichen, deren ersten drei jeweils mit *bella* eingeleitet werden und sich jeweils auf *avus*, *parens* und *nepos* beziehen. Der namentlich nicht genannte Großvater habe mit großmütiger Rede Auseinandersetzungen aufheben können.[466] Der ebenfalls namentlich nicht genannte Vater des Bräutigams habe *bella*, die zu verweigern waren, nicht betrieben, was ihm nicht weniger Lob eingebracht habe. Er selbst, der Sohn und Enkel, hebe derartige *bella* auf und hüte sich vor ihnen mittels seines *ingenium*, seines *calamus*, seiner *mores* und seines *eloquium*, allesamt löbliche Eigenschaften, die Baremius erwähnen will. Der Bräutigam sei somit seines Großvaters ebenso würdig wie seines Vaters. Er sei diesen beiden

---

[465] Die Familie Haberland erscheint später im Jahr 1643 namentlich auch auf einer im 2. Weltkrieg zerstörten Inschrift am Haus Gördelingerstraße 18 in Braunschweig. Dazu vgl. WEHKING (2001), S. 396–397, dort Nr. 922. Zu Büring vgl. WÖTZEL (2006).

[466] Zur wechselhaften innenpolitischen Lage in der Stadt Braunschweig im 16. Jahrhundert vgl. WEHKING (2001), S. XVI–XIX.

Epitaph für Tilmann Büring und seine drei Ehefrauen an der Nordwand in St. Martini in Braunschweig.

Das Epitaph wurde im Jahr 1597 aus weißem Marmor angefertigt und stammt aus der Werkstatt des Braunschweiger Bildhauers Jürgen Röttger. Zu sehen ist Gottvater mit dem Leib Christi auf dem Schoß. Darunter ist der Bürgermeister mit seinen drei Ehefrauen sowie seinen zehn Söhnen und fünf Töchtern abgebildet.*

(Foto: Matthias Bollmeyer, 13. Oktober 2009)

---

*   Vgl. WEHKING (2001), S. 209-210, dort Nr. 664 sowie FRIEDRICH (1995), S. 20 und die Online-Ressource unter http://www.martini-kirche.de/rundgang21.pdf (Stand: 20. Oktober 2009).

gleichwertig, wenn nicht sogar an vielen Punkten noch überlegen. In v. 9 formuliert Baremius zweimal mit *perge* als direkte Aufforderung an Conrad Haberland, er solle weiterhin dem Guten förderlich sein, dem Schlechten widerstehen und derartige, ihm gleiche Nachkommen zeugen. Conrad Haberland und seine Vorfahren haben in braunschweigisch-lüneburgischen Staatsdiensten somit nachhaltig zum Erhalt des Friedens beigetragen. Einer seiner Familienangehörigen ist der Ratsherr und Knochenhauer Cyriakus Haberland († Braunschweig 1585), der im Jahr 1567 das „Haus zur Hanse" in der Güldenstraße 7 in Braunschweig erbaute und auch später in einer Inschrift aus dem Jahr 1661 auf einem verlorenen Glasfenster von St. Michaelis in Braunschweig gemeinsam mit weiteren Verwandten namentlich genannt ist.[467]

Auf der folgenden Seite ist in der oberen Seitenhälfte in verändertem Satz nochmals der Titel der Gedichtsammlung abgedruckt, und es schließt sich auf der unteren Hälfte das zweite Glückwunschgedicht in vierzehn elegischen Distichen an, das Martin Hayneccius verfasst und als Magister und Rektor ohne Schul- oder Ortsangabe unterzeichnet. Er ist zu diesem Zeitpunkt bereits seit dem Jahr 1580 Rektor der Fürstenschule in Grimma in Sachsen und war zuvor unter anderem auch Lehrer in Braunschweig. In Anlehnung an Pred. 3,1 stellt er die das Gedicht dominierende Aussage, dass für jeden Menschen der Zeitpunkt des Todes und das zu ertragende Schicksal feststehe. Die Schicksalsentscheidungen seien dabei von wechselhafter Natur. Nicht ständig drohe Apoll mit Pfeil und Bogen, und nicht ständig spiele er gemäßigt und kunstvoll seine *lyra*. Aus diesem mythischen Bild spricht die Ambiguität der Situation, und das Anliegen des Hayneccius ist es, zu verdeutlichen, dass Glück und Leid unvorhersehbar sind und eng zusammenliegen. In v. 5–6 führt er weiter aus, es gebe bisweilen einen Grund zu weinen und zur anderen Zeit einen Grund zu lachen. Manche Stunde sei von *graveis planctus* bestimmt, manche hingegen von Reigentänzen. So habe das Schicksal den Conrad Haberland kürzlich gleichsam mit dem Schwert gefoltert, ihn, der die Zierde der Familie Haberland besessen habe. Libitina, die römische Göttin des Todes habe ihn kürzlich gemeinsam mit seiner *proles pia* niedergeschlagen. Diesen Andeutungen ist zu entnehmen, dass Haberland zuvor seine erste Ehefrau verloren haben muss. Jetzt aber erfolgten eine Beschränkung dieser Niederlage und ein Ende der Klage, da die verwundeten Herzen von heilender Hand zusammenfänden. Dem Bräutigam werde anstelle der geraubten Gattin eine seinem *genius* angemessene junge Frau gegeben. In v. 15–16 erfolgt dann erstmals der Perspektivwechsel hin zur Braut. Die Catharina Büring sein in Bezug auf *virtus*, *indoles* und *mores* eine

---

[467] Vgl. WEHKING (2001), S. 524–525, dort Nr. 1099. Sicherlich nicht identisch ist der gleichnamige Cyriakus Haberland, der am 23. Februar 1585 an der Universität Helmstedt immatrikuliert wurde. Dazu vgl. ZIMMERMANN (1926), S. 50b75.

passende und angemessene neue Frau für Conrad Haberland. Hayneccius formuliert daraus in v. 17 die folgende an den Witwer gerichtete Konsequenz: *Quam cupis ergo cape.* Er begehre sie, also solle er sie zur Frau nehmen. Schließlich müsse er auch die Trauer aus dem verwitweten Ehebett vertreiben. Die *pietas* möge die bisherige Schwere der Situation wieder erleichtern. Unter einem *festivum omen* sollen die häuslichen Laren, die sinnbildlich für den gesamten Haushalt eingesetzt sind, wieder aufgeheitert werden. Hayneccius schließt sein Epigramm in v. 25–28 mit seiner freudigen Erwartung an die Braut:

> *Ergo nova gaude domus Haberlandia matre:*
> *Accipe & in passos iam nova flabra sinus.*
> *Sit soboli Buringa charis; charis alma marito:*
> *Cumque erit, annoso non videatur anus.*

Catharina Büring werde die neue Familienmutter der Familie Haberland und möge sich für eine Nachkommenschaft wie auch für ihren Ehemann als χάρις erweisen. Möglicherweise mag im Wort *chăris* auch eine Anspielung auf das Wort *cāri*, die künftigen Kinder des Paares, verborgen sein.

Martin Baremius schreibt wiederum das dritte Gedicht in jeweils fünfzehn einander gegenüber gestellten griechischen und lateinischen Zeilen, die er als *Anacreontici Graecolatini* betitelt. Gemäß der dichterischen Konvention der Anakreontik verfasst er sein Gedicht in katalektischen ionischen Dimetern mit regelmäßig anapästischem erstem Versfuß.[468] In den ersten acht lateinischen Versen stellt er eingeleitet mit *aliquid* jeweils positive Aussagen dar, wobei das intendierte *aliquid bonum* nur aus den jeweils mit ἀγαθὸν beginnenden Versen des griechischen Paralleltextes erschlossen werden kann:

> *Aliquid nitere forma est:*
> *Aliquid valere belle:*
> *Aliquid potens opum vis:*
> *Aliquid superba vestis:*
> *Aliquid boni parentes:*
> *Aliquid bonique mores:*
> *Aliquid vigere mente:*
> *Aliquid vigere lingua:*
> *Melius sed ...*

---

[468]   Zum Versmaß vgl. HALPORN/OSTWALD (1994), S. 33.

Auch das Prädikat *est* erscheint nur in v. 1, während die nächsten Verse elliptisch sind. Ab v. 9 lässt Baremius von ihm als besser zu wertende Eigenschaften folgen, die er allesamt der Braut zuweist: *speciosa*, *plena succi*, *opulenta*, *pulcre amicta*, *generosa*, *virtuosa*, *sapiens*, *diserta*. Diese bereits umfängliche Auflistung bricht er ab:

> *Breviterque qualis ista*
> *Erit uxor Habrelandi* [sic!].

Ähnlich wie im vorherigen Gedicht des Martin Hayneccius wird auch von Baremius die Braut mit allen Vorzügen dargestellt. Besonders geschickt wird dieses Gedicht dadurch, dass der Verfasser keinen Kontrast von schlechten und guten Eigenschaften darstellt, sondern dadurch, dass er zunächst gute Eigenschaften beschreibt und anschließend die noch besseren Vorzüge der Catharina Büring ausführt. Sie erscheint somit nicht nur als gute Person, sondern vielmehr als besonders gute Ehefrau.

David Palladius ist Verfasser des vierten Epithalamions aus 34 elegischen Distichen, das er als *Parthenopolitanus*, aus Magdeburg stammend, unterzeichnet. Palladius stellt im ersten Distichon dar, dass traurige Ereignisse in freundlichen Phasen ebenso einträten wie sich Nacht und Tag abwechselten und ebenso fröhliche Ereignisse in traurigen Phasen des Lebens. Er führt weiter aus, dass *pietas*, *candor* und *amor* dem Menschen helfen würden, Frohsinn mit einem sich freuenden Menschen zu ertragen und Tränen mit einem weinenden Menschen zu vergießen. Diese Dichotomie von Freude und Trauer führt Palladius auch in den folgenden Versen in verschiedenen Variationen weiter aus. In v. 9–10 stellt er es als Aufgabe der Freunde dar, Freude und Leid miteinander zu ertragen, und aus eben diesem Grunde habe er selbst für Conrad Haberland seinerzeit *carmina tristia* verfasst, als dieser seine Ehefrau verloren hatte. Zum Anlass der neuen Eheschließung wolle er dem glücklichen Bräutigam jetzt entsprechend ein frohes Gedicht widmen:

> *Nunc idem laetus tibi dono Carmina laeta*
> *Gaudenti uxoris foedera ob arcta novae.*

Niemand könne sich diesem von *laetitia* geprägten Gedicht widersetzen. Im Folgenden kennzeichnet der Verfasser die Braut als *pudica* und als Frau von *virtus* und *pietatis amor*. Ebenso wie zuvor bereits Martin Baremius im allerersten Epigramm dieses Sammeldruckes wendet sich David Palladius auch der familiären Darstellung des Conrad Haberland zu. Johannes Haberland, der Großvater des Bräutigams, sei von vortrefflichem *ingenium* gewesen und habe Streitigkeiten der Bevölkerung beilegen können. Henning Haberland (...), der Vater des Bräutigams, sei ein ausgezeichneter Kriegsherr gewesen, der viermal aus einem gefährlichen Gefecht als *incolumis* habe zurückkehren können.[469] Diesen Erfolgen der Ahnen könne Conrad Haberland mit Bedacht nachfolgen, weshalb ihn Palladius in v. 34 als *patriae fama, decusque tribus* bezeichnet. Er habe die *Labyrinthiaci ... volumina iuris* mit Eifer und Beredsamkeit während seines Studiums bewältigt und erweise sich im Gefolge der Musen als *iustitiae ... tenax*. Er wisse sehr wohl, dass die Frau ein Teil des Körpers und des Herzen eines Mannes sei. In v. 45–46 wiederholt der Verfasser kehrversartig die v. 17–18, in denen er erneut die *laetitia* seines Anlasses betont und begründet. Daran schließt er die direkte Aufforderung an Haberland an, er möge seine Klagen ablegen und stattdessen für sich selbst auch die *laetitia* annehmen. Schließlich sei seine neue Ehefrau ein *divinum munus*, die Gott ebenso wie ihren Ehemann zu lieben wisse. Sie habe vor Jahren mit der Milch die *sacrata ... fides* aufgenommen und brenne fortwährend vom *virtutis amor*. In v. 55–56 ersinnt Palladius bezüglich der erneuten Eheschließung folgendes Bild:

Non gaudet deses patulis haerere fenestris
Prospectans, rigidas stare nec ante fores.

Er zeichnet folglich ein Bild des Witwers, der sich vom Leben außerhalb seines Hauses ausschließt und stattdessen nur durch das Fenster mit dem Leben außerhalb verbunden ist. Es sei verständlich, dass der Witwer jetzt wieder vor die Tür treten und selbst am Leben teilhaben wolle. Er habe sich zunächst wie eine Schnecke allein in seinem Haus verborgen und erst dann wieder das Treiben anderer Frauen wahrgenommen. Der *verecundus virgineusque pudor* sei ihm jetzt ein angemessener Schmuck, womit auf die neue Ehe des Widmungsempfängers angespielt wird. Palladius schließt sein Gedicht mit folgendem Distichon:

Quando maritus enim recte imperat, uxor obedit,
Coniugio nihil hoc dulcius esse potest.

Der zunächst befremdliche Kontrast vom *imperare* des Mannes und vom *oboedire* der Frau ist dabei sicherlich nicht als einfaches Verhältnis von Befehl und Gehorsam gedacht. Vielmehr muss das bedingende *recte* beachtet werden, das erst die Aussage des letzten Verses, nichts sei lieblicher als eine solche Ehe, ermöglicht.

---

[469]   Henning Haberland ist als Bürgermeister von Braunschweig namentlich auf der Glocke „Adler" von St. Martini in Braunschweig genannt. Dazu vgl. WEHKING (2001), S. 301–302, dort Nr. 783. Sicherlich nicht identisch ist der gleichnamige Henning Haberland, der am 20. Juni 1594 an der Universität Helmstedt immatrikuliert wurde. Vgl. ZIMMERMANN (1926), S. 112*b*53.

Das fünfte, als *Oda nuptialis* betitelte Gedicht nach horazischem Vorbild im Umfang von 47 Distichen aus jeweils einem Glykoneus und einem kleineren Asklepiadeus dichtet der Lehrer Auctor Hustedt, der zu diesem Zeitpunkt noch keine schulische Führungsposition innehat. Er beginnt sein Epithalamion mit der Frage, ob jemand das *coniugium ... inceptum* neidisch missbilligen würde, ergänzt dann jedoch selbst die Antwort, er wundere sich, wenn jemand so schlecht wäre, dass ihm dies, was allen Menschen gefalle, nicht gefalle. Schließlich stamme der Bräutigam aus einer sehr guten Familie, und auch die Braut sei von ausgezeichneter und guter Herkunft. Beide Brautleute seien in gegenseitiger Liebe entbrannt. An Conrad Haberland richtet sich der Verfasser ab v. 9 und fragt, wer denn nicht noch seinen Großvater lobe, der sich auch als alter Mann noch um das *consilium* der Stadt gekümmert habe, und wer sich nicht mehr an diesen Mann von *virtus* und *mores* erinnere: *Scit Brunsviga, scit Oecarus.* Durch die Nennung der Stadt Braunschweig und des durch sie fließenden Flusses Oker gibt Hustedt gleichsam eine geographische Beschreibung des Wirkungsraumes der Familie des Widmungsempfängers. Der lobende Rückgriff auf die männlichen Vorfahren des Bräutigams erinnert zudem an die antike Definition der *maiores*, die besonders in der Epoche der römischen Republik als *exempla* des Tüchtigen und Guten galten. Der namentlich nicht genannte Großvater habe auch die *fatua ... plebs* beruhigen können, wenn es eine heftige Zwietracht gegeben habe, indem er *omnis ... turba* mit seinen guten Ratschlägen habe aufheben können. Trotzdem habe er es in derartigen Situationen auch nie gefürchtet, für seine Heimatstadt umzukommen. Die Formulierung *pro patria non timidus mori* ist dabei aus Hor. *carm.* 3,2,13 zitiert. Ab v. 25 wendet Hustedt seine rühmende Beschreibung dem Vater des Bräutigams zu. Mit dessen Großvater als Vater sei der *satus* des Henning Haberland aufgegangen, der vorzüglich in Bezug auf *ingenium* und *robur* gewesen sei. Er habe dem *durum ... Martis opus* gedient und feindliche Heere vertrieben, was ihm ein ewiges Lob eingebracht habe. Diese Anmerkung bezieht sich vermutlich auf die Mitwirkung gegen die Bedrohung durch die Osmanen. Dazu merkt Hustedt ab v. 31 an, dass der Vater Henning Haberland sich auch den *truces ... Turcae* entgegengestellt habe, die in den Landstrich Pannonien im heutigen Österreich eingedrungen seien. Er könne weitere tapfere Taten dessen aus der Heimat oder aus dem Kriegsdienst schildern, wofür er einen gewissen Zeitraum brauche und was seiner *imbellis ... lyra* nicht gebührlich sei. Als der Vater des Bräutigams kraftlos und nicht mehr kriegstauglich war, habe er der Stadt noch lange mit seinen Ratschlägen geholfen, und als er gestorben sei, hätten alle Bürger um ihn geweint. Die in v. 39–40 geschilderte Situation, er sei *fessus ... nec iam ad bella ... utilis* unterstreicht das Bild des alten Mannes, der zwar körperlich nicht mehr einsatzfähig ist, aber dennoch durch seine anschließend genannten Geistesgaben zum Gemeinwohl beiträgt. Nach diesem Exkurs zum Leben und Wirken des Großvaters und des Vaters kehrt

Hustedt ab v. 44 mit einer nochmaligen lobenden Anmerkung wieder zur Anrede des Bräutigams zurück:

> *Hic te sponse tuae progenuit pater*
> *Excellens patriae decus,*
> *Dignum & multa virum vivere saecula.*

Dieser habe sich die Tochter des Bürgermeisters Tilmann Büring als Braut ausgesucht, der ein *praeses placidus* sei und die öffentlichen Angelegenheiten seinen persönlichen Vorteile vorziehe, damit das städtische Gemeinwesen bei Einhaltung der Gesetze blühe.[470] Die lobende Anmerkung zur Familie der Braut erstreckt sich nur über sechs Verse und bezieht sich ausschließlich auf die Qualitäten des Brautvaters, nicht auf die der Braut oder weiterer Vorfahren. Aus der umfangreichen Erwähnung der Familie Haberland sowie der knappen Erwähnung der Familie Büring erwächst in v. 53–56 die Schlussfolgerung, die beiden Neuverheirateten stünden unter einem *omen prosperum* und gingen eine glückliche Beziehung ein:

> *His orti thalamos duo*
> *Iam scandunt socios omine prospero.*
> *O felix ter & amplius,*
> *Quae vos consociat copula coniuges!*

Beide sollten mit *casta ... virtus* leben und auch weitere positive Merkmale, die Hustedt ab v. 57 aufzählt, fortwährend im Leben und im Sterben zeigen. Als Eigenschaften der Braut nennt er dem Bräutigam dabei unter anderem den Wunsch, sie sei *pulcella, rosea, pia, splendens, praeclaris ... animi bonis ornata* und *cupida ... tecum amplectere suaviter*. Außerdem begehre sie den Bräutigam als einzigen und liebe ihn als einzigen. Die Braut wird im Folgenden als glücklicher als andere junge Frauen geschildert, die ihre nachfolgend genannten *gaudia* annehmen solle. Sie erhalte einen Ehemann von *integri ... virtus animi, candor* und *veneranda ... legum ... scientia*. Nach der Darstellung der persönlichen positiven Eigenschaften des Conrad Haberland und der Catharina Büring wiederholt Hustedt in v. 77–78 kehrversartig die bereits in v. 55–56 genannte glückliche Fügung dieser Beziehung und beschließt jeweils den Abschnitt bezüglich der familiären Ahnen beziehungsweise der Eigenschaften beider Brautleute. Im anschließenden Abschnitt werden in v. 79 und v. 81 jeweils mit *quicquid* mögliche Szenarien der Ehe eingeleitet, die der Verfasser allesamt als von Gott gegeben für das Paar wünscht und gutheißt. So bittet er für das Paar um *pax* bei Tisch und *fides toro*.

---

[470]   Zur Friedensperiode in Braunschweig vgl. WEHKING (2001), S. XVIII–XIX.

So könne für beide alles glücklich verlaufen, und so könne beiden eine fröhliche Kinderschar entstehen. In den letzten Versen bittet Hustedt, Christus möge dieses Ehegelübde segnen. Seine Hand möge dem Brautpaar *largiter* alles gewähren, was auch immer sie wünschten. Der Schwerpunkt der *Oda* Hustedts liegt deutlich im Bereich des Lobs der Vorfahren und in der Anmerkung, dass diese familiäre Herkunft für das Brautpaar eine wesentliche positive Basis darstellt. Im Gegensatz zu den zuvor abgedruckten Glückwunschgedichten, geht Hustedt nicht auf die vorherige Verwitwung Haberlands ein. Der Verfasser bedient ebenso keine typischen τόποι des griechischen und römischen Epithalamions, so wie beispielsweise das Mitwirken der Venus, des Amor, der Musen oder des Gottes Hymen möglich wäre. Auch verwendet er keine in anderen Gedichten durchaus anzutreffenden Klischees der Liebe oder der derben Erotik ausführlich, sondern verbleibt mit seiner Schilderung weitgehend auf der Ebene von *cupere* und *amare*. Die bereits zum Titel des gesamten Gelegenheitsdruckes angemerkte Distanz zwischen dem Kreis der Verfasser und den Widmungsempfängern scheint sich beispielsweise an diesem Punkt zu zeigen.

Der Lehrer Christoph Hagius verfasst als sechstes Epithalamion ein Epigramm aus 37 elegischen Distichen. Er bringt im ersten Distichon an den als *magne vir* apostrophierten Bräutigam seine Hoffnung zum Ausdruck, dass das folgende Gedicht eine *fama decoris* seiner Familie sei und antwortet anschließend sofort selbst im zweiten Distichon, dass durch ein Glückwunschgedicht anlässlich des Hochzeitsfestes jedermann erfreut werde. Dabei setzt Hagius das Substantiv *taeda* als ein Element der antiken Hochzeitsfeier stellvertretend für das gesamte Fest ein. Haberland wolle sich in aufrichtiger Liebe mit einer Frau verbinden, um die *socialia foedera* seines durch die zuvor erfolgte Verwitwung vereinsamten Bettes zu erneuern. Diese Braut habe der *consul venerandus* der Stadt Braunschweig, der zudem *consilijs praestans* und *eloquio ... gravis* sei, hervorgebracht, und unter ihm erfreue sich die Stadt und blühe unter seinem klugen Wirken. Zudem sei die Braut Catharina Büring eine schöne Frau, deren Augen mit den Sonnenstrahlen des Sonnengottes Phoebus um die Wette leuchteten. Sie habe rote, von Milchtropfen benetzte Wangen und sei insgesamt von Schönheit. Die als eine ihrer *virtutes* explizit genannte *pietas* preise sie, und sie übertreffe die übrigen jungen Frauen bei weitem mit ihrer *virtus*, so dass sie als *splendida ... fama decusque* des *virgineus grex* gelte. Mit einer solchen Ehefrau könne sich der Bräutigam im Vergleich zu anderen Männern dauerhaft glücklich schätzen. Der dabei in v. 23 erscheinende Ausruf *o fortunatum ...* erinnert an Verg. *georg.* 2,458. Seine neue Ehefrau werde sein *cor ... triste* mit lieblichen Worten erfrischen und ihm tausend Scherze und tausend Küsse geben. In den *oscula mille* klingt Catull. *c.* 5,7 als τόπος an. Ihre Küsse würden mehr vermögen als der Reichtum des sagenhaften Königs Krösus und als nach Plin. *nat.* 4,115 der Fluss Tajo an Gold in seinem Flusssand berge.

Mit *siste igitur* in v. 29 leitet Hagius seine Folgerung ein. Haberland solle von seiner Trauer ablassen und sein Gesicht fröhlich wieder emporheben. Anschließend führt er dazu in v. 30 für den modernen Leser befremdlich aus:

> *Quod Libitina tulit, iam tibi reddit Hymen.*

Durch die zweite Heirat erhalte Haberland somit das zurück, was ihm die Leichengöttin Libitina genommen habe. Auch die Braut könne sich über ihren zukünftigen Ehemann freuen, den sie von Gott mit *legitimus ... amor* erhalte. Dazu werden nochmals die hervorragende Abstammung und der berühmt Familienname betont. Der *Haberlandus* habe die unglaublich aufgebrachte Bevölkerung besänftigt und die Zwietracht geschlichtet, wozu sein *vigor ingenij* und seine *bellica virtus* beigetragen hätten. Anschließend schildert Hagius den Werdegang des Conrad Haberland bis zu den *senatoris munia sancta* und seinen damit verbundenen Erfolgen. Diese Schilderung des familiären Wirkens für die Stadt Braunschweig erinnert in besonderem Maße an die entsprechende Schilderung im zuvor abgedruckten Epithalamion des Auctor Hustedt. Außerdem beschreibt der Verfasser die Tätigkeit Haberlands in Braunschweig weiter und erwähnt, dass dieser die Gesetze in löblicher Art gelehrt und mit annehmlicher Beredsamkeit agiert habe. Abschließend schreibt Hagius in v. 61–62, dass die Braut glücklich sei über einen derartigen Ehemann. Gott selbst segne sie mit einer solchen Gabe. In v. 65 beginnt mit *quod superest ...* die restliche Aufzählung der an das Brautpaar gerichteten Wünsche. Man möge zur Heirat Psalmen singen, und das Brautpaar möge ohne Streit und Klage gemeinsam leben. Hingegen sollten *amor, requies, patientia, vita, voluptas* und *fides* immer bei ihnen sein. Schließlich solle Gott die beiden Eheleute im ergrauten Alter in sein himmlisches Reich aufnehmen. Das letzte Distichon bringt den abschließenden Wunsch des Verfassers für eine derartige Ehe zum Ausdruck und ist als Chronogramm mit der Jahreszahl 1587 bezüglich des Datums der Heirat gestaltet.

Von Nikolaus Enholt, ebenfalls Lehrer in Braunschweig, stammt das siebte Gedicht der Sammlung. Er schreibt ein Epigramm aus 25 elegischen Distichen, das mit der Feststellung beginnt, es sei der christliche Gott, der den menschlichen Seelen das Feuer einsetze, in dem zwei Körper in gegenseitiger Liebe brennten. Begründend fügt Enholt an, es sei jener Gott, der alles mit seinem heiligen Wort halte, alles lenke und allen Wesen zugeneigt sei. Diese Begründung dient nicht der eigentlichen Erklärung, sondern vielmehr dem Lob Gottes, der von einer *mens casta* angerufen werden wolle und sich an einem *castus ... amor* freue. Deshalb habe er die Ehe von Mann und Frau eingesetzt, die nach Gen. 2,24 als Eines leben sollen und deren gemeinsames Leben Gott schützen und mit einer *felix prosperitas* segnen wolle. Er glaube nicht, dass es nötig sei, dies in vielen Worten auszubreiten, da doch die *scripta sacrata* diese Thematik zu Genüge billigten. Somit solle der Bräutigam diese Anweisungen Gottes in sich aufnehmen. Im Gegenzug solle seine Ehefrau *apposite* sein Haus führen. In v. 21–22 bekräftigt Enholt, dass dies durch das *sacrum ... munus*, die *fata* und Gott geschehen werde:

> *Non reor id fieri sacro sine munere Divum,*
> *Sed statuo, quod te fata Deusque regant.*

An einem fröhlichen Tag und unter einem günstigen Stern werde dem Mann somit eine ziemliche Frau gegeben, die von einem *prudens ... parens* und einem *nomen clarum* abstamme. Enholt bezieht sich somit wie die Verfasser der vorangehenden Gedichte auf die familiäre Abstammung der Braut vom Braunschweiger Bürgermeister Tilmann Büring, den er als Mann von *pietas* und *ars* kennzeichnet, der die Stadt mit seinem großen Geschick lenke. Das Ansehen der Braut bemisst sich folglich zu einem großen Teil aus dem Wirken ihres Vaters, wenngleich Enholt ab v. 29 auch das äußere Erscheinungsbild der Catharina Büring selbst als positiv beschreibt und dazu mit *at* einsetzt. Sie sei hübsch und trete anmutig auf, sei züchtig, anständig und solle den Mann erfreuen, den ihr die *pia numina* gewährten und dessen Name in der Brunostadt – benannt ist die Stadt Braunschweig an dieser Stelle nach dem vorwelfischen Herrschergeschlecht der Brunonen – in Blüte stehe.[471] Die *virtus* und das *ingenium* seines Vaters brächten ihn in eine hohe Stellung, und er selbst verfüge auch über *virtus* und *pietas*; dazu habe außerdem er zwei Sprachen erlernt. Auch studiere er fortwährend die Gesetzestexte und beschäftige sich Tag und Nacht mit ihnen. In v. 43 leitet Enholt *quod superest* den Abschluss seines Gedichts ein und nennt die göttliche Gunst als für das Brautpaar noch wünschenswert. Er möge den in direkter Rede angerufenen Brautleuten die *munera pacis* geben und sie wie *turtures* miteinander umgehen lassen. Enholt wünscht ferner im letzten Distichon die spätere Aufnahme beider *ad superae gaudia laeta domus*, bittet abschließend entgegen der Konvention des Epithalamions allerdings nicht um eine Nachkommenschaft des Paares.

Das achte Gedicht ist ein ohne Verfasserangabe abgedrucktes griechisches Gedicht in daktylischen Hexametern, auf das als neuntes Glückwunschgedicht ein *Votum Connubiale* des Adolf Hagemann aus drei elegischen Distichen folgt. Es beginnt mit der hymnischen Anrede *alme Deus* und stellt anschließend die Eigenschaften Gottes dar. Er werde nicht von Ende und Anfang eingegrenzt und unter seinem *auspicium* sei erstmals eine Frau einem Mann verbunden worden. Hagemann stellt in der ersten Aussage die Unendlichkeit Gottes dar und bezieht

---

[471]   Zum sächsischen Geschlecht der Brunonen vgl. FREYTAG (1955).

sich in der zweiten Aussage auf Gen. 2,23–24.[472] Damit die Menschheit noch über lange Jahre überleben könne, wolle er dem *aeternus deus* Lieder singen und auf der Harfe begleiten. Dabei ist Hagemanns Vorstellung vom biblischen Psalmengesang beeinflusst. Er bittet abschließend für das Brautpaar um die *coelica gratia*, damit beider Ehe nicht auf günstige Bedingungen verzichten müsse. Hagemanns kurzes Epigramm trägt in seiner Gesamtheit die Züge einer Fürbitte oder eines Gebets.

Der Lehrer Jakob Gosius verfasst das zehnte und letzte Epithalamion der Gedichtsammlung als Epigramm aus siebzehn elegischen Distichen. Es beginnt mit einer positiven bildhaften Beschreibung, die sich auf die Eigenschaften eines guten Mannes bezieht. Der sei gemeinhin ein *flos* mit *pulchri mores* und könne durch mehrere löbliche Beschreibungen bezeichnet werden: Er glänze wie ein Edelstein, er urteile als *felix* nach den Gesetzen, er hinterlasse seine *mores* und werde von der Liebe begleitet. Auch sei er glücklicher als die übrigen Menschen, weil er positive Schicksalsaufgaben habe. Ab v. 11 wendet sich Gosius eingeleitet mit *at* direkt dem Widmungsempfänger zu und hebt hervor, dass dieser der allerglücklichste aus der Gruppe der zuvor beschriebenen Männer sei, denen Gott derartige Gaben gegeben habe, denn er übertreffe die anderen noch durch die *laus ... avita* seiner Familie. Auch Gosius bezieht sich somit auf die hervorragende Abstammung des Conrad Haberland aus einer wichtigen Braunschweiger Familie. Die *virtus generosa* des Großvaters habe die negative Zwietracht in Braunschweig geschlichtet. Dabei ist auffällig, dass die Person des Großvaters hinter die *virtus* zurücktritt und diese gleichsam *pars pro toto* steht. Auch wirkt das Prädikat *extinxit* in v. 16 sehr stark, da es das Bild der Zwietracht als Feuersbrunst impliziert, die gelöscht wird. Im zehnten Distichon geht der Verfasser kurz auf die militärische Leistung des Vaters des Bräutigams für Braunschweig ein, um danach den Bräutigam selbst zu loben. Die Wendung seines Gedankengangs hebt er durch das adversative *sed* deutlich hervor:

> *Sed tibi maior honos, maior tibi gloria surget,*
> *Consilijs patriam si tueare tuis.*

Er sei durch noch größere Ehre und noch größeren Ruhm als seine Vorfahren gekennzeichnet, wenn er seine Heimatstadt durch seine Ratschläge absichere. Den Glanz seines Hauses solle er jetzt noch vergrößern, indem er seine *sponsa novella* als *magnum ... decus* hinzuhole. Es ist bezeichnend, dass in diesem Kon-

---

[472]   Zum Verständnis der Unendlichkeit Gottes vgl. Tillich (1987), S. 290: „Gott ist unendlich, weil er das Endliche (und damit das Element des Nichtseins, das zur Endlichkeit gehört) in sich mit seiner Unendlichkeit vereinigt."

text die tatsächliche Beziehung beider Brautleute zueinander keine Erwähnung findet und der Begriff des *amor*, der in v. 8 bereits als einem derartigen Mann vom Schicksal oder Gott entgegengebrachte Liebe genannt war, nicht erscheint. Vielmehr wird die Braut ab v. 25 als Person von *rara forma* bezeichnet, der weder ihre Familie noch ihre *pietas* ihre Gaben verweigerten, so dass sie von *casti ... mores* geschmückt sei. Nach v. 28 ist der inhaltliche Umbruch auch durch einen größeren Abstand im Satz des Gedichtes und durch *ergo* auch sprachlich als konklusiv kenntlich gemacht. Braunschweig möge dem Bräutigam Conrad Haberland zur Heirat die Ehre erweisen, die dieses Bündnis erfordere, damit niemand glauben könne, dass *nostra Thalia* ihre *officia* übergangen habe. Die Erwähnung der Muse der elegischen Dichtkunst steht am Ende dieses Epithalamions gleichsam als Ersatz eines anfangs nicht getätigten Musenanrufs und wirkt als abschließende bekräftigende Instanz der Verse des Jakob Gosius. Sie wünsche ein *auspicium ... felix*, ein *felicius ... medium* und ein *finis ... bonus* beider Partner. Der abschließend an das Brautpaar gerichtete Segenswunsch für ein glückliches gemeinsames Leben und die spätere Aufnahme in das Reich Gottes entsprechen dem τόπος des christlich geprägten Hochzeitsgedichtes. Nicht thematisiert wird von Gosius hingegen der Kinderwunsch.

Da bereits die Betitelung dieses Gelegenheitsdrucks wie erwähnt eine gewisse Distanz zwischen den gratulierenden Dichtern und den Widmungsempfängern zeigt, ist es ebenfalls auffällig, dass sich nur die Verfasser der ersten Gedichte mit persönlichen Aspekten des Lebens der Widmungsempfänger auseinandersetzen und beispielsweise die Verwitwung Haberlands, seine dadurch bedingte Trauer oder auch die Frage der Nachkommenschaft in seiner zweiten Ehe thematisieren. Da in dieser Sammlung nicht die Schulkollegen füreinander, sondern für einen externen Patrizier der Stadt Braunschweig schreiben, ist nachvollziehbar, dass sich besonders die Haberlands gesellschaftlicher Stellung am ehesten gleichkommenden schulischen Amtsträger Martin Baremius, Martin Hayneccius und David Palladius auch den privaten Themen zuwenden, die weiteren Mitglieder des Lehrkörpers hingegen eher die Aspekte von gesellschaftlicher Anerkennung und öffentlicher Wertschätzung bedienen.

Auch ein Jahr später zur Heirat des Nikolaus Enholt und der Witwe Elisa Plass (...) im Jahr 1588 wird die formale Bezeichnung der Verfasser gewählt (VD 16 S 2444).

SCHEDIASMATA NV-‖PTIALIA ‖ NICOLAO EN=‖HOLDIO ET ELI-SAE ‖ PLASSIAE VIDVAE, ‖ Sponſis ‖ Scripta ‖ A Collegis Scholæ Martinianæ Brun-‖ſuicenſis. ‖ HELMSTADII ‖ Excudebat Iacobus Lucius. Anno 1588.
Helmstedt: Jakob Lucius d. Ä. 1588. [6] Bl.; 4°
[Wolfenbüttel, HAB: *A: 56.2 Poet. (39)*]

Dieser Druck zeigt auf dem Titelblatt eine aufwändige Holzschnittumrahmung aus allegorischen Figuren und floralen Dekoren. Das erste Gedicht besteht aus zwölf elegischen Distichen in griechischer Sprache und ist anonym abgedruckt. Das zweite ist ebenfalls in griechischer Sprache abgefasst und hat ebenfalls einen Umfang von zwölf elegischen Distichen, die Martin Baremius als *Conrector* unterzeichnet. Der Dichter des dritten Epithalamions aus dreizehn elegischen Distichen ist David Palladius, der gemäß seiner Herkunft und seiner schulischen Stellung als *Parthenopolitanus Cantor* unterzeichnet. Palladius lobt die Vorzüge der Braut und hebt ihre Schönheit hervor. Die 41 iambischen Dimeter des vierten Hochzeitsgedichts widmet Auctor Hustedt in der Funktion des *Subconrector* dem Brautpaar. Sein Gedicht zeigt die Züge eines Hochzeitslieds. Das fünfte Gedicht aus siebzehn Verspaaren in Epodenform aus daktylischem Hexameter und iambischem Dimeter stammt von Christoph Hagius, und das sechste im Umfang von zwölf elegischen Distichen von Jakob Gosius. Adolf Hagemann ist der Dichter des siebten Epithalamions, das aus siebzehn elegischen Distichen in griechischer Sprache besteht. Die letzten drei Lehrer unterzeichnen ihre Gedichte nur mit ihren Namen und ohne Funktionsbezeichnung. Die Reihenfolge, in der die Epithalamien dieser Sammlung abgedruckt sind, spiegelt die schulische Hierarchie wider. Ebenfalls zur Heirat des Lehrers Hermann Hubert (Konrektor und Rektor an der Ägidienschule in Braunschweig) mit der Anna Schwarzkopf (...) an einem nicht ermittelbaren Tag im April 1589 entstehen Epithalamien unter der Verfasserschaft der Schulkollegen (VD 16 N 2102).[473]

NVPTIIS ‖ HERMANNI HVBERTI ‖ ET ANNAE SCHVVARTS‖KOPF, GRATVLANTVR ‖ SCHOLARVM BRVNSVI-‖CENSIVM COL-‖ LEGAE. ‖ BRVNOPOLI. ‖ ANNO ‖ M. D. LXXXIX. ‖ IMPRIMEBAT DANIEL PYRIN=‖gius Brunopolitanus, P. & F. S.
Braunschweig: Daniel Büring 1589. [6] Bl.; 4°
[Braunschweig, StB: *C 85 (10) 4°*]*

Auf dem Titelblatt des Druckes ist zwischen dem eigentlichen Titel und dem Erscheinungsvermerk des Daniel Büring ein kreisrunder Holzschnitt angebracht, der die hochzeitliche Verbindung von Mann und Frau durch den in der Mitte unter einem Strahlennimbus sitzenden Gott zeigt und an Gen. 1,27–28 und Gen. 2,18

---

[473]   Zu den biographischen Daten des Hermann Hubert vgl. DÜRRE (1861), S. 72–73. Er wurde demnach aus dem Amt entlassen, weil er sich weigerte, die Konkordienformel zu unterschreiben. Hubert ist selbst auch als Verfasser des in Wittenberg gedruckten *Triumphus Christi* (1587, ohne VD 16 = Wolfenbüttel, HAB: *M: Ad 80 (38)*) belegt, aber weiter nicht nachweisbar.

angelehnt ist. Der gleiche Holzschnitt ist an selber Stelle auch in Bürings Druck der Glückwunschgedichte zur Heirat des Pastors von Eddesse-Dedenhausen Anton Bolmeier und der Dorothea Utermarch aus Uetze am 4. Mai 1596 (ohne VD 16 = Hannover, GWLB: *Cm 157 (23)*) enthalten. Eben dieser Holzschnitt ist über ein Jahrzehnt später ebenfalls in Braunschweig in der Offizin des Andreas Duncker d. Ä. belegt (1611, VD 17 23:319921A). Dies zeigt deutlich, wie die dem Drucker zur Verfügung stehenden Materialien und Mittel dem Zweck passend für Gelegenheitsschriften mehrfach verwendet wurden, und unterstreicht den Gebrauchscharakter des Druckerzeugnisses. Der Druck enthält kurze Gedichte von insgesamt zwölf Beiträgern aus dem schulischen Milieu der Stadt Braunschweig.

Das erste Epithalamion ist ein Epigramm aus sechs elegischen Distichen, das der Humanist Nikodemus Frischlin in seiner Funktion als Rektor der Martinsschule in Braunschweig verfasst. Er beginnt seine Ausführungen mit dem Hinweis, nichts sei *dulcius* als das gemeinsame Leben von Mann und Frau, da ja die Frau *dimidium ... viri* sei, was der Schöpfungsvorstellung von Gen. 2,21–24 entnommen ist. Mit dem Pronomen *illa* in dieser Aussage korrespondieren im Folgenden in v. 3–4 mehrere mit *haec* eingeleitete positive Aussagen bezüglich der Bedeutung der Frau in der partnerschaftlichen Beziehung: sie sei *secretorum comes*, *pars optima vitae*, *humani fons* und *origo boni*. Hingegen sei nichts *tristius* als eine trügerische Ehefrau, denn die entziehe ihrem Mann die Hälfte seines Körpers und seiner Seele. Im Folgenden werden in v. 7–8 wiederum mit *haec* weitere negative Aussagen bezüglich einer derartigen Frau ausgeführt: sie sei *aerumnarum ... auctrix*, *pessima vitae / pars* und *fons & origo mali*. Hermann Hubert erhalte eine *mellita ... uxor*, die seinem Wesen angemessen und auch *studiosa* sei. Er könne jetzt ganz und gar ein *beatus* sein, denn alle Bitterkeit sei verflogen und das ganze Haus süß wie Honig.

Auctor Rennebock, der Rektor der Ägidienschule in Braunschweig, verfasst das zweite Epithalamion aus elf elegischen Distichen. Er weist in den ersten beiden Versen auf den Zeitpunkt der Hochzeit hin, nennt jedoch kein konkretes Datum. Das *ver laetum* nähere sich, für den Bräutigam sei das Anlass zu besonderer Freude, denn gleichzeitig nähere sich auch die oftmals erwartete Stunde des Eheversprechens. Das Vorzeichen des Frühlings, gleichsam des Lebensfrühlings der beiden Brautleute, komme und auch die nur in der an anderer Stelle bereits erklärten mythologischen Anspielung als *Philomela* erwähnte Schwalbe kehre nach Hause zurück. Der ausgewählte Apriltag werde somit zum Tag der Liebesgöttin Venus und sei den Musen und der Aphrodite Cypris angemessen. Die *turba puellarum*, unter der sich der Verfasser sicherlich die Gruppen der Musen und der Nymphen vorstellt, sammle verschiedene frische Blumen aus den Wiesen. Ab v. 9 wendet sich Rennebock direkt an den Bräutigam: die von ihm ausgewählte Blume, gemeint ist seine zukünftige Ehefrau, sei *gratior* und *dulcis*. Den Duft dieser Blume solle er in sein Herz aufnehmen, an ihm könne er sich erfreuen, und er sei ihm die *medicina mali*. Dieses Blümchen, Rennebock bringt das Diminutiv *flosculus*, habe er erbeten und er solle es glücklich erhalten. Im achten Distichon erfolgt die namentliche Auflösung der zuvor nur angedeuteten Bedeutungen: *Flora sit Anna tibi*. Die Braut Anna Schwarzkopf solle sich als blühende Blume erweisen und den Garten mit einer großen Menge von Blumen füllen. In der bildlichen Sprache des Gartens und der Blütenpracht ist selbstverständlich die deutliche Andeutung von einer der Eheschließung folgenden Nachkommenschaft verborgen. Das Gedicht schließt in den beiden letzten Distichen mit den Imperativen *Crescite felices* und *Vivite felices*. Beide Eheleute sollen in ihrer Verbindung glücklich wachsen und sich die häusliche *fides* als Freundin zu eigen machen. *Christo duce & auspice Christo* sollen sie glücklich leben. Dass sich dies so ereigne und dass sich alles günstig entwickle, erbitte der Verfasser. Rennebock nutzt auf naheliegende Weise die terminlich zutreffende Frühlingsmetaphorik für sein Gedicht und setzt anschließend seine christlichen Bitten an den Schluss des Epigramms. Das bereits zitierte Bild des Christus als *dux* und *auspex* in v. 21 bekommt sein besonderes Gewicht und wird durch die chiastische Stellung der Christusattribute stark hervorgehoben.

Das dritte Epigramm aus ebenfalls elf elegischen Distichen widmet Martin Baremius, der Konrektor der Martinsschule in Braunschweig, dem Brautpaar. Er stellt zunächst in v. 1–2 die Bedeutung dar, die das Verliebtsein und die Partnerschaft für die Braut bedeuten: *Res blanda est pulchrae socialis cura puellae*. Die Liebe entstehe durch eine *cupidinea cuspis*. Für den Bräutigam, der in v. 5 direkt angesprochen wird, sei es lieblich, mit der erwünschten Frau gemeinsam leben zu können, die ihm die wiederum nach ihrem mythologischen Herkunftsgebiet Zypern als Cypris genannte Aphrodite gegeben habe. Hermann Hubert sei bereits seit längerer Zeit ihr *doctus amator*. Er und seine Braut könnten sich dreifach glücklich schätzen, denn viele Menschen liebten immer, erlangten aber nicht den Zustand eines Eheversprechens. Als Beispiel für unglückliche und enttäuschte Liebe nennt Baremius im Folgenden in v. 9–14 Hippomenes und die nur patronymisch als *Schoeneis* genannte Atalante, die ersterer nach der antiken Mythologie nur mit drei goldenen Äpfeln für sich gewinnen kann. Danach zählt er die *proelia* der Tantaliden, des Perseus und des thessalischen Königs Peirithous, die diesen jeweils von ihren Geliebten zugefügt worden waren. *Quid referam, quos mortales spes cuncta fefellit?* in v. 12 soll verdeutlichen, dass Baremius diese Reihe noch fortsetzen könnte, und tatsächlich lässt er im folgenden Vers noch eine Anspielung auf die Nymphe Daphne folgen, die die Liebe des Gottes Apoll nicht erwidert habe. Im Fall des Hermann Hubert habe die junge Frau die Ehe nicht abgelehnt, und ihm drohten derartige *saeva ... proelia* nicht, ebenso wenig rase der dreimündige, da dreiköpfige Cerberus. Die hinter den bloßen namentlichen Nennungen verborgenen mythologischen Geschichten dürften dem Verfasser besonders aus Ov. *met.* 10,560–707 (Hippomenes und Atalante); 6,146–312 (Niobe); 4,663–771 (Perseus und Andromeda); 12,210–225 (Peirithous und Hippodameia); 1,452–567 (Daphne und Apoll) vertraut sein. In v. 19–20 wendet sich Baremius einer weiteren, jedoch wesentlich weltlicheren Problematik zu. Die *furiarum maxima*, die *socrus dira*, müsste im Fall dieser Heirat nicht gefürchtet werden, und der Verfasser fügt weiter beruhigend hinzu: *tua novi; nil feritatis habet*. Er schließt mit dem Hinweis, alles sei dem Eheversprechen beider wohlgesonnen, er werde auch weiterhin für ein Wohlergehen beten, und das Brautpaar solle Wünsche an die Götter stellen, sie würden ihnen gewähren. Das von Baremius verfasste Epithalamion besteht in Bezug auf den Umfang zum größten Teil aus den mythologischen Anspielungen der drei unerfüllt gebliebenen Lieben, aber sein zeitloser Witz beruht eindeutig auf den abschließenden Bemerkungen zur zukünftigen Schwiegermutter, die im konkreten Fall zwar positiv ausfallen, aber im Regelfall nicht zwangsläufig so ausfallen müssen, wie die Thematisierung dieses Aspektes überhaupt zeigt.

Das vierte Epithalamion verfasst der Schulkantor der Martinsschule in Braunschweig, David Palladius, der sein Epigramm in zehn elegischen Distichen als *Parthenopolitanus* unterzeichnet und folglich die Stadt Magdeburg als seinen Herkunftsort angibt. Er beginnt sein Gedicht mit der Aussage, Gott habe den Lebewesen die *simulacra* der Ehe gegeben, weshalb auch die Tauben sich küssten und stets in Liebe eiferten. Er habe den Turteltauben *concordia* und *fides* gegeben, die auch über den Tod hinaus ein *connubiale decus* darstelle. Das Bild der Taube für ein verliebtes Paar ist seit der Antike bekannt, beispielsweise aus Ov. *am.* 2,6,56. Auch die Landtiere und die Vögel führten ihr Leben zu zweit, und auch die Meerestiere lebten paarweise. Das Substantiv *pecudes* in v. 7 steht an dieser Stelle im Kontrast zu Vögeln und Fischen mit der allgemeineren Bedeutung „Haustier" oder „Landtier" und bezieht sich nicht nur konkret auf Schafe. In v. 9–12 führt Palladius seine Darstellung des paarigen Lebens in der Flora weiter: auch zwei Obstbäume würden wie *uxor* und *vir* zueinander in Liebe entbrennen, und die Ulme liebe den Weinstock, der seinerseits die Ulme mit seinen Ranken umarme. Palladius vergleicht somit die Ehe eines menschlichen Paares mit der Symbiose zweier anderer Lebewesen. Anschließend bedient er das antike Bild der Erde als Mutter des Lebens, wie es in bereits früh unter anderem in Varro *ling.* 5,10,63 erscheint und erklärt, der Himmel sei der Ehemann der Erde, weil er mit Sonnenschein und Regen zum Ertrag des Erdbodens beitrage. Der Verfasser dürfte sich mit dieser bildlichen Darstellung auf die epische Gestaltung von Uranus und Gaia im Kontext der Kosmogonie in Hes. *Theog.* 126–128 beziehen. Ebenso sollten die Brautleute mit *ardore pio* umeinander wetteifern und aus zwei Körpern und Seelen eine Liebe machen, wie es in v. 15–16 heißt. *Pax* und *concordia* sollten das Ehebett umgeben, während sich die personifizierte *Eris* und der Argwohn fernhalten sollten. David Palladius schließt sein Epigramm mit dem Wunsch, eine nette Kinderschar möge den Tisch der Familie besetzen und sowohl die Mutter wie auch den Vater widerspiegeln. Insgesamt betrachtet kann dieses Glückwunschgedicht nicht die voranstehenden Gedichte erreichen und verbleibt auf einer wesentlich banaleren, deskriptiven Ebene, so dass beispielsweise die nicht weiter begründete Darstellung der Paarung nicht überzeugen kann.

Johannes Magirus, der Schulkantor der Katharinenschule in Braunschweig, verfasst das nächste Epigramm, das aus vier elegischen Distichen besteht. Er baut im ersten Distichon den Kontrast von Krankheit und passendem Heilmittel auf, aus dem er anschließend die an den Bräutigam gerichtete Aussage entwickelt, er möge seine Braut als *pergrata ... medicina* annehmen. Sie könne seine *tristia ... vulnera* aufheben, die Hermann Hubert schon länger empfunden habe. Magirus schließt sein Epithalamion mit Wünschen für den Bräutigam. Er möge fröhlich so viele Jahre wie der sprichwörtliche Nestor erleben und Nachkommen haben. Dafür wolle der Verfasser beten. Magirus schreibt das erste Gedicht in diesem Sammeldruck, das nicht explizit an beide Brautleute gerichtet ist, sondern vielmehr in den Vordergrund stellt, wie die Ehefrau zum Wohlergehen ihres Mannes beitragen wird. Insofern stellt das Gedicht eher eine *gratulatio* an Hermann Hubert zu seiner Heirat dar, als dass es ein typisches Heiratsgedicht an die Brautleute ist.

Der Lehrer Auctor Hustedt ist der Verfasser des sechsten Epigramms aus elf elegischen Distichen. Er leitet sein Epithalamion mit dem Hinweis auf den christlichen Gott ein, der mit seinem *nutus* das Ehebündnis billige. Außerdem begünstige die *provida cura* Christi die Situation. Er verbinde beide in Liebe und habe sie einem gemeinsamen Bett und des gemeinsamen Zusammenseins anbefohlen. Auch stehe er bei und festige die *pia gaudia*, damit die personifizierte Eris nicht zum Zuge kommen könne. Dann werde der *castus amor* auch makellose Freuden entstehen lassen, wie es in v. 8 heißt. Die wilde *libido* habe das berühmte Sparta gestürzt und das erhabene Troia in Asche verwandelt. Der Zorn Gottes des Retters könne Feuer des Herzens und andere derartige Freveltaten nicht ertragen, aber Gott selbst billige dieses Bündnis, er gewähre die Hochzeitsfackeln, wie Hustedt in v. 13 in Anlehnung an den antiken Heiratsbrauch schreibt. Als weitere positive Tätigkeiten schreibt er Gott im Folgenden *ornare* und *amare* zu und merkt außerdem an, dass Gott den gläubigen Eheleuten seine Unterstützung zusage, damit aus dem Bund zweier Personen durch ein Kind eine Trias werde. Dazu spricht der Verfasser ab v. 15 Bräutigam und Braut direkt an: in Zweifelsfällen sollten sie die Unterstützung und den Beistand Gottes einfordern, die bereits in v. 6 genannte Eris möge sich fernhalten, ein aufrichtiger Friede solle das gemeinsame Ehebett beherrschen und die personifizierte *alma Fides*. Dies sind nach Hustedt die Grundbedingungen für das Gelingen einer gemeinsamen Familie mit Kindern und für das Wohlergehen in der Öffentlichkeit und zu Hause. Ebenso wie diese Bedingung für das Wohlergehen leitet Hustedt das letzte Distichon mit *sic* ein: unter einer solchen Bedingung könne Gott beiden namentlich genannten Widmungsempfängern das jeweilige *stamen* verlängern und dem Abschneiden dieses Lebensfadens durch die mythologischen Parzen entgegenwirken. Hustedts Gedicht ist im Gegensatz zu den anderen Texten dieses Druckes in besonderem Maße vom Wirken und Eingreifen des christlichen Gottes bestimmt. Dabei ist bemerkenswert, dass er im Gegensatz zu mehreren der anderen Epithalamien nicht das *precor* an das Ende seines Glück- und Segenswunsches stellt, sondern schlicht betont, dass die tatsächliche Entscheidung über den Lebensweg nur Gott zusteht.

Der Schulkantor der Ägidienschule in Braunschweig Ludolph Meier schreibt das siebte Epithalamion in Epodenform. Seine zehn Verspaare bestehen nach dem Vorbild von Hor. *carm.* 4,7 jeweils aus daktylischem Hexameter und Hemiepes. Meier beginnt sein Gedicht mit dem an den Bräutigam gerichteten Hinweis, nach verschiedenen Verzögerungen mache ihn jetzt seine *virgo* glücklich. Im Zusammenhang mit der bereits dargestellten Aussage des Johannes Magirus, Hermann Hubert erhalte seine Frau gleichsam als Medizin gegen seine Schmerzen und nach längerem Streben, scheint anzuklingen, dass Hubert möglicherweise nach einer Verwitwung einige Zeit in tiefer Trauer gelebt hat oder aus nicht bekanntem Grund in besonderem Maße für die Heirat mit Anna Schwarzkopf kämpften musste. Die habe ihn als Bräutigam ausgesucht und ihn von der Last seiner ihn erdrückenden Mühen befreit. Der in v. 5 als *Neonymphus* angesprochene Bräutigam solle deshalb nun die Türen öffnen und seine Arme ausbreiten, damit *Anna puella* von seiner Umarmung gehalten werden könne. Sie werde ihn *rebus ... in dubiis* sehr sanft aufrichten und seine *tristes ... curas* vertreiben, die ihn zuvor bedrückt hätten. Aus dem dabei verwendeten Wort *angere* in v. 9 spricht geradezu der bedrohliche Aspekt, der den Bräutigam zuvor gewürgt und geknebelt habe. Meier setzt dem im folgenden Vers entgegen, die Frau werde ein *dulce levamen* sein. Im Folgenden bezeichnet er in v. 11–12 die Braut als *pudens*, als *ingeniosa puella* und als *relligionis amans*. Er fordert die nur als *Pierides* genannten Musen zu Applaus auf und fordert von ihnen in v. 15–20 mit weiteren Imperativen ein Hochzeitslied, das Pflücken von Blumen, das Ausstreuen einiger dieser gepflückten Blumen, das Verflechten der anderen Blumen und das Kundgeben des neuen Ehebündnisses an alle Menschen. Meier gelingt es in mitfühlender Weise darzustellen, wie das bisherige Leid des Bräutigams durch die vorzüglichen Eigenschaften seiner Frau gelindert werden soll. Dass er dabei die Musen einbindet, entspricht einem antiken τόπος und dient der literarischen Gestaltung einer Hochzeitsgesellschaft.

Das achte Epithalamion dieses Sammeldruckes ist wiederum ein Epigramm aus sechs elegischen Distichen, das Christoph Hagius verfasst. Er beginnt mit der

von ihm entworfenen Etymologie, ein *conjugium* sei ein *commune jugum* der Frau und des Mannes, die von Hymen, dem Gott der Heirat, verbunden würden. Anschließend greift er in v. 3–4 das bereits von David Palladius zuvor gebrachte Bild von Ulme und Weinrebe auf: die Weinrebe umarme die Ulme, und die Ulme ertrage ihrerseits ununterbrochen die Belastung durch den Weinstock. Hagius führt aus, dass der eine der Ehepartner ebenso der Liebe des anderen antworte und der seinerseits dem anderen eine harte Last abnehme. Ebenso möge es auch Hermann Hubert, der als *docte vir* angesprochen wird, und Anna Schwarzkopf, die als *virgo venusta* attribuiert ist, ergehen. Der Verfasser fragt nach dieser Aussage mit einer rhetorischen Frage, welche *temperies*, welche *gratia*, welche *voluptas*, welcher *honor* dem Paar zukommen werde. Er schließt mit der in die Zukunft projizierten Aussage, die personifizierte Trias werde bei beiden sein, ihr Haus mit *prosperitas* beschenken und einen blühenden Nachkommen erzeugen.
Der Lehrer Nikolaus Enholt ist der Verfasser des neunten Glückwunschgedichtes, eines Epigramms aus fünf elegischen Distichen. Ebenso wie der Titan, gemeint ist sicherlich der Licht- und Sonnengott Hyperion, mit bestechendem Schein den Himmel ziere, so schmücke die *nupta pudica* den *doctum ... virum*. Eine derartige Frau sei ein Geschenk Gottes, dem auch die Gaben des mythischen Königs Krösus, der mit seinem Namen für unermesslichen Reichtum steht, und der in Plin. *nat.* 4,115 überlieferte glänzende Flusslauf des sagenhaften goldführenden Tajo nichts entgegnen könnten. Enholt beglückwünscht den Bräutigam zu dieser Situation:

> *Ergo Hermanne tibi, licito quod jungis amore*
> *   Annam, quae pulchri dona pudoris habet:*
> *Gratulor ...*

Die Nennung der *dona pudoris* korrespondiert mit der eingangs in v. 2 genannten *nupta pudica* und betont in besonderem Maße die sittlichen Vorzüge der Braut. Somit bittet Nikolaus Enholt um ein *principium felix* der Ehe und weiterhin um ein *finis felicior*. Sein Epigramm lebt von den positiv besetzten mythologischen Anspielungen, die mit den Eheleuten und ihrem gemeinsamen Leben in Bezug gesetzt werden, wobei keine über den bloßen Vergleich herausgehende Deutung erreicht wird.
Jakob Gosius schreibt das zehnte Epithalamion in sechs elegischen Distichen. Er beginnt in v. 1–2 mit einer kategorischen Aussage bezüglich seiner Motivation:

> *Foemina, vulgari dicto, pars una malorum est:*
> *   Sed vocat hanc magnum pagina sacra bonum.*

Für gewöhnlich sei die Frau ein Teil des Übels, aber der Anlass rufe jetzt dazu auf, das Gute hervorzuheben. Hermann Hubert bringe ihr *fides* entgegen, und die *foemina virgo* folge ihm im Gegenzug zu seinem Bett. In v. 5 besingt Gosius sie geradezu hymnisch, wenn er dichtet: *Virgo pudens, virgo prudens, suavissima virgo.* Anschließend ruft er ihr im zweiten Halbvers von v. 6 zu: *tu mihi tota places.* Mit der Variante *tota* anstelle von *sola* dürfte der Dichter diese Worte eindeutig aus Ov. *ars* 1,42 zitieren. Der Bräutigam wird seinerseits als *hac vir virgine digne* angerufen, worauf *dignaque virgo viro* folgt. Gosius schließt die rhetorische Frage an, was denn beide Seiten mehr wollten. Kein Tag könne die Liebe beider lösen, und auch die personifizierte Eris zerstöre sie nicht. Vielmehr beschenke die *bona sors* beider Haus. Der Verfasser wünscht dem Brautpaar abschließend eine zahlreiche Nachkommenschaft. Aus dem Gedicht des Jakob Gosius spricht die gegenseitige, ebenbürtige und aufrichtige Liebe beider Partner zueinander.

Das vorletzte Gedicht der Sammlung von Epithalamien verfasst Johannes Leverich (Lehrer an der Katharinenschule, dann Pastor in Braunschweig, * Braunschweig) in sechs sapphischen Strophen.[474] In der ersten Strophe beschreibt er an den Bräutigam gerichtet, wie die Braut das eheliche Schlafgemach betritt und dabei von *vitae decus, honestas* und *mentis pietas* umgeben ist. Erst nach dieser situativen Beschreibung folgt das persönliche *gratulor* des Verfassers am Anfang von v. 5. Auch wolle er Gott, der dieses Ehebündnis gebe, um eine begünstigende Haltung bitten. In der dritten Strophe erklärt Leverich, auch Christus sei der Situation anwesend und möge viel Gutes gewähren. Er solle *aquam ... tenuem atque amaram* in *dulcia vina* verwandeln, was nicht nur angesichts der Eheschließung des Hermann Hubert und der Anna Schwarzkopf eine Anspielung auf die Hochzeit zu Kana in Joh. 2,1–11 ist. Das eheliche Bett sei einer fruchtbaren Weinrebe gleich fruchtbringend, damit dem Bräutigam eine große Nachkommenschaft geschenkt werde. Ausgangspunkt dafür sei die *tua costa*, die Hubert ehelich angetraut sei. Die Bezeichnung der Ehefrau als Rippe ihres Mannes ist in Gen. 2,21–23 verwurzelt. Die fünfte Strophe beginnt mit dem Segenswunsch für lange Jahre, wobei der mythische Nestor als das Beispiel schlechthin für eine lange Zeitspanne genannt ist. Das eheliche Bett solle weder *lis* noch *bellum* kennen und beider Liebe nicht stören. In der sechsten und letzten Strophe zeichnet Leverich das Bild vor, dass Gott beide nach einem zugeteilten *vitae ... spacium* glücklich unter das himmlische Dach führen werde. Dafür wolle er beten. Dieses Epithalamion beginnt mit

---

[474] Zu Leverich vgl. DÜRRE (1861), S. 70. Er ist als Pastor an St. Katharinen auf den verlorenen Glasscheiben von St. Ulrich aus dem Jahr 1577 in Braunschweig belegt. Dazu vgl. WEHKING (2001), S. 116–118, dort Nr. 558. Der im März 1588 an der Universität Rostock und am 15. April 1596 an der Universität Wittenberg immatrikulierte Georg Leverich aus Braunschweig ist möglicherweise ein Bruder des Johannes Leverich. Dazu vgl. HOFMEISTER (1891), S. 229*a*48 und FÖRSTEMANN/HARTWIG (1894), S. 428*b*25.

der klassischen Schilderung des Betretens des Schlafgemachs durch die Braut, die von ihrem Ehemann dort bereits erwartet wird. Aus dieser Schilderung heraus leitet Leverich mit biblischen Assoziationen weiter zur abschließenden Vorstellung von der himmlischen Hochzeit, die sich nicht mehr auf die konkrete Eheschließung der Partner bezieht.

Das den gesamten Druck beschließende zwölfte Glückwunschgedicht ist ein Epigramm in zwölf elegischen Distichen, das von Ludolph Reuter (Lehrer an der Ägidienschule und Kantor an der Katharinenschule in Braunschweig) verfasst ist.[475] Reuter betont, es breche endlich die *laeta ... lux* an, der Tag der Heirat, an dem die Liebe beide verbinde. Die dichtersprachliche Verwendung von *lux* im Sinne von *dies* ist regelmäßig üblich. Die Braut sei von den *superi* angenommen, und sie wisse sowohl Gott als auch ihren Ehemann zu lieben. Sie zeige keine einzige *maculosa labes*, und der Bräutigam solle sie mit seiner Umarmung wärmen. Beide dürften bald ihr Ehebündnis im gemeinsamen Bett bestätigen, denn: *tali gaudet amore Deus*. Mit einem Wortspiel im Pentameter ergänzt der Verfasser in v. 11–12:

Casta Deus mens est, & castos excitat ignes,
  Sint procul a nobis foedera foeda, jubet.

Auffällig ist an dieser Aussage die beinahe antithetisch wirkende Beschränkung der *casti ... ignes*, wohingegen die erste Aussage *Deus est ...* in der lateinischen Bibel beispielsweise in 1. Joh. 4,16 geläufig ist. Die Vorstellung, dass Gott, wie es anschließend heißt, Eheleute als ein Fleisch leben lässt, ist Gen. 2,24 entnommen. So könnten sie die Feuer der schlechten Aphrodite Cytherea meiden, die unzulässigen Flammen des *concubitus ... vagi*. Auch wenn Reuter in diesen Anmerkungen durchaus seinen Zeitgeist wiedergibt, sind sie sehr moralisch, und es wirkt besonders befremdlich, dass er angesichts der Eheschließung von Untreue spricht. In v. 19 greift er das bereits diskutierte Bild der Ehefrau als *medicina viri* auf, die *quacunque potest arte juvare juvat*. Der Verfasser schließt mit der Feststellung, die junge Frau werde jetzt rechtmäßig dem von ihm in direkter Rede angesprochenen Mann anvertraut, und er möge sie zu seinem Bett vorlassen. Das letzte Distichon bringt mit *precor* verstärkt den Wunsch, beide möge *una eademque voluntas* ebenso wie ihre *mentes* und *cum pietate fides* verbinden. Auch wenn die Gedichte innerhalb dieses Druckes offensichtlich nach hierarchischen Kriterien angeordnet sind und die Gedichte der *rectores*, *conrectores* und *cantores* in dieser Reihenfolge vor den Gedichten der weiteren Lehrer angeordnet sind, so deutet Reuters Gedicht als letztes am stärksten auf den eigentlichen Ablauf der Eheschließung hin, so dass

---

[475]   Zu den biographischen Daten Reuters vgl. Dürre (1861), S. 68 und S. 75.

die Abfolge der Gedichte im weiteren Sinne auch den inhaltlichen Bogen vom Verliebtsein über die Vorzüge des gemeinsamen Lebens zur tatsächlichen Heirat spannt.

Im Folgejahr 1590 schreiben die Kollegen zur Heirat des Konrektors der Braunschweiger Martinsschule Auctor Hustedt mit Anna Cubbeling (...) erneut eine Gedichtsammlung, die sie wiederum als *Schediasmata nuptialia ... scripta ab amicis* bezeichnen (VD 16 ZV 13816). Der Familienname der Braut mag sie oder ihre Vorfahren eventuell als aus Küblingen bei Schöppenstedt nahe Wolfenbüttel stammend kennzeichnen, denn Küblingen ist in dieser Zeit als *Kubbelingk* belegt. Im zuvor besprochenen Druck des vorangegangenen Jahres unterzeichnet noch Martin Baremius als Konrektor der Martinsschule, und es darf davon ausgegangen werden, dass zwischenzeitlich die Amtsübergabe an den Bräutigam stattgefunden hat. Baremius seinerseits ist auf der Seite mit der Bogensignatur A2^v als neuer Rektor der Martinsschule genannt, so dass er nach dem Frühling 1589 in der schulischen Leitung aufgestiegen sein muss. Sein Amtsvorgänger Nikodemus Frischlin war nach der Publikation einer Streitschrift gegen den württembergischen Hof auf Burg Hohenurach inhaftiert, wo er am 29. November 1590 bei einem Fluchtversuch tödlich verunglückt. Zum Zeitpunkt der Abfassung des folgenden Gelegenheitsdruckes befindet er sich somit nicht mehr in Braunschweig, dürfte aber mit großer Wahrscheinlichkeit noch am Leben sein.

SCHEDIASMATA ‖ Nuptialia, ‖ AVCTORI HV=‖STETHO CONREC-TO-‖RI SCHOLAE MARTINIA-‖NAE BRVNSVICENSIS ET ‖ Annæ Cubbelin-‖giæ. ‖ Scripta ab ‖ AMICIS. ‖ HELMSTADII ‖ Excudebat Iacobus Lucius, Anno ‖ M. D. XC.
Helmstedt: Jakob Lucius d. Ä. 1590. |6| Bl.; 4°
[Berlin, SB: *Xc 582/1 (65)*]*

Den eigentlichen *Schediasmata* der Schulkollegen ist auf der ersten Seite ein Epigramm in fünf elegischen Distichen vorangestellt, das der Helmstedter Professor Heinrich Meibom dem Brautpaar widmet. Es ist der einzige Beitrag den er innerhalb der Drucke des gesamten Personenkreises leistet, und er unterzeichnet mit seinem vollen Titel: *Henricus Meibomius Poëta Laureatus Caesarius, & acad. Iuliae professor* αὐτοσχεδίως *f(ecit).* Mit dem adverbiellen Zusatz bewertet Meibom sein Gedicht selbst als Stehgreifdichtung, und es ist nicht bekannt, in welchem Verhältnis er zum Brautpaar steht. Meibom beschreibt, dass ein goldener Ring die allerliebste Braut Anna vermähle, während die Aphrodite Cypris dem Bräutigam zulächle und Amor Beifall spende. Die *casta Minerva* sei Anführerin des helikonischen Musenreigens und nehme entrüstet schweren Zorn auf. Meibom ruft ihr in v. 5 zu: *Parce Iovis suboles; nulla irae est caussa.* Der Bräutigam strebe sehr wohl zu ihrer Seite und ihrer Macht. Sie solle also bald seine Kräfte wieder vermehren und sein *ingenium* und seine *mens ... pia* annehmen. Unter ihrem Schutz solle er das beenden, was er gut angefangen habe und, wie Meibom im letzten Vers schreibt, seine Familie um Nachkommen, seinen Ruf um Lob und sein Haus um Vermögen mehren. Auf den ersten Blick wirkt das Gedicht Meiboms außerordentlich unpersönlich und in Bezug auf die Widmungsempfänger beliebig, da es keine persönlichen Aussagen transportiert. Dann zeigt sich aber, dass es vom Wortspiel aus *auctor*, dem Vornamen des Bräutigams, und *augere*, der Tätigkeit der Göttin Minerva und der Musen, lebt. Auctor Hustedt sei immer der *auctor* seines Lebens gewesen, dennoch müsse die Göttin nicht entrüstet sein, denn im Zuge seiner Eheschließung nehme er sie wieder als Medium des *augere* an. Dass in v. 1 *annulus* und *Anna* direkt nebeneinander stehen, ist nicht zuletzt aufgrund des doppelt gesetzten *n* als weiteres, kleines persönliches Wortspiel zu deuten. Meiboms Qualität als Dichter zeigt sich in diesem Gedicht besonders darin, dass er ohne weitere Informationen ein Gedicht mit persönlichen Anklängen gestalten kann, das die bisweilen dichterisch schlechten, aber persönliche Aussagen enthaltenden Gedichte enger Vertrauter erkennbar übertrifft.

Nach Meiboms Epithalamion wird auf der nächsten Seite der Titel des gesamten Drucks in verändertem Satzbild wiederholt. Anschließend stehen zunächst drei Epigramme in griechischer Sprache, deren zweites mit *Ad livorem pro iisdem* betitelt ist. Für das erste der griechischen Gedichte ist kein Verfasser angegeben, das zweite unterzeichnet der bereits genannte Rektor der Martinsschule in Braunschweig Martin Baremius. Das dritte griechische Epithalamion verfasst der Rektor der Ägidienschule Auctor Rennebock.

Das insgesamt fünfte Gedicht ist ein wiederum in lateinischer Sprache abgefasstes Epigramm aus elf elegischen Distichen von David Palladius, dem aus Magdeburg stammenden Schulkantor der Martinsschule. Er stellt die Behauptung, dass Gott oft seine Belohnungen und Strafen unterscheide, an den Anfang seines Glückwunsches, wobei *praemia* als erstes und *poenas* als letztes Wort in v. 1 die antithetische Aussage hervorheben. Beide Substantive und die mit ihnen verbundenen Aussagen treffen sich in der Versmitte im doppelten *differt*, so dass die Struktur des Verses chiastisch aufgebaut ist. Er versuche, Täuschungen zu erzeugen, die *mentes* zu entzweien und das eheliche Bett zu beflecken. Auch sei ein personifizierter *Zelus* ständiger Begleiter der Ehe. Schließlich beende die *mors inhonora* das Handeln aller Ehebrecher. Das habe auch Konsequenzen auf die Kinder, wie Palladius in v. 13–14 behauptet:

> *Quicquid delirant iuvenili aetate parentes,*
> *Tertia saepe luit, quartaque progenies.*

Nach diesen erschreckenden und dramatisierenden Warnungen folgt ab v. 15 die positive Wendung. Wer seine Jugend als *castus* durchlebe und auch den verbrecherischen Ehebruch meide, der empfange *gaudia* ... *vera* und auch eine integre Nachkommenschaft. Im letzten Distichon ruft der Verfasser dem Brautpaar zu, sie seien derartige *felices sponsi* und sollten ihre *pura* ... *corpora* und *casta* ... *corda* ihrem ehelichen Bett als Symbol ihrer ehelichen Verbindung weihen. Das Epigramm des David Palladius hat insgesamt einen starken warnenden Charakter, der in den letzten Versen jedoch dem exemplarischen guten Handeln des gefeierten Paares weicht.

Der im Jahr 1589 innerhalb dieses Personenkreises als Bräutigam gefeierte Lehrer Hermann Hubert ist der Verfasser des sechsten Gedichtes dieser Sammlung. Er unterzeichnet als Magister und als Konrektor der Ägidienschule in Braunschweig. Sein Gedicht ist ein Epigramm aus sieben elegischen Distichen. Er führt eingangs aus, dass Eheleute von einem *mutuus & simplex* ... *amor* verbunden seien und die Verbindung des Auctor Hustedt und der Anna Cubbeling insofern nicht negativ beurteilt werden dürfe. Schließlich verbinde beide der *simplex* ... *amor*. Es habe keiner schlichten Reize bedurft, vielmehr hätten *pudor*, *virtus* und *ars* eine entscheidende Rolle übernommen. Als Beispiele der antiken Mythologie werden in diesem Zusammenhang Penelope und Paris genannt, jedoch nicht näher nach den vorstehenden Kriterien beleuchtet. Wichtiger ist die danach das Gedicht beschließende Aussage, beide Partner seien gleichermaßen von ihrer Liebe zueinander erfüllt, weshalb sich jedermann freue, weil Hustedt und Cubbeling tatsächlich von einem *mutuus & simplex* ... *amor* verbunden seien. Dieses kurze Gedicht wirkt sehr schwerfällig und unelegant, da der Verfasser nur mit Varianten eines banalen Themas arbeitet und klischeehaft die genannten Tugenden anführt. Letztlich ist sogar der Argumentationsrahmen des Gedichtes unnötig künstlich aufgebläht: Hubert entwirft sein Ideal einer Liebe und Ehe, fragt dann, wer bezweifeln wolle, dass die gefeierten Brautleute nicht gemäß diesem Ideal lebten und stellt abschließend fest, dass sie gemäß seinem Ideal zueinander gefunden hätten.

Christoph Hagius, der als Subkonrektor der Martinsschule in Braunschweig unterzeichnet, ist der Verfasser des siebten Epigramms, das zunächst in acht elegischen Distichen in griechischer Sprache, anschließend mit der Überschrift *Idem latine redditum* in lateinischer Übersetzung erscheint. Es sei nicht *amor*, sondern *amaror*, und ein *amans* sei *verius amens*, wenn ein in der Blüte seines Lebens stehender junger Mann eine alte Frau begehre. Es sei nicht *amor*, sondern *amaror*, und ein *amans* sei *verius amens*, wenn eine in der Blüte ihres Lebens stehende junge Frau einen alten Mann begehre. Das den jeweiligen Hexameter beschließende Wortspiel von *amans* und *amens* ist einer bekannten Sentenz entlehnt. Ab v. 5 wird der jeweilige Hexameter variiert, so dass in diesem und in v. 7 nur noch *non amor est, sed amaror* ... steht und ein jeweils veränderter Versschluss folgt. Hagius führt somit weitere Szenarien an, unter deren Gegebenheiten er nicht von Liebe sprechen will, sondern negative Aspekte als dominierend sieht. Dazu lässt er in v. 9–10 die Aussage folgen, es sei tatsächlich *amor* und nicht *amaror*, ein *amans* sei dann nicht ein *amens*, wenn jeder sich auf einem jeweils angemessenen Niveau zu binden versuche. Ebenso wie ähnlich geartete Stiere zum gemeinsamen Pflügen des Ackers geeignet seien, verbinde das Schicksal die Brautleute in einem *aequum foedus*. Der Bräutigam wird anschließend als *doctus vir* bezeichnet, die Braut als *generis virgo corona tui*. In besonderem Maße komme ihrer Eheschließung der himmlische Segen zu und von ihrem Glück solle ihr ganzes Haus profitieren. Dieses Gedicht lebt ebenso wie das vorangestellte vom Kontrast aus der Beschreibung von gegenseitiger Liebe und Bitternis. Durch die Wortspiele von *amor* und *amaror*, *amans* und *amens* erhält es im Gegensatz zum Gedicht des Hermann Hubert eine intelligente sprachliche Pointe, die kehrversartig das Gedicht zusammenhält. Anzumerken ist noch, dass die griechische Version des Epigramms den Kontrast von ἔρως und ἔρις aufbaut, und somit ein inhaltlich gleichwertiges Wortspiel bringt.

Das achte Epithalamion schreibt Jakob Gosius, der Schulkantor der Ägidienschule, in einer Epodenform aus jeweils acht daktylischen Hexametern und Hemiepes nach dem bereits genannten antiken Vorbild aus Hor. *carm.* 4,7. Da im Vorjahr noch Ludolph Meier als Schulkantor unterzeichnet, muss die Amtsübergabe in der Zwischenzeit stattgefunden haben. Gosius beginnt mit der Schilderung, dass die Braut mit der Eheschließung *Martinaei ... pars optima ludi*, nämlich Auctor Hustedt, erhalte. Diese Formulierung bringt die besondere Wertschätzung des Bräutigams zum Ausdruck und ist sicherlich auch eine höfliche Geste an den Konrektor. Der *fautor & autor* der Ehe, gemeint ist der christliche Gott, sei beiden wohlgesonnen. Sie sollten sich ihrerseits ihr Bündnis nicht durch Streitigkeiten zerstören. Nach einem kurzen Entwurf des gemeinsamen Alterns mit gemeinsamen Kindern spricht Gosius die Hoffnung aus, beide sollten nach ihrem Leben Einlass in den Himmel erhalten. In v. 15 endet diese Zukunftsvorstellung mit *Sic ait*. Es folgt noch der Wunsch, die *coelestia Numina* mögen eine derartige, erstrebte Gemeinschaft erlauben.

Nikolaus Enholt verfasst das neunte Epithalamion in neunzehn elegischen Distichen. Er beginnt mit der Aussage, viele Menschen, die sich dem heiligen Joch der Ehe unterwerfen wollten, trenne ihre Meinung in verschiedene Richtungen auf. Ein solches Leben sei voller Gefahren und einem umherirrenden Kahn auf dem tobenden Meer ähnlich. Aber das eheliche Schlafgemach sei eine liebliche Medizin gegen die Übel, die die Göttin Venus gebietend einsetze. Es gebe kein anderes *vitae genus* als die Menschheit, dem der *rector Averni*, gemeint ist der mythologische Fährmann Charon, der die Endlichkeit des Lebens verdeutlichen

soll, mehr auferlege. Er bereite miteinander verbundenen Paaren Verluste und
Hinterhalte, um sie zu versuchen. Charon als *rector Averni* ist erstmals im ersten
nachchristlichen Jahrhundert in Stat. *Theb.* 4,457 und 8,1 belegt. Er schaffe das
irarum semen und weitere Unannehmlichkeiten. Auch versehe er die Glieder des
Körpers mit Krankheiten und schade, auf welche Weise auch immer er schaden
könne. Auch gebe es Betrügereien, Drohungen und anderes, was die eheliche
Zierde belaste. Enholt nennt weitere negative Aspekte, die eine Partnerschaft beeinflussen können und wendet sich dann ab v. 25 der positiven Seite zu:

> *Dulcis amor res est divina lege probatus,*
> *Omnia concessi vincit amoris opus.*

Dabei klingt in der Formulierung des Pentameters deutlich das *omnia vincit amor*
aus Verg. *ecl.* 10,69 an. In v. 27–28 folgt die rhetorische Frage Enholts, weshalb
er die Ehe mit diversen Loben ausschmücken solle, da doch der *auctor* selbst sein
Werk gutheiße. In diesem Substantiv ist sicherlich primär die Vorstellung Gottes
als Schöpfers verborgen, aber es scheint auch der Vorname des Bräutigams anzuklingen, der aus weltlicher Sicht durch die Heirat sein Leben wesentlich beeinflusst. Im Anschluss folgt die Feststellung, dass nur noch die an Gott gerichteten Bitten des Verfassers zum Ausdruck kommen müssen, damit der Bräutigam
sich des himmlischen Beistandes sicher sein könne. Seine Frau Anna sei reich an
virtutes, und sie möge ihm Nachkommen gebären. Gott möge beider *mentes* in
frommer Eintracht verbinden und niemals die gegenseitige Liebe mindern. Im
vorletzten Distichon bittet Enholt für Auctor Hustedt außerdem um ein sprichwörtlich langes Leben, wie Nestor es gehabt habe, sowie um den Musenreigen,
der an dieser Textstelle als *Aganippaeus ... chorus*, benannt nach der Quelle Aganippe am Helikon, erscheint. Die Braut soll ihrerseits die lieblichen Zeiten der
cumäischen Seherin anvertrauen, gleichsam als *fama decusque* der Musenschar.
Der Verfasser denkt in diesem Zusammenhang an die Sibylle von Cumae, die in
ihrer Funktion als Zukunftsprophetin besonders aus Verg. *Aen.* 6 bekannt ist. Das
gesamte Gedicht lebt aus dem Kontrast von den eingangs geschilderten negativen Erfahrungen und dem ab der Mitte entfalteten *dulcis amor* und soll für das
Brautpaar eine Richtschnur des gemeinsamen, von Liebe erfüllten Lebens bieten.
Das zehnte Glückwunschgedicht verfasst Adolf Hagemann in griechischen daktylischen Hexametern.
Jakob Copius (...) schreibt das elfte und vorletzte Gedicht der Sammlung.[476] Es ist
ein Epigramm aus sieben elegischen Distichen. Jetzt breche der gute Tag an, an

---

[476]   Copius wurde am 20. Juni 1585 an der Universität Wittenberg immatrikuliert. Vgl.
FÖRSTEMANN/HARTWIG (1894), S. 330*b*32.

dem ein Mann und eine Frau ihre *pia foedera* beschließen wollten. Alle Personen bewunderten das *ingenium* und die *artes* des Bräutigams, und an der Braut lobe man besonders den *verae pietatis amor*. Anschließend nimmt der Verfasser in v. 9–10 zum Glückwunsch die kollektive Position eines „wir" der Anwesenden ein:

> *Quare his gratantes felicia quaeque precemur,*
> *Ut Deus hos solita pro bonitate iuvet.*

Gott möge auch die Listen des κακοδαίμων, des nicht näher beschriebenen unheilbringenden Wesens schlechthin, abhalten und ebenso alles andere, was den Brautleuten schaden könnte. Er möge beiden ein nettes Kind geben, angenehme Ruhe und zuletzt die *gaudia laeta* des himmlischen Hauses.

Ludolph Reuter ist der Verfasser des zwölften Gedichts. Er dichtet ein Epigramm in griechischer Sprache aus acht elegischen Distichen. In diesem gesamten Druck fällt die Häufung von Gedichten in griechischer Sprache auf. Möglicherweise soll dies eine besondere Würdigung der Widmungsempfänger ausdrücken, zumal Hustedt das Amt des Konrektors bekleidet. Auch ansonsten ist auffällig, dass regelmäßig die Qualifikationen des Bräutigams in besonderem Maße betont werden.

Zur zweiten Heirat des Theologen Auctor Rennebock mit Dorothea Spechts (...), der Tochter des Bürgers Gerhard Spechts (...) aus Braunschweig, am 26. November 1593 dichten einige Schulkollegen erneut *Schediasmata nuptialia ... ab amicis exhibita* (VD 16 S 2443).[477]

SCHEDIASMATA ‖ NVPTIALIA, ‖ IN HONOREM RE=‖VERENDI ET DOCTI VIRI Dn: ‖ AVCTORIS RENNIBOCII Mi-‖niſtri verbi divini ad D. Magnum ‖ apud Brunſuicenſes, ‖ ET ‖ LECTISSIMAE CASTIS-SIMAE-‖que virginis DOROTHEAE, GER-‖HARDI SPECHTS civis Brunſui-‖cenſis honoſtiß: Filiæ. ‖ Ab amicis exhibita in ſacro nuptiali. ‖ Die 26. Novemb. Anno 93.
[...]: [...] 1593. [12] Bl.; 4°
[Wolfenbüttel, HAB: *A: 56.2 Poet. (42)*]

Auctor Rennebock war wie erwähnt sechs Jahre zuvor von den Braunschweiger Schulkollegen desselben Verfasserkreises mit Hochzeitsgedichten anlässlich seiner Heirat mit Magdalena Linde gefeiert worden (1587, VD 16 S 2441).

---

[477]   Dieser Druck ist im VD 16 fälschlich mit dem Erscheinungsjahr 1594 angesetzt.

Diese Sammlung von Hochzeitsgedichten beginnt mit einem anonym abgedruckten Gedicht aus zehn Versen in griechischer Sprache und ist als *ἄδηλον* betitelt. Das zweite Epithalamion im Umfang von 30 elegischen Distichen ist von Melchior Leporinus (Pastor in Großfurra, Friesdorf, Kindelbrück, Nordhausen, Braunschweig und Drübeck, * Gittelde) verfasst, der als *Verbi divini minister Brunsvigae ad S. Martinum* unterzeichnet.[478] Er erwähnt die verstorbene erste Ehefrau des Bräutigams und bezeichnet die zweite Ehefrau Rennebocks in v. 43–44 als *medicina* und *donum ... Dei* für ihren Mann. Martin Baremius *Rector Martinianus* ist der Dichter der 24 elegischen Distichen des dritten und Ludolph Bruno *Scholae Aegidianae Rector* (Konrektor und Rektor der Ägidienschule in Braunschweig) der Dichter der zehn elegischen Distichen des vierten Epithalamions, in dem er die löbliche Abstammung der Braut erwähnt.[479] Anschließend steht das fünfte Gedicht aus 32 elegischen Distichen, die Auctor Hustedt *Scholae Martinianae Conrector* für das Brautpaar schreibt. Mag. Johann Lampadius *Conrector Aegidianus* dichtet die 22 elegischen Distichen des sechsten Gedichts. Das siebte Hochzeitsgedicht aus sechs elegischen Distichen widmet dem Brautpaar David Palladius, der gemäß seiner Herkunft nochmals als *Parthenopolitanus* unterzeichnet. Er merkt an, die neue Ehe sorge für eine Aufheiterung Rennebocks in der Trauer. Das achte Gedicht aus 64 iambischen Senaren schreibt Christoph Hagius und die darauffolgenden elf Verspaare in Epodenform aus daktylischem Hexameter und iambischem Dimeter Jakob Gosius. Ludolph Reuter *Scholae Aegidianae Cantor* dichtet anlässlich dieser Heirat die sieben elegischen Distichen des zehnten Epithalamions. Das elfte Gedicht umfasst dreizehn elegische Distichen und stammt von Henning Koinen (* Braunschweig), der die Motivation seines Gedichts folgendermaßen begründet: *affini suo amoris ergo F.* An dieser Gedichtsammlung ist auffällig, dass sie fast ausschließlich Elegien enthält und nicht die dichterische Breite anderer Sammlungen zeigt. Auffällig ist auch, dass die Beiträger ihre Texte mit ihrer Funktionsbezeichnung unterschreiben, sofern sie ein kirchliches oder schulisches Amt bekleiden.

Zur Heirat des bereits im Kontext der Familie Beckmann aus Hannover erwähnten Mag. David Meier mit Elisa Riemenschneider (...) im Jahr 1599 erscheinen *a collegis, amicis et discipulis* verfasste Glückwunschgedichte (VD 16 S 10404).

---

[478]   Vgl. SEEBAß/FREIST (1974), S. 182.

[479]   Zu Bruno vgl. DÜRRE (1861), S. 72–73. Eventuell ist er mit dem Ludolph Bruns identisch, der am 16. April 1585 an der Universität Helmstedt immatrikuliert wurde. Dazu vgl. ZIMMERMANN (1926), S. 51*a*127.

Συγχάρματα ‖ M. DAVIDI MEI=‖ERO HANNOVERA=‖NO SCHO-
LAE BRVNSVICEN-‖ſis Martinianæ Cantori orna-‖tifsimo ‖ ET ‖
ELISAE RIEMEN=‖SCNEIDER, &c. HONESTISSIMIS ET ‖ LEC-
TISSIMIS SPONSIS, MATRIMONI-‖um, interveniente divina gratia ‖
contrahentibus ‖ A ‖ Collegis, amicis & diſcipulis ‖ POSITA. ‖ ANNO ‖
M. D. XCIX.
Wolfenbüttel: Konrad Horn 1599. [9] Bl.; 4°
[Braunschweig, StB: *C 85 (17) 4°*]

Auf dem Titelblatt ist über dem Erscheinungsvermerk ein Holzschnitt angebracht,
der Christus bei der Wandlung von Wasser zu Wein auf der Hochzeit zu Kana nach
Joh. 2,1–11 zeigt. Als erster Dichter verfasst Christoph Hagius zwei Chronodistichen, die er als Konrektor der Martinsschule unterzeichnet. Das zweite Hochzeitsgedicht ist eine Bilingue aus 23 griechischen und lateinischen Versen, deren
Dichter der Rektor Hermann Nicephorus (Dramatiker, Philosoph, Pädagoge, Rektor an der Martinsschule in Braunschweig und Soest, * Stromberg in Westfalen
um 1555, † Soest 06.10.1625) ist.[480] Als drittes und viertes Epithalamion sind zunächst ein griechisches Gedicht aus 22 alkäischen Strophen und anschließend eine
lateinische Paraphrase dazu in ebenfalls 22 alkäischen Strophen abgedruckt, deren
Verfasser wiederum Christoph Hagius ist. Das fünfte Gedicht aus neunzehn elegischen Distichen in griechischer Sprache schreibt der Subkonrektor Joachim Struncius (* Winsen).[481] Das anschließende griechische Epigramm aus sechs elegischen
Distichen stammt von Johannes Grothwal (Subkonrektor an der Ägidienschule in
Braunschweig, Pastor in Apelnstedt und Sickte, * Braunschweig 1606, † Sickte
1672), der als *collega* unterzeichnet.[482] Es folgt ein weiteres, vom Lehrer Thomas
Holland (* Braunschweig) verfasstes Epithalamion aus achtzehn daktylischen Hexametern in griechischer Sprache sowie ein ebenfalls griechisches Gedicht aus
siebzehn Verspaaren in Epodenform, die der Lehrer Berthold Gronhagius (Kantor

---

[480]   Zu den biographischen Daten des Hermann Nicephorus vgl. Bolte (1886b) und Dürre
(1861), S. 55–56. Er wurde im April 1581 ohne genaue Tagesangabe an der Universität
Helmstedt immatrikuliert. Dazu vgl. Zimmermann (1926), S. 30b87.

[481]   Joachim Struncius ist auch noch als Beiträger an der Sammlung von Epithalamien auf
den Hof- und Leibarzt Johannes Stockhausen in Wolfenbüttel und die Bürgermeistertochter Anna Lüdecke aus Braunschweig (1603, VD 17 23:630007H) beteiligt, aber
weiter nicht nachweisbar. Er wurde am 20. September 1588 an der Universität Helmstedt immatrikuliert. Vgl. Zimmermann (1926), S. 72a115.

[482]   Vgl. Seebaß/Freist (1974), S. 108. Ein Student dieses Namens wurde am 6. Juli 1624
als *Johannes Grotwali, Brunovicensis* an der Universität Helmstedt immatrikuliert.
Vgl. Zimmermann (1926), S. 303a201.

an der Martinsschule in Braunschweig, * Braunschweig) schreibt.[483] Das neunte
Epithalamion schreibt der Schulkantor der Schule in Einbeck, Johannes Flabbeius
(* Hannover).[484] Es umfasst sieben elegische Distichen. Mag. Bruno Haccius aus
Einbeck (Kantor und Rektor, dann ab 1591 Pastor in Salzderhelden, Bartolfelde
und Einbeck, * Einbeck, † Einbeck 02.02.1627) verfasst die anschließenden acht
elegischen Distichen des zehnten Glückwunschgedichts.[485] Der Verfasser des elften Hochzeitsgedichts aus zehn elegischen Distichen ist Johannes Mylius (= Möh-
le, Rektor in Einbeck, Pastor in St. Mariental, Eddesse und Odagsen, * Einbeck,
† Odagsen 1640), der ebenfalls aus Einbeck stammt.[486] Das zwölfte und letzte
Epithalamion dieser Gedichtsammlung stammt von Andreas Ulicius (* Zeitz), der
sein Gedicht aus 26 elegischen Distichen in griechischer Sprache als *Cemnicensis*
und *Scholae Martinianae alumnus* unterzeichnet.[487] Er dürfte zum Besuch der Lateinschule aus Sachsen nach Braunschweig gezogen gewesen sein.

Dieser Personenkreis zeigt sich in den ersten neun Gedichtsammlungen als sehr
beständig und verändert sich erst mit dem zehnten Druck deutlich. An dieser letzten Gedichtsammlung im Jahr 1599 (VD 16 S 10404) ist von den vorherigen Beiträgern nur noch Christoph Hagius beteiligt, die anderen Beiträger und Schulkollegen sind im Laufe der Zeit ausgetauscht worden. Besonders auffällig ist dies im
Fall des Schulkantors der Braunschweiger Martinsschule. Während an den ersten
Gedichtsammlungen in dieser Funktion mehrfach David Palladius beteiligt ist, ist
in der letzten Epithalamiensammlung, die im Todesjahr Palladius' erscheint, bereits David Meier als Widmungsempfänger in der Funktion des Kantors genannt.
Ebenfalls ist festzuhalten, dass Adolf Hagemann und Martin Baremius diejenigen
Verfasser mit dem größten Anteil an Gedichten in griechischer Sprache innerhalb

---

[483] Zu den biographischen Daten des Berthold Gronhagius vgl. DÜRRE (1861), S. 59–60.
Er wurde am 6. Mai 1596 an der Universität Helmstedt immatrikuliert. Dazu vgl. ZIM-
MERMANN (1926), S. 123*b*151.

[484] Flabbeius wurde am 4. September 1603 als *Joannes Flesbojus, Hannoveranus* an der
Universität Helmstedt immatrikuliert und bereits am 11. September 1603 für Fredels-
loh ordiniert. Dazu vgl. ZIMMERMANN (1926), S. 169*a*95 und S. 170*a*3.

[485] Vgl. MEYER (1941), S. 65 und S. 237 sowie MEYER (1942), S. 333. Bruno Haccius ist
noch als Beiträger einer weiteren Sammlung von Epithalamien belegt (1604, VD 17
23:629933G). Er wurde am 12. Juli 1612 durch die theologische Fakultät der Universität Helmstedt für Bartolfelde ordiniert. Vgl. ZIMMERMANN (1926), S. 222*a*10.

[486] Vgl. SEEBASS/FREIST (1974), S. 207. Er ist wohl nicht mit dem am 3. Juli 1590 an der
Universität Helmstedt immatrikulierten *Havelbergensis* identisch. Dazu vgl. ZIMMER-
MANN (1926), S. 83*b*51.

[487] Das Stammbuch des Andreas Ulicius mit Einträgen aus Braunschweig und Wittenberg
ist erhalten (København, KB: *Thott 1291, 4°*). In der Matrikel der Universität Wittenberg ist kein entsprechender Eintrag ermittelbar.

dieses Verfasserkreises sind. Hagemann ist an sechs Gedichtsammlungen mit fünf griechischen Epithalamien beteiligt, und für die acht Gedichtsammlungen, an denen Baremius als Beiträger beteiligt ist, schreibt dieser vier Gedichte in lateinischer Sprache, vier Gedichte in griechischer Sprache sowie ein Gedicht in griechisch-lateinischen Verspaaren. Andere der Dichter schreiben nur ausnahmsweise in griechischer Sprache und sind innerhalb dieses Kreises überwiegend als Verfasser lateinischer Hochzeitsgedichte belegt.

3.1.10. Personenkreis um die Katharinenschule in Braunschweig (1586–1601)

Die Braunschweiger Katharinenschule wurde im Jahr 1415 gemeinsam mit der Martinsschule auf päpstliche Genehmigung zunächst als Lateinschule mit drei Lehrkräften für die Braunschweiger Stadtteile Hagen und Neustadt entworfen und später von Johannes Bugenhagen reformiert.[488] Dieser Personenkreis besteht aus 29 Personen, die im Laufe von eineinhalb Jahrzehnten in wechselnden Konstellationen die Gedichte von sechs Gedichtsammlungen verfassen. Nur wenige dieser Personen sind an mehr als zwei Sammlungen beteiligt. Es sind dies die Lehrer Heinrich Bobert, Carl Bumann, Henning Cuiselius, Georg Flake, Johannes Kuker, Johannes Magirus und Georg Rudemann, die alle an der Braunschweiger Katharinenschule wirken. Von ihnen ist Bumann der einzige, der seine sämtlichen relevanten Gedichte in griechischer Sprache verfasst. Dazu kommen jeweils weitere Dichter aus dem Schulkollegium und außerdem auch David Palladius als Lehrer der Martinsschule. Auch die Rektoren der Katharinenschule Heinrich Achemius, Eberhard Sezenius und Johannes Bachmann sind in dieser Reihenfolge nacheinander an den Gedichtsammlungen beteiligt. Ausschließlich als Widmungsempfänger erscheinen sämtliche Frauen sowie der Braunschweiger Bürger Werner Bothe, der Konrektor Henning Crusius sowie der Bürgermeister von Braunschweig Conrad Krickau. Im Gegensatz zum zuvor besprochenen Personenkreis um die Martinsschule ist dieser Gruppe kein externer Beiträger wie beispielsweise ein Helmstedter Professor zugehörig.

Die nachfolgende Zusammenstellung gibt einen Überblick über die Beteiligung der jeweiligen Personen an den relevanten Gedichtsammlungen (V = Verfasser, B = Beiträger, E = Widmungsempfänger).

---

[488]   Vgl. Haase (1979), S. 141 und Dürre (1861), S. 23.

	VD 16 ZV 14117 *1586*	VD 16 ZV 11842 *1587*	VD 16 R 3423 *(Sammlg.? 1588)*	VD 16 ZV 5210 *1591*	VD 16 M 215 *1596*	VD 17 23:265067V *1604*
Achemius, Heinrich	B	B	-	-	-	-
Bachmann, Johannes	-	-	-	-	E	B
Bobert, Heinrich	B	B	-	B	-	-
Bothe, Werner	-	-	E	-	-	-
Brinckmann, Hardwig	-	-	-	-	B	-
Bumann, Carl	B	B	-	B	-	-
Crusius, Henning	-	-	-	-	-	E
Cuiselius, Henning	-	-	-	B	B	B
Flake, Georg	B	B	-	E	-	-
Freisius, Christopher	-	-	-	-	-	B
Hofmeister, Johann	-	-	-	-	-	B
Krickau, Anna	-	-	E	-	-	-
Krickau, Conrad	-	E	-	-	-	-
Kuker, Johannes	B	B	-	B	B	B
Lucken, Margarita	-	E	-	-	-	-
Magirus, Johannes	E	B	-	B	-	-
Meier, Theodor	-	-	-	-	B	B
Ment, Markus	-	-	-	-	B	-
Mösius, Catharina	-	-	-	-	-	E
Palladius, David) Marhussaule	B	-	-	-	-	-
Petri, Elisabeth	-	-	-	-	E	-
Reuter, Ludolph	-	-	-	-	-	B
Rudemann, Georg	B	B	V	B	-	-
Scheffer, Andreas	-	-	-	-	B	-
Schlüter, Gottfried	-	-	-	B	-	-
Segeboden, Anna	-	-	-	E	-	-
Sezenius, Eberhard	-	-	-	B	-	-
Stamke, Anna	E	-	-	-	-	-
Theune, Johannes	B	B	-	-	-	-

Zur Heirat des Johannes Magirus mit Anna Stamke (...), der Tochter des Jakob Stamke (...), im Jahr 1586 verfassen die Schulkollegen der Braunschweiger Katharinenschule nicht näher betitelte Hochzeitsgedichte (VD 16 ZV 14117).

SCHOLA BRVNSVICENSIS ‖ CATHARINIANA ‖ NVPTIIS DOC-TIS=‖SIMI ET ORNATISSI=‖MI VIRI DOMINI IOHANNIS ‖ Magiri Caſſellani, Cantoris & collegæ dile-‖cti Sponſi, & caſtiſsimæ virginis Annæ ‖ Stamken, honeſti viri Iacobi ‖ Stamken filiæ ſponſæ ‖ gratulatur. ‖ HELMSTADII ‖ Excudebat Iacobus Lucius. ‖ Anno M. D. XXCVI.
Helmstedt: Jakob Lucius d. Ä. 1586. [12] Bl.; 4°
[Berlin, SB: *Xc 582/1 (77)*]

Das erste Glückwunschgedicht dieser Sammlung ist ein Epigramm in griechischer Sprache, das aus fünf elegischen Distichen besteht und das sein Verfasser nur mit den Initialen H. A. unterzeichnet, hinter denen sich Heinrich Achemius (Philosoph, Rektor der Katharinenschule in Braunschweig) verbergen dürfte.[489] Die folgenden 34 so genannten 3. asklepiadeischen Strophen über die neun Musen und Apoll dichtet namentlich Mag. Heinrich Achemius, und der Prorektor Mag. Carl Bumann schreibt die 24 elegischen Distichen in griechischer Sprache des dritten Gedichts. Der Schulkantor der Martinsschule David Palladius ist Verfasser des vierten Gedichts aus sieben elegischen Distichen. Die darauffolgenden 41 daktylischen Hexameter widmet Heinrich Bobert (* Hannoversch Münden) dem Brautpaar und unterzeichnet sie als *collega*.[490] Das sechste Gedicht besteht aus neunzehn ambrosianischen Strophen, deren Verfasser der Lehrer Georg Flake (Lehrer an der Katharinenschule in Braunschweig, später Pastor in Isenschnibben bei Gardelegen) ist.[491] Georg Rudemann (Lehrer an der Katharinenschule in Braunschweig) verfasst das umfangreiche siebte Gedicht aus 150 daktylischen Hexametern, und das achte Glückwunschgedicht aus 26 elegischen Distichen schreibt Johannes Theune (Pastor in Lüdersen und Ribbesbüttel, dann Superintendent in Denstorf, * Goslar 1560, † Denstorf 02.08.1617), der ebenfalls als

---

[489]   Zu den biographischen Daten des Heinrich Achemius vgl. DÜRRE (1861), S. 65. Eine Person dieses Namens aus Peine wurde als Magister am 12. November 1588 an der Universität Helmstedt immatrikuliert. Vgl. ZIMMERMANN (1926), S. 73a17.

[490]   Heinrich Bobert dürfte mit *Henricus Boberus Mundensis* identisch sein, der am 23. Mai 1579 an der Universität Helmstedt immatrikuliert wurde. Dazu vgl. ZIMMERMANN (1926), S. 21a14.

[491]   Zu Flake vgl. DÜRRE (1861), S. 70. Eine Person dieses Namens aus Gardelegen wurde am 23. Mai 1605 an der Universität Helmstedt immatrikuliert. Es dürfte sich dabei um einen Sohn handeln. Vgl. ZIMMERMANN (1926), S. 182a14.

collega unterzeichnet.[492] Seinem Chronogramm ist zu entnehmen, dass die Heirat des Johannes Magirus mit der Anna Stamke am 9. August 1586 stattfindet. Der gesamte Sammeldruck wird vom neunten Gedicht aus zehn elegischen Distichen des Lehrers Johannes Kuker (Lehrer an der Katharinenschule in Braunschweig) beschlossen.[493]

Im Jahr 1587 gratulieren die Schulkollegen der Katharinenschule zur Heirat des Braunschweiger Bürgermeisters Conrad Krickau (Bürgermeister in Braunschweig) mit Margarita Lucken (...) (VD 16 ZV 11842).[494]

Nuptijs ‖ AMPLISSIMI PRV=‖DENTISSIMIQVE VIRI DOMINI ‖ CVNRADI KRICKOVII, INCLYTAE ‖ Brunſvicenſium Reipublicæ Conſulis & ‖ Scholarchæ digniſsimi, fecun-‖dò Sponſi: ‖ ET ‖ HONES-TISSIMAE LECTISSIMAE-‖QVE VIRGINIS MARGARITAE LU-CKEN, ‖ Clariſsimi viri Domini Iordani Lvcken, ‖ quondam cœnobij, quod est apud eosdem, S. Crucis ‖ Præpoſiti, relictæ filiæ, Sponſæ, vii. Idus Fe-‖bruarij, Anno cis. is. xxcvii. ‖ celebratis Brunſvigæ, ‖ gratulatur ‖ Schola ibidem Cathariniana. ‖ Anno Salutis CIS. IS. XXCVII.
Wolfenbüttel: Konrad Horn 1587. [8] Bl.; 4°
[Göttingen, SUB: *8 TH BIB 1064/39 (15)*]

Das erste Epithalamion dieses Sammeldruckes stammt vom Rektor Mag. Heinrich Achemius und umfasst 27 so genannte 3. asklepiadeische Strophen. Der Prorektor Mag. Carl Bumann verfasst das zweite Gedicht aus neunzehn elegischen Distichen, deren Hexameter jeweils in lateinischer und deren Pentameter jeweils in griechischer Sprache abgefasst sind. Johannes Magirus ist der Dichter des dritten Hochzeitsgedichts aus dreißig elegischen Distichen, in denen er den Gegensatz von Trauer und Glück aufbaut und in v. 14 den Tod der vorherigen Ehefrau des Braunschweiger Bürgermeisters erwähnt. Das vierte Gedicht umfasst 46 daktylische Hexameter und stammt von Heinrich Bobert, der es als Subkonrektor unterzeichnet. Der Lehrer Georg Flake schreibt das fünfte Gedicht aus neunzehn daktylischen Hexametern in griechischer Sprache. Verfasser des

---

[492] Zu Rudemann vgl. Dürre (1861), S. 70. Zu Theune vgl. Seebaß/Freist (1974), S. 320 und Meyer (1942), S. 95 und S. 305. Theune wurde am 26. April 1581 an der Universität Wittenberg immatrikuliert. Vgl. Förstemann/Hartwig (1894), S. 296*b*39.

[493] Zu Kuker vgl. Dürre (1861), S. 70.

[494] Conrad Krickau ist später auch der Widmungsempfänger einer naturkundlichen Dissertation (1605, VD 17 23:235936G). Als *Cordt* erscheint er namentlich gemeinsam mit seiner Frau Margarita Lucken auf einer im Jahr 1609 entstandenen Glasscheibe aus dem Haus Prinzenweg 4 in Braunschweig. Dazu vgl. Wehking (2001), S. 255–257, dort Nr. 729.

sechsten Gedichts aus 83 daktylischen Hexametern ist Georg Rudemann, der als
collega unterzeichnet und sich ebenfalls auf den Tod der vorherigen Ehefrau des
Conrad Krickau bezieht. In v. 8 nennt er deren Vornamen Catharina und später
auch den Vater der Braut, Jordan Lucken (...). Das siebte Gedicht aus neunzehn
elegischen Distichen, in dem der Schicksalscharakter der neuen Ehefrau für den
verwitweten Bräutigam hervorgehoben wird, widmet der Schulkollege Johannes
Theune, und das abschließende Epigramm aus neun elegischen Distichen der
Kollege Johannes Kuker.
Zur Heirat des Braunschweiger Bürgers Werner Bothe (...) mit Anna Krickau (...),
der Tochter des Conrad Krickau, am 6. Februar 1588 verfasst Georg Rudemann
ein *Epithalamion in honorem nuptiarum* (VD 16 R 3423).

EPITHALAMION ‖ IN HONO=‖REM NVPTIARVM VIRI ‖ Integerrimi, Civisq[ue] vrbis Brunſuicenſis honestiſ-‖ſimi VVARNERI BOTHII
Sponſi: Et ‖ castißimæ omnibusq[ue] virtutibus ornatißimæ virgi-‖nis
ANNÆ amplißimi & ornatißimi viri ‖ CONRADI KRICKOVII Reipublicæ ‖ Brunſuicenſis Conſulis prudentißimi Filiæ, Spon-‖ſæ, matrimonium ineuntium 8. Id. Februarij, ‖ Anno Salutis humanæ, ‖ 1588. ‖ Scriptum ‖ à ‖ GEORGIO RVDEMANO ‖ Brunſuicenſi.
[Wolfenbüttel]: [Konrad Horn] [1588]. [4?] Bl.; 4°
[Wolfenbüttel, HAB: *M: Db 753 (29)*]

Dieser Druck ist im einzigen bekannten Exemplar aus dem Besitz der Herzog
August Bibliothek in Wolfenbüttel nur unvollständig erhalten, und der Text bricht
nach 104 elegischen Distichen auf der Seite mit der Bogensignatur A4ᵛ mit der
Reklamante *Apollo* ab. Vermutlich fehlen somit zumindest die Seiten einer zweiten Lage und ihr Text. Auffällig ist dabei jedoch, dass der vorhandene Text in
v. 199–202 mit an das Brautpaar gerichteten Glückwünschen des Verfassers ein
durchaus topisches Gedichtende erreicht. Die nachfolgenden letzten drei erhaltenen elegischen Distichen legen es nahe, für den folgenden verlorenen Text Verse
zu Apoll und den neun Musen zu vermuten, die gewissermaßen ein dichterisches
Geleit für das Paar darstellen sollen:

> *Haec ego dum tacito mecum sub corde voluto,*
>   *Astabant clarius, Pieridesque novem.*
> *Quae sponsum vario celebrabant carmine, Sponsam &,*
>   *Sponsis perpetuo quo pia vota ferunt.*
> *Accedens proprius, Musisque tacentibus ille*
>   *Divino tales fundit ab ore sonos.*

Erst drei Jahre später, als im Jahr 1591 der Theologe Georg Flake die Anna Segeboden (* Braunschweig), die Tochter des Braunschweiger Bürgers Bernhard
Segeboden (...) heiratet, erscheint wiederum ein Sammeldruck mit von den Schulkollegen verfassten *Epithalamia* (VD 16 ZV 5210).

Epithalamia ‖ IN HONOREM ‖ NVPTIARVM REVERENDI ET ‖ DOC-
TISSIMI VIRI Dñ: GEOR-‖GII FLAKII, Eccleſiæ quæ eſt in ‖ Iſerſchnibben
apud Gardelegenſes, ‖ Paſtoris digniſsimi, Sponſi, ‖ ET ‖ LECTISSI-
MAE AC PVDICISSIMAE ‖ VIRGINIS, ANNAE à BERNHAR-‖do Segebo-
den, Ciue quondam Brunſvvicenſi ‖ relictæ Filiæ, Sponſæ: ‖ SCRIPTA ‖
à ‖ Rectore & Collegis Scholæ ‖ Catharinianæ. ‖ Anno reparatæ Salutis
M. D. X CI.
[Wolfenbüttel]: [Konrad Horn] 1591. [4] Bl.; 4°
[Berlin, SB: *Xc 582/1 (67)*]

In dieser Sammlung verfasst Mag. Carl Bumann das erste Hochzeitsgedicht, das
aus acht elegischen Distichen in griechischer Sprache besteht. Der Dichter des
zweiten Epigramms aus zwölf elegischen Distichen ist Mag. Gottfried Schlüter,
der seine Verse als Prorektor unterzeichnet. Der Kantor Johannes Magirus aus
Kassel schreibt das dritte Epithalamion aus elf elegischen Distichen, in denen die
felicitas des Brautpaares sowie die *pudicitia* der Braut betont werden. Das vierte
Gedicht umfasst vierzehn elegische Distichen und stammt von Heinrich Bobert
aus Minden. Anschließend ist ein weiteres Gedicht aus ebenfalls vierzehn elegischen Distichen des Eberhard Sezenius (Rektor in Braunschweig) abgedruckt.[495]
Georg Rudemann verfasst das sechste Gedicht dieser Sammlung. Es besteht aus
27 Verspaaren in Epodenform aus daktylischem Hexameter und iambischem Dimeter. Das nachfolgende Epigramm aus zehn elegischen Distichen dichtet Henning Cuiselius (...), der ohne Hinzufügung eines akademischen Titels oder einer
schulischen Funktion unterzeichnet. Die Sammlung von Epithalamien wird von
einem Epigramm aus neun elegischen Distichen beschlossen, die Johannes Kuker
dem Brautpaar widmet und als *collega* unterzeichnet.
Erneut mehrere Jahre später verfassen die Kollegen der Katharinenschule im Jahr
1596 nicht näher betitelte Glückwunschgedichte zur Heirat ihres Rektors Mag.
Johannes Bachmann (Rektor der Katharinenschule in Braunschweig, dann nach
Amtsentfernung Rektor der Fürstenschule in Schulpforte, * Braunschweig 1570,
† 1632), der auf dem Titelblatt als Bechmann genannt wird, mit Elisabeth Petri

---

[495] Sezenius ist nicht genannt in der Liste der Rektoren der Katharinenschule bei DÜR-
RE (1861), S. 64–66. Er ist auch Verfasser des *Triumphus Christi* (1608, VD 17
23:293667D).

(...), die vermutlich eine Tochter des Friedrich Petri ist (VD 16 M 215).[496] Die Zusammensetzung des Kollegiums ist zu diesem Zeitpunkt innerhalb des Verfasserkreises bereits im Wandel begriffen.

> M. Ioanni Bechmanno, ‖ SCHOLAE CATHARI-‖nianæ Apud Brunſui-cenſes ‖ Rectori ‖ ET ‖ Eliſabethæ Petri ‖ novis ſponſis. ‖ GRATVLAN-TVR EIVS-‖dem ſcholæ collegæ. ‖ HENRICOPOLI ‖ Ex Officina Typo-graphica Conradi Horns, ‖ Anno cIɔ Iɔ XCVI.
> Wolfenbüttel: Konrad Horn 1596. [4] Bl.; 4°
> [Wolfenbüttel, HAB: *H: J 129.4° Helmst. (21)*]*

Der Druck enthält Epithalamien von sechs Verfassern, die teilweise bekannterma-ßen und teilweise vermutlich als Lehrer dem Kollegium der Katharinenschule in Braunschweig angehören. Das genaue Datum der Heirat ist der den Sammeldruck beschließenden Datierung zu entnehmen, wonach die Eheschließung *postridie Calend. IXbris*, also am 2. November 1596 in Braunschweig stattfand.

Das erste der sechs Epithalamien stammt von Mag. Hardwig Brinckmann aus Schöningen, der sein Gedicht als Konrektor der Katharinenschule unterzeichnet und als *Allegoria de rivo poetica* betitelt. Es besteht aus elf dreizeiligen Stro-phen aus jeweils einem daktylischen Hexameter, einem iambischen Dimeter und einem Hemiepes sowie einem als *Echo* betitelten kleineren zweiten Gedicht aus sieben elegischen Distichen. Wie bereits aus dem Titel des längeren Gedichtteils erkenntlich ist, spielt Brinckmann in seinem Gedicht allegorisch mit Begriffen und mythischen Wesen und deutet Namensbestandteile der Widmungsempfänger ebenfalls allegorisch aus, bevor er im zweiten, kürzeren Gedichtteil eine fingierte Antwort der Nymphe Echo auf seinen zuvor beschriebenen *rivus* folgen lässt. Der *rivus ... vivus* habe die Stadt Braunschweig *bis ante lustra quatuor*, vierzehn Jahre zuvor, noch als *vilis & exiguus* durchflossen. Brinckmann bezieht sich mit dieser Anspielung einerseits geographisch auf den Fluss Oker, der durch Braunschweig fließt, und andererseits auf den Familiennamen Bachmann des Bräutigams, der seinerseits vierzehn Jahre zuvor im Alter von zwölf Jahren als *vilis* seine schuli-sche Ausbildung begonnen habe. Später habe dieser *rivus* in Braunschweig einen Zustrom aus den *fontes ... Sophiae* erhalten und münde schließlich nach verschie-denen Windungen in die Elbe, was ein Hinweis auf Bachmanns Studium in Wit-

---

[496] Zu den biographischen Daten Bachmanns vgl. Dürre (1861), S. 65–66. Er wurde am 17. Mai 1593 an der Universität Wittenberg immatrikuliert. Vgl. Förstemann/Hartwig (1894), S. 400a6. Während seiner Tätigkeit in Schulpforte heiratet Bachmann später im Jahr 1613 die Witwe Justitia Hentzmann. Auch zu diesem Anlass werden ihm wie-der drei Gedichtsammlungen gewidmet (1613, VD 17 14:085723D, 14:085725U und 125:001464C).

tenberg und möglicherweise zudem auch eine Vorausdeutung auf seine spätere
Tätigkeit als Rektor der Fürstenschule im meißnischen Territorium ist. Der Fluss
strebe zu den Fluten, die aus der Quelle Aganippe am Musenberg Helikon ent-
sprängen, aber der *Deus omnipotens* habe den Lauf der Wasser verändert und in
die Heimat zurückgeführt. Brinckmann zeichnet somit das Bild eines Flusslaufes
nach und stellt dazu den Lebenslauf des Rektors einem Fluss gleich dar, der sich in
Braunschweig entwickelt und sich dort der σοφία und den *artes* zugewandt habe.
Dieser Fluss habe in Braunschweig die Gefilde der Katharina erreicht, der Na-
menspatronin der Katharinenschule, die stellvertretend für die nach ihr benannte
Schule steht. Die heilige Katharina von Alexandria ist unter anderem Patronin der
Lehrer, Schüler, Studenten, Theologen und Universitäten und somit neben ihrer
Funktion als Namenspatronin der Schule zugleich auch die Berufspatronin des
Bräutigams.[497] Bald habe der Fluss ein Gebirge erreicht, das in seiner lateinischen
Entsprechung *petra* an den Familiennamen der Braut angelehnt ist. Die in v. 24 ge-
brachte Formulierung *alluit ipse statim* kann infolgedessen gleichermaßen als Bild
der den Felsen umspielenden Wellen oder als Bild des seine Braut umwerbenden
Bräutigams aufgefasst werden. Bezüglich der Namensgebung der Braut erwähnt
Brinckmann anschließend in der zehnten Strophe die elysischen *campi* sowie den
Propheten Elias. Die Musen sollten jetzt den Flusslauf abschließen und mit ihm
als Dichter Beifall spenden, denn es solle ausgehend von diesem Punkt ein *rivulus*
entstehen. In dieser Vorstellung ist die Bitte um Nachkommen enthalten: Aus der
Ehe des Johannes Bachmann möge ein Kind gleichsam als „Bächlein" hervor-
gehen. Das sich anschließende Epigramm trägt den Namen der Nymphe Echo,
die – wie Brinckmann im Untertitel in Anlehnung an Ov. *met.* 3,356–401 anmerkt – dem zuvor geschilderten Fluss aus der *petra* antwortet, in die sie verwandelt worden war. Jeder der vierzehn Verse besteht aus einer Frage des Flusses und
der sich anschließenden Antwort in Echoform, die aus jeweils einem Wort besteht.
Nachdem sich der fragende Fluss vergewissert hat, dass Echo ihm antworten wird,
beginnt er in v. 3, sie bezüglich der Heirat zu befragen: *An scis quid Rivus ferat
iste sonorus? E. honores.* Im Folgenden entstehen aus Frage und Antwort jeweils
weitere positive Aussagen, so beispielsweise auch in v. 11: *Num tantum thalamum
concordia munit? E. & unit.* Die abschließende Feststellung in v. 14, die Ehe sei
für den Mann ein *relevamen*, beantwortet Echo wie ein christliches Gebet bestä-
tigend mit *Amen.* Die Kombination der Fluss-Allegorie mit dem Echogedicht ist
eine originelle, witzige und sympathische Form eines Epithalamions, zumal das
dichterische Spiel durch die Umdeutung der Namensbestandteile der Brautleute
und die damit verbundenen Bilder einen hohen Grad an Plastizität und persönlichem Bezug erhält. Die Idee des Echofelsens, der mit dem Familiennamen der

---

[497] Vgl. Schauber/Schindler (2001), S. 607–609.

Braut verbunden wird, führt aber auch zu einer weiteren Deutung, die dem Motiv des Echos immanent ist, denn das Echo der Frau antwortet prinzipiell positiv im Sinne des den Bräutigam darstellenden fragenden Flusses. Aus Brinckmanns Gedichten spricht somit auch die Vorstellung, dass die Frau einem Echo gleich die Aussagen, Gedanken und dergleichen ihres Mannes reflektiert und beide Eheleute gemäß Gen. 2,24 zu einem Wesen werden.

Andreas Scheffer (* Mühlhausen), der Subkonrektor der Katharinenschule ist der Verfasser des zweiten Hochzeitsgedichtes aus zwölf so genannten 3. asklepiadeischen Strophen.[498] Er führt in der ersten Strophe aus, dass er zur Abfassung seiner *nugae* gedrängt werde. Die Bezeichnung des dichterischen Werks als *nugae* ist nach dem antiken Vorbild der Neoteriker gemäß Catull. *c.* 1,4 und ebenso auch nach Mart. 4,82,4 in der Tradition Catulls gestaltet. Seine *chelys*, die als Lyra des Dichters und Sängers Ov. *epist.* 15,181 und *met.* 7,272 entlehnt ist, schweige nämlich nicht bezüglich des Familiennamens des Rektors, und der glückverheißende Heiratstermin mit seiner *virgo ... aptanda* stehe bevor. Weder erwärme die Hitze die *frigora* des kalten Taurusgebirges in Kleinasien noch die des Boreas im europäischen Norden. Oft würde Wolken ein fröhlicher Tag folgen. Dazu ergänzt Scheffer in v. 13–14 ein sentenzartig formuliertes Bild: Das mit dem lateinischen Substantiv *sors* genannte Schicksal drücke die *cristae tumidae* herab, und führe die so herabgedrückten wieder zur noch größeren Höhe hinauf. Nach der Beschreibung dieser aufgelösten Gegensatzpaare bittet der Verfasser für das Paar um die *pax aurea*, *concordia*, *castitas*, *candor* und *probitas*. Diese *virtutes* gleiche Gott bei den Menschen aus. Der Bräutigam sei selbst *candidus* und erhalte von Christus in sein Schlafgemach eine *virgo ... pia* zugeführt. In der siebten Strophe bekräftigt Scheffer, dass er, so oft er Bachmann sehe, nicht jedes Mal dessen Vorzüge nennen könne:

In te quot videam, non queo dicere,
Virtutes: brevius nec sinit ocium,
 Ignarus levitatis,
 Fastus, fraudis es & doli.

Die negativen Eigenschaften der *levitas*, des *fastus*, der *fraus* und des *dolus* seien allesamt bei ihm nicht vorhanden. Die in der achten Strophe aufgezählten positi-

---

[498] Auch Dürre (1861), S. 69 erwähnt Scheffer als Subkonrektor der Katharinenschule nur im Kontext eines Epithalamions. Andreas Scheffer wurde am 4. November 1594 an der Universität Helmstedt immatrikuliert. Dazu vgl. Zimmermann (1926), S. 115*b*238. Er ist vermutlich mit der gleichnamigen, als Vikar genannten Person in den Akten des Reichskammergerichts identisch (Wolfenbüttel, StA: *6 Alt Nr. 615*).

ven Eigenschaften des *candor niveus*, der *fides*, der *pietas*, der *incluta virtus* und der *scientia* seien hingegen für ihn kennzeichnend. Er werde als *doctiloquus*, was sich auf seine akademische *doctrina* bezieht, von der Jugend der Stadt Braunschweig als *ductor* über die Gipfel des Parnass gefordert, wobei das Substantiv *ductor* als gleichwertig für das häufigere Substantiv *dux* steht. Scheffer stellt den Rektor seiner Schule gleichsam als Bergführer über den Musenberg dar und zeigt ihn als Lehrer, der seine Schüler durch die Unwägbarkeiten der Studien geleitet. Da er sich zugleich auch mit den himmlischen *dogmata* beschäftige, gebe Christus ihm eine Braut, die gleichermaßen *casta, candidula* und *pia* sei. In der vorletzten elften Strophe wird dem Widmungsempfänger dann eine alltagsnahe Perspektive aufgezeigt. Sooft ihm seine schulische Arbeit *curae* bereite, werde seine Ehefrau ihn wieder aufheitern. Abschließend heißt es danach, beiden sollten Freuden beistehen und Hochzeitsfackeln der Eumeniden gewährt werden. Die den Lebensfaden spinnenden Parzen sollten beiden ein langes gemeinsames Leben gewähren, und außerdem solle auch nicht irgendeine *querela* jemals in beider Haus erklingen:

> *Vobis lanificae fila neant Deae*
> *Disrumpi innumeris nescia seculis,*
> *Unquam nulla querela*
> *In vestra resonet domo.*

Die in v. 45 gesetzte Phrase *fila neant Deae* geht dabei auf Ov. *Pont.* 1,8,64 zurück und stellt exemplarisch eine Anleihe des Verfassers bei römischen Dichtern der Antike dar. Scheffers Gedicht lebt auf besondere Weise von der Gegenüberstellung negativer und positiver Eigenschaften, deren letztere er unter dem Begriff der *virtus* versammelt. Nach Brinckmanns sehr persönlichem allegorischem Gedicht kann auch der Subkonrektor noch mit einer privaten Notiz aufwarten, indem er den sympathischen Einwurf macht, die partnerschaftliche Situation könne berufliche Sorgen auffangen. Diesen umfangreicheren Gedichten der beiden Amtsinhaber Brinckmann und Scheffer folgen die kürzeren Gedichte weiterer Schulkollegen.

Der Lehrer Henning Cuiselius schreibt das nächste Glückwunschgedicht aus zwölf elegischen Distichen. Er beginnt sein Gedicht ohne einleitende Verse mit der Aussage, dass derjenige, der sein Leben angenehm machen und schwere Sorgen von seinem Herz werfen wolle, sich einem Mädchen anvertrauen sollte, die ihm in Zeiten der Kümmernis ein *levamen* sein werde. Es sei schließlich besser, sich mit einer Gefährtin in einem gemeinsamen Bett zu verbinden als vom *foedus ... amor* der *Venus turpis* ergriffen zu werden. Cuiselius entwirft mit diesen Worten das Bild einer selbstbestimmten, entschiedenen Beziehung als Gegensatz zu einer nur von der begehrenden Liebe der Venus motivierten schlechten Form der Beziehung. Die Ehe sei eine *res grata* für den christlichen Gott, der in v. 9 als *Dominus ... supremus* genannt wird, da dieser selbst auch *certa ... foedera* einrichte. Er gebe den Brautleuten einen *castus ... amor*, und er berücksichtige *castae ... preces*. Nach diesem Exkurs bezüglich der Bedeutung und Einflussnahme Gottes auf die Eheschließung kehrt Cuiselius ab v. 13 wieder zur Bewertung des Bräutigams zurück. Derjenige könne sich als *felix* und *beatus* schätzen, in dessen Schlafgemach die *virgo pudica* komme. Sie sei es, die den Mann von der Last seiner Sorgen wieder erfrischen könne und die ihren Mann niemals vernachlässigt oder verlassen habe. Dann bringt Cuiselius dem Bräutigam seinen Glückwunsch, den er dem antiken Hochzeitsbrauch entsprechend in die verbale Gestalt der *ignes* kleidet, zum Ausdruck und merkt an, dass dieser sich gerade im Augenblick zu seiner Ehefrau begebe. Er habe sich auf die eheliche Verbindung mit ihr im *thalamus* vorbereitet, und sie hingegen fürchte Gott aus reinem Herzen. Aus der Kontrastierung der Herangehensweise beider Partner an die Heirat ist der Zeitgeist des späten 16. Jahrhunderts wie in vielen anderen Epithalamien auch exemplarisch zu erkennen. Während für die Bewertung des Mannes besonders die familiäre und sexuelle Komponente der Heirat im Vordergrund steht, bemisst sich die Rolle der Frau überwiegend aus ihrer religiösen und moralischen Integrität sowie gegebenenfalls noch aus ihrem Grad an Bildung. Insofern ist es nicht verwunderlich, dass die beiden letzten Distichen des Epigramms zunächst wiederum den Wunsch um eine Nachkommenschaft enthalten sowie die Erwähnung des daraus erwachsenden Lobes und der Ehre:

> *Haec pulchra laetum faciet te prole parentem:*
> *Laus te magna, ingens atque manebit honos.*
> *Consociet dulcis vestras concordia mentes:*
> *Vivite facundi tempora longa senis.*

Als abschließende Bitten setzt Henning Cuiselius die Bitte um *concordia* ein, die beide Partner vereinen soll, sowie die weitere Bitte um ein lange währendes Weiterleben. Sein gesamtes Gedicht zeigt wenig persönliche Züge und wirkt insgesamt sehr unspezifisch.

Das vierte Epithalamion aus sieben elegischen Distichen verfasst Markus Ment (Lehrer an der Katharinenschule in Braunschweig, * Braunschweig), der sein Gedicht ohne weitere Herkunfts- oder Funktionsangabe unterzeichnet.[499] Er beginnt

---

[499]   Zu Ment vgl. Dürre (1861), S. 70. Er wurde am 28. Februar 1587 an der Universität Helmstedt und am 8. August 1588 an der Universität Wittenberg immatrikuliert. Dazu vgl. Zimmermann (1926), S. 63b59 und Förstemann/Hartwig (1894), S. 359a20.

mit der Darstellung des Vogelfangs mittels eines Netzes, wobei das Substantiv *laqueus* in dieser Wortbedeutung auf Ov. *met.* 11,73 zurückgeht. So könne die *praeda petita* festgehalten werden, beispielsweise eine *fringilla* oder eine *alauda*. Im Anschluss an diese Schilderung stellt Ment in v. 5 die rhetorische Frage *fallor?* und richtet sich dann in direkter Anrede an den Bräutigam, ob er bei seiner Brautsuche diesem Beispiel des Vogelfangs gefolgt sei. Mittels der Überredungskunst der Venus habe er eine Frau gefunden, die eine *pars ... ampla* seines zukünftigen ehelichen Schlafgemachs sei. Er möge seinen Lebensweg unter den *bona ... fata* weiterbeschreiten und seine *coepta ... numina* annehmen. Im sechsten Distichon bricht Ment diese Aussagen an den Bräutigam ab und wendet sich der Braut zu, die sich ihrerseits gerade ihrem Ehemann zuwende. Abschließend fordert er beide auf, gemeinsam vor Gott zu treten, und schließt den Wunsch an, *gaudia multa* sollten in ihren Haushalt einziehen:

> *Ite, ferite Deo praesenti foedus ad aram,*
> *Ad vestram properent gaudia multa domum.*

Theodor Meier ist der Verfasser des fünften Glückwunschgedichtes aus dreizehn elegischen Distichen. Er gestaltet zunächst ein allgemeines Lob auf die Institution der Ehe aus, bevor er sich in der zweiten Hälfte des Gedichts konkret auf das Paar bezieht. Dabei stellt er in den ersten drei Distichen jeweils mit *quaero* eingeleitete Fragen, die er mit knappen Hinweisen auf den Wert der Heirat und der Ehe beantwortet. Zum folgenden Textabschnitt ist besonders noch der metrische Verstoß im Wort *quaerŏ* zu nennen, das aufgrund der Naturlänge korrekt als *quaerō* hätte gesetzt werden müssen.

> *Quaero statu in cuncto quid praestet? quidve beato*
> *Nomine sit dignum? coniugalis honor.*
> *Quaero quid & tristi prosit, quid fracta dolore*
> *Pectora soletur? coniugalis amor.*
> *Quaero quid & cumulet fundos, quid congerat aurum,*
> *Haec quid conservet? foedera coniugij.*

Der *coniugalis honor*, der *coniugalis amor* sowie die *foedera coniugii* stellen aus Meiers Sicht den Gegenpol zu seinen Fragen nach Würde, seelischen Schmerzen und materieller Sicherheit dar. Er berücksichtige dabei alles, was Gott als *sator* und *mira ... arte* für den Menschen eingesetzt habe. Darüber hinaus scheine ihm kein weiterer Punkt als *mirabilis* anmerkenswert zum *foedus ... sociale* der Ehe. Begründend fragt er in v. 11–12, was denn auf der ganzen Welt vorzüglicher sei als in Liebe miteinander *similes ... sibi*, gemeint sind Kinder, hervorzubringen.

Anschließend spielt Meier auf die bereits erwähnte christliche Vorstellung des *sanctus ... coetus* nach Mt. 25,1–13 sowie Offb. 19,7.9; 21,2 an und nennt die Herrschaft des Himmelreiches. Der als Bräutigam gefeierte Rektor sei dieses Lobes würdig, und ihm werde die *virgo pudica* anvertraut, die er als Geschenk des Himmels annehmen möge und mit der ihn ein Pastor ehelich verbinde. Die Braut sei ein Beispiel von *pietas*, *labor* und *domestica cura*, so dass Meier die Vorzüge der Frau deutlich hervorhebt und seine Wertschätzung für sie zum Ausdruck bringt. Dabei bezieht er sich in v. 19–20 dem Geist seiner Zeit entsprechend auf ihre christliche Gesinnung im Allgemeinen, ihre Einstellung zu den *dogmata sacra* im Speziellen und ihre Qualitäten als zukünftige Leiterin des Haushalts. Der Verfasser richtet deshalb in v. 21–22 seinen ausdrücklichen Glückwunsch an den Widmungsempfänger:

> *Gratulor ergo tibi de tali virgine, Sponse,*
> *Quae, teneram sponsam quidquid honestat, habet.*

Des Weiteren wünscht Meier beiden Eheleuten eine bleibende *concordia*, damit weder *luctus* noch *amara ... crux* ihnen etwas anhaben können. Man möge auf Gott vertrauen und die übergebenen *sceptra* lenken, damit die Eheleute *munera larga* gemeinsam mit dem christlichen Gott und ihrer *pietas* erreichen könnten. Der Verfasser stellt die Vorzüge der Ehe einerseits und die positiven Auswirkungen der Ehe auf das Leben des Mannes andererseits dar, der nach Meiers Urteil eine ihm würdige Frau erhält.

Das sechste Epithalamion dieses Sammeldrucks ist ein Hymnus aus 26 daktylischen Hexametern, den Johannes Kuker schreibt. Er unterzeichnet sein Gedicht wie zuvor auch Cuiselius, Ment und Meier ebenfalls ohne weitere Personenangaben. In v. 1–4 stellt Kuker mehrere fingierte Fragen, die zum Anlass seines Grußes hinführen sollen. So fragt er beispielsweise den Gott Apoll, weshalb er *carmina* anstimme, weshalb er den gegenwärtigen Tag aufrichtig ehre und weshalb er die neun Musen vom Berg Helikon gemeinsam mit Iuno, der Göttin der Ehe, nach Braunschweig lenke. Ab v. 10 stellt der Dichter aus Sicht des angerufenen Gottes Apoll dar, wie dieser den Bräutigam als *noster socius* in Gesellschaft der Nymphen zum Traualtar geleiten will. Hymen, der Gott der Heirat, habe ihn mit einem Hochzeitslied eingeladen, und auch die Musen und die Grazien seien gleichermaßen fröhlich anwesend und würden die *duo pectora* mit ihren Gebeten einander verbinden. In v. 16 wird dabei erstmals der Vorname der Braut genannt, die in Liebe zu ihrem Lehrer lebe und die der Rektor der Katharinenschule in Braunschweig gleichermaßen ebenfalls liebe. Man wolle die *vota* mit Eifer zu erfüllen versuchen und für das Brautpaar Hochzeitsfackeln entzünden. Kuker richtet anschließend seine Aufforderung an die Hochzeitsgesellschaft, für das

Brautpaar *honores* zu erbitten, da die *virtus* der Braut und die *doctrina* des Bräutigams Lob verdienten. Im letzten Abschnitt in v. 23–26 fasst der Dichter seine Segenswünsche zusammen. Beiden möge ein dem sprichwörtlich langen Leben des Nestor vergleichbar langes, gemeinsames Leben möglich sein, und der *Omnipotens Dominus*, Gott, der die Gestirne lenke, möge sie zu Eltern einer Nachkommenschaft machen. Neben der eigentlichen namentlichen Unterzeichnung seines Gedichtes erwähnt Johannes Kuker sich in dem das Gedicht beschließenden Satz in v. 26 ebenfalls selbst: *Haec ego Kukerus tentavi carmine vota.* Er selbst habe für seinen Kollegen und dessen Ehefrau Elisabeth Petri die in diesem Gedicht vorstehenden *vota* ausgeführt. Kuker bedient mit seinem Gedicht die antike Vorstellung des aus diversen Gottheiten bestehenden dichterischen Hochzeitsreigens, die Einflussnahme des christlichen Gottes als Allmächtigen sowie die löbliche Betonung der positiven Eigenschaften der beiden Brautleute.

Im Jahr 1601 erscheinen *Schediasmata nuptialia* zur Heirat des Henning Crusius (Subkonrektor an der Katharinenschule in Braunschweig) mit Catharina Mösius (...), die als *scripta ab amicis* betitelt und von mehreren Schulkollegen verfasst sind (VD 17 23:265067V).[500] Der Verfasserkreis präsentiert sich zu diesem Zeitpunkt in praktisch gänzlich anderer Besetzung als in den ersten zugehörigen Drucken.

ΣΧΕΔΙΆΣΜΑΤΑ ‖ NVPTIALIA ‖ HENNIGO ‖ CRVSIO ‖ ET ‖ CATHARINÆ ‖ MOESIAE. ‖ Scripta ‖ ab amicis. ‖ Helmaestadii, ‖ Excudebat Iacobus Lucius. ‖ Anno CIꟼ. Iꟼ. CI.
Helmstedt: Jakob Lucius d. J. 1601. [6] Bl.; 4°
[Wolfenbüttel, HAB: *H: 512 Helmst. Dr. (28)*]*

Der Druck enthält die Epithalamien in lateinischer und griechischer Sprache von sieben namentlich genannten Beiträgern sowie einem *anonymus*. Es findet sich kein näherer Hinweis auf den genauen Heiratstermin. Der erste Text ist ein als *ΜΕΛΎΔΡΙΟΝ* betiteltes Gedicht, das der Rektor der Katharinenschule Mag. Johannes Bachmann in 59 griechischen Versen verfasst und als *Bechmanus* unterzeichnet. Neben topischen Elementen der Lieddichtung bindet er für die Heirat relevante mythologische Vorstellungen wie die der Aphrodite Cypris ein und spielt mit dem Nachnamen des Bräutigams und dem Vornamen der Braut. Mag. Johann Hofmeister verfasst das zweite Epithalamion, das aus zwanzig elegischen Distichen besteht. Er beginnt im ersten Distichon mit der an den Bräutigam Henning Crusius gerichteten Behauptung, dass im *fatum ... potens* festgeschrieben gewesen sei, dass er die Catharina Mösius zur Ehefrau erhalten werde.

---

[500] Zu Crusius vgl. Dürre (1861), S. 69.

Denn bereits nachdem er sich vom *blandum* ... *lac* seiner Mutter gelöst habe und kaum habe sprechen können, habe ihn die Katharina in ihren *sinus* ... *amicus* aufgenommen um das noch ungebildete Kind mit den *doctura* ... *elementa* vertraut zu machen. Hofmeister spielt dabei auf den Namen der Katharinenschule in Braunschweig an, und es muss infolgedessen angenommen werden, dass Crusius Jahre zuvor selbst Absolvent der Schule war. Nachdem in v. 2 derselbe Name für die Braut steht, ist es überraschend zu sehen, dass anschließend aufgrund der Namensgleichheit vom Verfasser die Gelegenheit genutzt wird, die akademische Karriere des Bräutigams zu schildern. Dazu geht er in v. 5 zur Erwähnung dessen Studiums an der Universität Helmstedt über. Die *rivalis Iulia* habe die *Catharina* um ihren Zögling beneidet und ihn zu sich befohlen. Crusius wurde tatsächlich am 2. Oktober 1589 in Helmstedt als *Brunsvicensis* immatrikuliert.[501] Anschließend habe die Katharinenschule ihn nach Braunschweig zu sich zurückberufen, wo er aus der Sicht des Verfassers schließlich *noster* geworden sei. Gemäß der bisherigen schulischen Praxis der Katharinenschule sei auch der Bräutigam als neuer Lehrer vom *ardor* zu den *artes* ergriffen worden, die in der Gestalt des Musendienstes erscheinen. In den folgenden Versen wandelt sich die Rolle der genannten *Catharina* zunehmend weg von der Schule und hin zur Person der Braut. Crusius sei selbst von den beiden gestirnartigen Augen der Catharina Mösius ergriffen worden, wobei auch die Göttin Venus mitgewirkt habe. Der Mann habe dies bemerkt und folgende Worte *imo de pectore* bekannt:

> *Altera constrictum me CATHARINA tenet.*
> *MUSICA me CATHARINA tenet: sed MUSIA partem,*
> *Immo habeat totum me CATHARINA, velim.*

Diese Aussage der v. 22–24 bringt die Veränderung im Leben des Henning Crusius deutlich zum Ausdruck. Nach der Katharinenschule habe ihn jetzt eine andere *Catharina* fest ergriffen, bei der er auch in musischen Diensten sei, was eine Anspielung auf den Familiennamen der Braut darstellt und nicht tatsächlich die Musen betrifft. In v. 24 folgt der nachdrückliche Wunsch, dass diese *Catharina* ihn vollständig annehmen möge. Die diesbezügliche Zustimmung erfolgt im folgenden Vers mit *Cyprius assensit*, und Hofmeister hebt damit die sofortige Anerkennung der Beziehung durch die Aphrodite Cypris hervor. Anschließend habe ihn die *Catharina sagax* der Catharina Mösius übergeben. Sie dürfe *os*, *oculi*, *aures* und *caetera cuncta* für sich beanspruchen, seine *lingua* hingegen nicht, da die von ihm weiterhin zum Schulunterricht benötigt werde. Danach

---

[501]   Vgl. ZIMMERMANN (1926), S. 78a143. Er musste demnach am 1. November 1595 eine Strafe im Karzer verbüßen.

fragt der Dichter, ob die Ehefrau ihrem Mann dies versagen wolle und antwortet in v. 33–34, dass sie nach seiner Vermutung ihrem Bräutigam nicht im Weg stehen werde, da sie ihm erst *sensus* und *animus* verschafft habe. Sollte die Welt ihm diesen Dienst an der Jugend verweigern, werde Gott selbst einschreiten. Hofmeister verweist dazu auf die *praemia*, die der Himmel verheiße, wenn im irdischen Leben keine erreichbar seien. Abschließend bekräftigt er, dass diese Aussagen vom christlichen Gott gegeben würden, der seinerseits *res ... secundas* für das Brautpaar wolle. Hofmeister verbindet in seinen Versen auf überraschende Weise die Lebensstationen des Bräutigams mit dem Namen der Braut. Die dichterische Idee, dass die eheliche Verbindung beider Partner die Zunge des Mannes ausschließe, da er die weiterhin für seine Tätigkeit als Lehrer benötige, ist ebenfalls ein witzige Überlegung und zeigt daneben ein für die Entstehungszeit im Vergleich zu anderen Epithalamien eher untypisches Bild der Ehe, in der die Frau nicht nur ihren Mann annimmt, sondern geradezu mit Beschlag belegt und nicht der Mann über seine Frau verfügt. Auch dass die Ehefrau in eine Reihe mit Schule, Universität und Beruf ihres Bräutigams gestellt wird, hebt die besondere Bedeutung, die sie für den Mann hat, hervor.

Ludolph Reuter ist der Verfasser des dritten Gedichtes, das 26 elegische Distichen umfasst. Er gehörte wenige Jahre zuvor auch als Beiträger dem Personenkreis um die Martinsschule an. Der Widmungsempfänger Henning Crusius wolle sich ehelich verbinden und sei für seine Heimat und seine Schule gleichermaßen *laus* und *decus*. Reuter meint, er glaube, dass Crusius fortwährend Gebete spreche, was seine *pietas* betonen soll, die schließlich in v. 9 auch wörtlich genannt wird:

Sedulus in prece sit, sit amans pietatis, ut intret
Illius inlicitum casta puella torum:

Das Beten stellt Reuter auch in den Kontext der Heirat. So betont er zuvor in v. 7, dass derjenige, der heirate, zwar ein *maritale ... capistrum* erhalte, das Gebet aber eine auch nach der Eheschließung vorhandene und wünschenswerte Möglichkeit des Gesprächs darstelle. Das Adjektiv *sedulus* klärt eindeutig, dass sich diese Aussage auf den Bräutigam bezieht, so dass auch dieses Epithalamion einen humorvollen Wink auf eine Alltagsperspektive der kommenden Ehe wirft. Nachdem bereits das vorangehende Gedicht des Johann Hofmeister deutliche Anmerkungen bezüglich des Verhältnisses dieser beiden Ehepartner gemacht hat, scheint die Annahme nicht abwegig, dass Catharina Mösius neben ihrem akademisch orientierten Ehemann als eine das Privatleben dominierende Persönlichkeit gezeigt werden soll. Diese Charakteristik setzt sich in v. 13–16 fort:

Dicas Brunsvigae cultas habitare puellas,
Quarum mens avido molliter igne calet:
Dicas venalem his formam, corpusque, decusque
Esse, & aquas saepe his ferre necem Onacrias.

Er könnte sagen, dass die jungen Frauen der Stadt Braunschweig *cultae* seien und sie mit einem *avidus* ... *ignis* brennen würden. Und wenngleich einige von ihnen für keusche Frauen *nonfacienda* betrieben, gebe es dennoch genug, die sich bemühten, *pura mente* Gott gerecht zu werden. Eine solche *virgo* sei die Catharina Mösius, die Henning Crusius gegeben werde. Sie mustere mit wachsamen Augen das Haus und führe dort die *munia iussa* aus. Anschließend führt Reuter in v. 25–26 nochmals die negativen Verhaltensweisen anderer Frauen aus:

Dum gaudent aliae patulis residere fenestris,
Fallere futilibus tempus & omne iocis:
Illa ...

Die Braut hingegen führe den Webkamm durch die Kettfäden des Webstuhls, erfreue sich am Nähen von Textilien mit schneller Nadel oder bewege die Spindel *subtili pollice.* Das Prädikat *gaudet* in v. 28 bezeichnet dabei gleichsam den Gegenpol zum Prädikat *gaudent* in v. 25 und stellt Catharina Mösius als fleißige Hausfrau gemäß dem antiken Ideal der *matrona* dar, wie sie beispielsweise im Bild der altrömischen Lukretia in Ov. *fast.* 2,685–856 vorliegt. Dass Reuter dabei gerade die Fertigkeiten bei der Handarbeit erwähnt, ist nicht verwunderlich, denn dieser Bereich der Hausarbeit gehört geradezu zum τόπος der *matrona.* Weiterhin bekräftigt Reuter, dass das Nichtstun für sie ein weiches Kissen des Teufels zu sein scheine. In diesem Kontext besetzt er *otium* eindeutig negativ und verwendet es nicht nach antikem Sprachgebrauch antithetisch zu *negotium*, sondern eher zu *studium.* Sie sei die *fidissima custos* über das Hauspersonal, das sie mit *sedula cura* zur Mehrung ihres Haushaltes dränge. Die Formulierung *sedula cura* in v. 32 erinnert an die Aussage *sedulus in prece sit* in v. 9 bezüglich ihres Ehemannes und stellt einander die Bereiche gegenüber, denen sich die beiden Partner mit Nachdruck widmen. Obwohl die Braut derart über das Haus wache, sei sie dennoch *pietatis amans, vitae studiosa modestae, cultrix & verae fida pudicitiae.* Die Aussage *pietatis amans* bezieht sich auf die gleichlautende Aussage bezüglich des Bräutigams in v. 9 und zeigt auf, dass trotz ihrer Verschiedenheit beide Brautleute füreinander geschaffen seien und besonders bezüglich ihrer *pietas* deutliche Entsprechungen hätten. Nach einem weiteren Lob der Braut führt Reuter in v. 39–40 aus, dass eine derartige *coniux* ein Geschenk Gottes sei und nicht anderswoher als von ihm komme. Daher wolle er sich – formuliert als Wortspiel – mit einer *casta ... costa* verbinden und werde mit unbeflecktem Mund *vota precesque* vorbringen. Die Betonung der Rippe ist dabei in Gen. 2,21–23 verwurzelt. Anschließend wird in v. 43–44 nach der Vorstellung von Gen. 2,24 die Rolle Gottes bei der Verbindung der Brautleute genannt, der auch die antike Göttin der Zwietracht Eris nichts anhaben könne:

> *Sic Deus efficiet binos coalescere in una*
> *Carne, nec invertet foedera pacis Eris.*

Sowohl der Bräutigam als auch die Braut würden sich zukünftig aneinander erfreuen, wobei die Prädikate *laetabere* bezüglich des Mannes und *gaudebis* bezüglich der Frau als *variatio* gesetzt sind. Außerdem stimmten die Musen ihren Reigen zu Ehren des Brautpaares an. Sowohl in v. 48 als auch in v. 50 werden die Musen dabei nicht selbst genannt, sondern sind nur aus den Anspielungen des *Medusaeus ... chorus* sowie des *Pegaseus ... fons* erkenntlich, die sich beide auf die dem Pegasus heilige Hippokrene-Quelle am Musenberg Helikon beziehen. Das abschließende Distichon bringt die Wünsche des Verfassers für ein einträchtiges und lange währendes Leben beider Ehepartner vor. Bei allen *acta* möge Gott günstig gewogen sein.

Das vierte Glückwunschgedicht schreibt der Lehrer Henning Cuiselius in zwanzig Versen in griechischer Sprache. Er unterzeichnet wie auch in den beiden zuvor besprochenen Sammeldrucken nur mit seinem Namen und ohne weitere Herkunfts- oder Funktionsbezeichnung.

Theodor Meier ist der Dichter des fünften Epithalamions aus zehn elegischen Distichen. Er stellt die Frage an den Beginn seines Gedichtes, welche *bona ... casta ... uxor*, die sich durch *fides* und *pietas* auszeichne, ein Geschenk der Götter sei. In v. 4 ergänzt er dazu, dass eine derartige Ehefrau eine Gabe des christlichen Gottes sei. Meier bekräftigt in v. 6, er wolle die zu feiernde Braut als *pura* kennzeichnen: *nomen id omne refert.* Dabei bezieht er sich auf die etymologische Deutung des Namens aus dem griechischen Adjektiv καθαρός. Deshalb wolle er seinem Kollegen *e pectore* gratulieren. Meier betont dann im fünften Distichon, dass der gute Gott derartiges vollbringe, jedoch auch über die Wegnahme derartigen Gutes zu entscheiden habe:

> *Qui solus bonus est, Deus, & bona donat, & aufert,*
> *Scit bene, quae cuivis sponsa sit apta viro.*

Die Ehefrau erscheint somit als Gabe Gottes und von ihm als dem jeweiligen Mann *apta* ausgewählt. Auch im nachfolgenden Distichon wird dieser Gedanke weitergeführt. Gott sei derjenige, der geeignete Ehepartner verbinde und ihre Verbindung segne. Insofern solle die Liebe beider Widmungsempfänger ein *sincerus amor ... suavis, & expers litis* sein. Die Mühen, die dem Bräutigam die Arbeit in der Schule bereite, möge seine Ehefrau lindern. Meier schließt seinen Glückwunsch in v. 20 mit einem Hinweis auf die Gewichtung seiner Wünsche: *Quae plura optant, non leve pondus habent*. Er betont in seinem ganzen Gedicht die Entscheidungsmacht Gottes, die besonders aus der erwähnten Ambivalenz von *donare* und *auferre* deutlich wird und in Verbindung mit dem anschließenden Hinweis auf Gottes Segen sehr an Hi. 1,21 erinnert, wo ebenfalls die Abfolge von Geben, Nehmen und Segnen hervorgehoben ist.

Das sechste Gedicht verfasst Christopher Freisius (...) in ebenfalls zehn elegischen Distichen. Zunächst stellt er in v. 1–8 an Crusius gerichtet die Vorzüge der Braut dar und leitet mit der fünfmaligen Nennung des Relativpronomens die Darstellung ihrer Eigenschaften ein:

> *Si cui nympha datur virtutibus integra sanctis,*
> *   quae ...*

Die Braut sei *menti humanae grata ... atque Deo*, sie habe eine *laeta venustas*, sie sei *tacita, & iusto tempore gnara loqui*, sie sei eine *fida domus custos, & sedula* und *in tenebris lux speciosa*. Nach dieser Aufzählung positiver Merkmale setzt Freisius in v. 9–10 den am Anfang von v. 1 eingeleiteten Konditionalsatz mit Folgerungen bezüglich des Mannes fort:

> *Hunc faustum esse ferunt, totoque ex asse beatum,*
> *   Cuius in amplexu tanta virago sedet.*

Dabei stellt Freisius nicht seine persönliche Meinung dar, sondern zieht für seine Aussage mit *ferunt* eine nicht näher spezifizierte Allgemeinheit heran. Der Bräutigam sei ein *faustus* und *beatus*, da er eine solche *virago* bekomme. Die Bezeichnung der Frau als *virago* soll vermutlich an das ansonsten in Hochzeitsgedichten übliche Substantiv *virgo* erinnern und den Wert der Braut weiter hervorheben. Sie ist nicht nur die häufig gepriesene *virgo*, sondern eben auch die besondere *virago*, die die in v. 12 genannte *bonitas Dei* gewähre. Gott wiederum möge außerdem ein dem sprichwörtlich uralten Nestor ähnlich langes Leben gewähren, den *turbo* von beider Liebe abhalten und eine große Nachkommenschaft geben, die von einer *sincera ... pietas* zu Gott erfüllt sei. Freisius bittet im letzten Distichon nochmals explizit um ein langes und glückliches Leben für das Brautpaar und um die spätere Aufnahme in die *superae ... domus*. Wie bereits in den vorigen Gedichten steht auch in diesem die Hervorhebung der Eigenschaften der Braut im Zentrum der inhaltlichen Aussage, während ihr Mann nicht beschrieben, sondern nur als glücklicher Empfänger seiner Frau dargestellt wird.

Das siebte Epithalamion schreibt Johannes Kuker. Es besteht aus zwölf daktylischen Hexametern, in denen er seinen Glückwunsch zum Ausdruck bringt. Er sei zwar der letzte Gratulant, aber niemand könne ein *opus* ablehnen, in dem er in einer Person den Bräutigam und Lehrer beglückwünsche, dem seinerseits eine *magna ... fortuna* widerfahren sei. Dennoch müsse der jetzt die *duri ... labores* ertragen, die ihm die Schule und die *coniugij ... vincula* bereiteten. Besonders als Lehrer seines *aevum*, der Jugendliche unterrichte, müsse Gott ihm Wasser zu Wein werden lassen, damit *omnia ... Fausta fluant.* Kuker spielt in dieser Aussage auf die biblische Erzählung der Hochzeit zu Kana nach Joh. 2,1–11 an, scheint aber auch die alte und jeder Lehrergeneration bekannte Behauptung zu thematisieren, dass der Umgang mit Schülern immer schwieriger würde und die Tätigkeit als Lehrer infolgedessen Weingenuss erfordere. Abschließend hebt er bezüglich Umfang und Inhalt seines Gedichtes mit einem gewissen Grad an Eigenlob hervor:

Brevibus num possim dicere plura?

Das den Druck beschließende achte Hochzeitsgedicht ist ein als *ΑΔΗΛΟΝ* betiteltes Gedicht aus achtzehn elegischen Distichen, deren Verfasser gemäß dem Titel anonym bleibt und gerade aufgrund der Betitelung den Widmungsempfängern ein lösbares Rätsel bezüglich seiner Verfasserschaft aufzuerlegen scheint. Im Untertitel wird der Inhalt mit der indirekten Frage *Quare scholarum collegae ducant uxores* kurz umrissen. In Anlehnung an diese Frage konstatiert der Dichter im ersten Distichon zunächst, dass Lehrer heirateten und jeder Lehrer sich eine *socia vitae* suche. Die Öffentlichkeit meine dazu: *Quid, inquit, agis?* Der Lehrer selbst habe kaum einen Brocken Brot, er hänge kraftlos in seiner eigenen Haut, und dann beschließe er auch noch eine Frau zu heiraten, die mit ihm Hunger und Durst ertragen müsse, selbst aber keinen Gewinn mitbringe:

Ducimus uxores nobis, non ducimus arcae
Praegnanti gemmis, divitijsque Tagi.

Der Fluss Tajo auf der iberischen Halbinsel galt bereits in der Vorstellung der Antike als goldführender Strom und Sinnbild des Reichtums. An diesem Punkt verachte der Verstand somit den Wohlstand, und Gott werde hingegen zu *spes* und *fides.* Nach dieser negativen Darstellung einer Heirat entfaltet der *anonymus* ab v. 19 den Einfluss Gottes, der dieses Schicksal befehle und die Frau als *medela* und *auxilium* ihres Mannes einsetze. Ebenso wie der Bräutigam aus Liebe zu seiner *nympha* beinahe umkomme und im Herzen brenne, brenne auch Christus in Liebe zum Menschen. Anschließend stellt der Verfasser die Frage, ob der Widmungsempfänger als *sacri interpres codicis* diesen *sanctus ... amor* erklären könne, wenn er selbst nicht mit einer Frau verheiratet sei, schließlich müsse jeder das, was er lehren soll, aus eigenem *usus* kennen. Auf die eingangs aufgeworfene Frage, weshalb ein Lehrer heirate, wird im letzten Distichon abschließend Bezug genommen:

> *Quid mirare igitur, nos lectum adamare iugalem,*
> *Atque illibati foedera casta tori?*

Dieses den gesamten Druck beschließende Epithalamion überrascht zunächst durch seine scheinbar den zu feiernden Anlass in Frage stellende Intention und die in der ersten Hälfte des Gedichtes vorhandene negative Blickweise, mit der die zukünftigen Ehefrau bewertet wird. Die sich in der zweiten Gedichthälfte anschließende Argumentation, dass ein Lehrer die Ehe benötige, um seinen Schülern die *caritas* Gottes erklären zu können, ist ebenso überraschend. Im Gegensatz zu vielen anderen Epithalamien ist in diesem Glückwunsch nicht die Liebe zur Frau das eigentliche Argument für die Heirat, sondern vielmehr die angebliche Auswirkung auf die berufliche Praxis des Bräutigams. Vermutlich ist diese Anmerkung als Anspielung auf das Eheverbot der römisch-katholischen Priester zu werten, wenngleich die Frage unbeantwortet bleibt, weshalb auch Menschen, die nicht als Lehrer arbeiten, heiraten, da sie doch nicht mit der Lehre der göttlichen *caritas* befasst sind.

Dieses letzte Gedicht zeigt wie die anderen Gedichte des Drucks auch eine starke Beeinflussung vom Lehrerberuf des Widmungsempfängers und der Verfasser und stellt somit ein interessantes Zeitdokument zum Privatleben von Schulkollegen um das Jahr 1600 dar.

Wie bereits vermerkt erfolgt innerhalb dieser Gruppe von Lehrern und Gelegenheitsgedichten ein das Erscheinungsbild des Personenkreises deutlich wandelnder Einschnitt mit der Sammlung von Epithalamien auf den Rektor Johannes Bachmann und Elisabeth Petri im Jahr 1596. Mit Ausnahme der eingangs erwähnten Beiträger, die an mehr als zwei Gedichtsammlungen beteiligt sind, sind alle anderen Beiträger entweder ausschließlich vor Bachmanns Heirat oder nur danach in diesem Personenkreis vertreten.

3.1.11. Personenkreis um Akademiker aus Helmstedt und Breslau (1589)

Dieser Verfasserkreis um Akademiker in Helmstedt und Breslau ist nur im Jahr 1589 aktiv. Alle beteiligten Männer haben einen Heimatbezug zu einer der beiden Städte und biographische Verknüpfungspunkt an der *Academia Iulia*. Die nachfolgende Zusammenstellung gibt einen Überblick über die Beteiligung der jeweiligen Personen an den relevanten Gedichtsammlungen (V = Verfasser, B = Beiträger, E = Widmungsempfänger).

	VD 16 A 107	VD 16 N 2118	VD 16 P 730	VD 16 ZV 3043
Acidalius, Valentin	V	B	B	B
Caselius, Johannes	-	-	B	-
Forster, Johannes	-	-	-	B
Grot, Friedrich	-	-	E	-
Holzbecher, Anna	-	E	-	-
Horst, Ludmilla	-	-	-	E
Kale, Johannes	-	-	-	B
Meibom, Heinrich	-	B	-	-
Memmius, Conrad	-	-	B	-
Monau, Jakob	-	E	-	-
Neidden, Gregor von	-	-	-	B
Petkum, Johannes von	-	-	-	B
Plass, Hermann	-	-	-	B
Reineck, Reiner	-	B	B	-
Rindfleisch, Daniel	E	B	E	B
Scharlach, Samuel	-	-	-	B
Werner, Johannes	-	-	-	E

Im Jahr 1589 entstehen die *Epigrammata* des Valentin Acidalius (= Havekenthal, Humanist, Dichter, * Wittstock 1567, † Neiße 25.05.1595) an Daniel Rindfleisch (= Bucretius, später habsburgischer Leibarzt, * Breslau 1562, † 1621) in Breslau (VD 16 A 107).[502]

---

[502] Zu Acidalius vgl. HALM (1875). Er wurde im April 1585 an der Universität Rostock und am 13. Januar 1587 an der Universität Greifswald immatrikuliert. Von den Universitäten Rostock und Greifswald kommend zog Acidalius demnach im Gefolge des Daniel Rindfleisch von Helmstedt über Italien nach Breslau. Er war am 20. Juni 1589 an der Universität Helmstedt immatrikuliert worden. Dazu vgl. FRIEDLÄNDER/LIEBE/THEUNER/ GRANIER/PETERSDORFF (1893), S. 336b40, HOFMEISTER (1891), S. 215b39 und ZIMMERMANN (1926), S. 76b34. Rindfleisch wurde am 1. Juli 1588 an der Universität Helmstedt immatrikuliert und wechselte im Jahr 1585/86 als *Silesius* ebenso wie Johannes Werner in die medizinische Fakultät. Dazu vgl. ZIMMERMANN (1926), S. 71b53 und S. 58a4.

VALENTINI ACIDALI ‖ EPIGRAM-‖MATA ‖ AD ‖ DANIELEM RIND-
FLEISCH ‖ BVCRETIVM, VRATISLAVIENSEM: ‖ fratrem cariſſi-
mum certiſ=‖ſimum. ‖ HELMSTADII ‖ Typis Iacobj Lucij. Anno ‖ cIɔ
Iɔ xic.
Helmstedt: Jakob Lucius d. Ä. 1589. 75 S.; 4°
[Wolfenbüttel, HAB: A: 240.21 Quod. (19)]

Die Gedichtsammlung des Valentin Acidalius enthält zunächst das Widmungsgedicht an den Empfänger aus 32 phaläkeischen Hendekasyllaben. Anschließend
folgen die 115 Epigramme zumeist aus elegischen Distichen, die jeweils mit
einem thematischen Motto überschrieben sind. So sind die ersten Gedichte *ad
solem de urbe Vratislavia, ad Vratislaviam, ad Iacobum Monavium* und *ad Ioannem Caselium* überschrieben. Ebenso werden diverse andere Persönlichkeiten,
die überwiegend in einem Kontext zur Stadt Breslau stehen, dichterisch gerühmt.
Darunter erscheint Daniel Rindfleisch mehrfach als Widmungsempfänger von
Gedichten. Auch Gedichte auf bedeutende Persönlichkeiten mit Bezug zur Stadt
Helmstedt sind enthalten, so beispielsweise auf den Philosophen und Theologen
Giordano Bruno. Einige der Gedichte sind formal als Parodien gestaltet, so beispielsweise auf Catull. *c.* 4. Wiederum andere Epigramme deuten darauf hin, dass
sie ursprünglich als Stammbucheinträge erdachte Texte sind. Beispiel ist dafür das
Epigramm *in album Friderici Groti.*
Vier Angehörige des Kreises schreiben dem Universalgelehrten Jakob Monau (Jurist in Breslau, * Breslau 06.12.1546, † Breslau 06.10.1603) nach Breslau, als
dieser seine zweite Frau Anna Holzbecher (...), die Tochter des Breslauer Juristen
und Syndikus Dr. jur. Paul Holzbecher (...) heiratet (VD 16 N 2118).[503]

NVPTIIS SECVNDIS, ‖ quà genus, quà virtutem, quà doctrinam, ‖
Nobiliſsimi & Clariſsimi viri, Dn. ‖ IACOBI MONAVI ‖ patricij &
Iuriſconſulti Vratiſlauienſis: ‖ cum ‖ Virgine pudiciſsima, venuſtiſsima, ‖
ANNA HOLTZPECHERIA. ‖ Nobiliſsimi & Clariſsimi viri, Dn. ‖ PAV-
LI HOLTZPECHERI ‖ I. V. Doctoris & inclutæ Vratiſla-‖luiæ Syndici
conſultiſsimi, ‖ filia: ‖ GRATVLATIONES ET ‖ EPITHALAMIA ‖ ami-
corum. ‖ HELMAESTADII ‖ Excudebat Iacobus Lucius, Anno 1589.
Helmstedt: Jakob Lucius d. Ä. 1589. [6] Bl.; 4°
[Braunschweig, StB: C 87 (21) 4°]*

---

503 Zu Monau vgl. Schimmelpfennig (1885).

Der Druck beginnt auf der ersten Doppelseite mit einem Glückwunschbrief des Helmstedter Professors Reiner Reineck, der den Bräutigam in der Anrede als seinen *amicus vetus* bezeichnet. Reineck schreibt, er habe einer schriftlichen Mitteilung Monaus entnommen, dass dieser nach mehreren Jahren als Witwer erneut heiraten wolle. Diese Entscheidung erfreue ihn. Da der gesamte Sammeldruck kein näheres Heiratsdatum enthält, ist der Brief Reinecks für die Datierung von gewisser Bedeutung, da er abschließend die Ortsangabe *ex academia Iulia Helmaesteti* sowie die Datumsangabe *XX. VIIbris M. D. XXXCIX.* enthält. Die zweite Heirat des Jakob Monau dürfte somit um die Mitte des Monats September im Jahr 1589 stattgefunden haben. Die falsche römische Jahreszahl für das Jahr 1579 dürfte dabei als Druckfehler zu werten sein, da der Titel eindeutig das Jahr 1589 in arabischen Ziffern nennt.

Das erste Gedicht dieses Drucks verfasst der Helmstedter Professor und Dichter Heinrich Meibom d. Ä. in zehn alkäischen Strophen nach dem antiken römischen Vorbild des Horaz. Er betitelt es daher bereits selbst als *Parodia ad Oden XXXV libri primi carminum Horatii Flaccii* sowie als gerichtet *ad Venerem*. Er unterzeichnet anschließend schlicht als Professor und nicht als kaiserlich gekrönter Dichter, setzt allerdings das Prädikat *admodulabatur* hinzu, das beispielsweise an Verg. *ecl.* 5,14; 10,51 und Ps.-Verg. *Aen.* 1,1[a] sowie Ps.-Verg. *Cul.* 1 erinnert und dort jeweils dem kunstvollen Dichten unter dem Beistand der Musen vorbehalten ist. Meibom bezieht sich in seinem Glückwunschgedicht auf die Aphrodite Cypris, die er in v. 1 als *beatam diva tenes Cyprum* einführt. Sie möge dem Brautpaar beistehen und beider Haushalt mit einer anmutigen Nachkommenschaft zieren. Dazu werde sie fortwährend von dem als Ephebe benannten jungen Mann *sollicita prece* zur ehelichen Verbindung gedrängt, und Meibom erwähnt sie dementsprechend in v. 6 dezent als *domina tori*. Auch ein *miles acer*, ein *catus ... alumnus*, ein *nauta ... pervigil* sowie die *casae ... viles rusticorum* und die *magnificae ... aulae* verehrten die Aphrodite Cypris als ihre Ehegottheit. In der dreifachen Personenbeschreibung sowie der kontrastierten Nennung von einfachem und wohlhabendem Haushalt zeichnet Meibom das Bild der Allgemeingültigkeit seiner Aussage: jeder Mensch gleich welchen Berufs und welcher Abstammung bitte gleichermaßen um die Erfüllung seines Ehewunsches. In die vierte Strophe setzt der Verfasser seine Aufforderung an die Göttin, durch diese Fülle der Bitten neue *amores* nicht zu vernachlässigen. Anschließend stellt Meibom in v. 17–28 den antiken Ablauf der Hochzeitsfeier dar. Er erwähnt den *Hymen amabilis*, die *flores Sabaei* und die Hochzeitsfackeln sowie diverse für Epithalamien topische Gottheiten oder personifizierten Eigenschaften wie die Grazien und die *voluptas*. Diesen entgegen stellten sich die *Rixa discors*, die *Simultas*, die *Minae* und die *Furores*. Erst in der achten Strophe wird erstmals der Familienname des Bräutigams genannt. Die Aphrodite Cypris solle ihm beistehen, eine glückbringende Verbindung schaffen und auch in diesem Fall für Nachkommen sorgen:

> *Adsis paranti sacra MONAVIO,*
> *Taedisque faustis: necte iugalibus*
> *Vinclis amantes, & pudicae*
> *Progeniem domui ministra.*

In der darauffolgenden neunten Strophe bricht der Gedankengang des Gedichts ab, und Meibom merkt an, er habe jetzt genug über *dolores, maestitia* und *cura* bezüglich der anstehenden Heirat gesprochen. Er wolle jetzt der apostrophierten Göttin vertrauen und bittet sie deshalb in v. 38–40 letztmalig, sie möge die *novi amantes* miteinander verbinden und sie unter dem *praesidium superum* glücklich erhalten. Der im Titel des Gedichts genannte Aspekt der Parodie zu Hor. *carm.* 1,35 ist besonders durch das identische Metrum begründet. Neben diesen formalen Aspekten spricht aus der ausgewählten Parodievorlage auch das dichterische Selbstverständnis des Heinrich Meibom, der sich neben einen der bedeutendsten Vertreter der klassischen *latinitas aurea* stellt.

Der Student Daniel Rindfleisch aus Breslau schreibt das zweite, als *Oda* betitelte Glückwunschgedicht ebenfalls nach dem Vorbild des Horaz in 29 alkäischen Strophen und unterzeichnet es nur mit seinem Namen ohne weitere Berufs- oder Funktionsbezeichnung. Der Verfasser beginnt sein Epithalamion mit dem Hinweis, dass die Zeit für einen *cantus* gekommen sei, was gleichsam als eigene Rechtfertigung seines Gedichts angesehen werden kann und sein dichterisches Anliegen darstellt. Dazu ruft er in v. 5–8 Apoll und die von ihm nach der Quelle Aganippe am Helikon als *Aganippides ... sorores* benannten Musen um ihren Beistand und um Eingebung seines μέλος an, was dem antiken Vorbild des Musenanrufs entspricht und den Dichter deutlich als Werkzeug der Musen beschreibt:

> *Apollo adesdum: vosque Aganippidum*
> *Huc huc Sororum ter tria numina:*
> *Mecum tenellis gutturillis*
> *Virgineum melos intonate.*

Der seltene Imperativ *adesdum* ist analog zu *agedum* gebildet und Ter. *And.* 1,1,2 entlehnt. Anschließend fordert Rindfleisch die angerufenen Gottheiten auf, *ad laeta cubilia* im Haus des Jakob Monau zu kommen und dort die eheliche Verbindung zu besingen. Man solle sich dazu im Schlafgemach aufstellen: *Coniugij in thalamo locemus*. In der darauffolgenden fünften Strophe wendet sich der Dichter erstmals direkt an den Bräutigam, der seine Haustür öffnen möge, damit sein von Kälte erstarrtes Herz durch die Wärme der Hochzeitsfackeln wieder erwärmt werden könne. In dieser kontrastierten Darstellung von Kälte und Wärme ist eine Anspielung auf die vorherige Verwitwung Monaus zu erkennen, die durch die Aussage, dass er bisher allein in seinem vormaligen Ehebett habe schlafen müssen, noch weiter unterstrichen wird. In den v. 29–36 der achten und neunten Strophe geht Rindfleisch zur Schilderung des erneuten Verliebens Monaus über: Cupido habe ihn mit seinem Pfeil durchbohrt und seine neue Liebe entflammt, die auch der Venus, die nur in der Nennung ihres Kultortes Idalium auf Zypern erscheint, angemessen sei. In der sich anschließenden zehnten Strophe stellt Rindfleisch die rhetorische Frage, ob das wirklich so passiere oder ob er denn als derjenige, der noch für eine Nachkommenschaft der Familie Monau sorgen könne, gleichermaßen vergehen solle. Die Antwort auf diese Frage gibt der Dichter anschließend sofort selbst und merkt an, das sei *indignum*, und das *aureolum genus*, das Familie Monau in Breslau darstelle, müsse wie ein *germen floridulum* weiterblühen. Ein Ende der Familie wolle keiner der Gottheiten oder der Menschen, und die in v. 46 nur mit ihrem Beinamen Cynthia genannte Göttin Diana brüste sich sogar mit seinem Familiennamen: *vestro superbit nomine Cynthia*. Diese Phrase ist in ihrer Prägung an Ov. *met.* 11,218 angelehnt. Ab v. 49 folgt ein hymnischer Anruf des Bräutigams, der als *magnus Musarum & Charitum trium Patronus* apostrophiert wird, sowie danach aufzählend als Mystagoge der Pallas Athene, als Priester der Göttin Asträa, als *animus* der Göttin Suada und als *medulla* der Göttin Themis genannt ist. Aus der Zuordnung dieser Gottheiten weist der Verfasser dem Widmungsempfänger die Attribute der Kunst, der Weisheit, der Gerechtigkeit, der angenehmen Überredung und der Rechtsprechung zu und bringt seine Wertschätzung bezüglich dessen akademischen Fertigkeiten in besonderem Maße zum Ausdruck, die er in der Formulierung *eruditionis ... venustas* in v. 55–56 prägnant zusammenfasst. Es folgt ein sich über die nächsten beiden Strophen erstreckendes Lob des Jakob Monau, der als von vorzüglicher Art beschrieben wird und somit auch von den Göttern für sein Geschick zu beneiden sei. Rindfleisch bittet, dass auch er etwas vom Ruhm des Widmungsempfängers bekommen könne, damit ihn die Musen ebenso lieben könnten. Er setzt sich somit selbst stellvertretend für den zuvor ausgeführten Neid, bricht diesen Gedanken jedoch mit der siebzehnten Strophe ab: *Sed quo quis ardor me rapit?* Die Gedanken des Gedichts mögen stattdessen beim neuen ehelichen Lager des Jakob Monau bleiben und sich gleichsam gemeinsam mit dem Brautpaar in das *aureum ... fulcrum* begeben. Rindfleisch wendet sich nach dem Lob des Bräutigams und seiner Familie im Folgenden wieder der eigentlichen Eheschließung zu und erwähnt dabei in v. 77 erstmals die Braut, die er als *virgo* bezeichnet. Sie sitze im Schlafgemach und warte mit gesenktem Blick und zitternd auf ihren angetrauten Ehemann:

En virgo castos deiiciens oclos
Exspectat adventum & trepidat tuum.

Aus dieser Schilderung ist genau der intendierte Vorgang der Eheschließung zu erkennen. Die noch unerfahrene junge Frau erwartet in keuscher Haltung ihren Ehemann und weiß noch nicht genau, welche Art von anschließendem Leben sie erwartet. Ihre Haltung ist dabei gemäß Rindfleisch von *gemitus* und *suspiria* geprägt, und er wirft die Frage auf, ob ein fiktiver Betrachter nicht die zwischen der in der Göttin Venus personifizierten Braut und dem als *Veneris puellus* genannten Bräutigam aufkommende *flamma* erkennen könne. Außerdem bittet er die Götter um eine *vita ... felix* in Liebe und eine einträchtige Gesinnung. Monau müsse seiner Ehefrau wegen ein *beatus ... coniux* sein, und Anna Holzbecher müsse ihres Ehemannes wegen eine *beata ... virgo* sein. Die Aussage, dass keine andere Person jeweils für Monau und seine zweite Frau als Partner würdiger sei, trägt zur im gesamten Gedicht zeittypisch durchscheinenden Vermischung der Kategorien und Vorstellungen von Liebesheirat und Zweckheirat bei. Ab v. 97 und ab v. 101 stellt Rindfleisch zwei mit *quid praedicem* beziehungsweise *quid ... referam* eingeleitete Fragen, die sich jeweils über eine Strophe erstrecken und die Gabe der Liebe durch die nur nach ihrem Kultort Paphos auf Zypern genannte Göttin Venus sowie die zuvor aufgezählten Gaben und Eigenschaften der Braut betreffen. Jakob Monau habe dieses alles richtig erkannt, und Cupido habe ihn in seiner Liebe heftig angestachelt. Die letzten beiden Strophen werden danach jeweils mit *sume* eingeleitet und ebenfalls an Monau gerichtet:

Sume ergo laetus, quam tibi ducimus
Tuas in aedes, in thalamum tuum,
   Vitaeque curarumque vitae
    Et sociam & comitem perennem.
Sume & secundas sic modo Nuptias.
Astris secundis incipe, perfice;
   Ut, quod cluent, vere per aevum
    Sint tibi, sintque tuae secundae.

Er selbst möge als *laetus* seine zweite Ehefrau als *socia* und *comes* annehmen und ebenso seine *secundae nuptiae* begehen. In dieser Formulierung klingt die Doppeldeutigkeit des Adjektivs *secundus, -a, -um* als einerseits „der zweite" und andererseits „glücklich" an und ist ein Beispiel für das sprachliche Geschick des Dichters. Aus den letzten beiden Versen spricht die Hoffnung und der Wunsch, dass diese Heirat tatsächlich *per aevum* anhalten möge, was dem Bräutigam mit seiner ersten Eheschließung nicht vergönnt war. In diesen selben Zusammenhang ist auch die zuvor erfolgte Attribuierung der Braut als *socia … comes perennis* einzuordnen. Die wiederholte Berücksichtigung der zweiten Heirat durchzieht das gesamte Glückwunschgedicht des Daniel Rindfleisch und ist das tragende inhaltliche Element des Textes. Der Verfasser fühlt offensichtlich deutlich mit dem verwitweten Jakob Monau und wünscht diesem einen neuen, glücklichen Lebensabschnitt nach durchlittener Trauer. Dass er dabei besonders das Wirken von Venus und Amor betont, mag einerseits durch deren allgemeine mythologische Funktionen bedingt sein, kann aber andererseits auch so gedeutet werden, dass das traurige Leben Monaus ein gezieltes Eingreifen beider Gottheiten zu seinen Gunsten erfordert habe. Die Bitte um eine Nachkommenschaft für Monau klingt hingegen eher pragmatisch motiviert, so dass das gesamte Gedicht des Daniel Rindfleisch wie bereits angedeutet ambivalent zwischen Liebe und Zweck steht, nachdem aus der ersten Ehe keine Kinder hervorgegangen waren. Als Begründung dafür mag sicherlich Gen. 2,18 gelten.

Das den Druck beschließende *Elegidion* aus dreißig elegischen Distichen dichtet der Humanist Valentin Acidalius, der es nach seinem Geburtsort Wittstock nur als *Wistochiensis* unterzeichnet. Er beschreibt in den ersten Versen seines Epithalamions die bisherige Lebenssituation Monaus, der verwitwet gelebt habe und sicher gewesen sei, dass Amor und Venus seine *firma … mens* nicht mehr erobern könnten. Die Mondgöttin Luna, die einer falschen Etymologie folgend als *vestri generis … & nominis auctor* bezeichnet wird, habe sein vormaliger Zustand geschmerzt. Sie habe sich vorgenommen, sein Herz durch Liebesfeuer der Venus, die nach ihrem Kultort Idalium auf Zypern genannt ist, wieder zu erweichen. Schließlich sei Jakob Monau der einzige Hoffnungsträger für ein Weiterleben der Familie Monau, wie Acidalius in v. 9–10 ausführt. Anschließend stellt er die rhetorische Frage, ob denn die gesamte *gens* untergehen oder ob nicht vielmehr eine neue Blüte einer *posteritas* entstehen solle. Sie solle *aurati radii* ausfüllen und mit ihrem Licht das *coelum … aeternum* erleuchten. Aus der Verwendung der Lichtmetaphorik ist offensichtlich, dass Acidalius in seinem Gedicht immer noch die Luna sprechen lässt, die Himmel und Licht zu ihrem Wirkungsbereich und ihrer Eigenschaft rechnen kann. Sie wolle dem Himmel ihr Licht entziehen, wenn durch das *fatum* bestimmt sei, dass ihr Licht auf die Erde ziehen solle. Hinter dieser Aussage ist die Vorstellung verborgen, dass das Licht des Mondes als namensgebender Gottheit der Familie Monau in das Licht der Hochzeitsfackeln für Jakob Monau verwandelt werden könnte. In v. 25–26 endet die Rede der Luna:

Sic secum: & curis simul artem astumque remiscens,
  Consultum ipsa viam qua sibi, quaerit, eat.

Die erneute Heirat des Jakob Monau ist aus der Sicht des Valentin Acidalius somit von *ars* und *astus* bedingt, während er den bisherigen Zustand Monaus dabei als von *curae* bestimmt bezeichnet. Der *puellus aliger*, Amor, treffe den schlafenden Bräutigam mit seinen Pfeilen in den Körper, und auch vom *arcus lunatus*, der eine Anspielung auf die zuvor erwähnte Göttin Luna darstellt, werde ein *missile ferrum* auf ihn geschossen. Ab v. 35 beschreibt Acidalius die Konsequenz: es surre gerade noch die Saite des Bogens, als bereits Monaus Herz vom Pfeil durchbohrt werde. Für Monau und seine dabei erlittene Wunde bittet der Dichter wiederum um ein Heilmittel, das in der Gestalt einer jungen Frau erscheine. Päan, der Gott der Heilkunst, der mit Apoll identisch ist, stehe ihm bei, ebenso die zur Göttin personifizierte *Salus*. Bemerkenswert ist, dass Acidalius zwischen dem Verliebtsein Monaus und der erfüllten Liebe durch Anna Holzbecher zu differenzieren scheint. Er lässt Monau vom Pfeil Amors getroffen werden und entwirft dessen zweite Ehefrau als *medicina* der dabei erlittenen Wunde. Während der Leser erwartet, dass der Mann durch die Bekanntschaft der Frau in Liebe entbrennt, beschreibt der Verfasser dieses Gedichts einen einsamen, verwitweten Mann auf der Suche nach Liebe, dem eine diese Liebe erwidernde Frau zugeführt wird. In v. 41–42 folgt dann die auflösende Aufforderung an beide Partner, dem Liebesfeuer nachzugeben:

Iungite vos thalamo, paribusque incendia flammis
Stinguite, felici o corcula nexa iugo.

Acidalius ergänzt, dass die Götter es dermaßen für die beiden Brautleute wollten und dass die ihrerseits eine gemeinsame Nachkommenschaft vorbringen sollten, damit beider *lux ... clara* durch die Jahre weiterleuchten könne. Mit dieser Formulierung nimmt er die eingangs beschriebene Lichtmetaphorik des Mondes und der Hochzeitsfackeln wieder auf und verstärkt dieses Bild noch weiter, in dem er in v. 50 die *sidereas ... faces* nennt und seine Vision der gemeinsamen Zukunft mit *non fallor* am Beginn von v. 51 weiter unterstreicht. Damit beantwortet er selbst das zuvor in v. 47 gefragte *fallor?*, so dass beide Anmerkungen die Lichtmetaphorik weiter unterstreichen. Die Mondgöttin solle sich an den beiden Eheleuten Monau erfreuen und nicht weniger als der ebenfalls genannte Sonnengott Phoebus diesen Triumph der Liebe feiern. So könne mitten in der von ihr beherrschten Nacht ein *nitidus ... dies* leuchten. In den letzten beiden Distichen wendet sich Acidalius vom eigentlichen Hochzeitsglückwunsch ab und formuliert ein durch die Heirat bedingtes Stadtlob auf die Stadt Breslau:

At tu, Bresla, nimis felix! quo nomine te fas
Dicier, hos tales cum capies radios?

Non urbs, non orbis: coelum, coelum ipsum eris, in qua
Sidera tot tanta luce corusca colent!

Die Stadt Breslau könne sich glücklich schätzen, weil sie jene Lichtstrahlen empfange. Sie sei nicht Stadt noch Welt, sondern vielmehr der Himmel selbst, an dem derartige Gestirne ihr Licht verbreiteten. Nachdem Jakob Monau als Schützling des Mondes dargestellt und die Fackeln anlässlich seiner Heirat mit Anna Holzbecher beschrieben worden sind, ist die Schlussfolgerung, beider Heimatstadt Breslau mit dem Himmel als Ort der leuchtenden Gestirne gleichzusetzen, gleichermaßen logisch wie dennoch auch überraschend. Neben der rein räumlichen Benennung darf auch die Übertragung der christlichen Vorstellung des Himmels auf die Stadt Breslau durch Valentin Acidalius angenommen werden, so dass die Stadt der Vision des Himmlischen Jerusalem nahe kommt, wie sie aus Offb. 21 bekannt ist. Auch wenn dieses Gedicht wie die beiden zuvor von Meibom und Rindfleisch verfassten Gedichte auch mit der Schilderung des trauernden Jakob Monau beginnt, so erscheint es dennoch als dasjenige Epithalamion dieses Drucks, in dem am meisten Freude über die erneute Heirat zum Ausdruck kommt, wozu zu einem großen Teil die ausgewählte Lichtmetaphorik ihren Beitrag leistet. Die neue Ehefrau erscheint bei Acidalius nicht nur als zweite Frau, die die Nachkommenschaft einer bedeutenden Familie gebären soll, sondern mehr als echte neue Liebe und *medicina* ihres Mannes. Sie erscheint als die Person, die das Leben des Mannes aus dem Schatten zieht und ihm das Licht wiedergibt. Dabei erscheinen die Verse nicht zuletzt durch die nach dem antiken Vorbild Ovids freundlich agierenden Götter leicht und beinahe spielerisch, wohingegen die beiden ersten Oden eine gewisse Schwere zeigen, und besonders das Gedicht des Daniel Rindfleisch noch deutlich im Zeichen der Trauer steht.

Auf den Tod des Studenten Friedrich Grot (* Breslau, † Helmstedt 1589) schreiben vier weitere Angehörige des Verfasserkreises eine Sammlung lateinischer Gedichte und betiteln diese als Produkt der *amici* des Verstorbenen (VD 16 P 730 = ZV 15656).

ΠΑΡΑΜΥΘΗΣΕΙΣ ‖ amicorum ‖ IOANNIS CASELI ‖ REINERI REINECCI ‖ CONRADI MEMMI ‖ VALENTINI ACIDALI. ‖ AD ‖ DANIELEM RINDTFLEI-‖ſchium Vratiſlauienſem: ‖ Lugentem obitum ‖ FRIDERICI GROTI ‖ viri optimi, pręſtantiſſimi, affi-‖nis cariſſimi. ‖ Typis Lucianis Anno M. D. XIC.
Helmstedt: Jakob Lucius d. Ä. 1589. [6] Bl.; 4°
[Braunschweig, StB: *C 87 (17) 4°*]

Grot war erst am 17. März 1589 an der *Academia Iulia* in Helmstedt immatriku-liert worden.[504] Als erster Text ist ein Gedicht aus siebzehn daktylischen Hexa-metern ohne Verfasserangabe abgedruckt. Der Dichter könnte Johannes Caselius sein, der auch die nachfolgende Beileidsschrift in lateinischer Prosa an Daniel Rindfleisch am 8. November 1589 in Rostock verfasst. Die nächste Beileidsschrift verfasst Reiner Reineck am 20. November 1589 ebenfalls in lateinischer Prosa. Ein weiteres Epicedion aus 31 daktylischen Hexametern dichtet Conrad Memmius (* Utrecht, † Helmstedt 05.04.1591), das er seinem Freund Rindfleisch widmet.[505] Der letzte Text ist wiederum ein Trauergedicht im Umfang von 78 elegischen Distichen, deren Verfasser Valentin Acidalius ist und ebenfalls an seinen Freund richtet.

Anlässlich der medizinischen Doktorpromotion des Johannes Werner (Arzt, Pro-fessor für Medizin in Helmstedt, * Hannover, † Hannover) an der *Academia Iulia* und zugleich anlässlich seiner Heirat mit Ludmilla Horst (...), der Tochter des Arztes, Professors für Medizin und Dekans in Helmstedt Jakob Horst (* Torgau 01.05.1537, † Helmstedt 21.05.1600) erscheinen Glückwunschgedichte *scripta ab amicis* (VD 16 ZV 3043).[506]

CARMINA ‖ IN HONOREM DO=‖CTISSIMI ET ORNATISSIMI ‖ VIRI DOMINI IOHANNIS VVERNERI ‖ Hannouerani, cum ei in Illuſtri Acade-‖mia Iulia, quæ eſt Helmſteti, Decano Clariſſimo & do-‖ctiſſimo viro Dn. Iacobo Horſtio Medicinæ Doctore & ‖ profeſſore celeberrimo, inſignia & priuilegia Doctoralia ‖ in arte Medica conferrentur; ac ſimul cum lectiſſima ca-‖ſtiſſimaq[ue] virgine Ludimilla prænominati Dn. Do-‖ctoris Decani honeſtiſſima filia nuptias ‖ celebraret, memoriæ beneuolen-‖ tiæq[ue] ergo ſcripta ‖ Ab amicis. ‖ HELMSTADII ‖ Excudebat Iacobus Lucius, Anno ‖ M. D. Lxxxix.
Helmstedt: Jakob Lucius d. Ä. 1589. [8] Bl.; 4°
[Wolfenbüttel, HAB: *H: 134 Helmst. Dr. (12)*]

---

[504]   Vgl. ZIMMERMANN (1926), S. 74*b*75.

[505]   Memmius wurde im Herbst 1586 ohne genaue Tagesangabe an der Universität Helm-stedt immatrikuliert. Dazu vgl. ZIMMERMANN (1926), S. 61*a*164.

[506]   Zu Werner vgl. PAGEL (1897). Er wurde am 31. August 1582 an der Universität Helm-stedt immatrikuliert und wechselte ebenso wie Daniel Rindfleisch im Jahr 1585/86 in die medizinische Fakultät. Am 1. Dezember 1589 wurde er ebenda zum Dr. med. promoviert. Dazu vgl. ZIMMERMANN (1926), S. 37*a*90, S. 58*b*5, S. 79*a*1 und S. 412. Zu Horst vgl. ZIMMERMANN (1926), S. 409–410.

Das erste Gedicht aus sieben elegischen Distichen schreibt Mag. Hermann Plass
(* Magdeburg 1579, † 1612).[507] Das zweite Glückwunschgedicht umfasst neunzehn elegische Distichen in griechischer Sprache, die anonym abgedruckt sind.
Daniel Rindfleisch ist der Dichter des dritten Gedichts im Umfang von zwanzig
daktylischen Hexametern. Das vierte Gedicht aus 24 elegischen Distichen verfasst
Valentin Acidalius, und das fünfte Gedicht aus siebzehn sapphischen Strophen
der aus Hamburg stammende Johannes von Petkum (* Hamburg).[508] Der bereits
erwähnte Gregor von Neidden dichtet in Helmstedt den sechste Glückwunsch. Er
besteht aus 87 phaläkeischen Hendekasyllaben, in denen die Doktorpromotion
Werners durch das Wirken Apolls und die Heirat Werners mit Ludmilla Horst
durch das Wirken Amors beschrieben werden. Das siebte Gedicht im Umgang
von zwölf elegischen Distichen widmet Johannes Kale (* Nordhausen) *moris &
amoris ergo*, und Johannes Forster (Lehrer und Rektor, * Blankenburg) ist der
Dichter des achten Epigramms aus dreizehn elegischen Distichen.[509] Das neunte
und letzte Glückwunschgedicht dieser Sammlung stammt von Samuel Scharlach
(Professor für Physik und Medizin in Frankfurt an der Oder, * Gardelegen 1569,
† Frankfurt an der Oder 1635) und umfasst 43 elegische Distichen.[510] Scharlach

---

[507]   Ein Student dieses Namens wurde im Jahr 1582 an der Universität Jena immatrikuliert.
Vgl. Mentz/Jauernig (1944), S. 240.

[508]   Johannes von Petkum wurde am 24. Februar 1583 an der Universität Helmstedt immatrikuliert und wechselte im Jahr 1587/88 in die medizinische Fakultät. Am 3. November 1600 wurde er ebenda zum Dr. med. promoviert. Vgl. Zimmermann (1926),
S. 39*b*60, S. 65*b*9 und S. 152*b*3.

[509]   Kale kann aufgrund der Lebensdaten nicht mit dem gleichnamigen Pastor von Groß
Stöckheim und Braunschweig (* Uelzen 15.11.1584, † Braunschweig 17.07.1658)
identisch sein, dessen Grabplatte diese biographischen Daten enthält und sich in
St. Martini in Braunschweig befindet. Dazu vgl. Wehking (2001), S. 510–511, dort
Nr. 1080. Ein Student dieses Namens wurde am 20. April 1608 an der Universität
Helmstedt immatrikuliert. Dazu vgl. Zimmermann (1926), S. 198*a*136. Forster wurde am 10. Oktober 1588 an der Universität Helmstedt immatrikuliert und wurde
am 22. August 1599 Rektor der Schule seiner Heimatstadt. Dazu vgl. Zimmermann
(1926), S. 72*b*153. Es ist unsicher, ob er mit der Person desselben Namens identisch
ist, die aus Nordgermersleben bereits zuvor am 12. September 1581 in Helmstedt
immatrikuliert worden war. Vgl. Zimmermann (1926), S. 32*b*111.

[510]   Scharlach wurde am 30. Mai 1588 an der Universität Helmstedt immatrikuliert und
am 29. Oktober 1590 ebenda zum Magister promoviert. Vgl. Zimmermann (1926),
S. 71*a*8 und S. 86*b*6. Zum Sommersemester 1599 wurde er ohne genaue Tagesangabe
als *magister* und *nobilium praeceptor* an der Universität in Frankfurt an der Oder immatrikuliert, an der er im Wintersemester 1609/10, im Sommersemester 1618 und im
Wintersemester 1626/27 als *rector* belegt ist. Dazu vg. Friedländer/Liebe/Theuner
(1887), S. 429*a*22, S. 539, S. 616 und S. 691.

eröffnet seinen auf Promotion und Heirat gleichermaßen ausgerichteten Glückwunsch literarisch fingiert folgendermaßen:

> *Doctorem, an Sponsum canimus? ca[n]temus utrumque,*
> *Ut semel ille uno factus utrumque die est.*
> *Qua novus exibat Doctor, novus atria sponsus*
> *Intrat, & haec famae conscia tecta petit.*

Innerhalb dieses Personenkreises ist eine deutliche Abgrenzung der drei erstgenannten Drucke vom letztgenannten vierten Druck zu erkennen. Die beiden Drucke VD 16 A 107 und P 730 = ZV 15656 sind jeweils dem Studenten Daniel
Rindfleisch aus Breslau gewidmet, und im Druck VD 16 N 2118 schreiben Rindfleisch, sein etwa gleichaltriger Freund Valentin Acidalius und die Helmstedter
Professoren Heinrich Meibom und Reiner Reineck an den Juristen Jakob Monau in Breslau. Während sich die beiden Professoren an ihren etwa gleichaltri-
gen Freund wenden, stellt Monau für Rindfleisch eher einen älteren väterlichen
Vertrauten in der Heimatstadt dar, und Acidalius wiederum schreibt seinerseits
im Gefolge Rindfleischs, mit dem er wie bereits vermerkt zu Studien gemeinsam
durch Deutschland, Italien und schließlich nach Breslau reist. Der vierte Druck
VD 16 ZV 3043 zeigt weitgehend andere beteiligte Personen. Da Daniel Rindfleisch wie erwähnt in Helmstedt in die medizinische Fakultät wechselt, gelangt
er neben seinem Umfeld von Breslauer Akademikern an der *Academia Iulia* auch
in das Umfeld der Helmstedter Mediziner. Der mit der vierten Gedichtsammlung
gefeierte Bräutigam wechselte zuvor gemeinsam mit Rindfleisch in die medizi-
sche Fakultät und heiratet die Tochter eines Medizinprofessors. Samuel Scharlach,
der später selbst in Frankfurt an der Oder Medizinprofessor wird, ist als Student
der medizinischen Fakultät neben weiteren Beiträgern aus dem Bereich der *artes*
ebenfalls an diesem Druck beteiligt. Innerhalb dieses Personenkreises stellt Daniel
Rindfleisch somit das entscheidende Bindeglied zwischen Breslauern einerseits
und Medizinern andererseits dar und zeigt sich dabei als Dichter wie auch als
Widmungsempfänger im heimatbezogenen wie auch im akademisch-kollegialen
Umfeld.

3.1.12. Personenkreis um Akademiker aus Helmstedt (1597–1599)

Dieser Personenkreis besteht aus Helmstedter Professoren einerseits sowie Helmstedter Studenten und Studienabsolventen andererseits. Von den ersteren sind Johannes Caselius und Rudolph Diephold mit diversen Beiträgen vertreten, von den
letzteren vor allem Johann Peparinus und Conrad Weilant. Zu diesen kommen in

den jeweiligen Drucken weitere nur einzeln belegte Beiträger hinzu. Bezüglich der Anlässe betreffen jeweils zwei der insgesamt sechs relevanten Drucke den Erwerb eines akademischen Titels, eine Heirat sowie einen Todesfall. Während für die beiden akademischen Glückwünsche der universitäre Kontext selbsterklärend ist, betreffen beide mit Glückwünschen bedachte Eheschließungen ebenso Angehörige des Helmstedter Universitätsmilieu, nämlich Johannes Potinius als Professor sowie Anna Sophia Caselius als Professorentochter. Nicht offensichtlich sind zunächst die Verbindungen zu Eobald Brummer und Jeremias Richelmius, denen Johannes Caselius und andere Beiträger jeweils zum Tod der Ehefrau Schriften widmen. Die persönliche Verbindung scheint hier über die Tätigkeit des Johannes Caselius in Rostock und Göttingen gegeben zu sein, so dass er beide Männer außerhalb seines Helmstedter Wirkens kennen gelernt haben dürfte. Es scheint offensichtlich, dass beide persönliche Freunde Caselius' sind und Johannes Caselius seinerseits andere Helmstedter Akademiker zur Beiträgerschaft angeworben hat. Auffällig ist weiterhin, dass zahlreiche der in diesem Personenkreis vertretenen Männer einen heimatlichen Bezug zur Stadt Verden aufweisen. Selbst wenn deshalb persönliche Bekanntschaften angenommen werden können, scheint fraglich, wie weit dies das konstituierende Element des Kreises ist.

Die nachfolgende Zusammenstellung gibt einen Überblick über die Beteiligung der jeweiligen Personen an den relevanten Gedichtsammlungen (V = Verfasser, B = Beiträger, E = Widmungsempfänger).

	VD 16 J 840	VD 16 S 10202	VD 16 ZV 3253	VD 16 C 1254	VD 16 C 1255	VD 16 N 2119
Adami, Theodor	-	-	-	B	-	-
Baremius, Martin	-	-	-	-	-	B
Brummer, Eobald	-	-	-	E	-	-
Caselius, Anna Sophia	-	-	-	-	-	E
Caselius, Johannes	-	B	B	V	V	-
Christianus, Rabanus	-	-	-	-	B	-
Diephold, Rudolph	B	B	B	B	B	B
Gotschovius, Johannes	-	-	-	-	B	-
Gotschovius, Nikolaus	-	-	-	B	-	-
Hollonius, Ludwig	-	-	-	B	-	-

	VD 16 J 840	VD 16 S 10202	VD 16 ZV 3253	VD 16 C 1254	VD 16 C 1255	VD 16 N 2119
Hupäus, Theodor	-	-	-	-	-	E
Marbostel, Christian	-	-	E	-	-	-
Martini, Cornelis	-	B	B	-	-	-
Meibom, Heinrich	-	B	-	-	-	-
Middendorp, Joachim	-	E	-	-	-	-
Nendorf, Johann	B	-	-	-	-	B
Peparinus, Johann	B	B	B	B	B	B
Potinius, Johannes	E	-	-	-	-	-
Ragastes, Petrus	-	-	-	B	-	-
Richelmius, Jeremias	-	-	-	-	E	-
Temperius, Heinrich	-	-	-	-	-	B
Weilant, Conrad	B	B	B	-	-	-
Wildekind, Christoph	B	-	-	-	-	-
Willer, Barbara	E	-	-	-	-	-

Zur Heirat des Helmstedter Professors für Griechisch Johannes Potinius (Professor für Griechisch in Helmstedt, * Verden 1566, † Helmstedt 06.1611 [Pest]) mit Barbara Willer (...) verfassen im Jahr 1597 fünf Angehörige dieses Verfasserkreises Glückwunschgedichte (VD 16 J 840).[511] Die Braut ist eine Tochter der Schwester des Johannes Caselius und gehört somit zum Kollegenkreis des Bräutigams.

IOANNI POTI=||NIO VERDENSI, BO=||NARVM ARTIVM MAGIST-RO, || VIRO DOCTISSIMO, GRAECARVM || litterarum in Academia IVLIA || Profeffori, populari || noftro, || Eiufque Sponsæ || BARBARAE VVILLERIAE || virgini lectifsimæ, || Gratulamur || AMICI. || HELMAE-STADII || Excudebat Iacobus Lucius, Anno || M. D. XCVII.
Helmstedt: Jakob Lucius d. Ä. 1597. [6] Bl.; 4°
[Wolfenbüttel, HAB: H: 129 Helmst. Dr. (22)]

---

[511]   Zu Potinius vgl. ZIMMERMANN (1926), S. 435.

Bezüglich des Datums der Heirat ist auf dem Exemplar aus dem Bestand der Herzog August Bibliothek in Wolfenbüttel unter dem Erscheinungsvermerk der handschriftliche Hinweis *mense fortaffe i(n) Iulio* von zeitgenössischer Hand in Tinte angebracht. Der Helmstedter Professor Rudolph Diephold ist der Dichter der ersten *gratulatio* aus 81 phaläkeischen Hendekasyllaben. In v. 63 spielt Diephold auf den 1. Mai an, lässt jedoch offen, ob diese Angabe das für die Heirat relevante Datum bezeichnen soll. Das zweite Gedicht verfasst Conrad Weilant (* Verden).[512] Es besteht ebenfalls aus phaläkeischen Hendekasyllaben und umfasst 74 Verse. Weilant deutet anfangs eine frühlingshafte Szenerie an und bezeichnet den Bräutigam später in v. 24 freundschaftlich als *sponsus venustus*. Im Kontext der nachfolgenden Beschreibung der Braut ist auch noch die Anspielung auf Catull. *c.* 3,1 auffällig, weil Weilant in v. 44–45 *Lesbia puella*, ihren *passer* und ihre *deliciae* zitiert. Johann Peparinus (Kanzler des Fürsten Friedrich Ulrich von Braunschweig-Wolfenbüttel, * Verden 1573, † Wolfenbüttel 1623) unterzeichnet als Dichter des dritten und vierten Gedichts.[513] Deren erstgenanntes umfasst vierzehn *asclepiadei maiores*, die andere *gratulatio* besteht aus zwölf Verspaaren in Epodenform aus iambischem Dimeter und iambischem Trimeter. Das fünfte Gedicht aus 43 Verspaaren in Epodenform aus daktylischem Hexameter und iambischem Dimeter schreibt Johann Nendorf (Rektor in Goslar, * Verden 1575, † Goslar 23.02.1647).[514] Auch er bezieht in v. 80 das catullische Bild der *basiorum millia* nach Catull. *c.* 5,7 ein. Abschließend ist das sechste Glückwunschgedicht aus acht elegischen Distichen in griechischer Sprache abgedruckt, als dessen Dichter Christoph Wildekind (1600 bis 1622 Pastor in Blender bei Hoya, * Verden, † Blender 1622) ohne weitere Information unterzeichnet.[515] Die Bezeichnung der Beiträger als *amici* zeigt für diese Gedichtsammlung die Motivation der beteiligten Personen aus dem Umfeld der Universität Helmstedt.

---

[512] Weilant wurde am 1. Juni 1587 an der Universität Helmstedt immatrikuliert und ebenda am 2. November 1596 zum Magister promoviert. Dazu vgl. ZIMMERMANN (1926), S. 65*b*24 und S. 128*a*4.

[513] Peparinus wurde am 25.April 1590 als *Bremensis* an der Universität Helmstedt immatrikuliert und ebenda am 15. Oktober 1612 als *Verdensis* zum Dr. jur. promoviert. Für den 8. Oktober 1619 ist eine weitere Immatrikulation belegt. Dazu vgl. ZIMMERMANN (1926), S. 81*b*188, S. 227*a*1 und S. 275*b*316.

[514] Vgl. SPENGLER (1886). Nendorf wurde am 14. Juni 1592 an der Universität Helmstedt immatrikuliert und ebenda am 29. April 1600 zum Magister promoviert. Vgl. ZIMMERMANN (1926), S. 99*a*56 und S. 149*a*2.

[515] Vgl. MEYER (1941), S. 102. Wildekind wurde am 13. Mai 1597 an der Universität Helmstedt immarikuliert. Vgl. ZIMMERMANN (1926), S. 131*b*10.

Außerdem entsteht im selben Jahr eine *gratulatio* für Joachim Middendorp (Arzt in Hildesheim, * Wismar 1568, † Hildesheim 17.05.1619) zu dessen medizinischer Doktorpromotion (VD 16 S 10202).[516]

> SVMMO JVVENI ‖ IOACHIMO ‖ MIDDENDORPIO ‖ VVISMARI-
> ENSI, ‖ de ‖ Medicinæ Laurea ‖ gratulantur ‖ AMICI. ‖ HELMAESTA-
> DII ‖ Excudebat Iacobus Lucius, Anno ‖ M. D. XCVII.

Helmstedt: Jakob Lucius d. Ä. 1597. [6] Bl.; 4°
[Göttingen, SUB: *8 SVA V, 1221:2 (50)*]

Der Sammeldruck dieser *gratulationes* beginnt mit einer in lateinischer Prosa verfassten Glückwunschepistel, die Johannes Caselius an seinen *amicus vetus* richtet. Er schreibt, er habe den Graduierten im Haus des Johannes Bocer in Rostock kennen gelernt und unterzeichnet abschließend in Helmstedt am 6. Juni 1597. Anschließend folgen die Glückwunschgedichte. Heinrich Meibom schreibt deren erstes im Umfang von fünf elegischen Distichen und widmet seine Verse dem *amicus amicissimus*. Der ebenfalls in Helmstedt wirkende Professor Cornelis Martini aus Antwerpen verfasst die 31 daktylischen Hexameter des zweiten Gedichts. Das dritte Glückwunschgedicht aus 33 elegischen Distichen schreibt Rudolph Diephold, ebenfalls Professor in Helmstedt. Die vierte *gratulatio* stammt von Conrad Weilant aus Verden und umfasst 31 phaläkeische Hendekasyllaben. Weilant macht nicht kenntlich, in welchem Verhältnis er zum Widmungsempfänger steht. Das abschließende fünfte Glückwunschgedicht besteht aus vierzehn alkäischen Strophen und stammt von Johann Peparinus. In ihm passt der Dichter den akademischen Lebensweg des Widmungsempfängers in die mythologische Geschichte der Proserpina als Walterin des Totenreichs ein. Der jüngst promovierte Arzt soll sich mit seiner Heilkunst den todbringenden Krankheiten entgegenstellen. In der Anordnung der Gedichte spiegelt sich die akademische Stellung der Beiträger wider, da zunächst die Texte der Helmstedter Professoren abgedruckt sind. Aus der Bezeichnung als *amici* geht auch für diese Gedichtsammlung die Motivation der beteiligten Personen hervor.

---

[516] Middendorp wurde am 19. Mai 1592 an der Universität Helmstedt immatrikuliert und wechselte noch im Jahr 1592/93 in die medizinische Fakultät. Im Jahr 1593 ist er nochmals als Medizinstudent belegt, und im Jahr 1594 ist er als *provisor* für Medizin genannt. Am 8. Juni 1597 wurde er zum Dr. med. promoviert. Dazu vgl. ZIMMERMANN (1926), S. 98*a*5, S. 98*b*10, S. 109*a*9, S. 111*a*1 und S. 134*a*1.

Ebenfalls im Jahr 1597 erscheinen Glückwünsche für den Magister der Artistenfakultät Christian Marbostel (* Hamburg) anlässlich dessen Studienabschlusses
in Jura und seiner Promotion zum Lic. jur. (VD 16 ZV 3253).[517]

CHRISTIANO ‖ MARBOSTELIO ‖ IVVENI ‖ OPTIMO DOCTISSI-
MO ‖ ARTIVM LIBERALIVM ‖ MAGISTRO ‖ de ‖ LICENTIATVS ‖
In vtroq[ue] Iure dignitate ‖ gratulabamur ‖ AMICI. ‖ HELMAESTADII ‖
Excudebat Iacobus Lucius, Anno 1597.
Helmstedt: Jakob Lucius d. Ä. 1597. [6] Bl.; 4°
[Wolfenbüttel, HAB: *H: 944 Helmst. Dr. (18)*]*

Ebenso wie der zuvor beschriebene Glückwunsch zur Promotion des Joachim
Middendorf wird auch diese Sammlung von *gratulationes* durch eine von Johannes Caselius in lateinischer Prosa verfasste Glückwunschepistel eröffnet. Ab der
Seite mit der Bogensignatur A3ʳ schließen sich dann die Glückwunschgedichte
diverser Beiträger an.
Das erste Glückwunschgedicht im Umfang von zehn alkäischen Strophen verfasst Cornelis Martini aus Antwerpen, das er als *professor publicus in incluta Iulij*
unterzeichnet und dem Promovenden *amicus ut frater* widmet. Martini beginnt
in den ersten beiden Strophen mit der konditionalen Darstellung im Irrealis der
Vergangenheit, welche dichterischen Eigenschaften er hätte erhalten können und
nennt beispielsweise das *fervidum ... ingenium* und die *Lesbij ... ars ... civis et Eu-
rydices mariti*, was sich auf die griechische Dichterin Sappho und den mythischen
Sänger Orpheus bezieht. Die dritte Strophe leitet er nach diesem Ausdruck seiner
Bescheidenheit mit *tum* ein und nennt anschließend die personifizierte *Sophia*,
Ratio, *Prudentia* und *Iustitia* als Eigenschaften, die auch ohne die genannten dichterischen Fähigkeiten des Verfassers am Widmungsempfänger zu rühmen seien.
Er wolle aber die *iurgia causidicorum amara* ebenso übergehen wie den *omnis ros*
der musischen Aganippequelle am Helikon, so dass Martini in v. 22 ausspricht,
was er im Folgenden nicht will: *ducenta effundere versuum*. Es sei ihm genügend,
seinen Freund mit drei Worten zu beglückwünschen, der sich seinerseits seit seinen frühesten Jahren dem Musenreigen anvertraut und anschließend *legum amore
captus* im Dienst der Göttin der Gerechtigkeit, der Themis, *praemia* erworben
habe. Mit diesen beiden Aussagen bezieht sich der Verfasser auf die frühere Magisterpromotion des Christian Marbostel im Bereich der *artes* und seine jüngst

---

[517]   Marbostel wurde am 6. August 1590 an der Universität Helmstedt immatrikuliert und
ebenda am 25. April 1592 zum Magister promoviert. Am 6. Juli 1597 erfolgte seine Promotion zum Lic. jur.. Dazu vgl. ZIMMERMANN (1926), S. 84a84, S. 98a8 und
S. 133b3.

erfolgte juristische Promotion. Er möge aus seinen *titula*, seinem *honor*, seinem *fatum bonum* und seinem *dextrum auspicium* einen *successus prosper* davontragen und sowohl sein *lucrum* als auch *clientes* erlangen. Cornelis Martini zeichnet in seinem Glückwunschgedicht den akademischen Bildungsgang des Widmungsempfängers nach, rühmt seine Studien und wünscht ihm abschließend beruflichen Erfolg als Jurist. Sowohl aus den Versen als auch aus der bereits erwähnten Subskription ist das Freundschaftsverhältnis beider Männer zu entnehmen.

Der ebenfalls in Helmstedt wirkende Professor Rudolph Diephold ist der Dichter der zweiten *gratulatio*, die 42 Verspaare in Epodenform aus iambischem Trimeter und iambischem Dimeter umfasst. Diephold beginnt zunächst mit der einem Glückwunsch zur Promotion als Thema angemessenen Darstellung der pegasischen Musenquelle am Helikon und nennt anschließend wenige antike Gottheiten, darunter die archaische Bezeichnung *Diespiter* für *Iupiter*, die alle der Einleitung des Tempelkultes dienen. Diephold führt anschließend die Eigenarten der antiken Tempelkulte aus und nennt ohne weitere Ausführungen in v. 7–8 die *omenta ... offerenda ... nec horna farra nec merum*, mit denen die *irata ... numina* der Götter besänftigt würden. Der namentlich nicht angesprochene Widmungsempfänger nehme ein *onus ... grande* auf sich, sei aber auch mit der dafür nötigen Geisteskraft versehen. Erst in den folgenden Versen lässt Diephold dafür seine Begründung nachfolgen und beschreibt den akademischen Dienst des Christian Marbostel an der in v. 27 personifizierten *Sophia*: so habe er ergründet *quid aequum, iniquum, quid malum*. Damit ist das Studienfach des Absolventen ausreichend umrissen und der Dichter ergänzt demgemäß in v. 39–46:

> At ipsa legum principum fundamina
>   Fontesque amoenas spernere,
> Sublima velle brachijs implumibus
>   Tranare nubium, Hoccine est
> Aras Themistos imparato accedere,
>   Manibusque foedis tangere?
> DI coelites benigniori lumine
>   Vidêre Marbostelium.

Der frühneuzeitliche Studienabsolvent erscheint somit in der Gestalt des antiken Priesters, der gleichsam seinen Tempeldienst für die Göttin der Gerechtigkeit Themis ableistet und als ihr Mystagoge dargestellt wird. Anschließend erwähnt Diephold in v. 47 noch den als *hortulus Libethridum* benannten Musenhain und in v. 48 die personifizierte *Sophia*. Dem folgt eine sich über mehrere Verse erstreckende Ansammlung diverser, unter andere auch griechischer Eigennamen, die nicht nur die Nennung des auf die *Academia Iulia* in Helmstedt hinweisenden

Mittelgebirges Elm enthält, sondern in v. 55–56 auch auf die antiken Vorbilder des Widmungsempfängers, den nur als *Tullius* genannten Cicero und Gorgias hinweist. Der Verfasser zeigt durch die Häufung seltener, zumeist nicht lateinischer Namen seine umfangreiche Kenntnis der antiken Welt, und es scheint geradezu bezeichnend, dass er je ein Vorbild der griechischen und der römischen Antike in seine *gratulatio* einbindet. Biographisch sind diese letzten Feststellungen auch nicht uninteressant, schließlich ist Diephold Inhaber einer Professur für Griechisch in Helmstedt. In v. 57 spielt er dann auf die Verleihung des Doktorhutes an Marbostel an:

> *Frontem illius mitra decora cingeret.*

Der Promovend habe sich *noctu dieque* mit den Gesetzen beschäftigt, weshalb der nur mit seinem Familiennamen genannte Helmstedter Professor Dr. jur. Albert Clampius (Jurist, * Bremen 10.11.1555, † Wolfenbüttel 26.12.1604) ihm am selben Tag das *novum vocamen*, gemeint ist der akademische Titel, verliehen und ihm die *novi honores* gemehrt habe.[518] Aus diesem Hinweis lässt Diephold in v. 74–79 ein fachliches Lob auf die juristische und lehrende Kompetenz seines Kollegen folgen:

> *... Clampius*
> *Flos Iuliae, Musarum & Eloquentiae*
> *Verae satelles impiger,*
> *Nulli secundus sive opus defendere*
> *Clientulos, seu mavelit*
> *Interpretari abstrusa legum aenigmata.*

Diephold beschließt sein Gedicht mit dem knappen Hinweis, dass Christian Marbostel deshalb seinen *honor* genießen und dem troianischen Helden Hektor gleichkommen möge. Dieses von Rudolph Diephold verfasste Glückwunschgedicht zeigt sich nicht in der Gefälligkeit und spielerischen Leichtigkeit vieler anderer Gelegenheitsgedichte. Als Gründe dafür sind vor allem die vom Griechischen beeinflusste, zudem noch durch seltene lateinische Wörter angereicherte Sprache einerseits und der literarische Gehalt andererseits zu nennen, aber ebenso auch die Häufung von nur namentlich angespielten mythologischen und historischen Personen und Situationen. Die 84 Verse Diepholds würdigen somit

---

[518]   Clampius wurde im April 1575 an der Universität Rostock immatrikuliert und am 23. März 1591 an der Universität Helmstedt zum Dr. jur. promoviert. Dazu vgl. HOF-MEISTER (1891), S. 185*b*22 und ZIMMERMANN (1926), S. 88*a*1 sowie S. 397 und S. 431.

auf erster Ebene offensichtlich den Universitätsabsolventen und seinen *promotor*, dienen aber vor allem auch der Demonstration der Gelehrsamkeit des Verfassers, der keinen Aspekt weiterführend ausgestaltet, sondern vielmehr nur *en passant* streift und dabei beispielsweise im Vergleich zum vorangegangenen Gedicht des Cornelis Martini distanziert bleibt.

Das dritte Glückwunschgedicht im Umfang von acht so genannten 4. asklepiadeischen Strophen schreibt Conrad Weilant für Marbostel. Er beginnt mit der stark bekräftigten Aussage, dass sich die *virtus* ohne Zweifel in *honores* glänzend zeige, und darauf könne sich der Widmungsempfänger stützen. Außerdem habe er genügend *fautores*, die ihm beim Erreichen seiner Ziele hilfreich seien. Weder *fucus*, noch *hedera* noch *ilex* seien seine Krone, sondern gleichwie der *purpureus ... Phoebus* schimmere die *virtus* um sein Haupt herum. Anschließend diskutiert Weilant ab v. 10 die Bedeutung des erreichten akademischen Titels und bringt ihn mit dem daraus für den Absolventen resultierenden finanziellen Vorteil in Zusammenhang. Ein Titel sei *inclytae virtutis decus*, und Marbostel habe seinen akademischen Grad nicht durch *gloria* oder *amor levis* erworben, sondern vielmehr *merito*. Die in v. 18 als *filiolae Iovis* genannten Musen hätten ihn durch die Gärten der Weisheit geführt und seinen Kopf schließlich mit dem *laurus* umwunden. Danach habe die Göttin der Gerechtigkeit Themis ihn tiefer in ihre wissenschaftliche Disziplin eingeführt und ihn den rechtmäßigen Umgang mit *lites* gelehrt. Abschließend nennt der Dichter in v. 26–32 die *Academia Iulia* als wissenschaftliche Stätte, an der der Widmungsempfänger den *sacrae ... summus Themidos gradus* erlangt habe und schließt mit dem Hinweis, dass die als *iuvenes* genannten Jungakademiker der am Mittelgebirge Elm gelegenen Stadt Helmstedt einen Festtag für den Graduierten bereiten würden, wobei sie als *laeti de patrio deque tuo bono* auftreten wollten. Im Mittelpunkt dieser *gratulatio* stehen deutlich die Qualifikationen des Widmungsempfängers sowie der Ruhm seiner Universität. Der Verfasser spricht sich zudem gegen das leichte Erlangen des Titels aus und nennt den göttlichen Beistand als wichtige Voraussetzung.

Johann Peparinus dichtet das vierte Gedicht aus 57 daktylischen Hexametern. Peparinus beginnt seinen Glückwunsch mit der rhetorischen Frage, wer denn die *Phoebi desueta ... praecordia* dulden könne, woher einem solchen Menschen die leidenschaftliche Glut kommen solle und wie ihm das Wirken des als Päan bezeichneten Gottes Apoll wiederhergestellt werde. Nach dieser knappen mythologischen Anspielung leitet der Verfasser zum Anlass seiner *gratulatio* weiter. Kürzlich habe die *musa Caselia* die Helmstedter Akademiker von ihrer Klage entbunden, den Musenberg Helikon erklommen, die Leier ergriffen und ihren Gesang angestimmt. Mit dieser Aussage spielt Peparinus auf die Tätigkeit des Johannes Caselius als Professor in Helmstedt ab dem Jahr 1589 an, der Marbostels akademischer Lehrer war. Ab v. 8 folgt dann die mit *nunc* eingeleitete Beschreibung, wie sich durch das Wirken des Caselius die Situation am Musenberg verändert habe: der Gott öffne sein Heiligtum, die dem Apoll heilige *Delphica rupes* zeige sich, der Dreifuß der Apollonpriesterin Pythia erscheine aus dem *sacrum ... antrum*. Nach diesem den Apoll betreffenden, aufreihenden Trikolon wendet der erneute Einsatz mit *nunc* in v. 10 den dichterischen Blick weiterer Einzelaspekten zu: die vertriebenen Fluten der pimpleischen Quellbäche kehrten zurück, und die Musen selbst tanzten auf dem Helikon ihren Reigen. Die Benennung des Musenbergs mit dem Adjektiv *pimplaeus* ist besonders durch Catull. *c.* 105,1 geprägt und dort obszön konnotiert. Offensichtlich käme jetzt ein Jubel zugunsten des Christian Marbostel auf, und *plaudentia secla* brächen für ihn an, so dass Peparinus in v. 16 direkt an den Widmungsempfänger gerichtet zusammenfassend den die vormalige Ruhe durchbrechenden Reigen der Musen und des Apoll nennt. Anschließend wird beschrieben, wie Jupiter *ab aetheris axe* auf die Erde herabgekommen und *novae ... deliciae* entstanden seien. Das Wirken des heidnischen Göttervaters scheint dabei nach dem Prinzip der Menschwerdung Gottes der Himmelfahrt Jesu analog entgegengesetzt zu stehen und intendiert die Gleichsetzung des antiken mit dem christlichen Gott. Bis v. 25 setzt der Dichter die Darstellung des Musen- und Götterhains als *locus amoenus* fort und gestaltet für Marbostel ein *precium vitae* aus, gegen das weder *longa dies*, *blatta vorax, flamma* noch *imber* bestehen könnten. Der Widmungsempfänger habe seine als *nativus ... succus* bezeichnete angeborene Lebenskraft gleichsam mit seinem Leben und seinem Blut aufgesogen, wobei die Kombination von *succus* und *imbibere* an das Trinken einer nährenden Flüssigkeit wie beispielsweise Nektar erinnert. In v. 34 leitet Peparinus zum letzten Abschnitt weiter und spricht wiederum den jüngst promovierten Akademiker würdigend und lobend als *gnave Christiane* sowie als *flos hominum* und *flos illibate Deorum* direkt an und fordert ihn in v. 36–37 auf, sich als *purus nitidusque ... mysta* der Göttin der Gerechtigkeit Themis zu zeigen, um eine gerechte Entscheidung für seine *emuncti ... lite clientes* zu erwirken. Die Darstellung des Juristen als Priester der Themis ist dabei dem antiken Tempelkult für diverse Gottheiten nachempfunden. In dieser Funktion solle sich Christian Marbostel gegen die *invidia fati* wenden und als *praemia frontis* mit einem von den *Iuliades ... Dryadesque* gewundenen Kranz gekrönt werden. Peparinus spielt mit dieser Bezeichnung nicht nur auf die Musen als Gottheiten der Künste und der Studien im Allgemeinen, sondern auch auf die von ihm postulierten Schutzgöttinnen der *Academia Iulia* in Helmstedt an. Der Empfänger werde *solida ex virtute* gerühmt werden, und der Dichter bezeichnet ihn in v. 49 als *dexter ocellus*, dem das Schicksal die erbetene Situation geben werde. Auch die Venus als Göttin der Liebe werde ihm freundlich gesonnen sein und ihn mit *amorum pabula* nähren. Marbostel ist zum Zeitpunkt seiner Doktorpromotion somit noch nicht verheiratet, wenngleich ihm der Verfasser eine baldige Heirat wünscht. Er möge jetzt im Gefolge der als *Charites* genannten Grazien und des Cupido weiterleben und das *maritale ... capistrum* erhalten. Wenn dieser Augenblick erreicht sei, werde Peparinus eine als *alia ... soror* nicht näher genannte Muse seine Glückwünsche überbringen lassen. In dieser abschließenden Anmerkung lässt sich die *gratulatio* des Johann Peparinus als freundschaftliche Gabe erkennen, und auch wenn der Verfasser zu diesem Zeitpunkt selbst ebenfalls noch nicht verheiratet ist, scheint aus seiner Anspielung bezüglich der Ehe im Allgemeinen eine gewisse negative Sichtweise erkennbar zu sein. So zeigt das Gedicht zunächst die dem Christian Marbostel von den Gottheiten eingegebenen akademischen Begabungen und stellt dann abschließend eine mögliche Ehefrau gleichsam als die ihren Mann bremsende Instanz dar.

Im darauffolgenden Jahr 1598 verfassen Johannes Caselius und sieben Beiträger aus diesem Verfasserkreis eine *pro consolatione epistola* an den Syndikus der Stadt Stargard in Pommern, Dr. jur. Eobald Brummer (...), der zuvor seine Frau verloren hat (VD 16 C 1254).[519]

IO. CASELII. ‖ AD CL. V. EOBALDVM BRVMMERVM, ‖ I. V. D. ampliſſimæ reip. Stargardienſis in Po-‖merania ſyndicum, lugentem cariſſimæ ‖ vxoris obitum, ‖ PRO CONSOLATIONE EPISTOLA. ‖ Nonnulla præterea à cl.ᵐⁱˢ doctiſsimisq[ue] familia-‖ribus & amicis eidem luctui deſtinata. ‖ HELMAESTADII, ‖ Ex Officina Iacobi Lucij. ‖ ANNO CIS IS IIC. Helmstedt: Jakob Lucius d. J. 1598. [16] Bl.; 4°
[Göttingen, SUB: *8 SVA V, 1224:3,2*]

Zunächst ist die eigentliche Beileidsepistel des Johannes Caselius in lateinischer Prosa abgedruckt, die am 22. Juli 1598 vom Verfasser unterzeichnet wird. Danach ist ein weiteres Beileidsschrieben in lateinischer Prosa abgedruckt, das Theodor Adami (Professor für Rhetorik und Jura in Helmstedt, * Berka 23.02.1566, † Helmstedt 14.11.1613) am 11. Juli 1598 als Verfasser unterzeichnet.[520] Anschließend folgen die Epicedien, deren erstes aus 29 Verspaaren in Epodenform

---

519   Brummer wurde im Januar 1576 als *consulis filius* an der Universität Rostock immatrikuliert und ist am 28. Oktober 1585 als Dr. jur. in der Matrikel der Universität Basel genannt. Dazu vgl. HOFMEISTER (1891), S. 187*b*32 und WACKERNAGEL/SIEBER/SUTTER (1956), S. 334, dort Nr. 23.

520   Adami ist im Jahr 1605 in einer nicht erhaltenen Gebäudeinschrift am Haus Papenberg 21 in Helmstedt genannt. Das Gebäude ging später an Georg Calixt über. Dazu vgl. HENZE (2005), S. 189, dort Nr. 118. Er wurde am 25. November 1586 *ex Salinis heroum* (Salzderhelden) an der Universität Helmstedt immatrikuliert. Vgl. ZIMMERMANN (1926), S. 26*a*1 sowie S. 400–401 und S. 434. Demnach verzog die Familie bereits kurz nach der Geburt des Theodor Adami von Berka nach Salzderhelden.

aus daktylischem Hexameter und daktylischem Tetrameter besteht und deren Dichter Rudolph Diephold ist. Das zweite Gedicht umfasst sieben alkäische Strophen und ist von Johann Peparinus geschrieben. Im dritten Gedicht aus 39 daktylischen Hexametern, die Johannes Gotschovius (Rektor der Schule in Stargard, * Wilster) dichtet, wird die Verstorbene als Margarita Mylius benannt.[521] Ludwig Hollonius (Pastor, * ca. 1570, † Stettin 1621), Pastor in Braunsforth in Pommern, ist der Dichter des vierten Epicedions im Umfang von 72 elegischen Distichen.[522] Das fünfte, als *ΘΡΗΝΟΣ* betitelte Gedicht besteht aus 65 daktylischen Hexametern, die der Lehrer Petrus Ragastes (...) in Stargard schreibt. Das sechste und letzte Epicedion aus dreißig daktylischen Hexametern stammt von Nikolaus Gotschovius (Organist in Rostock, * Rostock um 1575), der als Bruder des Johannes Gotschovius unterzeichnet.[523] Abschließend ist noch eine literarische Grabinschrift in lateinischer Prosa anonym abgedruckt. Anzumerken ist außerdem noch, dass Caselius auch mehrere Jahre später eine weitere Gelegenheitsschrift in lateinischer Prosa für Eobald Brummer verfasst, als dessen zweite Ehefrau ebenfalls stirbt (1610, VD 17 3:011559T). Darin bezeichnet er den Widmungsempfänger in der Anrede als *affinis carissimus*, was auf einen engen persönlichen Bezug hinweist.

Ebenso schreibt Johannes Caselius mit drei Beiträgern noch im selben Jahr eine *pro consolatione epistola* an den Syndikus der Stadt Göttingen, Jeremias Richelmius (Jurist in Göttingen und Halle an der Saale, * 1561, † 1636), der ebenfalls zuvor seine Frau verloren hat (VD 16 C 1255).[524]

IO. CASELII. ‖ AD CL. V. IEREMIAM RICHELMI-llum, reip. Gottingenſis ſyndicum, lugen-lltem vxoris obitum. ‖ PRO CONSOLATIONE EPISTOLA. ‖ HELMAESTADII ‖ In officina hæredum Iacobi Lucij ‖ ANNO ‖ cIɔ Iɔ ɪɪc.
Helmstedt: Jakob Lucius d. J. 1598. [12] Bl.; 4°
[Göttingen, SUB: *8 HLP I, 3653:2,3*]

---

[521]   Johannes Gotschovius wurde am 24. Mai 1608 an der Universität Helmstedt immatrikuliert. Vgl. ZIMMERMANN (1926), S. 198*b*164.

[522]   Zu Hollonius vgl. SCHERER (1880).

[523]   Vgl. FÜRSTENAU (1879). Nikolaus Gotschovius wurde im Februar 1595 an der Universität Rostock immatrikuliert. Vgl. HOFMEISTER (1891), S. 249*a*26.

[524]   Jeremias Richelmius dürfte zur Familie des auf einer im 1. Weltkrieg eingeschmolzenen Glocke von St. Jakobi in Göttingen aus dem Jahr 1564 genannten Paul Richelmius gehören. Aus dieser Familie gingen mehrfach Göttinger Ratsherren und Bürgermeister hervor. Dazu vgl. ARNOLD (1980), S. 122–123, dort Nr. 112.

Als erstes Epicedion ist ein Gedicht aus 25 daktylischen Hexametern abgedruckt, deren Verfasser Johannes Caselius ist. Anschließend folgt das eigentliche Beileidsschreiben desselben Verfassers in lateinischer Prosa, das Caselius am 1. März 1598 unterzeichnet. Als zweites Gedicht folgen 63 an den Witwer gerichtete daktylische Hexameter des Rudolph Diephold. Johann Peparinus ist der Dichter des dritten Epicedions aus zwanzig elegischen Distichen, und das vierte Gedicht aus zehn sapphischen Strophen verfasst Rabanus Christianus (später Rektor der Schule in Parchim, * Göttingen), der zu diesem Zeitpunkt Konrektor des Pädagogiums in Göttingen ist.[525]

Zur Heirat des Theodor Hupäus (Jurist, Sekretär an der Universität Helmstedt, * Seesen, † Gardelegen) und der Anna Sophia Caselius (* 1575, † 1602), der Tochter des Johannes Caselius, am 9. September 1599 schreiben fünf Angehörige dieses Verfasserkreises *gratulationes amicorum* (VD 16 N 2119).[526]

NVPTIIS, ‖ THEODORI HVPAEI ‖ SESENATIS, ‖ ET ‖ ANNAE SO-PHIAE ‖ CASELIAE, ‖ Gratulationes amicorum. ‖ HELMAESTADII in Acad. IVL. ‖ Anno undemillefimo fexcentefimo ‖ V. Idus Septemb.
Helmstedt: [Jakob Lucius d. J.] 1599. [8] Bl.; 4°
[Kiel, UB: *Ke 9968-24 (27)*]

Als erstes Epithalamion ist das *Carmen* des Helmstedter Professors Rudolph Diephold im Umfang von 85 daktylischen Hexametern abgedruckt. Diephold unterzeichnet sein Gedicht abschließend als in Gröningen verfasst. Seinem Gedicht geht ein schmales Holzschnittband voran, das in der Mitte einen liegenden Putto zeigt, der links von einer Sanduhr und rechts von einem Totenschädel eingerahmt ist. Diese Elemente verbildlichen als ikonographische Zeichen der *vanitas* gemäß Pred. 1,2 den neugeborenen Menschen, die unwiederbringlich verrinnenden Zeit und den Tod. Angesichts der glücklichen Heirat scheint die Abbildung das *memento mori* versinnbildlichen zu sollen. Als dichterische Motivation Diepholds ist seine kollegiale Verbundenheit mit dem Brautvater Johannes Caselius anzunehmen. Johann Peparinus verfasst als zweites Gedicht eine *Ode* aus 32 Verspaaren in Epodenform aus daktylischem Hexameter und reinem iambischem Trimeter. Dem dritten Epithalamion ist erneut der erwähnte Holzschnitt zur *vanitas* vorangestellt.

---

[525] Christianus wurde am 9. September 1591 an der Universität Helmstedt immatrikuliert und ebenda im Jahr 1598 ohne genaue Tagesangabe zum Magister promoviert. Vgl. ZIMMERMANN (1926), S. 92a179 und S. 137a2.

[526] Vgl. ZIMMERMANN (1926), S. 445. Hupäus wurde am 12. Juni 1583 an der Universität Helmstedt immatrikuliert und am 26. Oktober 1598 zum *notarius publicus Caesareus* ernannt. Dazu vgl. ZIMMERMANN (1926), S. 41b51 und S. 139b2. Ein Buch aus seinem Privatbesitz ist derzeit bekannt (Wolfenbüttel, HAB: *H: T 191.2° Helmst.*).

Diese weitere *Ode* aus zwanzig Verspaaren in Epodenform aus daktylischem Hexameter und iambischem Trimeter schreibt Johann Nendorf, der sie abschließend mit dem Hinweis auf die Abfassung an der *Academia Iulia* in Helmstedt versieht. Martin Baremius ist der Dichter des vierten Hochzeitsgedichts aus sechzehn alkäischen Strophen, die er als *Rector gymnasij Goslariensis* unterzeichnet. Das abschließende fünfte Epithalamion umfasst dreißig alkäische Strophen, deren Dichter Heinrich Temperius (Rektor in Hameln, Pastor in Springe, * Springe 1545, † Springe 18.01.1621) ist.[527] Auch diesen letztgenannten Gedichten ist zu entnehmen, dass sie vor allem aufgrund der großen Verbundenheit der Beiträger zu Johannes Caselius und zu dessen Ruhm entstanden sind.

Im Sammelband aus dem Bestand der Universitätsbibliothek in Kiel folgt diesem Druck das vom Professor Johannes Siegfried (Pedell, dann Professor in Helmstedt, * Marksuhl 26.09.1556, † Helmstedt 26.09.1623) in Helmstedt verfasste *Programma* anlässlich des Todes der Anna Sophia Hupäus, geb. Caselius in lateinischer Prosa (VD 17 23:262933F).[528]

> Programma P. P. ‖ In funere lectiſſimæ fœminæ ‖ ANNÆ SOPHIÆ CA=‖SELIÆ, coniugis doctiſſimi viri ‖ Theodori Hupæi, ICti. ‖ HEL-MAESTADII in ac. Iulia, ‖ Menſe Septembri. ‖ CIS. IS. CII.
> Helmstedt: [Jakob Lucius d. J.] 1602. [4] Bl.; 4°
> [Kiel, UB: *Ke 9968-24 (28)*]

Im Titel dieses Drucks wird Hupäus als Jurist bezeichnet, und als Abfassungsmonat der Trauerschrift ist der September 1602 genannt. Am oberen Rand der Titelseite ist erneut derselbe, bereits genannte Holzschnitt zur *vanitas* gemäß Pred. 1,2 abgedruckt. Im Text bezeichnet Siegfried den Witwer als *academiae nostrae secretarius*, wonach Hupäus in Helmstedt wirkt. Seine Frau verstirbt demnach im Alter von 27 Jahren, zwei Monaten, 27 Tagen und zwei Stunden. Acht Jahre später ist in einer erneuten Sammlung von Epithalamien die Heirat des Theodor Hupäus in Kalbe mit Dorothea Falk aus Gardelegen belegt (1610, VD 17 1:623720R).

---

[527]   Vgl. MEYER (1942), S. 385.

[528]   Eine Variante dieses Druckes ist der Druck VD 17 23:278635K, der auf dem Titelblatt eine abweichende Schmuckvignette aufweist. Zu Siegfried vgl. ZIMMERMANN (1926), S. 410–411, S. 428 und S. 452. Er wurde am 31. August 1576 immatrikuliert, am 15. Dezember 1580 ebenda zum Magister promoviert und wirkte ab dem 3. November 1582 als Dozent für Physik, Mathematik und Anatomie an der philosophischen Fakultät der *Academia Iulia*.

3.1.13. Personenkreis um Familie Peparinus aus Helmstedt (1595–1623)

Im unmittelbaren Anschluss an den vorangegangenen Personenkreis der Helmstedter Akademiker drängt sich geradezu der Anschluss eines Personenkreises
um die Familie des diesem Kreis zugehörigen Dr. jur. Johann Peparinus aus
Helmstedt auf, der Jurist und Kanzler des Herzogs Friedrich Ulrich von Braunschweig-Lüneburg in Wolfenbüttel war. So verfasst der selbst aus Verden bei Bremen stammende Johann Peparinus im Jahr 1595 *Memoriae* auf die verstorbene
Barbara Hauken († Bremen 23.02.1595), geb. Formenoir, die Frau des Bremer
Bürgermeisters Heinrich Hauken (...), die er in Helmstedt drucken lässt (VD 16
P 1326).

> Memoriæ ‖ BARBARAE FORMNOE-‖RAE, HENRICI HOVKENI ‖
> REIP. BREM. PRAE-‖toris ‖ CONIVGIS, ‖ PERENNITER HISCE AE-
> RVMNIS ‖ EXEMTAE, ‖ IN AETERNOM APPELLENTIS PORTOM, ‖
> IOANNES PEPARINVS ‖ HELMAESTADII ‖ Excudebat Iacobus Luci-
> us. Anno ‖ M. D. XCV.
> Helmstedt: Jakob Lucius d. Ä. 1595. [4] Bl.; 4°
> [Wolfenbüttel, HAB: *H: T 268c.4° Helmst. (27)*]

Dieser Druck enthält zwei Gedichte des Johann Peparinus, die nicht einzeln vom
Verfasser unterzeichnet sind. Ihnen ist ein kurzes Motto in Prosa vorangestellt,
in dem Peparinus seine Hoffnung zum Ausdruck bringt, den Gebeinen der Ver-
storbenen möge es *bene*, ihrer Seele hingegen *peroptume* ergehen. Danach fol-
gen das erste Epicedion aus zwanzig Verspaaren in Epodenform aus iambischem
Trimeter und iambischem Dimeter sowie das zweite Epicedion aus 28 alkäischen
Strophen. Abschließend gibt Peparinus den Hinweis auf den 23. Februar 1595 als
Todestag: *Diem supremum obiit VII. Kal. Mart. MDVC.*
Johann Peparinus ist im darauffolgenden Jahr 1596 mit einem *Carmen prop-
empticon* als Beiträger am Druck der Abschiedsschrift des Johannes Caselius für
Ernst von Honrode (...), der nach Padua aufbricht, beteiligt (VD 16 C 1256 =
P 1325).[529]

---

[529] Ernst von Honrode wurde als *nobilis* ohne genaue Tagesangabe zum Sommersemester
1586 an der Universität Wittenberg immatrikuliert. Dazu vgl. ZIMMERMANN (1926),
S. 60*b*88. Ein Buch aus seinem Privatbesitz ist bekannt (Wolfenbüttel, HAB: *H: A
121.8° Helmst.*).

Ioan. Caſelii ‖ AD ERNESTVM ‖ AB HONRODA ‖ à nobis iter
ſuſcipientem Patauium ‖ EPISTOLA. ‖ IOAN. PEPARINI ‖ Ad eundem
carmen propempticon. ‖ HELMAESTADII ‖ Excudebat Iacobus Lucius,
Anno ‖ M. D. IVC.
Helmstedt: Jakob Lucius d. Ä. 1596. [8] Bl.; 4°
[Wolfenbüttel, HAB: *H: P 567.4° Helmst. (13)*]

In diesem Druck ist zunächst ein von Caselius in lateinischer Prosa verfasster
Abschiedsgruß an Ernst von Honrode enthalten, den Caselius in der Universität
Helmstedt am 25. April 1596 verfasst. Anschließend folgt das *Carmen propemp-*
ticon des Johann Peparinus im Umfang von 119 daktylischen Hexametern, die
er dem Ernst von Honrode widmet. In der abschließenden Passage in v. 115–119
bringt Peparinus abschließend seine Geleitwünsche zum Ausdruck und zeichnet
dabei die Zielregion des Abreisenden in Worten nach:

I pede felici, seu festinare per Alpes,
Seu aditus tentare cacuminis Appennini,
Rimarive pares veneranda in colle Quirini
Rudera, seu cupias patriae in Germanidos oris
Insignes lustrare domos, turresque Minervae.

Das genannte Exemplar dieses Drucks aus dem Bestand der Herzog August Bibliothek in Wolfenbüttel ist ein Widmungsexemplar des Verfassers Johannes Caselius an Rudolph Diephold und wurde somit innerhalb des Kollegiums der Helmstedter Professoren verschenkt.

In den Jahren von 1597 bis 1599 tritt Johann Peparinus als Beiträger in den bereits
im Kontext der Helmstedter Akademiker erwähnten Sammlungen von Gelegenheitsgedichten in Erscheinung. Außerdem ist er in diesem Zeitraum im Jahr 1598
noch in einem Dokument erwähnt, in der die Bestallung als Hauslehrer vermerkt
ist (Wolfenbüttel, StA: *3 Alt Nr. 422*). Gut fünf Jahre später dichtet Peparinus im
Jahr 1605 ein Epithalamion auf den Juristen Werner König und Dorothea Lapp
(...) (VD 17 32:625656K).

NVPTIIS ‖ Magnifici Et Praestantissimi ‖ viri, Dn. ‖ VVERNERI KÖ-
NING, ‖ IVRECONSVLTI ET ORATO-‖RIS CLARISSIMI, REVEREN-
DISSIMI ‖ & Ill.ᵐⁱ Ducis Brunſuic. ac Lunæb. ‖ Cancellarij & Conſilia-
‖rij intimi: ‖ ET ‖ Lectissimae Virginis, ‖ DOROTHEAE LAPPIAE, ‖
GRATVLATIO ‖ Ioachimi Gotz, Ioach. F. ‖ Altera ‖ Ioannis Peparini. ‖
Helmaestadi, ‖ Ex officina typographica Iacobi Lucij, Anno ‖ cIɔ Iɔ cv.
Helmstedt: Jakob Lucius d. J. 1605. [4] Bl.; 4°
[Dresden, SLUB: *Lit.Lat.rec.A.375,misc.79*]

Dieser Druck enthält zwei Hochzeitsgedichte, deren erstes der Beamte und Wolfenbütteler Rat Joachim Götz von Olenhusen (* 1583, † 1657) aus 56 daktylischen Hexametern verfasst.[530] Anschließend ist das Epithalamion des Johann Peparinus abgedruckt. Es umfasst 97 daktylische Hexameter und rühmt in mythologisch angereichter Sprache das Wirken des Bräutigams.
Zum Geburtstag seines Dienstherrn, des Herzogs Friedrich Ulrich von Braunschweig-Lüneburg (* Wolfenbüttel 05.04.1591, † Braunschweig 11.08.1634) verfasst er im Jahr 1608 ein erst im Jahr 1611 im Druck erschienenes Glückwunschgedicht (VD 17 23:252931N).[531]

> Generofißimi & illuftrißimi prin-||cipis, Dn. || FRIDERICI VLRICI, || Ducis Brunfuig. & Lunæburg. || Natalis duodeuigefimus, fecun=||dus climacter nouenarius, || à || CL. V. JOAN. PEPARINO JC.[to] || celebratus Pictauii, || ANNO cIs Is cIIX. || HELMAESTADI, || Ex officina IACOBI LVCII, || cIs Is cXI.
>
> Helmstedt: Jakob Lucius d. J. 1611. [4] Bl.; 4°
> [Wolfenbüttel, HAB: A: 214.2 Quod. (26)]

Dem Geburtstagsglückwunsch ist gemäß dem Titel ein Einleitungsgedicht *in secundum climactera novenarium* des Johannes Caselius vorangestellt. Caselius ist nicht namentlich als Dichter der 25 daktylischen Hexameter genannt, aber der letzte Vers dieses Gedichts endet mit dem Hinweis, die *musa Caselii* habe in diesem Gedicht gewirkt. Danach ist die *gratulatio* des Johann Peparinus aus 64 elegischen Distichen auf die Vollendung des 18. Lebensjahres des Herzogs abgedruckt. Da Herzog Friedrich Ulrich von Braunschweig-Lüneburg im Jahr 1591 geboren wurde, ist gemäß der antiken und frühneuzeitlichen Konvention der Tag der Geburt bereits als Geburtstag mitgezählt. Über dem Gedicht sind in einem Holzschnitt spielende *putti* abgebildet, die mit der Gedichtaussage, der junge Herzog sei von Kindheit an auf sein Herrschaftsamt vorbereitet worden, korrespondieren. Im Folgejahr erscheint die juristische Disputation des Johann Peparinus im Druck, die er an der Universität Helmstedt am 5. Oktober 1612 abhält und dem Herzog Heinrich Julius von Braunschweig-Lüneburg, dem Vater seines Dienstherrn widmet (VD 17 23:238085W).

---

[530]   Zu Joachim Götz von Olenhusen und seiner Familie vgl. die Hinweise bei WULF (2003), S. 678, dort Nr. 509.

[531]   Herzog Friedrich Ulrich von Braunschweig-Lüneburg ist als Mitglied der Fruchtbringenden Gesellschaft erfasst bei CONERMANN (1985), S. 41–42, dort Nr. 38. Er wurde im Jahr 1621 aufgenommen.

Dispvtatio ‖ De ‖ ACQVIRENDA ‖ VEL AMITTENDA ‖ POSSESSIO-
NE ‖ QVAM ‖ DECRETO ET AVCTORITATE ‖ AMPLISSIMI ORDI-
NIS IVRIDI-‖CI IN ACADEMIA IVLIA, ‖ Svb Praesidio ‖ CLARISS.
ET CONSVLTISS. VIRI, ‖ DN. ANDREAE CLVDII, I. C. ‖ REV.ᴹᴵ AC
SER.ᴹᴵ DVCIS BRVN-‖SVI. ET L. CONSILIARII, ET IN ‖ ACADE-
MIA IULIA ANTECES-‖soris Dignissimi; ‖ PRO CONSEQVENDA IN
VTROQVE ‖ IVRE DOCTORATVS DIGNITATE ‖ Discvtiendam ‖ P.
P. ‖ Hora & loco confu. die V. Octobr. ‖ IOANNES PEPARINVS. ‖ Hel-
maestadi, ‖ Ex Typographia Iacobi Lvcii, Anno ‖ cIɔ Iɔ cXII.
Helmstedt: Jakob Lucius d. J. 1612. [14] Bl.; 4°
[Göttingen, SUB: *COLL DISS CELL 43 (3)*]

Nach der Widmung an den Herzog ist als nächster Text ein Gedicht *Ad Ioannem
Peparinum, Candidatum honore dignissimum* aus elf elegischen Distichen abge-
druckt, deren Verfasser Theodor Adami ist. Anschließend folgen die Thesen der
Disputation des Johann Peparinus.

Anlässlich der anschließend in Helmstedt erfolgten juristischen Promotion des
Johann Peparinus am 15. Oktober 1612, die auch in der Universitätsmatrikel belegt ist, erscheinen zwei Glückwunschgedichte.[532] Der Helmstedter Professor für
Griechisch Rudolph Diephold schreibt ein episches Glückwunschgedicht in 66
daktylischen Hexametern (VD 17 1:621592G).

CL. V. ‖ IOANNI PEPARINO, ‖ POPVLARI AMICISSIMO ‖ CARISSI-
MO ‖ SVMMVM HONOREM ‖ IVRIS CONSVLTI ‖ GRATVLATVR ‖
RVDOLPHVS DIEPHOLDIVS. ‖ Idibvs Octobr. ‖ Ipfo die inauguratio-
nis nouæ magnificæ ‖ domus in academia ‖ Ivlia. ‖ Anno cIɔ Iɔ XII.
[Helmstedt]: [...] 1612. [2] Bl.; 4°
[Berlin, SB: *Xc 583/3 (31a)*]*

Rudolph Diephold stellt die direkte Anrede des Johann Peparinus an den Anfang
seiner *gratulatio* und wendet sich dann zunächst einem Lob der welfischen *Academia Iulia* zu, die die Landesherren mit großem Aufwand unterstützten. Der
Glaube, die Weisheitsliebe und der angestammte Glanz der *Teutonicae gentis* hätten die Gründung der Universität mit Wagemut anzugehen beeinflusst und eine
Stätte für die Studien der Jugend geschaffen. Dort könnten, wie es in v. 7–10
heißt, die *sacra* aus den Quellen gelernt, die *iura* der Göttin Themis sowie die
medentia ... Pharmaca für Krankheiten studiert werden, was auf den alten Fä-
cherkanon der Universität aus philosophischer, theologischer, juristischer und

---

[532]   Vgl. Zimmermann (1926), S. 227a1.

medizinischer Fakultät anspielt. Aufgabe der Universität sei es, Geheimnisse der Natur aufzudecken, an das Licht zu bringen und mit Gelehrsamkeit zu bearbeiten. Im Folgenden gestaltet Diephold die Inhalte des Studiums weiter aus und nennt beispielhaft staatsrechtliche und astronomische Aspekte, denen der Lernende nachgehen soll. Auch soll er durch Argumentation das Wahre zu einer in Zweifel gezogenen Problematik herausfinden und aufmerksam zuhören (v. 19–21). Anschließend wird das Erlernen weiterer Sprachen als ein Ziel des Studiums genannt, wobei besonders die für die Theologie bedeutsamen semitischen Sprachen, Hebräisch als Sprache der *Isacidae*, Aramäisch als Sprache der *Syri* und Arabisch, einzeln genannt werden.

Nach diesem Lob der Universität Helmstedt und der Darstellung des studentischen Lernens wendet Diephold ab v. 27 seinen Blick dem noch jungen Landesherrn Herzog Friedrich Ulrich von Braunschweig-Lüneburg zu, den er als *patris genuina atque optima proles* anspricht. Friedrich Ulrich wirke dafür, dass die Universität sich gut entwickle, was aus diversen positiven Wendungen zum Ausdruck kommt. Die Angehörigen der Universität seien *alacres laetique*, die Wiederkehr des Gründungstags der Universität sei *felix* und mit Lorbeer umkränzte Dichter feierten diesen Jubeltag. Dieses Lob bricht Diephold in v. 36 mit *mî satis est* ab und formuliert seine Segenswünsche für das welfische Herrscherhaus und die jetzt als *nostrum lyceum* bezeichnete Hochschule. Ab v. 39 folgen die Wünsche *floreat ... schola* und *Pater optime firmes*. Unter dem *auspicium* des Herzogs solle sich die *Academia Iulia* im Elm emporrichten und erheben. Erst an das Lob der akademischen Studien und das Herrscherlob schließt sich der eigentliche persönliche Glückwunsch an den eingangs nur einmal angesprochenen Johann Peparinus an. Er wird in v. 43 als *flos iuvenum*, *Themidos iubar* und *decus aevi currentis* bezeichnet, den der Verfasser bereits seit Jahren kenne, was wiederum das Zutreffen und die Aufrichtigkeit des Glückwunsches hervorheben soll. Peparinus habe das Land hervorgebracht, wo die *Allaris undae* in die dahinströmende Weser mündeten. Dies ist ein deutlicher Hinweis auf die Stadt Verden als auch ansonsten belegter Geburtsort des Widmungsempfängers. Gott, in v. 47 als *Rex superûm* genannt, habe ihm die Ehre erhalten, dass er akademische Titel und *praemia partae virtutis* erlangen könne, die nicht *per se* jedem juristisch gebildeten Menschen zustünden. Mit dieser Formulierung bemüht sich Diephold, die besondere und unvergleichliche Leistung des Absolventen hervorzuheben. In v. 51 unterstreicht er diese rühmende Aussage noch mit dem eingeschobenen Hinweis, *nec enim tibi blandior*. Einzig das unablässige *studium* sowie das Streben nach *Sophia* und *virtus* hätten diese Erfolge ermöglicht, so dass Peparinus als Landesbeamter bereits auf Reisen Belgien, Britannien, Frankreich und die Gebiete an Rhein und Neckar habe besuchen dürfen. Seine Bildung habe ihm den *Heroum ... amor* geneigt gemacht.

Die abschließenden v. 58–66 sind mit diversen Imperativen an den Empfänger gerichtet. Dieser solle froh seinen Doktorhut tragen und mit seinem Erlangten glücklich sein. Ihm möge eine zahlreiche Menge an Klienten geradezu wie ein Fluss zuströmen und ihn solle eine *bona ... fortuna* leiten. Auch solle er andere nicht näher genannte Dinge in die Wege leiten, so dass ihm seine Freunde bald *alia de re* gratulieren könnten. Hinter dieser Aussage kann nur eine Anspielung auf die anschließend am 16. Mai 1613 erfolgte Eheschließung des Johann Peparinus vermutet werden. Bis dann neue Verse gesungen werden könnten, müsse er sich aber vorerst mit den jetzt empfangenen Versen zufrieden geben und sie mit Wohlwollen annehmen. Sein unbezwungener Ruhm werde ihm und seinem Handeln dabei als Begleiter zur Seite stehen. Wie bereits angedeutet stellt sich Diepholds Gedicht in besonderem Maße als Lobgedicht auf die akademischen Studien und den Landesherrn dar. Die Nennung des eigentlichen Widmungsempfängers zeigt sich mehr in einer einrahmenden Funktion als Einleitung und Abschluss des Gedichts. Auch wenn Diephold die Leistungen des Johann Peparinus nennt und positiv hervorhebt, fehlt seiner *gratulatio* im Ganzen die persönliche Note.

Das zweite zu diesem Anlass erschienene Glückwunschgedicht wirkt dagegen wesentlich persönlicher, herzlicher und menschlich näher. Es ist vom Helmstedter Professors für Philosophie und Theologie Cornelis Martini im iambischen Senar abgefasst und besteht aus 43 Versen (VD 17 32:636266B).

CORNELII MARTINI || AD CLARISSIMVM V. || IOANNEM PEPA-RINVM, || de fummo honore IC.ti gratulatio || SENARII. || [es folgt das Gedicht] || Jdib. Octobr, die inaugurationis || magnificæ nouæ domus aca-demicæ. || cI Is cXII.
[Helmstedt]: [...] 1612. [1] Bl.; 2°
[Weimar, HAAB: 5, 2 : 12 (58)]*

Martini beginnt seinen als Einblattdruck erhaltenen Glückwunsch mit der direkten Anrede des jüngst promovierten Widmungsempfängers, dessen *virtus* und *eruditio* er als ihm seit vielen Jahren bekannt hervorhebt und den er als *alumnus* der *Academia Iulia* bezeichnet. Zwischen Peparinus und der Universität Helmstedt habe kein einfaches wechselseitiges Anbieten und Annehmen von Wissen geherrscht, sondern vielmehr habe die Göttin Suada mit honigsüßem Reden die Klugheit tief in seinem Herzen verankert. Suada, deren Name etymologisch dem Verb *suadere* zuzuordnen ist und die der griechischen Πειθώ entspricht, ist nach der Vorstellung der antiken Mythologie die Göttin der angenehmen Überredung, während die Überredungskunst der Πειθώ eher erotisch besetzt ist und sie junge Mädchen zur Hingabe zu Liebe und Erotik überredet. In der antiken römischen Literatur ist die Göttin Suada nur in Enn. *ann.* 308 (= Cic. *Cato* 50) belegt. Anschließend gestaltet Martini den Vorgang des Lernens ab v. 10 näher aus: ein *creber usus* und die *vetustûm lectio librorum* hätten die zuvor erwähnte *prudentia* hervorgebracht, wobei das Prädikat *peperit* am Beginn von v. 11 lautmalerisch an den Familiennamen des Widmungsempfängers anzuschließen scheint. Der wiederum habe bei Nacht und bei Tage die staatswissenschaftlichen Schriften der Athener und der Römer gelesen, *scripta summorum virûm,* wie es der Verfasser in v. 12 nennt. Die in v. 13 vorliegende dichterische *variatio* der flektierten Städtenamen *Athenis* und *in urbe Romuli* dürfte dabei besonders durch die metrischen Gegebenheiten begründet sein. Auch die Lehren des Platon und des Sokorates habe Peparinus begierig aufgenommen und regelrecht in sich hineingetrunken, wie *imbibisti* in v. 16 in bildlicher Sprache hervorhebt. Außerdem habe er die Schriften des Lehrers Alexanders des Großen studiert. Dass Martini den Namen des Aristoteles in diesem Zusammenhang übergehen kann, hebt hervor, wie selbstverständlich für den Verfasser, den Widmungsempfänger und weitere Rezipienten die in der Formulierung *Alexandri magister maximus / sapientiae consultus & vitae artifex* in v. 17–18 verborgene Anspielung gleichsam im Sinne eines *locus communis* ist. Außerdem habe ihn seine persönliche Veranlagung zur innigen Vertiefung des Stoffes angehalten, und auch die Göttin Pallas als personifizierte Wissenschaft habe ihm die Fackel getragen und ihn für seine Studien gerüstet. Themis, die Göttin der Gerechtigkeit, habe ihn in ihren Tempel und ihr Allerheiligstes aufgenommen. Die Nennung dieser Gottheiten ist für eine *gratulatio* an einen Akademiker im Allgemeinen und einen Juristen im Speziellen als τόπος aufzufassen, denn sie ist beispielsweise auch im Helmstedter Glückwunschgedicht an Dr. jur. Matthäus Bexten aus Herford aus dem Jahr 1605 belegt.[533] Anschließend wird in v. 24–25 in indirekten Fragen erklärt, dass Peparinus auch gelernt habe, *aequus* und *iniquus, probus* und *improbus* unterscheiden sowie den Vorrang einer *causa* vor einer anderen begründen zu können. Der *pater patriae,* der namentlich nicht genannte Herzog Friedrich Ulrich von Braunschweig-Lüneburg, der Dienstherr des Johann Peparinus, habe schließlich von diesem gehört und ihn für würdig befunden, ihm durch seine Berufung als Kanzler in die hoheitliche Verwaltung die Geschicke seiner Untertanen anzuvertrauen, wie es in v. 26–28 heißt. Dieses Vertrauen des Herzogs habe Peparinus durch sein Regierungshandeln gerechtfertigt. Er habe Friedrich Ulrich auf dessen Kavaliersreisen durch Belgien, Frankreich und Großbritannien begleiten dürfen. Im Gegensatz zur Anspielung Diepholds auf die Reiseländer gibt Martini den direkten und deutlichen Hinweis auf die Reisen mit dem jungen Herzog. Dass Johann Peparinus tatsächlich als Hauslehrer des Friedrich Ulrich gemeinsam mit

---

[533]   Dazu vgl. BOLLMEYER (2009a), S. 27–28.

diesem zuvor verreist war, belegen die erhaltenen Anweisungen an Peparinus und der Entwurf eines Empfehlungsschreibens an König Heinrich IV. von Frankreich aus dem Jahr 1608 (Wolfenbüttel, StA: *3 Alt Nr. 361*).[534] Seine Aufgabe in Wolfenbüttel sei es nun, die Gesetze und Statuten zu beaufsichtigen. Für diese Mühen erhalte Peparinus als *sedulus veneratus* angemessene *praemia*, die ihm die Göttinnen *Sophia*, die personifizierte Weisheit, Sais, die an dieser Stelle mit ägyptischem Attribut versehene, bereits genannte Pallas, die Musen als Hüterinnen der schönen Künste, Themis, die ebenfalls bereits erwähnte Göttin der Gerechtigkeit, und Tritonia, die Minerva, schuldeten. In dieser Aufzählung der teilweise bereits zuvor erwähnten Gottheiten mit ihren eher entlegeneren Attributen zeigen sich die Gelehrtheit des Verfassers und ebenso seine besondere Hervorhebung der Leistungen des Empfängers. Das Glückwunschgedicht schließt in v. 40–43 mit der Aussage, diese genannten Göttinnen alle und auch der zuvor genannte Landesvater klatschten anlässlich der Doktorpromotion des Johann Peparinus Beifall. Der Verfasser Cornelis Martini hebt hervor, dass er sich nicht an Menschen, Götter oder Göttinnen erinnern könne, die nicht für den jüngst promovierten Mann Beifall klatschten. Diese schließende Anmerkung in v. 42–43 hebt unterstrichen durch das Personalpronomen *ego* in besonderem Maße seine Wertschätzung des Widmungsempfängers heraus und bringt außerdem die aufrichtige und herzliche Sympathie des Verfassers für ihn zum Ausdruck.
Ein Jahr nach seiner Promotion heiraten Johann Peparinus und Anna Agnes Ive (...) am 16. Mai 1613. Zu diesem Anlass erscheint ein Epithalamion vom Helmstedter Professor Heinrich Meibom (VD 17 23:253891A).

HONORI NVPTIARVM || VIRI CLARISS. || IOANNIS PE-||PARINI ICTI, || & virginis lectißimæ || HAGNAE IVEN. || XVI. Maij, || ANNO || cIɔ Iɔ cXIII. || HELMAESTADI, || TYPIS IACOBI LVCII.
Helmstedt: Jakob Lucius d. J. 1613. [2] Bl.; 4°
[Wolfenbüttel, HAB: *A: 218.6 Quod. (45)*]

Meiboms Hochzeitsgedicht umfasst 48 daktylische Hexameter, die er als *Poëta & Historicus* unterzeichnet. Für die Widmungsempfänger ist der Verfasser somit offensichtlich nicht durch sein Amt als Universitätsprofessor definiert, sondern durch seine persönliche musische Begabung.
Ein zweites Epithalamion widmen Rudolph Diephold und Theodor Berckelmann (VD 17 23:236876G).

---

[534]   Zu den Reisen des Herzogs Friedrich Ulrich von Braunschweig-Lüneburg vgl. außerdem die Hinweise bei SPEHR (1878), S. 501.

VIRO CL^MO ‖ DN. IOANNI ‖ PEPARINO IC^TO. ‖ Ser[enissi]^morum princi-
pum Brunſvvicen-‖ſium conſiliario, ‖ Et ‖ Lectißimæ virgini ‖ ANNAE
AGNETI IVIAE, ‖ Sponſis elegantiſſimis. ‖ Helmſtadii in Acad. IVLIA ‖
XVII. Kal. Iun. ‖ ANNO cIs Is cXIII.
[Helmstedt]: [...] 1613. [2] Bl.; 4°
[Wolfenbüttel, HAB: *H: P 577.4° Helmst. (40)*]

Das erste dieser Epithalamien umfasst 38 daktylische Hexameter, deren Verfasser der Helmstedter Professor für Griechisch Rudolph Diephold ist. Er hebt die
juristische Fachkundigkeit des Bräutigams heraus und nennt dessen Reisen nach
Südwestdeutschland, Frankreich und England. Mag. Theodor Berckelmann (Rektor in Riddagshausen, dann Dr. theol. und Professor in Helmstedt, Abt des Klosters Amelungen, dann Pastor und Generalsuper-
intendent in Göttingen, Professor am Pädagogium in Göttingen, * Neustadt am
Rübenberge 09.11.1576, † Göttingen 30.07.1645) schreibt das zweite Gedicht,
das als *Echo nuptialis* betitelt ist und aus neun elegischen Distichen besteht.[535]
Gemäß dem Titel klingt das letzte Wort aller achtzehn Verse jeweils als Echo des
vorletzten Wortes wider. Außerdem sind in diesem Epithalamion zwei Akrosticha
verborgen, denn die jeweils ersten Buchstaben der neun Hexameter ergeben *D
IOHANNES*, die der neun Pentameter *PEPARINVS*. Der Verfasser bittet in v. 1
das Echo um seinen dichterischen Beistand und lässt es anschließend jeweils
positive Worte am Versende aussprechen, die als Echo zum jeweils vorletzten
Wort stehen.
Zwei Jahre später leiht Herzog Friedrich Ulrich von Braunschweig-Lüneburg
von seinem Hofbeamten Johann Peparinus mit Urkunde vom 26. Juli 1615 in
Wolfenbüttel 1000 Taler, die er mit 60 Talern jährlich aus den Einnahmen des
Klosters Wiebrechtshausen bei Northeim oder des Klosters St. Blasius in Nort-
heim verzinsen will. Die Leihurkunde ist erhalten (Hannover, HStA: *Cal. Or. 100
Wiebrechtshausen Nr. 39*). Wie weitere Akten belegen, hat Herzog Friedrich Ul-
rich im Jahr 1622 Zinsrückstände bei Peparinus aus dessen Darlehen durch das
Stift St. Blasius (Hannover, HStA: *Cal. Br. 7 Nr. 1567*). Im selben Zeitraum ist
im Jahr 1615 außerdem auch Peparinus' Anwartschaft auf die Sonderlehen der
Familie Völger, später der Familie Rave aus Einbeck vermerkt (Hannover, HStA:
Cal. Br. 14 Nr. 719), und in den Akten des Herzogs Christian von Braunschweig-

---

[535]   Vgl. SEEBAß/FREIST (1974), S. 20, MEYER (1941), S. 323 und S. 328 sowie ZIMMERMANN
(1926), S. 380 und WAGENMANN (1875). Berckelmann wurde am 19. April 1605 als
Magister an der Universität Tübingen immatrikuliert und am 2. Mai 1616 in Helmstedt
zum Dr. theol. promoviert. Dazu vgl. BÜRK/WILLE (1953), S. 28*a*17514 und ZIMMER-
MANN (1926), S. 251*b*3.

Lüneburg ist für die Jahre von 1615 bis 1618 die Anwartschaft des Rats und Hofgerichtsassessors Dr. jur. Johann Peparinus auf zwei Stiftskämpe und vier Stiftsgüter erhalten (Hannover, HStA: *Cal. Br. 7 Nr. 457*). Am 18. Januar 1617 wird Johann Peparinus weiterhin in einem Wolfenbütteler Dokument erwähnt, als die Brüder Burkhard, Jakob und Heinrich von Saldern in der Absicht, die vor der Regierung zu Wolfenbüttel anerkannte Forderung über 1400 Taler, die Hans Maß und Heinrich Tappe von Kaspar Vinken, dem verstorbenen Diener des Burkhard von Saldern, geerbt haben, zu befriedigen, ihren Korn- und Fleischzehnten aus Klein Himstedt mit lehnsherrlicher Zustimmung des Herzogs Friedrich Ulrich von Braunschweig-Lüneburg den Gläubigern auf zwölf Jahre überlassen. Weil aber ihr Verwandter Statius von Münchhausen, der Drost zu Grohnde, für seine ihm von Heinrich Tappe überlassene Forderung ebenfalls Sicherheit verlangt, versetzen die drei Brüder den Zehnten aus Klein Himstedt mit lehnsherrlicher Zustimmung für 3000 Taler auf 25 Jahre an Peparinus (Hannover, HStA: *Dep. 52 A Nr. 25*).

Fünf Jahre nach der Eheschließung stirbt der kleine Sohn des Paares. Die im Jahr 1619 gedruckte deutsche Leichenpredigt auf Friedrich Ulrich Peparinus (* 01.11.1616, † Wolfenbüttel 20.06.1618), der den Namen des Dienstherrn seines Vaters trägt, hält Superintendent Heinrich Wiedeburg in Wolfenbüttel (VD 17 23:274819V).

Eine Chriſtliche Leich=‖Predigt: ‖ Gehalten bey der Begraᵉbnis / ‖ FRI-DERICI ‖ HVLDERICI, ‖ Des Ehrnveſten / Vorachtbarn vnd ‖ Hochge-larten Iohannis Peparini, Beyder ‖ Rechten Doctoris, vnd Fuᵉrſtl: Braunſ: Wolbeſtalten ‖ Hoff-Rahts vnd Aſſeſſorn des Fuᵉrſtl: Hoffgerichts ‖ zu Wolffenbuᵉtttel [*sic!*] / ‖ Soᵉhnleins. ‖ Durch ‖ Henricum VVideburgium, Th. D. Predigern ‖ vnd General. Superint. daſelbſt in der ‖ Heinrichſtadt. ‖ Ecclefiaſtes c. 7. ‖ Der Tag des Todes iſt beſſer / weder der Tag der ‖ Geburt. ‖ Gedruckt zu Wolfenbuᵉttel / durch Eliam Hol=‖wein / F: B. Buchdrucker vnd Formſchneider. ‖ Im Jahr M. DC. XIX.
Wolfenbüttel: Elias Holwein 1619. [24] Bl.; 4°
[Göttingen, SUB: *4 CONC FUN 201 (13)*]

Der deutschen Leichenpredigt sind abschließend *Personalia* in deutscher Sprache beigegeben, die die Lebensdaten des Jungen enthalten. Epicedien enthält der gesamte Druck nicht.

Zeitlich parallel dazu ist Johann Peparinus in den Jahren 1617 und 1618 gemeinsam mit Kammersekretär Theodor Bloccius (= Dirk Block) von Herzog Friedrich Ulrich von Braunschweig-Lüneburg amtlich damit beauftragt, vor dem Transport der Bibliothek dessen Großvaters und Vaters von Wolfenbüttel an die *Academia*

Iulia nach Helmstedt Bücher aus dem Bestand zu separieren, die aus hoheitlichen Gründen nicht öffentlich zugänglich gemacht werden sollen.[536]
Als Johann Peparinus im Jahr 1623 stirbt, erscheinen *Epicedia* von Heinrich Meibom, Rudolph Diephold, Johann Nendorf, Johann Peparinus d. J. und anderen Beiträgern (VD 17 23:634019X).

EPICEDIA ‖ Svper Obitv ‖ Clarißimi & Confultißimi viri, ‖ Dn. ‖ IOANNIS PE-‖PARINI ‖ IC. EXIMII, SERENISSIMI DV-‖CIS BRVNSVIC. CONSILIARII ‖ QVONDAM PRAECIPVI ET IV-‖Dicii Provincialis Ad-‖SESSORIS, ‖ Scripta ‖ ab amicis in acad. Iulia. ‖ Helmaestadi, ‖ Typis heredum Iacobi Luci, ‖ cIs Is cXXIII.
Helmstedt: Jakob Lucius d. J. Erben 1623. [8] Bl.; 4°
[Wolfenbüttel, HAB: *H: J 446.4° Helmst. (87)*]

Als erstes Gedicht dieser Sammlung von Epicedien ist ein Epigramm im Umfang von sechs elegischen Distichen des Georg Calixt abgedruckt, der das *ingenium* des Verstorbenen lobend erwähnt. Das zweite Epicedion umfasst 111 daktylische Hexameter und stammt vom Helmstedter Professor für Medizin Dr. med. Johann Wolf. Das dritte Trauergedicht aus 29 iambischen Senaren schreibt der ebenfalls in Helmstedt wirkende Medizinprofessor Dr. med. Johann Heinrich Meibom. Das vierte Gedicht ist in griechischer Sprache verfasst und besteht aus 24 elegischen Distichen, deren Dichter der an der Universität Helmstedt als Professor für Logik tätige Lic. theol. Conrad Horn verfasst. Er widmet dies Epicedion gemäß der Subskription seinem *adfinis & patronus*. Heinrich Meibom unterzeichnet seine vierzehn daktylischen Hexameter des fünften Gedichts als *Acad. Iuliae Professor*, und das sechste Trauergedicht aus 63 daktylischen Hexametern verfasst der Helmstedter Professor für Griechisch Rudolph Diephold. In den 28 daktylischen Hexametern des achten Gedichts betrauert Johann Nendorf die *fata* des Verstorbenen, und Johann Peparinus d. J. (...), der Sohn des Verstorbenen subskribiert die 63 iambischen Senare des achten Epicedions folgendermaßen: *Memoriae ergo patrueli suo aeternum colendo hoc ut potuit, non ut voluit lugens moerensque.* Dabei erwähnt er in v. 27, der Verstorbene sei *manu ... ductus ... Caselij* gewesen, was die akademische Bindung des verstorbenen Vaters an den Professor Johannes Caselius nochmals belegt.
Nach dem Tod des Johann Peparinus führt seine Witwe Anna Agnes noch im Jahr 1623 eine Klage um das Erbe ihres Mannes. In einem Dokument ist das Konzept eines Schreibens an den Rat der Stadt Bremen wegen ihres Erbanspruchs auf die Lehngüter der Familie Gröning aus Bremen in der Grafschaft Hoya bezeugt (Han-

---

[536]   Vgl. Milde (1971), S. 112.

nover, HStA: *Cal. Br. 14 Nr. 360*), und in einem weiteren Dokument aus demselben Jahr klagt sie, weil die Stadt Bremen ihr die ihr auf Lebenszeit verschriebenen Lehngüter der Familie Gröning zur Stadterweiterung und zur Stadtbefestigung teilweise entzogen hat (Hannover, HStA: *Cal. Br. 14 Nr. 720*). Johann Peparinus hatte den Anspruch auf diese Güter einige Jahre vor Ende des 16. Jahrhunderts erworben (Hannover, HStA: *Cal. Br. 14 Nr. 358*). Anna Agnes Peparinus scheint nach dem Jahr 1623 nochmals geheiratet zu haben, denn in den Akten der hannoverschen Räte ist eine Schuldforderung der Anna Agnes von Brinck, geb. Ive aus der Mitte des 17. Jahrhunderts an das Stift St. Blasius in Northeim über 3500 Reichstaler erhalten (Hannover, HStA: *Cal. Br. 7 Nr. 1561*). Zur selben Zeit gehen auch weitere Erben des Johann Peparinus gegen das Kloster Wiebrechtshausen wegen einer Schuld von 1000 Reichstalern vor, wie ebenfalls in den Akten der hannoverschen Räte bezeugt ist (Hannover, HStA: *Cal. Br. 7 Nr. 1924*).

3.2. Ausgewählte Widmungsempfänger im Kontext der ihnen gewidmeten Gedichte

Die bedeutendsten Widmungsempfänger waren die Herzöge von Braunschweig-Lüneburg und ihre Angehörigen, denen zu herrschaftlichen oder persönlichen Anlässen Gedichte aus dem Bildungsbürgertum gewidmet wurden. Dabei kam der 1576 von Fürst Julius von Braunschweig-Wolfenbüttel gegründeten Universität Helmstedt eine wichtige Rolle zu, denn der Inhaber des dortigen Lehrstuhls für Poesie war durch § 358 der Universitätsstatuten nicht nur zur akademischen Lehre der Dichtkunst und zur Präsentation der literarischen Leistungen und Erzeugnisse der Universität verpflichtet, sondern auch zum Preis des braunschweigisch-lüneburgischen Herrscherhauses in seiner Dichtung, so dass ihm die Rolle eines *vates Iulii* zukam.[537] Pankraz Krüger, der Lehrstuhlinhaber für Poesie von 1576 bis 1580, und Heinrich Meibom, der Lehrstuhlinhaber für Poesie von 1583 bis zu seinem Tod im Jahr 1625, verfassten jeweils auch die bereits im Kontext der *Genethliaca* erwähnte und in den Statuten vorgeschriebene Welfengenealogie in

---

[537]   Die ersten Inhaber des Lehrstuhls für Poesie an der Universität Helmstedt sind ab 1576 Pankraz Krüger und Heinrich Meibom, während Zacharias Orth, der berühmte Verfasser eines Stadtlobgedichtes auf Stralsund, und Nikodemus Frischlin, der ab dem Jahr 1588 Rektor der Martinsschule in Braunschweig wird, in dieser Zeit mit ihrer Bewerbung um die Professur scheitern. Ab dem Jahr 1593 wirkt Salomon Frenzel von Friedenthal in Helmstedt als kaiserlicher *poëta laureatus* in Konkurrenz zum Universitätsprofessor Heinrich Meibom, bis ersterer 1599 eine Stelle als Schulinspektor in Riga erhält. Zur Chronologie der Lehrstuhlinhaber vgl. Henze (1990), S. 73–84.

Gedichtform: Krüger im Jahr 1577 (VD 16 K 2458) und Meibom im Jahr 1585 (VD 16 ZV 10578) mit Nachdrucken in den Jahren 1588 (VD 16 ZV 10580) und 1597 (VD 16 M 1940).[538]

Nicht nur bei einer derart festgeschriebenen und institutionalisierten Form von Panegyrik sondern bei jeder Art von Herrscherlob ist zu berücksichtigen, wie der jeweilige Dichter mit den historischen Fakten verfährt und wie weit seine Dichtung der Realität entspricht. Als Begründung für die unvollständige Darstellung ist zu nennen, dass negative Fakten über den Herrscher oder seine Herrschaft verschwiegen werden, und jeder Dichter darüber hinaus aus dem vorhandenen Material immer eine thematische Auswahl treffen muss, die zumeist nur schwer durchschaubar ist, die oftmals wenige typisch biographische und historiographische Aussagen enthält und deshalb zu einer lückenhaften Darstellung in den Gedichten führt, bei deren weiterer Verarbeitung auch Irrtümer entstehen können. Als Grund sind sicherlich bisweilen fehlende Informationen anzunehmen, oftmals scheinen Details aber auch erfunden zu sein, beispielsweise um bestimmte Begründungen geben oder auch Lücken schließen zu können. Thematisch werden zumeist die eigentlichen hoheitlichen Herrschaftsaufgaben wie Verwaltung und Wirtschaft nicht erwähnt, wohingegen persönliche oder auch kulturelle Errungenschaften und Neuerungen wie neugegründete Schulen oder Universitäten löblich betont werden. Von der Person des Herrschers werden im Regelfall besonders die Herrschertugenden hervorgehoben und dem Herrscher entsprechende *cognomina* zugeteilt, die auf seine Eigenschaften, Fähigkeiten und Charakterzüge hinweisen. Oftmals führt eine solche Charakterisierung des Herrschertyps zur Vereinfachung oder Verengung des Herrscherbildes.[539] Am Beispiel der Verfasser von lateinischer Gelegenheitsdichtung aus der Mark Brandenburg ist in der aktuellen Forschungsliteratur festgehalten:

> „Aufgrund der [...] berichteten Beobachtungen zum Umgang der meisten Dichter mit historischen und biographischen Fakten kann man konstatieren, dass die [...] Dichter sich offenbar am allerwenigsten als Dokumentaristen verstehen. Im Vordergrund stehen für sie das Herrscherlob und ihre eigenen Interessen. Es ist deutlich, dass sowohl bei der Zusammenstellung des Materials als auch beim Umgang mit den Fakten beim einzelnen Herrscherportrait auf keinen Fall mit Zuverlässigkeit gerechnet werden darf; und dass es sich erst recht verbietet, Gedichte der behandelten Art als biographische Quellen anzusehen."[540]

---

[538]   Vgl. Henze (1990), S. 72 und S. 106–107.

[539]   Vgl. Greiff (2006), S. 229 und S. 327–331.

[540]   Greiff (2006), S. 334.

Bei der Analyse der Widmung an die Herrscherfamilie ist somit zu berücksichtigen, wie das Herrscherbild gestaltet wird und wie realistisch die staatsrechtliche Information des Dichters ist, ob er eine Art von Herrschaftsideologie vertritt, wie nah der Dichter dem Wesen der Herrscherpersönlichkeit kommt und ob das Selbstverständnis des Herrschers ausgedrückt wird. Mit Sicherheit anzunehmen ist, dass die dichterische Darstellung mehr von der Realität abweicht, wenn der Dichter nicht selbst am Hofe gelebt hat, sondern von einem entfernten Ort aus nur die Ahnenfolge preist und dabei keinen tatsächlichen persönlichen Bezug zur Herrscherfamilie hat.[541] Neben dem beschriebenen allgemeinen Verhältnis, in dem der Dichter zum Widmungsempfänger steht, muss ebenso berücksichtigt werden, weshalb der Dichter aktiv wird und welche eigenen Intentionen er mit einem an die Landesherrschaft oder an seinen Patron geschriebenen Gedicht verfolgt. Während der Inhaber des Helmstedter Lehrstuhls für Poesie wie erwähnt zur Abfassung von Herrscherlob verpflichtet war, sind es oftmals gerade die durchschnittlichen, jüngeren und gesellschaftlich wie beruflich noch nicht etablierten Dichter, die durch ein dem Herzog gewidmeten Gedicht auf die Gewinnung persönlicher Vorteile in materieller, sozialer, kultureller oder persönlicher Hinsicht abzielen:

> „Innerhalb der höfischen wie bürgerlichen Elitenkultur war das Kasualgedicht Teil einer Gabenökonomie. Diese auf Gegenseitigkeit angelegte Gabenökonomie war wiederum zentral für die internen Beziehungen der frühneuzeitlichen Ständegesellschaft, am Hof, in der Universität, in der Kirche wie in der Stadt. Mit Gabenökonomie wird der Tausch von sozialem, kulturellem und wirtschaftlichem Kapital in einander sowie in symbolisches Kapital bezeichnet."[542]

Während dabei innerhalb der Familien, Freundeskreise und Schulkollegien der Aspekt der persönlichen Verbundenheit und Freundschaft maßgeblich ist, müssen bei der Bewertung der an Adelige gerichteten Gelegenheitsgedichte besonders auch Patronage- und Klientelbeziehungen berücksichtigt werden.[543] Verfasser und Widmungsempfänger waren einander gegenseitig verpflichtet und zeigten sich durch Treue einerseits und Gunst andererseits. Während der Verfasser durch ein Gelegenheitsgedicht seine Verbundenheit zum Herrn zum Ausdruck brachte, war der Widmungsempfänger verpflichtet, sich des Verfassers und dessen Interessen gnädig anzunehmen.[544] So lassen sich aus den Quellen vielfach akade-

---

[541]   Vgl. GREIFF (2006), S. 230.
[542]   DROSTE (2010), S. 130.
[543]   Dazu vgl. DROSTE (2010), S. 134–135.
[544]   Vgl. DROSTE (2010), S. 137.

mische Karrieren rekonstruieren, die an entscheidenden Punkten zunächst dem Herrscher huldigende Gelegenheitsgedichte und anschließend einen wichtigen beruflichen Fortschritt oder eine erfolgreiche Beförderung zeigen.[545] Dieses Konzept der lobenden und verherrlichenden Präsentation und Darstellung des Widmungsempfängers gilt mit gewissen Abstufungen prinzipiell auch für andere Adlige und Ritter. Ausgelassen werden im Kontext dieses Kapitels die Widmungsempfänger, die sonstigen bürgerlichen Familien entstammen und wegen ihres hohen sozialen Ranges im Gefüge des städtischen Bürgertums (Beamte, Pastoren, Lehrer usw.) mit lateinischer Gelegenheitsdichtung geehrt werden. Sie sind im Kontext der Verfasser und Personenkreise in Kapitel 3.1. behandelt. Die Datierungen der einzelnen Personenkreise richten sich wiederum weitgehend nach den Entstehungsjahren der lateinischen Gelegenheitsdichtung und geben somit eine grobe historische Begrenzung für die literarische Aktivität des jeweiligen Kreises. Biographische Daten und auch Daten weiterer Veröffentlichungen in lateinischer Prosa oder deutscher Sprache liegen auch hier oftmals außerhalb des genannten Zeitraums. Die Reihenfolge der Kapitel folgt dabei einer chronologischen und hierarchischen Ordnung.

3.2.1.   Hochzeitsgedichte an Herzog Erich II. von Braunschweig-Lüneburg (1545)

Zur Heirat des Herzogs Erich II. von Braunschweig-Lüneburg, Fürst von Calenberg-Göttingen, (* Erichsburg 10.08.1528, † Pavia 17.11.1584) mit der zehn Jahre älteren Prinzessin Sidonie von Sachsen (* Meißen 08.03.1518, † Weißenfels 04.01.1575), der Tochter des Herzogs Heinrich „des Frommen" von Sachsen erscheinen zum 17. Mai 1545 zwei Gelegenheitsdrucke mit lateinischen Gedichten.[546] Johannes Busmann verfasst ein Epithalamion (VD 16 B 9984).

EPITHALAMI=‖VM ILLVSTRISSIMI PRINCIPS ‖ AC DOMINI, DO-
MINI ERICI DV=‖CIS BRAVNSVICENSIS ET LEVNE=‖burgenſis,
& illuſtriſimæ Dominæ Sidoniæ, Duciſ=‖ſæ Saxoniæ, Marchioniſſæ
Miſniæ, & Lant=‖grauiæ Turingiæ. ‖ Autore Ioanne Busmanno. ‖ AD
ILLVSTRISSIMVM PRINCI=‖pem ac Dominum, Dominum Ericum,
ducem ‖ Braunſuicenſem & Leuneburgenſem, nouum ‖ ſponſum & Dominum ſuum clementiſsi=‖mum Antonius Coruinus. ‖ Perlege Busman-

545   Ein einfaches Beispiel gibt BOLLMEYER (2009c).

546   Zu Sidonie von Sachsen und ihrer Ehe mit Erich II. vgl. LILIENTHAL (2007), S. 183–240 und MAGER (1992), S. 28–32.

ni bene docti carmina Vatis, ‖ Quæ laudes celebrant inclyte Erice tuas. ‖ Coniugium fœlix ſponſo faustumq[ue] precatur, ‖ Et tua carminibus feſta Hymenæa canit. ‖ AEque ſponſa tua est niueo depicta colore, ‖ Quæ ſola eſt thalamo digna reperta tuo. ‖ Excuſum Hannoueræ per Henningum ‖ Rudenum, Anno 1545.

Hannover: Henning Rüdem 1545. [8] Bl.; 4°

[Wolfenbüttel, HAB: *M: Gn 1812*]*

Auf dem Titelblatt dieses Epithalamions ist zwischen dem eigentlichen Titel und dem Erscheinungsvermerk das in der Titelaufnahme wiedergegebene Empfehlungsgedicht des Mag. Anton Corvinus (= Rabe, Zisterzienser in Loccum und Riddagshausen, Reformator, Pastor in Hessen am Fallstein, Goslar, Marburg und Witzenhausen, Landessuperintendent im Fürstentum Calenberg-Göttingen in Pattensen, * Warburg 27.02.1501 oder 11.04.1501, † Hannover 05.04.1553) aus drei elegischen Distichen an den Bräutigam Herzog Erich II. von Braunschweig-Lüneburg abgedruckt.[547] Der bereits einflussreiche Corvinus bringt dem Widmungsempfänger die *Busmanni ... docti carmina vatis* nahe und nennt neben löblichen Worten bezüglich des Brautpaares die *tua ... festa Hymenaea* als Anlass der folgenden Dichtung. Dieses Epigramm steht somit gewissermaßen als Hochzeitsgedicht zum Hochzeitsgedicht und ist literarisch im Spannungsfeld von Verfasserlob, Herrscherlob und Epithalamion positioniert.

Dem Titel folgt auf den Seiten mit der Bogensignatur A2ʳ bis A2ᵛ eine in lateinischer Prosa verfasste Vorrede Busmanns, in der er ausführt, seinem Landesherrn einen dichterischen Glückwunsch zur Heirat zu schreiben, weil dies ein *vetus mos* sei und er zu diesem Anlass sein *ingenium* zum Ausdruck bringen und auf diese Weise die *celsitudo* des Herzogs zeigen wolle. Busmann unterzeichnet seine Vorrede in Hannover am Sonntag Kantate des Jahres 1545, dem 3. Mai.

Auf der folgenden Seite beginnt das eigentliche *Epithalamium*. Es umfasst 138 elegische Distichen. Busmann stellt zunächst die allgemeine Freude über die Heirat dar und begründet, dass ein *gaudendi tempus & hora* angebrochen sei und zu Recht die *laeticiae ... signa novae* aufkämen. Ab v. 5 folgt dieser Schilderung mit *nam* eingeleitet die zugehörige Begründung: der *pius excelso natus de sanguine princeps*, der *splendor honorque* seines Geschlechts, wolle die Ehe eingehen und das *foedus ... tori* begründen. Der Verfasser spricht dem Widmungsempfänger im

---

547 Zu Corvinus vgl. MENZEL (1992), HIRSCHLER (1993), HARMS (1957) sowie MEYER (1941), S. 342 und S. 407. Er ist abgebildet bei POSER (1992). Busmann und Corvinus sind im selben Jahr außerdem gemeinsam als Verfasser im *Gratulatorium carmen* zur Heirat des Lehrers Lorenz Moller in Hildesheim belegt (1545, VD 16 ZV 3923), so dass sie in einem engen Kontext gestanden haben dürfen.

Folgenden einen *foelix* ... *torus immaculatus* zu und hofft für ihn auf eheliches Vertrauen. In v. 15 bezieht sich Busmann erstmals auf den Beistand des christlichen Gottes, den er als *deus omnipotens* bezeichnet und wünscht das weitere Wirken Gottes als *autor* seines Werkes. Der Bräutigam stamme aus einer Reihe von großen *duces*, *reges* und *Caesares*, was auf die welfische Abstammung Erichs II. von Heinrich dem Löwen und dessen Nachkommen, die Patenschaft Kaiser Maximilians I. von Habsburg sowie die verwandtschaftlichen Beziehungen der herzoglichen Familie zum europäischen Hochadel im Allgemeinen abzielt. Anschließend wird dazu in v. 21 ausgeführt, dass vor allen anderen *heroes* der einige Jahre zuvor verstorbene Vater Erich I. (* Neustadt am Rübenberge 16.02.1470, † Hagenau 30.07.1540) als *pater* ... *strenuus* zu sehen sei, der *iusta manu* geherrscht habe.[548] Diesen Worten ist das besondere Herrscherlob des Dichters zu entnehmen, der den braunschweigisch-lüneburgischen Herzog und seinen verstorbenen Vater nicht nur pflichtgemäß lobt, sondern auch als gerecht bewertet und somit positiv darstellt. In v. 25–28 beschreibt er einzelne in den Jahren ab 1497 bis 1504 errungene militärische Erfolge des Vaters des Herzogs als Kämpfer an der Seite des Kaisers gegen die Osmanen, die Stadt Venedig und im bayerisch-landshutischen Krieg, in dem Erich dem Kaiser das Leben retten konnte. Erich I. habe sich somit als *acer* ... *bellator* gezeigt, wenngleich er dennoch über eine *aequa* ... *mens atque benigna voluntas* verfügt habe und ein Freund des Friedens gewesen sei. Nach der Erwähnung der beiden konkreten militärischen Erfolge betreffen die letztgenannten Anmerkungen zum Charakter des Herrschers wiederum panegyrische Aspekte. In v. 37–38 bricht diese panegyrische Darstellung deutlich ab, und Busmann nennt das marmorne Grabmal Erichs I., der zwar in der Erde begraben liege, dessen *mens* jedoch weiterhin vom Himmel strahle. Im Kontext der Heirat seines Sohnes erscheint der aufgezählte Ruhm des Vaters als wegweisend für dessen Regierung und Ehe. In v. 41–58 wird außerdem Herzogin Elisabeth, die geborene Prinzessin von Brandenburg (* Berlin-Cölln 24.08.1510, † Ilmenau 25.05.1558) als *genetrix* des Bräutigams erwähnt und ihre Herkunft kurz beleuchtet.[549] Sie höre die *pia dogmata Christi* und empfange die *coenae symbola bina sacrae*, womit Busmann sich auf die Feier des Abendmahls bezieht. Diese Aussagen zur *pietas* und zur *religio* der Mutter des Bräutigams sind ebenso wie die nachfolgende Schilderung, sie habe *multa* ... *probra*, *dolos*, *casus* und *multa pericula rerum* bestanden, bevor sie die *coelica regna* erlangen könne, nicht nur topisch, sondern umschreiben auch Elisabeths Wirken als Anhängerin Luthers und Unterstützerin des Reformators Corvinus im Fürstentum Calenberg-Göttingen. Zu v. 58 erfolgt nochmals ein

---

[548]   Zu Herzog Erich I. von Braunschweig-Lüneburg vgl. FRIEDLAND (1959) und JANICKE (1877).

[549]   Zu Leben und Wirken der Herzogin Elisabeth vgl. BAUTZ (1990c).

deutlicher Einschnitt, indem Johannes Busmann mit dem relativischen Satzanschluss *quare* zur Braut Prinzessin Sidonie von Sachsen überleitet. Sie könne sich aus den vorstehend genannten Gründen glücklich schätzen, weil sie einen *heros* heirate, einen *magnanimus ... dux*, der sich aus einem bedeutenden Geschlecht herleite. Diese Aussage über Erich II. in v. 60–64 klingt zitatähnlich an die eingangs beschriebene Abstammung des Bräutigams in v. 17–20 an und dient ab v. 65 der Fortsetzung der an den Herzog gerichteten dichterischen Panegyrik, wobei diverse positive Attribute verwendet werden. Anschließend hebt Busmann nach dem Vorbild der *laus Italiae* in Verg. *georg.* 2,136–176 zum Lob des braunschweigisch-lüneburgischen Landes an und erreicht die literarische Nähe seiner bereits erwähnten *laudes urbium* der Jahre 1545 und 1547 auf die Städte Minden und Lüneburg. Die *inclyta patria* des Bräutigams verfüge über unzählige Wälder, in denen verschiedenste Baumsorten wüchsen, aus deren Gesamtheit der Dichter die Tanne, die Fichte und die Esche nennt. Außerdem erwähnt er in v. 71–72 die vorhandene große Menge an Eicheln, die als Wildfutter relevant seien, und beschreibt nach der dortigen Flora auch die dort heimische Fauna. Dabei erreicht seine Schilderung der Treibjagd von Hasen mittels Jagdhunden sowie die Schilderung des Erlegens eines Keilers mittels eines Speers durch zweimaliges *nunc* in v. 75–76 einen hohen Grad an Lebendigkeit und erzählerischer Plastizität. Als weitere Vorzüge des Landes werden danach noch sein Getreidereichtum und sein sonstiger feldwirtschaftlicher Ertrag genannt. Über ein derartiges Territorium herrsche der in v. 83 als *optimus heros* bezeichnete Herzog Erich II.:

> *Insuper eximias arces habet optimus Heros,*
> *Castraque pugnaci vix capienda manu.*

Anschließend werden in v. 87–89 die folgenden wichtigen *arces* des Fürstentums Calenberg-Göttingen aufgezählt, auf denen sich Erich regelmäßig aufhalte: Hannoversch Münden, Calenberg, Erichsburg, der Ort, nach dem der Bräutigam benannt sei, Neustadt am Rübenberge und Koldingen. In v. 99–102 lässt Busmann eine Aufzählung der *urbes* folgen, die zum Herrschaftsbereich Erichs I. und Erichs II. gehörten: Hannover, Göttingen, Northeim und Hameln, die in derselben Reihenfolge als *locuples*, *florens*, *pugnax* und *potens* attribuiert sind. Busmann führt weiterhin aus der Sicht des Lutheraners aus, er wolle die diversen Nonnen- und Mönchsklöster übergehen, da diese noch von der papistischen *mens* geprägt seien. Stattdessen bekräftigt er erneut, Sidonie von Sachsen könne sich *idcirco* fortwährend freuen, da ihr zukünftiger Ehemann so viele Burgen und Städte in seiner Macht habe. Als Begründung für diesen Zustand gibt der Verfasser ab v. 115 die allgemeingültige Begründung, für einen Menschen sei nichts besser, als die *dogmata Christi* einzuhalten und die daraus resultierenden Vorteile zu empfangen:

Pectora purificant, moestis solatia praebent,
Moleque curarum corda gravata levant.
Daemonis insidias superant, peccata remittunt,
Et miseros omni parte iuvare queunt.

Nach der mehrfachen Erwähnung der Freude der Braut folgt ab v. 125 die erneute direkte Anrede an den Bräutigam. Auch er könne sich freuen, weil er eine *Dea* aus *antiqua ... nobilitas* zur Frau erhalte. Sie stamme von einer *genetrix pia* und einem *genitor ... magnus* ab, der wahrlich ein *dux pietatis* und Vorkämpfer für den wahren Glauben sei. Diese löblichen Anmerkungen beziehen sich auf die Eltern der Sidonie, den Herzog Heinrich von Sachsen (* Dresden 16.03.1473, † Dresden 18.08.1541) und die Herzogin Katharina von Sachsen, Prinzessin von Mecklenburg (* 1487, † Torgau 06.06.1561). Dem Lob der Brauteltern folgt in v. 133–142 ein Lob ihres Herkunftslandes Sachsen. Dort gebe es derart große Vorkommen an metallischen Bodenschätzen wie an keiner anderen Stelle in Deutschland, von denen Busmann die Silbervorkommen nennt. Tatsächlich wurden die Edel- und Schwermetallvorkommen Sachsens, die zum Reichtum der Region beitrugen, seit dem Mittelalter erkundet, über Jahrhunderte bergmännisch abgebaut und später sogar namensgebend für das Erzgebirge. Außerdem spielt Busmann auf das dortige gute Wachstum von Weinstöcken an und lobt die sächsischen Weintrauben und den aus ihnen mittels Stampfen hergestellten Most:

Tempore quo demit percoctas vinitor uvas,
Et pariter nudo sub pede calcat eas.

Die in diesem Distichon verwendete Wortverbindung der *percoctae ... uvae* im Sinne des Reifens ist dabei nach dem Vorbild von Ov. *rem.* 83 gestaltet und steht dort im Kontext der Herstellung eine Liebesmedizin. Nach dem Lob des Landes wird das Herrscherlob durch den Dichter wieder aufgenommen, jetzt allerdings auf den seit dem Tod des Vaters im Jahr 1541 regierenden Herzog Moritz von Sachsen (* Freiberg 21.03.1521, † Sievershausen 11.07.1553), den Bruder der Braut, umgedeutet. Wenn die *multa ... praesagia* nicht täuschten, sei er *antiquae decus ... nobilitatis.* Er habe nicht ausschweifend gelebt, sondern stattdessen seine Kräfte gegen die *saevi ... Tyranni* gerichtet, wofür seine Beteiligung an den Kämpfen gegen die Osmanen bei Budapest und in der überwiegend ungarischen Region Pannonien im Gefolge Kaiser Karls V. genannt werden. Aufgrund dieses Einsatzes möge Moritz noch so viele Jahre wie der sprichwörtlich alte Nestor leben und die auf dem Gebiet des heutigen Rumänien lebenden kriegerischen Geten *rigido ... ense* bezwingen können. In v. 159–164 zählt Busmann deren Taten gegen den Sachsenherzog und sein Heer auf: sie hätten Reiterscharen und Fußsoldaten in Gefechte verwickelt, Festungen geplündert, Städte verwüstet, tausenden Menschen den Tod gebracht, Siedlungen niedergebrannt, Mädchen vergewaltigt und als Christus gehörig bezeichnete Jungen niedergemetzelt. Die Nennung dieser Taten dient einerseits der Rechtfertigung des Handelns des sächsischen Herzogs und stellt andererseits sein christlich motiviertes Handeln gegen die osmanische Bedrohung als positiv für die deutsche Bevölkerung dar. Danach wendet sich der Dichter in v. 165 dem Herzog und späteren Kurfürsten August von Sachsen zu, der der sächsische Hoffnungsträger sei und die *mitra bicornis* trage. Busmann bezieht sich hiermit auf die Funktion des Bruders August als Thronerbe des kinderlosen Herzogs Moritz von Sachsen. August trage ein *nomen ... foelix* und bewirke auch *foelicia facta*. Auch er werde unter der Anführerschaft des namentlich nicht genannten Kaisers Karl V. mit seinen Truppen gegen die Osmanen kämpfen, was in v. 179–180 folgendermaßen beschrieben wird:

> *Tunc hastam saevos longam torquebis in hostes,*
> *Atque feros sternes Marte favente Getas.*

Dafür werde er angemessene *praemia* erlangen, und während der Dichter noch dies spreche, klinge bereits von den hohen Türmen das Lob wider. Der Bräutigam betrete mit seinem Gefolge bereits zur Heirat die Kirche, und der Pastor wolle auslegen, weshalb Gott die Menschen in einer Ehe miteinander verbinden möchte. Mit diesem Hinweis zum Ablauf der Feierlichkeiten in v. 197–198 spielt Busmann auf die alttestamentliche Geschichte von der Einsetzung der Ehe in Gen. 2,18–24 an, ohne detailliert auf deren Inhalt eingehen zu müssen. Anschließend erwähnt er in v. 203–204, dass der Herzog und seine Ehefrau an den Tisch kommen würden, um den *dulcis ... cibus* einzunehmen. Diese Formulierung ist zunächst mit der Feier des Abendmahls assoziiert, wird in den folgenden Versen jedoch bezüglich der Hochzeitsfeier näher ausgestaltet. Der Tisch sei reich gedeckt, und die anwesenden Personen tränken ausgelassen Wein und feierten. Dabei setzt Busmann in v. 211 zuerst das Partizip *laetantes*, während er im Sinne der *variatio* im darauffolgenden Vers die *laeti homines* synonym verwendet. Diese Gäste werden schließlich zur fröhlichen Feier und zum Weinkonsum aufgefordert, damit sie ihre *curae ... graves* ablegen könnten:

> *Omnis eat moeror, procul hinc dolor omnis abesto,*
> *Laeticiae Bacchus debet adesse dator.*

Busmann bekräftigt in v. 222, dass eine Hochzeitsgesellschaft *nil nisi laeticia* erleben wolle und auch der Braut ein glückliches gemeinsames Leben mit ihrem Ehemann wünsche. Mit *sed iam tempus adest* wird zur eigentlichen Heirat weitergeleitet, und Busmanns Gedicht erhält jetzt die Züge des eigentlichen *Hymenaios*. Er beschreibt die Gruppe der Frauen, die die Braut zu ihrem Bräutigam führen und schildert bis v. 256 das Aussehen und die Kleidung der Frau in farben- und bildreicher Sprache. Dabei verbindet er seine eigene Beschreibung mit der zweimaligen Aufforderung an die fiktive Hochzeitsgesellschaft, die von ihm genannten Merkmale der Braut anzusehen. Nach dem knappen Hinweis, nichts sei für den Menschen besser als die christlichen Heilsworte Gottes zu hören, folgt die Überleitung zur abschließenden Abendszenerie:

> *Nil homini melius, nostrae quam verba salutis*
> *Audire, & summi iussa tenere Dei.*
> *Sed iam vesper adest, & coelo sydera fulgent.*
> ...

Am beginnenden Abend könne das Brautpaar die *gaudia lecti* genießen, und die Liebesgöttin Venus werde sich beiden anstelle einer *foeda voluptas* gewogen zeigen. Busmann differenziert am Beispiel des herzoglichen Brautpaares somit deutlich zwischen gottgegebener und lasterhafter profaner Liebe. Ein *castus amor* verbinde dieses Brautpaar, und nur der Tod werde sie trennen können, was auf die kirchliche Trauformel anspielt. In den beiden abschließenden Distichen der v. 273–276 bringt der Verfasser seine persönlichen Glückwünsche an das Paar zum Ausdruck und wünscht beiden ein langes gemeinsames und gottesfürchtiges Leben. Sie sollten liebe Kinder erhalten und nach ihrem Tod die *celsi regna ... poli* erlangen dürfen. Ohne dass er dies explizit erwähnen muss, ist dabei offensichtlich, dass die himmlischen *regna* von Busmann höher bewertet werden als die durch den Tod endende irdische Herrschaft des Herzogs.

Nach diesem Epithalamion folgt das *Epitaphium illustrissimi principis Erici senioris* auf den Tod des bereits erwähnten Vaters des Bräutigams. Es umfasst elf elegische Distichen, in denen Johann Busmann eine literarische Grabinschrift ausgestaltet. Dass er diese seinem Epithalamion auf Erich II. und Sidonie beifügt, zeigt, für wie bedeutsam er den Vater im Kontext der Heirat des Sohnes hält. In v. 1 klingt mit *hac iacet in tumba coopertus marmore princeps* deutlich die Anmerkung *hoc iacet in tumulo coopertus marmore princeps* aus v. 37 des Epithalamions wieder an. Erich I. wird im Folgenden als *nobilitatis honor* bezeichnet, der die Feinde aus seinem Land vertrieben habe und bei Schlachten an der Donau dem Kaiser Maximilian gedient habe. Auch diese Ausführungen stehen im Kontext zur ebenfalls erwähnten entsprechenden Passage des Epithalamions. Nach der erneuten Aufzählung der von Erichs Truppen besiegten südosteuropäischen Volksgruppen verweist der Dichter abschließend auf die christlichen Verhaltensweisen des verstorbenen Herzogs. Er habe sich gemäß der Bibel der verwaisten Kinder und der zurückgebliebenen Witwen angenommen und sie beschützt. Die literarische Grabinschrift ist somit durch die militärischen Taten des Verstorbenen einerseits und sein frommes Wirken zugunsten der Opfer andererseits geprägt. Dieses Gedicht erfüllt im Kontext der Heirat des Herzogs Erich II. von Braunschweig-Lüneburg zwei Funktionen: Zum einen dient es der Darstellung des vorbildlichen Charakters des Vaters des Bräutigams, zum anderen soll es für den Bräutigam selbst als nachzueiferndes Vorbild stehen.

Als zweite wenig umfangreiche Beigabe ist eine Versifikation von Ps. 20 in lateinischer Sprache abgedruckt. Dieses Gedicht besteht aus zwölf elegischen Distichen und ist gemäß der Vulgata mit *Exaudiat te Dominus in die tribulationis* überschrieben. Der Text des Psalms zeigt keinen direkten Bezug zur zuvor dichterisch gefeierten Heirat des Herzogspaares auf, sondern stellt vielmehr das gute Wirken Gottes für den notleidenden Menschen insgesamt dar. Busmann lässt diese Psalmparaphrase in identischem Wortlaut auch im Druck seines erwähnten Stadtlobs auf die Stadt Lüneburg abdrucken, so dass dieses Gedicht ein Beispiel weiterverwerteter Gelegenheitsdichtung darstellt (1547, VD 16 ZV 18067).[550]

Neben die rühmende Darstellung des Brautpaares tritt bei Busmann auch die Darstellung der vornehmen und tatkräftigen Abstammung beider Partner. Während der Bräutigam ausschließlich durch seine Eltern gerühmt wird, werden zum Ruhm der Braut sogar deren Brüder herangezogen, so dass sowohl Herzog Erich II. als auch Herzogin Sidonie als füreinander und ihrer Herrschaft würdig befunden werden.

Der bereits als Verfasser des Empfehlungsgedichts erwähnte Anton Corvinus schreibt ein *Carmen encomiasticon et exhortatorium* zum selben Anlass. Derselbe Druck enthält außerdem weitere Gedichte der Beiträger Friedrich Dedekind d. Ä., Johann Stigel und Burkhard Mithoff (VD 16 C 5331 = D 379 = M 5662). Sidonie von Sachsen wird in den Titeln der Gedichte nicht namentlich erwähnt.

CARMEN EN=∥COMIASTICON ET EXHORTA=∥TORIVM AD VERAM PIETATEM ∥ & uirtutes Principe uiro dignas. Illuſtriſimo Prin=∥cipi, Domino Erico, Duci Braunſuicenſi & Leu=∥neburgenſi iam nouo ſponſo, & Domino ſuo cle=∥mentiſſimo dicatum, per Antonium ∥ Coruinum. ∥ CARMEN DE OFFICIO PRINCIPS ∥ ad eundem. Burcardo Mithobio Autore, ∥ EPITHALAMIVM EIVSDEM PRIN∥cipis. Fridricho Dedekindo Neoſtadiano ∥ Autore. ∥ HANNOVERAE EXCVDEBAT HEN=∥ningus Rudenus, Anno 1545.
Hannover: Henning Rüdem 1545. [15] Bl.; 4°
[Wolfenbüttel, HAB: *M: Gn 2156*]

---

550   Für Hinweise zur Interpretation des Gedichts und zur Zählung der Psalmen in römisch-katholischer und lutherischer Tradition vgl. die Anmerkungen in Kapitel 2.2.11.

Vor den Gedichten steht eine an den Bräutigam gerichtete Vorrede in lateinischer Prosa, die Corvinus am 7. Mai 1545 in Pattensen für seinen Gönner verfasst. Anschließend folgt als erstes Gedicht desselben *Carmen encomiasticon* im Umfang von einhundert elegischen Distichen. Das zweite Gedicht *De imagine illustrissimi principis Erici* wird ebenfalls von Corvinus verfasst und besteht aus drei elegischen Distichen. Danach folgt das dritte, ebenfalls von Corvinus geschriebene Gedicht *De imagine illustrissimae principis Sidoniae* aus weiteren drei elegischen Distichen. Burkhard Mithoff (Leibarzt Erichs II., * Neustadt am Rübenberge 30.04.1501, † Hannoversch Münden 16.08.1564) widmet seinem Dienstherrn zur Heirat ein weiteres Epithalamion aus zehn elegischen Distichen, die er in Hannoversch Münden am 2. April 1545 unterzeichnet.[551] Das fünfte Gedicht ist als *Epithalamium* betitelt und hat einen Umfang von 176 elegischen Distichen, deren Dichter Mag. Friedrich Dedekind d. Ä. (Pastor in Neustadt am Rübenberge und Lüneburg, Kircheninspektor im Bistum Verden, * Neustadt am Rübenberge 1525, † Lüneburg 27.02.1598) ist.[552] Anschließend steht ein kurzer an Corvinus gerichteter Text vom Stephanstag des Jahres 1545 in lateinischer Prosa, deren Verfasser Johann Stigel (Professor für Rhetorik, Dichter, * Gotha 13.05.1515, † Jena 11.02.1562) ist.[553] Unsicher muss dabei die Deutung der Datierung bleiben. Da der Stephanstag der 26. Dezember ist, muss es sich entweder um denselben Tag des Vorjahres handeln, oder der gesamte Druck wurde erst mehrere Monate nach der herzoglichen Heirat im Mai 1545 hergestellt. Stigl ist auch der Dichter des abschließenden sechsten Epithalamions, das drei elegische Distichen umfasst und als *Symbolon Christianorum militum* betitelt ist. Gemäß dem nachfolgenden Hinweis Stigels sind die im Text gesetzten Majuskeln im ersten Vers im Uhrzeigersinn beginnend als *Christo soli laus et honor* zu lesen. Auf dem letzten Blatt des Drucks sind drei Korrekturhinweise abgedruckt. Diese Vorgehensweise zeigt, mit welcher Sorgfalt der Hochzeitsglückwunsch an den Herzog erstellt wurde, da in den Drucken anderer Gelegenheitsgedichte Fehler im Regelfall nicht oder nur handschriftlich korrigiert sind.

---

[551] Zu Mithoffs Familie und ihrer Herkunft aus Hannoversch Münden vgl. HÜLSE (1996), S. 57–58, dort Nr. 90 und JANICKE (1885).

[552] Zu den biographischen Daten Dedekinds vgl. DOLL (2002), FLEMMING (1957) sowie MEYER (1942), S. 106 und S. 190. Er wurde in der zweiten Jahreshälfte des Jahres 1543 an der Universität Marburg immatrikuliert. Dazu vgl. CÄSAR (1875), S. 41*b*16.

[553] Vgl. HARTFELDER (1893). Stigel wurde am 15. Oktober 1531 mit der Ergänzung *poeta* an der Universität Wittenberg immatrikuliert. Dazu vgl. FÖRSTEMANN (1841), S. 143*a*11.

Die Ehe von Erich und Sidonie von Braunschweig-Lüneburg bleibt kinderlos. Als beide Ehepartner sich gegenseitig der geplanten Vergiftung verdächtigen, flüchtet die Herzogin nach einer Hexenverfolgung und lebt bis zu ihrem Tod im Kloster Weißenfels, das ihr ihr Bruder, der Kurfürst August I. von Sachsen, überlässt.[554] Da auch Erichs zweite, im Jahr 1575 geschlossene Ehe mit Prinzessin Dorothea von Lothringen kinderlos bleibt, fällt nach seinem Tod das Fürstentum Calenberg-Göttingen an seinen Neffen Herzog Julius von Braunschweig-Lüneburg, den Fürsten von Braunschweig-Wolfenbüttel. Dessen ältester Sohn ist der spätere Herzog Heinrich Julius von Braunschweig-Lüneburg.

---

[554]   Zur fortschreitenden Entfremdung des Herzogs und seiner Frau vgl. LILIENTHAL (2007), S. 204–212.

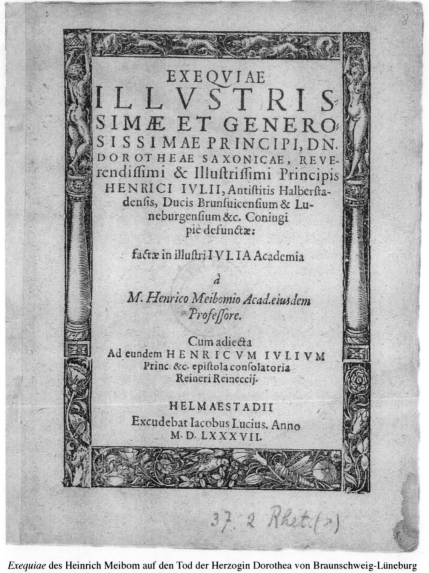

EXEQVIAE
ILLVSTRIS
SIMÆ ET GENERO⸗
SISSIMAE PRINCIPI, DN.
DOROTHEAE SAXONICAE, REVE⸗
rendiſſimi & Illuſtriſſimi Principis
HENRICI IVLII, Antiſtitis Halberſta⸗
denſis, Ducis Brunſuicenſium & Lu⸗
neburgenſium &c. Coniugi
piè defunctæ:

factæ in illuſtri IVLIA Academia

à

M. Henrico Meibomio Acad.eiusdem
Profeſſore.

Cum adiecta
Ad eundem HENRICVM IVLIVM
Princ. &c. epiſtola conſolatoria
Reineri Reineccij.

HELMAESTADII
Excudebat Iacobus Lucius. Anno
M. D. LXXXVII.

Exequiae des Heinrich Meibom auf den Tod der Herzogin Dorothea von Braunschweig-Lüneburg (Wolfenbüttel, HAB: A: *37.2 Rhet. (8)*).

(Foto: Herzog August Bibliothek Wolfenbüttel, 12. März 2009)

3.2.2.   Gedichte an Herzog Heinrich Julius von Braunschweig-Lüneburg (1585–1613)

Herzog Heinrich Julius von Braunschweig-Lüneburg, Fürst von Braunschweig-Wolfenbüttel, (Rektor der Universität Helmstedt, erster lutherischer Bischof von Halberstadt, * Hessen am Fallstein 15.10.1564, † Prag 20.07.1613) ist Widmungsempfänger zahlreicher Gelegenheitsgedichte, unter anderem im Kontext seiner beiden Ehen. So heiratet er in erster Ehe die Prinzessin Dorothea von Sachsen (* Dresden 04.10.1563, † Wolfenbüttel 13.02.1587), eine Tochter des Kurfürsten August I. von Sachsen. Zur Heirat am 26. September 1585 widmet der Rhetorikprofessor Johannes Caselius von der Universität Rostock aus dem Herzog und seiner Gattin ein zweisprachiges Epithalamion (VD 16 C 1284).

DOMINO HENRICO ‖ IVLIO GVELPHIO: ‖ ET ‖ DOMINÆ DORO-‖ THEÆ SAXONICÆ: ‖ Sponſis illuſtriſsimis. ‖ ΕΡΡΙΚΩ ΙΟΥΛΙΩ ‖ ΓΕΛΦΙΑΔΗ: ‖ ΔΩΡΟΘΕΑ ΣΑΞΟ-‖ΝΙΔΙ. ‖ Ἰωάννης Κασήλιος ‖ ROSTOCHII ‖ Excudebat Stephanus Myliander. ‖ ANNO ‖ ∞ IS XVC. ‖ Menſe Septembri.
Rostock: Stephan Möllemann 1585. [8] Bl.; 4°
[Wolfenbüttel, HAB: *H: P 567.4° Helmst. (9)*]

Auf den linken Seiten ist jeweils der griechische Text abgedruckt, während auf den rechten Seiten der entsprechende Text in lateinischer Sprache steht. Die griechische Version des Gedichts umfasst 176 daktylische Hexameter, die lateinische ebenso viele Verse in wechselnden Metren.
Zum selben Anlass erscheint außerdem noch ein weiteres Epithalamion, dessen Verfasser Johann Böckel ist (VD 16 ZV 16638).

REVERENDIS=‖SIMO, ET ILLVSTRIS-‖SIMO PRINCIPI, AC DOMI-NO, ‖ D. HENRICO IVLIO, EPISCOPO ‖ Halberſtadenſi, Adminiſtratori Min-‖denſi, Duci Brunſuicenſi & Lünæ‖lburgenſi, Et Illuſtriſsimæ ac lectiſsimæ principi, ac ‖ Dominæ D. DOROTHEAE, potentiſsimi, ac Il-‖ luſtriſsimi principis, ac Domini D. AVGVSTI ‖ Ducis Saxoniæ, S. Rom. Imp. Archimare-‖ſchalli & Electoris &c. filiæ, ‖ ſponſis illuſtriſsi-‖mis &c. ‖ Ἐπιθαλάμιος λόγος. ‖ HELMSTADII ‖ Excudebat Iacobus Luci-us. ‖ Anno M. D. LXXXV.
Helmstedt: Jakob Lucius d. Ä. 1585. [4] Bl.; 4°
[Wolfenbüttel, HAB: *M: Gn Kapsel 9 (8)*]

Dieses Epithalamion ist vollständig in griechischer Sprache verfasst und besteht aus 185 daktylischen Hexametern. Dem Gedicht ist das herzogliche Wappen als Holzschnitt vorangestellt.

Als die Herzogin Dorothea keine eineinhalb Jahre später am 13. Februar 1587 nach der Geburt ihres ersten Kindes, der späteren Fürstin Dorothea Hedwig von Anhalt-Zerbst (* Wolfenbüttel 03.02.1587, † Zerbst 16.10.1609) stirbt, erscheinen auf ihren Tod drei Drucke mit Gelegenheitsgedichten.

So verfasst Johann Böckel wiederum ein griechisches Gedicht, das von Kaspar Arnoldi ins Lateinische übersetzt wird (VD 16 B 6292).

> IN OBITVM ‖ ILLVSTRIS‖SIMÆ DOMINÆ DN. ‖ DOROTHEAE SA-XONI-‖CAE, REVERENDISS. & ILLVSTRISS. ‖ Principis ac Domini Dn. Hinri-‖CI IVLII Epiſcopi Halberſtadenſis Du-‖cis Brunſuicenſium & Luneburgen-‖lſium &c. Coniu-‖lgis. ‖ HELMSTADII ‖ Excudebat Iacobus Lucius. Anno ‖ M. D. LXXXVII.

Helmstedt: Jakob Lucius d. Ä. 1587. [4] Bl.; 4°
[Wolfenbüttel, HAB: *H: J 28.4° Helmst. (21)*]

Der griechische Text ist jeweils auf der linken und der lateinische Text auf der rechten Hälfte der Doppelseiten abgedruckt. Beide Gedichte entsprechen sich versgenau. Auf der letzten Seite sind jeweils die letzten drei griechischen und lateinischen Verse unter Beifügung der Subskription blockweise nacheinander abgedruckt. Die 95 daktylischen Hexameter in griechischer Sprache unterzeichnet *Iohannes Bokelius D.*, die 95 daktylischen Hexameter in lateinischer Sprache *Casparus Arnoldi M.* Außerdem schreibt Heinrich Meibom zu diesem Anlass *Exequiae*, an denen sein Professorenkollege Reiner Reineck als Verfasser eines den Druck eröffnenden und auf den 20. März 1587 datierten konsolatorischen Briefes auf den Seiten mit den Bogensignaturen A2ʳ (fälschlich auch als A3 gesetzt) bis A3ʳ mitwirkt (VD 16 M 1939).

> EXEQVIAE ‖ ILLVSTRIS=‖SIMÆ ET GENERO=‖SISSIMAE PRIN-CIPI, DN. ‖ DOROTHEAE SAXONICAE, REVE-‖rendiſſimi & Illuſtriſſimi Principis ‖ HENRICI IVLII, Antiſtitis Halberſta-‖denſis, Ducis Brunſuicenſium & Lu-‖neburgenſium &c. Coniugi ‖ piè defunctæ: ‖ factæ in illuſtri IVLIA Academia ‖ à ‖ M. Henrico Meibomio Acad. eiusdem ‖ Profeſſore. ‖ Cum adiecta ‖ Ad eundem HENRICVM IVLIVM ‖ Princ. &c. epiſtola conſolatoria ‖ Reineri Reineccij. ‖ HELMAESTADII ‖ Excudebat Iacobus Lucius. Anno ‖ M. D. LXXXVII.

Helmstedt: Jakob Lucius d. Ä. 1587. [10] Bl.; 4°
[Wolfenbüttel, HAB: *A: 37.2 Rhet. (8)*]*

Das drei Seiten zuvor abgebildete Titelblatt dieses Druckes ist von einem breiten bebilderten Holzschnittband umgeben. Auf der linken und der rechten Seite ist dieselbe Gestaltung gegeben wie auf den Drucken der Epithalamien auf Johann Horn und Sophia Niland (1587, VD 16 S 2445) sowie der Epithalamien zur Heirat des Bartholomäus Sengebähr mit Catharina Isernhuet (1587, VD 16 S 2442), die beide ebenfalls im Jahr 1587 in derselben Offizin in Helmstedt entstehen. An der linken Seite des Titelblatts sind von unten eine Blume, darüber eine Säule, auf der ein unbekleideter, aber abgewandter Mann steht, der eine Schale über seinem Kopf trägt, abgebildet. Rechts sind dementsprechend von unten eine andere Blume zu erkennen, darüber eine Säule, auf der eine unbekleidete, jedoch nicht abgewandte Frau steht, die ebenfalls eine Schale über ihrem Kopf trägt. Während dieses Bildprogramm im Kontext der Epithalamien nach Gen. 2,25 gedeutet werden muss, bezieht es sich im Kontext des Todes vielmehr auf Gen. 3,19.

Meiboms episches Gedicht in 473 daktylischen Hexametern folgt dem Brief Reiner Reinecks auf den Seiten mit den Bogensignaturen a3ᵛ bis c2ᵛ und ist als *Parentalia* betitelt. Meibom beginnt sein Gedicht mit der Erinnerung an die unermesslich große Trauer in der Gegend um Efrata bei Betlehem, als dort Rahel, die Frau des alttestamentlichen Jakob, bei der Geburt ihres zweiten Sohnes Benjamin verstarb. Bei dieser Anspielung bezieht sich Meibom auf Gen. 35,16–20 und verdeutlicht, dass die Herzogin ebenfalls einige Tage zuvor bei der Geburt ihrer Tochter Dorothea Hedwig verstorben ist. Anschließend beschreibt er in v. 6–12 die große Trauer, die bei den Israeliten nach dem Tod der Rahel geherrscht habe. Man habe über dieses *fatum* geklagt und versucht, die *causam mortis fontemque malorum* zu finden. Ein *luctus anhelus* habe alle befallen. Mit *talis in hoc etiam procedit tempore maeror* leitet der Verfasser in v. 13 zur Situation weiter, die er mit seinem Gedicht bedenken will: eine derartige Trauer habe mit dem Tod der Dorothea auch die welfische Herzogsfamilie befallen. Die Verstorbene wird im Folgenden als *virens annis & avito nobilis ortu* bezeichnet, außerdem als *egregium specimen virtutis & indolis altae*. In v. 18–19 erfolgt dann ihre Bezeichnung als Gattin des Herzogs Heinrich Julius, der seinerseits gelobt wird. Die tatsächliche und direkte Auflösung für den Anlass seines Gedichtes gibt Meibom erst am Anfang von v. 20, als er die Nennung der Herzogin mit *occubuit* weiterführt. Nachdem er sich anfangs zunächst auf die Gelehrsamkeit seiner biblischen Anspielung beschränkt, scheint aus ihm jetzt die volle Trauerklage herauszufließen, wenn er in v. 21–26 schreibt:

O dolor atque decus, patriae communis & orbis
Teutonici! Casus gentem non afficit unam
Iste, sed in varias sese disseminat aulas.
Nec lacrymas tantum Occar alit, flet turbidus Albis,
Sala gemit, Panusque strepens flavusque Visurgis,
Et cum piscifero luget vagus Odera Suevo.

Der Tod der vortrefflichen Herzogin lasse nicht nur ein Land in Trauer geraten, sondern erreiche mehrere fürstliche Höfe. Meibom denkt dabei sicherlich besonders auch an den Dresdener Hof, aus dessen kurfürstlicher Familie die verstorbene Herzogin abstammte. Die vergossenen Tränen füllten nicht nur die durch die Residenzstädte des Herzogs Wolfenbüttel und Braunschweig fließende Oker an, sondern auch die Elbe, die Saale, die Peene, die Weser und die Oder. In der Darstellung der trauernden und weinenden Flüsse ist die grobe Geographie des Herzogtums Braunschweig-Lüneburg, des Kurfürstentums Sachsen sowie des deutschen Ostseeraumes, aus dem eine Großmutter der Verstorbenen stammte, verborgen, so dass die Flüsse stellvertretend für die vom Tod besonders betroffenen genannten Länder stehen. In der sich anschließenden Passage schildert Meibom in v. 27–36 den Vorgang des Sterbens. Ein *fumus* entweiche dem schildkrötenartig gewölbten Schädel, ein *umor* befalle alle Bereiche des Körpers, eine *vis ... improba* dränge auf sie ein, der bisherige *honor* werde fortgeschafft, weder Hand noch Fuß könne seine vormaligen Aufgaben verrichten. Eben dieser Sachverhalt bereite allen anderen Menschen, der Verfasser spricht in v. 32 von *nos omnes*, die eingangs erwähnte Trauer; sie alle würden dafür beten, dass die *impendentia ... mala* gemildert oder aufgehoben würden. Meibom stellt in seinem Gedicht somit eine die Verstorbene betrauernde Gemeinde dar, die von der Toten Abschied nimmt und an den so betitelten *exequiae* teilnimmt. Meibom gestaltet im nächsten Abschnitt in den v. 37–46 seinen bereits zuvor genannten Gedankengang um Sterben, Tod und Trauer weiter aus und hebt die dafür verantwortliche *inclementia fati* hervor, die zwischen den einzelnen Menschen keine Unterschiede mache. Dieses Bild des Todes lasse sich auch nicht durch Gebete und Versprechen verändern. Danach wendet sich der Gedankengang des Dichters ab v. 47 wieder der verstorbenen Herzogin direkt zu:

> *Haec patriae mater, cui nunc praestamus honoris*
> *Triste ministerium, quia primo in flore iuventae*
> *Abripitur ...*

Der im noch jungen Alter von 23 Jahren verstorbenen Landesmutter müsse nun der letzte Ehrendienst erwiesen werden. Die in v. 51 genannte Libitina, die römische Göttin der Bestattung und der Leichname, habe die Wöchnerin an sich genommen. Die *plebs ... anxia* habe das Ereignis vorausgeahnt und auch um die *ventura pericula* gewusst. Meibom scheint mit dieser Aussage auf eine grundsätzliche Sorge der Untertanen um die Herzogin während ihrer ersten Schwangerschaft anzuspielen und fragt in v. 55–56, ob nach der Bestätigung dieser Sorge noch eine *spes pacis* und eine *illaesae ... fiducia vitae* bestehen könne. Er resümiert, es sei wohl so, dass in einer unvermuteten Stunde ein derartiger Schrecken mit wiederholten Stößen und Tränen komme: so seien der *habitus vitae* und der *tenor immutabilis aevi*. Angeschlossen an diese Feststellung folgt in v. 60 ein Anruf der Nymphen, die den *Iuliades*, den Nachkommen des Herzogs Julius von Braunschweig-Lüneburg, des Schwiegervaters der verstorbenen Dorothea, Trauerlieder anstimmen sollten. Es sei gerade erst ein Jahr vergangen, seitdem Kurfürst August von Sachsen, der Vater der Verstorbenen, in Dresden am 12. Februar 1586 gestorben und in meißnischer Erde bestattet worden sei. Meibom würdigt den Kurfürsten in v. 63 als *vere augustus* und nennt sein genaues Todesdatum nicht. Anschließend beschreibt er in v. 65–74 mit diversen mythologischen Anspielungen die gewesene Trauer. Es haben *quales singultus* geherrscht, die böotische Quelle am Musenberg Helikon sei versiegt, ebenso sei die *pergula* ausgetrocknet, die die Täler am Helikon mit Schatten versehe. Der gesamte Berg, der mit seinen Gipfeln zu den Sternen strebe, sei von den Seufzern der Berghöhlen erschüttert worden. Bei den den Berg bewohnenden Nymphen habe solche Traurigkeit vorgeherrscht, so dass sie sich den Brustkorb geschlagen hätten. Diese Form der Totenklage entspricht dem antiken Bild der Trauer. Nach dieser Passage folgt zur Einleitung des nächsten Abschnitts in v. 75 die Wiederholung des v. 60: *Dicite Iuliades lugubria carmina nymphae*. Nach dem Ablauf eines Jahres seit dem Tod des Kurfürsten August müsste die herzogliche Welfenfamilie einen weiteren Verlust hinnehmen. Meibom formuliert seine Trauer um den Tod von Vater und Tochter für beide Länder in v. 80–83 folgendermaßen:

O gravis ira Dei, quae lumen utrumque recidit
Saxoniae, patrem patriae, matremque benignam,
Nutritorem & nutricem duo sydera gentis.
Maxima spes, quae in utroque fuit, nunc deficit omnis.

Die *gravis ira* Gottes habe die *maxima spes* zweier Herrscherfamilien und ihrer Untertanen zerstört. Zwischenzeitlich habe die Trauer auch den Hof des verwandten fürstlichen Hauses der welfischen Linie Braunschweig-Grubenhagen erreicht, deren Erbe Herzog Heinrich Julius später im Jahr 1596 antreten wollen wird, aber vom Reichskammergericht zugunsten der Lüneburger Linie verwehrt bekommt. Überall werde um die verstorbene Herzogin Dorothea getrauert. In v. 94 setzt der Verfasser den bereits aus v. 60 und v. 75 bekannten Aufruf an die Nymphen, der auch im Folgenden in den v. 109, 122, 154, 171, 192, 227 und 282 die jeweils neuen Abschnitte gleichsam als Refrain einleitet. Es sei ein *solamen* und ein *ingens ... honos* entstanden, weil Gott die Bitten und Gebete *placida ... ore* aufgenommen habe. Der legitime Erbe, gemeint ist der kürzlich verwitwete Herzog, sei nachgefolgt, der in Bezug auf *ingenium*, *mores* und *loquelae* überzeuge. Ihm habe aber die ihm an *pietas* und *dulcedine vultus* gleichkommende Frau gefehlt. Der milde

Gott habe das diesbezügliche Seufzen erhört und die erwünschte *fiducia* gewährt. Dennoch, so schreibt Meibom in v. 107–108 sei dies kein Geschenk gewesen, denn plötzlich werde die gegebene Person wieder von der Erde zurückgenommen, und der Tempuswechsel hebt den unerwarteten Schicksalsschlag plastisch heraus. Nach dem bereits erwähnten Anruf der Nymphen in v. 109 folgen im nächsten Abschnitt in v. 110–121 weitere Beschreibungen der Verstorbenen. Meibom fragt zunächst: *At quibus aggrediar verbis memorare decorem?* Diese Schwiegertochter habe ihre ehrenvolle Mitgift gerechtfertigt, und Meibom fragt, welche andere Frau er dieser vorziehen solle. Dazu bringt er in v. 115–121 einzelne mythische und christlich-historische Beispiele, die er nicht näher ausführt. Dabei wird auch der Name der verstorbenen Herzogin zu *Theodora* umgestellt, was eine Assoziation zur einflussreichen byzantinischen Kaiserin Theodora I., der Frau des Kaisers Justinian I. herstellen und die Herzogin in eine Reihe mit der Kaiserin stellen soll. Meibom führt Dorothea von Braunschweig-Lüneburg an dieser Stelle nicht genealogisch, sondern vielmehr bezüglich ihrer herrschaftlichen Erscheinung und Macht auf älteste Wurzeln zurück und erwähnt in v. 120–121 auch ihr *vetustus sanguis.* Er bedient damit folglich die für *Parentalia* typische Darstellung der biographischen, wenn in diesem Beispiel auch nicht tatsächlichen familiären Vorgeschichte.

Ab v. 123 gestaltet er die genealogische Herkunft weiter aus und nennt zunächst wiederum ihren Vater Kurfürst August, der sich als Stütze seiner Herrschaft und Freistätte des Glaubens erwiesen und somit die *aura* des großen Namens gerechtfertigt habe. Meibom spielt damit auf Augusts starkes Eintreten für den lutherischen Glauben an, der andererseits jedoch auch auf einen Ausgleich mit den römisch-katholischen, habsburgischen Kaisern bedacht war. Somit scheint es etwas befremdlich, dass in v. 122 zuvor wiederum die Nymphen für die Familie des Julius von Braunschweig-Lüneburg um *lugubria carmina* gebeten werden, da der folgende Abschnitt des Gedichtes gemäß den *Parentalia* doch im Zeichen des kurfürstlich-sächsischen Hauses steht. Der Verfasser bringt anschließend als Vergleich für den Kurfürsten das Bild der Waage, mit der Menschen, ihre Eigenschaften und Vorzüge verglichen werden könnten. Dabei stehen in v. 132–136 im Sinne der *variatio* die drei Substantive *trutina, libera* und *statera*. Er stellt in v. 134 fest: *vices dedit omnibus aequas.* Kurfürst August sei mit seinen Verdiensten dem oströmischen Kaiser Konstantin gleichgekommen und verkörpere außerdem gleichsam auch den Habitus eines *nostri Princeps Theodosius aevi.* Er sei bekanntermaßen vortrefflich im Krieg, tauglich an den Waffen und dem Feind gegenüber *forti pectore* gewesen, was auf seine militärischen Leistungen anspielt. Dennoch sei er immer *pacis ... cupientior* gewesen, habe allerdings ungeduldig agieren müssen, sobald sich aufständische, widerstrebende Aktionen gezeigt hätten. In dieser Aussage ist das belegte landesväterliche Wirken des Kurfürsten zu erkennen, der in Bezug auf seine Macht klug agierte, Angriffe sofort abwehrte und somit im Spannungsfeld von Machtwille und Ausgleich regierte.[555] Seine Ehre habe fest gestanden, und er habe seinerseits Übeltäter und hinterlistige Pläne niedergeworfen.

Nach der wiederholten Anrufung der Nymphen in v. 154 leitet Meibom zur Beschreibung der Mutter der Verstorbenen weiter:

> *Non minor a matris generosa stirpe resultat*
> *Gloria Dorotheae ...*

Ebenso wie der wettinische Vater sei die Mutter, die namentlich nicht genannte Kurfürstin Anna von Sachsen, geborene Prinzessin von Dänemark und Norwegen, von hochadeliger Herkunft gewesen. Ihre Vorfahren hätten wiederum im Gebiet gelebt, wo die *Balthica Thetis*, die Ostsee, mit unruhigen Strömungen in das arktische Meer des Kimbernlandes, gemeint ist die Nordsee, fließe. Mit diesen Eigennamen ist das Territorium Dänemarks klar umrissen. Sie habe Christus mit Vertrauen und Leidenschaft in ihrem Herzen getragen und – wie es im Folgenden heißt – eigenen Aufwand gespart, mit keuschen Gebeten und Besorgnis nachts gewacht, um Beeinträchtigungen vom unschuldigen Staat abzuhalten. *Talis erat ...* setzt Meibom an das Ende dieser Passage und schließt seine Ausführungen über die Mutter der verstorbenen Dorothea von Braunschweig-Lüneburg mit der Anmerkung, sie habe ihre Nachkommenschaft wegen der beschriebenen Lebensführung unbescholten zurückgelassen. In v. 171 steht wiederum der Anruf der Nymphen als Überleitung zum nächsten Abschnitt. Resümierend stellt der Dichter in v. 172–173 fest, dass sich unter den dargestellten Bedingungen die Kinder ebenso vorteilhaft wie ihre Eltern entwickelten:

> *Fortibus aeduntur fortes, sanctique parentes*
> *Progenerant sobolem verae pietatis amantem.*

Demgemäß habe Dorothea die Vorbilder, die ihr ihre Eltern gaben, nachgelebt. Die daraus resultierenden Eigenschaften werden bis v. 180 nochmals umrissen. Sie sei *mitis, inimica dolis*, gewesen und habe *sine crimine mores*, *candor ... nullo livore, doctrina* und *salus* besessen. Sie habe *salus* und *spes* immer in Abhängigkeit des vergossenen Blutes Christi gesehen und dementsprechend gläubig und mildtätig gelebt. Anschließend steht der erneute Anruf der Nymphen in v. 192, bevor im nächsten, wesentlich längeren Abschnitt in v. 193–226 ihr Sterben geschildert wird. Meibom beginnt mit der rhetorischen Frage, wie eine

---

[555] Vgl. RÖßLER (1953), S. 448.

Ehefrau ihrem Mann das höchste *officium* erweisen könne, beantwortet diese
Frage allerdings nicht, sondern leitet dazu über, wie sich die Situation der Geburt
der Dorothea Hedwig dargestellt habe. Es habe schon eine *fama* das bevorstehende Ereignis durch die Residenz geflüstert, die Sonne sei zwischen Wolken
aufgegangen. Die *aula Ducis* sei Zeuge dessen gewesen und gleichzeitig *prae-
scia funeris huius*. Anschließend beschleunigt sich Meiboms Stil deutlich, und
er drängt auf den Ausgang des Berichtes hin. Dorothea habe Heil und Schicksal
ihres Mannes Gott anvertraut, dessen Liebesgefühlen und -flammen sie sich habe
sicher sein können. Der wiederum sei aber unwissend über die Situation gewesen, während die Nacht beginne: *nec habet fortuna regressum*. Die Sonnengöttin
Tithonia, ein Beiname der Aurora, habe schon oftmals auf ihrem Sonnenlauf
über den Himmel derartige Situationen gesehen, während alle anderen Menschen schliefen. Die Verstorbene habe um Aufheben ihrer *praedura gravamina*
gefleht, und einen Augenblick später habe sie ihr Kind geboren, die *effigies vultus animique paterni*. Unmittelbar nach diesem glücklichen Moment habe sich
die Situation gewandelt:

> *... ut vitae vix limina viderat infans*
> *Languit exangui correpta puerpera morbo.*
> *Nec mora, defectis pallatim viribus, aegre*
> *Dilapsus calor, atque in ventos vita recessit.*

Meibom beschreibt in diesen v. 216–219 den direkten zeitlichen Zusammenhang
von Geburt und Tod im sprachlichen Bild des Hauses. Das Kind habe kaum die
Lebensschwelle überschritten, als die Mutter selbiges *in ventos* verlassen habe.
Ihre *pondera virtutum*, ihr *splendoris lumen*, *acre ingenium*, *nomen*, ihre *laudes*,
ihr *omnis favor*, *munus*, ihre *amicitiae* und *pudor & oris honores*, die allesamt
für einen sterblichen Menschen Zierde seien, habe sie im Sterben verloren. Nach
dem Anruf der Nymphen in v. 227 klagt Meibom im darauffolgenden Vers: *O rigidas leges! o inexorabile fatum!* Anschließend stellt er ab v. 229 seine Gedanken
mit *nos* eingeleitet als gemeingültig dar: die Menschen machten sich Hoffnungen,
planten große Dinge, versprächen sich das Alter und lange Lebensjahre. Unterdessen nähere sich die *vigilans & inobservata ... hora necis*, und die Parzen schnitten
den Lebensfaden ab. Meibom führt in v. 238–240 später aus:

> *Omnia mors terret, rapit, opprimit, enecat, aufert*
> *Mista senum ac iuvenum cumulantur funera, sexus*
> *Nil iuvat, aut splendor generis, nil gratia formae.*

Vor dem Tod seien alle Menschen gleich, und der Tod weiche nicht vor einigen Menschen mehr zurück als vor anderen. Die Nachricht von Sterben und Tod der Dorothea habe sich schnell verbreitet, und die *gaudia* seien dem *luctus* gewichen. Schnell hätten Diener das Bett der Herzogin mit schwarzem Tuch verhüllt, dann betrete schon Herzog Julius, der Schwiegervater der Verstorbenen, den Raum. Es herrsche allgemeine Betroffenheit, über die Wangen liefen feuchte Tränen. Meibom spricht ihn in v. 252 direkt an: *Parce tibi divine Heros, Dux inclyte parce.* Den Herzog befalle großer Schmerz, der in der Ehe manifestierte *amor magnus* werde durch die *vis mortis atrox* entrissen:

> ... *nil tristius unquam*
> *Nec poterit clades homini contingere maior.*

Das Substantiv *clades* erinnert an dieser Stelle deutlich an die Beschreibung des militärischen Wirkens des Kurfürsten August I. von Sachsen in der Passage ab v. 144. So sehr Meibom das beherzte und bestimmte Eingreifen des Herrschers gelobt hatte, desto mehr stellt er in der Schilderung des Todes heraus, dass auch für einen Herrscher die schlimmste Niederlage der Verlust eines geliebten Menschen sei. Das zuvor streng dynastisch geschilderte Leben des Adels wird somit ein Stück weit normalisiert und menschlich greifbar gestaltet, und ähnlich folgt auch die Beschreibung der Herzogin Hedwig, der Schwiegermutter der Verstorbenen. Der nächste Abschnitt wird letztmalig mit dem Anruf der Nymphen in v. 282 eingeleitet. Alle Menschen seien demselben Grund des Sterbens unterworfen, niemand könne dem entfliehen, und derjenige sei ein *felicissimus*, der auf Christus vertrauend das Irdische zurücklassen und sich die Hoffnung auf ein anderes Leben erhalten könne. Derjenige könne in der Stunde seines Todes *in placida ... pace* sein Haus verlassen. Jetzt müsse er, Meibom, die Geschichte dieses einen Todesfalls dem Papier zum ewigen Erhalt anvertrauen, und sie solle jetzt in alle Richtungen verbreitet und gehört werden. Als räumliche Grenzen werden dazu in v. 290–293 erneut die Ostsee und die Alpen sowie der *oceanus* und die *adveniens aurora* genannt.

Anschließend wendet sich der Dichter ab v. 295 wieder konkret der verstorbenen Dorothea von Braunschweig-Lüneburg zu und beschreibt ihr Sterben. Unmittelbar nach der Geburt habe sie ein *rigidus ... horror* befallen, am nächsten Tag sei es ihr allerdings *mediocris* ergangen, bevor sie am dritten Tag von Lungenproblemen, Husten und Keuchen gequält worden sei. Diese Aussage bestätigt, dass der Tod erst einige Tage nach der Geburt ihres Kindes erfolgte. Sie habe blutigen Auswurf beim Husten gehabt und an den Körperseiten Schmerzen des Rippenfells verspürt. Aufgrund der beschriebenen Symptome scheint es nicht abwegig zu vermuten, dass Dorothea von Braunschweig-Lüneburg eine Lungenembolie erlitten hat. Bedingt durch eine überhöhte Körpertemperatur sei sie immer mehr geschwächt worden. Sie habe eine Ahnung ihres nahenden Todes bekommen und ihre Furcht davor abgelegt. In einem Gebet habe sie sich Gott anvertraut und, wie Meibom in v. 309–310 schildert, *nunc ... agonis / Extremi certamen adest* gesagt und auch weiterhin unerschütterlich auf Jesus Christus gehofft. Er sei der *triumphator lethi ... benignus*, und er hebe alle Last auf. Christus nehme sich des Körpers an, entferne die Todeswaffe, wickle den Körper ein und heile die Wunde mit einem himmlischen Wassertropfen. In diesem Moment habe sie noch das Gespräch mit ihrem Ehemann gesucht, der auch bei ihr erscheint, so dass sie ihm ihre Liebe beteuern und das neugeborene Kind anvertrauen kann, wie es in v. 332–337 berichtet wird:

> *Ille ubi se thalamis inferret tristior, infit:*
> *Huc ades o cordis nostri pars altera, vitae*
> *Dimidium, vita longe mihi carior ipsa.*
> *Accipe connubij pignus, fructumque suavem*
> *Quem pater omnipotens equidem concessit utrique,*
> *Nunc autem soli tibi me moriente relinquit.*

Ihr verweigerten die *fata*, sich um das Kind zu kümmern, aber Heinrich Julius solle das *munus* der Mutter übernehmen, denn für sie gelte: *Me pater aeternus vocat*. Nach weiteren Worten des Abschieds habe die Herzogin ihre neugeborene Tochter umarmt und sie geküsst. Dieses deutliche Zeichen der Unabwendbarkeit des bevorstehenden Todes und der daraus resultierenden Hoffnungslosigkeit habe allseits zu Wehklagen geführt. Meibom bringt dazu anschließend ab v. 350 das Bild des Frühlings, der den Winter vertreibe und den Schnee schmelze. Der Schneeschmelze vergleichbare Tränenflüsse seien allen Anwesenden hervorgeschossen, und Heinrich Julius habe sich elend niedergeworfen, jedoch nicht geweint und nicht gesprochen. Dann seien mehrfach Fürbittengebete gesprochen und biblische Texte vorgetragen worden. Der 13. Februar sei allen als Tag dieses tragischen Ereignisses verinnerlicht:

> *Donec fatales produxit Februus Idus:*
> *Illa dies facta est properatae conscia mortis.*

Danach leitet der Verfasser zum Zitat der letzten Worte der Verstorbenen weiter, die er in v. 373–383 wiedergibt und mit denen sie sich an Jesus Christus wendet:

> *Christe necis domitor, Paradysi ianua, coeli*
> *Scala veni, meque hoc miserans exolvite nexu.*

Sie habe ihr Leben zum Ende gebracht und den von Gott auferlegten Weg vollen-
det. Sie habe ihrem treuen Ehemann ein Kind geboren und hoffe jetzt auf Gottes
fides und *salus*. Außerdem solle sich Gott ihres Mannes und ihres Kindes annehmen und beiden das Leben erhalten. Es werde das Jüngste Gericht angekündigt
von der *venturi buccina regis* kommen und alle Menschen aus ihren Gräbern zur
Auferstehung rufen. Die der sterbenden Herzogin in den Mund gelegten Worte
stehen in deutlichem Bezug zur christlichen Lehre vom Ende der Zeit und sind in
Anlehnung an Offb. 21,4 verfasst. Diese Formulierungen sind sämtlich der literarischen Topik der vom Spätmittelalter beeinflussten *ars moriendi* zuzurechnen
und erweisen sich allein schon aufgrund der Hexameterform nicht als authentische
Sterbeworte. Nachdem sich Dorothea von Braunschweig-Lüneburg derart von ihrer Familie und den weiteren anwesenden Personen verabschiedet hat, stirbt sie:

... tum vita per auras
concessit laeta ad superos corpusque reliquit.

Im Gegensatz zum vorher mehrfach eingeforderten Trauergesang der Nymphen
stellt Meibom jetzt in v. 389 die Bitte, die Klagen zu unterlassen, an den Anfang
des nächsten Abschnitts:

Sistite Iuliades lugubria carmina nymphae.

Der Tod stelle den Zugang zum himmlischen Leben dar, und es scheint so als
wolle er verdeutlichen, dass Klagen um Leid und Sterben gerechtfertigt gewesen
seien, nach Eintritt des Todes aber für den christlichen Menschen keine Rechtfertigung mehr für Klage und Trauer gegeben sei. Er führt in v. 395–397 weiter aus,
dass der Tod kein *exitus* sei, sondern vielmehr ein *transitus ... ad ocia coeli*. Dann
lässt Meibom mehrere rhetorische Fragen folgen, mit denen er erfahren will, wer
denn einen besseren Zustand fürchte und wer denn nicht Christus gleich werden
wolle, der doch die *coelestis gratia* verspreche. Aus diesem Zusammenhang sei
auch die Liebe Christi zu den Menschen ersichtlich, so dass die Menschen umgekehrt Christus lieben sollten. Mit dieser Aussage ist vermutlich eine theologische
Anknüpfung an Joh. 3,16 intendiert, wo der Liebe Gottes zu den Menschen der
Kreuzestod Christi und die eigene Erlösung zugeordnet werden. Die Menschen
hätten hingegen oftmals die Furcht vor dem Tod vor Augen und lieferten sich ihrer
Situation selbst aus. Christus sei aber derjenige, der sie *ad ... praemia* führe. Er
nehme dem Tod die *spicula* weg, womit Meibom sich auf das Lob Gottes bezüglich der Auferstehungshoffnung in 1. Kor. 15,55 bezieht. Der Glaube an Christus
hebe die Angst vor dem Tod auf, und wenn die Stunde des Todes komme, könne
der Christ als *intrepidus* den Tod annehmen. In v. 418 folgt die Wiederholung des

Nymphenanrufs aus v. 389, und Meibom gibt die nächsten Ausführungen dazu, weshalb die Klage aufhören soll: Die Gattin des Heinrich Julius sei nicht gestorben, sondern nur gegangen. Sie sei nicht verloren, sondern nur vorausgegangen. Zur Darstellung dieser Aussage werden die zwei Paare von Komposita *obire* und *abire* sowie *amissa* und *praemissa* in v. 419–420 verwendet. Zumindest das letztgenannte Wortspiel ist zuerst bei Aug. *epist.* 92,1 (= CSEL 34,2, S. 436–437) belegt und war im Mittelalter und in der frühen Neuzeit sehr populär.[556] Dorothea sei *in medio deprehensa mari* gewesen, gleichsam schiffbrüchig dem Wüten der Wellen und des Windes ausgeliefert. Christus gewähre ihr nun ein *tutius hospitium*. Mit *salve* in v. 428 beginnt anschließend ein beinahe hymnisch anmutender Abschnitt, mit dem das folgende *vale* in v. 429 korrespondiert. Meibom begrüßt die himmlische Ewigkeit und verabschiedet *die famae pars altera nostrae*. Die Verstorbene erhalte jetzt Ruhe und werde mit Gerechtigkeit gekrönt, sie müsse keine Tränen mehr vergießen. Sie könne ihre verstorbenen Eltern als *redivivi* wiedersehen und auch ihren verstorbenen Großvater, der den Namen Christi trage, König Christian III. von Dänemark und Norwegen. Chronologisch ist zu dieser Aussage zu bemerken, dass Dorothea von Braunschweig-Lüneburg erst mehrere Jahre nach dem Tod des Christian III. am 1. Januar 1559 im Jahr 1563 geboren war und ihren Großvater somit nie kennen gelernt hatte. Neben dem Wortspiel aus Christus und Christian soll die Nennung des Königs aber wohl besonders wieder dem dichterischen Dienst der *Parentalia* folgen und Meibom die Gelegenheit geben, ihn in v. 434 als *magnae pietatis avus* zu charakterisieren. Die Engel, in v. 437 als *aligerae ... turmae* bezeichnet, streuten Veilchen und betaute Lilien, die Blume des Sterbens und des Todes. Sie wetteiferten darum, die Verstorbene *ante thronum summi ... Regis* zu führen. Dort könne sie ihres Leidens befreit ihren Ehemann erwarten. Die Hinterbliebenen wollten für sie die Exequien als *debita iusta* durchführen, und der hinterlassene Witwer werde dazu ein marmornes Bild seiner verstorbenen Frau aufstellen lassen.

Den vorletzten Abschnitt leitet Meibom in v. 454 mit einem Anruf an das *Divuûm genus* ein, das den Heinrich Julius von Braunschweig-Lüneburg wieder aufrichten und stärken soll. Es möge der Dorothea sagen, dass sie nicht unnütz ihren Namen geführt habe, sondern wahrhaft ein *donum ... Dei* gewesen sei. Meibom äußert außerdem noch den ewigen Wunsch, dass sie den Namen Gottes stets mit Ehre und Lob weitertragen sollten. Er schließt mit der Anmerkung, sein Gedicht habe die Situation genügend besungen, denn für alle weiteren Wünsche wie die Bitte um Frieden müsse Gott aufgefordert werden. Dieses dichterische Zeugnis lege er von seinem Helmstedter Lehrstuhl aus ab. Zur Bekräftigung des Gesagten und als Schluss setzt der Verfasser ein *dixi* an das Ende des letzten Hexameters.

---

[556]   Vgl. Mager (2008), S. 90.

Das gesamte Gedicht des Heinrich Meibom ist vom Geist der *Parentalia* geprägt und stellt neben der Beschreibung des Sterbens dementsprechend besonders die familiäre Abstammung der Verstorbenen dar. Meibom verwendet oftmals sprachlich ausschweifende Formulierungen und bedient gelehrte Bilder der antiken Mythologie, des Christentums und der Historiographie. Als Helmstedter Professor für Poesie erfüllt er mit diesem Gedicht gewissermaßen auch die Funktion eines dem herzoglichen Hof verpflichteten Dichters, was besonders aus den erwähnten Schlussversen ersichtlich ist.

Außerdem widmet der bereits erwähnte Johannes Strube dem Tod der Herzogin ein *Epicedion*, in dessen Titel er bereits die Geburt der Tochter Dorothea Hedwig am 3. Februar als Ursache für den Tod der Mutter nennt (VD 16 S 9742).

Epicedion ‖ IN OBITVM IL=‖LVSTRISSIMAE PRINCIPIS AC ‖ DO-MINAE, D: DOROTHEAE, LAVDATIS-‖ſimi illius Saxoniæ Ducis, & S. Rom. Imperij Electoris ‖ Avgvsti, &c. beatæ recordationis, filiæ: Reveren-‖diſsimi & Illuſtriſsimi Principis ac Domini D: Henrici ‖ Iv-lii, Epiſcopi Halberſtadenſis, Ducis Brunſvvicenſis ‖ & Lunæburg. &c. dulciſsimæ quondam conjugis: quæ cum ‖ 3. Februarij anni 1587. filiolam Dorotheam Hedvi-‖gin, primùm genitrix, in lucem edidiſſet, postmodum le-‖thali correpta morbo, 13. eiusdem, ex hac miſeriarum ‖ valle, cum maximo omnium piorum deſi-‖derio, in cœleſtem patriam feli-‖citer emigravit. ‖ Autore ‖ M. IOHANNE STRVBIO ‖ verbi divini miniſtro. ‖ Anno ſalutis. CIƆ IƆ XXCVII.

[Helmstedt]: [Jakob Lucius d. Ä.] 1587. [6] Bl.; 4°
[Wolfenbüttel, HAB: *M: Gn Sammelbd. 16 (3)*]

Auf dem Titelblatt ist ein Holzschnitt abgebildet, der die Erweckung des toten Lazarus durch den mit einem Strahlennimbus bekrönten Christus nach Joh. 11,17–46 zeigt und somit die Auferstehungshoffnung auch auf die im folgenden Epicedion betrauerte Herzogin Dorothea von Braunschweig-Lüneburg überträgt. Derselbe Holzschnitt erscheint mehrere Jahre später auch auf dem Druck anlässlich des Todes des Burkhard von Saldern (1595, VD 16 N 1369). Strubes episches Trauergedicht hat einen Umfang von 376 daktylischen Hexametern. Auch er geht in seinen Versen auf den Tod der Mutter nach der Geburt ihrer Tochter Dorothea Hedwig ein.

In zweiter Ehe heiratet Herzog Heinrich Julius von Braunschweig-Lüneburg am Ostersonntag nach dem julianischen Kalender, dem 19. April 1590, auf Schloss Kronborg die Prinzessin Elisabeth von Dänemark und Norwegen (* 25.08.1573, † 19.06.1626), die Tochter des Königs Friedrich II. von Dänemark und Norwegen (* Hadersleben 01.07.1534, † Antvorskov 04.04.1588) und der Königin Sophia von Dänemark und Norwegen, geb. Herzogin von Mecklenburg-Güstrow (* Wismar 04.09.1557, † Nykøbing 03.10.1631). Zu diesem Anlass erscheinen wiederum mehrere Gelegenheitsdrucke. So schreibt Heinrich Achemius für das Brautpaar ein Epithalamion (VD 16 A 93).[557]

> Solennitatem ‖ nuptiarum ‖ REVERENDISSIMAE ‖ CELSITVDI-
> NIS OPTIMI ‖ PRINCIPIS AC DOMINI, DN. HENRI-‖CI IVLII,
> Epiſcopi poſtulati Halberſtandenſium, ‖ Illuſtriſſimi Brunovicenſium &
> Lunæburgenſi-‖lum &c. Ducis ſecundò ‖ ſponſi: ‖ & ‖ GRATIOSISSI-
> MAE SERE-‖NITATIS DIVAE VIRGINIS AC DOMINAE, ‖ DOMINAE
> ELISABETHAE à ſereniſßimo ac poten-‖ltißimo Daniæ &c. Rege FRIDE-
> RICO ſecundo relictæ filiæ, he-‖lroinæ regijs virtutibus inclytæ Sponſæ,
> Cronæburgi eiuſdem regni ‖ ipſo die Paſchatos, qui est 19. Aprilis, anni
> epochæ ‖ Chriſtianæ cIs, Is, xc. cele-‖lbratarum. ‖ Suo epithalamio, & me-
> ditatione logicæ ‖ analyſios trium odarum Davidicarum beati viri con-‖
> ditionem & proſperitatem deſcribentium ‖ proſequitur. ‖ M. HENRICVS
> ACHEMIVS. ‖ HELMSTADII ‖ Ex Officina Typographica Iacobi Lucij.
> Anno 1590.

Helmstedt: Jakob Lucius d. Ä. 1590. [12] Bl.; 4°
[Wolfenbüttel, HAB: *A: 125.18 Quod. (6)*]

Dieser Druck enthält mehrere Gedichte, die Achemius schreibt. Das erste ist eine *Notatio coronae de flore violae textae a Christo sponso, Ecclesiae sponsae* und umfasst sechs elegische Distichen. Das zweite ist eine *Notatio serti de flore Mariae texti ab Ecclesia sponsa, Christo sponso* aus sechs elegischen Distichen. Anschließend folgt das eigentliche *Epithalamium*. Es hat einen Umfang von 68 alkäischen Strophen, in denen die Umstände der Heirat und die genealogischen Zusammenhänge beschrieben werden. Danach folgen noch drei *meditationes* zu Psalmen in lateinischer Prosa.

Auch Johannes Caselius verfasst mit Albert Clampius als Beiträger auf die Heirat eine Gelegenheitsschrift (VD 16 C 1334).

---

[557]   Der *De laudibus Elisabethæ Cimbricæ liber* des Johannes Caselius aus dem Jahr 1586 ist nicht der zweiten Ehefrau des Herzogs Heinrich Julius von Braunschweig-Lüneburg gewidmet, sondern vielmehr der gleichnamigen älteren Prinzessin Elisabeth von Dänemark (* 1524, † 1586), der Ehefrau des Herzogs Magnus III. von Mecklenburg-Schwerin und später des Herzogs Ulrich III. von Mecklenburg-Güstrow (VD 16 C 1321). Dies teilte Herr Ulrich Kopp von der Herzog August Bibliothek in Wolfenbüttel am 10. Juni 2008 in einer Email mit.

Nuptijs ‖ HEROIS HENRI=‖CI IVLII GVELFII ‖ & ‖ HEROINAE ELISABE-‖THAE CIMBRICAE ‖ ΤΡΙΚΟΡΕΙΟΝ ‖ Ioannis Caſelij. ‖ πίστις καὶ ἀλήθεία. ‖ HELMAESTADII ‖ Excudebat Iacobus Lucius Menſe Aprili ‖ Anno CIƆ. IƆ. XC.
Helmstedt: Jakob Lucius d. Ä. 1590. [36] Bl.; 4°
[Göttingen, SUB: *8 SVA V, 1224:2,5*]

Die griechischen Worte *πίστις καὶ ἀλήθεία.* sind gleichsam als Motto der zukünftigen herzoglichen Ehe auf dem Titelblatt in einem den Trauring darstellenden Fingerring bildlich wiedergegeben. Als erster Text ist der in lateinischer Prosa abgefasste, umfangreiche Hochzeitsglückwunsch des Johannes Caselius abgedruckt. Anschließend folgt das als *Propylaeon* betitelte Epithalamion des Albert Clampius, das 53 daktylische Hexameter umfasst.
Elegiae tres werden zum selben Anlass erneut auch von Heinrich Meibom gewidmet, an denen Johannes Caselius als Beiträger mit einem auf dem Titelblatt abgedruckten Epigramm in griechischer Sprache mitwirkt (VD 16 M 1936).

ELEGIAE TRES ‖ nuptijs ‖ HENRICI IVLII, ‖ ATESTINO--GVELFII ‖ & ‖ ELISSABETHÆ CIM=‖BRICAE ‖ conſecratæ. ‖ Henricus Meibomius, Poeta Laureatus. ‖ καὶ διανηξάμενος πέλαγος μέγα τραυματίας λὶς ‖ τ[ίς] πρὶν ἀνηκέστου φάρμακον εὗρε νόσου ‖ ὡς μὶν ἔτρωσεν ἔρως, ὡς τ᾽ αὖθις ἀκέ[σσ]ατο κιμβρίς, ‖ θεσπεσίας ᾄδ[ει] μάντὶς Ἰουλίαδος. ‖ Ἰωάννης Κασήλιος ‖ HELMAESTADII ‖ Excuſæ per Iacobum Lucium, Anno ‖ M. D. XC.
Helmstedt: Jakob Lucius d. Ä. 1590. [5] Bl.; 4°
[Wolfenbüttel, HAB: *H: J 28.4° Helmst. (26)*]

In den zwei elegischen Distichen des Johannes Caselius, die auf dem Titelblatt abgedruckt sind, werden die Abstammung des Bräutigams von Heinrich dem Löwen, seine Seereise zur Heirat in Dänemark sowie seine zweite Ehefrau als Liebesheilmittel seines durch den Tod der ersten Frau ausgelösten Leids thematisiert. Einzelne Aspekte dieses griechischen Epigramms korrespondieren mit Aspekten der Hochzeitsgedichte Meiboms, die sich anschließen. Auf der Seite mit der Bogensignatur A1ᵛ ist das herzogliche Wappen abgebildet und im genannten Exemplar aus dem Bestand der Herzog August Bibliothek in Wolfenbüttel mit roter und goldener Farbe koloriert. Dieser Druck enthält zuerst Meiboms *Apollo Iulius Iuliae Elmanae s.* im Umfang von dreißig elegischen Distichen als dichterischen Gruß. Als zweites Gedicht folgt das *Votum illustris Iuliae Academiae pro felici matrimonio* mit einem Anagramm auf den Namen der Braut. Diese Elegie besteht aus zwölf elegischen Distichen. Der dritte Text ist das *EIΔYΛΛION de leone sauciato* in 31 elegischen Distichen, in dem Meibom gleich in v. 2 auf Heinrich den Löwen als Stammvater der Welfen anspielt. Diese drei Gedichte thematisieren unter anderem mit geographischen Anmerkungen die Herkunft und Abstammung beider Brautleute, und das Anagramm rühmt die Braut abschließend in v. 23–24:

> *Vota Deum tangunt. Sponsam comitantur & ornant*
> *FORMA, PUDOR, PIETAS, GRATIA, SUADA, LEPOS.*

Außerhalb des Welfenlandes erscheint in Rostock ebenfalls eine Sammlung von gedruckten *Epigrammata gratulatoria*, die Justus Elias Evander (Arzt in Weimar, * Creutzburg 1565, † Weimar 26.01.1624) verfasst (VD 16 ZV 5534).[558]

DE NVPTIIS ‖ IVLIDANICIS ‖ FELICITER SECVNDIS ‖ REGALI-
TER MAGNIS ‖ Celebratis Croneburgi Danorum ‖ A. D. 19. Aprilis, hora
3. Pom. ‖ Anno 1590. ‖ EPIGRAMMATA ‖ GRATVLATORIA. ‖ Jufti
Heliæ Evandri Thur. ‖ ROSTOCHII ‖ Typis Ferberianis
Rostock: Augustin Ferber d. Ä. 1590. [4] Bl.; 4°
[Wolfenbüttel, HAB: *A: 171.42 Quod. (19)*]*

Evander rahmt seine sechs Hochzeitsgedichte mit jeweils einem eröffnenden und einem schließenden, an die Muse Kalliope gerichteten Chronogramm auf das Jahr 1590 ein, in dem er in ähnlicher Form jeweils *lux* und *gloria* des Bräutigams hervorhebt. Mit dem eröffnenden *Cane, ô Calliope, Cane ...* korrespondiert das schließende *Tace, ô Calliope, tace ...*, so dass der Dichter die Muse gezielt als Beistand in sein Werk einbindet und sie später wieder aus der erbetenen Hilfe entlässt. Das abschließende Chronogramm ergibt in der Summe der hervorgehobenen römischen Zahlzeichen nur das Jahr 1585, aber im genannten Exemplar der Herzog August Bibliothek in Wolfenbüttel ist ein falsch gesetztes *u* handschriftlich interlinear als *V* gekennzeichnet.

Evander gliedert seine Gedichte nach den verschiedenen Teilaspekten der Feierlichkeiten anlässlich der Heirat des Herzogs Heinrich Julius mit der dänischen

---

[558]   Evander wurde im März 1587 an der Universität Rostock immatrikuliert. Vgl. HOFMEI-
STER (1891), S. 221*b*49. Er ist später Widmungsempfänger einer von Theodor Surland
und Johannes Caselius verfassten Gelegenheitsschrift (1608, VD 17 23:263315E).
Auch zu seiner Heirat am 16. Juni 1617 erscheint in Jena ein weiterer Druck für ihn
(1617, VD 17 39:136135H). Seine deutsche Leichenpredigt ist ebenfalls bekannt und
wurde auch in Jena gedruckt (1624, VD 17 1:026445A).

Prinzessin auf und beginnt mit einem Gruß zur glücklichen Ankunft des Bräutigams am 10. April 1590 in Dänemark. Dieses Gedicht umfasst 23 daktylische Hexameter, in dem der Verfasser den Widmungsempfänger als Vertreter einer altehrwürdigen Dynastie begrüßt, der mit Hilfe der *divina potestas* den Seeweg zur Braut bewältigt habe. Der *amor divinus* habe ihn an sich gerissen, und in ihm zeige sich die *virtus* seines Heimatlandes. Anschließend spielt Evander mit dem bildlichen Vergleich des den Herrscher symbolisierenden Adlers und der die Braut symbolisierenden Taube. Wenn auch die Anreise beschwerlich gewesen sei, so sei doch die Erwartung der Braut, der Königin, des Königs und des *sanctus senatus* der Lohn gewesen. Bei ihnen möge der Herzog seinen Namen durch seine *facta* ausbreiten, und Gott solle ihm weitere hinzufügen. Das zweite Gedicht aus vier sapphischen Strophen ist bezüglich der *pulchritudo & pietas* der Prinzessin Elisabeth verfasst. Der Verfasser wendet sich in der ersten Strophe zunächst der als *sancta Elisabetha virgo* angerufenen Braut mit der Frage zu, ob denn die *virtus* das königliche Maß sei oder das *virtutum decus omnium* oder nicht vielmehr beides. In der zweiten Strophe ruft er sie als *pulchra Elisabetha virgo* an und fragt in ähnlicher Form, ob die Göttin Venus allein *regina ... dearum* sei oder das *pulchrarum decus omnium* oder nicht vielmehr beides. Endlich beseitige ein *arbiter* den Zweifel bezüglich der Elisabeth, deren Vater König Friedrich II. von Dänemark und Norwegen und deren Mutter Königin Sophia von Dänemark und Norwegen genannt werden. Er gebe bekannt, dass die Braut Elisabeth über *virtus* verfüge, *ocellus* sei und auch anmutig. Somit wird die Braut von Evander dem Ansinnen der Überschrift entsprechend als eine ihrem zukünftigen Ehemann würdige Braut beschrieben. Als drittes Gedicht ist ein dem Vorbild der alttestamentlichen Psalmen folgender *Psaltes regius* bezüglich des Hochzeitsglücks aus zweimal vier phaläkeischen Hendekasyllaben abgedruckt. Glücklich sei der Herrscher, der den als Jehova bezeichneten christlichen Gott fürchte. Er erfreue sich an der *bonitas* seiner Untertanen und verachte die *impietas*. Zwischen die beiden Gruppen der jeweils vier Verse setzt der Verfasser die weitere Beschreibung, ein solcher Herrscher sei

> *Numen in orbe,*
> *Dite superbum,*
> *Pace quiescens,*
> *Compare gaudens,*
> *Prole beatum.*

In der zweiten Gruppe von vier Versen stellt Evander dar, dass auf diese Weise auch Herzog Heinrich Julius *felix* sei. Gott möge diese *summa benedictio* für ihn fortbestehen lassen, ebenso für die königliche Gattin und spätere Nachkommen.

Das vierte Gedicht besteht aus zwei elegischen Distichen und ist *pro claritate Familiae Brunsvicensis* in Anlehnung an den Ahnherrn Heinrich den Löwen mit *leo* überschrieben, der aus dem Gedicht selbst spricht und seine Bedeutsamkeit hervorhebt. Wer ihn nicht kenne, kenne auch nicht die Burg der nach dem vorwelfischen Geschlecht als *Brunones* bezeichneten braunschweigischen Herrscher oder das Land, das ihnen gegeben sei. Ebenso wenig kenne der die ganze Welt. Dem Herzog hingegen sei der Löwe bekannt, und seine *virtus* lebe auch *post funera* weiter. Evanders Gedicht ist als Lobgedicht auf das gesamte Haus der Welfen verfasst und zeigt panegyrische Züge, wobei die Betitelung symbolisch außerdem auf die Herrschaftsmacht der Welfen hindeutet. Als fünftes Gedicht steht eine *Pro virtutis teste Fama*, das somit den Abschluss des vorangegangenen Gedichts aufnimmt. Es besteht aus sechs daktylischen Hexametern. Als Zeugen der welfischen *virtus* im Gefolge des Löwen werden diverse Welfenherzöge namentlich aufgezählt, deren letzter der Bräutigam ist. Indem sich Evander auf die lange Ahnenreihe des Bräutigams bezieht, zeigt er seine historische Landeskenntnis bezüglich des Herzogtums Braunschweig-Lüneburg und erhöht durch die Nennung der Zeugen die Glaubwürdigkeit seiner Aussage. Das sechste und letzte Gedicht aus drei elegischen Distichen ist als *Hymen* betitelt und stellt die Aufforderung dar, vom Schlafgemach des Brautpaares zu weichen, weil der Bräutigam eintrete. Die Grazien sollten Lilien streuen, und Iuno, Cupido und Venus, die namentlich für die Liebe eingesetzt sind, ihren göttlichen Beistand gewähren. Niemand dürfe mit seinem Gesang die Liebesfreuden stören, während alle anderen Anwesenden schweigen sollten. Deshalb fordert Evander am Ende des letzten Verses auch: *Musa tace*. Diese Aufforderung ist einerseits die Überleitung zum anschließenden, bereits erwähnten Chronogramm, in dem die Muse Kalliope zum Schweigen gemahnt wird und stellt andererseits den Abschluss des gesamten Epithalamienzyklus' dar. Der Dichter hat seine Verse unter dem Beistand der Muse vorgetragen und kann jetzt ihre Eingabe entbehren.

Evanders Hochzeitsgedichte zeigen in ihrer thematischen Vielfalt diverse Aspekte der Brautleute, ihrer Familien und der eigentlichen Heirat. Sie tragen dabei einen deutlichen panegyrischen Charakter. Auffällig ist, dass sich in Evanders Glückwunsch ebenfalls die Aspekte des griechischen Epigramms des Johannes Caselius wiederfinden lassen, das auf dem Titelblatt von Meiboms Epithalamion abgedruckt ist.

Weitere Gelegenheitsschriften werden Herzog Heinrich Julius zur Geburt seiner Kinder aus der zweiten Ehe gewidmet. Zur Geburt des ersten Sohnes Friedrich Ulrich (* Wolfenbüttel 15.04.1591, † Braunschweig 21.08.1634) verfasst Johannes Caselius eine *Gratulatio* (VD 16 C 1276).

AD REVERENDISSI-||MVM ET ILLVSTRISSIMVM || PRINCIPEM, DOMINVM || HENRICVM IVLIVM, || Præſulem Halberſtad. Ducem Brunſ. || & Lunæburg. de nato || filio || GRATVLATIO || Ioannis Caſelij. || HELMAESTADII || In Academia IVLIA. || Ex officina Typographica Iacobij Lucij. Anno || cIs Is XCI. || Menſe Aprili.
Helmstedt: Jakob Lucius d. Ä. 1591. [6] Bl.; 4°
[Wolfenbüttel, HAB: *M: Li Sammelbd. 258 (3)*]

Diese Schrift ist in lateinischer Prosa abgefasst, jedoch zur Geburt des dritten Sohnes Christian („der tolle Halberstädter", * Gröningen 20.09.1599, † Wolfenbüttel 16.06.1626) erscheint im Jahr 1599 eine Glückwunschschrift von Lukas Langemantel sowie Johannes Caselius und Rudolph Diephold als Beiträger, die Gedichte enthält (VD 16 ZV 9399).[559]

R[everendissi]^mo Ill[ustrissi]^moq[ue] Principi || ac Domino || DN. HENRICO || IVLIO, || Præfuli Halberſtad. Duci || Brunſuig. & Luneburg. || DE NATO FILIO TERTIO, || Gratulantur || LVCAS LANGEMANTEL || à Sparren, Epiſtola || RVDOLPHVS DEPHOLDIVS, || Carmine. || Helmæſtadij in acad. Iulia, Anno vn-||demilleſimo sexcenteſimo, || Kal. Octobr.
Helmstedt: Jakob Lucius d. J. 1599. [6] Bl.; 4°
[Göttingen, SUB: *8 SVA V, 1220:3 (13)*]

Johannes Caselius verfasst als ersten Text dieses Sammeldrucks eine *gratulatio* im Umfang von 25 daktylischen Hexametern, der der im Titel angekündigte und abschließend auf den 24. September 1599 zu Gröningen datierte Brief des Lukas Langemantel von Sparren folgt. Der Druck wird durch das ΓΕΝΕΘΛΙΑΚΟΝ des Rudolph Diephold beschlossen. Es umfasst 137 daktylische Hexameter, die Diephold ebenfalls in Gröningen verfasst.

Herzog Heinrich Julius von Braunschweig-Lüneburg ist als Widmungsempfänger außerdem noch in den Drucken von Gelegenheitsdichtung VD 16 A 92, C 1318, F 2650, M 1957, N 1365 = N 1366, R 679, S 9691 und W 1588 genannt. Diese betreffen aber alle keine familiären Ereignisse, sondern seine Regentschaft und sein Bischofsamt. Auch für das beginnende 17. Jahrhundert sind weitere dem Herzog gewidmete Gelegenheitsgedichte nachweisbar, so beispielsweise die Drucke VD 17 3:009013A im Jahr 1601 und 7:700402K im Jahr 1607. Auch anlässlich

---

[559] Dieser Druck ist im VD 16 sowie den Bibliotheksdatenbanken der Niedersächsischen Staats- und Universitätsbibliothek in Göttingen und der Herzog August Bibliothek in Wolfenbüttel fälschlich für das Jahr 1600 angesetzt.

seines Todes am 20. Juli 1613 erscheinen diverse Gelegenheitsschriften, darunter die erst im Folgejahr veröffentlichte Sammlung von *Orationes, Epicedia et Programmata* diverser Verfasser (1614, VD 17 23:231486V). Aus der Gesamtheit aller Schriften soll noch exemplarisch die im Bischofssitz Halberstadt gehaltene und noch im selben Jahr in zwei Gelegenheitsdrucken erschienene deutsche Leichenpredigt des Pastors in Gröningen Georg Holtzman (1597 Pastor in Reckershausen, Pastor in Hohengandern, * Gerbershausen) erwähnt werden.[560] Die eine Version stammt aus der Offizin des Jakob Arnold Kote in Halberstadt (VD 17 3:003185R).

In nomine JESU CHRISTI noſtri Emanuelis, AMEN. ‖ Leich: vnd Leydtpredigt / ‖ Aus dem ſchoᵉnen Gleichnuᵉß Chriſti / Lucæ am 13. ‖ Vom Feigenbaum / etc. ‖ Dem ‖ Weyland Hochwuᵉrdi=‖digen / Durchleuchtigen vnd Hochgebor=‖nen Fuᵉrſten vnd Herrn / ‖ Herrn HENRICO JULIO, ‖ Poſtulirten Biſchoffen des Stiffts Halberſtadt / ‖ vnd Hertzogen zu Braunſchweig vnd Luᵉ=‖neburg / etc. ‖ So nach GOttes wunderbarlichem Raht vnd Ver=‖hengnuᵉß zu Prag / den 20. Julij, zwiſchen 8. vnd 9. Vhren / gegen ‖ Abend ſeliglich im HErrn Chriſto entſchlaffen / zu Chriſtlichem Ehrenge=‖daᵉchtnuᵉß / in hochſchuᵉldiger Vntertheni gkeit zu Hauß=Gruᵉningen den 6. ‖ Sept. dieſes lauffenden 1613. Jahrs / als S. F. G. Leichnamb in der ‖ Biſchoᵉfflichen SchloßKirchen daſelbſt auff zwo [*sic!*] Nacht=‖ruhe nidergeſetzet worden. ‖ Gehalten durch ‖ Georgium Holtzman / verordneten Pfar=‖herrn des Orts. ‖ Halberſtadt / gedruckt bey Jacobo-Arnoldo Koten / ‖ Anno: HenrICVs IVLIVs EpIsCopVs HaLberſtaDensIs, DVX BrVnsVI-‖CensIs aC LvnæbVrgensIs.
Halberstadt: Jakob Arnold Kote 1613. [20] Bl.; 4°
[Wolfenbüttel, HAB: *A: 37.2 Rhet. (14)*]

Der Druck enthält ausschließlich die Leichenpredigt und keine beigegebenen Epicedien. Die zweite Version der gedruckten Predigt stammt aus der Offizin des Wilhelm Ross in Magdeburg (VD 17 1:025009D).

In nomine IESV CHRISTI noſtri Emanuelis AMEN. ‖ Leich: vnd Leydtpredigt / ‖ Aus dem ſchoᵉnen Gleichnuᵉß Chriſti / Luce am 13. ‖ Vom Feigenbaum / etc. ‖ Dem ‖ Weyland Hochwuᵉrdi=‖gen / Durchleuchtigen vnd Hochgebor=‖nen Fuᵉrſten vnd Herrn / ‖ Herrn HENRICO IVLIO, ‖ Poſtulirten Biſchoffen des Stiffts Halberſtadt / ‖ vnd Hertzogen zu Braunſchweig vnd Luᵉ=‖neburg / etc. ‖ So nach Gottes wunderbar-

---

[560] Vgl. Meyer (1942), S. 291. Holtzman wurde am 6. Oktober 1593 als *Halensis* an der Universität Helmstedt immatrikuliert. Dazu vgl. Zimmermann (1926), S. 108a231.

lichem Rath vnd Verheng=‖nuᵉß zu Prag den 20. Julij, zwiſchen 8. vnd
9. Vhren / gegen ‖ Abend ſeliglich im HErrn Chriſto entſchlaffen / zu
Chriſtlichem Ehren ge=‖daᵉchtnuᵉß / in hochſchuᵉldiger Vnterthenigkeit
zu Hauß Gruᵉningen den 6. ‖ Sept. dieſes lauffenden 1613. Jahrs / als S.
F. G. Leichnamb in der ‖ Biſchofflichen Schloß Kirchen daſelbſt auff zwo
Nacht=‖ruhe niedergeſetzet worden. ‖ Gehalten durch ‖ Georgium Holtz-
man / verordneten Pfar=‖herrn deß Orts. ‖ Magdeburg / gedruckt bey
Wilhelm Roß / ‖ Anno. HenrICVs IVLIVs EPIsCoPVs HaLberſtaDensIs,
DVX BrVnsVI-‖CensIs aC LvnæbVrgensIs.
Magdeburg: Wilhelm Ross 1613. [20] Bl.; 4°
[Wolfenbüttel, HAB: *A: 418.5 Theol. (17)*]

Auch dieser zweite Druck enthält ebenfalls ausschließlich die am Bischofssitz des
Herzogs Heinrich Julius von Braunschweig-Lüneburg gehaltene Leichenpredigt
Holtzmanns in deutscher Sprache und ebenfalls keine Epicedien. Abgesehen vom
abweichenden Erscheinungsvermerk unterscheiden sich beide Titel in der Schreib-
weise *JESU CHRISTI* vs. *IESV CHRISTI* und *GOttes ... Raht* vs. *Gottes ... Rath*.
Auf den Tod der Herzogin am 19. Juni 1626 erscheint im Jahr 1627 die ebenfalls
deutschsprachige Leichenpredigt von Paul Röber (Dichter, Pastor in Halle an der
Saale, Professor und Pastor in Wittenberg, * Wurzen 05.02.1587, † Wittenberg
18.03.1651) im Druck (VD 17 39:112577X).[561]

Chriſtfrewdige Troſtpredigt / ‖ Von dem lechtzenden Hirſchen / ‖ ſo nach
friſchem Waſſer ſchreyet. ‖ Zu ſtetswaᵉrenden Chriſtſeligen Andencken /
vnd Fuᵉrſtli=‖chen wolverdienten Nachruhm ‖ Der Durchlaᵉuchtigſten /
Hochgebornen ‖ Fuᵉrſtin vnd Frawen / ‖ Frawen Eliſabeth / ‖ Geborner
aus Koᵉniglichem Stam[m] ‖ Dennemarck / Norwegen / &c. vermaᵉhlter
Her=‖tzogin zu Braunſchweig vnd Luᵉneburg / &c. ſo in dem ‖ groſſen
TrawerJahr 1626. ſeligen Todes verbli=‖chen am 19. Tage Julii, zwiſchen
7. vnd 8. ‖ Vhren zu Abends / ‖ Wie auch zu Troſt etlicher Jhrer Fuᵉrſtl.
Gn. ‖ hinderlaſſenen Fuᵉrſtl. nechſtanbefreundten / ſo wegen ‖ der recht
boᵉſen Zeit der Fuᵉrſtlichen Leichbegaᵉngnis nicht ‖ beywohnen koᵉn-
nen / gepredigt / vnd auff derer Be=‖liebung in Druck gegeben ‖ Durch ‖
PAULUM RÖBERN D. Fuᵉrſtl. Magde=‖burgiſchen Hofpredigern. ‖ Ge-
druckt zu Hall in Sachſen bey Chriſtoff Salfeldt. ‖ Jm Jahr 1627.
Halle an der Saale: Christoph Salfeld d. Ä. 1627. [38] Bl.; 4°
[Wolfenbüttel, HAB: *Lpr. Stolb. 8537*]

---

[561] Vgl. SIEBERT (1994).

Röber bezieht sich im Titel auf die Wirren des Dreißigjährigen Krieges, die die Teilnahme an der Bestattung der Herzogin für viele Trauernde nicht zuließen. Der Druck enthält auf der dem Titelblatt folgenden Seite genealogische Informationen zur Verstorbenen, ihrem zuvor verstorbenen Mann sowie zu beider noch lebenden Kindern und deren Familien. Genannt sind somit Herzog Friedrich Ulrich von Braunschweig-Lüneburg, Gräfin Sophie Hedwig von Nassau-Dietz, Herzogin Elisabeth von Sachsen, die bereits verwitwete Herzogin Hedwig von Pommern, Markgräfin Dorothea von Brandenburg und die noch unverheiratete Anna Augusta von Braunschweig-Lüneburg. Der Druck enthält abschließend als deutsches Epicedion nur *Ein tröstlich Sterbelied*, und auch unabhängig von der Leichenpredigt sind keine lateinischen Epicedien auf den Tod der Herzogin Elisabeth von Braunschweig-Lüneburg mehr ermittelbar.

3.2.3.   Gedichte an die Familien von Saldern und von der Schulenburg (1551–1607)

Die Familie von Saldern ist eine alte niedersächsische Adelsfamilie mit Stammsitz in Salder im Braunschweigischen und im Bistum Paderborn, deren Wurzeln bis ins hohe Mittelalter zurückreichen. Sie gehört ursprünglich zu den wenigen edelfreien Familien des Weserraumes, die in den niederen Adel abstieg, weil sie nicht ihre Unabhängigkeit gegenüber den Landesherren bewahren konnte.[562] Im 16. und 17. Jahrhundert erscheinen Mitglieder der Familie, die Verfechterin der Reformation war, aus zwei Generationen als Widmungsempfänger von lateinischer Gelegenheitsdichtung. Sie sind allesamt Nachkommen des braunschweigisch-lüneburgischen Rates Burkhard von Saldern (* Lauenstein 1483, † 1550), eines der Anführer der vom Jahr 1519 bis zum Jahr 1523 andauernden Hildesheimer Stiftsfehde, der um das Jahr 1525 Jakobe von der Asseburg (* 1507, † Hildesheim 01.07.1571) geheiratet hatte:[563] Heinrich (Präfekt auf Burg Lauenstein im Ith, * 1526, † 1588), Jutta (* 1529, † 1567), Burkhard d. J. (Schlosshauptmann in Peine, * 1534, † 1595), Jakob (* ca. 1534, † 1562), Kurt/Conrad (* 1537, † 1603), Ilse (* 1539, † 1607), Margarethe (* 17.04.1545, † 09.09.1615) und Sophia (* 1546, † 1620) sowie die bezüglich ihrer Lebensdaten nur unvollständig bekannten Kin-

---

562   Vgl. HUFSCHMIDT (2004), S. 138.

563   Für eine Stammtafel des Paares mit den relevanten bekannten biographischen Daten vgl. Schmidt (1912), S. 153. HUFSCHMIDT (2001), S. 84, gibt das Sterbejahr des Burkhard von Saldern mit 1556 an. Vgl. außerdem MEYER (1941), S. 33 und Stammtafel IV (Burchard XVIII.). Das Epitaph der Jakobe von der Asseburg befand sich in St. Paul in Hildesheim. Dazu vgl. WULF (2003), S. 600, dort Nr. 420.

der Oeleke († 1557), Katharina († Hildesheim 19.08.1574), Hans/Hildebrand
(† 1603) und Anna (...). Die Namensabweichungen Kurt und Conrad sowie Hans
und Hildebrand ergeben sich dabei aus dem Abgleich der biographischen Daten
in den Quellen, wobei anzumerken ist, dass zumindest Kurt und Conrad zwei
Varianten desselben Vornamens sind und auch ansonsten diverse Männernamen
innerhalb der Familie gehäuft auftreten und so die biographische Erschließung
erschweren.

Während alle sieben Töchter heiraten, bleiben die Söhne Jakob, Kurt/Conrad und
Hans/Hildebrand unverheiratet.[564] Jutta heiratet Melchior von Steinberg, Ilse den
Friedrich von der Schulenburg, und Margarethe heiratet am 24.02.1568 in Derenburg den Achaz von Veltheim (* 03.01.1538, † 12.11.1588). Sophia heiratet Luleff
von Klencke, Oeleke den Joachim von Stöckheim († 1560), Katharina den Heinrich von Halle (* 1537, † 1611) und Anna den Jobst Behr (...). Heinrich heiratet im
Jahr 1553 Margarethe von Veltheim, und Burkhard d. J. im Jahr 1580 die Giesel
von Münchhausen († 1612).[565]

Nachdem Burkhard von Saldern im Jahr 1550 verstorben ist, verfasst Friedrich
Dedekind d. Ä. eine im Jahr 1551 gedruckte *Ecloga lugubris* auf seinen Tod
(VD 16 D 405).

IN OBITV VIRI ‖ ET MAIORVM IMAGINIBVS ‖ ET PROPRIA
VIRTVTE ‖ NOBILIS DN. BVRCH=‖ARDI DE SALDER. ‖ Eclo-
ga lugubris Per ‖ FRIDERICVM DEDEKINDVM ‖ VVITEBERGÆ. ‖
ANNO. ‖ MDLI.
Wittenberg: Veit Kreutzer 1551. [11] Bl.; 4°
[Wolfenbüttel, HAB: *H: J 219.4° Helmst. (27)*]

Dieser Druck gehört zu den ältesten Beispielen für die lateinische Gelegenheitsdichtung im Herzogtum Braunschweig-Lüneburg und ist unter Verzicht auf jeg-
lichen Buchschmuck noch entsprechend schlicht gestaltet. Dedekind betitelt sein
Trauergedicht aus 622 daktylischen Hexametern als *Ecloga lugubris* und lässt
darin im Stil der vergilischen *Eklogen* Corydon und Thyrsis auf dem Weg nach
Hannover ihre Trauer erörtern. In v. 350–351 wird der Verstorbene als Bruder ei-

---

[564] Zu den biographischen Daten vgl. HUFSCHMIDT (2004), S. 137 und S. 142 sowie HUF-
SCHMIDT (2001), S. 135 und S. 578.

[565] Dazu vgl. HUFSCHMIDT (2004), S. 141–142 und SCHMIDT (1912), S. 142–155. WULF
(2003), S. 606, dort Nr. 429 nennt Levin von Halle als Ehemann der Katharina von Saldern und bezeichnet ihn als Sohn des Heinrich von Halle. Beider Epitaph wird ebenda
beschrieben, ist aber nicht erhalten. Die Lebensdaten des Melchior von Steinberg, des
Friedrich von der Schulenburg und des Luleff von Klencke sind erst im Folgenden an
den jeweils relevanten Stellen zu finden.

nes Heinrich von Saldern (...) bezeichnet, der seinerseits *frater maior ... annis* sei. Abschließend steht das *Epitaphium* Dedekinds aus drei elegischen Distichen, das den Verstorbenen als *maxima ... gloria* seiner Familie rühmt.

Alle weiteren ermittelbaren Gelegenheitsgedichte sind den zum Beginn des Kapitels aufgelisteten Kindern des Burkhard von Saldern und der Jakobe von der Asseburg sowie ihren Ehepartnern gewidmet.

Im Jahr 1570 wird Burkhard von Saldern d. J. gemeinsam mit seinen Brüdern Heinrich, Conrad und Hildebrand von Thomas Sciorus (* Hildesheim) ein *Carmen heroicum de Pentecoste* gewidmet.[566] Sciorus bezeichnet im Titel die von Saldern als seine Mäzene. Als Beiträger wirkt Georg Häster (VD 16 S 5094).

> CARMEN ‖ HEROICVM DE ‖ Pentecofte. ‖ Scriptum ad clariff.
> no=‖BILITATE GENERIS, VIR-‖tute & Eruditione prȩſtantes Domi-
> nos, ‖ Henricum, Burchardum, Cunradu[m] & ‖ Hildebrandum de Salder,
> fratres ‖ germanos, Dominos & Mecœna=‖tes ſuos perpetua obſeruantia ‖
> colendos Authore. ‖ THOMA SCIORO ‖ Hildesheimo.
> [...]: [...] 1570. [4] Bl.; 4°
> [Wolfenbüttel, HAB: *A: 202.26 Quod. (33)*]

In diesem Druck ist zunächst der mit *Candido lectori s.* überschriebene dichterische Gruß im Umfang von sechzehn elegischen Distichen enthalten, deren Verfasser Georg Häster *Eristanus* (* Erfurt) ist. Dann folgt das eigentliche *Carmen heroicum de Pentecoste* des Thomas Sciorus, das 159 daktylische Hexameter umfasst und sich nicht auf das christliche Osterfest bezieht, sondern vielmehr dem Ursprung des jüdischen Passahfestes nachgeht. Gleichsam als Begründung seines Stoffes merkt der Dichter in v. 2–3 an, es handele sich im Folgenden um eine Episode aus der Geschichte der *parentes ... Christiadum*. Bestandteile dieses *Carmen heroicum* sind somit unter anderem der Auszug der Israeliten unter Mose aus Ägypten und die sich anschließende Sinai-Offenbarung gemäß Ex. 12,1–Num. 10,10. Sciorus gibt in diesem Zusammenhang in v. 98–113 den Dekalog unter abgesetzter Kennzeichnung mit arabischen Zahlen von eins bis zehn in Hexametern wieder.

Kurz danach verfasst Georg Lochner (* Erfurt) im Jahr 1572 zum Weihnachtsfest ein *Carmen sapphicum in nativitatem Filii Dei*, das er den Brüdern Heinrich, Hildebrand und Conrad von Saldern widmet (VD 16 ZV 16107). Lochner war

---

[566] Die vier Brüder sind bezüglich einer rechtlichen Vereinbarung zuvor am 26. Dezember 1563 gemeinsam auch genannt bei WULF (2003), S. 643. Sciorus wurde am 8. April 1570 an der Universität Wittenberg immatrikuliert. Dazu vgl. FÖRSTEMANN/HARTWIG (1894), S. 171a21.

zuvor am Michaelistag, dem 29. September 1563 an der Universität Erfurt immatrikuliert worden.[567]

CARMEN SAPPHI=||CVM NATIVITATEM FILII DEI || DOMINI NOSTRI IESV CHRISTI || Saluatoris noſtri, Scriptum ad Nobilitate generis & maiorum || imaginibus clarißimos, necnon ſtrenuos viros, ac to-|| tius Ducatus Brunſuicenſis primarios D. Hein-||ricum, Hildebrandum & Conra-||dum de Salder, Per || Georgium Lochnerum Er=||phordianum. || M. D. LXXII.
Erfurt: Konrad Dreher 1572. [6] Bl.; 4°
[Zwickau, RSB: *6.5.4.(13)*]*

Auf dem Titelblatt des Drucks befindet sich zwischen dem Titel und der Widmung einerseits und der Nennung des Autors und des Jahres des Drucks andererseits ein nahezu quadratischer Holzschnitt mit einer Krippenszene, der von einer floralen Zierleiste umgeben ist. Dargestellt ist im Vordergrund die heilige Familie. Maria kniet zur rechten Seite betend neben dem unbekleideten Jesuskind, beide sind von einem Nimbus bekrönt. Josef steht zur linken Seite gebeugt neben beiden. Er ist ohne Nimbus dargestellt. Ein Durchbruch in einer Mauer aus großen Felssteinen gibt den Blick in den Hintergrund frei, wo zunächst ein Ochse und ein Esel sowie in größerer Entfernung zwei Hirten zu sehen sind, die zu einem Engel am oberen Bildrand aufschauen. Der Holzschnitt zeigt somit im Ganzen wesentliche topische Elemente der Weihnachtsgeschichte nach Lk. 2,6–7, Lk. 2,8–12 sowie der volkstümlich populären Schilderung in Ps.-Mt. 14, die ihrerseits auf Jes. 1,3 fußt.
Lochner verfasst zwei Gedichte deren erstes aus dreizehn elegischen Distichen besteht und sich dem einleitenden, an die drei Brüder gerichteten Gruß anschließt. Lochner führt aus, dass sich der Tag nähere, an dem der *deus aeternus* sich der Menschen annehme und selbst Mensch werde. Anschließend wendet er sich ab dem vierten Distichon der knappen Schilderung des Sündenfalls nach Gen. 3 zu. Der *primus homo* habe einen Fehler begangen und somit die zu sühnende Erbsünde begründet. Durch die Menschwerdung Gottes sei diese Last den Menschen genommen worden:

Filius ipse Dei, parvos, conscendit, in artus,
   Sanguine, ut auferret, crimina nostra, suo.

Mit dieser Aussage in v. 11–12 fasst Lochner die christliche Lehre bezüglich der Sündenfrage zusammen und versichert, dass Jesus Christus durch seinen Tod die

---

[567]   Vgl. WEISSENBORN (1884), S. 406*b*23.

Sünde der Menschen auf sich genommen und gesühnt habe. Aus der Formulierung *crimina nostra* ist ersichtlich, dass Lochner sich auf die lutherische Lehre bezieht, die im Gegensatz zur römisch-katholischen Lehre besagt, dass nicht nur die Erbsünde und die Sünden der Menschen bis zum Osterereignis durch den Tod Jesu Christi gesühnt seien, sondern vielmehr die gesamten Sünden der Menschen, die somit nicht um ihr Seelenheil nach dem eigenen Tod fürchten müssen. Über das Ereignis der Geburt an Weihnachten habe er *tenui filo* ein Gedicht im sapphischen Versmaß geschrieben. Die Vorstellung, dass ein Gedicht aus einem zarten Faden zu einer *textura* zusammenwächst, entstammt dabei bereits der antiken Vorstellung des Dichtens. Anschließend bezeichnet der Verfasser sein Werk in v. 19 als Erstlingswerk, das er den Widmungsempfängern, die Gott mit *virtutes*, *nobilitas* und *integritas* ausgestattet habe, *submisso pectore* als Geschenk übergeben wolle. Das letzte Distichon des Gedichts enthält Lochners Wunsch für die Empfänger, dass Gott ihnen auch im kommenden neuen Jahr gewogen bleiben möge und ihr *decus* weiter wachse.

Das sich anschließende eigentliche Weihnachtsgedicht ist als *Ode sapphica* betitelt und besteht aus 57 sapphischen Strophen. Die ersten beiden Strophen leitet Lochner jeweils mit *nunc* ein und führt damit in die Handlung ein. Jetzt komme Phoebus vom rötlichen Himmel, vertreibe die Nacht und erleuchte die ganze Welt. Jetzt schwiegen die *leges rigidae*, Streitereien endeten. Diese Schilderung des beginnenden Tages erinnert in ihrer Darstellung in besonderem Maße an die epischen Beschreibungen des Tagesanbruches bei Homer und Vergil, stehen im thematischen Kontext des Gedichts jedoch nicht primär für den Beginn eines neuen Tages, sondern vielmehr für den Beginn einer neuen, durch Jesus Christus geprägten Welt. Außerdem halte Äolus die Winde eingesperrt, so dass jetzt die *Christianorum pia turba* die Welt erfreulich durchwehen könne. Jedes Zeitalter singe jetzt ebenso wie der Chor der Engel zum Lob Gottes, feiere Christus und verkünde seinen Namen. Memnon, der Sohn der in v. 1 erwähnten Göttin Eos, reinige die Welt, und der christliche Gott nehme die Menschen und die Freveltaten der Menschheit zur Sühne an, wobei Christus als Vermittler mitwirke. In der zehnten Strophe ruft Lochner diesen deshalb direkt an und bezeichnet ihn als *sine labe natus*, was auf die Freiheit Christi von der Erbsünde anspielt. Er möge den Menschen das Heil bringen und dafür wiederkehrend an diesem Festtag überall gefeiert werden. Außerdem spricht er in der dreizehnten Strophe Gottvater an, der die *mentes* der Menschen reinigen und mit seiner heilbringenden Flamme versehen soll:

Tu Pater, summi moderator orbis,
Obsitas mentes tenebris, repurga,
Et, tuam, nostris animis salubrem,
*   Inijce, flammam.*

Die Verwendung des Verbs *repurgare* sowie des Substantivs *flamma* legt zunächst die Vorstellung des Fegefeuers nahe. Da Lochner wie bereits dargestellt als lutherisch geprägt erscheint, und die *flamma* zudem als *salubris* bezeichnet ist, scheint gerade auch in Kombination mit dem weiteren Verb *inicere* die Assoziation des Pfingstereignisses, wie es in Apg. 2,3 geschildert ist, nahe liegend. Danach beschreibt er, welche antiken Gottheiten und Feste er nicht besingen will: die *furores* der Venus, die Waffen des Mars, das Luperkalienfest oder Gelage des Weingottes Bacchus. Vielmehr wolle er den dem Bild Gottes gleichen Menschen mit seinem Gedicht feiern:

> *Vixerat, mortalis homo, creatus,*
> *Ad Dei vivam faciem, per omne*
> *Tempus, ut, vitae fragilis, maneret,*
>   *Criminis expers.*

Der *Sathan ... malignus* habe diesen Menschen versucht und in Gestalt der Schlange die Frau verführt, gegen den Willen Gottes eine Frucht vom Baum zu pflücken. Infolgedessen seien *rigidi labores*, *dolor*, *caedes*, *amor dolosus* und *fera bella Martis armipotentis* in die Welt gekommen. Lochner bezieht sich in diesen Worten der v. 73–88 auf die Geschichte vom Sündenfall in Gen. 3,1–19. Um den Zorn des allmächtigen Gottes schließlich zu lindern, sei Christus, der das Heil mit seinem Blut wiederherstellen sollte, in die Welt gekommen:

> *Christus, aeterni soboles parentis,*
> *Ipse, collapsam, voluit, salutem,*
> *Orbis immensi, reparare, sancti*
>   *Rore cruoris.*

Das Gedicht ist an dieser Stelle in besonderem Maße von der Vorstellung des *agnus Dei* beeinflusst, das dem Verfasser wie auch den Widmungsempfängern aus der lateinischen Liturgie bekannt und in Joh. 1,29 verwurzelt ist. Anschließend leitet Lochner mit *ergo* zur Schilderung des *tempus ... futurum* über, wenn der Knabe geboren sein werde, den die Propheten verheißt hätten. Dazu gestaltet er im Folgenden in v. 101–132 die Handlung seines Gedichts in enger Anlehnung an die Verkündigung in Lk. 1,26–38, vermischt dabei jedoch antike und biblische Vorstellungen:

> *Missus est, sanctus Gabriel Olympo,*
> *Ad palaestinam, subito, puellam,*
> *Ut, Dei patris, celeres, referret,*
>   *Iussa, per auras.*

Der Erzengel Gabriel übernimmt im Rahmen einer zukünftigen Gottesschau gleichsam die Rolle der cumäischen Sibylle, wie sie dem gebildeten Leser aus Verg. *Aen.* 6 vertraut ist und verkündet die bevorstehende Geburt Jesu und die Funktion seines zukünftigen Wirkens, das seinen göttlichen Vater zu einem *beatus* machen wird. In der zweiten Hälfte der Verkündigungsworte werden ab v. 121 die Eigenschaften des Knaben ausgeführt. Er werde die sterbliche Menschheit vom Tod befreien und als *victor* in den Himmel aufgenommen werden. Mit ihm werde eine neue Zeitrechnung anbrechen und Friede in der Welt einziehen. Er werde trockenen Fußes über das Wasser gehen und Menschen mit seinen Händen von Gebrechen heilen. Diese Gedanken sind in besonderem Maße von der Messiasverheißung in Jes. 11,1–9 sowie der Schilderung in Mt. 14,22–33 motiviert und stellen das idyllische Leben und das göttliche Wirken des menschgewordenen Messias dar. Diese Zukunftsschau endet in v. 133 wieder mit der namentlichen Nennung des Erzengels Gabriel, der so zur Mutter Gottes gesprochen habe und anschließend wieder entschwunden sei. Die gesamte in die Zukunft zielende Episode ist somit in das eigentliche Gedicht eingeschoben und wird durch die jeweilige Erwähnung des Gabriel und seines Handelns begrenzt. Lochner orientiert sich bei seiner dichterischen Gestaltung offensichtlich an den Beispielen antiker Epiker, die auf ähnliche Weise einen Bericht in ihre Handlung einbinden.

Wenige Verse später setzt er ab v. 145 vergleichbar mit Lk. 2,1 eine historische Anmerkung, die den zeitlichen Rahmen der Handlung verdeutlicht: *Augustus regimen tenebat*. In dieser Zeit solle die Venus zum Fluss Styx gehen, da sie die Menschen mit ihrem Feuer ermüde und den menschlichen Herzen ein *infandum scelus* einsetze. Ebenso solle Apoll die Türen seines Tempels schließen, weil kein Platz mehr für ihn sei. Auch die Penaten sollten ihre angestammten Plätze verlassen, denn:

> *Natus est postquam, mediator orbis,*
> *Christus Iesus.*

Die christliche Welt benötige die antiken Gottheiten nicht mehr, und diese hätten ihrerseits in der christlichen Welt keinen Platz mehr. Der Erzvater Jakob habe den erwähnten *mediator* vorhergesagt, der das *genus lapsum* vom Styx befreien werde. Die Formulierung des *genus lapsum* bezieht sich deutlich auf die Menschheit nach dem Sündenfall, und die Befreiung vom Fluss Styx, der nach antiker Vorstellung die Grenze der Unterwelt darstellt, ist der Erlösung vom Tod gleichzusetzen. Die Schilderung der Zukunftsvision Jakobs erinnert erneut an die antike Form der Ahnenschau in der Gestalt von Verg. *Aen.* 6 und ist bezüglich ihrer inhaltlichen Aussage in Anlehnung an die Beschreibung der Segnung der

Söhne des Jakob sowie dessen Todes in Gen. 49 gehalten.[568] Lochner formuliert in v. 169–172 die an Juda gerichtete Herrschaftsaussage Jakobs folgendermaßen:

> *Inclyte o Iuda, mea sola virtus,*
> *Tu reges, late, populum ferocem,*
> *Nomen extendes, & ad alta, clari,*
>   *Sidera, coeli.*

Besonders die Aussage *tu reges* erinnert in besonderem Maße an die Herrschaftsaufforderung an die Nachkommen des Aeneas über Rom, wie sie in Verg. *Aen.* 6,851 geschildert wird. Anschließend wird der alttestamentliche König David gleichsam als Übergangsschritt zur Herrschaft Christi genannt, bevor Christus die Welt in einer Friedenszeit regieren werde. Diese Vorstellung ist erneut aus Jes. 9,5–6 entnommen und erinnert außerdem an das Konzept der *Pax Augusta* zur Regierungszeit des zuvor erwähnten Kaisers Augustus. In dieser Zeit werde Christus mit seinem Blut die Freveltaten der Menschen abwaschen, und er werde die verführerische Schlange vernichten. Erneut setzt Lochner nach dem eingeschobenen Bericht in v. 193 mit *haec* fort und ergänzt, das zuvor geschilderte sei die Zukunftsvision des alten Jakob an seine Söhne gewesen. In v. 197 ergänzt der Verfasser, eingeleitet mit einem weiteren *haec*, dass diese Vision auch von ihm und seinen Zeitgenossen besungen werde, die im Gebet zu Gott sprächen. Die abschließenden Strophen in v. 201–228 dienen der Formulierung diverser Aufforderungen und Wünsche an den menschgewordenen Gott. Er möge die Schlange ebenso wie Tyrannen abhalten, stets wachsam vor Gefahren schützen, die Seelen der Menschen leiten, die Armen und Verlassenen vor Hunger, Krankheit und Krieg schützen und dem neuen Jahr einen guten Verlauf geben.

Die gesamte Ode des Georg Lochner steht in der Tradition der weihnachtlichen Texte aus dem Alten und Neuen Testament, so dass diverse Textstellen vornehmlich aus dem Buch des Propheten Jesaja und aus den Evangelien paraphrasiert werden. Einzelne Motive und Formulierungen sind dabei der antiken Epik entlehnt und stellen seine *interpretatio Christiana* älterer Stoffe dar. Auffällig ist, dass die Widmungsempfänger nicht in das Gedicht einbezogen werden und sie nicht mit dem Handlungsverlauf verknüpft sind, was beispielsweise in der abschließenden Formulierung der Bitte um ein gutes neues Jahr durchaus vorstellbar wäre. Lochner schreibt keine Weihnachtsgeschichte in Versen, sondern stellt aus den Verheißungen und Berichten die theologische Essenz des weihnachtlichen

---

[568]   Im zur Auswertung herangezogenen genannten Exemplar der Ratsschulbibliothek Zwickau ist als einzige Marginalie an entsprechender Stelle von zeitgenössischer Hand *Genes. 49* ergänzt.

Geschehens dar. Seinen Schwerpunkt setzt er dabei in die Ambivalenz von Sündenfall des Menschen und Sündenannahme durch Jesus Christus. Lochner zeigt sich dabei als lutherisch geprägt, da er den Menschen zwar als sündig beschreibt, das Element der Buße und Sühne jedoch nicht erwähnt. Vielmehr spielt er mehrfach auf den Kreuzestod Christi als Sühne aller Sünden an, was somit eine zentrale Aussage der lutherischen Dogmatik darstellt.

Zur Heirat der Sophia von Saldern mit Luleff von Klencke (Drost von Schlüsselburg an der Weser, * 1527, † 1588) verfasst Henning Aue im darauffolgenden Jahr 1573 ein Epithalamion (VD 16 A 4037).

> Epithalamion ‖ IN HONOREM ‖ nobiliſſimi & clariſſimi viri ‖ LV-
> LEF KLENKEN, ET NOBILISSI=‖MAE ET HONESTISSIMAE
> VIRGI=‖NIS SOPHIAE A SALDER ‖ SCRIPTVM ‖ PER ‖ Henningum
> Auvven. ‖ ANNO ‖ M. D. LXXIII.
> [Wolfenbüttel]: [Konrad Horn] 1573. [8] Bl.; 4°
> [Wolfenbüttel, HAB: *A: 37.8 Poet. (15)*]

Dieser Druck enthält nur das Epithalamion und keine weiteren literarischen Beigaben. Das Gedicht hat einen Umfang von 229 elegischen Distichen. An mehreren Stellen enthält der Text Bezüge zur Familie von Saldern. So wird in v. 161 Burkhard von Saldern als *genitor* der Braut genannt, und außerdem werden noch die Brüder Heinrich, Conrad und Hildebrand von Saldern sowie Melchior von Steinberg, der Ehemann der Jutta von Saldern, erwähnt. In v. 171–176 nennt Aue nach der Erwähnung der *Mater ab Aßburgae* auch die Zahl ihrer Kinder:

> *Sedula mater erat, frugalis, candida, mitis,*
> *   Semper in afflictos officiosa viros.*
> *Facta parens tredecim dulcissima pignora lecti*
> *   Borchardo nixu prosperiore tulit.*
> *Sex peperit pulchras natas, septemque puellos:*
> *   Sic potuit multa prole beare virum.*

Ebenfalls noch im Jahr 1573 wird dem Heinrich von Saldern von Peter Hagen (Jurist, * 1554, † Lübeck 30.10.1614) aus Lippe eine lateinische *Theomachia* gewidmet (VD 16 H 177).[569]

---

[569]   Hagen ist als Dr. jur. im Kontext der Familie von Saldern auch in einer Prozessakte um das Jahr 1600 des Reichskammergerichts belegt (Detmold, StA: *L 82 Nr. 689*). Er wurde im April 1575 an der Universität Rostock immatrikuliert und ebenda bereits am 10. April 1575 zum Magister promoviert. Dazu vgl. HOFMEISTER (1891), S. 185*b*32 und S. 188*b*7.

THEOMAXIA ‖ DE BELLO SE=‖minis & Serpentis. ‖ CARMEN DE-DI-‖CATVM ‖ MAGNIFICO ET ‖ STRENVO VIRO, NOBILITA-‖TE GENERIS, PIETATE AC VIRTV-‖te, nec non eruditionis laude præſtanti, D. Henrico ‖ de Salder, Præfecto Caſtri Lauuenſtein, &c. Do-‖mino ſuo plurimum colendo. ‖ A ‖ PETRO HAGENIO ‖ LIPPIENSI. ‖ Henricopo-li ‖ Excvdebat Conradvs ‖ Horn. ‖ M. D. LXXIII.
Wolfenbüttel: Konrad Horn 1573. [19] Bl.; 4°
[Wolfenbüttel, HAB: *M: Li 3312*]

Hagens episches Gedicht hat einen Umfang von 1038 daktylischen Hexametern und stellt mit diversen mythologischen und biblischen Anspielungen die Theomachie von *semen* und *serpens* gemäß dem göttlichen *dictum* in Gen. 3,15 dar. Im selben Jahr widmet ihm auch Andreas Moller aus Osterode eine lateinische Nachdichtung zu 2. Makk. 7 (VD 16 M 6009). Das auf dem Titelblatt enthaltene Epigramm zum Dichterlob Mollers stammt von Matthias Berg.

CAPVT SEPTIMVM ‖ LIBRI SECVN=‖DI MAHCABAEORVM, VBI ‖ EXTAT NARRATIO DE TRVCIDATA ‖ ab Antiocho fœmina, cum ſeptem filijs ſuis, expoſitum ‖ carmine, & dicatum viro antiquæ nobilita-tis, virtutis ‖ & eruditionis laude excellenti Henrico de ‖ Salder. ‖ Ab ‖ Andrea Mollero ‖ Oſterodenſe. ‖ Dum genus Antiochi quodq[ue] frequen-tat ‖ Romuleus noſtri temporis Antiochus. ‖ Muſarum & pietatis opus ce-lebrare vetuſta ‖ Martyria, & mentes his animare pias. ‖ Sic modo Molle-rus fruſtra tentata tyranni, ‖ Inſidijs & vi pectora ſancta canit. ‖ Tempora ſi meliora forent, meliore diſertus ‖ In re, res melior ſi qua ſit, eſſe queat. ‖ Matthias Bergius. ‖ HENRICOPOLI ‖ M. D. LXXIII.
Wolfenbüttel: Konrad Horn 1573. [7] Bl.; 4°
[Wolfenbüttel, HAB: *A: 202.26 Quod. (34)*]

Dieser Druck enthält zunächst eine an Heinrich von Saldern gerichtete Vorrede aus sechzehn elegischen Distichen, als deren Verfasser Andreas Moller unter-zeichnet. Er kündigt an, dem Widmungsempfänger einen angemessenen Stoff an-bieten zu wollen und nennt dabei die Kategorien *nobilitas*, *virtus* sowie *eruditio* als relevant. Dazu bittet er um den Beistand der Musen, deren Werk Heinrich annehmen solle. Anschließend folgt das eigentliche Gedicht desselben Dichters über 2. Makk. 7, das in 335 daktylischen Hexametern eine Paraphrase des apo-kryphen alttestamentlichen Stoffes über den Makkabäeraufstand und seine Um-stände bietet und mit einem hymnischen Lob Gottes abschließt.

Wiederum zusammen mit ihrem Bruder Burkhard wird Heinrich, Conrad und Hildebrand von Saldern im Jahr 1579 ein allegorisches Bibelepos über Gen. 28 gewidmet, dessen Verfasser Mag. Bartholomäus Roßfeld (= Rosinus, Lehrer in Wittenberg und Eisenach, Superintendent in Weimar und Regensburg, * Pößneck 1520, † Regensburg 17.12.1586) ist (VD 16 R 3152).[570]

ALLEGORIA || SCALÆ IACOB, || EX 28. CAP: GENESEOS, || IN QVA ADMIRABILE MYSTE-||rium incarnationis Filij Dei eleganter de-||pingitur, Heroico carmine || reddita, & || ANTIQVA NOBILITA-TE GENE-||ris, Pietate, Eruditione, & rebus præclarè geſtis celeberri-mis || viris & Dominis, D: Henrico, D: Bvrchardo, D: || Conrado et D: Hildebrando De || Salder Fratribus: Dominis & Me-||cœnatibus ſuis, perpetua obſer-||vantia colendis, || dedicata || à || M. BARTHOLOMAEO ROSINO || ISENNACENSI. || HENRICOPOLI || EXCVDEBAT CON-RADVS || CORNEVS. || ANNO || CIɔ. Iɔ. LXXIX.
Wolfenbüttel: Konrad Horn 1579. [4] Bl.; 4°
[Wolfenbüttel, HAB: *M: Li 7636*]

Wie dem Titel zu entnehmen ist, verfasst Roßfeld sein allegorisches Gedicht über die alttestamentliche Geschichte von Jakobs Schau der Himmelsleiter im Heiligtum von Beth-El nach Gen. 28,10–22 während seiner Tätigkeit in Eisenach. Der *Allegoria* ist ein Widmungsgedicht an die vier Brüder von Saldern im Umfang von zwölf elegischen Distichen vorangestellt, in dessen Zusammenhang Roßfeld die Widmungsempfänger als seine *domini & moecenates* bezeichnet. Ab der Seite mit der Bogensignatur A2ʳ folgt die *Allegoria scalae Iacob* aus 184 daktylischen Hexametern.
Im Jahr 1581 schreibt Johannes Florus (* Hoyershausen) ein *Carmen in ... Domini ... natalem*, das er Burkhard von Saldern (...), dem Sohn des Heinrich von Saldern, widmet (VD 16 F 1682).[571] Der Widmungsempfänger muss somit ein Cousin der Nachkommen des Burkhard von Saldern d. J. und der Jakobe von der Asseburg sein.

---

[570] Roßfeld wurde zum Sommersemester 1536 ohne nähere Tagesangabe an der Universität Wittenberg immatrikuliert. Dazu vgl. Förstemann (1841), S. 161*b*16. Eine weitere Immatrikulation am 24. Mai 1600 ebenda bezieht sich vermutlich auf seinen gleichnamigen Sohn. Vgl. Förstemann/Hartwig (1894), S. 468*a*17.

[571] Ob Florus mit dem bei Seebaß/Freist (1974), S. 89 genannten Pastor von Hötzum identisch ist, kann nicht ermittelt werden. Er wurde am 6. Februar 1578 an der Universität Helmstedt immatrikuliert. Dazu vgl. Zimmermann (1926), S. 15*a*173.

CARMEN ‖ IN SALVTIFERVM DOMINI ‖ ac faluatoris noftri IESV
CHRISTI ‖ natalem, ‖ NOBILISSIMO, ET ‖ PRAESTANTISSIMAE ‖
SPEI, AC INDOLIS ADOLESCENTI, ‖ Burcardo à Salder, Nobilißimi,
Doctißimi & ‖ Clarißimi viri HENRICI, FI-‖LIO, fcriptum ‖ A ‖ IOHAN-
NE FLORO H. ‖ HELMSTADII Typis Iacobi Lucij. ‖ Anno M. D. LXX-
XI.
Helmstedt: Jakob Lucius d. Ä. 1581. [8] Bl.; 4°
[Wolfenbüttel, HAB: *M: Li Kapsel 1 (4)*]

Florus eröffnet den Druck mit einem Widmungsgedicht aus vierzehn daktyli-
schen Hexametern und bezeichnet dabei Heinrich von Saldern als *dominus suus*.
Anschließend ist das eigentliche *carmen* zur im Titel genannten Thematik des
Weihnachtsfests abgedruckt. Es umfasst 424 daktylische Hexameter und stellt
die historischen ebenso wie die salvatorischen Aspekte der Geburt Christi dar.
Heinrich von Saldern wird im Jahr 1582 noch ein weiteres Gedicht gewidmet.
Nikolaus Siegfried aus Mellrichstadt schreibt eine theologische Elegie über die
Causa omnis mali (VD 16 S 6360).

CAVSA OMNIS MALI ‖ Lapfus prauorum Angelorum ‖ ET PRIMO-
RVM HOMI=‖NVM IN PECCATA TRI-‖STISSIMVS, ‖ Defcriptus
verfibus Elegiacis, ac dedicatus ‖ AMPLISSIMO VIRO, NO=‖BILITATE
GENERIS, VIRTVTE, PI-‖letate & eruditione Præftantifsimo D: HENRI-
CO À SALDER ‖ &c. Illuftrifsimi Principis ERICI, Ducis Brunouicenfis ac
Lu-‖næburgenfis Confiliario prudentifsimo, Præfidi arcis Lavven-‖ftein,
Domino fuo & omnium ftudioforum fau-‖tori plurimùm colendo. ‖ à ‖
NICOLAO SIGFRIDO MELISSO, ‖ nobilium liberorum MELCHIORIS À
STEIN-‖BERG piæ memoriæ præceptore ‖ fideli. ‖ Anno falutiferi partus
Domini noftri ‖ IESV CHRISTI ‖ M. D. LXXXII.
[...]: [...] 1582. [12] Bl.; 4°
[Wolfenbüttel, HAB: *M: Li 6149*]

Nikolaus Siegfried stellt seiner Elegie ein *Carmen dedicatorium* im Umfang von
sechs sapphischen Strophen voran, die er als in Gebhardshagen bei Salzgitter
verfasst unterzeichnet. Anschließend folgt ohne neue Betitelung die eigentliche
Erzählung über den Sündenfall nach Gen. 3, die 391 elegische Distichen umfasst
und sich nur einleitend an den Widmungsempfänger wendet.
Als Burkhard von Saldern d. J. im Januar des Jahres 1595 stirbt, verfasst Melchi-
or Neukirch ein *Epicedion* auf seinen Tod (VD 16 N 1369).

EPICEDION ‖ DE IMMATVRO OBITV ‖ Nobilis & Magnifici Viri, D: ‖
BVRCHARTI à SALDER, ‖ Producis Principum Holfatiæ, & Satrapæ
in ‖ arce Peyna, Diœcefis Hildesheimenfis, ‖ QVI EX HAC VITA PLA-
CIDE ‖ in Christo obdormiens, deceßit Peynæ, ‖ XXVII. Januarij, Anno
&c. ‖ M. D. XCV. ‖ Sepultus in prædio fuo Eickfurto, Anno eodem, ‖
Menfis Februarij die XI. ‖ Scriptum à ‖ MELCHIORE NEOFANIO, ‖
Pastore Ecclefiæ Brunovic. Sanpetrinæ. ‖ M. D. XCV.
[...]: [...] 1595. [6] Bl.; 4°
[Wolfenbüttel, HAB: *M: Db 4607 (11)*]

Auf dem Titelblatt ist ein Holzschnitt abgebildet, der die Erweckung des toten Lazarus durch den mit einem Strahlennimbus bekrönten Christus nach Joh. 11,17–46
zeigt und somit die Auferstehungshoffnung auch auf den im folgenden Epicedion
betrauerten Burkhard von Saldern überträgt. Dieser Holzschnitt ist bereits aus dem
Druck eines Epicedions auf den Tod der Herzogin Dorothea von Braunschweig-
Lüneburg aus dem Jahr 1587 bekannt (VD 16 S 9742), so dass angenommen werden
kann, dass beide Drucke in derselben Offizin entstanden sind. Neukirchs Gedicht hat
einen Umfang von 184 daktylischen Hexametern und lobt den Verstorbenen bezüglich seiner *sapientia* und *doctrina*. In v. 75 wird *Henricus ... junior* erwähnt, als dessen *parens* Burkhard von Saldern zuvor in v. 73 genannt ist. Burkhard von Saldern
d. J. hat somit zumindest einen Sohn mit dem Namen Heinrich von Saldern (...).
Weitere Gelegenheitsgedichte lassen sich im Umfeld der Familie von Saldern
außerdem besonders bezüglich der Ilse von Saldern nachweisen, so zur bereits
im Kontext der Familie Neukirch erwähnten Heirat des Hehlener Schlosspredi-
gers Martin Keppler mit Lucia Neukirch, der Tochter des Braunschweiger Pastors Melchior Neukirch im August des Jahres 1594. Zu diesem Anlass entstehen
zwei Sammlungen von Hochzeitsgedichten, in deren Titel jeweils Ilse von Saldern
(* Lauenstein 04.09.1539, † Braunschweig 16.03.1607), die Tochter des Burkhard von Saldern, als Witwe des Friedrich von der Schulenburg (* Beetzendorf
24.05.1518, † Vienenburg 06.01.1589) und Dienstherrin des Bräutigams auf
Schloss Hehlen genannt ist (VD 16 E 1829 und H 3734).[572] Friedrich von der
Schulenburg war Söldnerführer im Dienst des Herzogs Heinrich d. J. von Braunschweig-Lüneburg und erwarb Wohlstand und Ansehen. So wurde er mit Hehlen

---

[572] Vgl. die Online-Ressource unter http://familysearch.org (Stand: 14. Juli 2009). Ilse
von Saldern und Friedrich von der Schulenburg heirateten 1559 in Lauenstein. Zu
Ilse von Saldern vgl. auch HUFSCHMIDT (2000) und zu ihrer Ehe auch SCHMIDT (1899),
S. 262–270, der auf S. 270 anmerkt, Ilse sei eine „sehr fromme gottesfürchtige Frau"
gewesen, die sich über vierzehn Jahre eine eigene Kirche und einen eigenen Prediger
finanziert habe. Zur Grabplatte und zum Epitaph des Friedrich von der Schulenburg
vgl. WEHKING (2001), S. 170–171, dort Nr. 622 und S. 179–180, dort Nr. 629.

belehnt, wo seine Frau Ilse ab 1574 von ihm getrennt lebte und in den Jahren von 1579 bis 1584 ein prächtiges Wasserschloss an der Mündung des Flusses Weißenwasser in die Weser erbauen ließ.[573]
Als Ilse von der Schulenburg (geb. von Saldern) stirbt, erscheinen für sie eine Leichenpredigt und eine kleine Sammlung von Epicedien im Druck. Die deutschsprachige Leichenpredigt hält Superintendent Mag. Johann Wagner (Konrektor in Soest, Pastor in Köln, Pakens, Jever, Minden und Braunschweig, * Oldenburg 16.10.1559, † Braunschweig 11.12.1622) von St. Johannis in Braunschweig (1607, VD 17 1:022846N).[574]

COLLATIO ‖ Præſentis & futuræ vitæ, Et huius recte ac-‖quirendi modus. ‖ Das iſt: ‖ Vorgleichung dieſes vnd des zukuenfftigen Lebens / Vnd ‖ wie man moege des Ewige leben ‖ erlangen. ‖ Bey der Anſehen=‖lichen Adelichen Leichbegaeng=‖nueß / Der Edlen / Erbarn vnd Vieltugentreichen ‖ Frawen Jlſen von Salder ſeliger / Des Weyland ‖ Edlen Geſtrengen vnd Ernvehſten Fritz von ‖ der Schulenburgk ſeligen nachge=‖laſſenen Widtwen. ‖ Welche am Montage nach Lætare war der 16. ‖ Martij gegen Abendt vmb 5. ſchlege dieſes jtzigen 1607. ‖ Jahrß / Jhres alters im 68. zu Braunſchweig ſanfft vnd Gottſelig ‖ in Chriſto Jeſu eingeſchlaffen / Vnnd in S. Johannis Kirchen do=‖ſelbſt den 14. Aprilis / in gegenwart vieler vom Adel / vnd in groſſer ‖ Chriſtlicher Verſamlung / in Jhr Ruhebettlein neben jren ‖ Obwolgemelten ſeligen Junckern geſetzet iſt. ‖ Gehalten ‖ Durch M. IOHANNEM VVAGNER ‖ Altenburgenſem Superintendentem ‖ doſelbſt. ‖ Zu Braunſchweig / ‖ Gedruckt durch Andreas Duncker / Anno 1607.
Braunschweig: Andreas Duncker d. Ä. 1607. [36] Bl.; 4°
[Wolfenbüttel, HAB: *M: Db 4261 (1)*]

---

[573]   Zu Schloss Hehlen vgl. Hufschmidt (2004), S. 148–151 und Lent (1986).

[574]   Zu Johann Wagner vgl. Bauks (1980), S. 534 und Seebaß/Freist (1974), S. 333. Er wirkte zuvor auch in Jever als Superintendent, wo er von den Calvinisten vertrieben wurde. Vgl. Wehking (2001), S. XVII. Wagners Biographie ist in ihren wichtigsten Zügen unter Berücksichtigung der Konfessionsgegensätze dargestellt bei Tiarks (1853), S. 5–6 und S. 91. Sein Epitaph mit einem lateinischen Text in vierzehn elegischen Distichen und die nicht erhaltene Grabplatte in St. Martini in Braunschweig beschreibt Wehking (2001), S. 293–295, dort Nr. 775 und S. 295, dort Nr. 776. Wagner wurde am 9. Mai 1577 an der Universität Wittenberg immatrikuliert und wechselte am 1. März 1579 an die Universität Helmstedt, an der er am 7. April 1581 zum Magister promoviert wurde. Dazu vgl. Förstemann/Hartwig (1894), S. 268a1 sowie Zimmermann (1926), S. 20a47 und S. 31a1. Die Bezeichnung als *Altenburgensis* im Titel dieses Drucks könnte darauf hindeuten, dass Wagner nicht aus der Stadt Oldenburg, sondern aus Aldenburg im oldenburgischen Territorium stammt.

Dem Text der Leichenpredigt folgt ein Glaubensbekenntnis der Verstorbenen in deutschen Versen. Lateinische Gedichte enthält der Druck auch als Beigaben nicht. Der Sammeldruck der lateinischen Epicedien erscheint ebenfalls im Jahr 1607. Sie stammen von Theodor Cupecius, Johannes Küne, Jakob Essenius und Johannes Cravelius, die sich als *alumni Schulenburgiaci* an der Universität Helmstedt bezeichnen (VD 17 23:320083V).

> Epicedia ‖ Memoriæ & honori Nobilißimæ & meritiſ-‖ſimæ matronæ ‖ ELSAE à SAL=‖DEREN, ‖ Magnifici, nobilißimi & ſtrenui viri Dn. ‖ FRI-DERICI à SCHV-‖LENBVRG, QVONDAM ‖ hæreditarij in Oſterwald & Haᶜlem / &c. ‖ Piæ recordat. dilectiſſimæ con-‖liugis, ‖ Scripta ex acad. Iulia ab alumnis Schu-‖lenburgiacis. ‖ Piè in Domino obdormiebat Brunſvigæ XVII. Cal. ‖ Aprilis: Exequiæ celebrabantur XVI. Cal. Maij ‖ ibidem in æde D. Iohannis. Anno cIs Is cvII. ‖ HELMAESTADII ‖ Excudebat Iacobus Lucius.
>
> Helmstedt: Jakob Lucius d. J. 1607. [6] Bl.; 4°
> [Wolfenbüttel, HAB: *M: Db 4261 (2)*]*

Als erstes Gedicht schreibt Mag. Theodor Cupecius (* Nienburg) eine Elegie aus 28 elegischen Distichen, die er mit der lateinischen Ortsangabe *Neoburgo-Saxo* für den niederdeutschen Ortsnamen Nienburg unterzeichnet.[575] Cupecius beginnt mit der Darstellung, ihn habe kürzlich die *fama maligna* vom Tod der *nobilis uxor* erreicht, und sie sei *verae nobilitatis apex* gewesen. Sie habe sich bei Tag und bei Nacht mit der Bibel beschäftigt und sich mit den reformatorischen Ansätzen Luthers wie auch Calvins beschäftigt. In v. 11 zeigt der Dichter seine Gönnerin schließlich allgemein als von *sophia* beseelt, und er leitet zur Totenklage in v. 15 über: *O dolor! ô pietas! ô mortis magna potestas!* Die Verstorbene sei eine große Stütze ihres Hauses gewesen und zudem das *matronarum flos nobilis atque celebris*. Cupecius bekräftigt, dass neben den Angehörigen jetzt *multi clari Arte, & Marte potentes* ihren Tod betrauerten, was die allgemeine Wertschätzung der Ilse von der Schulenburg als gebildeter Frau und Herrscherin zeigt. Anschließend wendet sich der Verfasser ab v. 25 den Hinterbliebenen zu. Der Tod ereile jeden Menschen, aber gemäß dem Wort Gottes werde die Seele jedes verstorbenen Menschen die himmlischen *arces* der Heiligen bewohnen dürfen. Die Gebeine hingegen müssten im kalten Grab ruhen, bis die aus Apg. 2,3–4 bekannte endzeitliche

---

[575]   Cupecius wurde am 17. Juni 1601 an der Universität Wittenberg immatrikuliert und wechselte im Wintersemester 1606/07 ohne genaue Tagesangabe an die Universität Helmstedt. Dazu vgl. FÖRSTEMANN/HARTWIG (1894), S. 480*a*28 und ZIMMERMANN (1926), S. 190*a*12.

Flamme die Welt erlöse. Nach dieser hoffnungsvollen Ankündigung der Erlösung legt Cupecius in v. 33–38 der Verstorbenen die folgenden Worte in den Mund, die sie *voce pia* den Hinterbliebenen zuspreche:

> *Vita quid est hominis nisi tristis plangor & angor:*
> *Gloria quid mundi? Flos, aqua, bulla, nihil.*
> *In terris labor est; requies sed suavis in urna,*
> *Vitaque post mortem mox renovata datur.*

Der Dichter deutet in dieser fiktiven Rede danach außerdem noch die vermutlich exemplarisch genannte menschliche Lebensdauer der *lustra bis octo* an, die die Verstorbene selbst nicht erreicht hat und die für die Entstehungszeit auch ein sehr hohes und seltenes, gleichwohl für Adlige und Bürger mit gehobenen Lebensumständen durchaus realistisches Alter darstellt. So habe sie gesprochen, und Cupecius attribuiert sie anschließend als *tincta ... Christi sanguine purpureo*, der nach ihren *mala multa* ein ewiges Lob vor Gott und den Menschen zustehe. Nach diesen Abschiedsworten an die verstorbene Ilse von der Schulenburg richtet der Verfasser in v. 45–46 seine weiteren Abschiedsworte an die *tu ... virtus* der Familie von der Schulenburg, die ebenfalls mit der Toten erloschen sei. Der Verfasser verspricht, er werde weiterhin seinen *patronus* und seine *matrona* loben, um die entsprechenden *merita ... innumera* für sie bei Gott zu erreichen:

> *... praemia reddet*
> *Is, cuius pietas abluit omne nefas.*

In den abschließenden beiden Distichen steht die Bekräftigung des Dichters für seine Bitten zum Nutzen der *multi docti* und des *verae relligionis opus*.
Das zweite Trauergedicht ist als *Ode* betitelt und hat einen Umfang von fünfzehn so genannten 2. asklepiadeischen Strophen, deren Verfasser Johannes Küne (* Goslar) ist.[576] Es beginnt mit der Feststellung des Dichters, wie schnell doch das flüchtige Leben vorübergehe und wie nutzlos menschliches Bitten und Hoffen gegen das Sterben sei. Der Tod mache weder vor Armen noch Reichen halt, und Küne ruft in v. 11 verzweifelt aus: *O nostrum scelus!* In der darauffolgenden vierten Strophe bezieht er sich erstmals auf die Verstorbene Ilse von der Schulenburg, die er mit ihrem Geburtsnamen nennt und als *sanguine nobili* bezeichnet. Sie habe als *cara mater* gewirkt, so dass die Schar der Musen um sie trauere. Die genannte Mutterschaft der

---

[576] Küne wurde ohne genaue Tagesangabe zum Wintersemester 1606/07 als *Soltquellensis* an der Universität Helmstedt immatrikuliert und ebenda am 19. Mai 1607 zum Magister promoviert. Vgl. ZIMMERMANN (1926), S. 191*a*79 und S. 193*a*2.

kinderlos gebliebenen Verstorbenen bezieht sich auf ihre Funktion als treusorgende Herrin über ihre Untertanen, zu denen auch Küne als ihr Stipendiat an der Universität Helmstedt zählt. Er führt weiter aus, dass jetzt auch die Muse Melpomene als Göttin der tragischen Dichtung und des Trauergesangs ihre Klage anstimme, und er seinerseits zu Gott bete, damit die Verstorbene ihrem zuvor verstorbenen Ehemann wieder anverbunden werde. Dabei problematisiert Küne in v. 29–32 den bereits erwähnten Zustand der Ehe des Friedrich und der Ilse von der Schulenburg:

> *Et virtutis honos & genus inclytum*
> *Schulenburgiadae te sociaverat:*
> *Nunc vinclum teneat vos querimonijs*
> *Nullis dissociabile.*

Keinerlei *querimoniae* könnten die jetzt im Tod wieder vereinten Ehepartner nochmals auseinanderbringen, und beider Taten würden nach ihrem Tod gelobt. Mit ihrer Großzügigkeit würden *mystae salvificae, themidos sacrae cultores* und *qui dicant ... vota Machaonis* gefördert, was sich auf die Stiftung der Verstorbenen zugunsten von Theologie-, Jura- und Medizinstudenten bezieht.[577] Auch nach der Bestattung der Ilse von der Schulenburg würde der *vester ... favor* die weiteren Studenten ebenfalls nicht im Stich lassen. So wachse und blühe der *honos Dei* gleichermaßen wie auch die *res publica*. Im Gegensatz zur antiken *res publica* in der Bedeutung des republikanischen Staates bezieht sich die Formulierung bei Küne auf die *res publica* im wörtlichen Sinn und ist mit der modernen Bezeichnung der Gemeinnützigkeit treffend zu übersetzen. Das Trauergedicht des Johannes Küne bezieht sich auf das positive Wirken der Verstorbenen und hebt ihr Tun für die Gemeinschaft lobend hervor.

Als drittes Gedicht folgt ein griechisches Epicedion aus 46 daktylischen Hexametern, deren Verfasser Jakob Essenius (* Lüneburg) ist.[578]

Johannes Cravelius (Arzt, * Alfeld 1581, † Osterode 08.01.1665) ist der Dichter des vierten Epicedions.[579] Er unterzeichnet seine sechzig daktylischen Hexameter als Medizinstudent und apostrophiert zunächst die *mors invida*, die die Hinter-

---

[577] Zur Stiftung vgl. HUFSCHMIDT (2004), S. 146.

[578] Essenius wurde am 5. Oktober 1599 an der Universität Helmstedt immatrikuliert und ebenda am 19. Mai 1607 zum Magister promoviert. Dazu vgl. ZIMMERMANN (1926), S. 144*b*112 und S. 193*a*8.

[579] Cravelius wurde am 26. September 1601 an der Universität Helmstedt immatrikuliert, war im Jahr 1605 Mitglied der medizinischen Fakultät und führte am 11. Juni 1613 eine medizinische Disputation durch. Dazu vgl. ZIMMERMANN (1926), S. 158*a*174, S. 181*a*4 und S. 231*a*1.

bliebenen *naenia* in einer zuvor fröhlichen Zeit anstimmen lasse. Ab v. 8 stellt Cravelius die Herkunft der Verstorbenen aus einer berühmten und ehrwürdigen Familie dar, die ihr Ansehen zu Lebzeiten weiter gemehrt habe. Sie habe die *pia ... dogmata Christi* angehört, regelmäßig den Gottesdienst besucht und bei Tag und Nacht die Bibel studiert. Mit ihrem Reichtum habe sie keine *deliciae* und keine *turpes ... usus* betrieben, sondern vielmehr anderen Menschen helfen wollen. Cravelius spielt damit ebenso wie zuvor Küne auf die Studienstiftung der Ilse von der Schulenburg an und rühmt ihr gemeinnütziges Wirken. Dabei hebt er in v. 15–29 besonders den Nutzen ihrer Stiftung zugunsten der Ausbildung von Ärzten hervor und bezeichnet die Verstorbene infolgedessen in v. 30–31 als *aegrotis ... anchora* und *blanda ... mater pauperibus*. Der Verfasser scheint sich in seiner Person in diesen Aussagen bezüglich des Mediziners als Stipendiat und Medizinstudent widerzuspiegeln, so dass seine Verse auch seinen persönlichen Dank und seinen eigenen Nutzen an der Stiftung der Ilse von der Schulenburg zum Ausdruck bringen. Schließlich bezieht er sich auf den Tod als *evitabile fatum* und das Wirken Christi zugunsten des verstorbenen Menschen im Allgemeinen. Die Körper der Toten würden der *sancta ... tellus* übergeben und Christus möge die Verstorbene solange *lacteolo gremio* aufnehmen, bis die *corpora ... rediviva* aus ihren Gräbern wieder auferstünden. Ab v. 54 wendet sich Cravelius dazu in direkter Ansprache Christus zu, der schließlich auch die Urnen öffnen und die Asche der verstorbenen Menschen erneut mit den *sanctae ... libamina vitae* speisen möge. In v. 59–60 steht die abschließende Bekräftigung des Verfassers und eine Abschlussformel:

Haec nos vota damus sacrata mente suprema.
Molliter interea, vos ossa, quiescite. claudo.

Dieses Epicedion ist in besonderem Maße von der persönlichen Sichtweise des Verfassers geprägt, der als Medizinstudent das Wirken der verstorbenen Person gleichwie das heilsame Handeln eines Arztes darstellt. Außerdem verwendet er anfangs topische Elemente der Trauerliteratur, indem er die Religiosität der Ilse von der Schulenburg hervorhebt und sie als sorgende *mater* und *matrona* schildert. Während sich das erste Epicedion des Theodor Cupecius noch allgemein auf ihr treues Sorgen bezieht, stellen Küne und Cravelius besonders den allgemeinen und ihren persönlichen Nutzen aus der Stiftung der Verstorbenen dar.
In diesem Kontext lässt sich zur Person der Ilse von der Schulenburg ein weiterer relevanter Drucke ermitteln. So wird im Jahr 1589 die Stiftungsverordnung gedruckt, in der Ilse von der Schulenburg festlegen lässt, dass von ihrem Stiftungskapital in Höhe von 10.000 Reichstalern die jährlichen Zinsen in Höhe von 500 Reichstalern wie erwähnt für Studenten der Theologie, von Jura und der Medizin zur Verfügung gestellt werden sollen (VD 16 S 4405). Die zuvor genannten *alum-*

ni Schulenburgiaci dürften somit aus dieser Stiftung ihre Unterstützung bezogen haben. Außerdem wurde der Neubau der Martinsschule in Braunschweig ab dem Jahr 1592 ebenfalls durch Ilse von der Schulenburg mit einer Spende in Höhe von 500 Gulden unterstützt.[580] Aus dem persönlichen Besitz der Ilse von der Schulenburg ist ebenfalls noch ein Buch belegt. So trägt ihr niederdeutsches Gebetbuch, ein Magdeburger Druck aus dem Jahr 1565, den handschriftlichen Besitzvermerk *Dút bock hordt Ilsen von salder* und ist unter der Signatur *H: QuH 121.10 (1)* in der Herzog August Bibliothek in Wolfenbüttel erhalten (VD 16 N 2139).

Neben dieser familiären Linie sind auch weitere Gelegenheitsgedichte an andere Angehörige der Familie ermittelbar, so beispielsweise zur Heirat des Ludolph von Alvensleben mit der Elisabeth von der Schulenburg im Jahr 1590 (VD 16 ZV 19370) sowie zur Geburt deren ersten Sohnes im darauffolgenden Jahr (VD 16 A 3759).

3.2.4. Gedichte an Familie von Steinberg (1564–1598)

Ebenso wie die Familien von Saldern und von der Schulenburg gehört die Familie von Steinberg auch zu den Familien des niederen, nicht von der Landesherrschaft unabhängig gebliebenen Adels im Herzogtum Braunschweig-Lüneburg und dem Bistum Hildesheim, war aber gleichwohl außerordentlich wohlhabend.[581] Als Widmungsempfänger von lateinischer Gelegenheitsdichtung sind dabei in den Jahren 1564 und 1575 zunächst dreimal die beiden Brüder Christoph und Melchior von Steinberg, der Ehemann der Jutta von Saldern, von Bedeutung. So erscheint im Jahr 1564 auf Christoph von Steinberg (Patron in Wehrstedt, † 16.01.1570) das *De divo Christophoro poemation* des Mag. Matthias Berg (VD 16 B 1810).[582]

DE DIVO CHRI=‖STOPHORO POEMATION, ‖ SCRIPTVM AD NO-BILEM VIRVM, PIETATE, ‖ VIRTVTE ET FIDE PRÆSTANTEM, ‖ CHRISTOPHORVM DE ‖ STEINBERG. ‖ Auctore ‖ M. MATTHIA BERGIO ‖ Brunſuicenſi. ‖ VITEBERGÆ ‖ EXCVDEBAT IOHANNES ‖ CRATO. ‖ ANNO M. D. LXIIII.
Wittenberg: Johannes Krafft d. Ä. 1564. [14] Bl.; 4°
[Wolfenbüttel, HAB: *A: 37.3 Poet. (4)*]

---

[580] Darauf weist DÜRRE (1861), S. 26 und S. 43–44 am Rande seiner Darstellung der Schulgeschichte hin.

[581] Vgl. HUFSCHMIDT (2001), S. 290.

[582] Das Epitaph für Christoph von Steinberg und seine Familie befindet sich an der Westwand in St. Martini in Braunschweig. Dazu vgl. die Online-Ressource unter http://www.martini-kirche.de/rundgang18.pdf (Stand: 20. Oktober 2009).

Dem eigentlichen Gedicht ist ein Grußgedicht im Umfang von 37 elegischen Distichen vorangestellt, in denen Matthias Berg besonders die Abstammung des Widmungsempfängers rühmt. Anschließend folgt das *De divo Christophoro poemation*, in dem in 538 daktylischen Hexametern die Geschichte vom heiligen Christophorus erzählt und sowohl theologisch als auch bezüglich des gleichnamigen Widmungsempfängers ausgedeutet wird.

Für Melchior und Christoph von Steinberg wird im Jahr 1575 von Andreas Moller aus Osterode eine *Narratio de defensa Susannae pudicitia* geschrieben (VD 16 M 6015), zu der der Konrektor der Braunschweiger Katharinenschule Georg Fladung (später Professor in Heidelberg, * Gotha) das Epigramm auf dem Titel verfasst.[583]

NARRATIO ‖ DE DEFENSA SV=‖SANNAE PVDICITIA VERSI-‖ BVS COMPREHENSA ET ‖ DICATA ‖ GENERIS NOBILITATE ET IN-‖DOLE PRAESTANTIBVS MELCHI-‖ORI ET CHRISTOPHORO ‖ A STEINBERG. ‖ AB ‖ ANDREA MOLLERO ‖ OSTERODENSE. ‖ Qui legis hæc, alios dic cætera crimina lædunt, ‖ In proprium corpus fæua libido ruit. ‖ Dedecus hoc letho quanto fit triftius ipfo, ‖ Anteferens mortem cafta Sufanna probas. ‖ M. GEORGIVS FLADVNGVS ‖ Conrector Scholæ Catharinianæ. ‖ ANNO ‖ CIꞀ. IꞀ. LXXV.
[Wolfenbüttel]: [Konrad Horn] 1575. [8] Bl.; 4°
[Wolfenbüttel, HAB: *A: 231.23 Theol. (3)*]

Andreas Moller stellt dem eigentlichen epischen Gedicht ein Widmungsgedicht in sechs elegischen Distichen voran, in dessen Vorrede er die beiden Widmungsempfänger als *pueri* und *discipuli sui carissimi* bezeichnet, wodurch er sich selbst als ihr Lehrer zu erkennen gibt. Das Epigramm beginnt mit der fingierten Frage, wer denn länger verweilen könne, da doch die Muse Thalia die Schüler zu ihren *lares* dränge. Sie habe eilend beide Jungen vorgestellt, und beide seien noch unwissend von dem, was sie jetzt lehren wolle:

> *Melchior hic meus est properans dicebat: & hic est*
> *Christopherus, gnari vocis uterque meae.*

Nach dieser Aufforderung will sich der Dichter besonders auch in seiner Funktion als Lehrer der Widmungsempfänger nicht mehr länger zurückhalten und lässt die

---

[583] Zu Fladung vgl. Dürre (1861), S. 66. Er wurde im November 1573 von der Universität Jena kommend als Magister an der Universität Rostock immatrikuliert. Dazu vgl. Hofmeister (1891), S. 180*a*2.

Muse abschließend noch den Charakter der folgenden epischen Dichtung als *lusus* kennzeichnen und sie selbst mit *ipsa scio* als das dem Dichter das Werk eingebende Medium auftreten. Thalia steht als Muse der Komödie seit der Antike regelmäßig im Kontext des dichterischen *ludus* und ist so beispielsweise in Ps.-Verg. *Cul.* 1 belegt. An die Stelle des antiken Musenanrufs tritt somit die Aufforderung der Muse an den Dichter, endlich sein Werk zu beginnen. Somit folgt anschließend das eigentliche epische Gedicht aus 444 daktylischen Hexametern, an dessen Beginn der Dichter bereits die Susanna der Heiligenlegende als menschliches Vorbild lobt. Sie sei das *foeminei decus exemplumque pudoris*. So wie diese legendenhafte Frau durch Daniel aus der gewaltsamen Lebensbedrohung mehrerer Männer befreit wurde, sollten auch die Widmungsempfänger nach diesem Vorbild leben und sich einer Frau vergleichbar zuverlässig und zugetan erweisen. Möglicherweise ist durch den Verfasser dabei der Heiratswunsch für die Widmungsempfänger intendiert, während dies in der apokryphen alttestamentlichen Geschichte in St. zu Dan. 1 nicht von Bedeutung ist und dort hingegen ausschließlich ein vor Gott richtiges Handeln zum Wohl eines bedrohten Menschen im Sinne des *defendere* aus Mollers Titel thematisiert wird.

Vermutlich ebenfalls im Jahr 1575 widmet der Pastor Anton Bolmeier dem braunschweigisch-lüneburgischen Rat Melchior von Steinberg (* 1521, † 01.07.1577) eine *Elegia de violis* (ohne VD 16 = Wolfenbüttel, HAB: *A: 37.8 Poet. (22)*).

ELEGIA ‖ DE VIOLIS. ‖ DEDICATA ‖ VERA GENERIS ‖ CELEBRITATE, COMMEMORABILI ‖ Pietate, mvltiivga ervditione, ‖ multa humanitate &c. ſapientia clariſ: & præſtan-‖tiſ: viro D. Melchiori à Stein-‖berg omnium bonorum ingeniorum ‖ fautori & maximo & liberaliſimo. ‖ [es folgt das Gedicht] ‖ Antonivs Bolmervs ‖ Paſtor Eccleſiæ Dei in arce Ma-‖rienburg. f.
[Wolfenbüttel]: [Konrad Horn] [ca. 1575]. [1] Bl.; 4°
[Wolfenbüttel, HAB: *A: 37.8 Poet. (22)*]

Bolmeier wirkt zum Zeitpunkt der Abfassung seines aus 21 elegischen Distichen bestehenden Gedichts noch als Pastor im Kloster St. Marienberg in Helmstedt. Wie es bereits im Kapitel 2.2.10. im Kontext der Gedichte zum Preis des christlichen Gottes erwähnt wurde, zeigt diese Elegie starke hymnische Züge und hebt bereits im Titel auch den Widmungsempfänger Melchior von Steinberg lobend hervor. Der Text zeigt als Initial denselben Holzschnitt wie der Text des Epithalamions für Luleff von Klencke und Sophia von Saldern (1573, VD 16 A 4037). Diese Übereinstimmung ermöglicht die Zuschreibung von Bolmeiers Einblattdruck zum Wolfenbütteler Drucker Konrad Horn.

Wohl auf die beiden Söhne des Melchior von Steinberg und der Jutta von Saldern bezieht sich das nächste Gelegenheitsgedicht: Den Brüdern Melchior und Siegfried von Steinberg wird im Jahr 1576 wiederum vom Pastor Anton Bolmeier eine *Lamentatio ad crucem Domini nostri Iesu Christi* gewidmet, an der der Braunschweiger Pastor und Superintendent Friedrich Petri als Beiträger mitwirkt (VD 16 B 6493). Bolmeier schreibt in seiner Funktion als *Hauß Prediger* und *Paedagogus* derer von Steinberg, in der er durch ein Schreiben des Melchior von Steinberg aus demselben Jahr 1576 belegt ist, an seine Schüler (Hannover, LkA: *D 14 Spec. Ed. 410*).

LAMENTATIO ‖ AD CRVCEM ‖ DOMINI NOSTRI IE=‖SV CHRISTI PRO SALVTE GE-‖NERIS HVMANI CRVCIFIXI ET ‖ mortui, verſibus conſcripta & ‖ dedicata ‖ NOBILITATE ‖ GENERIS, PIETATE ‖ ET MVLTA ERVDITIONE PRAE-‖STANTIBVS VIRIS D. MELCHIORI ‖ & Siegfrido à Steinberg fratribus, Dominis ‖ & Patronis ſuis reuerenter ‖ colendis ‖ Ab ‖ ANTONIO BOLMERO. ‖ Anno M. D. LXXVI.
[Wolfenbüttel]: [Konrad Horn] 1576. [4] Bl.; 4°
[Wolfenbüttel, HAB: *M: Gn Kapsel 45.2 (3)*]*

Dem eigentlichen Gedicht Bolmeiers ist ein Epigramm aus drei elegischen Distichen vorangestellt, das von Mag. Friedrich Petri verfasst ist. Er spricht Bolmeier in v. 1 als *doctissime frater* an, der ihm Verse zugeschickt habe und die er, Petri, durchgelesen habe. Er könne kein *vitium* an ihnen finden, da Bolmeiers Muse eine *vena polita* bewirkt habe und er wie auch andere Verfasser zum Lob Jesu schreibe. Bolmeiers *lamentatio* ist eine Elegie aus 55 elegischen Distichen und auf die Kreuzigung Christi verfasst. Es ist zu vermuten, dass das Gedicht anlässlich des bevorstehenden Karfreitags im Jahr 1576 gedruckt wurde. Bolmeier kündigt sowohl sein Gedichtthema als auch den bevorstehenden Feiertag in v. 1–2 doppelt an:

Venit moesta dies, venit lacrymabile tempus
Quo nullum lacrymis aptius esse potest.

Der Karfreitag ist somit Anlass zu Trauer und Tränen um den verstorbenen Christus, den Bolmeier in v. 3 in direkter Rede anruft und feststellt, wer den Tod Christi nicht mit trauernder Stimme beweine, könne schwerlich ein Mensch genannt werden, sondern müsse *vere ... lapis* sein. Bolmeier führt somit *lapis* als Bild des unbeseelten Steins ein, während das Substantiv *petra* nach Mt. 16,18 positiv als Fundament der weltweiten Kirche besetzt ist. Das Bild des Steins wird vom Verfasser in den folgenden Versen weiter ausgelegt. Wer die *lamentanda ... fata*

Christi nicht beklage, der sei nicht nur ein Stein, sondern müsse auch als *truncus ... iners* gelten. Bekräftigend ergänzt der Verfasser in v. 7 die rhetorische Frage, wer denn eine derartige Situation mit trockenen Wangen ansehen könne. Ein solcher Mensch müsse sicherlich aus den *scopula ... maris* stammen. Diese Formulierung verstärkt die vorherige Beschreibung des nicht trauernden Menschen weiter und lässt das Bild des Steins in das Bild der vom Meer umtosten Felsklippen übergehen. Nach dieser ausführlichen Darstellung, wie ein derartiger Mensch zu bewerten ist, leitet Bolmeier mit *nam* in v. 9 zu seiner Begründung weiter. Auch die *natura*, die *terra* und der *polus* erzitterten durch den *gravis ... dolor*, was aus Mt. 27,52 geschöpft ist und in v. 11 mit *fundamenta ... sunt ... mota* weiter nachgezeichnet wird. Anschließend beschreibt er ab v. 15 die weiteren Abläufe, wie sie in den Evangelien berichtet werden: die Verdunklung der Sonne nach Mt. 27,45, nochmals das bereits genannte Beben der Erde und das Brechen der Felsen nach Mt. 27,52 sowie die Auferstehung der Heiligen, ebenfalls nach Mt. 27,52–53. Nach v. 24 erfolgt ein deutlicher Einschnitt, der auch durch den abgesetzten Satz des Textes erkenntlich ist. Bolmeier führt zu einer zweiten direkten Anrede Christi weiter, den er in v. 25–26 als *Messias, Mariae Soboles, venerabiles HEROS ...nobis ... natus homo* apostrophiert und damit auf die Bezeichnung des Messias als Menschensohn anspielt, wie sie beispielsweise aus Mt. 8,20 bekannt ist. In den folgenden Distichen werden weitere bekannte Christusmotive wie die Ebenbildlichkeit Gottes und die Funktion Christi als *Patris λόγος* genannt. Letzteres ist von der Christusvorstellung in Joh. 1,1 beeinflusst. Ergänzt wird in v. 30 außerdem die Rolle Gottes als *Dominus Mundi*, den alle Geschöpfe fürchten, die in v. 34 zum ebenso gefürchteten *Dominus vitae* variiert wird. In hohem Stil führt Bolmeier anschließend in v. 35 unter Einbeziehung des antiken heidnischen Motivs des Letheflusses in der Unterwelt den natürlichen Zwang des Sterbens aus: *Ne nos cogamur gelido pallescere Letho*. Anschließend wird der Gedankengang des Verfassers in die Passionsgeschichte, wie sie Mt. 27,31–56, Mk. 15,20–41, Lk. 23,32–49 und Joh. 19,17–37 berichten, weitergeleitet. Bolmeier beschreibt den *saevus ... latro*, der neben Jesus gekreuzigt wird und die Anwesenheit der Mutter Maria, die neben dem Kreuz Christi stehe und der Hinrichtung zusehe. Nach dieser Aussage in v. 42 erfolgt der nächste hervorgehobene Einschnitt. Bolmeier setzt mit *quid porrò querar* seine eigene Stellungnahme an den Beginn des neuen Abschnitts. Danach nennt er das Leiden Christi und die *multi ... labores*, die dieser auf sich genommen habe. Er sei gerade erst dreißig Jahre alt gewesen, als er seine *florida vita* habe aufgeben müssen. Zudem habe Jesus *trista mortis fata* ertragen müssen. Bolmeier misst das Sterben und den Tod Christi in diesem Zusammenhang offensichtlich nach den üblichen an das Menschenleben angelegten Kriterien und stellt diesen Tod argumentativ wie den eines anderen jungen Mannes auch dar. In v. 53–54 folgt danach die Darstellung des besonderen Aspekts des Todes Jesu und die Aussage, er habe durch seinen Tod die *poena* der Menschen auf sich genommen und *nos miseri homines* aus der als *antra Stygis* bezeichneten Hölle befreit. Der Verfasser bezieht sich an dieser Stelle deutlich auf das lutherische Sühneverständnis, nach dem durch den Tod Christi nicht nur gemäß der römisch-katholischen Lehre die Erbsünde und die menschliche Sünde bis zur Kreuzigung gesühnt sind, sondern vielmehr auch die Sünde der gesamten Menschheit nach dem Osterereignis ebenfalls aufgehoben ist. Der in v. 55 apostrophierte Christus sei die *vivax progenies* Gottes und gebe den erneut als *nos* bezeichneten Menschen das Heil. In v. 57–74 folgt eine Beschreibung der Kreuzigung Christi mit Anmerkungen zum Aussehen des Gekreuzigten. Die Haare hingen vom Scheitel herab, die Farbe sei aus den Augen gewichen, der Mund habe seine rote Farbe verloren, und auch die Füße seien blass geworden. Außerdem ruft Bolmeier in v. 65 Christus zu: *Clamabas SITIO* ..., was ein Zitat aus Joh. 19,28 ist. Ihm sei jedoch kein süßes Getränk gewährt worden, überliefert ist vielmehr das Darreichen von Essigwasser, wenngleich Jesus selbst für die Menschheit gleichsam zum *nutritor* ihres Durstes geworden sei:

Omnia qui nutris quaecunque moventur in orbe
Cuius cuncta bibunt fontibus ipse sitis.

Der anschließende vierte Abschnitt erstreckt sich über v. 75–82 und ist direkt an Gott gerichtet, dessen rechte Hand als mächtig bezeichnet wird und die die Strafen von den schlechten Menschen nehme und sie somit von ihrer Sünde befreie. Bolmeier argumentiert an dieser Stelle wieder deutlich auf der Basis des lutherischen Verständnisses von der Rechtfertigung des Menschen, da er zur Sühne keine frommen Taten ansetzt, sondern ausschließlich die erwähnte *Dextra potens* Gottes nennt. Als Gegenbeispiel folgt die kurze Beschreibung des Schicksals der Juden, die einem seiner Königin beraubten Bienenvolk ähnlich unstet durch die Welt irrten, ihre Heimat verloren hätten und ihren Lebensunterhalt erbitten müssten. Diese Ausführungen entsprechen dem Geist des 16. Jahrhunderts und sollen die Juden in Opposition zum Christentum als von Gott verlassene Menschen darstellen. Eine derartige *fortuna* bleibe blinden Menschen erhalten, während der als Bild angeführte Fisch das milde Wasser liebe:

Haec caecos homines semper fortuna manebit
Dum molles saliens piscis amabit aquas.

Bolmeier setzt sein positives Bild des Fisches als Abbild des Christentums in v. 81–82 gegen das ewige Schicksal der von ihm als blind bezeichneten Juden, die Gott verloren hätten. Das Bild des *saliens piscis* ist nicht nur aus dem Symbol des Fisches als Zeichen der ersten Christen geschöpft, sondern entspringt auch Bolmeiers eigenem Lebensraum und eigener Alltagserfahrung, der als Pastor der Doppelgemeinde Eddesse-Dedenhausen bei Peine bekanntermaßen auch Inhaber eines Fischteiches war, bezüglich dessen Pflege und Schutz vor Fischdieben er mehrfach in Celle vor Gericht ziehen musste.[584] Mit v. 83 beginnt der fünfte und letzte Abschnitt der *lamenatio*, der sich bis zum Schluss der Elegie in v. 110 er-streckt. Bolmeier setzt mit einer hymnenartigen Anrufung Christi ein und scheint geradezu aus dem Kyrie der Messe zu zitieren:

> *IESU CHRISTE DEI Fili miserere precantis*
> *Exaudi gemitus vota precesque meas.*

Anschließend weist er mögliche übertriebene Wünsche an Christus zurück und fordert vielmehr dessen Präsenz in der *hora ultima*, was an die Sequenz *nunc et in hora mortis nostrae* aus dem *Ave Maria* erinnert. Christus solle als Trost fungieren und dem Menschen die Furcht vor dem Tod nehmen. Er bewege die menschli-che *mens* zum Lob Gottes und den menschlichen *spiritus* aus dem körperlichen Gefängnis in seine Umarmung. Bolmeier bekräftigt in v. 97 dies ohne Ende zu Christus beten zu wollen, dessen durch die Kreuzigung erhaltenen Wundmale er anschließend nennt und die zurückgebliebenen Narben als wahrhaftige Merkmale des *Christus ... redivivus* nach Joh. 20,20 ergänzt. Jesus möge ihm die rechte Hand zur Hilfe reichen, er, der *pro me* den Tod auf sich genommen habe. Der Dichter spricht ihm sein Vertrauen aus und bittet schließlich um *pax*, *vita* und *salus*. Auch wenn in den letzten Versen die Auferstehung Christi erwähnt wird, bezieht sich Bolmeier in seinem Gedicht praktisch ausschließlich auf die Kreuzigung und den Tod Jesu und nicht auf die österliche Auferstehung. Diese Schwerpunktesetzung entspricht dem lutherischen Verständnis und hebt den Karfreitag als wichtigsten Tag der lutherischen Kirche hervor.

Im Anschluss an Bolmeiers *lamentatio* ist ein fast seitenfüllender Holzschnitt mit einer Passionsszene abgedruckt. Vor einer fiktiven Hügellandschaft mit einzelnen Gebäuden ist im Vordergrund das Kruzifix mit dem gekreuzigten und bereits ver-storbenen Christus zu sehen, da er nicht nur eine Dornenkrone trägt, sondern auch an seiner rechten Flanke bereits die Wunde nach Joh. 19,34 zeigt. Über dem Kopf Christi ist die Inschrift *INRI* angebracht. Zur linken Seite des Kreuzes steht ge-mäß der Tradition der Kreuzigungsgruppe eine Frau, die in v. 42 erwähnte Mutter

---

[584] Vgl. die unveröffentlichte, aus älteren Dokumenten zusammengestellte Gemeinde-chronik der Gemeinde Eddesse-Dedenhausen aus dem 19. Jahrhundert (Eddesse, KA: *ohne Signatur*), S. 2–4.

Maria, zur rechten Seite ein bartloser Mann, der Apostel Johannes. Beide haben trauernd ihr Gesicht zum Boden gesenkt, der Mann betet. Alle drei Menschen sind von einem Strahlennimbus bekrönt.

Abschließend sind noch für die Kinder des Melchior von Steinberg und der Jutta von Saldern drei Gelegenheitsgedichte jeweils anlässlich ihrer Heirat belegt. Zur Heirat der Catharina von Steinberg (...) mit Bode von Rautenberg im Jahr 1576 schreibt der Pastor Anton Bolmeier eine *Oratiuncula de iustitia coniugali* (VD 16 B 6494). Die Familie derer von Rautenberg sind Bolmeiers Lehnsherren in seiner Kirchengemeinde Eddesse-Dedenhausen.

ORATIVNCVLA ‖ DE IVSTICIA ‖ CONIVGALI, HONE-‖ſti coniugij quinq[ue] προσϰει-‖μένοις declarata. ‖ Scripta ‖ IN HONOREM NVP-TI-‖ARVM, NOBILIS ET PIE-‖tate præſtantis juvenis BODENI à ‖ RVTEN-BERG, & Nobilis atq[ue] multis egregijs naturæ ornamentis excellentis ‖ & pudicæ virginis CATHARINAE à ‖ STEINBERG, Clariſimi viri MEL-‖CHIORIS à STEINBERG ‖ Filiæ &c. ‖ Wolgeborn vnd wolgefreit / ‖ Wolgeſtorben zur rechter zeit / ‖ Das ſind drey ding auff dieſer ‖ (Erden / ‖ Die fuᵉr die beſten gehalten ‖ (werden. ‖ ANNO CIS IS LXXVI.
[Wolfenbüttel]: [Konrad Horn] 1576. [11] Bl.; 8°
[Wolfenbüttel, HAB: *H: Yv 694.8° Helmst. (2)*]

Den größten Umfang des Textes nimmt die eigentliche *oratiuncula* ein, die einzelne Textabschnitte in elegischen Distichen enthält. Bolmeier unterzeichnet diesen Text in seiner Gemeinde Eddesse am 22. September 1576 und bezeichnet sich selbst dabei als *Antonius Bolmerus Hamelen. Min. verbi divini in Eddess.* Abschließend ist dem Druck ein Epigramm *ad sponsam* in sieben elegischen Distichen beigegeben, in dem die Braut Catharina von Steinberg bereits in v. 1 als *pia virgo* bezeichnet wird, die sich vor ihrer kommenden Heirat fürchte, sich aber auf die *fides* Gottes verlassen könne. Auch sei sie von *doctrina* und *Christiana virtus*, befinde sich jedoch derzeit in den zwischen Freude auf die Ehe und Sorge vor der Ehe schwankenden Gefühlen. Der Verfasser zeichnet die Situation sehr realistisch und einfühlend nach und setzt dem die Perspektive des christlichen Glaubens entgegen. Zur Heirat der Anna von Steinberg (...), einer weiteren Tochter des Melchior von Steinberg und der Jutta von Saldern, mit Hermann Ruscheblat (...) im Jahr 1583 schreibt Bartholomäus Sengebähr aus Hildesheim ein *Carmen gratulatorium* (VD 16 S 5854).

CARMEN GRATVLATORIVM ‖ IN HONROEM ‖ NVPTIARVM CLA-RISSIMI VIRI, ‖ Nobilitate Generis, Pietate, Virtute, Morumq[ue] gravi-tate or-‖natiſimi D. HERMANNI RVSCHEBLATEN Sponſi: ‖ Et Lectiſimæ,

Honeſtiſsimæ, caſtiſsimæq[ue] virginis ANNAE, ‖ Nobiliſsimi, Ampliſsimi,
Virtute, Doctrina & Erudi-‖tione præſtantiſsimi viri D. MELCHIORIS ‖ à
STEINBERG (piæ memoriæ) ‖ Filiæ, Sponſæ. ‖ * ‖ Scriptum ‖ à ‖ BARTHO-
LOMÆO SENGEBERO ‖ Hildesheimenſe. ‖ χρονολογικόν· ‖ Vota Ce-
Lebrabant tVrbæ ſoLennIa BaChI ‖ CVM ſponsI Intraret VIrgo CVbILe
pII. ‖ ANNO ‖ M. D. LXXXIII
[Wolfenbüttel]: [Konrad Horn] 1583. [6] Bl.; 4°
[Wolfenbüttel, HAB: *A: 240.17 Quod. (16)*]

Dieser Druck enthält zwei Gedichte. Das erste ist das *Epigramma de amore* aus
sechs elegischen Distichen, das zweite das eigentliche Glückwunschgedicht
Sengebährs, das dieser in daktylischen Hexametern verfasst. Einige Seiten des
genannten Exemplars aus dem Bestand der Herzog August Bibliothek in Wolfenbüttel sind am unteren oder am oberen und unteren Seitenrand mit wesentlichen
Textverlusten beschnitten. Erhalten ist ein Umfang von 325 Versen, weitere etwa
55 Verse können als verloren geschätzt werden. In den erhaltenen Abschnitten
werden neben der Braut weitere Personen und Familien erwähnt, so die Familien
von Rautenberg und die Familie von Saldern, als deren Angehörige die *mater
Salderico prognata e stemmate* genannt wird. Diese Aussage bezieht sich auf
Jutta von Steinberg, geb. von Saldern als Brautmutter.
Zur Heirat des gleichnamigen Melchior von Steinberg d. J. (...) mit Helena von
Marenholtz (...), der Witwe des Askanius von Holla (...), am 8. Januar 1598 auf
Schloss Marienburg verfasst Nikolaus Siegfried ein *Gamelion* (VD 16 S 6364).
Die Braut ist später in den Jahren ab 1607 noch im Kontext ihrer ersten Ehe in
einem Gerichtsverfahren belegt, weil sie dem Domkapitel in Köln Schulden nicht
zurückgezahlt hatte (Düsseldorf, StA: *Reichskammergericht Z 52/221 (= 6295)*).

Gamelion, ‖ AMPLISSIMO VI=‖RO, NOBILITATE GENERIS, ‖ PI-
ETATE, SAPIENTIA, ERVDITIONE VARIISQVE ‖ virtutum donis ex-
cellentißimo D. MELCHIORI à ‖ STEINBERGIS, illuſtrißimi Principis Holſa-‖
tici Marſcalco exercita-‖tißimo, ‖ CVM ‖ NOBILISS. HONEST. ET
PVDICIS. ‖ MATRONA HELENA á MARENHOLT. NOBILIS-‖ſimi
olim & præclariſsimi Heroîs D. Aſcanis ab Hol-‖la, equitis laudatiſsimi,
piæ memoriæ, ‖ relicta vidua, ‖ Matrimonium feliciter ineunti & nunc
in arce Marienburgica nuptias celebranti, ſexto ‖ Idus Januarii, Anno
Chriſti ‖ 1598. ‖ M. NICOLAVS SIEGFRIDVS Ec-‖cleſiæ Hildeſienſis
ad Sanct. Andre-‖am Paſtor. ‖ HENRICOPOLI ‖ Excuſum per Conradum
Horn, Anno 1598.
Wolfenbüttel: Konrad Horn 1598. [12] Bl.; 4°
[Wolfenbüttel, HAB: *M: Db 4616 (26)*]

Der Pastor an St. Andreas in Hildesheim Nikolaus Siegfried verfasst ein Hochzeitsgedicht aus 262 elegischen Distichen und bezeichnet bereits in v. 5 den Bräutigam als Bruder des Siegfried von Steinberg (...), dem er auch einen Hochzeitsgruß geschrieben habe. In den folgenden Versen werden mit diversen historischen und mythologischen Anspielungen die Umstände der Heirat beschrieben und beispielsweise auch der verstorbene Ehemann der Braut erwähnt. Außerdem schildert der Verfasser den Werdegang des Bräutigams und nennt die Stationen seiner Ausbildung. Abschließend wird knapper auch die Herkunft der Braut erklärt. Aufgrund des Hinweises, der Bräutigam sei ein Bruder des Siegfried von Steinberg, kann angenommen werden, dass der von Nikolaus Siegfried gefeierte Melchior von Steinberg mit dem zuvor erwähnten Schüler des Anton Bolmeier identisch ist. Da er viele Jahre nach seinen beiden Schwestern und eine zuvor verwitwete Frau heiratet, ist zu vermuten, dass auch Melchior von Steinberg vor seiner Ehe mit Helena von Marenholtz bereits verheiratet war.

Der Lehrer Nikolaus Steinberg (* Breslau 04.1543, † Breslau 27.05.1610), der als Beiträger einer Sammlung von Epigrammen des Salomon Frenzel von Friedenthal aus dem Jahr 1593 in einem Wittenberger Druck (VD 16 F 2653) erscheint, gehört nicht zur Familie von Steinberg aus dem Herzogtum Braunschweig-Lüneburg, sondern entstammt einer Breslauer Familie und wirkt ebenda als Lehrer, Rektor und Dichter.[585]

---

[585]   Vgl. MARKGRAF (1893).

EPITHALAMION
IN HONOREM
SACRI NVPTIALIS CLARIS-
SIMI VIRI, NOBILITATE GENERIS,
pietate, eruditione & virtute præstantis, HEINRICI
de LVHE &c: Et generosæ virginis, ELI-
ZABETHAE nobilis à PLATEN.

Scriptum à
IOHANNE MALSIO, EVAN-
gelij in arce Guelphorum ministro.

M. D.   LXXV.

HENRICOPOLI.

Epithalamion des Wolfenbütteler Hofpredigers Johannes Malsch für Heinrich von der Luhe und Elisabeth von Platen (Wolfenbüttel, HAB: *A: 171.5 Quod. (20)*).

(Foto: Herzog August Bibliothek Wolfenbüttel, 12. März 2009)

3.2.5. Gedichte an Heinrich von der Luhe (1575–1604)

Die Familie von der Luhe ist eine alte mecklenburgische Familie, die sich bis ins späte Mittelalter zurückverfolgen lässt. Heinrich von der Luhe (mecklenbur-gischer Landadliger, fürstlicher Rat in Wolfenbüttel, Stiftshauptmann in Halber-stadt, * 1535, † Halberstadt 13.07.1591) war in braunschweigisch-lüneburgische Dienste gelangt und von der Ostsee in das welfische Territorium gezogen. Zu seiner Heirat mit der ebenfalls aus dem ländlichen Adel seines Wirkungsgebiets stammenden Elisabeth von Platen (* 1544, † Emersleben 25.11.1603) werden im Jahr 1575 in Wolfenbüttel drei Gelegenheitsdrucke mit Hochzeitsgedichten her-ausgegeben.[586] So verfassen Martin Chemnitz d. Ä., sein Sohn Martin Chemnitz d. J. und ein nicht identifizierbarer *anonymus* mit den Initialen H. M. L. ein *votum in nuptias* (VD 16 C 2186).

ΓΑΜΕΛΙΟΝ ‖ VOTVM ‖ IN NVPTIAS ‖ AMPLISSIMI VIRI NOBI-‖ LITATE GENERIS ERVDITIO-‖ne, virtute, prudentia, & vſv rerum præſtantiſsimi ‖ Domini Henrici à Lvhe, & ‖ Elisabethae Nobilis à ‖ Plato, conceptum ‖ A ‖ MARTINO CHEMNICIO ‖ Doctore Theologo S: B: ‖ 1575 ‖ HENRICOPOLI.
Wolfenbüttel: [Konrad Horn] 1575. [4] Bl.; 4°
[Wolfenbüttel, HAB: *A: 171.5 Quod. (18)*]*

In die Zeilen des Erscheinungsvermerks ist am unteren Rand des Titelblattes ein Holzschnitt gesetzt, der auf der linken und rechten Seite eingerahmt von zwei Engeln das Wappen der Stadt Wolfenbüttel mit Widmungsinschrift aus dem Jahr 1570 enthält.
Das den Druck eröffnende eigentliche Hochzeitsgedicht, das aus vierundvier-zig elegischen Distichen besteht, verfasst der Braunschweiger Theologe Martin Chemnitz d. Ä. Das Initial ist als Holzschnittdarstellung des von einem Nimbus bekrönten und an einem Pult sitzenden Evangelisten Markus ausgestaltet, der am Attribut des zu seinen Füßen beigefügten geflügelten Löwen zu erkennen ist. Der Bräutigam Heinrich von der Luhe wird in v. 1 direkt apostrophiert und als von bedeutenden Eltern abstammend bezeichnet. Auch übertreffe sein Geschlecht an-dere Adelsfamilien in Bezug auf ihre *animi nobilitas*. Er kümmere sich um die

---

[586] Die Leichenpredigt der Elisabeth von der Luhe (1604, VD 17 23:262133N) nennt den 28. August 1574 als Datum der Heirat. Zu Heinrich von der Luhe und seinem Wirken im Fürstentum Braunschweig-Wolfenbüttel vgl. Mager (1993), S. 75–76. Beide Ehe-partner sind im Familienarchiv der Familie von Platen nicht belegt. Dies teilte Herr Hans-Hartwig von Platen am 26. Mai 2008 in einer Email mit.

herrschaftlichen *negotia*, wirke dabei hervorragend und habe durch das *fatum* eine Frau erhalten, die im Vergleich mit anderen Frauen ebenfalls von herausragender *nobilitas* sei. So bringe sie *dotes ... multae* und ihre Anmutigkeit in die zukünftige Ehe ein. Anschließend bedauert Chemnitz in v. 9–12, dass er selbst zu diesem Festtag nicht anwesend sein und keine Gaben oder Hochzeitsfackeln ins eheliche Gemach tragen könne. Seine Muse hingegen werde der Heirat und dem Fest ebenso wie die *patres* beiwohnen. Chemnitz deutet an, dass er sich gewissermaßen durch seinen elegischen Glückwunsch bei der Hochzeitsfeier des Heinrich von der Luhe und der Elisabeth von Platen vertreten lassen will. Während die anderen anwesenden Hochzeitsgäste ihre *sincera ... vota*, *gaudia* und *fata secunda* persönlich übergeben könnten, wolle er dies gemäß einer alten Geschichte aus der Bibel in den folgenden Versen beschreiben. Ab v. 19 leitet Chemnitz somit zur alttestamentlichen Geschichte der Heirat des namentlich nicht genannten Isaak und der genannten Rebekka weiter, wie sie aus Gen. 24,15–67 bekannt ist. Rebekka sei zu ihrem Bräutigam nach dem Brauch der *pia gens* gebracht worden, wobei ihre Brüder ihr *fausta* zugesprochen hätten, die ab v. 23 beginnend mit der Anrede als *dilecta* ihrer Familie und ihres Bräutigams paraphrasiert wiedergegeben werden:

> *Cara soror, dilecta tuis, dilecta parenti,*
>   *Et coniunx sponso grata futura tuo.*

Auch wenn sich die Brüder der Rebekka an ihre Schwester als Braut wenden, so ist doch zu vermuten, dass Chemnitz die folgende Rede auch als seine Glückwunschworte an den heiratenden Heinrich von der Luhe und die Elisabeth von Platen gerichtet versteht. Rebekka möge, so gestaltet der Verfasser die Rede weiter aus, eine Nachkommenschaft hervorbringen und eine Familie *in ... millia multa* begründen. Diese Familie möge zudem stark und unbesiegt im Verhältnis zu anderen Geschlechtern stehen. In diese Rede der Brüder an die biblische Rebekka setzt Chemnitz ab v. 29 nach dem antiken Prinzip der filigranen Dichtung mehrerer ineinander gesetzter Erzählebenen eine weitere Binnenhandlung hinein, die sich auf die ebenfalls aus dem alten Testament bekannte Geschichte der Heirat von Tobias und Sara nach Tob. 7–9 bezieht:

> *Sic olim iuveni cum desponsata Tobiae,*
>   *In thalamos iret Sara pudica novos,*
> ...

Somit verselbständigt sich innerhalb des Glückwunschgedichtes an Heinrich von der Luhe die Erzählung von der Heirat der Rebekka soweit, dass ähnlich der Teichoskopie oder der ἔκφρασις eine thematisch verwandte, aber unabhängige

Binnenerzählung in den Fokus der Dichtung rückt. Beispielhaft ist diese Art der Erzählschichtung aus Catull. *c.* 64 oder *c.* 68 bekannt und ein typisches Merkmal der kunstvollen Dichtung seit dem Hellenismus. Chemnitz führt sein dichterisches Spiel mit der Verschachtelung der Erzählebenen noch eine Stufe weiter, in dem er jetzt beschreibt, wie Saras greiser Vater Raguël für die Ehe seiner Tochter gebetet habe. Die Veranlassung, die ihn zu diesem Gebet führt, dass bereits sieben Ehemänner der Sara zuvor jeweils in der Hochzeitsnacht vom Teufel Aschmodai getötet wurden, übergeht der Verfasser, da er sie aus Tob. 3,8 beim Widmungsempfänger und seinen weiteren Lesern als gelehrtes Gemeingut voraussetzen kann. Auch wenn diese Erzählschichten bereits in Tob. 3 vorliegen, variiert Chemnitz, da er aus dem biblischen Gebet der Sara ein Gebet ihres Vaters werden lässt, das Thema aber nicht verändert. Außerdem entspricht er mit seinem Vorgehen an einem weiteren Punkt der hellenistisch geprägten Dichtkunst, deren typisches Merkmal auch die Auslassung einzelner Erzählabschnitte ist, um die Handlung zu einem entlegeneren oder neuen Aspekt vorantreiben zu können. In v. 33–36 betet der Vater in der zuerst aus Ex. 3,6 bekannten Formel:

> *Vos Deus Abrahae, Deus Isaaci atque Iacobi*
> *Nectat, & unitos servet amore pio.*
> *Primaque coniugio quicquid benedictio sanxit,*
> *Impleat in vobis pro bonitate sua.*

Diese im Kontext einer anderen Heirat ausgesprochenen Worte dürfen wiederum aus der Sicht des Dichters auch als Segenswünsche an die Widmungsempfänger dieses Epithalamions verstanden werden, denn Chemnitz schließt das Gebet danach in v. 37–38 mit der Ergänzung seiner bereits anfangs erwähnten musischen Intention:

> *Haec fuerant veterum quondam rata vota parentum,*
> *Fundere quae rursus musa volebat eos.*

Er führt weiter aus, dass seine *vota* sich durch Gott für die Menschen ausbreiteten und dass der lorbeerbekränzte böotische Apoll das allein nicht bewirken könne. Deshalb komme er somit zum als *pater optimus rerum* angerufenen christlichen Gott, der dafür sorgen solle, dass diese Bitten Gewicht bekämen. So habe es schließlich Christus befohlen, der in v. 52 als *homo verus, filius atque Dei* attribuiert wird. Aus dieser Aussage schlussfolgernd wird in v. 53–54 das Versprechen entwickelt, die ehelichen *vota*, die Christus nicht vergeblich sein lasse, dem ewigen Gottvater auszusprechen. Die Ehe der direkt angesprochenen Brautleute möge entsprechend dieser *ratio* glücklich sein und unter der gleichen Bedingung gedeihen, unter der einst im Paradies die erste menschliche Verbindung zu einem *faustum ... opus* und die nach der Sintflut ein *dulce ... onus* zur Begründung eines neuen Menschengeschlechts geworden sei. Chemnitz spielt mit diesen Worten auf die Zeugung einer Nachkommenschaft durch das Brautpaar an. Der nach antiker Vorstellung die Heirat durchführende *paranymphus* möge beide miteinander verbinden und ihnen *rata ... prospera vincla thori* auferlegen. Dazu wolle er mit fortwährenden Gebeten Christus als Vermittler anrufen, damit beide Partner noch lange zusammenliegen könnten. Außerdem will der Verfasser zu den Hochzeitsfackeln *solennia carmina* und Psalmengesänge anregen, die bald die *nati musa tenella mei* nachfolgen lassen will. Chemnitz deutet in dieser Anmerkung somit auf das im Folgenden abgedruckte Psalmgedicht hin, das sein Sohn Martin Chemnitz d. J. verfasst. Einstimmen sollten alle anwesenden Hochzeitsgäste, damit diese Heirat den von Gott zugeteilten *socialia iura* der Rebekka gleichkäme und auch den Gebeten für Sara anlässlich ihrer Heirat mit Tobias entsprächen. Das Gedicht des Martin Chemnitz d. Ä., das dieser selbst in v. 81 als *nostrum ... votum* bezeichnet, solle als Zeichen der *fides* angenommen und erhalten werden. Abschließend stellt der Verfasser seine Wünsche für das Brautpaar dar. Sie sollten unter dem *numen Christi* eine glückliche Ehe führen und mit Gott einig im Geist und in der Liebe sein. Außerdem bezeichnet Chemnitz seine Verse bescheiden als *ariduli versus*, an denen vielleicht in besseren Zeiten die wiederholt genannte *nati musa tenella mei* feilen werde. Martin Chemnitz ist in diesem Epithalamion wie bereits mehrfach angedeutet als Verfasser kunstvoller Dichtung zu erkennen, der aus einer gelehrten Fülle von biblischen Motiven zur Entwicklung seines eigenen Stoffes schöpfen kann. Umso interessanter ist der abschließende Bescheidenheitstopos, der einerseits tatsächlich die Bescheidenheit des Dichters unterstreichen, andererseits eine geeignete Überleitung zum folgenden Psalmgedicht seines Sohnes geben soll. Im Gegensatz zu Epithalamien, die innerhalb bürgerlicher Kreise verfasst werden, schreibt der Superintendent Martin Chemnitz unter der Verwendung christlicher Themen an den adeligen Landesbeamten. Er deutet dabei auch die Bitte um Nachkommen an, ohne jedoch derbe erotische Anspielungen zu verwenden.

Martin Chemnitz d. J. ist der Verfasser des sich anschließenden als *puerile carmen* bezeichneten Psalmgedichts aus dreißig daktylischen Hexametern über Ps. 128. Er spricht den Widmungsempfänger Heinrich von der Luhe einleitend als *felix* und *beatus* an, der gegen Gott zu sündigen fürchte und den vorgezeichneten Weg Gottes beschreite. Die Bezeichnung des christlichen Gottes als *Tonans* assoziiert die Vorstellung des blitzeschleudernden Jupiter, dessen Gottesattribut somit auf den christlichen Gott übertragen wird. Chemnitz paraphrasiert die Aussage von Ps. 128,1–3, der Bräutigam werde durch seinen *labor* seinen Lebensunterhalt bestreiten und seine Nahrung gewinnen, seine Ehefrau sei fruchtbar wie ein Weinstock und bringe viele Nachkommen hervor, die eheliche *olivula* wachse somit zu einer schattenspendenden Palme, die Kinder umgäben den Familientisch mit ihrem Schwätzen und schmückten den Vater mit ihrer Heiterkeit. Nach der Wiedergabe der einzelnen aufgezählten Punkte erhält das Gedicht in v. 17 mit *ecce* analog zu Ps. 128,4 einen wortgleichen, deutlichen Einschnitt. Ebenso sei Gott zu den gerechten Menschen, die das *sanctum numen* Christi verehrten. Gott sehe ihr Handeln von seinem himmlischen Sitz und teile die *fausta* ... & ... *gaudia vitae* zu. Diese Formulierung des Gedichts entspricht der Segensformel in Ps. 128,4–5. Schließlich könne der Bräutigam dann seine Kindeskinder als *verae pietatis alumni* sehen, was Ps. 128,6 entspricht. Anstelle des den Psalm beschließenden Friedenswunsches für das Volk Israel setzt Martin Chemnitz d. J. die Bitte um Frieden für das Brautpaar. Wenn auch der Kriegsgott Mars auf der ganzen Welt wüte, so solle dennoch immer beider Haus *tranquilla in pace* bleiben, eine *pax aurea* werde sich beider erfreuen und beider Nachkommenschaft werde in der *religio* erhalten bleiben. An die eigentliche Wiedergabe des Psalms schließt sich in v. 27–30 die vom Dichter an den Bräutigam als *dignissimus* gerichtete Aussage an, er habe im Auftrag seines Vaters Martin Chemnitz d. Ä. in seinen vorstehenden Versen ein Lob auf den ehelichen *thalamus* verfasst, während seine eigene Jugend aus dem vierzehnten Lebensjahr herausgehe. Diese Aussage ist sicherlich mehrfach zu deuten. Zum einen spielt Chemnitz auf seine am Ende des Gedichts seines Vaters zuvor erwähnte Dichtkunst an, zum anderen bezieht er sich auf sein geringes Lebensalter und damit auch darauf, dass er in seinem Gedicht ein Thema behandelt hat, zu dem er als Jugendlicher selbst noch keinen persönlichen Zugang hat. Den Druck beschließt auf derselben Seite nach einem floralen Holzschnittdekor ein als *Distichon chronologicum* betiteltes Epigramm aus einem elegischen Distichon, für das der bereits erwähnte *anonymus* mit den Initialen H. M. L. (...) zeichnet. Er beschreibt in seinem Gedicht, wie sich die *nupta* ihrem Bräutigam verbinde und die *fata benigna* dazu glückverheißende Hochzeitsfackeln entzündeten. Aus der Summe der römischen Zahlzeichen ergibt sich erwartungsgemäß das Jahr 1575 nach der christlichen Zeitrechnung.

Der Wolfenbütteler Hofprediger der Herzogsfamilie Johannes Malsch (Hofprediger in Wolfenbüttel, 1584 entlassen, dann in Schmalkalden und Herrenbreitungen, * Schmalkalden, † Herrenbreitungen 1594) dichtet zum selben Anlass ein Epithalamion (VD 16 M 402).[587]

---

[587] Zu Malsch vgl. SEEBAß/FREIST (1974), S. 197. Er wurde am 20. Mai 1562 an der Universität Wittenberg immatrikuliert. Dazu vgl. FÖRSTEMANN/HARTWIG (1894), S. 34*b*20. Vermutlich sein Sohn ist der gleichnamige Pastor von Magdeburg und Halle an der Saale (1638, VD 17 1:030032B und 125:003688R).

EPITHALAMION ‖ IN HONOREM ‖ SACRI NVPTIALIS CLARIS-‖
SIMI VIRI, NOBILITATE GENERIS, ‖ pietate, eruditione & virtute
præſtantis, HEINRICI ‖ de LVHE &c: Et generofæ virginis, ELI-‖ZABETHAE
nobilis à PLATEN. ‖ Scriptum à ‖ IOHANNE MALSIO, EVAN-‖gelij in
arce Guelphorum miniſtro. ‖ M. D. LXXV. ‖ HENRICOPOLI.
Wolfenbüttel: [Konrad Horn] 1575. [6] Bl.; 4°
[Wolfenbüttel, HAB: *A: 171.5 Quod. (20)*]

Sein Hochzeitsglückwunsch zeigt auf dem Titelblatt zwischen Verfasserangabe
und Erscheinungsort einen großen bildlichen Holzschnitt, auf dem die Trauung
eines edel gewandeten Paares dargestellt ist. Anschließend folgt ein kurzes Widmungsepigramm des Johannes Malsch an den Bräutigam, das aus sieben elegischen Distichen besteht. Auf der Seite mit der Bogensignatur A2ʳ beginnt danach
das eigentliche, ebenfalls von Malsch verfasste Epithalamion. Es hat einen Umfang von 130 elegischen Distichen.
Ebenso verfasst der kaiserlich gekrönte Dichter Zacharias Orth aus Pommern
(Professor für Poesie und Geschichte in Greifswald, * Stralsund ca. 1535, † Barth
02.08.1579) ein in Wolfenbüttel gedrucktes *Epithalamium* (VD 16 O 955).[588]

Epithalamium ‖ NOBILIS ET DO=‖CTI VIRI, HENRICI ‖ A LVHE, VI-
CES GERENTIS IL-‖LVSTRISSIMI PRINCIPIS ET DOMI-‖ni D: IVLII,
Ducis Brunſuicenſium atq[ue] Lunẹbur-‖genſium &c. generofæ atq[ue]
castæ virginis ‖ ELIZABETAE Nobilis à ‖ PLATEN, ‖ Scriptum à ‖ M. ZA-
CHARIA ORTHO ‖ Pomerano, Poëta lauro coronato. ‖ HENRICOPO-
LI. ‖ Anno CIꝀ. IꝀ. LXXV.
Wolfenbüttel: [Konrad Horn] 1575. [8] Bl.; 4°
[Wolfenbüttel, HAB: *A: 171.5 Quod. (16)*]*

---

588   Zacharias Orth ist als Dichter vor allem durch sein Stadtlobgedicht auf Stralsund
bekannt (1562, VD 16 ZV 22502). Zu seiner Person vgl. FREYTAG (1997), S. 32–33
und KÜHLMANN (1994), S. 104–108 sowie PYL (1887). Er wurde am 5. Mai 1550
als *Grypheswaldensis* an der Universität Greifswald immatrikuliert und ist ebenda in den Jahren 1559 und 1561 als Magister und Professor erwähnt, bevor er im
Jahr 1561/62 als *poeta laureatus* genannt wird. Dazu vgl. FRIEDLÄNDER/LIEBE/THEU-
NER/GRANIER/PETERSDORFF (1893), S. 231*b*19, S. 256*b*41, S. 266*b*1, S. 266*b*25 und
S. 278*b*13. Zwischenzeitlich ist für den 1. November 1555 Orths Immatrikulation als *Neobrandenburgensis* an der Universität Rostock bei HOFMEISTER (1891),
S. 131*a*2 belegt.

Auf dem Titelblatt dieses Epithalamions ist zwischen dem eigentlichen Werkstitel und dem Erscheinungsvermerk ein allegorischer Holzschnitt in Kreisform mit Wappenschild abgedruckt. Anschließend folgt Orths Hochzeitsgedicht im Umfang von 211 elegischen Distichen. Anfangs stellt Orth dar, dass Heinrich von der Luhe schon häufig als Gesandter des Herzogs Julius von Braunschweig-Lüneburg in entlegene Küstenregionen geschickt worden sei und den Herzog dort mit *ingenium* vertreten habe. Erwähnt werden in v. 5 explizit die *bellax Germania* und in v. 7–10 zunächst das als Gebiet der blühenden *flaventia lilia* und als Mündungsgebiet der Rhône umschriebene Frankreich sowie anschließend die iberische Halbinsel mit dem zu Frankreich gehörigen früheren Königreich Navarra. Die Lilie ist das alte Symbol der königlichen Herrschaft der Bourbonen in Frankreich und ist von Orth stellvertretend für Land und Herrschaft eingesetzt. Nach dieser das Wirken des Bräutigams betreffenden Einleitung leitet der Verfasser zum Wirken Amors weiter. So beschreibt er ab v. 11, wie der *arcitenens puer* den Heinrich von der Luhe mit seinen Pfeilen getroffen und somit dessen Liebe initiiert habe. Amor wird in v. 18 als Träger der *Iovis arma* bezeichnet und erscheint in der gesamten wortreichen Schilderung als Prototyp des ovidischen *miles amoris* aus Ov. *am.* 1,9, der gleichsam getarnt die Verfolgung des Bräutigams aufgenommen und ihn hinterrücks bezwungen habe:

> *Henrici tacitus sequitur vestigia terra*
> *Atque mari, longas ingrediturque vias.*
> *A tergo sponsi telum molitur acutum*
> *Quod desiderium dulcis amoris habet.*

Orth erreicht mit dieser sympathischen Beschreibung des Verliebens die dichterische Nähe zur Liebeselegie Ovids und auch dessen sprachliche Leichtigkeit. Durch den *unus ... amor* würden zwei Seelen miteinander verbunden und könnten in Liebe zueinander entflammen. Mit seinen anschließenden Ausführungen zur Liebesglut bedient Orth den nächsten τόπος des Epithalamions und erwähnt dann in v. 37, dass *labor & curae* zuvor schon die Liebesglut des Bräutigams ausgelöscht hätten, so dass die bevorstehende Heirat von der Luhes als verdienter Lohn seiner Dienste für den Herzog und das Herzogtum Braunschweig-Lüneburg erscheint. Bevor Orth sich wieder in direkter Anrede dem Bräutigam zuwendet, stellt er zunächst das vormalige Scheitern Amors an Heinrich von der Luhe als göttlichen Konflikt dar, in dem die Pfeile Amors zu unheilvollen Geschossen des Kriegsgottes Mars umgedeutet werden. Dies begründet der Dichter ursächlich mit dem Ehebruch von Venus und Mars, wie er in Hom. *Od.* 8,267–366 beschrieben wird. Aus dem *miles amoris* wird somit der *miles Martis* zurückentwickelt, der die Liebe verschmäht und somit dem dichterischen Programm der ovidischen *Amo-*

res entgegenläuft. In v. 81 wiederholt Orth dann seine anfängliche Aussage, dass der Bräutigam erneut als *legatus varias* ... *in oras* reise, und Amor ihn diesmal auf göttlichen Befehl mit seinen Pfeilen treffen und ihm eine *sponsa generoso sanguine nata* geben solle. Auch dieser literarische Trick des Dichters erinnert an die elegische Dichtung Ovids, wenn zunächst der vom Leser erwartete Erzählweg überraschend abgebrochen und dann in variierter Form wieder aufgenommen und zum zuvor erwarteten Ziel geführt wird. Ab v. 93 stellt Orth somit dar, wie Amor den Bräutigam *celeri* ... *volatu* verfolgt habe und dieser auf schicksalhafte Weisung an seinen neuen Wirkungsort Halberstadt gelangt sei:

> *Non procul hinc urbs est laetis uberrima campis,*
> *Halberstad pugnax incola Saxo vocat.*

In diesen Worten der v. 101–102 schwingen auch Aspekte des Stadtlobgedichts mit, und dem Leser wird offensichtlich, dass in der Nähe dieser löblichen Stadt das Schicksal des Heinrich von der Luhe eine positive Wendung nehmen muss. In v. 105 erscheint danach erstmals innerhalb dieses Epithalamions der Vorname der Braut, die zuvor *nullius pectora gnara viri* gewesen sei, was ihre *virginitas* betonen soll. Elisabeth von Platen sei mit ihrer Handarbeit beschäftigt gewesen und habe noch nichts von den *flammae thalami* gewusst. Sie wird somit nach antikem Vorbild als züchtige junge Frau beschrieben, die noch nicht von der Liebe ihres zukünftigen Ehemannes erfahren habe, der aber seinerseits erreichen wolle, dass sie sich dem *thalami ... iugum* fügte. Deshalb sei Heinrich von der Luhe zu seinem Herrscher in die namentlich nicht genannte Residenzstadt Wolfenbüttel zurückgekehrt und habe ihm das Erlebte berichtet. Auch die in v. 129 erwähnten dortigen *Ocericis undae* hätten das Liebesfeuer nicht auslöschen können, und schließlich sei der Bräutigam wieder in das als *vicina ... urbs* bezeichnete Halberstadt gereist. Er habe dort *comitante deo* das Haus der zuvor genannten *virgo* betreten und beide seien sofort in Liebe zueinander entbrannt. Orth stellt diesen Augenblick lebhaft dar, und zeichnet die Braut in v. 136 folgendermaßen:

> *Charaque prae cunctis suavis ELISA fuit.*

Anschließend folgt eine sich über mehrere Verse erstreckende Darstellung beider Liebe. Dabei findet die Feuermetaphorik in diversen Worten der v. 140–144 Verwendung: *flamma*, *flagrare*, *ignis*, *taeda*, *incendium*, *calere*, nochmals *flamma* sowie *focus*. Danach folgen genealogische Ausführungen zur Familie von der Luhe, was durch eine dementsprechende Marginalie gekennzeichnet ist. Der Bräutigam wird dabei gemäß seiner mecklenburgischen Herkunft als *Megaburgensis sponsus* bezeichnet, und Orth gibt weitere Hinweise zum Wirken der Vorfahren, nennt namentlich den Großvater Nikolaus sowie Heinrich von der Luhes Vater Otto:

Niclâus genuit pater ex uxore Driberga
Ottonem, patrem sponse diserte tuum.

Wiederum durch eine Marginalie ist dabei gekennzeichnet, dass Orth im folgenden Abschnitt ab v. 161 die Familie der Großmutter des Bräutigams beschreibt. Er nennt die Familie von Driberg als in der Stadt Wismar ansässig und geht kurz auf ihr *caput antiquum* ein. Ab v. 175 folgt – wiederum durch die entsprechende Marginalie gekennzeichnet – eine kurze Erläuterung zur Familie von Bülow, der Familie der Mutter des Bräutigams, die in Schwerin und Rostock ansässig sei. Nach diesen genealogischen Anmerkungen kehrt das dichterische Thema wieder zum Widmungsempfänger zurück, indem Orth in v. 185–186 konstatiert:

Talibus HENRICUS de Lue natalibus ortus,
...

Bereits in v. 189 weicht der Verfasser jedoch wieder von der Person des Bräutigams ab und wendet sich vielmehr der weiteren Beschreibung des mecklenburgisch-pommerschen Raumes zu. Dazu nennt er zunächst das als *urbs Pomeraniaci ... gryphis* bezeichnete Greifswald sowie den Fluss Warnow, der für die *virgines* Rosen hervorbringe und bezieht sich dabei auf die etymologische Deutung des Stadtnamens Rostock als Rosenstadt in der außerdem noch das Wortspiel aus *virga* und *virgo* mitklingt. Der die südwestliche Abgrenzung darstellende Fluss Elbe gebe den Menschen die *Leucorei ... agri*. In diesen Aussagen sind auch Anspielungen auf die Universitäten Greifswald, Rostock und Wittenberg verborgen, deren beiden letztere zeitgenössisch als *Academia Rosarum* und *Academia Leucorea* bezeichnet wurden. In v. 195–196 werden außerdem die elitären italienischen Universitäten von Bologna und Siena genannt, die Heinrich von der Luhe besucht habe:

Italiaeque decus praeclara Bononia musas
Audit, & excelsis condita Sena iugis.

Tatsächlich lässt sich nur die Immatrikulation an der Universität Rostock am 6. März 1553 nachweisen.[589] Anschließend sei er wieder von den *Oenotriae ...*

---

[589]   Vgl. HOFMEISTER (1891), S. 126a51. An der Universität Bologna ist nur ein *Volradus a Luehe Megapolensis* nachgewiesen, der am 16. März 1587 gemeinsam mit Albert Clampius immatrikuliert wurde. Dazu vgl. ACCORSI/ZONTA (1999), S. 139, dort Nr. 1235.

terrae nach Deutschland gezogen, habe in Speyer die *leges* ... *bonae* erlernt und sei dann in die Dienste des Landesfürsten getreten, der die *gemini* ... *signa leonis* führe. Diese Anmerkung bezieht sich auf den Beamtendienst des Bräutigams als braunschweigisch-lüneburgischer Gesandter zum Reichstag des Jahres 1570 in Speyer, zu dem er *consilijs* ... *moderatus* und *supremus* ... *praefectus in aula* geworden sei und mit Kaiser, Fürsten und Herren gewirkt habe.[590] Orth spielt dabei wieder auf das Genre des Stadtlobgedichts an, wenn er in v. 209–210 die Stadt Speyer als *decus mundi* und *iustitiae* ... *forum* bezeichnet. Ebendort sei er in jungen Jahren *moderator* des Heinrich gewesen und habe diesen, gemeint ist der spätere Herzog Heinrich Julius von Braunschweig-Lüneburg, gut in den *mores* unterwiesen. Nach den *digressiones* zu Herkunft, Ausbildung und Tätigkeit des Heinrich von der Luhe erzeugt Zacharias Orth einen starken Einschnitt: *Finis erat dictis*. Danach kehrt er kurz zur bildhaft angereicherten Schilderung der Verliebtheit des Brautpaares zurück und geht dann in v. 219 zur Schilderung über, wie die Braut ihrem zukünftigen Ehemann als *nupta pudica* zugeführt wird. Elisabeth von Platen wird im Folgenden von Orth aufgrund ihres Anmuts im Vergleich zu antiken Gottheiten gerühmt und als von edlem Blut stammend bezeichnet. Sie sei die *desponsa* ... *puella* und solle in den Schoß des Bräutigams aufgenommen werden. Danach wird die Braut in v. 231 als *socia thalami* und *pulchrum curae* ... *levamen* sowie in v. 235 als *curarum medicina* bezeichnet. Die Darstellung der Braut als medizinähnliches Heilmittel für das Liebesleiden ihres Ehemannes ist durchaus ebenso topisch für Epithalamien wie auch das anschließende Bild des Bräutigams als ein aus dem *dubius* ... *vitae gurges* den sicheren Hafen erreichenden Schiffes. Eingeleitet mit *gratia ubi mentes aequali foedere iungit* ... folgt ab v. 239 ein mit mehreren mythologischen Beispielen ausgestaltetes Lob auf die Liebe und die einander liebenden Partner. Dabei beschreibt Orth auch das Verhalten der liebenden Ehefrau nach dem Tod ihres Mannes in einem Krieg. Sie wünsche, an seiner statt zu vergehen, weine, beklage seine *mala fata* und stelle ihm diverse verzweifelte Fragen bezüglich des erlittenen Schicksals. Anschließend wird ab v. 269 das Bild des winterlichen Seesturms bedient, dem das *coniugium* ... *forte* ... *dulce* umfassend als bessere Alternative gegenübergestellt wird. Der Verfasser beschreibt präzise die natürliche Atmosphäre, als deren Elemente er nacheinander das schäumende Meer, sich an den Felsen brechende Wellen, das Rauschen der Wälder, die Bewölkung, Gewitter sowie schwere Regenschauer beschreibt und die Laute der Frösche im See wie auch der umherfliegenden Vögel ergänzt. Dabei setzt er schließlich in v. 301–302 alliterierende Lautmalerei als dichterisches Mittel zur Hervorhebung der Szene ein:

---

[590]   Die Teilnahme am Reichstag ist beschrieben bei MAGER (1993), S. 110–111.

Divinans pluvias etiam gallina gracillat,
Et crocitans corvus mollia prata fugit.

Anschließend lässt Orth in v. 303 aus der Sicht der Braut die direkte Anrede des Bräutigams folgen, der seine *tristia vela* gegen die Ehe eintauschen und sich dazu von seiner Mutter verabschiede solle, was ebenso aus Gen. 2,24 geschöpft ist wie die nachfolgende Aussage, die Braut werde ihrem zukünftigen Ehemann treu anhängen. Diese Aussage wird von Orth anschließend erneut mit der sprachlichen Symbolik der Seefahrt ausgestaltet. Beide Ehepartner würden entweder gemeinsam *rate ... una* gerettet werden oder gemeinsam untergehen und ertrinken. Dennoch lässt es der Verfasser in seinem Gedicht zunächst zur schicksalhaften Trennung des Bräutigams und der Braut kommen, in dem er in lebhaft und bildlich ausgestalteter Sprache das Boot des Bräutigams von seiner Frau an Land durch einen Sturm abtreiben und diese alleine in ihrem Haus verbleiben lässt. Im literarischen Kontext des Hochzeitsgedichts ist dabei besonders die Beschreibung des *viduus ... lectus* in v. 325 bemerkenswert, weil die Beschreibung des gemeinsamen ehelichen Schlafgemachs gleichsam zum Programm des Epithalamions zu rechen ist und dieses gemeinhin als relevant für die Zeugung von Nachkommen angesetzt wird. Ab v. 327 lässt Orth die von ihrem abwesenden Mann träumende Frau folgen, die ihn berühren will und ruft. Sie bringe Gott viele Gaben dar und bitte für die Rückkehr ihres Mannes. Danach beschreibt der Verfasser wiederum ausführlich und in bildlicher Sprache, wie das Unwetter weiter tobt, den Seemann in Lebensgefahr bringt und ihn und sein Boot hin und her wirft. In v. 359–360 kommt es schließlich zur unausweichlichen Katastrophe:

Et tandem fluctu ratis expugnata fatiscit,
In medio pavidos exoneratque mari.

Der Ehemann der treu an Land wartenden Frau greife sich Wrackteile, um sich mit ihnen zu retten. Auch in dieser ausweglosen Situation sei dennoch *mente ... coniunx ante relicta* bei ihm, und er gedenke der *felices animae* und der *foedera lecti*. Schließlich ergreife ihn eine Welle, versenke ihn und lösche seine Erinnerung an die Ehefrau aus, zu der Orth dann in v. 377 weiterleitet:

Uxor at interea mortis ignara mariti,
Irrita pro caro coniuge thura cremat.

Während der Leser dieses Hochzeitsgedichts bereits von der tödlichen Wendung der Handlung weiß, wird die Ehefrau im Folgenden noch als ahnungslos dargestellt. Ihr Handeln wird durch *at* deutlich adversativ abgegrenzt. Sie eile zum

Strand, erwarte die Rückkehr ihres Mannes und erfahre in v. 381–382 die grausame Wahrheit:

> *Ecce natare videt devectum gurgite corpus,*
> *Nescia submersi coniugis esse sui.*

Erneut stellt der Dichter einen deutlichen Gegensatz auch sprachlich hervorgehoben dar, in diesem Fall mit der Interjektion *ecce*. Er lässt die verwitwete Frau eine Klage um ihren Mann aussprechen und ihre Trauer zum Ausdruck bringen. Die Frau halte den entseelten Leichnam ihres Mannes lange in den Armen und küsse seine erkalteten Lippen. Auch sie wolle sterben, um sich wieder mit ihm zu verbinden:

> *Donec in unanimes transirent ambo volucres,*
> *Nunc quoque quae fidi pignus amoris habent.*

Aus dieser die Erzählung beschließenden Metamorphose sowie einzelnen Namensnennungen kann entnommen werden, dass Zacharias Orth den erzählerischen Kern seines Epithalamions dem Mythos von Keyx und Alkyone nach Ov. *met.* 11,410–748 nachgestaltet und dabei die epische Vorlage mit der elegischen Emotionalität unter besonderer Berücksichtigung der Rolle der leidenden und trauernden Frau dichterisch kombiniert. Erst in v. 411 wendet sich der Verfasser wieder dem Brautpaar zu und nimmt den eigentlichen Glückwunsch zur Heirat wieder auf:

> *Haec cecini vestro gratantia carmina lecto*
> *HENRICE, antiquae nobilitatis honor,*
> *Non ut fata velim dulcem turbare quietem,*
> *Ut veniant vestro tristia damna toro.*

Den Widmungsempfängern soll aus dem mythologischen *exemplum* deutlich geworden sein, welche große Rolle eheliche *concordia*, *amor* und *fides* spielen. Diese positiven Eigenschaften wünscht Orth dem Brautpaar abschließend ebenso wie ein langes gemeinsames und unbeschwertes Leben.

Dieses Epithalamion, das Zacharias Orth an Heinrich von der Luhe und Elisabeth von Platen richtet, erscheint aus mehreren Gründen bemerkenswert. Orth beginnt erwartungsgemäß mit diversen persönlichen Aspekten des Paares, bezieht sich dann aber auf keinen τόπος des frühneuzeitlichen Hochzeitsgedichts, sondern entwirft einen eigenen dichterischen Weg. Dabei bezieht er ohne sofortige Auflösung eine mythologische Geschichte ein, deren Handlung er dem zu feiernden Brautpaar exemplarisch vorführen will. So thematisiert er eine über den Tod hinausreichende Liebe beider Eheleute zueinander und die Vorstellung der himmlischen Hochzeit als endgültiger Verbindung beider Partner, so dass deshalb die auf den modernen Rezipienten befremdlich wirkende Vorstellung der Trauer im Epithalamion für den zeitgenössischen Leser nicht negativ, aber dennoch ungewöhnlich und nicht topisch gewesen sein dürfte. Diese dichterische Freiheit ermöglicht es Orth, seine dem subjektiven Stil der ovidischen Elegie nahe kommende Dichtkunst und sich selbst als zu Recht gekrönten *poëta laureatus* zu zeigen.

Nach der Heirat des Heinrich von der Luhe und der Elisabeth von Platen sind zunächst keine weiteren ihnen gewidmeten Gelegenheitsgedichte ermittelbar. Anlässlich der Bestattung des Heinrich von der Luhe am 26. Juli 1591 wird über zwei Jahrzehnte später ausschließlich eine deutsche Leichenpredigt von Heimbert Oppechinus (Prinzenerzieher, Pastor in Schöningen, Halberstadt und Gröningen, * Wolfenbüttel 1551, † Wegeleben 24.09.1613) verfasst, die in Halberstadt im Druck erscheint (VD 16 O 795).[591]

> Eine Chriftliche Leichpredigt / ‖ Uber den toᵉdtlichen ‖ abgang / Weilandt des Edlen / Geftren=‖gen vnd Ehrnveften Heinrichen von der Luᵉhe / ‖ Fuᵉrftlichen / Braunfchweigifchen geheimen ‖ CammerRahts / Hauptmans des Stiffts ‖ Halberftadt / etc. ‖ Gethan bey S. G. begrebniß / zu Haus=‖Gruᵉningen / den 26. Julij / Anno ‖ 1591. Durch ‖ M. Heimbertum Oppechinum. ‖ Gedruckt zu Halberftadt / durch ‖ Georg Koten. ‖ Anno Chrifti M. D. XCI.
>
> Halberstadt: Georg Kote 1591. [21] Bl.; 4°
> [Wolfenbüttel, HAB: *M: Db 2867*]

In der die Leichenpredigt vorangestellten Einleitung wird die Witwe namentlich erwähnt und außerdem als Schwiegermutter des Christoph von Dorstadt (* 1556, † 1630) bezeichnet, der mit dem einzigen, aber namentlich nicht genannten Kind Elisabeth Hedwig von der Luhe (* 1576, † Emersleben 18.08.1614) verheiratet war.[592] Die Predigt basiert gemäß der dort eingangs zitierten Textstelle auf Jes. 57,1–2, obwohl das Zitat mit einem Hinweis auf Jes. 56 überschrieben ist. Dem Druck dieser Predigt sind weder weitere biographische Informationen noch Epicedien beigegeben.

---

591 Vgl. Seebaß/Freist (1974), S. 224.

592 Christoph von Dorstadt wurde am 4. November 1569 an der Universität Wittenberg immatrikuliert und wechselte am Georgstag, dem 23. April 1574 an die Universität in Frankfurt an der Oder. Dazu vgl. Förstemann/Hartwig (1894), S. 169a16 sowie Friedländer/Liebe/Theuner (1887), S. 235a35. Die deutschsprachige Leichenpredigt auf den Tod der Elisabeth Hedwig von Dorstadt enthält weitere biographische Informationen (1614, VD 17 39:101597C).

Erst im Jahr 1592 wird der verstorbene Heinrich von der Luhe durch den Helmstedter Professor Johannes Caselius gefeiert (VD 16 C 1327).

> IO. CASELII ‖ SECVNDVS LVHIADES, ‖ qua oratione laudatur ‖ HENRICVS, & ipfe eius fa-‖miliæ princeps. ‖ Helmæftadij in Acad. IVLIA ‖ ANNO ‖ cIs Is XCII.
> Helmstedt: Jakob Lucius d. Ä. 1592. [36] Bl.; 4°
> [Göttingen, SUB: *8 SVA V, 1224:1,9*]

Diese als Rede konzipierte Schrift in lateinischer Prosa ist dem Gedenken des im Vorjahr verstorbenen Heinrich von der Luhe gewidmet und ist abschließend auf den 2. November 1591 zu Helmstedt datiert. Mehrfach wird darin sein Wirken für Herzog Heinrich Julius von Braunschweig-Lüneburg in Halberstadt erwähnt. Die deutsche Leichenpredigt anlässlich der Bestattung der Ehefrau des Heinrich von der Luhe, der Elisabeth von Platen, am 13. Dezember 1603 in Emersleben wird ebenfalls von Heimbert Oppechinus verfasst und erscheint im Jahr 1604 in Halberstadt im Druck (VD 17 23:262133N).

> Eine Chriftliche Leichpredigt / ‖ Bey dem begrebnis der ‖ weiland Edlen vnd Vieltugentfamen Fra=‖wen Elifabeth / gebornen Edlen von Plato / des auch ‖ weyland Edlen / Geftrengen vnd Ehrenveften Heinrichen ‖ von der Lu^ehe / gewefenen Hauptmans diefes Stiffts / ‖ Chriftlicher gedechtnis / hinterlaffenen ‖ Widwen / ‖ Welche den 25. tag Novembriß / des 1603. Jars in ‖ Gott feiglich entfchlaffen / vnd am tage Luciae / war der ‖ 13. Decembris zu Emerfchleben Chrift=‖llich zur Erden beftattet wor=‖den. ‖ Gethan ‖ Durch M. Heimbertum Oppechinum. ‖ Gedruckt zu Halberftadt / durch Ge=‖org Koten. ‖ Anno Chrifti falvatoris noftri 1604.
> Halberstadt: Georg Kote 1604. [18] Bl.; 4°
> [Wolfenbüttel, HAB: *H: J 81.4° Helmst. (8)*]*

Dem deutschen Text der Leichenpredigt ist ein lateinisches Epigramm des Pastors in Schwanebeck bei Halberstadt Mag. Friedrich Laberus (zuvor Rektor der Schule in St. Mariental, * Auerbach) aus zehn elegischen Distichen vorangestellt, das in deutscher Sprache mit *Gott leget vns eine Laft auff / etc.* betitelt und an den Verfasser der folgenden Leichenpredigt gerichtet ist.[593] Bereits in v. 1 nimmt Laberus das deutsche Motto mit dem lateinischen Substantiv *onus* wieder auf und beschreibt die

---

[593]   Friedrich Laberus wurde am 8. November 1588 an der Universität Helmstedt immatrikuliert und ebenda im Sommersemester 1593 zum Magister promoviert. Dazu vgl. ZIMMERMANN (1926), S. 73*a*12 und S. 109*a*3.

suspiria und den *gemitus* um einen Todesfall sowie das Gefühl des Erdrücktwerdens durch belastendes Gepäck. In v. 7 wendet der Verfasser sein Bild und nennt Atlas, der auf seinen Schultern die Welt trage und diese Aufgabe bereitwillig erfülle. So lindere sich das Trübsal, die Wunden und das *mentis onus*. In v. 13 spricht Laberus den Heimbert Oppechinus als seinen Schwiegervater an und attribuiert ihn als *optimus*, der den Seelen *sacra medela* bereite.[594] Diese Aussage gilt sicherlich allgemein, bezieht sich aber in besonderem Maße auf die nachfolgende Leichenpredigt, die als *medela* dieses einen Todesfalls wirken soll. Der Dichter nennt dann in v. 15 den als *flos equitum ... Dorstadius* bezeichneten Christoph von Dorstadt, den Ehemann des einzigen Kindes Elisabeth Hedwig von der Luhe und Schwiegersohn der Verstorbenen. Seine Trauer solle konkret gelindert werden. Abschließend erwähnt Laberus als die die Last erleichternde Hoffnung Christus und beschreibt den Weg des verstorbenen Menschen zu den himmlischen Engelschören. Das gesamte Trauergedicht wird vom theologischen Gedanken des *onus* getragen, das am Beginn des Gedichts als von Gott auferlegte Lebenslast und schließlich als durch Christus aufgehoben erscheint. Die darauffolgenden deutschen Texte nehmen den Aspekt der Lebenslast wiederum auf und enthalten auch diverse genealogische Informationen.

3.3. Druckorte und Drucker

Da die Gelegenheitsgedichte überwiegend in ihrem Entstehungs- und Verbreitungsgebiet gedruckt wurden, sind die relevanten Buchdrucker leicht ermittelbar. Aber auch außerhalb der welfischen Territorien waren Offizinen für dort wirkende Verfasser aus dem Herzogtum Braunschweig-Lüneburg tätig, so vor allem in den nord- und mitteldeutschen Universitäts- und Handelsstädten.[595] Die deutliche Mehrzahl der insgesamt knapp 2050 einzelnen Drucke mit lateinischen Gedichte erschien im 16. und frühen 17. Jahrhundert jedoch in Helmstedt bei Jakob Lucius d. Ä. (197 Drucke) und Jakob Lucius d. J. (210 Drucke) sowie in Wolfenbüttel bei Konrad Horn (120 Drucke), während im Laufe des 17. Jahrhunderts wesentlich mehr Drucker bedeutsam wurden, von denen Henning Müller d. J. in Helmstedt (236 Drucke), Johann d. Ä. und Heinrich (von) Stern in Wolfenbüttel (90 Drucke), Christoph Friedrich Zilliger in Braunschweig (82 Drucke) und Balthasar Gruber in Braunschweig (78 Drucke) die jeweils am häufigsten vertreten sind.

---

[594] Laberus war mit Elisabeth Oppechinus verheiratet. Dazu vgl. die Hochzeitsgedichte auf sie und ihren zweiten Ehemann, den Pastor in Schwanebeck Wolfgang Fischer aus Hannover (1605, VD 17 23:632133M).

[595] Vgl. die Zusammenstellung bei HAYE (2005), S. 154.

Auf andere Druckereien im Herzogtum Braunschweig-Lüneburg und außerhalb entfallen insgesamt bedeutend weniger Drucke. Berücksichtigt werden außerdem die wenigen Drucker, die im heutigen östlichen Niedersachsen, aber außerhalb des welfischen Territoriums tätig waren, so besonders in Duderstadt, Hildesheim, Stade und Verden, wenn ihre Gelegenheitsdrucke über Verfasser, Widmungsempfänger oder Anlass in das Herzogtum Braunschweig-Lüneburg hineinweisen oder wenn die Drucker selbst zeitweise auch im Herzogtum Braunschweig-Lüneburg tätig waren. Die gesamte Zahl der ermittelten Drucke bei Nichtberücksichtigung der erwähnten lateinischen Prosadrucke und sämtlicher deutscher Drucke verteilt sich bis zur bereits begründeten Eingrenzung mit dem Jahr 1700 unter Nennung der VD 16- und VD 17-Nummern alphabetisch sortiert folgendermaßen auf Druckorte und Drucker im Herzogtum Braunschweig-Lüneburg:

Bevern, Johann Heitmüller
Johann Heitmüller war in den Jahren von 1677 bis 1680 in Bevern als Buchdrucker tätig, wohin er aus Helmstedt auf Veranlassung des Herzogs Ferdinand Albrecht I. von Braunschweig-Lüneburg kam. Heitmüller druckte neben Gelegenheitsschriften bevorzugt auch die literarischen Werke des Herzogs. Die für ihn ermittelbaren 89 Drucke sind zum großen Teil Einblattdrucke mit zumeist deutschen Glückwunschgedichten an den herzoglichen Hof. Im Jahr 1678 kam es zum Eklat, als die Druckerei schlechtes Papier und schlechte Typen für ein Werk des Herzogs auswählte. Nach der Schließung der Offizin im Jahr 1680 siedelte Heitmüller nach Hameln über.[596] Relevant für die lateinische Gelegenheitsdichtung im Herzogtum Braunschweig-Lüneburg sind die Drucke VD 17 23:322315Q, 23:322317E, 23:322325W, 23:322341D, 23:322357F, 23:322422D, 23:322430V, 23:322482T, 23:322577E und 23:323034H.

Braunschweig, Daniel Büring
Daniel Büring (im Impressum oftmals latinisiert zu *Pyringius*) war in den Jahren von 1584 bis 1597 in Braunschweig als Buchdrucker tätig. Dennoch sind aus seiner Offizin nur 12 Drucke nachweisbar, von denen die deutsche Leichenpredigt des Polykarp Leyser auf Achaz von Veltheim (1588, VD 16 ZV 20245) der früheste im VD 16 verzeichnete Druck ist.[597] Relevant für die lateinische Gelegenheitsdichtung im Herzogtum Braunschweig-Lüneburg sind die Drucke VD 16 M 6012, N 1382, N 2102 und ZV 24060 sowie ohne VD 16 = Hannover, GWLB: *Cm 157 (23)*[598].

---

[596]   Vgl. RESKE (2007), S. 112.

[597]   Vgl. RESKE (2007), S. 118–119.

[598]   Der Druck ist bei LINKE (1912), S. 38 verzeichnet.

Braunschweig, Hans Dorn

Hans Dorn war in den Jahren von 1502 bis 1526 in Braunschweig als Buchdrucker tätig, obwohl er bereits knapp zehn Jahre zuvor erstmals in Braunschweig urkundlich nachgewiesen ist. Aus der Offizin Dorns sind vor allem Drucke in niederdeutscher Sprache belegt, aber auch einzelne in hochdeutscher oder lateinischer Sprache verfasste Werke. Neben amtlichen Schriftstücken druckt er auch religiös-erbauliche und volkstümliche Texte.[599] Relevant für die lateinische Gelegenheitsdichtung im Herzogtum Braunschweig-Lüneburg sind die Drucke VD 16 B 7020 und F 566.

Braunschweig, Andreas Duncker d. Ä.

Andreas Duncker d. Ä. war in den Jahren von 1603 bis 1629 in Braunschweig als Buchdrucker tätig. Duncker kam im Jahr 1603 auf Veranlassung des Stadtrates von Magdeburg nach Braunschweig. Er druckte besonders juristische Streitschriften, Schulschriften der Katharinenschule, eine Wochenzeitung, Personal- und Gelegenheitsschriften in weit über 300 Drucken in lateinischer, deutscher und französischer Sprache.[600] Relevant für die lateinische Gelegenheitsdichtung im Herzogtum Braunschweig-Lüneburg sind dabei die Drucke VD 17 1:689192Q, 1:690105T, 7:700424N, 7:702264M, 23:245733B, 23:248061F, 23:259487U, 23:259493V, 23:272320X, 23:278978Z, 23:278980V, 23:283086Y, 23:284359X, 23:291999W, 23:293667D, 23:294012E, 23:294042Z, 23:308814D, 23:310735N, 23:310739T, 23:310763S, 23:310766Q, 23:310857W, 23:312034A, 23:314472S, 23:316246A, 23:317786H, 23:318495V, 23:318834V, 23:319218K, 23:319455Y, 23:319518A, 23:319525K, 23:319549C, 23:319917Q, 23:319921A, 23:321281V, 23:321370M, 23:675472X und 125:014622P.

Braunschweig, Andreas Duncker d. Ä. Erben

Die Erben des Andreas Duncker d. Ä. waren in den Jahren von 1629 bis 1631 in Braunschweig als Buchdrucker tätig und druckten in seinem Namen nur noch zwei ermittelbare Schriften in Prosa.[601] Infolgedessen kommt den Erben des Andreas Duncker d. Ä. als Buchdrucker für die lateinische Gelegenheitsdichtung im Herzogtum Braunschweig-Lüneburg keine Relevanz zu.

---

[599] Vgl. RESKE (2007), S. 118.
[600] Vgl. RESKE (2007), S. 119.
[601] Vgl. RESKE (2007), S. 119.

Braunschweig, Andreas Duncker d. J.

Andreas Duncker d. J. war in den Jahren von 1637 bis 1657 in Braunschweig als Buchdrucker tätig. Er übernahm die väterliche Offizin, die zwischenzeitlich sein Schwager Balthasar Gruber geführt hatte, nach seiner Rückkehr aus dem Militärdienst. Er druckte zwei Zeitungen, Veröffentlichungen des Stadtrates, wissenschaftliche theologische Literatur und diverse Personal- und Gelegenheitsschriften in insgesamt gut 200 Titeln.[602] Relevant für die lateinische Gelegenheitsdichtung im Herzogtum Braunschweig-Lüneburg sind die Drucke VD 17 1:691635U, 7:700516B, 23:260672Z, 23:262456Q, 23:263132K, 23:269513B, 23:269800P, 23:269947Y, 23:269951K, 23:269962Y, 23:269992T, 23:269999W, 23:270135X, 23:270137N, 23:307598R, 23:308126N, 23:310482F, 23:317232T, 23:317238P, 23:317248V, 23:318017M, 23:318852T, 23:318857F, 23:331212L, 23:668436M, 23:675310N, 23:695327D, 125:005793Y und 125:005844D.

Braunschweig, Andreas Duncker d. J. Erben

Die Erben des Andreas Duncker d. J. waren in den Jahren von 1657 bis 1660 in Braunschweig als Buchdrucker tätig, bis Dunckers Neffe Johann Heinrich Duncker die Offizin übernahm.[603] Aus dieser Zeit sind im VD 17 nur eine griechisch-lateinische Bilingue sowie eine deutsche Leichenpredigt belegt. Somit kommt den Erben des Andreas Duncker d. J. als Buchdrucker für die lateinische Gelegenheitsdichtung im Herzogtum Braunschweig-Lüneburg keine Relevanz zu.

Braunschweig, Johann Heinrich Duncker

Johann Heinrich Duncker, der Sohn des Goslarer Druckers Nikolaus Duncker, war in den Jahren von 1660 bis 1680 in Braunschweig als Buchdrucker tätig und übernahm dort die Druckerei seines Onkels Andreas Duncker d. J.[604] Für sein Wirken sind gut 100 Drucke nachweisbar. Sie sind überwiegend wissenschaftliche lateinische Abhandlungen und deutsche Personalschriften. Daneben sind für die lateinische Gelegenheitsdichtung im Herzogtum Braunschweig-Lüneburg die Drucke VD 17 1:024437A, 7:685141G, 23:327260A, 23:327274N, 23:625519A, 23:668514P, 23:668996C, 23:668999A, 23:669411Q, 23:669708C, 23:684204E und 23:685443P sowie ohne VD 17 = Jever, MG: *XI Cf 1 (12)*[605] relevant.

---

[602]   Vgl. RESKE (2007), S. 120.

[603]   Vgl. RESKE (2007), S. 120.

[604]   Vgl. RESKE (2007), S. 120–121.

[605]   Vgl. BOLLMEYER (2009c).

Braunschweig, Johann Heinrich Duncker Erben

Die Erben des Johann Heinrich Duncker waren nur im Jahr 1681 in Braunschweig als Buchdrucker tätig und übergaben die Offizin dann an Christoph Friedrich Zilliger.[606] Für sie sind nur drei Drucke ermittelbar, von denen für die lateinische Gelegenheitsdichtung im Herzogtum Braunschweig-Lüneburg der Druck VD 17 23:669569P relevant ist.

Braunschweig, Andreas Goltbeck

Andreas Goltbeck war nach bisherigem Kenntnisstand nur im Jahr 1539 in Braunschweig als Buchdrucker tätig. Für ihn sind im VD 16 nur je ein hoch- und ein niederdeutscher Druck nachweisbar.[607] Infolgedessen kommt Andreas Goltbeck als Buchdrucker für die lateinische Gelegenheitsdichtung im Herzogtum Braunschweig-Lüneburg keine Relevanz zu.

Braunschweig, Balthasar Gruber

Balthasar Gruber war in den Jahren von 1629 bis 1645 in Braunschweig als Buchdrucker tätig und hatte zwischenzeitlich die Offizin des Andreas Duncker d. Ä. gepachtet, als dessen Sohn seinen Militärdienst ableistete.[608] Für Balthasar Gruber sind gut 170 Drucke ermittelbar, von denen für die lateinische Gelegenheitsdichtung im Herzogtum Braunschweig-Lüneburg die Drucke VD 17 14:052858U, 23:235206Z, 23:269828N, 23:269834P, 23:270015D, 23:270035S, 23:270089E, 23:270144W, 23:270151E, 23:285132Z, 23:285490Q, 23:285515F, 23:293257A, 23:293395S, 23:293415V, 23:293568F, 23:293573Z, 23:293582Y, 23:293587M, 23:293604S, 23:293611A, 23:293614Y, 23:293674N, 23:296667S, 23:296672L, 23:296714S, 23:296716G, 23:296726P, 23:296730Z, 23:296735N, 23:296747K, 23:296752C, 23:296759F, 23:296764Z, 23:296777D, 23:296792D, 23:300009G, 23:307589S, 23:307593C, 23:307645R, 23:307678H, 23:307712D, 23:307799K, 23:307823Y, 23:307876D, 23:307880Q, 23:307900T, 23:308106Z, 23:308272V, 23:308510G, 23:308512X, 23:309699N, 23:310213G, 23:310462T, 23:310493V, 23:310525V, 23:310917A, 23:313521C, 23:318229U, 23:318766Z, 23:319862D, 23:320393T, 23:320401Z, 23:320475A, 23:320771M, 23:320841X, 23:621569R, 23:668224D, 23:668225M, 23:668228K, 23:668233C, 23:668282C, 23:668348C, 23:668355M, 23:668356U, 23:701851L, 125:016369L und 125:042711F relevant sind.

---

[606] Vgl. RESKE (2007), S. 121.

[607] Vgl. RESKE (2007), S. 118.

[608] Vgl. RESKE (2007), S. 120. In genealogischem Kontext sind Gruber und seine Tochter Emerentia erwähnt bei WEHKING (2001), S. 517–518, dort Nr. 1087, S. 520–521 dort Nr. 1092 und S. 539–540, dort Nr. 1120.

Braunschweig, Balthasar Gruber Witwe
Die Witwe des Balthasar Gruber war in den Jahren von 1645 bis 1647 in Braunschweig als Buchdruckerin tätig und heiratete dann den Buchdrucker Christoph Friedrich Zilliger, der die Druckerei weiterführte.[609] Von insgesamt nur vier ermittelbaren Drucken ist der Druck VD 17 23:621987L für die lateinische Gelegenheitsdichtung im Herzogtum Braunschweig-Lüneburg relevant.

Braunschweig, Hieronymus Friedrich Hoffmann
Der Celler Buchdrucker Hieronymus Friedrich Hoffmann war nur im Jahr 1700 in Braunschweig als Buchdrucker tätig und erstellte dort nur einen einzigen Druck.[610] Dieser für die lateinische Gelegenheitsdichtung im Herzogtum Braunschweig-Lüneburg relevante Titel ist der Druck VD 17 7:700535G.

Braunschweig, Heinrich Keßler
Heinrich Keßler war in den Jahren von 1698 bis 1719 in Braunschweig als Buchdrucker tätig. Er hatte die Presse des Braunschweiger Buchhändlers Kaspar Gruber übernommen, der gemeinsam mit Christoph Friedrich Zilliger verlegte.[611] Für Keßler sind gut zehn Drucke im 17. Jahrhundert nachweisbar, die allesamt keine Relevant für die lateinische Gelegenheitsdichtung im Herzogtum Braunschweig-Lüneburg haben.

Braunschweig, Andreas Kolwald
Andreas Kolwald war nur im Jahr 1626 in Braunschweig als Buchdrucker tätig. In diesem Jahr ist als einziger Druck eine deutsche Flugschrift entstanden (VD17 14:003399P).[612] Seiner Offizin kommt deshalb für die lateinische Gelegenheitsdichtung im Herzogtum Braunschweig-Lüneburg keine Relevanz zu.

Braunschweig, Jakob Lucius d. J.
Jakob Lucius d. J., der Sohn des Helmstedter Buchdruckers Jakob Lucius d. Ä., war nur im Jahr 1587 in Braunschweig als Buchdrucker tätig. Er eröffnete seine Offizin auf Befehl des Herzogs Julius von Braunschweig-Lüneburg auf der Burg Dankwarderode in Braunschweig, was als Verstoß gegen das städtische Privileg angesehen wurde und zur baldigen Schließung führte. Im Jahr 1595 ist Jakob Lucius d. J. in Hamburg tätig. Aus der Zeit in Braunschweig sind insgesamt nur drei

---

[609]   Vgl. RESKE (2007), S. 120.
[610]   Hieronymus Friedrich Hoffmann ist nicht bei RESKE (2007) belegt.
[611]   Vgl. RESKE (2007), S. 121.
[612]   Vgl. RESKE (2007), S. 119.

Drucke belegt, darunter ein deutsches Rechenbuch.[613] Relevant für die lateinische Gelegenheitsdichtung im Herzogtum Braunschweig-Lüneburg sind die beiden Drucke VD 16 N 1374 = S 5856 und ZV 11661.

Braunschweig, Christoph Friedrich Zilliger

Christoph Friedrich Zilliger war in den Jahren von 1647 bis 1693 in Braunschweig als Buchdrucker tätig und erstellte in Konzession des Stadtrates die Zeitung.[614] Von seinen gut 525 Drucken sind für die lateinische Gelegenheitsdichtung im Herzogtum Braunschweig-Lüneburg die Drucke VD 17 1:650204C, 3:007979A, 3:007981W, 3:301186W, 3:301188M, 3:308359R, 7:689375L, 7:693704F, 7:700004C, 23:231393Y, 23:235473H, 23:255792M, 23:262207D, 23:268007U, 23:269476H, 23:269909N, 23:269913Y, 23:274632U, 23:282263U, 23:290798Y, 23:291143Z, 23:303963N, 23:307658V, 23:308136U, 23:308659G, 23:308665H, 23:310146U, 23:310154L, 23:310162B, 23:310172H, 23:313018X, 23:316323V, 23:316331M, 23:316352G, 23:316370E, 23:316375T, 23:316476F, 23:316505H, 23:318388F, 23:320416U, 23:322477Z, 23:324653A, 23:324665X, 23:324680X, 23:324739P, 23:327325T, 23:331167A, 23:331190S, 23:331200P, 23:331202D, 23:331219P, 23:331223Z, 23:331241X, 23:331257Z, 23:621995B, 23:631091A, 23:631291M, 23:631323M, 23:647191L, 23:668502S, 23:668609A, 23:668610P, 23:668842K, 23:669416C, 23:669477Z, 23:669523S, 23:669584P, 23:669588U, 23:669857H, 23:670026B, 23:670034T, 23:674654F, 39:101850Q, 39:107571V, 39:110331F, 39:113696N, 39:113973T, 125:016609N, 125:016616W, 125:019210S, 125:019258D und 125:046271L relevant.

Braunschweig, Christoph Friedrich Zilliger Witwe und Erben

Die Witwe und die Erben des Christoph Friedrich Zilliger waren in den Jahren von 1693 bis 1708 in Braunschweig als Buchdrucker tätig. Die von ihnen gedruckten knapp 60 Titel sind überwiegend deutsche Gelegenheitsschriften und theologisch-reformatorischen Inhalts.[615] Relevant für die lateinische Gelegenheitsdichtung im Herzogtum Braunschweig-Lüneburg sind die Drucke VD 17 3:015830V, 23:291058P, 23:291066E und 23:291076M.

Braunschweig, unbekannt

Einige Drucke innerhalb des Komplexes der lateinischen Gelegenheitsdichtung im Herzogtum Braunschweig-Lüneburg stammen aus namentlich nicht genannten Druckereien. Es sind dies für den Druckort Braunschweig der Druck VD 16 L 2083

---

[613]   Vgl. RESKE (2007), S. 119.

[614]   Vgl. RESKE (2007), S. 120.

[615]   Vgl. RESKE (2007), S. 120.

sowie die Drucke VD 17 7:699796F, 23:293618D, 23:293620Z, 23:293642C, 23:296653E, 23:296655V, 23:296663M, 23:296737C, 23:296742W, 23:296771H, 23:308375Y, 23:319706Q, 23:669313Z, 23:678310A und 39:103508L.

Celle, Hieronymus Friedrich Hoffmann
Hieronymus Friedrich Hoffmann war in den Jahren von 1686 bis 1718 in Celle als Buchdrucker tätig und erstellte gut 70 Drucke, von denen keiner für die lateinische Gelegenheitsdichtung im Herzogtum Braunschweig-Lüneburg relevant ist.[616]

Celle, Andreas Holwein
Andreas Holwein war in den Jahren von 1651 bis 1727 in Celle als Buchdrucker tätig, wo er die väterliche Offizin nach dessen Weggang nach Stade erhielt und gut 200 Drucke in deutscher, lateinischer und französischer Sprache erstellte.[617] Relevant für die lateinische Gelegenheitsdichtung im Herzogtum Braunschweig-Lüneburg sind darunter die Drucke VD 17 1:646559N, 1:646594A, 3:647323R, 7:700345C, 23:282704Q, 23:331162N, 39:160603K und 125:015228S.

Celle, Elias Holwein
Elias Holwein war in den Jahren von 1626 bis 1651 in Celle als Buchdrucker tätig und wirkte zuvor in Wolfenbüttel. Seine in Wolfenbüttel gewährten Privilegien durfte Holwein nach Celle mitnehmen und erhielt sogar weitere hinzu. In Celle sind von ihm gut 150 Drucke belegt, die öffentliche Verordnungen, Leichenpredigten, Schultexte und Kalender enthalten. Im Jahr 1651 siedelte Holwein nach Stade über.[618] Relevant für die lateinische Gelegenheitsdichtung im Herzogtum Braunschweig-Lüneburg sind darunter die Drucke VD 17 1:623725D, 1:628671X, 1:628677T, 1:628707C, 1:628709T, 1:690360E, 1:691844D, 1:691937A, 1:691948Q, 7:693185H, 7:699985C, 23:231113L, 23:266977E, 23:274642A, 23:294545Z, 23:306226K, 23:306232L, 23:309560U und 125:025307E.

Celle, Sebastian Schmuck
Sebastian Schmuck war in den Jahren von 1614 bis 1626 in Celle als erster Buchdrucker tätig und war möglicherweise mit dem Schleusinger Drucker gleichen Namens verwandt. Seine knapp 40 ermittelbaren Drucke enthalten zum großen Teil Hofdrucksachen, kirchliche Angelegenheiten und Personalschriften in zumeist deutscher Sprache.[619] Für die lateinische Gelegenheitsdichtung im Herzog-

---

[616]   Hieronymus Friedrich Hoffmann ist nicht bei Reske (2007) belegt.
[617]   Vgl. Reske (2007), S. 136–137.
[618]   Vgl. Reske (2007), S. 136.
[619]   Vgl. Reske (2007), S. 136.

tum Braunschweig-Lüneburg sind die Drucke VD 17 23:235222G, 23:272206Z, 23:291996Y, 23:292404B und 23:293708C relevant.

Clausthal, Jakob Wilcke

Jakob Wilcke war in den Jahren von 1685 bis 1727 in Clausthal als erster Buchdrucker tätig. Sein Vater war Buchdrucker in Riga, und Wilcke wurde von der Berghauptmannschaft Clausthals gebeten, sich hier niederzulassen und eine Offizin zu eröffnen. Die für ihn ermittelbaren gut 20 Drucke sind nur Personalschriften und sonstiges überwiegend theologisches Schrifttum deutscher Sprache.[620] Somit kommt Jakob Wilcke als Buchdrucker für die lateinische Gelegenheitsdichtung im Herzogtum Braunschweig-Lüneburg keine Relevanz zu.

Duderstadt, Johann Jobst Hunold

Johann Jobst Hunold war in den Jahren von 1694 bis 1717 in Duderstadt als Buchdrucker tätig und arbeitete zuvor in der Offizin des Johann Westenhoff.[621] Von seinen knapp 20 Drucken ist keiner für die lateinische Gelegenheitsdichtung im Herzogtum Braunschweig-Lüneburg relevant.

Duderstadt, Johann Westenhoff

Johann Westenhoff war in den Jahren von 1666 bis 1687 in Duderstadt als Buchdrucker tätig und erstellt knapp 30 Drucke.[622] Davon sind für die lateinische Gelegenheitsdichtung im Herzogtum Braunschweig-Lüneburg die Drucke VD 17 23:267984T und 547:672198B relevant.

Einbeck, Just Andreas Tränckner

Just Andreas Tränckner war in den Jahren von 1668 bis 1671 in Einbeck als Buchdrucker tätig. Von ihm sind vier Drucke nachweisbar, von denen drei deutsche Leichenpredigten sind. Tränckner verlegte seine Offizin 1671 nach Bielefeld.[623] Relevant für die lateinische Gelegenheitsdichtung im Herzogtum Braunschweig-Lüneburg ist nur der lateinisch-deutsche Druck VD 17 39:107283A.

Goslar, Nikolaus Duncker

Nikolaus Duncker war in den Jahren von 1628 bis 1671 in Goslar als Buchdrucker tätig und war ein Sohn des Buchdruckers Andreas Dunckers d. Ä. in Braunschweig.[624] In dieser Zeit entstanden gut 250 Drucke in lateinischer und deutscher

---

[620]   Vgl. Reske (2007), S. 138.
[621]   Vgl. Reske (2007), S. 171.
[622]   Vgl. Reske (2007), S. 170–171.
[623]   Vgl. Reske (2007), S. 183.
[624]   Vgl. Reske (2007), S. 302.

Sprache zu diversen Themen sowie Schul- und Personalschriften. Für die lateinische Gelegenheitsdichtung im Herzogtum Braunschweig-Lüneburg sind darunter die Drucke VD 17 3:007334D, 3:007356G, 3:007405X, 3:677429B, 7:691351L, 23:269898H, 23:269907X, 23:269915P, 23:269919U, 23:274537B, 23:274618B, 23:274623V, 23:274803T, 23:293770N, 23:308104K, 23:310421K, 23:319434C, 23:321679W, 23:324756D, 23:331250W, 23:633185P, 23:702050P, 23:702051W, 23:702053M, 23:702062L, 23:702250Z und 39:110326N relevant.

Goslar, Nikolaus Duncker Witwe
Die Witwe Kunigunde des Nikolaus Duncker war in den Jahren von 1671 bis 1675 in Goslar als Buchdruckerin tätig und führte die Offizin ihres verstorbenen Mannes weiter. Für sie ist nur ein einziger deutscher Druck nachweisbar (1673, VD 17 23:321206F), bevor die Druckerei an ihren Sohn Simon Andreas Duncker überging.[625] Für die lateinische Gelegenheitsdichtung im Herzogtum Braunschweig-Lüneburg hat ihr Wirken somit keine Relevanz.

Goslar, Simon Andreas Duncker
Simon Andreas Duncker war in den Jahren von 1675 bis 1708 in Goslar als Buchdrucker tätig und übernahm die elterliche Druckerei.[626] Bis zum Jahr 1700 sind für ihn knapp über hundert zumeist deutsche Drucke nachweisbar, neben denen für die lateinische Gelegenheitsdichtung im Herzogtum Braunschweig-Lüneburg die Drucke VD 17 1:681516E, 1:681554R, 3:677627X, 14:077313F, 23:298373L, 23:298389N, 23:298394F, 23:298410D und 23:319251G relevant sind.

Goslar, Martin Vogel
Martin Vogel war in den Jahren von 1653 bis 1659 in Goslar als Buchdrucker tätig, wohin er aus Böhmen gezogen war. In diesen Jahren entstanden knapp fünf deutsche Drucke, bis Vogel nach Helmstedt wechselte.[627] Für die lateinische Gelegenheitsdichtung im Herzogtum Braunschweig-Lüneburg hat die Offizin des Martin Vogel deshalb keine Relevanz.

Goslar, Johann Vogt
Johann Vogt war in den Jahren von 1604 bis 1626 in Goslar als Buchdrucker tätig und erstellte knapp 300 Drucke, zumeist deutsche theologische Traktate, einige Klassikertexte (Vergil, Martial), Lehrbücher und auch mehrere niederdeutsche

---

[625]   Vgl. RESKE (2007), S. 302.
[626]   Vgl. RESKE (2007), S. 303.
[627]   Vgl. RESKE (2007), S. 302–303.

exegetische Schriften.[628] Für die lateinische Gelegenheitsdichtung im Herzogtum Braunschweig-Lüneburg sind die Drucke VD 17 1:057968C, 1:088708S, 1:683146M, 3:007240Z, 3:007254M, 3:012287L, 3:012289A, 3:310416R, 3:310417Y, 7:691008Q, 7:700091P, 7:700131E, 7:702968E, 12:624086S, 23:245678L, 23:245684M, 23:245688S = 3:007253D, 23:245707N, 23:245749D, 23:248026T, 23:253727V, 23:261676K, 23:262280C, 23:270072V, 23:292241U, 23:293504M, 23:309578M, 23:309589A, 23:309595B, 23:312768P, 23:318342K, 23:318742F, 23:320600C, 23:330406R, 23:621016H, 23:622213A, 23:629975Y, 23:630107P, 23:668094P, 23:701961X, 23:702011V, 39:139718P, 39:160266Z, 75:696807X und 125:044878N relevant, von denen einige auffallende Bezüge in die nahe Grafschaft und Stadt Wernigerode zeigen.

Goslar, Johann Vogt Erben
Die Erben des Johann Vogt waren in den Jahren von 1626 bis 1628 in Goslar als Buchdrucker tätig, wobei die Tochter Kunigunde Vogt federführend war. Ab 1628 führte ihr Mann Nikolaus Duncker die Druckerei weiter.[629] Von den vier ermittelbaren Drucken ist nur der Druck VD 17 23:305114C für die lateinische Gelegenheitsdichtung im Herzogtum Braunschweig-Lüneburg relevant.

Göttingen, Johann Christoph Hampe
Johann Christoph Hampe war in den Jahren von 1678 oder 1679 bis 1684 in Göttingen als Buchdrucker tätig, wo er die von Justus Nithmann geführte Privatdruckerei des Heinrich Tollenius übernahm.[630] Er erstellte knapp 15 Drucke in lateinischer und deutscher Sprache, von denen für die lateinische Gelegenheitsdichtung im Herzogtum Braunschweig-Lüneburg die Drucke VD 17 7:665012H und 7:689436X relevant sind.

Göttingen, Johann Christoph Hampe Witwe
Die Witwe des Johann Christoph Hampe war in den Jahren von 1684 bis 1686 in Göttingen als Buchdruckerin tätig und erstellte in dieser Zeit zwei Drucke, die beide für die lateinische Gelegenheitsdichtung im Herzogtum Braunschweig-Lüneburg nicht relevant sind. Nach ihrer Heirat mit Josquin Woyke übernahm der die Druckerei und führte sie unter seinem Namen weiter.[631]

---

[628] Vgl. RESKE (2007), S. 302.

[629] Vgl. RESKE (2007), S. 302.

[630] Vgl. RESKE (2007), S. 306.

[631] Vgl. RESKE (2007), S. 306.

Göttingen, Justus Nithmann

Justus Nithmann war in den Jahren von 1666 bis 1678 oder 1679 in Göttingen als erster Buchdrucker tätig und betrieb als Angestellter die Privatpresse des Heinrich Tollenius, dessen Schriften bevorzugt veröffentlicht wurden. Tollenius war nach Studium in Helmstedt Rektor des Göttinger Gymnasiums, und auch Nithmann hatte in Tübingen studiert.[632] Für die lateinische Gelegenheitsdichtung im Herzogtum Braunschweig-Lüneburg sind seine Drucke VD 17 7:692360P, 14:700883R und 23:317041F relevant, von denen erster eine familiäre Angelegenheit der Familie Tollenius betrifft.

Göttingen, Josquin Woyke

Josquin Woyke war in den Jahren von 1685 bis 1719 in Göttingen als Buchdrucker tätig. Er heiratete die Witwe des Johann Christoph Hampe und übernahm auch dessen Offizin. Nach seinem Tod im Jahr 1719 wurde die Druckerei von seinem Stiefsohn Georg Christoph Hampe weitergeführt.[633] Für die lateinische Gelegenheitsdichtung im Herzogtum Braunschweig-Lüneburg sind von seinen gut 30 Titeln die Drucke VD 17 7:635024V und 7:703983K relevant.

Göttingen, unbekannt

Einige Drucke innerhalb des Komplexes der lateinischen Gelegenheitsdichtung im Herzogtum Braunschweig-Lüneburg stammen aus namentlich nicht genannten Druckereien. Es sind dies für den Druckort Göttingen die beiden Drucke VD 17 3:649588N und 23:620811K.

Hameln, Johann Heitmüller

Johann Heitmüller war nur im Jahr 1681 von Bevern kommend in Hameln als erster Buchdrucker tätig, bevor er nach Höxter im Hochstift Münster zog.[634] Für sein Wirken in Hameln sind nur sechs deutsche Drucke belegt. Für die lateinische Gelegenheitsdichtung im Herzogtum Braunschweig-Lüneburg hat Johann Heitmüller in Hameln somit keine Relevanz.

Hannover, Samuel Ammon

Samuel Ammon war in den Jahren von 1691 bis 1707 in Hannover als Hofbuchdrucker tätig und arbeitete zuvor in Heidelberg und Hanau. Anschließend übernahm sein Sohn Jakob Daniel Ammon die Druckerei.[635] Von seinen gut 60 in Hannover

---

[632]   Vgl. Reske (2007), S. 305–306.

[633]   Vgl. Reske (2007), S. 306.

[634]   Vgl. Reske (2007), S. 345.

[635]   Vgl. Reske (2007), S. 354.

erstellten Drucken sind für die lateinische Gelegenheitsdichtung im Herzogtum Braunschweig-Lüneburg die Drucke VD 17 1:023934A, 1:023936R, 1:023944G, 1:028719M, 1:033987K, 1:086927Z, 1:086931L, 1:653022C, 3:014893C, 7:658776A, 7:703358V, 7:703359C, 23:260615H, 23:260690X, 23:317824K, 39:115571Q, 39:117480S, 39:117484X, 547:650148D und 547:650154E relevant.

Hannover, Johann Friedrich Glaser
Johann Friedrich Glaser war in den Jahren von 1643 bis 1650 in Hannover als Buchdrucker tätig und wirkte zuvor vermutlich in Kassel. Nachfolger in seiner Druckerei wurde Georg Friedrich Grimm.[636] Er erstellte Verordnungen, deutsche Personalschriften und Leichenpredigten in gut 70 Drucken. Davon sind die Drucke VD 17 1:048625P, 1:082334H, 3:022693M, 7:700407X, 23:272657M, 23:310412L, 23:631662W, 23:633183Y und 23:633188M für die lateinische Gelegenheitsdichtung im Herzogtum Braunschweig-Lüneburg relevant.

Hannover, Georg Friedrich Grimm
Georg Friedrich Grimm war in den Jahren von 1650 bis 1690 in Hannover als Buchdrucker tätig und übernahm die Druckerei des Johann Friedrich Glaser. Im Jahr 1653 wurde er zum Hofbuchdrucker bestellt. Nachfolgerin wurde seine Witwe Gertrud.[637] Unter seinen gut 300 Drucken sind für die lateinische Gelegenheitsdichtung im Herzogtum Braunschweig-Lüneburg die Drucke VD 17 1:035443K, 1:037357Z, 1:037366Y, 1:037404Z, 1:037452S, 1:037548M, 1:037866A, 1:037870M, 3:658093C, 7:664207W, 7:665495E, 7:666375R, 7:697846V, 7:697847C, 23:265212L, 23:265214A, 23:275639B, 23:309542W, 23:315078V, 23:318931C, 23:320122D, 23:629525U und 39:107287F relevant.

Hannover, Georg Friedrich Grimm Witwe
Die Witwe des Georg Friedrich Grimm war in den Jahren von 1690 bis 1692 in Hannover als Buchdruckerin tätig und führte die Offizin ihres verstorbenen Mannes weiter.[638] Sie erstellte knapp zehn Gelegenheitsdrucke, von denen keiner für die lateinische Gelegenheitsdichtung im Herzogtum Braunschweig-Lüneburg relevant ist.

Hannover, Johann Peter Grimm
Johann Peter Grimm war in den Jahren von 1692 bis 1704 in Hannover als Buchdrucker tätig. Er übernahm die väterliche Druckerei und erstellte knapp 30 Drucke, bei denen es sich überwiegend um deutsche Leichenpredigten und Perso-

---

[636] Vgl. RESKE (2007), S. 353 und TÖLCKE (1994), S. 13.
[637] Vgl. RESKE (2007), S. 353.
[638] Vgl. RESKE (2007), S. 353.

nalschriften handelt.[639] Für die lateinische Gelegenheitsdichtung im Herzogtum Braunschweig-Lüneburg ist nur der Druck VD 17 7:658782B relevant.

Hannover, Elias Holwein

Elias Holwein war in den Jahren von 1636 bis 1639 in Hannover als Buchdrucker mit Filiale tätig, während seine Druckerei in Celle weiterbestand. Er druckte nur einen im VD 17 belegten deutschen Druck.[640] Für die lateinische Gelegenheitsdichtung im Herzogtum Braunschweig-Lüneburg ist Holweins Wirken in Hannover somit nicht relevant.

Hannover, Henning Rüdem

Henning Rüdem war in den Jahren von 1544 bis 1549 in Hannover als Buchdrucker tätig. Er wirkte zuvor in Wolfenbüttel und Hildesheim und wechselte um das Jahr 1550 wieder nach Wolfenbüttel.[641] Von den für ihn in Hannover ermittelbaren knapp 30 Drucken sind für die lateinische Gelegenheitsdichtung im Herzogtum Braunschweig-Lüneburg die Drucke VD 16 B 9981 = B 9980 = B 9986, B 9984, C 5331 = D 379 = M 5662, ZV 3923, ZV 15863 und ZV 18067 relevant.

Hannover, Wolfgang Schwendimann d. Ä.

Wolfgang Schwendimann d. Ä. war in den Jahren von 1669 bis 1685 in Hannover als Buchdrucker tätig und stammte aus Luzern. Er stellte knapp 50 Drucke her, die in lateinischer, deutscher, französischer und italienischer Sprache zumeist christliche Traktate oder theologische Streitschriften und Gelegenheitsschriften, aber beispielsweise auch Libretti zu Opern enthalten.[642] Bemerkenswert sind wenige französische Gelegenheitsgedichte wie der *Epithalame avec quelques devises* (1684, VD 17 23:250223Z) und der *Epitalame* (1684, VD 17 23:250227E) zur Heirat des Königs Friedrich I. von Preußen mit Prinzessin Sophie Charlotte von Hannover. Für die lateinische Gelegenheitsdichtung im Herzogtum Braunschweig-Lüneburg ist nur der Druck VD 17 125:041515W relevant.

Hannover, unbekannt

Einige Drucke innerhalb des Komplexes der lateinischen Gelegenheitsdichtung im Herzogtum Braunschweig-Lüneburg stammen aus namentlich nicht genannten Druckereien. Es sind dies für den Druckort Hannover die beiden Drucke VD 17 23:260620B und 23:620440Z.

---

[639]   Vgl. RESKE (2007), S. 354.
[640]   Vgl. RESKE (2007), S. 353 und TÖLCKE (1994), S. 13 und S. 21.
[641]   Vgl. RESKE (2007), S. 352–353 und TÖLCKE (1994), S. 12 und S. 16–19.
[642]   Vgl. RESKE (2007), S. 353–354.

Hannoversch Münden, Andreas Grimm

Andreas Grimm war nur im Jahr 1691 in Hannoversch Münden als Buchdrucker tätig. Er war zuvor und auch anschließend wieder in Korbach tätig.[643] Für seine Zeit in Hannoversch Münden ist nur ein deutscher Druck nachweisbar. Damit kommt der Offizin des Andreas Grimm keine Relevanz für die lateinische Gelegenheitsdichtung im Herzogtum Braunschweig-Lüneburg zu.

Helmstedt, Ludecke Brandes d. Ä.

Ludecke Brandes war in den Jahren von 1587 bis 1591 in Helmstedt als Buchdrucker tätig. Viele seiner knapp über zehn im VD 16 ermittelbaren Drucke weisen im Impressum darauf hin, dass sie durch Brandes in der Helmstedter Offizin des Jakob Lucius gedruckt wurden, aber auch Hinweise auf andere Druckereien sind vorhanden. In einer deutschen Leichenpredigt wird Brandes im Impressum als *Buch=führer zu Helmstädt* bezeichnet (1589, VD 16 ZV 14659), und auch im Impressum eines lateinischen Druckes wird er als *Bibliopola Helmaestadiensis* bezeichnet (1591, VD 16 M 7466), so dass eher an einen Auftragsdruck in Kommission zu denken ist als an eine eigenständige Druckertätigkeit.[644] Für die lateinische Gelegenheitsdichtung im Herzogtum Braunschweig-Lüneburg haben sie keine Relevanz.

Helmstedt, Ludecke Brandes d. Ä. Erben

Die Erben des Ludecke Brandes waren in den Jahren von 1591 bis 1605 in Helmstedt als Buchdrucker tätig. Für die etwa fünfzig im VD 16 und VD 17 verzeichneten Drucke gelten bezüglich des Impressums und der Entstehung die gleichen Hinweise wie für die Drucke des Ludecke Brandes selbst.[645] Für die lateinische Gelegenheitsdichtung im Herzogtum Braunschweig-Lüneburg ist keiner ihrer Drucke relevant.

Helmstedt, Friedrich Ulrich Calixt

Friedrich Ulrich Calixt war in den Jahren von 1658 bis 1676 in Helmstedt als Buchdrucker tätig und betrieb die vom Vater geerbte Privatpresse, die nacheinander von Johann Georg Täger, Johann Georg Täger und Martin Vogel, Henning Müller d. J. sowie Jakob Müller in Pacht betrieben wurde. Vermutlich erwarb der letzte Pächter Jakob Müller die Offizin und druckte im eigenen Namen weiter.[646] Für Calixt sind knapp 150 Drucke belegt, zumeist Dissertationen und theologische Streitschriften in lateinischer Sprache. Für die lateinische Gelegenheitsdichtung

---

[643]   Vgl. RESKE (2007), S. 629.

[644]   Ludecke Brandes ist nicht bei RESKE (2007) belegt.

[645]   Die Erben des Ludecke Brandes sind nicht bei RESKE (2007) belegt.

[646]   Vgl. RESKE (2007), S. 369.

im Herzogtum Braunschweig-Lüneburg sind davon die Drucke VD 17 3:311108N, 23:232080G, 23:232084N, 23:232144S, 23:255710U, 23:293774T, 23:320631E, 23:631885T, 39:101752Z, 39:101756E, 39:101761Y, 75:653878Z, 125:015033Z, 547:658036M und 547:688233K relevant.

Helmstedt, Georg Calixt

Der Theologieprofessor Georg Calixt war in den Jahren von 1629 bis 1656 in Helmstedt als Buchdrucker tätig und betrieb eine Privatpresse, die von Henning Müller d. J. in Pacht betrieben wurde. Er druckte überwiegend seine eigenen Werke und Hochschulschriften, insgesamt gut 130 Drucke in lateinischer Sprache.[647] Davon ist für die lateinische Gelegenheitsdichtung im Herzogtum Braunschweig-Lüneburg nur der Druck VD 17 23:324648G relevant.

Helmstedt, Konrad Erich

Konrad Erich war in den Jahren von 1680 bis 1684 in Helmstedt als Buchdrucker tätig und erstellte in dieser Zeit gut 20 Drucke in lateinischer und deutscher Sprache.[648] Davon sind für die lateinische Gelegenheitsdichtung im Herzogtum Braunschweig-Lüneburg die Drucke VD 17 23:267804L und 23:267832Q relevant.

Helmstedt, Georg Wolfgang Hamm

Georg Wolfgang Hamm war in den Jahren von 1681 bis 1715 in Helmstedt als Buchdrucker tätig. Er übernahm die Druckerei der Erben des Heinrich David Müller und erstellte knapp 840 Drucke in lateinischer, deutscher, französischer, griechischer und hebräischer Sprache, darunter diverse theologische, juristische und naturwissenschaftliche Texte, Dissertationen sowie sonstige Hochschul- und Personalschriften, darunter diverse *programmata*.[649] Relevant für die lateinische Gelegenheitsdichtung im Herzogtum Braunschweig-Lüneburg sind darunter die Drucke VD 17 1:656554C, 1:674241E, 3:016399E, 3:016401R, 3:016403F, 7:700017G, 23:247687T, 23:260969N, 23:260977D, 23:264157Q, 23:298273E, 23:298290V, 75:673856C und 125:030400P. Ebenfalls nicht unerwähnt bleiben soll ein einzelnes Gelegenheitsgedicht in französischer Sprache auf einem Einblattdruck (1695, VD 17 23:233322D).

---

647   Vgl. RESKE (2007), S. 367–368.
648   Vgl. RESKE (2007), S. 370.
649   Vgl. RESKE (2007), S. 370.

Helmstedt, Johann Heitmüller

Johann Heitmüller war in den Jahren von 1641 bis 1677 in Helmstedt als Buchdrucker tätig und erstellte knapp 80 Drucke. Im Sommer 1677 wurde er von Herzog Ferdinand Albrecht I. von Braunschweig-Lüneburg nach Bevern berufen.[650] Relevant für die lateinische Gelegenheitsdichtung im Herzogtum Braunschweig-Lüneburg sind nur seine Drucke VD 17 1:690628F, 23:232078M, 23:232178S, 23:233010R, 23:280951B, 23:283381B, 23:293772C, 23:320662G und 23:327337Q.

Helmstedt, Heinrich Hesse

Heinrich Hesse war in den Jahren von 1681 bis 1716 in Helmstedt als Buchdrucker tätig und übernahm die Offizin der Witwe des Jakob Müller.[651] Er stellte gut 100 Drucke her, von denen für die lateinische Gelegenheitsdichtung im Herzogtum Braunschweig-Lüneburg die Drucke VD 17 1:028148R, 1:036070P, 1:648607D, 1:650920Y, 7:700720Y, 23:232908Q, 23:233609L, 23:247726B, 23:260862D, 23:260983E, 23:298280P, 23:319464X, 23:647812D, 32:649673Y, 39:122907B und 547:650133K relevant sind.

Helmstedt, Ambrosius Kirchner d. J.

Ambrosius Kirchner d. J. war in den Jahren von 1594 bis 1597 in Helmstedt als Buchdrucker tätig. Er war ein Sohn des Druckers Wolfgang Kirchner und zunächst Buchhandelsgehilfe in der Helmstedter Offizin des Jakob Lucius, in der auch seine fünf im VD 16 verzeichneten Drucke entstanden.[652] Für die lateinische Gelegenheitsdichtung im Herzogtum Braunschweig-Lüneburg haben sie keine Relevanz.

Helmstedt, Wolfgang Kirchner

Wolfgang Kirchner war im Jahr 1582 in Helmstedt als Buchdrucker tätig. Er war ein Sohn des Druckers Ambrosius Kirchner d. Ä. in Magdeburg, wo er selbst auch tätig war. Seine drei im VD 16 verzeichneten Werke entstanden in der Offizin des Jakob Lucius.[653] Für die lateinische Gelegenheitsdichtung im Herzogtum Braunschweig-Lüneburg haben sie keine Relevanz.

---

[650] Vgl. RESKE (2007), S. 369.
[651] Vgl. RESKE (2007), S. 370.
[652] Vgl. RESKE (2007), S. 582. ZIMMERMANN (1926), S. 448–449 nennt ihn ausschließlich als Buchhändler.
[653] Vgl. RESKE (2007), S. 582.

Helmstedt, Jakob Lucius d. Ä.

Jakob Lucius d. Ä. war in den Jahren von 1579 bis 1597 in Helmstedt als Universitätsbuchdrucker tätig, nachdem er zuvor für die Universität Rostock gedruckt hatte. Er soll in Helmstedt die Anfertigung von Metallklischees von Holzstöcken erfunden haben. Im Jahr 1597 druckt Lucius noch einen deutschen Pestratgeber, den Helmstedter Medizinprofessoren verfasst haben, bevor er mit seiner Frau und acht seiner dreizehn Kinder selbst im Oktober 1597 an der Pest stirbt. Der Sohn Jakob Lucius d. J. übernimmt 1598 von Hamburg kommend die väterliche Offizin.[654]
Relevant für die lateinische Gelegenheitsdichtung im Herzogtum Braunschweig-Lüneburg sind die Drucke VD 16 A 92, A 93, A 107, A 3758, B 2018, B 2041, B 6292, B 6496, B 8327, B 8354, B 8447, B 10013, C 1093, C 1105, C 1132, C 1172, C 1252 = C 4023, C 1256 = P 1325, C 1271, C 1290, C 1295, C 1334, C 1336 = C 4021, C 1775, C 2234, C 4024 = C 4025, C 6082, D 375, D 2018, D 2331, D 2332, E 1771, E 1776, E 1791, E 1794, E 1816, F 1682, F 2285, F 2651, F 2652, F 2659, G 324, G 480, G 482, G 1162, G 1348, G 1459, G 2169, G 2935, G 2947, H 914, H 2973, H 3737, H 3738, H 4177, H 5882, I 146, I 148, J 840, K 12, K 1342, K 1492, K 2460, K 2461, K 2561, K 2562, L 36, L 1244 = M 1946, L 3132, L 3133, L 7747 = L 7749, L 7751, M 1073, M 1924, M 1928, M 1929, M 1930, M 1931, M 1932, M 1933 = M 1961, M 1934, M 1935, M 1936, M 1939, M 1940, M 1943, M 1945, M 1947, M 1948 = M 1949, M 1950 = E 1584, M 1952 = M 7452, M 1953, M 1954 = M 1959, M 1955, M 1956, M 1957, M 1958, M 1960, M 4486, M 6011 = N 1362, M 6081, M 6082, M 7435, N 1365 = N 1366, N 1471, N 1711, N 2092, N 2094, N 2118, O 628, O 680, O 693, O 1323, P 730 = ZV 15656, P 1326, P 1327, P 4256, P 4505, P 4992, P 5011, P 5012, R 679, R 680, R 942, R 2687, R 2688, R 2701, R 2929, R 3153, S 1854 = K 2453, S 1887 = A 537, S 2289, S 2441, S 2442, S 2444, S 2445, S 2538, S 2777, S 2909, S 3153 = S 3147, S 3155, S 4208 = S 5858, S 6367, S 6400, S 6583, S 9691, S 9742, S 10202, T 1109, U 113, V 562, V 1235, V 1584, V 1585, V 1590, V 2770, W 1427, W 2456, W 2457, ZV 857, ZV 2209, ZV 2962, ZV 2999, ZV 3000, ZV 3043, ZV 3052, ZV 3055, ZV 3253, ZV 3674, ZV 4678, ZV 4680, ZV 5193, ZV 5500, ZV 6954, ZV 8561, ZV 9486, ZV 10577, ZV 10578, ZV 10580, ZV 10581, ZV 10582, ZV 10583, ZV 10844, ZV 10860, ZV 12015, ZV 12833, ZV 13794, ZV 13815, ZV 13816, ZV 14117, ZV 16638, ZV 18551, ZV 19370, ZV 21635, ZV 21973, ZV 23359 und ZV 25490.

Helmstedt, Jakob Lucius d. J.

Jakob Lucius d. J. war in den Jahren von 1598 bis 1616 in Helmstedt als Buchdrucker in der Nachfolge seines Vaters tätig. Zuvor hatte er bereits in Braunschweig

---

[654]   Vgl. RESKE (2007), S. 366–367.

und Hamburg gewirkt. Im Jahr 1600 wurde er zum Universitätsbuchdrucker bestellt. Allein im VD 16 sind 150 von ihm gedruckte Werke nachgewiesen, und für das 17. Jahrhundert sind fast 1100 Drucke aus seiner Offizin belegt.[655] Relevant für die lateinische Gelegenheitsdichtung im Herzogtum Braunschweig-Lüneburg sind die Drucke VD 16 A 207 = ZV 84, B 6492, C 1254, C 1255, C 4030, E 1719, F 2654, H 1327, J 843, K 2560, L 240, M 1925 = M 1941, M 1927, M 1937, M 1944, N 2119, O 227, R 3135, S 2098, W 4412, ZV 778, ZV 1033, ZV 2927, ZV 3077, ZV 3093, ZV 6850, ZV 6851, ZV 9399 und ZV 24074 sowie VD 17 1:021576M, 1:088758Z, 1:624102Q, 1:624209Y, 1:691555B, 3:004983Y, 3:009013A, 3:009029C, 3:009031Y, 3:009043V, 3:009045L, 3:010281F, 3:012250N, 3:012274F, 3:012282X, 3:012980V, 3:301243C, 3:302248V, 3:312741X, 3:315097A, 3:315157E, 3:315759C, 3:317962A, 3:318330N, 3:318332C, 3:602503D, 3:645881H, 3:645980F, 7:639695Y, 7:686977V, 7:700112Z, 7:700134C, 7:700239W, 7:700292G, 7:700416W, 7:700476L, 7:700563M, 7:700565B, 14:640875L, 14:642210K, 23:231486V, 23:231504H = 125:009594N, 23:231923L, 23:232057R, 23:233419F, 23:234659X, 23:234669D, 23:234674X, 23:234757N, 23:234906H, 23:235179N, 23:237255H, 23:238346U, 23:238356A, 23:245674E, 23:245695A, 23:245701S, 23:245711Y, 23:245804V, 23:247724M, 23:248582D, 23:248608C, 23:248974K, 23:249004U, 23:249346B, 23:252642L, 23:252648F, 23:252657E, 23:252660H, 23:252664P, 23:252698P, 23:252780B, 23:252864Z, 23:252931N, 23:253699A, 23:253710L, 23:253747H, 23:253792C, 23:253819K, 23:253828H, 23:253840L, 23:253865M, 23:253891A, 23:253908A, 23:253959R, 23:255539Q, 23:255554Q, 23:255611W, 23:255784V, 23:259531W, 23:261158K, 23:261584V, 23:262265C, 23:262278G, 23:262319F, 23:262370B, 23:263062Y, 23:263065W, 23:263103X, 23:263293M, 23:263311Z, 23:263315E, 23:263348X, 23:263899Q, 23:264269S, 23:264273C, 23:264275T, 23:264282B, 23:264291A, 23:264302E, 23:265038H, 23:265067V, 23:265074D, 23:265084L, 23:265090M, 23:265096G, 23:266163Z, 23:266554X, 23:271742T, 23:271836X, 23:276920X, 23:278598R, 23:279828R, 23:280421E, 23:280794Q, 23:283816W, 23:287952Q, 23:292276B, 23:292283L, 23:293351L, 23:293502W, 23:293506B, 23:293511V, 23:293704X, 23:294325A, 23:294606M, 23:295804M, 23:295807K, 23:295809Z, 23:296181G, 23:298875C, 23:298877T, 23:298897F, 23:298910F, 23:304134M, 23:305857Q, 23:307053Z, 23:307266Q, 23:308669P, 23:319447G, 23:320083V, 23:320500X, 23:320858G, 23:321274M, 23:321825U, 23:629928P, 23:629955L, 23:630016G, 23:630035N, 23:630085V, 23:630101T, 23:631466R, 23:631472S, 23:632133M, 23:632427B, 23:683833V, 23:706422Y, 32:624597H, 32:625609Z, 32:625656K, 32:635378Z, 39:160193R, 39:160196P, 125:009594N = 23:231504H, 125:015491V, 125:028120S, 125:029511U,

---

[655] Vgl. RESKE (2007), S. 367.

547:648044Z, 547:649242Z und 547:694193D sowie ohne VD 17 = Privatbe-sitz[656].

Helmstedt, Jakob Lucius d. J. Erben

Die Erben des Jakob Lucius d. J. waren in den Jahren von 1616 bis 1633 in Helmstedt als Buchdrucker tätig. Eventuell wurde Henning Müller d. Ä. Leiter der Offizin, bis Jakob Lucius III., der Sohn des Jakob Lucius d. J., die Drucke-rei im Jahr 1634 auf seinen Namen übernahm.[657] Relevant für die lateinische Gelegenheitsdichtung im Herzogtum Braunschweig-Lüneburg sind die Drucke VD 17 1:088702W, 1:089073R, 1:089078D, 1:690092Y, 3:317352M, 7:699897U, 7:699936C, 7:699937L, 7:699940P, 7:699943M, 7:700371S, 7:700567S, 7:700601N, 7:701749K, 23:236665G, 23:237298G, 23:243871K, 23:246722S, 23:252367V, 23:253583T, 23:253679N, 23:253769M, 23:258862L, 23:261594B, 23:263046R, 23:263198U, 23:264923H, 23:270680U, 23:271448X, 23:273012U, 23:283033T, 23:283922C, 23:291899R, 23:291907X, 23:291916W, 23:291920G, 23:291932D, 23:291946R, 23:291964P, 23:292019Z, 23:292021V, 23:292297X, 23:292314C, 23:292316T, 23:292328Q, 23:292344X, 23:292466F, 23:293686K, 23:296723R, 23:296782X, 23:304147R, 23:312758G, 23:321903W, 23:632156X, 23:632317Q, 23:634019X, 23:643581H, 23:672068B, 23:695305A, 39:136145Q, 125:003784R, 125:023519D, 125:024344D und 547:692326H.

Helmstedt, Jakob Lucius III.

Jakob Lucius III. war in den Jahren von 1634 bis 1639 in Helmstedt als Buchdru-cker tätig und übernahm die Offizin seines Vaters Jakob Lucius d. J, die er von Henning Müller d. Ä. leiten ließ. In den sechs Jahren seiner Tätigkeit erstellte er gut 230 Drucke in lateinischer, griechischer und deutscher Sprache, zumeist Disser-tationen und Personalschriften.[658] Relevant für die lateinische Gelegenheitsdich-tung im Herzogtum Braunschweig-Lüneburg sind die Drucke VD 17 1:087070K, 3:667750R, 23:255525C, 23:255645W, 23:255649B, 23:261669A, 23:270076A, 23:285524E, 23:287649V, 23:293616P, 23:313420Q, 23:314591C, 23:315445Z, 23:315451A, 23:315453R, 23:320793Q, 23:321341Z, 23:631826M, 23:631827U, 23:631830X, 32:635236C, 32:636277R, 547:665582F und 547:665603S.

Helmstedt, Jakob Lucius III. Erben

Die Erben des Jakob Lucius III. waren in den Jahren von 1639 bis 1640 in Helm-stedt als Buchdrucker tätig. Anschließend ging die Druckerei an Henning Müller

---

656   Vgl. BOLLMEYER (2009a).

657   Vgl. RESKE (2007), S. 367.

658   Vgl. RESKE (2007), S. 368.

d. J. über.[659] Bis zum Jahr 1687 erschienen noch zwei Drucke unter dem Namen des Jakob Lucius. Von den insgesamt knapp 15 Drucken ist für die lateinische Gelegenheitsdichtung im Herzogtum Braunschweig-Lüneburg kein Druck relevant.

Helmstedt, Heinrich David Müller
Heinrich David Müller war in den Jahren von 1672 bis 1680 in Helmstedt als Buchdrucker tätig. Er war ein Sohn des Henning Müller d. J. und übernahm im Jahr 1672 dessen Offizin. Er wurde sofort zum Universitätsbuchdrucker bestellt.[660] Von seinen gut 470 Drucken sind für die lateinische Gelegenheitsdichtung im Herzogtum Braunschweig-Lüneburg die Drucke VD 17 1:657788T, 3:646022N, 3:646029R, 3:646037G, 3:646045Y, 7:667249A, 7:700016Z, 23:231369Z, 23:231803S, 23:233177P, 23:312061X, 23:319889V, 23:669469H, 23:669502W, 23:669773L, 23:669998X, 23:684038U, 32:672176Y, 39:112030R, 125:029067V, 125:029075M, 125:036820Z und 547:699384N relevant.

Helmstedt, Heinrich David Müller Erben
Die Erben des Heinrich David Müller waren nur noch in den Jahren 1680 und 1681 in Helmstedt als Buchdrucker tätig und erstellten gut 50 Drucke. Dann übernahm Georg Wolfgang Hamm die Druckerei.[661] Von ihnen sind für die lateinische Gelegenheitsdichtung im Herzogtum Braunschweig-Lüneburg die Drucke VD 17 1:657856P, 23:267811U, 23:267813K, 23:267818X, 23:267837C und 23:267840F relevant.

Helmstedt, Henning Müller d. J.
Henning Müller d. J. war in den Jahren von 1640 bis 1672 in Helmstedt als Buchdrucker tätig. Noch im Jahr 1640 wurde er zum Universitätsbuchdrucker bestellt und erstellte gut 2600 Drucke in lateinischer und deutscher Sprache. Im Jahr 1672 übergab Müller die Offizin an seinen Sohn Heinrich David Müller, der sie weiterführte.[662] Relevant für die lateinische Gelegenheitsdichtung im Herzogtum Braunschweig-Lüneburg sind die Drucke VD 17 1:025492F, 1:032646E, 1:032653P,

---

[659] Vgl. Reske (2007), S. 368.

[660] Vgl. Reske (2007), S. 370. Das nicht erhaltene Grabdenkmal des Heinrich David Müller aus dem Jahr 1680 befand sich in der Universitätskirche St. Stephani in Helmstedt. Dazu vgl. Henze (2005), S. 327–328, dort Nr. 273.

[661] Vgl. Reske (2007), S. 370.

[662] Vgl. Reske (2007), S. 368–369. Das Grabdenkmal des Henning Müller d. J. in der Universitätskirche St. Stephani in Helmstedt beschreibt Henze (2005), S. 307–308, dort Nr. 250 mit diversen genealogischen Hinweisen.

1:089167V,   1:624018M,   1:637683T,   1:657715Z,   1:692756Z,   3:007300D,
3:016593V,   3:016606Q,   3:016608E,   3:016621Q,   3:312585T,   3:312597Q,
3:315788Q,   3:612742M,   3:612754H,   3:612756Y,   3:646004Q,   3:646012F,
7:691105X,   7:699696A,   7:699900N,   7:699999Q,   7:700508L,   7:700515U,
14:028560Q, 14:068370Y, 14:069574U, 23:231358L, 23:231386Q, 23:231444D,
23:231510K, 23:231907C, 23:231958T, 23:231960P, 23:232059F, 23:232062K,
23:232076W, 23:232086C, 23:232090P, 23:232095B, 23:232121F, 23:232123W,
23:232125M, 23:232138R, 23:232156P, 23:232166V, 23:232424V, 23:232426L,
23:232879N, 23:233015D, 23:233031M, 23:233073C, 23:233086G, 23:233090T,
23:233096P, 23:233100Q, 23:233102E, 23:233173H, 23:233285L, 23:234497X,
23:234618P, 23:234646T, 23:234652U, 23:234722E, 23:234788Q, 23:235477P,
23:236283H, 23:236597M, 23:238617Y, 23:238620B, 23:247706P, 23:250062G,
23:250104P, 23:250112E, 23:250295L, 23:250337S, 23:250344A, 23:253693E,
23:255518U, 23:255527T, 23:255575L, 23:255598W, 23:255678P, 23:255775W,
23:255780Q, 23:258560D, 23:258565S, 23:258570L, 23:259407S, 23:262794S,
23:263107C, 23:264077X, 23:264101M, 23:264176V, 23:264847W, 23:264903V,
23:264909R, 23:265016E, 23:265042U, 23:265059D, 23:269883P, 23:274444E,
23:274615D, 23:282693L, 23:283388E, 23:283392R, 23:283594S, 23:283596G,
23:289904F, 23:293820L, 23:298132R, 23:298136W, 23:298140G, 23:298299P,
23:307818E, 23:310550B, 23:310553Z, 23:310558N, 23:310560H, 23:310567M,
23:311968V, 23:311973P, 23:312082T, 23:314585B, 23:314603Q, 23:314645F,
23:315076E, 23:315274A, 23:315626E, 23:316443P, 23:316447U, 23:317242Z,
23:317287P, 23:317307S, 23:317344V, 23:317363A, 23:317372Z, 23:317940X,
23:317986U, 23:318177F, 23:318181S, 23:318552B, 23:318594T, 23:318718G,
23:318721L, 23:318789L, 23:318799S, 23:318845K, 23:319053M, 23:319288E,
23:319292R, 23:319304C, 23:319451T, 23:319623Z, 23:319728T, 23:319770Q,
23:319775C, 23:319786S, 23:319796Y, 23:320025W, 23:320038A, 23:320078B,
23:320081E, 23:320090D, 23:320096Z, 23:320110G, 23:320124U, 23:320138F,
23:320467K, 23:320519X, 23:320590F, 23:320665E, 23:320734H, 23:320954G,
23:321003X, 23:321378X, 23:321546Y, 23:321560R, 23:321576T, 23:321707R,
23:321709F, 23:321842K, 23:321844Z, 23:324460Y, 23:324642M, 23:324657F,
23:331194X, 23:331252M, 23:631316C, 23:631721T, 23:631789T, 23:631790F,
23:631800C, 23:631803A, 23:631851T, 23:631856F, 23:631858W, 23:631862G,
23:631876U, 23:631877B, 23:631881N, 23:631889Y, 23:631890M, 23:631896G,
23:631897Q, 23:631913N, 23:632756E, 23:632786Z, 23:632804N, 23:633150F,
23:634041F, 23:634142U, 23:647110A, 23:668265N, 23:668561Y, 23:668647M,
23:669734S, 23:675632G, 23:684208L, 23:695245W, 23:695310U, 23:702081R,
23:702091X, 32:646519M, 39:101797P, 39:101812D, 39:101843F, 39:110653A,
39:121202W, 39:127143A, 39:152284C, 547:665610A und 547:665683U.

Helmstedt, Jakob Müller

Jakob Müller war in den Jahren von 1663 bis 1680 in Helmstedt als Buchdrucker tätig. Er druckte zunächst auch in den Offizinen anderer Buchdrucker, beispielsweise bei Henning Müller. Insgesamt sind für ihn gut 350 Drucke ermittelbar – zumeist Dissertationen und Leichenpredigten. Seine Witwe ließ noch bis zum Jahr 1681 in seinem Namen weiterdrucken.[663] Relevant für die lateinische Gelegenheitsdichtung im Herzogtum Braunschweig-Lüneburg sind seine Drucke VD 17 1:029799T, 1:036570R, 1:039367Q, 1:039407F, 1:674345R, 1:681386Q, 1:683623C, 1:683626A, 7:667245V, 7:692357L, 7:701190R, 23:231320E, 23:232162Q, 23:232170F, 23:263174A, 23:263254T, 23:264095V, 23:264965Z, 23:273611U, 23:298154U, 23:317293Q, 23:317301W, 23:317311C, 23:317321K, 23:317329V, 23:317379C, 23:318355P, 23:318578L, 23:319951V, 23:669781B, 23:681917K, 547:697050N, 547:697158D und 547:697174M.

Helmstedt, Jakob Müller Witwe

Die Witwe des Jakob Müller war noch bis zum Jahr 1681 in Helmstedt als Buchdruckerin tätig und übergab die Druckerei ihres verstorbenen Mannes dann an Heinrich Hesse.[664] Sie stellte gut zehn Drucke in deutscher und lateinischer Sprache her, von denen für die lateinische Gelegenheitsdichtung im Herzogtum Braunschweig-Lüneburg einzig der Druck VD 17 23:267825F relevant ist.

Helmstedt, Salomon Schnorr

Salomon Schnorr war in den Jahren von 1689 bis 1723 in Helmstedt als Buchdrucker tätig und erstellte bis zum Jahr 1700 knapp 60 Drucke.[665] Für die lateinische Gelegenheitsdichtung im Herzogtum Braunschweig-Lüneburg sind darunter die Drucke VD 17 1:650873Y, 1:656551E, 1:680620S, 1:680645T, 1:681031C, 3:300007S, 23:233611F, 23:233692R, 23:260963S, 23:260967X und 23:261020Y relevant.

Helmstedt, Johann Georg Täger

Johann Georg Täger arbeitete in der Druckerei des Friedrich Ulrich Calixt als Pächter und veröffentlichte seine Drucke im Regelfall unter dessen Namen. Er war jedoch in den Jahren von 1658 bis 1663 zeitweise in Helmstedt auch als Buchdrucker in eigenem Namen tätig und erstellte einzelne Drucke.[666] Darunter sind für die lateinische Gelegenheitsdichtung im Herzogtum Braunschweig-Lüneburg die Drucke VD 17 23:255702C und 23:319577G relevant.

---

[663]   Vgl. RESKE (2007), S. 370.
[664]   Vgl. RESKE (2007), S. 370.
[665]   Vgl. RESKE (2007), S. 370–371.
[666]   Vgl. RESKE (2007), S. 369.

Helmstedt, Martin Vogel
Martin Vogel war in den Jahren von 1662 bis 1663 von Goslar kommend in Helmstedt als Buchdrucker im eigenen Namen tätig und hatte zwischenzeitlich in der Privatpresse des Friedrich Ulrich Calixt gewirkt und teilweise seit 1659 unter seinem eigenen Namen gedruckt.[667] Es entstanden einzelne Drucke, von denen für die lateinische Gelegenheitsdichtung im Herzogtum Braunschweig-Lüneburg die Drucke VD 17 3:683247Z, 23:233258P, 23:255721H, 23:318539S und 23:684034P relevant sind.

Helmstedt, unbekannt
Diverse Drucke innerhalb des Komplexes der lateinischen Gelegenheitsdichtung im Herzogtum Braunschweig-Lüneburg stammen aus einer namentlich nicht genannten Druckerei. Es sind dies für den Druckort Helmstedt die Drucke VD 17 1:088772S, 1:621592G, 1:623720R, 3:009034W, 3:009038B, 3:011554E, 3:011578Y, 3:011597D, 3:012246B, 3:012279U, 7:639725H, 12:655963U, 23:236876G, 23:239624M, 23:253600Y, 23:255565D, 23:264106Z, 23:293508S, 23:304137K, 23:334062V, 23:631846Z, 23:681845H, 32:636266B und 125:022708W.

Hildesheim, Johann Blanckenberg
Johann Blanckenberg aus Köln war in den Jahren von 1618 bis 1634 in Hildesheim als Buchdrucker tätig. In den Kriegswirren wurde seine Offizin zerstört, und er kehrte nach Köln zurück. Blanckenberg erstellte knapp 15 Drucke in lateinischer und deutscher Sprache.[668] Für die lateinische Gelegenheitsdichtung im Herzogtum Braunschweig-Lüneburg sind sie alle nicht relevant.

Hildesheim, Johann Blanckenberg Witwe
Die Witwe des Johann Blanckenberg baute die Druckerei ihres Mannes in Hildesheim wieder auf und war in den Jahren 1644 und 1645 als Buchdruckerin tätig. Nach ihrer zweiten Eheschließung übernahm Heinrich Eicke die Druckerei.[669] Ihre Drucke sind für die lateinische Gelegenheitsdichtung im Herzogtum Braunschweig-Lüneburg nicht relevant.

Hildesheim, Johann Ludolf Ebel
Johann Ludolf Ebel war in den Jahren von 1669 bis 1688 in Hildesheim als Buchdrucker tätig und übernahm nach seiner Heirat die Offizin der Witwe des Julius

---

[667]   Vgl. RESKE (2007), S. 369.

[668]   Vgl. RESKE (2007), S. 376.

[669]   Vgl. RESKE (2007), S. 376.

Geißmar und des Erich Ramm.[670] Er erstellte knapp 130 Drucke in überwiegend deutscher Sprache. Relevant für die lateinische Gelegenheitsdichtung im Herzogtum Braunschweig-Lüneburg sind die Drucke VD 17 7:666285S, 7:683399C, 23:626947F und 39:126331L.

Hildesheim, Heinrich Eicke
Heinrich Eicke war in den Jahren von 1645 bis 1650 in Hildesheim als Buchdrucker tätig und übernahm die Druckerei der Witwe des Johann Blanckenberg. Für ihn ist lediglich ein Druck in deutscher Sprach nachweisbar, so dass seiner Tätigkeit für die lateinische Gelegenheitsdichtung im Herzogtum Braunschweig-Lüneburg keine Relevanz zukommt.[671]

Hildesheim, Julius Geißmar
Julius Geißmar war in den Jahren von 1649 bis 1652 in Hildesheim als Buchdrucker tätig und führte die Druckerei des Joachim Gössel weiter.[672] Von seinen knapp 15 Drucken sind für die lateinische Gelegenheitsdichtung im Herzogtum Braunschweig-Lüneburg die Drucke VD 17 23:319687U, 23:322512C, 23:701903Y und 23:702068F relevant.

Hildesheim, Julius Geißmar Witwe
Die Witwe des Julius Geißmar war in den Jahren von 1652 bis 1656 in Hildesheim als Buchdruckerin tätig und übergab die Druckerei danach an ihren zweiten Mann Erich Ramm.[673] Sie erstellte gut 20 Drucke, von denen für die lateinische Gelegenheitsdichtung im Herzogtum Braunschweig-Lüneburg die Drucke VD 17 1:037369W und 23:269923E relevant sind.

Hildesheim, Michael Geißmar
Michael Geißmar, der Sohn des Julius Geißmar, war in den Jahren von 1689 bis 1727 in Hildesheim als Ratsbuchdrucker tätig und druckte überwiegend Ratsverordnungen und Personalschriften in deutscher Sprache.[674] Von seinen Drucken ist für die lateinische Gelegenheitsdichtung im Herzogtum Braunschweig-Lüneburg nur der Druck VD 17 547:649781V relevant.

---

[670] Vgl. RESKE (2007), S. 377.
[671] Vgl. RESKE (2007), S. 376.
[672] Vgl. RESKE (2007), S. 376.
[673] Vgl. RESKE (2007), S. 376.
[674] Vgl. RESKE (2007), S. 378.

Hildesheim, Joachim Gössel
Joachim Gössel war in den Jahren von 1617 bis 1649 in Hildesheim als Ratsbuchdrucker tätig. Er kam aus Magdeburg nach Hildesheim. Nach seinem Tod druckten seine Witwe und seine Erben noch im Jahr 1649.[675] Relevant für die lateinische Gelegenheitsdichtung im Herzogtum Braunschweig-Lüneburg sind die Drucke VD 17 3:007312A, 7:700145S, 23:258869P, 23:269933M, 23:274555Z, 23:274634K, 23:292291B, 23:320922X, 23:632724V, 23:634163Q, 23:695254V, 23:695270C, 23:695323Y, 39:110615Q, 39:136143Z und 547:697393C.

Hildesheim, Joachim Gössel Witwe und Erben
Die Witwe und die Erben des Joachim Gössel waren nur noch im Jahr 1649 als Buchdrucker tätig und übergaben die Offizin an Julius Geißmar.[676] Für die lateinische Gelegenheitsdichtung im Herzogtum Braunschweig-Lüneburg ist keiner ihrer insgesamt unter zehn Drucke relevant.

Hildesheim, Andreas Hantzsch
Andreas Hantzsch war in den Jahren von 1600 bis 1609 in Hildesheim als Ratsbuchdrucker tätig. Zuvor wirkte er in Mühlhausen, wohin er zurückkehrte, nachdem ihm ein Streit zwischen der bischöflichen Landesherrschaft und dem Rat der Stadt die Arbeit erschwerte. In Hildesheim entstanden gut 60 seiner Drucke.[677] Relevant für die lateinische Gelegenheitsdichtung im Herzogtum Braunschweig-Lüneburg sind die Drucke VD 16 S 6363 sowie VD 17 1:041444C, 7:703229C, 23:259504Z, 23:259509N, 23:283308C, 23:291883P, 23:309981M, 23:629933G, 23:630007H, 23:630037C und 547:693456N. Nicht für die Gelegenheitsdichtung, aber für die prosopographische Zuordnung wichtig ist außerdem der bereits erwähnte Druck VD 17 1:074037V, in dessen Titel der Hannoversche Rektor Christian Beckmann genannt ist.

Hildesheim, Hermann Kramer
Hermann Kramer war in den Jahren von 1650 bis 1654 in Hildesheim als Buchdrucker tätig und erstellte knapp zehn Drucke.[678] Für die lateinische Gelegenheitsdichtung im Herzogtum Braunschweig-Lüneburg sind davon keine relevant.

---

[675]   Vgl. RESKE (2007), S. 376.
[676]   Vgl. RESKE (2007), S. 376.
[677]   Vgl. RESKE (2007), S. 375.
[678]   Vgl. RESKE (2007), S. 376–377.

Hildesheim, Hermann Kramer Witwe und Erben

Die Witwe und die Erben des Hermann Kramer waren in den Jahren von 1654 bis 1669 in Hildesheim als Buchdrucker tätig und erstellten knapp zehn Drucke in überwiegend deutscher Sprache. Nach dem Tod der Witwe übernahm deren Vater die Druckerei und übergab sie später an Jost Heinrich Kramer, den Sohn des Hermann Kramer.[679] Aus diesen Jahren ist für die lateinische Gelegenheitsdichtung im Herzogtum Braunschweig-Lüneburg nur der Druck VD 17 23:260665R relevant.

Hildesheim, Jost Heinrich Kramer

Jost Heinrich Kramer war in den Jahren von 1669 bis 1684 in Hildesheim als Buchdrucker tätig und übernahm die Druckerei seines Vaters Hermann Kramer. Anschließend zog er nach Köln und druckte dort.[680] In Hildesheim erstellte er etwa 15 Drucke, von denen für die lateinische Gelegenheitsdichtung im Herzogtum Braunschweig-Lüneburg nur der Druck VD 17 23:260651D relevant ist.

Hildesheim, Jakob Müller

Jakob Müller, der Sohn des Helmstedter Druckers Henning Müller d. J., war in den Jahren 1667 und 1668 in Hildesheim als Buchdrucker tätig.[681] Von seinen fünf Drucken sind für die lateinische Gelegenheitsdichtung im Herzogtum Braunschweig-Lüneburg keine relevant.

Hildesheim, Jakob Müller Witwe

Die Witwe des Jakob Müller führte seine Offizin noch ein Jahr weiter und vollendete begonnene Druckwerke.[682] Von ihren insgesamt fünf nachweisbaren Drucken in lateinischer und deutscher Sprache ist keiner für die lateinische Gelegenheitsdichtung im Herzogtum Braunschweig-Lüneburg relevant.

Hildesheim, Erich Ramm

Erich Ramm aus Uppsala übernahm nach seiner Heirat mit der Witwe des Julius Geißmar deren Druckerei und war in den Jahren von 1656 bis 1665 in Hildesheim als Buchdrucker tätig. In dieser Zeit druckte er gut 80 Titel.[683] Davon sind für die lateinische Gelegenheitsdichtung im Herzogtum Braunschweig-Lüneburg die Drucke VD 17 1:041997L, 7:700455Q, 23:319575S, 23:331231R, 23:331239B, 23:631292U und 125:016357P relevant.

---

[679]   Vgl. RESKE (2007), S. 376–377.

[680]   Vgl. RESKE (2007), S. 377.

[681]   Vgl. RESKE (2007), S. 377.

[682]   Vgl. RESKE (2007), S. 377.

[683]   Vgl. RESKE (2007), S. 377.

Hildesheim, Erich Ramm Witwe
Die Witwe des Erich Ramm führte nach dessen Tod die Druckerei ihres ersten Mannes Julius Geißmar weiter und war in den Jahren von 1665 bis 1667 in Hildesheim wieder als Buchdruckerin tätig. Anschließend übernahm ihr dritter Mann Johann Ludolf Ebel die Offizin.[684] Von ihren knapp 15 Drucken sind für die lateinische Gelegenheitsdichtung im Herzogtum Braunschweig-Lüneburg die Drucke VD 17 23:327251B, 23:327351G und 23:695264B relevant.

Hildesheim, Henning Rüdem
Henning Rüdem war im Jahr 1543 in Hildesheim als Buchdrucker tätig. Er siedelte auf Wunsch des Rates aus Wolfenbüttel über und wirkte im ehemaligen Dominikanerkloster. Schon im darauffolgenden Jahr druckte Rüdem in Hannover, weil man in Hildesheim mit seinen Leistungen anscheinend nicht zufrieden war.[685] Von den sechs im VD 16 ermittelbaren Titeln ist für die lateinische Gelegenheitsdichtung im Herzogtum Braunschweig-Lüneburg nur der Druck VD 16 B 9983 relevant.

Hildesheim, Johann Leonhard Schlegel
Der Schweizer Johann Leonhard Schlegel war in den Jahren von 1689 bis 1716 in Hildesheim als Buchdrucker tätig und druckte mit fürstbischöflichem Privileg. Die Druckerei ging später an seinen Sohn Wilhelm Theodor Schlegel über.[686] Von seinen gut 30 bis zum Jahr 1700 ermittelbaren Drucken sind für die lateinische Gelegenheitsdichtung im Herzogtum Braunschweig-Lüneburg keine relevant.

Hildesheim, unbekannt
Einige Drucke innerhalb des Komplexes der lateinischen Gelegenheitsdichtung im Herzogtum Braunschweig-Lüneburg stammen aus einer namentlich nicht genannten Druckerei. Es sind dies für den Druckort Hildesheim die Drucke VD 17 14:648310R, 23:269940V und 23:324752Y.

Lüneburg, Jakob Dornkrell ab Eberhertz
Der Pastor Jakob Dornkrell ab Eberhertz war in den Jahren von 1684 bis vor 1700 mit einer Privatpresse in Lüneburg als Buchdrucker tätig. Als Faktor wurde Andreas Holwein beschäftigt, der aber seine eigene Offizin in Celle parallel weiterführte.[687] Für Jakob Dornkrell sind sieben Drucke nachweisbar, die Werke zur Bibelwissen-

---

[684]   Vgl. RESKE (2007), S. 377.
[685]   Vgl. RESKE (2007), S. 375.
[686]   Vgl. RESKE (2007), S. 377–378.
[687]   Vgl. RESKE (2007), S. 573.

schaft in lateinischer und deutscher Sprache enthalten. Relevant für die lateinische Gelegenheitsdichtung im Herzogtum Braunschweig-Lüneburg ist davon kein Druck.

Lüneburg, Barthold Elers

Barthold Elers war in den Jahren von 1669 bis 1672 in Lüneburg als Buchdrucker tätig und druckte mehrere Schulschriften für das Lüneburger Gymnasium St. Michaelis.[688] Die für ihn ermittelbaren neun Drucke sind lateinische und deutsche Schul- und Personalschriften. Relevant für die lateinische Gelegenheitsdichtung im Herzogtum Braunschweig-Lüneburg sind darunter die Drucke VD 17 7:700373G und 39:106609M.

Lüneburg, Johann Kelp

Johann Kelp war in den Jahren von 1677 bis 1699 in Lüneburg als Buchdrucker tätig und gründete seine Druckerei aus dem Erbteil seiner Frau Anna Maria (von) Stern, der Tochter des Druckers Heinrich (von) Stern. Da Johann Kelp das Buchdruckerhandwerk nicht erlernt hatte, sondern Notar war, musste er die Offizin durch Faktoren verwalten lassen.[689] Für diesen Zeitraum sind gut 30 Drucke ermittelbar. Sie sind überwiegend in deutscher Sprache abgefasste theologische Traktate, aber auch einzelne wissenschaftliche Untersuchungen. Für die lateinische Gelegenheitsdichtung im Herzogtum Braunschweig-Lüneburg sind die Drucke VD 17 23:267761W, 23:267763M und 39:117320X relevant.

Lüneburg, Johann Kelp Erben

Die Erben des Johann Kelp waren in den Jahren von 1699 bis 1704 in Lüneburg als Buchdrucker tätig bis die Kelpsche Offizin wieder mit der Sternschen Druckerei vereinigt wurde.[690] Für sie ist nur ein deutscher Druck im Jahr 1700 belegt, dessen Angaben im Erscheinungsvermerk allerdings nicht eindeutig sind (VD 17 7:691284X). Somit kommt den Erben des Johann Kelp für die lateinische Gelegenheitsdichtung im Herzogtum Braunschweig-Lüneburg keine Relevanz zu.

Lüneburg, Johann Georg Lipper

Johann Georg Lipper war in den Jahren von 1683 bis 1716 in Lüneburg als Buchdrucker tätig und erstellte bis zum Jahr 1700 knapp 80 Drucke in zumeist deutscher Sprache.[691] Für die lateinische Gelegenheitsdichtung im Herzogtum Braunschweig-Lüneburg hat er deshalb keine Relevanz.

---

[688]   Vgl. RESKE (2007), S. 572.
[689]   Vgl. RESKE (2007), S. 572–573.
[690]   Vgl. RESKE (2007), S. 572–573.
[691]   RESKE (2007) erwähnt Lipper nicht.

Lüneburg, Andreas Michelsen

Andreas Michelsen war in den Jahren von 1616 bis 1627 in Lüneburg als erster Buchdrucker tätig. Er hatte zuvor in Hamburg gedruckt und wurde im Jahr 1619 zum Ratsbuchdrucker bestellt.[692] Für die Offizin Michelsens sind gut 50 Drucke ermittelbar, die zumeist theologische Abhandlungen und Personalschriften in deutscher Sprache enthalten, aber auch speziellere Themen wie Medizin. Für die lateinische Gelegenheitsdichtung im Herzogtum Braunschweig-Lüneburg sind die Drucke VD 17 23:311388A, 23:311393U, 23:318636Z, 23:321491N, 23:635643H, 23:656522T und 23:656523A relevant.

Lüneburg, Hans Stern

Hans Stern war in den Jahren von 1587 bis 1614 in Lüneburg als Buchdrucker und Verleger tätig.[693] Ebenso wie seine Söhne ließ er zunächst viele Drucke in der Offizin des Andreas Michelsen erstellen, druckte aber wenige Titel auch im eigenen Namen, die für die lateinische Gelegenheitsdichtung im Herzogtum Braunschweig-Lüneburg alle keine Relevanz haben.

Lüneburg, Johann d. Ä. und Heinrich (von) Stern

Johann (von) Stern d. Ä. und sein Bruder Heinrich (von) Stern waren in den Jahren von 1623 bis 1665 in Lüneburg als Buchdrucker tätig, davon bis zum Tod Johanns im Jahr 1656 gemeinsam. Im Jahr 1645 wurde die Familie von Kaiser Ferdinand III. in den Adelsstand erhoben. Zeitweise betrieben die Brüder auch eine Niederlassung in Wolfenbüttel.[694] Relevant für die lateinische Gelegenheitsdichtung im Herzogtum Braunschweig-Lüneburg sind ihre Lüneburger Drucke VD 17 1:035903L, 1:036496U, 1:690566M, 1:691705E, 1:691800X, 1:691866G, 7:680632P, 7:700015S, 23:231136W, 23:235217P, 23:245441B, 23:245443S, 23:260565L, 23:260622S, 23:260661L, 23:270121L, 23:293139X, 23:293141T, 23:293143H, 23:293145Y, 23:293147P, 23:293253V, 23:298151W, 23:305392A, 23:306008A, 23:306012M, 23:318882N, 23:668082S, 23:668083Z, 23:668188T, 23:668199G, 23:668202A, 23:668204R, 23:668206F, 23:668209D, 23:668213Q, 23:668214X, 23:668218C, 23:668220Y, 23:668336F, 23:669294D, 23:669307Y, 39:106347F, 125:022462Y und 125:037524T.

---

[692]   Vgl. Reske (2007), S. 571.

[693]   Bei Reske (2007), S. 571 wird Hans Stern nicht als eigenständiger Buchdrucker, sondern lediglich im Kontext des Wirkens seiner beiden Söhne erwähnt.

[694]   Vgl. Reske (2007), S. 571–572 und Michael (2004).

Lüneburg, Johann d. Ä. und Heinrich (von) Stern Erben

Die Erben des Heinrich (von) Stern waren in den Jahren von 1665 bis 1677 in Lüneburg als Buchdrucker tätig und erstellten knapp 170 Drucke. Anschließend ging die Offizin an den Sohn Johann (von) Stern d. J. über.[695] Für die lateinische Gelegenheitsdichtung im Herzogtum Braunschweig-Lüneburg sind ihre Lüneburger Drucke VD 17 7:685170U, 7:686659F, 7:700715E, 23:232901M, 23:260573B, 23:260603M, 23:260622S, 23:310231E, 23:316260T, 23:317089T, 23:319804E, 23:668663U, 23:690802H und 23:690851H relevant.

Lüneburg, Johann von Stern d. J.

Johann von Stern d. J. war in den Jahren von 1677 bis 1711 in Lüneburg als Buchdrucker tätig und übernahm die Druckerei seines Vaters und Onkels. Von ihm sind knapp 230 Drucke bis zum Jahr 1700 ermittelbar.[696] Relevant für die lateinische Gelegenheitsdichtung im Herzogtum Braunschweig-Lüneburg sind die Drucke VD 17 1:023848G, 1:033209K, 1:033235Y, 7:689626B, 7:689629Z, 23:260684W und 23:318549Y.

Lüneburg, unbekannt

Einige Drucke innerhalb des Komplexes der lateinischen Gelegenheitsdichtung im Herzogtum Braunschweig-Lüneburg stammen aus einer namentlich nicht genannten Druckerei. Es sind dies für den Druckort Lüneburg die Drucke VD 17 1:628642L, 23:319712R, 23:630311L, 23:669298K, 39:104423K, 125:026574T, 125:028410B, 125:041505Q, 125:041507E und 547:666466X.

Osterode, Christian Trabeth

Christian Trabeth war in den Jahren von 1660 bis 1692 in Osterode als Buchdrucker tätig. In dieser Zeit entstanden gut 60 Drucke, die fast alle in deutscher Prosa Personalschriften und theologische Abhandlungen enthalten. Dazu kommen wenige lateinische Abhandlungen und Gedichte.[697] Für die lateinische Gelegenheitsdichtung im Herzogtum Braunschweig-Lüneburg sind die Drucke VD 17 1:623719C, 7:684710H, 23:260659Q und 23:685637Y relevant.

Remlingen, Georg Engelhard von Löhneysen

Georg Engelhard von Löhneysen war in den Jahren von 1609 bis 1610 und von 1622 bis 1624 auf seinem Gut in Remlingen als Buchdrucker und Inhaber einer Privatpresse tätig. Als er im Jahr 1617 zum Berghauptmann von Zellerfeld ernannt

---

[695]   Vgl. RESKE (2007), S. 571–572.

[696]   Vgl. RESKE (2007), S. 572.

[697]   Vgl. RESKE (2007), S. 765.

wurde, zog er mit seiner Offizin dorthin um, fiel aber in Ungnade und lebte und druckte anschließend wieder in Remlingen.[698] Für seine Jahre in Remlingen sind nur deutsche Abhandlungen über die Reiterei unter dem Titel *Della Cavalleria* sowie ein pädagogischer Fürstenspiegel bekannt. Für die lateinische Gelegenheitsdichtung im Herzogtum Braunschweig-Lüneburg kommt der Presse des Georg Engelhard von Löhneysen somit keine Relevanz zu.

Stade, Elias Holwein
Elias Holwein war aus Celle kommend in den Jahren von 1651 bis 1659 in Stade als erster Buchdrucker tätig.[699] Für die lateinische Gelegenheitsdichtung im Herzogtum Braunschweig-Lüneburg ist davon nur der Druck VD 17 7:707264H relevant.

Stade, Elias Holwein Witwe
Die Witwe des Elias Holwein war in den Jahren von 1659 bis 1662 in Stade als Buchdruckerin tätig und führte die Druckerei ihres Mannes weiter bis der Sohn Kaspar Holwein sie übernehmen konnte.[700] Von ihren knapp 15 Drucken ist für die lateinische Gelegenheitsdichtung im Herzogtum Braunschweig-Lüneburg nur der Druck VD 17 7:700483U relevant.

Stade, Kaspar Holwein
Kaspar Holwein war in den Jahren von 1662 bis 1717 in Stade als Buchdrucker tätig und übernahm die Offizin seines Vaters Elias Holwein, obwohl er nicht mit einem schwedischen Buchdruckerprivileg ausgestattet wurde.[701] Bis zum Jahr 1700 sind für ihn unter 200 Drucke nachweisbar, von denen für die lateinische Gelegenheitsdichtung im Herzogtum Braunschweig-Lüneburg die Drucke VD 17 23:299611B und 125:038034B Relevanz haben.

Uelzen, Michael Kröner
Michael Kröner war im Jahr 1571 und in den Jahren von 1575 bis 1609 in Uelzen als Buchdrucker tätig. Im Jahr 1571 entsteht nur das bereits erwähnte Epithalamion des Martin Husmann (1571, VD 16 ZV 7463). Anschließend wirkt Kröner in Schmalkalden und Coburg, bevor er im Jahr 1575 wieder nach Uelzen zurückkehrt.

---

[698]   Vgl. RESKE (2007), S. 784.

[699]   Vgl. RESKE (2007), S. 853.

[700]   Vgl. RESKE (2007), S. 853.

[701]   Vgl. RESKE (2007), S. 853.

Es entstehen knapp 170 Drucke bis zum beginnenden 17. Jahrhundert.[702] Relevant für die lateinische Gelegenheitsdichtung im Herzogtum Braunschweig-Lüneburg sind die Drucke VD 16 B 5999, B 6000, E 1743, S 3146, S 3148, S 3149, S 9135, S 9137, ZV 4239, ZV 5219, ZV 7463, ZV 9207 und ZV 10607 sowie VD 17 23:247738Y, 23:273132N und 23:280676M (bestehend aus Band 1: 23:280678B und Band 2: 23:280680X).

Verden, Daniel Klooß
Daniel Klooß war vermutlich in den Jahren ab 1685 in Verden als Buchdrucker tätig und soll einige Schulbücher gedruckt haben. Für ihn sind jedoch keine Drucke ermittelbar, so dass sein Wirken für die lateinische Gelegenheitsdichtung im Herzogtum Braunschweig-Lüneburg nicht relevant ist.[703]

Wolfenbüttel, Johann Bißmarck
Johann Bißmarck war in den Jahren von 1644 bis 1666 in Wolfenbüttel als Buchdrucker tätig. In dieser Zeit entstehen knapp 150 Drucke, die überwiegend in deutscher Sprache verfasst sind und diverse Inhalte haben. Vertreten sind neben Leichenpredigten und Personalschriften auch historische, geographische, juristische und naturkundliche Abhandlungen sowie Verwaltungsschriftgut.[704] Relevant für die lateinische Gelegenheitsdichtung im Herzogtum Braunschweig-Lüneburg sind die Drucke VD 17 1:039446Z, 1:624002K, 1:624013Y, 1:624048F, 1:624054G, 1:683307D, 1:690527T, 1:690537Z, 1:690579R, 1:690610P, 14:071366L, 23:250102Y, 23:250741Z, 23:307714U, 23:307922W, 23:307960G, 23:308029E, 23:308220X, 23:308671K, 23:309033V, 23:309889S, 23:310319H, 23:311143A, 23:312086Y, 23:313494R, 23:313523T, 23:313527Y, 23:314801L, 23:315059Q, 23:316153D, 23:318257Y, 23:318310Z, 23:318312Q, 23:318314E, 23:318317C, 23:318377S, 23:318474Z, 23:319290A, 23:319324R, 23:319595E, 23:319746R, 23:319850G, 23:321790W, 23:324637T, 23:327370N, 23:331264H, 23:334780F, 23:668358K, 23:668359S, 23:684126C, 23:684207C, 39:153139G, 39:153141C, 39:153143T und 125:017488A.

Wolfenbüttel, Johann Bißmarck Witwe
Die Witwe des Johann Bißmarck war in den Jahren von 1666 bis vermutlich 1679 in Wolfenbüttel als Buchdruckerin tätig und führte die Offizin ihres Mannes wei-

---

Vgl. RESKE (2007), S. 932. Zu Kröners Wirken, den von ihm gedruckten Texten und seinem familiären Umfeld vgl. zuletzt auch VOGTHERR (2009), S. 408–418.

[703] Vgl. RESKE (2007), S. 947.

[704] Vgl. RESKE (2007), S. 1018.

ter, bis der Sohn Kaspar Johann Bißmarck sie im Jahr 1679 übernehmen konnte.[705] Einzelne Drucke unter ihrem Namen sind jedoch noch bis zum Jahr 1699 erschienen. Insgesamt sind für Bißmarcks Witwe sieben Drucke ermittelbar, die alle in deutscher Sprache verfasste Lob- und Personalschriften sind. Für die lateinische Gelegenheitsdichtung im Herzogtum Braunschweig-Lüneburg kommt diesen Drucken somit keine Relevanz zu.

Wolfenbüttel, Kaspar Johann Bißmarck
Kaspar Johann Bißmarck war in den Jahren von 1679 bis 1694 in Wolfenbüttel als Buchdrucker tätig und übernahm die Offizin seines Vaters Johann Bißmarck, die nach dessen Tod von der Mutter geführt wurde.[706] Für seinen Wirkungszeitraum sind knapp 150 Drucke nachweisbar, die überwiegend in deutscher, aber auch lateinischer, italienischer und französischer Sprache abgefasst sind. Unter den Inhalten sind theologische Traktate, Personalschriften, Textbücher für Vokalmusik und Dissertationen vertreten. Relevant für die lateinische Gelegenheitsdichtung im Herzogtum Braunschweig-Lüneburg sind die Drucke VD 17 23:264854E, 23:309123U, 23:309131L, 23:319773N, 23:319780W, 23:669532R, 23:688967X, 125:018280H und 125:045467F.

Wolfenbüttel, Kaspar Johann Bißmarck Witwe
Die Witwe des Kaspar Johann Bißmarck war in den Jahren von 1695 bis 1701 in Wolfenbüttel als Buchdruckerin tätig und führte die Offizin ihres Mannes weiter, bis sie von Christian Bartsch aus Liegnitz übernommen wurde.[707] Ermittelbar sind gut 60 Drucke diverser Themengebiete in überwiegend deutscher, aber auch italienischer und lateinischer Sprache. Relevant für die lateinische Gelegenheitsdichtung im Herzogtum Braunschweig-Lüneburg sind darunter die Drucke VD 17 23:669196P, 23:669606G, 125:039891R und 125:039902V.

Wolfenbüttel, Ludecke Brandes d. Ä. Erben
Die Erben des Ludecke Brandes waren im Jahr 1594 in Wolfenbüttel als Buchdrucker tätig. Für den einzigen im VD 16 verzeichneten Druck, der in der Offizin des Konrad Horn mitgedruckt wurde, gelten bezüglich des Impressums und der Entstehung die gleichen Hinweise wie für die Helmstedter Drucke des Ludecke Brandes selbst.[708] Für die lateinische Gelegenheitsdichtung im Herzogtum Braunschweig-Lüneburg kommt den Erben des Ludecke Brandes keine Relevanz zu.

---

[705]   Vgl. RESKE (2007), S. 1018–1019.

[706]   Vgl. RESKE (2007), S. 1019.

[707]   Vgl. RESKE (2007), S. 1019.

[708]   Die Erben des Ludecke Brandes sind nicht bei RESKE (2007) belegt.

Wolfenbüttel, Elias Holwein

Elias Holwein war in den Jahren von 1616 bis 1632 in Wolfenbüttel als Buchdrucker tätig und zog dann nach Celle, wo bereits zeitgleich einzelne Drucke entstanden.[709] Für die lateinische Gelegenheitsdichtung im Herzogtum Braunschweig-Lüneburg sind davon seine Drucke VD 17 7:691300V, 23:239638Y, 23:239640U, 23:253578Z, 23:253609S, 23:253622B, 23:253630T, 23:253636P, 23:253641G, 23:253836Z, 23:253985E, 23:254017E, 23:285391S, 23:293722V, 23:315057Z, 23:316250M und 23:332253Y relevant.

Wolfenbüttel, Konrad Horn

Konrad Horn war in den Jahren von 1558 bis 1603 in Wolfenbüttel als Buchdrucker tätig. Er bekleidete mehrere Jahre auch das Amt des Bürgermeisters von Wolfenbüttel und druckte etwa 420 Werke, darunter amtliche Texte, Predigten und Personalschriften.[710] Relevant für die lateinische Gelegenheitsdichtung im Herzogtum Braunschweig-Lüneburg sind die Drucke VD 16 A 4037, A 4038, A 4041, B 1809, B 1813, B 1814, B 3712 = A 4039, B 6489, B 6493, B 6494, B 9978, C 1155, C 2186, C 2285, C 4221, C 4872, D 450, E 1592, E 1634, E 1829, F 495, F 2889, G 1460, G 2484, G 3481, G 3482, H 176, H 177, H 189, H 190 = M 1942 = S 6365, H 441 = H 412, H 688, H 689, H 3625, H 4285, J 182 = M 1367, J 183, K 2455, K 2459, K 2463, L 1242, L 2369 = W 3117, M 215, M 401, M 402, M 403, M 1120, M 1121, M 1122, M 1879, M 4693, M 4695, M 5136, M 6009, M 6010, M 6015, M 6016, M 6028, M 6029, M 6514, M 7318, N 1368, N 1370, N 1371, N 1372, N 1375, N 1377, N 1380, N 1384, N 1385, O 719, O 796, O 797, O 954, O 955, P 1315, P 1316, P 1317, P 3821, P 3822 = P 3823, R 1668, R 2424, R 3152, R 3423, R 3424, S 5854, S 6361, S 6362, S 6364, S 6889, S 6890, S 7059, S 9743, S 9744, S 10404, T 318, T 609, T 787, V 1000, V 2761, W 1588, W 2913, W 2914, W 4410, Z 31, ZV 765, ZV 2742, ZV 4677, ZV 4681, ZV 5200, ZV 5210, ZV 5475, ZV 5914, ZV 8465, ZV 11842, ZV 14418, ZV 14678, ZV 18755 und ohne VD 16 = Wolfenbüttel, HAB: *A: 37.8 Poet. (22)* sowie VD 17 23:330168D.

Wolfenbüttel, Konrad Horn Erben

Die Erben Konrad Horns waren in den Jahren 1603 und 1604 in Wolfenbüttel als Buchdrucker tätig, bis die Offizin an Julius Adolf von Söhne überging.[711] Sie erstellten zwei deutsche und einen lateinischen Druck. Relevant für die lateinische Gelegenheitsdichtung im Herzogtum Braunschweig-Lüneburg ist davon der Druck VD 17 23:294733P.

---

[709] Vgl. RESKE (2007), S. 1017–1018.

[710] Vgl. RESKE (2007), S. 1016–1017.

[711] Vgl. RESKE (2007), S. 1017.

Wolfenbüttel, Henning Rüdem

Henning Rüdem war in den Jahren von 1539 bis 1542 und in den Jahren von 1552 bis 1553 in Wolfenbüttel tätig, wohin er von Wittenberg kommend gezogen war. Durch den Schmalkaldischen Bund geriet er im Jahr 1542 zunehmend in Schwierigkeiten und wurde schließlich inhaftiert, da seine Tätigkeit als Drucker mit Propaganda für den Herrscher gleichgesetzt wurde. Rüdem konnte seine Offizin nach Hildesheim verlagern, wohin ihn der dortige Stadtrat eingeladen hatte. Im Jahr 1544 siedelte er nach Hannover über. Nachdem auch Herzog Heinrich von Braunschweig-Lüneburg wieder nach Wolfenbüttel zurückgekehrt war, verlegte Rüdem seine Druckerei wieder nach Wolfenbüttel zurück.[712] Von seinen knapp 40 Drucken, die das VD 16 für die Zeit in Wolfenbüttel nachweist, ist für die lateinische Gelegenheitsdichtung im Herzogtum Braunschweig-Lüneburg kein Druck relevant.

Wolfenbüttel, Henning Rüdem Erben

Die Erben Henning Rüdems waren in den Jahren von 1553 bis 1556 in Wolfenbüttel als Buchdrucker tätig und stellten sieben nachweisbare Drucke her.[713] Relevant für die lateinische Gelegenheitsdichtung im Herzogtum Braunschweig-Lüneburg ist der Druck VD 16 S 10357.

Wolfenbüttel, Julius Adolf von Söhne

Julius Adolf von Söhne war in den Jahren von 1605 bis 1616 in Wolfenbüttel als Buchdrucker tätig, wo er die Druckerei der Erben des Konrad Horn übernahm.[714] Für ihn sind knapp 90 Drucke nachweisbar, die überwiegend deutsche Predigten enthalten oder sonstige exegetische Texte. Mehrfach vertreten sind außerdem deutsche Psalterien. Relevant für die lateinische Gelegenheitsdichtung im Herzogtum Braunschweig-Lüneburg sind daneben die Drucke VD 17 3:317971Z, 3:317982P, 7:631492E, 7:700237F, 7:704016S, 23:253596X, 23:253723Q, 23:253813P, 23:254012S, 23:260462G, 23:265985S, 23:265988Q, 23:265990L, 23:265995Y, 23:266148Z, 23:293931E, 23:293939R, 23:294601Y und 23:319360M.

Wolfenbüttel, Julius Adolf von Söhne Witwe und Erben

Die Witwe und die Erben des Julius Adolf von Söhne waren nur noch im Todesjahr des Druckers 1616 in Wolfenbüttel als Buchdrucker tätig, bis die Offizin an Elias Holwein überging.[715] Für diese Zeit sind nur fünf Drucke ermittelbar, von

---

[712]   Vgl. RESKE (2007), S. 1015–1016.

[713]   Vgl. RESKE (2007), S. 1015–1016.

[714]   Vgl. RESKE (2007), S. 1017.

[715]   Vgl. RESKE (2007), S. 1017.

denen ein einziger lateinischer Druck für die lateinische Gelegenheitsdichtung im Herzogtum Braunschweig-Lüneburg relevant ist. Es ist dies der Druck VD 17 14:018849H.

Wolfenbüttel, Johann Stange

Johann Stange war in den Jahren von 1602 bis 1605 in Wolfenbüttel als Buchdrucker tätig. Er hat sowohl im Namen der Fürstlichen Druckerei als auch im eigenen Namen gedruckt.[716] Die für ihn ermittelbaren knapp 20 Drucke sind mit einer Ausnahme alle in deutscher Sprache abgefasst und theologischen Inhalts. Der einzige lateinische Druck ist ein Gedicht und somit für die lateinische Gelegenheitsdichtung im Herzogtum Braunschweig-Lüneburg relevant. Es ist dies der Druck VD 17 23:334278H.

Wolfenbüttel, Johann Stange Witwe

Die Witwe des Johann Stange war noch im Todesjahr ihres Mannes 1606 in Wolfenbüttel als Buchdruckerin tätig und firmierte teilweise ebenfalls im Namen der Fürstlichen Druckerei.[717] Relevant für die lateinische Gelegenheitsdichtung im Herzogtum Braunschweig-Lüneburg ist keiner ihrer Drucke.

Wolfenbüttel, Johann d. Ä. und Heinrich (von) Stern

Johann und Heinrich (von) Stern waren in den Jahren von 1645 bis 1665 in Wolfenbüttel als Buchdrucker tätig und stammten aus Lüneburg. Bis zum Tod Johanns im Jahr 1656 druckten sie gemeinsam.[718] Relevant für die lateinische Gelegenheitsdichtung im Herzogtum Braunschweig-Lüneburg sind die Drucke VD 17 3:008714S, 3:627770R, 3:694482F, 7:685129E, 23:231111V, 23:232103H, 23:235475Y, 23:250033V, 23:250052A, 23:250058W, 23:250066N, 23:260637M, 23:267527E, 23:269717T, 23:278029A, 23:280840G, 23:280845V, 23:280859G, 23:283155B, 23:290013V, 23:293982V, 23:296002G, 23:303138N, 23:303396X, 23:303425Z, 23:303462C, 23:305185F, 23:305270S, 23:306016S, 23:307549R, 23:307555S, 23:307563H, 23:307855H, 23:307931V, 23:307972D, 23:308004D, 23:308039M, 23:308047C, 23:308058S, 23:308061V, 23:308090G, 23:308097L, 23:308101M, 23:308131F, 23:308174E, 23:308180F, 23:308188S, 23:308192C, 23:308194T, 23:308196H, 23:308242A, 23:308392P, 23:308396U, 23:308402L, 23:308457F, 23:308459W, 23:308480X, 23:308537Y, 23:309777Q, 23:310522X, 23:316674B, 23:318227D, 23:318821R, 23:318993G, 23:319245F, 23:319254E, 23:320202W, 23:320213L, 23:320217R, 23:321420K, 23:321426E, 23:668370M,

---

[716] Vgl. RESKE (2007), S. 1017.
[717] Vgl. RESKE (2007), S. 1017.
[718] Vgl. RESKE (2007), S. 1018.

23:668377Q, 23:668427N, 23:668444C, 23:668505Q, 23:669102Z, 23:669137G, 23:669141T, 23:669171N, 23:669325W, 23:669332E, 23:669361S, 23:670036H, 23:684206V, 23:688155G, 125:002956T, 125:017563E, 125:025575W und 125:037304U.

Wolfenbüttel, Johann d. Ä. und Heinrich (von) Stern Erben

Die Erben des Heinrich von Stern waren in den Jahren von 1665 bis 1668 in Wolfenbüttel als Buchdrucker tätig und erstellten etwa 20 Drucke. Anschließend ging die Druckerei an Paul Weiß über, der sie in seinem Namen weiterführte.[719] Für die lateinische Gelegenheitsdichtung im Herzogtum Braunschweig-Lüneburg sind darunter die Drucke VD 17 23:305653Y, 23:327359T und 23:334908A relevant.

Wolfenbüttel, Paul Weiß

Paul Weiß war in den Jahren von 1668 bis 1695 in Wolfenbüttel als Buchdrucker tätig. Er kaufte die Offizin der Brüder (von) Stern, die er zuvor geleitet hatte. Vermutlich ab 1675 war Weiß auch Hofbuchdrucker.[720] In dieser Zeit entstanden knapp 150 Drucke, zumeist deutsche Personalschriften und fürstliche Verordnungen. Relevant für die lateinische Gelegenheitsdichtung im Herzogtum Braunschweig-Lüneburg sind daneben die Drucke VD 17 7:665070G, 23:232088T, 23:308365S, 23:310995N, 23:314632B, 23:314639E, 23:314650Z, 23:319259T, 23:319264M, 23:319418V, 23:319998Z, 23:668847X, 23:669374W und 23:669407D.

Wolfenbüttel, Fürstliche Druckerei

Die fürstliche Druckerei in Wolfenbüttel wurde in den Jahren von 1598 bis 1613 betrieben und druckte überwiegend deutsche Texte und mehrere Musikdrucke.[721] Infolgedessen kommt der fürstlichen Druckerei für die lateinische Gelegenheitsdichtung im Herzogtum Braunschweig-Lüneburg keine Relevanz zu.

Wolfenbüttel, unbekannt

Einige Drucke innerhalb des Komplexes der lateinischen Gelegenheitsdichtung im Herzogtum Braunschweig-Lüneburg stammen aus einer namentlich nicht genannten Druckerei. Es sind dies für den Druckort Wolfenbüttel die Drucke VD 17 3:317968W, 7:699673Q, 23:253719D, 23:253749Y, 23:266155H, 23:272568V, 23:293696R, 23:307531Y, 23:307537U, 23:669286N, 23:669735Z, 23:674850M, 23:682417M, 23:683811S, 23:698344G und 125:021282W.

---

[719]   Vgl. RESKE (2007), S. 1018.

[720]   Vgl. RESKE (2007), S. 1018.

[721]   Vgl. RESKE (2007), S. 1017.

Zellerfeld, Georg Engelhard von Löhneysen

Georg Engelhard von Löhneysen war in den Jahren von 1617 bis 1619 in Zellerfeld als Buchdrucker und Inhaber einer Privatpresse tätig, wo er zum Berghauptmann ernannt worden war. Nachdem er in Ungnade gefallen war, kehrte er wieder auf sein Gut in Remlingen zurück.[722] Für seine Jahre in Zellerfeld ist nur eine einzige deutsche Abhandlung über die Bergmannskunst ermittelbar. Für die lateinische Gelegenheitsdichtung im Herzogtum Braunschweig-Lüneburg kommt der Presse des Georg Engelhard von Löhneysen somit keine Relevanz zu.

unbekannt

Diverse Drucke innerhalb des Komplexes der lateinischen Gelegenheitsdichtung im Herzogtum Braunschweig-Lüneburg stammen aus namentlich nicht genannten Druckereien in nicht genannten Städten, weshalb die Zahl dieser Drucke nicht abschließend ermittelbar ist und ein gewisser Grad an Ungenauigkeit berücksichtigt werden muss. Diese Drucke sind aufgrund ihres Inhalts mit großer Sicherheit einem der Drucker des Herzogtums Braunschweig-Lüneburg zuzuweisen, können zumindest theoretisch aber auch außerhalb entstanden sein. Relevant für die lateinische Gelegenheitsdichtung im Herzogtum Braunschweig-Lüneburg sind somit zumindest die Drucke VD 16 B 1816, B 6490, D 659, F 2663, G 481, G 485, K 2458, M 4694, M 6017, N 1367, N 1369, N 1373, N 1376, N 1379, N 1381, N 1383, N 2104, N 2115, S 2443, S 3154, S 5094, S 6360, S 6366, S 9136, ZV 6159, ZV 21903, ZV 25860 und ohne VD 16 = Wolfenbüttel, HAB: *A: 37 Poet. (42)* sowie VD 17 14:640486C, 23:265999D, 23:291877N, 23:293694A, 23:293700S, 23:293702G, 23:293706N, 23:305738D, 23:308214W, 23:308260Y, 23:308226T, 23:625424P, 23:669319V, 23:669497N, 23:672114U und 23:678178Q.

Druckorte außerhalb des Herzogtums Braunschweig-Lüneburg

Auch außerhalb der welfischen Territorien entstehen für die lateinische Gelegenheitsdichtung im Herzogtum Braunschweig-Lüneburg relevante Drucke, und es ist sicher anzunehmen, dass bei weiterer Recherche noch andere Drucke Bezüge in die Städte und zu den Persönlichkeiten des Herzogtums aufweisen dürften. Andererseits ist bei Personen, die außer im Herzogtum Braunschweig-Lüneburg auch in anderen Regionen Deutschlands tätig waren, nicht immer eindeutig der Wirkungskontext eines Druckes abgrenzbar, so dass sich im Folgenden aufgezählte Drucke bei näherer Analyse auch als nicht zugehörig erweisen können.[723] Während

---

[722] Vgl. RESKE (2007), S. 1032.

[723] Exemplarisch sei auf das literarische Wirken des Johannes Caselius verwiesen, dessen in Helmstedt entstandenen Schriften teilweise aus dem Herzogtum Braunschweig-Lüneburg hinausweisen, wie auch seine an anderem Wirkungsort entstandenen Schrif-

sich für das 16. Jahrhundert dabei noch relativ einfach die wenigen betreffenden Drucke ermitteln lassen, steigt die Zahl der relevanten Druckorte und Drucke im 17. Jahrhundert deutlich an, so dass eine überregional erweiterte Recherche nach Gedichtdrucken mit Bezug zum Herzogtum Braunschweig-Lüneburg im VD 17 gewisse weiterhin relevante Drucke als die wenigen, gleichsam *en passant* ermittelten und im Folgenden genannten hervorbringen dürfte. Die nachfolgend aufgelisteten Drucke sind zum größten Teil in überregional bedeutsamen deutschen Universitätsstädten (Erfurt, Frankfurt an der Oder, Halle an der Saale, Heidelberg, Ingolstadt, Jena, Leipzig, Rinteln, Rostock, Straßburg, Tübingen und Wittenberg), an wichtigen Handelsplätzen (Bremen, Frankfurt am Main, Hamburg, Leipzig, Magdeburg, Nürnberg) oder in dem Herzogtum Braunschweig-Lüneburg nahe gelegenen Städten (Halberstadt, Kassel, Lemgo, Mühlhausen, Rinteln) entstanden. Offensichtlich sind individuelle familiäre und berufliche Beziehungen als Ursache für die überregionale Beziehung von Entstehungszusammenhang und Druckort anzunehmen.[724] Im Kontext der vorliegenden Untersuchung sind dementsprechend die folgenden Orte, Drucker und Drucke in alphabetischer Reihenfolge zu nennen:[725] Bremen, Hermann Brauer d. Ä. (VD 17 23:321611W). Bremen, Bernhard Peters (VD 16 T 611). Erfurt, Konrad Dreher (VD 16 G 3480 und ZV 16107). Erfurt, Martin Wittel (ohne VD 16 = Wolfenbüttel, HAB: *M: Db 4983*). Frankfurt am Main, Christian Egenolff d. Ä. Erben (VD 16 L 2826 = L 2806). Frankfurt am Main, Christoph Rab (VD 16 F 2656). Frankfurt an der Oder, Johann Eichorn d. J. (VD 16 H 4760). Görlitz, Ambrosius Fritsch Erben (VD 16 K 1490). Halberstadt, Johann Erasmus Hynitzsch d. J. (VD 17 23:308373H und 23:669576X). Halberstadt, Andreas Kolwald (VD 17 23:331303S). Halberstadt, Andreas Kolwald Erben (VD 17 23:318535M). Halberstadt, Georg Kote (VD 16 S 3142, S 3144, S 3145 und S 3156 = S 3141). Halle an der Saale, Paul Gräber (VD 16 O 629, O 638, O 641, O 643, O 654 und ZV 11967). Halle an der Saale, Achatius Lieskau (VD 16 O 626, O 640 und O 651). Halle an der Saale, Wolfgang Meissner (VD 16 O 645). Hamburg, Hans Binder (VD 16 A 87). Hamburg, Heinrich Binder (VD 16 B 8328). Hamburg, Heinrich Binder Erben (VD 16 H 4286). Hamburg, Ernst Jandeck (VD 16 B 6327 = B 6291 und T 613). Hamburg, Jakob Wolff (VD 16 N 1364). Hamburg, Jakob Wolff Erben (VD 16 T 610). Heidelberg, Hans Kohl (ohne VD 16 = Wolfenbüttel, HAB: *A: 95.10 Quod. 2° (135)*). Heidelberg, Johann Spieß (VD 16 ZV 3228). Ingolstadt, Wolfgang Eder (VD 16 N 1378). Jena, Tobias Steinmann (VD 16 D 1760 = M 6014). Kassel, Salomon Schadewitz (VD 17

---

ten sich auf das welfische Territorium beziehen können.

[724]   Vgl. Düselder (1999), S. 224.

[725]   Für weiterführende Hinweise zu diesen Druckern vgl. Reske (2007).

23:315064H). Leipzig, Johann Beyer (VD 16 C 2194). Leipzig, Georg Deffner (VD 16 B 1818). Leipzig, Abraham Lamberg (VD 16 A 3759 und ZV 22156). Leipzig, Michael Lantzenberger (VD 16 K 1494). Leipzig, Hans Rambau d. Ä. (VD 16 C 1328, C 2233 und K 2462). Leipzig, unbekannt (VD 16 C 1262 = C 1310 = G 3058). Lemgo, Konrad Grothe (VD 16 A 4472, B 5866, S 3152 = S 3151, T 612 und ZV 7195). Lemgo, Konrad Grothe Erben (VD 16 S 2099). Magdeburg, Michael Lotter (VD 16 B 9979). Magdeburg, Wilhelm Ross (VD 16 S 3150). Mühlhausen, Georg Hantzsch (VD 16 T 786). Nürnberg, Wolfgang Endter d. Ä. (VD 17 39:110415D). Nürnberg, Katharina Gerlach (VD 16 B 1808). Rinteln, Peter Lucius d. Ä. (VD 17 23:231035H, 23:283930U und 23:632794R). Rinteln, Peter Lucius d. J. (VD 17 23:319830U). Rinteln, Gottfried Kaspar Wächter (VD 17 547:649774M). Rostock, Augustin Ferber d. Ä. (VD 16 ZV 5534). Rostock, Jakob Lucius d. Ä. (VD 16 B 735 = C 1331, C 1300 und G 1458). Rostock, Stephan Möllemann (VD 16 B 5984, C 1282, C 1284, C 1307, C 1318, C 1329 und ZV 3101). Rostock, unbekannt (VD 16 C 1335). Straßburg, Anton Bertram (VD 16 F 2660). Tübingen, Georg Gruppenbach (VD 16 ZV 3239). Wittenberg, Johann Hake d. J. (VD 17 23:327329Y und 23:327342H). Wittenberg, Martin Henckel (VD 17 7:700402K). Wittenberg, Johann Krafft d. Ä. (VD 16 A 86, A 1698 = B 6495, B 1810, C 1248 = B 5980 = C 1297, C 1289 = C 1359, C 1292, C 1309, C 1349, C 1350 = W 4684 und D 334). Wittenberg, Johann Krafft d. Ä. Erben (VD 16 P 738 und ZV 5099). Wittenberg, Johann Krafft d. J. (VD 16 O 644). Wittenberg, Zacharias Krafft (VD 16 ZV 3030). Wittenberg, Veit Kreutzer (VD 16 D 405, P 4511 = L 2370 und L 2371). Wittenberg, Zacharias Lehmann (VD 16 H 3734 und ZV 2220). Wittenberg, Jakob Lucius d. Ä. (VD 16 B 1811, B 1812, B 1815, B 1817 und ZV 1288). Wittenberg, Georg Müller d. Ä. (VD 16 F 2653, F 2655 und M 6013). Wittenberg, Nickel Schirlentz (VD 16 B 9985). Wittenberg, Clemens Schleich und Anton Schöne (VD 16 G 1349, H 4714 und ZV 4296). Wittenberg, Anton Schöne (VD 16 L 2737). Wittenberg, Lorenz Schwenck (VD 16 ZV 2236). Wittenberg, unbekannt (VD 16 B 6491, C 1280, C 1286, C 1303, L 2372, ZV 10474 und ohne VD 16 = Wolfenbüttel, HAB: *A: 37.8 Poet. (6)*). Zerbst, Bonaventura Schmidt (VD 16 N 1363).

608

4. Zusammenfassende Beobachtungen

Obwohl die vorstehenden Ausführungen umfangreich sind, können sie den tatsächlich möglichen Ertrag der Auswertung von braunschweigisch-lüneburgischer Gelegenheitsdichtung nicht angemessen darbieten. Vielmehr sollen sie einen Überblick geben und auch eine gewisse Vorstellung davon vermitteln, wie sich aus der Auswertung von Gelegenheitsgedichten unter Einbeziehung von weiteren lateinischen und deutschen Personalschriften, Archivalien und erhaltenen Ausrüstungsgegenständen soziale und biographische Gegebenheiten nach über dreihundert oder vierhundert Jahren rekonstruieren und sichern lassen. Neben den Merkmalen zur literarischen Gestaltung und Motivation der Gedichte zeigt die diachrone Betrachtung der Texte jeweils einer Familie, eines Freundeskreises oder eines Schulkollegiums neben den persönlichen Verbindungen der beteiligten Personen auch ihren individuellen Aufstieg und beruflichen Werdegang. Titel, Widmungen und Subskriptionen sowie vereinzelt auch in den Gedichten enthaltene Anspielungen dienen somit nicht nur der punktuellen Legitimation, sondern helfen auch bei der Rekonstruktion einzelner biographischer Stationen. Von dieser kontextbezogenen Art der Auswertung bleibt eine gattungsimmanente Analyse unbenommen, die die Gelegenheitsgedichte als konventionalisierte Texte im Vergleich zu zeitgenössischen Poetiken untersuchen kann.

In Hinblick auf die Analyse der Gelegenheitsdichtung ist deshalb zunächst noch die Präsentation einzelner, den Kapiteln übergeordneter Erkenntnisse erstrebenswert. Dabei ist besonders darauf einzugehen, in welchem Kontext die beteiligten Personen und Personenkreise zueinander stehen [1], wie ein Dichter sich gegenüber verschiedenen Widmungsempfängern präsentiert [2], wie Gedichte zu identischen Anlässen ähnlich oder abweichend gestaltet werden [3], welche Themen und Stoffe dabei häufig oder intensiv rezipiert werden [4] und wie der einzelne Gelegenheitsdruck gestaltet wird [5].

1. Nicht nur innerhalb der einzelnen Familien und Kollegien bestehen reiche Beziehungen, sondern es ist auch ein Austausch dieser Personengruppen untereinander ersichtlich, der zur gelehrten Vernetzung beiträgt. So wirkt der Hannoveraner David Meier nach seinem Studium in Wittenberg beispielsweise zunächst als Lehrer in Braunschweig, dann in Hannover und schließlich ebenda als Pastor. In ähnlicher Weise ist Johannes Frieda im Kontext der Fa-

milie Beckmann als *alumnus* des Rektors in Hannover und später im Kontext der Familie Averberg als Medizinstudent in Helmstedt belegt. Sowohl Meier als auch Frieda gehören nicht wie beispielsweise Heinrich Meibom oder Johannes Caselius zur allerhöchsten Bildungselite des Herzogtums und stellen dennoch exemplarische Bindeglieder zwischen braunschweigisch-lüneburgischen Studenten an der *Academia Leucorea*, Lehrern in Braunschweig, Lehrern in Hannover und lutherischen Theologen dar. Ebenso auffällig ist eine vergleichbare Verknüpfung zwischen den Familien Hesshusen, Hesichius und Speckhan: während Heinrich Hesshusen im Jahr 1580 die Bremerin Gesa Hesichius heiratet, heiratet sein Bruder Gottfried Hesshusen im Jahr 1582 die Helmstedter Universitätsbeamtentochter Rebecca Speckhan, deren Vater ebenfalls aus Bremen stammt. Gesa Hesichius ist wiederum die Tochter des Johannes Hesichius aus Bremen, der Gesa Speckhan, eine Tante der Rebecca Speckhan geheiratet hatte. Derartige familiäre Verbindungen lassen sich an diversen Stellen finden und weisen deutlich darauf hin, dass die Heirat im Familienkreis der jeweiligen Universitäts- oder Schulkollegen wie auch im Familienkreis der ehemaligen Kommilitonen oder Freunde nicht nur als soziales Phänomen üblich, sondern vielmehr als soziales Prinzip regelrecht gepflegt und gefördert wurde. Als wichtigstes verbindendes Zentrum der gesamten gelehrten Kultur im Herzogtum Braunschweig-Lüneburg erweist sich dabei die *Academia Iulia* in Helmstedt. Der Großteil der für diese Untersuchung relevanten akademisch ausgebildeten Personen lässt sich dort nachweisen, und aus der zeitgleichen Immatrikulation oder Promotion mancher Studenten und ihrem späteren gemeinsamen dichterischen Wirken geht eine lebenslange Verbundenheit hervor. Dafür seien exemplarisch die gemeinsame Immatrikulation und das spätere gemeinsame Wirken des Heinrich Schele, des Hieronymus Schinckel und des Georg Henning im Umfeld der Familie Hesshusen ebenso erwähnt wie auch die gemeinsame Magisterpromotion und das spätere gemeinsame Wirken des Johannes Kroneberg und des Johann Frisius im Umfeld der Familie Averberg. Während Studenten aus dem Herzogtum Braunschweig-Lüneburg vor der Gründung der Helmstedter Universität zwangsläufig in anderen Städten und Territorien, zumeist in Rostock, studieren mussten, entwickelt sich mit der braunschweigisch-lüneburgischen Landesuniversität schnell ein akademisches Zentrum, an dem die meisten Studenten heimatnah ausgebildet werden. Einzelne Studenten sind weiterhin an anderen Universitäten belegt, und besonders das Theologiestudium an der Universität Wittenberg behält seinen Wert als Keimzelle der lutherischen Theologie, zeigt aber auch deutliche Züge des Elitären. Der dabei erfolgte gemeinsame Weggang aus dem Braunschweigischen und die gemeinsame Immatrikulation des Braunschweiger Superintendentensohnes Martin Chemnitz

d. J. und des Braunschweiger Arztsohnes Hermann Konerding an der Universität Wittenberg ist in diesem Zusammenhang auch nur ein Beispiel für gemeinsames akademisches Zusammenleben, denn die gemeinsame Immatrikulation von Brüdern ist sogar der Regelfall, wie es für Martin Chemnitz d. J. und Paul Chemnitz, für Heinrich Hesshusen und Gottfried Hesshusen oder auch für Johann Heinrich Meibom und David Meibom belegt ist.

2. Grundsätzlich gilt, dass die Verfasser der lateinischen Gelegenheitsdichtung in den welfischen Territorien sich desto stärker persönlich involviert geben, je mehr ihnen der oder die Widmungsempfänger gesellschaftlich äquivalent anzusetzen sind. Somit ist eine meistens identische verwandtschaftlich, freundschaftlich oder kollegial gesonnene Ebene des Umgangs jeweils unter den Angehörigen einer Familie, innerhalb der Schulkollegien und innerhalb des Professorenkollegiums der Universität Helmstedt anzutreffen, während Dichter, die sich aus ihrer sozialen Gruppe an den Angehörigen einer anderen dieser drei genannten Gruppen wenden, in zwei möglichen Formen der Ausprägung deutlich distanziert erscheinen: Wendet sich ein Verfasser an einen sozial höher stehenden Widmungsempfänger oder gar den herzoglichen Hof, so sind derartige Gedichte in besonderem Maße von Elementen der Panegyrik geprägt und zeigen den jeweiligen Dichter deutlich als sich empfehlende und dienende Person. Wendet sich hingegen ein Verfasser an einen sozial niedriger stehenden Empfänger, so zeigen diese Gedichte im Regelfall weniger persönliche Züge und sind stattdessen eher vom Charakter der zu erfüllenden Dichterpflicht geprägt. Das Erscheinungsbild der Gelegenheitsdichtung wird somit im Allgemeinen durch die Strukturen hierarchischen Denkens vorgegeben und zeigt wenige diese Hierarchie durchbrechende Ansätze. Exemplarisch sei dazu die Person des Heinrich Meibom d. Ä. herangezogen. Auffällig ist zunächst, dass Meiboms Gedichte zu beliebigen Anlässen für Bürger, einfache Akademiker und städtische Amtsträger tendenziell nur wenig umfangreich sind und er zumeist sogar nur ein der eigentlichen Gedichtsammlung vorangestelltes Widmungsepigramm schreibt, wohingegen seine für Angehörige des Helmstedter Professorenkollegiums und den braunschweigisch-lüneburgischen Hof verfassten Gedichte jeweils einen wesentlich größeren Umfang haben, so beispielsweise das Epithalamion zur Heirat des Professors Johannes Olearius mit der Professorentochter Anna Hesshusen (1579, VD 16 M 1932) sowie die *Exequiae* anlässlich des Todes der Herzogin Dorothea von Braunschweig-Lüneburg (1587, VD 16 M 1939). Diese Beobachtung ist durch Meiboms Status als Professor für Poesie und somit durch seine Rolle als *vates Iulii* gemäß der Helmstedter Universitätsstatuten begründet. Ebenso wandelbar wie der Umfang der Gedichte ist auch die Subskription, mit der Meibom wie andere Verfasser auch jeweils selbst seine Funktion bezeichnet.

So unterzeichnet er die *gratulatio* anlässlich der juristischen Doktorpromotion des Martin Chemnitz d. J. als *M[agister]* (1588, VD 16 H 4760) und widmet das Epicedion auf den Tod des Theologieprofessors Tilman Hesshusen seinem *collega amicissimus* (1589, VD 16 O 651). Das Epithalamion zur Heirat von Auctor Hustedt und Anna Cubbeling unterzeichnet er mit *Henricus Meibomi-us Poëta Laureatus Caesarius, & acad. Iuliae professor* αὐτοσχεδίως *f(ecit)* (1590, VD 16 ZV 13816), das Epicedion auf den Tod des Hans Jagemann als *Poëta Caesarius* und Professor (1592, VD 16 S 1877) und das Epithalamion auf Johannes Magius und Anna Neukirch als *Poëta Caesarius, Academiae Juliae Profess. Histo. & Poëtic.* (1595, VD 16 H 190 = M 1942 = S 6365). Die *gratulatio* zur medizinischen Doktorpromotion des Joachim Middendorf widmet Meibom wiederum dem *amicus amicissimus* (1597, VD 16 S 10202), und das Epithalamion zur Heirat von Johann Peparinus und Anna Agnes Ive unterzeichnet er als *Poëta & Historicus* (1613, VD 17 23:253891A). In der Subskription des Epicedions auf den Tod des Johann Peparinus bezeichnet er sich wiederum als *Acad. Iuliae Professor* (1623, VD 17 23:634019X). Wendet sich Meibom gezielt an einen ihm freundschaftlich verbundenen Widmungsempfänger, so unterzeichnet er ohne seine nähere Funktionsbezeichnung. In den genannten Fällen, in denen er als kaiserlich gekrönter Dichter und Professor und gegebenenfalls unter Beifügung seiner Fächer unterzeichnet, wendet er sich als Beiträger einer Gedichtsammlung an Lehrer. Die vollständige Funktionsbezeichnung dient dann der akademischen Legitimation und soll den Dichter aus der gesamten Gruppe der Beiträger deutlich herausheben. Eine vergleichbare Vorgehensweise des Dichters ist beim Helmstedter Professor Rudolph Diephold zu beobachten. In Glückwunschgedichten an Absolventen der *Academia Iulia* zeigt er sich eher distanziert und wenig persönlich involviert, so in den *gratulationes* zur Promotion des Christian Marbostel (1597, VD 16 ZV 3253) und des Johann Peparinus (1612, VD 17 1:621592G). Bezieht sich Diephold jedoch auf Anlässe aus dem familiären Umfeld seiner Universitätskollegen, so erhält seine Dichtung eine persönlichere Note, wie dies beispielsweise zur Heirat der Professorentochter Anna Sophia Caselius mit Theodor Hupäus (1599, VD 16 N 2119) sowie zur Heirat des Professorensohnes Johann Heinrich Meibom mit Elisabeth Averberg (1622, VD 17 1:089073R) erkennbar ist.

3. Bezüglich der Umgangsweise mit verschiedenen Anlässen ist festzuhalten, dass jeweils bestimmte τόποι in unterschiedlich starker Ausprägung immer wieder dichterisch verarbeitet werden. In Glückwunschgedichten zur erfolgten Promotion wird beispielsweise topisch auf die *sapientia* des Widmungsempfängers verwiesen, seine akademischen Bemühungen und Anstrengungen hervorgehoben und bisweilen auch der gleichsam kultische Dienst des Ab-

solventen an der jeweiligen antiken Schutzgottheit betont. Auch die Durchsicht der Epithalamien zeigt durchweg einheitliche Züge mit Abweichungen in ihrer jeweiligen Ausprägung. So wird in der Tradition Ovids oftmals das Verliebtsein als Leiden geschildert, das durch die Heirat eine Linderung erfährt. Besonders bei zuvor erfolgter Verwitwung wird dieser Aspekt sehr betont, und der Ehepartner erscheint dann bisweilen in der Rolle des heilbringenden Medikaments oder des heilenden Arztes. Für viele Epithalamien ist beispielsweise auch die Anrufung des Apoll und der Muse Kalliope topisch, die dann als mythisches Elternpaar des Hymenaios, des Gottes der Eheschließung, eingesetzt werden.[726] Grundsätzlich sind Hochzeitsgedichte immer mit einer gewissen sexuellen Konnotation versehen, deren inhaltliche Tiefe variiert. Während die Bitte des Dichters für ein glückliches Miteinander und eine große Nachkommenschaft der Widmungsempfänger aus Adel und Bürgertum gleichermaßen formuliert wird, variiert die Darstellung der dabei zum Ausdruck gebrachten sexuellen Interaktion der Eheleute.[727] Außerdem werden bei Gedichten zur ersten Heirat einer jungen Frau im Regelfall ihre *castitas* und ihre *virginitas* betont, während bei der erneuten Heirat einer verwitweten Frau andere positive Aspekte wie ihr *honor* hervorgehoben werden.[728] Wenn Verfasser und Widmungsempfänger auf einer gesellschaftlichen Ebene beispielsweise innerhalb eines Kollegiums oder eines Freundeskreises agieren, so werden im Regelfall deutlich konkretere und bisweilen derbe bis obszöne Szenen des der Heirat folgenden *certamen lecti* gestaltet, die auch ausschließlich einer engen Vertrautheit noch angemessen scheinen können.

4. Als dichterische Themen und bekannte literarische Vorlagen werden einerseits Stoffe der antiken Mythologie und biblische Perikopen andererseits verarbeitet. Im Kontext des Hochzeitsgedichts greifen die Dichter somit überdurchschnittlich häufig auf das soeben genannte Motiv des von Apoll angeführten Musenreigens, das Wirken der Liebesgöttin Venus und die antike Gattung des *Hymenaeus* zurück, während beispielsweise bei juristischen Doktorpromotionen das Wirken der Themis und der Athene als Göttinnen der Fachwissenschaft wie auch der Wissenschaften im Allgemeinen eingesetzt werden. In

---

[726] Vgl. HORSTMANN (2004), S. 195-196. Zum Epithalamion vgl. allgemein auch die Untersuchung von JERMANN (1967).

[727] HORSTMANN (2004), S. 136 benennt eben diese drei Kriterien bereits für die lateinischen Epithalamien der Spätantike: „Aufforderung [*sic!*] zum einträchtigen Zusammenleben", „Wunsch auf baldige Nachkommenschaft" und „Aufforderung zum Vollzug der Ehe".

[728] Zur Bedeutung der *virginitas* in Epithalamien und zum literarisch-anatomischen Begriffspaar *Hymenaios* und *hymen* vgl. HORSTMANN (2004), S. 197-198.

Glückwunschgedichten zum Beginn des neuen Jahres erscheint regelmäßig der doppelköpfige Ianus, der auf das vergangene Jahr zurück- und auf das beginnende Jahr vorausschaut. Die Rezeption der biblischen Texte ist in ihrer Gesamtheit ebenfalls auf wenige, sehr häufige Stoffe bezogen. Im Kontext des Epithalamions erscheinen dabei sehr oft Paraphrasen zu Gen. 2,18–3,19 wie auch zu Ps. 128, in deren inhaltlichem Zentrum dann die Erschaffung des Mannes und der Frau füreinander als Einsetzung der ersten Ehe durch Gott und der Blick auf das spätere Familienleben stehen und die trotz identischer Vorlage immer wieder variierende dichterische Umsetzungen bieten. Im Kontext der Trauergedichte werden ebenfalls oft Bilder aus der endzeitlichen Vorstellung nach Offb. 19–22 verarbeitet, die dann besonders dem Charakter der christlichen *consolatio* entsprechen. Neben diesen thematisch spezifischen und anlassgebundenen Perikopen werden zu verschiedenen Anlässen auch besonders häufig dem Anlass angemessene Erzählungen der alttestamentlichen Apokryphen ausgewählt und verarbeitet. Als Beispiele seien dazu die apokryphen Erzählungen von Tobias, Susanna oder auch dem Makkabäeraufstand genannt. Zunächst mag es überraschend erscheinen, dass im Kontext des frühen lutherischen Protestantismus ausgerechnet Texte des römisch-katholischen Kanons einen hohen Grad an Beliebtheit genießen, aber die alttestamentlichen Apokryphen wurden ebenso wie auch die apokryphen Evangelien sowohl aufgrund ihres zumeist attraktiven narrativen Gehalts als auch wegen ihres didaktischen Charakters als *exempla* seit dem Mittelalter rezipiert und auch von Martin Luther in seiner Funktion als Bibelübersetzer als „der Heiligen Schrift nicht gleichzuhalten und doch nützlich und gut zu lesen" bezeichnet.[729] Die eigentlich deuterokanonischen Themen sind somit nicht nur literarisch legitimiert, sondern geradezu reformatorisch empfohlen.

5. Sofern offensichtlich oder leicht bestimmbar sind in der vorliegenden Untersuchung auch Hinweise zur Provenienz einzelner Exemplare oder bezüglich der Druckgestaltung von Gedichtsammlungen aufgenommen. Diese Hinweise dürfen jedoch nicht als repräsentativ für die Gesamtheit der Gelegenheitsgedichte im Herzogtum Braunschweig-Lüneburg interpretiert werden. Sie sind vielmehr exemplarisch und im Sinne der Erkenntnissicherung zu sehen. So ist aus den vereinzelten Hinweisen zur bildlichen Gestaltung der Drucke mit Holzschnitten beispielsweise zu entnehmen, dass die dabei verwendeten Druckstöcke nicht personalisiert eingesetzt, sondern wie in Kapitel 3 vermerkt in identischer Gestaltung für verschiedene Anlässe genutzt und auch über län-

---

[729]   Zitiert nach Rösel (2002), S. 94. Auf den exemplarisch didaktischen Charakter der biblischen Stoffe im Kontext der lateinischen Epithalamien ab der Spätantike weist Horstmann (2004), S. 148 hin.

gere Zeiträume in einer Offizin weiterverwendet wurden. Ebenso wie sich die Gelegenheitsgedichte als anlassgebundene Gebrauchsliteratur zeigen, tragen auch die illustrierenden Holzschnitte vielfach einen oberflächlichen Gebrauchscharakter und erinnern in ihrer ästhetischen Dimension an die oftmals künstlerisch ebenfalls beliebigen *cliparts* des modernen Computerlayouts.

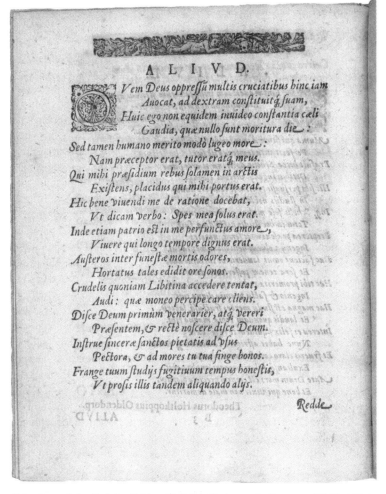

Epicedien auf den Tod des Rektors Christian Beckmann in Hannover (Wolfenbüttel, HAB: *H: 486 Helmst. Dr. (2)*, VD 17 23:264269S). Am oberen Rand ist das mehrfach erwähnte Holzschnittband zur *vanitas*-Symbolik gemäß Pred. 1,2 mit Sanduhr, Putto und Totenschädel zu erkennen. Jakob Lucius d. J. verwendete es in seinen Helmstedter Drucken in unveränderter Form unter anderem nachweislich in den Jahren 1598 (VD 16 M 1927), 1599 (VD 16 N 2119), 1600 (VD 16 ZV 6851), 1602 (VD 17 23:262933F und 23:278635K), 1607 (VD 17 23:264269S) und 1615 (VD 17 23:321189A). Andere Drucker verwenden ihre eigenen Varianten des Motivs, so beispielsweise Johann Vogt in Goslar (1605, VD 17 23:309595B) und Jakob Müller in Helmstedt (1670, VD 17 7:692357L).

(Foto: Herzog August Bibliothek Wolfenbüttel, 28. April 2009)

5. Schluss

Die frühneuzeitliche lateinische Gelegenheitsdichtung aus den welfischen Territorien ist in der vorliegenden Untersuchung auf der Basis einer breiten Recherche exemplarisch erfasst. Ein besonderer Schwerpunkt ist dabei auf Vertreter des städtischen Bürgertums gesetzt, während bedeutende Einzelpersonen oder Angehörige des Hauses Braunschweig-Lüneburg ebenso wie andere Adelige nicht erschöpfend behandelt sind und wie an der jeweiligen Stelle bereits vermerkt Einzeluntersuchungen bedürfen. Die Auswertung der gesammelten und dargestellten Daten zeigt ein echtes Netzwerk von Personen, Verwandten und Freunden, eine *textura*, die sich mit ihren Knotenpunkten über die geographische Untersuchungsregion erstreckt – und für den modernen Rezipienten im Vergleich mit den so genannten elektronischen *social network services* des frühen 21. Jahrhunderts erstaunlich aktuell wirkt. Das Ergebnis ist somit keine bloße Summe von nebeneinander gestellten und analysierten Einzeltexten, sondern eine vernetzte Struktur, die die personellen, institutionellen und funktionalen Beziehungen der Verfasser und Widmungsempfänger zueinander aufzeigt und eine im Kern relativ kleine, aber produktive Gruppe von dichtenden Männern mehrerer Generationen veranschaulicht, die füreinander über mehr als ein Jahrhundert lateinische Dichtung verfasst und einander gewidmet haben.[730]

Ihre lateinische Gelegenheitsdichtung wird in zunehmendem Maße und ab dem Zeitalter des Barock nahezu vollständig von verschiedenen, nebeneinander bestehenden Strömungen der deutschsprachigen Dichtung abgelöst – im protestantischen Nord- und Mitteldeutschland noch wesentlich schneller als im römisch-katholischen Süddeutschland oder in Österreich.[731] Die Anfänge der deutschen Literatur können nur im historischen Kontext zu Italien und Frankreich, später auch Holland und England betrachtet werden. Während in diesen Ländern literarische Werke früh in der jeweiligen Volkssprache verfasst wurden, schrieben

---

[730] Vgl. HAYE (2005), S. 166. HAYE (2010), S. 240 weist nach, dass zuvor im Mittelalter im sächsisch-niedersächsischen Raum „niemals eine lateinische Dichterlandschaft mit stabilen Gattungstraditionen und dauerhaften poetischen Milieus" bestand, sondern sich vielmehr Einzelleistungen herausheben.

[731] Zur neulateinischen Dichtung im deutschen Barock vgl. MEID (2008), S. 3–8, NIEFANGER (2006), S. 106–108 und SZYROCKI (1997), S. 185–191.

deutsche Autoren der humanistischen geistigen Elite weiterhin anspruchsvolle Dichtung in lateinischer Sprache, wohingegen der bereits zuvor bekannte deutschsprachige Meistersang als kleinbürgerliche Handwerksdichtung abgetan wurde. Neben den tiefgreifenden historischen Umwälzungen wie dem Dreißigjährigen Krieg, der Leid, Not, Hunger und Tod in zuvor nicht gekanntem Maße über Mitteleuropa brachte, dem Streit zwischen den christlichen Konfessionen, der Pest einerseits und höfischem Prunk andererseits sowie der beginnenden Aufklärung, trugen besonders auch das 1624 in dem *Buch von der Deutschen Poeterey* veröffentlichte literarische Programm des Martin Opitz sowie die nachfolgend neugegründeten Sprachgesellschaften zur Förderung der deutschen Sprache bei. Mit der Gründung der *Fruchtbringenden Gesellschaft* am 24. August 1617 in Weimar entstand nach Vorbild der italienischen *Accademia della Crusca* eine erste institutionalisierte Vertretung der deutschen Sprache in der Literatur, zu der sich die lateinische Sprache parallel noch einige Jahrzehnte als Literatursprache behaupten konnte und dann den Rang einer Wissenschaftssprache einnehmen musste.[732] Die Einführung der deutschen Sprache in der deutschen Literatur konnte die Literaturproduktion allerdings noch nicht für breite Schichten öffnen, da vielmehr eine Form von Kunstdichtung entstand: „Kontinuität und Diskontinuität bestimmen so die Geschichte der deutschen Lyrik im 16. und 17. Jahrhundert."[733]
Innerhalb des Herzogtums Braunschweig-Lüneburg nahm das Fürstentum Braunschweig-Wolfenbüttel mit seiner Residenz in Wolfenbüttel an den deutschen und europäischen höfischen Strömungen der Zeit im Allgemeinen und den literarischen Strömungen im Speziellen „in besonders auffälliger, oft extremer Weise teil"[734]. Namentlich zu nennen sind besonders drei Herrscher, die für ihr Fürstentum literarisch prägend waren: Herzog Heinrich Julius von Braunschweig-Lüneburg wurde durch an seinem Hof weilende englische Dramatiker zur Abfassung diverser Dramen in deutscher Sprache inspiriert und förderte sein Hoftheater.[735] Herzog August II. von Braunschweig-Lüneburg begründete mit seiner bis in die Gegenwart existenten Bibliothek in Wolfenbüttel, der *Bibliotheca Augusta*, eine Wissens- und Forschungsstätte, die in bedeutendem Maße zur Blüte seines Lan-

---

[732] Zur Reform der deutschen Dichtung durch Martin Opitz vgl. MEID (2008), S. 2 und S. 83–86, NIEFANGER (2006), S. 90–91, SZYROCKI (1997), S. 111–128, das Nachwort bei MACHÉ/MEID (1980), S. 351–360 sowie die Einleitung bei MEID (1982), S. 9–20. Zur Epoche der deutschen Barockliteratur im Allgemeinen vgl. SZYROCKI (1997) und MÜNCH (1999), S. 136–146. Zur Gründung der *Fruchtbringenden Gesellschaft* im Speziellen vgl. OTTO (1972), S. 9 und S. 15.

[733] MEID (1982), S. 18.

[734] LIPPELT/SCHILDT (2003), S. 7.

[735] Vgl. NIEFANGER (2006), S. 178 und SZYROCKI (1997), S. 300–302.

des beitrug.[736] Augusts zweiter überlebender Sohn, der Herzog Anton Ulrich von Braunschweig-Lüneburg, schrieb für festliche familiäre Anlässe die Texte für zehn Opern in deutscher Sprache, die sein Hofkomponist Johann Jakob Löwe vertonte, sowie außerdem einige deutschsprachige höfisch-historische Romane.[737] Über die Tochter des Herzogs Karl I. von Braunschweig-Lüneburg, des Fürsten von Braunschweig-Wolfenbüttel-Bevern, die Prinzessin Anna Amalia von Braunschweig-Lüneburg, die spätere Herzogin von Sachsen-Weimar-Eisenach strahlte die Blüte der schönen Künste auch in die mitteldeutsche Residenzstadt Weimar aus, wo sich auf der Basis ihrer ausgewählten Bibliothek die Epoche der *Deutschen Klassik* entwickeln konnte.[738] Die Rolle, die das Herzogtum Braunschweig-Lüneburg mit seinen Höfen und seinen einzelnen gebildeten Persönlichkeiten in der Frühen Neuzeit innerhalb der deutschen Territorien spielte, kann somit nicht groß genug eingeschätzt werden.

Neben diesen auch aus dem Welfenland herausweisenden gelehrten Strömungen der deutschsprachigen Literatur weist die vorliegende Untersuchung außerdem diverse offene Forschungswege der bibliographischen, biographischen und neulatinistischen Literaturerschließung auf. Wie in der Einleitung erwähnt konnten im Regelfall Drucke nicht einbezogen werden, die aus verschiedenen Gründen nicht im VD 16 oder im VD 17 erfasst sind. Sofern dennoch Drucke auf anderem Wege als für diese Untersuchung relevant identifiziert werden konnten, wurden sie mit dem Hinweis *ohne VD 16* beziehungsweise *ohne VD 17* herangezogen – ihre Erfassung in den Datenbanken bleibt ebenso wünschenswert, wie auch besonders die genauere Durchsicht der derzeit nur in einem gedruckten Register erfassten zahlreichen lateinischen und deutschen Personalschriften in Prosa und Dichtung der Gottfried Wilhelm Leibniz Bibliothek – Niedersächsische Landesbibliothek in Hannover sowie der im Bereich *ZV ...* verzeichneten Ergänzungen der elektronischen Version des VD 16 und eine überregionale Recherche im VD 17 gewisse Ergänzungen zur lateinischen Gelegenheitsdichtung im Herzogtum Braunschweig-Lüneburg erwarten lässt.[739] Die bibliographische wie auch die literaturwissenschaftliche Erschließung der knapp 2050 ermittelten ~~einzelnen~~ Drucke sind somit auf bereits vorhandene, überwiegend elektronische Hilfsmittel gestützt, um das Verhältnis von Aufwand und Ergebnis angemessen zu halten. Besondere Erschließungslücken der vorliegenden Untersuchung können auch für Drucke vermutet werden, die ohne Ort und ohne Angabe des Druckers erschienen sind. Ermittelte Drucke unbekannter Entstehung sind somit berücksichtigt, wenngleich sie

---

[736] Vgl. NIEFANGER (2006), S. 86 und MILDE (1971).

[737] Vgl. NIEFANGER (2006), S. 176 und S. 198 sowie SZYROCKI (1997), S. 316.

[738] Zur deutschen Gelegenheitsdichtung am Hof in Weimar vgl. STOCKHORST (2002).

[739] Vgl. LINKE (1912).

nicht repräsentativ sein müssen. Nicht systematisch einbezogen werden konnten ferner Huldigungs-, Widmungs- oder Empfehlungsgedichte, die Werken der Prosa vorangestellt oder beigegeben sind und die somit über die bibliographischen Hilfsmittel nicht oder nicht eindeutig nachweisbar sind. Weitere Nachforschungen und eine allgemein immer weiter verbesserte bibliographische und digitale Erfassung der Bestände an alten Drucken in vornehmlich ostniedersächsischen Bibliotheken und Archiven dürften vorhandene Lücken aufzudecken und zu schließen helfen. Weiterhin dürfte beispielsweise auch die intensivere und systematische Zusammenführung der lateinischen Gelegenheitsgedichte mit den in dieser Untersuchung nur am Rande berücksichtigten sonstigen Personalschriften wie den zahlreichen deutschsprachigen Leichenpredigten, den tendenziell jüngeren Gedichten beliebigen Inhalts in deutscher Sprache, den inschriftlich überlieferten Textzeugnissen und den Erträgen der Stammbuchforschung intensivere bildungshistorische Einblicke in das Herzogtum Braunschweig-Lüneburg erlauben.[740] Folgeuntersuchungen könnten somit einzelne Aspekte und Personenbeziehungen intensiver und auf eine spezielle Fragestellung fokussiert mit mehr inhaltlicher Tiefe erschließen. Auch eine in der vorliegenden Studie nur angedeutete intensivere und systematische Einbeziehung von Archivgut aller Art sollte der biographischen und prosopographischen Erforschung des Herzogtums Braunschweig-Lüneburg weitere Impulse geben. Derartige auf der Basis der vorliegenden Untersuchung aufbauende Studien verschiedenster Art sind möglich und erscheinen besonders im regionalgeschichtlichen und genealogischen Kontext nötig.

---

[740] Zur Stammbuchforschung vgl. allgemein NIEFANGER (2006), S. 84 und exemplarisch auch LUDWIG (2006). Speziell zum Herzogtum Braunschweig-Lüneburg vgl. auch den Hinweis bei LUDWIG (2002), S. 226, der das Stammbuch des Heinrich Meibom d. Ä. und den darin auf *fol.* 75^r enthaltenen Eintrag des Joachim Mynsinger von Frundeck aus dem Jahr 1584 erwähnt (Dresden, SLUB: *Mscr. Dresd. k 292*). Als vorzügliches Hilfsmittel wäre im Rahmen einer weiterführenden Recherche beispielsweise die Online-Ressource *RAA – Repertorium Alborum Amicorum* unter http://www.raa.phil.uni-erlangen.de auszuwerten.

6. Bibliographie

Abkürzungen der Zeitschriften und Reihenwerke

ADB = Allgemeine Deutsche Biographie. Leipzig.

BBB = Beiträge zum Buch- und Bibliothekswesen. Wiesbaden.

BBKL = Biographisch-bibliographisches Kirchenlexikon. Hamm.

BzA = Beiträge zur Altertumskunde. München/Leipzig.

Chloe = Chloe. Beihefte zum Daphnis. Amsterdam.

CSEL = Corpus scriptorum ecclesiasticorum Latinorum. Wien.

DeWeZet = Deister- und Weserzeitung. Die Tageszeitung für das Weserbergland. Hameln.

DI = Die Deutschen Inschriften. München/Wiesbaden.

DVJS = Deutsche Vierteljahrsschrift für Literaturwissenschaft und Geistesgeschichte. Stuttgart.

Exlibris = Exlibris. Zeitschrift für Bücherzeichen-, Bibliothekenkunde und Gelehrtengeschichte. Görlitz.

Frühe Neuzeit = Frühe Neuzeit. Studien und Dokumente zur deutschen Literatur und Kultur im europäischen Kontext. Tübingen.

Gratia = Gratia. Bamberger Schriften zur Renaissanceforschung. Wiesbaden.

Hypomnemata = Hypomnemata. Untersuchungen zur Antike und zu ihrem Nachleben. Göttingen.

[2]MGG = Die Musik in Geschichte und Gegenwart. Allgemeine Enzyklopädie der Musik. Zweite, neubearbeitete Ausgabe. Kassel/Stuttgart/Weimar/Basel/London/New York/Prag.

MLR = The Modern Language Review. Leeds.

NDB = Neue Deutsche Biographie. Berlin.

NdSächsJbLdG = Niedersächsisches Jahrbuch für Landesgeschichte. Hannover.

NlatJb = Neulateinisches Jahrbuch. Journal of Neo-Latin Language and Literature. Hildesheim/Zürich/New York.

QFIAB = Quellen und Forschungen aus italienischen Archiven und Bibliotheken. Tübingen.

RUB = Reclams Universal-Bibliothek. Stuttgart.

Spolia Berolinensia = Spolia Berolinensia. Berliner Beiträge zur Geistes- und Kulturgeschichte des Mittelalters und der Neuzeit. Hildesheim.

ThLL = Thesaurus Linguae Latinae. Stuttgart/Leipzig/München.

²VL = Die deutsche Literatur des Mittelalters. Verfasserlexikon. Berlin/New York.

WS = Wiener Studien. Zeitschrift für Klassische Philologie, Patristik und lateinische Tradition. Wien.

ZfdPh = Zeitschrift für deutsche Philologie. Berlin/Bielefeld/München.

ZLGA = Zeitschrift des Vereins für Lübeckische Geschichte und Altertumskunde. Lübeck.

Accorsi, Maria Luisa/Zonta, Claudia [Hrsg.]: La matricola. Die Matrikel. 1573–1602. 1707–1727. Natio germanica Bononiae 1. Bologna 1999.

Alschner, Uwe: Universitätsbesuch in Helmstedt 1576–1810. Modell einer Matrikelanalyse am Beispiel einer norddeutschen Universität. Beihefte zum Braunschweigischen Jahrbuch 15. Braunschweig 1998.

Altmeyer, Thomas: Palladius, David. In: ²MGG 13 (2005), Sp. 49–50.

Arends, Otto Frederik: Gejstligheden i Slesvig og Holsten fra Reformationen til 1864. Personalhistoriske undersøgelser 1: A–K. København 1932a.

Arends, Otto Frederik: Gejstligheden i Slesvig og Holsten fra Reformationen til 1864. Personalhistoriske undersøgelser 2: L–Ø. København 1932b.

Arends, Otto Frederik: Gejstligheden i Slesvig og Holsten fra Reformationen til 1864. Personalhistoriske undersøgelser 3: Series Pastorum. København 1932c.

Arnold, Klaus: Städtelob und Stadtbeschreibung im späteren Mittelalter und in der Frühen Neuzeit. In: Johanek, Peter [Hrsg.]: Städtische Geschichtsschreibung im Spätmittelalter und in der Frühen Neuzeit. Städteforschung Reihe A: Darstellungen 47. Köln/Weimar/Wien 2000. S. 247–268.

Arnold, Werner: Die Inschriften der Stadt Göttingen. DI 19, Göttinger Reihe 1. München 1980.

Arnhold, Elmar: Alle Arten von bürgerlichen Wohn-Häusern. In: Paulus, Simon [Red.]: Hermann Korb und seine Zeit. 1656–1735. Barockes Bauen im Fürstentum Braunschweig-Wolfenbüttel. Begleitband zur gleichnamigen Ausstellung des Museums im Schloss Wolfenbüttel und des Fachgebiets Baugeschichte der Technischen Universität Braunschweig im Museum im Schloss Wolfenbüttel vom 23. September bis 19. November 2006. Braunschweig 2006. S. 185–226.

Arnswaldt, Werner Constantin von: Das Grabdenkmal des Henning Arneken in der Andreaskirche zu Hildesheim. In: Familiengeschichtliche Blätter. Monatsschrift zur Förderung der Familiengeschichtsforschung 15 (1917), Sp. 43–46.

Barner, Wilfried: Barockrhetorik. Untersuchungen zu ihren geschichtlichen Grundlagen. Tübingen 1970.

Bauks, Friedrich Wilhelm: Die evangelischen Pfarrer in Westfalen von der Reformationszeit bis 1945. Beiträge zur Westfälischen Kirchengeschichte 4. Bielefeld 1980.

Bautz, Friedrich Wilhelm: Caselius, Johannes. In: BBKL 1 (1990*a*), Sp. 947.

Bautz, Friedrich Wilhelm: Chemnitz, Martin. In: BBKL 1 (1990*b*), Sp. 991–992.

Bautz, Friedrich Wilhelm: Elisabeth von Münden. In: BBKL 1 (1990*c*), Sp. 1495–1497.

Bautz, Friedrich Wilhelm: Hesshus (Heßhusen), Tilemann. In: BBKL 2 (1990*d*), Sp. 789–791.

Bebermeyer, Gustav: Frischlin, Nikodemus. In: NDB 5 (1961), S. 620–621.

Berg, Dieter/Worstbrock, Franz Josef: Engelhus, Dietrich. In: ²VL 2 (1980), Sp. 556–561.

Bertheau, Carl: Freder, Johann. In: ADB 7 (1878), S. 331–332.

Bei der Wieden, Brage/Diehl, Gerhard: „Unser Otto?" „Gnedig vnd sanfftmütig?" Das Bild Kaiser Ottos IV. in der Historiographie der Frühen Neuzeit. In: Hucker, Bernd Ulrich/Hahn, Stefanie/Derda, Hans-Jürgen [Hrsg.]: Otto IV. Traum vom welfischen Kaisertum. Petersberg 2009. S. 307–318.

Boetticher, Manfred von: Niedersachsen im 16. Jahrhundert (1500–1618). In: Heuvel, Christine van den/Boetticher, Manfred von: Geschichte Niedersachsens 3,1: Politik, Wirtschaft und Gesellschaft von der Reformation bis zum Beginn des 19. Jahrhunderts. Veröffentlichungen der Historischen Kommission für Niedersachsen und Bremen 36. Hannover 1998. S. 19–116.

Böhler, Michael/Horch, Hans Otto [Hrsg.]: Kulturtopographie deutschsprachiger Literaturen. Perspektivierungen im Spannungsfeld von Integration und Differenz. Tübingen 2002.

Bokisch, Sabine: Die Braunschweigische Landeskirche – geistliche Belange und weltliche Administration in der Frühen Neuzeit. In: Lippelt, Christian/Schildt, Gerhard [Hrsg.]: Braunschweig-Wolfenbüttel in der Frühen Neuzeit. Neue historische Forschungen. Quellen und Forschungen zur Braunschweigischen Landesgeschichte 41. Braunschweig 2003. S. 51–66.

Bollmeyer, Matthias: Zur Erschließung eines unbekannten Einblattdruckes aus dem Jahr 1605 mit doppeltem Bezug zur Stadt Herford in Westfalen – Biographische und bibliographische Beiträge zum Juristen Matthäus Bexten und zu den lutherischen Theologen Johannes und Caspar Waterham. In: Jahrbuch für Westfälische Kirchengeschichte 105 (2009*a*), S. 21–43.

Bollmeyer, Matthias: Eine alteingesessene Hamelner Bürgerfamilie. Auf Spurensuche: Familie Bollmeyer aus Hameln / Hinweise gesucht. In: DeWeZet 162/225 (26.09.2009*b*), S. 65.

Bollmeyer, Matthias: *Augusta Trophaea* – ein lateinisches Glückwunschgedicht an Herzog Rudolph August von Braunschweig-Lüneburg auf einem bisher unbekannten Einblattdruck anlässlich der Befreiung der Stadt Trier im Jahr 1675. In: Kurtrierisches Jahrbuch 49 (2009*c*), S. 229–237.

Bolte, Johannes: Neukirch, Melchior. In: ADB 23 (1886*a*), S. 512–513.

Bolte, Johannes: Nicephorus, Hermann. In: ADB 23 (1886*b*), S. 568.

Brecher, Adolf: Chemnitz, Martin. In: ADB 4 (1876), S. 116–118.

Buck, August: Einleitung: Renaissance und Barock. In: Buck, August [Hrsg.]: Renaissance und Barock (I. Teil). Neues Handbuch der Literaturwissenschaft 9. Frankfurt am Main 1972. S. 1–27.

Bülow, Gottfried von: Cramer, Daniel. In: ADB 4 (1876), S. 546–547.

Bülow, Gottfried von: Venediger, Georg von. In: ADB 39 (1895), S. 604–605.

Bürk, Albert/Wille, Wilhelm [Bearb.]: Die Matrikeln der Universität Tübingen. Band 2: 1600–1710. Tübingen 1953.

Cäsar, Julius [Hrsg.]: Catalogus studiosorum scholae Marpurgensis. Pars prima: Viginti annorum spatium. Ab anno MDXXVII usque ad annum MDXLVII complectens. Marburg 1875.

Cäsar, Julius [Hrsg.]: Catalogus studiosorum scholae Marpurgensis. Pars quarta: Ab ineunte anno MDCV usque ad extremum annum MDCXXVIII pertinens. Marburg 1887.

Canitz, Friedrich Rudolph Ludwig von/Stenzel, Jürgen [Hrsg.]: Gedichte. Neudrucke deutscher Literaturwerke, Neue Folge 30. Tübingen 1982.

Classen, Carl Joachim: Die Stadt im Spiegel der *Descriptiones* und *Laudes urbium* in der antiken und mittelalterlichen Literatur bis zum Ende des zwölften Jahrhunderts. Beiträge zur Altertumswissenschaft 2. Hildesheim/New York 1980.

Conermann, Klaus: Die Mitglieder der Fruchtbringenden Gesellschaft 1617–1650. 527 Biographien, Transkription aller handschriftlichen Eintragungen und Kommentare zu den Abbildungen und Texten im Köthener Gesellschaftsbuch. Fruchtbringende Gesellschaft. Der Fruchtbringenden Gesellschaft geöffneter Erzschrein. Das Köthener Gesellschaftsbuch Fürst Ludwigs I. von Anhalt-Köthen 1617–1650, Band 3. Weinheim/Deerfield Beach 1985.

Deufert, Diane: Matthias Bergius (1536–1592). Antike Dichtungstradition im konfessionellen Zeitalter. Hypomnemata 186. Göttingen 2011 (Diss. Göttingen 2005).

Dilg, Peter: Cordus, Euricius. In: Worstbrock, Franz Josef [Hrsg.]: Deutscher Humanismus 1480–1520. Verfasserlexikon. Band 1: A–K. Berlin/New York 2008. Sp. 470–496.

Dolezal, Helmut: Cordus, Euricius. In: NDB 3 (1957), S. 358–359.

Doll, Eberhard: Dedekind, Friedrich. In: BBKL 20 (2002), Sp. 373–379.

Dollinger, Robert: Hesshus(en), Tilemann. In: NDB 9 (1972), S. 24–25.

Dorchenas, Ingeborg: Musäus, Simon (Meusel). In: BBKL 6 (1993), Sp. 376–380.

Droste, Heiko: Das Kasualgedicht des 17. Jahrhunderts in sozialhistorischer Perspektive. In: Keller, Andreas/Lösel, Elke/Wels, Ulrike/Wels, Volkhard [Hrsg.]: Theorie und Praxis der Kasualdichtung in der Frühen Neuzeit. Chloe 43. Amsterdam/New York 2010. S. 129–145.

Dürre, Hermann: Geschichte der Gelehrtenschulen zu Braunschweig. Erste Abtheilung: Vom elften Jahrhundert bis zum Jahr 1671. Ein Beitrag zur Geschichte der Stadt Braunschweig für das Jubeljahr 1861. Braunschweig 1861.

Düselder, Heike: Der Tod in Oldenburg. Sozial- und kulturgeschichtliche Untersuchungen zu Lebenswelten im 17. und 18. Jahrhundert. Veröffentlichungen der Historischen Kommission für Niedersachsen und Bremen 34, Quellen und Untersuchungen zur Wirtschafts- und Sozialgeschichte Niedersachsens in der Neuzeit 20. Hannover 1999.

Effe, Bernd/Binder, Gerhard: Antike Hirtendichtung. Eine Einführung. Düsseldorf/Zürich ²2001.

Elsmann, Thomas/Lietz, Hanno/Pettke, Sabine [Hrsg.]: Nathan Chytraeus. 1543–1598. Ein Humanist in Rostock und Bremen. Quellen und Studien. Bremen 1991.

Erler, Georg [Hrsg.]: Die Matrikel der Albertus-Universität zu Königsberg i. Pr. 1. Band: Die Immatrikulationen von 1544–1656. Publikation des Vereins für die Geschichte von Ost- und Westpreussen 16. Leipzig 1910.

Flemming, Willi: Dedekind, Friedrich. In: NDB 3 (1957), S. 551–552.

Flöter, Jonas: *Dic cur hic*. Sag, warum du hier bist. Joachimsthal – Berlin – Templin. 400 Jahre Joachimsthalsches Gymnasium. Katalog zu Ausstellung. Berlin 2007.

Förstemann, Karl Eduard: Album Academiae Vitebergensis. Ab a. Ch. MDII usque ad a. MDLX. Leipzig 1841.

Förstemann, Karl Eduard/Hartwig, Otto: Album Academiae Vitebergensis. Vol. 2: Ab a. Ch. MDII usque ad a. MDCII. Halle an der Saale 1894.

Frank, G[ustav]: Niemeier, Johann Barthold. In: ADB 23 (1886), S. 676–677.

Freytag, Hans-Joachim: Brunonen. In: NDB 2 (1955), S. 684–685.

Freytag, Hartmut: Über das Stadtlob des Zacharias Orth auf Stralsund (1562) und das Stadtlob des Peter Vietz auf Lübeck (1552). Eine literarhistorische Skizze. In: ZLGA 77 (1997), S. 29–48.

Friedland, Klaus: Erich I. In: NDB 4 (1959), S. 584.

Friedländer, Ernst/Liebe, Georg/Theuner, Emil [Hrsg.]: Aeltere Universitäts-Matrikeln. I: Universität Frankfurt a. O. Erster Band: 1506–1648. Publicationen aus den K. Preußischen Staatsarchiven 32. Leipzig 1887.

Friedländer, Ernst/Liebe, Georg/Theuner, Emil/Granier, Herman/Petersdorff, Herman von [Hrsg.]: Aeltere Universitäts-Matrikeln. II: Universität Greifswald. Erster Band: 1456–1645. Publicationen aus den K. Preußischen Staatsarchiven 52. Leipzig 1893.

Friedrich, Verena: St. Martini Braunschweig. Peda-Kunstführer 319. Passau 1995.

Fromm, [Ludwig]: Chytraeus, Nathan. In: ADB 4 (1876), S. 256.

Frotscher, Gerhard: Tilemann Heshusen. Ein Leben im Dienste der Lehre Luthers 1527–1588. Versuch einer kirchenpolitisch-familiengeschichtlichen Würdigung. Zu seinem 350. Todestag von einem Enkel XIII. Generation. Plauen 1938.

Fürstenau, Moriz: Gotschovius, Nicolaus. In: ADB 9 (1879), S. 448s.

Garber, Klaus: Gelegenheitsdichtung. Zehn Thesen – in Begleitung zu einem forscherlichen Osnabrücker Groß-Projekt. In: Keller, Andreas/Lösel, Elke/Wels, Ulrike/Wels, Volkhard [Hrsg.]: Theorie und Praxis der Kasualdichtung in der Frühen Neuzeit. Chloe 43. Amsterdam/New York 2010. S. 33–37.

Gaß, Wilhelm: Calixt, Georg. In: ADB 3 (1876a), S. 696–704.

Gaß, Willhelm: Cellarius, Balthasar. In: ADB 4 (1876b), S. 79–80.

Gaß, Wilhelm: Heßhusen, Tilemann. In: ADB 12 (1880), S. 314–316.

Gleixner, Ulrike: Der Professorenhaushalt. In: Bruning, Jens/Gleixner, Ulrike [Hrsg.]: Das Athen der Welfen. Die Reformuniversität Helmstedt 1576–1810. Ausstellung in der Herzog August Bibliothek Wolfenbüttel, in der Augusteerhalle, in der Schatzkammer, im Kabinett und im Globenkabinett vom 7. Februar bis 29. August 2010. Ausstellungskataloge der Herzog August Bibliothek 92. Wolfenbüttel 2010. S. 130–143.

Globig, Christine: Frauenordination im Kontext lutherischer Ekklesiologie. Ein Beitrag zum ökumenischen Gespräch. Kirche und Konfession 36. Göttingen 1994.

Goldbrunner, Hermann: Laudatio urbis. Zu neueren Untersuchungen über das humanistische Städtelob. In: QFIAB 63 (1983), S. 313–328.

Görges, Wilhelm/Nebe, August: Geschichte des Johanneums zu Lüneburg. Festschrift zur 500jährigen Jubelfeier des Johanneums im September 1906. Lüneburg 1907.

Greiff, Ursula: Dichter und Herrscher in lateinischen Gedichten aus der Mark Brandenburg (16. und 17. Jahrhundert). Spolia Berolinensia 26. Hildesheim 2006.

Gresky, Walter: Musäus-Forschungen. Berühmte Nachkommen eines Alt-Vetschauer Geschlechtes. Familienkundliche Hefte für die Niederlausitz 7. Cottbus 1939.

Grimm, Heinrich: Bocer, Johann. In: NDB 2 (1955), S. 339.

Haase, Carl: Die Lateinschule in Niedersachsen von der Reformation bis zur napoleonischen Zeit. In: NdSächsJbLdG 51 (1979), S. 137–194.

Halm, Karl von: Acidalius, Valens. In: ADB 1 (1875), S. 31–33.

Halporn, James Werner/Ostwald, Martin: Lateinische Metrik. Studienhefte zur Altertumswissenschaft 8. Göttingen ⁴1994.

Harms, Hans Heinrich: Corvinus, Antonius. In: NDB 3 (1957), S. 371–372.

Harsting, Pernille: From Melanchthonism to Mannerism: The Development of the Neo-Latin Wedding Poem in 16th Century Denmark. In: Haye, Thomas [Hrsg.]: Humanismus im Norden. Frühneuzeitliche Rezeption antiker Kultur und Literatur an Nord- und Ostsee. Chloe 32. Amsterdam/Atlanta 2000. S. 289–318.

Härtel, Helmar/Ekowski, Felix: Handschriften der Niedersächsischen Landesbibliothek Hannover. Zweiter Teil: *Ms I 176a – Ms Noviss. 64*. Mittelalterliche Handschriften in Niedersachsen 6. Wiesbaden 1982.

Hartfelder, Karl: Stigel, Johann. In: ADB 36 (1893), S. 228–230.

Haye, Thomas: Diskussionsbericht zum Arbeitsbereich Epicedium/Epitaphium. In: Lenz, Rudolf [Hrsg.]: Leichenpredigten als Quelle historischer Wissenschaften. Band 4. Stuttgart 2004. S. 269–272.

Haye, Thomas: Lateinisches Welfenland. Eine literaturgeschichtliche Topographie zur gelehrten Dichtung in den welfischen Fürstentümern des 16. Jahrhunderts. In: NdSächsJbLdG 77 (2005), S. 151–166.

Haye, Thomas: Die lateinische Poesie des Mittelalters im (nieder-)sächsischen Raum. In: NdSächsJbLdG 82 (2010), S. 221–240.

Haye, Thomas: Das älteste lateinische Loblied auf die Stadt Braunschweig. In: Braunschweigisches Jahrbuch für Landesgeschichte 92 (2011), S. 13–28.

Heinemann, Otto von: Die Handschriften der herzoglichen Bibliothek zu Wolfenbüttel. Erste Abtheilung: Die Helmstedter Handschriften 1. Wolfenbüttel 1884 (ND Frankfurt am Main 1963).

Henze, Ingrid: Der Lehrstuhl für Poesie an der Universität Helmstedt bis zum Tode Heinrich Meiboms d. Ält. († 1625). Eine Untersuchung zur Rezeption antiker Dichtung im lutherischen Späthumanismus. Beiträge zur Altertumswissenschaft 9. Hildesheim/Zürich/New York 1990.

Henze, Ingrid: Die Inschriften der Stadt Helmstedt bis 1800. DI 61, Göttinger Reihe 11. Wiesbaden 2005.

Hermelink, Heinrich [Hrsg.]: Die Matrikeln der Universität Tübingen. Erster Band: Die Matrikeln von 1477–1600. Stuttgart 1906.

Heß, Gilbert: Herkunft, Studium und Reisen. In: Will, Maresa [Red.]: Der Bücherfürst des 17. Jahrhunderts. Herzog August der Jüngere. Vernissage. Die Zeitschrift zur Ausstellung 136 (2004), S. 6–13.

Heuvel, Gerd van den: Niedersachsen im 17. Jahrhundert (1618–1714). In: Heuvel, Christine van den/Boetticher, Manfred von: Geschichte Niedersachsens 3,1: Politik, Wirtschaft und Gesellschaft von der Reformation bis zum Beginn des 19. Jahrhunderts. Veröffentlichungen der Historischen Kommission für Niedersachsen und Bremen 36. Hannover 1998. S. 117–218.

Hillebrand, Werner [Bearb.]: Die Matrikel der Universität Helmstedt 1636–1685. Veröffentlichungen der Historischen Kommission für Niedersachsen und Bremen 9,1,2. Hildesheim 1981.

Hintzenstern, Herbert von: Michael Praetorius Creuzburgensis (1571–1621). In: Pressestelle der Evangelisch-Lutherischen Kirche in Thüringen [Hrsg.]: *Laudate Dominum*. Achtzehn Beiträge zur thüringischen Kirchengeschichte. Festgabe zum 70. Geburtstag von Landesbischof D. Ingo Braecklein. Thüringer kirchliche Studien 3. Berlin 1976. S. 111–114.

Hirschler, Horst: Antonius Corvinus – heutige Annäherungen. In: Storch, Dietmar [Red.]: 450 Jahre Reformation im Calenberger Land und Allgemeiner Hannoverscher Klosterfonds. Hannover 1993. S. 9–25.

Hofmeister, Adolph [Hrsg.]: Die Matrikel der Universität Rostock. II: Mich. 1499–Ost. 1611. Rostock 1891.

Hofmeister, Adolph [Hrsg.]: Die Matrikel der Universität Rostock. III: Ost. 1611–Mich. 1694. Rostock 1895.

Holzberg, Niklas: Die römische Liebeselegie. Eine Einführung. Darmstadt 1990.

Horstmann, Sabine: Das Epithalamium in der lateinischen Literatur der Spätantike. BzA 197. München/Leipzig 2004.

Hucker, Bernd Ulrich/Hahn, Stefanie/Derda, Hans-Jürgen [Hrsg.]: Otto IV. Traum vom welfischen Kaisertum. Petersberg 2009.

Hucker, Bernd Ulrich: Otto IV. – Ein Leben zwischen dem englischen Königshof und der Braunschweiger Pfalz (1175/76–1218). In: Hucker, Bernd Ulrich/Hahn, Stefanie/Derda, Hans-Jürgen [Hrsg.]: Otto IV. Traum vom welfischen Kaisertum. Petersberg 2009. S. 15–26.

Hueck, Monika: Die Unterwerfung der Stadt Braunschweig im Jahr 1671 im Spiegel von Huldigungsgedichten auf Herzog Rudolf August von Braunschweig-Wolfenbüttel. In: Frost, Dorette/Knoll, Gerhard: Gelegenheitsdichtung. Referate der Arbeitsgruppe 6 auf dem Kongreß des Internationalen Arbeitskreises für Deutsche Barockliteratur Wolfenbüttel, 28.8.–31.8.1976. Veröffentlichungen der Abteilung Gesellschaftswissenschaften und der Spezialabteilung 11. Bremen 1977. S. 131–140.

Hueck, Monika: Gelegenheitsgedichte auf Herzog August von Braunschweig-Lüneburg und seine Familie (1579–1666). Ein bibliographisches Verzeichnis der Drucke und Handschriften in der Herzog August Bibliothek Wolfenbüttel. Repertorien zur Erforschung der frühen Neuzeit 4. Wolfenbüttel 1982.

Hufschmidt, Anke: Ilse von Saldern (1539–1607). In: Merkel, Kerstin/Wunder, Heide [Hrsg.]: Deutsche Frauen der Frühen Neuzeit. Dichterinnen, Malerinnen, Mäzeninnen. Darmstadt 2000. S. 49–63.

Hufschmidt, Anke: Adlige Frauen im Weserraum zwischen 1570 und 1700. Status, Rollen, Lebenspraxis. Veröffentlichungen der Historischen Kommission für Westfalen 22,A,15: Geschichtliche Arbeiten zur westfälischen Landesforschung, Wirtschafts- und sozialgeschichtliche Gruppe 15. Münster 2001.

Hufschmidt, Anke: Ilse von Saldern und ihre Schwestern. Zur Stellung von Frauen in den adeligen Familien im Weserraum um 1600. In: Lesemann, Silke/Stieglitz, Annette von [Hrsg.]: Stand und Repräsentation. Kultur- und Sozialgeschichte des hannoverschen Adels vom 17. bis zum 19. Jahrhundert. Hannoversche Schriften zur Regional- und Lokalgeschichte 17. Bielefeld 2004. S. 137–158.

Hülse, Horst: Die Inschriften der Stadt Einbeck. DI 42, Göttinger Reihe 7. Wiesbaden 1996.

IJsewijn, Jozef: Companion to Neo-Latin Studies. Part 1: History and Diffusion of Neo-Latin Literature. Supplementa Humanistica Lovaniensia 5. Leuven ²1990.

IJsewijn, Jozef/Sacré, Dirk: Companion to Neo-Latin Studies. Part 2: Literary, Linguistic, Philological and Editorial Questions. Supplementa Humanistica Lovaniensia 14. Leuven ²1998.

Jagemann, [Julius] von: Jagemann, Dr. Johann zu Hardegsen und Göttingen. In: ADB 13 (1881), S. 643.

Jäger, Felix: Das antike Propemptikon und das 17. Gedicht des Paulinus von Nola. Diss. München. Rosenheim 1913.

Jakobi-Mirwald, Christine: Buchmalerei. Ihre Terminologie in der Kunstgeschichte. Berlin 1997.

Janicke, Karl: Erich I. In: ADB 6 (1877), S. 203–204.

Janicke, Karl: Mithoff, Burchard. In: ADB 22 (1885), S. 14–15.

Jauernig, Reinhold [Bearb.]: Die Matrikel der Universität Jena. Band 2: 1652 bis 1723. Erste Lieferung: Personenregister Aa–Co (Ko). Veröffentlichungen des Historischen Instituts der Friedrich-Schiller-Universität Jena. Weimar 1961.

Jauernig, Reinhold [Bearb.]: Die Matrikel der Universität Jena. Band 2: 1652 bis 1723. Zweite Lieferung: Personenregister Co (Ko)–Gr. Veröffentlichungen des Historischen Instituts der Friedrich-Schiller-Universität Jena. Weimar 1962.

Jermann, Thomas Charles: Thematic Elements in thirty Neo-Latin Epithalamia and their Correspondences in the German Baroque Hochzeitsgedicht. Diss. Lawrence 1967.

Johanek, Peter: Meibom, Heinrich. In: NDB 16 (1990*a*), S. 629–631.

Johanek, Peter: Meibom, Heinrich (d. J.). In: NDB 16 (1990*b*), S. 631.

Kämmel, Heinrich Julius: Caselius, Johannes. In: ADB 4 (1876), S. 40–43.

Karrer, Klaus: Johannes Posthius (1537–1597). Verzeichnis der Briefe und Werke mit Regesten und Posthius-Biographie. Gratia 23. Wiesbaden 1993.

Karrer, Klaus: Posthius, Johannes. In: NDB 20 (2001), S. 656–657.

Keller, Andreas/Lösel, Elke/Wels, Ulrike/Wels, Volkhard [Hrsg.]: Theorie und Praxis der Kasualdichtung in der Frühen Neuzeit. Chloe 43. Amsterdam/New York 2010.

Kellner, Heinrich: Fischer, Christoph. In: ADB 7 (1878), S. 51–52.

Kirwan, Richard: Akademische Repräsentationspraktiken und der Umgang mit dem Öffentlichkeitsbild der Institution. In: Bruning, Jens/Gleixner, Ulrike [Hrsg.]: Das Athen der Welfen. Die Reformuniversität Helmstedt 1576–1810. Ausstellung in der Herzog August Bibliothek Wolfenbüttel, in der Augusteerhalle, in der Schatzkammer, im Kabinett und im Globenkabinett vom 7. Februar bis 29. August 2010. Ausstellungskataloge der Herzog August Bibliothek 92. Wolfenbüttel 2010. S. 120–127.

Klöker, Martin: Das Testfeld der Poesie. Empirische Betrachtungen aus dem Osnabrücker Projekt zur „Erfassung und Erschließung von personalen Gelegenheitsgedichten". In: Keller, Andreas/Lösel, Elke/Wels, Ulrike/Wels, Volkhard [Hrsg.]: Theorie und Praxis der Kasualdichtung in der Frühen Neuzeit. Chloe 43. Amsterdam/New York 2010. S. 39–84.

Klopsch, Paul: Einführung in die mittellateinische Verslehre. Darmstadt 1972.

Köbler, Gerhard: Althochdeutsch-neuhochdeutsch-lateinisches Wörterbuch. Arbeiten zur Rechts- und Sprachwissenschaft 20,1. Gießen ³1991.

Koch, Ernst: Solange er lebte, lebte er Christus. Bemerkungen zu einigen Portraits von Martin Chemnitz. In: Jünke, Wolfgang Adolf [Red.]: Der zweite Martin der Lutherischen Kirche. Festschrift zum 400. Todestag von Martin Chemnitz. Braunschweig 1986. S. 130–145.

Koldewey, Friedrich: Jugendgedichte des Humanisten Johannes Caselius. Braunschweig 1902.

Könneker, Barbara: Deutsche Literatur im Zeitalter des Humanismus und der Reformation. In: Buck, August [Hrsg.]: Renaissance und Barock (II. Teil). Neues Handbuch der Literaturwissenschaft 10. Frankfurt am Main 1972. S. 145–176.

Koretzki, Gerd-Rüdiger: Kasualdrucke: Ihre Verbreitungsformen und ihre Leser. In: Frost, Dorette/Knoll, Gerhard: Gelegenheitsdichtung. Referate der Arbeitsgruppe 6 auf dem Kongreß des Internationalen Arbeitskreises für Deutsche Barockliteratur Wolfenbüttel, 28.8.–31.8.1976. Veröffentlichungen der Abteilung Gesellschaftswissenschaften und der Spezialabteilung 11. Bremen 1977. S. 37–68.

Krause, [Karl Ernst Hermann]: Eberhard. In: ADB 5 (1877), S. 547–548.

Krause, [Karl Ernst Hermann]: Lindemann, Thomas. In: ADB 18 (1883), S. 679–680.

Krause, [Karl Ernst Hermann]: Posselius, Johannes. In: ADB 26 (1888), S. 460–461.

Krause, [Karl Ernst Hermann]: Schlee, Christian. In: ADB 31 (1890), S. 353–354.

Krüger, Nilüfer [Hrsg.]: Supellex Epistolica Uffenbachii et Wolfiorum. Katalog der Uffenbach-Wolfschen Briefsammlung. Zweiter Teilband: Katalog der Schreiber. Wolfgang Musculus bis Georg Zyrlin. Katalog der Adressaten. Nachtrag. Hamburg 1978.

Krummacher, Hans-Henrik: Das barocke Epicedium. Rhetorische Tradition und deutsche Gelegenheitsdichtung im 17. Jahrhundert. In: Jahrbuch der deutschen Schillergesellschaft 18 (1974), S. 89–147.

Krummacher, Hans-Henrik: *Exercitia artis et pietatis*. Die geistlichen Gedichte des Herzogs Anton Ulrich zu Braunschweig-Lüneburg. Sitzungsberichte der philosophisch-historischen Klasse der Österreichischen Akademie der Wissenschaften 715. Wien 2005.

Kugler, Hartmut: Die Vorstellung der Stadt in der Literatur des deutschen Mittelalters. Münchener Texte und Untersuchungen zur deutschen Literatur des Mittelalters 88. München/Zürich 1986.

Kühlmann, Wilhelm: Zum Profil des postreformatorischen Humanismus in Pommern: Zacharias Orth (ca. 1535–1579) und sein Lobgedicht auf Stralsund – Mit Bemerkungen zur Gattungsfunktion der „laus urbis". In: Kühlmann, Wilhelm/Langer, Horst [Hrsg.]: Pommern in der Frühen Neuzeit. Literatur und Kultur in Stadt und Region. Frühe Neuzeit 19. Tübingen 1994. S. 101–123.

Kühnel, Jürgen: Jambendichtung. In: Schweikle, Günther/Schweikle, Irmgard [Hrsg.]: Metzler Literaturlexikon. Begriffe und Definitionen. Stuttgart ²1990. S. 225.

Landsberg, Ernst: Reyger, Arnold von. In: ADB 28 (1889), S. 349–350.

Latacz, Joachim: Troia und Homer. Der Weg zur Lösung eines alten Rätsels. München 2003.

Lau, Franz: Hoffmann, Daniel. In: NDB 9 (1972), S. 404.

Lent, Dieter: Die Geschichte von Hehlen. Hehlen 1986. Online-Ressource: http://www.hehlen.de/data/downloads/chronik.pdf (Stand: 14. Juli 2009).

Lenz, Rudolf: De mortuis nil nisi bene? Leichenpredigten als multidisziplinäre Quelle unter besonderer Berücksichtigung der Historischen Familienforschung, der Bildungsgeschichte und der Literaturgeschichte. Marburger Personalschriften-Forschungen 10. Sigmaringen 1990.

Lenz, Rudolf/Bredehorn, Uwe/Winiarczyk, Marek: Abkürzungen aus Personalschriften des XVI. bis XVIII. Jahrhunderts. Marburger Personalschriften-Forschungen 35. Stuttgart ³2002.

Liliencron, Rochus von: Algermann, Franz. In: ADB 1 (1875), S. 340–341.

Lilienthal, Andrea: Die Fürstin und die Macht. Welfische Herzoginnen im 16. Jahrhundert: Elisabeth, Sidonia, Sophia. Quellen und Darstellungen zur Geschichte Niedersachsens 127. Hannover 2007.

Linke, Wilhelm [Hrsg.]: Niedersächsische Familienkunde. Ein biographisches Verzeichnis. Auf Grund der Leichenpredigten und sonstigen Personalschriften der Königlichen Bibliothek zu Hannover und anderer hannoverscher Sammlungen. Hannover 1912.

Lippelt, Christian/Schildt, Gerhard: Bilanz und aus Ausblick – Eine Einleitung. In: Lippelt, Christian/Schildt, Gerhard [Hrsg.]: Braunschweig-Wolfenbüttel in der Frühen Neuzeit. Neue historische Forschungen. Quellen und Forschungen zur Braunschweigischen Landesgeschichte 41. Braunschweig 2003. S. 7–9.

Ludwig, Walther: Die neuzeitliche lateinische Literatur seit der Renaissance. In: Graf, Fritz [Hrsg.]: Einleitung in die lateinische Philologie. Stuttgart/Leipzig 1997. S. 323–356.

Ludwig, Walther: Der Humanist Heinrich Rantzau und die deutschen Humanisten. In: Haye, Thomas [Hrsg.]: Humanismus im Norden. Frühneuzeitliche Rezeption antiker Kultur und Literatur an Nord- und Ostsee. Chloe 32. Amsterdam/Atlanta 2000. S. 1–41.

Ludwig, Walther: Joachim Münsinger von Frundeck im *Album amicorum* des David Ulrich. In: NlatJb 4 (2002), S. 215–226.

Ludwig, Walther: Das Stammbuch als Bestandteil humanistischer Kultur. Das Album des Heinrich Carlhack Hermeling (1587–1592). Abhandlungen der Akademie der Wissenschaften zu Göttingen. Philologisch-historische Klasse 3,274. Göttingen 2006.

L[auchert], [Friedrich]: Krüger, Pancratius. In: ADB 17 (1883), S. 235.

M[eerheimb], [Ferdinand] von: Meibom, Johann Heinrich. In: ADB 21 (1885), S. 188.

Maché, Ulrich/Meid, Volker: Gedichte des Barock. RUB 9975. Stuttgart 1980.

Mager, Inge: Elisabeth von Brandenburg – Sidonie von Sachsen. Zwei Frauenschicksale im Kontext der Reformation von Calenberg-Göttingen. In: Anders, Dirk/Besser, Jobst/Wook, Falk [Red.]: 450 Jahre Reformation im Calenberger Land. Festschrift zum Jubiläum im Jahr 1992. Laatzen 1992. S. 23–32.

Mager, Inge: Die Konkordienformel im Fürstentum Braunschweig-Wolfenbüttel. Entstehungsbeitrag, Rezeption, Geltung. Studien zur Kirchengeschichte Niedersachsens 33. Göttingen 1993.

Mager, Inge: Johann Arndts mystisch vertiefte Seelsorge, insbesondere Johann Gerhard gegenüber. In: Tamcke, Martin [Hrsg.]: Mystik – Metapher – Bild. Beiträge des VII. Makarios-Symposiums Göttingen 2007. Göttingen 2008. S. 83–99.

Mamsch, Stefanie: Der deutsche Thronstreit (1198–1208). Konkurrenz – Konflikt – Lösungsversuche. In: Hucker, Bernd Ulrich/Hahn, Stefanie/Derda, Hans-Jürgen [Hrsg.]: Otto IV. Traum vom welfischen Kaisertum. Petersberg 2009. S. 49–56.

Markgraf, [Hermann]: Steinberg, Nicolaus. In: ADB 35 (1893), S. 690.

Meid, Volker [Hrsg.]: Gedichte und Interpretationen 1: Renaissance und Barock. RUB 7890. Stuttgart 1982.

Meid, Volker: Barocklyrik. Sammlung Metzler 227. Stuttgart/Weimar ²2008.

Menk, Gerhard: Sagittarius, Caspar. In: NDB 22 (2005), S. 351–352.

Mentz, Georg/Jauernig, Reinhold [Bearb.]: Die Matrikel der Universität Jena. Band 1: 1548 bis 1652. Veröffentlichungen der thüringischen historischen Kommission 1. Jena 1944.

Menzel, Gerhard: Antonius Corvinus – Reformator des Calenberger Landes. In: Anders, Dirk/Besser, Jobst/Wook, Falk [Red.]: 450 Jahre Reformation im Calenberger Land. Festschrift zum Jubiläum im Jahr 1992. Laatzen 1992. S. 21–22.

Meyer, Johannes [Bearb.]: Genealogie des Geschlechts v. Salder im Mittelalter (1161–1500). [Leipzig] [1941].

Meyer, Philipp [Hrsg.]: Die Pastoren der Landeskirchen Hannovers und Schaumburg-Lippes seit der Reformation. Band 1: Abbensen bis Junker-Wehningen. Göttingen 1941.

Meyer, Philipp [Hrsg.]: Die Pastoren der Landeskirchen Hannovers und Schaumburg-Lippes seit der Reformation. Band 2: Kaarßen bis Zeven. Göttingen 1942.

Meyer, Philipp: Daetrius, Brandanus. In: NDB 3 (1957), S. 470.

Michael, Eckhard: Die „Sterne" in Lüneburg. In: Will, Maresa [Red.]: Der Bücherfürst des 17. Jahrhunderts. Herzog August der Jüngere. Vernissage. Die Zeitschrift zur Ausstellung 136 (2004), S. 40–41.

Milde, Wolfgang: The Library at Wolfenbüttel, from 1550 to 1618. In: MLR 66 (1971), S. 101–112.

Moldaenke, Günter: Gallus, Nicolaus. In: NDB 6 (1964), S. 55–56.

Müller, Wolfgang [Übers.]: Fingerprints. Regeln und Beispiele. Nach der englisch-französisch-italienischen Ausgabe des Institut de Recherche et d'Histoire des Textes (CNRS) und der National Library of Scotland. Berlin 1992.

Münch, Paul: Das Jahrhundert des Zwiespalts. Deutsche Geschichte 1600–1700. Stuttgart/Berlin/Köln 1999.

Mundhenke, Herbert [Bearb.]: Die Matrikel der Universität Helmstedt 1685–1810. Veröffentlichungen der Historischen Kommission für Niedersachsen und Bremen 9,1,3. Hildesheim 1979.

Mundt, Lothar [Hrsg.]: Johannes Bocer. Sämtliche Eklogen. Mit einer Einführung in Leben und Gesamtwerk des Verfassers. Frühe Neuzeit 46. Tübingen 1999.

Muth, Robert: „Hymenaios" und „Epithalamion". In: WS 67 (1954), S. 5–45.

Muther, Theodor: Friderus, Peter. In: ADB 7 (1878), S. 385.

Niefanger, Dirk: Barock. Lehrbuch Germanistik mit 8 Abbildungen. Stuttgart/Weimar ²2006.

Nordsiek, Hans [Hrsg.]: Johannes Bocerus. Ein Gedicht zum Lob der Stadt Minden. Mindener Beiträge zur Geschichte, Landes- und Volkskunde des ehemaligen Fürstentums Minden 26. Minden 1998.

Onkelbach, Friedhelm: Lossius, Lucas. In: NDB 15 (1987), S. 202–203.

Opel, Julius: Olearius, Dr. Johann. In: ADB 24 (1887), S. 278–279.

Otte, Hans: Johannes IV., Bischof von Hildesheim. In: BBKL 3 (1992), Sp. 391–392.

Otto, Karl Frederick: Die Sprachgesellschaften des 17. Jahrhunderts. Sammlung Metzler 109. Realien zur Literatur, Abt. D: Literaturgeschichte. Stuttgart 1972.

Pagel, Julius Leopold: Werner, Johannes. In: ADB 42 (1897), S. 58.

Panagl, Victoria: Lateinische Huldigungsmotetten für Angehörige des Hauses Habsburg. Vertonte Gelegenheitsdichtung im Rahmen neulateinischer Herrscherpanegyrik. Europäische Hochschulschriften Reihe 15: Klassische Sprachen und Literaturen 92. Frankfurt am Main 2004.

Pischke, Gudrun: Die Landesteilungen der Welfen im Mittelalter. Veröffentlichungen des Instituts für Historische Landesforschung der Universität Göttingen 24. Hildesheim 1987.

Poser, Renata von: Antonius Corvinus in nachreformatorischen Darstellungen. In: Anders, Dirk/Besser, Jobst/Wook, Falk [Red.]: 450 Jahre Reformation im Calenberger Land. Festschrift zum Jubiläum im Jahr 1992. Laatzen 1992. S. 44–50.

Prange, Wolfgang: Holle, Eberhard von. In: Klose, Olaf/Rudolph, Eva [Hrsg.]: Schleswig-Holsteinisches Biographisches Lexikon. Band 4. Neumünster 1976. S. 112–114.

Pyl, Theodor: Orth, Zacharias. In: ADB 24 (1887), 443–445.

Rädle, Fidel: Die Nymphe, die stets das letzte Wort hat. Über Echo-Formen in der neulateinischen Literatur. In: Sammer, Marianne/Röhrich, Lutz/Salmen, Walter/Zeman, Herbert [Hrsg.]: Leitmotive. Kulturgeschichtliche Studien zur Traditionsbildung. Festschrift für Dietz-Rüdiger Moser zum 60. Geburtstag am 22. März 1999. Kallmünz 1999. S. 53–67.

Rädle, Fidel: Lateinische Trauergedichte (Epicedia) im Überlieferungszusammenhang von Leichenpredigten. In: Lenz, Rudolf [Hrsg.]: Leichenpredigten als Quelle historischer Wissenschaften. Band 4. Stuttgart 2004. S. 237–267.

Reske, Christoph: Die Buchdrucker des 16. und 17. Jahrhunderts im deutschen Sprachgebiet. BBB 51. Wiesbaden 2007.

Reske, Hans-Friedrich: Figur(en)gedicht. In: Schweikle, Günther/Schweikle, Irmgard [Hrsg.]: Metzler Literaturlexikon. Begriffe und Definitionen. Stuttgart ²1990. S. 156–157.

Römer, Christof: Jagemann, Johann. In: NDB 10, (1974), S. 296.

Rösel, Martin: Bibelkundes des Alten Testaments. Die kanonischen und apokryphen Schriften. Überblicke, Themakapitel, Glossar. Neukirchen-Vluyn ³2002.

Rößler, Hellmut: August, Kurfürst von Sachsen. In: NDB 1 (1953), S. 448–450.

Ruhnke, Martin: Palladius, David. In: Sadie, Stanley/Tyrrell, John [Hrsg.]: The new Grove Dictionary of Music and Musicians. Volume 19: Paliashvili to Pohle. Oxford ²2001. S. 5.

Schaer, Friedrich-Wilhelm: Die Stiftung der Lateinschule in Aurich. In: Westermayer, Hans-Jürgen [Red.]: Festschrift 350 Jahre Ulricianum. Gymnasium Ulricianum Aurich 1646–1996. Aurich 1996. S. 24–31.

Schauber, Vera/Schindler, Hanns Michael: Heilige und Namenspatrone im Jahreslauf. München 2001.

Scherer, Wilhelm: Hollonius, Ludovicus. In: ADB 12 (1880), S. 762.

Schimmelpfennig, Adolf: Monau, Jacob. In: ADB 22 (1885), S. 162–163.

Schimmelpfennig, Adolf: Musäus, Simon. In: ADB 23 (1886), S. 91–92.

Schipke, Renate: Die lateinischen Handschriften in Quarto der Staatsbibliothek zu Berlin Preußischer Kulturbesitz. Teil 1: *Ms. lat. quart. 146–406*. Staatsbibliothek zu Berlin Preußischer Kulturbesitz. Kataloge der Handschriftenabteilung. Erste Reihe: Handschriften 6,1. Wiesbaden 2007.

Schmidt, Georg: Das Geschlecht von der Schulenburg. 2. Teil: Die Stammreihe. Beetzendorf 1899.

Schmidt, Georg: Das Geschlecht von Veltheim. 2. Teil: Die Stammreihe des Geschlechts von der Teilung der Linien an. Halle an der Saale 1912.

Schmidt, Karl: Dr. Johann Jagemann zu Hardegsen und Gœttingen. Eine biographische Skizze. Freiburg 1867.

Schmidt, Paul Gerhard: Mittelalterliches und humanistisches Städtelob. In: Buck, August [Hrsg.]: Die Rezeption der Antike. Zum Problem der Kontinuität zwischen Mittelalter und Renaissance. Vorträge gehalten anläßlich des ersten Kongresses des Wolfenbütteler Arbeitskreises für Renaissanceforschung in der Herzog August Bibliothek Wolfenbüttel vom 2. bis 5. September 1978. Wolfenbütteler Abhandlungen zur Renaissanceforschung 1. Hamburg 1981. S. 119–128.

Schmitz, Christian: Heiratskreise und sozialer Wandel in Leichenpredigten auf Berliner Ratsfamilien des 17. Jahrhunderts. In: Lenz, Rudolf [Hrsg.]: Leichenpredigten als Quelle historischer Wissenschaften. Band 4. Stuttgart 2004. S. 427–457.

Schneidmüller, Bernd: Hütte oder königliche Stadt? Die Welfen und Braunschweig 1198–1235. In: Hucker, Bernd Ulrich/Hahn, Stefanie/Derda, Hans-Jürgen [Hrsg.]: Otto IV. Traum vom welfischen Kaisertum. Petersberg 2009. S. 239–248.

Scholz, Manfred Günter: Epikedeion. In: Schweikle, Günther/Schweikle, Irmgard [Hrsg.]: Metzler Literaturlexikon. Begriffe und Definitionen. Stuttgart ²1990. S. 129.

Schormann, Gerhard [Bearb.]: Rintelner Studenten des 17. und 18. Jahrhunderts. Schaumburger Studien 42. Rinteln 1981.

Schubert, Ernst: Geschichte Niedersachsens vom 9. bis zum ausgehenden 15. Jahrhundert. In: Schubert, Ernst [Hrsg.]: Geschichte Niedersachsens 2,1: Politik, Verfassung, Wirtschaft vom 9. bis zum ausgehenden 15. Jahrhundert. Veröffentlichungen der Historischen Kommission für Niedersachsen und Bremen 36. Hannover 1997. S. 3–904.

Schweikle, Günther: Bibelepik. In: Schweikle, Günther/Schweikle, Irmgard [Hrsg.]: Metzler Literaturlexikon. Begriffe und Definitionen. Stuttgart ²1990a. S. 47.

Schweikle, Günther: Cento. In: Schweikle, Günther/Schweikle, Irmgard [Hrsg.]: Metzler Literaturlexikon. Begriffe und Definitionen. Stuttgart [2]1990*b*. S. 76.

Schweikle, Irmgard: Elogium. In: Schweikle, Günther/Schweikle, Irmgard [Hrsg.]: Metzler Literaturlexikon. Begriffe und Definitionen. Stuttgart [2]1990*c*. S. 121.

Schweikle, Günther: Geistliche Epik. In: Schweikle, Günther/Schweikle, Irmgard [Hrsg.]: Metzler Literaturlexikon. Begriffe und Definitionen. Stuttgart [2]1990*d*. S. 170.

Schweikle, Günther: Genethliakon. In: Schweikle, Günther/Schweikle, Irmgard [Hrsg.]: Metzler Literaturlexikon. Begriffe und Definitionen. Stuttgart [2]1990*e*. S. 173.

Schweikle, Günther: Propemptikon. In: Schweikle, Günther/Schweikle, Irmgard [Hrsg.]: Metzler Literaturlexikon. Begriffe und Definitionen. Stuttgart [2]1990*f*. S. 365.

Seebaß, Georg/Freist, Friedrich-Wilhelm [Bearb.]: Die Pastoren der braunschweigischen evangelisch-lutherischen Landeskirche seit Einführung der Reformation. Band 1. Wolfenbüttel 1969.

Seebaß, Georg/Freist, Friedrich-Wilhelm [Bearb.]: Die Pastoren der braunschweigischen evangelisch-lutherischen Landeskirche seit Einführung der Reformation. Band 2. Wolfenbüttel 1974.

Segebrecht, Wulf: Das Gelegenheitsgedicht. Ein Beitrag zur Geschichte und Poetik der deutschen Lyrik. Stuttgart 1977.

Segebrecht, Wulf: Steh, Leser, still! Prolegomena zu einer situationsbezogenen Poetik der Lyrik, entwickelt am Beispiel von poetischen Grabschriften und Grabschriftenvorschlägen in Leichencarmina des 17. und 18. Jahrhunderts. In: DVJS 52 (1978), S. 430–468.

Seidel, Katrin: Die Kerze. Motivgeschichte und Ikonologie. Studien zur Kunstgeschichte 103. Hildesheim/Zürich/New York 1996.

Siebert, Susanne: Roeber, Paul. In: BBKL 8 (1994), Sp. 504–505.

Slits, Franciscus Petrus Thomas: Het latijnse Stededicht. Oorsprong en ontwikkeling tot in de zeventiende eeuw. Diss. Nijmegen. Amsterdam 1990.

Spehr, [Ferdinand]: Friedrich Ulrich, Herzog von Braunschweig-Wolfenbüttel. In: ADB 7 (1878), S. 501–505.

Spengler, F[ranz]: Nendorf, Johann. In: ADB 23 (1886), S. 427.

Springer, Elisabeth: Studien zur humanistischen Epicediendichtung. Diss. Wien 1955.

Stadt Hildesheim [Hrsg.]: Stiftungen in Hildesheim. Hildesheim 2005. Online-Ressource: http://www.hildesheim.de/hildesheim/buergerservice/rathaus/Stiftungen_in_Hildesheim.pdf (Stand: 14. Mai 2008).

Starke, Georg: Das Bücherzeichen Johann Lüders (Hildesheim 1617). In: Exlibris 6 (1896), S. 53–54.

Staude, Margarete: Einige bedeutsame Nachkommen der Familie Chemnitz. In: Jünke, Wolfgang Adolf [Red.]: Der zweite Martin der Lutherischen Kirche. Festschrift zum 400. Todestag von Martin Chemnitz. Braunschweig 1986. S. 328–352.

Steffenhagen, [Emil Julius Hugo]: Chemnitz, Martin. In: ADB 4 (1876a), S. 118.

Steffenhagen, [Emil Julius Hugo]: Cludius, Andreas. In: ADB 4 (1876b), S. 347–348.

Stockhorst, Stefanie: Fürstenpreis und Kunstprogramm. Sozial- und gattungsgeschichtliche Studien zu Goethes Gelegenheitsdichtungen für den Weimarer Hof. Studien zur deutschen Literatur 167. Tübingen 2002.

Szyrocki, Marian: Die deutsche Literatur des Barock. Eine Einführung. RUB 9924. Stuttgart 1997.

Tarot, Rolf: Hayneccius, Martin. In: NDB 8 (1969), S. 157.

Tervooren, Helmut/Haustein, Jens [Hrsg.]: Regionale Literaturgeschichtsschreibung. Aufgaben, Analysen und Perspektiven. In: ZfdPh 122 (2003a), Sonderheft.

Tervooren, Helmut/Haustein, Jens: Einleitung. In: Tervooren, Helmut/Haustein, Jens [Hrsg.]: Regionale Literaturgeschichtsschreibung. Aufgaben, Analysen und Perspektiven. In: ZfdPh 122 (2003b), Sonderheft, S. 1–6.

Thurn, Nikolaus: Deutsche neulateinische Städtelobgedichte: Ein Vergleich ausgewählter Beispiele des 16. Jahrhunderts. In: NlatJb 4 (2002), S. 253–269.

[Tiarks], [Johann Heinrich]: Beiträge zur Specialgeschichte Jeverlands. Jever 1853.

Tillich, Paul: Systematische Theologie I/II. Berlin ⁸1987.

Toepke, Gustav [Hrsg.]: Die Matrikel der Universität Heidelberg von 1386 bis 1662. Erster Theil: von 1386 bis 1553. Nebst einem Anhange enthaltend: I. Calendarium Academicum vom Jahre 1387. II. Juramenta intitulandorum. III. Vermögensverzeichniss der Universität vom Jahre 1396. VI. Accessionskatalog der Universitätsbibliothek von 1396 bis 1432. Heidelberg 1884.

Toepke, Gustav [Hrsg.]: Die Matrikel der Universität Heidelberg von 1386 bis 1662. Zweiter Theil: von 1554 bis 1662. Nebst einem Anhange enthaltend: I. Matricula Universitatis 1663–1668. II. Album Magistrorum artium 1391–1620. III. Matricula Alumnorum juris 1527–1581. IV. Catalogus Promotorum in jure 1386–1581. V. Matricula Studiosorum theologiae 1556–1685. VI. Promotiones factae in Facultate theologica 1404–1686. VII. Syllabus Rectorum Universitatis 1386–1668. Heidelberg 1886.

Tölcke, Günter F[...]: Geschichte der hannoverschen Druckkunst. Eine Betrachtung im stadtgeschichtlichen Umfeld seit dem 16. Jahrhundert. Hannover 1994.

Tschackert, Paul: Titius, Gerhard. In: ADB 38 (1894), S. 378–379.

Tufte, Virginia: The Poetry of Marriage. The Epithalamium in Europe and Its Development in England. University of Southern California Studies in Comparative Literature 2. Los Angeles 1970.

Vogtherr, Hans-Jürgen: Tile Hagemanns Uelzen. Eine norddeutsche Kleinstadt am Ende des 16. Jahrhunderts. Veröffentlichungen der Historischen Kommission für Niedersachsen und Bremen 251. Hannover 2009.

Wackernagel, Hans Georg/Sieber, Marc/Sutter, Hans [Hrsg.]: Die Matrikel der Universität Basel. 2. Band: 1532/33–1600/01. Basel 1956.

Wagenmann, Julius August: Berckelmann, Theodor. In: ADB 2 (1875), S. 353.

Wagenmann, Julius August: Pfaffrad, Kaspar. In: ADB 25 (1887), S. 596–597.

Walther, Hans: Initia carminum ac versuum medii aevi posterioris latinorum. Alphabetisches Verzeichnis der Versanfänge mittellateinischer Dichtungen. Carmina medii aevi posterioris latina 1. Göttingen 1959.

Wawrzyniak, Udo: Rosla, Heinrich. In: [2]VL 8 (1992), Sp. 233–236.

Wegele, Franz Xaver von: Posthius, Johannes. In: ADB 26 (1888), S. 473–477.

Wehking, Sabine: Die Inschriften der Stadt Hannover. DI 36, Göttinger Reihe 6. Wiesbaden 1993.

Wehking, Sabine: Die Inschriften der Stadt Minden. DI 46, Düsseldorfer Reihe 3. Wiesbaden 1997.

Wehking, Sabine: Die Inschriften der Stadt Braunschweig von 1529 bis 1671. DI 56, Göttinger Reihe 9. Wiesbaden 2001.

Weissenborn, Johann Christian Hermann [Bearb.]: Acten der Erfurter Universität. 2. Theil: 2b–2o. Allgemeine und Facultätsstatuten von 1390–1636. 3b. Allgemeine Studentenmatrikel, 2. Hälfte (1492–1636). Geschichtsquellen der Provinz Sachsen und angrenzender Gebiete 8. Halle an der Saale 1884.

Weissenborn, Bernhard [Bearb.]: Album Academiae Vitebergensis. Jüngere Reihe, Teil 1 (1602–1660). Textband. Geschichtsquellen der Provinz Sachsen und des Freistaates Anhalt 14. Magdeburg 1934.

Willgeroth, Gustav: Die Mecklenburg-Schwerinschen Pfarren seit dem dreißigjährigen Kriege. Mit Anmerkungen über die früheren Pastoren seit der Reformation. 3. Band. Wismar 1925.

Wilpert, Gero von: Deutschbaltische Literaturgeschichte. München 2005.

Wilpert, Gero von: Sachwörterbuch der Literatur. Stuttgart [8]2001.

Wolf, Ernst: Chemnitz, Martin. In: NDB 3 (1957), S. 201–202.

Worstbrock, Franz Josef: Lange, Dietrich. In: [2]VL 5 (1985), Sp. 579–580.

Wötzel, Christina: Büring, Thile. In: Jarck, Horst-Rüdiger [Hrsg.]: Braunschweigisches Biographisches Lexikon. 8. bis 18. Jahrhundert. Braunschweig 2006. S. 120.

Wulf, Christine: Die Inschriften der Stadt Hildesheim. Teil 2: Die Inschriften, Jahreszahlen und Initialen. DI 58, Göttinger Reihe 10. Wiesbaden 2003.

Zedler, Johann Heinrich: Grosses vollständiges Universal Lexicon Aller Wissenschafften und Künste, Welche bißhero durch menschlichen Verstand und Witz erfunden und verbessert worden. Darinnen so wohl die Geographisch-Politische Beschreibung des Erd-Creyses, nach allen Monarchien, Kayserthümern ... Samt der natürlichen Abhandlung von dem Reich der Natur ... Als auch eine ausführliche Historisch-Genealogische Nachricht von den ... berühmtesten Geschlechtern in der Welt ... Ingleichen von allen Staats- Kriegs- Rechts- Policey- und Haußhaltungs-Geschäfften des Adelichen und bürgerlichen Standes ... Wie nicht weniger die völlige Vorstellung aller in den Kirchen-Geschichten berühmten Alt-Väter, Propheten, Apostel, Päbste, Cardinäle ... Endlich auch ein vollkommener Inbegriff der allergelehrtesten Männer, berühmter Universitäten ... enthalten ist. Neunter Band: F. Halle an der Saale/Leipzig 1735.

Zimmermann, Paul: Peters, Friedrich. In: ADB 25 (1887a), S. 487–488.

Zimmermann, Paul: Petreus, Heinrich. In: ADB 25 (1887b), S. 519–520.

Zimmermann, Paul: Reineccius, Reiner. In: ADB 28 (1889a), S. 17–19.

Zimmermann, Paul: Rumann, Hildebrand Gieseler. In: ADB 29 (1889b), S. 642–643.

Zimmermann, Paul: Sattler, Basilius. In: ADB 30 (1890a), S. 408–409.

Zimmermann, Paul: Scheurl, Lorenz. In: ADB 31 (1890b), S. 155–156.

Zimmermann, Paul: Schrader, Christoph. In: ADB 32 (1891), S. 422–425.

Zimmermann, Paul: Werdenhagen, Johann Angelius. In: ADB 41 (1896), S. 759–762.

Zimmermann, Paul [Bearb.]: Album Academiae Helmstadiensis. Band 1: Album Academiae Juliae, Abteilung 1: Studenten, Professoren etc. der Universität Helmstedt von 1574–1636. Voran geht ein Verzeichnis der Schüler und Lehrer des Pädagogium Illustre in Gandersheim 1572–74. Veröffentlichungen der Historischen Kommission für Hannover, Oldenburg, Braunschweig, Schaumburg-Lippe und Bremen 9. Hannover 1926 (ND Nendeln 1980).

Zoder, Rudolf: Brandis, Joachim d. J. In: NDB 2 (1955), S. 525.

7. Register

Das Register erfasst die erwähnten Personen, Orte, bibliographischen Nummern nach VD 16 und VD 17, die Bibliotheks- und Archivsignaturen aller erwähnten Bestände und die genannten Textstellen aus Werken antiker Autoren und biblischen Schriften. Die antiken Autoren und ihre Werke werden nach den Empfehlungen des ThLL zitiert, biblische Texte nach den Empfehlungen der revidierten Lutherbibel aus dem Jahr 1984. Enthalten sind auch Hinweise auf die bisher nicht in VD 16 und VD 17 erfassten Drucke.

Das Register enthält nur für die in Kapitel 3. ausführlich aufgenommenen und untersuchten Drucke sämtliche relevanten Personen, hingegen für alle anderen in Kapitel 2.2. aufgezählten Drucke nur den beziehungsweise die dort genannten Widmungsempfänger von Trauer-, Hochzeits-, Glückwunsch- und Abschiedsgedichten oder den beziehungsweise die Verfasser von Gedichten zu allen anderen Anlässen. Die Registereinträge für gleichnamige Personen sind besonders im Zweifelsfall teilweise nicht voneinander getrennt. Die Familiennamen sind nur behutsam normalisiert, abweichende Schreibungen eines Namens stehen jedoch zur besseren Auffindbarkeit und zum Nachweis einer möglichen Verwandtschaft gruppiert. Dies betrifft besonders die Schreibung von Umlauten, Dehnungskennzeichen und weitere Abweichungen zwischen Mittel-, Frühneuhochdeutsch und Niederdeutsch. Nicht gruppiert sind beispielsweise die Buchstaben *c* und *k*. Alle Frauen sind wie im 16. und 17. Jahrhundert üblich unter ihrem jeweiligen Geburtsnamen erfasst; die einzige Ausnahme stellt eine adoptierte Person dar, die sowohl unter ihrem Geburtsnamen als auch unter ihrem Adoptivnamen doppelt erfasst ist. Personen der Antike sind im Personenregister nicht erfasst, da sie im Regelfall ausschließlich als Verfasser von Parodievorlagen oder im Kontext von Textstellen genannt werden und somit zumeist im Register der Textstellen enthalten sind. Ebenfalls nicht erfasst sind Personen aus mythischen, biblischen und literarischen Kontexten.

1. Personen

Achemius, Heinrich 51, 432, 433, 434, 435, 516
Achtermann, Ilse 113
Acidalius, Valentin 176, 453, 454, 459, 460, 461, 462, 463, 464
Adami, Theodor 465, 474, 481
Adelhäuser, Margareta 182
Ahrens, Anna 99
Aitzema, Foppe van 177
Alard, Wilhelm 54
Albert/Alberti,
– Dorothea Catharina 119
– Johann Friedrich 339
Albinus, Petrus 175
Albrecht, Johannes 241
Alder, Bartholomäus 169
Alemann, Hedwig 114
Alers, Johann 81, 123
Alewin, Balthasar 113
Algermann, Franz 351
Alnbek, Moritz Friedrich 43, 178
Alpheus, Adrian 105
Altermann, Johann Christoph 122
Alvensleben,
– Familie von 70
– Busso von 76
– Catharina Ehrengard von 84
– Joachim von 68
– Ludolph von 49, 71, 100, 124, 542
– Margarete von 70
Ammon,
– Jakob Daniel 578
– Samuel 578
Ämylius, Johannes 100
Anderten,
– Anna Margareta von 82
– Burkhard von 171

– Eberhard von 80
– Heinrich Eberhard von 143
– Maria Elisabeth von 83
Andreä/Andreas,
– Christian 71
– Elias 287
– Johann Valentin 141
Angerstein, Peter 110
Anhalt, Ludwig von 170
Anhalt-Zerbst, Dorothea von 60
anonym,
– A. B. (Anton Bolmeier) 278
– B. K. 342
– B. S. D. (Basilius Sattler) 354
– E. H. A. (Andreas Hofmann) 249
– H. A. (Heinrich Achemius) 434
– H. E. 357, 386, 397
– H. G. H. (Heinrich Gödeke) 214, 376
– H. M. L. 553, 557
– H. N. F. 259, 260
– H. W. G. 268, 271
– Hyella 62, 288
– I. H. (Jakob Hildebrand) 205
– J. B. 342
– J. G. L. 339
– J. L. Q. 325
– Krapp 380
– M. B. 48 = Matthias Berg
– M. H. G. H. 387, 396
– M. N. P. S. 356, 361
– P. M. I. L. 234
Aragón y Castilla, Fernando II. de 286
Arendes, Johann 65
Arendt, Christian Friedrich 121
Arlt, Johann Georg 116
Arnds, Andreas 118

Arneken,
– Adelheid 102, 213, 216, 217, 219, 236, 241
– Henning 87, 93, 212, 213, 217, 220, 222, 228
Arnisäus, Henning 136, 227
Arnold/Arnoldi,
– Alexander 53, 88, 177, 222, 224, 225, 377, 378, 380, 381
– Andreas 117
– Jan 134
– Kaspar 64, 70, 102, 124, 125, 167, 171, 175, 211, 350, 504
Asseburg,
– Busso von der 80, 149
– Helene von der 75
– Jakobe von der 524, 526, 534
Aue,
– Henning 48, 212, 532
– Joachim 59, 68
Auerbach, Johann Christoph 123
Auspurg, Johann 112
Avancini, Niccolò 85
Averberg,
– Familie 377, 609
– Adelheid 99, 306, 308
– Anna Margaretha 325, 328, 332
– Barthold 99, 296
– Conrad 296, 305, 306
– Eberhard 325
– Elisabeth 109, 317, 320, 323, 324, 611
– Gesa 99, 305
– Johann 100, 135, 296, 297, 300, 303, 304, 305, 306, 310, 312, 313, 315, 316, 317, 325
Avian, Christian 100

2. Orte

3. VD 16/VD 17

23:631323M 121, 573
23:631466R 135, 311, 585
23:631472S 135, 315, 585
23:631662W 147, 579
23:631721T 141, 588
23:631789T 141, 588
23:631790F 141, 588
23:631800C 117, 141, 588
23:631803A 117, 141, 588
23:631826M 138, 586
23:631827U 138, 586
23:631830X 138, 586
23:631846Z 138, 590
23:631851T 139, 325, 588
23:631856F 139, 588
23:631858W 139, 588
23:631862G 139, 588
23:631876U 139, 588
23:631877B 139, 588
23:631881N 139, 588
23:631885T 63, 582
23:631889Y 139, 588
23:631890M 139, 588
23:631896G 139, 588
23:631897Q 139, 588
23:631913N 88, 588
23:632133M 104, 567, 585
23:632156X 110, 586
23:632317Q 54, 586
23:632427B 104, 585
23:632724V 113, 592
23:632756E 149, 588
23:632786Z 114, 588
23:632794R 114, 607
23:632804N 110, 588
23:632806C 325
23:633150F 115, 588
23:633183Y 115, 579
23:633185P 115, 576
23:633188M 116, 579
23:634019X 73, 488, 586, 611
23:634041F 74, 588
23:634142U 74, 588
23:634163Q 55, 592

23:635643H 54, 596
23:643581H 129, 586
23:647110A 66, 588
23:647191L 131, 573
23:647812D 176, 583
23:656522T 110, 596
23:656523A 110, 596
23:668082S 146, 596
23:668083Z 60, 596
23:668094P 54, 577
23:668188T 146, 596
23:668199G 40, 146, 596
23:668202A 146, 596
23:668204R 86, 596
23:668206F 146, 596
23:668209D 146, 596
23:668213Q 146, 596
23:668214X 60, 596
23:668218C 60, 596
23:668220Y 60, 596
23:668224D 130, 571
23:668225M 130, 571
23:668228K 130, 571
23:668233C 133, 571
23:668265N 130, 588
23:668282C 133, 150, 571
23:668336F 173, 596
23:668348C 173, 571
23:668355M 173, 571
23:668356U 133, 150, 571
23:668358K 130, 147, 599
23:668359S 130, 147, 599
23:668370M 173, 603
23:668377Q 130, 147, 604
23:668427N 133, 150, 604
23:668436M 130, 147, 570
23:668444C 43, 604
23:668502S 133, 150, 573
23:668505Q 130, 148, 604
23:668514P 130, 148, 570
23:668561Y 96, 588
23:668609A 130, 148, 573
23:668610P 130, 148, 573
23:668647M 130, 148, 588

23:668663U 66, 597
23:668829Z 96
23:668842K 88, 573
23:668847X 89, 604
23:668996C 133, 150, 570
23:668999A 167, 570
23:669102Z 130, 147, 604
23:669137G 40, 147, 604
23:669141T 66, 604
23:669171N 66, 148, 604
23:669196P 149, 600
23:669286N 96, 604
23:669294D 148, 596
23:669298K 66, 597
23:669307Y 147, 596
23:669313Z 147, 574
23:669319V 133, 605
23:669325W 96, 604
23:669332E 147, 604
23:669361S 43, 604
23:669374W 148, 604
23:669407D 89, 604
23:669411Q 133, 570
23:669416C 133, 150, 573
23:669469H 133, 150, 343, 587
23:669477Z 89, 573
23:669497N 133, 150, 605
23:669502W 133, 150, 587
23:669523S 89, 573
23:669532R 66, 600
23:669569P 44, 571
23:669576X 133, 150, 606
23:669584P 133, 150, 573
23:669588U 149, 573
23:669606G 133, 150, 600
23:669708C 147, 570
23:669734S 148, 588
23:669735Z 148, 604
23:669773L 133, 150, 587
23:669781B 60, 589
23:669857H 66, 131, 573
23:669998X 60, 587
23:670026B 60, 573

4. Signaturen

5. Textstellen